2021

福建社会发展年鉴

FUJIAN SOCIAL DEVELOPMENT YEARBOOK

福建社会发展年鉴编委会 编

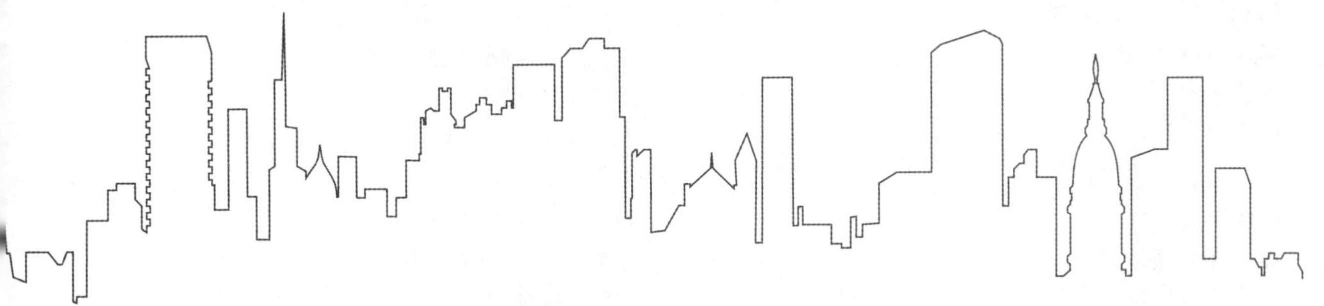

海峡出版发行集团 THE STRAITS PUBLISHING & DISTRIBUTING GROUP | 福建科学技术出版社 FUJIAN SCIENCE & TECHNOLOGY PUBLISHING HOUSE

特 别 致 谢

下列单位为本书编撰提供了翔实的资料和数据、大量的信息和稿件，海峡出版发行集团福建科学技术出版社为本书出版进行了精心的审读与编校，在此一并致以诚谢！

福建省人民政府及各设区市、县（市、区）人民政府

平潭综合实验区管委会

福建省发展和改革委员会

福建省卫生健康委员会

福建省国有资产管理委员会

福建省教育厅

福建省科学技术厅

福建省文化和旅游厅

福建省人力资源和社会保障厅

福建省工业和信息化厅

福建省住房和城乡建设厅

福建省财政厅

福建省公安厅

福建省民政厅

福建省退役军人事务厅

福建省应急管理厅

福建省生态环境厅

福建省司法厅

福建省民族与宗教事务厅

福建省自然资源厅

福建省水利厅

福建省审计厅

福建省农业农村厅

福建省商务厅

福建省交通运输厅

福建省统计局

福建省新闻出版局

福建省广播电视局

福建省体育局

福建省医疗保障局

福建省市场监督管理局

福建省药品监督管理局

福建省地方金融监督管理局

国家税务总局福建省税务局

福建省林业局

福建省海洋与渔业局

福建省粮食和物资储备局

福建省机关事务管理局

福建省精神文明建设指导委员会办公室

福建省人民政府外事办公室

福建省人民防空办公室

中共福建省委老干部局

中国人民银行福州中心支行

中国人民银行厦门市中心支行

中华人民共和国福州、厦门海关

中国银行保险监督管理委员会福建监管局

中国银行保险监督管理委员会厦门监管局

中国证券监督管理委员会福建监管局

中国证券监督管理委员会厦门监管局

福建社会科学院

福建省总工会

中国共产主义青年团福建省委员会

福建省妇女联合会

福建省科学技术协会

福建省社会科学界联合会

福建省文学艺术界联合会

福建省残疾人联合会

福建省老年人体育协会

福建省统计学会

（以上单位排名不分先后）

编 辑 说 明

一、编辑出版《2021 福建社会发展年鉴》以习近平新时代中国特色社会主义思想为指导，旨在宣传福建社会发展的目标任务，反映福建社会事业的新进展、新成就和新情况、新问题，总结经验，提供信息，承载历史，服务当今。

二、《2021 福建社会发展年鉴》是系统汇集福建社会发展基本情况和重要文献的地方性、综合性和资料性年刊。正式出版，国内外公开发行。

三、《2021 福建社会发展年鉴》所录资料的时限为 2020 年 1 月 1 日至 12 月 31 日，部分收录资料上溯至上年度，内容分为：文献特载、大事纪要、发展探索、热点透视、生态文明、区域概览、统计数据、政策选编、荣誉成果和年度人才，共十篇，比较客观、详实地记载 2020 年福建社会事业发展的实际情况。

四、《2021 福建社会发展年鉴》中的一些论述仅代表作者观点，所引用的数据和资料均采用政府各部门正式发布的数据和资料。由相关单位提供的稿件，因统计口径不尽相同，个别数据可能有差异。读者如需引用数据和资料，请向相关单位查证，以相关单位提供的数据和资料为准。

五、《2021 福建社会发展年鉴》编辑出版工作，得到了省委、省政府，各设区市和县（市、区）政府，平潭综合实验区管委会，省直各有关单位，各有关社会组织和社会各界人士的关心指导和大力支持，在此一并致以衷心的感谢。在本书编撰过程中，参考、引用了一些专著或资料，因沟通渠道的制约，无法一一与原作者取得联络，请有关作者看到本书后与编委会联系，我们将支付稿酬并致以谢忱。限于经验和水平，工作难免存在疏漏和欠妥之处，谨请广大读者指正，以期进一步改进和完善。

目　录

第一篇　文献特载

中共福建省委关于坚决贯彻落实习近平总书记重要指示精神、加强党的领导、为打赢疫情防控阻击战提供坚强政治保证的通知 …… (3)
中共福建省委办公厅　福建省人民政府办公厅印发《关于促进劳动力和人才社会性流动体制机制改革的若干措施》 …… (5)
福建省高级人民检察院工作报告 …… (9)
福建省高级人民法院工作报告 …… (15)
关于福建省2020年国民经济和社会发展计划执行情况及2021年国民经济和社会发展计划草案的报告 …… (21)
2020年福建省国民经济和社会发展统计公报 …… (33)

第二篇　大事纪要

一月 …… (55)
二月 …… (63)
三月 …… (72)
四月 …… (78)
五月 …… (84)
六月 …… (90)
七月 …… (97)
八月 …… (107)
九月 …… (116)
十月 …… (122)
十一月 …… (129)
十二月 …… (136)

第三篇　发展探索

福建社会形势分析与预测 …… (149)
福建社会公共安全治理形势分析与对策 …… (154)

福建科技创新点亮高质量发展超越新征程 ……………………………………………………… (160)
福建省2020年教育信息化和网络安全工作重点 …………………………………………………… (164)
2020年福建省卫生应急工作重点 …………………………………………………………………… (169)
福建人力资源建设形势分析与对策建议 ……………………………………………………………… (172)

第四篇 热点透视

福建：十二条措施支持更多“硬核科技”服务疫情防控和经济社会发展 …………………………… (181)
福建省出台2020年中小学招生新政 …………………………………………………………………… (183)
福建省出台九条措施推动职业教育高质量发展 ……………………………………………………… (185)
福建省启动“会计名家培养工程” ……………………………………………………………………… (188)
福建省两步行街入选全国示范升级改造试点 ………………………………………………………… (188)
大力弘扬伟大抗疫精神 全方位推动高质量发展超越 ……………………………………………… (189)
福建出台十二条措施进一步加强新冠肺炎医疗救治工作 …………………………………………… (191)
福建省优质医疗资源加速下沉共享 …………………………………………………………………… (193)
福建推动中医药事业和产业高质量发展 ……………………………………………………………… (194)
福建省部署建立完善老年健康服务体系 ……………………………………………………………… (195)
福建省出台十二条措施保护关心爱护医务人员 ……………………………………………………… (196)
福建首个区域互联网医院平台上线 …………………………………………………………………… (198)
福建开启“云看病”时代 ………………………………………………………………………………… (199)
福建省将建预防医学研究院 …………………………………………………………………………… (199)
福建省老年人体育工作创新发展 ……………………………………………………………………… (200)
福建省今年投入近亿元建设全民健身场地 …………………………………………………………… (202)
福建省实施民生兜底专项行动 ………………………………………………………………………… (203)
福建省开展社会救助兜底脱贫行动 …………………………………………………………………… (204)
福建出台措施应对疫情影响决战决胜脱贫攻坚 ……………………………………………………… (205)
福建省扩大失业保险保障范围 ………………………………………………………………………… (207)
福建省开展农村低保经办中“漏保”问题专项整治 ………………………………………………… (208)
福建省出台“福蕾行动计划”实施方案 ………………………………………………………………… (208)
闽政通APP用户数突破3000万 ………………………………………………………………………… (209)
福建省大力推动疫情防控期政务服务“马上就办网上办” …………………………………………… (209)
福建省全面推行个体工商户全程智能化登记 ………………………………………………………… (210)
福建省促进“互联网+社会服务”发展 …………………………………………………………………… (211)
福建省举办“第一书记带好货”系列公益活动 ………………………………………………………… (212)
福建省第七次全国人口普查试点顺利展开 …………………………………………………………… (212)
福建省做好恢复正常交通运输秩序保障道路交通畅通工作 ………………………………………… (213)
福建省实施乡镇便捷通高速工程建设 ………………………………………………………………… (214)
福建省接入全国财政电子票据查验平台 ……………………………………………………………… (215)
福建省开出全国首张跨省缴纳交通罚款电子票据 …………………………………………………… (215)
全国扫黑办第13特派督导组进驻福建开展特派督导 ………………………………………………… (216)
福建省根治农民工欠薪显成效 ………………………………………………………………………… (216)

福建为国际减贫事业贡献力量 …………………………………………………………………………… (217)
福建省 23 个重点县全部“摘帽” ………………………………………………………………………… (217)
福建省实施老旧小区改造方案 …………………………………………………………………………… (218)
“两山”理论实践与创新高峰论坛在南平举办…………………………………………………………… (219)
2020 海峡青年（福州）云上峰会以“幸福·家园·梦想”为主题 ………………………………… (220)

第五篇　生态文明

2019 年福建省生态环境状况公报发布 …………………………………………………………………… (223)
福建省举办习近平生态文明思想专题培训班 ………………………………………………………… (224)
福建省水库管护水平位居全国前列 ……………………………………………………………………… (224)
全国首家生态仲裁院在南平成立 ………………………………………………………………………… (225)
第十六届海峡两岸（三明）林业博览会暨投资贸易洽谈会发布“中国绿都”评价结果开幕 ……… (225)
数字中国建设峰会实施“碳中和” ……………………………………………………………………… (226)
第五届中国国际绿色创新发展大会大力推进生态文明建设 ………………………………………… (226)
福建省获闽江流域生态保护修复试点正向激励县（市、区）名单 ………………………………… (227)
福建省鼓励市场化方式开展废弃矿山生态修复 ……………………………………………………… (227)
三明南平将创建省级绿色金融改革试验区 …………………………………………………………… (228)
福建省最新河湖“健康体检”报告出炉 ………………………………………………………………… (229)
福建省综合性生态保护补偿实施县获环境质量提升奖励 …………………………………………… (229)
福建省全面推行环境违法行为有奖举报 ……………………………………………………………… (230)
福建省人大常委会开展土壤污染防治法执法检查 …………………………………………………… (230)
福建省为打赢净土保卫战提供财政保障 ……………………………………………………………… (231)
福建省联合打击危险废物环境违法犯罪行为 ………………………………………………………… (231)
福建省环评编制失信将面临更严惩戒 ………………………………………………………………… (232)
南平走好高质量绿色发展路 ……………………………………………………………………………… (233)
三明成立全国首个水执法与云司法数助治理中心 …………………………………………………… (234)
福建省海绵城市建设试点获中央财政正向激励 ……………………………………………………… (234)
汀江—韩江流域横向生态补偿机制再获财政部奖补 ………………………………………………… (235)
福建省扎实有序推进环保督察整改 ……………………………………………………………………… (235)
福建首个海岛造林绿化提升规划通过评审 …………………………………………………………… (236)
福建提前两年完成“十三五”农村环境综合整治任务 ……………………………………………… (236)
福建省提前完成排污许可清理整顿工作 ……………………………………………………………… (237)
福建省开启自然保护地智慧监管新模式 ……………………………………………………………… (237)
福建省推进 27 个县连片开展农村生活污水治理 ……………………………………………………… (238)
福建省下达中央和省级污染防治资金 16.3 亿元 ……………………………………………………… (238)
福建省排查整治土壤环境重点监管企业 ……………………………………………………………… (239)
限“三高”福建省大气精准治污出新招 ………………………………………………………………… (239)
2020 年福建省环境空气质量状况通报 ………………………………………………………………… (240)
2020 年福建省县级以上集中式生活饮用水水源水质每月状况 ……………………………………… (243)
2020 年福建省地表水水质状况排名 ……………………………………………………………………… (298)

2020 年福建省流域水环境质量状况 …… (299)
2020 年福建省近岸海域水质状况排名 …… (300)
2020 年福建省每月排污权交易情况 …… (301)

第六篇　区域概览

福州市社会发展综述 …… (305)
鼓楼区社会发展概况 …… (308)
台江区社会发展概况 …… (310)
仓山区社会发展概况 …… (312)
晋安区社会发展概况 …… (314)
马尾区社会发展概况 …… (316)
长乐区社会发展概况 …… (318)
福清市社会发展概况 …… (320)
闽侯县社会发展概况 …… (322)
连江县社会发展概况 …… (324)
闽清县社会发展概况 …… (326)
罗源县社会发展概况 …… (328)
永泰县社会发展概况 …… (330)
厦门市社会发展综述 …… (332)
思明区社会发展概况 …… (335)
湖里区社会发展概况 …… (337)
集美区社会发展概况 …… (339)
海沧区社会发展概况 …… (341)
同安区社会发展概况 …… (343)
翔安区社会发展概况 …… (345)
漳州市社会发展综述 …… (347)
芗城区社会发展概况 …… (350)
龙文区社会发展概况 …… (352)
龙海市社会发展概况 …… (354)
漳浦县社会发展概况 …… (356)
云霄县社会发展概况 …… (358)
诏安县社会发展概况 …… (360)
东山县社会发展概况 …… (362)
平和县社会发展概况 …… (364)
南靖县社会发展概况 …… (366)
长泰县社会发展概况 …… (368)
华安县社会发展概况 …… (370)
泉州市社会发展综述 …… (372)
鲤城区社会发展概况 …… (375)
丰泽区社会发展概况 …… (377)

洛江区社会发展概况 …… (379)
泉港区社会发展概况 …… (381)
石狮市社会发展概况 …… (383)
晋江市社会发展概况 …… (385)
南安市社会发展概况 …… (387)
惠安县社会发展概况 …… (389)
安溪县社会发展概况 …… (391)
德化县社会发展概况 …… (393)
永春县社会发展概况 …… (395)
三明市社会发展综述 …… (397)
三元区社会发展概况 …… (400)
梅列区社会发展概况 …… (402)
永安市社会发展概况 …… (404)
清流县社会发展概况 …… (406)
宁化县社会发展概况 …… (408)
建宁县社会发展概况 …… (410)
泰宁县社会发展概况 …… (412)
明溪县社会发展概况 …… (414)
将乐县社会发展概况 …… (416)
沙县社会发展概况 …… (418)
尤溪县社会发展概况 …… (420)
大田县社会发展概况 …… (422)
莆田市社会发展综述 …… (424)
仙游县社会发展概况 …… (427)
荔城区社会发展概况 …… (429)
城厢区社会发展概况 …… (431)
涵江区社会发展概况 …… (433)
秀屿区社会发展概况 …… (435)
南平市社会发展综述 …… (437)
延平区社会发展概况 …… (440)
建阳区社会发展概况 …… (442)
邵武市社会发展概况 …… (444)
武夷山市社会发展概况 …… (446)
建瓯市社会发展概况 …… (448)
顺昌县社会发展概况 …… (450)
浦城县社会发展概况 …… (452)
光泽县社会发展概况 …… (454)
松溪县社会发展概况 …… (456)
政和县社会发展概况 …… (458)
龙岩市社会发展综述 …… (460)
新罗区社会发展概况 …… (463)

永定区社会发展概况 …………(465)
上杭县社会发展概况 …………(467)
武平县社会发展概况 …………(469)
长汀县社会发展概况 …………(471)
连城县社会发展概况 …………(473)
漳平市社会发展概况 …………(475)
宁德市社会发展综述 …………(477)
蕉城区社会发展概况 …………(480)
福安市社会发展概况 …………(482)
福鼎市社会发展概况 …………(484)
霞浦县社会发展概况 …………(486)
寿宁县社会发展概况 …………(488)
周宁县社会发展概况 …………(490)
柘荣县社会发展概况 …………(492)
古田县社会发展概况 …………(494)
屏南县社会发展概况 …………(496)
平潭综合实验区社会发展综述 …………(498)

第七篇　统计数据

综　合
福建省行政区划（2020 年底） …………(503)
平均每天主要社会经济活动 …………(503)
全省法人单位数和从业人员数（2020 年） …………(505)
各设区市按行业门类分的法人单位数（2020 年） …………(510)
各设区市按机构类型分的法人单位数（2020 年） …………(510)
人口　就业　工资
主要年份年末常住人口及人口变动 …………(511)
各种受教育程度占总人口的比重 …………(511)
家庭户类型构成 …………(511)
七次全国人口普查人口基本情况 …………(512)
就业基本情况 …………(513)
全社会就业情况（年底数） …………(514)
城镇非私营单位企业、事业、机关年末在岗职工人数 …………(514)
城镇非私营单位企业、事业、机关在岗职工含劳务派遣人员平均工资 …………(515)
城镇非私营单位在岗职工含劳务派遣人员平均工资 …………(515)
城镇非私营单位就业人员平均劳动报酬（2020 年） …………(516)
城镇私营单位就业人员平均劳务报酬 …………(517)
人民生活
主要年份城乡居民家庭人均收入 …………(518)
城镇居民人均可支配收入及构成 …………(518)

城镇居民人均生活消费支出 ……………………………………………………………………… (518)
城镇居民人均生活消费支出构成 ………………………………………………………………… (519)
农村居民按收入五等分分组的人均可支配收入 ………………………………………………… (519)
农村居民人均生活消费支出 ……………………………………………………………………… (519)
农村居民人均生活消费支出构成 ………………………………………………………………… (520)
设区市城镇居民人均可支配收入（2020 年） …………………………………………………… (520)
设区市城镇居民人均生活消费支出（2020 年） ………………………………………………… (520)
设区市农村居民人均可支配收入（2020 年） …………………………………………………… (521)
设区市农村居民人均生活消费支出（2020 年） ………………………………………………… (521)
科　技
主要年份研究与试验发展（R&D）人员情况 …………………………………………………… (522)
各单位技术买卖情况 ……………………………………………………………………………… (522)
研究与试验发展（R&D）活动指标 ……………………………………………………………… (522)
各类型专利申请和授权情况 ……………………………………………………………………… (523)
各单位专利申请授权情况 ………………………………………………………………………… (524)
技术市场基本情况 ………………………………………………………………………………… (524)
技术市场合同数与合同金额情况（2020 年） …………………………………………………… (524)
地方国有企事业单位专业技术人员数 …………………………………………………………… (525)
地方国有企事业单位各行业技术人员数 ………………………………………………………… (525)
教　育
主要年份专任教师数和在校学生数 ……………………………………………………………… (527)
各级各类民办教育基本情况（2020 年） ………………………………………………………… (527)
各类学校数 ………………………………………………………………………………………… (527)
各类学校专任教师数 ……………………………………………………………………………… (528)
各类学校在校学生数 ……………………………………………………………………………… (528)
各类学校招生数 …………………………………………………………………………………… (528)
各类学校毕业生数 ………………………………………………………………………………… (528)
研究生数 …………………………………………………………………………………………… (528)
职业技术培训机构基本情况（2020 年） ………………………………………………………… (529)
分科研究生数（2020 年） ………………………………………………………………………… (529)
普通高等学校本科分科学生情况 ………………………………………………………………… (530)
普通高等学校专科分科学生数（2020 年） ……………………………………………………… (531)
成人高等学校分科学生情况 ……………………………………………………………………… (532)
成人高等学校专科分科学生数（2020 年） ……………………………………………………… (533)
中等职业教育分科学生数（2020 年） …………………………………………………………… (533)
技工学校数、学生数和专任教师数 ……………………………………………………………… (534)
小学学龄儿童入学率升学率和初中升学率 ……………………………………………………… (534)
文　化
主要年份文化事业情况 …………………………………………………………………………… (535)
主要年份各类文化事业机构数 …………………………………………………………………… (535)
群众文化（艺术）馆站业务活动及经费情况（2020 年） ……………………………………… (535)

艺术表演团体按剧种分演出情况（2020 年） …………………………………………………………… (536)
图书馆、博物馆情况 …………………………………………………………………………………… (536)
图书出版情况 …………………………………………………………………………………………… (537)
图书出版分类情况（2020 年） ………………………………………………………………………… (537)
书刊报纸出版情况 ……………………………………………………………………………………… (538)
音像电子出版物出版情况 ……………………………………………………………………………… (538)
广播电视事业发展情况 ………………………………………………………………………………… (538)
广播电视制作播出情况 ………………………………………………………………………………… (539)
各设区市有线电视用户数 ……………………………………………………………………………… (540)
各设区市电视节目综合人口覆盖率 …………………………………………………………………… (540)

体　育

当年在聘技术等级运动员人数 ………………………………………………………………………… (541)
竞技体育比赛奖牌情况 ………………………………………………………………………………… (541)

卫　生

主要年份卫生机构和人员情况 ………………………………………………………………………… (542)
各类卫生机构数 ………………………………………………………………………………………… (542)
各类卫生机构床位数 …………………………………………………………………………………… (543)
各类卫生技术人员数 …………………………………………………………………………………… (543)
各类卫生机构情况（2020 年） ………………………………………………………………………… (543)
基层医疗卫生机构情况（2020 年） …………………………………………………………………… (544)
农村村级卫生组织情况 ………………………………………………………………………………… (544)
各类医院医疗服务情况 ………………………………………………………………………………… (545)
医院、卫生院、妇幼保健院医疗服务情况（2020 年） ……………………………………………… (545)
防病工作情况 …………………………………………………………………………………………… (545)
法定报告传染病发病及死亡情况（2020 年） ………………………………………………………… (545)
前十位疾病死亡原因及构成（2020 年） ……………………………………………………………… (546)

民　政

主要年份婚姻登记情况 ………………………………………………………………………………… (547)
社会救济情况 …………………………………………………………………………………………… (547)
提供住宿的社会服务机构数 …………………………………………………………………………… (548)
提供住宿的社会服务机构基本情况（2020 年） ……………………………………………………… (548)

司　法

主要年份律师、公证、调解工作情况 …………………………………………………………………… (549)
国内公证业务分类情况（2020 年） …………………………………………………………………… (550)

社会保险

主要年份社会保险情况 ………………………………………………………………………………… (551)
各设区市主要社会保险参保人数（2020 年） ………………………………………………………… (552)
各设区市城镇基本养老保险人数（2020 年） ………………………………………………………… (553)

市县数据

年末户籍统计人口数（2020 年） ……………………………………………………………………… (554)
年末常住人口数（2020 年） …………………………………………………………………………… (557)

城镇非私营单位在岗职工（含劳务派遣人员）平均工资（2020年） ……（560）
城乡居民人均可支配收入（2020年） ……（563）
普通教育专任教师及在校学生数（2020年） ……（566）
卫生主要指标（2020年） ……（569）
社会保险和低保情况（2020年） ……（572）

第八篇　政策选编

福建省社会发展政策选编

中共福建省委办公厅关于认真组织学习《习近平在厦门》《习近平在宁德》两部采访实录的通知 ……（579）
中共福建省委办公厅印发《关于持续解决困扰基层的形式主义问题为决胜全面建成小康社会提供坚强作风保证的若干措施》 ……（581）
福建省人民政府关于印发福建省划转部分国有资本充实社保基金实施方案的通知 ……（584）
福建省人民政府关于印发进一步做好稳就业保就业工作若干措施的通知 ……（588）
福建省人民政府办公厅关于印发福建省生态环境监管能力建设三年行动方案（2020—2022年）的通知 ……（592）
福建省人民政府办公厅关于印发健康福建行动实施方案的通知 ……（595）
福建省教育厅等五部门关于印发进一步深化高考加分改革工作实施方案的通知 ……（601）
福建省科学技术厅印发《关于破除科技评价中“唯论文”不良导向的若干措施（试行）》的通知 ……（603）
关于进一步贯彻落实《深化户籍制度改革促进基本公共服务均等化的若干措施》有关事项的通知 ……（606）

各设区市社会发展政策选编

福州市人民政府办公厅印发关于进一步降低落户条件壮大人口规模若干措施的通知 ……（609）
厦门市人民政府关于实施鼓励和促进民办教育优质发展若干措施的通知 ……（610）
漳州市人民政府办公室关于进一步推进医疗卫生行业综合监管工作的实施意见 ……（614）
泉州市人民政府关于印发泉州市促进科技成果转移转化若干意见的通知 ……（618）
三明市人民政府办公室关于进一步加强保障性住房建设和管理工作的意见 ……（622）
莆田市人民政府办公室关于印发莆田市开展“保基本民生”工作方案的通知 ……（626）
南平市人民政府关于加强新时代文物保护利用工作的实施意见 ……（629）
龙岩市人民政府关于取消和下放一批行政许可事项的通知 ……（632）
宁德市人民政府办公室关于印发健康宁德行动实施方案的通知 ……（635）
平潭综合实验区管委会关于调整实验区城镇职工基本医疗保险有关政策的通知 ……（639）

第九篇　荣誉成果

中央宣传部授予闽宁对口扶贫协作援宁群体“时代楷模”称号 ……（643）
国家科学技术奖福建省获奖成果 ……（644）
2019年度福建省科学技术奖获奖名单 ……（645）
厦门大学获国家社科基金重大项目名单 ……（659）

华侨大学科研团队获商务部（2019）商务发展研究成果奖 …… (659)
福州·定西东西部扶贫协作入选“联合国全球减贫案例” …… (660)
福建省四个城市获评第六届全国文明城市 …… (660)
仙游县获评“全国政府采购百强县” …… (661)
福建省奖励跻身全国县级财政管理绩效先进县市名单 …… (661)
福建省上榜国家县城新型城镇化建设示范名单 …… (662)
福建省新增国家级慢性病综合防控示范区名单 …… (662)
福建省入选首批国家森林康养基地名单 …… (663)
福建省获评全国十佳林场名单 …… (663)
福建省三景区入围三项榜单 …… (664)
福建省获评全国节水型社会建设达标县（区）名单 …… (664)
福建八县（市）获得国家级生态新名片 …… (665)
福建省4镇40村获评全国乡村治理示范村镇 …… (665)
福建省统战系统先进集体和先进工作者名单 …… (666)
福建省党校（行政学院）系统先进集体和先进工作者名单 …… (669)
福建省广播电视系统先进集体和先进工作者名单 …… (671)
福建省荣获全国抗击新冠肺炎疫情先进个人和集体名单 …… (673)
福建受表彰的全国卫生健康系统疫情防控先进集体和先进个人名单 …… (674)
福建省红十字会系统先进集体和先进工作者名单 …… (675)
福建省档案系统先进集体和先进工作者名单 …… (676)
福建省2020年省级一流本科课程名单 …… (678)
福建省示范性现代职业院校名单 …… (708)
第四批福建省规范化中等职业学校名单 …… (711)
福建省高水平示范性老年大学和达标老年大学名单 …… (712)
福建省乡村温馨校园建设典型案例学校名单（第一批） …… (716)
福建省特殊教育标准化学校名单 …… (717)
福建省第四批省级历史文化街区名单 …… (718)
福建省财政对13个生活垃圾分类示范街镇给予补助 …… (718)
福州“12345”获全国政务热线评比省会城市第一 …… (719)
福建省首批省级金牌调解工作室名单 …… (719)

第十篇　年度人才

福建省受国家部委表彰并享受省部级表彰奖励获得者待遇人员名单 …… (723)
福建三位青年科学家获本年度“科学探索奖” …… (727)
福建再添全国曲艺界最高奖——“牡丹奖表演奖” …… (728)
福建六名医务工作者获评“中国好医生、中国好护士”抗疫特别人物 …… (728)
福建省荣获全国青年岗位能手（标兵）称号人员名单 …… (729)
生态环境部表彰2019年全国执法大练兵先进福建名单 …… (729)
第一期福建省语言文字专家库专家名单 …… (730)
福建省优秀教师和优秀教育工作者名单 …… (733)

国家健康科普专家库首批成员福建专家名单 ……………………………………………………………………（744）
2020 年度福建省“最美退役军人”名单 ………………………………………………………………………（745）
“福建最美监狱人民警察”名单……………………………………………………………………………（745）
福建省中小学（幼儿园）正高级教师名单 ……………………………………………………………………（746）
福建省技校系列正高讲师任职资格人员名单 …………………………………………………………………（748）
福建省中等职业学校正高级职务任职资格人员名单 …………………………………………………………（748）
福建省新闻系列正高级职务任职资格人员名单 ………………………………………………………………（749）
福建省社会科学研究系列高级职务任职资格人员名单 ………………………………………………………（750）
福建省自然科学研究系列高级专业技术职务任职资格人员名单 ……………………………………………（750）
福建省党校系统教师高级职务任职资格人员名单 ……………………………………………………………（751）
福建省技校系列教师高级职务任职资格名单 …………………………………………………………………（752）
福建省文物博物系列高级职务任职资格人员名单 ……………………………………………………………（753）
福建省图书资料系列高级职务任职资格人员名单 ……………………………………………………………（754）
福建省群众文化系列研究馆员任职资格人员名单 ……………………………………………………………（755）
福建省艺术系列高级职务任职资格人员名单 …………………………………………………………………（756）
福建省高级教练职务任职资格人员名单 ………………………………………………………………………（757）
福建省翻译系列高级职务任职资格人员名单 …………………………………………………………………（758）
福建省档案系列研究馆员职务任职资格人员名单 ……………………………………………………………（758）
福建省卫生系列高级专业技术职务任职资格人员名单 ………………………………………………………（759）
福建省基层卫生高级专业技术职务任职资格人员名单 ………………………………………………………（763）
福建省律师、公证员系列高级职务任职资格人员名单 ………………………………………………………（764）
福建省出版系列高级职务任职资格人员名单 …………………………………………………………………（765）
福建省技校系列副高级职务任职资格人员名单 ………………………………………………………………（766）
福建省群众文化系列副研究馆员任职资格人员名单 …………………………………………………………（767）
福建省新闻系列副高级职务任职资格人员名单 ………………………………………………………………（768）
福建省广播电视播音系列副高级职务任职资格人员名单 ……………………………………………………（770）
第十三届福建省大学生职业规划大赛获奖结果 ………………………………………………………………（771）
福建省第二批高校“双带头人”教师党支部书记工作室建设名单 …………………………………………（775）
福建省 2020 年乡村优秀青年教师培养奖励计划人选名单 …………………………………………………（776）
2020 年“庄采芳庄重文奖学金”获奖学生名单 ………………………………………………………………（779）

第一篇 文献特载

中共福建省委关于坚决贯彻落实习近平总书记重要指示精神、加强党的领导、为打赢疫情防控阻击战提供坚强政治保证的通知

各市、县（区）党委，平潭综合实验区党工委，省委各部、委、办，省直各委、办、厅、局，总公司党组（党委），各人民团体党组，各大学党委：

为了坚决贯彻落实习近平总书记关于新型冠状病毒感染的肺炎疫情防控工作的重要讲话重要指示批示精神，特别是1月27日关于各级党组织和广大党员干部要在打赢疫情防控阻击战中发挥积极作用的重要指示精神，按照《中共中央关于加强党的领导、为打赢疫情防控阻击战提供坚强政治保证的通知》要求，结合我省当前疫情防控工作实际，现就有关事项通知如下：

一、提高政治站位，切实把打赢疫情防控阻击战作为当前的重大政治任务

新型冠状病毒感染的肺炎疫情发生以来，以习近平同志为核心的党中央高度重视，习近平总书记多次作出重要指示，多次主持召开会议，对疫情防控工作进行研究部署、提出明确要求，彰显了深厚的为民情怀，为我们做好疫情防控工作提供了根本遵循。全省各级党委（党组）要深入学习领会、认真贯彻落实习近平总书记重要讲话重要指示批示精神，进一步提高政治站位，增强“四个意识”、坚定“四个自信”、做到“两个维护”，切实把疫情防控作为重大政治任务、当前最重要的工作和头等大事，争分夺秒、全力以赴，坚决打赢疫情防控阻击战。要时刻牢记人民利益高于一切，把人民群众生命安全和身体健康放在第一位，把防控疫情斗争作为践行初心使命、体现担当作为的试金石和磨刀石，把党的政治优势、组织优势、密切联系群众优势转化为疫情防控的强大政治优势，坚持统一领导、统一指挥、统一行动，全面贯彻坚定信心、同舟共济、科学防治、精准施策的要求，确保把习近平总书记重要讲话重要指示批示精神和党中央重大决策部署落实到基层、落实到各领域、落实到各项具体工作中，让党旗在防控疫情斗争第一线高高飘扬。

二、积极担当作为，切实做到守土有责、守土担责、守土尽责

各级领导班子和领导干部要深刻认识疫情的严峻性和复杂性，科学判断形势、精准把握疫情，切实担负起主体责任和第一责任，把疫情防控作为政治能力、工作能力、工作作风的重要检验，勇于担当、忠诚履职，在疫情防控斗争中挺身而出、英勇奋斗、扎实工作。特别是各级党政主要负责同志要率先垂范、以身作则，坚守岗位、靠前指挥，深入一线及时掌握疫情、及时发声指导、及时采取行动，攻坚薄弱环节，严而又严、实而又实、细而又细做好各项防控工作。要在疫情防控一线考察识别、评价使用干部，把领导班子和领导干部在疫情防控斗争中的实际表现作为考察其政治素质、宗旨意识、全局观念、驾驭能力、担当精神的重要内容，对表现突出的要表扬表彰、大胆使用，对缺少担当的要及时调整。要坚持失责必问、问责必严，对贯彻落实疫情防控决策部署行动迟缓、作风飘浮、工作不力，甚至弄虚作假、失职渎职的，要从严查处、严肃问责。各级组织部门、纪检监察部门要在各级党委领导下，积极主动履职，有效发挥作用。

三、提升基层组织力，切实发挥基层党组织战斗堡垒作用和共产党员先锋模范作用

各级党委（党组）要激励引导广大党员干部在抗击疫情一线担当作为，在危难时刻挺身而出，做敢于斗争、善于斗争的战士，努力做到哪里任务险重哪里就有党组织坚强有力的工作、哪里就有党员当先锋作表率。要充分发挥组织优势，落实联防联控措施，织密建强疫情防控工作网。公立医院和医疗卫生单位党组织要科学决策、靠前指挥，组织动员广大专家和医护人员中的党员干部冲锋在前、迎难而上、勇挑重担，在医疗救护、科研攻关、基础预防等岗位发挥先锋作用。乡镇（街道）、村（社区）党组织要落实属地管理责任，牢牢守好第一道防线，组织党员干部带头分片包网格，开展全覆盖、零遗漏登记排查，深入细致、讲究方法地做好疫情监测、排查、预警、防控等工作。机关、学校、企事业单位、科研院所和“两新组织”党组织要按照统一部署，及时采取有效措施，扎实做好本部门本单位本行业的疫情防控工作。要落实好联系群众制度，广泛动员群众、组织群众、凝聚群众，组织党员干部深入社区、农村做好群众思想政治工作和政策措施宣传解读工作，把疫情特点、防控措施要求、防控救治政策等讲清楚，让群众明白疫情的严重性、采取防控措施的重要性，切实稳定情绪、增强信心，不信谣、不传谣，当好群众的贴心人和主心骨，紧紧依靠人民群众坚决打赢疫情防控阻击战。

四、加强组织领导，切实形成打赢疫情防控阻击战的强大合力

各级党委（党组）要加强组织领导，强化“一盘棋”意识，坚持“外防输入、内防扩散”，统筹抓好遏制疫情蔓延、保障物资供应、整合医护力量、引导社会舆论、应急值班值守等工作任务，组织各方力量有效防控疫情，确保责任层层落实、工作层层落实。要充分发挥各级党委和政府应对新型冠状病毒感染肺炎疫情工作领导机构和工作机构的作用，落实信息发布机制、部门协调机制、上下联动机制、问题处置机制，实现各方资源利用效益最大化、力量联动作用发挥最大化。要强化市场供应保障和监管，加强物资生产、调度和协调工作，确保防控救治工作所需各类物资供应充足，确保人民群众基本生活需求。要关心关爱奋战在疫情防控斗争一线的专家和医护人员，采取务实、贴心、到位的举措，做好防护设备设置、防护措施落实等，帮助疫情防控斗争一线的专家和医护人员解决实际困难，解除后顾之忧。要准确、公开、透明地发布疫情防控信息，依法打击虚构疫情信息、散布谣言生事等违法行为。要及时总结宣传各级党组织和广大党员干部在疫情防控斗争中涌现出的先进典型和感人事迹，凝聚起众志成城、全力以赴、共克时艰的强大正能量。

各级党委（党组）动员党组织和广大党员干部在防控疫情斗争中发挥作用的情况，要及时报告省委。

中共福建省委

2020 年 1 月 30 日

中共福建省委办公厅　福建省人民政府办公厅印发《关于促进劳动力和人才社会性流动体制机制改革的若干措施》

2020年10月15日东南网发布：近日，中共福建省委办公厅、福建省人民政府办公厅印发《关于促进劳动力和人才社会性流动体制机制改革的若干措施》，并发出通知，要求各地各部门结合实际认真贯彻落实。

《关于促进劳动力和人才社会性流动体制机制改革的若干措施》公布如下：

为深入学习贯彻习近平新时代中国特色社会主义思想，促进劳动力和人才社会性流动体制机制改革，根据《中共中央办公厅、国务院办公厅印发〈关于促进劳动力和人才社会性流动体制机制改革的意见〉的通知》，结合我省实际，现提出以下措施。

一、实施就业优先政策，创造社会性流动机会

（一）壮大流动经济基础

落实全方位推动高质量发展超越要求，把稳定和扩大就业作为经济社会发展的优先目标，统筹发展资本密集型、技术密集型、知识密集型和劳动密集型产业，实施一、二、三产业“百千”增产增效和保产业链供应链稳定等行动，促进新产业新业态新模式发展，创造更充分的流动机会。聚焦新兴产业发展和传统产业提升，组织实施一批产业化专项，培育智慧农业、现代物流等产业，提供更高质量流动机会。

（二）强化公共就业服务

构建多元化供给体系、多渠道供给机制，保障城乡劳动者享有平等的就业权利，逐步实现就业扶持政策常住人口全覆盖。实施困难行业和中小微企业帮扶行动，落实助企纾困政策，保住更多就业岗位。强化高校毕业生就业服务，引导退役军人、农民工就近就地就业创业，有针对性开展岗位技能提升培训、就业技能培训和创业培训，加大开发公益性岗位安置就业困难人员。

二、推动区域协调发展，促进社会性流动均衡

（三）优化发展格局，推进城乡流动

以中心城市和城市群为主体构建大中小城市和小城镇协调发展格局，拓宽城市间流动空间。做大做强福州、厦门、泉州等中心城市，建设福州都市圈和厦漳泉都市圈。推进新型城镇化建设和乡村振兴战略实施，稳步推进全省乡镇撤并，做大中心镇，引导城乡各类要素双向流动、平等交换、合理配置。

（四）强化陆海统筹，推进山海联动

持续推进闽东北、闽西南两大协同发展区产业创新协作协同，培育超千亿元重大产业集群，提升山海协作产业园发展水平，促进区域间流动机会均衡。

（五）深化两岸人力资源融合，推进闽台互动

台湾居民来闽就业创业，按规定同等享受我省居民就业创业优惠政策。探索选拔引进台湾优秀毕业生到国有企业、高校、科研院所、医疗等领域工作的有效途径。对国有企业招聘的台湾人才实行薪酬单列。鼓励闽台人力资源机构互设分支机构和加强交流合作。扩大直接采认台湾地区职业资格范围，实施对台职业技能等级认定试点工作，鼓励来闽台湾居民参加社会保险。针对台湾青年不同群体，组织实施学习交流、研学旅行、社团结对、体验对接等活动。

三、推进创新创业创造，激发社会性流动活力

（六）支持产研合作增动力

科研人员在同一事业单位申请离岗创办企业最长可延至6年，兼职创新、在职创办企业人员可在兼职单位或创办企业申报职称，到企业兼职创新人员与企业职工同等享有获取报酬、奖金、股权激励权利。

（七）推进平台建设育能力

加强基础和应用基础研究，加快省创新实验室建设，优化省重点实验室布局，完善高校“三创”教育体系，推进高水平科技成果转化。高质量建设一批科技企业孵化器、众创空间、星创天地、人才驿站和返乡下乡人员创业创新园区（基地）等平台，鼓励劳动者通过创业实现个人发展。

（八）优化服务环境挖潜力

深化商事制度集成化改革，压缩企业开办时间，依法放宽准营限制和市场准入，推动更多服务事项“一网通办”。发挥银行、小额贷款公司、创业投资、股权和债券等融资渠道作用，提高民营企业和中小微企业融资可获得性。

四、完善基本公共服务，夯实社会性流动保障

（九）深化户籍制度改革，牵引区域流动

城区常住人口300万以下的城市取消落户限制，城区常住人口300万至500万的大城市放宽落户条件。优先解决农村学生升学和参军进入城镇的人口、在城镇就业居住5年以上和举家迁徙的农业转移人口以及新生代农民工进城落户问题。对进城落户的农业转移人口，保留其农村集体经济组织成员资格。探索实施促进城乡就业创业的落户政策，开辟租赁经住建部门租赁备案登记的私有住房落户政策通道。全面放开先进模范人物和高层次人才、高技能人才落户限制。

（十）健全基本公共服务体系，满足流动需求

常住人口享有与户籍人口同等的教育、就业创业、社会保险、医疗卫生、住房保障等基本公共服务。健全基本住房保障制度，加大公共租赁住房供给，将公共租赁住房保障范围扩大到非户籍人口。实行统一的城乡居民基本养老保险和医疗保险制度，完善社保缴费长效机制，稳步提高待遇水平。探索推进门诊费用异地直接结算，提升就医费用报销便利程度。完善城乡医疗卫生服务体系，健全城市医疗卫生人才对口支援农村制度，支持医师多点执业。

五、深化用人制度改革，健全人才流动机制

（十一）推进人才跨所有制双向流动

进一步畅通企业、社会组织人员进入党政机关、国有企事业单位渠道，国有企业、高等院校和科研院所等事业单位中从事公务的人员，可按规定进入机关担任领导职务或四级调研员以上及其他相当层次的职级。优化国有企事业单位面向社会选人用人机制，深入推行国有企业分级分类公开招聘。落实基本养老保险关系跨地区跨制度转移接续办法。

（十二）推动人才面向基层流动

原中央苏区县和省级扶贫开发工作重点县乡镇招考职位，可根据实际予以适当照顾。继续实施从优秀村（社区）主干中考录乡镇（街道）机关公务员工作。山区县及县以下事业单位可以拿出一定数量岗位面向本县、本市或周边县市户籍人员（生源）招聘，对报考人数不足的急需紧缺岗位，可降低开考比例。统筹实施“三支一扶”等基层服务项目，加大政策扶持力度，引导高校毕业生面向基层就业。

六、发展人力资源市场，完善人员流动服务

（十三）促进人力资源服务业高质量发展

推进福建省人力资源市场条例立法工作，研究完善新时代促进人力资源服务业高质量发展的政策措施，建设统一开放、竞争有序的人力资源市场，为劳动力和人才流动配置提供专业化服务。

（十四）推进档案服务信息化便利化

加强流动人员人事档案基本公共服务，流动人员人事档案按规定存放在公共就业服务机构、公共人才服务机构等档案管理服务机构。加快档案管理服务信息化建设，逐步实现档案转递线上申请、异地通办。研究制定各类民生档案服务促进劳动力和人才社会性流动的具体举措。

七、完善评价激励机制，增强社会性流动动力

（十五）优化基层岗位设置，拓展职业空间

按国家部署加快推行县以下事业单位管理岗位职员等级晋升制度，优化基层和扶贫一线教育、科技、医疗、农技等事业单位中高级专业技术岗位设置比例，探索不同类型事业单位岗位结构比例和最高等级的调整办法。

（十六）实施差异评价，激励职业发展

对长期在基层一线和艰苦边远地区工作的人才，加大爱岗敬业表现、实际工作业绩、工作年限等评价权重。对原中央苏区县和省级扶贫开发工作重点县专业技术人才合理设置评价指标，探索“定向评价、定向使用”的职称评聘制度。畅通非公有制经济组织、社会组织、自由职业专业技术人员职称申报渠道，推进社会化职称评审。

（十七）促进成果转化，提高人才收益

研究开发机构、高等院校等事业单位转化科技成果依法获得的收入全部留归本单位，纳入单位预算，并可按规定对完成或转化职务科技成果做出重要贡献的人员给予奖励和报酬，相关支出计入当年本单位绩效工资总量，但不受总量限制、不纳入总量基数。薪酬审核部门对国有企业科技成果完成人和为科技成果转化作出重要贡献人员的奖励，计入当年本单位工资总额，但不受当年本单位工资总额限制、不纳入本单位工资总额基数。

（十八）关爱基层干部人才，促进人才成长

落实乡镇工作补贴、乡村教师生活补助、农村卫生院卫技人员奖励等政策，进一步提高基层工作人员收入水平。完善新时代劳动模范和先进工作者评选办法，增加基层单位、一线岗位、技能人才评先选优比例。

八、加强技能人才培养，拓宽人员上升通道

（十九）促进职称制度与职业资格制度衔接

畅通工程技术领域高技能人才与工程技术人才职业发展通道，探索职业技能等级证书和学历证书互通衔接。深化技能人员职业资格制度改革，推行职业技能等级制度，支持企业、技工院校和社会培训评价组织按规定开展职业技能等级认定。

（二十）健全以需求为导向的技能人才培养机制

鼓励职业技术院校、技师学院深化产教融合，培育建设一批产业学院、高水平专业化产教融合实训基地和具有示范带动作用的职业教育集团（联盟）。全面推进企业新型学徒制，推动建立“校企双师”联合培养制度。

（二十一）完善以岗位价值为导向的技能人才激励机制

鼓励企业建立健全首席技师、金牌技师、名师带徒等制度，试行高技能领军人才年薪制和股权期权激励，按国家部署建立技能人才聘期制和积分晋级制度。支持用人单位打破学历、资历等限制，将工资分配、薪酬增长与岗位价值、技能素质、实绩贡献、创新成果等因素挂钩。

九、推进教育优先发展，保障发展起点公平

（二十二）推进城乡义务教育一体化发展

推进义务教育管理标准化学校创建，深化城区学校“小片区管理”、农村薄弱学校“委托管理”、集团化办学等改革。实行员生比和班师比相结合的编制配置方式，城市、县镇、农村学校编制标准统一。扩大普惠性学前教育资源供给，加快实施义务教育薄弱环节改善与能力提升工作规划项目，促进教育资源均衡配置。

（二十三）推进困难群体教育关爱工作

健全以居住证为主要依据的随迁子女义务教育入学政策，确保居住证持有人在居住地依法享受义务教育。鼓励有条件的地区开展随迁子女积分入学工作。落实困难学生资助政策，保障家庭经济困难学生及残疾学生等受教育权利。继续实施重点高校招收农村和贫困地区学生等计划，增加农村和贫困地区学生上大学和接受优质高等教育的机会。

十、强化社会救助保障，服务困难群众流动

（二十四）推进城乡低保统筹发展，提高困难群众流动能力

落实低保标准与最低工资标准挂钩调整机制，做到应保尽保。探索支出型贫困低保政策，进一步完善社会救助体系。落实临时救助工作机制，健全兜底有力、响应及时、覆盖全面的救急救难机制。

（二十五）关爱留守妇女儿童，减少流动后顾之忧

健全农村留守妇女关爱服务体系，将符合条件的农村留守妇女家庭纳入最低生活保障、临时救助等社会救助范围。健全农村留守儿童关爱保护和困境儿童关爱服务体系，推进区域性儿童福利机构、未成年人保护机构建设。

各地各有关单位要聚焦劳动力和人才社会性流动关键问题，加大资金保障力度，形成工作合力，抓好各项政策措施的贯彻落实。要进一步清理妨碍流动的法规规章和政策性文件，加强行政执法和仲裁队伍建设，保障劳动力和人才合法流动权益，营造良好社会性流动氛围。

福建省人民检察院工作报告

——2021 年 1 月 25 日在福建省第十三届人民代表大会第五次会议上

福建省人民检察院检察长　霍　敏

各位代表：

现在，我代表福建省人民检察院向大会报告工作，请予审议，并请省政协各位委员和其他列席人员提出意见。

2020 年主要工作

2020 年是全面建成小康社会和“十三五”规划收官之年，也是全面依法治国取得重大成就的一年。省人大常委会审议通过《关于加强新时代人民检察院法律监督工作的决定》，为检察工作发展提供有力支持。全省检察机关克服疫情影响育新机开新局，在省委和最高人民检察院领导下，在省人大及其常委会有力监督下，坚持以习近平新时代中国特色社会主义思想为指导，认真学习贯彻习近平法治思想，贯彻党的十九大和十九届二中、三中、四中、五中全会精神，落实省委十届十次、十一次全会部署，增强“四个意识”、坚定“四个自信”、做到“两个维护”，以高度的政治自觉、法治自觉、检察自觉履行法律监督职责。全年共办理各类案件 160808 件，其中审查逮捕案件 19719 件 29232 人，审查起诉案件 46112 件 65561 人，办理公益诉讼案件 2630 件，办理刑事、民事、行政诉讼监督案件 92347 件次。

一、站位全局主动作为，服务保障全方位推动高质量发展超越

认真学习贯彻习近平总书记关于统筹疫情防控和经济社会发展重要论述，围绕服务“六稳”“六保”和全方位推动高质量发展超越制定实施“15 条意见”，自觉在服务大局中担当作为。

依法履职服务保障疫情防控。面对突如其来的新冠肺炎疫情，全省三级检察院第一时间响应疫情防控命令，统筹自身防控和司法办案。全省共批捕扰乱医疗秩序、防疫秩序、市场秩序等涉疫犯罪 315 人，起诉 522 人，办理口罩等防疫物资监管、医疗废弃物处置、野生动物保护等领域公益诉讼案件 251 件。从一开始就注意把握法律政策，对情节轻微的涉疫犯罪从宽处理，依法不批捕 33 人，不起诉 30 人，最大限度减少社会对立面。省检察院挂牌督办涉疫案件 12 件，发布 2 批 9 个典型案例。响应党委政府号召，一批干警下沉基层参与联防联控、保障复工复产。莆田市检察院李望厦同志牺牲在抗疫一线，用生命书写检察担当。

深入推进扫黑除恶专项斗争。落实“六清”行动部署，集中力量打好为期三年的扫黑除恶专项斗争收官战。开展专项斗争以来，先后联合有关部门制定 18 个文件，建立证据收集指引、办案质量保障等 10 项机制，全省共提前介入涉黑涉恶犯罪 717 件，批捕 5090 人，起诉 7295 人，2020 年底前受理的涉黑涉恶案件全部办结起诉。坚守“是黑恶犯罪一个不放过、不是黑恶犯罪一个不凑数”底线，对全部涉黑和重大涉恶案件由省检察院统一把关，侦查机关以涉黑涉恶移送审查起诉的，检察机关依法不认定760件；未以涉黑涉恶移送的，依法认定266件。聚焦深挖彻查，坚决打伞破网，省检察院联合省纪委监委制定严惩司法工作人员涉黑涉恶腐败和充当“保护伞”问题四项协作机制，向纪委监委移送“保护伞”线索618条，起诉142人，检察机关直接立案侦查“保护伞”30人。深入打财断血，认定黑财30.46亿元，对涉黑涉恶案件财产刑执行情况全面核查。推动行业治乱，开展“一案一整治”，提出检察建议1106件。

全力服务打好三大攻坚战。护航金融安全。批捕洗钱等破坏金融管理秩序犯罪712人，起诉1323人。与金融监管部门共同落实最高检“三号检察建议”，合力推进金融风险领域专项整治。助力脱贫攻坚。严惩扶贫领域职务犯罪，推动扶贫领域涉案财物快速返还。对因案致贫返贫的案件当事人或近亲属应救尽救，发放司法救助金970万余元。省检察院认真做好挂钩扶贫云霄县工作，牵头落实帮扶项目59个、帮扶资金4784万余元，选派一批干警驻村和援藏援疆。守护清新福建。联合有关部门开展打击危险废物等专项行动，批捕破坏生态环境资源犯罪377人，起诉1709人，办理生态领域公益诉讼案件1382件。开展“守护海洋”等专项监督，省检察院与有关部门建立涉海洋保护17项协作机制，推行“五并”海洋生态环境检察保护模式。莆田市检察院开展湄洲岛海域、木兰溪全流域保护，三明、南平、漳州等地推行“河（湖）长+检察长”工作机制，共护绿水青山。

坚定支持企业经营发展。坚持依法保障企业权益与促进守法合规经营并重，坚定支持国有企业改革发展，保障民营企业发展壮大。泉州市检察院建立“司法+征信”机制助力企业复工复产，宁德市检察院对接“万亿工业时代”推行19条服务措施，三明市检察院开展“联百企、结百亲、解百难”活动。严惩各类侵犯企业权益犯罪，对经营中涉嫌犯罪的民营企业负责人慎捕慎诉，依法不批捕202人，不起诉549人，对82名无羁押必要的民营企业负责人建议办案机关取保候审。对既未撤案又未移送审查起诉、长期搁置的涉民企“挂案”，组织专项清理，排查出88件，已督促结案71件，最大限度保证民营企业正常生产经营。最高检张军检察长就连城县一起涉民企刑事申诉案件到我省主持公开听证，在四级检察院共同努力下，双方当事人达成和解，涉案企业重回正常经营轨道。加大知识产权司法保护力度，省检察院组建知识产权检察办公室，实行知识产权刑事、民事、行政检察集中统一履职，推行主动告知被侵权企业诉讼权利制度，5个单位和个人获国家版权局表彰。持续落实服务保障台胞台企“18条意见”，创设“一室一员”工作机制，已设立涉台检察联络室（站、点）50个，聘请162名台胞担任涉台检察联络员，实现全省覆盖。漳州市检察院开展“走访百家台企”活动，平潭综合实验区检察院探索“一网三联”涉台司法服务模式，打造台胞台企身边的“微型检察院”。

二、更新理念强化监督，全面履行“四大检察”职能

秉持检察官客观公正立场，践行“双赢多赢共赢”等新时代司法检察理念，推进刑事检察、民事检察、行政检察、公益诉讼检察工作，推动建设更高水平平安福建、法治福建。

提升刑事检察办案质效。全面落实“捕诉一体”办案机制，共批捕各类刑事犯罪23780人，起诉56107人，同比分别下降33.8%和16.7%。依法严惩危害国家安全和影响社会稳定犯罪，起诉严重暴力犯罪1734人，起诉盗窃等多发性侵财犯罪11095人。加大惩治电信网络诈骗以及利用网络赌博、泄露个人信息等犯罪力度，起诉8473人。积极参与反腐败斗争，对各级监委移送的职务犯罪案件，决定逮捕198人，起诉305人，不起诉13人。依法起诉最高检指定管辖的安徽省高级人民法院原院长张坚受贿案，稳妥办好省监委移送的涂慕溪、黄建平等4起省管干部案件。检察机关对司法工作人员侵犯公民权利、损害司法公正犯罪立案侦查42人，坚决清除司法队伍中的害群之马。

落实少捕慎诉慎押司法理念，推行重大案件侦查终结前讯问合法性核查，对不构成犯罪或证据不足的决定不批捕3436人，不起诉912人。综合考量天理国法人情，对犯罪情节轻微、酌情可以从轻处理的依法从宽处理。福州市马尾区一名七旬老人因家庭贫困盗窃螃蟹为病重外孙女补充营养，检察机关依法不起诉，并协调有关部门救济、救助，彰显司法良知和人文关怀。立足在刑事诉讼中承前启后的职能作用，担起主导责任，适用认罪认罚从宽制度办理案件39588件，适用率达84.7%，量刑建议采纳率96.5%，一审服判率93.8%。福州、泉州市检察院探索轻刑案件嫌疑人从事社会公益服务诉前考察机制，莆田市检察院推行“48小时醉驾速裁”机制，让公平正义更快更好实现。

紧盯司法不公突出问题，加大对刑事立案、侦查、审判、执行活动监督力度。加强对立案和侦查活动同步监督，在35个公安机关执法办案管理中心设立派驻检察室，督促立案341件、撤案615件；联合公安机关对刑拘变更强制措施后未报捕未移诉的11026人开展核查，纠正侦查违法行为506件次，推动省公安厅开展专项执法检查，并纳入执法规范化绩效考评体系。对认为确有错误的刑事裁判提出抗诉198件，法院已改判、发回重审85件。同步审查减刑、假释、暂予监外执行31244人，监督纠正1306人。开展强制医疗执行专项检察，对全省42个强制医疗执行机构251名强制医疗对象逐人逐案监督。组织对全省15个监狱和26个看守所开展巡回检察，选派业务骨干参与对陕西省宝鸡监狱开展跨省交叉巡回检察，取得成效受到最高检通报肯定。

推进民事检察精准监督。认真学习民法典，加大民事诉讼监督力度，办理民事检察案件3466件，同比上升29.4%。加强类案监督，对有引领价值的典型案件提出民事抗诉52件，对其他确有错误的生效裁判和调解书提出再审检察建议263件。加大释法说理力度，对1346件依法不支持监督申请的案件，引导当事人认同正确裁判，共同维护司法权威。监督、支持法院解决执行难，对消极执行、违法纳入失信名单、明显超标的执行等发出检察建议732件，对省委政法委指定和检察机关随机抽取的556件民事执行案件开展评查，对拒不执行判决、裁定的批捕96人，起诉423人。深化虚假诉讼领域深层次违法行为监督，深挖涉黑涉恶“套路贷”背后的虚假诉讼，监督纠正210件，从中追究刑事责任24人。龙岩市检察院联合有关部门建立虚假诉讼线索移送受理绿色通道，协调重大案件办理，推动源头防范。省检察院针对虚假仲裁问题开展调研梳理，向最高检报告，最高检高度重视并向最高法发出“五号检察建议”。

加大行政检察监督力度。围绕维护司法公正、促进依法行政的共同法治目标，办理各类行政检察案件1605件，同比上升92.4%。针对一些行政诉讼得不到实体审理、行政争议难以实质化解问题，以事要解决为目标，通过监督纠正、促成和解、司法救助等方式实质性化解326件。率先探索行政争议实质性化解“路线图”工作机制，在全国检察机关推广。闽侯县一名当事人诉请法院撤销错误婚姻登记信息，因超过起诉期限等原因被裁定驳回，检察机关查实冒名骗婚及错误登记事实，促成民政部门注销错误婚姻登记信息，持续7年的争议得以化解。推进自然资源行政执法与行政检察衔接，规范没收违法建筑物处置。针对刑事处罚与行政处罚交叉、行政机关处罚不到位的问题，率先探索诉讼活动中涉及行政处罚法律监督，已提出监督意见224件，188名当事人受到行政处罚。

落实公益诉讼检察职责。2020年9月，省人大常委会听取和审议公益诉讼检察工作情况报告，给予充分肯定。检察机关落实审议意见，聚焦“五大领域”，开展“公益诉讼守护美好生活”等专项监督，办理民事公益诉讼339件、行政公益诉讼2291件，同比分别上升213.9%和115.9%。宁德市检察机关开展社会保障性住房行政公益诉讼专项监督，督促职能部门核查租住户10074户、清退违规住户153户。厦门、龙岩、平潭等地探索启用大数据应用平台、聘请观察员，助力公益诉讼办案。推广公益诉讼诉前圆桌会议机制，通过诉前磋商、告知函、公开送达等方式，推动政府相关职能部门形成合力。省检察院针对英烈纪念设施受损问题，联合福州军事检察院及有关部门举行公开听证，促成修缮英烈纪念设施60处。积极稳妥拓展办案范围，对人民群众反映强烈的安全生产、文物和文化遗产保护、公民个人信息保护等公益问题，探索立案673件。福州市检察机关开展“福州古厝”保护专项行动，泉州市检察机关组建文化遗产公益保护联盟，三明市检察机关开展万寿岩遗址周边生态环境治理专项监督，云霄县检察院推动有关部门为精神障碍患者办理残疾人证、发放补贴。

三、坚守初心为民司法，维护人民群众合法权益

落实以人民为中心，认真研究和解决法治领域人民群众反映强烈的突出问题，努力用法治保障人民安居乐业。

办好群众关心的身边“小案”。坚持“小案不小看、小案不小办”，用心办好每一起案件。落实食品药品安全“四个最严”要求，开展校园周边食品安全等专项监督，起诉制售假药劣药、有毒有害食品等犯罪135人，建议行政执法机关移送相关案件35件。探索建立惩罚性赔偿制度，法院判决支持惩罚性赔偿597万余元。推动有关部门完善食品药品失信惩戒机制，督促将291名违规生产经营者列入“黑名单”。连续三年组织开展“根治欠薪”专项监督活动，支持农民工起诉211件，帮助1673名农民工追讨欠薪4047万余元。针对媒体曝光的窨井“吃人、伤人”问题，在全国率先推进落实最高检“四号检察建议”，联合有关部门治理窨井盖安全问题。注重类案分析，针对南平市检察院办案中发现的被他人冒用身份实施犯罪现象，梳理共性问题推动治理。

真心真情办理群众信访。落实“群众信访件件有回复”制度，对新收的31267件群众信访，7日内程序回复率、3个月内办理过程或结果答复率100%。开展领导干部“大接访”活动，同步推进信访积案专项清理，各级院领导包案办理410件积案，已办结249件。宁德市检察院推行“检察长+第三方”联合接访模式，解法结、化心结，共同促进案结事了。为方便群众反映诉求，三级检察院统一建设集检察服务、检务公开等功能为一体的12309检察服务中心，提供高效便捷服务。

当好青春守卫者护航人。落实对未成年人的特殊、优先保护政策，严惩性侵、拐卖、校园欺凌等严重伤害未成年人犯罪，批捕1324人，起诉2178人；对涉嫌轻微犯罪并有悔罪表现的未成年人，依法不批捕268人，不起诉426人。落实最高检“一号检察建议”，全面推行侵害未成年人强制报告、性侵未成年人违法犯罪从业禁止等制度，对20余万名教育从业人员开展准入查询，发现刑事犯罪记录137人。在40个地方建立性侵未成年被害人“一站式”办案机制和专门场所，厦门市检察院联合司法行政部门创设未成年被害人“零门槛”法律援助制度。常态化开展法治进校园活动，873名检察官兼任法治副校长，省市县检察院班子成员全覆盖。探索联合有关部门组建未成年人保护联盟，推广福州“督促监护令”、漳州“春蕾安全员”、泉州“刺桐花”等做法。

推动法治观念深入人心。注重创新落实“谁执法谁普法”，以司法公信助推诚信建设，结合典型案例开展法治宣传，引导群众增强诚信理念、规则意识、契约精神。为让公平正义更加可触可感可信，将公开听证作为常态化办案机制全面推开，对一些有较大争议或有重大社会影响的案件，邀请代表委员、人民监督员等参与评议，共开展检察公开听证356场。全省检察机关同步开展宪法宣传周、检察宣传周活动，推进“一网两微八端”新媒体阵地建设，传递法治正能量。依托生态检察、涉台检察等六个特色检察展示平台，直观可视宣传检察职能和典型案例，开展法治教育，累计接待参观、学习3万余人次。

四、强基固本锻造队伍，提升检察履职水平

认真落实习近平总书记在中国人民警察警旗授旗仪式上的重要训词精神和建设德才兼备高素质法治工作队伍要求，坚持不懈抓实检察队伍和基层检察院建设。

持续强化党的政治建设。巩固深化“不忘初心、牢记使命”主题教育成果，用好《习近平在福建》系列采访实录等生动教材开展忠诚教育，推动“两个维护”发自内心、形成自觉。加强机关党建工作，开展模范机关和文明单位创建，集中展示党建成果。全省10个检察院被评为全国文明单位，省检察院连续三届被评为全国文明单位，202个集体和个人获省级以上表彰，涌现出“新时代最美检察官”吴美满等一批先进典型。

着力提升队伍履职能力。抓实检察业务培训，领导干部带头上讲台，办好“新福建检察大讲堂”，适应疫情防控形势提高网络视频培训比例，累计培训28517人次。组织全省优秀公诉人业务竞赛和论辩培训，3人获全国十佳公诉人提名、全国优秀公诉人称号。组织刑事案件听庭评议92场次，探索与监察机关联合听庭评议机制。组织民法典学习培训，联合省法院举办民事行政审判、执行、检察业务同堂培训，与法院、行政机关互派干部挂职交流40人次。省检察院依托学习沙龙区打造新型交流平台，龙岩市检察院传承红色基因、运用客家文化开展特色教育培训。加强检察理论研究，我省论文获奖数居全国检察机关前列。32个案例入选最高检指导性案例、典型案例，6个团队和个人被评为全国检察机关优秀办案团队和优秀办案检察官。

注重优化检察管理。定期开展业务态势分析和数据研判，推广部门主要职责说明书和个人岗位说明书制度。回应社会对办案效率的关切，分析实际发生的“案”与司法机关办理的“件”的关系，推行“案－件比”评价标准，配套开展检察官业绩考评，督导检察官避免不应有的程序空转。全年刑事案件“案－件比”降为1:1.51，减少了约3万个不必要的办案环节。落实司法责任制，入额院领导带头办理案件11094件，检察长列席审委会226次。

推进全面从严治检。自觉扛起全面从严治党政治责任，省检察院党组与驻院纪检监察组建立全面从严治党会商机制。抓好最高检党组巡视整改“回头看”，对检察人员被列入失信被执行人和“一家两制”问题开展专项整治。组织落实“捕诉一体”办案机制、适用认罪认罚从宽制度专项监督，修订检察官办案权力清单，防控廉政风险。严格落实过问或干预、插手司法办案等重大事项“三个规定”。自觉接受各级纪委监委及派驻机构监督，26名检察人员违纪违法被立案查处。

抓好基层检察院建设。开展“基层建设年”活动，组织专题调研，强化挂点联系、对口指导，梳理解决基层实际问题。理顺省以下地方检察院财物统管工作，将中央政法（检察）转移支付资金全部下达基层检察院。协调争取第二批聘用制书记员控制数636个，分三年下达。指导市县检察院开展“一院一亮点”品牌创建活动，6个基层院获评全国先进基层检察院。

五、自觉接受监督制约，让检察权在阳光下行使

主动向人大及其常委会报告工作，向政协通报工作情况，办结、反馈代表建议120件、委员提案37件。加强与代表委员经常性联系，邀请代表委员4222人次视察检察工作、参加检察活动。聘任各民主党派和无党派人士代表10人作为省检察院特约检察员，联合各级工商联邀请965名工商界人士参加“护航民企发展”检察开放日活动。强化履职制约，联合监察机关修订完善办案衔接机制，对公安机关提请复议复核的不捕、不诉案件更换承办人重新审查，对法院作出无罪判决的逐案开展评查。配合省司法厅选任新一届人民监督员80人，对检察办案开展监督。尊重和保障律师依法执业，律师专用通道和专门会谈室实现全覆盖。自觉接受社会监督，每季度公布检察机关主要办案数据，及时发布重要案件信息，主动与媒体互动，及时回应社会关切。

各位代表，过去一年检察工作的发展进步，是全省各级党委、人大、政府、政协、监委、法院和人大代表、政协委员以及社会各界关心、支持、帮助的结果。在此，我谨代表全省检察机关表示衷心感谢和崇高敬意！

我们清醒地认识到，在新的历史方位，检察工作还有不少问题和不足：一是检察理念还须更新、落实，服务全方位推动高质量发展超越措施不够精准。二是履行法律监督职能不够充分，重配合协调、轻监督制约问题仍然存在，民事、行政检察工作还有差距，运用公益诉讼保护公益成效不够凸显。三是司法体制改革配套措施不够完善，检察管理运行机制需要优化调整。四是检察监督能力现代化有差距，检察官素质能力还不适应，办理金融、网络等新类型案件能力不足。五是检察权监督制约机制尚待完善，极少数检察人员违纪违法问题仍有发生。六是基层基础工作仍需大力加强，人员力量不足、信息化建设滞后等问题突出。对这些问题，我们要采取切实有效措施，认真加以解决。

2021 年主要任务

2021 年是中国共产党成立 100 周年，也是实施“十四五”规划的开局之年。全省检察机关要坚持以习近平新时代中国特色社会主义思想为指导，立足新发展阶段，贯彻新发展理念，积极服务并深度融入新发展格局，全面落实党中央决策部署和省委、最高检工作要求，忠实履行法律监督职责，为全方位推动高质量发展超越提供更加有力法治保障。

一、深入学习贯彻习近平法治思想和党的十九届五中全会精神

组织开展习近平法治思想学习宣传研讨实践活动，开展党的十九届五中全会精神学习研讨，进一步坚定政治信仰，坚持党对检察工作的绝对领导，落实以人民为中心，增强“四个意识”、坚定“四个自信”、做到“两个维护”。落实新的司法检察理念，提升法律监督水平，努力实现司法办案政治效果、社会效果、法律效果有机统一。

二、主动对标“十四五”规划宏伟蓝图精准落实服务举措

围绕省委十届十一次全会部署和我省“十四五”规划，精准谋划和落实服务意见措施。服务疫情防控常态化，持续做好服务“六稳”“六保”、推进扫黑除恶常态化、平安福建建设、市域社会治理现代化、保障民营企业发展、促进两岸融合发展等重点工作，开展知识产权检察职能集中统一履行试点，为经济社会发展贡献检察智慧力量。

三、全面加强新时代人民检察院法律监督工作

认真贯彻实施民法典和刑法修正案（十一），落实省人大常委会《关于加强新时代人民检察院法律监督工作的决定》，推动“四大检察”全面协调充分发展。严惩危害国家安全和影响社会稳定各类刑事犯罪，强化刑事诉讼活动监督，依法查办司法工作人员相关职务犯罪。加强民事行政检察工作，深化虚假诉讼、民事执行活动专项监督，常态化开展行政争议实质性化解。加大公益保护力度，积极稳妥拓展公益诉讼案件范围。

四、扎实推进基层基础和检察队伍建设

全力抓好基层检察院建设，推动解决专业人才、履职素能、职业保障方面的短板难题。加快推进“智慧检务”建设，全面上线运行统一业务应用系统 2.0 版。持续强化检察队伍政治、业务、纪律作风建设，开展政法队伍教育整顿，营造风清气正良好政治生态。

各位代表，新的一年，我们要更加紧密团结在以习近平同志为核心的党中央周围，认真落实本次省人大会议部署，真抓实干、奋发有为，为加快新时代新福建建设作出新贡献，以优异成绩庆祝建党 100 周年！

福建省高级人民法院工作报告

——2021 年 1 月 25 日在福建省第十三届人民代表大会第五次会议上

福建省高级人民法院院长　吴偕林

各位代表：

现在，我代表福建省高级人民法院向大会报告工作，请予审议，并请省政协各位委员和其他列席人员提出意见。

2020 年的主要工作

2020 年，在省委领导、省人大监督和最高人民法院指导下，省法院坚持以习近平新时代中国特色社会主义思想为指导，深入贯彻习近平法治思想，全面贯彻党的十九大和十九届二中、三中、四中、五中全会精神，认真落实省委十届十次、十一次全会精神和省十三届人大三次、四次会议决议，增强“四个意识”、坚定“四个自信”、做到“两个维护”，坚持以人民为中心，依法忠实履行职责，各项工作取得新成效。全省法院受理各类案件 99. 95 万件，办结 93. 71 万件。省法院受理 1. 77 万件，办结 1. 60 万件。

一、围绕大局履职尽责，服务全方位推动高质量发展超越

助力疫情防控服务“六稳”“六保”。坚决贯彻习近平总书记关于统筹疫情防控和经济社会发展重要论述，着力在法治轨道上惩治涉疫犯罪、化解涉疫纠纷、推进疫后治理，及时出台保障疫情防控 30 项举措、服务“六稳”“六保”27 项举措，发布司法工作指引 9 批 248 条，审结涉疫案件 1605 件。依法从严从快惩处防疫用品信息诈骗、造谣传谣等犯罪行为，支持实施疫情防控行政强制、处罚、征用行为，维护防疫秩序。坚持善意文明高效司法，妥善处理因疫情引发的合同纠纷、劳动争议、企业债务等案件，审慎适用强制执行措施，全力保障企业正常生产经营。三明 3 家法院 2 日之内联手解冻账户，保障制药公司迅速复工转产防疫物资；龙岩法院快速调解一起合同纠纷案，为 3 省 4 家企业解除燃眉之急。智慧法院在常态化疫情防控中“大显身手”，全省法院网上立案 14. 55 万件、开庭 1. 83 万件、调解 1. 31 万件，网络查控 44. 82 万件，让审判执行不停摆、公平正义不止步。莆田中院网上执结涉房地产公司系列案，晋江法院在线调解金融借款合同案，均入选全国法院服务保障复工复产典型案例。

优化法治化营商环境。坚持“五商原则”，创新构建法治化营商环境促进中心，出台 24 项举措，全省法院一审审结商事案件 13. 29 万件。加强产权司法保护，服务民营经济发展，保护诚实守信、公平竞争，促进弘扬企业家精神。省法院成功调解一起行政协议及赔偿案，一揽子解决土地使用权和工程款、购房纠纷，入选全国法院产权保护行政诉讼典型案例。着力防范化解金融风险，发布金融审判白皮书，稳妥处理涉中国银行“原油宝”案件，一审审结金融借款、民间借贷等案件 13. 26 万件，厦门金融司法协同中心入选“中国改革 2020 年度典型案例”。创新建立“执破直通”机制，移送破产审查 163 件，推动化解执行积案

2233件，化解债务近30亿元。审结强制清算与破产案件939件，保障完成29家“僵尸企业”出清任务。厦门破产法庭挂牌成立，龙岩市“破产处置府院协调机制”有效运行，泉州安通控股公司、莆田莲池花园项目等破产重整后重现生机。支持“放管服”改革，优化司法服务，实现省内执行案件无需提供裁判生效证明，上诉、申请再审无需提供原审文书，推进诉讼费缴退无需来院办理。我省营商环境“执行合同”“办理破产”评估指标持续提升，厦门市被评为“执行合同”指标标杆城市。

加大知识产权司法保护力度。出台36条举措，完善“五位一体”技术事实调查认定体系，加强证据保全、行为保全适用，推行巡回庭审、繁简分流、“特邀调解 司法确认”模式，建立类型化快审、要素式裁判、示范性判决等制度，对源头侵权、恶意侵权、重复侵权、协助侵权高额判赔，着力破解举证难、周期长、成本高、赔偿低等难题，让权利人快速实现维权，让侵权者付出应有代价。一审审结知识产权案件1.18万件。厦门中院运用“三合一”机制审结一起假冒商标案，入选中国法院10大知识产权案件。发挥福州、厦门知识产权法庭龙头作用，建立跨行业协同、跨区域协作的全链条保护机制，倾力守护创新创业创造之花。

服务更高水平对外开放。认真实施《外商投资法》，依法平等保护中外企业合法权益，一审审结涉外、涉港澳、涉侨、海事海商和铁路运输案件2355件。推动建立国际商事争端解决机制，健全涉外案件在线诉讼规则，为中外当事人诉讼提供便利。完善涉自贸区纠纷多元化解机制与法律查明平台，首次发布服务保障自贸区建设白皮书。平潭法院财产执行云处置模式入选国务院复制推广的改革试点经验。厦门海事法院建立海事审判与海事仲裁衔接机制，创新海域纠纷联动治理模式。三明中院审理的章公祖师肉身坐佛像追索案，成为我国通过民事司法渠道追索流失海外文物的开创性案例，入选“2020年度人民法院十大案件”。

健全生态司法保护体系。贯彻“两山”理念，完善生态环境司法组织、制度、保护、共治“四大体系”，强化“生态司法审计、金融、保险”等机制功能，服务打好蓝天碧水净土保卫战。一审审结环境资源案件4215件；追究刑事责任1821人，责令缴纳修复资金6009.4万元，补种管护林木846.67公顷。漳州中院全国首创生态环境技术调查官制度，三明中院设立全国首个“水执法与云司法数助治理中心”，顺昌法院推行认购“碳汇”替代性修复方式。生态司法三项举措入选国务院推广的国家生态文明试验区改革举措和经验做法清单。推进自然原生态和文化原生态一体保护，在全省推广福州古厝与遗产司法保护经验，与浙江法院协作加强闽浙边界廊桥文化遗产保护，泉州鲤城区法院成立“海丝史迹与遗产保护”巡回法庭，助力文脉赓续与历史传承。

深化拓展涉台司法工作。深入落实司法惠台59条措施，服务闽台融合发展。开通全国首个涉台司法服务网和手机APP，发布全国首份涉台海事审判白皮书，设立60个台胞权益保障法官工作室，为台胞提供无差别、优质化司法服务。发挥台胞陪审员、调解员作用，完善涉台纠纷多元化解机制。办结涉台案件1918件，司法互助案件6211件。创新建设涉台司法交流研究中心，成功举办第十二届海峡两岸司法实务研讨会。举行首场台青创新创业法律讲堂、首期台湾青年实习实训，受到欢迎和好评。

二、践行司法为民，增强人民群众获得感幸福感安全感

攻坚决胜扫黑除恶专项斗争。全面推进“六清”行动，挂图作战、重拳出击，妥善审结全国扫黑办挂牌督办的毛仁春、周连友等涉黑案，依法严惩魏守斌、陈仙洪等“套路贷”涉黑组织犯罪，震慑黑恶势力，净化社会风气。纵深推进“打财断血”“黑财清底”，开展“扫黑除恶 利刃行动”34场，院长带队、精准执行，执结涉黑恶财产18.51亿元，1900万网友在线围观点赞。加强黑恶线索排查，移送黑恶线索1482条，发出司法建议530条。三年来，一审审结涉黑恶案件1237件7335人，专项斗争收官任务圆满完成。省法院连续两年获评全国扫黑除恶工作先进单位，庭审重点攻坚、相对集中管辖、黑恶财产处置和“打伞破网”四联动等做法经验在全国推广。

倾心服务保障脱贫攻坚战。积极推进司法精准扶贫、便利惠贫、挂钩帮贫，开展司法助力脱贫攻坚“十个一”行动，促进脱贫攻坚与乡村振兴相衔接。妥善审理农村土地流转、林权转让等案件，从严惩治各类坑农害农犯罪，守护农业农村发展净土。加大对苏区老区帮扶力度，先后选派114名干警担任驻村干部，帮助开展扶贫项目318个，并与3484个贫困家庭开展结对帮扶。宁德法院助力脱贫工作在央视等全媒体直播，永安、城厢法院创新涉贫案件司法救济举措，让老百姓有更多稳稳的幸福。

加大基本民生保障力度。妥善审理就业、教育、住房、医疗、养老等案件，发布劳动争议审判白皮书，依法惩治妨害安全驾驶、危害食品药品安全等犯罪，完善道交纠纷“网上数据一体化”平台，让人民群众与法同行、安居乐业。莆田中院对一起食品安全公益诉讼案依法判处惩罚性赔偿金，强化警示震慑。深化家事审判方式改革，落实离婚证明书、人身安全保护令等制度，一审审结家事案件3.75万件。完善医患纠纷解决机制，惩治暴力伤医犯罪。思明法院滨海法庭等获评全国平安医院工作表现突出集体和个人。深入推进涉军司法维权和军地法治共建，三明中院成为全国法院唯一受表彰的“全国爱国拥军模范单位”。依法为困难当事人缓减免交诉讼费1177.45万元，办结司法救助案件485件，发放司法救助款2114.21万元，办结国家赔偿案件659件，实现应赔尽赔。省法院审结的郑某申请国家赔偿案入选国家赔偿法颁布实施二十五周年25件典型案例。弘扬社会主义核心价值观，加强以案释法，让有力量、有是非、有温度的司法深入人心。

推进行政争议多元实质化解。支持促进行政机关依法行政，保护行政相对人合法权益，一审审结行政诉讼案件6594件，办结行政非诉执行案件6909件。省法院异地管辖并圆满化解最高人民法院首次指定地方法院跨省再审的行政第一案。省政府与省法院召开府院联席会议，协同推进优化营商环境，更好化解城乡建设领域矛盾纠纷。发布行政审判白皮书和典型案例，完善司法建议和落实反馈机制。推广行政争议多元调处中心建设，建立健全管辖地法院与行为地法院联动化解机制，推动行政争议有效化解。

深入推进切实解决执行难。全年执结案件37.18万件，执行到位金额951.84亿元，同比分别上升5%、34.86%，最高人民法院首执案件18项质效指标考核中，我省有13项居全国前10。开展“六稳”“六保”专项执行行动，出台减量增效10条举措和促进市场主体活力11项机制，助力企业复工复产。将切实解决执行难纳入综治考评，创新推行信用激励惩戒“红白黑”名单分级分类管理。依法判处拒执罪344件370人。持续开展涉民生民企和根治欠薪专项行动，执结涉民生民企案件2.64万件，到位16.59亿元，帮助农民工兑现工资款5702万元，让更多“真金白银”装进百姓口袋。开展“法拍节”活动，司法拍卖成交38亿元，为当事人节省佣金1.14亿元。福州中院“法院执行 劳动维权”机制被国务院专门领导小组推广，宁德中院自动履行正向激励机制写入最高人民法院工作报告。

三、加强法治保障，促进治理体系和治理能力现代化

依法打击犯罪、维护稳定。贯彻总体国家安全观，推进更高水平平安福建建设，一审审结刑事案件4.03万件。加大反恐怖反分裂反邪教斗争力度，一审审结危害国家安全、公共安全和严重暴力、侵财犯罪案件3.72万件。有力推进禁毒、扫黄打非、打击跨境赌博等专项行动，惩治诈骗、传销等新型网络犯罪。坚持宽严相济，生效判决5.49万名罪犯，其中被判处五年以上有期徒刑直至死刑4660人，判处缓刑、管制等非监禁刑2.04万人。健全防范冤假错案机制，依法宣告19名被告人无罪。依法规范办理减刑、假释、暂予监外执行案件1.47万件。严惩侵害未成年人身心健康的犯罪，加强校园欺凌预防处置，保护农村留守儿童权益，用法治呵护少年儿童健康成长。完善少年司法制度，寓教于审，判处未成年犯1175人，同比下降3.05%。

保持惩治腐败高压态势。一审审结贪污、贿赂等职务犯罪案件239件，其中被告人原为省管干部6人。加强和完善监察执法与刑事司法衔接机制，落实协作配合、案件管辖、证据指引制度，与省监委联合制定情况通报和案件移送指导意见，纵深推进反腐败斗争。积极配合开展境外追逃追赃专项行动，妥善审结外逃腐败分子回国受审案件10件10人。

完善一站式多元解纷和诉讼服务体系。出台多元解纷和诉讼服务标准，完善“五位一体”诉讼服务平台，“福建法院诉讼服务”入驻“闽政通”，致力“一门进一网通一码清一次办一地解”。坚持将非诉讼纠纷解决机制挺在前面，坚持和发展新时代“枫桥经验”，实现诉非联动中心全省三级法院全覆盖。省法院与26个部门、行业建立诉非联动机制，全省法院聘请特邀调解员4297名、特邀调解组织1956个，设立人大代表、政协委员调解工作室111个。宁德中院将诉非联动中心嵌入重大工程项目，东山法院设立军地司法协作诉非联动中心。开展诉源治理减量工程十二项行动，诉前成功化解纠纷19.78万件，同比增加3.06倍，新收诉源案件数下降7.15%，万人成讼率下降9.6%。发挥跨域立案诉讼服务原创地优势，省内、省际线下跨域立案4354件。开展涉诉信访矛盾化解攻坚行动，全省法院信访总量下降30.68%。优化全省208个人民法庭功能，完善法官工作室、巡回审判点布局，推广“法官说法、乡贤说理、百姓说事”，促进完善共建共治共享的基层社会治理格局。

加强智慧法院建设与应用。完成福建智慧法院三年行动计划，加强办案办公平台线上线下融合应用，推进“智审智执智服智管智安”。深化“移动微法院”、智能辅助办案系统建设，探索互联网司法新模式。省法院等3个法院被确定为全国司法链应用试点单位，新罗法院“调解超市”融平台被列入民生提升项目。创新建立司法数助治理中心，深化司法大数据应用，发布数助治理白皮书，省法院获评全国法院司法大数据专题协作研究特等奖。

四、深化改革创新，提升司法质量、效率和公信力

深化司法责任制和综合配套改革。制定深化司法体制综合配套改革实施方案，落实主审法官、法官助理、书记员权责清单，推动审判团队规范实质运行。出台法官员额管理及退出意见，开展法官入额遴选，建立法官递补机制，完善法官依法履职保障制度，在全国率先将诉源治理成效纳入法官员额动态调配考量因素，得到最高人民法院充分肯定。设立司法协同创新中心，推动点上“盆景”成为面上“风景”。完善案例指导、类案指引制度，统一司法尺度。全省法院法定审限内结案率达99.99%，一审、二审后当事人服判息诉的占98.24%。全省8339名人民陪审员参审案件7.62万件，一审普通程序案件陪审率达74.17%。

深化诉讼制度和审判机制改革。深化以审判为中心的刑事诉讼制度改革，建立涉外刑事案件集中管辖机制，加强认罪认罚从宽改革试点成果运用，推动刑事案件律师辩护全覆盖。稳妥推进厦门、莆田和平潭法院人身损害赔偿标准城乡统一试点。在福州、厦门两级法院及平潭法院开展民事诉讼程序繁简分流改革试点，简易程序适用率67.17%，平均审理期限52天。推进保全集约化改革，提高保全效率。着力破解“送达难”，与省邮政集团联合建成覆盖全省的集约送达服务中心，送达成功率达93.26%，送达周期平均缩短近4天。

深化审判权力运行制约监督机制改革。完善“六位一体”新型审判管理体系，强化院庭长监督管理职责，健全“四类案件”识别监管机制。加强审级监督，审结一审案件44.21万件，二审案件4.71万件，申诉、申请再审及再审案件1.04万件。支持检察机关履行法律监督职责，审结抗诉再审案件35件，改判、发回重审19件。深化与律师良性互动，共促司法公正。加大司法公开力度广度，推送案件审判执行流程信息903万条，裁判文书上网76.83万篇，庭审直播11.51万场，充分运用司法融媒体平台，让更多案件审判执行成为法治公开课。

五、坚持全面从严，建设德才兼备的高素质法院队伍

始终把党的政治建设摆在首位。巩固深化“不忘初心、牢记使命”主题教育成果，深入学习贯彻习近平新时代中国特色社会主义思想和习近平总书记重要讲话重要指示批示精神，深入学习《习近平谈治国理政》第一、二、三卷和《习近平在福建》等系列采访实录，开展政治轮训、辅导讲座、专题研讨等，切实把学习成果转化为工作实效。认真落实《中国共产党政法工作条例》，开展“两个坚持”专题教育，落实意识形态工作责任制，毫不动摇坚持党对人民法院的绝对领导。增强政治机关意识，争创“让党中央放心、让人民群众满意”模范机关。全省法院57个集体、80名个人获省级以上表彰，71个法院获评省级以上文明单位，省法院等9个法院获评全国文明单位。陈少华获评“全国先进工作者”，詹红荔荣获“年度法治人物20周年特别致敬奖”。

推进干部队伍“四化”建设。坚持革命化、正规化、专业化、职业化，创新完善政治素质考察方式，加大对中级、基层法院班子协管和年轻干部培养使用力度。启动第二届全省审判业务专家评选工作，深化与政法院校共建。全省法院组织民法典学习宣传“六进”活动1300余次，加强民法典实施与衔接适用研究，举办民法典名师讲坛24期，完成相关司法业务指导文件清理工作。拓展升级“闽法问道”平台功能，创新开设“闽法课堂”，线上线下举办各类培训班、讲座79期，培训13.2万余人次。成立司法文明研修中心，加强法院文化建设，持续开展激励关爱十大行动，“法官履职保障机制研究”获全国司法研究重大课题优秀成果奖。

持之以恒正风肃纪反腐。强化主体责任担当，完善全面从严治党“五位一体”责任体系，开展“以案释德以案释纪以案释法”警示教育，推进防止干预司法“三个规定”专项整治，完成廉政文化建设三年规划任务，营造风清气正的司法生态。严格落实中央八项规定及其实施细则精神和我省实施办法，不断改进司法作风。建成廉政风险防控“清风”系统，确定审判执行全流程70个风险点，创新“三定三随机”监督管理模式，推行一线暗查、调研访查、专项评查、智慧检查和一案双查，一体推进不敢腐不能腐不想腐。运用“四种形态”从严监督执纪问责，查处79名违纪违法人员。

六、自觉接受监督，不断加强和改进法院工作

自觉接受人大及其常委会监督，认真落实人大会议决议和代表意见建议，向省人大常委会专题报告生态司法保护工作情况，细化落实审议意见。全省法院办复代表建议143件，加强全过程沟通，充分吸纳代表意见。制定服务人大代表工作15条举措，邀请人大代表视察法院、旁听庭审、参与调解、见证执行，平潭法院开展“百名代表委员跟案执行”活动。最高人民法院邀请6省31位全国人大代表来闽视察，省人大常委会组织在闽全国人大代表集中视察，对法院工作给予充分肯定。接受政协民主监督，邀请政协委员、各民主党派、工商联、无党派人士和人民团体开展专题调研，全省法院办复委员提案93件。自觉接受监察监督、检察监督，邀请检察长列席审委会。广泛接受社会监督，加强与新闻媒体互动，接受人民法院监督员监督，不断改进法院工作。

各位代表，过去一年法院工作的发展进步，是各级党委、人大、政府、政协、监委、检察院和人大代表、政协委员以及社会各界、广大人民群众关心支持帮助的结果。在此，我谨代表全省法院表示衷心感谢和崇高敬意！

我们也清醒地认识到，法院工作仍然存在差距和不足。服务保障全方位推动高质量发展超越、满足新时代人民群众多元司法需求的理念、能力、水平仍需提升；案件数量高位增长压力依然较大，诉源治理工作仍需加强；切实解决执行难仍需加大攻坚推进力度；司法体制综合配套改革落实不尽平衡，审判权力运行监督制约机制还不够健全；作风不正、办案不公问题还有发生，个别干警以案谋私、权钱交易，损害司法公信权威。对此，我们将采取有力措施，认真加以解决。

2021年的主要任务

2021年是中国共产党成立100周年，也是实施“十四五”规划、开启全面建设社会主义现代化国家新征程的第一年。全省法院要以习近平新时代中国特色社会主义思想为指导，深入贯彻习近平法治思想，全面贯彻党的十九大和十九届二中、三中、四中、五中全会精神，对标对表党中央决策部署，落实省委和最高人民法院工作要求，增强“四个意识”、坚定“四个自信”、做到“两个维护”，更加注重系统观念、法治思维、强基导向，坚持服务大局、司法为民、公正司法，切实推动法院工作高质量发展，为“十四五”开好局、奋力谱写全面建设社会主义现代化国家的福建篇章提供有力司法服务保障。

一、坚持把习近平法治思想贯彻到法院工作全过程各方面

着力深学笃行习近平新时代中国特色社会主义思想，深入学习贯彻习近平法治思想，坚定不移走中国特色社会主义法治道路。牢牢坚持党对司法工作的绝对领导，不断提高政治判断力、政治领悟力、政治执行力，把讲政治和讲法律统一起来，善于用政治眼光观察分析问题、推进法院工作。自觉接受人大及其常委会监督，忠实履行司法职责，保障人民幸福、国家安全、社会稳定。

二、坚持为全方位推动高质量发展超越提供有力司法服务保障

立足新发展阶段，贯彻新发展理念，积极服务和深度融入新发展格局，对标对表“十四五”规划，继续认真做好“六稳”工作，落实“六保”任务，在常态化疫情防控中强化担当作为，防范化解风险。着力营造市场化法治化便利化国际化营商环境，保护民营企业发展，维护市场公平竞争秩序，促进深化对外开放。支持法治政府建设，加强城乡建设领域矛盾纠纷化解。全面提升知识产权司法保护水平，完善生态司法一体化保护格局，探索海峡两岸司法交流新路。贯彻总体国家安全观，推进扫黑除恶常态化，建设更高水平的平安福建、法治福建。

三、坚持以人民为中心加强民生保障完善社会治理

准确贯彻实施民法典，依法妥善审理涉民生案件，切实保护人身权财产权人格权。健全执行工作长效机制，向“切实解决执行难”目标迈进。优化完善一站式多元解纷和诉讼服务体系，更好发挥诉非联动中心作用，深化诉源治理减量工程，加强人民法庭建设，促进基层治理，服务乡村振兴，着力解决群众在司法领域的“急难愁盼”问题。

四、坚持以改革创新精神推进审判体系和审判能力现代化

守正创新、稳中求进，全面深化司法责任制综合配套改革，深入推进民事诉讼程序繁简分流、认罪认罚从宽等改革任务。深化司法制约监督体系改革和建设，加强审判监督指导和法律适用统一，努力让人民群众在每一个司法案件中感受到公平正义。全面深化智慧法院建设，实现更高水平的数字正义。

五、坚持建设党和人民信得过靠得住能放心的司法铁军

以党的政治建设为统领，充分发挥全面从严治党引领保障作用，扎实开展队伍教育整顿，全面加强纪律和素能建设，毫不松懈纠治“四风”，严格落实防止干预司法“三个规定”等铁规禁令，不断完善不敢腐、不能腐、不想腐一体推进机制建设，确保严格公正规范文明廉洁司法。

各位代表，新的一年，我们将更加紧密地团结在以习近平同志为核心的党中央周围，在省委领导、人大监督下，坚定信心，忠诚履职，真抓实干，开拓奋进，为全面建设社会主义现代化国家、加快新时代新福建建设作出新的更大贡献，以优异成绩庆祝中国共产党成立100周年！

关于福建省2020年国民经济和社会发展计划执行情况及2021年国民经济和社会发展计划草案的报告

——2021年1月24日在福建省第十三届人民代表大会第五次会议上

福建省发展和改革委员会

各位代表：

受福建省人民政府委托，现将福建省2020年国民经济和社会发展计划执行情况及2021年国民经济和社会发展计划草案提请省十三届人大五次会议审议，并请省政协各位委员和其他列席人员提出意见。

一、2020年国民经济和社会发展计划执行情况

2020年，面对严峻复杂的国际形势、艰巨繁重的改革发展稳定任务，特别是新冠肺炎疫情的严重冲击，全省各级各部门坚持以习近平新时代中国特色社会主义思想为指导，全面贯彻党的十九大和十九届二中、三中、四中、五中全会精神，深入贯彻落实习近平总书记重要讲话重要指示批示精神，按照党中央、国务院决策部署，落实省委工作要求，增强“四个意识”、坚定“四个自信”、做到“两个维护”，统筹疫情防控和经济社会发展，认真执行省十三届人大三次会议审议批准的《政府工作报告》和2020年国民经济和社会发展计划，落实省人大财政经济委员会的审查意见，扎实做好“六稳”工作、全面落实“六保”任务，“十三五”规划主要目标全面完成，疫情防控有力有效，经济社会发展呈现持续向上向好态势。

初步统计，全省生产总值43903亿元，增长3.3%，其中一、二、三产业增加值分别增长3.1%、2.5%、4.1%；一般公共预算总收入增长0.2%，地方一般公共预算收入增长0.9%；固定资产投资下降0.4%；进出口增长5.5%；实际使用外资增长10.3%；社会消费品零售总额下降1.4%；居民消费价格总水平上涨2.2%；城镇登记失业率3.8%；城镇居民人均可支配收入增长3.4%，农村居民人均可支配收入增长6.7%；节能减排降碳年度目标可以实现。

一年来国民经济和社会发展成效主要体现在六个方面：

（一）积极抗疫情，全力以赴打好疫情防控阻击战

疫情防控取得重大战略成果。坚持把人民群众生命安全和身体健康放在第一位，早部署、早落实，坚持依法科学精准防控，迅速建立统一高效的指挥体系，及时科学制定防控政策举措，完善社区防控措施，严守“四道关口”，筑牢“三道防线”，织密“五张网”，3月7日，我省成为全国第三个新冠肺炎住院患者清零的省份，截至2021年1月22日，全省已累计331天无新增本土确诊病例。开发上线全国首个省级健康码“八闽健康码”，在线制码超过3600万人，亮码超过4.6亿

次，入选全国十大优秀创新案例。用好“新冠肺炎疫情防控便民服务平台”等数字防疫手段，推动全省285家机构具备核酸检测能力，医用口罩、防护服等重要防疫物资供应有效保障，口罩产能从疫情前的最高日产量不足30万个在2个月内提高到3000万个以上，国家下达的调拨任务全部完成。完成8批次5.4万件抗疫应急物资调运。累计派出12批1393名医护人员支援湖北、对口支援宜昌抗击疫情，累计治愈出院2013人，实现出院患者“零回头”、病区“零投诉”、医务人员“零感染”、安全管理“零事故”；按照国家部署，先后选派2支医疗专家组赴意大利、菲律宾协助抗疫，以实际行动传递了同舟共济、守望相助的中国情怀。

复工复产推动实体经济恢复发展。扎实推进重大项目重点产业复工复产、满产达产，相继作出全力打通“五难”操作链、深入实施“八项行动”等工作部署，及时出台复工稳岗、稳外贸稳外资促消费等扶持政策，上半年基本实现重大项目和主要行业企业复工复产，社会经济秩序基本恢复正常。通过包飞机包动车包客车等“点对点”一站式服务，畅通省外务工人员复工返岗路径；设立200亿元省中小微企业纾困专项资金，保障企业资金需求；落实“一难一策、一事一策、一业一策、一企一策”，全力稳定供应链产业链。认真落实减税降费和惠企纾困政策，不完全统计，全省累计减轻企业负担超过1300亿元，其中新增减税降费超过600亿元（含阶段性减免社会保险费261.15亿元）。

（二）强化创新支撑，产业链供应链保持稳定

创新能力不断增强。实施科技创新行动计划，加快福厦泉国家自主创新示范区建设，持续推进高水平科技创新平台建设，光电信息、能源材料、化学工程、能源器件4家省创新实验室全面启动建设，争创先进光伏国家工程研究中心、精准靶向药物国家工程研究中心等创新平台。国家发展改革委批复我省创建新能源产业创新示范区。宁德时代储能微网、福建晋江100MWh级储能电站列入国家首批科技创新（储能）试点示范。启动实施省级战略性新兴产业集群发展工程，推动福州新型功能材料、厦门新型功能材料、厦门生物医药及莆田新型功能材料等四个集群纳入国家战略性新兴产业集群发展工程。获批7家国家企业技术中心，数量居全国第二。全省高新技术企业突破6000家，技术合同成交金额突破183亿元。推进福州、厦门国家级海洋经济发展示范区建设，强化海洋科技创新对区域经济发展带动作用。泉州晋江、福州软件园、东侨经开区等6家双创主体列入第三批国家级双创示范基地。发挥“知创中国”“知创福建”知识产权公共服务平台综合效应，加快实施产业自主知识产权竞争力提升领航计划，在全国率先探索建设覆盖省市县三级知识产权协同保护体系。

制造业高质量发展取得新进展。实施优化产业结构行动和企业技术改造行动，以智能制造为主攻方向，做大做强主导产业，改造提升传统产业。实施一、二、三产业“百千”增产增效行动，加快畅通产业循环，打通产业链供应链堵点断点。全省规上工业增加值增长2.0%，38个工业大类行业中有21个实现正增长。实施制造业优势龙头企业和小巨人企业高质量发展三年行动计划，产业转型升级取得新进展，钧石能源“二代异质结太阳能电池生产装备”、通尼斯新能源“V型10MW级垂直轴海上风力发电机组”纳入国家能源领域首台（套）重大技术装备项目清单。电子信息、机械装备、石油化工和高技术产业增加值分别增长6.6%、1.1%、10.6%、8.0%，产值超千亿产业集群达20个，规模超百亿元企业达47家。

数字经济持续发展壮大。成功举办第三届数字中国建设峰会，签约数字经济重点项目426个，总投资3316亿元。深入实施新型基础设施建设三年行动计划，制定出台促进5G产业、线上经济、平台经济、区块链、信息消费等一系列政策措施，京东数字经济产业园、百度人工智能、比特大陆区域总部等一批重大项目加快建设，美图、网龙等6家企业上榜2020年全国互联网百强名单，6家企业入围2020年度中国软件企业竞争力百强，全省数字经济增加值突破2万亿元。推动5G网络建设和应用创新，建成5G基站2.2万个、NB-IoT基站3.6万个，基本实现县级以上城区全覆盖。

服务业转型升级有序推进。制定实施服务业重点领域高质量发展行动方案，深入推进千家服务业企业增产增效，服务业增加值增长4.1%。现代商贸流通体系加快建设，福州市列入国家首批骨干冷链物流基地，国家A级物流企业达413家，居全国第四位。金融业增加值增长6.4%，本外币各项存贷款余额分别增长13.1%、13.7%。全省新增32家境内外上市企业（含过会），其中台资企业5家，创历史新高，全省境内上市公司达151家，居全国第七位。“清新福建”“全福游、有全福”品牌持续打响，福州、厦门、三明入选第一批国家文化和旅游消费试点城市名单，新增湄洲岛妈祖文化旅游区为国家AAAAA级旅游景区，实现“市市有AAAAA景区”，三明市泰宁县、三明市尤溪县、泉州市德化县和厦门市集美区等4地入选第二批国家全域旅游示范区，13个文旅融合示范项目列入国家文旅部典型案例，晋江市围头村等26个村入选第二批全国乡村旅游重点村。

特色现代农业加快发展。深入实施特色现代农业高质量发展“968”工程和农业“百千”增产增效行动，建成一批现代农业产业园、优势特色农业产业集群和农业产业强镇强村，十大乡村特色产业全产业链总产值突破2万亿元。农产品精深加工加快推进，新建改造农产品产地初加工和商品化处理中心370个，农产品加工转化率提高到72%。创建优质农产品标准化示范基地301个，累计认证“三品一标”农产品5016个，评选年度十大福建农产品区域公用品牌和30个福建名牌农产品。全面推进闽台农业融合发展，6个国家级台创园连续3年包揽国家年度综合考评前六名，首批9个闽台农业融合发展产业园建设加速推进，农业利用台资数量和规模保持全国第一。

粮食能源安全保障有力。农产品有效供给，粮食播种面积83.44万公顷、总产量502.32万吨，生猪存栏910.90万头，完成国家下达目标；蔬菜产量1492万吨，家禽出栏10.31亿只、增长3.7%，主要禽蛋产量53.66万吨、增长10.5%，水产品产量830.34万吨、增长1.9%。压实粮食安全主体责任，连续四年在全国粮食安全省长责任制考核中获得优秀等级。粮食和救灾物资保障基础进一步夯实，新增省级稻谷储备40万吨、应急大米储备1.7万吨、食用油储备2千吨。石油、天然气、电力、煤炭等能源基础设施项目加快推进，互联互通福州联络线、海西管网二期福州—福鼎段、华龙一号全球首堆福清核电5号机组等项目建成投产，电力新增装机578万千瓦，能源保障能力进一步增强。

（三）稳投资促消费，内需市场稳步复苏

投资结构调整优化。出台实施稳投资政策措施，发行地方政府专项债1353亿元，占全国的3.6%；争取中央专项再贷款73.31亿元，775家企业被纳入全国名单，居全国第二位。加大基础设施等领域补短板投资力度，设立500亿元稳投资补短板应急专项融资资金，投放额达550亿元。工业投资增长0.7%，其中改建和技改投资增长4.1%，高技术制造业投资增长16.2%。民间投资增长1.0%。社会领域投资增势较好，教育、卫生、文化体育娱乐业投资分别增长2.1%、8.0%、4.1%。

项目支撑作用增强。深化“五个一批”项目推进机制，加强重大项目攻坚，1257个在建重点项目完成投资5494亿元，超额完成年度计划489亿元。分4批次集中开工重大项目997个，总投资7640亿元。积极筹划新基建项目，省级数字经济项目库已入库1725个，总投资1.35万亿元。重大招商项目“云签约”391个，总投资7836亿元。中化泉州乙烯及炼油改扩建、泉州百宏PTA、金龙汽车龙海迁建、晋南热电联等项目基本建成。福厦客专、福州和厦门地铁、厦门钨业稀土永磁电机、三安半导体研发生产、省妇产医院、省疾控中心等一批项目顺利推进。一批重大项目前期工作取得新突破，福州机场二期可研获批，福州、厦门地铁第二期建设规划调整方案获批。

消费增长点不断拓展。落实促进消费相关政策举措，持续开展“全闽乐购”“闽山闽水物华新”“八闽美食嘉年华”等促消费活动，福州、厦门等多地推出消费券，社会消费品零售总额18626.45亿元。线上线下融合的消费新模式新业态不断呈现，网络零售额增长24.7%，体育娱乐用品类商品零售额增长6.3%。

（四）纵深推进改革开放，发展活力不断增强

营商环境持续优化。持续减环节减时限减负担，企业开办时间压缩至3个工作日内；不动产一般登记时限压缩至5个工作日，抵押登记办理时限压缩至3个工作日；贸易通关时间压缩2/3以上。市场主体活力加速释放，新登记市场主体137.45万户，增长40%。“信易贷”平台帮助全省1.9万余家中小微企业获得3.7万笔、919亿元贷款。全面实施市场准入负面清单制度，推动“非禁即入”普遍落实。厦门、福州在国家发展改革委2019年全国营商环境评价中，分别有12个和4个指标被列为标杆指标，经验在全国复制推广。实现“双随机、一公开”跨部门联合抽查常态化，以信用为基础的新型监管机制逐步建立。全面建成省、市两级政务数据汇聚共享平台。数字政府建设总指数位居全国前列，政府网站名列省级政府第二名，数字政府服务能力位居全国优秀档次。依托全省行政审批“一张网”实现97%以上行政审批和服务事项可网上办理，“一趟不用跑”“最多跑一趟”占比达到98%。“闽政通APP”基本实现高频便民事项“马上办、掌上办”。建立政务服务“好差评”制度，推行“政府做的好不好群众来打分”，推动实现行政审批服务事项“五级十五同”。

重点领域改革扎实推进。深入推进财税体制改革，扎实推进交通运输、教育、生态环境、科技等领域省与市县财政事权和支出责任划分改革。上线运行省“金服云”平台，实施普惠金融“百千万”工程，助力中小微企业融资纾困。推进公共资源交易“应进必进”，提高资源市场化配置效率。推动国资国企改革，推动全省港口资源一体化整合重组，剥离企业办社会职能等历史遗留问题等基本解决。出台支持民营企业改革发展的政策措施，完善“政企直通车”平台，实现省市县三级促进中小企业发展工作协调机制全覆盖。稳步推进电力体制改革，目前全省共有17个试点项目。持续推进价格改革，完成第二监管周期电网输配电价核定和电价调整。完成整省推进农村集体产权制度改革试点任务，比全国提前一年。

重点领域风险防控有力。加强对企业信贷、上市公司股票质押、债券违约、房地产债务风险等重点企业流动性风险关注，对相关风险点做到早发现、早识别、早预警、早处置。不良贷款率1.09%，下降0.05个百分点。高风险农合机构化险处置取得阶段性成果，有序推动网贷风险出清，非法集资陈案积案化解提前超额完成三年攻坚总目标。深入实施房地产精准调控，房地产市场总体平稳。

国家生态文明试验区建设取得阶段性成效。中央部署的38项改革成果全面完成，部分成果处于全国首创或领先水平。加强凝练福建经验，39项改革举措和经验做法入选国家发展改革委推广清单，居四个试验区推广总数首位。新增同安区、武夷山市等6个生态产品市场化改革试点，引导探索多元化生态产品价值实现路径。全面完成污染防治攻坚战阶段性目标，生态环境质量保持全优、领先全国，中央生态环境保护督察问题整改取得显著成效。加强能耗“双控”工作，国家下达我省“十三五”能耗“双控”目标预计可以全面完成。积极推进绿色生活创建，进一步加强塑料污染治理，禁止、限制部分塑料制品的生产、销售和使用。污水垃圾处理能力提质增效，医疗废物收集处置设施短板加快补齐。宁德三都澳海上养殖综合整治取得良好成效。

稳住外贸外资基本盘。落实落细稳外贸稳外资各项政策措施，建立我省外贸外资协调机制，支持外贸企业线上线下结合抢订单，进出口14035.7亿元、增长5.5%，其中出口8474.4亿元、增长2.3%，进口5561.2亿元、增长10.6%。培育壮大外贸主体，深化工贸对接，加快市场采购全省推广扩容，晋江国际鞋纺城获批新试点。创新招商引资方式，强化“不见面”招商，开展“福建投资促进季”等活动，稳定外资企业供应链，推动现有外资企业增资扩产，一批外资龙头企业陆续增资、到资，实际使用外资347.9亿元、增长10.3%。稳步推进重大外资项目，推动厦门电气硝子玻璃基板三期项目列入国家重大外资项目专班。2020厦洽会共签约合同项目282项，总投资152.4亿美元。有序推进采矿业、制造业等领域国际产能合作，对外投资项目220个，中方协议投资额52.3亿美元，增长36.4%。

海丝核心区建设走深走实。积极融入共建“一带一路”，深入实施“丝路海运”“丝路飞翔”“数字丝路”等标志性工程，成功举办2020“丝路海运”国际合作论坛，“丝路海运”命名航线达70条，开行超过2400航次，联盟成员超过200家。成功举办21世纪海上丝绸之路博览会。中欧（厦门）班列扩线增量，累计发运271列、货值67.9亿元。福州至洛杉矶跨境电商包机航班开通。与共建“一带一路”国家和地区进出口增长7.2%。积极推动“两国双园”建设。

福建自贸区建设加快推进。成功举办福建自贸试验区高端论坛等系列活动。福州出口加工区、福州保税港区、厦门象屿保税物流园区、厦门海沧保税港区等4个海关特殊监管区获国务院批准整合优化为综合保税区；深化方案136项重点试验任务已实施126项；新推出70项制度创新举措，其中全国首创39项、对台13项。滨海新城累计启动270余项重点项目建设，完成投资超1700亿元。厦门片区率先实施跨境电商B2B出口监管试点业务。平潭国际旅游岛建设加快推进，累计接待游客459万人次。闽港、闽澳交流合作持续深化，闽澳合作第三次会议举行。

深化闽台各领域融合。健全完善各项惠台政策措施，加快建设台胞台企登陆的第一家园。两岸应通尽通步伐加快，向金门日均供水超万吨，向金马供气福建侧已基本具备条件，通电、通桥有序推进。两岸标准共通实现突破，由两岸共同研制的台式乌龙茶4项国家标准和地方标准获批发布。首家两岸合资全牌照证券公司挂牌经营，在全国首创银行直联两岸电商平台跨境人民币服务，扩大台商台胞金融信用证书颁发试点。举办海峡论坛、两岸企业家峰会、海峡影视季等300多场“线上+线下”活动，累计参与台胞超过500万人次。

（五）优化区域布局，城乡区域发展更加均衡

闽东北、闽西南协同发展区建设取得重要进展。发展规划实施稳步推进，重点领域协作持续深化，区域联动发展成效显现。一批重大协作项目取得重要进展，闽东北区域京台高速公路长乐至平潭段建成通车，衢宁铁路、福平铁路开通运营，平潭海峡公铁大桥建成通车；福州至长乐机场城际铁路F1线、厦门轨道交通6号线角美延伸段工程等项目开工建设。闽西南区域厦漳泉城市联盟路全线贯通，福莆宁城际铁路F2线、F3线和厦漳泉城际铁路R1线前期工作扎实推进。

决战脱贫攻坚取得决定性胜利。建立完善“一键报贫”等防止返贫监测帮扶机制，全省现行标准下农村建档立卡贫困人口全部脱贫，2201个建档立卡贫困村全部退出，23个省级扶贫开发工作重点县全部摘帽。扎实做好易地扶贫搬迁，全省20666户、65138人国定贫困人口易地扶贫搬迁任务全面完成。积极克服疫情影响，多渠道帮助贫困人口发展生产稳岗就业，强化城乡居民基本医疗保险、大病保险、医疗救助、精准扶贫医疗叠加保险等健康扶贫政策落实。着力实施农村饮水安全巩固提升工程，“两不愁”质量水平持续提升，“三保障”和饮水安全总体保障到位。中宣部授予闽宁对口扶贫协作援宁群体“时代楷模”称号，对口支援新疆西藏工作在国家绩效综合考核中被评为优秀等次。

推动老区苏区振兴发展。龙岩、三明12个原中央苏区县纳入中央国家机关及有关单位对口支援范围。基础设施持续改善，漳汕高铁、温武吉铁路、温福高铁、武夷山机场迁建、龙岩新机场等项目前期工作持续推进。加快泉州白濑、连城福地、罗源昌西等大中型水库工程建设。积极发展金铜、稀土、石墨烯新材料等精深加工，发展新能源汽车、环保装备、林产加工、生物医药等产业，打造特色优势产业集群。实施教育现代化推进工程、全民健康保障工程，加快补齐公共卫生服务、应急物资保障领域短板，民生福祉持续提升。

深入实施乡村振兴战略。编制完成省市县三级实施乡村振兴战略规划。深入实施“一革命四行动”，农村公厕建制村全覆盖，户用厕所无害化普及率98.6%；完成79个乡镇生活垃圾转运系统提升，乡镇生活垃圾转运系统全面建成；实现乡镇生活污水处理设施全覆盖，农村生活污水治理率72.1%；建设改造农村公路1886公里，村容村貌明显改善，农村人居环境整治三年目标任务全面完成。渔港建设加快推进，推动在建渔港项目28个，新开工建设渔港57个。

加快推进新型城镇化建设。国家发展改革委将福州都市圈列入国家年度新型城镇化建设重点工作，批复《福州临空经济示范区总体方案》。推进城乡融合发展试验区建设，晋江、闽侯等10个县（市）列入国家发展改革委县城新型城镇化建设示范名单。持续推进特色小镇高质量发展，长乐东湖数字小镇促进产城人文融合等经验入围国家发展改革委“第二轮全国特色小镇典型经验”。

（六）民生保障有力有效，人民群众获得感幸福感持续提升

增进民生福祉。28件省委省政府为民办实事项目全面完成。民生相关支出占一般公共预算支出比重为75.2%。全省13.39万名建档立卡贫困人口纳入兜底保障范围。将城乡低保标准由每人每年平均7350元提高到8260元；城乡居民基础养老金省定最低标准提高到130元、高于国家标准；城乡居民医保财政补助标准提高到每人每年不低于550元。持续实施保障性安居工程建设，完成棚户区改造4.01万套。

就业总体保持稳定。实施援企稳岗行动，惠及企业23.58万家、职工410.21万人。组织实施“十个一批”扩岗行动，千方百计拓宽高校毕业生就业渠道，推动农民工转移就业，抓好退役军人扶持安置，实施就业扶贫“挂图作战”，强化失业风险防控，落实就业困难人员兜底安置。城镇登记失业率3.8%，稳定在预期目标以内；全省城镇新增就业54.6万人。重点群体就业保持稳定，失业人员再就业24万人，就业困难人员实现就业3.34万人；高校毕业生就业率达88.86%。

教育事业稳步发展。组织实施学前教育推进、义务教育提升、职业院校基础能力建设等工程。加大普惠性民办幼儿园支持补助力度，城镇小区配套幼儿园整治完成率达100%。持续推进义务教育学校管理标准化建设，统筹做好城镇中小学扩容建设、消除大班额和随迁子女入学，全省乡村小规模学校全部达到省定基本办学标准。启动实施普通高中新课程，加快职业教育与区域发展、行业企业深度融合，做好泉州市国家产教融合型城市试点建设。推进高等教育内涵发展，加快厦门大学、福州大学“双一流”高校建设。推动教育部支持闽南师范大学申报博士学位授予点，支持龙岩学院等申报硕士学位授予点。加快新工科、新医科、新农科、新文科试点建设，推进人工智能、生物医药等高水平学科创新平台建设。

医疗健康服务更加完善。持续深化医药卫生体制改革，深化公立医院综合改革，推进“三医联动”向“全联、深动”迈进。加快补齐公共卫生短板，稳步推进省疾控中心综合改革试点，加强公共卫生防控救治能力建设。第一批区域医疗中心试点福州滨海新城综合医院、复旦大学附属中山医院厦门医院项目建设方案获批实施，继续推动医疗“创双高”，持续提升县域医疗服务能力。省儿童医院建成投入使用，推进重大疫情救治基地、国家重点中医医院、县级中医医院建设，持续推进“互联网+医疗健康”示范省建设。加快国家临床医学研究中心分中心和省级中心建设，在心血管系统疾病、神经系统疾病、恶性肿瘤等领域布局建设一批临床研究中心，推动重大传染病临床救治技术研究。

养老、文化、旅游、体育等社会事业加快发展。扎实推进养老服务高质量发展，支持养老、社会福利等领域81个基础设施项目建设，养老机构和设施总数达1.4万个，各类养老床位总数达24.75万张，养老服务设施基本覆盖城市社区和72.1%建制村，每千名老年人拥有养老床位数达37.1张。支持普惠托育服务机构项目24个，推进婴幼儿照护试点建设。加快文化强省和全域生态旅游省建设，世遗大会筹备工作稳步推进，成功举办福建—东盟友城大会文化旅游交流合作分论坛、第六届海上丝绸之路（福州）国际旅游节、第十六届海峡旅游博览会等大型活动。省图书馆升级改造工程有效推进，新建18个智慧体育公园、3个全民健身中心，漳州、南安、霞浦列入全国社会足球场地设施建设专项行动重点推进城市。实施公共体育普及工程，新增社会足球场地276片，全省人均体育场地面积达2.28平方米。

保供稳价工作取得实效。持续启动平价商店销售机制，累计销售粮油肉蛋菜等平价商品3万多吨，有效减轻人民群众“米袋子”“菜篮子”负担。实施“优质粮食工程”，承办第三届中国粮食交易大会，进一步巩固拓展引粮入闽渠道。落实社会救助和保障标准与物价上涨挂钩联动机制，价格临时补贴阶段性提标扩围，累计发放4.86亿元，惠及737万余人次。全省居民消费价格总水平上涨2.2%，控制在3.5%左右的目标内。

总的看，2020年全省经济运行保持基本稳定，主要指标回升情况好于全国，就业、物价、节能减排等主要预期指标进展顺利，“十三五”规划实施取得丰硕成果。但同时我们也要清醒地认识到，新冠肺炎疫情对我省经济社会发展带来明显影响，地区生产总值、固定资产投资、社会消费品零售总额等主要指标与省十三届人大三次会议审议通过的国民经济和社会发展计划目标任务还有较大差距，经济社会发展还面临不少困难和问题。一是创新能力不足，产业发展水平有待提高。研发经费投入强度低于全国平均水平；受传统工业产业占比较大且恢复较慢等因素影响，工业下行压力仍然较大，娱乐、旅游、餐饮、住宿等行业增长仍较缓慢。二是重大项目储备接续不足。受要素保障制约等因素影响，部分项目推进难度较大，投资增长仍存压力。三是外贸出口受疫情影响较大。受产业结构影响，出口恢复慢于全国，鞋服箱包等我省优势商品出口仍低于去年同期。四是财政收支平衡压力较大。财政收入持续回升的基础还不够稳固。“六稳”“六保”等重点支出保障压力大，特别是基层财政收支矛盾仍然突出。同时，民生社会事业领域仍存在不少短板等等。面对这些困难和问题，我们要高度重视，采取有力措施积极应对。

二、2021 年国民经济和社会发展主要预期目标和任务

2021 年经济社会发展的主要预期目标是：

一是经济保持稳定增长。预期全省生产总值增长 7.5% 左右；固定资产投资增长 8% 左右；社会消费品零售总额增长 8% 左右；出口增长 7.5% 左右，实际使用外资增长 6%。主要考虑：2021 年是“十四五”开局年，是进入新发展阶段的第一年，也是建党一百周年的重要年份，我省面临全方位推动高质量发展超越带来的历史机遇，主要预期目标与省委十届十一次全会精神和“十四五”规划目标相衔接，经济运行仍将保持在合理区间。

二是现代产业体系加快构建。供给侧结构性改革进一步深化，结构升级继续提速，创新驱动、产业转型升级步伐加快，新经济新动能加快培育，日益成为经济发展的重要支撑力，预期 R&D 经费支出占地区生产总值比重达到 2.09%。

三是民生福祉持续增加。始终坚持以人民为中心的发展思想，促进全体人民共同富裕的相关政策举措得到较好贯彻落实，居民收入稳定增长的基础较稳固，预期城镇居民人均可支配收入增长 7%，农村居民人均可支配收入增长 8%；公共服务供给能力进一步提升，预期一般公共预算总收入增长 4.5% 左右，地方一般公共预算收入增长 4.5% 左右；城镇登记失业率控制在 5% 以内；居民消费价格总水平涨幅 3% 左右；每千人口拥有执业（助理）医师数达到 2.67 人，每千人口医疗机构床位数达到 5.41 张；每十万人口高等教育在校生数达到 2959 人；保持生态环境质量优良，完成节能减排降碳任务。

为实现上述目标，我们要以习近平新时代中国特色社会主义思想为指导，全面贯彻党的十九大和十九届二中、三中、四中、五中全会精神，深入贯彻落实习近平总书记对福建工作的重要讲话重要指示批示精神，坚持稳中求进工作总基调，立足新发展阶段，贯彻新发展理念，积极服务并深度融入新发展格局，以全方位推动高质量发展超越为主题，以深化供给侧结构性改革为主线，以改革创新为根本动力，以满足人民日益增长的美好生活需要为根本目的，坚持系统观念，巩固拓展疫情防控和经济社会发展成果，更好统筹发展和安全，扎实做好“六稳”工作、全面落实“六保”任务，确保“十四五”开好局、起好步，以优异成绩庆祝建党 100 周年。重点要组织实施好七个方面工作：

（一）深入实施创新驱动发展战略，加快构建现代产业体系

大力提升科技创新能力。发挥福厦泉国家自主创新示范区先行优势，推动福州建设福建科学城、厦门建设未来科技城、泉州建设时空科创基地。加快省创新研究院建设，推动 4 家省创新实验室发展壮大，在能源材料等领域争创国家实验室。建立健全产业重点攻关技术目录（库），围绕人工智能、集成电路、生物医药等领域，实施 10 个以上省科技重大专项，开展核心技术产学研联合攻坚。实施高新技术企业“双倍增”专项行动，加强以企业为主体的创新能力建设，健全高新技术企业培育库，完善科技型中小企业备案和服务机制，大力吸引和培育独角兽企业，扶持一批有潜力的科技型企业加速成长为国家高新技术企业、科技小巨人企业，紧盯有基础、有潜力、有条件的优质企业精准施策、精准服务，力争国家高新技术企业突破6500家。支持领军企业组建创新联合体，带动中小企业创新活动。深入实施高端人才聚集计划、“八闽英才”培育工程，健全科技人才评价体系和服务体系。开展科技成果转化应用行动，完善激励机制和科技评价机制，探索实施与科技成果应用挂钩的分配制度，落实好攻关任务“揭榜挂帅”等机制，扩大科研机构和人员自主权。办好第19届创新项目成果交易会。推动海峡两岸共建一批高水平科技成果产业化基地和产学研合作示范基地，支持两岸信息技术、农业技术、新材料技术等领域重大科技成果转移转化。

大力发展数字经济。加快国家数字经济创新发展试验区建设，进一步推动数字经济和实体经济深度融合，精心筹办好第四届数字中国建设峰会，全力打造“数字应用第一省”，力争数字经济增加值达2.3万亿元。抓紧成立省大数据公司，承担全省公共数据资源一级开发和授权开放任务。加快5G、工业互联网等建设，培育扶持优质企业做大做强，形成一批未来领军型创新企业。加快数字产业化和产业数字化，发展网络视听和超高清视频等产业，深入推进“上云用数赋智”行动，建设一批中小企业数字化转型促进中心，推动传统产业高端化、智能化、绿色化。实施数字经济园区提升行动计划，重点推进福建省区块链主干网、工业互联网标识解析二级节点、城市大脑、智能视觉AI开放平台、海洋大数据中心（一期）等项目建设。

培育“三新”经济增强新动能。积极发展以新产业、新业态、新商业模式为主体的“三新”经济。推动一批创新型产业“落地生根”，大力推动平台经济、共享经济、楼宇经济、街区经济、总部经济等发展。发挥福州、厦门等主要城市的总部经济效应，集聚大型企业和高端人才等要素，辐射带动区域经济发展。有序推广“社区电商”“社区生活管家”等新模式，支持发展网红经济、在线教育培训等新业态。

增强产业链供应链自主可控能力。强化“六四五”产业体系建设，做大做强电子信息和数字产业、先进装备制造、石油化工、现代纺织服装等主导产业，提挡升级特色现代农业与食品加工、冶金、建材等优势产业。实施龙头企业“培优扶强”工程，力争规模超百亿企业达50家。统筹推进补短板，加强制造业创新中心和企业技术中心建设，发挥行业技术开发基地作用，实施一批产业重大技术攻关课题，突破一些产业发展技术瓶颈，推动重点产业龙头企业原材料、设备国产化。完成500项以上省重点技改项目，推动传统产业向数字化、智能化升级。加快培育和发展新兴产业，加快建设新能源产业创新示范区，加快建设新型功能材料、生物医药产业等4个国家级战略性新兴产业发展集群，支持生物医药、医疗器械、精密仪器设备研究制造，布局人工智能、前沿材料、量子科技、智能机器人、生物创新药、空天科技等未来产业。实施军民融合工程，大力发展国防科技工业，服务国防和军队现代化建设。加快发展海洋经济，做大做强海上福建，持续推动福州、厦门国家海洋经济发展示范区建设，加快“海上牧场”、海上风电场、海上生态智慧养殖等项目建设。

深入挖掘服务业发展新增长点。实施现代服务业提升工程，持续推进千家服务业企业增产增效，做大做强现代物流、旅游等主导产业，加快发展文创服务、商贸服务、健康养老等产业。加快交通与物流融合发展，培育全产业链供应服务平台企业，提升港口物流和冷链物流基础设施，推进国家物流枢纽承载城市和国家冷链物流基地建设。加快发展普惠金融，持续实施“引金入闽”工程，做大做强地方法人金融机构。深化“清新福建”“全福游、有全福”品牌建设，组织实施数字文化产业加速行动、文化科技创新行动、文化和旅游深度融合行动等六个重点专项行动，高标准、高起点推进建设长征国家文化公园，建设提升一批高品质旅游景区和度假区。

实施农业质量效益和竞争力提升工程。全力保障重要农产品有效供给，粮食播种面积稳定在83万公顷以上、总产量稳定在500万吨，生猪存栏保持900万头以上，水产品总产量保持800万吨以上。实施新一轮种业创新工程，加快培育一批具有自主知识产权的优新品种，高水平建设“中国稻种基地”。实施特色现代农业高质量发展“3212”工程，做强做优做大十大乡村特色产业。

促进农产品一、二、三产业融合发展，大力发展农村电商、冷链物流，实施“互联网+”农产品出村进城工程，积极培育休闲农业等新产业新业态。推进农业品牌建设，创建优质农产品标准化示范基地250个，培育“三品一标”农产品240个以上，创建一批农产品区域公用品牌和福建名牌农产品。

（二）注重需求侧管理，促进形成强大内需市场

培育和扩大消费需求。坚持扩大内需这个战略基点，打通堵点，补齐短板，继续开展“全闽乐购”促消费行动，激发居民消费潜力。加快冷链物流、港口物流、快递物流建设，推动供应链应用与创新试点。支持生活性服务类商贸流通设施改造升级、提挡发展，推进数字化、智能化改造和跨界融合。培育服务消费热点，促进线上会诊、线上课堂、远程办公等消费新业态加快发展。稳定和扩大大宗消费，扩大乡村消费。支持龙头企业在知名第三方电商平台建设传统优势产品网店。促进旅游消费加快恢复，推进全域生态旅游省建设，大力发展夜间经济，打造一批文化旅游演艺项目，建设一批高端民宿和精品主题酒店，更好地满足多样化、多层次的旅游消费需求。

推动“五个一批”项目良性接续。用好“五个一批”工作机制，发挥中央预算内投资在外溢性强、社会效益高领域的引导和撬动作用，在新基建与数字经济发展、新型城镇化建设、传统基础设施提升、战略性新兴产业集群发展、生态文明建设、民生保障等“八大工程”领域，谋划一批大项目好项目，加快推动实施。加强与央企、民企、外企对接，实施招商引资专项行动，对接招引一批产业链缺失项目、升级项目。扩大制造业设备更新和技术改造投资。建立健全重大项目前期工作推进机制，努力实现早开工多开工。及时帮助解决项目推进中存在的梗阻问题，全力加快在建重大重点项目进度，多形成实物投资量。

强化重点项目支撑。初步安排省重点项目1557个、年度投资5239亿元。推进兴泉铁路、浦梅铁路（建宁至冠豸山段）、莆炎高速公路、古雷炼化一体化一期、省委党校、省妇产医院等重大项目建成投用，加快建设福厦客专、漳州核电、福州和厦门地铁、江阴万华MDI、厦门天马第6代柔性面板生产线等在建重点项目，积极争取厦门新机场、福州机场二期、漳汕高铁、中沙古雷150万吨乙烯、闽粤电力联网工程、长汀金龙高性能稀土永磁材料扩建等重大项目开工建设，加快温福高铁、中石油福建LNG接收站、宁德核电5、6号机组等项目前期工作，争取昌福（厦）高铁纳入国家“十四五”规划。

补好投资短板。聚焦交通、能源、市政、水利、环保等关键领域和薄弱环节，加大基础设施领域补短板力度，深入实施新基建三年行动计划，加快基础设施投资企稳回升。实施城市更新行动，新改造完工15万户城镇老旧小区。综合考虑行政区划、人口分布、现有设施情况等因素，加强公共服务领域设施建设。聚焦县城补短板强弱项4大方面17个公共领域，针对医疗、教育、养老等领域民生短板，加快建设一批社会事业重大项目，推动民生改善与扩大内需有机衔接。

（三）建设开放新高地，推进更高水平对外开放

高质量建设“海丝”核心区。深入实施“丝路海运”“丝路飞翔”“数字丝路”“生态海丝”等重大工程，构建国内国际双循环的重要节点、重要通道。高标准高水平规划建设厦门金砖国家新工业革命伙伴关系创新基地，深化金砖国家在工业化、数字化、创新、包容增长、投资领域合作。加快建设“两国双园”和境外经贸合作区，深化国际产能合作。提升空港口岸竞争力，推进通关便利化，完善单一窗口4.0版功能，推动中欧班列提质增效。

深化自贸试验区建设。积极争取扩区，进一步推进投资、贸易、金融、运输、人员往来的便利化自由化。积极推动规则标准等制度型开放，争取电信、医疗、金融等服务业领域率先扩大开放，把自贸试验区打造成吸引外资新高地。坚持制度创新与功能培育相结合，推动物联网、航空维修、集成电路设计研发、进口商品等重点平台建设，打造具有国际竞争力的产业高地。

增强外贸综合竞争力。优化市场布局，深化工贸、科贸、产贸合作，支持企业出口转内销，加快市场采购贸易方式全省复制推广。推进跨境电商综合试验区建设，鼓励建设高水平海外仓。推动重点企业开展海空快运业务，壮大货运航线、对台专线、跨境电商物流业务。深入对接中欧投资协定和《区域全面经济伙伴关系协定》(RCEP)，帮助企业用好降低关税、开放市场、区域累积原产地规则等政策，鼓励纺织服装等传统产业转型升级。推进全面深化服务贸易创新发展试点，推动福州、厦门、平潭国家级服务外包示范城市加快培育产业聚集区。推进跨境贸易提效降费减时。

提高利用外资水平。强化服务业、制造业等重点领域招商，推动“五个一批”、重点外资、“云签约”、厦洽会签约项目落地见效，推动网上招商常态化。落实鼓励类外商投资项目相关优惠政策，引导外资投向先进制造业、新兴产业、高新技术产业等领域。积极吸引知名跨国企业来闽设立总部，鼓励外商来闽投资设立研发中心。

积极探索海峡两岸融合发展新路。推进闽台产业、科技、教育、医疗等领域深度融合，努力打造两岸共同市场。推动落实同等待遇，提升经贸合作畅通、行业标准共通，提升科技创新合作水平，联手打造高水平创新平台。推动基础设施互联互通，探索建设两岸融合发展的台海通道工程，打造两岸往来综合枢纽。持续推进金门、马祖同福建沿海地区通水、通电、通气、通桥。加大平潭对台先行先试力度。完善保障台湾同胞福祉和享受同等待遇的政策和制度，持续实施亲情乡情延续工程，增进台湾同胞对民族、对国家的认知和感情，吸引台湾青年来闽发展。围绕半导体、现代服务业等产业，加大对台湾百大企业、龙头企业招商力度，加强与台湾“专精特新”中小企业对接合作。加快海峡两岸集成电路产业合作试验区、生技与医疗健康产业合作区、台湾农民创业园、闽台农业融合发展产业园等平台建设。

持续深化闽港澳侨合作交流。密切闽港闽澳合作，聚焦新开放领域及生物和新医药、环保等新兴产业，加大招商力度，提升利用港澳资水平。充分发挥香港和澳门作为国际经贸合作桥梁纽带作用，推进闽港澳“并船出海”。发挥侨胞桥梁纽带作用，用好闽商大会、世界福建同乡恳亲大会等交流合作平台，推动闽商闽企走出去，实施侨资侨智侨力引进工程，鼓励侨资侨胞回闽创新创业发展，把侨的传统优势转化为新福建建设的重要力量。

（四）全面深化改革，进一步激发市场主体活力

持续深化“放管服”改革。全面推行行政审批服务标准化规范化，实现全省同一事项无差别受理、同标准办理，“一趟不用跑”事项比例提高到70%以上。实现工程建设项目全流程在线审批。全省各地企业开办时间压缩至1个工作日内。编制公布省级行政许可事项清单，全面推行证明事项和涉企经营许可告知承诺制，推行证照分离改革全省全覆盖。完善“双随机、一公开”监管、“互联网+监管”和以信用为基础的新型监管机制，对重点领域实行重点监管。推出更多“一事一次办”改革服务事项。打响数字福建“一网好办”数字政府服务品牌，加快推进企业生产经营和个人服务高频事项“跨省通办”，在厦漳泉都市圈开展一批高频事项“省内通办”试点。

深入推进重点领域改革。在省级预算编制中全面实施零基预算改革，切实提高财政资金配置效率和使用效益。持续推进公共资源交易平台建设，完善各类公共资源交易监管规则。落实国企改革三年行动实施方案，推动集团层面新一轮战略性重组整合，积极培育上市后备企业，加快推进员工持股试点、科技型企业股权和分红激励。努力促进第三支柱养老保险健康发展，加快发展专业化经营市场主体，加大养老保险产品创新。推进价格机制改革，落实2021—2022年输配电价和销售电价调整方案，完善气价疏导方案，扎实推进农业水价综合改革。持续稳妥推进电力体制改革。

加快营造良好营商环境。加快推进我省营商环境立法，强化营商环境评估与督导，加大典型经验和创新做法的总结、宣传和复制推广力度。精准落实惠企政策，推行惠企政策“免申即享”，确保政策资金兑现到位，让创新创业创造在福建更快捷、更方便、更易成功。助力实体经济特别是制造业发展，加快完善“金服云”平台功能，加大对中小企业的上市孵化培育力度。稳步推进区域金融改革创新，完善金融风险监测、评估和处置机制。强化反垄断和防止资本无序扩张，加快社会信用体系建设，出台省社会信用条例，拓展信用信息在政务服务等方面的运用，加快培育第三方信用服务机构。继续打好防范化解重大金融风险攻坚战，维护我省经济金融稳定。

促进民营经济健康发展。传承创新“晋江经验”，鼓励引导民营企业做实业，推动新一轮创新创业大潮。落实支持民营企业改革发展的措施，继续加大金融、财政等支持力度，切实清理与企业性质挂钩的歧视性规定和做法，健全企业家恳谈会等机制，把亲清政商关系体现在具体服务中，优化民营经济发展环境。健全公平竞争规则，让更多的民营企业健康成长。

（五）突出城乡融合，优化城乡区域发展格局

做深做实新时代山海协作。以福州都市圈、厦漳泉都市圈为引擎，持续推进两大协同发展区重点领域深度协作，进一步促进基础设施联通、产业配套协作、公共资源共享和生态保护协同。加快福州至长乐机场城际铁路 F1 线、厦门轨道交通 6 号线角美延伸段工程等项目建设，加快推进厦漳泉城际铁路 R1 线、福莆宁城际铁路 F2 线、F3 线等项目前期工作，打造设区市中心城区至县城 1 小时交通圈。强化区域产业上下游联动和产品购销合作，精准策划一批产业链缺失项目、延伸项目和升级项目。加快建立公共资源服务共享平台，促进中心城市优质资源向周边地区辐射延伸。建立健全跨区域环境治理跟踪机制、协商机制和仲裁机制，形成一体化的科学考核体系和生态环境监督体系。

全面实施乡村振兴战略。实施乡村建设行动，加快基础设施提挡升级、公共服务扩面提标，谋划开展农村人居环境整治提升五年行动，改善农村生产生活条件。实施乡风文明提升工程，推动乡村治理体系和治理能力现代化。支持老区苏区加快推进产业、基础设施和公共服务设施建设。推动巩固拓展脱贫攻坚成果同乡村振兴有效衔接，严格落实五年过渡期要求，保持帮扶政策总体稳定，对脱贫地区和脱贫人口继续在产业、就业、金融、教育等方面予以扶持，增强可持续发展能力。

推进宜居宜业的新型城镇化。编制实施福建省新型城镇化规划（2021—2035 年）。推进城乡融合发展试验区建设，加快形成工农互促、城乡互补、全面融合、共同繁荣的新型工农城乡关系，为东部沿海地区乃至全国城乡融合发展提供可复制可推广典型经验。促进特色小镇规范健康发展，做精做强主导产业，完善产业配套设施，打造宜居宜业宜游的新型空间。

（六）坚持绿色发展，深入推进生态文明试验区建设

促进生态文明试验区建设成果新突破。继续推广 39 项国家生态文明试验区典型经验和做法，学习借鉴其他试验区实践成果，研究出台“十四五”深化国家生态文明试验区建设实施方案，扎实推动试验区建设往广度深度拓展。推广连江、顺昌等试点市场运作模式，引导沿海和山区根据不同资源禀赋培育发展生态资源运营平台，建立特色化发展模式和收益分配机制。健全多元化生态补偿机制，对森林、湿地、耕地、海洋等自然生态系统和重点生态功能区予以保护补偿。健全生态司法保护机制，总结推广共建共治的“生态司法＋”工作机制，探索建立生态环境损害赔偿制度与环境公益诉讼有效衔接机制。

培育壮大绿色经济。实施绿色产业指导目录，推进市场导向的绿色技术创新。建设绿色产业示范基地，持续推动生态产品市场化改革试点。推进绿色制造体系建设，培育壮大节能环保、清洁生产、清洁能源等产业。建设农业绿色发展先行区，组织实施化肥农药减量增效等专项行动，推进水产养殖业绿色发展，开展海上养殖综合整治。开展绿色建筑创建行动。制定实施二氧化碳排放达峰行动方案，支持厦门、南平等地率先达峰，推动碳排放权、排污权、用能权交易，加强能源消费双控工作。完善绿色金融支持保障机制，推进三明、南平省级绿色金融改革试验区建设。加快推行生活垃圾分类，完善绿色产品消费激励措施，推行绿色产品政府采购制度。

巩固提升环境治理。完善国土空间规划和用途统筹协调管控制度，建立以“三线一单”为核心的生态环境分区管控体系。实施生态环境监管能力提升行动。深入打好污染防治攻坚战，持续实施“蓝天、碧水、碧海、净土”四大工程。推广木兰溪治理和长汀水土流失治理经验，推进闽江、九龙江等主要流域大保护和可持续发展。加强城市建成区黑臭水体治理，推进农村生活垃圾处理和污水治理。严守农用地和建设用地土壤环境安全，进一步优化危废医废集中处置能力。探索建立“湾（滩）长制”，推进美丽海湾、美丽海岸带建设。实施重要湿地生态系统保护修复工程，推进武夷山国家公园体制改革试点建设和管理机制创新，建立以国家公园为主体的自然保护地体系。

（七）强化民生兜底，持续提升群众获得感幸福感安全感

努力增加居民收入。增加低收入群体收入、增大中等收入群体。实施城镇职工、农民、困难群体、高端人才等四大群体增收计划，增加工资性、经营性、财产性、转移性收入，扎实推进共同富裕，争创国家共同富裕示范区。

强化就业优先政策。落实“十个一批”扩岗行动，切实做好高校毕业生、退役军人和农民工等群体就业工作，紧紧兜住就业困难群体，确保就业局势总体稳定。加强人力资源培训，提高劳动者技能水平，推动更高质量就业。全年城镇新增就业50万人，城镇失业人员再就业10万人，城镇登记失业率控制在5%以内。

补好民生社会事业短板。继续推进医疗卫生补短板强弱项，推进构建强大的公共卫生体系和优质高效的医疗服务体系。加强国家区域医疗中心项目建设，积极争取省儿童医院、晋江市医院、四川大学华西厦门医院等列为国家第二批区域医疗中心建设试点，推进省属优质医疗资源扩容提升，加强基层医疗服务体系建设。完善居家社区养老服务网络，改造提升养老机构护理能力，鼓励社会资本投资兴办养老机构。实施普惠养老城企联动专项行动，推出更多适老化数字产品和服务，认真解决老年人运用智能技术的困难。实施普惠托育服务专项行动，发展3岁以下婴幼儿照护服务。持续治理“餐桌污染”，建设食品放心工程。完善普惠性学前教育和特殊教育保障机制，新增4万个公办幼儿园学位。推进义务教育城乡一体化、提高均衡发展水平，提高义务教育服务能力，鼓励普通高中特色多样发展。深化产教融合、校企合作，实施高水平职业院校和专业建设计划，提升职业院校服务产业发展能力。加快“双一流”建设，支持天津大学—新加坡国立大学福州联合学院建设，引进国内国外知名高校开展合作办学。实施全民健身设施补短板工程，完善全民健身设施网络。实施社会服务设施兜底线工程，推动区域性儿童福利设施、未成年人保护设施、流浪乞讨人员救助（管理）站、殡葬服务设施、精神卫生福利设施、残疾人无障碍通道等社会福利服务体系建设。

促进房地产市场平稳健康发展。坚持房子是用来住的、不是用来炒的定位，精准调控、因城施策。加快保障性租赁住房建设，完善长租房政策，逐步使租购住房在享受公共服务上具有同等权利。培育发展长租房市场，新增各类租赁住房2万套。降低租赁住房税费负担，整顿租赁市场秩序，规范市场行为。

全力做好粮食安全保障和保供稳价工作。落实藏粮于地，藏粮于技战略，加强种质资源保护和利用，有序推进生物育种产业化应用。坚决遏制耕地“非农化”、防止耕地“非粮化”，规范耕地占补平衡，加强高标准农田建设，加强农田水利建设。提高粮食和重要农副产品供给保障能力，落实粮食安全省长责任制，实施引粮入闽奖励政策，办好第十七届粮食产销协作福建洽谈会，确保省内粮油市场供应充足；强化价格监测预警，持续做好重要民生商品价格调控工作，保持价格总水平基本稳定。

各位代表，做好2021年经济社会发展工作意义重大、任务艰巨、使命光荣。我们要更加紧密地团结在以习近平同志为核心的党中央周围，以习近平新时代中国特色社会主义思想为指导，不折不扣贯彻落实党中央、国务院决策部署，认真落实省委工作要求，落实省十三届人大五次会议决议，自觉接受省人大的监督，认真听取省政协的意见和建议，强化机遇意识、风险意识，改革创新、锐意进取，为全面建设社会主义现代化国家、全方位推动高质量发展超越、加快推进新时代新福建建设而努力奋斗！

2020年福建省国民经济和社会发展统计公报

福建省统计局
国家统计局福建调查总队

2021年3月1日

一、综合

初步核算，全年实现地区生产总值43903.89亿元，比上年增长3.3%。其中，第一产业增加值2732.32亿元，增长3.1%；第二产业增加值20328.80亿元，增长2.5%；第三产业增加值20842.78亿元，增长4.1%。三次产业增加值占地区生产总值的比重，第一产业为6.2%，第二产业为46.3%，第三产业为47.5%。

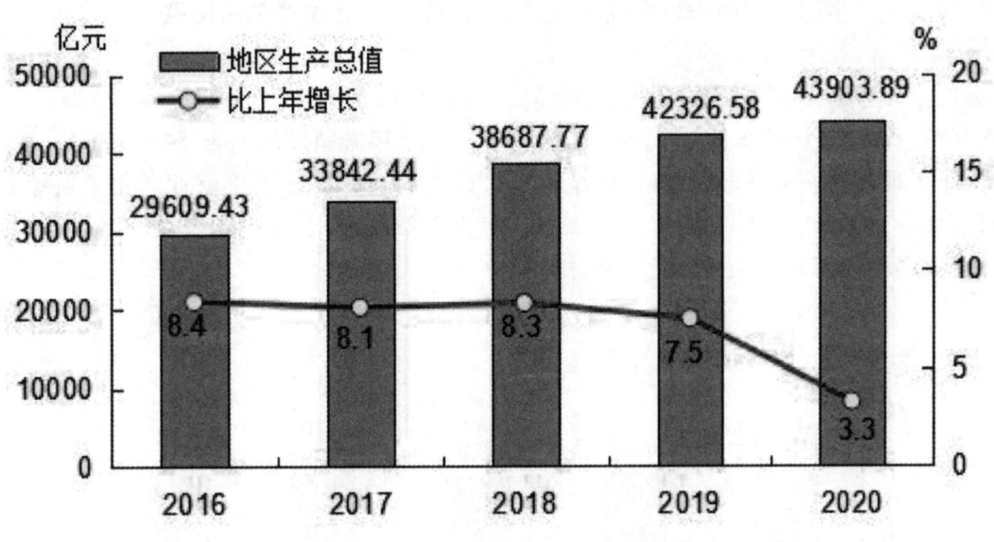

图1　2016—2020年地区生产总值及其增长速度

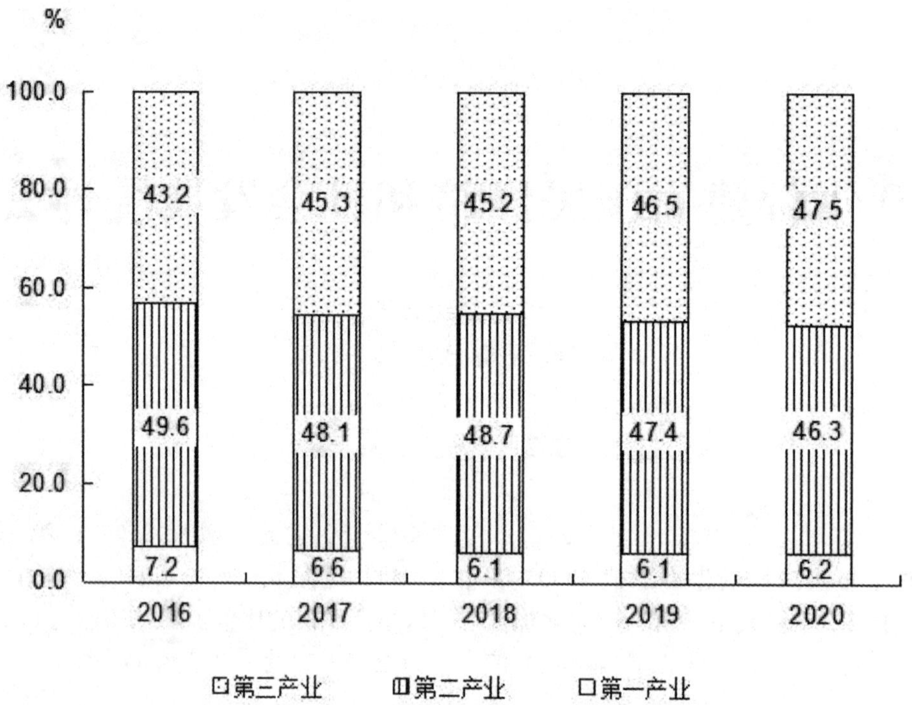

图2　2016—2020年三次产业增加值占地区生产总值比重

全年限额以上批发和零售企业实现网上商品零售额1405.92亿元，比上年增长14.2%。全年互联网重点企业实现互联网业务收入680.9亿元，比上年增长8.8%。

年末户籍人口数为3921.61万人，比上年末增加25.14万人。

全年城镇新增就业54.62万人，有24万名城镇失业人员实现了再就业。年末城镇登记失业率为3.82%，比上年末上升0.32个百分点。

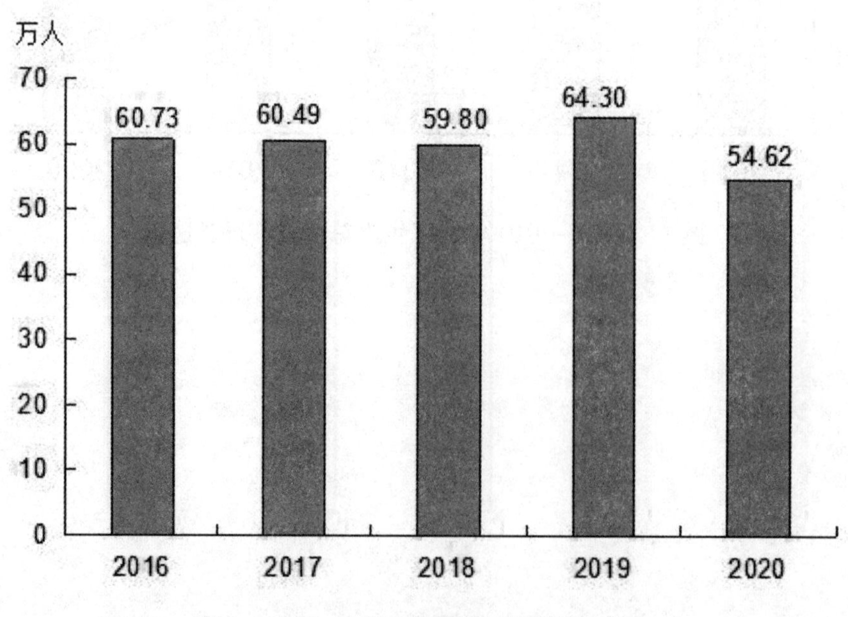

图3　2016—2020年城镇新增就业人数

全年居民消费价格比上年上涨2.2%。工业生产者出厂价格下降1.6%。工业生产者购进价格下降1.4%。农产品生产者价格上涨2.3%。12月份，福州市、厦门市、泉州市新建商品住宅销售价格同比分别上涨4.4%、4.5%和5.5%。

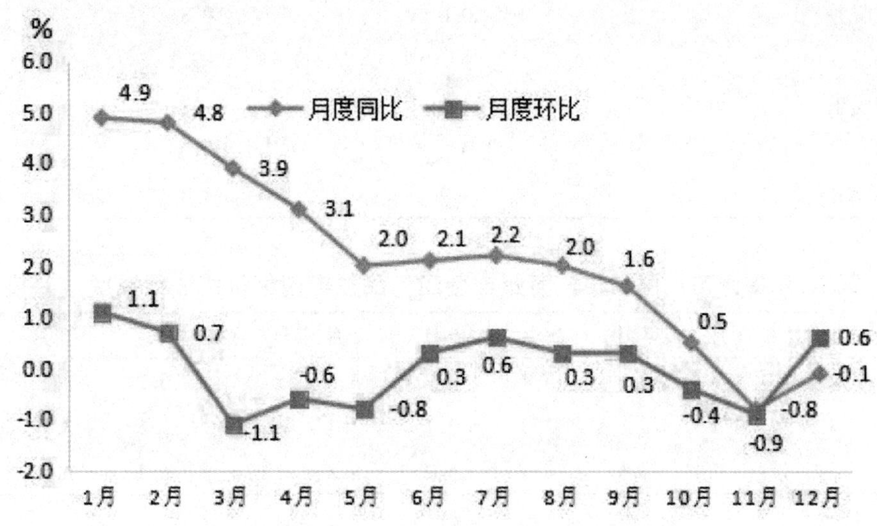

图4　2020年居民消费价格月度涨跌幅度

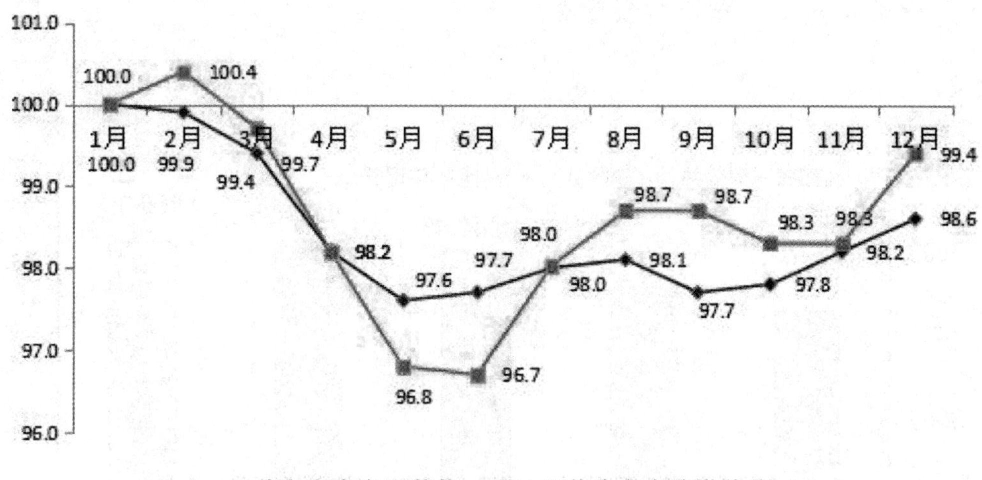

图5　2020年工业生产者价格同比指数情况（上年同月=100）

表1　2020年居民消费价格比上年涨跌幅度

指　　标	全省（%）	城市	农村
居民消费价格	2.2	2.2	2.1
食品烟酒	7.0	7.0	7.2
衣着	-0.1	-0.3	0.4

续表

指　　标	全省（%）	城市	农村
居住	0.0	0.3	-1.0
生活用品及服务	0.6	0.8	-0.2
交通和通信	-3.0	-3.1	-2.8
教育文化和娱乐	1.2	1.2	1.1
医疗保健	0.2	0.0	0.7
其他用品和服务	3.7	3.7	3.9

表 2　2020 年福州市、厦门市、泉州市新建商品住宅销售价格涨跌幅度（月度同比）

月份	1 月	2 月	3 月	4 月	5 月	6 月	7 月	8 月	9 月	10 月	11 月	12 月
福州	3.5	4.0	4.0	3.8	3.4	3.7	3.6	3.3	3.2	3.1	3.5	4.4
厦门	4.4	4.2	3.5	2.8	3.0	3.1	2.4	1.9	2.8	3.7	4.4	4.5
泉州	3.5	3.5	3.7	3.6	4.5	5.2	5.2	5.6	6.1	5.5	5.6	5.5

全年一般公共预算总收入 5158.35 亿元，比上年增长 0.2%，其中，地方一般公共预算收入 3078.96 亿元，增长 0.9%。一般公共预算支出 5214.61 亿元，增长 2.7%。全省（含厦门）税收收入（含海关代征）4687.68 亿元，下降 2.7%。

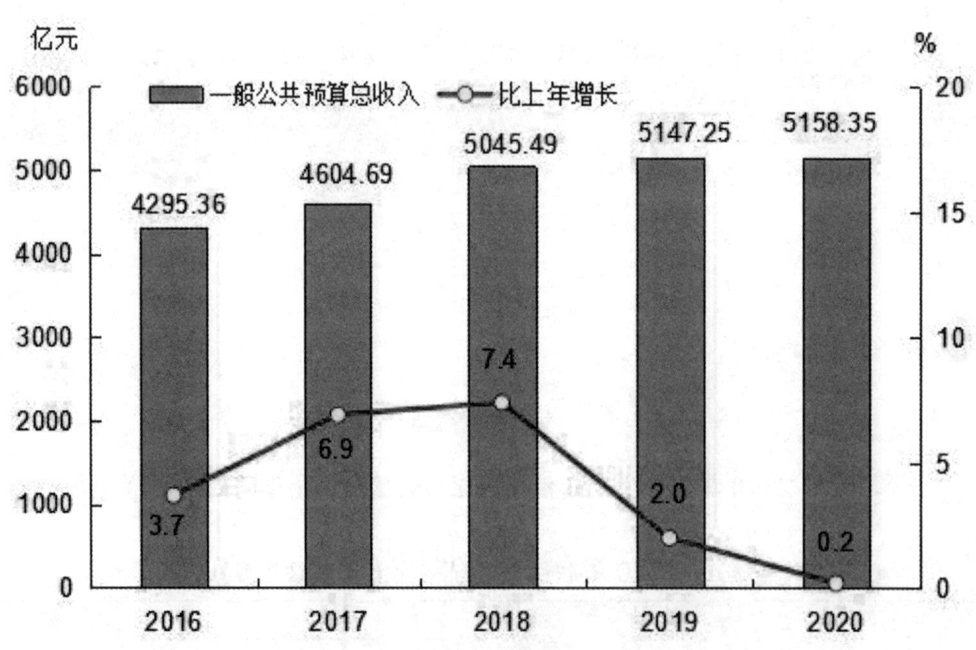

图 6　2016—2020 年一般公共预算总收入及其增长速度

"十三五"期间，全省生产总值接连跃上 3 万亿元、4 万亿元台阶，年均增长 7.1%；一般公共预算总收入累计达到 24251.14 亿元，地方一般公共预算收入累计达到 14603.16 亿元，一般公共预算支出累计达到24084.78亿元，分别是“十二五”时期的1.4倍、1.4倍和1.6倍。

二、农业

全年农林牧渔业总产值4901.07亿元，比上年增长3.3%。粮食播种面积83.44万公顷，比上年增加1.2万公顷。其中，稻谷播种面积60.172万公顷，增加2480公顷。烟叶种植面积4.75万公顷，减少2660公顷；油料种植面积7.93万公顷，增加1806.67公顷；蔬菜种植面积59.70万公顷，增加1.72万公顷。

全年粮食产量502.32万吨，比上年增加8.42万吨，增长1.7%。其中，稻谷产量391.75万吨，增加2.96万吨，增长0.8%。

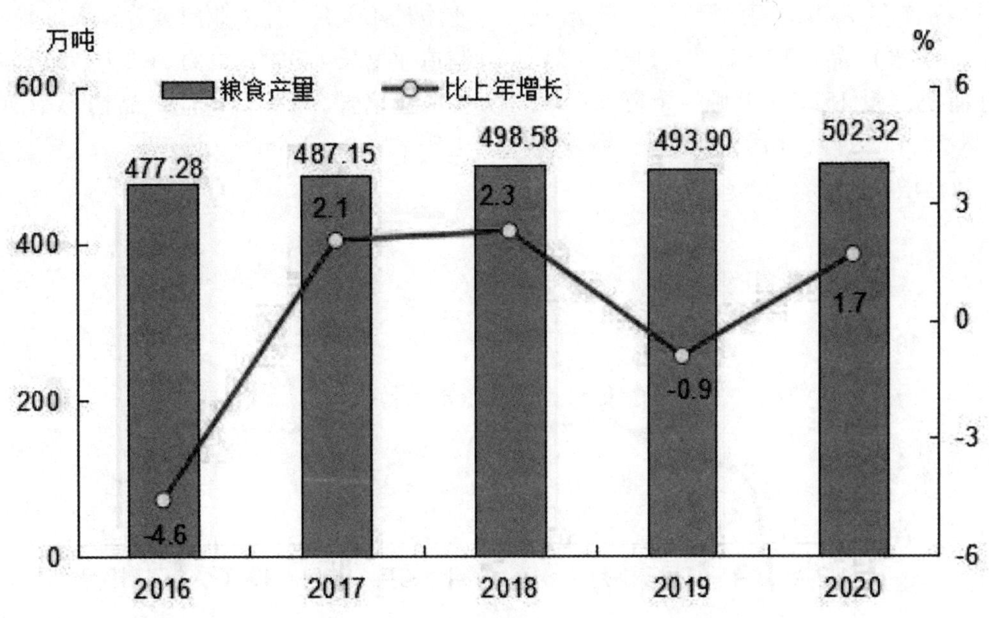

图7　2016—2020年粮食产量及其增长速度

表3　2020年主要农产品产量

产品名称	产量（万吨）	比上年增长（%）
粮食	502.32	1.7
春收	24.25	5.2
夏收	77.26	2.0
秋收	400.81	1.5
油料	22.73	3.2
其中：花生	21.68	3.0
油菜籽	0.96	5.3
甘蔗	26.98	2.8
烤烟	10.03	6.7
茶叶	46.14	4.9
水果	764.58	5.1
蔬菜	1492.30	3.8
食用菌	137.88	3.4

全年肉蛋奶总产量330.88万吨，比上年增长3.8%。肉类总产量259.39万吨，增长1.7%。其中，猪肉产量103.75万吨，增长0.7%；主要禽肉产量146.56万吨，增长3.3%；牛肉产量2.46万吨，增长15.0%；羊肉产量2.28万吨，增长3.0%。年末生猪存栏910.90万头，增长42.0%；生猪出栏1299.86万头，增长0.2%。牛奶产量16.93万吨，增长17.1%。

全年水产品产量830.34万吨，比上年增长1.9%。其中，淡水产品产量92.49万吨，增长1.6%；近海捕捞产量152.90万吨，下降5.1%；远洋捕捞产量58.15万吨，增长12.6%；海水养殖526.80万吨，增长3.1%。

三、工业和建筑业

全年全部工业增加值15745.55亿元，比上年增长1.7%。规模以上工业增加值增长2.0%，其中，国有控股企业增长9.4%。在规模以上工业中，分经济类型看，国有企业增加值下降6.1%，集体企业增长13.6%，股份制企业增长3.1%，外商及港澳台商投资企业下降0.4%；私营企业增长2.0%。分轻重工业看，轻工业下降0.2%，重工业增长4.3%。分工业门类看，采矿业增长1.2%，制造业增长1.9%，电力、热力、燃气及水生产和供应业增长3.8%。工业产品销售率96.53%，比上年下降0.62个百分点。

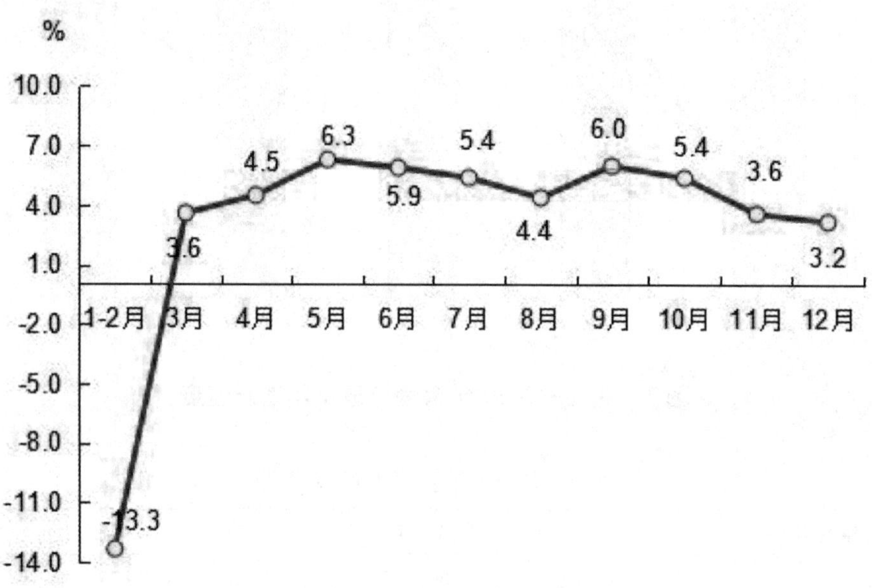

图8 2020年规模以上工业增加值增长速度（月度同比）

规模以上工业的38个行业大类中有21个增加值实现正增长。其中，医药制造业增长29.7%，化学纤维制造业增长23.7%，电气机械和器材制造业增长8.9%，化学原料和化学制品制造业增长7.4%，有色金属冶炼和压延加工业增长6.9%，计算机、通信和其他电子设备制造业增长6.6%。规模以上工业中三大主导产业增加值增长5.7%。其中，机械装备产业增长1.1%；电子信息产业增长6.6%；石油化工产业增长10.6%。六大高耗能行业增加值增长7.1%，占规模以上工业增加值的比重为26.3%。工业战略性新兴产业增加值增长4.5%，占规模以上工业增加值的比重为25.6%。高技术制造业增加值增长8.0%，占规模以上工业增加值的比重为12.8%。装备制造业增加值增长3.3%，占规模以上工业增加值的比重为23.4%。

表4　2020年规模以上工业企业主要工业产品产量

产品名称	单位	产量	比上年增长（%）
纱	万吨	543.45	-7.4
布	亿米	74.49	-26.0
化学纤维	万吨	856.36	4.0
卷烟	亿支	886.45	0.8
彩色电视机	万台	1330.02	68.2
原煤	万吨	645.85	-23.1
发电量	亿千瓦时	2636.49	2.5
其中：火电	亿千瓦时	1550.52	10.3
水电	亿千瓦时	291.77	-34.0
粗钢	万吨	2466.50	3.2
钢材	万吨	3861.65	3.5
十种有色金属	万吨	73.97	0.7
其中：精炼铜（电解铜）	万吨	66.78	2.9
原铝（电解铝）	万吨	7.05	-15.1
水泥	万吨	9686.90	2.6
硫酸（折100%）	万吨	343.73	0.3
纯碱（碳酸钙）	万吨	25.49	-12.3
烧碱	万吨	35.90	-7.9
农用氮、磷、钾化学肥料（折纯）	万吨	86.25	-4.5
发电设备	万千瓦	38.52	52.8
汽车	万辆	18.04	11.4
其中：轿车	万辆	2.64	238.2
集成电路	亿块	16.95	37.5
移动通信手持机	万台	2382.81	32.2
微型计算机设备	万台	1493.63	-31.9

注：发电量为全社会口径。

全年规模以上工业企业实现利润3470.08亿元，比上年下降9.7%。分经济类型看，国有企业由上年同期盈利1.94亿元转为亏损1.10亿元；集体企业实现利润6.04亿元，增长8.8%；股份制企业2320.00亿元，下降6.3%；外商及港澳台商投资企业1111.15亿元，下降16.1%；私营企业1786.04亿元，下降7.6%。规模以上工业企业资产负债率50.4%，比上年下降0.4个百分点；每百元主营业务收入中的成本为86.51元，营业收入利润率为6.26%。

全年全社会建筑业实现增加值4654.13亿元，比上年增长5.8%。具有资质等级的总承包和专业承包建筑业企业完成建筑业总产值14117.80亿元，增长7.2%。

四、固定资产投资

全年固定资产投资下降0.4%。第一产业投资下降8.3%；第二产业投资增长0.7%，其中，工业投资增长0.7%；第三产业投资下降0.7%。基础设施投资下降5.5%，占固定资产投资的比重为24.7%。民间投资增长1.0%，占固定资产投资的比重为57.8%。高技术产业投资增长11.3%，占固定资产投资的比重为6.4%。从到位资金情况看，全年到位资金比上年增长4.8%。其中，国家预算资金增长25.3%，国内贷款下降11.8%，利用外资下降39.1%，自筹资金增长4.2%，其他资金增长26.4%。“十三五”期间，固定资产投资年均增长7.7%。

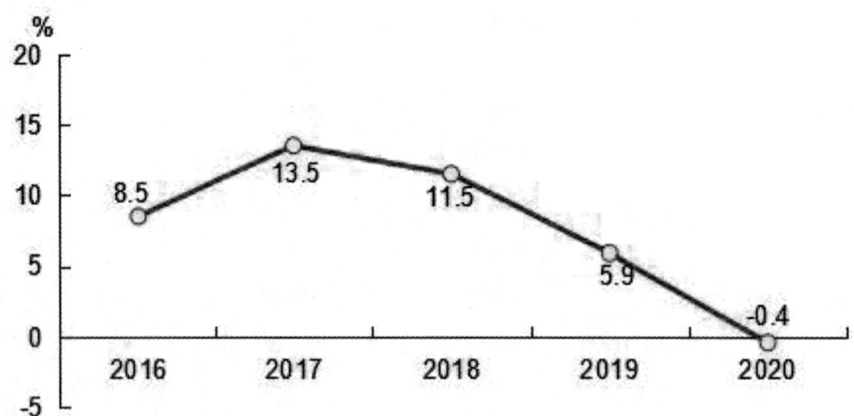

图9 2016—2020年固定资产投资增长速度

表5 2020年分行业固定资产投资情况

行　业	投资额比上年增长（%）
农、林、牧、渔业	-6.4
采矿业	32.1
制造业	-2.3
电力、热力、燃气及水生产和供应业	19.8
建筑业	-32.5
批发和零售业	15.4
交通运输、仓储和邮政业	-16.1
住宿和餐饮业	25.0
信息传输、软件和信息技术服务业	7.4
金融业	20.1
房地产业	4.5
租赁和商务服务业	-13.8
科学研究和技术服务业	-13.0
水利、环境和公共设施管理业	-6.3
居民服务、修理和其他服务业	14.6
教育	2.1
卫生和社会工作	0.6
文化、体育和娱乐业	4.1
公共管理、社会保障和社会组织	-10.2

全年房地产开发投资6026.80亿元，比上年增长6.2%。其中，住宅投资4372.10亿元，增长7.3%；办公楼投资214.56亿元，下降21.3%；商业营业用房投资481.96亿元，增长7.1%。年末商品房待售面积1807.37万平方米，比上年末减少54.67万平方米。年末商品住宅待售面积479.44万平方米，比上年末减少53.10万平方米。

全年新开工建设城镇保障性安居工程住房6.5万套（户），基本建成城镇保障性安居工程住房5.5万套。

表6　2020年房地产开发和销售主要指标完成情况

指　　标	单位	绝对数	比上年增长（%）
投资完成额	亿元	6026.80	6.2
其中：住宅	亿元	4372.10	7.3
其中：90平方米及以下	亿元	1378.25	12.9
房屋施工面积	万平方米	34556.77	1.2
其中：住宅	万平方米	22929.82	2.1
房屋新开工面积	万平方米	6637.99	3.7
其中：住宅	万平方米	4549.05	-1.4
房屋竣工面积	万平方米	3804.07	32.0
其中：住宅	万平方米	2403.09	32.5
商品房销售面积	万平方米	6607.18	2.3
其中：住宅	万平方米	5210.03	2.7
本年实际到位资金	亿元	7355.03	7.0
其中：国内贷款	亿元	753.75	-8.3
个人按揭贷款	亿元	1138.86	0.7
本年土地购置面积	万平方米	598.50	-42.0
土地购置费	亿元	2544.96	18.3

1257个在建省重点项目完成投资5494亿元。全年建成或部分建成307个项目，新开工362个项目。

五、国内贸易

全年社会消费品零售总额18626.45亿元，比上年下降1.4%。按销售单位所在地统计，城镇消费品零售额16178.61亿元，下降1.5%；乡村消费品零售额2447.84亿元，下0.8%。按消费形态统计，商品零售额16886.89亿元，下降0.8%；餐饮收入额1739.56亿元，下降6.9%。“十三五”期间，社会消费品零售总额年均增长8.7%。

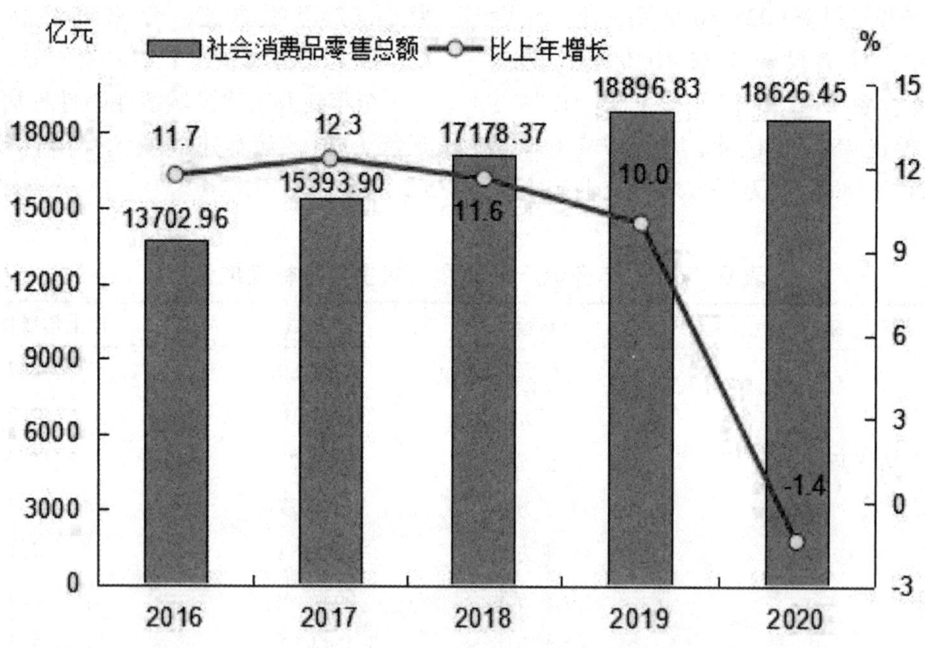

图 10　2016—2020 年社会消费品零售总额及其增长速度

在限额以上企业商品零售额中，日用品类零售额比上年增长 12.2%，金银珠宝类增长 9.4%，粮油食品类增长 6.7%，体育娱乐用品类增长 6.3%，服装鞋帽针纺织品类增长 5.9%，文化办公用品类增长 4.3%，家具类增长 2.1%，通讯器材类增长 0.8%，汽车类下降 2.4%，家用电器和音像器材类下降 4.5%，建筑及装潢材料类下降 6.5%，化妆品类下降 9.2%，石油及制品类下降 19.5%。

六、对外经济

全年进出口总额 14035.65 亿元，比上年增长 5.5%。其中，出口额 8474.41 亿元，增长 2.3%；进口额 5561.25 亿元，增长 10.6%。进出口顺差 2913.16 亿元。“十三五”期间，进出口总额年均增长 6.0%。其中，出口额年均增长 3.9%，进口额年均增长 9.8%。

表 7　2020 年进出口主要分类情况

指　　标	绝对数（亿元）	比上年增长（%）
进出口总额	14035.65	5.5
出口额	8474.41	2.3
其中：一般贸易	6007.48	1.4
加工贸易	1282.03	-10.9
其中：机电产品	3199.43	7.4
其中：高新技术产品	1016.49	3.8
进口额	5561.25	10.6
其中：一般贸易	4502.13	19.2
加工贸易	649.15	-12.9
其中：机电产品	1030.90	-4.9
其中：高新技术产品	740.96	-2.9

表8　2020 年对主要国家和地区进出口情况

国家和地区	出口额（亿元）	比上年增长（%）	进口额（亿元）	比上年增长（%）
美国	1563. 50	3. 7	258. 85	9. 7
欧盟	1249. 32	-2. 7	344. 41	1. 2
东盟	1819. 36	10. 1	1011. 65	21. 0
日本	432. 57	-1. 7	241. 63	13. 6
香港地区	436. 63	-13. 2	14. 40	94. 4
台湾地区	399. 04	19. 9	430. 62	3. 6
韩国	261. 51	13. 1	166. 11	-8. 8
沙特阿拉伯	111. 57	-2. 7	245. 45	-37. 0

注：欧盟不含英国。

图 11　2016—2020 年货物进出口总额

新设外商直接投资企业 2234 家，比上年下降 6. 6%。实际使用外商直接投资 347. 91 亿元，增长 10. 3%。

表9　2020 年分行业外商直接投资情况

行　业	实际使用金额（万元）	比上年增长（%）
总计	3479111	10. 3
其中：农、林、牧、渔业	11881	29. 3
制造业	1399125	-14. 8
电力、热力、燃气及水生产和供应业	17106	6. 0

续表

行　业	实际使用金额（万元）	比上年增长（%）
交通运输、仓储和邮政业	39936	-21.0
批发和零售业	294444	70.6
房地产业	300955	-8.4
租赁和商务服务业	616690	98.7
居民服务、修理和其他服务业	81812	16132.5

备案和核准对外直接投资项目220个，比上年下降17.6%，中方协议投资额52.3亿美元，增长36.4%。对外直接投资额32.3亿美元，下降25.3%。

全年对外承包工程完成营业额12.9亿美元，比上年增长26.6%；对外劳务合作劳务人员实际收入总额8.6亿美元，增长1.4%。

七、交通、邮电和旅游

全年交通运输、仓储和邮政业实现增加值1497.31亿元，比上年增长4.8%。公路通车里程110118.21公里，比上年增长0.3%。高速公路网累计建成6003.78公里，增长8.5%。铁路营业里程3774.34公里，比上年增长7.5%。货运量139926.97万吨，比上年增长4.7%。货物周转量9020.34亿吨公里，比上年增长8.7%。

表10　2020年各种运输方式完成货物运输量情况

指　标	单位	绝对数	比上年增长（%）
货运量	万吨	139926.97	4.7
铁路	万吨	3749.92	-8.2
公路	万吨	91136.61	4.4
水运	万吨	45017.65	6.5
民航	万吨	22.80	-17.7
货物周转量	亿吨公里	9020.34	8.7
铁路	亿吨公里	180.90	-5.6
公路	亿吨公里	1021.69	6.2
水运	亿吨公里	7811.73	9.5
民航	亿吨公里	6.02	-13.2

全年客运量25489.75万人，比上年下降48.4%。旅客周转量661.97亿人公里，下降44.4%。

表11　2020年各种运输方式完成旅客运输量情况

指　标	单位	绝对数	比上年增长（%）
客运量	万人	25489.75	-48.4
铁路	万人	7539.34	-40.8
公路	万人	14882.10	-52.3

续表

指　　标	单位	绝对数	比上年增长（%）
水运	万人	741.55	-59.3
民航	万人	2326.77	-35.7
旅客周转量	亿人公里	661.97	-44.4
铁路	亿人公里	223.16	-43.7
公路	亿人公里	90.64	-52.3
水运	亿人公里	0.77	-71.1
民航	亿人公里	347.40	-42.2

全年沿海港口完成货物吞吐量6.21亿吨，比上年增长4.5%。其中，外贸货物吞吐量2.35亿吨，下降0.9%。集装箱吞吐量1720.19万标箱，下降0.3%。

年末汽车保有量731.34万辆（含三轮汽车和低速货车），比上年末增长7.3%。其中，私人汽车保有量632.67万辆，增长7.0%。轿车保有量441.86万辆，增长6.4%。其中，私人轿车保有量403.96万辆，增长6.4%。

全年完成邮电业务总量4764.31亿元，比上年增长22.8%。其中，邮政业务总量856.48亿元，增长32.6%；电信业务总量（按2015年不变单价测算）3907.83亿元，增长20.8%。邮政业全年完成邮政函件业务3267.89万件，包裹业务67.17万件，快递业务量34.32亿件。年末电话用户总数5472.35万户，下降0.2%，其中，固定电话用户733.07万户，下降4.0%；移动电话用户4739.28万户，增长0.4%。固定互联网宽带接入用户1831.02万户，增长2.9%；固定宽带家庭普及率为135.4%。其中，光纤宽带用户1689.5万户，光纤用户渗透率92.3%。移动互联网用户3979.6万户，移动宽带用户普及率为100.3%。其中，5G套餐用户933.0万户，增长20.6倍；4G用户3900.9万户，增长0.6%，4G用户渗透率82.3%。

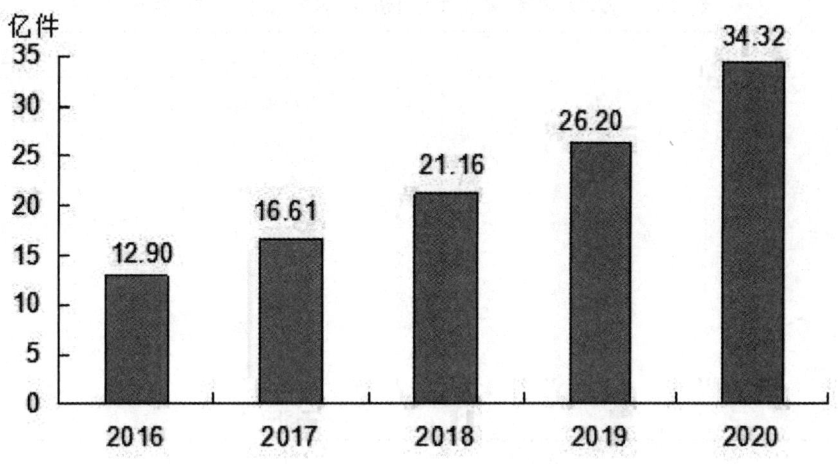

图12　2016—2020年快递业务量

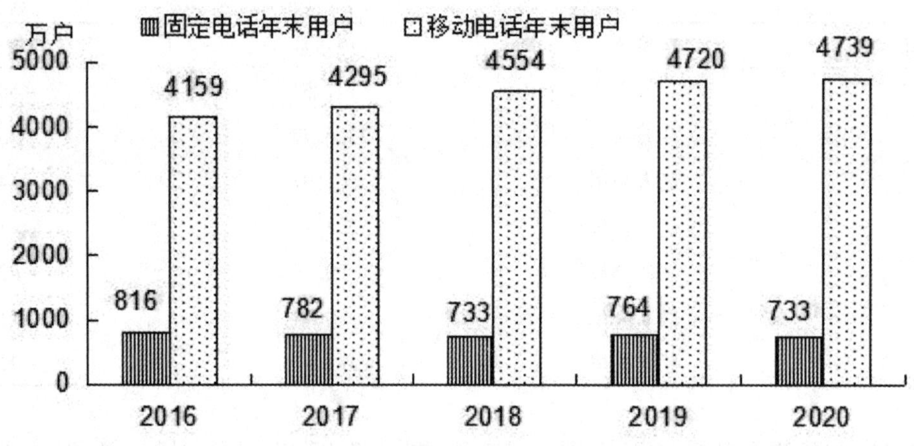

图13 2016—2020年末电话用户数

全年接待入境游客229.67万人次，比上年下降76.0%。其中，接待外国人93.92万人次，下降74.8%；台湾同胞83.02万人次，下降78.6%；港澳同胞52.73万人次，下降73.3%。在入境旅游者中，过夜游客225.77万人次，下降74.0%。国际旅游外汇收入20.69亿美元，下降79.8%。全年接待国内旅游人数36981.07万人次，下降29.8%；国内旅游收入4927.72亿元，下降33.3%。旅游总收入5070.41亿元，下降37.4%。

八、金融

年末金融机构本外币各项存款余额56386.92亿元，比上年末增长13.1%；金融机构本外币各项贷款余额59859.66亿元，比上年末增长13.7%。

年末农村合作金融机构人民币各项贷款余额5012.75亿元，比上年末增长14.2%。中资金融机构人民币个人消费贷款余额21343.60亿元，比上年末增长12.8%。

表12 2020年末全部金融机构本外币存贷款情况

指标	年末数（亿元）	比上年末增长（%）
各项存款	56386.92	13.1
其中：住户存款	24283.91	14.6
非金融企业存款	17229.09	15.8
其中：人民币存款	55160.49	13.1
各项贷款	59859.66	13.7
其中：短期贷款	18144.24	7.9
中长期贷款	38032.22	17.3
其中：人民币贷款	58589.49	14.0

年末境内A股上市公司150家，比上年增加12家，总市值30872.67亿元，增长62.3%；B股上市公司数量为1家，总市值8.29亿元，增长30.3%。

全年内外资保险公司保费收入1242.25亿元，比上年增长5.7%。其中，财产险保费收入337.07亿元；人身险保费收入905.17亿元（寿险保费收入619.98亿元，健康险和意外伤害险保费收入285.20亿元）。支付各类赔款及给付393.23亿元，其中，财产险赔款203.14亿元，寿险业务给付

86.50 亿元，健康险和意外伤害险赔款及给付 103.59 亿元。

九、人民生活和社会保障

全年居民人均可支配收入 37202 元，比上年增长 4.5%，扣除价格因素，实际增长 2.2%。按常住地分，农村居民人均可支配收入 20880 元，比上年增长 6.7%，扣除价格因素，实际增长 4.5%；城镇居民人均可支配收入 47160 元，比上年增长 3.4%，扣除价格因素，实际增长 1.1%。

全年居民人均生活消费支出 25126 元，比上年下降 0.7%，扣除价格因素，实际下降 2.9%。按常住地分，农村居民人均生活消费支出 16339 元，增长 0.4%，扣除价格因素，实际下降 1.7%；城镇居民人均生活消费支出 30487 元，下降 1.5%，扣除价格因素，实际下降 3.6%。

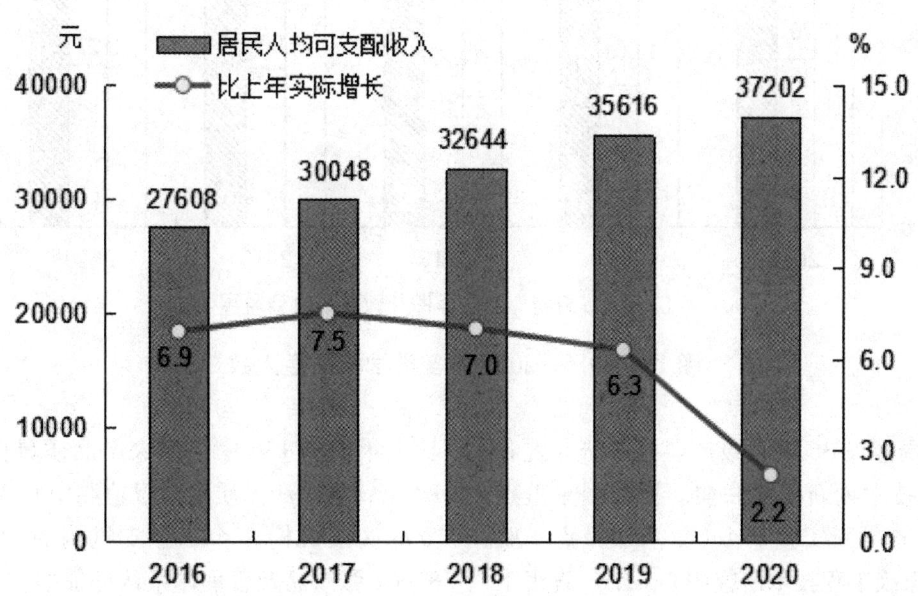

图 14　2016—2020 年居民人均可支配收入及其实际增长速度

年末参加城镇职工基本养老保险人数 1200.57 万人，比上年末增加 63.23 万人。其中，参保的职工 991.6 万人，参保的离退休人员 208.97 万人。企业参加基本养老保险离退休人员为 159.34 万人，全部实现养老金按时足额发放。参加基本医疗保险人数 3840.48 万人，其中，参保职工 893.13 万人，参保的城乡居民 2947.35 万人。参加失业保险人数 664.41 万人，比上年末增加 53.79 万人。

年末领取失业保险金人数 6.34 万人，比上年末增加 0.43 万人；纳入城市最低生活保障的居民 6.24 万人，比上年末增加 0.17 万人；纳入农村最低生活保障的居民 45.24 万人，比上年末增加 4.56 万人；城乡特困人员 6.79 万人。2020 年“造福工程”搬迁 2944 人。

年末各类养老床位数 24.75 万张，每千名老人拥有养老床位 37.1 张。建立社区服务中心（站）16661 个。全年销售社会福利彩票 30.61 亿元，筹集福利彩票公益金 10.16 亿元。

十、教育和科学技术

全年研究生教育招生 2.50 万人，在校生 6.73 万人，毕业生 1.55 万人。普通本专科招生 30.25 万人（含高职招生 15.60 万人），在校生 94.72 万人，毕业生 20.77 万人。普通高校毕业生就业率 88.86%。中等职业教育（不含技工校）招生 13.27 万人，在校生 35.81 万人，毕业生 9.86 万人。普通高中招生 23.29 万人，在校生 66.40 万人，毕业生 19.59 万人。初中招生 51.72 万人，在校生 145.25 万人，毕业生 42.70 万人。普通小学招生 61.70 万人，在校生 343.61 万人，毕业生 52.10 万人。特殊教育招生 0.51 万人，在校生

2.81万人，毕业生0.44万人。学前教育在园幼儿169.90万人。九年义务教育巩固率为99.36%，高中阶段毛入学率为97.33%。

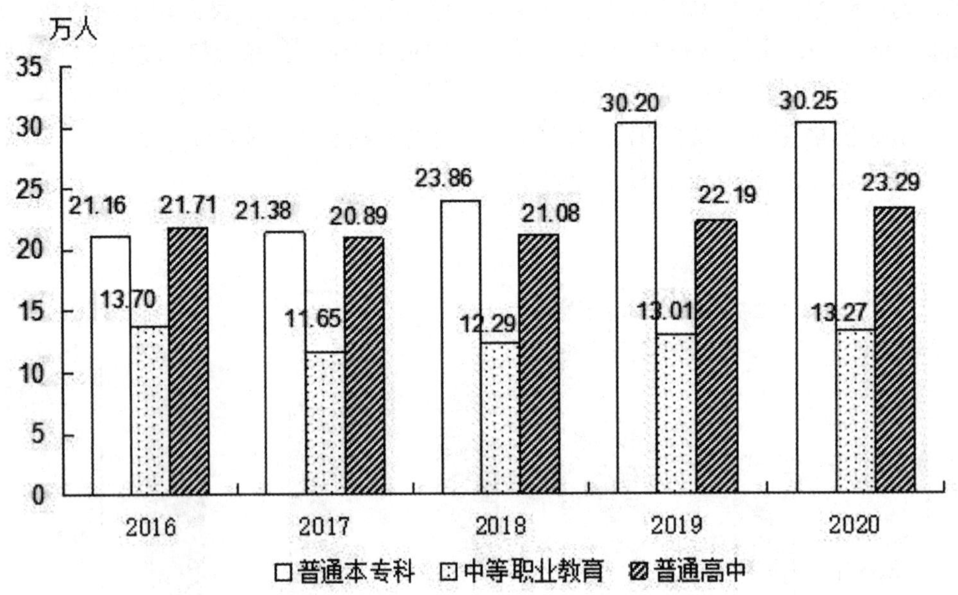

图15　2016—2020年各类学校招生人数

全省已布局建设36家省级产业技术研究院和31家省级产业技术创新战略联盟。拥有国家重点实验室10个、省创新实验室4个、省级重点实验室235个、国家级工程技术研究中心7个、省级工程技术研究中心527个、省级新型研发机构156家。建设国家专业化众创空间备案示范3家、国家备案众创空间73家、省级众创空间277家。科技企业孵化器备案178家，孵化器总面积350.04万平方米，在孵企业3501家、在孵企业从业人员4.77万人。全省入库备案科技型中小企业3527家、省级高新技术企业3748家。新认定国家高新技术企业2946家，总数6481家；新认定国家技术创新示范企业1家、国家企业技术中心7家、省级企业技术中心113家；新认定省科技小巨人领军企业527家，总数2816家。专利申请受理180399件，其中，发明专利申请35161件；专利授权145929件，其中，发明专利授权10250件。截至2020年底，有效发明专利50756件，同比增长15.9%。全年共登记技术合同10943项，成交额183.86亿元。

年末共有1474家机构通过检验检测资质认定，比上年增加136家，国家产品质量监督检验中心22个，省级产品质量监督检测中心38个。现有独立的认证机构8个、分支机构30个，累计获得81661张产品及管理体系认证证书。共有法定计量技术机构67个，全年强制检定工作计量器具129.6万台（件）。全年参与制修订国家标准134项、行业标准149项，发布地方标准87项，累计共参与制修订国家标准1645项、行业标准1464项，发布地方标准2060项。

年末共有国家级地面气象观测站70个，高空气象观测站3个，天气雷达站10个，风廓线雷达站19个，大型海洋气象浮标站5个。共有地球物理台站（点）37个，前兆测项359个，测震台站（点）88个，强震动观测站位（点）123个，GPS观测基准站61个。共有368个渔业资源环境监测站位、234个近岸海域环境监测站位、7个重点海水养殖水域监测区域、16个重点海域的32个生物质量样品、海漂垃圾监测区域航拍段314公里，共有23个海上水文气象观测浮标站位、22个沿海自动验潮站、1对中程高频地波雷达站、1套卫星遥感信息反演软件、3套海床基观测系统、5套船基自动站。测绘地理信息部门审批通过了公开出版地图136件。

十一、文化、卫生和体育

年末文化系统共有国有艺术表演团体69个，公共图书馆95个，文化馆97个，博物馆103个，非国有博物馆40个。文化系统各类艺术表演团体演出0.58万场，本年度首演剧目113个，观众210.65万人次，其中，政府采购公益性演出3480场，观众117.76万人次。各级公共图书馆组织各类讲座1264次，书刊文献外借1983.70万册，总流通人数1342.37万人次；各级文化馆组织举办展览684个，组织文艺活动2381次、培训班6445期和公益性讲座391次，服务261.16万人次；博物馆举办321个基本陈列和563个临时展览，共有995.33万人次参观，其中，未成年人参观281.27万人次。举办社会教育活动1243次，共有273.11万人次参加。

年末共有影院347家，银幕1989块，年度电影票房6.19亿元。广播电台4座，电视台4座，广播电视台68座，教育电视台1座。有线电视用户726.41万户，数字化率100%。广播节目综合覆盖率为99.82%；电视节目综合覆盖率为99.85%。

全年出版图书4392种，总印数1.25亿册；报纸42种（不含校报、副版），总印数6.98亿份；期刊174种，总印数0.20亿册。年末共有各级各类档案馆125个。

年末共有各级各类医疗卫生机构2.82万个，其中，医院695个，卫生院890个，村卫生室1.72万个。年末共有卫生技术人员27.81万人，其中，执业（助理）医师10.53万人，注册护士12.23万人。年末共有医疗机构床位21.79万张，乡村医生和卫生员1.94万人。

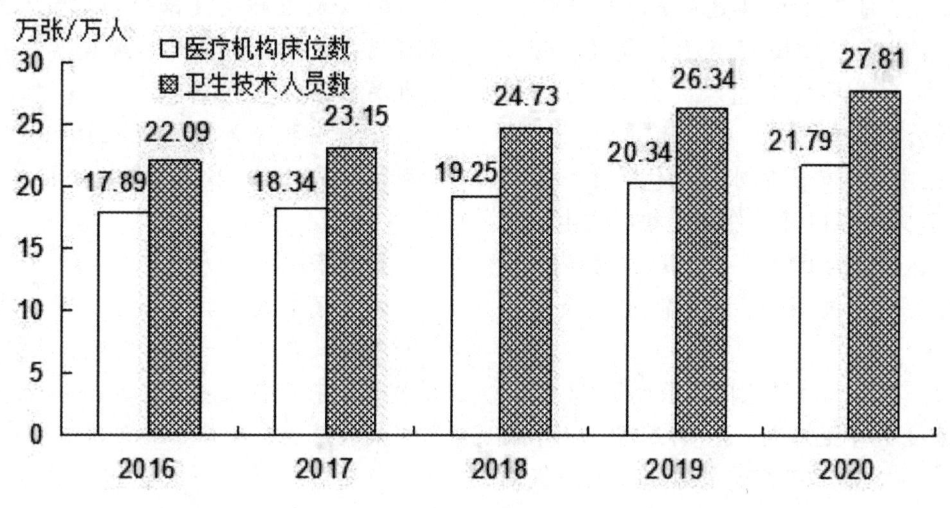

图16　2016—2020年末卫生机构床位数和卫生技术人员数

全年我省运动员在全国最高级别比赛中共获得42金44银47铜。举办23项全省青少年体育赛事，参与人数8250人。开展线上亲子体育夏令营工作，总参与人数超3.5万人。首次举办省“青少年国际象棋网络赛”，参与人数651人，线上对弈超过2700场。

为民办实事项目新建3个全民健身中心、60个笼式足球场和18个智慧体育公园。以全民健身运动会为抓手，带动全省各地组织各类群众性活动3000多场，直接参与人数150多万人次。社会体育指导员人数超过8.5万名。新增国家级体育产业示范单位3项、示范项目2项，省级体育产业示范单位7项、示范项目4项。全年销售体育彩票86.8亿元。

十二、资源、环境和安全生产

全年全社会用电量增长3.4%。

全年植树造林总面积6.9万公顷，占任务的115.8%，其中，人工荒山造林4800公顷（含非规划林地造林1600公顷）；人工迹地更新面积3.7万公顷，低产低效林改造13600公顷。商品材产量510.8万立方米，比上年减少11.9%。竹材产量9.6亿根，增长3.0%。城市（县城）新增建成区绿地面积2500公顷，建成区绿地率40.8%；城市（县城）新增公园绿地面积1048公顷，人均公园绿地面积15.05平方米。

森林覆盖率66.80%。宁化县、建宁县、安溪县、顺昌县、邵武市、武平县等6个县（市）获得国家生态文明建设示范市县命名；永春县和东山县被国家授予"绿水青山就是金山银山"实践创新基地称号。截至目前，共22个县（市、区）获得国家生态文明建设示范市县命名，3个县被授予"绿水青山就是金山银山"实践创新基地称号。现有各类自然保护地362处，其中，国家公园体制试点1处、自然保护区112处、风景名胜区54处、森林公园156处、地质公园24处、湿地公园8处、海洋公园7处，批复总面积75.4万公顷（含交叉重叠面积）。拥有世界自然遗产（含双遗产）2处、世界地质公园2处。

全省12条主要河流整体水质为优，Ⅰ—Ⅲ类水质比例为97.9%；114个县级以上集中式生活饮用水源地水质达标率为100%。列入国家考核的35个国控点位中，近岸海域一、二类海水水质面积占比82.9%。

全省九市一区空气质量达标天数比例98.8%，PM2.5年均浓度下降至每立方米20微克。9个设区城市、58个县级城市空气质量达到国家空气质量二级标准。全省九市一区、12个县级市和长乐区、建阳区中，区域声环境质量"二级"的城市14个；道路交通声环境质量"一级"的城市14个，"二级"的城市7个。

市县生活垃圾无害化处理率100%，市县污水处理率94.95%。

地质灾害造成直接经济损失669.40万元。共发生森林火灾55起，其中，一般火灾29起，较大火灾26起；受害面积356.26公顷，受害率0.04‰。全年海洋灾害造成直接经济损失约1.24亿元，比上年增长93.8%。全年发生（现）海洋赤潮7次，比上年减少2次；累计赤潮面积32.5平方公里，比上年减少78.04平方公里。

发生各类生产安全事故1186起、死亡735人，分别比上年下降16.5%和13.5%。亿元地区生产总值生产安全事故死亡人数0.017人，比上年下降15.0%。

注：1. 本公报未包括金门县和连江县的马祖列岛。

2. 本公报所列数据为初步统计数，部分合计数或相对数由于单位取舍不同而产生的计算误差，均不做机械调整。

3. 本公报地区生产总值、各产业增加值按现价计算，增长速度按可比价格计算。

4. 本公报卫生机构数含村卫生室。

5. 社区服务中心（站）统计口径调整，将党群服务中心、村/社区综合服务站等纳入社区服务中心（站）的统计范围。

6. 受新冠肺炎疫情影响，年度国际赛事暂停或延迟，因此本公报无参加世界三大赛获得奖牌的相关数据。

7. 本公报未涉及常住人口相关数据，常住人口数据待第七次全国人口普查公报正式公布。

资料来源：

本公报中城镇新增就业、登记失业率、社会保障数据来自省人社厅；财政数据来自省财政厅；税收数据来自省税务局；重点项目投资数据来自省发展改革委；新建公路里程、公路运输、水运、港口货物吞吐量数据来自省交通运输厅；铁路数据来自中国铁路南昌局集团有限公司；户籍人口数据、民用汽车数据来自省公安厅；保障性住房、城市污水处理、公园绿地面积数据来自省住建厅；货物进出口数据来自福州海关；外商直接投资、对外直接投资、对外承包工程、对外劳务合作等数据来自省商务厅；邮政业务数据来自省邮政管理局；互联网业务收入、电话用户、电信业务总量等数据来自省通信管理局；旅游、艺术表演团体、博物馆、公共图书馆、文化馆数据来自省文旅厅；货币金融数据来自人行福州中心支行；上市公司数据来自福建证监局；保险业数据来自福建银保监局；省级企业技术中心、国家技术创新示范企业数据来自省工信厅；工程技术研究中心、技术合同等数据来自省科技厅；教育数据来自省教育厅；专利数据、质量检验数据来自省市场监督管理局；气象数据来自省气象局；地震数据来自省地震局；测绘数据、地质灾害数据来自省自然资源厅；水产品产量数据、海洋数据来自省海洋与渔业局；广播、电视数据来自省广电局；电影、报纸、期刊、图书数据来自省委宣传部；档案数据来自省档案局；体育数据来自省体育局；卫生数据来自省卫健委；医保数据来自省医保局；低保数据来自省民政厅；造福搬迁工程数据来自省农业农村厅；环境监测数据来自省生态环境厅；安全生产数据来自省应急管理厅；林业数据来自省林业局；其他数据来自福建省统计局和国家统计局福建调查总队。

第二篇 大事纪要

一月

1 日，全省 16 个高速公路省界收费站全部撤销。

2019 年 12 月 31 日晚，取消高速公路省界收费站工程并网切换进行。从 2020 年 1 月 1 日零时起，全国 29 个联网省份的 487 个省界收费站全部取消，其中我省取消 16 个省界收费站，分别为：宁德沈海闽浙、溧宁闽浙收费站；南平长深闽浙、浦建闽浙、京台闽浙、宁上闽赣、宁光闽赣、福银闽赣收费站；三明浦建闽赣、泉南闽赣收费站；龙岩厦蓉闽赣、古武闽赣、长深闽粤、莆永闽粤收费站；漳州沈海闽粤、沈海复线闽粤收费站等。从 2020 年 1 月 1 日零时起，收费计费方式由分省封闭式收费调整为全网开放式收费，由最短路径和最低费额收费转化为精确路径收费。此外，通行高速公路货车收费模式由计重收费转为车（轴）型收费；鲜活农产品运输车辆将通过预约通行服务平台或收费站入口进行预约通行，享受免费政策；国际标准集装箱运输车辆将通过预约通行平台预约通行，享受通行优惠。

2 日，福建口岸去年出入境人数创历史新高。

来自厦门出入境边防检查总站消息，2019 年，福建全省口岸共验放出入境人员 1073 万人次、交通运输工具 9.55 万架（艘）次，同比分别上升 5.32%、10.6%，出入境人员连续两年突破 1000 万。其中，闽台直航客运共验放出入境人员 342.6 万人次、航班 3.46 万架（艘）次，同比分别上升 16.98%、6.2%，整体增速稳中有升。

2 日，省委常委会召开会议。

省委书记于伟国主持召开省委常委会会议，传达学习贯彻习近平总书记在中央政治局“不忘初心、牢记使命”专题民主生活会上的重要讲话和 2020 年新年贺词、在全国政协举行的新年茶话会上的重要讲话精神等，研究我省贯彻意见。

2 日，全省检察工作情况通报会召开。

省检察院与省各民主党派、工商联负责人和无党派人士代表在福州举行座谈会，通报 2019 年以来全省检察工作情况，征求对拟提交省十三届人大三次会议审议的检察院工作报告的意见建议。省委常委、统战部部长邢善萍，省检察院党组书记、检察长霍敏出席会议。

2 日，党风廉政建设和反腐败工作情况通报会召开。

党风廉政建设和反腐败工作情况通报会在榕召开。省委常委、省纪委书记、省监委主任刘学新向党外人士通报了 2019 年全省党风廉政建设和反腐败工作情况，省委常委、统战部部长邢善萍主持会议。

2 日，我省三级法院在河长办设法官工作室。

2019 年 12 月 31 日，在省法院的统一组织下，全省 72 个法院在省市县（区）三级河长办同步举办“驻河长制办公室法官工作室”挂牌仪式，并实现了全国首个省级审判机构在省河长办派驻法官工作室。至此，派驻河长制办公室法官工作室、巡回审判点、联络点在我省达到 94 个，实现全省全覆盖。

3 日，农产品安全追溯监管平台覆盖全省。

由省农业农村厅主办的农产品质量安全宣传活动在福州举行。当前，福建农产品质量安全追溯监管信息平台已覆盖全省办理营业执照的 1.3 万多家食用农产品生产企业、合作社、家庭农场，累计生成追溯凭证和追溯标签 310 多万批次。自推行“一品一码”工作以来，全省新增 1268 个“三品一标”农产品。

3日，福建省自助办税管理平台上线。

上月30日晚，福建省自助办税管理平台上线仪式在建瓯市举行，标志着该平台在福建省范围内正式上线，我省纳税人和缴费人从此在办税自助终端上就能轻松自助办理90%的常办业务，享受365天不间断、全天候自助随办、一台多能业务通办的便捷服务。

4日，《习近平在厦门》《习近平在宁德》与读者见面。

《习近平在厦门》《习近平在宁德》在福州鳌峰坊书城与读者见面，省委省直机关工委组织党员干部来到现场，争先细细研读，从中深刻感受到习近平总书记立足长远的战略思维、求真务实的领导作风、扎根基层的真挚情怀、功成不必在我的广阔胸襟和心系贫困地区发展的为民情怀。

5日，去年造林绿化任务超额完成。

省林业局消息，全省2019年度完成造林绿化43.62万公顷，为全年计划任务的110.9%。其中，植树造林7.15万公顷，森林抚育22.422万公顷，封山育林14.052万公顷。

6日，我省新增2家国家AAAA级景区。

省文旅厅消息，三明市尤溪县九阜山景区、泉州市永春县北溪文苑旅游区近日通过公示，正式成为国家AAAA级旅游景区。南平市浦城县匡山景区、政和县念山云上梯田景区同日成为省级生态旅游示范区，泉州晋江市紫帽山景区成为省级旅游度假区。我省在促进文旅深度融合，构建“全福游、有全福”产业产品体系方面持续加力，加大优质产品供给，扩容重点旅游景区，目前全省共有A级旅游景区351家。

6日，我省部署春运交通安全保卫工作。

省公安厅召开全省公安机关视频会，部署2020年春运道路交通安全保卫工作，努力为全省人民欢度新春佳节，营造平安、畅通、有序的道路交通环境。

6日，省领导赴榕慰问一线职工和困难群众。

省委常委周联清带领省总工会、省残联负责同志深入福州市马尾区、鼓楼区，慰问工业企业一线职工、爱心企业残疾职工和生活困难的残疾人、农民工、老劳模，向他们送去党和政府的亲切关怀和新春祝福。

7日，我省实施六项高速公路收费优惠政策。

经省政府批准，近日省交通运输厅、省发改委、省财政厅联合印发我省优化高速公路差异化收费试点工作的通知，明确今年1月1日至12月31日实行六项免征、差异化收费等优惠政策。

8日，全省公安派出所工作会议召开。

下午，省公安厅在福州召开全省公安派出所工作会议，对加强新时代全省派出所工作作出部署。副省长、省公安厅厅长田湘利出席会议并讲话。

9日，省委农村工作会议召开。

省委农村工作会议在福州召开。省委副书记、福州市委书记王宁出席会议并讲话，副省长李德金主持会议。会议传达了省委书记于伟国对我省做好“三农”工作的要求。会议以视频会形式开到设区市。会上还表彰了一批2019年度全省乡村振兴先进单位和先进个人。

9日，省领导赴福州、莆田检查春运工作。

副省长林宝金带领省直有关部门及福州市、莆田市相关负责人赴福州、莆田检查春运工作，先后深入沈海高速赤港服务区、福州汽车北站、福州火车站实地检查春运工作部署、落实情况并看望慰问一线干部职工。

9日，加大对革命老区财政转移支付力度。

省十三届人大常委会第十四次会议表决通过省人大常委会关于修改《福建省促进革命老区发展条例》的决定，修改后的条例对推动与支持革命老区交通、能源、水利、信息化、教育、生态环保、医疗卫生、公共文化体育、社会保障、产业、乡村振兴、金融等方面发展作出具体规定。

9日，省委主题教育领导小组办公室工作会议召开。

省委“不忘初心、牢记使命”主题教育领导小组办公室工作会议召开。省委常委、组织部部长，省委主题教育领导小组办公室主任杨贤金强调，要深入学习贯彻习近平总书记在“不忘初心、牢记使命”主题教育总结大会上的重要讲话精神，按照中央部署和省委要求，抓好主题教育总结工作，在新的起点上持续推动各级党组织和广大党员、干部不忘初心、牢记使命。

9日，全省党委（党组）书记抓基层党建工作述职评议会议召开。

省委书记于伟国主持召开全省党委（党组）书记抓基层党建工作述职评议会议，强调要认真学习贯彻习近平总书记在中央政治局“不忘初心、牢记使命”专题民主生活会和在“不忘初心、牢记使命”主题教育总结大会上的重要讲话精神，深入贯彻落实习近平总书记关于党的建设的重要论述，贯彻落实党的十九届四中全会精神，增强“四个意识”、坚定“四个自信”、做到“两个维护”，始终把党的政治建设摆在首位，全面加强基层党建工作。省委副书记、省长唐登杰出席。中央组织部有关同志到会指导并作点评。

10日，省委常委会扩大会议召开。

省委书记于伟国主持召开省委常委会扩大会议，传达学习贯彻习近平总书记在中共中央政治局“不忘初心、牢记使命”专题民主生活会上的重要讲话精神。省委常委结合思想和工作实际，认真学习讨论，交流体会认识。

10日，省政协十二届三次会议在榕开幕。

省政协十二届三次会议在福州开幕。本届省政协委员应到558人，实到513人，符合政协章程规定。崔玉英代表十二届省政协常委会向大会作工作报告。受十二届省政协常委会委托，王光远向大会作关于省政协十二届二次会议以来提案工作情况的报告。省政协各专门委员会向大会提交了书面工作报告。

10日，福建省第四次全国经济普查高质量完成。

省统计局、省第四次全国经济普查领导小组办公室发布福建省第四次全国经济普查公报第一号、第二号。抽查结果表明，本次我省普查数据填报综合差错率为0.14%，比全国低0.95个百分点，本次普查高质量完成。

10日，我省公安交管部门吹响春运安保集结号。

2020年春运大幕将于1月10日全面启动，届时，全省公安交管部门将最大限度将警力、装备投向一线，启动所有交警执法站，全力以赴保障春运交通安全，全心全意服务群众平安温暖回家。

13日，于伟国唐登杰与各地党政负责同志签订平安建设（综治工作）和生态环境保护目标责任书。

省两会前夕，省委书记于伟国、省长唐登杰代表省委、省政府，与九个设区市和平潭综合实验区党政负责同志，签订了2020年平安建设（综治工作）责任书和生态环境保护目标责任书。

13日，省委和省政府向老同志通报工作。

省委和省政府召开工作通报会，向老同志通报2019年全省经济社会发展情况。省委常委、秘书长郑新聪做工作通报，副省长林宝金主持会议。

14日，省政协十二届三次会议闭幕。

下午，省政协十二届三次会议圆满完成各项议程在福州闭幕。会议通过了《中国人民政治协商会议第十二届福建省委员会第三次会议政治决议》，听取了省政协十二届三次会议提案审查情况的报告。截至11日17时30分，大会共收到提案836件，经审查立案765件。

15日，全省“不忘初心、牢记使命”主题教育总结会召开。

全省“不忘初心、牢记使命”主题教育总结会在福州召开。省委书记、省委“不忘初心、牢记使命”主题教育领导小组组长于伟国强调，要深入学习贯彻习近平总书记在中央政治局“不忘初心、牢记使命”专题民主生活会和主题教育总结大会上的重要讲话精神，增强“四个意识”、坚定“四个自信”、做到“两个维护”，不断叩问初心、守护初心，坚守使命、担当使命，沿着习近平总书记亲自擘画的新福建建设的正确方向砥砺前行。中央第三巡回督导组副组长郭庆平出席并讲话。省委副书记、省长唐登杰，省政协主席崔玉英出席。

15日，福建省人民代表大会公告（〔十三届〕第九号）。

福建省第十三届人民代表大会第三次会议于2020年1月15日补选梁建勇为福建省第十三届人民代表大会常务委员会副主任。

15日，省十三届人大三次会议决议。

福建省第十三届人民代表大会第三次会议听取和审议了唐登杰省长所作的省人民政府工作报告。会议充分肯定省人民政府过去一年的工作，同意报告提出的2020年工作总体部署和目标任务，决定批准这个报告。

15日，省十三届人大三次会议闭幕。

省十三届人大三次会议圆满完成各项议程，1月15日下午在福州闭幕。大会表决通过《关于福建省人民政府工作报告的决议》《关于福建省2019年国民经济和社会发展计划执行情况及2020年国民经济和社会发展计划的决议》《关于福建省2019年预算执行情况及2020年预算的决议》《关于福建省人民代表大会常务委员会工作报告的决议》《关于福建省高级人民法院工作报告的决议》《关于福建省人民检察院工作报告的决议》。大会举行宪法宣誓仪式。

16日，省委常委会召开会议。

省委书记于伟国主持召开省委常委会会议，传达学习贯彻习近平总书记在中共中央政治局常务委员会会议听取全国人大常委会、国务院、全国政协、最高人民法院、最高人民检察院党组工作汇报，“不忘初心、牢记使命”主题教育总结大会、十九届中央纪委四次全会、同党外人士共迎新春时的重要讲话精神，研究部署我省贯彻意见。会议还研究了省直机关党的工作、党内法规制度建设等工作。

16日，省纪委召开常委会（扩大）会议。

省委常委、省纪委书记、省监委主任刘学新主持召开省纪委常委会（扩大）会议，传达学习十九届中央纪委四次全会精神，研究具体贯彻落实措施。

16日，省十三届人大常委会第四十八次主任会议召开。

省十三届人大常委会第四十八次主任会议16日在福州召开。受省委书记、省人大常委会主任于伟国委托，省人大常委会副主任张广敏主持会议。会议经研究，确定了主任会议成员分工，常委会领导列席2020年全国人大常委会会议安排，2020年常委会会议预定日期和常委会专题讲座安排以及省十三届人大常委会、专门委员会组成人员分组名单等。

16日，省政府召开常务会议。

省长唐登杰主持召开省政府常务会议，研究实施工业园区标准化建设、推动制造业高质量发展工作，通过《福建省生态公益林区划界定和调整办法》。会议还研究了其他事项。

16日，全省“扫黄打非”工作电视电话会议召开。

全省“扫黄打非”工作电视电话会议召开。会议收听收看了第三十三次全国“扫黄打非”工作电视电话会议。省委常委、宣传部部长，省“扫黄打非”领导小组组长梁建勇出席会议并讲话，副省长郭宁宁主持会议。

16日，福建省首届供销年货嘉年华活动启动。

福建省首届供销年货嘉年华启动仪式在福州举行。此次活动以“供销好年货，欢乐过大年”为主题，通过展销与活动为一体的形式，展示全省供销社系统名特优农产品，配套丰富多彩的公益活动。

16日，中宣部、中央文明办看望慰问我省部分全国道德模范。

16日、17日，在新春佳节即将来临之际，中央文明办相关负责同志专程来到宁德、漳州等地，看望慰问我省全国道德模范罗成财家属、周炳耀家属和林建德，转达了中央领导同志的亲切问候。

17日，全省宣传部长会议召开。

全省宣传部长会议在福州召开。会前，省委书记于伟国作出批示，省委常委、宣传部部长梁建勇，副省长郭宁宁出席会议。会议期间还套开了全省网信办主任会议、全省文明办主任会议、全省讲师团团长会议、全省文化和旅游工作会议、全省广播电视工作会议。

17日，我省基本实现基层综合性文化服务中心全覆盖。

2020年全省文化和旅游工作会议消息，去年，公共服务体系建设成效显著，公共文化领域4项重点改革任务进展良好，基本公共文化服务标准化建设、县级文化馆图书馆总分馆制建设全面完成，基层综合性文化服务中心功能整合完成率达99.6%，全省基本实现基层综合性文化服务中心全覆盖。

17日，民进福建省委八届四次全体（扩大）会议召开。

17日至18日，民进福建省委八届四次全体（扩大）会议在福州召开。会议认真学习贯彻中共十九届四中全会精神、民进十四届三中全会精神、中共福建省委十届九次全会精神，讨论、审议并同意民进福建省第八届常委会2019年工作报告，表决通过了民进省委八届四次全体（扩大）会议决议。民进中央常委、民进福建省委会主委严可仕出席会议并作工作报告。

18日，省纪委监委公布专项整治漠视侵害群众利益问题阶段性工作成果。

“不忘初心、牢记使命”主题教育开展以来，省纪委监委会同19家省直单位坚持开门搞整治，第一时间公布专项整治漠视侵害群众利益问题受理群众监督举报和反映问题方式，各整治项目共受理群众信访举报7035件。全省纪检监察机关共查处漠视侵害群众利益问题1883起，处理2902人，公开曝光94批191起漠视侵害群众利益问题典型案例。通过集中攻坚，有效解决了一批群众身边的操心事烦心事揪心事，专项整治取得阶段性工作成果。

19日，省委巡回指导组、督导组工作总结会议召开。

“不忘初心、牢记使命”主题教育省委巡回指导组、督导组工作总结会议召开。省委常委、组织部部长，省委主题教育领导小组办公室主任杨贤金强调，要深入学习贯彻习近平总书记在“不忘初心、牢记使命”主题教育总结大会上的重要讲话精神，按照全省主题教育总结会的要求，认真总结指导督导工作，巩固拓展成果，持续推动各级党组织和广大党员干部不忘初心、牢记使命。

19日，省纪委十届五次全会召开。

中共福建省第十届纪律检查委员会第五次全体会议在福州召开。省委书记于伟国强调，要深入学习贯彻习近平新时代中国特色社会主义思想和党的十九大精神，全面落实十九届中央纪委四次全会部署，把“严”的主基调长期坚持下去，一以贯之、坚定不移全面从严治党，为推进新时代新福建治理现代化、决胜全面建成小康社会、决战脱贫攻坚提供坚强保障。会议传达学习了十九届中央纪委四次全会精神。省长唐登杰、省政协主席崔玉英出席。省委常委、省纪委书记、省监委主任刘学新作工作报告。

19日，去年福建新增减税降费540亿元。

福建省税务工作会议消息，2019年，全省税务部门（含厦门，下同）共计组织税费收入5821.1亿元，同比增长3.2%，其中，税收收入完成4322.39亿元，同比增长0.9%。累计新增减税降费540亿元，其中，深化增值税改革减税253.1亿元，小微企业普惠性政策减税58.9亿元，个人所得税改革减税120.7亿元，社保费降费46.5亿元。减税降费政策效应持续释放。

19日，全省征兵工作电视电话会议召开。

我省召开征兵工作电视电话会议，认真贯彻落实“两征两退”改革暨2020年全国征兵工作会议精神，部署今年全省征兵工作。省长、省征兵领导小组组长唐登杰强调，要深入贯彻习近平强军思想，坚决执行国务院、中央军委征兵命令，深刻认识实行“一年两次征兵两次退役”改革的重大意义，提高政治站位，做深做细工作，高质量完成今年征兵任务，为实现党在新时代的强军目标作出新的更大贡献。

19日，福建有了新药临床评价平台。

日前，由厦门大学附属第一医院申报的2020年重大新药创制国家科技重大专项“抗肿瘤新药临床评价技术示范性平台”项目在厦门市海沧区正式启动。这标志着福建省医院承担国家级临床医学研究中心GCP（药品临床试验管理规范）平台项目实现“零”的突破！

19日，省财政持续加大对老区苏区支持力度。

省财政厅消息，2019年，我省在更大规模减税降费背景下，带着感情带着责任支持老区苏区发展。针对老区苏区财政运行存在的困难和问题，进一步加大支持力度，采取综合措施全力推动老区苏区加快发展。

19日，省委省直机关工委开展文化进万家活动。

为响应中宣部等关于元旦春节期间开展“我们的中国梦”文化进万家活动的通知精神，连日来，省委省直机关工委组织省文联的书法家和省直机关文联的书协会员到省直机关单位和军营开展“我们的中国梦”文化进万家活动。

20日，省承办第44届世界遗产大会筹备工作小组会议召开。

省委书记于伟国主持召开省承办第44届世界遗产大会筹备工作小组会议，认真贯彻落实习近平总书记重要指示和中央领导同志批示精神，研究部署深入推动世界遗产大会有关筹备工作。省长唐登杰参加会议。

20 日，全省自然资源工作会议召开。

全省自然资源工作会议消息，2019 年我省努力构建耕地数量、质量、生态“三位一体”保护新格局，完成补充耕地 4053.33 公顷，连续实现年度耕地占补平衡。

20 日，全省统战部长会议召开.

全省统战部长会议在福州召开。会议传达学习全国统战部长会议和省委常委会议精神，总结 2019 年工作，部署 2020 年工作。省委常委、统战部部长邢善萍出席会议并讲话。

21 日，我省出台养老机构服务收费新办法。

近日，省发改委会同省民政厅修订出台了《福建省养老机构服务收费管理办法》，自 2020 年 1 月 1 日起执行。《福建省养老机构服务收费管理暂行办法》同时废止。

21 日，省委召开专题会议，研究部署我省防控新型冠状病毒感染的肺炎疫情工作。

省委书记于伟国主持召开省委专题会议，传达学习贯彻习近平总书记对新型冠状病毒感染的肺炎疫情作出的重要指示精神，贯彻落实国务院常务会议、联防联控机制电视电话会议精神，研究部署我省具体防控工作。省长唐登杰、省政协主席崔玉英参加会议。会议强调，各级党委和政府及有关部门要深入学习贯彻习近平总书记重要指示精神，贯彻落实党中央和国务院部署要求，牢固树立以人民为中心的思想，把人民群众生命安全和身体健康放在第一位，把做好疫情防控工作作为紧要任务，采取切实有效措施，周密部署安排，全力抓好防控各项任务的落实。

21 日，省卫健委全面部署防控新型冠状病毒感染的肺炎疫情工作。

省卫健委今日全面部署新型冠状病毒感染的肺炎疫情防控工作。省卫健委成立新型冠状病毒感染的肺炎疫情防控工作领导小组，负责研究决定防控新型冠状病毒感染的肺炎疫情的策略、措施，统一指挥全省卫健系统新型冠状病毒感染的肺炎疫情防治工作，组织开展监督检查，督促、指导各地落实防控措施。下设综合协调组、医疗救治组、疫情防控组、宣传信息组、监督检查组。

21 日，2019 年我省人均可支配收入 35616 元。

国家统计局福建调查总队消息，据住户抽样调查，2019 年福建全体居民人均可支配收入 35616 元，比上年增长 9.1%，比全国平均水平高 0.2 个百分点；扣除价格因素实际增长 6.3%，比全国高 0.5 个百分点。另据国家统计局公布的 31 省份 2019 年居民人均可支配收入数据，我省的 2019 年居民人均可支配收入排名全国第 7 位，仅次于上海、北京、浙江、天津、江苏和广东。

22 日，我省造林绿化实现开门红。

省林业局消息，今年初以来，我省完成林地落实 5.8 万公顷、林地清理 2.99 万公顷（其中整地挖穴 1.52 万公顷）、植树造林 2733.3 公顷、森林质量精准提升示范项目建设面积 1066.7 公顷，力争一季度完成全年植树造林任务的 70% 以上。

22 日，全国第 9 位 我省每万人口发明专利达 11.1 件。

国家知识产权局日前举行 2020 年首场例行新闻发布会，集中发布了 2019 年专利、商标、地理标志、集成电路布图设计的年度统计数据。数据显示，我省以每万人口发明专利拥有量 11.1 件，排名全国第 9 位；全省专利电子申请率达 99.15%，居全国第 1 位；地理标志商标总量居全国第 2 位。

22 日，春节假期天气前雨后晴。

省气象局举行全省春节假日天气预报会商，分析研判春节期间福建省天气特点，部署春节期间气象服务工作。会商指出，全省在春节期间天气前雨后晴，气温前暖后冷。

22 日，福建省春节团拜会举行。

奋进新时代，祝福新福建。上午，福建省 2020 年春节团拜会在福州西湖宾馆举行，省委书记于伟国向全省广大干部群众致以新春祝福。

22 日，我省确诊首例输入性新型冠状病毒感染肺炎病例。

国家卫生健康委确认福建省首例输入性新型冠状病毒感染的肺炎确诊病例。患者为男性，70 岁，福州市连江县人，在武汉市工作，1 月 17 日返回连江县，1 月 20 日至连江县医院就诊并收治入院隔离治疗。采集该病例标本经省疾控中心实验室检测，呈新型冠状病毒核酸阳性。标本送中国疾控中心复核为阳性。1月22日，经国家卫生健康委疫情领导小组下设的诊断组专家评估确认，为本省首例新型冠状病毒感染的肺炎确诊病例。

23日，确保新型冠状病毒感染肺炎患者不因费用问题影响就医。

省财政厅、医保局联合转发财政部、国家医保局《关于做好新型冠状病毒感染的肺炎疫情医疗保障的通知》，以“五个确保”做好患者救治医疗保障工作。

23日，我省加大疫情防控物资生产。

省工信厅专门组织3个工作组分赴泉州、漳州、厦门等地加强调研指导，指导相关企业加大疫情防控物资生产。

24日，福建启动重大突发公共卫生事件Ⅰ级响应机制。

根据《福建省突发公共卫生事件应急预案》，经研究，福建省启动重大突发公共卫生事件Ⅰ级响应，要求各级各部门严格按照国家关于新型冠状病毒感染的肺炎“乙类传染病，采取甲类管理”的措施，制定周密方案，层层压实责任，确保最严格的科学防控措施落实到位，全力维护人民群众健康安全。

24日，卫健系统8项措施全力做好防控工作。

省卫健委消息，连日来，我省卫健系统采取加强工作部署和人员培训、成立医疗救治临床专家组、开展专项督查、强化分级负责属地管理责任、做好医疗救治、建立日报告零报告制度、规范病例标本采集运送治疗方案和首例确认程序、做好舆论引导等8项措施，全力做好新型冠状病毒感染的肺炎防控工作。21日起，我省执行“日报告”“零报告”制度，每日汇总辖区内医疗机构发热患者、疑似病例和确诊病例信息，并将及时公布新型冠状病毒感染的肺炎疫情情况，科学宣传疫情防护知识。

24日，省财政厅及时调拨资金防范疫情。

为做好防范新型冠状病毒肺炎应急物资生产调运保障，省财政厅及时预拨应急物资保障资金，用于补助厦门、泉州、漳州市生产、调运口罩、消杀药水等防范新型冠状病毒肺炎应急物资，要求组织相关企业开足马力生产，满足市场供应，做好疫情防范工作。

24日，厦航免费运输防抗新型肺炎物资。

澳大利亚华人张先生在网络发布信息，将捐赠约12万只医用口罩为国内疫情防控提供帮助，希望得到免费运输。与此同时，另一位澳大利亚华人昌先生也联系厦门市政府表示将采购并捐赠约10万只口罩，希望通过厦航的航班空运至厦门。厦航得知消息后，立即派人主动对接，开通救援物资运输绿色通道，提供免费运输服务。经过沟通，该两批次总计约22万只口罩于1月30日MF802航班由澳大利亚悉尼运抵厦门，分别用于武汉、厦门、泉州等地疫情防控工作。

25日，南铁管内部分列车运输方案调整。

中国铁路南昌局集团有限公司消息，为做好新型冠状病毒感染的肺炎疫情防控工作，1月25日起铁路部门调整部分列车运输方案，南铁管内停运动车18.5对、普速旅客列车11对，调整运行区段1对。

25日，落实疫情防控有关经费保障政策。

为支持各市县、各单位更好地做好新型冠状病毒感染肺炎疫情防控工作，坚决遏制疫情蔓延势头，1月25日，省财政厅、省卫健委联合印发《关于落实新型冠状病毒感染肺炎疫情防控有关经费保障政策的通知》，进一步明确相关经费保障问题。

26日，兴业银行首批捐款3000万元抗击疫情。

兴业银行召开党委会进一步研究部署全行新型冠状病毒感染的肺炎疫情防控工作，决定首批捐款3000万元，全力支持抗击疫情。

26日，新型冠状病毒感染的肺炎确诊患者免费救治。

省医保局消息，省医疗保障基金中心已做好医保信息系统维护，确保新型冠状病毒感染的肺炎确诊患者医保费用及时结算。我省已在医保信息系统内临时增加新型冠状病毒感染肺炎的治疗药品和项目编码，并且不设个人先行自付比例，医院收治确诊患者时通过传送临时新增编码结算的医疗费用，全部纳入医保费用结算。确诊患者发生的医疗费用，在所有医保一站式待遇包括基本医保、大病保险、公务员补助、医疗救助等即时刷卡结算的基础上，财政兜底负担部分由医保经办机构代参保患者向财政结算补助，患者无需自行支付。

26日，我省粮油库存完全能满足居民需求。

上午，省粮食和物资储备局有关负责人表示："我省粮油库存充足，应急保障机制完善，供应渠道通畅，完全能够满足全省居民日常消费需求。"

26日，我省全力保障防控疫情药品供应。

省医保局消息，我省对新型冠状病毒感染的肺炎治疗防控相关药品已开通绿色通道。现平台挂网产品无法满足临床需求的，医疗机构可在省级平台实行应急采购、零差率销售。

26日，我省所有养老服务机构暂时实行封闭式管理。

省民政厅消息，为阻断新型冠状病毒感染肺炎疫情传播，确保老年人身体健康和生命安全，根据我省各地部署，全省所有养老服务机构自2020年1月27日起实施封闭式管理。

26日，省财政厅：明确疫情防控采购便利化有关政策。

为支持打赢疫情防控阻击战，省财政厅印发《关于落实疫情防控采购便利化有关政策的通知》，对新型冠状病毒感染肺炎疫情防控采购相关事项给予明确。

27日，最美逆行！福建医疗队今日驰援湖北。

26日，福建人的微信朋友圈被福建医务人员主动请缨驰援湖北的消息刷屏了！当天，我省首批驰援湖北医疗队完成报名、组建工作。27日上午，福建首批医疗队将从福州出发前往湖北。让我们祝福这些最美逆行者，愿他们一切顺利、平安归来！

27日，省交通运输厅：保障防控物资运输优先通行。

省交通运输厅近日多次召开紧急会议，全面部署全省交通运输部门疫情防控工作。要求各级交通部门认真落实联防联控工作机制，协助卫生健康部门对公路、水路交通工具及承运人员实施卫生检疫、查验工作，严格防止疫情通过交通运输环节传播；切实保障疫情处置人员、物资、药品、器械等应急物资和有关标本的运送。目前，各级交通运输主管部门和运输企业24小时值班值守，对疫情实行日报告制度。

27日，省教育厅：全省大中小学和幼儿园推迟开学。

省教育厅发布紧急通知，全省各级各类学校和幼儿园推迟春季学期开学，具体开学时间一旦确定将提前向社会公布。

28日，我省四部门联合发布紧急通知。

为严防新型冠状病毒感染的肺炎疫情，省林业局、省市场监督管理局、省公安厅、省农业农村厅等四部门联合发布紧急通知，要求在全国疫情期间，切实落实全面加强野生动物管控、禁止野生动物交易活动的措施。

28日，废弃口罩要定点收集日产日清。

省住房和城乡建设厅、省卫生和健康委员会发布《关于加强废弃口罩规范处置等有关事项的紧急通知》，要求规范设置废弃口罩定点收集桶，严禁废弃口罩重复使用，做到日产日清。

28日，疑似患者医疗费用纳入医保和财政保障。

根据国家医保局、财政部、国家卫健委三部委办公厅关于做好疫情医疗保障工作补充通知，28日，省医保局、省财政厅、省卫健委联合出台我省贯彻落实措施，确保疑似及异地就医患者得到及时救治。

29日，福建省人民政府办公厅发布延迟省内企业复工的通知。

福建省人民政府办公厅发布关于延迟省内企业复工的通知，省内企业已开工的继续稳产，减少工人流动。除涉及保障城市运行必需（供水、供气、供电、通讯等行业）、疫情防控必需（医疗器械、药品、防护品生产和销售等行业）、群众生活必需（超市卖场、食品生产和供应等行业）及其它涉及重要国计民生的相关企业稳定生产、做好服务保障外，其他企业要根据自身情况不早于2月9日（农历正月十六，星期日）24时前复工。用人单位须依法保障员工合法权益。

29日，我省成立新型冠状病毒感染的肺炎防治远程指导中心。

落户福建省立医院的我省新型冠状病毒感染的肺炎防治远程指导中心启用。28日晚，在省卫健委的指导下，省立医院连夜迅速启动远程指导中心平台搭建工作，开通与17家定点医院的网络接口。该指导中心整合专家资源，依托信息化手段为全省17家省市级新型冠状病毒感染的肺炎救治定点医院提供远程指导，以提高防治工作效率和质量，遏制疫情传播，让身处市县的重症病友也可享受到省级专家组的专家诊疗服务。

29日，在闽台胞台企踊跃捐款捐物。

晚上，省台港澳办发出《致在闽广大台胞台企的信》，希望在闽广大台胞台企积极参与疫情防控工作。几天来，在闽台胞台企积极响应，通过各种渠道捐款、捐物，支持疫情防控工作。

30日，福建新增一所集中收治新型冠状病毒感染肺炎患者医院，可提供床位200张。

省委书记、省应对新型冠状病毒感染肺炎疫情工作领导小组组长于伟国，省长、领导小组组长唐登杰等来到福建医科大学附属第三医院检查改建推进工作。该院是省委、省政府确定的收治新型冠状病毒感染的肺炎患者的集中治疗医院，改造后可提供200个床位。

30日，省人大常委会党组召开专题会议。

省人大常委会党组召开专题会议，认真学习贯彻习近平总书记关于防控新型肺炎疫情的重要讲话重要指示批示精神，研究部署防控疫情工作，号召全省各级人大代表在疫情防控阻击战中依法履职为民尽责，勇于担当共克时艰，在抗击疫情一线彰显代表作为。

31日，合理配置、应备尽备疫情防治药品。

省医保局、省财政厅联合向各设区市、平潭综合实验区医保、财政部门及有关配送企业发出通知，要求对卫健部门提出的医疗机构采购药品清单做到合理配置、应备尽备，切实保障临床需求。

31日，我省九措并举确保粮油保供稳价。

日前，省发改委、省粮储局制定下发《关于落实疫情防控部署切实做好粮油保供稳价工作方案》，围绕确保全省应急供应网点不出现脱销断供、保障全省大米应急加工能力跟得上的目标，出台九条具体措施。

31日，省委组织部划拨省管党费用于疫情防控。

近日，省委组织部从代省委管理党费中给九个设区市和平潭综合实验区划拨专项资金530万元，用于支持各地各部门开展新型冠状病毒感染的肺炎疫情防控工作。

（摘编：游学荣）

二月

1日，保障防控期间劳动者合法权益政策出台。

经省政府同意，省人社厅、财政厅、卫健委日前下发《关于支持做好新型冠状病毒感染肺炎疫情防控劳动保障工作的通知》，明确提出对春节期间连续开工生产的有关企业提供稳岗支持，对因履行工作职责感染新型冠状病毒肺炎的医护人员及相关工作人员做好工伤认定等保障工作，对参加防治工作的医务人员和防疫工作者给予临时性工作补助，对疫情防控工作中的劳动关系和有关人员工资支付应妥善处理。

2日，疫情防控期间买退热止咳药须登记。

即日起，我省建立疫情防控期间零售药店购买退热、止咳药品人员信息登记报告制度。根据省医保局、省药监局1日联合发出的《关于建立疫情防控期间零售药店购买退热、止咳药品人员信息登记报告制度的通知》，全省所有零售药店在销售退热、止咳药品时，必须实名登记购买人，并详细记录购买人身份证号、目前居住住址、手机号、发病2周内武汉接触史、所购药时症状等信息，对购药的发热患者本人还需进行体温测量。医保定点零售药店和非医保定点零售药店每日及时分别报送至辖区医疗保障局和市场监管局。建立该制度的目的在于通过发挥零售药店网络覆盖优势和早期监测作用，及时发现、阻断传染源，遏制疫情扩散蔓延。

2日，省政协向全省政协委员发出倡议书。

省政协向全省政协委员发出倡议书，倡议全省政协委员要以更强烈的责任担当投身疫情防控工作，同舟共济、凝心聚力，在打赢疫情防控阻击战中彰显政协委员的家国情怀、展现人民政协的优势作用。倡议书在广大政协委员中激起热烈响应，委员们纷纷表示，将再接再厉，以更加高涨的热情、更加有力的行动投入到疫情防控阻击战中去，发挥各自优势作用，全力支持、积极配合党委政府科学防治、精准施策。

2日，省财政厅对疫情防控期间政府采购工作作出规定。

省财政厅印发《关于做好疫情防控期间政府采购有关工作的通知》，进一步对采购便利化和采购过程中的疫情防控作出规定。

3日，筑牢群防群治的严密防线。

今天是节后机关上班第一天，接下来还有企业上工、大中小学上课的返程人流，对疫情防控工作带来很大考验。关键时刻，只有紧紧依靠广大人民群众，动员全社会力量联防联控、群防群治，才能切实把牢疫情防控的每一个关口、每一个环节、每一个细节，阻断疫情传播途径，打赢这场人民战争。

3日，守住疫情防控的最后一公里。

随着春节后机关上班、企业上工、大中小学上课三次大量人流，我省疫情防控将迎来新挑战。为此，必须坚决守住入闽管理、社区和村管理、单位管理、家庭和个人管理“四道关口”，落实好最后一公里，决不能心存任何麻痹侥幸心理。

3日，因疫情影响不可抗力事实性证明书办出。

在宁德市贸促会的协调帮助下，宁德泰格电机顺利办理了不可抗力事实性证明书，这是发生新型冠状病毒感染的肺炎疫情以来，我省办理的首份不可抗力事实性证明书。因疫情影响，部分企业在货物及物流等方面遭受严重影响，导致国际贸易合同或承包合同无法履行。为此，中国国际贸易促进委员会可以按实际情况为外贸企业出具不可抗力证明。受新型冠状病毒感染的肺炎疫情的影响，导致无法如期履行或不能履行国际贸易合同的，企业可向各地贸促会申请办理与不可抗力相关的事实性证明。

3日，福建新型冠状病毒感染的肺炎确诊病人首例治愈出院。

下午，福建新型冠状病毒感染的肺炎确诊病人首例治愈出院。患者吴先生，36岁，莆田市城厢区人。今年1月曾赴武汉出差。返回后，1月19日出现发热症状，自服药物后无好转，1月24日就诊于莆田学院附属医院发热门诊后即被隔离治疗。1月28日经省卫生健康委组织复核检测、专家评估，确诊为新型冠状病毒感染肺炎病例。

4日，省委常委会（扩大）会议召开。

省委书记、省应对新型冠状病毒感染肺炎疫情工作领导小组组长于伟国主持召开省委常委会（扩大）会议暨领导小组第十一次会议，学习贯彻落实习近平总书记在中央政治局常务委员会研究加强新型冠状病毒感染的肺炎疫情防控工作时的重要讲话和会议精神，研究进一步加强全省疫情防控工作。省长、领导小组组长唐登杰，省政协主席崔玉英出席。国务院联防联控机制第十三工作指导组组长薛晓林和指导组全体成员参加了会议。

4日，澳门闽籍爱心人士立专项基金支援疫情防控。

全国政协委员、澳门特区第五届政府行政会委员、永同昌集团董事局主席张宗真先生设立人民币1亿元光彩专项基金捐赠仪式在福州举行。受张宗真先生委托，福建省总商会副会长、永同昌集团董事长陈爱钦与福建省总商会副会长、省光彩会副会长李建南签订了捐赠协议。

5 日，我省进一步加强社区（村）疫情防控措施，强化重点人群管理。

为有效应对机关上班、企业上工和大中小学上课三个阶段人员大量流动，切实把住“四道关口”、守好“三道防线”，我省应对新型冠状病毒感染肺炎疫情工作领导小组疫情防控、科研攻关及学校组 5 日发布《关于进一步加强新型冠状病毒感染肺炎疫情社区（村）防控措施的通知》，要求各地各部门进一步加强社区（村）疫情防控工作，全力以赴守护人民群众的生命安全和身体健康。

6 日，省委常委会召开会议。

省委书记于伟国主持召开省委常委会会议，深入学习贯彻习近平总书记在 2 月 3 日中央政治局常委会会议上的重要讲话、在 1 月 16 日中央政治局会议上的重要讲话、在中央全面依法治国委员会第三次会议上重要讲话精神和对政法工作的重要指示精神，传达贯彻中央政法工作会议、全国组织部长会议精神，研究我省贯彻意见和措施。会议还研究了其他事项。

6 日，省人大常委会党组召开专题工作会议。

省人大常委会党组召开专题工作会议，学习贯彻习近平总书记在中央政治局常委会会议研究加强新型冠状病毒感染的肺炎疫情防控工作时和在中央全面依法治国委员会第三次会议上的重要讲话精神以及省委工作要求，研究做好人大工作。省人大常委会党组书记张广敏主持会议。

6 日，省生态环境厅：规范疫情期间，废弃口罩环境监管。

省生态环境厅日前下发《关于做好新冠肺炎疫情期间废弃口罩等环境监管的紧急通知》，进一步规范疫情期间废弃口罩等特殊垃圾收集、运输和处置等环节的环境监管工作。

6 日，福建支援湖北医疗队：进驻方舱医院，进入战斗状态。

目前，福建派出的 102 人专科护理队部分队员已进驻东西湖方舱医院，国家紧急医学救援队（福建）也抵达了武汉洪山体育馆方舱医院。两支队伍完成岗前培训后，开始接管病人，进入战斗状态。

6 日，省政府召开常务会议。

上午，省长唐登杰主持召开省政府常务会议，深入贯彻落实习近平总书记关于坚决打赢疫情防控阻击战的一系列重要讲话重要指示批示精神，认真落实中央和省应对新型冠状病毒感染肺炎疫情工作领导小组的部署要求，对疫情防控落实和做好“六稳”工作等进行再细化、再落实、再推进。会议审议了《福建省应对新型冠状病毒感染的肺炎疫情扎实做好“六稳”工作的若干措施》（送审稿），研究了疫情防控经费保障等事项。

8 日，慈善组织一律不提取疫情防控捐赠款物管理费。

省民政厅日前下发紧急通知，对慈善组织依法开展公开募捐、规范捐赠款物接收、款物使用规程、捐赠信息公开等方面作出明确规定。通知要求，各慈善组织一律不提取疫情防控社会捐赠款物的管理费。

9 日，省内部分道路客运班线恢复。

我省南平、龙岩、三明、泉州等地的部分道路客运班线恢复，各市际县际客运班线、农村客运、公交专线也在逐步恢复当中。随着假期结束，各地交通部门根据省里相关通知精神，在疫情有力有效防控的情况下，有序做好交通运输保障。

10 日，福建省人民代表大会常务委员会公告（〔十三届〕第二十九号）。

《福建省人民代表大会常务委员会关于依法全力做好新型冠状病毒肺炎疫情防控工作的决定》已由福建省第十三届人民代表大会常务委员会第十五次会议于 2020 年 2 月 10 日通过，现予公布。本决定自公布之日起施行，至疫情防控结束之日终止。

10 日，把“精兵强将”选派到支援宜昌防治一线。

省委书记、省应对新冠肺炎疫情工作领导小组组长于伟国主持召开省委专题会议，研究部署支援湖北宜昌市新冠肺炎防治工作。于伟国强调，要坚决贯彻落实以习近平同志为核心的党中央决策部署，坚持全国“一盘棋”，选派“精兵强将”到支援宜昌防治一线，全力支持当地做好疫情防控工作，维护好人民群众的生命安全和身体健康。省长、领导小组组长唐登杰出席。会议根据国家卫生健康委部署，研究制定工作方案，决定由福建医科大学附属第一医院等为主组建首批医疗队，同时抽调有关专家组成卫生防疫及心理干预分队，将组建100多人的福建省对口支援宜昌防治新型冠状病毒肺炎首批支援队。

11日，调入3.8万吨粮食，“引粮入闽”保障粮食供应。

省发改委、省粮储局消息，1月26日以来，我省积极从江西、安徽、江苏、黑龙江、湖南等产销协作省调入3.8万吨粮食。为确保我省疫情防控期间粮食供应不脱销、不断供，各级发改、粮储部门在动员、支持粮食应急加工企业复工生产的同时，积极“引粮入闽”。

11日，为打赢疫情防控阻击战筑牢法治防线。

省法院制定关于充分发挥审判职能作用，为坚决打赢疫情防控阻击战提供有力司法服务保障的指导意见，提出七个方面30项具体举措，为坚决打赢疫情防控阻击战提供有力司法服务保障。

12日，省委常委会召开会议。

省委书记于伟国主持召开省委常委会会议，听取有关对台工作、政协协商和调研、新时代公安工作、办好社会主义学院、产业园区高质量发展等工作汇报，提出工作要求和部署。会议强调，要深入学习贯彻习近平总书记重要讲话重要指示批示精神，认真贯彻落实党中央决策部署，进一步增强“四个意识”、坚定“四个自信”、做到“两个维护”，提升政治站位，科学精准施策，着力落深落细，提高各项工作的质量和水平。

12日，省委常委会（扩大）会议召开。

省委书记、省应对新型冠状病毒感染肺炎疫情工作领导小组组长于伟国主持召开省委常委会（扩大）会议暨领导小组第十四次会议，传达学习贯彻习近平总书记在北京市调研指导新型冠状病毒肺炎疫情防控工作时的重要讲话精神，研究部署我省坚决打赢疫情防控人民战争总体战阻击战的具体措施。会议要求，各级党委政府要坚决贯彻党中央决策部署，把疫情防控工作进一步抓实抓细抓到位。各级领导干部要靠前指挥、强化担当，广大党员干部要冲到一线、全力以赴，广大医务工作者要发挥火线上的中流砥柱作用。要坚持在防控斗争重大考验中考察识别干部，对表现突出的要给予表扬表彰、大胆使用，对作风漂浮、敷衍塞责、推诿扯皮的要严肃问责。

13日，省委常委会（扩大）会议召开。

省委书记、省应对新型冠状病毒感染肺炎疫情工作领导小组组长于伟国主持召开省委常委会（扩大）会议暨领导小组第十五次会议，传达学习贯彻习近平总书记在中央政治局常务委员会会议上的重要讲话精神，具体研究我省贯彻措施。会议要求，各级党委、政府和各级领导干部要始终扛起责任，深入一线、靠前指挥，既有责任担当之勇、又有科学防控之智，既有统筹兼顾之谋、又有组织实施之能，力戒形式主义、官僚主义，确保党中央各项决策部署不折不扣落实到位，真正在大战中践行初心使命、在大考中交出合格答卷。

13日，省政府常务会议召开。

上午，省长唐登杰主持召开省政府常务会议，学习贯彻习近平总书记2月12日在中共中央政治局常务委员会会议上、2月10日在北京市调研指导新冠肺炎疫情防控工作时的重要讲话精神，按照省委常委会（扩大）会议暨省应对新型冠状病毒感染肺炎疫情工作领导小组第十四次会议部署要求，推动全省各级政府各部门统筹做好疫情防控和经济社会发展，切实把各项工作抓实、抓细、抓落地；明确了2020年度省重点项目安排，通过了《关于进一步加快渔港建设的若干意见》和《福建省渔港布局与建设规划（2020—2025年）》。会议还研究了其他事项。

14日，“八闽健康码”来了，防疫核验和出行更便捷。

为方便群众在疫情防控期间出门出行和返岗复工，省数字办积极发挥数字福建大数据和网上政务服务能力优势，会同省卫健委、省医保局、省公安厅、省统计局、省经济信息中心依托闽政通APP紧急开发，于2月14日上线了“八闽健康码”服务。

14日，让防控更加科学精准。

我省将84个县（市、区）分4类区域进行差异化防控，同时结合疫情防控和复工复产需要，依托闽政通APP实时生成个人的“八闽健康码”，以实现与4类分区差异化防控措施的精准对接。

15日，国际“朋友圈”助力福建战“疫”。

新冠肺炎疫情发生以来，我省国际友城、民间友好组织和友好人士以及部分国家驻华使领馆纷纷致电致函和发来视频，表达对我省抗击疫情工作的关切、慰问与支持，高度评价中方为抗击新冠肺炎疫情所作努力，并对中国打赢疫情防控阻击战充满信心。截至 14 日，我省陆续收到来自五大洲的 25 个国家、30 个国际友城、18 个民间友好组织和友好人士以及 8 个国家使领馆的 56 封慰问信。

16 日，省总工会慰问奋战在疫情防控一线的医护人员和广大职工。

为全力援助湖北，打赢疫情防控阻击战，按照省委、省政府统一部署，16 日，省总工会从本级工会经费中拨出 3000 万元，用于慰问奋战在疫情防控一线的医护人员和广大职工。当天下午，第一批 16. 59 吨慰问物资，整装发车运往湖北，送至 9 个福建医疗队驻地。

16 日，福建出台激励关爱疫情防疫一线基层党员干部和医务工作者的具体措施。

日前，省委组织部、省卫生健康委员会、省财政厅、省人力资源和社会保障厅联合出台《关于进一步激励关爱奋战在新冠肺炎疫情防控一线基层党员干部和医务工作者的若干措施》，从政治激励、组织激励、工作激励、精神激励等方面推出 9 项举措，激励引导基层党员干部和医务工作者在疫情防控中积极发挥作用，决胜疫情防控人民战争、总体战、阻击战。

16 日，福建支援队接管宜昌市重症病区。

下午，湖北省新冠肺炎疫情防控工作指挥部召开第 25 场发布会，介绍宜昌市疫情防控和福建省对口支援情况。福建支援队当日正式接管重症病区开展医疗救治工作。医院和支援队将重点防止普通病人向重症危重症转化，降低死亡率。

17 日，我省印发健康管理手册，患者治愈后这样做。

为进一步加强新冠肺炎确诊患者治愈出院后的健康管理，省应对新冠肺炎疫情工作领导小组疫情防控、科研攻关及学校组 2 月 15 日印发《新冠肺炎确诊患者治愈出院后健康管理手册》，对定点医院、治愈患者及其家属、患者居住地所在社区（村）和单位、基层医疗卫生机构等提出 9 个方面的具体指导意见。

17 日，福建各界向对口支援的宜昌捐款用于购买医用物资。

随着福建省对口支援宜昌防治新型冠状病毒肺炎首批支援队抵达宜昌，近日来，这项对口支援工作受到福建人民的广泛关注和支持。记者从湖北省新冠肺炎疫情防控工作指挥部第 25 场发布会上获悉，截至 16 日，已有兴业银行、兴业证券、农村信用社系统、福建省广东商会、圣农集团以及其他爱心企业和个人陆续捐赠 1311. 12 万元。这些捐赠都将全部用于购买宜昌市急需的医疗设备、防护用品等医用物资。

17 日，省委全面深化改革委员会第九次会议召开。

省委书记、省委全面深化改革委员会主任于伟国主持召开省委全面深化改革委员会第九次会议。会议强调，要认真学习贯彻习近平总书记在中央全面深化改革委员会第十一次、十二次会议上的重要讲话精神，坚决贯彻落实党中央决策部署，增强“四个意识”、坚定“四个自信”、做到“两个维护”，既立足当前，科学精准打赢疫情防控阻击战，更放眼长远，坚持补短板、堵漏洞、强弱项，健全完善疫病防控和公共卫生安全体系。要精心谋划精准落实各项改革任务，强化改革举措的有机衔接、融会贯通，推进新福建治理现代化。省长、省委全面深化改革委员会副主任唐登杰，省政协主席崔玉英出席会议。

17 日，我省更新“疫情分布图”。

福建省新冠肺炎疫情联防联控工作第七场新闻发布会消息，根据疫情专家组分析研判，截至 2 月 16 日 24 时，我省 88 个县、市、区（含经济开发区）中，无疫情区 27 个，占 30. 7%；零星散发疫情区 41 个，占 46. 6%；一般疫情区 16 个，占 18. 2%；较多病例疫情区 4 个，占 4. 5%。省卫健委按照新冠肺炎病例迄今发生数量、涉及本地感染的聚集性疫情状况和地理传播风险等情况，确定不同县域风险等级，将全省 88 个县（市、区）划分为无疫情区、零星散发疫情区、一般疫情区、较多病例疫情区等四类区域，实施四级差异化疫情防控策略。今后省卫健委将根据各地疫情变化情况及时调整区域分类并在省卫健委官网发布。

17日，我省要求省属学校调整支出确保防控需要。

省财政厅、教育厅向省属学校发出通知，要求各学校要结合疫情防控工作特点和实际需求，积极筹措资金，及时调整支出结构，确保疫情防控资金到位，坚决防止因经费问题影响学校疫情防控工作。

17日，福建在以县域为单元基础上，分区分级防控措施精准落实到乡镇、街道。

为深入贯彻落实习近平总书记2月12日在中央政治局常委会会议上的重要讲话精神，我省于2月13日印发了《福建省分区分级差异化疫情防控和有序复工复产工作导则》，按照科学防治、精准施策原则，以县域为单元，分区分级制定差异化防控策略。17日晚，国务院应对新型冠状病毒肺炎疫情联防联控机制印发《关于科学防治精准施策分区分级做好新冠肺炎疫情防控工作的指导意见》。为进一步科学精准、分区分级做好疫情防控工作，我省立即转发《指导意见》，并根据国家部署要求，依据现行法律法规，基于对新冠肺炎疾病认识的深化、疫情波及范围和严重程度以及对社会生产生活的影响等，以县域为单元，将全省各县（市、区）划分为低风险、中风险、高风险地区，采取针对性策略和措施。

18日，省十三届人大常委会第十六次会议召开。

上午，省十三届人大常委会第十六次会议召开。省委书记、省人大常委会主任于伟国主持会议并讲话。省人大常委会主任会议向本次会议提交了关于提请审议《福建省人民代表大会常务委员会关于革除滥食野生动物陋习、切实保障人民群众生命健康安全的决定（草案）》的议案。会议听取了关于决定草案的说明，审议并表决通过该决定。

18日，福建省人民代表大会常务委员会公告（〔十三届〕第三十号）。

《福建省人民代表大会常务委员会关于革除滥食野生动物陋习、切实保障人民群众生命健康安全的决定》已由福建省第十三届人民代表大会常务委员会第十六次会议于2020年2月18日通过，现予公布。本决定自公布之日起施行。

18日，省级远程会诊平台助攻我省战“疫”。

在省卫健委的指导下，我省于1月30日正式启用新冠肺炎防治远程指导中心，是全国首个为抗击新冠肺炎疫情开通省级远程会诊平台的省份。据统计，2月1日至2月16日，远程指导中心共指导诊治危重型、重型病例333人次（其中危重型123人次、重型210人次），认定可出院患者84人。

18日，省领导到诏安检查推进疫情防控和交通物流保畅通工作。

副省长、省公安厅厅长田湘利带领省直有关部门负责人到诏安县检查推进疫情防控和交通物流保畅通工作，看望慰问奋战在疫情防控一线的公安、疾控、交通等工作人员。

19日，全省各地开通24小时“卫童抗疫服务热线”。

省民政厅消息，为确保因新冠肺炎疫情影响造成监护缺失或生活困难的困境儿童及时得到关爱保护，全省九市一区民政局（社会事业局）、83个县（市、区）民政局或未成年人救助保护机构全部开通了24小时“卫童抗疫服务热线”，为疫情防控期间有需求的困境儿童提供疫情防护知识咨询、个案服务与转介、心理疏导、资源链接、临时照料等服务。

19日，福建医疗队推出首套中西医结合新冠肺炎患者康复治疗与训练操。

上午10时许，宜昌市第三人民医院病房内，新冠肺炎患者在医护人员的指导下，一招一式认真做着康复训练操。这套“新冠肺炎患者实用型康复治疗与训练操”，是由福建医科大学附属第一医院牵头首创，并由福建省对口支援宜昌防治新冠肺炎支援队首次在宜昌市第三人民医院进行推广，在全国也是首次进行临床应用。

19日，我省首例新冠肺炎确诊患者治愈出院。

我省首例新冠肺炎确诊患者治愈出院。患者任某某，男，70岁，福州连江人，在武汉市工作，1月17日返回连江县，1月20日入院治疗，1月22日被确认为我省首例新冠肺炎确诊病例。

19日，全省公安机关共办理涉疫情违法犯罪案件664起。

全省公安机关全面启动战时机制，坚持整体

布防，强化圈层查控，筑牢疫情防控屏障，并从严从快，打击了一批涉疫情违法犯罪。截至19日，全省各级公安机关共办理涉疫情违法犯罪案件664起，其中刑事案件253起。

20日，再增援！福建第十一批支援湖北医疗队出征武汉。

中午，我省第十一批支援湖北医疗队共172人在福州集结，驰援武汉。目前，我省共派出1384名医护人员支援湖北。省委书记于伟国、省长唐登杰为医疗队壮行，激励大家不忘初心、牢记使命，与湖北人民同舟共济，共同打赢疫情防控武汉保卫战、湖北保卫战。第十一批医疗队从福建医科大学附属第二医院、福建中医药大学附属第二人民医院，以及漳州、南平、宁德市的医疗卫生单位抽调，主要由呼吸科、感染性疾病科、重症医学科、中医科、麻醉科等专业的临床医师、一线护理人员组成。

20日，省委省政府召开全省视频会议进一步部署推动疫情防控和复工复产工作。

在疫情防控进入关键阶段，省委、省政府召开全省视频会议，进一步部署推动疫情防控和复工复产工作。省委书记、省应对新型冠状病毒感染肺炎疫情工作领导小组组长于伟国强调，要深入学习贯彻习近平总书记重要讲话重要指示批示精神，认真落实党中央决策部署，针对疫情形势出现的积极变化，明确新一轮战“疫”目标任务，在分区分级、科学防治、精准施策上下功夫，切实把各项工作抓实、抓细、抓落地，夺取疫情防控和实现全年经济社会发展目标的双胜利。省长、领导小组组长唐登杰主持。

20日，省委常委会召开会议。

省委书记、省应对新冠肺炎疫情工作领导小组组长于伟国主持召开省委常委会暨领导小组第十六次会议，深入学习贯彻习近平总书记关于新冠肺炎疫情防控工作的重要讲话重要指示批示精神，学习贯彻习近平总书记就关心爱护参与疫情防控工作的医务人员专门作出的重要指示精神，部署推进疫情防控和复工复产工作；研究深入实施依法防控、做好疫情防控专项审计和第三届数字中国建设峰会筹备工作等。会议还研究了其他事项。

20日，两部门要求做好疫情防控期间学生资助工作。

省教育厅、省财政厅下发关于做好疫情防控期间家庭经济困难学生资助工作的通知，要求各地各校切实保障家庭经济困难学生基本学习生活需求，全面助力打赢疫情防控阻击战。

21日，认真落实分区分级措施，全面复工复产全面恢复正常生产生活秩序。

我省应对新冠肺炎疫情工作领导小组综合协调、疫情防控、科研攻关及学校组印发通知，要求各地各部门各单位深入学习贯彻习近平总书记重要讲话重要指示批示精神，按照2月20日全省视频会议部署，切实把分区分级精准施策十个“不放松”要求抓实、抓细、抓落地，为全面复工复产、全面恢复群众正常生产生活秩序创造条件。

21日，我省抗疫主题歌曲《爱的桥梁》在央视推出。

由福建籍词作家邹友开作词、省音乐家协会副主席蒋舟作曲的歌曲《爱的桥梁》，经由福建省委宣传部选送，2月21日晚在央视三套综艺频道首播，是中央广播电视总台首批推出的全国五首抗疫公益歌曲之一。

22日，毕业生就业创业公共服务网“云招聘”上线。

就业服务不打烊，网上招聘不停歇。记者从省人社厅获悉，由于疫情防控期间暂停开展各类高校毕业生就业现场招聘活动，省人社厅利用互联网搭建供需对接平台，在福建省毕业生就业创业公共服务网开通“云招聘”功能，免费为广大用人单位和求职毕业生提供智能、高效、安全的网上求职招聘、视频面试等公共就业服务，打造全天候全覆盖网上求职招聘服务新模式，促进高校毕业生多就业、就好业。

24日，以“十二个加强”进一步做好“外防输入”。

当前疫情形势依然严峻复杂，防控正处在最吃劲的关键阶段。24日，我省印发《关于进一步做好“外防输入”工作的通知》，要求各级各部门认真贯彻落实习近平总书记在统筹推进新冠肺炎疫情防控和经济社会发展工作部署会议上的重要讲话精神，高度警惕麻痹思想、厌战情绪、侥幸心理、松劲心态，坚定必胜信念，咬紧牙关，继续毫不放松抓紧抓实抓细各项防控工作，认真落实分区分级精准施策十个“不放松”，低风险地区要尽快将防控策略调整到“外防输入”上来，为全面复工复产、全面恢复生产生活秩序创造条件。

24日，医疗救治重点围绕两个“不放松”。

福建省新冠肺炎疫情联防联控工作第十场新闻发布会消息，截至23日24时，我省已连续5天报告新增新冠肺炎确诊病例为0，疑似病例连续4天报告为0。自18日以来，治愈出院人数连续4天为两位数。21日，我省出院人数首次超过在院病例数。

24日，全省74%城市公园已有序开放。

福建省新冠肺炎疫情联防联控工作第十场新闻发布会消息，截至23日，全省已有597个城市公园分批、有序对外开放，占全省现有804个城市公园的74%。

24日，省委常委会召开会议。

省委书记于伟国主持召开省委常委会会议暨省委财经委员会第四次会议，传达学习贯彻习近平总书记在中央财经委员会第六次会议上的重要讲话精神，研究部署2020年财经工作；主持召开省委常委会会议暨省承办第44届世界遗产大会筹备工作小组会议，研究推动有关筹备工作；主持召开省委常委会会议暨省委网络安全和信息化委员会第三次会议，研究部署我省网信工作。

24日，省委常委会（扩大）会议召开。

省委书记、省应对新型冠状病毒感染肺炎疫情工作领导小组组长于伟国主持召开省委常委会（扩大）会议暨领导小组第十七次会议，深入学习贯彻习近平总书记在2月21日中央政治局会议和在统筹推进新冠肺炎疫情防控和经济社会发展工作部署会议上的重要讲话精神，研究我省具体贯彻落实意见。省长、领导小组组长唐登杰，省政协主席崔玉英出席。

24日，福建医疗队通过远程会诊平台邀请专家共治患者。

上午，一场远程会诊在湖北宜昌市第三人民医院远程会诊中心举行，远在武汉金银潭医院的国家卫健委专家组成员对宜昌危重症患者的治疗进行了指导。这也是宜昌和武汉金银潭医院的首次线上会诊。此次远程会诊重点讨论的是一名54岁的女性新冠肺炎危重症患者的治疗方案。患者已入院治疗近一个月，情况曾一度出现恶化，在福建医疗队员和宜昌市第三人民医院的救治下，现阶段病情有了明显好转。会诊过程中，福建医疗队的医生详细介绍了患者前期的诊疗过程和现阶段的治疗方案，希望国家卫健委专家组能对患者下一步的治疗给予指导。

25日，我省新增医用防护用品生产线40条。

省药监局消息，截至24日，省药监局已陆续为柒牌时装、卡宾服饰、利郎集团、春晖服装、康博医疗科技、建德医疗器械等18家企业颁发了23张临时注册证和18张临时生产许可证。截至目前，省药监局已现场指导企业117家次，帮助23家企业复产转产扩产，新增医用防护用品生产线40条，全省相关产品日产能已达一次性医用口罩41万只、一次性医用外科口罩16.8万只、医用防护口罩5.5万只、非无菌医用防护服1.19万件、无菌医用防护服7451件。

25日，近30万退役军人奋战抗“疫”一线。

在战“疫”一线，我省各条战线的退役军人挺身而出。截至目前，全省退役军人事务系统依托18128个退役军人服务中心（站），动员近30万名退役军人用实际行动诠释了退役不褪色、退伍不退志的本色和担当；全省广大退役军人和军属已向疫情防控工作捐赠款物累计价值1750余万元。

25日，全省高速公路恢复正常通行。

省交通运输厅消息，25日零时起，全省因疫情影响临时管制的高速公路收费站全部解除管制，恢复正常通行。公路查验点100%取消，交通运输秩序恢复正常。全省高速公路实行免费通行。高速服务区便利店、加油站正常运营，在符合疫情防控要求的前提下，各服务区餐饮档口将陆续恢复营业。

26日，全省首张，柒牌拿下转产无菌医用防护服生产许可证。

福建省食品药品质量检验研究院传来消息，由中国柒牌送检的“无菌型医用一次性防护服”按照国家标准检验全部检测合格。在福建省药品监督管理局指导、晋江市市场监管局协调下，省药品监督管理局完成对柒牌医用一次性防护服产品注册和生产许可审批。中国柒牌成为我省首家“转产”并获得无菌型医用防护服生产许可的服装企业，亦是泉州市首家获得无菌型医用防护服生产资质的企业。

26日，我省“双线推进”新冠肺炎疫苗研发攻关。

面对新冠肺炎疫情，我省注重疫苗研发攻关“双线推进”，日前，省科技厅立项支持厦门大学“新型冠状病毒候选疫苗及质量控制方法研究”项目，从减毒载体疫苗、基因工程重组疫苗两条技术路线开展新冠肺炎疫苗攻关。

26日，省民政厅：疫情防控和民生兜底两手抓。

省民政厅日前下发《关于继续做好民政服务机构新冠肺炎疫情严防严控工作的通知》，要求严防严控思想不放松、机构主体责任不放松、业务指导督促不放松、机构封闭管理不放松、多方联防联控不放松、宣传教育疏导不放松等“七个不放松”，进一步织密扎牢民政服务机构疫情防控网，全力确保养老院、儿童福利院、精神卫生福利院、救助管理站等机构服务对象的生命安全和身体健康。

26日，做好一线医务人员保护关心爱护工作。

日前，省委组织部、省卫健委、省民政厅、省财政厅、省人社厅联合发出《关于进一步发挥组织优势切实做好疫情防治一线医务人员保护关心爱护工作的通知》，要求各地各相关单位党组织高度重视对医务人员的保护关心爱护，进一步发挥组织优势，做好新冠肺炎疫情防治一线医务人员、援鄂医疗队员及其家属服务保障工作，促进一线医务人员保持强大战斗力、昂扬斗志、旺盛精力，持续健康、心无旁骛投入战胜疫情斗争。

26日，“八闽美食嘉年华线上行”启动。

由省商务厅和福建广电网络集团共同打造的“八闽美食嘉年华线上行”活动正式启动，以进一步弘扬闽菜文化，丰富民众防疫期间居家生活，为“促消费”“企业复工复产”提供多元化服务。“八闽美食嘉年华线上行”以20道闽菜精选、100道福建名小吃为主推亮点，结合视频点播、图文介绍、教学互动等形式，全方位、多角度展示闽菜饮食文化，打造闽菜品牌，让全省观众不出家门就能“跟着大厨学闽菜”，畅游“八闽美食嘉年华”。

27日，省政府召开常务会议。

省长唐登杰主持召开省政府常务会议，深入学习贯彻习近平总书记关于全国春季农业生产、安全生产工作的重要指示批示精神，按照国务院常务会议、全国春季农业生产工作会议以及全国应急管理、煤矿安全生产等工作会议部署，研究推进具体工作。会议研究了全面推动农业复工复产、扎实抓好春季农业生产的具体措施，审议了《福建省人民政府安委会2020年工作要点》。

28日，省委常委会召开会议。

省委书记于伟国主持召开省委常委会会议暨省委落实全面从严治党主体责任工作领导小组会议，研究我省2019年度全面从严治党主体责任落实情况检查工作；主持召开省委常委会会议，研究部署我省安全生产和应急管理工作；主持召开省委常委会会议暨省委军民融合发展委员会第四次会议，研究部署我省军民融合发展工作。

28日，省委常委会（扩大）会议召开。

省委书记、省应对新冠肺炎疫情工作领导小组组长于伟国主持召开省委常委会（扩大）会议暨省应对新冠肺炎疫情工作领导小组第十八次会议，认真学习贯彻习近平总书记在中央政治局常委会会议上的重要讲话和对全国春季农业生产工作作出的重要指示精神，通报国务院联防联控机制第十三工作指导组反馈意见，研究我省贯彻落实意见及支持企业恢复发展十六条措施、全面推动农业复工复产扎实抓好春季农业生产二十条措施、保护关心关爱医务人员十二条措施。省长、领导小组组长唐登杰，省政协主席崔玉英出席。

28日，省委政法工作会议召开。

省委政法工作会议以视频会形式召开。省委书记于伟国对政法工作作出批示。省委常委、省纪委书记、省监委主任刘学新出席会议并讲话。

28日，全省公安局长会议召开

全省公安局长会议以视频会形式召开。省委书记于伟国、省长唐登杰对公安工作作出批示。副省长、省公安厅厅长田湘利出席会议并讲话。

28日，全省农村人居环境整治工作会议召开。

全省农村人居环境整治工作会议在福州召开。省委副书记、福州市委书记王宁出席会议并讲话，副省长李德金主持会议。

28日，李建成任中共龙岩市委书记。

日前，中共福建省委决定，李建成同志任中共龙岩市委委员、常委、书记。

28日，高三质检、普高专升本等考试时间调整。

省考试院消息，为切实保障广大考生的身体健康和生命安全，2020年我省普通高校专升本招生考试、高职院校分类考试、高三毕业班质量检查测试等考试安排将进行调整。原定3月21—22日举行的福建省普通高校专升本招生考试推迟到4月份或以后，原定3月份举行的福建省高职院校分类招生考试职业技能测试和职业适应性测试推迟到4月份或以后，具体安排将根据疫情防控情况提前通知。原定3月28—29日举行的全省高三毕业班质量检查测试按原计划进行，考试组织形式将视疫情防控情况适时调整安排。

28日，省总工会出台八项措施，关心关爱一线医务人员。

为促进一线医务人员心无旁骛投入战胜疫情斗争，近日，省总工会出台8项措施，做好新冠肺炎疫情防控一线医务人员、援鄂医疗队员及其家庭的关心关爱工作。

29日，全省广大党员积极响应党中央号召踊跃捐款支持疫情防控。

近日，根据中组部关于组织党员自愿捐款支持新冠肺炎疫情防控工作的部署要求，省委组织部第一时间下发专门通知，各领域基层党组织迅速有序做好组织工作，广大党员积极响应、踊跃参与，短短两天全省已有30多万名党员自愿捐款，用实际行动支持疫情防控斗争。

这次捐款将主要用于慰问战斗在疫情防控斗争第一线的医务人员、基层干部群众、公安民警和社区工作者等，资助因患新冠肺炎而遇到生活困难的群众和因患新冠肺炎去世的群众家属，慰问在疫情防控斗争中牺牲的干部群众家属等。

（摘编：游学荣）

三月

1日，新冠肺炎疫情防控工作档案资料征集中。

为全面记录新冠肺炎疫情这一重大社会公共卫生事件防控工作的真实面貌，永久保存福建社会各界在抗击疫情中的珍贵记忆，即日起，福建省档案馆面向海内外社会各界征集新冠肺炎疫情防控工作档案资料。

1日，省财政厅下达中央第二批疫情防控补助资金1亿元。

经省政府批准，省财政厅近日向各地下达中央第二批疫情防控补助资金1亿元，用于疫情防控所需物资和试剂购置、定点救治医院补助和医疗卫生机构援鄂人员临时性工作补助。

1日，“点对点”服务保障农民工返岗复工。

省人社厅、公安厅、交通运输厅、卫健委、中国铁路南昌局集团有限公司日前联合下发《关于做好农民工返岗复工“点对点”服务保障工作的通知》，对在我省就业的农民工，组织开展用工集中地区和集中企业“点对点”一站式直达企业的专门包车（专列、飞机）运输服务，保障成规模、成批次外出的农民工从家门口直达厂门口的安全有序返岗复工。

2 日，我省全面实现城乡救助标准一体化。

全省民政工作视频会议消息，2019 年，我省全面实现城乡救助标准一体化，成为继北京、天津、上海、浙江后全国第 5 个实现社会救助标准城乡一体化的省份。

3 日，全省各级财政累计下达疫情防控补助资金 41.45 亿元。

福建省新冠肺炎疫情联防联控工作第十二场新闻发布会消息，截至 3 月 2 日，全省各级财政累计下达 41.45 亿元，其中省级财政累计下达 18.03 亿元，主要用于医疗救治、基层疫情防控和受疫情影响企业复工复产贷款贴息。

5 日，省委常委会（扩大）会议召开。

省委书记、省应对新型冠状病毒感染肺炎疫情工作领导小组组长于伟国主持召开省委常委会（扩大）会议暨领导小组第十九次会议，认真学习贯彻习近平总书记在 3 月 4 日中央政治局常务委员会会议和在北京考察新冠肺炎疫情防控科研攻关工作时的重要讲话精神，部署切实防止疫情形势出现反弹、坚决堵住境外疫情输入风险的具体举措，审议通过加快推进重大项目建设、进一步支持 5G 网络建设和产业发展、促进住房城乡建设事业健康发展、支持交通运输现代服务业发展，以及阶段性减免企业社会保险费等 5 份措施办法。省长、领导小组组长唐登杰，省政协主席崔玉英出席。

5 日，省政府召开常务会议。

省长唐登杰主持召开省政府常务会议，深入学习贯彻习近平总书记重要讲话重要指示批示精神，按照中央和省委部署，坚持“一事一策、一难一策、一业一策、一企一策”精准帮扶，研究加快推进重大项目建设促进稳投资、进一步支持 5G 网络建设和产业发展、促进住房城乡建设事业健康发展、支持交通运输现代服务业发展的具体措施，研究我省落实中央决策部署、兑现阶段性减免企业社会保险费政策的有关工作。

5 日，我省 290 处自然保护地承诺向全国医务工作者免收门票。

省林业局消息，我省鼓浪屿—万石山、武夷山、泰宁等 290 处省级以上自然保护地景区全部承诺自恢复运营之日起至 2020 年 12 月 31 日，将对全国医务工作者实施免门票等优惠活动。

6 日，我省研发的新冠病毒快速检测产品首次获批上市。

省科技厅消息，我省研发的新型冠状病毒抗体检测试剂盒（化学发光微粒子免疫检测法）获国家药品监督管理局应急审批通过。该试剂盒由厦门大学夏宁邵科研团队与厦门万泰凯瑞生物技术有限公司联合研发，是我省第一个获批上市的新冠病毒快速检测产品，也是我省疫情防控应急科研攻关专项成果之一。

6 日，我省实施职工医保缴费减征缓缴。

福建省新冠肺炎疫情联防联控工作第十三场新闻发布会上获悉，省医保局、省财政厅、省税务局近日联合印发《关于阶段性减征职工基本医疗保险费的实施意见》，明确全省企业单位从 2020 年 2 月至 6 月，阶段性降低企业单位缴纳职工基本医疗保险费（含生育保险费），最低缴纳费率降至不低于 4.35%，预计可为全省企业单位降低缴费负担 32 亿元，有 325400 户企业受益。对企业单位已经缴交的 2 月份保费，由当地经办部门直接批量发起退回减征部分的保费，企业单位无需提交申请及报送相关资料，进一步降低企业资金周转压力。

6 日，省领导开展“三八”国际妇女节看望慰问活动。

在“三八”国际妇女节即将来临之际，受省委书记于伟国、省长唐登杰委托，省委常委周联清代表省委、省政府，向全省广大妇女群众送上节日祝福，并看望慰问奋战在抗疫一线的社区妇女工作者、企业女职工、女科技工作者。

7 日，福建，清零！

随着莆田、漳州两市 11 名新冠肺炎住院患者治愈，我省九个设区市实现住院患者清零，平潭综合实验区保持“0 确诊”。截至 3 月 6 日 24 时，全省已连续 9 天无新增确诊病例、无新增疑似病例、无疑似病例。我省累计确诊病例 296 例，治愈 295 例，治愈率 99.66%。目前，我省无新冠肺炎确诊病例、无疑似病例、无住院病例。

7 日，泉州鲤城区一酒店楼体坍塌。

19 时 30 分左右，泉州市鲤城区欣佳酒店发生楼体坍塌，初核被困人员 67 人。事故发生后，省委省政府立即组织现场搜救和医疗救治工作，200多名消防人员在现场紧急救援。截至8日凌晨1时，已救出43人，其中40人轻伤，2人重伤，1人危重，事故原因正在调查。

8日，泉州市召开鲤城区欣佳酒店楼体坍塌事故发布会。

泉州市召开新闻发布会，向媒体通报鲤城区常泰街道南环路欣佳酒店发生楼体坍塌事故及施救进展等相关情况。3月7日19:05，鲤城区常泰街道南环路欣佳酒店发生楼体坍塌。经初步摸排，事发时大楼内受困人员71人（不含自行逃生9人）。截至8日11:30，现场搜救出受困人员43人（其中6人救出时无生命体征），1人身体无碍未送医，送医治疗的有36人（不含自行逃生人员中送医的8人），其中1例危重症医治无效死亡，正在搜救的还有28人。目前，善后处置有序展开。

9日，泉州应急救援工作领导小组通报最新情况。

晚上，泉州市应急救援工作领导小组就鲤城区欣佳酒店楼体坍塌事故有关处置工作进展情况召开记者会，通报事故救援工作、伤员医疗救治、事故善后等有关情况。3月7日19时17分，泉州市消防救援支队指挥中心接到报警后，全支队快速反应，19时33分第一批救援力量到场。随后动员全支队力量赶赴现场。省消防救援总队及时启动跨区域增援，全面开展救援行动。在应急管理部、省市各级领导的指挥下，截至3月9日23时20分，现场搜救出受困人员55人，死亡14人（其中12人救出时无生命体征，2人送医抢救无效死亡），正在搜救的还有16人。

10日，县级以上区域今年实现5G网络覆盖。

福建省通信管理局消息，我省将制定和优化建设5G计划，加快5G特别是独立组网建设步伐，争取把受疫情影响的进度抢回来，确保到2020年底全省建成5G基站2万个，实现县级以上区域（含重点乡镇）实现5G网络覆盖。

10日，我省举办首届食品网交会。

为统筹推进疫情防控和食品企业复工复产，在省工信厅的推动下，首届福建省食品网交会于3月1日拉开帷幕，将持续到4月1日。

11日，泉州通报鲤城区欣佳酒店房屋坍塌事故最新进展。

下午，泉州市召开新闻发布会，向媒体通报了鲤城区欣佳酒店房屋坍塌事故最新进展。

截至11日下午3时，71位受困人员已找到70位，其中28人遇难，尚有1名失联人员，仍在搜救中。

11日，省委常委会召开。

下午，省委书记于伟国主持召开省委常委会会议，贯彻落实党中央、国务院重要要求，研究部署事故处置、安全隐患大排查大整治工作。会议强调，要以对人民群众极端负责的精神，全力做好事故处置工作，全面彻查事故原因，严肃依法追究责任，深刻检视和汲取血的教训，全面开展全省涉疫场所、房屋安全和重点行业、重点领域、重点企业安全隐患大排查大整治，切实保护好人民群众生命财产安全。

12日，省领导调研督导房屋安全隐患排查整治工作。

副省长李德金带领省住房城乡建设厅和泉州市政府负责人调研督导房屋安全隐患排查整治工作，实地察看了石狮市、丰泽区、洛江区、台商投资区部分外来人员集中隔离健康观察场所，逐一了解场所结构、消防、审批、管理、防疫等方面情况。

13日，泉州鲤城区欣佳酒店房屋坍塌事故受困人员已全部搜救出。

泉州鲤城区政府通报，12日11时04分，欣佳酒店房屋坍塌事故现场搜救出1名受困人员，救出时已无生命体征。至此，71名受困人员已全部搜救出，其中29人遇难。目前，事故现场正在开展全面消杀和围挡，事故善后处置和调查工作仍在进行中。

13日，国务院欣佳酒店坍塌事故调查组第一次全体会议召开。

上午，国务院欣佳酒店“3·7”坍塌事故调查组第一次全体会议召开，国务院安委会办公室副主任、事故调查组组长付建华主持。

14日，海关总署与福建省政府签署合作备忘录。

省商务厅（口岸办）消息，围绕深入贯彻落实习近平总书记重要讲话重要指示批示精神，署省合作进一步推进高质量发展和扩大对外开放，近日，海关总署和福建省政府签署备忘录。

15 日，我省召开视频会议部署房屋结构安全隐患大排查大整治“百日攻坚”行动。

我省召开视频会议，就开展房屋结构安全隐患大排查大整治“百日攻坚”专项行动进行动员部署。副省长李德金在泉州分会场出席会议并讲话。会议强调，要深刻汲取泉州“3·7”坍塌事故血的教训，各级各部门要深入学习贯彻习近平总书记关于安全生产的重要论述和重要指示批示精神，坚决守住安全底线，切实负起保一方平安的政治责任，全面深入开展房屋安全隐患大排查大整治百日攻坚战，坚决刹住危及人民生命财产安全的房屋安全隐患问题，让全省人民“住有所居、居者皆安”。

16 日，省政府常务会议召开。

省长唐登杰主持召开省政府常务会议，认真贯彻中央和省委部署，研究全省各领域安全隐患大排查大整治工作方案，部署进一步加强安全生产工作；研究稳外贸稳外资促消费、强化科技支撑服务疫情防控与经济社会发展等具体措施，部署推进福厦泉国家自主创新示范区建设。

17 日，我省社工人才总量超 4 万。

今年 3 月 17 日是第 14 个国际社工日，省民政厅消息，目前我省社工人才总量超过 4 万人，拥有持证社工 1.7 万人，培育社会工作服务机构 397 家，年投入政府购买社工服务资金超过 3 亿元。

17 日，疫情期间我省医疗废物实现 100% 无害化处理。

省生态环境厅消息，疫情发生以来，全省 12 座医废处置单位（9 座专业设施，3 座应急设施）运行稳定、工况良好，共处置医疗废物（含涉疫垃圾）4080.2 吨，医疗废物实现日产日清、100% 无害化处理，未发生二次污染。

18 日，我省举行第十四场疫情联防联控工作新闻发布会。

福建省新冠肺炎疫情联防联控工作第十四场新闻发布会举行。省数字办、省卫健委、省医保局、省通信管理局相关负责人围绕我省运用信息技术服务疫情防控和经济社会秩序恢复介绍有关情况并回答了记者提问。

18 日，英雄回家！

随着湖北新冠肺炎疫情形势好转，援助湖北医疗队开始有序撤回。根据国家卫健委安排，18 日，国家紧急医学救援（福建）队、福建护理队（方舱）、福建支援湖北第九批医疗队共 240 人返闽，其中 232 人从武汉搭乘 2 架厦航包机返闽，16 时 35 分、16 时 45 分先后飞抵福州，另有 8 人随紧急救援车队返闽。这三支队伍分别于 2 月 3 日、2 月 4 日、2 月 15 日出征驰援武汉，征战在武汉武昌方舱医院、汉阳方舱医院、东西湖方舱医院、光谷科技会展中心方舱医院。

19 日，福建省调整新冠肺炎疫情防控应急响应等级。

根据国家有关法律法规规定和福建省当前新冠肺炎疫情防控形势，经研究决定，自 2020 年 3 月 19 日 12 时起，将福建省新冠肺炎疫情应急响应等级统一调整为省级Ⅲ级应急响应。

19 日，省委常委会召开会议。

省委书记、省应对新型冠状病毒感染肺炎疫情工作领导小组组长于伟国主持召开省委常委会会议暨领导小组第二十一次会议，认真学习贯彻习近平总书记 3 月 18 日在中央政治局常委会会议上的重要讲话精神，深入部署统筹推进疫情防控和经济社会发展重点工作，研究稳外贸稳外资促消费、强化科技支撑服务疫情防控与经济社会发展、加快线上经济发展等措施；主持召开省委常委会会议暨省委深入学习贯彻落实习近平总书记重要讲话重要指示批示精神和党中央各项决策部署工作小组会议，研究做好习近平总书记重要指示批示贯彻落实情况“回头看”和向党中央请示报告工作。会议还研究了其他事项。

19 日，全省法院扫黑除恶专项斗争工作推进会召开。

省法院以视频方式召开全省法院扫黑除恶专项斗争工作推进会。省法院党组书记、院长吴偕林出席会议并讲话。

20 日，我省高三省质检将采用线上题目、线下考试形式。

福建省教育厅举行高三毕业班省质检工作视频会议。该会议明确，省质检按原计划于 3 月 28 日、29 日举行，采用线上题目、线下考试、在线监管的形式。

20日，省十三届人大常委会第十七次会议闭幕。

省十三届人大常委会第十七次会议圆满完成各项议程，于20日上午闭幕。会议表决通过《福建省女职工劳动保护条例》《福建省人民代表大会常务委员会关于修改〈福建省文物保护管理条例〉等三项涉及“放管服”改革的地方性法规的决定》《福建省人民代表大会常务委员会关于修改〈福建省人民代表大会常务委员会任免国家机关工作人员条例〉的决定》《福建省人民代表大会常务委员会关于切实保护关心爱护医务人员、营造尊医重卫良好风尚的决议》。会议决定批准《漳州市建筑垃圾管理办法》《莆田市城市生态绿心保护条例》《龙岩市实施河长制条例》《宁德市三都澳海域环境保护条例》。会议表决通过《关于办理省十三届人大三次会议主席团交付审议的代表议案的决定》。会议表决通过省人大常委会有关任免名单。

20日，省人大常委会通过全国首个尊医重卫决议。

全国首个关于切实保护关心爱护医务人员、营造尊医重卫良好风尚的决议经省十三届人大常委会第十七次会议表决通过。这是省人大常委会深入贯彻习近平总书记重要讲话重要指示批示精神，依法行使重大事项决定权，在作出《关于依法全力做好新型冠状病毒肺炎疫情防控工作的决定》《关于革除滥食野生动物陋习，切实保障人民群众生命健康安全的决定》两项决定后，40天内第三次召开常委会会议，再次作出决议，为打赢疫情防控人民战争、总体战、阻击战提供有力法治保障。

20日，讲述战“疫”一线工作者的故事。

省政府新闻办在福州举行福建省新冠肺炎疫情联防联控工作记者见面会，8位不同领域、不同行业的战“疫”工作者代表，来到省政府新闻发布平台，讲述他们的战“疫”故事。

这8位代表全部来自战“疫”一线，有病床前救死扶伤的医护人员，有街巷间日夜奔波的社区干部，有维护社会安全的公安干警，有为保障防疫物资而临时转产的民企老板，有坚守各道关口的交通人，有千方百计保障群众生活用品的超市零售人，有用镜头记录战“疫”的新闻记者，还有爱心驰援的台胞。

20日，我省举办线上科技成果对接会。

由省发改委牵头会同省科技厅、工信厅、卫健委等策划组织，“6·18”创交会组委会办公室主办的“6·18”生物医药产业线上科技成果对接会举办，在线发布213项生物医药产业科技成果、53项技术需求和21项融资需求，吸引了2.5万人次参与线上对接。

20日，我省口罩日产量突破2000万，产能产量均位居全国前列。

省发改委消息，截至19日，我省口罩日产量已突破2000万大关，达到2119万只，产能产量均位居全国前列。我省在四十多天内实现口罩产能产量跨越式增长，受到国家发展改革委肯定和表扬。

23日，向新时代的英雄学习致敬。

白衣执甲，英雄凯旋。23日、24日，我省对口支援宜昌抗击疫情前方指挥部、医疗队，以及第一、二批支援湖北医疗队共402人圆满完成党中央交给的光荣任务，先后平安返闽。省委书记于伟国、省长唐登杰在福州迎接他们胜利归来。

23日，全省决战决胜脱贫攻坚推进会在福州召开。

全省决战决胜脱贫攻坚推进会在福州召开。各设区市（实验区）和各县（市、区）党政主要负责人、分管工作的负责同志在分会场通过视频参加会议。省委书记于伟国强调，要深入学习贯彻习近平总书记在决战决胜脱贫攻坚座谈会上的重要讲话精神，克服新冠肺炎疫情影响，以更大决心、更强力度推进脱贫攻坚，确保高质量打赢脱贫攻坚战。省长唐登杰主持。省委副书记王宁解读我省决战决胜脱贫攻坚十九条措施。

24日，2020年清明节文明祭扫倡议书。

中共福建省委文明办、福建省民政厅2020年3月24日发布《2020年清明节文明祭扫倡议书》。

25日，全省统筹推进疫情防控和稳就业工作电视电话会议召开。

全省统筹推进疫情防控和稳就业工作电视电话会议在福州召开。会前，省委书记于伟国、省长唐登杰分别作出批示。副省长林宝金出席会议并讲话。

25 日，高质量打赢脱贫攻坚战。

全省决战决胜脱贫攻坚推进会日前在福州召开。会议强调要深入学习贯彻习近平总书记在决战决胜脱贫攻坚座谈会上的重要讲话精神，克服新冠肺炎疫情影响，以更大决心、更强力度推进脱贫攻坚，确保高质量打赢脱贫攻坚战。今年是脱贫攻坚战最后一年，收官之年遭遇疫情影响，各项工作任务更重、要求更高。各级各部门要切实增强使命感和责任感，在科学精准做好疫情防控的同时，抓实抓细脱贫攻坚任务，凝心聚力高质量打赢脱贫攻坚战。

25 日，“八闽健康码”实现省外入闽人员健康信息互认。

省发改委消息，“八闽健康码”已全面实现省外入闽人员健康信息互认。省外来闽人员也可通过“八闽健康码”自证健康情况。

25 日，中国政府第三批赴意大利抗疫医疗专家组从福州启程。

当前，新冠肺炎疫情在境外多国多点暴发、迅速蔓延。中国秉承人类命运共同体理念，积极参与抗疫国际和地区合作、全球公共卫生治理，与国际社会团结应对全球公共卫生挑战，及时分享疫情信息、防控措施和研究成果。为贯彻落实习近平总书记重要讲话和重要指示批示精神，加强新冠肺炎疫情防控国际合作和交流，按照中央统一部署，3 月 25 日，由福建省选派的中国政府第三批赴意大利抗疫医疗专家组从福建福州启程，协助意方开展新冠肺炎疫情防控工作。专家组由国家卫生健康委员会组建，福建省选派共 14 人加入专家组。

26 日，省委常委会召开会议。

省委书记、省应对新型冠状病毒感染肺炎疫情工作领导小组组长于伟国主持召开省委常委会会议暨领导小组第二十三次会议、省委退役军人事务工作领导小组会议，深入学习贯彻习近平总书记重要讲话重要指示批示精神，传达中办国办复工复产调研工作组通报情况，进一步研究部署防控境外疫情输入和复工复产工作，部署推进退役军人工作；研究推进全省机关效能建设和加强新时代人大工作。会议还研究了其他事项。

27 日，福建修订境外入闽人员跟踪健康管理工作操作导则。

为深入贯彻落实国务院联防联控机制部署要求，近日我省对 2 月 28 日出台的《境外入闽人员跟踪健康管理工作操作导则》进行了修订，对从“国门”到“家门”全流程闭环管理进一步细化深化。

29 日，我省出台 15 条暖心措施关爱疫情防控一线社区工作者。

省应对新冠肺炎疫情工作领导小组日前印发《关于全面落实疫情防控一线城乡社区工作者关心关爱具体措施的通知》，明确了 15 个方面的具体措施，进一步强化对疫情防控一线城乡社区工作者的关心关爱。15 个方面的具体措施还包括：充实防控力量、安排调休补休、开展心理疏导、开展走访慰问、组织帮扶行动等。

29 日，我省开展第 38 届爱鸟周活动。

3 月 25 日至 31 日是福建省第 38 届爱鸟周。29 日，省林业局联合国家林业和草原局福州专员办、省野生动植物保护协会在福州国家森林公园共同举办爱鸟周现场活动，为福建省野生动植物保护协会志愿者委员会授牌，同时举办了鸟类摄影展等活动。据悉，每年有大量候鸟在我省繁殖、越冬和迁徙停歇，已记录到的鸟类超过 557 种，我国自然分布的鸟类中约 40% 的种类在我省野外可以见到。

30 日，圆满完成驰援湖北任务，24 名疾控队员平安返闽。

我省对口支援湖北宜昌支援队疾控小分队、支援襄阳应急检测队圆满完成驰援任务，平安飞抵福州。24 名疾控人员全部来自福建省疾病预防控制中心。他们为阻击新冠肺炎疫情贡献福建力量。队员当中最早出征的 4 名于 1 月 31 日奔赴襄阳，他们抵鄂即战，36 小时内完成当地公共检验检测中心核酸检测实验室改造，并迅速完成首批样品检测，为襄阳市确诊病例及时得到收治赢得时间。

30 日，福建：进一步规范做好境外入闽人员集中医学观察和居家医学观察管理工作。

为深入贯彻落实国务院联防联控机制部署要求，近日我省就进一步规范做好境外入闽人员集中医学观察和居家医学观察管理工作发布通知，对集中医学观察和居家医学观察管理的对象、场所、规范管理以及“点对点”转送、核酸和抗体检测等作了进一步明确要求。

（摘编：游学荣）

四月

1日，全省各级财政累计下达疫情防控资金46.28亿元。

上午举行的福建省新冠肺炎疫情联防联控工作第十七场新闻发布会上获悉，截至3月30日，全省各级财政累计下达疫情防控资金46.28亿元，其中省级财政累计下达21.22亿元。

1日，省级财政下达学前教育政府助学金。

为做好疫情防控期间家庭经济困难学生资助工作，近日，省级财政及时下达2020年学前教育政府助学金3113万元，用于资助困难家庭幼儿的基本学习和生活需求。政府助学金的资助对象为，在教育行政部门审批设立的公办幼儿园及取得办园许可证的民办幼儿园（不含小小班）就读的家庭经济困难幼儿，不包括托儿所、亲子园等早期教育机构。

1日，福建进一步加强新冠肺炎无症状感染者管理和治疗工作。

近期，各地陆续发现省外境外输入的新冠肺炎无症状感染者，给疫情防控工作带来新的挑战。为深入贯彻落实中央应对新冠肺炎疫情工作领导小组会议部署要求，我省昨日发布通知，进一步做好无症状感染者监测、追踪、隔离和治疗，严防造成新的传染和聚集性暴发，防止疫情出现反弹。无症状感染者是指无临床症状，但核酸检测或特异性IgM抗体检测阳性者。

1日，福建“清明云上祭”上线运行。

今年清明节正值疫情防控关键期，为减少清明期间祭扫活动引发的人员聚集性感染风险，省民政厅日前依托闽政通APP上线“清明云上祭”，为用户提供线上祭扫服务。

2日，省委常委会召开会议。

省委书记于伟国主持召开省委常委会暨省委“不忘初心、牢记使命”主题教育领导小组第十五次会议、省委巡视整改工作领导小组第十六次会议、省委全面依法治省委员会第五次会议，深入学习贯彻习近平总书记在“不忘初心、牢记使命”主题教育总结大会上的重要讲话精神，研究我省主题教育总结报告工作；部署推进巡视整改、依法治省、消防执法改革。

2日，省委常委会召开扩大会议。

省委书记、省应对疫情工作领导小组组长于伟国主持召开省委常委会（扩大）会议暨领导小组第二十四次会议，认真学习贯彻习近平总书记在中央政治局会议、浙江考察时的重要讲话和对四川西昌市经久乡森林火灾作出的重要指示精神，研究我省贯彻落实措施。省长、领导小组组长唐登杰，省政协主席崔玉英出席。

2日，省政府召开常务会议。

省长唐登杰主持召开省政府常务会议，认真贯彻中央和省委部署，审议《福建省强化知识产权保护实施方案》和《福建省贯彻〈国家积极应对人口老龄化中长期规划〉实施方案》（送审稿），通过《全面落实“马上就办”进一步优化政务服务的若干措施》，研究推进改革创新举措，落细落实相关具体工作。会议还研究了其他事项。

2日，我省部署做好防汛抗旱工作。

在收听收看全国防汛抗旱工作电视电话会议后，我省立即动员部署贯彻落实工作。省防指总指挥、副省长李德金出席会议并讲话。

3日，我省地面气象观测实现全面自动化。

省气象局消息，我省地面气象观测全面实现自动化。我省地面气象观测自动化后，气温、气压、湿度、风向、风速、降水、能见度等气象要素和雨、雪、雨夹雪、冰雹、大风、雾等天气现象，全部实现自动化观测。自动化观测频次较人工观测将增加4倍至8倍左右，观测数据传输用时由分钟级优化至秒级。

3日，我省将开展消费促进月。

福建省新冠肺炎疫情联防联控工作第十八场新闻发布会消息，我省将开展“福建消费促进月”活动。同日从省商务厅消息，省商务厅已正式与阿里巴巴（中国）有限公司签约，4月至5月双方将通过联合举办“福建消费促进月”活动，促进福建消费回暖和提质升级。全省各设区市3日下午也在选定的示范美食街区同步开展“八闽美食嘉年华”线下行活动，提振餐饮消费信心。目前我省大中型商超、连锁便利店、大型农产品批发市场、农贸市场复工营业率达到100%。

4日，我省再部署森林防火工作。

省政府召开全省视频会议，就做好清明节期间森林防火工作再动员、再部署。副省长李德金出席会议并讲话。

4日，我省干部群众深切悼念新冠肺炎疫情牺牲烈士和逝世同胞。

上午10时，我省干部群众在各地同时默哀，深切悼念新冠肺炎疫情牺牲烈士和逝世同胞。省委书记、省人大常委会主任于伟国，省长唐登杰，省政协主席崔玉英等参加了悼念活动。

5日，福建与加拿大医疗专家交流抗疫与防护经验。

上午8点，加拿大时间晚8点，应加方邀请，在福建省新冠肺炎远程指导中心，我省医疗专家、疾控专家与加拿大医疗专家、流行病学专家通过视联网远程会诊系统举行“中加抗疫与防护经验交流会”。双方一共有6位专家出席交流会，大家围绕新冠肺炎检测方法、确诊病例科学医疗救治、个人居家隔离有效防护、社区防疫的经验与做法等主题，分成3组进行一对一交流中国经验和加拿大目前的做法。专家们还针对加拿大网友提出的问题做了详细解答。

8日，省财政安排专项资金持续支持大学生创业。

为切实帮扶我省大学生自主创业，充分发挥创业带动就业的倍增效应，日前，省财政安排专项资金持续支持大学生自主创业，涉及大学生创业项目、创业基地建设和创业竞赛等方面。专项资金主要面向福建省普通高校全日制学生（包括在校生、毕业三年以内含三年的毕业生）和福建省外普通高校毕业三年以内含三年的闽籍全日制毕业生在省内创业的项目。

9日，省委常委会召开会议。

省委书记于伟国主持召开省委常委会会议，深入学习贯彻习近平总书记重要讲话重要指示批示精神，以有力有效措施，推进农村违法占用耕地建房整治、全省学校有序复学、知识产权保护和有线电视网络整合发展。

9日，省委常委会召开扩大会议。

省委书记、省应对新冠肺炎疫情工作领导小组组长于伟国主持召开省委常委会（扩大）会议暨领导小组第二十五次会议，认真学习贯彻习近平总书记在4月8日中共中央政治局常务委员会会议上的重要讲话和给武汉市东湖新城社区全体社区工作者的回信精神，分析我省疫情防控和经济运行形势，研究部署下一步工作。省长、领导小组组长唐登杰，省政协主席崔玉英出席。

9日，六个严禁，依法严惩非法入境，妨害疫情防控违法犯罪行为。

为坚决贯彻落实党中央、国务院决策部署，进一步加强国（边）境管理，防止境外新冠肺炎疫情输入，依法严惩非法入境妨害疫情防控违法犯罪行为，维护公共卫生安全，保障人民群众生命安全和身体健康，近日，省法院、省检察院、省公安厅、省司法厅联合出台《关于依法严惩非法入境妨害疫情防控违法犯罪行为的通告》，并制定了《关于依法严惩非法入境妨害疫情防控违法犯罪的指导意见》。

10日，八闽健康码与湖北（武汉）健康码信息互通互认省发改委消息，根据国家总体部署，省发改委、省数字办积极推进与湖北健康码的互认。依托全国一体化政务服务平台，3月25日起我省八闽健康码已实现与湖北健康码的数据共享和互通互认，4月8日起实现与湖北（武汉）健康码的数据共享和互通互认，推动离汉离鄂人员安全有序流动，尽快恢复正常生产生活秩序。

10日，省领导调研督导福州房屋结构安全隐患排查整治和复工复产等工作。

副省长李德金带领省直有关部门负责同志赴福州市调研督导房屋结构安全隐患排查整治、工程建设复工复产和古厝保护提升工作，先后察看了屏东城群租房整治、福建农林大学仓山校区危房整治、嘉里樟岚建设项目复工复产、梁厝和南公园特色历史文化街区建设情况，现场协调解决具体问题。

10日，龙岩漳州等地今日应防范强降雨和强对流天气。

省防汛办组织气象、水利等部门会商分析研判11日强降雨和强对流天气情况，部署相关防御工作。会商预测，11日，龙岩、漳州、厦门、泉州四市和三明、莆田两市南部有大雨，其中龙岩和漳州两市南部的局部有暴雨（雨量40~60毫米，最大小时雨强可达30毫米）；其余地区有中雨。降雨时伴有雷电、局地短时强降雨、8~10级雷雨大风和小冰雹等强对流天气。

11日，我省全面推行个体工商户全程智能化登记。

为更好地推进大众创业万众创新，省市场监督管理局日前印发《关于在全省推广个体工商户全程智能化登记的通知》，提出全面推行个体工商户全程智能化登记。这意味着今后在福建申办个体工商户，只需在手机上操作就能随时随地轻松完成全部流程。此次在全省推广的个体工商户全程智能化登记采用“微信申请+直接登记+自动审核+自助打印”的便利化登记模式。

11日，我省加强疫情防控出口医疗器械质量安全监管。

省药监局消息，全省各级药品监管部门根据最新工作通知，即日起全面加强疫情防控医疗器械特别是出口产品质量安全监管，强化监督检查力度，加大监督抽检及产品不合格处置力度，严把产品质量安全关。

12日，省级财政下达1.7亿元专项扶贫资金。

省财政厅消息，近日，省级财政下达专项扶贫资金1.7亿元，用于支持贫困户发展产业、就业和贫困村集体经济发展。这是省财政厅贯彻落实《积极应对新冠肺炎疫情影响决战决胜脱贫攻坚十九条措施》的具体举措。

12日，张志南接受中央纪委国家监委纪律审查和监察调查。

据中央纪委国家监委网站4月12日消息，福建省委常委、副省长张志南涉嫌严重违纪违法，目前正接受中央纪委国家监委纪律审查和监察调查。

省委常委会召开会议

12日，坚决拥护中央对张志南进行纪律审查和监察调查的决定。

晚上，省委常委会召开会议，传达中央对张志南涉嫌严重违纪违法进行纪律审查和监察调查的决定。省委书记于伟国主持会议。

13日，职工医保个人账户资金，7月起可与家人共享。

职工医保个人账户里超过2000元的结余资金，7月起可与家人共享。13日省医保局消息，根据省医保局、省财政厅印发《福建省基本医疗保险家庭共济账户使用管理办法（试行）》，我省职工医保个人账户资金整体使用效率将进一步提升。

14日，境外入闽人员可以申领健康码。

福建省数字办、省外事办、省经济信息中心依托闽政通APP开发上线“境外入闽人员健康码”服务。即日起，境外入闽人员可申领个人专属健康码。

15日，我省推出国家安全宣传教育特色读本。

今年的4月15日是第五个全民国家安全教育日。近日，省委国安办联合龙岩市委国安办，依托福建省国家安全教育基地，组织编写了《“红土地”国家安全宣传教育特色读本》。

15日，“八闽健康码”助力学生安全复学复课。

省发改委消息，除了助复工复产，“八闽健康码”还可用于复学。省数字办、省经济信息中心不断完善“八闽健康码”并推出关联服务“健康状况上报”，助力学生安全复学复课。

15日，2020年全省对台工作会议召开。

全省对台工作会议在福州召开。会议深入学习贯彻习近平总书记关于对台工作的重要论述，贯彻落实中央对台工作部署和省委要求，部署今年工作。省委常委周联清出席会议并讲话，副省长郭宁宁主持会议。

16日，省委常委会召开会议。

省委书记、省应对新冠肺炎疫情工作领导小组组长于伟国主持召开省委常委会会议暨领导小组第二十六次会议，深入学习贯彻习近平总书记重要讲话重要指示批示精神，研究部署在常态化疫情防控中加快推进生产生活秩序全面恢复，研究全省安全生产专项整治三年行动方案等；认真学习中央办公厅《关于持续解决困扰基层的形式主义问题为决胜全面建成小康社会提供坚强作风保证的通知》，研究我省贯彻落实具体措施。

16日，全省防汛抗旱工作视频会议召开。

全省防汛抗旱工作视频会议在福州召开，省防指总指挥、副省长李德金出席会议并讲话。

会议强调，各级各有关部门要全面贯彻党中央、国务院决策部署，认真落实国家防总召开的全国防汛抗旱工作电视电话会议精神，按照省委、省政府工作要求，进一步调整完善我省防汛抗旱指挥体系和工作机制，立足防大汛、抗强台、抢大险、救大灾，落实责任、落细措施，牢牢守住防汛抗旱安全底线，全力保障人民群众生命财产安全。

17日，946个贫困村获得村级集体经济补助金。

省财政厅消息，近日，省财政厅下达2020年贫困村集体经济补助资金4730万元，扶持946个集体经济薄弱和受疫情影响减收明显的建档立卡贫困村发展村级集体经济，每村补助5万元。

17日，闽赣两省探索共建武夷山国家公园。

福建省林业局、江西省林业局在武夷山市共同召开闽赣两省联合保护委员会会议，讨论研究“跨省创建武夷山国家公园实施方案”。武夷山国家公园与江西武夷山国家级自然保护区同属武夷山脉。当前，武夷山国家公园试点区尚未覆盖江西武夷山国家级自然保护区所在区域，不利于构建完整的生态系统和实现生物多样性的有效保护。为此，省林业局委托福建农林大学编制《跨江西与福建省创建武夷山国家公园可行性研究报告》，并在此基础上进一步研究制定“武夷山国家公园完整性保护实施方案”，探索跨行政区保护管理的有效新途径。未来，待条件成熟时，两省将联合申报成立跨省的武夷山国家公园。

19日，我省阶段性价格临时补贴标准提高1倍。

为更好保障困难群众基本生活，省发改委等六部门日前联合印发通知，就进一步做好阶段性价格临时补贴工作作出安排。通知提出，2020年3月至6月，我省阶段性加大社会救助和保障标准与物价上涨挂钩联动机制的价格临时补贴力度。对《关于印发福建省社会救助和保障标准与物价上涨挂钩联动机制的通知》规定的联动机制保障对象，以及阶段性纳入保障范围的孤儿、事实无人抚养儿童和领取失业补助金人员，以现行联动机制测算的补贴标准为基础，阶段性提高每月价格临时补贴标准1倍。

20日，全省国土空间规划工作视频会议举行。

全省国土空间规划工作视频会议举行。会议传达学习习近平总书记关于国土空间规划的重要论述，贯彻落实党中央、国务院的决策部署，加快推进我省国土空间规划编制工作。副省长李德金出席会议并讲话。

21日，我省首发政务服务“好差评”制度地方标准。

日前，省市场监管局会同省效能办、省经济信息中心制定发布了《远程监督系统政务服务效能数据汇集技术要求》（DB 35/T 1902—2020）省地方标准，为推行政务服务“好差评”制度提供了标准保障。据悉，该标准的制定在全国尚属首次。

21日，我省过半A级景区恢复开放。

省文旅厅消息，截至4月20日，福建省A级旅游景区已经恢复开放199家（占比53.1%）。同时恢复开放的还有66个文化场馆和27家博物馆。

21日，省政府召开常务会议。

省长唐登杰主持召开省政府常务会议，贯彻

落实中央和省委部署，审议《关于营造更好发展环境支持民营企业改革发展的若干措施》（送审稿），研究2020年省食安委重点工作安排及全省治理“餐桌污染”、建设“食品放心工程”工作方案，部署推进下一阶段工作。会议还研究了其他事项。

21日，全省第七次全国人口普查动员视频会议召开。

根据国家统一部署，第七次全国人口普查将于2020年11月1日零时启动现场登记。21日，福建省第七次全国人口普查领导小组召开视频会议，对下一阶段工作进行动员部署。副省长郑建闽出席会议并讲话。

21日，福建自贸试验区五周年成果展举行。

福建自贸试验区挂牌五周年之际，由省商务厅（自贸办）举办的“改革引领，开放先行——福建自贸试验区五周年成果展”开展。副省长郭宁宁参观展览。

22日，省委常委会召开会议。

省委书记于伟国主持召开省委常委会会议暨省扶贫开发领导小组会议、省委党建工作领导小组会议，学习贯彻落实习近平总书记在中央政治局会议听取脱贫攻坚成效考核和专项巡视“回头看”等情况汇报时的重要讲话精神，学习贯彻中办《党委（党组）落实全面从严治党主体责任规定》，研究进一步发挥基层党组织战斗堡垒和党员先锋模范作用，统筹推进疫情防控和经济社会发展工作。会议还研究了其他事项。

22日，省委常委会召开扩大会议。

省委书记、省应对新冠肺炎疫情工作领导小组组长于伟国主持召开省委常委会（扩大）会议暨领导小组第二十八次会议，强调要认真学习贯彻习近平总书记在4月17日中央政治局会议上的重要讲话精神，在疫情防控常态化前提下，坚持稳中求进工作总基调，坚持新发展理念，深化供给侧结构性改革，坚决打好三大攻坚战，加大“六稳”工作力度，细化实化“六保”具体措施，坚定实施扩大内需战略，维护经济发展和社会稳定大局。会议研究了《关于加大“六稳”工作力度 扎实做好“六保”工作的意见》。省长、领导小组组长唐登杰，省政协主席崔玉英出席。

22日，农村人居环境整治“互联网＋督查”投诉举报平台开通。

省农业农村厅消息，福建省农村人居环境整治“互联网＋督查”投诉举报平台，依托闽政通App上线运行。该平台旨在面向社会征集农村“厕所革命”、农村生活垃圾污水治理、农房整治、村容村貌提升和铁路、高速公路沿线综合整治等方面的问题线索或意见建议。公众可登录闽政通App，通过“首页—全部—综合其他—人居环境整治”，即可在线投诉举报涉及农村人居环境整治的问题线索和意见建议。

23日，全省消防工作电视电话会议召开。

全省消防工作电视电话会议召开。会议总结去年以来全省消防工作情况，部署消防安全专项整治三年行动和年度重点工作。副省长、省消防工作联席会议总召集人田湘利出席会议并讲话。

23日，福建出台旅游景区疫情防控和安全有序开放工作导则。

为贯彻中央有关部委要求，日前我省出台《旅游景区疫情防控和安全有序开放工作导则》（简称《导则》），严格规范我省旅游景区管理，做好疫情防控工作，确保旅游景区安全有序开放。《导则》对旅游景区疫情防控和开放工作的主体责任、安全责任进行了落实明确，并提出了强化防控措施、有序限量开放、强化流量管控、优化游览线路、加强景区管理、推行智慧旅游、加强卫生防疫等具体要求。

26日，全省学校复学疫情防控工作视频会议召开。

全省学校复学疫情防控工作视频会议在榕召开。会议强调，各级各部门和各学校要把思想和行动统一到党中央决策部署及省委工作要求上来，抓紧抓实抓细返校复学各项工作。要加强组织领导，强化责任担当，压实党委政府属地责任，强化校地联防联控机制，分类完善应急预案，落实社区防控责任，建立包片协作制度，确保防控物资保障；压实教育部门主管责任，因地制宜做好分区分段、错时错峰复学工作安排，做好人员、物资、场地、监测等防控准备，建立学校复学督导机制；压实学校主体责任，学校要主动加强与属地、家庭协同配合，严格落实各项防控措施，完善应急处置流程，加强教学衔接管理。各地各高校要加强高校毕业生就业指导和服务，做好思想政治工作，强化风险管控，加强困难学生帮扶，确保校园安全稳定。

26 日，省十三届人大常委会第十八次会议决定免去张志南副省长职务。

福建省第十三届人大常委会第十八次会议在福州召开。鉴于张志南涉嫌严重违纪违法，会议决定，免去张志南的福建省人民政府副省长职务。

28 日，水系连通及农村水系综合整治试点名单公布。

省财政厅消息，财政部、水利部日前公布第一批 55 个水系连通及农村水系综合整治试点县（区、市）名单，我省建宁县、南安市、莆田秀屿区被列为试点，试点期限为 2020 年—2021 年。中央财政将采取先建后补、奖补结合的方式给予支持，目前已下达资金 1. 25 亿元。

28 日，我省启动 2020 年农村低保专项治理。

省民政厅消息，我省日前启动 2020 年农村低保专项治理工作，进一步聚焦脱贫攻坚、聚焦特殊群体、聚焦群众关切，深化治理措施，完善制度机制，狠抓落地落实，及时回应困难群众所盼、所急、所忧，努力增强困难群众的获得感、幸福感和安全感。

29 日，福建省全民科学素质工作联席会议召开

2020 年福建省全民科学素质工作联席会议在福州召开，确保今年实现全省公民具备科学素质比例超 10%。

29 日，省委常委会召开会议。

省委书记于伟国主持召开省委常委会会议暨省委宣传思想工作领导小组会议、省委全面依法治省委员会第六次会议，研究部署全省“扫黄打非”、依法治省工作和贯彻《国家积极应对人口老龄化中长期规划》实施方案。会议还研究了其他事项。

29 日，省委常委会召开扩大会议。

省委书记、省应对新冠肺炎疫情工作领导小组组长于伟国主持召开省委常委会（扩大）会议暨领导小组第三十次会议，强调要深入学习贯彻习近平总书记在陕西考察时的重要讲话精神，坚持稳中求进总基调，坚持新发展理念，以有力有效的真招实招硬招，把常态化疫情防控和“六稳”“六保”工作抓紧抓实抓细抓到位，努力克服新冠肺炎疫情带来的不利影响，加快经济社会发展。省长、领导小组组长唐登杰，省政协主席崔玉英出席。

29 日，省委召开全省视频会议部署统筹推进常态化疫情防控和经济社会发展工作。

省委书记、省应对新冠肺炎疫情工作领导小组组长于伟国在省市县三级视频会议暨领导小组第三十一次会议上强调，深入学习贯彻习近平总书记重要讲话重要指示批示精神和党中央决策部署，根本的政治要求和工作方法就是抓紧抓实抓细抓到位。面对疫情带来的前所未有冲击和挑战，必须以前所未有的精神、措施和努力，把各项工作抓紧抓实抓细抓到位，织牢疫情防控严密网络，打好“六稳”“六保”工作组合拳，努力夺取疫情防控和经济社会发展双胜利，切实增强“四个意识”、坚定“四个自信”、做到“两个维护”。省长、领导小组组长唐登杰主持会议。省政协主席崔玉英出席。

29 日，2020 年全省“五一”假期旅游景区开放管理工作电视电话会议举行。

2020 年全省“五一”假期旅游景区开放管理工作电视电话会议在榕举行。省委常委、宣传部部长、统战部部长邢善萍出席会议并讲话，副省长郑建闽主持会议。

29 日，“五一”假期我省多雷雨天气。

下午省防指召集应急、水利、气象等部门举行会商会，分析研判“五一”假期我省天气趋势，安排部署相关防范工作，并与南平、三明、龙岩等设区市防汛办视频连线，进行点对点调度指导。会商研判，“五一”假期我省多雷雨天气，局地伴有 8～10 级雷雨大风、短时强降水和冰雹等强对流天气。其中，5 月 2 日、5 日两天降雨较为明显，预计 2 日内陆地区有阵雨或雷阵雨，部分中雨，局部大雨到暴雨，小时雨强最大可达 30 毫米；5 日内陆地区大部大雨，局部暴雨，小时雨强最大可达 50 毫米。

29 日，全省东西部扶贫协作工作推进会召开。

全省东西部扶贫协作工作推进会在福州召开，

重点就当前工作中的困难和问题研究解决的具体办法。省委副书记、福州市委书记王宁出席会议并讲话，副省长郑建闽主持会议。我省已于3月中旬拨付帮扶资金14.61亿元；推动扶贫车间复工复产488个，占扶贫车间总数的90.4%，吸纳建档立卡贫困人口就业9637人；优先组织宁夏、甘肃贫困劳动力来闽就业，目前已返岗2119人、新增就业7087人。

29日，我省发布“模范职工之家”建设和评定规范。

在“五一”国际劳动节到来之际，省市场监督管理局批准发布了由省总工会为主起草的两项“模范职工之家”福建省地方标准《“模范职工之家”建设规范》和《“模范职工之家”评定规范》。

30日，“五一”游福建，建议这么玩。

“五一”假期明天就将开启，但疫情未散，出游建议谨慎为上。省卫健委、省文旅厅、省民宗厅、省消委会等通过多种渠道提醒广大市民和游客防控优先、加强防护、避免扎堆、错峰出游。目前，我省各地严格规范旅游景区管理，强化流量管控，有序限量开放。

（摘编：王诗诚）

五月

1日，“八闽健康码”新增核酸检测结果显示功能。

根据福建省委省政府工作部署，省发改委、数字办、经济信息中心会同省卫健委针对重点地区入闽人员重复核酸检测问题，紧急开发上线“八闽健康码”展示近期核酸检测信息服务，进一步提高健康通行码的精准度，助力福建省复工复产复商复学。

2日，“五一”假期首日，我省旅游市场平稳有序。

省文旅厅消息，“五一”假期首日，我省景区视频监测系统全天候监测85家AAAA级及以上景区，该厅派出的10个工作组共暗访检查16家景区。从检查情况看，各地未出现游客集聚问题，未发生安全事故及重大投诉，全省旅游市场整体平稳有序。“五一”假期，我省各地各相关部门将持续开展督导和明察暗访工作，对各地景区入口、购票餐饮点、核心游览点、网红打卡点等重点区域加强监测，运用景区智慧视频监控系统，精准监测研判流量，优化通道、窗口设置，提前通过提示牌、广播、显示屏等载体预警，加派人员及时疏导分流，严防人员瞬时聚集。

2日，三部门发布通知规范农村宅基地审批管理。

省农业农村厅、省自然资源厅、省住房和城乡建设厅等三部门日前联合发布关于规范农村宅基地审批管理的通知，强调严禁城镇居民到农村购买宅基地。通知进一步明确了宅基地申请对象的资格条件。

4日，福建省补贴性职业培训管理平台全面试运行。

省人社厅消息，为全面完善补贴性培训实名制信息管理，加强职业技能提升行动专账资金监管，“福建省补贴性职业培训管理平台”日前在全省范围内上线推广试运行，实现培训项目全覆盖、培训参与全实名、培训补贴全流程、培训管理全监管、数据统计全支撑。

4日，我省招募300名高校毕业生服务社区。

省民政厅、省委组织部等五部门日前出台《关于组织实施2020年高校毕业生服务社区计划的通知》，明确全省统一招募300名高校毕业生，安排到纳入县级基本财力保障范围的县（市、区）的城市社区开展为期2年的社区工作。其中，福州市15名，漳州市40名，泉州市30名，三明市50名，莆田市10名，南平市45名，龙岩市45名，宁德市55名，平潭综合实验区10名。

9日，加强常态化疫情防控，加快推进经济社会发展。

省委书记、省应对新冠肺炎疫情工作领导小组组长于伟国主持召开全省视频会议暨领导小组第三十三次会议，强调要深入学习贯彻习近平总书记重要讲话重要指示批示精神，落实国务院联防联控机制《关于做好新冠肺炎疫情常态化防控工作的指导意见》和《关于调整疫情分区分级标准实施精准管控的通知》精神，加强常态化疫情防控，加快推进经济社会发展，一丝不苟地把各项工作抓紧抓实抓细抓到位，以实际行动增强“四个意识”、坚定“四个自信”、做到“两个维护”。省长、领导小组组长唐登杰作具体部署。省政协主席崔玉英出席。

9日，于伟国主持召开省委常委会会议暨省中央环境保护督察整改工作领导小组会议。

省委书记、省中央环境保护督察整改工作领导小组组长于伟国主持召开省委常委会会议暨领导小组会议，通报中央第二生态环境保护督察组向我省反馈的督察情况，研究我省贯彻落实督察反馈意见整改措施和即知即改工作，不折不扣把中央生态环保督察反馈问题整改到位。

12日，省信访工作联席会议成员会议召开。

省信访工作联席会议成员会议暨全省信访局长会议在福州召开。省信访工作联席会议召集人、副省长田湘利出席会议并讲话。

12日，全省脱贫攻坚工作推进会召开。

全省脱贫攻坚工作推进会在福州召开，重点部署决战决胜脱贫攻坚冲刺阶段工作，压紧压实主体责任，推动问题整改，确保收官之年各项工作抓紧抓实抓细抓到位。省委副书记、福州市委书记王宁主持会议并讲话，副省长李德金参加会议，并通报有关情况。

14日，省委常委会召开会议。

省委书记于伟国主持召开省委常委会会议暨省委巡视整改工作领导小组第十七次会议、省国家生态文明试验区建设领导小组会议，深入学习贯彻习近平总书记重要讲话重要指示批示精神，研究我省贯彻落实全国巡视工作会议精神的意见，部署我省加强生态环境监管能力建设、做好全国“两会”期间疫情防控和经济社会发展以及安定稳定工作、做好食品安全重点工作。会议还研究了其他事项。

14日，省委常委会召开扩大会议。

省委书记、省应对新冠肺炎疫情工作领导小组组长于伟国主持召开省委常委会（扩大）会议暨领导小组第三十五次会议，强调要深入学习贯彻习近平总书记在中共中央党外人士座谈会上和山西考察时的重要讲话、向全国广大护士致以节日祝贺和诚挚慰问的重要指示精神，扎实做好“六稳”工作，落实“六保”任务，努力克服疫情带来的不利影响，确保完成决战决胜脱贫攻坚目标任务，全面建成小康社会。会议研究了关于进一步做好稳就业保就业和做好2020年普通高等学校毕业生就业创业工作等措施。省长、领导小组组长唐登杰，省政协主席崔玉英出席。

14日，8项为民办实事项目资金已全部下达。

省财政厅消息，为加快为民办实事项目落实，省财政厅在资金较为紧张的情况下，加大资金统筹力度，加快资金拨付。截至4月底，省委省政府确定的28项为民办实事项目中，已有8项省级资金全部落实到位，涉及金额58.97亿元。这些项目分别是保护利用城乡历史文化资金、城市停车设施建设资金、保障性安居工程资金、造福工程资金、“四好农村路”建设资金、提高残疾人补贴标准资金、提升小流域综合治理及环境监管能力资金、就业优先工程资金。

14日，千家社会组织与千个老区村结对。

省民政厅、省扶贫办联合举办“阳光1+1（社会组织+老区村）牵手行动”视频签约仪式。105家社会组织与105个老区村签订合作协议，将采取优势链接、项目互推、长期合作的方式，实现共同发展壮大的目标。至此，全省已有1036家社会组织与1110个老区村牵手结对，其中153家省级社会组织对接181个老区村，覆盖除平潭综合实验区外的所有设区市；883家市（县）社会组织对接929个老区村。

15日，省政府召开常务会议。

省长唐登杰主持召开省政府常务会议，认真贯彻中央和省委部署，研究推进中央环保督察反馈问题整改工作，抓紧抓实抓细安全生产专项整治，加大力度帮扶中小微企业，促进妇女儿童事业发展。会议通过了《全省安全生产专项整治三年行动实施方案》，审议了《关于促进中小企业平稳健康发展的若干意见》，通过了设立首期100亿元贷款规模的福建省中小微企业纾困专项资金的具体方案。会议还研究了其他事项。

15日，我省一批家庭入选全国、福建省抗疫最美家庭。

5月15日是国际家庭日。当日，全国妇联举办“最美我的家 抗疫‘家’力量”全国抗疫最美家庭云发布活动，揭晓660户全国抗疫最美家庭，我省15户家庭入选。省妇联、省卫健委也联合揭晓福建省抗疫最美家庭1700户，其中，来自抗疫一线医务人员的家庭1499户。

16日，我省率先开展台湾同胞职业技能等级认定。

省人社厅消息，今日我省在福州市向4名台湾同胞颁发职业技能等级证书，这是大陆首次面向台湾同胞开展职业技能等级认定，也是第一批面向台湾同胞颁发的职业技能等级证书，标志着两岸技能人才交流工作取得新突破。

17日，省、市“文明福建·爱卫同行”主题活动举办。

省、市“文明福建·爱卫同行”主题活动在福州市中山社区举办。省委常委、宣传部部长、统战部部长邢善萍出席并讲话，副省长林宝金主持。

18日，省委常委会召开会议。

省委书记于伟国主持召开省委常委会会议暨省应对新冠肺炎疫情工作领导小组第三十七次会议、省数字福建建设领导小组会议，强调要深入学习贯彻习近平总书记在5月14日中央政治局常委会会议和5月15日中央政治局会议上的重要讲话精神，增强“四个意识”、坚定“四个自信”、做到“两个维护”，在常态化疫情防控前提下，扎实做好“六稳”工作、全面落实“六保”任务，坚定实施扩大内需战略，深入实施产业基础再造和产业链提升工程，确保完成决战决胜脱贫攻坚目标任务，全面建成小康社会。会议还研究了促进中小企业平稳健康发展的具体措施和数字福建建设工作。

18日，福建省向国际友城捐赠的第二批防疫物资启运。

下午，第二批福建省向国际友城捐赠防疫物资启运仪式在福州举行。本批物资将于近日陆续从福州口岸运往13个国家的13个友城、1个友好组织。

19日，互联网银行两巨头加盟福建“银税互动”。

福建省助力小微企业复产复工银税互动座谈会上，省税务局分别与浙江网商银行股份有限公司、深圳前海微众银行股份有限公司签订“征信互认 银税互动”协议，标志着互联网银行两大巨头正式加盟“福建银税互动平台”。

20日，省防指部署防御强降雨工作。

省防指总指挥、副省长李德金主持召开全省防御强降雨工作视频会议，认真落实省委书记于伟国、省长唐登杰工作要求，会商研判本轮强降雨发展趋势，全面部署防御强降雨工作。会商指出，20日夜间至22日，我省三明、南平、龙岩、漳州等地将出现大范围暴雨过程，过程累积雨量80~150毫米，局部可达200毫米。21日至22日，沿海地区还将有8~9级西南大风。

20日，我省下调新冠病毒检测临时项目价格。

今日起，全省公立医疗机构新冠病毒核酸检测项目价格由200元调整为130元，新冠病毒抗体检测项目价格由80元调整为50元。

21日，全国政协十三届三次会议在京开幕。

中国人民政治协商会议第十三届全国委员会第三次会议21日下午在人民大会堂开幕。这次大会将紧扣全面建成小康社会目标任务，组织全国政协委员积极履职尽责，汇聚起决战决胜脱贫攻坚、全面建成小康社会的智慧和力量。汪洋作政协常委会工作报告，张庆黎主持。

21日，十三届全国人大三次会议福建代表团成立。

十三届全国人大三次会议福建代表团在京成立。代表团推选于伟国为团长，唐登杰、刘学新、张广敏、邓力平为副团长。省委书记、省人大常委会主任于伟国主持会议。会议审议了十三届全国人大三次会议主席团和秘书长名单草案、大会议程草案，传达学习了十三届全国人大三次会议代表团召集人会议精神，通报了代表团有关工作事项。

21 日，征兵宣传进高校和大学生征兵工作启动。

由省征兵办、省教育厅主办，福州市征兵办承办的 2020 年福建省暨福州市征兵宣传教育进高校和大学生征兵工作启动仪式通过网络进行直播。省征兵领导小组副组长、省军区司令员吴喜铧少将，副省长林宝金，省征兵领导小组副组长、省军区副司令员张玉生少将出席活动。

22 日，小学一二年级和幼儿园返校复学工作启动。

省教育厅消息，经省委、省政府研究并报教育部备案，我省正式启动小学一二年级和幼儿园返校复学工作。

22 日，住闽全国政协委员审议全国政协常委会工作报告。

出席全国政协十三届三次会议的住闽全国政协委员认真审议全国政协常委会工作报告和提案工作情况的报告。

22 日，全省 2020 年春季学期复学工作视频会召开。

全省 2020 年春季学期复学工作视频会在榕召开。副省长林宝金出席会议并讲话。会议强调，各级各部门要进一步强化风险防范意识，提升风险预判能力，持续开展校园安全大排查大整治，列出问题清单，逐一落实整改，坚决防范遏制重特大事故发生，全力维护校园安定稳定。

22 日，省妇女儿童工作委员会会议召开。

省妇女儿童工作委员会视频会议召开。会议深入学习贯彻习近平总书记关于妇女儿童工作的重要论述，总结交流去年以来工作，研究部署今年任务，推动妇女儿童“两纲”目标如期全面实现。副省长、省妇儿工委主任郭宁宁出席会议并讲话。

22 日，十三届全国人大三次会议在京开幕。

第十三届全国人民代表大会第三次会议 22 日上午在人民大会堂开幕。习近平、汪洋、王沪宁、赵乐际、韩正、王岐山等在主席台就座。李克强作政府工作报告，栗战书主持大会。近 3000 名全国人大代表肩负人民重托出席大会，认真履行宪法和法律赋予的神圣职责。听取关于民法典草案的说明、关于全国人民代表大会关于建立健全香港特别行政区维护国家安全的法律制度和执行机制的决定草案的说明。

22 日，福建代表团审议政府工作报告。

下午，参加十三届全国人大三次会议的福建代表团举行全体会议，审议政府工作报告。

全国人大常委会副委员长、中华全国妇女联合会主席沈跃跃参加审议。省委书记、省人大常委会主任、代表团团长于伟国主持会议，省长、代表团副团长唐登杰参加审议。

23 日，福建代表团分组审议政府工作报告审查计划报告和预算报告。

参加十三届全国人大三次会议的福建代表团分组审议政府工作报告，审查计划报告和预算报告。全国人大常委会副委员长、中华全国妇女联合会主席沈跃跃，省委书记、省人大常委会主任、代表团团长于伟国，省长、代表团副团长唐登杰分别在各自小组参加审议。国家有关部委同志通过视频连线，全程听取意见建议。

24 日，福建代表团分组审议民法典草案。

下午，参加十三届全国人大三次会议的福建代表团分组审议民法典草案。全国人大常委会副委员长、中华全国妇女联合会主席沈跃跃，代表团团长、省委书记、省人大常委会主任于伟国，代表团副团长、省长唐登杰在各自小组参加审议。

24 日，习近平总书记在参加湖北代表团审议时的重要讲话在我省代表委员中引起热烈反响。

下午，习近平总书记参加十三届全国人大三次会议湖北代表团审议，这是 3 月 10 日习近平总书记专门赴湖北省武汉市考察疫情防控工作后，短时间内再次与湖北人民面对面。习近平总书记强调，防范化解重大疫情和突发公共卫生风险，事关国家安全和发展，事关社会政治大局稳定。

要坚持整体谋划、系统重塑、全面提升，改革疾病预防控制体系，提升疫情监测预警和应急响应能力，健全重大疫情救治体系，完善公共卫生应急法律法规，深入开展爱国卫生运动，着力从体制机制层面理顺关系、强化责任。

25日，福建代表团分组审议全国人民代表大会关于建立健全香港特别行政区维护国家安全的法律制度和执行机制的决定草案。

上午，参加十三届全国人大三次会议的福建代表团分组审议《全国人民代表大会关于建立健全香港特别行政区维护国家安全的法律制度和执行机制的决定（草案）》。全国人大常委会副委员长、中华全国妇女联合会主席沈跃跃，省委书记、省人大常委会主任、代表团团长于伟国，省长、代表团副团长唐登杰在各自小组参加审议。

25日，我省启动防暴雨Ⅳ级应急响应。

上午，省防指召集气象、应急、水利等部门会商分析新一轮强降雨天气形势，传达省领导有关指示批示精神，研究部署相关防御措施并与南平、三明、龙岩、宁德市防汛办视频连线，调度指导防范应对工作。会商指出，本次降雨过程具有历时短、强度大、强降雨时段集中在夜间等特点，预计25日下午至26日，我省内陆地区有明显强降雨，过程雨量可达60~100毫米，局部150毫米，最大小时雨强70毫米。其中，25日下午到夜里，内陆地区暴雨、局部大暴雨，并伴有短时强降水、雷雨大风等强对流天气；26日，三明、福州、南平、宁德四市局部大雨到暴雨。省防指决定于5月25日17时启动防暴雨Ⅳ级应急响应。

26日，我省实施义务教育质量监测新方案。

省教育厅日前对2016年版省级义务教育质量监测方案进行修订，形成新方案，从2020年开始实施“2+X”和“1+1”监测组合，统筹开展义务教育质量监测。语文、数学、体育、艺术每年必测。

26日，福建代表团分组审议全国人大常委会工作报告。

上午，参加十三届全国人大三次会议的福建代表团分组审议全国人大常委会工作报告。全国人大常委会副委员长、中华全国妇女联合会主席沈跃跃，省委书记、省人大常委会主任、代表团团长于伟国，省长、代表团副团长唐登杰在各自小组参加审议。

26日，福建代表团分组审议两高报告。

26日下午、27日上午，出席十三届全国人大三次会议的福建代表团分组审议最高人民法院工作报告、最高人民检察院工作报告。全国人大常委会副委员长、中华全国妇女联合会主席沈跃跃，省委书记、省人大常委会主任、代表团团长于伟国，省长、代表团副团长唐登杰在各自小组参加审议。

27日，住闽全国政协委员返闽。

晚上，出席全国政协十三届三次会议的住闽全国政协委员在圆满完成大会各项议程后，从北京返回福建。

27日，闽江流域河湖长制工作视频会议召开。

2020年闽江流域河湖长制工作视频会议在南平市召开。副省长、副总河长兼闽江流域河长李德金出席会议并讲话。

27日，福建医疗专家与巴西闽籍侨胞远程视频交流。

上午，福建医疗专家在福州与巴西闽籍侨胞举行远程视频交流会。中国援非抗疫医疗专家组成员和巴西闽籍华社代表等参加视频会。视频会上，来自福建医科大学附属第一医院、福建省立医院、福建省人民医院等具有援非抗疫一线经历的医疗专家，围绕“新冠疫情防控下的个人防护建议”和“中医药参与新冠肺炎治疗”主题开展了讲座，并解答了参会侨胞提出的有关疫情防护和诊疗问题。

28日，十三届全国人大三次会议在京闭幕。

十三届全国人大三次会议在京闭幕。批准政府工作报告、全国人大常委会工作报告等。

通过《中华人民共和国民法典》，习近平签署主席令予以公布。通过全国人民代表大会关于建立健全香港特别行政区维护国家安全的法律制度和执行机制的决定。

28日，我省全国人大代表返闽。

参加十三届全国人大三次会议的福建代表团代表圆满完成会议各项任务，于28日晚返回福建。这次会议在统筹推进疫情防控和经济社会发展的关键时刻召开，议程重大、任务艰巨，举国关注、举世瞩目。

29 日，省委常委会召开扩大会议。

省委书记于伟国主持召开省委常委会（扩大）会议，传达学习贯彻习近平总书记重要讲话重要指示批示和全国两会精神，研究部署我省贯彻意见。于伟国强调，要严格对标对表习近平总书记重要讲话重要指示批示精神和全国两会部署，紧扣全面建成小康社会目标任务，统筹推进疫情防控和经济社会发展，扎实做好“六稳”工作、全面落实“六保”任务，全方位推动高质量发展，以实际成效增强“四个意识”、坚定“四个自信”、做到“两个维护”。

会上，于伟国传达了习近平总书记重要讲话重要指示批示精神。省长唐登杰、省政协主席崔玉英分别传达了全国两会有关精神。

29 日，我省开展家风家教主题宣传活动暨庆“六一”关爱儿童行动。

省政府新闻办召开我省 2020 年家风家教主题宣传活动暨庆“六一”关爱儿童行动新闻发布会。会上，副省长、省妇女儿童工作委员会主任郭宁宁介绍了我省儿童事业发展成就，并答记者问。省妇联负责人发布了我省 2020 年家风家教主题宣传暨省妇联关爱儿童行动十项举措。

30 日，我省表彰一批抗击新冠肺炎疫情优秀文艺作品。

省委宣传部日前表彰了公益广告《背影》等 11 部抗击新冠肺炎疫情优秀文艺作品。这些受表彰的作品在全国各类媒体平台播出后影响较大，社会反响热烈。

30 日，进一步加强学校疫情防控做好体育健身场所疫情常态化防控

省应对新冠肺炎疫情工作领导小组综合协调组下发《关于进一步加强学校疫情防控工作的通知》《关于做好体育健身场所疫情常态化防控和安全有序开放工作的通知》，要求进一步加强学校疫情防控，坚决守住决不允许疫情输入校园、决不允许校园发生聚集性疫情底线；科学精准抓好体育健身场所常态化疫情防控工作，有序推动体育健身场所开放开业，更好满足人民群众日常健身锻炼需求，切实拉动体育消费，加快经济社会发展。

30 日，我省表彰一批抗击新冠肺炎疫情优秀文艺作品。

省委宣传部日前表彰了公益广告《背影》等 11 部抗击新冠肺炎疫情优秀文艺作品。这些受表彰的作品在全国各类媒体平台播出后影响较大，社会反响热烈。

31 日，《福建省家庭教育促进条例（草案修改稿）》提交二审。

《福建省家庭教育促进条例（草案修改稿）》提交省人大常委会会议二审，草案修改稿专门增加内容，突出保障特殊困境未成年人的家庭教育。

31 日，省十三届人大常委会第十九次会议举行第一次全体会议。

下午省十三届人大常委会第十九次会议举行第一次全体会议，于伟国主持，传达全国人代会和省委常委会（扩大）会议精神，听取 14 项报告和说明通过有关人事事项。

（摘编：王诗诚）

六月

1日，第三届善行八闽——公益慈善项目大赛启动。

为激励和引导广大公益慈善工作者更好地参与到慈善事业发展中，6月1日起，福建省慈善总会和福建省民政厅共同启动第三届善行八闽——公益慈善项目大赛暨慈善成果展活动。本届公益慈善项目大赛共设39万元奖励资金，设置了特等奖等奖项若干。公益慈善项目大赛和慈善成果展的报名起止时间分别为6月1日起至7月31日、8月14日。

2日，我省印发实施方案进一步推动学习宣传贯彻新思想走深走实。

为进一步推动学习宣传贯彻习近平新时代中国特色社会主义思想走深走实，近日，省委宣传思想工作领导小组办公室印发《关于进一步推动学习宣传贯彻习近平新时代中国特色社会主义思想走深走实的实施方案》《关于深入学习〈习近平在厦门〉〈习近平在宁德〉〈习近平在福州〉采访实录的若干举措》。《实施方案》提出6大措施、20项重点任务，紧密结合夺取双胜利、决胜全面小康、决战脱贫攻坚，推动“大学习”向纵深推进。

2日，我省一、二年级、幼儿园学生陆续复课

今日起，全省各地小学一、二年级、幼儿园陆续复课，孩子们重返温暖的校园。面对城乡校际基础条件差异突出、低龄儿童自控能力弱等困难和挑战，我省各校坚持“一校一策”，确保低龄儿童安全有序复课。

3日，福建向镇一级下放县级管理权限。

为深入推进经济发达镇行政管理体制改革、夯实基层治理体系和治理能力基础，省政府办公厅近日印发《福建省赋予经济发达镇部分县级经济社会管理权限的指导目录（一)》，明确向福清市龙田镇等39个镇下放77项县级经济社会管理权限。

3日，全省普通高等学校毕业生就业创业工作电视电话会议召开。

我省召开全省普通高等学校毕业生就业创业工作电视电话会议，进一步部署高校毕业生就业创业工作。副省长林宝金出席会议并讲话。

3日，省委统战工作领导小组专题研究巩固少数民族脱贫攻坚成果工作。

省委统战工作领导小组召开民族工作联席会议，专题研究巩固少数民族脱贫攻坚成果工作。至2019年底，全省120个少数民族建档立卡贫困村、11581名少数民族贫困群众全部脱贫摘帽。省委常委、宣传部部长、统战部部长邢善萍主持并讲话。

3日，央视《焦点访谈》专题报道万寿岩遗址保护情况。

今晚，中央广播电视总台央视《焦点访谈》播出专题《万寿岩：抢救回来的史前家园》，通过现场画面、人物访谈、主持人解说等，充分报道了福建三明万寿岩旧石器时代遗址保护、发展情况。报道说，福建省三明市三元区岩前镇岩前村有一处万寿岩遗址。它的发现，把古人类在福建活动的历史提前到18.5万年前，是迄今为止福建境内发现最早的旧石器时代洞穴类型的居住遗址，被考古界誉为“南方周口店”。但是这一珍贵的史前遗址，在20多年前，由于经济建设、矿产开采，险些遭到破坏。2000年，时任福建省代省长的习近平多次作出重要批示保护万寿岩遗址，使它免

受灭顶之灾，万寿岩遗址的保护工作得以加速进行。

4 日，省委常委会召开会议。

省委书记于伟国主持召开省委常委会会议，深入贯彻落实以习近平同志为核心的党中央决策部署，研究我省支持民营企业改革发展措施、巩固提升农村供水保障水平的实施意见和划转部分国有资本充实社保基金、加强评比达标表彰活动管理等工作。

4 日，省委常委会召开扩大会议。

省委书记、省应对新冠肺炎疫情工作领导小组组长于伟国主持召开省委常委会（扩大）会议暨领导小组第三十八次会议，强调要认真学习贯彻习近平总书记在主持专家学者座谈会时的重要讲话精神和对毛南族实现整族脱贫作出的重要指示、向首个“国际茶日”致信祝贺、给科技工作者代表的回信、对广大少年儿童的寄语精神，坚决贯彻落实习近平总书记对福建工作的重要讲话重要指示批示精神，保持战略定力，坚定必胜信心，统筹推进常态化疫情防控和经济社会发展，全方位推动高质量发展落实赶超，以实际成效增强“四个意识”、坚定“四个自信”、做到“两个维护”。省长、领导小组组长唐登杰，省政协主席崔玉英出席。

4 日，我省组织实施“十个一批”扩岗行动。

经省委、省政府研究同意，省大中专毕业生就业工作领导小组日前印发《关于做好 2020 年普通高等学校毕业生就业创业工作的通知》，组织实施“十个一批”扩岗行动，即机关事业单位招考（聘）一批、国有企业聘用一批、服务基层项目就业一批、中小微企业吸纳一批、应征入伍和升学深造一批、灵活就业促进一批、扶持自主创业一批、就业见习留用一批、公益性岗位兜底一批、职业技能培训一批，努力确保高校毕业生就业局势总体稳定。

5 日，我省举办党政领导干部学习习近平生态文明思想专题培训班。

我省举办学习习近平生态文明思想专题培训班，邀请生态环境部环境规划院院长、中国工程院院士王金南，为我省党政领导干部授课。省委常委、组织部部长杨贤金出席，副省长李德金主持。

5 日，我省启动防暴雨Ⅳ级应急响应。

省防指总指挥、副省长李德金主持召开全省防御强降雨工作视频会议，认真落实省委、省政府工作要求，会商研判本轮强降雨发展趋势，部署防御强降雨工作。会商指出，本轮强降雨预计从 6 月 3 日夜里持续到 8 日，过程累积雨量 100 ~ 200 毫米，局部达 350 毫米，最大小时雨强 90 毫米。5 日 12 时，省防指启动防暴雨Ⅳ级应急响应。

6 日，首趟“全福游 有全福”旅游专列开行。

7 时 30 分，Y585 次空调列车从宁德站始发，满载着 700 余名游客开始了为期 2 天的长汀欢乐之行。这是我省自疫情后开出的首趟专列，也标志着“全福游 有全福”旅游专列系列活动拉开序幕。

7 日，“闽山闽水物华新”上线抖音。

今日起，由福建省发改委、福建省数字办联合字节跳动共同发起的“闽山闽水物华新”大型福建直播带货栏目，将在抖音平台上正式上线。届时，主办方将共同打造省级特色产品电商专属 IP，通过直播助力经济复苏、拉动消费、推广特色产品。“闽山闽水物华新”的一系列直播带货活动将从 6 月 7 日起持续到 8 月中旬。首次直播的时间为 6 月 7 日晚 7 点—9 点。随后，开启首场县（市、区）直播带货活动。该活动共分为 10 期，10 个县（市、区）长将到直播间带货推广本地产品。未来 3 个月，还将继续举办其他 9 场直播活动。

8 日，厦门大学国家社科基金应急管理体系建设研究专项获立 2 项。

全国哲学社会科学工作办公室公示了国家社科基金“国家应急管理体系建设研究专项”立项名单。本次专项全国共立 74 项，其中武汉大学获立 3 项，居首位。我省厦门大学获得立项 2 项，与山东大学、华中科技大学、西安交通大学和湘潭大学并列第二位，分别是韩秀丽教授的“疫情下国家紧急状态的国际法问题研究”和胡萧力副教授的“健全重大疫情预警及信息公开的体制机制研究”。

10 日，我省继续安排资金确保农村住房保险全覆盖。

省财政厅消息，为防止农户因灾返贫，继续

做好农村住房保险全覆盖，近日，省财政厅安排2020年农村住房保险保费补贴9405万元，为全省农村住房提供火灾、台风、暴雨等意外事故和自然灾害风险保障。

10日，我省开展专项整治“利剑”行动。

省农业农村厅印发《福建省2020年农产品质量安全专项整治“利剑”行动方案》，决定在全省组织开展农产品质量安全专项整治“利剑”行动，聚焦农产品种植养殖过程中质量安全管控不规范、违法使用禁用药物和非法添加物、农药兽药残留超标等问题，严厉打击农产品质量安全领域的违法违规行为，坚决守住农产品质量安全底线。

11日，省委常委会召开会议。

省委书记于伟国主持召开省委常委会暨省委学习贯彻落实习近平总书记重要讲话重要指示批示精神和党中央各项决策部署工作小组会议、省中央环境保护督察整改工作领导小组会议、省平安建设领导小组第一次会议，深入学习贯彻习近平总书记重要讲话重要指示批示精神，研究进一步深化我省文化遗产保护工作具体措施、我省贯彻落实中央生态环境保护督察报告整改方案、平安福建建设重点工作，研究通过《关于进一步加快新能源汽车推广应用和产业高质量发展推动“电动福建”建设三年行动计划（2020—2022年)》。

11日，省委常委会召开扩大会议。

省委书记、省应对新冠肺炎疫情工作领导小组组长于伟国主持召开省委常委会（扩大）会议暨领导小组第四十次会议，强调要认真学习贯彻习近平总书记在宁夏考察时的重要讲话精神，增强“四个意识”、坚定“四个自信”、做到“两个维护”，坚持稳中求进工作总基调，坚持新发展理念，落实全国“两会”工作部署，以有力有效的实招硬招，扎实做好“六稳”工作，全面落实“六保”任务，全方位推动高质量发展落实赶超，深化对口支援和东西部扶贫协作，决胜全面建成小康社会，决战脱贫攻坚。省长、领导小组组长唐登杰，省政协主席崔玉英出席。

11日，全国人大常委会副委员长沈跃跃率执法检查组来闽。

11日至14日，全国人大常委会副委员长沈跃跃率全国人大常委会执法检查组来闽开展《全国人大常委会关于全面禁止野生动物交易、革除滥食野生动物陋习、切实保障人民群众生命健康安全的决定》和野生动物保护法执法检查。省委书记、省人大常委会主任于伟国，省长唐登杰与检查组一行在福州进行了座谈。

12日，省政府召开常务会议。

省长唐登杰主持召开省政府常务会议，认真贯彻中央和省委部署，研究深化“海丝”核心区建设、进一步优化营商环境、发展农村电商促进农产品销售等工作。会议审议了2020年福建省21世纪海上丝绸之路核心区建设工作要点，听取了2019年度全省营商环境第三方评估情况汇报，通过了《“互联网+”农产品出村进城工程实施方案》。

12日，福建农村贫困人口大病专项救治病种增至34种。

省卫健委、省民政厅、省扶贫办、省医保局、省残联近日联合下发通知，明确福建省农村贫困人口大病专项救治病种增至34种。根据通知，福建省在已开展31项大病专项救治疾病的基础上增加膀胱癌、卵巢癌、肾癌3种大病专项救治疾病，列入省内精准扶贫叠加保险“第二道”补助的疾病种类。

13日，福建的世界遗产”丛书读者见面会举行。

“福建如你——‘福建的世界遗产’丛书读者见面会”活动在福州举行。四位作者齐聚现场，与读者分享自己对福建世界遗产的理解和创作该丛书的难忘过程，带领大家读懂福建的世界遗产，读懂福建。“福建的世界遗产”丛书是一套介绍福建世界遗产的外宣精品读物，由福建省文化和旅游厅与福建人民出版社联合出品，于今年5月首发。这套丛书包括《武夷山》《福建土楼》《泰宁丹霞》《鼓浪屿》四个分册，不仅从四处世界遗产之所以成为世界遗产的角度进行自然景观、生物多样性、地质演变、历史人文、风土民情等方面的诠释，还讲述了生活在其中的人的故事，从而使它们以更加清晰、动人、震撼的形象呈现在世人面前，展示福建风采。

13日，非遗+购物，助力传承推动融入。

由省文化和旅游厅组织开展的2020年“文化和自然遗产日”非遗宣传展示系列活动主会场活动在福州三坊七巷非遗博览苑举行，各设区市分会场同步进行。本次系列活动以“迎世遗·非遗传承 健康生活”为主题，全省共举行220场非遗宣传展示活动。这些活动以线上为主，而“嗨购6·13福建非遗购物节”线上系列活动成为其中的重头戏。

14日，省委省政府进一步研究部署抓紧抓实抓细常态化疫情防控具体工作。

省委书记、省应对新冠肺炎疫情工作领导小组组长于伟国主持召开视频会议暨领导小组第四十一次会议，强调要深入学习贯彻习近平总书记重要讲话重要指示批示精神和党中央决策部署，时刻绷紧疫情防控这根弦，担当尽责，精准施策，对防控漏洞再排查、防控重点再加固、防控要求再落实，不断巩固疫情防控成果，有力保障经济社会秩序全面恢复。省长、领导小组组长唐登杰出席。

15日，我省对口支援西藏昌都4个县退出贫困县。

福建省政府新闻办召开西藏昌都解放70年经济社会发展成就新闻发布会，介绍了昌都解放70年来经济社会发展情况以及福建25年来对口支援西藏工作情况。福建对口支援的八宿、左贡、洛隆、边坝四个县全部成功退出贫困县。福建省按照中央部署，连续25年精挑细选派出9批484名援藏干部人才先后进藏开展工作。从2016年7月起，福建对口支援西藏的地区从林芝调整为昌都，并分别安排福州市对口援建八宿县、厦门市对口援建左贡县、泉州市对口援建洛隆县、漳州市及龙岩市共同对口援建边坝县。

17日，福建严抓常态化防控，全力保障经济社会发展。

福建省政府新闻办举行新冠肺炎疫情联防联控工作第二十四场新闻发布会。省卫健委、省教育厅、省交通厅、省市场监管局主要负责人出席并介绍近期我省统筹疫情防控和经济社会发展有关情况。截至6月16日24时，全省已连续111天无本土新增确诊病例、疑似病例。我省高校、中职、中小学、幼儿园等各学段均已开启全面复学工作，所有境外直航入闽人员100%严格执行健康申报、体温筛查、医学巡查和核酸检测，暂未发现海上非法入境人员。

17日，我省“加码”农贸场所疫情防控工作。

福建省商务厅消息，为坚决阻断新冠肺炎疫情传播渠道，保障复工复产、复商复市安全平稳，省商务厅就进一步做好农贸（批发）市场、商超场所疫情防控工作发出通知，要求各地商务主管部门密切配合地方卫健部门，督促指导农贸（批发）市场和销售生鲜农产品的商超（以下简称“农贸场所”）经营单位时刻绷紧疫情防控这根弦，慎终如始抓好“外防输入、内防反弹”。

17日，我省与印度尼西亚中爪哇省举办视频交流会。

福建省与印度尼西亚友城中爪哇省举办推动复工复产和深化经贸合作视频交流会，旨在疫情防控常态化背景下，交流分享疫情防控、复工复产经验，共商双方深化各领域友好交流和互利合作事宜。

17日，全省普通高考安全工作视频会议召开。

全省普通高考安全工作视频会议召开。会议要求，要深入学习贯彻习近平总书记对高考工作的重要指示批示精神，落实教育部和省委、省政府的部署要求，提高政治站位，压紧压实责任，把各项举措抓紧抓实抓细抓到位，确保高考防疫和考试安全万无一失。

17日，甘肃省党政代表团来闽考察。

17日至19日，甘肃省党政代表团来闽学习考察。18日，两省在福州召开扶贫协作座谈会，就进一步深化东西部扶贫协作、携手打赢脱贫攻坚战进行深入交流。福建省委书记、省人大常委会主任于伟国，甘肃省委书记、省人大常委会主任林铎在会上讲话。福建省委副书记、省长唐登杰出席座谈会。

18日，我省阶段性提高临时救助筹资标准。

为落实“保基本民生”任务，我省阶段性提高2020年临时救助筹资标准，将此前每人每年7元的标准调整为7元、8元、10元三个档次。省级财政按照对县（市、区）转移支付的分档比例给予补助，做大临时救助资金规模，增强救助能力。具体筹资办法为，省级财政转移支付比例为20%

的县（市、区），按每人每年7元筹集；比例为40%和60%的，按8元筹集；比例为80%的，按10元筹集。同时，省级财政分别给予每人每年1.4元、3.2元、4.8元、8元补助，其中对23个扶贫开发重点县给予全额补助。

18日，我省加大湖北籍劳动者来闽就业支持力度。

省人社厅、财政厅、民政厅、扶贫办、卫健委日前联合下发《关于加大湖北籍劳动者来闽就业支持力度的通知》，通过专项政策帮扶、专项劳务对接协作等，进一步加大对湖北籍劳动者来闽就业支持力度。

18日，我省“闽侨之窗”“新福建新女性”电视专区上线。

由省侨联、省妇联分别与福建广电网络集团合作共建的“闽侨之窗”与“新福建新女性”电视专区，在福建广电网络高清互动云电视正式上线。“闽侨之窗”电视专区设置了华侨人物、闽侨之星、文化交流、侨乡新貌、侨界民生等七大板块，全方位、多角度展示闽侨文化，打造闽侨品牌。“新福建新女性”电视专区开设了妇联新闻、指尖课堂、女性发展、巾帼护航、我爱我家、百年妇运等七大板块。两大互动电视专区覆盖全省广电网络高清互动电视平台用户，可以随时点播收看。

19日，省政府召开常务会议。

省长唐登杰主持召开省政府常务会议，认真贯彻中央和省委部署，研究加大力度促进中医药传承创新发展的具体措施，审议《福建省农作物种子条例（草案）》，听取2020年我省享受国务院政府特殊津贴人员选拔情况汇报。

19日，省政府举行法治专题学习讲座。

省政府举行法治专题学习讲座，邀请十三届全国人大代表、福建省律师协会名誉会长洪波解读《中华人民共和国民法典》。省长唐登杰主持并讲话。

19日，我省与塞尔维亚伏伊伏丁那省签署结好协议书。

晚上，福建省与塞尔维亚伏伊伏丁那省通过视频连线签署结好协议书。这是我省第29对国际友好省，全省范围内第110对友城，也是我省首次通过视频连线方式签署结好协议书。副省长郭宁宁与伏伊伏丁那省省长伊戈尔·米罗维奇分别代表双方签字。塞尔维亚驻华大使巴切维奇和中国驻塞尔维亚大使陈波连线参会共同见证签约。

19日，省委常委会召开会议。

省委书记、省应对新冠肺炎疫情工作领导小组组长于伟国主持召开省委常委会会议暨领导小组第四十二次会议、省21世纪海上丝绸之路核心区建设工作领导小组会议、省委实施乡村振兴战略领导小组会议，深入学习贯彻习近平总书记重要讲话重要指示批示精神，部署进一步统筹做好常态化疫情防控和经济社会发展工作具体措施，学习《中国共产党政法工作条例》并研究我省实施办法，研究海丝核心区建设年度工作要点和完善农业支持保护制度实施方案。

20日，福建全面推进基层政务公开标准化规范化工作。

省政府办公厅近日印发《关于全面推进基层政务公开标准化规范化工作的通知》，明确在全省县、乡两级全面推进政务公开标准化规范化工作，于2020年10月底前编制完成本级政务公开事项标准目录，2023年基本建成全省统一的基层政务公开标准规范体系。

20日，今年我省首个区域协作旅游推介活动举办。

今年福建首个区域协作旅游推介活动——“闽西南e家人”旅游产品发布会及公众销售会在厦门举办。厦门、漳州、泉州、三明、龙岩五市文旅局组织376家文旅企业通过线上云发布，展示了615款特色旅游产品，其中有50家企业到厦门开展现场展销，为闽西南区域文旅消费市场注入活力。

22日，省财政安排专项资金支持老旧供水管网改造。

省财政厅消息，为让人民群众喝上安全、放心、优质的饮用水，近日，省财政统筹下达资金8000万元，支持全省35个县城改造市政供水管网230.3公里。补助资金主要用于加快改造城区使用年限超过50年的老旧供水管网和混凝土管等，提升城市供水水质。

23日，加快医疗卫生等民生项目建设，尽早惠及广大群众。

上午，省委书记于伟国、省长唐登杰到福州部分省重点项目，现场了解情况、解决问题，推动项目建设，并代表省委、省政府慰问坚守在高温一线的劳动者。于伟国强调，要深入学习贯彻习近平总书记重要讲话重要指示批示精神，坚持人民至上、生命至上，统筹做好常态化疫情防控和经济社会发展工作，扎实做好“六稳”工作，全面落实“六保”任务，积极扩大有效投资，增加实物工程量，高质量建设好医疗卫生文化等重点项目，加快补齐民生短板，更好造福人民群众，全方位推动高质量发展超越。

23 日，我省举行国际禁毒日宣传活动。

在6 月 26 日第 33 个国际禁毒日来临之际，我省举行系列主题宣传活动。23 日，省委书记于伟国对我省禁毒工作作出批示，省长唐登杰与我省全国禁毒工作先进代表座谈，副省长田湘利参加座谈。

23 日，全省扫黑除恶专项斗争重点行业领域突出问题专项整治推进会召开

省扫黑除恶专项斗争领导小组在福州召开全省重点行业领域突出问题专项整治推进会，传达贯彻全国扫黑除恶专项斗争领导小组第 9 次会议、重点地市督办会精神和省委书记、省扫黑除恶专项斗争领导小组组长于伟国指示批示精神，对开展重点行业领域专项整治作出部署。副省长、省委政法委副书记、省公安厅厅长、省专项斗争领导小组副组长田湘利出席会议并讲话。

23 日，我省实施民生兜底专项行动。

省发改委消息，为深入贯彻落实习近平总书记重要讲话重要指示批示精神和党中央、国务院决策部署，统筹推进疫情防控和经济社会发展，我省制定了《实施民生兜底专项行动方案》。该方案在稳就业、强化困难群体基本生活保障和困难群众帮扶，适当提高救助保障标准和补助水平，严格落实社会救助和保障标准与物价上涨挂钩联动机制等五个方面，提出 19 条保民生的具体措施。

24 日，省委常委会召开会议。

省委书记、省应对新冠肺炎疫情工作领导小组组长于伟国主持召开省委常委会会议暨领导小组第四十三次会议、省委依法治省委员会第七次会议，认真学习贯彻习近平总书记在中央政治局第二十次集体学习时的重要讲话和对禁毒工作的重要指示精神，研究我省统筹推进常态化疫情防控和经济社会发展的具体举措，具体部署抓好民法典的学习宣传和组织实施，打好禁毒人民战争等。会议还研究了其他事项。

25 日，我省出台提升农村供水保障水平实施方案。

巩固提升农村饮水安全是今年我省为民办实事项目。省政府办公厅近日印发《巩固提升农村供水保障水平实施方案》，提出通过 3 年努力，到 2022 年，完成 3592 个村供水巩固提升工程建设，全省农村居民饮水水量、水质达到《农村饮水安全评价准则》规定标准，并保持基本稳定。

28 日，7 月起我省试点“互联网 + 护理服务”。

福建日报报道，7 月 1 日起，我省在全省范围内开展“互联网 + 护理服务”试点工作。

这种服务是医疗机构利用本单位的注册护士，以“线上申请、线下服务”模式为主提供的护理服务。提供服务的注册护士，均为具有 5 年以上临床护理工作经验、护师及以上技术职称的护士。

28 日，我省向非洲国家捐赠防疫物资。

福建省向非洲国家捐赠防疫物资启运仪式在福州举行。本批物资将于近日陆续从厦门口岸运往津巴布韦、尼日利亚、加纳、刚果（金）、埃塞俄比亚、马达加斯加及中非 7 个国家。

28 日，省领导慰问一线环卫工人。

副省长李德金与省住建厅、福州市政府负责同志前往福州市看望慰问冒着高温酷暑奋战在一线的环卫工人，了解环卫工人工作环境、工资待遇和工作情况，并与环卫工人代表一一握手，送上慰问品。

28 日，三项医疗重点民生工程动工。

上午，福建省立医院金山院区二期工程、福建省立医院急危重症诊治能力提升专科楼、福建医科大学附属第三医院（协和医院西院）二期建设项目同时开工。这三个工程项目全都是省为民办实事项目，也是省重点建设项目。它们分别位于福州市仓山区金山片区和闽侯大学城片区，建成后，将改善医疗服务能力以及群众就医环境，

让群众享受更加便捷、优质、高效的医疗卫生健康服务。

29日，省法院通报打击毒品犯罪新进展.

省法院召开新闻发布会，通报一年来我省法院打击毒品犯罪的新进展，并公布审结毒品犯罪的典型案例。2019年以来，全省法院一审审结毒品犯罪案件3475件，其中判处五年以上有期徒刑579人，重刑率达15.15%。

29日，我省涉考食品从业人员核酸检测“应检尽检”。

省市场监管局和省教育厅日前联合下发《关于加强中高考期间食品安全及夏季学校食源性疾病防控工作的通知》，要求加强对涉考食品从业人员的核酸检测，做到“应检尽检”，同时集中时间和力量对考点学校食堂等单位开展全面的隐患排查及整治。

29日，我省新增一超级稻新品种。

农业农村部日前发布2020年度超级稻确认品种名单。经各地推荐和专家评审，确认11个品种为2020年度超级稻品种。福建省农科院水稻研究所选育的优质杂交稻新品种福农优676在列。福农优676具有米质优、产量高、再生力强等优点，两年区域试验产量平均比对照组增产11.37%，亩产达到801.06公斤，头季加再生季产量亩产达到1238公斤。

29日，宁德龙岩普惠金融改革试验区推进会召开。

宁德市、龙岩市普惠金融改革试验区推进会在宁德召开，副省长郭宁宁出席会议并讲话。会上，11家金融机构分别与宁德、龙岩两市签订普惠金融战略合作协议、政银担、政银保合作协议，意向融资支持总额3300亿元。

29日，我省“2020年全国节能宣传周”启动。

上午，我省在宁德市举办2020年全国节能宣传周启动仪式。与此同时，其他设区市也组织开展了内容丰富、形式多样的节能宣传活动。

29日，省防指部署防汛防台风和高温安全防范工作。

省防汛办、省安办组织应急、水利、气象、交通、住建、铁路等部门会商，分析研判我省当前防汛形势和近期高温天气影响，研究部署相关防范应对工作。据分析预测，6月30日至7月2日，我省北部有一次较明显降水过程，局部地区有大雨到暴雨。随后，我省进入台风多发季节。预计7月份我省高温日数仍然偏多，极端最高气温偏高。

29日，省领导调研宁德黑臭水体治理工作。

副省长李德金带领省直有关部门负责人赴宁德市现场检查推动中央生态环保督察反馈问题整改落实工作，实地察看宁德北区污水处理厂、贵岐山污水处理厂、南大塘渠道临时污水处理设施、黄花溪小区雨污分流工程、金溪右干渠清淤及截污纳管工程等，并召开宁德市黑臭水体治理工作专题会，研究协调解决有关问题。

30日，中宣部授予闽宁对口扶贫协作援宁群体“时代楷模”称号。

“时代楷模”发布仪式录制活动在中央广播电视总台举行，现场宣读了《中共中央宣传部关于授予闽宁对口扶贫协作援宁群体“时代楷模”称号的决定》，播放了反映“闽宁对口扶贫协作援宁群体”先进事迹的短片。中央宣传部副部长梁言顺为先进群体代表颁发了“时代楷模”奖牌和证书。省委常委、宣传部部长、统战部部长邢善萍，副省长郑建闽在福建分会场参加发布仪式。

30日，我省将中央直达资金第一时间全额下达市县基层。

省财政厅消息，经省委、省政府和财政部备案同意，按照当好“过路财神”，不做“甩手掌柜”的要求，省财政厅于今日将中央新增财政赤字和发行抗疫特别国债分配我省部分资金第一时间全额下达市县。

30日，首张省级旅游年卡出炉

“全福游产业振兴广电一卡通”启动仪式暨全福卡上线发布会在福州举行。启动仪式上，福建首张省级旅游年卡“全福卡”启动销售。“全福卡”为电子虚拟卡，售价99元。游客手机购卡后凭卡片二维码或本人身份证，即可在一年内免首次门票畅游包括永定土楼、三坊七巷、鸳鸯溪等我省精品网红及流量景区景点，并可获得景区二销产品、周边美食、民宿和地方特色产品优惠。

30日，我省所有交通违法罚款支持异地缴交。

省财政厅消息，在此前实现跨省异地缴纳现场交通违法罚款，并在今年5月30日开具全国首张跨省交通违法罚款电子票据基础上，省财政厅、公安厅、人行福州中心支行于6月30日进一步推出跨省异地缴纳非现场交通违法罚款举措。这标志着我省所有交通违法罚款全部支持异地缴交。

30日，“闽姐姐空中家长学校”上线。

省妇联家庭关爱服务中心、省社工联家教专委会联合成立的“闽姐姐空中家长学校”在省妇女儿童活动中心正式上线。副省长、省妇儿工委主任郭宁宁现场了解项目情况，观摩省妇联家庭教育成果展、家庭教育专家研讨会、家政实操室、家庭心理健康辅导站。

30日，于伟国主持召开专题会议研究中央生态环境保护督察反馈问题整改具体工作。

省委书记、省中央生态环境保护督察整改工作领导小组组长于伟国主持召开省委专题会议暨领导小组会议，强调要坚定不移以习近平生态文明思想统领生态省建设和督察整改工作，增强“四个意识”、坚定“四个自信”、做到“两个维护”，当好生态环保督察整改的“施工队长”，坚持即知即改、立行立改，把具体整改工作抓紧抓实抓细抓到位。

（摘编：王诗诚）

七月

1日，省公安厅举行庆祝中国共产党成立99周年表彰大会。

上午省公安厅举行庆祝中国共产党成立99周年表彰大会。副省长，省公安厅党委书记、厅长田湘利出席大会，并围绕“强化政治机关意识，坚决做到‘两个维护’，着力推动模范机关创建走在前作表率”主题，为全厅党员民警上了一堂主题党课。会议表彰了2019—2020年度厅直机关先进基层党组织和优秀共产党员、优秀党务工作者。

1日，闽宁携手，24年谱写扶贫新篇章。

省扶贫办消息，经过24年接续努力，福建宁夏扶贫协作成果显著，加快了宁夏扶贫攻坚和脱贫致富的进程。党的十八大以来，宁夏减少贫困人口93.7万人，贫困发生率从2012年的22.9%下降到2019年的0.47%；贫困地区人均可支配收入从2012年的4856元增长到2019年的10415元。数据显示，24年来，福建省、对口帮扶市县（区）及其社会各界已投入帮扶资金30.44亿元，其中，省级财政累计投入无偿援助资金19.34亿元，对口帮扶市县区投入7.11亿元，社会各界捐助折款3.99亿元。

1日，新呼吸防护标准实施。

福建省药监局消息，7月1日，新的呼吸防护标准《呼吸防护　自吸过滤式防颗粒物呼吸器》（GB 2626—2019）正式实施，将对KN95型口罩在呼吸阻力、气密性、实用性能、清洗和消毒等方面提出更高的要求，更能反映口罩实际使用过程中的性能。

2日，省十三届人大常委会第二十次会议召开。

上午，省十三届人大常委会第二十次会议在福州召开。省委书记、省人大常委会主任于伟国主持会议。经审议和表决，先后决定：任命王宁、崔永辉为省人民政府副省长；接受唐登杰辞去省人民政府省长职务的请求；王宁代理省人民政府省长职务。王宁、崔永辉在会上作了供职发言。会议举行了宪法宣誓仪式。

2日，唐登杰履新国家发改委党组副书记。

据国家发改委官网7月2日消息：7月2日，国家发展改革委党组召开扩大会议，学习贯彻习近平总书记在中共中央政治局第二十一次集体学习上的重要讲话精神。党组书记、主任何立峰同志主持会议，党组副书记穆虹、唐登杰同志和党组其他同志出席会议。上述消息显示，原任福建省委副书记、省长的唐登杰已经出任国家发改委党组副书记。

2日，我省发布2020年高招工作实施细则。

省教育厅发布《2020年福建省普通高等学校招生工作实施细则》，对高考时间、填报志愿、录取安排等作出规定。此外，细则中特别提到，今年由于合并本一本二批次，所以，今年的志愿设置将会有大变化，届时省教育考试院将会另行公布。

2日，于伟国主持召开省委宣传思想工作领导小组会议。

省委书记于伟国主持召开省委宣传思想工作领导小组会议，强调要深入学习贯彻习近平总书记关于宣传思想工作的重要思想，增强“四个意识”、坚定“四个自信”、做到“两个维护”，切实负起政治责任和领导责任，坚持底线思维，保持战略定力，坚持稳中求进、守正创新，扎扎实实做好新形势下的意识形态工作。省委副书记、代省长王宁，省政协主席崔玉英出席。

2日，我省延长阶段性减免企业社会保险费期限。

根据国家部署，经省政府同意，2日，省人社厅、省财政厅、省税务局印发《关于延长阶段性减免企业社会保险费政策实施期限等问题的通知》，进一步帮助企业特别是中小微企业应对风险、渡过难关，减轻企业和低收入参保人员今年的缴费负担。预计今年全省将减免三项社会保险费245亿元左右，比延长前预计的减免额增加115亿元左右。

3日，我省“剑网2020”专项行动启动。

省版权局、公安厅、网信办、通信管理局日前联合启动福建省第16次打击网络侵权盗版“剑网2020”专项行动，行动开展到10月份。本次专项行动针对网络版权保护面临的新情况新问题，聚焦5个重点领域：一是开展视听作品版权专项整治，二是开展电商平台版权专项整治，三是开展社交平台版权专项整治，四是开展在线教育版权专项整治，五是巩固重点领域版权治理成果。

3日，我省出台“孤儿医疗康复明天计划”项目实施细则。

省民政厅消息，我省日前出台《福建省“孤儿医疗康复明天计划”项目实施细则》，明确“明天计划”由福利彩票公益金支持，资助对象为本省户籍0～18周岁和年满18周岁后仍在普通高中（含中等职业学校）就读的孤儿。资助范围包括诊疗、康复、特殊药品、辅具器具配置、体检、住院服务等费用。

3日，2020年省政府第二次全体会议召开。

代省长王宁主持召开2020年省政府第二次全体会议，强调要认真贯彻落实党中央部署和省委要求，持续加强政府自身建设，努力打造担当、服务、创新、实干、廉洁的政府，马上就办、苦干实干，以更大的决心、更实的举措、更足的干劲，全方位推动高质量发展超越。

3日，省政协专题议政性常委会会议举行。

十二届省政协常委会召开第十六次会议，就“建立巩固革命老区中央苏区脱贫奔小康长效机制”进行协商议政。省委书记于伟国出席会议并讲话，强调要深入学习贯彻习近平总书记关于扶贫工作的重要论述，全力做好老区苏区脱贫奔小康工作，形成稳定脱贫长效机制，确保老区苏区在全面建成小康社会进程中一个都不掉队。省政协主席崔玉英主持会议。

4日，省领导检查高考考前准备工作。

省委常委周联清、副省长林宝金与省直有关部门负责人，实地查看高考考点，督促检查考前准备工作。林宝金召开全省高考考前检查视频会，对高考准备工作进行再强调再动员再部署。

5日，省级乡村治理试点示范单位名单公布。

省委农办等六部门近日公布省级乡村治理试点示范单位名单。经认定，福州市长乐区等11个县（市、区）为省级乡村治理体系建设试点县，福州市晋安区寿山乡等113个乡（镇）为省级乡村治理示范乡镇，福州市晋安区寿山乡九峰村等1132个村为省级乡村治理示范村。

5日，2020年度省级农民专业合作社示范社评定工作启动。

省农业农村厅、省财政厅近日联合发文，决定开展2020年度省级农民专业合作社示范社评定和2015至2016年度省级农民专业合作社示范社监测工作。

6日，王宁到省发改委调研。

代省长王宁到省发改委调研，与委班子和处室干部座谈，深入剖析困难问题，研究推动重点工作。他强调，当前正处在发展的关键时候，要创新工作思路，加大工作力度，注重落地落实，巩固已有成效，抓住重点、突破难点，在下半年创造更多发展亮点，努力实现全年目标任务。

7日，2020年全国高考开考我省20.26万考生安全赴考。

上午，我省20.26万名考生奔赴全省211个考点，开始了他们人生中重要的一场考试，疫情防控常态化背景下的高考拉开帷幕。在这次特殊的高考中，考场上，考生们奋笔疾书，认真应考；考场外，各部门、学校、志愿者等同样全力以赴“赶考”，各司其职为考生们提供全方位的保障服务。

7日，王宁到省财政厅调研。

代省长王宁到省财政厅调研，与厅班子和处室干部座谈交流，深入了解财政工作情况，直面矛盾问题，共商对策措施，推动下半年重点工作落细落实。副省长郭宁宁参加调研。

7日，我省财政管理绩效水平持续进位。

福建省财政厅消息，近年来，我省财政管理绩效水平取得长足进步，据财政部考核结果反馈，2019年我省财政管理工作绩效在全国排名11位，比上年提升7位；县级财政管理绩效综合评价排名15位，比上年提升9位。

7日，我省开展专项执法行动。

省人社厅消息，为贯彻落实省委、省政府关于高温天气劳动保护相关工作部署，省人社厅决定自7月2日起至9月15日，在全省范围内组织开展夏季高温天气劳动保护专项执法行动，进一步加强高温天气劳动保护工作，切实保障劳动者的身心健康和合法权益。

7日，省防指全体成员会议召开。

省防指总指挥、副省长李德金主持召开省防指全体成员会议，学习贯彻习近平总书记对防汛救灾工作作出的重要指示精神，分析研判当前防汛救灾和安全生产形势，细化部署重点工作。

7日，今年中央下达我省教育专项转移支付资金比上年增长7%。

福建省财政厅消息，从6月29日至7月7日，中央陆续下达今年我省教育领域专项转移支付资金，涉及学前教育、义务教育、高校和职业教育等方面，总额60.06亿元，比上年增长7%。

8日，福建六千四百余名党员干部奋战抗洪一线。

8日至10日，我省南平、三明等地部分县（市、区）普降暴雨到大暴雨，局地特大暴雨，共造成南平市6个县（市、区）58个乡镇（街道）5.67万人受灾，直接经济损失9.39亿元。面对严峻形势，在省委和省政府的领导下，广大党员干部闻“汛”而动，冲锋在前，转移群众，排查隐患，迅速抢险，奋战在防抗暴雨洪涝灾害一线，确保人民群众生命财产安全。

8日，省委常委会召开会议。

省委书记于伟国主持召开省委常委会会议，深入学习贯彻习近平总书记关于扶贫工作和东西部对口扶贫协作的重要论述，具体部署深化闽宁对口扶贫协作，决战决胜脱贫攻坚、全面建成小康社会工作；研究进一步抓好统筹常态化疫情防控和经济社会发展、加强新时代高校思想政治理论课教师队伍建设工作。会议还研究了其他事项。

8日，于伟国主持召开省数字福建建设领导小组会议。

省委书记、省数字福建建设领导小组组长于伟国主持召开领导小组会议，强调要深入学习贯彻习近平总书记关于网络强国的重要思想，持续深入实施数字福建战略，加快打造国家数字经济发展高地、数字中国建设样板区和示范区，为全方位推动高质量发展超越赋能。省委副书记、代省长、领导小组副组长王宁出席。

8日，我省开展农村通电领域损害群众利益问题集中整治。

省发改委日前印发《农村通电领域损害群众利益问题集中整治工作方案》，部署对农村电网正常使用和日常维护养护中存在的问题进行集中整治，要求2020年治理农村电力线路通道隐患2411处，综合治理低电压台区172个，受益群众2.06万户。

9日，王宁到省工信厅调研。

代省长王宁到省工业和信息化厅调研，与厅班子和处室干部座谈交流，正视问题、迎难而上，研究谋划战略性问题，抓紧抓实下半年重点工作，推动省委决策部署落实见效。副省长林宝金参加调研。

9日，省防指点对点调度指导暴雨防御工作。

省防指总指挥、副省长李德金主持召开强降水防御工作会，落实省委和省政府工作要求，会商研判本轮强降水发展趋势，部署防御强降水工作，视频连线点对点调度指导防御工作。

9日，福建首个区域互联网医院平台上线。

福州市区域互联网医院服务平台是我省首个区域互联网医院平台，也是全国首个基于健康医疗大数据打造的区域互联网医院平台，可视作一个云上超大型医院——所有接入平台的互联网医院，对患者诊疗信息进行数据共享，当患者到平台中的互联网医院复诊时，相关医院医生就可在平台上调取患者病历，了解患者此前在区域内所有诊疗、用药等情况，进行同一病种复诊服务；同时，患者选取平台内任一医疗机构就诊，都可以账号互通、余额共用。9日，福州市区域互联网医院平台上线并开出首张“云处方”。

10日，王宁到省卫健委调研。

代省长王宁到省卫生健康委员会调研，首先到应急指挥大厅深入了解我省健康医疗大数据及公共卫生管理平台的运行情况，随后与委班子和处室干部座谈交流，与大家共同研究探讨，一手抓常态化疫情防控，一手抓下半年重点工作，一件一件、一项一项推动工作落实。

10日，于伟国主持召开省委全面深化改革委员会第十一次会议。

省委书记、省委全面深化改革委员会主任于伟国主持召开省委全面深化改革委员会第十一次会议。他强调，要认真学习贯彻习近平总书记在中央全面深化改革委员会第十四次会议上的重要讲话精神，发挥好改革的突破和先导作用，依靠改革应对变局、开拓新局，紧紧扭住关键，积极鼓励探索，突出改革实效，全方位推动高质量发展超越。省委副书记、代省长、省委全面深化改革委员会副主任王宁出席会议。

10日，我省启动开发高位远程泥石流隐患靶区识别项目。

福建省自然资源厅消息，该厅启动开发高位远程泥石流隐患靶区识别项目的任务，以进一步提高隐蔽性地灾隐患判识度和风险评价，全面科学地摸排和掌握全省地灾隐患。

11日，2020闽台棒球交流线上活动成功举办。

“同心力 云逐梦”2020闽台棒球交流线上活动11日在福州市海峡奥林匹克体育中心和台湾嘉义市稻江科技暨管理学院棒球场举行。活动中，在闽青年选手和在台青年选手各9名“1+1”联合组队参赛。

12日，上半年省级财政下达为民办实事项目资金145.1亿元。

福建省财政厅消息，截至6月底，省级财政已下达为民办实事项目资金145.1亿元，占比99.1%，基本完成年初投入计划。2020年我省共确定28项为民办实事项目，计划投入资金415.54亿元，其中省级财政（含中央）承担146.93亿元。

13日，我省最高用电负荷首破4000万千瓦。

福建全省最高用电负荷达4063万千瓦，这是今年以来我省最高用电负荷第5次创历史新高，比2019年最大值增长5.86%，也是全省最高用电负荷有史以来首次突破4000万千瓦。目前我省电网运行平稳，电力供应充足。

13日，我省部署防汛防台风和安全防范工作。

根据省委和省政府主要领导要求，省防指总指挥、副省长李德金召开全省视频会议，学习贯彻习近平总书记对进一步做好防汛救灾工作的重要指示精神，细化部署下阶段防汛防台风和安全防范重点工作。

13日，王宁赴三明进行工作调研检查。

13日至14日，代省长王宁率领省委省政府工作调研检查组来到三明，感受盛夏时节的三明绿水青山间迸发出的勃勃发展生机，以及加快推动“绿水青山”转化为“金山银山”取得的成效。

14日，我省稳步推进农村人居环境整治。

福建省住建厅消息，今年以来，我省稳步推进农村人居环境整治。农村生活垃圾治理方面，已启动74个乡镇生活垃圾转运系统提升项目，完成投资1940万元。全省今年有678条乡镇镇区“示范街”开始整治，完成投资8.1亿元；下达各地既有农房（裸房）整治任务10万户，已开工39144栋，完工30030栋；下达乡镇、农村公厕新改建任务分别为400座、1000座，已开工乡镇公厕306座，完成79座，已开工农村公厕1162座，完成304座。乡镇生活污水处理方面，新增配套管网213公里，污水处理能力提升至3700吨/日。

14日，于伟国在泉州市检查全面从严治党主体责任落实情况。

省委书记于伟国对泉州市委领导班子及其成员履行主体责任情况进行实地检查，并开展集体约谈。此前，省委第一检查组对泉州市委落实全面从严治党主体责任情况进行了全面检查，形成5个方面25个问题清单，包括有的党员干部学习习近平新时代中国特色社会主义思想不够扎实，有的党组织管党治党政治责任落实不到位、执行党的纪律和规章制度不够严格，有的意识形态责任制落实有待深化，有的秉承弘扬“晋江经验”有待进一步拓展，有的形式主义官僚主义问题突出，国有资产等领域反腐败工作有待加强等。于伟国强调，对本次检查中发现的问题，泉州市委要担负起主体责任，照单认领、细化分解，全面整改、彻底整改。

14日，王宁到三明市检查全面从严治党主体责任落实情况。

按照省委统一部署，7月14日，省委副书记、代省长王宁对三明市委领导班子及其成员履行主体责任情况进行实地检查，并开展集体约谈。检查组对三明市委落实全面从严治党主体责任情况进行了全面检查，形成4个方面13个问题清单，主要是党的政治建设仍有薄弱环节、落实党中央决策部署和省委要求仍存在短板、正风肃纪反腐还需持续发力、全面从严治党向基层延伸成效不够明显等。王宁指出，对检查发现的问题，要认真反思原因，扎扎实实整改，举一反三、建章立制，把全面从严治党主体责任落实到“最后一公里”。

14日，2019年我省累计下达学生资助资金26.59亿元。

2020年全省学生资助年度工作暨生源地信用助学贷款业务培训会在榕举行。会议指出，2019年全省累计下达学生资助资金26.59亿元，惠及学生106.51万人次（不含义务教育普惠及厦门人数），其中建档立卡等家庭经济困难学生18.1万人。受新冠肺炎疫情和灾情的影响，2020年学生资助工作及生源地信用助学贷款工作面临新要求新挑战，各地各校要高度重视疫情常态化防控期间有关学生资助各项工作，不让一个学生因家庭经济困难而失学。

14日，福建严肃查处泉州欣佳酒店“3·7”坍塌事故案相关责任人员。

新华社福州7月14日电：记者从福建省有关部门获悉，福建泉州欣佳酒店“3·7”坍塌事故发生后，福建省公安机关对23名相关责任人员依法立案侦查并采取刑事强制措施。福建省纪检监察机关按照干部管理权限，依规依纪依法对事故中涉嫌违纪、职务违法、职务犯罪的49名公职人员严肃追责问责，其中7人移送司法机关追究刑事责任。

15日，于伟国王宁与国家文物局调研组一行座谈。

省委书记于伟国，省委副书记、代省长、福州市委书记王宁在福州与由国家文化和旅游部党组成员、国家文物局局长刘玉珠带领的调研组一行座谈交流。

15日，省委常委会召开会议。

省委书记于伟国主持召开省委常委会会议，传达学习贯彻习近平总书记对进一步做好防汛救灾工作作出的重要指示和给中国石油大学（北京）克拉玛依校区毕业生的回信精神，研究进一步统筹推进常态化疫情防控和经济社会发展，做好防汛防台风、防范化解重大风险、抓紧抓实抓细安全生产、促进高校毕业生就业创业、整治农村乱占耕地建房和加强公职人员监管等工作。会议还研究了其他事项。

16日，我省举办习近平生态文明思想专题培训班。

福建省生态环境厅消息，为抓好中央生态环

保督察反馈问题整改，我省举办习近平生态文明思想专题培训班，对全省党政领导干部开展系统性学习培训，切实解决各级党政领导干部思想认识不全面、不深刻、不到位，贯彻落实中存在的“温差”“落差”“偏差”等问题，确保督察整改的正确方向、路径和实效。截至目前，已组织6场专题辅导报告，共22153人次参加。同时，每两周安排一次网上学习研讨，共有3656名学员参加。

16日，我省首座5G共享基站投运。

我省首座配电网箱式变电站5G共享基站在三明市建成并投运。年底前，全省将投运2万座5G共享基站。

16日，省政府召开常务会议。

代省长王宁主持召开省政府常务会议，认真贯彻中央和省委部署，审议《福建省新型基础设施建设三年行动计划（2020—2022年）》《福建省天然林保护修复实施方案》，通过《关于切实加强高标准农田建设提升粮食生产能力的实施方案》，部署推进安全生产各项工作。会议还研究了其他事项。

17日，全省不动产登记窗口全面推行“好差评”。

福建省自然资源厅消息，全省不动产登记窗口全面推行“好差评”评价。该厅要求市、县（区）自然资源主管部门到6月底要为每个不动产登记受理窗口配备可接入“好差评”系统的智能评价器，将评价结果及时汇入省“好差评”系统。

17日，省委和省政府上半年经济形势分析会暨工作调研检查总结会召开。

省委书记于伟国主持召开省委和省政府上半年经济形势分析暨工作调研检查总结视频会，分析上半年经济运行情况，总结省委和省政府工作调研检查情况，部署下半年经济工作。省委副书记、代省长王宁作具体安排。省政协主席崔玉英出席。

19日，我省提高企业和机关事业单位退休人员基本养老金。

经省政府同意，省人力资源和社会保障厅、财政厅印发《关于2020年调整退休人员基本养老金的通知》，明确从2020年1月1日起，为我省2019年底前已办理退休手续，并领取养老金的企业和机关事业单位退休人员提高养老金待遇，总体调整水平为2019年退休人员月人均基本养老金的5%，将有200万名退休人员受益。

19日，我省公开中央生态环保督察整改群众监督电话。

为深入贯彻习近平生态文明思想，推动第二轮中央生态环境保护督察反馈问题不折不扣整改到位，根据省委省政府统一部署，我省建立第三方监督评估机构，设立群众监督专线电话。监督专线电话号码：0591－87868358。监督内容：福建省第二轮中央生态环境保护督察反馈问题整改工作落实情况（其他生态环境保护问题举报维持原有渠道不变）。

19日，第八届福建创新创业大赛启动。

福建省科技厅消息，第九届中国创新创业大赛（福建赛区）暨第八届福建创新创业大赛日前启动。报名截止时间为7月31日。本届大赛由省科技厅、教育厅、财政厅、网信办和省工商业联合会、共青团福建省委、致公党福建省委担任指导单位，由省科技型中小企业技术创新中心承办。

19日，全省电影院今起可恢复开放。

福建省电影局下发《关于在疫情防控常态化条件下有序推进电影院恢复开放的通知》。通知指出，根据国家电影局《关于在疫情防控常态化条件下有序推进电影院恢复开放的通知》部署要求，经省委、省政府同意，我省电影院可在7月20日开始恢复开放。

20日，我省推进中药饮片专项整治。

本月起，我省对全省范围内中药饮片开展集中专项整治。此项工作为期一年半，检查对象包括全省中药饮片和中药制剂生产企业、中药饮片批发企业和零售连锁总部。

20日，于伟国赴泉州进行工作调研检查。

省委书记于伟国近日先后深入泉州市惠安县、晋江市、石狮市、鲤城区、洛江区、丰泽区，走企业、看项目、问民生，听意见、查短板、解难题，就统筹疫情防控和经济社会发展、全方位推动高质量发展超越进行调研检查。

20日，王宁到省农业农村厅调研。

代省长王宁到省农业农村厅调研，首先来到省农产品质量安全检验检测中心，深入了解“治理餐桌污染、建设食品放心工程”情况，随后与厅班子和处室负责同志座谈交流，与大家一起研究问题、破解难题，推进落实省委对下半年工作的部署要求。

20 日，我省正式恢复跨省团队旅游。

经省委、省政府批准，省文化和旅游厅印发《关于恢复跨省（区、市）团队旅游业务有关事项的通知》（以下简称“通知”）并附加全省旅行社有序恢复经营疫情防控指南。根据通知，我省自即日起恢复旅行社及在线旅游企业经营跨省（区、市）团队旅游及“机票 + 酒店”业务，所有 A 级旅游景区接待游客量由原先的不得超过最大承载量的 30% 提升至 50%。

21 日，福建省网上办事大厅发布免政府材料事项突破 3 万项。

福建省经济信息中心消息，“疫情防控期政务服务专区”上线以来，福建省网上办事大厅全面推动电子证照应用，进一步优化政务服务，在原来“一趟不跑”清单基础上发布免政府材料事项 32543 项。

21 日，王宁赴泉州市调研。

代省长王宁率省直有关部门负责同志到泉州市调研，深入园区企业看生产、问销售，听意见、解难题，详细了解当地经济运行及产业发展情况，推进落实省委对下半年工作的部署要求。

21 日，我省电影院做好开放营业准备。

在关闭了近 180 天后，影院终于要复工了。7 月 16 日，国家电影局下发通知，在疫情防控常态化条件下有序推进电影院恢复开放。19 日，省电影局下发通知，我省电影院可在 7 月 20 日开始恢复开放。此通知一出，电影人和影迷喜大普奔。

22 日，赵龙任福建省副省长。

上午，福建省第十三届人大常委会第二十一次会议第一次全体会议决定任命赵龙为福建省人民政府副省长。

22 日，省委和省政府在全省开展工作调研检查。

近期，省委和省政府在全省开展工作调研、检查。省领导于伟国、王宁、崔玉英、胡昌升、周联清、李仰哲、邢善萍、杨贤金、郑新聪、张广敏、雷春美、梁建勇、黄琪玉、李德金、田湘利、郑建闽、郭宁宁、林宝金、崔永辉、张兆民、杜源生组成十路调研检查组，先后分赴全省九个设区市和平潭综合实验区进行调研检查。

22 日，省委和省政府向老同志通报上半年工作。

省委和省政府召开工作通报会，向老同志通报上半年全省经济社会发展情况。受省委于伟国书记、省政府王宁代省长委托，省委常委、秘书长郑新聪做工作通报，副省长林宝金主持会议。

22 日，省十三届人大常委会第二十一次会议举行第一次全体会议。

上午，省十三届人大常委会第二十一次会议在福州举行第一次全体会议。于伟国主持，决定任命赵龙为副省长，听取十六项报告和说明。

23 日，省政府召开廉政工作会议。

在收听收看国务院第三次廉政工作会议后，代省长王宁紧接着主持召开省政府廉政工作会议，贯彻落实国务院会议和李克强总理讲话精神，部署推进全省政府系统党风廉政建设和反腐败工作。

23 日，省十三届人大常委会第二十一次会议举行第二次全体会议。

下午，省十三届人大常委会第二十一次会议在福州举行第二次全体会议。通过补选全国人大代表办法，听取 10 项报告和说明。

23 日，省领导接见我省参加第八次全国少代会代表。

受省委书记于伟国、代省长王宁委托，省委常委周联清接见了我省参加第八次全国少代会代表，勉励大家要牢记习近平总书记的殷切嘱托，传承红色基因，刻苦学习知识，坚定理想信念，磨炼坚强意志，锻炼强健体魄，为实现中华民族伟大复兴的中国梦时刻准备着。副省长郭宁宁参加接见。

24 日，我省将创建工业旅游精品线路。

福建省工信厅、省文旅厅日前联合印发创建福建省工业旅游精品线路实施细则的通知。通知提出，我省将积极创建首批省级工业旅游精品线路，对入围的企业给予支持和奖励。

24 日，我省直播行业人才需求量猛增。

福建省经济信息中心近日发布的首份《福建省直播行业人才需求监测报告》显示，新冠肺炎疫情发生后，直播行业逆势崛起，相关岗位人才需求直线上升。

24日，我省率先出台加强公共卫生工作确保人民生命健康安全的决定。

作为今年省人大常委会新增的立法项目，省十三届人大常委会第二十一次会议表决通过《福建省人民代表大会常务委员会关于加强公共卫生工作、确保人民生命健康安全的决定》。这是我国疫情防控取得重大战略成果之际，省级人大率先作出的全面加强公共卫生工作的决定。

24日，于伟国与我省优秀年轻干部代表座谈。

省委举行年轻干部座谈会。省委书记于伟国强调，要深刻领会和时刻牢记习近平总书记对年轻干部的重要要求和殷切期望，加强思想淬炼、政治历练、实践锻炼、专业训练，争做堪当新时代重任的优秀年轻干部，为全方位推动高质量发展超越作出更大贡献。省委副书记、代省长王宁出席。会上，10位年轻干部代表结合自身成长经历和工作实际，谈了在新福建建设中坚定理想信念、践行初心使命、积极担当作为的体会。

24日，我省举办学习贯彻党的十九届四中全会精神专题培训班。

我省举办省管干部学习贯彻党的十九届四中全会精神专题培训班，中央党校（国家行政学院）教授胡建森通过视频作专题辅导报告。在榕省直有关单位、省管企业、省属高校、省各民主党派和工商联负责同志参加培训班；各设区市、平潭综合实验区，各县（市、区）以及相关企业、高校负责同志等通过视频参加。

24日，省委常委会召开会议。

省委书记于伟国主持召开省委常委会会议，传达学习贯彻习近平总书记在中央政治局常委会会议上关于防汛救灾工作的重要讲话精神，进一步研究部署我省贯彻落实措施和防汛防台风工作；传达学习贯彻习近平总书记在企业家座谈会上的重要讲话精神，研究《福建省新型基础设施建设三年行动计划（2020—2022年）》，部署全力做好“六稳”“六保”工作，在常态化疫情防控条件下扎实推进经济社会发展各项工作的具体措施。

24日，我省加快推进使用正版软件工作。

省委宣传部召开福建省推进使用正版软件工作厅际联席会议第七次全体会议。

24日，2020年我省普通高校招生录取控制分数线公布。

下午，省高等学校招生委员会召开2020年第二次全体会议，研究确定今年我省高考切线方案，部署高招录取工作。经会议研究决定公布2020年我省普通高校招生各科类各批次录取控制分数线。

24日，全省公安机关坚持政治建警全面从严治警教育整顿动员部署会召开。

下午，省公安厅在福州召开全省公安机关坚持政治建警全面从严治警教育整顿动员部署会。会前，省委书记于伟国专门作出批示。副省长、省公安厅厅长田湘利出席会议并讲话。

25日，首届“福建好鞋网购节”举行。

晚上7点，首届“福建好鞋网购节”在莆田开启。这是一场公益直播活动，将持续至8月5日。

25日，福建2020年度招录公务员笔试顺利结束。

25日至26日，12.97万名考生参加我省2020年度招录公务员笔试。

27日，我省部署“八一”期间双拥工作。

福建省退役军人事务厅、省军区政治工作局日前联合下发《关于做好“八一”期间拥军优属拥政爱民工作的通知》，要求扎实开展节日期间拥军优属拥政爱民工作，进一步汇聚起强国兴军的磅礴力量。

27日，我省消防救援队伍连续奋战在江西抗洪抢险一线。

连日来，在江西抗洪抢险一线，赴赣增援的省消防救援总队指战员挺身而出、冲在前面，迎风雨、战酷暑，救群众、护生命，堵泡泉、治管涌，筑子堤、垒围堰，发挥了应急救援主力军作用。截至目前，累计出动3100余人次、车辆620余台次、舟艇300余艘次，疏散转移、服务帮扶群众3200余人，巡堤巡河300余公里，搬运抗洪救灾物资50余吨，防疫消杀10万余平方米。

27日，我省增加5个公共资源交易领域基层政务公开标准指引。

省发改委近日出台《福建省公共资源交易领域基层政务公开标准指引》，进一步推进公共资源交易领域基层政务公开标准化规范化建设。

28 日，福建省整治农村乱占耕地建房问题。

福建省自然资源厅、省农业农村厅近日联合下发《关于坚决遏制农村乱占耕地建房问题的紧急通知》，对我省农村乱占耕地建房问题整治作出部署，要求坚决遏制农村 8 类乱占耕地建房行为。

28 日，省政府召开常务会议。

代省长王宁主持召开省政府常务会议，认真贯彻中央和省委部署，审议《关于构建现代环境治理体系的实施方案》《福建省生态环境保护督察工作实施办法》《关于全面加强危险化学品安全生产工作的实施意见》《关于促进劳动力和人才社会性流动体制机制改革若干措施的通知》《关于完善建设用地使用权转让、出租、抵押二级市场的实施方案》《福建省创建新能源产业创新示范区总体方案》，研究持续优化营商环境、创新办好 2020 厦洽会等工作。

28 日，福平铁路全线铺轨贯通。

今日 11 时，福州长乐松下站建设工地，中铁二十四局作业人员将最后一根长轨换铺到位。这标志着国家重点项目福平铁路全线铺轨贯通，也为该条铁路的正式开通运营奠定了基础。福平铁路是京福高铁的重要延伸段，线路全长 88.433 公里，为时速 200 公里的Ⅰ级双线铁路。全线设福州、福州南、长乐、长乐东、松下、平潭 6 座车站，其中福州、福州南为既有站，其余为新建站。

28 日，我省首座配网 5G 共享杆塔基站建成。

国网宁德供电公司消息，位于宁德市蕉城区飞鸾镇的我省第一座配网标准化 5G 共享杆塔基站完成建设。

29 日，我省高招今日起开始填报网上志愿。

福建省考试院消息，今年我省高招考生网上志愿填报从 7 月 29 日开始，最早填报志愿的批次是文史类、理工类本科提前批常规志愿和艺术类本科提前批常规志愿这两个批次，填报时间是 7 月 29 日 8 时开始至 7 月 31 日 18 时止。此外，综合评价试点、高水平运动队、高水平艺术团、高校农村专项计划、地方农村专项计划志愿填报时间是 8 月 1 日 8 时开始至 8 月 3 日 18 时止。备受关注的文史类、理工类本科批常规志愿填报时间是 8 月 6 日 8 时开始至 8 月 10 日 18 时止。

29 日，王宁在福州新区建设现场推进会上强调高效率高质量服务滨海新城建设。

代省长王宁率省直有关部门负责同志到福州新区，深入了解滨海新城、三江口片区开发建设情况，现场协调解决新区建设中遇到的困难问题，指导推进新区新城建设。

30 日，于伟国主持召开省委巡视整改工作领导小组第十八次会议。

省委书记、省委巡视整改工作领导小组组长于伟国主持召开领导小组第十八次会议，强调要深入学习贯彻习近平总书记关于巡视工作的重要论述，增强“四个意识”、坚定“四个自信”、做到“两个维护”，持之以恒“严深实细”扛起巡视整改重大政治责任，扎实做好巡视“后半篇”文章，为全方位推动高质量发展超越提供坚强保障。省委副书记、代省长、领导小组副组长王宁，省政协主席崔玉英出席。

30 日，省领导会见哥伦比亚客人。

副省长郭宁宁在福州会见哥伦比亚驻华大使蒙萨尔韦。今年正值中哥建交 40 周年，福建将认真落实两国元首达成的重要共识，加强双向贸易投资合作，积极推进友城结好，充分运用云平台新模式分享抗疫经验、开展系列经贸推介对接，推动双方友好交流合作再上新台阶。

30 日，全省河（湖）长制工作推进会召开。

省委书记、省总河长于伟国在全省河（湖）长制工作推进会上强调，要深入学习贯彻习近平生态文明思想，坚决扛起河湖保护管理“施工队长”的责任，全面提升水环境治理工作

水平，努力让八闽河湖成为造福人民的幸福河湖。省委副书记、代省长、省总河长王宁主持。

30 日，于伟国在省管干部学习贯彻党的十九届四中全会精神轮训班上作主题报告。

我省举办省管干部学习贯彻党的十九届四中全会精神轮训班，省委书记于伟国作主题报告，强调要以习近平新时代中国特色社会主义思想为指导，全面贯彻落实党的十九届四中全会精神，坚定中国特色社会主义制度自信，扎实推进新时代新福建治理现代化，为全方位推动高质量发展超越提供坚强制度保证。省委副书记、代省长王宁主持会议。省政协主席崔玉英出席。

30日，省委常委会召开会议。

省委书记于伟国主持召开省委常委会会议，认真学习贯彻习近平总书记在吉林考察时的重要讲话精神，研究部署进一步统筹推进常态化疫情防控和经济社会发展具体措施；认真学习贯彻习近平总书记致中国少年先锋队第八次全国代表大会的贺信精神，研究我省贯彻落实措施；审议《中共福建省委关于贯彻〈中国共产党农村工作条例〉的实施办法》；研究天然林保护修复工作。会议还研究了其他事项。

30日，我省首张“房票”在将乐发出。

将乐县高唐镇常口村村民孙桂英拿到了县里统一发的“房票”，和她一起拿到“房票”的共有18户人家。“房票”把农村闲置的住宅折算成票面价值，以“票”的形式发给农民，这在我省尚属首创。

30日，我省举办动物检疫检验员技能竞赛。

30至31日，全省动物检疫检验员技能竞赛在厦门市举行。来自全省的10支代表队共30名动物检疫员，围绕动物防疫相关法律法规、动物检疫规程、兽医专业理论、生猪屠宰生产线上检疫操作实践等展开比拼。经过两天角逐，竞赛共产生一、二、三等奖共6名。此次竞赛由省农业农村厅、省人力资源和社会保障厅、省总工会主办，福建省动物卫生技术中心承办。

30日，上半年全省生态环境信访投诉5826件同比下降41.6%。

近日，省生态环境厅通报全省生态环境系统信访投诉情况显示，今年1—6月，全省信访投诉5826件，同比下降41.6%。从投诉方式看，微信投诉3633件，占投诉总量的62.4%；电话投诉1562件，占26.8%；网络投诉589件，占10.1%。

30日，2020中国城市便利店指数，厦门位列全国第一。

中国连锁经营协会发布2020中国城市便利店指数，厦门便利店发展指数位列全国第一，跻身前五名的城市还包括太原、东莞、长沙、北京。

31日，我省启动离校未就业高校毕业生实名制帮扶。

福建省人社厅消息，我省近日出台《关于做好2020届离校未就业高校毕业生实名制工作的通知》，要求开展实名信息登记，强化实名就业服务，确保2020届离校未就业高校毕业生实名登记就业率和困难毕业生帮扶登记就业率不低于上年。

31日，上半年全省减免企业社保费153.61亿元。

福建省财政厅消息，自今年2月起实施阶段性减免企业社会保险费政策以来，截至6月底，全省共减免企业社会保险费153.61亿元，其中企业职工基本养老保险114亿元、工伤保险5.21亿元、失业保险3.78亿元、职工基本医疗保险30.62亿元；减免政策惠及44.73万家企业、736.39万参保职工。

31日，我省“决胜全面小康，决战脱贫攻坚”主题记者见面会在长汀举行。

上午，由省政府新闻办主办的福建省“决胜全面小康，决战脱贫攻坚”主题记者见面会在长汀县中复村举行，200多家境内外媒体和新媒体渠道对此进行网络同步直播。

31日，福建省“八一”军政座谈会举行。

在第93个建军节即将到来之际，31日，福建省“八一”军政座谈会在福州召开，省领导与驻闽部队官兵欢聚一堂，共叙军民鱼水深情，共商军民双拥大计。省委书记于伟国讲话，省委副书记、代省长王宁主持，驻闽部队领导林向阳、张红兵，省政协主席崔玉英出席。驻闽部队领导在会上发言。

（摘编：赵旭东）

八月

1 日，我省启动防台风Ⅳ级应急响应。

省防汛指挥部会商调度防汛防台风工作，部署防御3号台风“森拉克”和台湾以东洋面的热带扰动防雨工作，省委常委、副省长赵龙，副省长李德金参加会商协调。

1 日，入境货物检验检疫证明电子证书在线可查。

福州、厦门海关正式上线入境货物检验检疫证明电子证书。截至8月4日，仅厦门海关就下发入境货物检验检疫证明电子证书341份。海关总署为积极促进稳外资稳外贸，深化“放管服”改革，提升贸易便利化水平，将签发后的入境货物检验检疫证明电子数据直接下发到国际贸易单一窗口。企业可通过访问“电子证书信息查询”页面（http：//ccseweb. singlewindow. cn/），或登录中国国际贸易单一窗口，输入证明编号和查询码查询相关电子信息，并下载相关证明电子版本。

1 日，我省残疾人家庭无障碍改造可享补贴。

福建省残疾人联合会与省财政厅近日联合出台《福建省残疾人家庭无障碍改造实施方案（暂行）》（以下简称《方案》），对我省残疾人家庭无障碍改造进行补贴。《方案》明确了14种残疾人家庭无障碍改造补贴的省级改造项目，包括地面平整、房门拓宽、低位猫眼、无线语音对讲门铃、升降淋浴器等。每户最多可申请补贴3项，最高可领取补贴4200元。

2 日，央视“心连心”慰问演出走进宁德。

以“决胜全面建成小康社会、决战脱贫攻坚”为主题的2020年“我们的中国梦”文化进万家、中央广播电视总台“心连心”慰问演出活动走进宁德霞浦县大京沙滩。接下来的10天时间，三个分会场和数个小分队的慰问演出活动将陆续在宁德各地展开。

2 日，今年我省居民医保补助标准提高30元。

近日，省财政厅会同省医保局、税务局出台《关于做好2020年城乡居民基本医疗保障工作的通知》，将我省城乡居民医保政府补助标准提高30元，达到每人每年不低于550元。目前，我省居民医保政府补助标准从2009年的80元提高至2020年的550元，已实现连续11年增长。

3 日，“黑格比”预计今夜将在福建北部到浙江南部沿海登陆，我省启动Ⅲ级应急响应。

福建省防指消息，今年第4号台风“黑格比”（热带风暴级）预计3日夜间在福建北部到浙江南部一带沿海登陆（8～10级，20～25米/秒）。2日17时，省防指提升防台风应急响应为Ⅲ级。

3 日，于伟国王宁赴省防指检查部署防御第4号台风工作。

今年第4号台风“黑格比”给我省带来风雨影响。3日一早，省委书记于伟国，省委副书记、代省长王宁到省防汛抗旱指挥中心，召开视频会议连线福州、宁德、平潭等地，进一步部署防御台风各项工作。

3 日，我省全力迎战台风“黑格比”。

今天14时，省防指再次与福州、宁德、平潭三地视频连线，点对点指导防御台风工作。

据预报，第4号台风“黑格比”3日14时加强为台风，17时距离福鼎东南方向约215公里，近中心最大风力12级（35米/秒）。预计“黑格比”以每小时20～25公里的速度向西北方向移动，强度继续增强，将于3日夜间至4日凌晨在浙江苍南到玉环之间沿海登陆（登陆时强度12～13

级，台风级），对我省造成严重影响。省防指于3日18时提升防台风应急响应为Ⅱ级。3日夜间到4日上午，中北部沿海地区有中到大雨，宁德（福鼎、霞浦、柘荣）有暴雨到大暴雨，福州和莆田局部有暴雨。4日白天到5日白天，中南部地区有大雨到暴雨，南部地区局部大暴雨。

3日，省委常委会召开会议。

省委书记于伟国主持召开省委常委会会议，学习贯彻《习近平谈治国理政》第三卷出版座谈会精神，深入部署我省学习宣传贯彻工作；认真学习贯彻习近平总书记重要指示精神，研究推进为民办实事；认真学习贯彻习近平总书记对研究生教育工作作出的重要指示精神，研究我省培养高层次人才重点工作；研究部署加强安全生产、办好厦洽会等工作。研究我省《关于全面加强危险化学品安全生产工作的实施方案》。

3日，省委常委会召开扩大会议。

省委书记于伟国主持召开省委常委会（扩大）会议，传达学习贯彻习近平总书记在7月30日中央政治局会议上和在7月28日中共中央党外人士座谈会上的重要讲话精神，落实国务院联防联控机制严防聚集性疫情做好秋冬季防控工作电视电话会议要求，研究部署我省制定“十四五”规划、进一步统筹常态化疫情防控和经济社会发展的具体措施。省委副书记、代省长王宁，省政协主席崔玉英出席。

3日，王宁率领省直有关部门深入福州市现场检查推动复工复产复市和世遗大会筹备工作。

代省长王宁率省直有关部门负责同志到福州市，深入了解上下杭步行街建设改造和第44届世界遗产大会筹备情况，现场协调解决困难问题，具体指导推进全面加快复工复产复市和高水平不停步做好世遗大会筹备工作。

3日，苏辉率台盟中央调研组来闽。

3日至6日，全国政协副主席、台盟中央主席苏辉率调研组来闽围绕“破除制约农村要素集聚的体制机制障碍，提升乡村治理效能”开展台盟中央2020年党派大调研。省委书记于伟国、代省长王宁、省政协主席崔玉英与调研组一行在福州进行了座谈。全国人大常委会委员、台盟中央常务副主席李钺锋参加。

3日，省领导检查今年征兵体检工作。

副省长崔永辉，省军区副司令员、省征兵领导小组副组长张玉生等军地领导，来到福建医科大学附属第一医院征兵体检站，检查指导征兵体检工作。军地领导亲切看望了正在参加应征体检的适龄青年和医务工作者，详细了解征兵体检流程，并听取福州市今年征兵工作情况汇报。

3日，我省通报重点流域和小流域资金奖惩预警情况。

日前，省生态环境厅通报1—6月重点流域生态补偿和小流域“以奖促治”资金奖惩预警情况。松溪县、连江县等20个市、县的“水质下降幅度”和“生态保护补偿资金减少比例”一目了然。

3日，我省道路交通事故社会救助基金垫付时限延长至5日内。

福建省财政厅消息，为充分发挥道路交通事故救助基金的救助作用，让交通事故受害者得到及时治疗，近日省财政厅会同省公安厅印发通知，决定将道路交通事故社会救助基金垫付受害人抢救费用的时限，由原来规定的自接受抢救之时起72小时内延长至5日内。

4日，王宁到省公安厅调研。

代省长王宁到省公安厅调研，首先到网安总队、110大数据情报指挥中心，深入了解我省公安大数据建设应用情况，随后与厅班子和处室干部座谈交流，更精准更有效谋划推进下一步工作，代表省委、省政府向忠诚履职、担当作为、无私奉献的全省公安系统民警表示衷心感谢和诚挚慰问。省领导田湘利参加调研。

4日，我省民法典普法宣讲团成立。

2020年8月4日福建日报报道：日前，由省委宣传部、省委全面依法治省委员会守法普法协调小组、省司法厅、省法学会组建的《中华人民共和国民法典》普法宣讲团正式成立。

4日，衢宁铁路接入杭深铁路宁德站。

近日，中铁五局近300名作业人员经过连续奋战，圆满完成宁德站35号道岔插铺施工，并将新建衢宁铁路与杭深铁路宁德站3道顺利连接，这标志着衢宁铁路成功接入既有杭深铁路宁德站，向后续衢宁铁路联调联试及开通运营目标迈出坚实的一步。衢宁铁路北起浙江衢州市，途经浙江丽水市、福建南平市，南至福建省宁德市，正线全长379.2公里，为国家客货共线Ⅰ级单线铁路，设计时速160公里，总工期目标60个月，全线近期共设30个车站。其中福建段正线全长172公里，沿线贯穿闽东北山区，线路坡度大、曲线半径小，桥隧比高达83.9%。

4日，潘懋元先生从教85周年庆祝大会在厦大举行。

正值我国当代著名教育家、高等教育学开拓者、全国教书育人楷模潘懋元先生百岁华诞、从教85周年，厦门大学举办“潘懋元先生从教85周年庆祝大会”，同时举办新时代中国高等教育发展与改革高峰论坛。副省长林宝金出席活动并致辞。来自国家教育部、民盟中央、厦门市委市政府、中国教育学会、中国高等教育学会、中国职业技术教育学会、有关省市教育厅（局）、部分高校的领导和专家及厦门大学师生、校友代表共计400余人参与活动。活动上还举行了《潘懋元文集》（修订版）首发式，潘懋元教授再次为厦门大学设立的“潘懋元高等教育基金”捐献100万元。

4日，2020年福建省引进生视频座谈会召开。

2020年福建省引进生视频座谈会召开，受省委书记于伟国、代省长王宁委托，省委常委、组织部部长杨贤金出席会议并讲话，勉励引进生牢记习近平总书记对年轻干部、人才的殷切期望，在八闽大地上书写精彩人生。北京大学党委书记邱水平、清华大学党委书记陈旭、中国人民大学党委书记靳诺、天津大学党委书记李家俊、复旦大学党委书记焦扬、同济大学党委书记方守恩、校长陈杰、上海交通大学党委书记杨振斌、中国科学技术大学党委书记舒歌群、哈尔滨工业大学副校长徐晓飞、华中科技大学副校长梁茜等通过视频寄语，表达了对引进生的深切关爱和真诚祝福。

6日，福建—东盟青年交流合作论坛举行。

福建省人民对外友好协会与福建省青年联合会联合主办的“福建—东盟青年交流合作论坛”，在福州、菲律宾、印度尼西亚、马来西亚多点连线举行。本次论坛旨在促进我省与东盟国家的友好交流与合作，增进双方青年间的相互了解和友谊。来自中国、菲律宾、印度尼西亚、马来西亚的24名青年代表通过网络视频相会云端、畅叙友情、共谈合作，大家围绕“团结合作是战胜疫情最有力的武器”“精准扶贫经验分享”“中外青年创业创新合作”“中国与东盟友好关系”等议题畅所欲言。

6日，王宁赴莆田市调研。

代省长王宁率省直有关部门负责同志赴莆田市，深入企业生产、项目建设和产业园区一线，与基层干部和企业家一起，研究问题、谋划发展，推动政策落地见效，推进落实“六稳”“六保”任务。

7日，省政府党组集中学习《习近平在福建》采访实录。

省政府党组书记、代省长王宁主持召开省政府党组会议，集中学习《习近平在福建》采访实录，交流学习心得体会，从中深刻汲取信仰的力量、精神的力量、实干的力量，更好地学懂弄通做实习近平新时代中国特色社会主义思想。各位副省长、省政府秘书长出席会议，王宁、赵龙、崔永辉作重点发言。

7日，第33届“庄采芳·庄重文奖学金”颁奖典礼举行。

上午，第33届“庄采芳·庄重文奖学金”颁奖典礼以视频方式在榕举行，我省201名学子受到表彰。省国际文化经济交流中心理事长陈桦、常务副理事长倪英达出席典礼，香港庄士集团代表庄家彬通过视频致辞。“庄采芳·庄重文奖学金”由香港庄士集团设立。33年来，作为民间的、海外的学生奖励项目，这项活动不断发展，已累计奖励我省优秀高中毕业生7160名，为推动福建教育事业发展发挥了独特的重要作用。

7日，第六届福建省“青年红色筑梦之旅”启动。

第六届福建省“互联网+”大学生创新创业大赛“青年红色筑梦之旅”活动启动仪式在宁德市寿宁县下党乡举行。本次活动彰显“互联网+”特点，首次实现下党乡主会场与福州、厦门、泉州、龙岩的四个分会场同步连线，分别以社区创业、环境保护、产业振兴、乡村振兴等为主题开展活动。

7日，省政府召开常务会议。

代省长王宁主持召开省政府常务会议，认真贯彻中央和省委部署，通过《关于建立武夷山国家公园生态补偿机制的实施办法（试行）》，研究2019年福建省专利奖评奖等工作。会议还研究了其他事项。

7日，2020年省河湖长制成员单位第二次会议召开。

2020年省河湖长制成员单位第二次会议在福州召开，认真贯彻7月30日全省河湖长制工作推进会精神，部署下阶段推进工作的具体措施。副省长、副总河长李德金出席会议并讲话。

8日，我省线上公益健步走活动启动。

2020年8月8日是国家第12个“全民健身日”。当天，“康乐佳”杯2020年“运动健身进万家”——福建省“全民健身日”线上公益健步走活动在福州启动。本次活动由省体育局主办，活动不设参与门槛，从8月8日持续到15日。

10日，省委常委会召开会议。

省委书记于伟国主持召开省委常委会会议，认真学习贯彻习近平总书记对“十四五”规划编制工作作出的重要指示精神，部署统筹常态化疫情防控和经济社会发展工作，研究应对秋冬季新冠肺炎疫情防控工作方案、应急预案和稳外贸发展具体措施；决定在全省开展“难、硬、重、新”工作行动，研究具体工作方案；研究《关于加快推进社会治理现代化，开创更高水平平安福建建设新局面的若干意见》《关于促进劳动力和人才社会性流动体制机制改革的若干措施》《福建省创建新能源产业创新示范区总体方案》。会议还研究了其他事项。

10日，于伟国王宁赴省防指检查部署防御第6号台风工作。

今年第6号台风“米克拉”直扑我省而来，将成为今年第一个正面登陆福建的台风，影响波及面较大。晚上，省委书记于伟国，省委副书记、代省长王宁到省防汛抗旱指挥中心，会商研判台风最新动态，并与沿海各地视频连线，进一步部署防御工作。于伟国强调，各地各部门要认真贯彻落实习近平总书记关于防汛防台风的重要指示批示精神，牢固树立人民至上、生命至上理念，保持高度警惕，科学精准防御，把各项防御措施落实落细落到位，全力以赴保障人民生命财产安全。

10日，我省制定深入学习宣传贯彻《习近平谈治国理政》第三卷工作方案。

为进一步学好用好《习近平谈治国理政》第三卷，持续推动学习宣传贯彻习近平新时代中国特色社会主义思想走深走实，近日，省委宣传思想工作领导小组办公室印发《关于深入学习宣传贯彻〈习近平谈治国理政〉第三卷的工作方案》。《工作方案》从精心组织学习活动、做好图书发行工作、加强新闻宣传报道、深入开展宣讲教育、深化理论研究阐释等方面，提出20条具体措施。

10日，省防指部署第6号台风“米克拉”防御工作。

省防指召开视频会议，落实省委省政府工作部署，分析研判形势，部署第6号台风“米克拉”防御工作。副省长李德金参加会议。据会商研判，台风“米克拉”将于11日上午在福建沿海登陆。受其影响，福建中部沿海、台湾海峡及东海东部的部分海域风力达8~9级，阵风10~11级；沿海地区大雨，中部沿海暴雨到大暴雨。

11日，中央财政下达我省7.18亿元直达资金，支持补齐应急物资保障短板。

省财政厅消息，为确保应急物资关键时刻拿得出、调得快、用得上，近日，中央财政在特殊转移支付中安排部分资金用于支持地方应急物资保障体系建设，其中我省获得补助资金7.18亿元。

11日，省财政补助工科类青年专业人才。

为支持做好工科类青年专业人才引进工作，近日，省财政厅下达省级补助资金6937万元，对新引进的371名工科类青年专业人才给予补助。工科类青年专业人才补助主要面向“985工程”“211工程”等境内外重点高校，学科门类为工学的全日制毕业生及期满出站博士后。

11日，电力大数据，让“生态云”治污更精准。

省生态环境厅和国网福建电力有限公司签署战略合作协议，依托东南能源大数据中心，围绕企业污染防治大数据应用，研发“电力+环保”数据服务产品，辅助我省生态环境大数据云平台决策分析。

12 日，全省全面建成小康社会补短板会议召开。

全面建成小康社会补短板暨农村人居环境整治工作推进现场会在龙岩市武平县召开，副省长崔永辉出席会议并讲话。会议期间，参会代表前往武平县捷文村、尧禄村和云寨村，实地察看农村人居环境整治和乡村发展情况。

12 日，2020 厦洽会 9 月 8 日—11 日举办。

从 12 日召开的省政府新闻发布会上获悉，2020 厦门国际贸易洽谈会暨丝路投资大会（简称“2020 厦洽会”）将于 9 月 8 日—11 日在厦门国际会展中心举办。本届厦洽会将重点邀请境内低风险地区客商及境外驻华使领馆、政府机构参会，以境内为主体，并创新办会模式，开通“云上投洽会”全新平台，进一步提升大会实效。本届厦洽会的主宾国为菲律宾，主宾省为山西省。

12 日，省委书记于伟国到厦门调研。

12 日至 13 日，省委书记于伟国到厦门调研时强调，要深入贯彻落实习近平总书记重要讲话重要指示批示精神，坚持稳中求进工作总基调，坚持新发展理念，深入实施跨岛发展战略，扎实做好“六稳”工作，全面落实“六保”任务，科学谋划好“十四五”时期经济社会发展的目标、思路、举措，以更大力度抓好中央生态环保督察问题整改，持续建设高素质的创新创业之城和高颜值的生态花园之城。

13 日，王宁参加所在党支部和水都社区党委共同开展的主题党日活动。

上午，代省长王宁以普通党员身份，参加所在的省政府办公厅综合处党支部和福州市仓山区金山街道水都社区党委共同开展的主题党日活动，推动《习近平谈治国理政》第三卷和《习近平在福建》等采访实录“大学习”走深走实，推动基层党建和文明创建不断创新提升，进一步把联系服务群众各项工作做细做好。

13 日，全省严防聚集性疫情做好秋冬季防控工作电视电话会议召开。

全省严防聚集性疫情做好秋冬季防控工作电视电话会议在福州召开。副省长林宝金出席会议并讲话。会议强调，各地各部门要深入贯彻习近平总书记重要讲话重要指示批示精神，落实党中央、国务院决策部署和省委、省政府工作要求，坚决克服麻痹思想、厌战情绪、侥幸心理、松劲心态，时刻绷紧疫情防控这根弦，对防控漏洞再排查、对防控重点再加固、对防控要求再落实，充分做好应对秋冬季疫情各项准备工作，不断巩固和发展我省来之不易的疫情防控成果。各级各部门要强化底线思维，慎终如始抓紧抓细抓实疫情防控各项任务。

13 日，王宁赴平潭综合实验区调研。

代省长王宁率省直有关部门负责同志赴平潭综合实验区，深入高铁中心站房建设工地、龙王头滨海沙滩、南部生态廊道、跨境电商园区、总部平台经济企业、台胞社区项目，全面了解平潭经济社会发展和国际旅游岛建设情况，解难题、谋发展，推动习近平总书记关于平潭开放开发的重要讲话重要指示批示精神和中央决策部署进一步落细落实。

14 日，省委理论学习中心组集中学习《习近平在福建》。

省委书记于伟国主持召开省委理论学习中心组学习会，强调要用好《习近平在福建》等生动教材，大力秉承习近平总书记在福建工作时的科学理念、重要部署、宝贵经验和优良作风，不断深化对习近平新时代中国特色社会主义思想理论逻辑和实践逻辑的学习领会，进一步学懂弄通做实习近平新时代中国特色社会主义思想，自觉做习近平新时代中国特色社会主义思想的坚定信仰者、忠实实践者。省委副书记、代省长王宁出席。

14 日，省政府召开常务会议。

代省长王宁主持召开省政府常务会议，认真贯彻中央和省委部署，审议《福建省宗教事务条例（草案）》《福建省绿色建筑发展条例（草案）》，研究《关于加快福建省农业保险高质量发展的实施方案》，通过《福建省乡镇便捷通高速工程实施方案》。会议还研究了其他事项。

14 日，省政府举行法治专题学习讲座。

省政府举行法治专题学习讲座，邀请省政府法律顾问、华侨大学法学院院长许少波解读《全国人民代表大会关于建立健全香港特别行政区维护国家安全的法律制度和执行机制的决定》《中华人民共和国香港特别行政区维护国家安全法》。代省长王宁主持并讲话。许少波同志围绕《决定》和香港国安法的重大意义、特殊地位、主要内容等作了深入浅出的解读，并就深入理解和贯彻落实谈了具体建议。

14日，福建自贸试验区五周年评估报告评审会举行。

福建自贸试验区五周年评估报告评审会暨高质量发展研讨会在福州市举行。5年来，福建自贸试验区推出实施446项创新举措，其中全国首创181项、对台98项。国务院及五部委发文在全国复制推广的创新经验中，福建报送34项，占31.2%，居全国前列。国务院部际联席会议办公室发文在全国学习借鉴的“最佳实践案例”中，福建报送6个，数量在全国最多。

14日，我省第十届残疾人健身周活动开幕。

由福建省残疾人联合会举办的福建省第十届残疾人健身周活动在福建省残疾人体育运动管理中心开幕。备战全国第十一届残运会的我省集训队运动员和教练员、省残疾人艺术团演员、志愿者等130多人参加活动。

14日，省公安厅机关部署政治建警教育整顿。

下午，省公安厅机关深化部署开展坚持政治建警全面从严治警教育整顿，着力抓好教育整顿下半年20项重点任务。

14日，省领导在漳州调研。

近日，副省长李德金带领省直有关部门负责人赴漳州调研，深入芗城区及漳浦县长桥镇、盘陀镇等地，实地察看指导“米克拉”台风抢险救灾、历史文化街区保护、矿山生态综合整治等工作。

15日，海峡青年（福州）云上峰会举行。

作为由国台办、全国青联、省政府共同主办的第八届海峡青年节的“重磅活动”，以“幸福·家园·梦想”为主题的2020海峡青年（福州）云上峰会在主会场福州拉开帷幕。代省长王宁出席并宣布本届海峡青年节集中活动启动，中共中央台办、国务院台办主任刘结一和全国青联主席汪鸿雁通过视频连线致辞，省领导周联清、郭宁宁出席。全国台企联会长李政宏到现场致辞，国民党前主席洪秀柱通过视频致辞。本次峰会采用线上与线下相结合进行，除在福州设立主会场外，在海峡两岸台青聚集地同步设立了六个分会场，两岸青年10万余人通过线下和线上参与了“云上峰会”。来自省、市和台湾地区的相关嘉宾，两岸青年代表近500人参加了主会场活动。

17日，中国共产党福建省第十届委员会第十次全体会议决议。

中国共产党福建省第十届委员会第十次全体会议于2020年8月17日在福州召开，出席这次全会的省委委员68名、候补委员14名。省委常委会主持会议。省委书记于伟国作报告。省委副书记、代省长王宁和省委常委出席。会议听取和讨论了于伟国同志所作的报告，审议通过了《中共福建省委关于深入学习贯彻习近平总书记重要讲话重要指示批示精神，全方位推动高质量发展超越的决定》。

17日，省领导出席全国青联十三届全委会和全国学联二十七大福建分会场活动。

全国青联第十三届委员会全体会议、全国学联第二十七次代表大会在北京开幕。省委常委周联清在福建分会场收看大会开幕会，第一时间传达学习贯彻习近平总书记重要指示和大会精神，强调各级青联和学联组织要提升政治站位，团结引领广大青年和青年学生为全方位推动高质量发展超越、实现“两个一百年”奋斗目标贡献青春力量。

17日，我省组织开展国家工作人员统一学法考试。

自8月17日至28日，省委依法治省办、省司法厅组织全省国家工作人员开展统一学法考试活动。省司法厅统计表明，全省30余万名国家工作人员报名参加考试，截至8月24日参考率已达80%以上。

18日，省政府召开常务会议。

代省长王宁主持召开省政府常务会议，认真贯彻中央和省委部署，研究通过了《福建省老旧小区改造实施方案》，决定在福州高新技术产业开发区等8个县、区开展相对集中行政许可权改革试点，审议《省级行政事业单位经营性国有资产集中统一监管实施方案》。

18日，省政府党组传达学习贯彻省委十届十次全会精神。

省政府党组书记、代省长王宁主持召开省政府党组（扩大）会议，传达学习省委十届十次全会精神，研究部署贯彻意见。省政府各位党组成员结合实际，初步提出下一步工作打算。列席会议的省直有关部门负责同志作交流发言。

18日，全国政协副主席邵鸿率九三学社督导检查组来闽。

18日至20日，全国政协副主席、九三学社中央常务副主席邵鸿率九三学社中央督导检查组来闽督导检查九三学社福建省委工作。省委书记于伟国，省委副书记、代省长王宁，省政协主席崔玉英与检查组一行在福州进行了座谈。在闽期间，邵鸿一行听取了九三学社福建省委工作汇报，召开不同层级座谈会了解有关工作情况，并参加了九三学社福州市委“历史文化街区（古厝）保护”主题基层组织活动。

19日，省委书记于伟国在宁德调研。

19日至20日，省委书记于伟国在宁德调研时强调，我们要深入学习贯彻习近平总书记重要讲话重要指示批示精神和给寿宁县下党乡乡亲们的重要回信精神、对福鼎赤溪畲族村作出的重要指示批示和视频连线的重要讲话精神，按照省委十届十次全会具体部署，坚决打赢脱贫攻坚战，深入实施乡村振兴战略，努力走出一条具有闽东特色的乡村振兴之路、全方位推动高质量发展超越之路。

19日，我省召开2020年“中国医师节”活动大会。

19日下午，我省2020年“中国医师节”活动大会在福州召开。副省长林宝金出席大会并讲话，向广大医务工作者致以节日的问候。会议指出，我省医务工作者贯彻落实党中央、国务院决策部署和省委、省政府的工作要求，弘扬大医精神，护佑人民健康。特别是新冠肺炎发生以来，广大医务工作者舍小家、为大家，1393名医务工作者白衣执甲、逆行出征，谱写了一首首感人的生命赞歌，为打赢疫情防控人民战争、总体战、阻击战作出了重要贡献。

19日，全省秋季开学疫情防控工作视频会召开。

2020年全省秋季开学疫情防控工作视频会召开。省委常委周联清出席会议并讲话，副省长林宝金主持会议。会议强调，要把思想和行动统一到习近平总书记重要讲话重要指示批示精神和党中央决策部署上来，认真落实省委十届十次全会精神，确保秋季开学疫情防控各项工作安全、平稳、有序。要做到责任落实到位，进一步压实各级党委政府、教育部门、学校、教职员工和学生“四方”责任；防控机制到位，强化校地联防联控机制，构建完善教育、卫生、学校、家庭与医疗机构、疾控机构“点对点”协作机制，实施网格化管理；防控措施到位，分类管控，精准施策，严格落实相关防控技术方案；应急保障到位，完善应急预案，开展全员培训、应急演练，提升核酸采样、检测能力；环境整治到位，对校园所有场所进行彻底消毒通风。要强化党的领导、思想引领和重点领域风险管控，做好学生心理健康和心理疏导工作，切实维护校园安定稳定。

20日，全省高校领导干部办学治校能力专题研讨班举办。

20日至21日，2020年全省高校领导干部办学治校能力专题研讨班在榕举办。省委常委周联清、副省长林宝金分别作主题报告。

20日，全省历史文化名城名镇名村传统村落保护发展会议召开。

全省历史文化名城名镇名村传统村落保护发展暨世遗“两个新提升”工作推进会议在福州召开，副省长李德金出席并讲话。会议期间，与会人员实地考察了福州上下杭历史文化街区、南公园特色历史街区、烟台山历史文化街区、东二环沿线绿化景观提升工程等，深入交流工作经验。

21日，省委常委会召开会议。

省委书记于伟国主持召开省委常委会会议，认真学习贯彻习近平总书记重要讲话重要指示批示精神，进一步研究我省统筹推进常态化疫情防控和经济社会发展工作；认真学习贯彻习近平总书记对制止餐饮浪费行为作出的重要指示精神，研究我省具体贯彻措施；认真传达学习习近平总书记致全国青联十三届全委会全国学联二十七大贺信精神，研究推动我省青联学联工作；研究《福建省生态环境保护督察工作实施办法》。会议还研究了其他事项。

21日，加快打造国家区域儿童医疗中心。

我省与上海交通大学医学院附属上海儿童医学中心签署合作共建协议。省委书记于伟国、代省长王宁与中国科学院院士、上海交通大学副校长、医学院院长陈国强一行座谈并共同见证签约。

22日，“全闽乐购”乐欢天，我省实施“百千万亿”促消费行动。

“全闽乐购”福建促消费行动全面启动，开展形式多样的线上线下促销活动，这是我省深入实施扩大内需战略，扎实做好“六稳”工作、全面落实“六保”任务，加快复商复市、促进消费增长的重要举措。省委书记于伟国，省委副书记、代省长王宁出席启动仪式。省领导赵龙、郑新聪、梁建勇、郭宁宁、崔永辉、洪捷序分别参加相关活动；部分省领导还通过淘宝、抖音、“直播福建”等直播平台为八闽好货代言。

23日，我省社会组织“组团”赴宁夏开展对口扶贫协作。

省民政厅消息，福建省社会组织参与西吉县脱贫攻坚东西部扶贫协作对口支援工作签约仪式日前在宁夏回族自治区固原市西吉县举行。签约仪式上，福建省慈善总会、福建省黄仲咸教育基金会、福建省残疾人福利基金会、福建省土木工程建筑行业协会等全省性社会组织与西吉县扶贫办签订协议，涉及产业扶贫、教育扶贫、消费扶贫等多个方面。

23日，2020年福建省科技活动周启动。

2020年福建省科技活动周启动仪式在福建医科大学举行，拉开了全省科技活动周的序幕。本次科技活动周由省科技厅、省委宣传部、省卫健委、省科协共同主办，围绕“科技战疫创新强国”主题，于23日至29日在全省各地举办科技战疫展、战疫英雄演讲、科普讲解大赛、“科学之路”科普课堂、全民科学素质网络竞赛活动、气象科普、防灾减灾、应急救援、粮食安全、禁毒宣传、农产品质量安全科普等各类大型专题专场活动近百场，参与开放活动的全省科研机构和高校40多个。

24日，省委常委会召开会议。

省委书记于伟国主持召开省委常委会会议，认真学习贯彻习近平总书记在安徽考察和主持召开扎实推进长三角一体化发展座谈会时的重要讲话精神、在中国医师节到来之际向全国广大医务工作者致以节日祝贺和诚挚慰问时的重要指示精神，传达学习克服疫情灾情影响确保如期全面脱贫电视电话会议精神，研究我省具体贯彻措施。会议还研究了其他事项。

24日，我省返还失业保险费17.96亿元。

省人社厅消息，面对疫情冲击，为切实减轻中小微企业负担，保障失业人员基本生活，我省积极发挥稳岗返还政策效应，强化失业保险保生活作用，牢牢兜住民生底线。截至7月底，全省共返还失业保险费17.96亿元，发放失业保险金、一次性生活补助5.71亿元。稳岗返还政策惠及306.88万名企业职工。

24日，省委开展向“时代楷模”闽宁对口扶贫协作援宁群体学习活动。

2020年7月3日，中央宣传部授予闽宁对口扶贫协作援宁群体“时代楷模”称号。为了深入学习贯彻习近平总书记关于脱贫攻坚工作的系列重要论述和指示批示精神，大力宣传弘扬闽宁对口扶贫协作援宁群体的感人事迹和崇高精神，省委决定在全省广泛开展向“时代楷模”闽宁对口扶贫协作援宁群体学习活动。

25日，中国同巴拿马两国执政党举办干部网络研修班。

中国共产党同巴拿马民主革命党以“统筹推进常态化疫情防控和经济社会发展——中巴执政党携手同行”为主题，举办干部网络研修班开班式。中共中央对外联络部部长宋涛、福建省委书记于伟国，巴民主革命党总书记冈萨雷斯、巴拿马城市长法夫雷加参会并致辞，巴民革党干部等近60人参加。

26日，减税降费相关政策解读。

福建省税务局有关领导将接受福建省人民政府门户网站专访（视频录播），就减税降费相关政策解读进行解读。

26日，省防指会商部署防范强降雨。

省防指组织气象、应急、水利等部门会商分析研判26—28日强降雨过程发展趋势，部署相关防范工作。会商指出，本轮强降雨过程具有午后强对流天气和雨季降水特征相叠加的特点。27日，全省有阵雨或雷阵雨，沿海地区有大雨到暴雨。

27 日，京闽（三明）科技合作“云签约”视频会议举行。

京闽（三明）科技合作“云签约”视频会议举行。北京市副市长隋振江、福建省副省长林宝金出席并讲话。北京和福建三明开展科技合作以来，双方积极协调推进，竭力落实双方合作协议具体内容。此次活动，邀请部分重点合作项目代表出席“云签约”仪式，共有 19 个项目对接签约，总投资 100.7 亿元。

27 日，省公安厅传达学习贯彻习近平总书记重要训词精神。

副省长，省公安厅党委书记、厅长田湘利主持召开厅党委（扩大）会议，认真传达学习领会习近平总书记在中国人民警察警旗授旗仪式上发表的重要训词精神，研究贯彻落实意见。

27 日，全省畅通现代物流和生物医药产业循环专题视频会召开。

全省畅通现代物流和生物医药产业循环专题视频会召开，深入学习贯彻习近平总书记重要讲话重要指示批示精神，落实省委十届十次全会部署，分析现代物流和生物医药产业的转型难点、市场堵点、企业痛点，提升产业链供应链稳定性和竞争力，促进产业持续健康发展。副省长林宝金出席会议并讲话。

27 日，王宁赴龙岩调研。

27 日至 28 日，代省长王宁率省直有关部门负责同志赴龙岩市上杭县、连城县、长汀县调研，深入生产生活一线，看望慰问困难群众，与基层干部一起解难题、谋发展，推动老区苏区脱贫奔小康和生态文明建设，强调要深入学习贯彻习近平总书记重要讲话重要指示批示精神，落细落实省委十届十次全会部署，为全方位推动高质量发展超越作出闽西贡献。

28 日，特殊人才可申报高级职称。

为充分发挥职称评价指挥棒作用，最大限度释放和激发专业技术人才创新创业创造活力，省人力资源和社会保障厅日前发布《关于开展第三届特殊人才高级职称认定（评审）工作的通知》，各设区市、各单位可在 2020 年 9 月 15 日前向省职改办报送申报材料。

28 日，省发改委召开“我为‘十四五’建言献策”座谈会。

省发改委召开福建省“我为‘十四五’建言献策”座谈会，邀请高校、科研院所、相关部门专家，为我省“十四五”发展提出意见建议。

28 日，省人大常委会开展慈善法执法检查。

根据省人大常委会今年监督工作计划，省人大常委会于 8—9 月开展《中华人民共和国慈善法》执法检查，此次是与全国人大常委会上下联动的一次执法检查。28 日，执法检查组在榕召开汇报会。省人大常委会党组副书记、副主任雷春美出席会议并讲话。省政府副省长郑建闽到会介绍我省贯彻落实慈善法情况，省直有关部门作了工作汇报。

28 日，我省举办首届茶叶加工工职业技能竞赛。

28 日至 30 日，全国茶叶加工工（红茶）职业技能竞赛福建省初赛暨福建省首届茶叶加工工职业技能竞赛，在“中国茶叶之乡”“中国红茶之都”福安市举办。本届赛事由省农业农村厅、省人力资源和社会保障厅、省总工会联合主办，福安市人民政府承办。

29 日，衢宁铁路开始试运行。

7 时，随着一声汽笛声响起，K8746 次试验列车从福州火车站出发，开往松溪站。这是衢宁铁路开行的第一列试运行列车，标志着衢州至宁德铁路正式进入试运行环节，衢宁铁路距离正式通车又近一步。

29 日，省防指部署防御台风“美莎克”。

下午，省防指召集气象、应急、水利、海洋等部门会商台风“美莎克”发展趋势，研判海上风浪影响情况，部署相关防御工作。

29 日，王宁与中国工程院李晓红一行共商深化省院合作。

省委副书记、代省长王宁在福州与中国工程院党组书记、院长、院士李晓红一行会谈，共商进一步深化省院合作，以科技创新壮大高质量发展新动能。中国工程院副院长、院士钟志华，生态环境部环境规划院院长、院士王金南，副省长林宝金，省直有关部门负责人参加会谈。中国工程院高度重视与我省的科技合作，于 2011 年、

2017年与我省签署了两轮战略合作框架协议。此次李晓红院长一行来闽，将围绕企业科技创新、生态文明建设和中国工程科技发展战略福建研究院建设等方面开展深入调研，进一步推动务实合作。

30日，我省首届退役军人创业创新大赛举行。

由省退役军人事务厅主办，省人社厅、中国海峡人才市场协办，建设银行福建省分行、省退役军人服务中心承办的“建行杯”福建省首届退役军人创业创新大赛在福州举行。本次大赛分为初赛和复赛，设置了新兴产业、传统产业及生活服务业、现代农业、精准扶贫、创新团队等5类奖项。

30日，我省启动防台风Ⅳ级应急响应。

30日12时，省防指启动防台风Ⅳ级应急响应。省防指组织气象、应急、水利、海洋、海事等部门会商研判今年第9号台风“美莎克”发展趋势，部署防范应对工作，并与沿海“六市一区”防指进行视频连线调度。会商指出，台风“美莎克”30日14时中心距离钓鱼岛东南方向约980公里，中心附近最大风速38米/秒（13级，台风级），预计将以每小时20～25公里的速度向北偏西方向移动，移速逐渐加快强度逐渐加强，将以超强台风级穿过闽外渔场北上，趋向朝鲜半岛南部。受其影响，8月31日到9月2日，闽外渔场、闽东渔场中东部和钓鱼岛海域风大浪高、海况恶劣，特别是台风中心经过海域最大将出现16级大风、11米狂浪。

30日，王宁深入南平调研推进脱贫攻坚和乡村振兴。

30日至31日，代省长王宁率省直有关部门负责同志赴政和县和武夷新区调研，深入一线推动脱贫攻坚和乡村振兴，实地帮助基层排忧解难，强调要深入学习贯彻习近平总书记重要讲话重要指示批示精神，认真落实省委十届十次全会部署，坚持绿色发展，勇于创新突破，以建设富美新南平的实际成效服务全方位高质量发展超越。

31日，省委常委会召开会议。

省委书记于伟国主持召开省委常委会会议，认真学习贯彻习近平总书记在经济社会领域专家座谈会上的重要讲话精神、《不断开拓当代中国马克思主义政治经济学新境界》的重要文章和向中国人民警察队伍授旗时的训词精神，研究我省具体贯彻措施。会议还研究了其他事项。

31日，省委常委会召开扩大会议。

省委书记于伟国主持召开省委常委会（扩大）会议强调，要认真学习贯彻习近平总书记在中央第七次西藏工作座谈会上的重要讲话精神，切实把思想和行动统一到以习近平同志为核心的党中央战略部署上来，全面贯彻新时代党的治藏方略，增强“四个意识”、坚定“四个自信”、做到“两个维护”，全面提高对口支援工作的质量和水平，为推动新时代西藏长治久安和高质量发展作出积极贡献。省委副书记、代省长王宁，省政协主席崔玉英出席。

（摘编：赵旭东）

九月

1日，福建代表团赴宁夏学习考察。

1日至4日，省委书记于伟国、代省长王宁率福建代表团赴宁夏回族自治区学习考察，召开闽宁互学互助对口扶贫协作第二十四次联席会议，共同深入学习贯彻习近平总书记关于东西部扶贫协作的重要论述和视察宁夏时的重要讲话精神，秉承习近平总书记开创闽宁对口协作事业的重要理念和重大实践，落深落实各项工作，推动新时代闽宁协作再上新台阶。宁夏回族自治区党委书记陈润儿、自治区主席咸辉、自治区政协主席崔波参加有关活动。

1 日，2020 年度海峡联合基金会议评审和管委会会议召开。

1 日至 3 日，2020 年度促进海峡两岸科技合作联合基金（海峡联合基金）、NSFC（国家自然科学基金委）－山东联合基金、NSFC－新疆联合基金、NSFC－河南联合基金、NSFC－云南联合基金的会议评审和管理委员会会议在福州召开。副省长崔永辉在开幕式上致辞。国家自然科学基金委员会与福建省人民政府于 2011 年 12 月设立海峡联合基金。

2 日，河仁慈善基金会向闽鄂黔捐赠 14 亿元。

闽鄂黔与河仁慈善基金会捐赠仪式举行。捐赠仪式前，省委书记于伟国，省委副书记、代省长王宁与河仁慈善基金会创办人、福耀集团董事长曹德旺一行座谈。捐赠仪式上，河仁慈善基金会宣布向福建、湖北、贵州三省捐赠 14 亿元，助力扶贫救灾、医疗、教育等项目。自 2016 年起，河仁慈善基金会在三省开展“联村帮扶”，三年共捐赠 9000 万元。目前，河仁慈善基金会和曹德旺先生已捐赠 57 亿元用于慈善事业。

2 日，于伟国为省委党校、福建行政学院 2020 年秋季学期中青年干部培训班作开班动员讲话。

省委书记于伟国在省委党校、福建行政学院为 2020 年秋季学期中青年干部培训班作开班动员讲话，恰逢省委党校建校 70 周年。于伟国强调，广大中青年干部要深入学习贯彻习近平新时代中国特色社会主义思想，认真贯彻落实习近平总书记对福建工作的一系列重要讲话重要指示批示精神，增强“四个意识”、坚定“四个自信”、做到“两个维护”，强化理论武装，锤炼坚强党性，做到信念过硬、政治过硬、责任过硬、能力过硬、作风过硬，为全方位推动高质量发展超越作出新贡献。

2 日，省司法厅继续下放 12 项行政审批事项。

根据相关法律法规规定，日前，经省行政审批制度改革工作小组办公室同意，省司法厅决定在 2017 年委托实施 21 项行政审批事项的基础上，继续将 12 项行政审批事项委托设区市司法局、平潭综合实验区司法办实施。

3 日，闽宁在银川共同召开“时代楷模”闽宁对口扶贫协作援宁群体代表座谈会。

晚上，闽宁在银川共同召开“时代楷模”闽宁对口扶贫协作援宁群体代表座谈会，深入学习贯彻习近平总书记关于东西部扶贫协作的重要论述和视察宁夏时的重要讲话精神，秉承弘扬习近平总书记开创闽宁对口协作的重要理念和重大实践，以援宁群体被授予“时代楷模”为新动力，持续深化闽宁协作，携手并肩决战决胜脱贫攻坚，全面建成小康社会。省委书记于伟国、宁夏回族自治区党委书记陈润儿讲话，代省长王宁、自治区主席咸辉共同主持。

3 日，进博会我省交易团已注册专业观众近千名。

省商务厅召开第三届中国国际进口博览会福建省交易团新闻通气会。据介绍，福建省交易团抓住进博会带来的国际贸易、国际投资、人文交流和开放合作新机遇，广泛发动企业参与采购，并通过多渠道宣传推送进博会相关信息，目前我省已注册专业观众近千名。第三届进博会将于 11 月 5 日至 10 日在上海举办。

5 日，福建省抗击新冠疫情专场文艺演出在榕举办。

晚上，“风雨坚守 中国必胜”福建省抗击新冠疫情专场文艺演出在福建大剧院举行。省委常委、宣传部部长邢善萍，副省长郑建闽，省政协副主席张兆民，与福建援鄂医疗队队员代表、基层一线和省直机关党员干部共计 400 余人观看了现场演出，通过福建大剧院抖音号、东南网“云中剧院”直播平台线上观看演出的观众超过 118 万人次。本场演出由中共福建省委宣传部、省文化和旅游厅、省政协文化文史和学习委员会联合主办，是省属文艺院团复工复产后的第一场线下大型演出，列入文化和旅游部“全国抗疫题材重点舞台作品”4 台主题晚会之一。

5 日，福州外国语学校举行“银坤圆梦班”启动仪式。

福州外国语学校“银坤圆梦班”启动仪式在

榕举行。副省长李德金出席活动并讲话。

7日，全省花卉市场已恢复至去年同期水平。

省林业局消息，目前我省花卉苗木销售正在迅速复苏。杜鹃花、山茶花、君子兰等传统盆花和玫瑰、月季、非洲菊等主要鲜切花销量已恢复至去年同期水平，且价格上涨明显。

7日，省防指启动防暴雨Ⅳ级应急响应。

上午，省防指组织应急、水利、气象、自然资源等部门会商分析研判近期强降雨天气形势，部署相关防御工作。当日12时，省防指决定启动防暴雨Ⅳ级应急响应。会商指出，7至8日，我省有一次明显降雨过程，预计过程雨量60～100毫米，局部可达180毫米，降雨时局地伴有短时雷雨大风天气。其中，7日全省有分散性暴雨，中南部局部大暴雨，24小时雨量50～100毫米，局地160毫米；8日北部地区有分散性暴雨。

8日，全球最大投资云平台——“云上投洽会”正式上线。

中国国际投资贸易洽谈会与阿里巴巴集团共同打造的“云上投洽会”正式上线。上线仪式以视频连线形式进行，商务部副部长兼国际贸易谈判副代表王受文，省委常委、厦门市委书记胡昌升，省委常委、副省长赵龙，省委常委、秘书长郑新聪，副省长郭宁宁、崔永辉，阿里巴巴集团合伙人、副总裁宋洁出席仪式并共同触屏启动“云上投洽会”。王受文、郭宁宁在仪式上致辞。

8日，我省提前完成排污许可全覆盖任务。

省生态环境厅消息，8月25日，我省提前35天完成了所有行业共计114510家企业排污许可发证登记工作，基本实现排污许可全覆盖，位居全国前列。

8日，宁德一中融汇“圆梦班”开班。

中远基金会宁德一中融汇“圆梦班”举行开班仪式。副省长郑建闽出席并讲话。

9日，省委常委会召开会议。

省委书记于伟国主持召开省委常委会会议，认真传达学习习近平总书记在纪念中国人民抗日战争暨世界反法西斯战争胜利75周年座谈会上的重要讲话、在8月31日中共中央政治局会议审议《黄河流域生态保护和高质量发展规划纲要》时的重要讲话、给建设和守护密云水库的乡亲们的回信、在2020年中国国际服务贸易交易会全球服务贸易峰会上的致辞、在教师节到来之际向全国广大教师和教育工作者致以节日祝贺和诚挚慰问时的重要指示精神，具体部署我省贯彻落实意见；研究第十二届海峡论坛筹备和我省城际铁路建设规划等工作。会议还研究了其他事项。

9日，省委常委会召开扩大会议。

省委书记于伟国主持召开省委常委会（扩大）会议，强调要认真学习贯彻习近平总书记在全国抗击新冠肺炎疫情表彰大会上的重要讲话精神，大力弘扬伟大抗疫精神，坚持稳中求进工作总基调，坚定不移贯彻新发展理念，着力构建新发展格局，统筹国内国际两个大局，办好发展安全两件大事，推进治理体系和治理能力现代化，全方位推动高质量发展超越。省委副书记、代省长王宁，省政协主席崔玉英出席。

9日，省领导教师节前看望慰问教师代表。

在第36个教师节到来之际，受省委于伟国书记、省政府王宁代省长委托，副省长林宝金代表省委、省政府向全省广大教师和教育工作者致以节日祝贺和亲切问候。

10日，2020年福建省暨福州市欢送新兵仪式举行。

上午，福建省暨福州市2020年欢送新兵仪式在福州火车站北广场举行。副省长崔永辉，省征兵领导小组副组长、省军区副司令员张玉生少将参加欢送仪式。当天，233名新兵带着家乡父老的殷切期盼和美好祝福，即将奔赴71集团军、73集团军等单位，开启军旅生涯。

10日，省领导到福建警察学院看望慰问教职员工。

副省长、省公安厅厅长田湘利到福建警察学院，看望慰问教职员工并座谈。田湘利看望慰问了福建警察学院教师代表，向全省公安教育战线的同志们致以节日问候和崇高敬意。

10日，福州长乐国际机场二期扩建工程开工。

由习近平总书记在福建工作时亲自谋划和推动建设的福州长乐国际机场，于9月10日启动二期扩建工程。省委书记于伟国参加开工动员。总投资215亿元，设计年旅客吞吐量3600万人次，将建成集航空、铁路、地铁、地面公交等综合性的城市客货流集散枢纽。

10 日，国家发改委共建“一带一路”推进会在泉州召开。

10 日至 11 日，国家发改委共建“一带一路”推进会在泉州召开。国家发展改革委副主任兼国家统计局局长宁吉喆，代省长王宁出席全体会议。

10 日，于伟国赴福州调研与推动。

省委书记于伟国到福州调研推动工作时强调，要深入贯彻落实习近平总书记重要讲话重要指示批示精神，坚持稳中求进工作总基调，坚定不移贯彻新发展理念，深入实施“3820”战略工程，加快推进福州滨海新城建设，加快发展壮大数字经济，深化生态文明建设，着力打造闽江口金三角经济圈，全方位推动高质量发展超越。

11 日，2020 厦门国际投资贸易洽谈会暨丝路投资大会落幕。

为期 4 天的 2020 厦门国际投资贸易洽谈会暨丝路投资大会圆满落幕。本届厦洽会与“云上投洽会”相辅相成，朝国际化、专业化、品牌化精耕细作，以实际行动宣示中国高水平对外开放的决心，凝聚起抗击疫情、提振全球投资合作信心的共识。作为常态化疫情防控期间举办的一场重大国际经贸活动，2020 厦洽会共吸引 1018 个客商团组参会，包括来自 69 个国家、地区的境外驻华客商团组 248 个。线下展览面积达 11 万平方米，同期“云上投洽会”3D 展厅精彩亮相，近千家境内外投资机构闪亮登场，近百名国内外嘉宾在投资促进主题论坛中线上线下共同研讨。大会期间共有 2300 多个项目达成合作协议，协议总投资额超 8000 亿元人民币。

11 日，省公安厅召开厅党委（扩大）会议。

副省长，省公安厅党委书记、厅长田湘利主持召开厅党委（扩大）会议，认真传达学习贯彻习近平总书记在全国抗击新冠肺炎疫情表彰大会上的重要讲话精神，研究贯彻落实意见。

19 日，我省举办残疾人辅助器具服务技能“云”竞赛。

19 日至 20 日，福建省残疾人辅助器具服务技能竞赛在“云端”进行。近年来，我省各地充分发挥辅助器具在贫困残疾人奔小康过程中助推器的作用，取得了很好的成效。为推广经验、优化理念、提升服务，我省特举办此次比赛。

22 日，第九届共同家园论坛在平潭举办。

由平潭海峡两岸交流协会主办、两岸有关机构支持的第九届共同家园论坛在平潭举办。本届论坛以“深化基层交流 促进融合发展”为主题，副省长郭宁宁出席论坛开幕式并致辞。

22 日，2020 年福建省“中国农民丰收节”庆祝活动在永春启动。

2020 年福建省“中国农民丰收节”庆祝活动启动仪式在永春县岵山镇茂霞村举行，副省长崔永辉出席。2020 年“中国农民丰收节”是我国第三个中国农民丰收节，我省以“八闽丰收节节高幸福小康样样红”为主题。

22 日，首个省级普惠型补充医疗保险上线。

全国首个省级普惠型补充医疗保险——“八闽保”上线。这一普惠型商业健康险产品具有准入门槛低、保障范围广等特性，凡是福建省基本医疗保险参保人（除厦门外）且为在保状态，不限年龄和职业，无须体检，均可直接投保。

22 日，何厚铧率澳区全国政协委员考察团来闽。

22 日至 27 日，全国政协副主席何厚铧率澳门特别行政区全国政协委员考察团来闽参访考察。省委书记于伟国、省长王宁、省政协主席崔玉英与考察团一行在福州进行了座谈。全国政协常委、港澳台侨委员会主任朱小丹参加。

23 日，12 部门联合发文，加强农村留守妇女关爱服务。

省民政厅、公安厅等 12 部门日前联合出台《关于加强农村留守妇女关爱服务工作的实施意见》，明确建立健全民政牵头、部门协同、妇联组织积极发挥作用、社会力量广泛参与的农村留守妇女关爱服务工作机制，为农村留守妇女提供多元化、有针对性的关爱服务。

23 日，我省部署秋冬季森林防灭火工作。

全省秋冬季森林防灭火工作电视电话会议召开，分析秋冬季森林防灭火面临形势，部署重点工作。省委常委、副省长、省森防指总指挥赵龙出席会议并讲话。

24 日，福州机场开通首条洲际大型全货机航线。

一架由美国康尼航空执飞的波音747-400全货机从福州机场腾空而起，飞往美国洛杉矶，标志着福州—洛杉矶全货机航线正式开通，这是福州机场开通的首条洲际大型全货机航线。

24日，第十届福建省中青年演员比赛在榕收官。

由省文旅厅主办的第十届福建省中青年演员比赛在福州顺利收官，共有727名选手参赛，入围决赛的379名优秀演员展示了各自的艺术风采。本届比赛分为“戏剧曲艺”和“音乐舞蹈杂技”两大类，包含戏剧曲艺、戏曲器乐和声乐、西洋器乐、民族器乐、舞蹈杂技等6个组别。

25日，2020福建互联网大会在榕召开。

2020中国福建互联网大会在福州举行，各界精英学者及业内人士会聚榕城，聚焦5G的发展应用，深入探讨5G时代变革。本次大会由福建省委网信办、福建省通信管理局、福建省发展和改革委员会、福建省工业和信息化厅、福建省数字福建建设领导小组办公室指导，福建省互联网协会主办。

25日，第十四届“书香八闽”全民读书月 活动启动仪式在榕举行。

福建省第十四届“书香八闽”全民读书月活动启动仪式在榕举行。省委常委、宣传部部长邢善萍出席活动，并为“2020年福建省全民阅读示范点”授匾，为“2020年度闽版十本好书”入选图书颁奖。本届读书月期间，全省将结合中秋节、国庆节开展线上线下阅读、诵读、阅读分享交流、征文、讲座、报告会、知识竞赛等丰富多彩的读书活动，传播弘扬中华传统文化，持续推动学习宣传贯彻习近平新时代中国特色社会主义思想走深走实。

25日，福建非遗精品展开幕。

“明月寄情怀 秋夜赏非遗”——福建非遗精品展演展示活动在福建省非物质文化遗产博览苑开幕。活动由省文旅厅、省政协文化文史学习委员会共同主办。国庆中秋假期夜间，展览也将开放。

25日，2020年度民警荣誉仪式举行。

晚上，省公安厅在福州举行“擎旗奋进铸忠诚”2020年度民警荣誉仪式。省委常委、政法委书记罗东川，省人大常委会党组副书记、副主任梁建勇，副省长、省公安厅厅长田湘利，省政协副主席许维泽，省法院院长吴偕林、省检察院检察长霍敏出席活动，公安部派人到场指导，并为受表彰的民警颁奖。荣誉仪式上，10个立功集体代表、10名立功个人代表受到表彰；22名分别从警40、30、20年的民警代表受颁特别、金质、银质荣誉章；9名退休民警代表受颁光荣退休纪念牌。同时，进行新警代表入警宣誓。

26日，福（州）平（潭）铁路开始联调联试。

18时，福州至平潭铁路正式进入联调联试阶段，意味着这条铁路距离开通运营又近了一步。福平铁路线路全长约88.43千米，其中桥隧占比79.04%，建成了乌龙江特大桥、平潭海峡公铁两用大桥等重难点工程。共设福州、福州南、长乐、长乐东、长乐南、平潭6个车站，线路设计时速200公里，其中福州和福州南为既有车站，其余为新建站，计划2020年年底具备开通条件。

26日，第十一届海峡两岸船政文化研讨会开幕。

第十二届海峡论坛·第十一届海峡两岸船政文化研讨会在福州开幕。本届研讨会以“船政与两岸共同抗敌御侮”为主题，由台盟中央指导，福州市政府、台盟福建省委、福州市政协、福建省文史研究馆主办。

27日，国庆节中秋节文化和旅游假日市场工作电视电话会议举行。

我省举行国庆节、中秋节文化和旅游假日市场工作电视电话会议，深入学习贯彻落实习近平总书记关于假日市场工作、安全生产工作重要讲话重要指示批示精神，传达文旅部电视电话会议精神，布置国庆、中秋旅游假日市场工作。副省长郑建闽出席福州主会场会议并讲话。

27日，省领导调研疫情防控工作。

副省长李德金带队赴福州肺科医院、集中医学观察点和长乐机场口岸调研，详细了解疫情防控措施落实情况。

27日，福建省消防救助慈善基金设立。

省消防救援总队与省慈善总会举行设立福建省消防救助慈善基金仪式。省慈善总会专门设立福建省消防救助慈善基金，救助对象除了省消防救援总队行政编制指战员外，还包括了政府专职消防员、消防员文员和指战员直系亲属（包括配偶、父母、子女），以及在灭火和应急救援中见义勇为的地方人员。

27 日，衢州至宁德铁路开通运营。

9 时 59 分，T8006 次列车从宁德站缓缓驶出，开往浙江衢州，标志衢宁铁路正式开通运营。自此，我省的松溪、政和、屏南、周宁等 4 县结束不通铁路的历史。衢宁铁路于 2015 年开工建设，北起浙江省衢州市，向南途经浙江丽水市、福建省南平市，终至福建省宁德市，线路全长 379 公里，为国铁Ⅰ级客货共线单线电气化铁路，设计时速 160 公里，全线设衢州、龙游南、遂昌、松阳、龙泉市、庆元、松溪、政和、建瓯东、屏南、周宁、支提山、宁德等 13 个客运车站。

27 日，福建省第七次全国人口普查宣传月启动。

下午，福建省第十一届“中国统计开放日”暨第七次全国人口普查宣传月启动仪式在福州举行，省委常委、常务副省长、省第七次全国人口普查领导小组组长赵龙宣布宣传月启动，省人大常委会副主任邓力平、省政协副主席张兆民出席启动仪式。启动仪式以“大国点名 没你不行”为主题，旨在使人口普查“家喻户晓、人人支持”，并让社会公众更加了解、关心支持统计工作。

28 日，省委常委会召开会议。

省委书记于伟国主持召开省委常委会会议，认真学习贯彻习近平总书记在教育文化卫生体育领域专家代表座谈会上的重要讲话和对“十四五”规划编制工作网上意见征求活动作出的重要指示精神，研究我省贯彻落实措施；传达学习全国扫黑除恶专项斗争第三次推进会精神，深入推进我省专项斗争工作。会议还研究了其他事项。

28 日，省委常委会召开扩大会议。

省委书记于伟国主持召开省委常委会（扩大）会议，强调要认真学习贯彻习近平总书记在第三次中央新疆工作座谈会上的重要讲话精神，完整准确贯彻新时代党的治疆方略，牢牢扭住新疆工作总目标，依法治疆、团结稳疆、文化润疆、富民兴疆、长期建疆，以推进治理体系和治理能力现代化为保障，多谋长远之策，多行固本之举，扎实做好对口援疆各项工作，不断提升对口援疆综合效益，努力为建设团结和谐、繁荣富裕、文明进步、安居乐业、生态良好的新时代中国特色社会主义新疆作出更大贡献。省委副书记、省长王宁出席。

29 日，中国·福建—埃及数字教育云对接会举办。

下午，由省数字办和省外事办主办、埃及教育与技术教育部协办的“中国·福建—埃及数字教育云对接会”在福州、北京以及埃及通过“云视频”方式举办。副省长郭宁宁出席会议并致辞，埃及教育与技术教育部副部长艾哈迈德·达希尔录播致辞。

30 日，“全闽乐购——书香润八闽”活动启动。

“全闽乐购——书香润八闽”活动启动仪式在福州安泰新华图书城举行，副省长郭宁宁出席活动。本次活动由省委宣传部、省直机关工委、省商务厅、省总工会、海峡出版发行集团、福建广电网络集团等单位主办。启动仪式上，签订了战略合作协议，共办“书香工会”、共推“书香机关”、共建“全民阅读·书香榕城”。

30 日，烈士纪念日向革命烈士敬献花篮仪式在榕举行。

9 月 30 日是第七个烈士纪念日。福建省、福州市在福州文林山革命烈士陵园隆重举行向革命烈士敬献花篮仪式。省委书记、省人大常委会主任于伟国，省长王宁，与省、市各界代表一起，向烈士纪念碑敬献花篮，缅怀革命先烈，致敬人民英雄，激励全省人民在习近平新时代中国特色社会主义思想指引下，秉承先烈遗志、弘扬革命精神，增强“四个意识”、坚定“四个自信”、做到“两个维护”，不忘初心、牢记使命，为全方位推动高质量发展超越、加快新时代新福建建设接续奋斗。

30 日，省杂技团专场惠民演出今起恢复。

福建省杂技团消息，该团于 30 日晚在福州大戏院恢复常态性的专场杂技惠民演出。这是新冠肺炎疫情防控常态化后，省杂技团首次回归自己剧场的定点惠民演出。

（摘编：赵旭东）

十月

1日，“心连心”赴宁德慰问演出今日开播。

2020“我们的中国梦”文化进万家——中央广播电视总台“心连心”赴宁德慰问演出播出时间已确定，为1日22时37分在CCTV1综合频道首播，并于6日19时30分于CCTV综艺频道再次播出。8月2日至13日，以“决胜全面建成小康社会、决战脱贫攻坚”为主题的2020“我们的中国梦”文化进万家——中央广播电视总台“心连心”赴宁德慰问演出摄制团队及演职人员，分赴闽东多地进行节目录制，用心、用情、用力捕捉当地脱贫攻坚中涌现出来的典型人物和感人事迹，用丰富多彩的节目形式展现天堑变通途、旧貌换新颜的跨越式发展成果。

1日，双节假期首日全省381家景区全开放。

全省文化旅游市场热闹开启中秋节、国庆节假期。全省381家景区1日全部开放，游客接待量提升至最大承载量75%。部分省级博物馆开启“夜场”，电影院每场放映的上座率上限调整为75%，排片量增加。双节长假期间，全省各地将持续推出“全福游 有全福”千团万人系列活动，举办50多场特色旅游活动，100多场文化节庆活动。为了拉动旅游消费，各地也推出文旅优惠券、惠民卡等，鼓励省内旅游景点门票打折，赠送旅游购物券等奖励。

8日，王宁率福建省代表团赴西藏昌都市。

省委副书记、省长王宁率福建省代表团赴西藏昌都市，参加昌都市解放70周年相关庆祝活动，推进落实对口援昌各项工作，看望慰问援藏干部人才。8日下午，西藏自治区党委书记吴英杰和自治区代表团成员与对口支援昌都的福建省等省市和央企负责同志座谈。

8日，王宁率福建省党政代表团赴西藏昌都推进落实对口支援各项工作。

为深入贯彻落实习近平总书记在中央第七次西藏工作座谈会上的重要讲话精神，8日至10日，省委副书记、省长王宁率福建省党政代表团赴西藏昌都，推进落实对口支援各项工作，看望慰问福建援藏干部人才，助力昌都长治久安和高质量发展。副省长郑建闽参加活动。

9日，全国净滩公益活动福州主会场启动。

“守护美丽岸线 我们共同行动”2020第四届全国净滩公益活动福州主会场启动仪式，日前在福州长乐漳港海滩举行。

9日，省委常委会召开会议。

省委常委会召开会议，传达中央纪委国家监委给予张志南开除党籍和公职处分的决定。省委书记于伟国主持会议并讲话。与会同志一致表示，坚决拥护中央纪委国家监委给予张志南开除党籍和公职处分的决定。一致认为，中央对张志南严重违纪违法案进行查处，充分体现了以习近平同志为核心的党中央把“严”的主基调长期坚持下去、把反腐败斗争进行到底的鲜明态度和坚定决心，再次印证了反腐败斗争形势依然严峻复杂，深刻警示我们全面从严治党必须一以贯之、持续用力。张志南身为党的高级领导干部，背离“两个维护”，丧失理想信念，背弃初心使命，党性原则缺失，在抗击疫情大考关头贯彻党中央决策部署不力，把公权力当成谋私的工具，徇私舞弊滥用职权，生活腐化堕落，家风败坏。一定要引以为戒，深刻吸取教训。

9日，省委常委会召开会议。

省委书记于伟国主持召开省委常委会会议，

认真学习贯彻习近平总书记在9月28日中央政治局会议上和中央政治局第二十三次集体学习时的重要讲话精神、对供销合作社工作作出的重要指示精神，研究我省贯彻落实具体措施。会议还研究了其他事项。

10日，省人大常委会开展反不正当竞争法执法检查。

受全国人大常委会委托，省人大常委会近期开展《中华人民共和国反不正当竞争法》执法检查。10日，执法检查组在榕召开汇报会，省人大常委会副主任邓力平出席会议并讲话。副省长郭宁宁到会介绍我省贯彻落实法律情况，省直有关部门作了相关汇报。

10日，省委政法委员会召开全体会议。

省委政法委员会召开全体会议，进一步学习贯彻习近平总书记关于政法工作的重要论述特别是对人民警察队伍的重要训词精神，学习《中国共产党政法工作条例》及我省实施意见，研究落实中央政法委员会和省委常委会有关会议精神措施，部署当前政法重点工作。省委常委、政法委书记罗东川，副省长、省公安厅厅长田湘利，省法院院长吴偕林，省检察院检察长霍敏，武警福建总队司令员张建超等出席会议。

11日，省政府党组召开会议。

省政府党组召开会议，传达中央纪委国家监委给予张志南开除党籍和公职处分的决定精神以及省委贯彻意见。省政府党组书记、省长王宁主持会议并讲话。与会省政府党组成员和副省长郑建闽作了表态发言。大家一致表示，坚决拥护中央纪委国家监委给予张志南开除党籍和公职处分的决定。

11日，数字中国创新大赛·中小学生赛道总决赛举行。

2020数字中国创新大赛·中小学生赛道总决赛在福州举办。55支入围决赛队伍进行巅峰对决。经过激烈角逐，共有24个项目获奖，其中福州市鼓楼第一中心小学、福州时代中学、厦门市同安职业技术学校、福州第三中学分别获得小学组、初中组、职中组、高中组一等奖。2020数字中国创新大赛以“培育数字经济新动能，助推数字中国新发展”为主题，是数字中国建设峰会的核心赛事。

11日，“有福之州·对话未来”分院落主题活动举办。

晚上，“有福之州·对话未来”分院落主题活动在福州三坊七巷举行。省领导周联清、梁建勇、李德金、郑建闽、郭宁宁、刘献祥、许维泽出席活动。

12日，“摆脱贫困与政党的责任”国际理论研讨会在福建举行。

在中国国家扶贫日和国际消除贫困日到来前夕，由中共中央对外联络部和中共福建省委共同主办的“摆脱贫困与政党的责任”国际理论研讨会于10月12日至13日在福建举行。中共中央总书记、国家主席习近平向会议致贺信，老挝人革党中央总书记、国家主席本扬，纳米比亚人组党主席、总统根哥布，津巴布韦非洲民族联盟－爱国阵线主席兼第一书记、总统姆南加古瓦，中非共和国团结一心运动创始人、总统图瓦德拉，马拉维大会党主席、总统查克维拉，阿根廷总统费尔南德斯，苏里南进步改革党主席、总统单多吉等多国领导人通过书面或视频方式致贺，来自100多个国家的约400位政党代表和驻华使节、国际机构驻华代表、发展中国家媒体驻华代表、智库学者等通过线上或线下方式参会，围绕“中国脱贫攻坚与国际减贫事业”“摆脱贫困与人类可持续发展”“政党在摆脱贫困中的责任和作用”等议题开展交流。会议开幕式向全球进行直播。

12日，八闽健康码与医保电子凭证实现双码融合。

闽政通智慧医疗生态体系建设暨八闽健康码与医保电子凭证融合开通仪式在数字中国建设峰会数字福建分论坛举行。依托闽政通APP平台，八闽健康码与医保电子凭证实现双码融合。参保用户在使用八闽健康码时，通过自动比对关联技术，实现医保电子凭证的认证、激活、绑定自动化操作，一步到位对接八闽健康码。在医保电子凭证的支持下，八闽健康码将实现药店扫码购药。

12日，东南能源大数据中心揭牌。

在第三届数字中国建设峰会数字福建分论坛上，东南能源大数据中心揭牌。今年6月，省政府与国家电网有限公司签订战略合作框架协议，明确共建东南能源大数据中心。省发改委同意按照“政府主导、电网主建、多方参与、共建共享”模式，依托国网福建电力公司建设东南能源大数据中心。该中心立足福建、辐射东南，汇聚共享能源行业数据，推进“平台+数据+生态”一体化发展，致力于服务政府治理能力提升、能源行业转型升级和社会便捷高效用能。

12日，数字中国创新大赛智慧医疗赛道落幕。

2020数字中国创新大赛智慧医疗赛道暨第四届智慧医疗创新大赛全国总决赛，在福州数字中国会展中心落幕。大赛评选出特等奖1个、一等奖11个、二等奖17个、三等奖29个。大赛由省数字福建建设领导小组办公室、省工业和信息化厅、福州市政府、移动医疗教育部中国移动联合实验室及清华—福州数据技术研究院联合主办。

12日，我省发布数字经济百项应用场景。

数字经济的发展离不开应用场景的驱动。在第三届数字中国建设峰会数字福建分论坛上，省数字办发布135项数字经济应用场景，涵盖人工智能、大数据、物联网、平台经济、5G、区块链、工业互联网、卫星应用及数字丝路领域。

13日，省委和省政府召开数字福建20周年座谈会。

省委和省政府召开数字福建20周年座谈会，与参加第三届数字中国建设峰会的代表，共同学习贯彻习近平总书记致第三届数字中国建设峰会的贺信精神，回顾数字福建20年建设历程，交流学习体会、推动深化合作，努力为加快数字中国建设进程作出更大贡献。十二届全国政协副主席、国家电子政务专家委员会主任王钦敏，省委书记于伟国出席并讲话。国务院发展研究中心党组书记马建堂等发言，省长王宁主持。

13日，数字健康分论坛举行。

上午，第三届数字中国建设峰会数字健康分论坛举行。副省长李德金出席论坛并致辞，中国工程院院士吴曼青、董家鸿，中国科学院院士陆林作大会主题发言。分论坛围绕“创新汇聚，共筑健康新生活”主题深入交流，聚焦数字抗疫、全民健康信息化建设、健康医疗大数据应用、互联网+信息便民惠民等话题，探讨在“十四五”期间特别是新冠肺炎疫情的影响下，如何深化政企产学研对话合作，激发行业创新创业活力，引领大健康产业蓬勃发展。

13日，中联部组织多国驻华使节赴宁德交流考察。

中共中央对外联络部组织线下参加“摆脱贫困与政党的责任”国际理论研讨会的近30位驻华使节到访宁德市，考察了被称为“中国扶贫第一村”的福鼎市磻溪镇赤溪村和宁德时代新能源科技股份有限公司，参观了展现宁德脱贫攻坚全貌的“摆脱贫困”主题展览，并同宁德市委市政府举行了“宁德故事”分享会。中联部副部长郭业洲、福建省副省长郭宁宁参加。

14日，第三届数字中国建设峰会闭幕。

第三届数字中国建设峰会圆满完成各项议程，在福州顺利闭幕。省委常委、常务副省长赵龙在闭幕式上作总结讲话，省委常委、宣传部部长邢善萍主持闭幕式。省委常委、福州市委书记林宝金，国家有关部委负责同志、院士专家、企业代表等出席。

15日，省委常委会召开会议。

省委书记于伟国主持召开省委常委会会议，认真学习贯彻习近平总书记在中央党校（国家行政学院）中青年干部培训班开班式上的重要讲话精神，认真学习贯彻习近平总书记致“摆脱贫困与政党的责任”国际理论研讨会和第三届数字中国建设峰会的贺信精神，研究部署我省具体贯彻落实措施。会议还研究了其他事项。

15日，省委常委会召开扩大会议。

省委书记于伟国主持召开省委常委会（扩大）会议，认真学习贯彻习近平总书记在深圳经济特区建立40周年庆祝大会上和在广东考察时的重要讲话精神，研究我省具体贯彻落实措施。会议强调，要高举中国特色社会主义伟大旗帜，紧紧围绕统筹推进“五位一体”总体布局、协调推进“四个全面”战略布局，坚决贯彻落实以习近平同志为核心的党中央战略部署，坚持改革不停顿、开放不止步，以更大魄力、在更高起点上推进改革开放，为全面建设社会主义现代化国家、实现第二个百年奋斗目标作出新的更大的贡献。省长王宁、省政协主席崔玉英出席。

15日，中国国际物博会12月在厦门登场。

中国国际物联网博览会组委会消息，第六届中国国际物联网博览会将于12月11日至13日在厦门举行。物联网高峰论坛、CXO峰会、项目路演、2020物联中国年度盛典之夜暨物联网产业大奖颁奖典礼、物联中国团体组织联席会主席团年会等活动将同期举行，众多全球性知名物联网企业及产业链厂商将参展亮相，全面展示国内外物联网领域创新成果、最新产品及典型应用。

16日，全省深入推进扫黑除恶专项斗争工作会议召开。

全省深入推进扫黑除恶专项斗争工作会议在福州召开。省委书记、省扫黑除恶专项斗争领导小组组长于伟国强调，要深入学习贯彻习近平总书记关于扫黑除恶专项斗争的重要指示精神，认真贯彻落实党中央决策部署，认真贯彻全国扫黑除恶专项斗争第三次推进会精神，坚持问题导向，强化有力举措，全力抓好“六清”行动，建立健全长效机制，夺取扫黑除恶专项斗争全面胜利，推动平安福建建设提高到新水平，努力使人民群众安全感更加充实、更有保障、更可持续。省长、省专项斗争领导小组第一副组长王宁主持。

16日，第十三届海峡两岸百名中小学（中职）校长论坛举行。

第十三届海峡两岸百名中小学（中职）校长论坛在厦门和台湾同步举行。在疫情防控常态化形势下，论坛采用视频连线研讨方式，在厦门和台湾分设两个会场同步互动进行。中国教育学会、教育部、国台办等领导到厦门参会。本届论坛围绕“学生综合素养评估”的主题，两岸约200位校长共同开展研讨。

16日，第二十一届宁德投资洽谈会举行。

第二十一届宁德投资洽谈会产业招商推介及签约仪式在宁德举行，25个项目现场集中签约。经过前期的洽谈对接，本届投洽会共对接项目365项，总投资844亿元。其中，工业项目202项，总投资507.43亿元；服务业项目163个，总投资336.57亿元。

19日，第三季度质量问题成为消费投诉主体。

福建省消委会了解到，2020年第三季度该单位共受理消费者投诉9155件，解决8425件，解决率92.03%，为消费者挽回损失1005.98万元。根据投诉性质划分：质量问题2067件，占投诉总量的22.58%；合同问题1542件，占投诉总量的16.84%；售后服务问题1356件，占投诉总量的14.81%；虚假宣传问题631件，占投诉总量的6.89%。质量问题成为首要问题，合同问题和售后服务问题仍然是引发投诉的主要原因，三者占投诉总量的五成以上。

19日，王宁会见新西兰驻华大使傅恩莱一行。

省长王宁在福州会见新西兰驻华大使傅恩莱一行，共话深厚友谊，推动务实合作。副省长郭宁宁参加。新西兰驻广州总领事沈立等随行来访。省政府秘书长，省直有关部门负责同志参加会见。

19日，省人大常委会召开气象“一法一例”执法检查汇报会。

根据省人大常委会2020年监督工作计划，10月将在全省开展《中华人民共和国气象法》及《福建省气象条例》执法检查。上午，执法检查组召开汇报会，省人大常委会党组副书记、副主任黄琪玉参加会议并讲话，副省长崔永辉到会介绍我省贯彻实施气象“一法一例”的情况，省直有关部门作了工作汇报。

19日，省总工会开展省五一劳动奖“云表彰”活动。

由省总工会主办的2020年福建省五一劳动奖“云表彰”活动在福州举行。省人大常委会副主任、省总工会主席黄琪玉出席表彰会。省总工会决定：授予福州春晖制衣有限公司等80个单位福建省五一劳动奖状；授予侯艳梅等230名职工福建省五一劳动奖章；授予福建华博教育科技股份有限公司技术中心等143个企业集体福建省工人先锋号；福建省福州第十中学化学教研组等87个机关事业集体福建省五一先锋号。同时，为弘扬抗疫精神，专项授予福建省福州肺科医院等20个单位福建省五一劳动奖状；授予康德智等100名职工福建省五一劳动奖章。

19日，第十六届粮食产销协作福建洽谈会召开。

由福建、山东、江西、吉林、安徽、河南、黑龙江、湖南、江苏、湖北、内蒙古等11省（区）政府共同举办的第十六届粮食产销协作福建洽谈会在海峡国际会展中心举办。本届粮洽会旨在进一步巩固和发展福建与各粮食主产省间长期稳定的粮食产销协作关系，推动产学研合作、扩大产销合作成效。为突出“福建洽谈会”主题，本届粮食交易大会在展馆设立11个协作省份联合展区，集中展示各地优质绿色营养健康粮油产品，及部分省试点全产业链情况。

20日，海归英才八闽行项目对接洽谈会举行。

由省人社厅主办的“2020年海归英才八闽行项目签约暨留学人员项目路演对接洽谈会”在福州举行。本次对接洽谈会是省人社厅“国家扶贫日”系列活动之一，旨在发挥留学人员优势，服务八闽大地尤其是贫困地区发展，通过线上对接和线下帮扶，为基层输送人才技术、对接项目。活动征集到29名海外人才和31个项目，线上对接累计促进人才引进和项目合作意向35项。

20日，我省部署新形势下双拥工作。

全国双拥模范城（县）命名暨双拥模范单位和个人表彰大会召开。省双拥共建工作领导小组副组长、副省长崔永辉，省军区副政委姚火照，东部战区陆军政治工作部副主任杨学勇，武警第二机动总队政治工作部主任周传勇出席省分会场会议。在这次全国表彰会上，我省19个市（县）荣获全国双拥模范城（县）称号，实现全省所有设区市连续五届“满堂红”；我省、驻闽部队2个单位荣获全国双拥模范单位，3名个人荣获全国双拥模范个人称号。

21日，省政府召开常务会议。

省长王宁主持召开省政府常务会议，认真贯彻中央和省委部署，研究制定中小学教师减负清单、生态环保“三线一单”，通过了《福建省促进社会服务领域商业保险发展实施方案》，审议2019年度省科学技术奖拟授奖项目。会议还部署了省政府工作报告起草工作。

21日，省政府党组召开会议。

省政府党组书记、省长王宁主持召开省政府党组会议，认真学习贯彻习近平总书记在深圳特区建立40周年庆祝大会上和在广东考察时的重要讲话精神、致第三届数字中国建设峰会贺信精神，按照省委部署，研究具体贯彻落实措施。

21日，台风“沙德尔”强度逐渐增强，省防指启动防台风Ⅳ级应急响应。

21日12时，省防指启动防台风Ⅳ级应急响应，要求沿海各设区市（实验区）防指和有关部门密切关注今年第17号台风“沙德尔”后续发展趋势，及时组织部署做好各项防御工作。

“沙德尔”（热带风暴级）的中心21日下午5点钟位于海南西沙群岛永兴岛偏东方约580公里的南海东部海面上，中心附近最大风力有9级（23米/秒）。预计“沙德尔”将以每小时10公里～15公里的速度，向偏西方向移动，趋向海南岛东南部近海（22日夜间离台湾浅滩渔场西南界距离最近约500公里），强度逐渐增强，最大强度可达强热带风暴级或台风级（10～12级）。

21日，我省明年高考报名工作将在十一月展开。

省教育厅发布2021年高考报名通知指出，我省2021年普通高考报名包括“网上报名”和“现场确认”两个阶段。申请报名参加2021年我省普通高考的所有人员（包括保送生，高校自主招生，高水平运动队、高水平艺术团招生，运动训练、武术与民族传统体育专业招生，残疾考生单独招生，职教师资班，少年班等），须于2020年11月1日至6日登录福建省教育考试院网站进行网上账号注册、报名和缴费。现场确认阶段，报考人员本人须于2020年11月6日至10日，持报名所需材料到本人所选择的确认点进行现场确认。

21日，最高人民检察院检察长张军来闽调研。

21日至22日，最高人民检察院党组书记、检察长张军率最高检调研组一行到福建检察机关调研，就落实党中央决策部署、加强基层检察院建设进行督导。省委书记于伟国、省长王宁分别参加有关调研活动。

22日，全国脱贫攻坚先进事迹巡回报告会在榕举行。

全国脱贫攻坚先进事迹巡回报告会在福州举行。会前，省委书记于伟国、省长王宁与中华全国供销合作总社党组成员、理事会副主任邹天敬带队的报告团一行座谈。省委常委、秘书长郑新聪，副省长崔永辉参加有关活动。

22日，首个国家区域医疗中心在厦揭牌。

首个国家区域医疗中心揭牌仪式在复旦中山厦门医院举行。副省长李德金出席活动。去年底，国家确定了区域医疗中心建设试点第一批试点项目，复旦中山厦门医院位列其中。今年3月，福建省人民政府与复旦大学附属中山医院签署合作共建国家区域医疗中心协议。

22日，2020年食品安全宣传周活动启动。

由省食安办、福州市食安办联合主办，省、市相关单位联合协办的“2020年福建省暨福州市食品安全宣传周启动仪式”在福州广播电视台举行。副省长郑建闽出席并宣布食品安全宣传周活动正式启动。

23日，省委常委会会议暨省委议军会召开。

省委书记于伟国主持召开省委常委会会议暨省委议军会，认真学习贯彻习近平总书记在中央政治局第二十二次集体学习时、在纪念中国人民志愿军抗美援朝出国作战70周年大会上的重要讲话和给四川省革命伤残军人休养院全体同志回信精神，传达全国双拥模范城（县）命名暨双拥模范单位和个人表彰大会精神，研究我省具体贯彻措施。会议强调，要坚持以习近平新时代中国特色社会主义思想为指导，全面贯彻习近平强军思想，大力弘扬伟大抗美援朝精神，落深落细党管武装政治责任，不断巩固拓展我省军政军民团结良好局面。

23日，省委常委会召开会议。

省委书记于伟国主持召开省委常委会会议，认真学习贯彻习近平总书记在10月22日中央政治局常委会会议和中央政治局第二十四次集体学习时的重要讲话精神，认真学习贯彻习近平总书记对脱贫攻坚工作作出的重要指示精神，研究我省贯彻落实具体措施；听取我省2019年度落实全面从严治党主体责任检查情况汇报，研究下一步工作措施。会议还研究了其他事项。

23日，我省举办学习习近平生态文明思想专题培训班。

我省举办党政领导干部学习习近平生态文明思想专题培训班，邀请中央生态环境保护督察办公室督察专员陈亮作专题报告。

25日，我省加强公建民营养老服务机构监管。

省民政厅消息，我省日前出台《关于加强公建民营养老服务机构监管的指导意见》，明确要求公建民营养老服务机构要坚持履行公益职能、坚持养老属性、确保资产安全、实行管办分离、加强服务管理等五个基本原则，明确监管清单，建立年报制度、检查制度、举报制度、评估制度等。

26日，我省开展创业就业金融服务中心建设。

福建银保监局、省金融监管局、省人社厅、省财政厅近日联合下发通知，开展创业就业金融服务中心建设工作。服务中心主要工作包括落实扶持政策、构建促进机制、推广专属产品、建立辅导队伍、提供岗位信息。

26日，“十三五”前4年我省财政收入年均增长5.6%。

省财政厅消息，“十三五”期间，我省各级财政部门面对各种风险挑战和复杂局面，坚决贯彻中央和省委省政府决策部署，落实积极财政政策更加积极有为、注重实效要求，为经济社会发展提供了强有力的财政保障。据统计，2016年、2017年、2018年、2019年全省财政总收入分别达到4295亿元、4603亿元、5045亿元、5147亿元，2019年为2015年的1.24倍，年均增长率达到5.6%。其中，税收收入分别达到3603亿元、3847亿元、4275亿元、4303亿元，年均增长5%；地方级收入分别达到2654亿元、2808亿元、3007亿元、3052亿元，年均增长4.7%。

26日，森林消防队伍首届“火焰蓝”特种救援技能比武落幕。

为期5天的森林消防队伍首届“火焰蓝”特种救援技能比武26日在福州落幕。省委常委、常务副省长赵龙，应急管理部党委委员、森林消防局局长徐平出席比武颁奖表彰大会。

26日，第五届世界妈祖文化论坛将在莆田举办。

从省政府新闻办召开的新闻发布会上获悉，第五届世界妈祖文化论坛暨第二十二届中国·莆田湄洲妈祖文化旅游节将于10月31日至11月2日在莆田市湄洲岛举行。本届论坛以“妈祖文化与人类命运共同体”为主题，由文化和旅游部、自然资源部、中国社会科学院、民革中央、澳门特区政府、福建省人民政府共同主办。

27日，第四届海峡两岸书院论坛举行。

作为第十二届海峡论坛的系列活动之一，第四届海峡两岸书院论坛近日在福州正谊书院举办。

本届论坛分设福建、台湾两个会场，并以网络连线、远程互动的“云论坛”形式进行，线上交流成为本届论坛的一大特点。

27日，省政协重点提案“三结合”协商会议召开。

《关于把台湾农民创业园建成台胞台企登陆第一家园的样板的建议》重点提案“三结合”座谈会在福州召开，研究推动我省台创园升级发展。副省长崔永辉、省政协副主席杜源生出席并讲话。

27日，第十一届机博投洽会11月8日举办。

省政府新闻发布会消息，第十一届海峡两岸机械产业博览会暨第十三届中国龙岩投资项目洽谈会将于11月8日—11日在龙岩举行。

28日，省政协关于畲族文化保护发展重点提案办理“三结合”协商会召开。

省政协《关于把畲族文化保护列为闽东北协同发展项目的建议》重点提案办理“三结合”协商会在福州召开。副省长郑建闽、省政协副主席阮诗玮出席并讲话。

28日，新疆昌吉回族自治州在闽推介文化旅游。

“闽疆情·闽昌行”2020年昌吉州文化旅游推介会在福州举行，现场推介了新疆首条跨地州旅游环线“环游天山——千里黄金线”等昌吉州特色文化旅游资源。福建省旅游集团与昌吉州文旅局签订战略合作协议，双方将进一步推动文化旅游合作，助力福建对口援疆工作。此前，昌吉州分别在泉州、厦门举行了专场推介。本次推介活动由昌吉州人民政府、福建省文化和旅游厅、福建省对口支援新疆工作前方指挥部主办，昌吉州文旅局承办。活动期间，昌吉州推介团队走访了福建省旅游发展集团和福州、厦门、泉州等地的重点旅游企业，向福建省近200家旅行社面对面推介旅游资源、点对点洽谈合作事宜。

28日，全省首个5G融媒体智慧党建产品发布。

福建IPTV移动平台5G融媒体智慧党建产品发布会在福州举办。活动现场，全省首个5G融媒体智慧党建产品正式上线。该产品集全省性党建宣传、党员教育、党务管理等为一体的综合服务平台。

29日，我省实施高校毕业生重点群体就业帮扶专项攻坚行动。

为促进高校毕业生重点群体尽早就业，省人社厅、教育厅、扶贫办、财政厅日前联合出台《关于实施高校毕业生重点群体就业帮扶专项攻坚行动》的通知，把高校毕业生重点群体全面纳入就业帮扶专项攻坚行动，使有就业意愿的毕业生获得全面帮扶就业到位。此次就业帮扶专项攻坚行动对象包括：2020届福建生源建档立卡贫困家庭、城乡居民最低生活保障家庭、零就业家庭高校毕业生和残疾高校毕业生，福建生源离校1年及以上未就业高校毕业生，2020届省内院校生源地为52个未摘帽贫困县并有意愿在福建就业的高校毕业生等。

29日，我省对省属高校捐赠收入给予财政配比奖补。

省财政厅消息，我省从今年起对省属高校接受的捐赠收入实行配比奖补，并于近日下达首笔补助资金2000万元，对2019年省属高校接受的1.22亿元社会捐赠资金进行配比奖励。

29日，脱贫攻坚典型经验交流会召开。

福建省脱贫攻坚典型经验交流会在福州召开。省人大常委会副主任黄琪玉，副省长崔永辉，省政协副主席许维泽，省政协原副主席、省扶贫“两会”咨询组组长陈增光出席会议。省政协原副主席、省扶贫“两会”会长叶继革主持会议并作总结。崔永辉、许维泽在会上讲话。

30日，省委常委会召开扩大会议。

省委书记于伟国主持召开省委常委会（扩大）会议，认真传达学习党的十九届五中全会精神，研究我省学习宣传贯彻意见。会议要求，全省要迅速兴起学习宣传贯彻党的十九届五中全会精神热潮，各级党组织和广大党员干部要持续深入抓好“大学习”，确保学习宣传贯彻走深走实。要对标对表习近平总书记重要讲话和党中央规划建议，倾听人民呼声，汇聚人民智慧，科学编制我省“十四五”规划。要扎实抓好统筹疫情防控和经济社会发展工作，再接再厉、一鼓作气，确保如期打赢脱贫攻坚战，确保如期全面建成小康社会，为开启全面建设社会主义现代化国家新征程作出更大贡献。

31日，世界城市日中国主场（福州）活动举办两场专题论坛。

2020年世界城市日中国主场活动在福州举行。为更加深入探讨本次活动主题“提升社区和城市品质”，分享福州社区建设经验，提升城市影响力，福州市举办“完整社区 共同缔造”和“品质城市 幸福生活”两场专题论坛。来自国内20余个城市的代表、本地高校和企业代表参加专题论坛。

31日，第三届两岸国学论坛在平潭举办。

第三届两岸国学论坛暨“中华优秀传统文化研究基地”揭牌仪式在平潭举办，吸引海峡两岸60余名国学名师、专家参加。论坛为期两天。本届论坛以“弘扬中华优秀传统文化 打造两岸共同精神家园”为主题，6名两岸国学名师围绕“儒释道视域下的人与自然”的议题，通过线上和线下相结合的方式展开深入研讨，并全程进行网络直播。当天，举办了中华优秀传统文化研究基地揭牌仪式、两岸国学文化产业基地揭牌仪式、福建中小学生研学教育基地揭牌仪式和首届两岸青年设计共创营暨国风文创大赛启动仪式。

（摘编：李哲）

十一月

1日，福建加强名城名镇名村和历史建筑等保护利用。

省政府办公厅近日印发《关于加强历史文化名城名镇名村传统村落和文物建筑历史建筑传统风貌建筑保护利用九条措施的通知》，明确要建立文化遗产普查认定公布责任等9项工作机制，推动各地各有关部门切实保护好这些不可再生、不可替代的历史文化遗产。

1日，我省基本公共卫生服务人均补助标准提高。

省财政厅消息，为加强基层疫情防控经费保障和提高疫情防控能力，近日，省财政厅联合省卫健委印发《关于做好2020年基本公共卫生服务项目工作的通知》，将基本公共卫生服务人均补助标准由69元提高到74元。

2日，全省8262名事实无人抚养儿童纳入保障。

省民政厅消息，目前全省已有8262名事实无人抚养儿童纳入保障，并录入全国儿童福利信息管理系统。事实无人抚养儿童是指父母双方均符合重残、重病、服刑在押、强制隔离戒毒、被执行其他限制人身自由的措施、失联情形之一的儿童；或者父母一方死亡或失踪，另一方符合重残、重病、服刑在押、强制隔离戒毒、被执行其他限制人身自由的措施、失联情形之一的儿童。

2日，我省财政资金为养殖业提供保险补贴。

近日，省财政厅及时下达1.05亿元，对2020年养殖业保险保费补贴给予支付。同时将对当年新增保险保费给予据实结算。

2日，第三批国家药品集采结果即将在我省落地实施。

近日，省医保局和省卫健委联合印发《关于落实第三批国家组织药品集中采购和使用有关工作的通知》，明确我省于11月13日起在采购平台挂网执行第三批国家组织药品集中采购中选结果。第三批国家组织药品集中采购平均降价约53%，药品品种数量接近前两批之和。

2日，第三届进博会福建省交易团集结完毕。

第三届进博会将于11月5日至10日在上海举

办。上午，福建省交易团召开第三届进博会行前媒体见面会，介绍各项筹备工作及主要活动情况。

2日，今年首趟福建援疆旅游专列游客抵达昌吉。

乘坐“闽昌号”福建援疆旅游专列的500余名游客抵达昌吉州。这是新疆疫情防控进入常态化阶段后，今年福建到昌吉州的首趟援疆旅游专列。本次“闽昌号”福建援疆旅游专列从福州市出发，全程15天，行程包括昌吉、和田、阿克苏、阿勒泰、乌鲁木齐、吐鲁番等地特色旅游景区(点)。

3日，省委常委会召开会议。

省委书记于伟国主持召开省委常委会会议集中学习讨论，深入学习贯彻习近平总书记在党的十九届五中全会上的重要讲话和全会精神，联系实际、深入思考、充分交流，研究贯彻落实措施；传达学习宣传贯彻党的十九届五中全会精神电视电话会议精神，进一步部署全省学习宣传贯彻工作；研究制定我省国民经济和社会发展第十四个五年规划和二〇三五年远景目标重要问题；研究省委十届十一次全会筹备工作。

3日，贯彻落实《2019—2023年全国党政领导班子建设规划纲要》和我省《若干措施》推进会召开。

贯彻落实《2019—2023年全国党政领导班子建设规划纲要》和我省《若干措施》推进会以视频会议形式召开。省委常委、组织部部长杨贤金强调，要认真贯彻落实党的十九届五中全会精神，深入学习贯彻习近平总书记关于加强领导班子建设和年轻干部培养选拔的重要论述，按照省委要求，全面加强领导班子建设，努力锻造忠实践行习近平新时代中国特色社会主义思想的坚强领导集体。

3日，我省持续提高农村居民最低生活保障标准。

省民政厅消息，近年来，我省建立健全社会救助兜底保障标准动态调整机制，扩大低保保障范围，提高救助标准。2020年省级下达农村低保补助资金11.68亿元，农村低保省定最低标准由家庭年人均收入3700元提高至4050元，较2019年底提高9.4%。目前，全省各县（市、区）农村低保最低标准7152元/年、平均标准8260元/年，分别高于省定最低标准76%、103%。

4日，省领导到人口普查登记现场调研。

上午，省委常委、常务副省长、省第七次全国人口普查领导小组组长赵龙深入福州市鼓楼区水部街道建华社区调研人口普查现场登记工作。省统计局和福州市、鼓楼区相关负责同志一同参加了调研。

4日，我省推选干部赴高校挂职。

近期，我省从省市经济、科技综合部门首批推选14名干部赴省外9所、省内5所高校科研部门进行为期一年的挂职。4日，省委组织部召开挂职干部座谈会，省委常委、组织部部长杨贤金出席会议，并与挂职干部交流座谈。

5日，台风“艾莎尼”将带来风浪影响，省防指会商部署相关防御工作。

省防指召集气象、应急、水利、海洋等部门会商今年第20号台风“艾莎尼”发展趋势，研判海上风浪影响情况，部署相关防御工作。会商指出，今年第20号台风“艾莎尼”的中心5日17时位于我国台湾鹅銮鼻东偏南方约430公里的西北太平洋洋面上，中心附近最大风力有12级（33米/秒），中心最低气压为975百帕，七级风圈半径240～330公里，十级风圈半径50～60公里。预计“艾莎尼”将以每小时20～25公里的速度向偏西方向移动，将于6日白天经过台湾岛南部近海移入南海东北部海面，强度略有加强。7日早晨擦过台湾浅滩渔场，而后转向西南方向移动，强度快速减弱。受台风影响，6日白天到7日白天，台湾浅滩渔场风力9～11级阵风12～13级。6日傍晚到7日白天，闽南渔场风力7～8级阵风9～10级。6日中午到7日，台湾浅滩渔场4.0～6.0米巨浪到狂浪，闽南渔场3.0～4.5米大到巨浪，其他渔场和钓鱼岛海域2.0～3.0米中浪到大浪。

5日，全省研究生教育会议召开。

全省研究生教育会议在榕召开。会议深入学习贯彻习近平总书记关于研究生教育工作的重要指示精神，传达学习李克强总理批示、孙春兰副总理讲话和全国研究生教育会议精神，落实省委书记于伟国、省长王宁对我省研究生教育工作的批示要求，研究部署下一步工作。副省长李德金出席会议并讲话。会上，教育部学位管理与研究生教育司司长洪大用作专题辅导报告。各设区市政府分管领导、各研究生培养单位负责人在分会场参加会议。

6 日，全国首家生态仲裁院在南平成立。

全国第一家受理生态环境资源纠纷的仲裁院——“南平生态仲裁院”正式成立。

6 日，第十六届海峡两岸（三明）林业博览会暨投资贸易洽谈会开幕。

第十六届海峡两岸（三明）林业博览会暨投资贸易洽谈会开幕。副省长崔永辉出席开馆仪式。开馆仪式上，发布了三明市森林生态系统功能价值评估结果、“中国绿都”评价结果、三明道地药材“明八味”评选结果，现场为 2020 年三明市十佳制茶大师、秋季茶王赛和团体茶艺赛获奖者颁奖，并举行了项目集中签约仪式。

6 日，我省职业教育“双高计划”启动。

省教育厅、财政厅印发省高水平职业院校和专业建设计划实施方案。这标志着“福建省高水平职业院校和专业建设计划”正式启动。

7 日，王宁在厦门调研。

省长王宁在厦门调研，深入产业园区、民生项目建设现场，仔细了解园区建设和产业培育、地铁规划建设运营等情况，听取意见、解决难题、推动发展。

7 日，“闽茶中国行”在京推介。

上午，“闽茶中国行”北京站在国家会议中心推介柘荣高山白茶。此次活动为期 4 天，以“‘柘’有好茶，‘荣’耀京城”为主题。

7 日，第四届全国原苏区振兴高峰论坛在龙岩学院举办。

第四届全国原苏区振兴高峰论坛在龙岩学院举办。来自中国社会科学院、全国原苏区和其他革命老区的有关部门、高校的 140 多位领导、专家、学者等参加论坛。

7 日，金鸡奖颁奖活动 25 日至 28 日在厦门举办。

下午，第 33 届金鸡奖组委会在北京召开新闻发布会。会上宣布，第 33 届中国电影金鸡奖颁奖盛典系列活动将于今年 11 月 25 日至 28 日在厦门举办。会上重磅发布第 33 届中国电影金鸡奖提名名单、主视觉海报，以及第 33 届中国电影金鸡奖颁奖盛典系列活动主体内容、厦门筹备工作情况。

8 日，福建省庆祝中国记者节暨新闻奖颁奖活动举行。

中共福建省委宣传部、福建省新闻工作者协会在福州举办庆祝中国记者节暨新闻奖颁奖活动。省委常委、宣传部部长邢善萍，省人大常委会副主任潘征，副省长郭宁宁，省政协副主席刘献祥出席；省、市新闻界代表 100 多人参加活动。

8 日，省农业科学院举办建院 60 周年庆祝活动。

省农科院举办建院 60 周年庆祝活动。副省长崔永辉、省级老同志王美香、中国工程院院士卢耀如、中国科学院院士谢华安出席活动。省农科院现场授予谢华安等 60 名同志福建省农业科学院建院 60 周年“农业科技先进工作者”荣誉称号。当天还召开了科技创新推动福建农业高质量发展超越论坛。

9 日，省政府召开常务会议。

省长王宁主持召开省政府常务会议，认真贯彻党的十九届五中全会精神，贯彻落实中央和省委部署，研究地方性法规、政府规章和规范性文件清理工作，健全完善生态环境保护、食品安全、医疗卫生、地方金融监管等领域体制机制。会议还研究了其他事项。

13 日，福建省职业教育活动周省级主会场活动在厦举行。

2020 年福建省职业教育活动周省级主会场活动在厦门城市职业学院举行。今年的“职业教育活动周”以“人人出彩，技能强国”为主题。在主会场活动中，中国职业技术教育学会副会长、中国职教学会高职分会会长丁金昌带来了主题为“提升人才培养能级，实现学生人人出彩”的报告。当天还举办了厦门职教高地建设座谈会。

11 日，举办福建省与巴新东高地省结好 20 周年线上庆祝活动。

今年是福建省与巴布亚新几内亚东高地省缔结友好省关系 20 周年。为深入贯彻落实习近平总书记重要指示批示精神，两省于 11 月 11 日通过视频连线方式举办庆祝活动，共叙友谊，共商发展。两省主要领导、两国大使出席，两省有关部门负责人，高校、企业代表等参会。会上，两省签署加强友好交流合作协议，深化双方在农业、经贸、文教等领域的务实合作。

11日，李斌率全国政协专题视察团来闽视察国家公园体制试点建设情况。

11日至14日，全国政协副主席李斌率全国政协专题视察团来闽，视察国家公园体制试点建设情况。省政协主席崔玉英参加专题视察。在闽期间，专题视察团先后赴南平、漳州、厦门等地，深入实地视察武夷山国家公园体制试点工作、武夷山国家公园自然资源和生物多样性保护、东山海域及森林的生态保护、东山岛防风固沙林木种植等方面的情况，广泛听取基层干部群众的意见建议，并参观谷文昌纪念馆，认真学习谷文昌造林治理风沙的感人事迹。

全国政协人口资源环境委员会主任李伟、副主任姜大明，全国政协常委赵雨森、刘东生、王天戈及部分党外委员参加专题视察。省领导赵龙、张兆民参加有关活动。

16日，我省农村普惠金融服务点2022年底将实现建制村全覆盖。

据省财政厅、人行福州中心支行近日联合印发的有关加强农村普惠金融建设、提升服务点功能的通知，我省将通过两年时间，实现农村普惠金融服务点在建制村全覆盖。

16日，第三批国家药品集采结果昨日实施。

第三批国家药品集中采购中选药品在我省所有公立医院及驻闽军队医院“上架”，平均价格降幅达53%。这是历次国家集采中品种最多的一次，品种数超过50种，药品涵盖范围除了治疗高血压、糖尿病等慢性疾病用药以外，还有一些恶性肿瘤、精神类疾病的治疗药品，以及外用药物滴眼液。

16日，中央宣讲团在我省宣讲党的十九届五中全会精神。

学习贯彻党的十九届五中全会精神中央宣讲团报告会在福州举行。中央宣讲团成员，中央政策研究室副主任、秘书长林尚立作宣讲报告。受在京参加会议的省委书记于伟国委托，省长王宁主持报告会并讲话。在榕期间，宣讲团一行还深入部分高校、企业，与高校师生、科技工作者面对面开展有针对性的宣讲。

17日，福州连续5年获得“中国领军智慧城市”奖。

近日，第22届中国国际高新技术成果交易会传来消息，福州市在2020年度亚太智慧城市评选中荣获“中国领军智慧城市”奖。这是福州连续第5年获得该奖项。

18日，闽台历史文化研究院挂牌成立。

闽台历史文化研究院在福州三坊七巷挂牌成立。国台办副主任龙明彪，原文化部副部长王文章，省领导周联清、崔永辉出席挂牌仪式。该院由福建省人民政府发展研究中心主管，国台办和国家文物局支持指导，吸收大陆和台湾知名人士共同组成理事会，聘请台湾文化名人为特约研究员。同期，还举办了“两岸家书展”等系列闽台文化交流活动，吸引两岸100多名业内专家学者、台湾青年等参加。

18日，福建省乡村振兴研究会成立。

福建省乡村振兴研究会成立大会暨第一届第一次会员代表大会在福州召开。省人大常委会副主任、乡村振兴研究会首任会长潘征，副省长崔永辉，省医药卫生体制改革研究会会长李红出席会议。

18日，省委常委会召开会议。

省委书记于伟国主持召开省委常委会会议，认真学习贯彻习近平总书记在浦东开发开放30周年庆祝大会、江苏考察调研、全面推动长江经济带发展座谈会和出席金砖国家领导人第十二次会晤时的重要讲话精神，研究我省具体贯彻落实措施；认真学习贯彻习近平总书记向博鳌亚洲论坛国际科技与创新论坛首届大会开幕致贺信精神，部署推进我省科技创新工作；研究推动我省生态环境保护和宗教工作。会议还研究了其他事项。

18日，省委常委会召开扩大会议。

省委书记于伟国主持召开省委常委会（扩大）会议，认真学习贯彻习近平总书记在中央全面依法治国工作会议上的重要讲话精神，强调要深入学习贯彻习近平法治思想和党的十九届五中全会精神，从把握新发展阶段、贯彻新发展理念、构建新发展格局的实际出发，坚持党的领导、人民当家作主、依法治国有机统一，以解决法治领域突出问题为着力点，坚定不移走中国特色社会主义法治道路，在法治轨道上推进治理体系和治理能力现代化，为谱写全面建设社会主义现代化国家的福建篇章提供有力法治保障。会议通过我省《关于为全方位推动高质量发展超越提供有力法治保障的意见》。

19 日，福建向菲律宾和印度尼西亚第二轮捐赠防疫医疗物资启运。

福建省向菲律宾和印尼第二轮捐赠防疫医疗物资启运仪式在福州举行，福建省外办有关负责人出席。这批外包装上贴着“远在天边，近在心田”及“患难之交才是真朋友”等暖心标语的防疫物资将从厦门起运，送往菲律宾和印度尼西亚相关城市。

19 日，第 17 届中国标准化论坛在榕举行。

以“国家标准化与制造强国战略之实施”为主题的第 17 届中国标准化论坛在福州举行，论坛以现场和线上直播方式同时进行，国内外标准化领域知名专家、学者，研究机构的领军人物以及全国 20 多个省、自治区、直辖市的 400 多名标准化工作者、集团企业代表参加论坛现场活动，近万人收看论坛线上直播。

19 日，福建省人民政府下发《关于公布第十批省级文物保护单位名单及保护范围的通知》（闽政文〔2020〕207 号）提出，第十批省级文物保护单位后崎山遗址等 65 处（含 6 处拓展项目）名单和保护范围，已经省政府研究同意，现予公布。各地、各有关单位要深入学习贯彻习近平总书记关于文物保护利用和文化遗产保护传承的重要讲话重要指示批示精神，切实增强责任感、使命感和紧迫感，落实文物保护有关法律法规，全面加强文物保护和管理，推进文物治理体系和治理能力现代化。

20 日，省政府召开常务会议。

省长王宁主持召开省政府常务会议，认真贯彻党的十九届五中全会精神，贯彻落实中央和省委部署，研究通过了《2021 年全省城乡建设品质提升实施方案》《关于进一步加强耕地保护监督工作方案》，研究制定《福建省高质量发展综合绩效评价办法》《福建省污染防治攻坚战成效考核实施方案》《进一步加强农村宅基地和村民住宅建设管理工作的若干意见》《全方位推动住房城乡建设高质量发展超越行动计划》，审议《福建省省级零基预算改革实施方案》《福建省乡村振兴促进条例（草案）》。会议还研究了其他事项。

20 日，我省四个城市获评第六届全国文明城市。

在 11 月 20 日召开的全国精神文明建设表彰大会上，我省宁德市、上杭县、福清市、德化县获得第六届全国文明城市荣誉称号。

21 日，福建出台防控导则严把进口冷链食品关。

针对近日进口冷链食品带来新冠肺炎疫情输入性风险增加的情况，我省出台《进口冷链食品新冠肺炎疫情防控导则》，并在全省范围内对 2019 年 12 月 1 日至 2020 年 11 月 14 日期间进口的冷链食品库存情况进行全面摸底排查。

24 日，于伟国主持召开各界群众代表座谈会。

11 月省委书记于伟国主持召开座谈会，与来自改革发展和生产一线的各界群众代表共同学习贯彻党的十九届五中全会精神，一起谋划我省“十四五”规划和二〇三五年远景目标。省长王宁出席。大家为决胜全面小康社会取得决定性成就感到由衷自豪，共同表示，幸福是奋斗出来的，要更加紧密团结在以习近平同志为核心的党中央周围，立足岗位、扎实工作、苦干实干，为“十四五”开好局、起好步贡献力量。发言中，大家围绕产业转型升级、民营经济发展、社会综合治理、增进民生福祉、支持发展新业态新模式等提出了具体意见建议。

24 日，我省全国劳模和先进工作者进京接受表彰。

2020 年表彰全国劳动模范和先进工作者大会在北京人民大会堂隆重举行。我省共有 68 人荣获 2020 年全国劳动模范和先进工作者称号，其中 45 人获全国劳动模范称号，23 人获全国先进工作者称号。

25 日，福建省两个单位获交通运输系统抗疫先进集体表彰。

日前，交通运输部下发《关于表彰全国交通运输系统抗击新冠肺炎疫情先进个人和先进集体的决定》，并在京召开全国交通运输系统抗击新冠肺炎疫情表彰大会。我省漳州市芗城区交通运输局、南平市交通运输局两个单位荣获全国交通运输系统抗疫先进集体表彰。

25日，全国劳动模范和先进工作者座谈会召开。

省委书记于伟国主持召开座谈会，与载誉归来的我省全国劳动模范和先进工作者共同学习贯彻习近平总书记在全国劳动模范和先进工作者表彰大会上的重要讲话精神，大力弘扬劳模精神、劳动精神、工匠精神，激发全省人民劳动热情和创造活力，为全方位推动高质量发展超越汇聚强大正能量。省长王宁，省政协主席崔玉英出席。

25日，全省抗击新冠肺炎疫情表彰大会在榕举行。

全省抗击新冠肺炎疫情表彰大会在福州隆重举行，表彰我省为抗击新冠肺炎疫情作出重大贡献的先进个人和先进集体。省委书记于伟国出席并讲话，强调要深入学习贯彻习近平总书记在全国抗击新冠肺炎疫情表彰大会上的重要讲话精神，认真学习贯彻党的十九届五中全会精神，增强“四个意识”、坚定“四个自信”、做到“两个维护”，大力弘扬伟大抗疫精神，进一步凝聚全方位推动高质量发展超越的磅礴力量，奋力谱写全面建设社会主义现代化国家的福建篇章。省长王宁主持表彰大会。省政协主席崔玉英出席。

25日，第33届中国电影金鸡奖电影音乐会暨开幕式在厦门举行。

第33届中国电影金鸡奖电影音乐会暨开幕式在厦门举行。省委副书记、省长王宁，中国文联党组成员胡孝汉出席开幕式并致辞。来自电影界的代表1400余人参加开幕式。本届中国电影金鸡奖颁奖盛典系列活动将持续至28日，主体活动包括电影音乐会、电影展、电影学术活动、提名者表彰仪式、颁奖典礼等。

25日，我省部署冬春火灾防控工作。

全省冬春火灾防控工作电视电话会议在福州召开。省委常委、常务副省长赵龙出席会议并讲话。

27日，我省加快推进政务服务“跨省通办”“省内通办”。

省政府办公厅印发《加快推进政务服务“跨省通办”“省内通办”实施方案》，逐项落实《全国高频政务服务“跨省通办”事项任务分工》中的137个事项，确保按照国家规定的时间节点完成任务，其中2020年底前实现57个事项“跨省通办”。

27日，我省600余种名优农产品亮相农交会。

第十八届中国国际农产品交易会在重庆开幕。福建省农业农村厅牵头组织全省100多家农业企业携600余种展品参展。本届农交会以“品牌强农，巩固脱贫成果；开放合作，共迎全面小康”为主题，为期4天。

27日，福建学子参加第十一届济州国际青少年论坛。

27日至29日，第十一届济州国际青少年论坛通过线上线下相结合的方式举行，来自28个国家和地区的198名青少年代表参加。福州一中、福州三中的学生代表在福建会场参与论坛线上活动。

27日，海峡两岸大学生“云端”辩论。

第十九届海峡两岸大学生辩论赛27日首次开启“云端”辩论。两岸各8所高校共16支代表队80多位辩手，围绕“人工智能能否创造更多人的工作机会”“成大事者是否可以不拘小节”“信息碎片化是否有利于丰富大学生的知识体系”等三道辩题，展开为期3天的唇枪舌剑。海峡两岸大学生辩论赛创办于2002年，由福建省科学技术协会、福建省教育交流协会与台湾中华青年交流协会共同发起创办，已经连续成功举办18届，其中入岛成功举办四届，累计参赛代表队达270支（两岸各135支）。这项赛事已成为两岸青年交流交往的特色品牌项目。

27日，省政协召开重点提案办理“三结合”座谈会。

省政协召开“关于探索福建省高校‘青年马克思主义者培养工程’实施机制创新的建议”重点提案办理“三结合”座谈会。省政协主席崔玉英，省委常委周联清，副省长李德金出席并讲话。省政协副主席林钟乐主持。

27日，我省举办习近平生态文明思想专题培训班。

我省举办习近平生态文明思想专题培训班，深入学习贯彻党的十九届五中全会精神，交流学习习近平生态文明思想体会。副省长李德金作主题为“坚持系统治理 打好水污染防治攻坚战”的专题报告。省中央环境保护督察整改工作领导小组成员单位、省直有关单位、中直单位驻闽机构有关负责同志参加培训班，各市、县（区）和平潭综合实验区相关负责同志通过视频参会。

27 日，2020 福建旅游生活展开幕。

2020 福建旅游生活展在福州开幕。全省九设区市和平潭综合实验区以主题馆形式入驻展会，进行“全福游 有全福”优质资源推介、特色产品推广和品牌形象展示。

27 日，第六届“海上丝绸之路”（福州）国际旅游节启动。

第六届“海上丝绸之路”（福州）国际旅游节暨“全福游”嘉年华在福州启动。文化和旅游部副部长张旭，省委常委、福州市委书记林宝金，副省长郑建闽，黎巴嫩驻华大使米莉亚·贾布尔，安哥拉驻华大使若昂内图，克罗地亚驻华大使达里欧·米海林，马里驻华大使迪迪埃·达科等出席启动仪式。启动仪式上，发布了“海上丝绸之路”旅游大数据、“全福游”嘉年华活动信息等。

27 日，全国首个“跨省通办”自助机政务服务平台在闽启用。

上午，闽、琼、桂三省区自助机政务服务“跨省通办”开通上线仪式在福建省经济信息中心举行。三省区代表共同点亮启动仪式大屏，正式启用全国首个“跨省通办”自助机政务服务平台。

28 日，第 33 届中国电影金鸡奖颁奖典礼举行

由中国文联、中国电影家协会和厦门市人民政府共同主办的第 33 届中国电影金鸡奖颁奖典礼 28 日晚在厦门海峡大剧院举行。中国文联党组书记、副主席李屹，福建省委书记于伟国出席并为老艺术家丁荫楠、赵焕章、金迪颁发中国文联终身成就电影艺术家奖。在 4 天时间里，金鸡国产电影展、第二届金鸡电影创投大会等金鸡奖颁奖盛典系列活动陆续举办，展现了过去一年里，中国电影行业抗击疫情、砥砺前行的丰硕成果，探讨了电影产业发展的新趋势、新风向。

29 日，省青少年手球锦标赛落幕。

2020 年“农夫山泉杯”福建省青少年手球锦标赛在福州第七中学落下帷幕。本届赛事由福建省体育局主办，来自全省各地市共 15 个代表队 252 人参赛。本次比赛为期 4 天，共设青少年男子、女子组两个项目。经过激烈角逐，武平一中男队和武平体校女队凭借出色的表现，最终分别夺得男子冠军和女子冠军。

30 日，福建等地大力推进优秀传统文化传承创新。

《光明日报》在头版头条刊发通讯《铸造共同的文化记忆——山东、江西、福建贯彻落实习近平总书记关于弘扬中华优秀传统文化重要论述纪实》。通讯指出，七年来，福建等地深入学习贯彻习近平总书记关于文化保护和传承的重要论述，大力推进优秀传统文化传承创新，积极组织开展优秀传统文化教育普及活动，引导人们树立和坚持正确的历史观、民族观、国家观、文化观。传统文化的发展在福建等地枝繁叶茂。

30 日，明年主宾城市定为福州。

第 33 届中国电影金鸡奖·脱贫攻坚主题影展暨八闽电影巡展活动交接仪式在厦门举行。今年是中国电影金鸡奖落户厦门的第一年，八闽电影巡展活动将由全省各地市轮流担任主宾城市，2021 年主宾城市定为福州。活动现场进行主宾城市八闽影展旗帜的交接。

（摘编：李哲）

十二月

1日，省委召开领导干部会议，宣布中央关于省委主要领导调整决定。

省委召开领导干部会议。中央组织部副部长李小新出席会议并宣布中央决定：尹力同志任中共福建省委委员、常委、书记，于伟国同志不再担任中共福建省委书记、常委、委员职务。于伟国主持会议并讲话，尹力、王宁讲话，崔玉英出席。

1日，福建省2020年宪法宣传周启动。

以“深入学习宣传习近平法治思想，大力弘扬宪法精神”为主题的2020年宪法宣传周启动仪式在福州举行，省委常委、政法委书记，省委依法治省办主任罗东川出席并讲话。省人大常委会副主任梁建勇、副省长田湘利、省政协副主席阮诗玮、省法院院长吴偕林、省检察院检察长霍敏出席。启动仪式采取“主会场+分会场”形式，连线全省各地6个分会场，举行了“宪法七进”火炬传递、文艺表演和现场互动问答，省委依法治省委员会成员单位有关负责同志及300多名各界代表参加主会场活动。宣传周期间我省还将举办民法典宣讲、道路交通安全主题宣传、“双百”法学家报告会、法治公益广告大赛等系列宣传活动。

1日，福建省金融业征信合规知识与技能竞赛落幕。

2020年福建省金融业征信合规知识与技能竞赛决赛在福州举行。活动由中国人民银行福州中心支行、福建省总工会、共青团福建省委主办，中国邮政储蓄银行福建省分行承办。来自省内金融机构的代表等共计400余人参加了活动。决赛采取现场竞答方式，涵盖信用信息采集、查询和使用、征信异议和投诉、个人金融信息保护、应收账款融资服务、二代征信系统建设与使用等15个方面共700多个知识点。

1日，我省为志愿服务立法。

省十三届人大常委会第二十四次会议分组审议了《福建省志愿服务条例（草案）》。

1日，特色蔬菜产业技术体系学术交流会在长汀举行。

2020年国家特色蔬菜产业技术体系关于芥菜新品种及槟榔芋现场观摩暨学术交流会在长汀举行，来自全国17个省市共38家科研推广单位的70多位专家参加会议。

2日，省委常委会召开会议。

省委书记尹力主持召开省委常委会会议，认真传达学习贯彻习近平总书记在中央政治局审议《中国共产党统一战线工作条例》《中国共产党党员权利保障条例》和中央政治局第二十五次集体学习时的重要讲话精神，学习贯彻习近平总书记在全国劳动模范和先进工作者表彰大会上的重要讲话和关于做好关心下一代工作及会见全国精神文明建设表彰大会代表时作出的重要指示精神，研究我省具体贯彻落实措施，深化研究部署统筹常态化疫情防控和经济社会发展工作具体举措。会议还研究了其他事项。

2日，八部门联合开展“全国交通安全日”活动。

本月2日是第九个“全国交通安全日”，从即日起至12月底，省公安厅、省网信办、省委文明办、省教育厅、省司法厅、省交通运输厅、省应急管理厅、共青团省委共同组织开展以“知危险会避险、安全文明出行”为主题的“全国交通安全日”活动，从源头上预防和减少道路交通事故，进一步增强公众出行的安全感。

2 日，我省五年累计培养技能人才近 650 万人次。

省人社厅消息，近年来，我省出台一系列政策举措，着力推进高技能人才的发展壮大。据统计，“十三五”以来，我省累计培养技能人才近 650 万人次，其中高技能人才近 150 万人次，已完成“十三五”任务目标。

2 日，传统风貌建筑保护将有法可依。

《福建省传统风貌建筑保护条例（草案）》提交正在召开的省人大常委会会议一审，这项法规将填补我省立法空白，石头厝、红砖厝、骑楼、土楼等我省众多特色建筑的保护工作将实现有法可依。

3 日，我省两部条例将于明年元旦起施行。

省人大常委会会议表决通过《福建省种子条例》和《福建省交通建设工程质量安全条例》，这两部法规都将于 2021 年 1 月 1 日起施行。

3 日，全省根治欠薪冬季专项行动动员部署电视电话会议召开。

全省根治欠薪冬季专项行动动员部署电视电话会议在福州召开。副省长崔永辉出席会议并讲话。会议强调，各级各有关部门要切实加强组织领导，充分发挥协调机制作用，压实各方责任，强化部门联动，推动各项工资支付保障制度落地落实，持续提升监察执法效能，全力保障农民工工资支付。

3 日，尹力在宁德调研。

省委书记尹力赴宁德调研时强调，要深入学习贯彻习近平总书记重要讲话和党的十九届五中全会精神，秉承习近平总书记在闽工作期间的重要理念和重大实践，全面把握新发展阶段，坚定不移贯彻新发展理念，服务构建新发展格局，拿出只争朝夕的干劲，保持滴水穿石的韧劲，全方位推动高质量发展超越，奋力谱写全面建设社会主义现代化国家的宁德篇章。

3 日，中央媒体集中报道福建学习贯彻五中全会精神新举措。

连日来，中央媒体连续报道福建深入学习贯彻党的十九届五中全会精神情况，充分肯定我省创新宣讲形式，推动全会精神深入基层、深入群众、深入人心，掀起学习贯彻全会精神热潮的新举措、新做法。

4 日，全省首个外国人工作、居留许可“一件事”联办窗口在厦启动。

上午，全省首个外国人工作、居留许可“一件事”联办窗口在厦门市公安局出入境管理局办证大厅正式启动。

5 日，第十四届福建音乐舞蹈节落幕。

由省文化和旅游厅、省教育厅、省文联、省总工会联合主办的第十四届福建音乐舞蹈节颁奖晚会在福建大剧院举行。福建音乐舞蹈节创办于 1978 年，每三年举办一届，是为促进我省音乐舞蹈事业发展与繁荣而设立的省级权威性群众文化艺术赛事。本届比赛参赛作品聚焦文旅融合成果、决战脱贫攻坚、决胜全面小康、抗击新冠疫情等主题，坚持创作新作品为主，讲述福建故事，体现了时代特色及地方特色。省领导郭宁宁、刘献祥出席，并为获奖选手颁奖。

6 日，2019 年度福建省科学技术奖揭晓。

根据《福建省科学技术奖励办法》的有关规定，省科学技术奖励委员会近日组织对 2019 年度福建省科学技术奖进行评审，经省委研究，省政府决定对 2019 年度在科学技术进步活动中作出重要贡献的科学技术人员和组织给予奖励，并为获奖者颁发奖状、证书和奖金。

6 日，尹力在榕看望老同志。

近日，省委书记尹力在福州看望了陈明义、黄小晶、袁启彤、游德馨、梁绮萍等省级老同志，向他们致以问候和祝福，感谢他们为福建发展作出的重要贡献，并认真听取他们的意见建议。

7 日，八地获评全国节水型社会建设达标县（区）。

福建省水利厅消息，近日永泰县、莆田市城厢区、沙县、永春县、龙海市、松溪县、龙岩市新罗区、寿宁县等八地获评全国第三批节水型社会建设达标县（区）。

7 日，福建省人民对外友好协会第一届理事会成立。

福建省人民对外友好协会第一届理事会成立大会在福州举行。全国对外友协会长林松添、副省长郭宁宁出席会议并讲话。会上审议并表决通过了《福建省人民对外友好协会章程》，选举了省对外友协会长、专职副会长和秘书长。

7日，我省举行重大食品安全突发事件应急演练。

上午，福建省重大（Ⅱ级）暨福州市较大（Ⅲ级）食品安全突发事件应急演练在福州举行，副省长郑建闽观摩演练并讲话。

7日，省政府召开常务会议

省长王宁主持召开省政府常务会议，认真贯彻落实中央和省委部署，审议通过《福建省扩大农业农村有效投资加快补上“三农”领域突出短板的实施方案》《福建省农业综合行政执法事项指导目录（2020年版）》《关于促进砂石行业健康有序发展的实施方案》，审议《福建沿海港口布局规划（2020—2035年）》《福州都市圈发展规划（2020—2035年）》，部署推动我省集成电路和软件产业高质量发展、推进我省第二次全国污染源普查后续工作。会议还研究了其他事项。

7日，第十三届海峡两岸文博会闭幕。

第十三届海峡两岸（厦门）文化产业博览交易会7日在厦门国际会展中心落幕。本届展会现场交易额82.65亿元人民币，大会期间总参观人数近10万人次。经过为期4天的展览展示、交流对接，本届文博会共有93个重大文旅项目达成合作意向，项目总金额388.21亿元。现场交易额82.65亿元，其中订单额82.45亿元。

8日，慎终如始落实落细冬春季疫情防控各项措施。

按照省委统一部署，省委书记尹力、省长王宁等省委省政府领导近日分赴各设区市和平潭综合实验区，实地督导检查新冠肺炎疫情常态化防控工作。

8日，王宁在厦门调研。

省长王宁在厦门调研城市有机更新、“双一流”大学建设等情况，强调要深入学习贯彻习近平总书记重要讲话和党的十九届五中全会精神，认真贯彻省委部署要求，加快提升城市功能品质，提升高等教育质量，在全方位推动高质量发展超越中当龙头、作示范，在更高起点上建设高素质高颜值现代化国际化城市。

8日，省领导调研《您好，110》节目创作和平安建设宣传工作。

省委常委、宣传部部长邢善萍，副省长田湘利赴省广播影视集团，深入融媒体指挥中心、全媒体演播室、电视播控机房、应急指挥中心，调研《您好，110》节目创作和平安建设宣传工作。《您好，110》是由省委宣传部、省公安厅、省广播影视集团联合摄制的大型警务电视纪实类节目，第一季12集于去年10月起播出，第二季节目即将于近期与观众见面。

8日，全国年鉴系列工作会议在沙县召开。

8日至12日，2020年全国年鉴研讨会暨中国地方志学会年鉴分会年度会议、第四届全国年鉴论坛、第五期全国年鉴主编培训班在沙县举行。来自全国地方志工作机构的180余名年鉴工作者参加会议。

9日，全省农村养老服务业推进会议召开。

全省农村养老服务业推进会议在大田县召开，副省长郑建闽出席并讲话。会议还传达了全国农村养老服务推进会议精神，漳州市、莆田市、永春县、大田县、宁化县和古田县领导在会上就开展农村养老服务作交流发言。会后，参会人员实地观摩考察了大田县多个农村养老服务照料中心。

9日，我省城乡居民基础养老金最低标准上调至130元。

近日，经省政府同意，我省城乡居民养老保险基础养老金最低标准从7月1日起上调，由每人每月123元提高到130元，这一政策可惠及487.6万60周岁以上参保人员。这是“十三五”以来我省第四次提高城乡居民基础养老金最低标准，从2016年的每人每月85元提高到目前的130元，年均增长11%。

9日，福平铁路列车开行方案公布。

福平铁路开通初期计划开行9.5对动车，包括平潭至赣州、龙岩、福鼎、南昌西、九江、福州等。过渡期结束后，旅客列车将达到17对，包括平潭前往北京、上海、深圳、西安等地跨局直通车4对，以及平潭前往福州、厦门、南昌、九江、赣州等地管内列车13对。作为京台通道的重要组成部分，福平铁路西起福州，向南跨越海坛海峡，抵达平潭，线路全长88.43公里，设计时速200公里，全线设福州、福州南、长乐、长乐东、长乐南、平潭共6座车站。

9日，鸦片战争一百八十周年学术论坛在榕举行。

鸦片战争180周年暨林则徐诞辰235周年学术论坛在福州市林则徐纪念馆举行。林则徐基金会原会长林强出席论坛。本次论坛由福建省社会科学界联合会、福建省政协文化文史和学习委员会、福建省禁毒委员会办公室、福建省炎黄文化研究会、林则徐基金会主办，来自全国各地的60多位专家学者参加。论坛共收到应征论文42篇，收入论文汇编集39篇，经专家组评选，6篇获评优秀论文。

10日，我省派代表队参加第一届全国技能大赛。

由人社部主办，广东省人民政府承办，广东省人社厅、广州市人民政府协办的第一届全国技能大赛在广州开幕。我省选派97位技能精英组成代表队，参加本届大赛所有86个比赛项目的角逐。副省长崔永辉参加开幕式等活动。

10日，第十八届海创会"云上海创会"启动。

第十八届中国·海峡创新项目成果交易会在福州举办"云上海创会"启动仪式。副省长郑建闽、中科院院士陈宗懋、中科院院士戴民汉出席仪式。天津大学党委书记李家俊通过视频致辞。本届海创会以"汇聚'三创'活力，驱动高质量发展"为主题，采取线上+线下的方式举办。线上展会方面，设置网上展厅、论坛活动、科技商城、创新成果板块，着力构建展会及展商详细信息展示以及线上观众和展商互动交流的一体化展会平台。广大市民可通过海创会官网、公众号、微信小程序等多种方式逛展，并展开互动交流。其间还举办近十场会议、论坛类线下活动。

11日，省财政下达奖励资金加快推进垃圾分类处理。

近日，省财政厅下达奖励资金600万元，采取正向激励方式，对生活垃圾分类处理工作成效考核排名前五的示范片区给予奖励。今年共有6个示范片区获得奖励，每个奖励100万元，分别是：福州鼓楼区洪山镇、台江区苍霞街道和晋安区岳峰镇，漳州龙文区碧湖街道，泉州丰泽区丰泽街道，以及龙岩新罗区南城街道，其中漳州龙文区碧湖街道和福州晋安区岳峰镇并列排名。

11日，第十届闽台残疾人文化周开幕。

庆祝第29个国际残疾人日暨第十届闽台残疾人文化周活动开幕式在福州举行。省委常委周联清宣布活动开幕，副省长、省残工委主任郑建闽致开幕词，省级老同志陈绍军出席开幕式。来自福建、宁夏回族自治区的残疾人士代表、助残志愿者和社会各界爱心人士300多人参加开幕式并观看演出。

11日，理论网宣基层经验交流会在宁德举行。

理论网宣基层经验交流会在宁德举行。本次交流会由中央网信办网络新闻信息传播局（网络理论传播局）主办，福建省委网信办、宁德市委网信委承办，旨在交流推广"学习大军"等理论网宣基层经验和创新举措，以"解剖麻雀"和案例分析形式研究推动面向基层、面向大众的网上理论传播工作。中央宣传部副部长，中央网信办主任、国家网信办主任庄荣文，省委书记尹力出席并致辞。

11日，我省学习宣传贯彻十九届五中全会精神第五场新闻发布会举行。

福建省学习宣传贯彻党的十九届五中全会精神第五场新闻发布会举行。省水利厅、省农业农村厅、省林业局、省海洋与渔业局相关负责人介绍了有关情况并回答了记者问题。

14日，省数字办公开征集公共数据资源开发利用示范项目。

为推动公共数据资源开发利用，加快培育数据要素市场，省数字办日前发出通知，决定面向全社会公开征集公共数据资源开发利用示范项目。征集内容主要围绕发展以数据为关键要素的数字经济，突出公共数据资源的开发和创新应用，重点在健康医疗、食品安全、交通运输、卫星应用、文化旅游、生态环境、金融等领域，征集一批公共数据资源开发利用示范项目。

14日，省委常委会召开会议。

省委书记尹力主持召开省委常委会会议，认真学习贯彻习近平总书记在中央政治局常务委员会会议听取脱贫攻坚总结评估汇报时和在中央政治局会议、党外人士座谈会上的重要讲话精神，研究我省贯彻落实措施；学习贯彻新修订的《中华人民共和国人民武装警察法》，研究我省贯彻落实具体举措；研究《福建省污染防治攻坚战成效考核实施方案》《福建省省级零基预算改革实施方案》。会议还研究了其他事项。

14日，民进中央履职能力建设主题年工作会暨2020年参政议政年会在福州开幕。

民进中央履职能力建设主题年工作会暨2020年参政议政年会在福州开幕，全国人大常委会副委员长、民进中央主席蔡达峰出席并讲话。在闽期间，蔡达峰与省委书记尹力、省长王宁进行了座谈交流。会议表彰了民进全国履职能力建设先进集体和先进个人以及2020年参政议政成果。全国政协副秘书长、民进中央副主席朱永新主持会议并参加座谈。省领导郑新聪、庄稼汉、吴洪芹、林钟乐参加有关活动。

15日，闽澳举行第三次合作会议双方深化多领域合作。

闽澳第三次合作会议15日在澳门举行，澳门特区政府经济财政司司长李伟农、福建省副省长郭宁宁在会上均表示，双方将进一步深化在经贸会展、文化旅游、金融、中医药产业和青少年教育等多个领域的交流与合作。两地发挥各自优势，携手参与和助力国家“一带一路”建设，借澳门中葡平台作用，联合开拓葡语国家市场。自2016年开始，福建省与澳门特区建立了闽澳合作会议制度，由福建省副省长与澳门特区政府经济财政司司长共同主持召开，以工作会谈和实地走访等形式，共商合作、共促落实。

15日，省委政法委员会召开习近平法治思想专题学习会。

省委常委、政法委书记罗东川主持召开省委政法委员会全体会议，深入学习贯彻习近平法治思想，交流学习心得体会。副省长、省公安厅厅长田湘利，省法院院长吴偕林，省检察院检察长霍敏，武警福建总队司令员张建超等出席会议。

15日，福建在全国政府网站绩效评估中名列前茅。

工信部中国软件评测中心在北京发布2020年数字政府服务能力评估暨第十九届政府网站绩效评估结果。评估报告显示，福建在省级政府网站建设、数字政府服务能力、政务新媒体等方面表现亮眼，名列前茅。在省、自治区政府网站评估中，福建省人民政府门户网站位列全国第2，总成绩亦在省、自治区、直辖市中位列第2，在管理保障指数、功能推广指数等方面排名全国第1位，取得历史最好成绩。

16日，全省广电网络系统应急广播建设现场推进会举行。

全省广电网络系统应急广播建设现场推进会在南平市延平区举行。副省长郭宁宁出席会议并讲话。会上，福建广电网络集团南平分公司、莆田分公司就相关建设情况作经验介绍，省应急管理厅、省广电局、福建广电网络集团等有关单位负责人作具体工作部署。

16日，在闽全国人大代表听取省情汇报。

省人大常委会组织在闽全国人大代表在榕开展集中视察活动，并召开省情通报会。省委常委、常务副省长赵龙通报了2020年我省全方位推动高质量发展超越和“十四五”规划编制情况。张广敏、吴偕林、霍敏、叶双瑜、周吴刚、张建超、武仲良等全国人大代表参加。

18日，我省学习宣传贯彻十九届五中全会精神第六场新闻发布会举行。

福建省学习宣传贯彻党的十九届五中全会精神第六场新闻发布会举行。省国资委、省市场监管局、省医保局、省金融监管局相关负责人介绍有关情况并回答记者提问。

18日，全国农业农村标准化试点示范项目启动会在福州召开。

全国农业农村标准化试点示范项目启动会在福州召开，来自水利部、农业农村部、粮食和储备局、林草局、供销总社等国家部委以及全国28个省（自治区、直辖市）的市场监管局（厅、委）近50名代表参加会议。水利部以及福建、吉林等7个省份代表作经验交流发言。会议宣布全面启动第十批国家农业标准化示范区、第四批全国农村综合改革标准化试点、第四批新型城镇化标准化试点建设。我省的漳平国家生态樱花茶园产业融合标准化示范区、南靖国家高山茶种植标准化示范区被列入第十批国家农业标准化示范区；福清农村综合改革标准化试点被列入第四批全国农村综合改革标准化试点。

18 日，省青年工作联席会议第二次全体会议召开。

省青年工作联席会议第二次全体会议在福州召开，研究部署《福建省中长期青年发展规划（2018—2025 年）》实施工作。会议审议通过了我省中长期青年发展规划试点县（市、区）实施方案以及省青马工程规划编制工作方案。省委常委周联清出席会议并讲话，副省长郭宁宁主持会议。

19 日，省委常委会召开扩大会议。

省委书记尹力主持召开省委常委会（扩大）会议，认真学习贯彻习近平总书记在中央经济工作会议和中央政治局第二十六次集体学习时发表的重要讲话精神，研究提出我省贯彻落实措施。省长王宁传达李克强总理在中央经济工作会议上的讲话精神。会议还研究了其他事项。

19 日，福建省优秀舞蹈展演举行。

由福建省文联、省舞蹈家协会主办的福建省优秀舞蹈展演在福州大戏院举行，来自 18 个单位的 400 多名演员表演的 19 个优秀获奖舞蹈节目，富有浓郁的八闽地方特色，且多为省级以上获奖作品，副省长郭宁宁、省政协副主席阮诗玮出席本次展演。本次展演以创作新作品为主，舞种多样、题材丰富、主题鲜明。展演晚会中，主办方还举行“福建省少儿舞蹈美育工程公益教学基地”授牌仪式，10 个单位被授予牌匾。今年，省政协办公厅、省舞协在全省设立舞蹈美育公益教学基地，面向全省招募 100 名志愿者，通过举办少儿舞蹈美育志愿者培训班、设立教学基地、开展免费舞蹈公益课堂等，让农村的孩子和城里的孩子一样共享舞蹈美育成果。

20 日，省全民健身运动会桥牌总决赛落幕。

今年全省规模最大的线下桥牌比赛——2020 年福建省“建工杯”全民健身运动会桥牌总决赛在福州永泰落下帷幕，本次比赛吸引了全省各地市、高校的近 40 支代表队参加队式赛和瑞士移位赛的角逐，其中队式赛分为甲组、乙组和公开组等三个组别。本次赛事由省全民健身领导小组、省体育局主办，经过 3 天的激烈角逐，最终，省桥协、鹭岛山宇、厦门特房三支代表队分获甲组前三名，泉州丰达和国家海洋三所两队分获乙级组和公开组冠军。

20 日，我省开展在建工程项目劳资专管员培训。

省根治拖欠农民工工作领导小组办公室消息，我省日前部署开展在建工程项目劳资专管员网络培训。省内在建工程项目劳资专管员、各级劳动保障监察工作人员全员参训学习，2021 年 1 月以后新入职人员必须两月内完成培训任务。据统计，我省在建项目劳资专管员 1 万多人，劳动保障监察人员 2000 多人。培训将依托劳动保障监察培训系统，开发人脸识别功能，提高网络培训的精准性，设立“必修课程 + 学时管理 + 巩固练习 + 无限测试”的培训模式，确保学员学懂弄通会用，达到从源头上保障工资支付的目的。

21 日，中共福建省委十届十一次全会在榕举行。

中国共产党福建省第十届委员会第十一次全体会议决议（2020 年 12 月 21 日中国共产党福建省第十届委员会第十一次全体会议通过）。中国共产党福建省第十届委员会第十一次全体会议，于 2020 年 12 月 21 日在福州举行。全会由省委常委会主持，省委书记尹力讲话。

出席这次会议的有省委委员 66 人，省委候补委员 14 人。省纪委常委、有关方面负责同志，党的十九大代表中的部分基层代表、省第十次党代会代表中的部分基层代表等列席会议。

全会以习近平新时代中国特色社会主义思想为指导，深入学习贯彻党的十九届五中全会精神，听取和讨论了尹力受省委常委会委托作的工作报告，审议通过了《中共福建省委关于制定福建省国民经济和社会发展第十四个五年规划和二〇三五年远景目标的建议》。全会强调，实现“十四五”规划和二〇三五年远景目标，必须充分发挥党总揽全局、协调各方的领导作用，广泛团结一切可以团结的力量，形成推动发展的强大合力。坚持党中央集中统一领导，推进社会主义政治建设，深化法治福建建设，深化闽港澳侨合作，健全规划制定和落实机制。

全会要求，全省各级各部门要深入学习贯彻习近平总书记重要讲话重要指示批示和党的十九届五中全会精神，坚持一张蓝图绘到底，一任接着一任干，持之以恒全方位推动高质量发展超越。

聚焦重点发力，以细化的目标、实化的任务、硬化的措施，把全会各项部署做细做实做成。加强党的全面领导，提高贯彻新发展理念、构建新发展格局能力和水平，为我省“十四五”时期发展提供坚强政治保证。全会号召，全省上下要更加紧密地团结在以习近平同志为核心的党中央周围，坚持以习近平新时代中国特色社会主义思想为指导，同心同德谋发展，沉心静气促超越，苦干实干、拼搏进取，加快新时代新福建建设，奋力谱写全面建设社会主义现代化国家的福建篇章！

21日，福建与加拿大新斯科舍建立友好省关系。

晚上，我省与加拿大新斯科舍省举行结好协议书线上签字仪式。省长王宁和新斯科舍省省长斯蒂芬·麦克尼尔共同签署《中华人民共和国福建省与加拿大新斯科舍省建立友好省关系协议书》并致辞。中国驻加拿大大使丛培武、加拿大驻华大使鲍达民在仪式上致辞。签字仪式前，王宁会见了加拿大驻华大使鲍达民一行。副省长郭宁宁，省政府秘书长，省直有关部门负责同志参加。仪式上，两省企业、高校代表还签署了相关合作备忘录。

22日，福建首颗卫星“海丝一号”发射成功。

北京时间2020年12月22日12时37分，我省首颗卫星“海丝一号”搭载长征八号运载火箭在文昌卫星发射中心发射升空。卫星进入测控站覆盖区后，遥测信号显示卫星工作正常，太阳翼、天线均展开正常，发射任务圆满成功。“海丝一号”卫星由厦门大学、省招标采购集团、三明投资集团、天仪研究院和中国电科38所等单位联合策划研制，是国内首颗对标国际先进指标的、基于有源相控阵天线的轻小型SAR遥感卫星。它的成功发射，实现了福建卫星从0到1的新突破。

22日，省政府党组召开会议。

省政府党组书记、省长王宁主持召开省政府党组会议，传达学习贯彻中央经济工作会议、省委经济工作会议及省委十届十一次全会精神，研究做好下一步工作。

22日，尹力会见参加“院士专家八闽行”活动的院士专家。

省委书记尹力在福州会见了参加今年“院士专家八闽行”活动的院士专家一行。尹力说，“院士专家八闽行”是习近平总书记在闽工作期间亲自倡导推动的创造性实践，已成为福建实施科技兴省、人才强省和创新驱动发展战略的重要载体。福建深入贯彻落实习近平总书记对福建工作的重要讲话重要指示精神，全方位推动高质量发展超越，离不开科技创新这个第一动力源，离不开各位院士专家的大力支持。希望中科院发挥智力资源优势，多为福建高质量发展建言献策。中科院数学物理学部院士、咨询委主任沈文庆表示，将结合福建实际需求，在推动产业升级、科技成果转化等方面加大支持力度，助力新福建建设。

22日，厦门、泉州、莆田入围国家产融合作试点城市。

日前，工业和信息化部、财政部、中国人民银行、银保监会和证监会联合发布了《五部门关于同意北京市朝阳区等51个城市（区）列为国家产融合作试点城市的通知》，我省的厦门市入围第一批延续试点名单，泉州市、莆田市入围第二批试点名单。

22日，港澳闽籍乡亲热议贯彻中共十九届五中全会精神。

近日，香港福建社团联会、澳门福建同乡总会和福建港区、澳区政协委员联谊会等港澳闽籍社团分别召开数场学习座谈会，认真学习中共十九届五中全会精神，号召港澳闽籍乡亲全面准确贯彻“一国两制”方针，引导广大港澳同胞把握历史性发展机遇，主动融入国家工作大局，为全面建设社会主义现代化国家添砖加瓦。

23日，全方位推动高质量发展超越院士专家恳谈会举行。

我省举行院士专家恳谈会，邀请参加今年八闽行活动的院士专家，为全方位推动高质量发展超越把脉建言。省长王宁主持恳谈会并讲话，省领导周联清、赵龙出席。会上，中科院咨询委主任沈文庆，副主任吴国雄、饶子和等17位院士专家，围绕科技创新、产业转型升级、生态文明建设、民营经济发展、人才培养等我省“十四五”发展的重点问题，提出了具有前瞻性针对性的意见建议。杨玉良、王光谦、欧阳钟灿、林惠民、刘嘉麟、陈和生、陈晓亚、谢华安、杨元喜、雒建斌、焦念志、黄维、何鸣鸿、石兵等院士专家参加恳谈会。

23 日，我省各地各部门认真传达学习贯彻省委全会精神。

连日来，我省各地各部门认真传达学习贯彻省委十届十一次全会、省委经济工作会议精神。大家纷纷表示，要把学习贯彻全会精神作为当前工作的重中之重，结合工作实际，真抓实干，周密部署贯彻落实。

23 日，三明成为全国首个林业改革发展综合试点市。

全国林业改革发展综合试点市授牌仪式在三明沙县举行，国家林业和草原局为三明市授牌。这标志着三明市正式成为全国首个林业改革发展综合试点市。

23 日，深入实施“3820”战略工程，加快建设现代化国际城市。

23 日至 24 日，省委书记尹力在福州调研时强调，要深入贯彻落实习近平总书记重要讲话重要指示精神，学习贯彻党的十九届五中全会和中央经济工作会议精神，秉承弘扬习近平总书记在福州工作期间的创新理念和重大实践，深入实施“3820”战略工程，立足新发展阶段，贯彻新发展理念，积极服务并深度融入新发展格局，加快建设现代化国际城市，在全方位推动高质量发展超越中走在前列、作出示范。省长王宁出席调研座谈会。

24 日，省政府召开常务会议。

省长王宁主持召开省政府常务会议，认真贯彻落实中央部署和省委要求，研究《政府工作报告（讨论稿）》《关于福建省 2020 年预算执行情况及 2021 年预算草案的报告（送审稿）》《关于福建省 2020 年国民经济和社会发展计划执行情况及 2021 年国民经济和社会发展计划草案的报告（送审稿）》，研究生态环境保护责任清单和红线划定、农村宅基地制度改革、加快金融业发展、应急救援领域省与市县财政事权和支出责任划分、电力市场交易等工作。会议还研究了其他事项。

24 日，认真践行习近平生态文明思想，努力建设社会主义现代化美丽福建。

24 日至 25 日，省委书记尹力在莆田调研时强调，要深入学习贯彻习近平生态文明思想，学习贯彻落实党的十九届五中全会和中央经济工作会议精神，立足新发展阶段，坚持新发展理念，积极服务并深度融入新发展格局，把省委十届十一次全会的部署和省委经济工作会议安排落实到位，科学谋划推动全省“十四五”发展，努力建设社会主义现代化美丽福建。

24 日，省领导赴福建开放大学调研。

副省长李德金赴福建开放大学调研。根据教育部的统一安排，经省政府同意，福建开放大学由福建广播电视大学更名而来，将作为国家开放大学的福建区域中心，统一纳入国家开放大学办学体系，未来将成为我省终身教育的主要平台、在线教育的主要平台和灵活教育的平台、对外合作的平台。

24 日，我省调整提高工伤保险定期待遇水平。

近日，经省政府同意，省人力资源和社会保障厅、省财政厅联合下发了《关于调整全省工伤保险定期待遇的通知》，对全省参保工伤职工伤残津贴、生活护理费、供养亲属抚恤金等三项定期待遇进行统一调整提高。此次调整范围为 2019 年 12 月 31 日前，取得按月领取伤残津贴待遇（不含已享受基本养老保险待遇的工伤人员）、生活护理费待遇资格的工伤人员，以及取得按月领取工亡职工供养亲属抚恤金待遇资格的人员。执行时间从 2020 年 1 月 1 日起开始。

25 日，福建省儿童医院正式开诊。

省长王宁出席福建省儿童医院开诊活动仪式，并与出席活动的嘉宾共同揭牌，副省长李德金与上海交通大学医学院副院长胡翊群致辞。福建省儿童医院由福建省人民政府与上海交通大学医学院附属上海儿童医学中心合作共建，总投资约 33 亿元，按照国家儿童区域医疗中心的设置标准，下设 27 个临床科室、11 个医技科室、9 个研究部门，编制床位 1000 张，医疗服务将辐射江西、浙江、广东等周边省份，惠及台湾同胞，成为闽台儿童医学合作的新纽带。

25 日，我省学习宣传贯彻十九届五中全会精神第七场新闻发布会举行。

福建省学习宣传贯彻党的十九届五中全会精神第七场新闻发布会举行。省民宗厅、省公安厅、省司法厅、省信访局相关负责人介绍有关情况并回答记者提问。

25日，省领导检查交通运输安全生产。

副省长崔永辉带队到高速公路福州东收费站、G316国道长乐漳港至营前A3标段施工现场、福州港闽江口内港区青州码头，检查元旦春节期间交通运输安全生产，安排部署春运交通安全有关工作。

25日，坚持“一岛两窗三区”战略定位 加快推进平潭综合实验区发展。

省委书记尹力在平潭调研时强调，要深入贯彻落实党的十九届五中全会和中央经济工作会议精神，坚定不移沿着习近平总书记为平潭发展指引的方向，坚持“一岛两窗三区”战略定位，进一步解放思想，加快推进平潭综合实验区发展，积极探索海峡两岸融合发展新路。

25日，省政府与省法院举行联席会议。

下午，省人民政府与省高级人民法院举行联席会议，围绕建设法治政府、优化营商环境、化解矛盾纠纷，共商下一步工作举措。省长王宁，副省长李德金、田湘利，省法院院长吴偕林出席会议。

25日，让党建成为民办高校发展的“红色引擎”。

日前，福建制定出台了《贯彻落实民办学校党建工作重点任务实施方案》，从10个方面提出了28条具体措施，对全面加强我省民办学校特别是民办高校党的建设工作具有重要意义。

25日，福州12345平台获多项全国荣誉。

日前，在2020年全国政务热线发展年会上，福州市“智慧福州”管理服务中心荣获“年度卓越管理创新奖”“年度最佳服务案例奖”等两项荣誉，两名员工获得“卓越服务之星”“抗疫先进个人奖”荣誉。福州市12345便民（惠企）服务平台还入选全国首批共建“政务热线创新发展实验室”热线单位。截至12月23日，福州12345平台共受理诉求224.35万件，诉求件回复率、及时查阅率、及时回复率均为100%，群众满意率达到99.91%，各项指标均排名全省前列。

25日，全省唯一！晋江入选全国第二批乡村治理典型案例。

日前，中央农村工作领导小组办公室秘书局、农业农村部办公厅向全国推介第二批34个乡村治理典型案例。《全力解决乡村治理的“人、钱、事”难题——福建省晋江市打造充满活力、和谐有序的善治乡村》上榜，为我省唯一入选案例。

25日，“共圆小康梦·我说新福建”优秀作品汇报展演在榕举办。

晚上，“共圆小康梦·我说新福建”短视频主题活动在省广电中心举行优秀作品汇报展演。省委常委、宣传部部长邢善萍，省人大常委会副主任吴洪芹，副省长郭宁宁，省政协副主席张兆民等出席，并为优秀作品主创人员代表颁发证书。该活动由省委宣传部指导，省广播电视局、省新闻工作者协会、省广播影视集团共同主办。活动开展以来，全省广播电视系统编辑记者、播音员主持人踊跃参与，近千人参加活动，策划选题近百个，创作短视频62部。经专家评审选出的29部优秀短视频与8期专题节目将陆续在福建东南卫视、综合频道等省级电视媒体播出，同时在学习强国、海博TV、抖音、今日头条、华人头条等新媒体平台展播。

25日，“全闽乐购·跨年购”暨第二届商博会开幕。

旨在为消费者带来好看、好玩、好吃、好购、好体验的“全闽乐购·跨年购”暨第二届商博会在福州海峡国际会展中心开幕。副省长郭宁宁出席活动。

26日，把全闽乐购活动办得更火更旺。

“全闽乐购·跨年购”暨第二届商博会正在福州海峡国际会展中心举办。省长王宁来到现场察看展览情况，为全闽乐购系列活动助威。副省长郭宁宁参加。本次跨年购分启动仪式、成果展示和跨年消费活动三大板块，共设13个展示区，可一站式满足群众在日用百货、食品、茶酒、县域特产等方面的消费需求。“全闽乐购”促消费行动自8月启动以来，全省累计发放全闽乐购券1132万张，发放金额2.29亿元，全省社会消费品零售总额已连续7个月实现单月正增长。

26日，历史性一刻！高铁从平潭首发。

福平铁路正式开通运营。9时43分，满载乘客的G5322次列车驶出平潭站，平潭正式开启高铁时代，与福州形成“半小时生活圈”。全长88公里的福平铁路，设有平潭、长乐、福州等6个车站，穿越国内首座公铁两用跨海大桥，至福州最快35分钟可达。运营过渡期后，沿着这条线路平潭可抵达北京、上海、深圳等地。

26日，省领导调研检查福平铁路开通。

福平铁路正式开通运营。省委常委、常务副省长赵龙与省直有关部门及铁路方面负责同志，实地察看了平潭动车站站前广场、通站道路、配套设施、旅客候车室、车站基本站台等建设运行情况，并检查了首趟平潭—福州列车开通准备情况。

28日，三明经验入选全国农村公共服务典型案例。

近日，农业农村部、国家发展改革委等在京发布23个全国农村公共服务典型案例。三明市“三聚三化”精准关爱呵护农村留守儿童经验做法成为我省唯一入选的典型案例。此次发布的23个典型案例来自全国20个省（区、市），涵盖农村医疗、养老、教育、人居环境、政务服务、留守儿童关爱、公共文化体育等多个领域。我省入选的三明市“三聚三化”精准关爱呵护农村留守儿童健康成长，即聚人力，实现关爱服务专业化；聚财力，实现购买服务规范化；聚需求，实现关爱保护精准化。该创新经验做法目前正在全省推广。

28日，福建省打击药品化妆品医疗器械违法犯罪执法联动办公室成立。

近日，省药监局与省公安厅在福州举行“福建省打击药品化妆品医疗器械违法犯罪执法联动办公室”揭牌仪式。执法联动办公室以省药监局执法监督处与省公安厅治安总队为具体联络机构，制定执法联动联席会议、执法联动办公室工作、重大违法犯罪案件联合督办、重大违法犯罪案件信息联合发布、打击违法犯罪执法联动介入支持等制度，以求有力推动药品监管执法联动工作常态化、规范化，形成精准打击整治药品领域违法犯罪活动的强大合力。

28日，出实招稳就业让更多人有活干有钱赚。

近日，国务院办公厅对国务院第七次大督查发现的43项典型经验做法给予通报表扬。其中，“福建省创新1234稳就业工作法保持就业局势总体平稳”榜上有名。“十三五”期间，我省坚持就业优先战略，制定实施一系列具有福建特色的积极就业政策，打好稳就业“组合拳”，实现就业局势稳中向好。五年来，全省城镇新增就业总量达292.98万人，提前完成“十三五”目标任务。每年筹集并支出就业专项资金约20亿元，城镇登记失业率保持在3.5%～4.0%，控制在目标以内。

28日，福州出台落户“零门槛”实施细则。

今后，落户福州将更加顺畅、高效、便捷。12月11日，福州市发布了《关于进一步降低落户条件壮大人口规模的若干措施》（下称《若干措施》），全面放开落户限制。此次，又制定出台了《〈关于进一步降低落户条件壮大人口规模的若干措施〉实施细则》，与《若干措施》一并于2021年1月1日正式施行。

29日，我省各地做好防抗低温寒潮工作。

29日夜起，全省气温将明显下降，31日至明年1月1日的夜晨气温将达到入冬以来的最低值。截至28日下午，省公路中心排查出全省普通国省干线公路易结冰点共50处，其中宁德16处、龙岩13处、三明15处、南平6处，易结冰路段122公里。对50处易结冰点，公路部门已就近集结应急力量，落实公路应急抢险队员743人、抗冰灾专业设备354台、融雪剂331.7吨、砂石料2376方，一旦出现冰灾险情，迅速组织清理，优先清除大型桥梁积雪和冰冻，全力疏导交通。同时，省公路中心成立了防抗低温寒潮灾害工作组，负责协调全省国省干线防抗冰冻灾害工作，做到冰灾点路段实时视频监测。

29日，福州市三坊七巷消防救援站执行升挂国旗任务30周年座谈会在榕举行。

福州市鼓楼区三坊七巷消防救援站（福州市五一广场国旗护卫队）执行升挂国旗任务30周年座谈会在榕举行。省委常委、常务副省长赵龙，应急管理部消防救援局党委书记、政治委员詹寿旺出席会议。三坊七巷消防救援站组建于1990年，1991年1月1日起正式承担福州市五一广场每天升降国旗任务。建队以来，三坊七巷消防救援站“零失误”执行升降国旗任务21000多次，圆满完成重大仪仗任务100余次。同时坚持战斗力标准，练就专业精准的过硬本领，实现三坊七巷这一明清古建筑群连续8年“零火灾”。先后荣立集体一等功1次，集体二等功1次，集体三等功3次，被评为“全国最美应急管理工作者”“全国119消防先进集体”“福建省先进基层党组织”。

29日，省政府召开常务会议。

省长王宁主持召开省政府常务会议，认真贯彻落实中央部署和省委要求，进一步部署冬春季疫情防控工作，审议《福建省国民经济和社会发展第十四个五年规划和二〇三五年远景目标纲要（送审稿）》，研究《2021年省委省政府为民办实事项目建议方案（送审稿）》《福建省改革完善社会救助制度实施方案（送审稿）》《关于深化教育教学改革全面提高义务教育质量的若干措施（送审稿）》。

29日，全省科学技术奖励大会在榕举行。

全省科学技术奖励大会在福州举行，表彰在我省科技战线作出突出贡献的科技工作者。省委书记尹力出席并讲话，他强调，要深入学习贯彻习近平总书记重要讲话和党的十九届五中全会精神，按照省委十届十一次全会要求，立足新发展阶段、贯彻新发展理念、积极服务并深度融入新发展格局，把科技创新作为第一动力源，深入实施科教兴省、人才强省、创新驱动发展，为全方位推动高质量发展超越注入更为强大、更为持久的科技创新力量。省长王宁主持会议。省领导赵龙、郑新聪、吴洪芹、薛卫民出席。会议宣读了2019年度福建省科学技术奖励的决定，与会省领导为获奖代表颁奖。于岩、康德智等代表获奖人员作发言。本次全省表彰了192项优秀科技成果，涵盖基础研究、先进制造、农业生产、医疗卫生、新材料、大数据等领域。

30日，我省命名首批五十个“枫桥式公安派出所”。

省公安厅召开全省首批“枫桥式公安派出所”命名发布视频会，授予50个派出所“枫桥式公安派出所”称号。副省长、省公安厅厅长田湘利出席会议并讲话。会议强调，要继续坚持发展新时代“枫桥经验”，进一步做好新时代公安派出所工作。要提升政治站位，突出政治建警，突出党建引领，突出从严治警，进一步增强“四个意识”、坚定“四个自信”、做到“两个维护”，永葆忠诚本色。要强化典型示范，深化创建活动，从今年起每两年评选50个省级“枫桥式公安派出所”，充分发挥“枫桥式公安派出所”的示范引领作用。要着眼实战实效，将2021年作为公安派出所“能力建设年”，坚持从高从难从严组织开展实战大练兵，重点提高派出所矛盾化解、要素管控、处警办案、群众工作四个方面能力。要加强组织领导，落实保障措施，突出派出所工作智能化、社区警务标准化，全面做好科技保障、机制保障。会议要求，全省公安机关务必牢固树立大抓基层、大抓基础的导向，实干担当、奋发进取，打造更多过得硬、叫得响的“枫桥式公安派出所”，推动全省公安派出所工作再上新台阶。

30日，全省今冬明春和“两节”期间疫情防控工作电视电话会议召开。

全省今冬明春和“两节”期间疫情防控工作电视电话会议在榕召开。会议贯彻落实习近平总书记关于统筹疫情防控和经济社会发展重要论述精神，按照国务院联防联控机制决策部署和省委、省政府工作要求，科学、精准、依法组织做好我省今冬明春和“两节”期间疫情防控工作，副省长李德金参加会议并讲话。

（摘编：游学荣）

第三篇 发展探索

福建社会形势分析与预测

2020年，福建以习近平新时代中国特色社会主义思想为指导，全面贯彻党的十九大和十九届二中、三中、四中、五中全会精神，坚持稳中求进工作总基调，坚持新发展理念，坚持以改革开放为动力，全方位推动高质量发展超越，防控新冠肺炎疫情和经济社会发展工作统筹推进，全面建成小康社会和“十三五”规划圆满收官，“机制活、产业优、百姓富、生态美”的新福建建设卓有成效。

一、2020年福建社会发展基本形势

（一）防控新冠肺炎疫情有序有效开展

面对突如其来的新冠肺炎疫情，福建始终坚持把人民群众生命安全和身体健康放在第一位，按照坚定信心、同舟共济、科学防治、精准施策的总要求，全面开展疫情防控工作。一是开展全方位全周期的防控治理。福建坚决服从党中央的集中统一领导，各级党组织和广大党员、干部冲锋在前、英勇奋战，广大医务工作者日夜奋战、救死扶伤，援鄂医疗队员逆行出征、携手克难，广大社区工作者、人民解放军指战员、公安干警、基层干部、下沉干部、志愿者不惧风雨、坚守一线。福建按照“外防输入、内防反弹”的总体防控策略要求，推动防控工作由应急性超常规防控向常态化防控转变，健全及时发现、快速处置、精准管控、有效救治的常态化防控机制。二是统筹医疗资源科学救治。福建落实首诊负责集中救治，加强发热门诊管理，落实“早发现、早报告、早隔离、早治疗”要求，1132家医疗机构规范设置了发热门诊，负责对发热病人进行筛选、分类，避免患者无序流动，及时发现疑似病例，减少和避免医院内交叉感染。按照“集中患者、集中专家、集中资源、集中救治”的原则，及时将确诊患者送至17家市级定点医院集中救治，确保重症、危重症患者得到及时有效的救治。建立中西医联合会诊制度，加强中西医结合，组织中医医院和中医药人员按照国家诊疗方案积极参与医疗救治工作，积极应用中医药药物、制剂、疗法开展治疗。三是防疫同时保持经济社会稳定发展。面对春节保供与疫情防控叠加的严峻形势，福建省委省政府指导各级商务主管部门及时启动市场监测日报制度，积极组织一批大型批发市场和连锁商超，综合应用提前备货、鼓励调入、强化产销对接、投放储备等多种调控手段保障市场供应。持续做好电商平台保供工作，专门召开重点电商企业应对疫情市场保供座谈会，督促朴朴、永辉等电商平台扩大货源、保证供应、稳定价格，缓解非常时期人员聚集压力，满足市民居家消费需求。有序有力有效推进生产企业和重点项目复工复产，各地成立工作专班，因地制宜、创新举措，一企一策、一项目一策，及时帮助企业协调解决困难和问题，交通、发改、工信、商务等部门及时了解务工人员出行需求，制定专门的运送方案，保障务工人员顺利返岗。

（二）民生事业短板着力补齐

2020年福建省共确定28项为民办实事项目，计划投入资金415.54亿元，其中省级财政（含中央）承担146.93亿元。截至5月底，省级财政已下达137.1亿元，完成年初计划的93.3%，为民办实事项目资金下达进度实现两个过半，即下达进度达100%项目过半，超序时进度项目过半。其中资金全部下达的项目包括实施就业优先工程、提升城市供水水质、建设普惠性幼儿园、实施保

障性安居工程、实施“四好农村路”等。

公共卫生服务体系建设稳步实施。福建按照“抓龙头、补短板、强基层”思路，持续推动优质医疗资源配置和下沉共享，探索推进城市医联体建设、推动紧密型县域医共体（总医院）建设提质扩面，2020年底福建县域就诊率达到90%，县域内基层就诊率达到65%左右，基本建立基层首诊、双向转诊、急慢分治、上下联动的分级诊疗新模式。不断提高新冠肺炎集中收治和重症救治能力，截至8月，已安排69.3亿元地方政府专项债，15.8亿元中央和省级预算内资金，支持138个医疗卫生项目建设，推进省儿童医院、省妇产医疗、省疾控中心等项目建设。持续实施大病救治、慢病家庭医生签约服务和精准叠加保险政策，扎实推进健康扶贫工作。推行医保电子凭证，实现无卡就医购药以及线上看病买药刷医保，并推广医保个人账户家庭共济。截至9月，福建已有630.8万名参保人员开通了医保电子凭证，医保电子凭证推广使用量在全国位居前列，236家医院实现医保电子凭证结算，近7500家药店已实现医保电子凭证结算。

公共教育服务水平不断提升。福建扎实落实教育现代化推进工程，组织实施学前教育推进工程、义务教育提升工程、职业教育基础能力建设工程等专项建设规划，截至8月，已安排18.05亿元地方政府专项债支持27个公办幼儿园、职业院校项目建设，同时安排中央和省级预算内资金支持71个公办幼儿园、义务教育学校、普通高中、职业院校项目建设，改善全省基础教育和职业教育的办学条件。

养老服务体系更加完善。福建养老服务体系从单一机构养老为主，向居家社区、机构全方位、多层次、全覆盖养老服务体系化发展转变，服务内容从基本生活照料向满足养、医、教、康、娱等全过程多样化需求转变，服务主体从政府举办为主向民间资本、社会力量广泛参与、竞相发展转变。实施社会服务兜底工程，加快补齐养老短板，推进社会福利服务体系设施建设，安排预算内投资支持75个老年养护院、特困人员供养服务设施（敬老院）、社区居家养老服务照料中心项目建设，今年新增养老服务床位9077张，有效强化公办养老机构兜底功能。

文化旅游服务体系持续建设。福建围绕完善国家文化和自然遗产保护利用设施、公共文化服务设施、旅游基础设施和公共服务保障设施等领域，整合资源、持续发力，做好公共文化服务托底、补齐遗产保护利用短板、夯实旅游产业发展基础等工作，充分发挥文化旅游在开展公民教育、促进地方经济结构转型升级、带动区域经济社会发展等方面的积极作用。持续提升重点景区旅游接待和服务能力，增强福建省文化旅游发展软实力，推动“清新福建”品牌影响力的不断扩大。

（三）社会保障范围不断扩大

福建扎实做好“六稳”工作，全面落实“六保”任务，以稳岗扩岗专项行动为支撑，通过实施“十个一批”扩岗行动，加大政策力度，加强就业保障，着力拓宽高校毕业生就业渠道，鼓励农民工就近就地就业、返乡留乡就业，实施“6+1”劳务协作专项对接行动，促进退役军人多渠道就业创业，突出抓好就业困难群体就业。2020年1—9月，福建城镇新增就业44.32万人，同比减少8.71万人，下降16.42%，本月新增4.78万人；失业人员实现再就业16.76万人，同比减少1.43万人，下降7.86%，本月新增2.5万人；就业困难人员实现就业1.92万人，同比减少0.74万人，下降27.82%，本月新增0.49万人；城镇登记失业率3.92%，同比上升0.45百分点，本月上升0.14个百分点。

福建坚持全覆盖、保基本、多层次、可持续的基本方针，按照兜底线、织密网、建机制的基本要求，继续深化社会保障制度改革，将扩大参保覆盖范围的重点落在中小微企业和广大农民工、灵活就业人员、新就业形态人员、未参保居民等群体。截至2020年9月底，全省城镇基本养老保险参保人数（含离退休）1169.77万人，完成全年目标任务1133万人的103.25%；其中：企业基本养老保险参保人数（不含离退休）867.24万人，完成全年目标任务828万人的104.74%；机关事业基本养老保险参保人数（不含离退休）96.19万人，完成全年目标任务95.2万人的101.04%。失业保险参保人数646.82万人，完成全年目标任务630万人的102.67%；工伤保险参保人数915.7万人，完成全年目标任务882万人的103.82%。

（四）脱贫攻坚与乡村振兴有效衔接

福建省委省政府高度重视脱贫攻坚工作，始终把脱贫攻坚作为一项重大政治任务和第一民生工程，全面实施精准扶贫精准脱贫基本方略，脱贫攻坚取得了重大决定性成效。当前，福建省现行标准下农村建档立卡贫困人口全部脱贫，2201个建档立卡贫困村全部退出，为全面建成小康社会奠定了坚实基础。一是责任到位帮扶到位。福建坚持"五级书记抓扶贫"，强化党政一把手责任，实行省领导挂钩联系，落实职能部门扶贫责任、山海协作对口帮扶责任、驻村帮扶责任、干部挂钩帮扶贫困户责任，推动脱贫攻坚工作任务、政策措施、项目资金落地落实。选派驻村第一书记，建立干部挂钩帮扶制度，组织11.17万名党员干部挂钩帮扶贫困户，做到每个贫困户都有一名党员干部挂钩帮扶。二是精准识别靶向施策。福建针对贫困户致贫原因，推动产业扶贫、金融扶贫、易地搬迁扶贫、教育扶贫、健康扶贫等各项扶贫措施精准落实，打出一套扶贫开发组合拳，全省建档立卡贫困户"两不愁三保障"质量水平不断提升，2020年建档立卡贫困人口人均纯收入超过1.3万元，义务教育、基本医疗、住房和饮水安全得到全面保障。三是建立巩固脱贫攻坚成果长效机制。福建不断探索建立防止返贫机制，2020年4月开通"一键报贫"在线申报系统，及时将脱贫不稳定户和边缘户列入监测对象，对全省确定的7293户23989人监测对象进行单列管理，通过重点帮扶、持续帮扶以及贫困户自身努力，目前监测对象的致贫返贫风险已基本消除。四是推动脱贫攻坚与乡村振兴有机衔接。福建在确保高质量打赢脱贫攻坚战的基础上，着力推动发展规划、推进机制、工作重点、保障措施"四个衔接"，做到脱贫攻坚工作与实施乡村振兴战略同部署同推进，努力走具有福建特色的乡村振兴之路。

（五）社会治理能力持续提升

福建不断完善治理体系和推进治理能力现代化，按照省委"三四八"机制和"四实"要求，紧盯维护国家政治安全和社会稳定、开展政法队伍教育整顿、加快市域社会治理现代化试点、扫黑除恶专项斗争"六清"行动、深化公共安全领域突出问题大排查大化解大整治攻坚行动，努力建设人人有责、人人尽责、人人享有的社会治理共同体，确保人民安居乐业、社会安定有序，建设更高水平的平安福建、法治福建。一是坚持和发展新时代"枫桥经验"。畅通和规范群众诉求表达、利益协调、权益保障通道，完善社会矛盾纠纷多元预防调处化解综合机制，努力将矛盾化解在基层。二是继续开展扫黑除恶专项斗争。坚决彻底推进"六清"行动，确保专项斗争圆满收官，深入谋划"六建"工作，持续提高扫黑除恶法治化、规范化、专业化水平，巩固和深化专项斗争成果，实现常治长效。三是开展房屋结构安全专项治理行动。福建聚焦六大类重点房屋进行全面核查，坚决守住安全底线，建立房屋安全"一楼一档""健康绿码"，实现房屋全生命周期管理。四是推行智慧治理。福建将科技应用作为提升基层治理效能的重要支撑，持续推进"综治中心+网格化+信息化"建设，推出闽政通、公安治安便民服务等应用软件，建成智慧安防小区426个、"雪亮工程"公共安全视频监控点61万路，城市社区综合服务设施覆盖率达100%，农村综合服务设施覆盖率达69%。

（六）生态环境质量继续保持全国前列

福建深入推进生态省建设，坚决打好污染防治攻坚战，推动国家生态文明试验区建设取得新成效。据省生态环境厅发布的我省2020年8月份环境质量状况显示，我省生态状况总体保持优良水平。环境空气质量方面，9个设区城市及平潭综合实验区的环境空气质量达标天数比例平均为99.4%。水环境方面，全省12条主要河流143个水质评价断面总体水质为优。Ⅰ~Ⅲ类水质比例为97.9%，同比持平；Ⅰ~Ⅱ类水质比例为66.4%，同比上升2.1个百分点。各类水质比例如下：Ⅰ类占4.9%，Ⅱ类占61.5%，Ⅲ类占31.5%，Ⅳ类占1.4%，Ⅴ类占0.7%，无劣Ⅴ类水。全省小流域Ⅰ~Ⅲ类水质比例为94.4%，同比上升5.3个百分点。森林覆盖率继续位居全国首位。生态环境状况指数继续保持全国前列。

二、当前福建社会发展面临的主要问题与挑战

（一）全球疫情对就业形势仍有负面影响

当前疫情对福建经济发展的短期冲击正在逐

步消除，福建经济长期向好的基本面和持续向上的发展势头没有改变。但同时也要看到，新冠肺炎疫情全球大流行使得经济全球化遭遇逆流，世界经济低迷，国际贸易和投资大幅萎缩，将在一定时期内对福建经济社会造成负面影响。疫情防控常态化条件下，经济运行的主要困难已由循环不畅转变为需求不足，消费需求的恢复明显滞后于供给，就业总量压力不减，持续稳定增长有一定难度，劳动力市场冷热不均、供需错位的现象普遍存在，就业结构性矛盾比较突出，保就业、保市场主体工作十分艰巨。在疫情初期，农民工失业率上升幅度较大，随着各地复工复产持续推进，农民工就业压力逐渐减轻，失业率波动下降。但海外疫情蔓延尚未得到有效控制，导致外需急剧收缩，外贸企业新出口订单骤减，维持现有就业岗位的困难十分突出。

（二）社会民生事业与人民群众新期待仍有差距

2020年是全面建成小康社会的收官之年，脱贫攻坚战解决的是绝对贫困问题，而相对贫困还会长期存在，老弱病残贫困人口多数不具备自我发展能力和条件，对照“两不愁三保障”要求，老弱病残贫困人口在看不上病和看不起病、贫困家庭孩子辍学、部分贫困人口仍住危房问题等方面问题比较突出，部分已脱贫摘帽但返贫风险较大的地区，大多属于发展严重滞后、生态非常脆弱的地区，产业基础普遍较弱，脱贫成果有得而复失的隐忧。城乡区域发展和收入分配差距依然较大，经济发展不平衡不充分问题还广泛存在，人民群众对提高收入水平、规范分配秩序、缩小收入差距的愿望十分迫切。养老事业存在短板，主要体现在居家社区养老服务供给不足、机构养老发展缓慢、医养结合不够紧密、养老服务人员匮乏等。公办民办并举的学前教育发展格局尚未形成，城乡、区域、校际间教育水平不够均衡，城区新增学位还无法满足新型城镇化发展等需要，义务教育条件配备标准化水平仍然不高。很多老旧小区存在失养失修失管、市政配套设施不完善、社会服务设施不健全等问题，居民改造意愿强烈。

（三）保护环境和治理污染的任务仍然繁重

福建省在生态环境保护方面虽然取得重要进展，但在处理发展与保护关系时仍面临不少问题，有的地方和部门生态优先、绿色发展理念树得还不够牢，对一些突出生态环境问题整治态度不够坚决、工作还不到位。一些地方重发展、轻保护的观念还没有根本扭转，有的甚至要求保护为发展让路。例如为了给建设项目腾出空间，环三都澳湿地水禽红树林自然保护区范围和功能区划两次被擅自违规调整，导致自然保护区面积锐减至2442.64公顷，缩减94%。一些地方和部门对重要海洋功能区保护不力，例如古雷炼化一体化项目在未取得用海手续情况下，擅自委托某公司实施违法填海项目，侵占东山湾湿地，共填海造地388公顷。又如安海湾海域遭遇违法填海，大盈溪河口湿地被侵占30余公顷，导致局部生态系统功能严重退化，近岸海域水质明显恶化。闽江流域生态环境问题不容忽视，闽江流域现有在册农村小水电2897座，其中80%以上为引水式水电站，对下游河流生态系统造成不良影响。闽侯县门口工业区大量工业和建筑垃圾随意堆放于乌龙江边，环境隐患突出。

三、2021年福建社会发展基本态势与对策建议

2021年是“十四五”规划实施的开局之年，福建坚定不移以习近平新时代中国特色社会主义思想为指导，深入贯彻党的十九大和十九届二中、三中、四中、五中全会精神，以改革创新为根本动力，以满足人民日益增长的美好生活需要为根本目的，全面把握新发展阶段，坚持贯彻新发展理念，紧扣构建新发展格局，全方位推动高质量发展超越，努力谱写新时代新福建新篇章。

（一）持续抓好常态化疫情防控工作

当前疫情仍在全球蔓延，国内零星散发病例和局部暴发疫情的风险仍然存在，夺取抗疫斗争全面胜利还需要付出持续努力。做好外防输入工作，坚持“人”“物”同防，加强入境人员闭环管理、强化远端防控和后续健康管理，持续坚决打击海上、陆上偷私渡行为，对入境货物特别是冷链食品扩大监测范围、提高检测频次。落实内防反弹各项措施，盯住重点人群、重点场所，强化医院、学校、人群聚集公共场所防控，做好国庆期间旅游景区疫情防控。完善传染病疫情和突发

公共卫生事件监测、预警和直报系统，建立智慧化预警多点触发机制，构建覆盖重点公共场所和重点部位的监测哨点布局，建立健全疾控机构与城乡社区单位联动机制。加强可转换病区和重症监护病区建设，制订大型公共建筑转换为应急设施预案以及临时可征用的公共建筑储备清单。将中医药防治方案纳入突发公共卫生应急救治，推行传染病中西医结合诊疗方案。探索建立与基本医疗保险、大病保险、医疗救助等支付制度相适应的财政补助机制。深入开展爱国卫生运动，用千千万万个文明健康的小环境筑牢常态化疫情防控的社会大防线。

（二）着力保障和改善民生

扎实做好“六稳”工作、全面落实“六保”任务，通过“减免缓返补”等政策，为企业减负稳住现有就业岗位，深入实施职业技能提升行动，全力兜住困难群众就业底线，促进外出就业和就近就地就业，用足用好各类公益性岗位。扩大优质教育资源供给，推进学前教育普及普惠、义务教育优质均衡、普通高中多样特色发展，健全校企深度融合的现代职业教育体系，支持高校加快“双一流”建设。补齐人才、床位等医疗卫生领域的短板，推动“三医联动”向“全联”“深动”发展。构建居家社区机构相协调、医养康养相结合的养老服务体系。推动老旧小区和棚户区改造，加强地下综合管廊系统建设，加快垃圾分类及处置。着力延续文脉，加强文物保护利用和文化遗产保护传承，加强历史文化名城名镇名村和传统村落保护。着力文化惠民，加快核心领域文化产业发展。以闽东北、闽西南两大协同发展区为抓手，形成各具特色、优势互补、山海联动、城乡融合的发展新格局。加快老区苏区全面振兴发展，加大扶持和增强内生动力并重，巩固脱贫攻坚成果，因地制宜培育特色产业，加快补齐基础设施和公共服务短板。持续实施乡村振兴“十大行动”，全面推进产业、人才、文化、生态、组织振兴，实施乡村建设行动，深化农村改革，实现巩固拓展脱贫攻坚成果同乡村振兴有效衔接，做强做优十大特色产业，探索具有福建特色的乡村振兴之路。

（三）不断推进治理能力现代化

强化组织引领，总结推广把党支部建在网格上、党小组设在楼栋里的做法，把党的建设延伸到社会最小单元，激活社会治理体系的基层细胞。创新发展新时代“枫桥经验”，大力推行“四门四访”，切实保障公共安全，强化对重点领域、重点部位、重点环节、重点人群公共安全隐患常态化排查整治。健全城乡社区治理体系，推动自治法治德治融合。依托省级网格化服务管理信息平台，建立“信息共享、业务协同、互联互通、安全保密、运维规范”的社会治理基础数据库，统筹推进政法机关的智慧法院、智慧检务、智慧公安、智慧司法行政等平台建设，加强对个人和数据隐私的保护，加快区块链在基层社会治理的应用场景试点，提升社会治理智能化水平。统筹发展和安全，把安全发展贯穿福建发展各领域和全过程，防范和化解影响现代化进程的各种风险，建设更高水平的平安福建。

（四）深化生态文明试验区建设

突出机制创新，深入推进国家生态文明试验区建设，深化自然资源资产产权、国土空间规划和用途统筹协调管控、生态产品价值转化、严格生态环境保护责任等制度改革创新。突出精准治污、科学治污、依法治污，全面打好污染防治攻坚战，深入实施蓝天保卫战三年作战计划。深入实施水污染防治行动计划，全面落实河湖长制，共抓闽江、九龙江等重点流域大保护大治理，巩固小流域、饮用水水源地和城市建成区黑臭水体整治等成果。持续实施土壤污染防治行动计划，严格建设用地环境准入，推进耕地安全利用与治理修复。加强海洋环境保护陆海统筹，持续加强重点海域综合治理。推进重要湿地生态系统保护和修复，实施生物多样性保护工程。一体建设美丽城市、美丽城镇、美丽乡村。突出绿色发展，实施绿色制造工程，加快构建以生态产业化、产业生态化为主体的生态经济体系。

（撰稿：福建社会科学院　耿羽）

福建社会公共安全治理形势分析与对策

2020年，福建省坚持以习近平新时代中国特色社会主义思想为指引，不断增强风险意识、责任意识，强化协调配合，深入贯彻总体国家安全观，深化平安福建建设，加强公共安全体系建设，不断提高社会治理社会化、法治化、智能化、专业化水平，为推动高质量发展超越，加快新时代新福建建设营造了和谐稳定的社会环境。

一、2020年社会公共安全治理主要进展

（一）大力推进平安福建建设

党的十九大报告指出，要加强社会治理制度建设，完善党委领导、政府负责、社会协同、公众参与、法治保障的社会治理体制，提高社会治理社会化、法治化、智能化、专业化水平，打造共建共治共享的社会治理格局。社会治理“四化”既是创新社会治理的重要支撑，又是建设更高水平“平安福建”的应有之义。福建着眼长治，以提升社会治理“四化”水平为抓手，通过党政主导、基层基础“上下两头”并举，形成社会广泛参与的格局，注重源头防范，标本兼治，将风险隐患、矛盾纠纷及时发现、化解在当地。

坚持党政主导。福建是全国最早将综治平安建设纳入各级党政“一把手”工程的省份之一。福建省委书记、省长分别担任省综治委主任、第一副主任。省委书记、省长连续22年与九个设区市和平潭综合实验区党政负责同志签订平安建设（综治工作）责任书，并向省直各单位、各部门下达综治责任状。各县市区、乡镇党政主要负责人层层签订综治责任书，以上率下传导责任、逐级压实，发挥了引领示范作用。福建省市县乡四级还成立由党政分管领导任组长，司法行政部门、人民法院分别牵头，各行业领域主管部门参与的多元化解领导小组，明确省市县乡村五级领导直接抓、党政同责一起抓、部门协力共同抓的工作责任。各级党委政府建立健全社会治安综合治理考核评价机制，将社会治安综合治理纳入年度绩效考评，对群众安全感满意率低于90%的县市区予以综治问责，对各地个性化问题提出整改意见，对平安建设成效明显的予以综治奖励。

在抓好“党政主导”这个“上头”同时，福建不断夯实基层基础“下头”，完善群防群治，提升治理社会化水平，构建共建共治共享的公共安全治理新格局。福建省遍布城乡的平安志愿者达到187万多人。以网格为单元，以平安志愿者为依托，福建通过整合综治平安建设力量，广泛动员组织群众参与共建，及时发现各类风险隐患，形成处置合力，把矛盾纠纷发现、化解在当地，并将平安创建成效与辖区群众医疗保险、基础养老金、大病保险等优惠政策直接挂钩，形成人人参与、人人受益的社会公共安全治理新格局，让人民群众成为平安建设的最大受益者、最广参与者、最终评判者。

没有智能化就没有社会治理的现代化。福建紧紧抓住新一轮科技革命的历史性机遇，发挥大数据“集群优势”，解决重复建设、信息“孤岛”、内部循环、资源浪费等问题，真正让大数据系统成为各级党委政府应急指挥的“大脑”，努力走出一条社会治理智能化的“福建路径”。在整合信息资源上，福建各地将“雪亮工程”与网格化服务管理平台、综治中心建设、综治视联网以及智慧城管、智慧交通等已有平台有机结合起来，整合资源、提升水平、各取所需，实现技术应用、设施保障、运行管理的整体协调，真正形成“空中

+路面、网上+网下、物联+视联”的智慧天网。随着网格化平台建设的不断科学规范，网格员队伍也逐渐从单一岗位到“一岗多能”转变。在社会治理专业化的要求下，人人都是信息员、人人都是网格员、人人都是志愿者，真正打通了基层社会治理的“神经末梢”。在大数据、人工智能的助力下，政法部门设施联通、网络畅通、平台贯通、数据融通，将越来越多的要素信息集中在方寸之间，分析于须臾之时，全省政法智能化建设正在不断转化为政法部门的核心战斗力。

（二）深入推进扫黑除恶专项斗争

开展扫黑除恶专项斗争，是以习近平同志为核心的党中央作出的一项重大决策部署，事关社会大局稳定和国家长治久安，事关人心向背和基层政权巩固，事关进行伟大斗争、建设伟大工程、推进伟大事业、实现伟大梦想。当前，专项斗争进入决战决胜关键阶段，我省各级各部门深入学习贯彻习近平总书记关于扫黑除恶专项斗争的重要指示精神，认真贯彻落实党中央决策部署，认真贯彻全国扫黑除恶专项斗争第三次推进会精神，坚持问题导向，强化有力举措，全力抓好“六清”行动。坚持决心不变、标准不降、力度不减，坚持抓清存案、清积案与抓新案、快破案并举，聚焦重点地区、重点行业和“打伞破网”，集中优势力量向黑恶势力发起总攻，力争每条线索、每起存量案件和每个突出问题都清彻底、清干净，如期拿出“线索清仓、逃犯清零、案件清结、伞网清除、黑财清底、行业清源”六张“清单”。开展重点行业领域专项整治，紧盯城乡结合“高危地区”、农村宗族“复杂地区”、校园周边“敏感地区”、重点人群“灰色地区”等地区，社会治安、乡村治理、金融放贷、工程建设、交通运输、市场流通、自然环保、信息网络、文化旅游、教育卫生等领域，基层组织软弱涣散、农村宗族派系争斗干扰基层建设、黑恶势力侵蚀基层政权、基层执法部门失职纵容黑恶滋生等问题，集中火力挖根源、严整治、强监管，坚决防止出现由“乱”到“恶”、由“恶”转“黑”问题，不断增强人民群众获得感、幸福感、安全感。同时，我省还努力建立健全长效机制，夺取扫黑除恶专项斗争全面胜利，推动“平安福建”建设提高到新水平，努力使人民群众安全感更加充实、更有保障、更可持续。

（三）疫情防控工作取得重大战略成果

2020年1月中下旬，新冠肺炎病毒向全国蔓延。习近平总书记多次发表重要讲话、作出重要指示批示。福建闻令而动，迅速成立省委书记和省长担任组长的省应对新冠肺炎疫情防控工作领导小组，认真学习贯彻习近平总书记重要讲话重要指示批示精神和党中央决策部署，把疫情防控工作作为最紧迫的重要政治任务来抓。2020年1月20日至24日，福建连续召开省厅级联席工作会议、省委专题会议、全省防控新冠肺炎疫情工作电视电话会议、省应对新冠肺炎疫情防控工作领导小组调度会议，省委和省政府主要负责同志直接部署具体防控工作。1月24日，根据《福建省突发公共卫生事件应急预案》，福建省启动重大突发公共卫生事件一级响应。按照党中央“坚定信心、同舟共济、科学防治、精准施策”的总要求，一系列防控工作快速落地、严格落实。社区网格化防控，精准滚动排摸，果断隔离观察和保护，做到早发现、早报告、早隔离、早治疗；成立省、市、县三级新冠肺炎医疗救治临床专家组，确定全省91家定点救治医院，统筹调配医疗资源，实行集中患者、集中专家、集中资源、集中救治；暂停公众聚集活动，主动发布疫情和防控工作信息，科学解疑释惑，及时客观回应社会关切；严守入闽管理、社区和村管理、单位管理、家庭和个人卫生健康防护“四道关口”，守住入闽健康检测、居家或集中观察、上班初期健康跟踪管理“三道防线”；加强社区（村）疫情防控，针对重点人群管理强化“十一个一律”；针对疫情形势出现的积极变化，分区分级精准施策，做到“十个不放松”和“十二个加强”；坚持投产一批、转产一批、新建一批“三管齐下”，生产端、采购端、调配端、需求端“四端协同”，千方百计解决防疫医疗物资短缺问题。

2020年3月上旬以来，福建本土住院病例清零，国外疫情防控情势陡然严峻。福建严防死守，全力防控，筑牢数字防线、海上防线、口岸防线、村居防线、全省全员防线“五道防线”，调动一切力量，全面加强“海”“陆”“空”防控境外疫情输入；毫不放松织密织牢外防输入、核酸检测、无症状感染者管控、重点场所防控、社区（村居）精准防控“五张网”，切实做好外防输入、内防反弹。省法院、省检察院、省公安厅、省司法厅还联合出台《关于依法严惩非法入境妨害疫情防控违法犯罪行为的通告》，并制定了《关于依法严惩非法入境妨害疫情防控违法犯罪的指导意见》，加大对非法入境妨害疫情防控违法犯罪行为的打击力度。2020年5月中旬，福建省还出台《福建省进一步做好新冠肺炎疫情常态化防控工作实施意见》，全面落实“外防输入、内防反弹”的总体防控策略，有力保障人民群众生命安全和身体健康，有力保障经济社会秩序全面恢复。2020年11月以来，针对进口冷链食品带来新冠肺炎疫情输入性风险增加的情况，福建省出台了《进口冷链食品新冠肺炎疫情防控导则》，以落实全批次核酸检测、全过程溯源监管、全过程闭环消毒、全员核酸检测、全民健康教育的“五全”措施，强化进口冷链食品疫情防控。

经过全省上下共同努力，福建省疫情防控工作取得重大战略成果，从公布首例确诊病例到实现本土患者清零只用了46天，截至2020年11月25日，已连续273天无本土新增确诊病例、疑似病例、无症状感染者，统筹疫情防控和经济社会发展取得显著成效。

（四）食品药品监管力度不断加大

2020年，福建省各级市场监管机关继续深入贯彻落实“四个最严”工作要求，强化食品安全地方属地责任、部门监管责任、经营者主体责任，构建共治共建共享的安全治理体系，连续20年治理“餐桌污染”、建设“食品放心工程”，不断增强从农田到餐桌全过程监管能力，大幅提升食品全链条质量安全保障水平，确保广大人民群众吃得更放心、更健康。深入推进食品安全“一品一码”信息化建设，加强源头监管、智慧监管。科学合理制定食品安全工作主要指标，以更高标准、更严要求推进食品安全监管。坚持问题导向，加强对粮食加工、屠宰等企业的监管，抓好疫情防控期间餐饮单位、校园、网络配送等领域食品安全，保持对野生动物及其制品非法交易的高压严打，大力排查化解食品领域安全隐患，牢牢守住食品安全底线，多举措筑牢食品安全监管的“防护网”。

为切实提高食品生产环节风险发现与处置能力，排查整治食品安全风险隐患，推动福建省食品生产安全形势持续稳定向好，2020年5月，福建省市场监督管理局还部署在全省开展食品生产安全风险排查整治。排查整治工作以严防区域风险、严防系统风险、严防品种风险为主线，重点开展包装饮用水专项整治、食品生产环节超范围超限量使用食品添加剂和非法添加问题专项整治等两项重点整治。

持续保持严格监管高压态势，牢牢守住药品安全底线。持续做好防疫药械监管，持续深化重点领域整治，持续完善药品监管体系。开展风险隐患排查，扎实推进中药饮片质量集中整治。截至2020年10月底，省药品监管局立案查处“二品一械”（即药品、化妆品、医疗器械）违法案件1074件，罚款金额1811.4万元，没收所得117.3万元。

（五）持续筑牢安全生产防线

2020年，福建省各级各部门认真贯彻党中央、国务院关于安全生产重大决策部署和省委、省政府要求，着眼加强疫情防控常态化条件下安全生产和全省安全生产专项整治三年行动、各领域安全隐患大排查大整治工作，推动树牢安全发展理念，压紧压实安全生产责任，深入排查安全风险隐患，扎实推进问题整改，坚决遏制重特大事故发生，全省安全生产形势总体平稳，切实维护了人民群众生命财产安全。

为认真贯彻落实习近平总书记关于安全生产重要论述，从根本上消除事故隐患，国务院安委会于2020年4月1日印发《全国安全生产专项整治三年行动计划》，在全国部署开展安全生产专项整治三年行动。专项整治行动主要分为2个专题，以及9个行业领域专项。其中，2个专题重点解决思想认识不足、安全发展理念不牢、抓落实上有很大差距、安全生产责任和管理制度不落实等突出问题。9个专项主要聚焦风险高、隐患多、事故易发多发的行业领域，包括煤矿、非煤矿山、危险化学品、消防、道路运输、民航铁路等交通运输、工业园区、城市建设、危险废物等。福建省抓紧抓实抓细安全生产专项整治，制定了《全省安全生产专项整治三年行动实施方案》，建立安全隐患“一抓到底、见底清零”工作机制，确保专项整治取得实实在在成效。

泉州“3·7”坍塌事故发生后，为认真贯彻落实习近平总书记重要指示批示精神，省委省政府决定在全省开展全面、彻底的安全隐患大排查大整治，省安办制定的《全省各领域安全隐患大排查大整治工作方案》。大排查整治涉及涉疫医疗观察检测场所、房屋及工程施工、人员密集场所、危险物品、工矿企业、交通运输、消防安全、自然灾害等8个整治重点。方案明确每个整治内容的牵头领导、牵头部门和责任单位等责任分工。为推进全省各领域安全隐患大排查大整治工作扎实有效开展，方案要求各生产经营单位要切实做到“三个到位”，即主体责任到位、自查自纠到位、安全管理到位。2020年3月20日，省政府办公厅还印发了《全省房屋结构安全隐患大排查大整治百日攻坚专项行动方案》，在全省范围内开展房屋结构安全隐患大排查大整治百日攻坚专项行动。

2020年1—10月份，福建全省发生各类生产安全事故起数、死亡人数分别下降23.1%和16.1%。其中，较大事故13起、死亡55人，同比减少1起、死亡增加5人；重大事故1起、死亡29人，同比增加1起、29人。按区域划分，1—10月份，“6市1区”事故同比下降，3市事故同比上升。按行业划分，交通运输和仓储业（含铁路运输业、道路运输业、水上运输业、航空运输业等）、商贸制造业（含化工、烟花爆竹、冶金机械八行业等）和其他行业（含电力、热力、燃气及水生产和供应业等）事故同比下降，农林牧渔业（含农业机械、渔业船舶等）、采矿业（含煤矿、金属非金属矿山等）和建筑业（含房屋建筑及市政工程、交通建设工程等）事故同比上升。

二、社会公共安全治理面临的新情况新问题

（一）社会公共安全治理法治化水平有待进一步提高

福建以推动地方立法、严格执法、创新普法等形式，提升社会公共安全治理的法治化水平。但不可否认，当前影响社会稳定和群众安全感的矛盾纠纷、风险隐患仍然处于较高水平，基层干部以法治思维和法治方式推进工作、处理矛盾纠纷，全民守法的自觉和尊重法律、崇尚法治的社会心理还没有完全形成，社会公共安全治理法治化还存在薄弱环节。同时，少数基层干部急于推动工作，有时难免存在方式粗糙、缺乏法治思维、不讲究法律程序、对群众权益保护不周问题。这些问题虽然只在很小范围内存在，但却很容易激化矛盾，造成维稳压力。

（二）新食品药品监管体制仍有挑战待化解

大市场综合监管模式给食品药品监管工作带来了巨大的新机遇，在总体上是有利于推进食品药品监管工作的。尽管新的食品药品监管体制在全国范围内已经实行2年，但随之而来的一些新挑战仍有待逐步化解。第一，综合监管模式下食药安全监管的专业性建设趋于弱化。“顶层要专业，基层要覆盖”，此次综合监管模式的确立对基层覆盖会有改善作用，但在强调覆盖面的同时，如何避免食药监管工作的专业性建设被削弱，却是无法回避的首要问题。第二，综合监管模式下基层市场监管机构的监管工作量和责任较重。此次机构改革之后，基层市场监管机构，尤其是乡镇市场监管所在监管职能上得以全面扩张，不仅是原来简单的三合一的职能合并，还增加了反垄断、物价监管等许多新的职能。如果监管能力无法得到充实，基层监管人员无法适度得到增加，基层监管机构可能难以应对明显增大的工作量和更为繁重的监管责任，尤其是无法将更多的精力和资源用于人民群众最为关注的食品药品监管上。第三，食品药品安全社会共治格局有待加强。食品药品安全关系每一个人的身体健康和生命安全，是最大的民生、最基本的公共安全，是民生问题，也是社会问题。健全严密高效、社会共治的食品药品安全治理体系，是治理体系和治理能力现代化在食品药品监管工作中的具体要求。但是，食品药品安全监管目前仍然在很大程度上处于政府监管部门单打独斗的局面，社会共治格局尚未形成。例如，对食品药品违法人员缺乏常态化的失信惩戒约束机制，社会公众的监督作用没有充分调动起来，企业内部吹哨人制度也未建立，投诉举报制度的作用尚未充分发挥，行业组织自律约束机制尚未建立。第四，源头管理仍然相当薄弱。

食品安全涉及从“农田到餐桌”的整个产业链的安全，作为产业链“源头”的农产品质量安全是整个食品安全的基础。在化肥、农药、兽药、渔药和各种添加剂放开经营后，农产品源头污染较多，农产品药物残留及有毒有害物质超标现象不同程度存在，食品安全源头治理的任务十分艰巨。如果源头控制不住，污染就会一环环传递下去，只有保证源头的安全，食品产业链才有安全的基础。

（三）安全生产形势依然比较严峻

2020年以来，虽然福建全省各类生产安全事故起数、死亡人数同比下降，但是下半年部分月份事故起数同比、环比均有不同程度上升，尤其泉州“3·7”坍塌事故造成重大人员伤亡和经济损失，显示当前我省安全生产形势依然比较严峻。存在主要问题：一是部分地区事故上升。1—10月，有2个地区事故死亡同比上升，各发生3起较大以上事故，1个地区事故起数同比上升。还有2个地区虽然事故起数、死亡人数同比下降，但较大事故同比上升。二是部分重点行业领域事故上升。建筑施工、煤矿、金属非金属矿山、铁路运输、渔业船舶等重点行业领域事故同比上升，其中，建筑施工发生1起重大事故和3起较大事故。道路运输虽然事故起数、死亡人数同比“双下降”，但较大事故多发。渔业船舶事故死亡人数同比大幅增加，特别是8月下旬至9月下旬，在不到1个月内连续发生3起涉及我省渔业船舶的较大以上事故，共造成24人死亡和失踪。三是安全隐患排查治理还不够深入。从安全隐患整改率看，部分设区市的整改率低于全省平均水平，全省仍有近1.8万项隐患未完成整改，离每月清零的要求存在较大差距。

三、进一步推进社会公共安全治理的对策措施

（一）以法治促进社会长治久安

法治是治国理政的基本方式，是国家治理体系和治理能力的重要依托。习近平总书记在中央全面依法治国工作会议上深刻指出，只有全面依法治国才能有效保障国家治理体系的系统性、规范性、协调性，才能最大限度凝聚社会共识，强调要坚持在法治轨道上推进国家治理体系和治理能力现代化。我国社会主义法治凝聚着我们党治国理政的理论成果和实践经验，是制度之治最基本最稳定最可靠的保障。破解社会公共安全治理这个难题，补齐社会公共安全短板，同样需要持续深入推进法治建设。要以习近平法治思想为指引，创新体制机制建设，将基层探索出的行之有效的治理经验及时上升为地方立法；对于社会公共安全治理重点难点问题，适时出台地方性法规和部门规章，完善执法标准和程序。要以法治思维和法治方式深入推进平安建设，依法打击各类违法犯罪，加强社会治安综合治理，有效预防和化解社会矛盾，着力维护社会大局稳定、促进社会公平正义、保障人民安居乐业。同时，注重提升领导干部、执法人员运用法治手段解决社会公共安全治理问题的能力和水平，将增强全民守法观念、建设社会主义法治文化作为平安建设基础工程，在全社会倡导契约精神，树立规则意识，培育法治信仰。

（二）进一步提高食品药品安全保障水平

党的十九届五中全会审议通过的《中共中央关于制定国民经济和社会发展第十四个五年规划和二〇三五年远景目标的建议》明确提出，要提高食品药品等关系人民健康产品和服务的安全保障水平。提高食品药品安全保障水平，要不断创新食品药品监管手段。食品药品安全监管工作必须创新监管手段，提高工作效率，以缓解基层人少事多矛盾。要推进“互联网+”监管，将食药安全监管工作与大数据、信息化、互联网等领域相互融合，把原来分散在工商、食药、质监部门等各个环节不相联系的数据加以采集、梳理，以云计算、云存储等技术进行分析汇聚，打通信息孤岛，形成互联互通、数据共享、业务协同、统一高效的云平台，实现对市场监管采集、整合、分析、研判、决策、指挥的一体化集中控制，达到以“大数据”指导智能决策，用“大智慧”服务社会公众的目的。提高食品药品安全保障水平，要持续强化基层食药监管体系建设。强基础，实施基层监管所规范化建设。要把夯实基层监管能力作为工作重心，不断加强对基层基础建设的投入力度。通过实施基层监管所规范化建设，不断夯实基层一线监管力量，提升基层一线监管机构执法保障能力。抓队伍，强化对基层监管的指导

培训。通过各种形式的培训学习，不断提高基层监管人员的业务能力和素质。提效能，完善基层食品药品监管机制。针对基层人少事多，面广量大的实际，不断探索完善并归纳总结食品药品日常监管长效机制。

提高食品药品安全保障水平，要构建食品药品安全社会共治格局。食品安全要“社会共治”，首先要实现“部门共治”，不能仅靠一个部门单打独斗。实现“部门共治”，必须要充分食品安全委员会及其办公室牵头抓总和统筹协调作用，要进一步加大综合协调和督查督办力度，督促各有关部门履行好各自职责，牢固树立“一盘棋”思想，加强跨部门合作、跨区域协作，形成食品安全齐抓共管合力。要全面落实企业主体责任。食品药品生产经营企业应当严格落实法定责任和义务，提高贯彻执行法律法规和质量管理规范的自觉性，采取多种措施，确保生产过程符合有关标准规范，确保生产经营各环节数据信息采集留存真实、可靠、可溯源。要整合健全安全信用体系。研究探索食品安全领域联合监管机制，加大失信联合惩戒力度。要完善投诉举报体系。加强投诉举报体系能力建设，畅通投诉举报渠道，探索企业“吹哨人”制度。要充分发挥社会组织作用。支持行业协会制定行规行约、自律规范和职业道德准则，建立健全行业规范和奖惩机制，支持行业协会探索履行相应的市场监督管理职能。要强化舆论监督和社会监督。完善媒体、专家等各有关方面共同参与食品药品安全治理的有效机制。

（三）进一步完善和落实安全生产责任制

党的十九届五中全会审议通过的《中共中央关于制定国民经济和社会发展第十四个五年规划和二〇三五年远景目标的建议》明确提出，坚持人民至上、生命至上，把保护人民生命安全摆在首位，完善和落实安全生产责任制，加强安全生产监管执法，有效遏制危险化学品、矿山、建筑施工、交通等重特大安全事故。进一步完善和落实安全生产责任制，始终要坚持底线思维，拧紧责任链条，持续深入开展安全生产专项整治三年行动和安全隐患大排查大整治，抓紧抓实安全生产各项工作，在常态化疫情防控中抓实抓细安全生产，为全方位推动高质量发展超越营造安全稳定的社会环境。一要全面开展安全隐患“一抓到底、见底清零”行动。对发现的安全隐患要盯住不放，认真落实“监督、问题隐患、整改、验收、执法、问责”清单和“一县一册、一企一档”要求，确保违法违规行为严罚严处到位，确保安全隐患整改治理到位。二要抓好重点领域排查治理。坚决把查大风险、除大隐患作为重中之重，紧盯涉医涉疫场所、危险化学品、房屋安全、建筑施工、道路交通、消防安全、海上安全、民爆、地铁、学校安全等重点领域、重点行业、重点企业、重点单位，深查、细查、严查，全面防范化解危及人身安全风险隐患。三要加强基础建设，提升本质安全水平。不断完善和落实安全生产责任和管理制度，加强突发事件应急科普宣教工作，从源头上防范化解安全风险。要结合编制“十四五”规划，统筹推进“三年行动”涉及的事关安全生产重大项目、重点工程，统筹推进事关长远的重要基础设施、城市内涝治理、防灾备灾体系建设，全面提升安全基础保障能力和灾害防御能力。

（撰稿：福建社会科学院　张学文）

福建科技创新点亮高质量发展超越新征程

科技是国家强盛之基，创新是民族进步之魂。福建坚定不移贯彻新发展理念，以建设创新型省份为目标，围绕发展新经济、培育新动能，大力实施创新驱动发展战略，为全方位推动高质量发展超越、开启第二个百年奋斗目标新征程奠定坚实基础。根据最新统计，福建高新技术产业化效益指数位列全国第4位，科技促进经济社会发展指数居全国第8位，科技创新环境指数居全国第9位。

一、创新生态持续优化

福建不断深化科技创新体制改革，坚持科技创新和制度创新“双轮驱动”，在人才引进、税收减免、金融支持、产学研合作等方面相继出台了一系列政策支持，努力营造有利于科技创新的良好生态。

（一）扶持政策落地见效

企业技术创新存在前期投入大、产出不确定以及收益外部性等问题。为提升企业创新积极性和主动性，分担企业创新的部分风险，福建多举措补助企业创新，扶持企业创新发展。2020年，全省共遴选2816家企业进入“科技小巨人领军企业培育发展库”，对1311家企业奖励6.04亿元，带动企业研发经费投入100.06亿元；建立科技创新补助专项资金，对2733家科技型中小企业补助1.33亿元。2020年，全省一般公共财政预算支出中科学技术支出148.44亿元，比上年增长11.3%，比一般公共财政预算支出平均增速高8.6个百分点；占一般公共预算支出的2.8%，比上年提高0.2个百分点。

（二）减税政策持续发力

福建不断完善高新技术企业所得税减免政策，出台了《省级高新技术企业扶持办法》等相关文件，支持企业申报高新技术企业，享受好高新技术企业所得税减免，形成创新投入-政策支持-再投入的良性循环。企业研发统计年报数据显示，2020年，全省规模以上高新技术企业享受所得税减免52.51亿元，比上年增长5.7%。同时，福建继续加强研发费用加计扣除减免税政策宣传，2020年，全省有3436家科技型中小企业享受企业研发费用加计扣除减免税政策，加计扣除总额达61.78亿元。

（三）金融保障日益完善

福建不断探索科技金融服务模式和产品，创新科技贷款、风险补偿、信用担保等金融支持措施，鼓励银行、创投、保险资金和民间资本向有创新潜力企业倾斜，支持科技成果转化，科技与金融结合更加紧密。自2019年开展“科技贷”金融服务以来，福建先后投放2114笔贷款，共计88.6亿元，惠及1116家科技型中小企业，为科技型企业创新增添动力。2020年，全省共举办6场大型“政银企—科技贷”线上线下对接会，线下参会企业人数563人次，政策及业务咨询466人次，线上参会企业人数达8156人。全省已构建“福建省科技型中小微企业金融服务平台”，平台建设了“福建省科技型中小微企业数据库”，汇集7256家科技型企业的基础数据。

（四）科技成果转化政策逐步落实

近年来，福建修订了《福建省促进科技成果转化条例》，并相继出台了《福建省进一步促进科技成果转移转化若干规定》《关于进一步加强以用为导向产学研结合的意见》《关于实行以增加知识价值为导向分配政策的实施意见》《福建省重大科技成果企业落地转化资助办法（暂行）》和《福建省企业研究开发费用税前加计扣除实施办法》等一系列促进科技成果转化和技术市场交易的相关政策和配套办法，推动科技成果转化相关政策落实见效。目前，福建拥有省级以上技术转移机构54家（其中国家技术转移示范机构11家），技术合同认定登记机构14家，省级科技成果产业化基地21家、产学研合作示范基地42家。福建依托海峡技术转移中心建设的国家技术转移海峡中心、国家技术转移人才培养基地，现已有26家境内外技术转移机构入驻。

二、科技投入大幅增加

福建把科技投入作为提升科技创新能力和水平的重要支撑，对科技事业的经费投入不断增加，人才队伍发展壮大，科研机构建设得到推进，产学研合作明显加强，为各项科技活动的蓬勃开展和大批科技成果的涌现创造了良好条件。

（一）经费投入快速增长

科技创新离不开科研经费的支撑，随着福建经济实力不断壮大，科研经费投入也实现了快速增长。2020年，全省R&D经费投入达842.41亿元，比上年增加88.66亿元，居全国第12位；同比增长11.8%，比同期GDP名义增速高8.1个百分点，比全国平均增速高1.6个百分点，居全国第13位；R&D经费投入强度（R&D经费投入与现价GDP之比）达1.92%，比上年提高0.14个百分点，提升幅度为近十年最高，居全国第15位。分活动类型看，基础研究经费23.78亿元，占R&D经费比重为2.8%；应用研究经费59.01亿元，占比为7.0%；试验发展经费759.61亿元，占比为90.2%。分产业部门看，高技术制造业R&D经费投入200.63亿元，比上年增长12.7%；其中，电子及通信设备制造业R&D经费148.20亿元，占73.9%；计算机及办公设备制造业R&D经费30.47亿元，占15.2%；医药制造业R&D经费12.80亿元，占6.4%；医疗仪器设备及仪器仪表制造业R&D经费9.07亿元，占4.5%。

（二）人才队伍加速集聚

人才是科技创新的第一资源，在政策的引领下，福建科技人才队伍建设取得了显著成效。2020年，全省国有企事业单位拥有工程技术人员、农业技术人员、科学研究人员、卫生技术人员和教学人员等专业技术人员共计76.2万人，比上年增长4.5%。科技人力投入不断增加的同时，科技人员的水平与素质不断提高，逐步形成了一支具有较大规模和较高水平的科技人才队伍。2020年，全省R&D人员27.0万人，比上年增长3.1%；其中拥有硕士以上学历人员4.5万人，比上年增长6.0%；拥有硕士以上学历人员占R&D人员的16.8%，比上年提高0.5个百分点。全省R&D人员折合全时当量为18.6万人年，比上年增长8.8%；其中研究人员7.3万人年，增长7.4%。

（三）高能级创新平台建设如火如荼

聚焦主导产业、战略性新兴产业和区域特色重点产业，福建加快谋划、建设一批各具特色的高水平科技创新平台。2020年，全省15家示范带动性强的产业技术创新重大平台加挂“福建省产业技术创新研究院”，全省产业技术研究院总数超过30个；2家国家级野外观测研究站、1个引才引智示范基地获批建设；新评估命名54家省级新型研发机构，省级新型研发机构总数达156家；首次布局建设10家省“一带一路”对外合作科技创新平台。同时，福建主动对接高端创新资源，加强合作交流，加快宁德时代新能源－中国科学院物理研究所联合研发中心、北京石墨烯研究院福建产学研协同创新中心等6家重大研发机构建设；安排省引进重大研发机构资助经费2000万元支持福州京东方技术中心建设等。目前，全省已落地建设了17个引进重大研发机构、30个省级产业技术重大研发平台，拥有国家重点实验室10个、省级重点实验室204个、国家级工程技术研究中心7个、省级工程技术研究中心521个，共布局建设各类科技研发创新平台2675个。

（四）产学研合作明显加强

产学研合作是科研成果由实验室走向生产线的重要一环。近年来，福建出台多项政策措施促进产学研融通合作，取得了明显成效。2020年，全省R&D经费外部支出27.31亿元，其中，对境内研究机构支出4.55亿元，占比为16.7%；对境内高等学校支出2.56亿元，占比为9.4%；对境内企业支出17.37亿元，占比为63.6%。2020年企业创新调查显示，在开展技术创新活动的规模以上工业企业中，有5867家开展了创新合作，占比为69.2%；其中，与高等学校、研究机构开展创新合作的企业占29.9%。产学研深度融合有效促进各种创新要素有效组合，提升了创新成功率。

三、企业研发方兴未艾

福建高度重视企业在科技创新中的主体地位，把企业作为推动经济高质量发展的重要支撑和关键因素，着力提升企业技术创新能力，以企业为主体的技术创新体系逐步得到了完善，创新鼓点密集敲响，创新发展路径愈加清晰。

（一）企业创新主体地位突出

从投入主体看，企业是科技创新投入的中坚力量，2020年R&D经费投入达744.50亿元，占全社会R&D经费投入的88.4%，比上年提高1.4个百分点，比全国平均水平高11.8个百分点；企业经费投入同比增长13.6%，比全国平均增速高3.2个百分点；企业经费投入增长对全社会经费投入增长的贡献率达100.4%，比上年提高17.8个百分点，比全国平均水平高22.5个百分点，拉动全社会经费投入增长11.8个百分点。2020年，全省有6576家规模以上企业开展了R&D活动，比上年增长13.6%；占比为26.4%，比上年提高2.4个百分点。从企业规模看，59.6%的大型企业开展了R&D活动，比上年提高4.9个百分点；44.4%的中型企业开展了R&D活动，提高5.4个百分点；22.4%的小微型企业开展了R&D活动，提高2.1个百分点。从行业分组看，开展R&D活动的企业占比达到或超过50%的行业有7个，分别是研究和试验发展（85.7%）；烟草制品业（71.4%）；医药制造业（66.0%）；计算机、通信和其他电子设备制造业（65.5%）；专用设备制造业（55.8%）；仪器仪表制造业（55.5%）和电气机械和器材制造业（50.0%）。

（二）高新技术企业初具规模

高新技术企业作为知识密集、技术密集型的经济实体，是核心技术和前沿技术的创新主力军。福建加速培育高新技术企业，按照“科技型中小企业—省级高新技术企业—国家级高新技术企业”的发展梯次，完善科技型中小企业备案和服务机制，建立省级高新技术企业培育库。2020年，全省国家高新技术企业新增1400家以上，同比增长30%以上；全省入库省级高新技术企业达3700余家。至2020年底，全省国家高新技术企业达6481家。同时，福建持续实施科技型企业培育专项行动，重点打造科技小巨人、单项冠军、独角兽、瞪羚企业和专精特新等创新型领军企业，已培育科技小巨人企业2816家、国家科技型中小企业3292家。

（三）企业自主创新实力增强

企业是经济活动的基本单元，是技术创新的重要载体，企业自主研发能力的提升，对福建走好加快转型、绿色发展、跨越提升新路，具有十分重要的意义。2020年，全省共计2245家规模以上企业拥有自办研究开发机构，比上年增长16.9%；共设置研究开发机构2450个，增长14.9%；有机构人员12.58万人，增长14.9%；机构经费支出388.42亿元，增长18.5%。目前，全省已有国家级企业技术中心59家，省级企业技术中心532家。2020年，全省企业共计开展R&D项目29235项，比上年增长19.8%；投入R&D项目经费744.32亿元，增长13.4%；申请专利50726，增长24.4%；其中发明专利15094件，增长20.5%。至2020年底，全省企业拥有有效发明专利48986件，比上年增长28.7%；其中30043件已被实施，增长29.8%。

（四）大众创业万众创新广泛开展

大众创业、万众创新是新常态下经济发展“双引擎”之一，蕴藏着巨大发展潜力。福建坚持以市场为导向，加强政策集成，强化开放共享，创新服务模式，为推进大众创新创业构建良好环境。2020年，全省拥有国家级众创空间68家，非国家级众创空间291家；众创空间服务创业团队6239个，服务初创企业5470家，拥有入驻项目7970项；众创空间的常驻团队和企业拥有有效知识产权11385件，其中有效发明专利1282件。2020年，全省有在统科技企业孵化器142家，其中国家级18家；孵化器内有企业5277家，有在孵企业3754家；孵化器当年新增在孵企业963家，当年毕业企业530家，累计毕业企业3934家；在孵企业有从业人员4.73万人，投入研发经费18.43亿元，申请知识产权7029件，拥有有效知识产权17502件，其中有效发明专利1945件。

四、科技产出成绩斐然

福建加大科技创新资源供给，完善科技创新体系，着力提升科技创新绩效，在关键核心技术攻关、知识产权创造、科技成果转化、区域协调创新等方面取得了积极进展，有力推进了高质量发展超越。

（一）创新成果放长及远

近年来，福建科技实力大为增强，在一些重点领域和尖端领域涌现出了一系列有着深远影响的重大成果。中科芯源公司研发出具有世界领先水平的千瓦级 COB 荧光陶瓷封装核心技术，使中国 LED 产业率先跨入大功率照明时代；奥德生物研制的新型冠状病毒抗体检测试剂盒，利用稀土纳米探针独特的时间和光谱分辨特性，实现了对新冠病毒抗体高灵敏快速检测，入选中科院 2020 年第三季度科技创新亮点成果；艾德生物突破了肿瘤精准医疗分子诊断临床应用的技术瓶颈，自主研发出高灵敏基因突变检测技术，荣获中国专利奖银奖。2020 年，全省有 14 项成果荣获国家科学技术奖，获奖总数为上一年的 2 倍，是近 5 年内最多。其中，自然科学奖二等奖 2 项，技术发明奖二等奖 2 项，科学技术进步奖一等奖 1 项、二等奖 9 项。

（二）专利事业取得长足进展

按照《福建省加快知识产权强省实施方案》及《福建省深入实施知识产权战略行动计划（2015－2020 年）的通知》要求，福建全面推进知识产权强省建设，知识产权保护环境明显改善，知识产权保护意识普遍提高。2020 年，全省专利申请受理数 180399 件，比上年增长 17.7%；其中发明专利 35161 件，增长 16.9%。全省专利授权数 145929 件，比上年增长 47.5%；其中发明专利 10250 件，增长 14.4 %。至 2020 年底，全省共存有效发明专利 50756 件，比上年增长 15.9%，每万人口拥有发明专利 12.8 件，增长 15.0%。

（三）技术交易市场发展向好

随着促进科技成果转化一系列政策措施逐步贯彻落实，福建科技成果转移转化环境持续优化，技术交易主体活跃度持续增强，技术市场发展态势向好，科技成果输出和吸纳总量大幅提升，技术交易总量增长明显。2020 年，全省共登记技术合同 10943 项，成交额 183.86 亿元，分别比上年增长 24.6% 和 26.0%。其中，技术开发和技术服务是技术交易的主要形式，占比分别为 37.6% 和 38.8%；企业是技术交易的主要主体，占比为 87.4%；电子信息技术和航空航天技术是技术交易的主要领域，占比分别为 58.1% 和 18.1%。

（四）自主创新示范区建设取得成效

福厦泉国家高新区是全国科技创新大会之后获批建设的新一个创新示范区，纳入国家全面创新改革布局。几年来，福建扎实推进福厦泉国家自主创新示范区建设，三片区发展各具特色、各展所长，创新机制活力不断激发，企业自主创新能力显著提升，产业聚集效应逐渐增强。目前，福厦泉国家自主创新示范区已累计推出 147 项创新性政策措施。福州片区“大力培育发展战略性新兴产业”和厦门、泉州片区“推动双创发展”等工作获得国务院办公厅通报激励。在福厦泉国家自主创新示范区建设的带动下，全省约 84% 的高新技术企业、72% 的科技小巨人企业和 76% 的新型研发机构在福厦泉地区成长，地区集聚效应和增长动力加快形成。

（撰稿：福建省统计局　陈昉）

福建省2020年教育信息化和网络安全工作重点

2020年7月6日福建省教育厅办公室下发《关于印发〈2020年教育信息化与网络安全工作要点〉的通知》（闽教办科〔2020〕8号）提出，现将《2020年教育信息化和网络安全工作要点》印发给你们，请结合本地、本单位工作实际，认真贯彻落实。

《福建省2020年教育信息化和网络安全工作要点》主要内容如下：

一、工作思路

以习近平新时代中国特色社会主义思想为指导，深入贯彻落实党的十九大和十九届二中、三中、四中全会精神，全面落实省委省政府对网信工作的部署和全国、全省教育工作会议精神，坚持党对教育信息化和网络安全工作的全面领导，围绕加快教育现代化、建设教育强省、办好人民满意的教育，以“育人为本、融合创新、系统推进、引领发展”为原则，深入推进《教育信息化2.0行动计划》，创新教育和学习方式，以教育信息化支撑教育现代化。

二、核心目标

一是全面落实国家和省委、省政府对教育领域网络安全和信息化的战略部署。做好《教育信息化十年发展规划（2011—2020年）》《教育信息化“十三五”规划》收官工作，研究制定福建省教育信息化“十四五”规划。

二是深入实施教育信息化2.0行动计划。科学规划和推动省级教育专网建设，完善省教育资源公共服务体系，深化网络学习空间普及应用。师生信息素养持续提升。教育治理体系和治理能力现代化水平显著提升。

三是不断完善教育网络安全支撑体系，全面提升网络安全人才培养能力和质量，不断提高教育系统网络安全防护水平。落实全省教育系统党委（党组）网络安全责任制，全力提升全省教育系统网络安全防护水平。

三、重点任务

（一）坚持党对教育信息化和网络安全工作的全面领导

1. 深入学习贯彻党中央、国务院和省委、省政府对网信工作的战略部署

以习近平新时代中国特色社会主义思想为指导，深入贯彻落实党的十九大和十九届二中、三中、四中全会精神，全面落实省委省政府对网信工作的部署和全国、全省教育工作会议精神。深入学习贯彻习近平总书记关于网络安全和信息化的重要论述和对国家网络安全“四个坚持”重要指示精神，坚持与时俱进，不断学习网络安全和信息化的理论知识和技术成果。深入贯彻《中华人民共和国网络安全法》，提高网络安全保障能力。

2. 加强教育信息化和网络安全工作统筹部署

强化教育厅网络安全和信息化领导小组的统筹协调作用，组织落实党中央、国务院和省委、省政府的重大决策部署，落实“互联网+”、大数据、云计算、人工智能、区块链、智慧城市、“一带一路”、数字经济、乡村振兴、网络扶贫等重大战略的任务安排。编制福建省教育信息化“十四五”规划。进一步完善教育信息化管理体制和发展机制，围绕重大问题组织开展专题调研，推动教育信息化融合创新发展。

落实新冠肺炎疫情防控总体部署，提供更好的网络、资源、安全等服务，有效支持学校延期

开学期间线上教学开展，保障“停课不停学”。

（二）全面推进优质数字教育资源建设与应用

3. 优化省教育资源公共服务平台建设

完成省教育资源公共服务平台迁移进入数字福建政务云平台相关工作，进一步理顺省教育资源公共服务平台管理机制，不断引进、汇聚优质数字教育资源和应用，持续提升平台的服务能力和质量，保障国家和省级相关项目和活动顺利开展。在新冠肺炎疫情防控期间，开设线上教育教学资源专区，以信息化手段支持教学工作。

4. 深化基础教育资源开发与应用

继续实施“一师一优课、一课一名师”活动，动员全省中小学校教师积极开展网上晒课，并逐级开展评审推荐。2020 年省级继续组织进行“优课”评选，择优推荐参评部级“优课”。组织中小学教师开展“看优课、学优课”活动，学习借鉴省部级“优课”成果，围绕学科教学和信息技术、数字教育资源应用等开展相关活动。省级组织基础教育信息化应用典型案例和优秀成果评选，择优推荐参评部级遴选，并参与第四届全国基础教育信息化应用展示交流活动。

5. 持续推进职业教育、高等教育和继续教育资源建设

围绕深化教学改革和“互联网 + 职业教育”发展需求，支持职业院校建设校级职业教育专业教学资源库，做好省级职业教育专业教学资源库验收工作。建设一批继续教育网络课程，做好省级职业教育精品在线开放课程验收工作。推动国家级和省级一流课程建设。利用疫情期间积累的线上教学经验，加快推进信息技术与教育教学的课堂革命深度融合，完善网络教学体系和课程资源，提高教师使用优质网络教学平台及资源开展教学的能力。推进高等学校人工智能等领域教学资源建设。整合福建在线课程联盟（FOOC）和福建高校数字图书馆联盟（FULINK）力量，进一步拓展联盟覆盖面和服务功能。支持免费网络学习平台——“福建终身学习在线”建设，用好平台移动学习端，为营造“人人皆学、时时能学、处处可学”的学习环境提供便利。

6. 落实教育脱贫攻坚信息化任务

对标对表《2020 年教育脱贫攻坚任务分工方案》，按时保质完成相关工作任务。巩固“学校联网攻坚行动”成果，做好义务教育薄弱环节与能力提升相关工作，加强农村特别是边远山区薄弱学校教育信息化基础设施改造升级。推进闽宁对口协作项目，对口支援新疆昌吉州、对口支援西藏昌都市教育信息化项目。继续利用互联网技术，依托 4 所优质学校与 4 所试点薄弱学校建立远程在线帮扶互动关系，开设在线“同步课堂”，推进远程在线教学试点，为试点薄弱学校提供专业支持。同时，鼓励示范性建设高中将“空中课堂”延伸到帮扶学校，推进远程信息化帮扶教学工作。

7. 高效推动网络学习空间深度应用

依托省教育资源公共服务平台，为所有中小学教师和初中以上中学生开通实名制网络学习空间。继续开展“福建省中小学教师网络空间创建活动”，遴选 400 个省级示范空间。继续开展网络学习空间应用普及活动，遴选推荐网络学习空间应用普及活动优秀区域和优秀学校。

8. 推进网络思想政治与法治教育

建好用好福建高校思政网及其微信公众号，开设网上红色书屋、红色影院。推动“学习强国”福建平台开设“学校思政”专栏，展示各地各校思政工作经验做法。加快推进易班“校本化”建设，培育建设一批高校优秀公众号和网络思想政治工作品牌。举办全省大学生网络文化节和高校网络教育优秀作品推选展示等活动，繁荣网络文化创作。加强高校网络思政工作队伍特别是网络评论员队伍建设，加强网络舆论引导。推动高校探索将优秀网络文化成果纳入科研成果统计、职务（职称）评聘和评奖评优范围。

继续开展第五届全国学生“学宪法讲宪法”系列活动和第七届教育系统“宪法晨读”活动，发挥好教育部青少年普法网的作用，打造宪法学习网络阵地。

（三）提升教育管理信息化水平和教育治理能力

9. 推进教育管理信息系统整合共享

加强顶层设计，谋划全厅通用业务服务平台建设方案，探索制定统一身份认证系统和数据接口标准，避免重复建设、减少资源浪费。依托省高校办学质量监测系统整合高等教育相关管理系统和统计

数据，汇聚形成高等教育管理大数据平台。

10. 探索区块链在教育信息化领域应用

根据教育部《高等学校区块链技术创新行动计划》要求，引导高校汇聚力量、统筹资源、强化协同，不断提升区块链技术创新能力，加快区块链技术突破和有效转化，在高校布局建设一批区块链技术创新基地，培养汇聚一批区块链技术攻关团队。重点开展面向教育领域需求的区块链关键技术应用研究，积极探索区块链技术在学生综合素质评价、教育督导等多方面的应用。

11. 推进各类教育管理信息化系统建设与应用

搭建智慧就业平台，开展网络招聘活动，组织毕业生和用人单位利用互联网进行供需对接，通过网络实现岗位发布、简历投递、网上面试和网上签约。

做好2020年普通高校招生录取系统调试运行，启动新高考招生录取系统建设，开发计划编制核对、志愿填报、选考科目分数转换、投档录取等配套系统。

按照安全性、实用性、前瞻性原则，推进学校基建项目管理系统建设，提高学校基建项目精细化管理水平。加强专项资金动态跟踪监管，及时对中小学校校舍安全保障长效机制、幼儿园建设、义务教育薄弱环节改善与能力提升等专项资金使用情况和项目进展情况等信息进行搜集、汇总分析。

在督政、督学和评估监测等工作中全面应用福建省教育督导信息管理系统，促进现代信息技术与教育督导的深度融合。实现“对市督导”“两项督导”“教育强县”“中小学校责任督学挂牌督导创新县”等教育督导评估工作中综合应用，监测义务教育基本均衡、优质均衡差异系数，开展以大数据为基础的教育督导评估监测，使督导结果更具针对性、权威性，提高教育督导效益。建立教育督导信息化经费管理制度，保障落实教育督导信息化平台功能开发和管理维护工作。

升级完善原有省高中学生综合素质评价系统，实现省、市、县（区、市）、学校对中学生综合素质评价信息管理的需要。积极探索区块链技术在中学生综合素质评价系统中的应用。

12. 引导规范校外线上培训机构和教育移动互联网应用健康有序发展

认真落实教育部等六部门《关于规范校外线上培训的实施意见》（教基函〔2019〕8号）和教育部等八部门《关于引导规范教育移动互联网应用有序健康发展的意见》（教技函〔2019〕55号）要求，积极推进校外线上培训机构和教育移动互联网应用程序备案工作，开展高等学校管理服务类教育移动互联网应用专项治理行动。在校外线上培训机构备案排查的基础上，加快建立全国统一、部门协同、上下联动的监管体系，建立常态化的教育移动应用监管机制，促进形成政府科学监管、培训有序开展、学生自主选择的格局。

（四）进一步完善学校信息化基础环境建设

13. 科学规划与推动省级教育专网建设

根据教育部的教育专网建设实施方案，按照“统一规划、分级实施”的原则，探索制定省教育专网建设实施方案和市（县、区）教育专网建设标准。基于省级教育专网方案，推进全省教育系统IPv6规模化部署和门户网站、重要应用系统的IPv6升级改造。

14. 巩固“三通”工程和“学校联网攻坚行动”建设成果

结合义务教育薄弱环节改善与能力提升工作，继续提高贫困地区中小学教育信息化建设水平。推动各地积极保障农村学校多媒体教学设备、网络设备和学生用计算机的配置和维护、更新，确保学校的信息化硬件设备基本满足教育教学的实际需要。充分发挥地方与学校的积极性与主动性，引导各级各类学校结合实际特色发展，开展数字校园、智慧校园建设与应用。

（五）全面提升师生信息素养

15. 实施“中小学教师信息技术应用能力提升工程2.0”

启动“中小学教师信息技术应用能力提升工程2.0”，构建以校为本、基于课堂、应用驱动、注重创新、精准测评的教师信息素养发展新机制，打造高水平教师信息技术应用能力培训团队，遴选省级试点校，开展学校管理团队信息化领导力培训。

16. 进一步培养教师和学生的信息素养

推动大数据、虚拟现实、人工智能等新技术

在教育教学中的运用。继续开展全国中小学电脑制作的运用交流与推广活动、全国教师教育教学信息化应用交流展示活动。办好全省职业院校教师教学能力大赛，提升职业院校教师教学能力及信息化应用水平。组织开展全国和全省职业院校教师教学能力赛前系列培训，积极参与全国职业院校技能大赛教学能力比赛。

（六）加强教育信息化各项试点遴选推荐与示范辐射

17. 继续开展义务教育阶段人工智能试点工作

指导义务教育人工智能教育实验区和试点学校开展人工智能普及教育工作。择优推荐参与教育部“基于教学改革、融合信息技术的新型教与学模式”实验区遴选，指导被遴选上的实验区开展实验工作，切实将教育信息化的工作实效体现到教与学这两个关键环节中，助推教育改革，提高教育质量。

18. 推进省属中小学智慧校园示范建设项目

继续指导和督促4所省属中小学积极开展智慧校园建设工作，将前期基础硬件建设和后续软件平台建设有机结合，重点推进智慧校园应用工作，实现信息技术与教育教学的深度融合，力争成为智慧校园融合创新的引领示范。

19. 遴选推荐教育部各类示范、试点项目

指导具备条件的地区申报教育部“智慧教育示范区”，探索开展智慧教育创新实践。遴选推荐教育部“网络学习空间应用优秀区域和优秀学校”“教育信息化教学应用实践共同体项目”。

（七）提升网络安全人才支撑和保障能力

20. 提升网络安全人才培养能力和质量

推动落实《关于加强网络安全学科建设和人才培养的意见》，加强网络安全学院及学科专业建设和人才培养，加强对网络安全产创融合教育实践创新基地的指导，探索网络安全人才培养新思路、新体制和新机制，加快推进网络安全领域新工科建设，推进产学合作协同育人。

21. 加强网络安全防护和保障能力

落实党委（党组）网络安全责任制，印发《实施细则》和《考核评价办法》，开展责任制落实情况评价。持续开展教育系统网络安全监测预警，完善通报机制建设。开展教育系统关键信息基础设施认定和检查，落实教育系统关键信息基础设施安全防护，组织开展教育系统网络安全应急演练。落实教育系统数据安全指导意见，完善数据管理和使用办法。落实网络安全等级保护2.0相关要求，持续开展信息系统安全等级保护测评和整改工作。

22. 做好疫情常态化防控下的网络安全工作

配合各级网信、网安部门，加强对线上教学平台的预警监控，做好相关网络安全问题的联动处置应对工作。加强常态化疫情防控中的数据安全与个人信息保护，提高网络安全工作意识、稳妥开展信息化校企合作。注意前期使用的线上学习平台处置，特别关注疫情期间免费使用的平台后续收费及数据安全问题。推动“八闽健康码”在学校具体场景的应用。

23. 强化网络安全宣传教育

深入推进网络安全进校园、进课堂、进教材，明确大中小学包括“网络安全”在内的国家安全教育要求。广泛开展形式多样的网络信息安全、网络文明和网络法制等主题宣传教育，组织好教育系统国家网络安全宣传周“校园日”活动，切实提高广大青少年网络安全意识、实践能力和防护技能。加强师生网络文明素养教育，规范师生上网用网行为。开展厅机关网络安全全员培训。

（八）强化教育信息化支撑保障措施

24. 保障教育信息化经费投入

落实国家有关农村学校信息化建设投入政策，引导督促各地统筹好上级资金和自有财力，加大教育信息化投入力度，满足区域和学校信息化环境建设、设备配置和维护更新、教师信息化培训、数字教育资源开发等需求。鼓励企业等社会力量积极支持教育信息化建设与应用，持续推进与基础电信运营商的合作。

25. 加强教育信息化专家团队和科研支撑

组建福建省教育系统网络安全与信息化工作专家委员会。充分发挥专家和科技创新平台在教育信息化规划制定、建设与应用、信息技术与教育教学深度融合、网络安全保障等方面的积极作用。立项建设20个以上福建省中青年教师教育科研项目高校信息化专项。

26. 加强教育信息化工作督导

将中小学校宽带网络接入、多媒体教学设备配置、中小学智慧校园建设等教育信息化相关指标列入我厅“两项督导”和“教育强县”督导考核评估标准中，通过政府督导，有力促进各地教育信息化建设落地落实。

27. 做好教育信息化宣传报道

充分利用各类媒体特别是新媒体，广泛宣传信息化工作的重要政策、重大部署和进展成效，展现各地各校教育信息化工作创新经验，为推进全省教育信息化工作营造良好的舆论氛围。

28. 确保工作落实

各有关单位要按照本工作要点的思路、目标和具体分工要求，制定切实可行的实施方案，明确时间表和路线图，及时跟踪进展情况，确保各项重点工作落地落实。

（摘编：李哲）

2020年福建省卫生应急工作重点

2020年3月25日福建省卫生健康委员会下发《关于印发2020年福建省卫生应急工作要点的通知》（闽卫应急函〔2020〕130号），要求各地、各单位结合实际抓好贯彻落实。主要内容如下：

2020年，全省卫生应急工作以习近平新时代中国特色社会主义思想、党的十九届四中全会和习近平关于积极推进我国应急管理体系和能力现代化讲话精神为指导，认真贯彻落实全国、全省卫生健康工作会议精神，全面推动卫生应急工作规范化建设，不断强化卫生应急体系和核心能力建设，有力有序开展突发事件卫生应急处置，强化重大突发公共卫生事件卫生应急准备，加强安全生产工作，推进卫生应急工作全面发展。

一、加强卫生应急体系建设

（一）完善突发公共卫生事件应急管理体系建设

着力健全完善重大疫情应急响应机制，切实提高防范和化解重大突发急性传染病疫情能力，建立集中统一高效的领导指挥体系。完善协同联动机制，强化监测预警。加强卫生应急管理队伍建设，提升应急管理能力和水平。

（二）积极参与健全卫生应急物资保障体系建设

协同配合工信、发改等部门进一步完善卫生应急物资储备、重要物资辖区产能布局和建立应急物资紧急采购、紧急征用和动员、调运、跨区域援助等机制。

（三）加强卫生应急预案体系建设

结合总结新冠肺炎疫情应急处置工作的经验教训，继续做好《福建省突发公共卫生事件应急预案》修订的相关工作，根据机构调整及职能转变情况，做好其他相关预案修订和评估工作。初步完成核和辐射事件、化学中毒事件卫生应急救援体系建设方案制定。各地要结合机构编制调整情况，加强各级预案的评估、修订，增强预案的针对性和可操作性，不断完善预案体系。

（四）开展卫生应急协作机制建设

加强省际卫生应急工作合作交流，特别是加强和周边省际间合作交流，推进省际相邻市县卫生应急合作工作。各地继续加强与军队、武警等相关部门应急力量间建立协作共建机制，共同提高应对不同类型突发事件的救援能力。加强闽东北、闽西南卫生应急区域合作，建立区域联动机制，开展区域卫生应急联合演练、培训等活动，提高区域应对各类突发事件的卫生应急效能。

（五）推进国家海上和航空医学救援基地建设

积极推进国家海上和航空紧急医学救援基地建设调研、论证和方案制定，继续推进我省航空医学救援网络建设。

二、稳步提升卫生应急核心能力

（六）规范监测预警和风险评估工作

建立完善各级突发公共卫生风险评估专家队伍，推进突发公共卫生事件监测预警和风险评估工作，完善风险评估机制，推进评估结果运用，不断提高监测预警和风险评估工作质量和效果。

（七）加强市县级卫生应急队伍建设

加快推进设区市、县级卫生应急队伍装备建设，督促、指导各地积极争取本级财政支持，参照省级印发的《市县级卫生应急队伍装备参考目录》，完成卫生应急队伍基本装备建设的“补短板”项目。指导已经完成队伍组建、装备建设的设区市、县开展培训、演练，有效提高各级卫生应急救援处置能力。

（八）加强卫生应急队伍精细化管理

加强省级卫生应急队伍建设，省级紧急医学救援队伍各承建单位要将单位内性能好、可承担卫生应急救援任务的救护车辆统一加贴“福建省紧急医学救援”和卫生应急标识。省级卫生应急队伍年内完成队伍主要行动的标准化操作程序（SOP）编制工作，提升卫生应急准备、应急管理水平和快速救援能力。做好应急演练和培训工作，各设区市年内开展不少于2次的卫生应急技能培训和不少于1次的综合演练，年内所有省级紧急医学救援队完成手术实操（实验动物）演练任务，提升队伍应急准备和快速反应能力。开展“健康使命－2020”系列演练，视情组织省级卫生应急队伍检验性演练，检验省级卫生应急队伍应急准备；省职控中心年内完成重大化学中毒卫生应急救援桌面推演。省级卫生应急队伍对照《省级卫生应急队伍管理考核评估指标》，强化队伍日常装备保养、训练管理，提高队伍卫生应急快速反应能力。

（九）开展医疗机构批量伤员收治演练

推进二级以上综合性医院卫生应急救援准备，研究制定批量伤员检伤分类、快速接收、伤员分流等程序，结合二级及以上综合性医院应急床位扩充能力任务，年内以设区市为单位开展二级及以上综合性医院开展批量伤员紧急接收演练，检验医院床位应急扩充能力建设成效和应急准备工作情况。

三、做好各类突发事件卫生应急工作

（十）做好突发事件卫生应急处置和救援工作

按照《福建省突发事件应对办法》、《福建省突发公共卫生事件应急预案》和《福建省突发事件紧急医学救援预案》等要求，加强值班值守，强化信息整合，建立灵活高效的突发事件紧急医学救援工作机制，及时、有效开展重特大自然灾害、事故灾难、社会安全事件的紧急医学救援工作。加强与应急管理、农业农村、市场监督、教育、海关等部门的信息沟通和协调联动，健全联防联控运行机制，做好突发急性传染病等突发公共卫生事件的防范与处置工作。

（十一）做好卫生应急信息报告工作

各地、各单位要高度重视突发事件卫生应急信息的报送工作，严格执行有关信息报告制度，特别是各级卫生健康行政部门在向同级人民政府报送突发事件信息的同时，要及时向上级卫生健康行政部门报告，确保突发事件卫生应急工作信息报送及时、准确、渠道畅通。

四、做好安全生产、消防和反恐等工作

（十二）强化安全生产和消防工作责任

指导辖区卫生健康系统认真贯彻落实“党政同责、一岗双责”和“三必管”要求，全面落实好领导责任、部门责任、岗位责任，加强风险防控，落实落细各项安全生产和消防措施，健全长效管理机制。加强国家卫健委新颁发的《医疗机构消防安全管理九项规定（2020年版）》学习宣传，确保消防安全。加强对省属医疗卫生单位安全生产和消防工作督导检查，建立安全管理台账，督促存在问题隐患单位加强隐患整改和落实风险防控措施。指导全省卫生健康系统健全安全管理和消防制度措施，完善安全管理和消防管控长效机制，并真正落到实处。

（十三）履行好部门反恐怖防范职责

指导辖区医疗卫生单位落实《福建省医疗机构反恐怖防范标准》和《福建省生物行业反恐怖防范暂行标准》，加强反恐防范工作督导检查，强化省级卫生应急队伍和设区市级两支反恐最小作战单元的应急备勤、日常训练与综合演练，参照设区市级院前急救反恐最小作战单元模式，推动县级院前急救反恐最小作战单元建设，做好卫生健康系统反恐怖防范与应对准备工作。

五、统筹做好其他卫生应急工作

（十四）持续推进卫生应急社会动员

进一步加强与红十字会、媒体等相关单位的协作，加强卫生应急知识的宣传工作，广泛开展卫生应急“进社区、进农村、进学校、进企业、进机关、进家庭”等“六进”活动，提升人民群众应急避险、自我防护、自救互救知识和技能。

（十五）加强应急文化建设

结合卫生应急队伍建设实际，开展习近平新时代中国特色社会主义思想和党的十九大、十九届四中全会精神宣传，开展应急队伍革命传统教育、拓展训练、编印应急画册、举办“讲应急故事”、征集“应急训练日记征文”等卫生应急团队文化建设活动，培育福建省卫生应急演练“健康使命”品牌，提升应急文化内涵，传承应急文化精髓，激发卫生应急人爱岗敬业、无私奉献精神。在培训演练等活动中，把卫生应急文化建设与党建和精神文明建设相结合，营造“哪里有卫生应急队伍、哪里就有党旗飘扬”，“哪里有卫生应急队员、哪里就有精神文明旗帜”氛围。

（十六）谋划好“十四五”卫生应急工作

要结合贯彻中央关于强化治理体系和能力建设精神，结合新冠肺炎疫情防控工作实践，根据本地区可能发生的突发事件特点和卫生应急救援要求，认真谋划好“十四五”工作，有针对性地做好卫生应急准备工作。

（摘编：康明辉）

福建人力资源建设形势分析与对策建议

人力资源建设水平是衡量一个区域或国家核心竞争力的关键性指标。福建省始终坚持人才强省、创新驱动发展战略，注重把经济发展建立在提高人力资源质量的基础上，不断深化人才发展体制机制改革，加快构建现代化的人才发展治理体系，为全方位推动高质量发展超越提供扎实有效的人才支撑和智力支持。

一、福建人力资源建设现状

（一）人力资源规模保持稳定，城乡就业人员结构持续优化

到2019年底，福建总人口达到3973万人，比上一年略增32万人，其中劳动力资源2555万人，劳动年龄人口在总人口的比例已由2010年的69.3%持续下降到64.3%，全省劳动力人口数量出现负增长，劳动力低成本现象已逆转。全省城乡就业人员2781万人，比上一年减少10.1万人；城乡就业人员结构持续优化，第三产业就业人员比例大幅增长，第一、二、三产业就业人员比例由2003年的42.4:27.8:29.8优化为19.7:32.7:47.6。

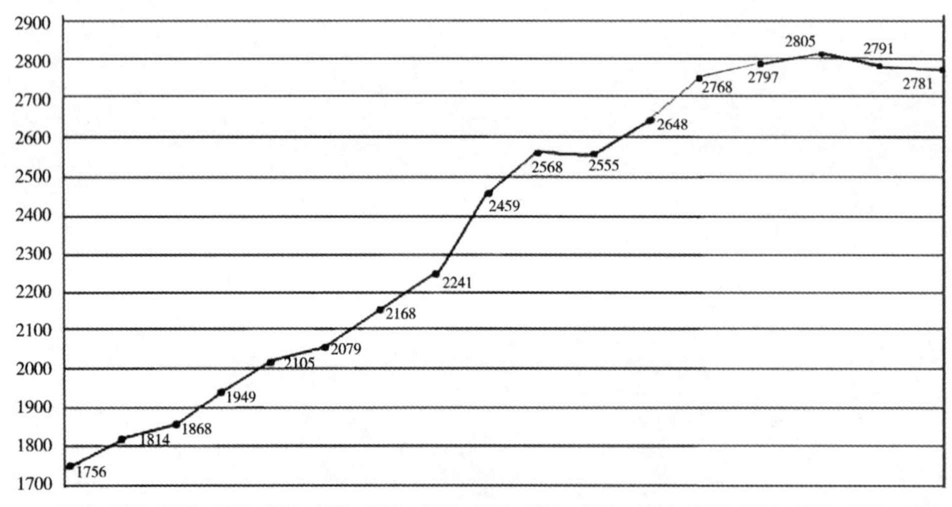

图1　2003—2019年全省城乡就业人员变化趋势图（单位：万人）

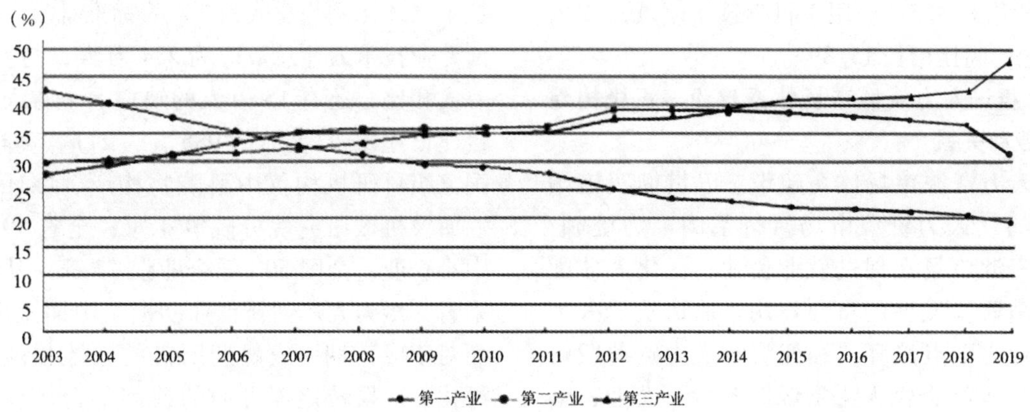

图 2　2013—2019 年全省就业人员从事产业的比例变化趋势

（二）坚持人才强省、创新驱动发展战略，以更活机制强化人才支撑

注重把集聚大批人才特别是高层次人才作为全方位推动高质量发展超越的重要支撑。继续实施“海纳百川”高端人才聚集计划等重大人才项目，不断完善“以产引才、以才促产”的体制机制，进一步加强产业领军团队遴选、省引才“百人计划”遴选、评价认定引进高层次人才 ABC 类、支持工科类青年专业人才以及“院士专家八闽行”、院士专家工作站建设、校地合作、“师带徒”健康扶贫等柔性引才工作。省里先后出台《福建省高层次人才认定和支持办法（试行）》、《福建省产业领军团队遴选和支持办法（试行）》、《福建省“创业之星”“创新之星”人才遴选和支持办法（试行）》等创新人才政策。总的说，全省形成了比较健全的人才政策体系，人才规模和质量不断提升，促进了产业提升与人才集聚的良性互动，人才对经济社会发展的支撑作用显著增强。据统计，目前全省 R&D 经费内部支出占 GDP 比重（%）提高到 1.66%，是 2000 年的 2.96 倍，全省 R&D 人员折合全时人员（人）达到 16 万人，是 2000 年的 7.2 倍。

积极先行先试，闽台人才交流合作不断深化。探索海峡两岸人力资源融合发展新路，引进台湾人才来闽创业创新。全省已设立 34 个台湾青年创业基地，吸引 9600 多名台湾青年人才来闽创业发展。鼓励台湾人力资源服务机构来闽设立分支机构，已有沛亚、扬运、耀鼎、两岸金桥等多家机构入驻福建自贸试验区。在全国率先实施大陆台生和台湾人才到事业单位就业政策，选聘一批台湾专才到高校、科研院所、自贸区任职，目前有 90 名台籍人才在我省事业单位入编工作。探索两岸职业资格直接采认，率先开展在闽台湾人才工程、经济、农业、卫生 4 项职称评审试点以及中式烹调师、西式烹调师、美容师、美发师、汽车维修工等 5 个职业直接采认台湾地区职业技能资格试点，已有 152 名台湾人才取得相应职称，4363 名台湾同胞取得相应国家职业技能资格。

（三）政府公共投入逐步增长，保障人力资源发展和质量提升的基础条件持续改善

各级政府注重增加公共投入，卫生、教育、社会保障、科技以及城乡居民收入等支撑人力资源建设的保障条件持续改善。虽说新冠肺炎疫情对城乡居民收入产生不利影响，但据 2020 年上半年统计，福建省城镇居民人均可支配收入 24817 元，同比仍略增 1.5%；福建省农村居民人均可支配收入 9576 元，同比增长 2.9%。全省医疗卫生机构和一线技术人员增多，卫生机构床位总数增加，为提高人口健康素质奠定基础。到 2019 年底福建省卫生技术人员 26.3 万人，比上一年增长 6.5%，卫生机构床位数 20.2 万张，比上一年增长 5.1%。此外，教育、社会保障、科技等方面公共投入增加，培养人力资源的物质基础进一步夯实。到 2019 年底福建省财政用于教育支出 968.5 亿元，同比增长 4.7%，用于社会保障和就业支出 507.9

亿元，同比增长8.5%，用于科学技术领域的支出133.4亿元，同比增长15.8%。

（四）推进人力资源市场体系建设，积极构建和谐稳定劳动关系

推进人力资源市场体系建设。以贯彻实施国务院颁布的《人力资源市场暂行条例》为统领，发挥人力资源市场在促进就业创业、优化人才配置和服务高质量发展的重要作用。加快发展人力资源服务业，重点培育“福建海峡人力资源股份有限公司”等综合性人力资源服务骨干企业，形成多元化的市场用人主体。据统计，从2000年至2019年，全省城镇就业人员中，国有单位就业人员的比例从41.05%下降到9.98%；有限责任公司和股份有限公司就业人员的比例从5.14%上升到22.35%；私营和个体从业人员的比例从5.43%大幅提高到56.57%。

积极应对新冠肺炎疫情对劳动关系领域带来的新挑战。充分发挥协调劳动关系三方机制在保企业、保就业、保稳定中的独特作用，尤其是灵活处理疫情防控期间的劳动用工、工资待遇等问题，主动化解劳动关系矛盾。加大劳动保障监察执法力度，创新仲裁办案方式，推广“互联网+调解仲裁”，切实提高劳动争议处理效能。深化拖欠农民工工资问题源头治理，向社会公布一批重大劳动保障违法行为和拖欠农民工工资“黑名单”，严厉查处欠薪违法行为。全面推进实施劳动合同、集体合同制度，重点解决小微企业和农民工劳动合同签订率偏低等问题。比如，福州市创新用工管理服务机制，在全国率先发布“福州市用人单位订立电子劳动合同工作指引”，鼓励用人单位与劳动者在电子劳动合同系统中依法签订劳动合同。

二、福建人力资源建设存在的问题

（一）高层次人才资源总量偏小，人才发展的体制机制障碍仍需进一步破除

高层次人才资源总量偏小。高层次人才泛指各行业领域人才队伍中的高端部分，是稀缺的人才资源。虽说现有人才资源基本能满足全省经济社会发展的需要，但高层次人才紧缺的局面没有根本改观，与全方位推动高质量发展超越的需求还有较大差距。按发达国家经济起飞时所需专业技术人才比例为总人口7%的标准计算，福建省目前专业技术人才总数应为284万人，与实际的269万人相比，还有15万人的缺口。全省人才载体平台建设还比较薄弱，“985”、“211”高校仅2所，国家级科研机构仅中科院物构所、城环所、海洋三所及机械研究院分院等4家；全省99%企业为中小企业，全国500强企业仅17家。从创新平台来看，多为人才创新创业初期、中期急需的平台，而对于成长期、成熟期所需的人才投融资、项目孵化、成果转化等方面的载体平台较少，已成为制约人才事业发展的瓶颈。此外，人才发展体制机制障碍尚未根除，如何聚焦科技创新、产业发展、企业需要和堵点痛点，以人才政策带动创新，这是现阶段需要着力破解的矛盾和问题。

国际人才发展的区域竞争力有待提升。国际人才是经济全球化的主导力量，福建作为改革开放的前沿阵地，是国内区域国际人才流动的主要集散地。但总的看，我省国际人才竞争力在国内仍处于第二梯队位置，福建作为侨乡在吸引国际人才方面的优势仍没有发挥，尤其是对于世界级科学技术专家和战略科学家的引进还严重缺乏。当前，新冠肺炎疫情冲击传统国际人才交流模式，基于疫情对国际互信的进一步打击，科学技术的垄断性与国界性渐趋增强，科技人才的流动性会进一步受阻。如何调整政策导向，构造国际人才交流合作新框架；如何实施更加开放的人才政策，大力吸引国际人才来闽提供智力服务，这是当前需要解决的重大课题。

（二）疫情对劳动关系的和谐稳定造成不利影响，人力资源市场体系建设有待完善

部分行业受疫情影响，出现一定规模裁员或减少用工，对劳动关系和谐稳定带来挑战。尤其餐饮住宿、旅游、文化娱乐、批发零售、交通运输等行业受冲击严重，部分企业采取裁员。2020年2月份全省约有144万人待返岗，预计全年有8%～10%劳动力难以返岗。福清市等地拓展了“共享员工”与“用工调剂”模式，鼓励开工企业向暂未开工企业借用员工，就近盘活人力资源。“共享员工”模式本质是企业在不同行业之间短期调配劳动力，以应对特殊事件带来的劳动力需求差异，从而实现多方受益，但也给劳动用工管理带来新课题。比如，劳动关系主体双重性问题，造成对劳动者社保、工伤问题等主体责任不清。

疫情引发劳动争议案件增多，劳动者权益维护面临较大压力。因企业裁员导致的劳动合同解除争议增加，违法解雇、不依法支付工资等现象增多。主要包括以下三类：劳动合同订立过程中发生的就业歧视、劳动关系确认等纠纷；劳动合同履行过程中发生的工资支付、合同变更等纠纷；劳动合同的违法解除或终止、经济补偿等纠纷。

新型用工劳动关系带来的挑战日益凸显。受结构调整阵痛、发展动能转换叠加影响，经济领域矛盾逐渐传导到劳动用工领域，劳动关系的复杂性大大增加。加之随着电子商务、网店、快递等新兴行业快速发展。比如，众多新业态、新职业在福州市就业市场上应运而生，仅在美团平台上的生活服务业新业态多达47个，有已纳入国家《职业大典》的网约配送员、互联网营销师、在线学习服务师等；也有未纳入的数字化运营师、密室设计师、收纳师等。这些新业态打破企业传统的生产经营模式，对劳动用工常态管理造成冲击，面临着用人单位管理制度欠缺、岗位不稳定、劳动关系不明确等一系列现实困境。此外，随着新生代农民工集体维权意识明显增强，利益诉求及表达方式更加多元化，也给劳动关系协调、矛盾调处等带来新压力。

人力资源市场体系建设有待完善。人力资源市场还需进一步整合，尤其要以完善要素市场化配置为重点，清理废除妨碍统一市场和公平竞争的各种规定和做法。虽说人力资源流动早已实现从统包统配的计划分配向市场化配置的根本性转变，但人力资源流动配置机制尚不健全，妨碍人力资源顺畅流动的体制机制弊端尚未根除；全省人力资源市场发展还不充分不平衡，统一的人力资源市场体系尚不健全，人力资源服务业整体实力不强，人才公共服务体系还不完善，一些地方事中事后监管还跟不上“放管服”改革要求，以至出现虚假招聘等侵害求职者合法权益的现象。

（三）人力资源结构存在不均衡性，职业教育与培训体系建设尚显薄弱

高技能人才数量不足与产业结构优化升级需求不相适应。产业结构优化升级是全方位推动高质量发展超越的重要措施。福建作为东南沿海制造业大省，对技能劳动者的需求量越来越大。当前，高技能人才的供需矛盾突出，全省技能劳动者约634.7万人，仅占就业人员比重的22.7%，其中高技能人才111.2万人，仅占技能劳动者总数的17.5%，与发达国家相比仍有较大差距（发达国家高技能人才一般占比40%以上）。

社会工作人才队伍建设亟待加强。推进城乡基层治理体系现代化，需要培养造就一支结构合理、素质优良的社工人才队伍。但目前人才供给量难以满足日益增长的社工专业服务需求。全省持证社会工作者仅13512人，其中初级9474人、中级4038人，社会工作服务机构346家，每万人拥有持证社工仅3.43人。全省每年社工专业本科毕业生约有400人，但最终从事社会工作的人员比例大约只有10%。究其根源，一方面，社会对社工职业的认可度低，没有形成社会共识等造成专业人才短缺；另一方面，人才队伍培养和发挥作用方面存在脱节现象，社工专业毕业生有相当一部分没有进入到对口单位提供专业服务，而许多在基层服务的社区工作者又没有接受过系统的社工专业学习与训练。

人才分布的区域差距比较明显。福州、厦门、泉州等沿海发达地区人才集聚度相对较高，南平、龙岩、三明等欠发达地区各类人才严重短缺。此外，还存在乡村振兴“缺人”现象等问题。新时期如何引导鼓励高校毕业生等各类人才向基层一线流动，如何加强返乡入乡创业人才队伍建设，这是当前需要解决的问题。

职业教育与职业培训体系建设尚显薄弱。存在诸如以下问题：技能劳动者职业发展存在通道狭窄、制度空间受限等体制障碍，技能劳动者薪酬激励机制还不完善；伴随高技术产业化导致劳动分工细化，新兴的职业岗位层出不穷，但相应的的职业资格标准的制定却跟不上形势发展；技工教育与培训机构理论知识、实践经验均丰富的“双师型”教师短缺；产学结合、校企合作模式尚待进一步建立，学校与企业不能实现有效合作，一些职业院校专业设置滞后，存在教学质量不高、实践程度不足、人才培养模式落后等弊端；企业的职业培训机制不完善，企业的主体作用没发挥，存在技能培训与岗位需求之间的脱节现象等。

三、进一步推进福建人力资源建设的对策思路

2021年是福建国民经济和社会发展“十四五”规划的开局之年。全省应坚持创新在现代化建设全局中的核心地位，把科技自立自强作为国家发展的战略支撑，牢固树立人才是战略资源理念，深化人才发展体制机制改革，实行更加开放的人才政策，着力提升全省人力资源质量水平，为全方位推动高质量发展超越奠定强有力的人力资源基础。

（一）深化人才发展体制机制改革，努力构建人才生态新优势

进一步改革人才评价、激励、引进、培养、使用等政策措施，激发人才创新活力。创新人才评价机制方面，探索建立符合国际惯例的专业技术人才评价制度，健全以创新能力、质量、实效、贡献为导向的科技人才评价体系；切实让市场和行业评价人才，支持更多的学会、行业协会、专业人才评价机构等社会组织承担人才评价的服务工作，支持企事业单位自主评聘高层次、高技能和急需紧缺人才；建立科学的人才分类评价机制，加快推进重点领域人才评价改革，推动人才评价科学化、精准化；坚持优胜劣汰、能进能出的人才动态评价，将“以用为本”的理念贯穿人才评价全过程；针对社会各界反映强烈的人才评价唯“帽子”问题，积极推进人才计划优化整合，对各类人才引进、薪酬待遇确定、项目申报、学科评估、基地评审等工作中与人才“帽子”简单、直接挂钩的做法进行清理等。健全人才激励机制方面，加大人才创新创业项目的金融扶持，引导基金管理公司、孵化投资机构重点推动创业人才发展壮大；完善引才奖补制度，鼓励地方根据引才用才情况，通过以奖代补等举措，进一步为企业引才用才减负；对领军人才薪酬实行“一人一策”，每年重点奖励一批重大科技成果获得者、典型创新人才和创新企业等。促进人才社会性流动机制方面，推进人才跨所有制双向流动，进一步畅通企业、社会组织人员进入党政机关、国有企事业单位渠道。优化国有企事业单位面向社会选人用人机制，深入推行国有企业分级分类公开招聘。此外，推动人才面向基层流动，原中央苏区县和省级扶贫开发工作重点县乡镇招考职位，可根据实际予以适当照顾；山区县及县以下事业单位可以拿出一定数量岗位面向本县、本市或周边县市户籍人员（生源）招聘，对报考人数不足的急需紧缺岗位，可降低开考比例等。健全人才载体建设方面，加强基础和应用基础研究，加快省创新实验室建设，优化省重点实验室布局，完善高校“三创”教育体系，推进高水平科技成果转化。加强数字化人才培养及能力建设，鼓励省内院校注重人工智能领域学术型人才与复合型人才的培养，着力打造“数字经济”人才高地。高质量建设一批科技企业孵化器、众创空间、星创天地、人才驿站和返乡下乡人员创业创新园区（基地）等平台。

构建国际人才交流合作新框架。实施更加开放的引才引智政策，开辟国际化引才引智渠道，打造优良的国际人才生态环境，努力打造福建国际人才高地。同时，审慎看待疫情对国际人才交流路径的冲击，积极探索同疫情防控相适应的工作方式，掌握国际人才交流新变化。进一步推动福建在科技创新领域扩大开放，创造更加有利于国际科技人才流动的环境，不断促进人才交流活动在广度、频度和深度等方面实现新突破。调整合作模式与操作方式。通过对具体人员、项目的分解与组合，不一定谋求国际科技人才的人员到位，而是谋求人才的智力到位，让人才远程介入科技合作。比如，按需制定更为灵活的科技合作和人才引进计划；改进国际科技人才交流的计划周期，长短结合，更具灵活性；丰富人才引进和科技合作的形式，打破“刚性制约”，拓展柔性化人才引进方式，探索订单式的科技合作。搭建国际科技合作和人才交流新平台。新信息技术的推广应用，为国际科技合作和人才交流提供了更为灵活的思路。随着5G、大数据等技术的推广应用，人才交流跨越空间限制，交流的及时性和效率不断提高。加强平台的顶层设计，平台设立应与国际科技合作及人才交流项目相契合，构建以政府引导、市场主导、民间机构运营为主的平台架构。推动线上科技合作平台的建设，促进线上线下融合，使平台既可服务线下合作，也可发挥平台信息化的特点，实现远程合作。

（二）围绕职业技能提升，深化产教融合，提升全省人力资源质量水平

围绕职业技能提升，深化产教融合，突出强化职业教育和职业培训。通过加强技能型人力资源的开发建设，加快建设知识型、技能型、创新型劳动者大军，是缓解高技能人才供需矛盾、促进产业结构优化升级的有效途径。省政府提出，到2021年底，全省技能劳动者占就业人员的比例要达到25%以上，高技能人才占技能劳动者的比例有较大提高的目标。要实现这一目标，必须进一步优化技能劳动者成才环境，形成符合福建实际的高技能人才教育培训和管理模式。可采取的措施有：职业技能培训强调普惠制，将企业职工、农村转移就业劳动者、城乡未继续升学初高中毕业生、退役军人等就业重点群体和贫困劳动力作为培训重点；增加培训有效供给，推广“互联网＋职业培训”方式，鼓励各地建设产教融合实训基地和公共实训基地；加快构建现代职业教育体系，精准对接产业需求，深化产教融合，统筹推进职业教育与区域发展深度融合，优化职业教育布局，与工业园区标准化建设同步推进，引导职业院校、应用型本科高校逐步向产业和人口集聚区集中等。

加强技能型人力资源开发的顶层设计。健全完善技能人员职业资格认定体系，引导企业建立技能导向的薪酬分配制度，建立企业技术工人工资正常增长机制，提高技术工人的待遇水平。改革现行的企业人事管理和工人劳动管理相区分的双轨管理体制，健全完善技术工人薪酬激励机制，将劳动要素参与分红、高技能人才待遇、技能要素参与分配等纳入工资集体协商范围，实现各类职工工资水平的协调增长。

大力推进社会工作人才队伍建设。构建通专结合的社会工作人才培养体系，促进人才培养与社会需求的良性循环。应完善在闽高校社会工作专业体系建设，为社区、学校、公益组织等培养输入一线社工或从事其它相关行业的通才。加强在职一线社工的专业培训，在高校建立社工培训基地，开办社工培训班，招收在职人员攻读社会工作专业本科和硕士学位，为基层一线社工提供规范化、专业化的在职培训渠道，提升基层社区工作者和一线社工的专业能力。

进一步促进闽台人力资源融合发展。聚焦福建省主导产业，推进以产引才、以才促产，强化产业引才，丰富对台引才平台，加大台湾人才引进力度。加强闽台技工院校、职业培训机构的合作，加大对以高校毕业生为重点的台湾学生和青年群体的政策吸引力度。发挥中国海峡人才市场的示范带动作用，推进闽台人才社会化服务体系建设，积极为台湾居民在闽就业提供便利等。

（三）着力构建新时代和谐劳动关系，建立统一开放、竞争有序的人力资源市场体系

大力完善由政府、工会、企业组成的协调劳动关系三方机制，加强劳动者权益保护。在常态化疫情防控期间，以“防止群体性劳动关系紧张”为重点，建立专项救助帮扶制度，对因疫情影响陷入困境的企业及失业的劳动者进行救助帮扶，帮助企业走出困境，帮助失业的劳动者重新就业。以实现劳动关系和谐稳定为目的，建立早期预警、及时调处、跟踪解决全过程协调机制，妥善处理疫情引发的劳动纠纷。针对新经济模式及新型用工模式的特点，探索建设由人社部门统一管理的非营利性组织“新型用工总平台”，对新型用工劳动关系进行有效监管，为平台企业与劳动者提供全面性集中式服务。

建立统一开放、竞争有序的人力资源市场体系。完善人力资源市场机制，提升人力资源服务的专业化、产业化、信息化、国际化水平。地方政府应将人力资源市场建设纳入国民经济和社会发展规划，营造稳定、公平、透明、可预期的人力资源市场发展环境。建议将人力资源服务业纳入高精尖产业登记指导目录，综合实施产业支持政策。推动大数据、人工智能、区块链、云计算等新技术在人力资源服务中的应用，促进人力资源服务业创新发展。比如，借鉴“健康码”模式，探索人才服务“一码在手、服务全有”，提升人才服务一体化水平。健全人力资源市场协同监管机制，在监管过程中随机抽取检查对象，随机选派执法检查人员，并及时向社会公开抽查情况及查处结果等。

（撰稿：福建社会科学院　赖扬恩）

第四篇

热点透视

福建：12条措施支持更多“硬核科技”服务疫情防控和经济社会发展

为了进一步统筹推进疫情防控和经济社会发展工作，抓好疫情防控和科技创新重点任务，提升科技创新服务质量，我省2020年3月23日出台强化科技支撑服务疫情防控与经济社会发展的十二条措施。

一、强化疫情防控应急科研攻关

实施新冠肺炎疫苗、高端医疗影像装备、新一代免疫检测仪器、治疗药物筛选等科研攻关项目，力争拿出更多疫情防控的“硬核科技”创新产品并投入应用。支持生物医药企业牵头承担国家新冠肺炎应急科研攻关项目，按国家实际资助额1：1的比例奖励企业。对在2020年6月底前获得第三类医疗器械证书（具有自主知识产权）的生物医药企业给予补助，最高100万元。支持一批在临床救治和药物疫苗研发等方面有重大贡献的科研人才（团队）。

二、加快疫情防控科研平台布局

支持省疾控中心加快建设省预防医学研究院，支持省立医院和医科大学附属协和医院、第一医院等三甲医院，在主要疾病领域和临床专科布局建设一批省级医学研究中心。

三、支持科技型企业复工复产

全面落实国家和我省减税降费政策，加大对科技创业孵化载体的支持力度，对疫情期间为在孵企业减免租金的国家级、省级科技企业孵化器、众创空间、创业孵化基地给予补贴，最高50万元。落实部门协调联动、领导挂钩等机制，帮助企业解决用工、防控物资保障、供应链、物流运输和资金等问题。实行高新技术企业申报和科技型中小企业评价在线办理等。

四、加强省创新实验室建设

加快光电信息、能源材料、化学工程、能源器件等4家省创新实验室建设。优先推荐省创新实验室申报国家各类研发计划项目。

五、推进高水平创新平台发展

持续实施高水平科技研发创新平台建设扶持政策。力争在新能源、新材料等领域创建国家级工程研究中心。扶持建设一批国家级企业技术中心。重点扶持3～5家高校科研平台争创国家级创新平台。对新认定的国家级科技研发创新平台最高资助1000万元。

六、完善高新技术企业培育体系

强化省市县三级联动，筛选1万家具备潜力的科技型企业，加速培育成长为高新技术企业。完善省级高新技术企业培育库，对入库备案的省级高新技术企业给予奖补资金。2020年全省国家高新技术企业力争达到5500家。

七、促进新技术新模式新业态企业发展

鼓励企业和高校院所重点开展大数据、物联网、人工智能、5G商用和区块链等新产业关键共性技术攻关和应用。加快培育网络购物、在线教育、在线办公、在线服务、数字生活、智能配送等新模式新业态，支持一批高成长创新型中小企业发展成为科技小巨人企业。完善科技创新券政策，建立省市县协同投入机制。

八、实施企业研发经费分段补助

企业研发经费投入分段补助政策执行期限延续三年。加大研发经费补助力度，对在本年度单项研发经费投入1000万元以上的企业，可采用“一事一议”方式，随时申请分段补助。优化补助管理流程，提升财政资金使用效率，对上年度研发投入1亿元（含）以上的企业，按上年度核定补助额实行预补助。

九、加大“科技贷”服务力度

充分发挥科技型中小企业信贷风险补偿专项资金作用，将高新技术企业、“专精特新”中小企业、科技小巨人企业等和获得“科技进步奖”、专利权、省级科技计划项目立项的企业纳入“科技贷”政策支持范围，力争2020年“科技贷”累计投放金额达到50亿元。受理银行要开通绿色通道，快速审批，及时放款。

十、创新科技成果转化机制

支持企业购买重大科技成果，重点推动“双一流”高校、国家级创新平台科技成果在我省落地转化，对购买重大科技成果实现产业化的企业予以补助，最高300万元。对促成科技成果落地转化的国家级、省级技术转移机构给予奖励，每家机构每年奖励最高100万元。持续推进中国科学院科技服务网络计划在我省实施，促成更多中国科学院成果在我省落地转化。

十一、运用信息技术提升科技特派员服务水平

加强省科技特派员服务云平台建设，开展科技特派员选认、科技成果推介和转化、供需精准对接、工作实绩评估等服务。组织科技特派员通过慧农信、微信、电话、视频等形式为生产一线实时提供在线服务。

十二、发挥自创区引领示范作用

大力推进特色园区、创新平台、重大项目建设，有力提升福厦泉国家自主创新示范区发展水平。支持自创区与省内其他高新区开展协同创新，引导省内其他高新区主动融入自创区，促进闽东北、闽西南两大协同发展区加快发展。支持自创区带动省内其他高新区建设创新创业服务载体，完善创新创业创造公共服务平台。

（摘编：赵旭东）

福建省出台2020年中小学招生新政

2020年4月21日，福建省教育厅印发《关于做好2020年普通中小学招生入学工作的通知》，对全省2020年普通中小学招生入学工作提出规范管理政策举措。

一、义务教育：全面落实免试入学规定要求

控辍保学：《通知》要求，各地要切实保障适龄儿童少年接受义务教育的权利。重点关注残疾儿童少年、贫困家庭儿童少年、留守儿童、困境儿童等的入学情况。依托学籍管理系统，健全完善失学辍学适龄儿童工作台账，落实联控联保工作机制，确保义务教育入学"一个不少"。

就近入学：公民办中小学要纳入审批地统一管理，由教育主管行政部门科学确定招生范围、核定招生计划。各设区市要坚持义务教育免试就近入学原则。民办义务教育学校原则上在县域范围内招生，属于设区市级审批或寄宿制学校的，经设区市教育行政部门批准可适当扩大招生范围，但一般不实行全市范围招生。

学校须严格按照批准的招生计划实施招生，不得突破招生计划。义务教育学校不得以"国际部""国际课程班""境外班"等名义招生。2020年开始，义务教育阶段取消各类特长生招生。

同步招生：严格执行公民办学校同步招生规定，坚决杜绝提前招生和"掐尖"招生行为。严肃同步招生纪律，规范招生宣传行为，所有学校不得提前组织招生，或通过任何形式的提前摸底、意向登记、预约等方式争抢生源。教育行政部门及公办学校不得限制符合规定的适龄儿童少年报名就读民办学校；民办学校的招生也不得限制符合规定的适龄儿童少年入学报名。

随机派位：所有公民办学校都要严格遵守《义务教育法》免试入学规定，不得采用笔试或以面试、评测等名义选拔学生，严禁以各类考试、竞赛、培训成绩或证书证明等作为招生依据。公办学校采取登记入学或书面通知入学，实施多校划片的应积极推进电脑派位录取，促进入学公平。民办学校报名人数未超过招生计划数的，一次性全部录取；报名人数超过招生计划数的，全部实行电脑随机派位录取，对未被民办学校录取的学生，由生源地教育行政部门按当地相关政策规定统筹安排到公办学校就读。

民办九年或十二年一贯制学校小学部毕业生原则上应按学生或家长意愿优先直升初中部，初中部招生容量不足的，采取电脑随机派位方式录取；小学部毕业生录取后仍有剩余计划面向外校招生的，也要按照电脑随机派位有关规定录取。

各地公民办学校招生报名时间均不得早于5月份，具体招生时间由各地教育行政部门统一安排。各公民办学校不得违反教育主管行政部门规定另行组织招生报名，不得自行通过网上预约、信息登记等形式提前进行预报名。电脑随机派位录取由设区市或县（市、区）教育行政部门统一组织，具体操作规则由各地教育行政部门制定。电脑随机派位录取，全程接受社会监督，派位结果实时向社会公开。

二、普通高中：稳步推进考试招生制度改革

定向招生：《通知》要求，各地要继续实行优质普通高中按不低于招生总计划的50%比例定向分配至各初中学校的做法，定向招生名额向农村初中和无选择生源的城区初中倾斜。各地要合理设置定向生降分幅度，进一步扩大政策覆盖面。各设区市要制定完善相关政策，确保农村初中和无选择生源的城区初中有一定比例学生录取到优质普通高中，促进义务教育均衡发展和初中教育质量全面提高。

自主招生：各地要进一步规范完善普通高中自主招生办法，严格控制自主招生比例，严格审核批准招生学校资质，严格审核学校招生方案。自主招生必须安排在中考结束后进行，并及时公开招生的各环节和录取结果。

招生录取：各地要实行基于初中学业水平考试成绩、结合学生综合素质评价的招生录取模式，扭转唯分数的考试招生评价导向。语文、数学、英语、道德与法治、历史、地理、物理、化学、生物9个科目考试使用省级统一命制的试卷；体育与健康，物理、化学、生物实验操作和音乐、美术、信息技术考试方式由设区市结合实际确定。计入中招录取的各科具体成绩折算方式由各设区市按招生相关政策确定。所有普通高中均不得招收所在设区市划定的普高最低投档控制分数线以下的学生。跨设区市招生或自主招生予以降分录取的，不得低于生源地设区市普高最低投档控制分数线。

三、特殊群体：健全完善招生入学政策

随迁子女：《通知》明确，各地要进一步健全以居住证为主要依据的随迁子女义务教育入学政策。坚持以公办学校为主安排随迁子女就学。实行随迁子女积分制入学的地方要合理设置积分条件，确保符合《福建省实施〈居住证暂行条例〉办法》基本要求的随迁子女能够应入尽入，人民办学校的可采取积分和电脑随机派位相结合方式录取。保障符合条件的随迁子女在当地参加学业水平考试和高中阶段学校招生录取。

适龄残疾儿童少年：优先采用普通学校随班就读的方式，就近安排轻度残疾儿童少年接受义务教育。中、重度残疾儿童少年安排至普通学校特殊教育班或特殊教育学校就读。对于因残疾原因，无法到校就读的残疾儿童少年可根据实际情况采取实地送教和远程教育相结合方式实施送教上门，切实保障残疾儿童教育权益。

（摘编：游学荣）

福建省出台九条措施推动职业教育高质量发展

2020年9月25日福建省人民政府办公厅下发《关于深化产教融合推动职业教育高质量发展若干措施的通知》（闽政办〔2020〕51号），从统筹推进职业教育与区域发展深度融合等9个方面提出具体措施，精准对接产业需求，培养高素质技术技能人才，更好地服务全方位推动高质量发展超越。

一是统筹推进职业教育与区域发展深度融合

优化职业教育布局，与工业（产业）园区标准化建设同步推进，引导职业院校（含技工院校，下同）、应用型本科高校逐步向产业和人口集聚区集中。推动福州新区职教城建设，支持省属职业院校现有校区建设项目。支持厦门市建设职业教育创新发展高地试点城市，助力两岸融合发展。支持莆田、三明、漳州职业教育园区建设，推动厦门、泉州、龙岩、南平、宁德在工业区、开发区建设职业教育园区，实现职业教育发展与区域产业发展同步规划、同步推进，80%以上易地新建的职业院校建到工业（产业）园区。依托闽东北、闽西南协同发展区职业教育合作交流机制，推进职业教育与协同发展区产业深度融合发展。支持设区市组建“1+1+X”（1所应用型本科高校、1所高职院校、若干所中职学校）办学联盟，探索中高职区域一体化发展，探索服务乡村振兴战略、生态文明先行示范区建设的特色化发展路径。实施福建省高水平职业院校和专业建设计划，重点支持建设一批引领改革、对接产业、支撑发展的职业院校和专业（群），引领职业教育高质量发展。巩固提升省示范性现代职业院校建设工程建设成果，深入开展“三教”改革、1+X证书制度试点和职业院校数字校园、高水平专业化产教融合实训基地建设等，全面推进职业院校内涵发展，大幅提升职业教育现代化水平。

二是实施产教融合型城市建设试点行动计划

支持泉州市开展首批国家级产教融合型城市试点，推动具有较强的经济产业基础支撑和相对集聚的教育人才资源的设区市创建第二批国家级产教融合型城市试点。开展省级产教融合型城市建设试点，通过“政行企校”联动，促进产业和教育体系人才、智力、技术、资本、管理等资源要素聚集融合、优势互补，支撑城市高质量发展，到2022年遴选一批省级产教融合型城市。试点的省级产教融合型城市应发挥城市承载作用，统筹规划，布局校企共建开放共享的高水平专业化产教融合实训基地和示范性虚拟仿真实习实训基地，成为企业培养培训紧缺技术技能人才的实践中心，为区域产业转型升级和中小微企业技术服务。

三是实施产教融合型行业试点行动计划

推进省和各设区市重要行业领域深化产教融合，强化农林、水利、建筑、交通运输、装备制造、电子信息、卫生健康、海洋渔业、文化旅游、工艺美术等行业主管部门和行业组织在产教融合改革中的协调推动和公共服务职能，到2022年培育建设10~15个引领产教融合改革的省级产教融合型行业部门（行业组织）。试点的省级产教融合型行业应加强行业指导能力建设，发挥行业聚合作用，搭建行业科技创新、成果转化、校企对接、信息服务等平台，聚合带动行业各类中小企业参与职业院校办学。

四是实施产教融合型企业试点计划

充分发挥企业在职业院校、应用型本科高校办学和深化改革中重要主体作用，建立产教融合型企业认证制度，围绕电子信息、机械装备、石油化工、数字产业、先进制造、新能源新材料、特色现代农业、新一代信息技术、新能源汽车、生物医药、海洋产业等重点产业和养老、家政、托育、时尚消费、康养文旅体育等社会领域，到2022年建设培育100个省级产教融合型企业，争取列入全国建设培育的产教融合型企业。试点的省级产教融合型企业应具有参与校企合作的良好基础，与职业院校合作开展“二元制”技术技能人才培养、现代学徒制、企业新型学徒制和企业员工培训，探索一个专业对多个企业“1+N”协同模式的现代学徒制，深度参与人才培养方案制定实施、课程教材开发等，形成校企协同培养技术技能人才长效机制。鼓励规模以上企业按职工总数的2%安排实习岗位，鼓励试点企业与职业院校共建产教融合科技园区、众创空间、中试基地，面向中小微企业开放服务。

五是探索企业参与办学途径

探索股份制、混合所有制办学，允许企业以资本、技术、管理、土地等要素依法参与办学并享有相应权利。按照“权属清晰、安全完整、风险可控、注重绩效”的原则，允许公办应用型本科高校、职业院校利用校企合作、社会服务的收入或固定资产、无形资产（以评估价出资），按规定履行审核、审批、备案程序，与企业共同举办非营利性的混合所有制二级办学机构，学校应健全内控机制。涉及利用校企合作、社会服务收入投入的，经主管部门审核后，报同级财政部门审批。涉及固定资产、无形资产（不含科技成果转化项目）投入的，经可行性论证并经主管部门审核后，报同级财政部门审批，并将资产评估结果报同级财政部门备案；省级的相关事项，报省机关事务管理局和省财政厅审批、备案。鼓励公办应用型本科高校、职业院校和企业合作共建非独立法人的产业学院，支持有条件的应用型本科高校依托产业学院探索开展高职“二元制”改革，到2022年遴选50个省级示范性产业学院。

六是开展校企融合发展项目建设

鼓励和支持应用型本科高校、职业院校与企业在人才培养、就业创业、队伍建设、技术创新等方面开展项目合作，建立健全企业深度参与校企合作育人、技术协同创新的体制机制，推动企业需求更好融入技术技能人才培养全过程，形成校企融合发展格局。在人才培养方面，支持应用型本科高校、职业院校设置先进制造业、现代服务业等相关专业，与工业园区、重点企业合作共建，加大订单式复合型人才培养；校企共同制定人才培养方案、开发教学资源、开展质量评价等，围绕企业转型升级和民生改善人才需求，立足“小企业、大集群”“小家庭、大民生”，校企共建智能制造、学前教育、家政等相关专业群，广泛开设“卓越幼儿教师班”“卓越护士班”“卓越工匠班”等特色小班。在就业创业方面，校企共建学生创新创业教育实践平台，共同举办创新创业竞赛、企业文化进校园活动，建立毕业生跟踪调查制度，支持台港澳地区技术技能人才来闽就业创业等。在队伍建设方面，校企共建人员互兼互聘制度，与企业共同制定人才招聘标准、新教师培养标准、专业负责人选拔标准、企业讲师遴选标准，共同组织教师企业实践、打造技能大师工作室等，职业院校“双师型”教师占比达到75%以上。在技术创新方面，校企组建“风险共担、利益共享”的技术联合体，共建应用技术协同创新中心和产品研发中心，对关键核心技术进行攻关和成果转化。职业院校通过校企合作、技术服务、社会培训等所得收入，可按一定比例作为绩效工资来源。

七是推动院校开展职业培训

落实职业院校学历教育与职业培训并举的法定职责，按照“校企结合、育训结合、长短结合”的要求，广泛开展职业培训。鼓励支持职业院校、应用型本科高校发挥资源优势，与行业企业共建职工培训中心、继续教育基地，面向企业员工、就业重点人群开展职业技能提升培训、补贴性培训等，为企业人力资源开发和就业创业服务，助推产业工人队伍建设。加大职业技能培训基础能力建设投入，支持建设一批工业（产业）园区职业技能提升中心。建立健全职业技能竞赛集训工作制度，建设一批世界技能大赛福建集训基地。到2022年，应用型本科高校、职业院校年职业培训人次达到全日制在校生规模的1.2倍以上。

八是加大职业院校人才引进力度

将紧缺急需技能人才、“双一流”高校毕业到职业院校任教的工科硕士列入我省引进人才指导目录。开通职业院校教师引进“绿色通道”，对世界技能大赛前三名选手、全国一类职业技能竞赛第一名选手、“全国技术能手”“中华技能大奖”获得者等高水平技术技能人才，可由招聘院校自主考核录用入编。中等职业学校公开招聘实习指导教师时，岗位条件可根据实际设置为相应本科毕业生、预备技师（技师）班毕业生，或高职（专科）毕业生、高级工班毕业生。职业院校招聘企业高技能人才担任实习指导教师，可采取灵活招聘方式，免文化考试。鼓励各地开展校企合作引才，符合职业院校人才引进条件的高技能领军人才，可比照学校在编人员享受相关科研政策。支持鼓励行业企业一线优秀技能人才到应用型本科高校、职业院校兼职任教，开展培训交流、传授技艺等，参与重大工程项目联合攻关。鼓励职业院校从台湾引进全职任教教师，按有关规定给予资助。

九是完善职业教育支持政策

级政府和有关部门要切实履行职业教育工作职责，完善职业教育政策支持体系。省、市、县（区）政府应当定期对产教融合、校企合作成效显著的企业予以表扬。鼓励各地在财政预算中安排产教融合校企合作发展专项资金，通过专项拨款、购买服务、贷款贴息等形式，支持产教融合、校企合作，工信、人社、教育等部门对深度参与职业教育的企业予以奖补。应用型本科高校、职业院校和行业企业要根据教育部、国家发展改革委、财政部、人力资源社会保障部归集的《职业教育税收优惠政策明白纸》，用足用好职业教育税收优惠政策，加强与企业对接，促进和保障产教深度融合、校企长效合作。对于经认定的省级产教融合型企业，给予“金融＋财政＋土地＋信用”的组合式激励政策。试点企业兴办职业教育的投资符合规定的，可按投资额30%的比例，抵免当年应缴教育费附加和地方教育附加。试点企业属于集团企业的，其下属成员单位（包括全资子公司、控股子公司）对职业教育有实际投入的，也可按规定抵免教育费附加和地方教育附加。

（摘编：郭虹）

福建省启动“会计名家培养工程”

2020年8月6日福建省财政厅消息，为提高会计服务经济社会发展水平，近日，省财政厅发布“会计名家培养工程”建设方案。从2020年起，在全省范围内选拔优秀会计人才，建立会计人才库、会计专家池和会计名家工作室。

会计人才库主要由企业会计类、政府会计类、注册会计师类，学术理论类等领域优秀人才组成。会计专家池从会计人才库中择优聘任会计理论、企业会计、政府会计、会计中介机构四类会计专家。会计名家工作室则通过会计专家池，选聘在全国影响力大、行业公认度高，拥有较高学术威望和丰富实践经验的专家，推动建立闽东南、闽东北两个片区会计名家工作团队。

入库人才将承担会计领域改革发展难点的研究攻坚，并提出政策建议。省财政厅对入库人才在参加相关培养、承担课题、职称评审等方面予以优先推荐，并对名家工作室承担的项目给予10万~30万元经费补助。

（摘编：吴强）

福建省两步行街入选全国示范升级改造试点

2020年7月28日福建日报报道，商务部近日公布了福州三坊七巷、厦门中山路在内的12条步行街升级改造试点。这是继2018年12月底确定11条步行街改造提升试点后，商务部公布的第二批步行街升级改造试点名单。

福州三坊七巷步行街街区汇集的国际高端品牌有30余个，品牌首店200余家，总计各类商业品牌1128个，未来将致力于升级为承载闽都文脉、汇集城市智慧、充满生机活力的海西城市会客厅。中山路是厦门最老牌的商业街，也是见证厦门历史的一张烫金名片。提高商业质量将成为中山路改造提升的重中之重。

商务部要求各地商务主管部门结合本地实际，有计划、有步骤地开展省级步行街改造提升试点工作。在常态化疫情防控条件下，组织步行街开展形式多样的促消费活动，释放消费潜力，扩大国内需求。按照计划，商务部将用3年左右时间，在全国培育30至50条环境优美、商业繁华、文化浓厚、管理规范的全国示范步行街。

（摘编：王诗诚）

大力弘扬伟大抗疫精神
全方位推动高质量发展超越

2020年11月25日，全省抗击新冠肺炎疫情表彰大会在福州隆重举行，表彰我省为抗击新冠肺炎疫情作出重大贡献的先进个人和先进集体。省委书记于伟国出席并讲话，强调要深入学习贯彻习近平总书记在全国抗击新冠肺炎疫情表彰大会上的重要讲话精神，认真学习贯彻党的十九届五中全会精神，增强“四个意识”、坚定“四个自信”、做到“两个维护”，大力弘扬伟大抗疫精神，进一步凝聚全方位推动高质量发展超越的磅礴力量，奋力谱写全面建设社会主义现代化国家的福建篇章。省长王宁主持表彰大会。

省委副书记胡昌升宣读《中共福建省委 福建省人民政府关于表彰福建省抗击新冠肺炎疫情先进个人和先进集体的决定》《中共福建省委关于表彰全省优秀共产党员和全省先进基层党组织的决定》。随后，省领导为受表彰的个人和集体代表颁奖。

于伟国代表省委和省政府向受到表彰的先进个人和先进集体表示热烈祝贺；向为抗疫斗争作出重要贡献的广大医务工作者、疾控工作者、科技工作者、社区和农村工作者、驻闽部队和武警官兵、公安民警、新闻工作者、企事业单位职工、工程建设者、下沉干部、志愿者和广大人民群众，向各级党政机关和企事业单位广大党员、干部，致以崇高敬意；向积极参与抗疫斗争的各民主党派、工商联和无党派人士、各人民团体以及社会各界，向踊跃提供援助的香港同胞、澳门同胞、台湾同胞和海外华侨华人，国际友好省、城和友好人士，表示衷心感谢；向为抗击疫情而英勇献身的烈士们和在疫情中不幸罹难的同胞们，表达深切思念和沉痛哀悼。

会议指出，面对突如其来的新冠肺炎疫情，习近平总书记始终把人民群众生命安全和身体健康放在第一位，亲自指挥、亲自部署，领导全党全军全国各族人民，打响了气壮山河、感天动地的疫情防控人民战争、总体战、阻击战，打赢了一个又一个的硬仗，取得了一个又一个的胜利，创造了人类疾病斗争史上的英勇壮举，充分彰显了习近平总书记作为马克思主义政治家、思想家、战略家的卓越政治智慧、巨大政治勇气、求真务实作风和深厚为民情怀。我们之所以能够夺取抗击疫情斗争的重大战略成果，根本在于习近平总书记作为党中央的核心、全党的核心举旗定向、掌舵领航！

会议指出，在以习近平同志为核心的党中央坚强领导下，全省人民团结一心、英勇奋斗，坚决打赢抗击疫情的福建战役，从公布首例确诊病例到实现本土患者清零只用了46天，至今已连续273天无本土新增确诊病例、疑似病例、无症状感染者，统筹疫情防控和经济社会发展取得显著成效。在这场大战大考中，我们坚持闻令而动、有令必行，严格对标习近平总书记作出的一系列重大决策部署，早谋划、早部署、早行动，切实把习近平总书记重要讲话重要指示批示精神落深落细落实落到位。我们坚持人民至上、生命至上，采取严守“四道关口”、严把“三道防线”、织密“五张网”等一系列实招硬招，构筑起疫情防控坚固防线，全力救治每一位病患者。我们坚持命运与共、同舟共济，派出最强的力量驰援武汉、宜昌，全力服务抗疫大局。我们坚持统筹兼顾、协调推进，全力畅通政策链、服务链、操作链，帮助企业破解“五难”问题，组织实施“八项行动”，扎实做好“六稳”工作、全面落实“六保”任务。我们坚持全面动员、全民参与，发挥基层党组织战斗堡垒作用和广大党员先锋模范作用，党旗在防控疫情斗争第一线高高飘扬。我们永远不会忘记，在党和人民最需要的时候，医务工作者白衣为甲、逆行出征、临危不惧、舍生忘死，社区工作者、下沉干部、志愿者和公安干警不畏艰辛、日夜奋战，企业职工加班加点、全力保供，科研人员奋力攻关，民营企业家慷慨解囊，新闻工作者记录历史、传递温暖，快递小哥起早贪黑、风雨无阻，特别是青年一代经受住了抗疫的洗礼和淬炼。这些动人场景和感人故事，永远铭记在全省人民的心中，永远镌刻在八闽大地上。

会议指出，我省疫情防控的每一场战斗、取得的每一个成果，都是“生命至上、举国同心、舍生忘死、尊重科学、命运与共”的伟大抗疫精神的生动体现。如今的八闽大地，到处充满生机和活力，成为伟大祖国山河无恙、国泰民安的一个生动诠释。我们要矢志不移坚持党的全面领导，矢志不移践行以人民为中心的发展思想，矢志不移坚持中国特色社会主义，矢志不移解放和发展社会生产力，矢志不移培养和践行社会主义核心价值观。

会议强调，站在“两个一百年”的历史交汇点上，我们要深入学习宣传贯彻党的十九届五中全会精神，大力弘扬伟大抗疫精神，全面把握新发展阶段，坚定不移贯彻新发展理念，服务构建新发展格局，全方位推动高质量发展超越，以越是艰险越向前的气魄奋勇搏击、迎难而上、接续奋斗，在全面建设社会主义现代化国家的新征程上创造新的更大奇迹。要始终把“两个维护”作为最高政治原则和根本政治规矩，坚决把贯彻落实习近平总书记重要讲话重要指示批示精神抓实抓细抓到位。要毫不放松抓好常态化疫情防控，慎终如始、再接再厉，夺取抗疫斗争全面胜利。要扎实做好“六稳”工作、全面落实“六保”任务，奋力打好“十三五”规划收官之战，推动“十四五”开好局、起好步。要加快补齐治理体系的短板弱项，有效防范和化解前进道路上的各种风险，奋力向第二个百年奋斗目标进军。

会上，省立金山医院副院长郭延松、福州市鼓楼区南街街道杨桥河南社区党委书记陈丽、元翔（厦门）国际航空港有限公司党委书记朱昭作了交流发言。

（摘编：李哲）

福建出台十二条措施
进一步加强新冠肺炎医疗救治工作

为深入贯彻习近平总书记重要讲话重要指示批示精神，认真落实中央应对疫情工作领导小组和国务院应对疫情联防联控机制部署要求，坚持“四早”“四集中”的原则，全力做好新冠肺炎医疗救治工作，进一步提高收治率和治愈率，降低感染率和病亡率，2020 年 2 月 17 日我省出台《进一步加强新冠肺炎医疗救治工作若干措施》，主要内容如下。

一、加强流行病学调查和疫情研判

各地要充实基层流行病学调查力量，按照国家最新流行病学调查方案，组织落实流行病学调查。要以密切接触者的排查为重点，重视聚集性病例，全力查清病例活动情况和人群接触情况，精准判定密切接触者。要将调查范围从确诊病例、疑似病例、密切接触者，延伸到与密切接触者的接触人员，做到不留死角、不漏一人。各级各相关部门要积极协助配合，共同做好流调工作，切实加强源头防控。

要充分发挥省新冠肺炎研判专家组的作用，重点针对重点地区流入人员排查、密切接触者追踪、聚集性病例等薄弱环节，及时分析研判疫情发展态势和防控措施效果，提出防控对策建议，供决策参考。各地市要按照分区分级精准防控工作要求，组织专家及时掌握本地及周边疫情发展情况，加强疫情分析研判，提出具有前瞻性、针对性的意见建议。

二、进一步规范救治工作

各地卫生健康部门和定点医院要突出分流要快、隔离要快、确诊要快、收治要快的要求，严格规范发热门诊管理，在发热门诊设立专门隔离区和专用通道，不符合规范要求的发热门诊要立即整改，基层医疗卫生机构（包括个体诊所、门诊部）要关停不符合规范要求设立的发热门诊；严格落实首诊负责，做好疑似病例早发现、早报告、早隔离、早治疗工作。严格执行转诊制度，一旦发现疑似病例，专人专车及时转运到定点医院。严格加强院感管理，防止院内交叉感染。

要提高新冠肺炎病毒核酸检测能力，结合临床，严格判定确诊、疑似患者，加强鉴别诊断，及时排查疑似病例。确定为疑似病例的，应立即采集样本进行核酸检测，检测结果阴性的，该患者仍应隔离治疗 14 天，不得转普通病房或居家治疗；治疗期间可多次采集不同部位（鼻咽部、下呼吸道等）标本进行核酸检测。加强儿童、孕产妇、老年人等重点人员的医疗救治工作。

三、提高定点医院救治水平

选择区域内综合力量强的医院作为重症患者集中救治医院，或调派高水平医院的管理和医护团队整建制接管重症患者救治医院或病区。加强定点医院建设，通过改造扩容，挖掘现有定点医院床位潜能，加快建设必要的负压病房，及时补充购置呼吸机、心电监护、除颤、ECMO 系统、负压救护车等救治急需的医用设备。做好后备定点医院和医疗力量准备。

加强医务人员培训，将内科、中医科等其他科室的医护人员纳入培训对象，通过视频、现场指导等方式，围绕新冠肺炎相关基础知识、病例发现与报告、诊疗技能、院感和个人防护等内容，组织开展培训，增强防护和诊疗能力，充实救治力量，提高救治水平。

四、加强重症病例救治

严格落实诊疗方案，加强对轻症病人的早期诊疗，关口前移，边诊边治，第一时间实施相应治疗措施，防止轻症转重症。对重症、危重症患者实行“一人一案”，建立健全重症预警预测指标，及时发现疾病变症风险。强化救治管理，落实专家驻点、巡点指导，落实患者日评估、多学科综合救治、定期巡诊会诊、远程会诊等工作制度，不断优化诊疗方案，努力提高重症、危重症患者救治成功率，力争不出现死亡病例。

五、加强远程会诊和专家指导

充分发挥省新冠病毒肺炎防治远程指导中心作用，落实24小时会诊专家值班制度，建立远程巡诊台账制度，加强对各地定点医院、湖北和宜昌远程会诊点的远程巡诊、疑难重症病例会诊和指导工作。

所有定点医院都要配置床边巡诊系统。市级定点医疗机构要加强与远程指导中心的配合，每天通过远程会诊系统，与省级专家会商并组织实施好每一例重症患者救治工作。要学习借鉴各地好的救治经验，提升治愈率。

六、发挥中医药特色优势

坚持中西医结合，建立中西医结合救治工作机制，每个定点医院都要派驻中医专家参与救治。省新冠病毒肺炎防治远程指导中心每天要有中医药专家参与远程巡诊、会诊，形成中西医联合会诊制度。

各地要根据病情、当地气候特点以及患者不同体质等情况，进行相应的辨证论治。总结推广中医药预防和临床救治经验，形成具有地方特色的中医药救治方案。加强相关中成药、中药饮片的采购和储备，保障临床用药需求。

七、做好支援湖北救治工作

加强对口支援湖北宜昌防控救治工作，落实支援医疗队伍的防护物资、医用设备保障，开通湖北和宜昌远程会诊点，做好后续支援队伍准备。加强支援湖北医疗队管理和后勤服务保障工作，确保医疗队员健康安全。

八、加强医疗救治科研攻关

各地要及时总结救治工作中好的做法，积极跟踪落实国家最新诊疗方案，密切关注国内外新药研发应用，积极推动应用恢复期血浆治疗等新疗法。支持新冠肺炎医疗救治科研立项。

九、加强确诊患者治愈出院后健康管理

严格执行新冠肺炎治愈出院标准，对达到出院标准的患者，严格落实《新冠肺炎确诊患者治愈出院后健康管理手册》和出院随访医嘱，主动协调社区（村居）落实出院患者居家隔离观察14天的要求。疑似患者解除住院隔离治疗后，实行监督性医学观察，加强自我健康监测。

十、加强心理援助和干预

省级和各地要在前期公布开通疫情心理援助专线的基础上，组织招募心理援助志愿者，充实热线工作团队，加强心理热线管理，对心理或精神方面出现应激行为人群实施及时的心理危机干预、疏导等服务，尽量减少和避免心理或精神应激事件发生。

十一、加强医疗资源和防护物资保障

全省统筹合理调配全省医疗资源，千方百计解决物资供给问题。坚持先急后缓、一线优先、突出重点，统筹安排、合理调配医疗防护物资。聚集生产端、采购端、调配端、需求端等“四端”，“三管齐下”做好医疗物资扩产、转产、新建工作，尽快实现口罩、防护服等急需医疗物资生产目标。

十二、关心关爱一线医务人员

落实国务院和我省已经出台的相关措施，合理安排医务人员的轮换轮休，保障医务人员休息场所，加强医务人员防护，保障医务人员安全；鼓励各地为一线医务人员购买商业保险，落实一线医务人员临时性工作补贴、加班费、误餐补助等福利措施；组织开展走访慰问，及时有效解除他们的后顾之忧。

（摘编：康明辉）

福建省优质医疗资源加速下沉共享

2020年8月起，国家卫健委与国家中医药管理局联合印发的《医疗联合体管理办法》（以下简称《办法》）施行，优质医疗资源下沉和区域资源实现共享的医联体建设又迎政策加持，落地速度进一步加快。10日福建省卫健委消息悉，我省福州、厦门、泉州、三明4座城市已纳入国家城市医联体试点，今年内，我省60个县（市、区）也将实现县域紧密型医共体全覆盖。

近年来，我省按照“抓龙头、补短板、强基层”思路，持续推动优质医疗资源配置和下沉共享，探索推进城市医联体建设、推动紧密型县域医共体（总医院）建设提质扩面。截至2019年底，全省共有41个医共体进入实质性运作，试点县的基层医疗卫生机构诊疗人次占比为60.62%，较改革前（2017年）提高0.81个百分点，初步形成服务、责任、利益和管理共同体。

医联体建设，破除了行政区划、财政投入、医保支付、人事管理四大瓶颈制约。根据《办法》，我省的医联体建设将重点解决“谁来建”“如何建”“如何联”“如何考核”等关键问题。一是强调以政府规划为主，发挥地市、县级医院以及代表区域医疗水平医院的牵头作用。二是强调网格化管理，在城市，按照地缘、医疗资源、就医需求等因素，整合区域医疗资源组建紧密型医疗集团；在农村，由县级医院牵头组建县域医共体，推动县乡一体化、乡村一体化。三是强调一体化管理，推动医联体向紧密型发展，实现内部“统一”管理。四是强调完善运行机制，强化牵头医院“负总责”和医联体内医疗机构分工协作机制。五是强调考核评估，加强平战结合的体系建设。

这其中，强基层任务尤为繁重。去年底，我省出台《推进紧密型县域医疗卫生共同体建设实施方案》，明确了完善县域医疗卫生服务体系、强化政府办医职责、深化管理体制改革、提升县域医疗卫生服务能力等4大项18小项任务。“就我省实际情况而言，将更加完善医共体建设的制度设计，如探索建立执行分院长授权审批制度、保留医共体各成员单位法定代表人不变、医管委日常工作机构设在县级卫健行政部门以负责医共体日常监管等。”省卫健委相关负责人表示，力争到今年年底，我省县域就诊率达到90%，县域内基层就诊率达到65%左右，建立基层首诊、双向转诊、急慢分治、上下联动的分级诊疗新模式。

（摘编：康明辉）

福建推动中医药事业和产业高质量发展

全省中医药视频会议2020年11月4日举行。会议深入学习贯彻习近平总书记关于中医药工作的重要论述，贯彻落实全国中医药大会精神，并对推进我省中医药工作进行部署。省委书记于伟国、省长王宁分别对我省中医药工作作出批示。

于伟国在批示中指出，我们要深入学习贯彻习近平总书记关于中医药工作的一系列重要论述精神，按照李克强总理批示和孙春兰副总理讲话要求，坚持以人民为中心，坚持新时代卫生与健康工作方针，充分发挥福建优势，遵循中医药发展规律，传承精华、守正创新，坚持中西医并重，落细落实政策举措和任务清单，推动中医药事业和产业高质量发展，为健康福建建设作出更大贡献。

王宁指出，今年抗击新冠肺炎疫情中，中医药发挥了重要作用，我们要认真总结经验、发挥独特优势，推动我省中医药在传承创新中高质量发展。要进一步加强人才培养、完善服务体系、健全管理体制，把中医药元素全面融入医改大局，更好保障人民健康，有力推进健康福建建设。

会议强调，要完善中医药服务体系，坚持中西医并重，加强高水平中医医院、以西医为主医院的中医科室建设，加强中医重点专科建设，实施中医临床优势培育工程，提升基层中医药服务能力；加强中医药人才培养，改革人才培养模式，加大人才培养力度，大力提升中医药教育水平，构建符合中医规律的中医药人才评价体系；加快推动中医药产业高质量发展。

副省长李德金出席福州主会场会议并讲话。省人民医院、福州市中医院、安溪县政府、省新冠肺炎医疗救治临床中医专家组代表作了发言。省卫健委主要负责人对《福建省促进中医药传承创新发展若干措施》进行了解读。

（摘编：彭金龙）

福建省部署建立完善老年健康服务体系

2020年7月8日福建省卫健委、财政厅等七部门联合印发了《福建省建立完善老年健康服务体系实施方案》（闽卫老龄〔2020〕58号）（以下简称《实施方案》），明确加强健康教育、预防保健、疾病诊治、康复和护理服务、长期照护和安宁疗护服务等5项任务。提出到2022年，我省基本建立老年健康相关制度、标准、规范，老年健康服务机构数量显著增加，服务内容更加丰富，服务队伍更加壮大，医养结合服务质量明显提升，老年医学科建设不断加强，服务资源配置更趋合理，综合连续、覆盖城乡的老年健康服务体系基本建立，老年人的健康服务需求得到基本满足的总体目标。

在健康教育方面，到2022年，我省县级以上城市至少建有1所老年大学，90%以上乡镇（街道）建有老年学校，60%以上建制村（社区）建有老年学习中心。做细做实老年人家庭医生签约服务，以高血压、糖尿病、心脑血管等常见慢性病患者和建档立卡贫困人口为重点，为签约老年人提供基本医疗、基本公共卫生等健康管理服务。到2022年，全省老年人健康管理率超过72%。

加强疾病诊治，优化老年人就医环境。到2022年，全省二级及以上综合性医院设立老年医学科的比例达到50%；三级中医医院设置康复科的比例达到75%；80%以上的综合医院、康复医院、护理院和基层医疗卫生机构成为老年友善医疗卫生机构。医疗机构普遍建立老年人挂号、就医绿色通道，使老年人享受就诊、转诊、预约专家、保障用药等优先服务。

加强康复护理，推进医养结合。到2022年，全省养老机构和协议合作的医疗卫生机构普遍开通双向转诊绿色通道，所有养老机构能够以不同形式为入住老年人提供医疗卫生服务，60%以上的养老机构能够以不同形式为入住老年人提供中医药健康养生服务。

对特殊困难失能老年人，保障他们的长期照护需求，并做好福州市、漳州市安宁疗护的试点工作，逐步扩大试点范围。安宁疗护是以症状控制、舒适照护、心理灵性关怀为主要手段，提高终末期病人生命质量的医疗护理服务。我省的安宁疗护工作处于起步阶段，还存在社会认知度低、服务供给不足、专业队伍尚未建立等问题，下一步需提高社会公众对安宁疗护的认知度、接受度，促进相关部门研究出台支持安宁疗护的相关政策。

（摘编：康明辉）

福建省出台十二条措施保护关心爱护医务人员

为深入贯彻落实习近平总书记关于务必高度重视对医务人员保护关心爱护的重要指示精神，按照党中央部署要求，2020 年 3 月 2 日我省结合实际，出台十二条措施保护关心爱护医务人员，主要内容如下。

一、全面落实薪酬待遇

各地各有关单位要按照规定认真落实好参与疫情防治的医务人员临时性工作补助政策。在此基础上，疫情防控期间，援鄂医疗队员临时性工作补助相应标准提高 1 倍、薪酬水平提高 2 倍，临时性工作补助和提高 2 倍的薪酬总量不纳入所在单位绩效工资总量。落实临时性工作补助免征个人所得税政策。扩大卫生防疫津贴发放范围，确保覆盖全体一线医务人员，所需经费按现行渠道解决。对感染、疑似或密切接触的医务人员在隔离治疗期间或医学观察期间，医疗机构支付其在此期间的工作报酬。各级人社、财政、卫健部门应根据当地疫情及财力状况，因地制宜向防控任务重、风险程度高的定点收治医院、疾控中心、承担援鄂任务医疗卫生机构核增不纳入基数的一次性绩效工资总量，并指导有关单位做好内部分配，向疫情防控工作一线医务人员倾斜。

二、扎实做好工伤认定和待遇保障

各地各有关单位要落实好中央保障措施，开通工伤认定绿色通道，及时完成认定并支付工伤医疗费用；对未参加工伤保险的，由用人单位按照法定标准支付，财政补助的单位因此发生的费用，由同级财政予以补助，对因参与疫情防控致病、致残、死亡的医务人员，给予相应的补助和抚恤，切实保障好一线医务人员合法权益。

三、及时提供保险保障

对我省援鄂的医务工作者和工作人员，由所在单位统一办理人身意外、重大疾病险，并优先落实赔付政策。各地各单位要为我省其他参与疫情防控一线的医护人员落实疫情专属保险。对因疫情感染发生意外的，给予保险赔付，简化理赔流程，提高理赔效率。

四、开辟职称评聘和人员招聘绿色通道

各地要按照我省相关措施精神，为参加疫情防控一线医务人员开辟职称评聘和人员招聘绿色通道。参加疫情防治的一线医务人员在职称评聘中优先申报、优先参评、优先聘任。医务人员参加疫情防治经历可视同一年基层工作经历。参加疫情防治的一线医务人员晋升职称、晋升岗位等级不受本单位岗位结构比例限制。对疫情防控一线工作中表现突出的编制外医生、护士和检验检疫、防疫科研攻关等专业技术人才，各医疗卫生机构在招聘时，可简化招聘程序，优先招（聘）用。

五、提高考核优秀等次比例

对在疫情防控工作一线表现突出的医务人员，在年度考核基础上可再单列核定年度考核优秀等次指标，提高优秀比例。对在疫情防控一线工作中敢于担当作为，成效突出的医院、疾控中心领导班子年度考核可确定为优秀等次，提高班子成员年度考核优秀等次比例。对获得嘉奖以上奖励等次的个人，年终考核可直接确定为优秀等次。

六、落实落细生活保障

加强生活服务和后勤保障，做好一线医务人员御寒、值夜、交通等保障，提供基础性疾病药物、卫生用品以及干净、营养、便捷的就餐服务。

对定点医院一线医务人员给予伙食补助。根据需要可征用医院周边有条件的宾馆、招待所等固定场所，为一线医务人员就近提供舒适的生活休息环境和与家人隔离的必要条件。采取专车接送解决定点医院一线医务人员通勤问题。

七、加强个人安全防护

加大医用防护用品的筹措和调配力度，最大限度优先配齐配好一线医务人员防护物资和设备，特别是要全力保障定点救治医院和发热门诊、集中隔离观察点等一线医务人员防护物资需求。有条件的应及时改造医疗卫生机构硬件设施，分别设立医务人员和病人专用通道，规范预检分诊、发热门诊设置和流程，加强业务指导、上岗培训、安全保护，强化医院感染防控，最大限度减少院内感染。要全力救治受感染的医务人员。

八、科学安排休息休整

合理调度一线疫情防控力量，在不影响正常防控工作的前提下，采取轮休等方式，保证一线医务人员及时得到必要休整。对长时间高负荷工作的人员安排强制休息。提前做好一线医务人员后备力量储备，及时排查轮换因身体、心理等原因不适合继续在一线的医务人员。对于选派异地参与疫情防控工作的医务人员，医疗保障部门按规定做好异地就医备案，保障其日常就医需要。疫情防控工作结束后，及时组织一线医务人员免费健康体检，援鄂医务人员所需经费由省级财政承担，其他一线医务人员由同级财政承担；所在单位统筹优先安排一线医务人员补休、带薪休养休假，并适当增加休息和带薪休假时间。对在疫情防控工作中做出突出贡献的专家人才，可推荐纳入各级高层次专家人才集中休假疗养对象。各级工会在疫情结束后，组织疫情防控工作一线医务人员进行疗休养。

九、高度重视心理健康

整合现有心理卫生服务资源，组建心理危机干预队伍，开通面向一线医务人员的 24 小时疫情心理支持专线和心理援助网络平台专区，加强心理干预和疏导，开展心理健康评估，强化心理援助措施，减轻一线医务人员心理压力。一线医务人员所在单位党组织要通过谈心谈话、关怀问候等方式，密切关注医务人员思想动态、情绪变化，做到心理问题早发现、早干预、早疏导。

十、尽力帮助纾困解忧

建立社区干部联系帮扶一线医务人员家庭制度。发布一线医务人员政府保障服务专线，指定专人负责，并与医务人员所在社区干部对接，每天定时详细了解一线医务人员及其家庭的困难和需求，积极协调解决问题，做到常规全覆盖、个性化合理要求全满足。社区干部要对一线医务人员及其家庭成员建档立卡，详细记录一线医务人员家属的需求与落实事项等。建立“多对一”“一对一”专门帮助一线医务人员及家属排忧解难的先锋队、青年志愿者服务队，开展结对关爱服务，做好物资发放、生活必需品代购、子女学业帮扶、住院看护、老人照看护理、家政服务、交通出行等精准服务。对一线医务人员配偶，所在单位可采取远程办公、弹性工作制、合理安排调休等方式予以适当帮助，满足其照顾老人、孩子等需要。对一线医务人员老年亲属照料、子女教育给予更多帮助关爱，对家中无人照看的高龄老人及未成年子女，根据需要由所在镇（街道）负责，由老人所在社区等协助安排托管照顾，由子女所在学校安排送教服务。划拨的疫情防控专项党费作为专项慰问金，及时安排走访慰问一线的医务人员及家属。开通一线医务人员家属就医绿色通道。工会、共青团、妇联等群团组织要积极参与服务保障工作，组织开展“你出工我出力，同心赢战疫”等形式多样的公益活动和慰问，群策群力帮助一线医务人员解除后顾之忧。

十一、创造良好执业环境

完善问责机制，维护医疗秩序，保障医务人员合法权益。加强对定点医疗机构、发热门诊、隔离场所等重点场所安全保卫工作，落实安防措施。全力维护医疗、隔离秩序，防范化解医疗纠纷。对歧视孤立一线医务人员及其家属的行为要及时纠正，情节严重的依法予以处理。依法严厉打击各类伤医、袭医、医闹和扰乱医疗救治秩序等行为，切实保障医务人员合法权益，为医务人员创造更加安全的执业环境。

十二、倡导树立激励导向

及时发现、挖掘、宣传好一线医务人员的典型人物和先进事迹，推动全社会形成尊医重卫的良好氛围。依法做好因疫情防控牺牲殉职人员的烈士评定和褒扬工作，全面做好抚恤优待。对涌现出的先进典型及时进行表彰奖励。对于获得表彰以及被认定为烈士的医务人员的子女，在入学升学方面按规定享受相关待遇。对在疫情防控工作一线表现突出的优秀人才，在人才项目遴选时给予倾斜支持。对在疫情防控一线表现突出、堪当重任的优秀干部，优先提拔使用。注重在疫情防控一线发现、考验入党积极分子，符合条件的及时发展入党。

（摘编：苏建平）

福建首个区域互联网医院平台上线

2020年7月9日，福州市区域互联网医院平台上线并开出首张“云处方”。

福州市区域互联网医院服务平台是我省首个区域互联网医院平台，也是全国首个基于健康医疗大数据打造的区域互联网医院平台，可视作一个云上超大型医院——所有接入平台的互联网医院，对患者诊疗信息进行数据共享，当患者到平台中的互联网医院复诊时，相关医院医生就可在平台上调取患者病历，了解患者此前在区域内所有诊疗、用药等情况，进行同一病种复诊服务；同时，患者选取平台内任一医疗机构就诊，都可以账号互通、余额共用。

除了自选复诊医生外，患者在就诊过程中，平台也会很智能地根据患者的病情描述自动匹配医生，以提高患者看病的精准度，更大程度上避免重复检查，进而改善挂号排队长、候诊时间长、收费排队长、看病时间短“三长一短”顽疾，减轻患者负担。

目前，福州37家市县属医院正在陆续申请接入该区域互联网医院服务平台，174家乡镇卫生院、社区卫生服务中心也可依托当地县（区）总医院建设的紧密型医共体，在当地总医院申办的互联网医院框架下为群众提供服务。省市卫健和医保部门也正在积极协作，让符合条件的“互联网+”医疗服务费用纳入医保支付范围。

（摘编：康明辉）

福建开启“云看病”时代

微信上预约挂号、视频连线问诊开药、医保在线实时结算、药品在线下单送货到家——在福建，线上全流程医疗服务实现闭环，越来越多的患者足不出户就能看病。省卫健委最新数据显示，截至2020年7月9日，我省共有34家医疗机构申请建设互联网医院，其中10家医院已经正式运营。

这10家正式运营的互联网医院当中，有6家是省属医院（省立医院、福建医科大学附属第一医院、福建中医药大学附属人民医院、福建中医药大学附属第二人民医院、省妇幼保健院、省级机关医院），有3家是市属医院（福州市中医院、福建医科大学孟超肝胆医院、厦门市第一医院），还有1家驻闽军队医院（联勤保障部队第九〇〇医院）。

这些互联网医院可为患者提供智能导诊、在线问诊、复诊、医嘱开方、复诊续方、健康教育、药品配送等服务，并从2020年3月起陆续开通线上医保结算功能，从而实现“云看病”全流程闭环。

（摘编：康明辉）

福建省将建预防医学研究院

2020年6月19日福建省疾控中心消息，该中心近日获批建设福建省预防医学研究院。

该研究院是我省在预防医学与公共卫生领域的首个省级科技创新研究平台，通过开展预防医学基础与应用研究，进行预防医学科技攻关，提高卫生防病实施技术，加快公共卫生人才培养，为公共卫生政策制定提供理论依据和实践指导，不断推进“健康福建”建设，提升人民群众健康水平。

建设福建省预防医学研究院，是深化医疗卫生体制改革、落实《福建省疾控中心综合改革试点方案》的重要举措之一。该研究院将集聚多方面的专业人才与研究力量，在三至五年内打造我省预防医学研究创新体系，使之成为我省重大疾病监测和防控、公共卫生事件应急处置、健康教育和健康促进、食品安全风险评估以及相关科技成果转移转化的支撑平台，构建具有行业影响力的研究与交流平台，为建立与我省经济社会发展相匹配的公共卫生防控体系提供科技和智力支撑。

（摘编：杨立群）

福建省老年人体育工作创新发展

2020年，面对新冠肺炎疫情，各级老体协自觉担当、主动作为，坚决贯彻党中央的决策部署，为保护老年人安全和身体健康，维护社会稳定，尽职尽责，因势利导，积极稳妥，安全有序做好各项工作，取得积极成果。

分类指导，为打赢疫情防控战贡献力量。1月25日，省老体协按照省委、省政府的统一部署，及时取消或延期各类各项赛事、培训、集训等活动，引导老年人开展居家健身活动，充分发挥分布在全省各地的老年体育健身辅导员的作用，通过微视频、抖音、微信群等媒体向广大老年人推荐健身项目和健身方法，鼓励老年人利用家里客厅、凉台等处，开展个人居家毽球、太极拳、健身气功、木兰拳、柔力球、广播体操等活动，让广大老年人在居家抗疫的同时，提高体质和免疫力；同时省老体协发出倡议：一是不信谣、不传谣，坚信党和政府防控疫情的能力，积极响应支持配合党和政府所采取的措施。二是加强个人防护，保持良好的卫生习惯，做到勤洗手、戴口罩、规律作息，减少外出，不串门、不聚会、不聚餐。三是保持良好的心态，在做好自身防护的基础上，履行社会责任，参与公益活动，积极协助所在社区做好防控工作，凝聚起众志成城、全力以赴、共克时艰的强大正能量，为战胜新冠病毒肺炎疫情做出积极贡献。

省老体协与省企业家联合会、省老艺协等6个社团联合开展“书画艺术慰藉最美白衣战士行动倡议”大型公益活动。7家主办方共有1206位书画艺术家创作书画作品1292幅，筹资善款1081.34万元，慰问1000多名援鄂抗疫医护人员。省老体协发动漳州、莆田、高校等老体协书画家积极挥毫创作，选送作品165幅。

积极参与征集“居家健身抗击疫情”作品的活动。中国老体协统计，福建省各级老体协选送征文12篇、短视频作品329件，名列全国前茅；选送的短视频作品包括柔力球、气排球、健身球操、太极拳（剑）、乒乓球等项目。福建省老体协及厦门市、福清市、南安市、漳州市、福州市仓山区、福州市直机关、三明市直机关、泰宁县、诏安县等老体协及上杭县老年学会等11个单位荣获全国“优秀组织奖”。

发挥自身优势，全力抗击疫情。各级老体协工作人员及会员们积极协助乡镇（街道）、村（社区）张贴疫情防控《通告》和宣传材料；积极参加老党员志愿服务、五老监督员等公益活动，担当社区抗疫志愿者；同时踊跃捐款、捐物，12998名老年人捐款近300万元。如厦门市教育老体协直属学校系统退休老师捐款30多万元；省直机关老体协交谊舞委员会会员阮孝木同志一人就捐款15万元。

适时开展培训工作。疫情防控趋于常态化，省老体协在严格落实各项疫情防控要求的前提下，及时启动全省性的培训工作，在福州先后举办了第八套健身秧歌、操舞编导、柔力球（单双拍）规定套路3期培训班。全省各地老体协积极跟进，先后举办持杖健走、太极拳、钓鱼、健身秧歌、健身球操、柔力球、六手太极功、健身养肺功、健身功气球、乒乓球、羽毛球、健身气功八段锦等老年人体育健身项目辅导员培训班，参训老年人9092名。

组织线上线下健身交流活动。4至6月份，省老体协组织老年人参加4项全国性线上展示交流活动：选送参加全国老年人气排球短视频作品 51 件，名列全国前茅；235 名运动员参加全国老年人太极拳短视频健身展示交流活动，31 支代表队获得优胜奖，8 支队伍获得优秀奖；70 余名运动员参加“鲁滨逊杯”全国老年人持杖健走网络短视频交流活动，均取得优良成绩；60 余名运动员参加“春青杯”2020 年全国老年门球个人技能展示网络交流活动，荣获“优秀组织奖”、“个人技能特色奖”等奖项。

组织参加第四届全国老健会选拔赛。9 月份起，省老体协在落实好疫情防控要求的前提下，全面启动全省性健身项目交流活动，承办省全民健身运动会暨第四届全国老健会选拔赛，先后在福州市、武夷山市、沙县、漳州市等地举办了太极拳（械）、门球、柔力球（套路、竞技）、气排球、秧歌、可乐球等 6 个项目的比赛交流，同时为迎战第四届全国老健会选拔队伍。在永泰县举办了福建省第五届老年人智力运动会。在福州举办了福建省全民健身运动会“中匠杯”退休干部网球交流活动。在三明举办了 2020 年全国老年人健步走大联动（三明分会场）活动，近 2000 名中老年朋友参加。积极开展闽浙边界老年人健身交流互动，9 月至 11 月先后由寿宁、福鼎、霞浦老体协主办与浙江省边界 10 多个县（市）200 多名老年人参加的乒乓球、门球、地掷球等联谊赛。

召开创建工作推进会。10 月 27 日至 29 日，“全省创建‘老年人健身康乐家园’工作研讨会”在永春县召开，认真总结 5 年多来全省创建“老年人健身康乐家园”的成果和经验，分析存在的问题和困难，探讨新一轮创建工作思路和措施。会议提出，在新的发展阶段，创建工作一要深化认识，强化责任，克服畏难情绪；二要进一步健全机制，强化措施，重在行动；三要坚持标准，力补短板，完善提升。会议强调，创建“老年人健身康乐家园”是各级老体协在实践中探索和总结出的一条加强基层老年体育工作的有效途径，是惠及广大基层老年群众的民生工作，一定要坚持不懈、脚踏实地、继续抓创建，力争再用 3 至 5 年，实现高标准的 80% 覆盖。

加强自身建设。各级老体协党组织负责人带头加强党的政治建设，增强“四个意识”，坚定“四个自信”，做到“两个维护”，自觉在思想上行动上同以习近平同志为核心的党中央保持高度一致。各级老体协党组织以党建工作为龙头，切实加强老体协工作队伍和健身辅导员队伍建设，努力凝聚服务老年人体育工作的合力，为老体协工作提供坚强的政治和组织保证。

加强宣传思想工作。省老体协在《福建老年报》开辟“老体协主席访谈”专栏，袁启彤、黄文麟、郑义正等三位老领导接受专访。这些访谈录都是我省老体协工作的经验结晶，是启迪做好老年体育工作的宝贵财富，对全省老体协工作者产生积极的影响，同时也得到社会各界的好评。11 月 3 日，王美香主席应约接受中国老体协指导刊物《新老年》记者采访。她说：进入新时代，在实施全民健身战略和《健康中国 2030 规划》的大背景下，老年体育工作迎来了全新的发展，老体协组织在致力于老龄事业发展中更加充满生机活力，老体协工作得到社会认可、群众信任和党委政府的充分肯定。近几年福建致力于加强工作队伍建设和开展面向基层的创建“老年人健身康乐家园”活动，为老年体育事业发展带来了勃勃生机，形成了我省老体协工作的鲜明特点。

深刻认识新时代老年体育工作的新任务、新要求。党的十九届五中全会是在我国将进入新发展阶段、实现中华民族伟大复兴正处在关键时期召开的一次具有全局性、历史性意义的重要会议。全会审议通过了《中共中央关于制定国民经济和社会发展第十四个五年规划和 2035 年远景目标的建议》。《建议》首次把推动全体人民共同富裕，取得更为明显的实质性进展作为远景目标提出，在增进民生福祉、改善人民生活品质、养老服务等方面提出了重要要求和重大举措，提出要“广泛开展全民健身运动，增强人民体质，完善全民健身公共服务体系，全面推进健康中国建设”，“实施积极应对老龄化国家战略”。省老体协召开专题会议，传达学习贯彻五中全会精神和省委常委（扩大）会议精神。会议认为，进入新时代，随着全民健身战略和《健康中国 2030 规划》的实施，老年人体育事业迎来了全新的发展时期，老年人体育健身、健康养老的需求积极释放，老年体育工作的多重社会价值愈加突显。机遇与挑战并存，新的任务赋予老体协更加光荣的使命。面对新任务、新要求、新机遇与挑战，要以新的认识、新的作风、新的成效开创工作新局面。全省各级老体协以报告会、“康乐大讲堂”、培训班、读书班、座谈会、党内专题学习会、老年宣传队等各种形式学习宣传党的十九届五中全会精神。认真落实各级党委政府“建设健康福建”的各项任务和要求，以新的发展理念，新的工作作风，新的作为，新的成果，为我省老龄事业和老年体育事业健康发展作出新的贡献。

（撰稿：兰福生）

福建省今年投入近亿元建设全民健身场地

2020年3月10日福建省体育局消息，为了推进全省全民健身场地设施建设，省体育局日前正式印发《2020年全民健身场地设施建设项目实施方案》。

方案提出全年安排资金9720万元进行全民健身场地设施建设，将在全省新建18个智慧体育公园、3个全民健身中心（试点）和60个笼式足球场，其中，智慧体育公园和全民健身中心两年内建成，笼式足球场当年完成。

方案规定，每个智慧体育公园建设项目补助资金300万元，由地方组织实施。可开展篮球、足球、气排球、乒乓球、羽毛球、门球等球类活动，适当配置具有地方特色的民族民俗民间传统体育项目设施，应配建集成体质测试系统、智能健身驿站、20件以上二代（智能）健身路径、不少于2公里的智能健身步道等体育健身场地设施，重点体现智慧体育和体育文化元素。

全民健身中心采取各地自愿申报原则，平均每个全民健身中心建设项目补助资金600万元，由地方组织实施。主体建筑室内体育场地面积不低于2500平方米，可开展游泳、篮球、气排球、羽毛球、乒乓球等体育项目，配有信息化管理系统、室内健身操房（武术、跆拳道）、室内健身房、体质测试室。室外绕全民健身中心一周建有健身步道，宽度不低于2米。

每个笼式足球场建设项目资金为42万元，其中人造草及相关设备器材33万元，场地基础建设补助9万元。混凝土硬化面积714平方米（34米×21米），场地铺设人造草地，配置五人制足球门，四周安装围网和灯光系统。

（摘编：黄万良）

福建省实施民生兜底专项行动

2020 年 6 月 23 日福建省发改委消息，为深入贯彻落实习近平总书记重要讲话重要指示批示精神和党中央、国务院决策部署，统筹推进疫情防控和经济社会发展，我省制定了《实施民生兜底专项行动方案》。

《行动方案》在稳就业、强化困难群体基本生活保障和困难群众帮扶，适当提高救助保障标准和补助水平，严格落实社会救助和保障标准与物价上涨挂钩联动机制等五个方面，提出 19 条保民生的具体措施。

一是千方百计稳就业。加快实施稳岗扩岗专项计划，细化完善我省各类就业补贴政策，扎实做好高校毕业生、农民工、退役军人等重点群体就业工作。拓宽高校毕业生就业渠道，开展高素质农民大中专学历教育、新型职业农民培训，切实抓好退役军人免费职业教育和技能培训。

二是强化对城乡低保对象、特困供养人员、孤弃儿童、残疾人、脱贫边缘人口等困难群体基本生活保障。加大困难群体排查力度，加强建档立卡贫困人口与社会救助对象部门信息比对，全面落实特困人员供养政策，强化临时救助，推进特殊困难群体帮扶试点，畅通特殊困难群体求助渠道，确保兜底保障“不漏一户、不落一人”。

三是全面开展县、乡、村三级党员和企事业单位与困难群众“点对点”“一对一”“多对一”帮扶。落实防止返贫监测和帮扶机制，确保脱贫攻坚工作任务、政策措施、项目资金落实到位，做到靶心不变、焦点不散、力度不减。

四是适时提高救助保障标准和补助水平。推进社会救助制度城乡统筹，加快实现城乡救助服务均等化。落实与最低工资标准挂钩的社会救助标准自然增长机制。调整提高地市低保标准，落实残疾人和孤弃儿童保障政策，阶段性提高临时救助筹资标准。

五是确保特殊时期困难群众的基本生活得到有效保障。严格落实社会救助和保障标准与物价上涨挂钩联动机制，阶段性加大价格临时补贴力度。落实国家发展改革委等六部门关于进一步做好阶段性价格临时补贴工作部署要求，阶段性扩大保障范围、提高补贴标准。

《行动方案》还提出了保障措施，逐项明确民生兜底专项行动各重点任务牵头及责任单位，确保各项实施任务落到实处。

（摘编：郭虹）

福建省开展社会救助兜底脱贫行动

2020年5月17日福建省民政厅、省扶贫办日前出台《2020年社会救助兜底脱贫行动实施方案》，决定开展社会救助兜底脱贫行动，做到应保尽保、应养尽养、应补尽补、应帮尽帮、应扶尽扶，确保群众求助有门、受助及时，兜底保障“不漏一户、不落一人”。

《方案》明确，健全完善监测预警机制，加强民政、扶贫部门信息比对，将防止返贫致贫放在重要位置，密切关注收入不稳定、持续增收能力较弱、受疫情影响收入骤减支出骤增、存在返贫风险的已脱贫人口和建档立卡边缘人口，至少每季度开展一次信息比对，分析研判返贫致贫风险，及时做好兜底保障工作。

《方案》要求，强化农村低保兜底保障功能，优化简化审核审批程序，低保审批权限全部委托下放到乡镇（街道）。对因家庭人均收入超过当地低保标准符合退保条件的，给予12个月渐退期，帮助其稳定脱贫。同时，全面落实农村特困人员救助供养政策，确保年内生活不能自理特困人员集中供养率达到50%及以上。加大临时救助力度，对受疫情影响导致基本生活陷入困境的直接按急难型予以临时救助，救助金在乡镇（街道）审批权限范围的5个工作日内发放到位。对经临时救助一段时间后生活仍然困难的按规定纳入低保范围。

《方案》提出，组织实施“福康工程”，为经济欠发达地区符合条件的受助对象免费配置康复辅具。探索通过政府补贴、购买服务、设立公益岗位、集中托养等方式，为16周岁以上不符合特困人员救助供养条件的贫困重度残疾人提供集中照料或社会化护理服务。推进未成年人救助保护机构和县级儿童福利机构转型升级，实现全省县级及以上未成年人保护机构全覆盖。

《方案》明确，继续落实老区苏区县低保、特困供养省级补助资金在原分档补助比例基础上提高10%的倾斜政策。继续扶持重点老区村114个，项目资金扶持做到全覆盖。实施“阳光1+1”（社会组织+老区村）牵手行动计划，动员1000个社会组织与1000个老区村结对帮扶和深度合作。

（摘编：游学荣）

福建出台措施应对疫情影响决战决胜脱贫攻坚

为了深入贯彻习近平总书记重要讲话重要指示批示精神和党中央决策部署，全面落实国务院扶贫开发领导小组的工作要求，2020年3月16日我省出台《积极应对新冠肺炎疫情影响决战决胜脱贫攻坚十九条措施》，聚焦老区苏区脱贫奔小康，积极克服新冠肺炎疫情对脱贫攻坚的影响，采取针对性的措施，精准施策、精准发力，确保高质量打赢脱贫攻坚战。十九条措施主要内容如下。

一、支持贫困人口务工就业

1. 加强就业指导服务。各地要加强劳务、用工需求的信息发布，向有就业意愿的贫困户推送3个以上岗位信息，符合返岗复工“点对点”专门运输服务保障的，优先集中运送到岗。对新招和转岗的务工贫困人口及时开展技能培训，参加培训的女性贫困劳动力年龄可放宽至60周岁。给予参训贫困人员每人一次性生活费（含交通费）补贴300元。

2. 帮助就地就近就业。鼓励当地企业、新型农业经营主体和扶贫车间吸纳贫困人口就业，每吸纳一个贫困人口稳定就业3~6个月的给予一次性补助2000元。

3. 增设公益就业岗位。各地要新增设一批保洁环卫、生态管护、乡村建设、防疫消杀等乡村公益性岗位，安置贫困劳动力就业，按照规定标准给予岗位补贴。对本年度内补贴政策期满的，补贴期限可延长至2020年底。组织动员贫困群众参与工程项目建设。

二、加大产业扶贫力度

4. 支持发展产业项目。指导有条件的贫困户制订生产发展计划，尽快确定产业项目。支持贫困户发展种养加短平快项目，加强技术培训指导，帮助贫困户联系代购种苗、种畜禽、化肥、农药等生产物资。对贫困户发展产业项目的，每户再给予1500元补助。

5. 增强新型农业经营主体带贫能力。支持农业产业化龙头企业、农民合作社、家庭农场等新型农业经营主体尽快复工复产，与贫困户建立利益联结关系，带动贫困户发展生产和稳定增收。在风险可控前提下，优先保障对带贫农业产业化龙头企业等新型农业经营主体的贷款需求，并在贷款利率上给予优惠。

6. 促进农产品产销衔接。各级挂钩帮扶单位要采取以购代销、网上销售等方式开展消费扶贫，拓宽贫困地区农产品销售渠道。挂钩帮扶责任人要帮助联系农产品销售渠道，促进产销顺畅。支持发展农产品电子商务，推进线上线下一体销售，用好用足农村电商示范县政策。支持扶贫开发工作重点县每个县升级改造一个农贸市场、集贸市场，促进农产品销售，对投资40万元以上项目按投资总额的50%给予最高50万元补助。

7. 切实维护贫困户的合法收益。认真落实带贫减贫机制，严格兑现投资项目收益分配条款，不得以疫情影响为由减少贫困户的合法收益。出现特殊情况的，要给予有效补偿，确保贫困户的利益不受损失。

8. 延长小额信贷还款期限。根据贫困户产业发展需要，加强指导服务，积极落实扶贫小额信贷政策，做到应贷尽贷。适当延长到期日在2020年1月1日后（含续贷、展期）、受疫情影响出现还款困难的贫困户扶贫小额信贷还款期限，延期最长不超过6个月。

9. 提升产业保险保障水平。落实产业扶贫保险政策，在疫情防控期间，参保贫困户的保费承担比例从10%降为5%。因疫情影响受损的产业扶贫项目，要进一步简化理赔手续，提升服务质量，及时查勘定损，快速理赔。

10. 扶持贫困村集体经济。对村集体经济薄弱，受疫情影响导致村集体经营收入减少、支出明显增加的贫困村，安排专项资金给予每村一次性补助5万元。创新扶持机制，新增安排资金统一投资收益，用于稳定支持村级集体经济发展。

三、强化“三保障”和饮水安全保障

11. 加强医疗保障。加强乡村卫生院药品供应保障，引导开展合理有序就医。充分发挥家庭签约医生作用，以贫困户常见多发的慢病重病为重点，开展上门服务，防止因病返贫。疫情防控期间，对一次性定额医疗救助和重特大医疗救助，做到随时受理、及时办理。严格落实精准扶贫医疗叠加保险政策，2020年全面实现全省2201个建档立卡贫困村医保“村村通”或“就近通”。

12. 强化住房安全保障。开展脱贫攻坚住房安全“回头看”，对发现的安全隐患及时组织开展安全鉴定，属于C、D级危房的，采取农村危房改造、造福工程搬迁等措施解决，按规定标准给予补助。乡镇定期开展巡查，省、市、县设立举报投诉电话，及时受理办理贫困户反映的住房安全问题，确保贫困户住房安全。加大资金补助力度，优先安排贫困户户厕改造。

13. 落细落实义务教育保障措施。疫情防控期间，加强对贫困家庭学生居家学习跟踪指导，鼓励各地采取赠送学习移动终端、保障网络畅通等多种方式，为贫困学生创造线上学习条件。对暂时缺乏线上学习条件的，通过电话交流、信函传递等方式，落实居家学习指导，确保“一个都不能掉队”。落实控辍保学工作责任，健全信息管理，开展动态排查。严格落实各项学生资助政策，及时将受疫情影响导致家庭经济困难的学生纳入国家资助范围，保障贫困家庭学生的基本学习和生活需求。

14. 保障贫困户饮水安全。加密对贫困户饮水安全情况跟踪频次，做到一周一报，确保发现一户、解决一户。做好各项应急保障准备。加快实施996个贫困村饮水安全巩固提升项目，及时修复因灾损毁的供水设施。加强水源保护、净化消毒、水质检测和安全巡查，确保贫困户饮水安全。落实补助政策，采取措施减轻贫困户用水支出负担。

四、加强临时救助和兜底保障

15. 实施临时救助政策。对疫情期间失业但未达到失业保险金领取条件的参保贫困劳动力，按照不高于当地失业保险金标准发放失业补助金，具体标准由各地确定。因疫情影响导致基本生活陷入困境的贫困户按“急难型”予以临时救助，采取社会化发放、现金和物资发放等形式，保障其基本生活。

16. 落实低保兜底制度。对有返贫风险的贫困户加强跟踪，及时将符合低保认定条件的纳入低保范围，做到应保尽保。对重度残疾人、重病患者，按照支出型贫困家庭低保政策纳入低保。对已纳入低保的贫困户，家庭人均收入超过当地低保标准的，给予12个月延保渐退期，帮助其稳定脱贫。

五、深化挂钩帮扶工作

17. 强化部门挂钩帮扶。各级挂钩帮扶单位要及时完善挂钩帮扶工作方案，进一步配强挂钩力量，倾斜安排相关项目，加大资金投入，大力支持挂钩的县、乡、村，帮助解决实际问题，加快补齐全面建成小康社会短板。

18. 持续深化对口扶贫协作。充分发挥闽东北、闽西南两大协同发展区的协同发展优势，推进沿海和山区深化对口帮扶工作，积极拓展发展空间、扩大市场容量，强化产业合作、人才交流，联手招商引资，不断提高共建产业园区建设水平。不断深化闽宁、福州市与甘肃定西市、厦门市与甘肃临夏州对口扶贫协作，落实帮扶责任，加大帮扶力度，强化产业合作、消费扶贫、劳务协作和人才交流，持续提升东西部扶贫协作水平。

19. 落实干部挂钩帮扶责任。全面落实“一户一策”“一户一挂钩”制度，在疫情防控期间要做到“一月一帮扶”，挂钩帮扶责任人要了解掌握贫困户生产生活情况，帮助解决生产物资代购、农业社会化服务、防护用品等实际困难。对因疫情等因素影响，可能返贫或出现返贫的，要立即按程序报告，实行单列管理，纳入重点帮扶。

（摘编：彭金龙）

福建省扩大失业保险保障范围

2020年7月6日福建省人社厅消息，我省扩大失业保险保障范围，包括延长大龄失业人员领金期限，阶段性发放失业补助金、临时生活补助，阶段性提高价格临时补贴标准等，惠及所有参保失业人员。

根据新政策，2019年12月起，对领取失业保险金期满仍未就业，且距法定退休年龄不足1年的失业人员，可继续发放失业保险金至法定退休年龄。同时，继续做好失业保险金发放工作。对参保缴费满1年、非因本人意愿中断就业、已办理失业登记并有求职要求的失业人员，及时足额发放失业保险金，并按规定代缴基本医疗保险费、发放价格临时补贴等。对《福建省失业保险条例》规定的参保单位招用、个人不缴费且连续工作满1年的失业农民合同制工人，及时发放一次性生活补助。

2020年3月至12月，领取失业保险金期满仍未就业的失业人员、不符合领取失业保险金条件的参保失业人员，可以申领6个月的失业补助金。其中参保缴费6个月（含）以上的，失业补助金标准原则上按统筹地区当月失业保险金平均水平的80%；参保缴费不足6个月的，失业补助金标准原则上按统筹地区当月失业保险金平均水平的40%。

2020年5月至12月，对2019年1月1日之后参保不满1年的失业农民合同制工人，参照参保地城市低保标准，按月发放临时生活补助。其中，累计参保缴费6至11个月的，发放3个月；累计参保缴费不足6个月的，发放2个月。

2020年3月至6月，对领取失业保险金和失业补助金人员发放的价格临时补贴，补贴标准在现行标准基础上提高1倍。

省人社厅要求各地人社部门畅通失业保险待遇申领渠道，进一步优化经办流程，减少证明材料，失业人员在申领失业保险待遇时可不提供终止或解除劳动关系证明、失业登记证明等材料，凭社会保障卡或身份证件直接申领。同时，失业人员可通过福建省12333公共服务平台进行线上申领。

（摘编：林学军）

福建省开展农村低保经办中“漏保”问题专项整治

2020年6月17日福建省民政厅消息，为及时回应困难群众所盼、所急、所忧，我省决定开展为期半年的农村低保经办中“漏保”问题专项整治。

专项整治围绕应保尽保，整治各地未将符合条件的特殊困难群众全部纳入低保问题，重点整治未将符合条件的返贫人口和建档立卡边缘人口及时纳入低保问题。严肃查处专项治理中形式主义、官僚主义，经办服务中不担当、不作为，疫情防控中责任不落实、措施不精准等问题。通过开展集中整治，切实做到符合条件的困难群众兜底保障“不漏一户、不落一人”。

根据部署，专项整治将加大特殊困难群体排查力度，做好现有低保对象、特困人员的精准识别工作，落实主动发现和监测预警机制，逐户逐人摸底排查未纳入兜底保障的建档立卡贫困户、重度残疾人（含精神或智力三级残疾）、重病患者等特殊困难群体，及时将符合条件的家庭和个人纳入兜底保障范围。

（摘编：康明辉）

福建省出台“福蕾行动计划”实施方案

2020年6月16日福建省民政厅消息，我省出台“福蕾行动计划”实施方案，建立市、县（区）、乡镇（街道）、村（居）四级儿童福利保障及关爱服务网络，每个设区市每年开展困境儿童结对帮扶不少于600人，到2023年困境儿童结对帮扶达到100%。今年每个设区市选定2个县（市、区）（平潭选定一个片区）先行试点，在试点基础上逐年推进。

“福蕾行动计划”具体实施“十项工程”，包括关爱网络建设工程、假期关爱工程、结对帮扶工程、亲情关爱工程、心理健康工程、儿童学校工程、“福彩助学”工程、司法援助工程、智慧关爱工程、队伍培育工程。要求各设区市因地制宜打造1~2个集养、治、教、康于一体的区域性儿童福利机构，集中养育本区域的孤弃儿童；县（市、区）至少建设1个开展儿童福利工作的实体机构，打造成县（市、区）儿童福利保障及关爱服务指导中心；乡镇（街道）建立儿童关爱服务室（站），将其打造成儿童关爱服务主阵地。

（摘编：康明辉）

闽政通 APP 用户数突破 3000 万

2020 年 8 月 30 日福建省数字办消息，日前，闽政通 APP 注册用户数突破 3000 万，月活跃用户超过 1600 万。闽政通 APP 已覆盖医社保、公积金、机动车违法处理、台风路径、个人档案以及便民缴费等超过 905 项民生服务，初步实现政务服务个性化、精准化“一站式”掌上办理。今年以来，累计服务完成次数超过 5.5 亿次。

作为我省政务服务 APP 统一平台，闽政通 APP 以提升群众办事体验为落脚点，不断完善服务能力：完成全省九市一区政务小程序入驻，汇聚服务超过 200 项；支持“一号通认”，实现“一次注册，全网通用；一次登录，全网漫游”；推进“一码通行”，推出身份码、健康码、乘车码和医保结算码等，实现资源互通共享。

（摘编：张海生）

福建省大力推动疫情防控期政务服务“马上就办网上办”

2020 年 2 月 5 日福建省审改办、省数字办联合印发通知，提出六条具体措施，大力推动疫情防控期政务服务“马上就办网上办”。

全面推行网上办理。鼓励企业群众利用我省 95% 以上政务服务事项网上可办、50% 以上事项可“一趟不用跑”及“闽政通”APP 注册用户突破 850 万等工作基础，进行网上申请办理。

网上受理申报材料，凡可通过互联互通受理的事项不再要求服务对象到现场提交。

全面开通邮递服务，各级行政服务中心对企业办理的行政审批事项实行快递双向免费。

积极推行代办服务，全面推行政府购买服务方式为企业办理相关审批手续提供代办服务。

推行实名预约办理，实行提前一个工作日预约制度。

加强线上咨询服务，通过省网上办事大厅咨询渠道，及时回复办事咨询问题。

（摘编：周忠志）

福建省全面推行个体工商户全程智能化登记

2020年4月11日福建省市场监督管理局消息，为更好地推进大众创业万众创新，日前该局印发《关于在全省推广个体工商户全程智能化登记的通知》，提出全面推行个体工商户全程智能化登记。这意味着今后在福建申办个体工商户，只需在手机上操作就能随时随地轻松完成全部流程。

此次在全省推广的个体工商户全程智能化登记采用“微信申请+直接登记+自动审核+自助打照”的便利化登记模式。申请人只要手机微信关注当地市场监督管理局微信公众号，点击个体工商户全程智能化系统，录入申请人身份证号码、手机号码等信息，获取验证码后即可登录，并可按照“请勾选”和“下一步”等简单明了的提示申报。申请人提交后，由系统自动审查、核准，并直接反馈结果，24小时后就可到就近的自助打印机打印营业执照，完全实现免预约、不见面、零干预、无纸化，365天全天24小时不打烊。

目前，全省登记的个体工商户超309万户。此次在全省推行个体工商户全程智能化登记改革，提升了个体工商户登记的便利化水平，真正意义上构建了大众能用、会用、爱用的便捷式登记模式。相比传统登记，个体工商户全程智能化登记主要有三大优点：一是申请更加便捷。申请人无需下载APP，无需注册用户，无需使用U盾等载体，无需窗口联络员备案，无需提交纸质材料，更无需电脑设备，随时随地在手机上简单操作，系统就可自动审查核准，整个流程10分钟内全部完成。二是流程更加规范。申请人与登记机关全程“零见面”，申请人提交的申请数据全部由系统自动查重、自动审查、自动核准，登记人员“零干预”，个体工商户的名称、经营范围和住所等登记事项全面实行标准化勾选，最大限度方便申请人自助申报。三是制度性成本最小。申请人在核准24小时后即可凭身份证到就近的自助打照机上进行身份验证并当场自助打印营业执照，申请全程无任何费用，避免了往返注册窗口、扎堆排队办理等麻烦，基本实现零成本，有效促进了低碳绿色行政。

为进一步落实中央和省委省政府深化“放管服”改革、优化营商环境，2018年8月起我省在泉州试点个体工商户全程智能化登记改革，一年多来试点取得良好成效。截至2020年3月底，通过个体工商户全程智能化登记的有10.58万户，而疫情期间通过个体工商户全程智能化登记的个体工商户达12520户。

（摘编：林学军）

福建省促进“互联网+社会服务”发展

2020年4月6日，为推进国家数字经济创新发展试验区建设，省发改委、教育厅、民政厅、商务厅、文旅厅、卫健委、广电局、体育局等八部门日前联合印发《福建省促进“互联网+社会服务”发展实施方案》。

方案提出，将促进“互联网+社会服务”作为推动新时代数字福建建设的重大举措，充分发挥数字福建建设优势，释放互联网、物联网、大数据、云计算、人工智能、5G、区块链等新一代信息技术活力和潜力，进一步拓展互联网与教育、医疗健康、养老、托育、家政、文化和旅游、广播电视、体育等领域融合的广度和深度，在公共服务领域提供一批优质服务、打造一批行业平台、培育一批领军企业、形成一批典型示范、推广一批创新成果，助力打赢疫情防控阻击战，提升我省公共服务质量和水平，有效保障民生。

我省“互联网+社会服务”将聚焦六个重点领域。

“互联网+教育”领域，提出加强数字校园、智慧校园建设，建设省教育资源公共服务平台，扩大慕课、福课优质资源，推广在线教育新模式，进一步为农村和边远地区中小学提供丰富的在线教育学习资源。

“互联网+医疗健康”领域，提出建设“12320”热线服务平台、省全民健康信息综合监管平台，大力发展分时段预约诊疗、移动支付、健康科普、居家隔离指导、慢性病送药上门等线上服务。在疫情监测分析、病毒溯源、防控救治等方面更好发挥信息化支撑作用，提高应对重大突发公共卫生事件的能力。

“互联网+养老托育”领域，提出建设省养老服务综合信息平台，探索发展社区居家“虚拟养老院”，推进人工智能、物联网、大数据、远程监控等技术在养老服务领域的深度应用。鼓励建立科学育儿一站式服务平台，加强对婴幼儿托育全过程信息化监管。

“互联网+家政”领域，提出推动家政服务企业和从业人员信息社区共享，引导家政服务企业依托互联网提供保洁、保姆、月嫂、家厨、护工等家政服务，打造“O2O”家政服务新模式，实施智慧家政。

“互联网+文化旅游”领域，提出统筹实施基层综合性文化服务中心智慧型公共数字文化工程、智慧广电乡村工程、应急广播体系等惠民工程，发展互联网文学艺术、广播电视、文化传播等互联网文化产品和服务，提升完善“全福游”智慧旅游服务平台，实现“一机在手畅游福建”目标。

“互联网+体育”领域，提出建设省全民健身服务平台、省竞技体育服务平台，鼓励发展线上社交体育，依托VR/AR、体育仿真技术等打造“虚拟健身房”，支持体育场馆网络化改造、信息化管理和数字化经营。

（摘编：康明辉）

福建省举办“第一书记带好货”系列公益活动

2020年6月14日，“第一书记带好货”福建省驻村第一书记线上带货公益活动在安溪县芦田镇福岭村启动。

首场直播活动由安溪县剑斗镇云溪村、安溪县芦田镇石盘村、永春县湖洋镇锦龙村等3个建档立卡贫困村的省派驻村第一书记参与，主推笋干、香菇、蜂蜜等多款本土山货。3小时直播吸引全网超过1000万人次在线收看，累计成交近百万元。“福建驻村第一书记好货店”线上商铺同步上线。直播结束后，线上商铺将持续助力直播中推荐的农产品销售。

本次活动由省委组织部指导，省农业农村厅、福建广电网络集团主办，是我省首次以驻村第一书记为主体的系列全媒体带货直播活动。该系列活动将持续至今年11月，省、市、县下派的2000多名驻村第一书记均可报名参与活动。

（摘编：李越杰）

福建省第七次全国人口普查试点顺利展开

为高质量做好第七次全国人口普查，根据国家统一部署，我省在厦门思明区、三明永安市、龙岩新罗区分别组织开展部门资料利用、普查区域划分与绘图专项试点和省级综合试点，2020年6月1日起进入入户登记阶段，各市县的试点也同步有序展开。

人口普查，一个都不能少。为此，全省公安机关从6月1日起精心组织开展户口整顿，这项工作将于9月30日结束。通过深入细致的入户核对，全面摸清常住人口、暂住人口等各类人口底数，着力解决人口信息不完整以及户籍登记差错重漏等问题。

第七次全国人口普查的标准时点是2020年11月1日零时。届时，持有电子采集设备并佩戴普查员证的普查员将入户现场采集数据，住户也可使用智能手机进行网络自主填报。这次普查，主要调查人口和住户的基本情况，包括姓名、公民身份证号码、性别、年龄、民族、受教育程度、行业、职业、迁移流动、婚姻生育、死亡、住房情况等。

（摘编：周忠志）

福建省做好恢复正常交通运输秩序保障道路交通畅通工作

2020 年 2 月 22 日，经省应对新冠肺炎疫情工作领导小组同意，我省印发《关于做好恢复正常交通运输秩序保障道路交通畅通工作的通知》，要求除了省界查验以及疫情中风险地区中较多病例的乡镇因分区域差异化防控需要外，恢复封闭的高速公路出入口，依法依规取消全省高速公路、国省干线、农村公路设置的查验站点，取消不合理的车辆和人员劝返措施。

疫情中风险地区中较多病例的乡镇，确需封闭高速公路出入口，或者在高速公路、国省干线、农村公路设置查验站点的，要报省政府批准。经批准保留的查验站要确保车辆、人员顺利通行。省界查验站要通过增派人员、增设通道、设置货车专用车道、改进程序等措施，提高检疫效率，确保交通畅通。

各地要不断加密发车班次，切实满足人民群众出行要求。全省城市公共交通和市际、县际客运班线以及农村客运、水路客运，于 2 月 25 日前全面恢复正常经营。有序恢复省际客运班线和省际旅游包车运营。

各地要做好农民工返岗复工“点对点”服务保障工作，保障省外务工人员安全有序返岗复工。人社部门牵头摸清底数、集中安排，卫健部门做好健康检测，交通运输部门组织运力保障，公安部门加强交通秩序管理。

各地要严格落实应急运输绿色通道政策，确保“三不一优先”，有条件的地方开通高速公路收费站专用通道、城市道路专用线路，保障车辆无障碍通行。落实鲜活农产品运输绿色通道政策，确保“米袋子”“菜篮子”产品和农业生产资料正常流通，及时进场入村。

各地要实现货物运输零阻碍，对货运车辆不得以无通行证件等理由限行或劝返，保障货物运输“前后一公里”的正常通行，切实解决“出不了村、进不了城”的问题。要优化城市货车通行管理，适当放宽货车进城条件。特别是保障复工复产的物流车辆，要减少限行区域、缩短限行时间、延长进城期限。各地公安机关要开通应急运输保障 24 小时服务电话，及时解决货车驾驶人遇到的困难和问题。

（摘编：赵旭东）

福建省实施乡镇便捷通高速工程建设

2020年9月4日福建省交通运输厅、福建省发展和改革委员会下发《关于印发〈福建省乡镇便捷通高速工程实施方案（2020—2022年）〉的通知》（闽交规〔2020〕69号）指出，方案明确，今年重点推进38个项目建设，建设便捷通高速工程里程503公里，到今年底预计新增32个乡镇30分钟内上高速，届时全省累计共有732个乡镇便捷连通高速公路，通达率80%；既有省级以上产业园区、重要交通枢纽通达率达到100%。

我省已经实现“县县通高速”，高速公路密度位居全国各省前列。为充分发挥高速公路对全省经济社会发展辐射带动作用，决定启动乡镇便捷通高速工程建设。实施完成后，到“十四五”末，全省陆域乡镇以及既有的省级工业园区、省级高新技术产业园区、省级经济开发区、国家森林公园、国家地质公园、省级以上风景名胜区、AAAA级及以上旅游景区、机场、县级及以上铁路站场、重要港区等重要节点，基本实现30分钟内上高速。

方案规划实施全省乡镇便捷通高速工程项目54个729.1公里。合理增设高速公路出入口建设项目11个，相应连接线约81.1公里，扩大高速公路服务覆盖面。改造既有高速公路互通及接线项目共43个648公里，持续提升路网通畅水平。同时新增规划一批高速公路项目，具体为福州滨海新城高速公路、泉州永春至洛江高速公路、国高莆炎莆田联络线、莆炎高速公路延伸线、浦城至上饶高速公路福建段、尤溪吉木至西城高速公路等6条高速公路186公里，进一步提高路网整体效率。

方案要求，设区市、县（区）政府要落实主体责任，建立高效的工作推进机制，分年度细化目标任务，明确时间节点，加快组织实施；加大资金支持力度，积极争取中央资金支持，用好地方政府债券资金，鼓励引导社会资本投入交通领域，切实强化项目资金保障；加快项目前期，优化审批程序，对于“改造既有高速公路互通及接线项目”由设区市投资主管部门审批。省交通运输厅、发改委对纳入项目库的新增高速公路出入口项目视同纳入高速公路网规划，并参照省重点项目管理。

（摘编：游学荣）

福建省接入全国财政电子票据查验平台

2020年7月10日，全国财政电子票据查验平台开通福建财政电子票据查验功能，我省成为首批成功接入全国财政电子票据查验平台的六省份之一。

财政电子票据实行网络在线认证方式，通过查验服务平台的认证功能，实现财政电子票据真伪查验和流转。接入全国查验平台后，我省用票人除“福建省财政票据公共服务平台”或“福建财政”微信公众平台外，还可以访问全国财政电子票据查验平台或“财政票据”公众号查验电子票据。依托全国平台，我省实现与中央和其他省份电子票据跨省查验、异地票据的报销应用和入账反馈，进一步便民利民。

当前，我省财政电子票据改革正稳步推进，并在交通、医疗等重点领域取得创新突破。

（摘编：苏建平）

福建省开出全国首张跨省缴纳交通罚款电子票据

2020年5月31日福建省财政厅消息，四川的李先生通过招商银行手机APP缴纳了一笔此前在福建收到的现场交通违法罚单，5月30日，他通过“福建财政”微信公众号中“福建省非税收入和财政电子票据公共服务平台”获得一张福建省非税收入电子票据。这是我省第一张交通违法罚款电子票据，也是全国首张跨省缴纳交通违法罚款电子票据。

此前，缴款人要获取跨省交通违法罚单票据，只能到原处罚地。实施电子票据改革后，罚款电子票据由系统自动生成，缴款人通过“福建财政”公众号和福建省财政厅官网的“电子票据查验下载”模块，即可享受“指尖取票”服务，历史缴纳的罚款电子票据记录也能随查随取，不用担心票据遗失。

早在2016年，我省已完成现场交通违法罚款跨省异地缴纳改革工作，机动车驾驶人可跨省异地就近通过12家代收银行线上线下多渠道缴纳罚款，只是交完罚款后的财政票据无法实现跨省异地获取。为此，省财政厅积极推动将交通违法罚款缴交纳入全省非税收缴电子化和财政电子票据整体改革中，在全国率先成功实施跨省异地缴纳交罚业务电子票据改革，通过改革实现了“让数据多跑路、使群众零跑腿”的目标。

（摘编：彭金龙）

全国扫黑办第13特派督导组进驻福建开展特派督导

2020年11月1日，全国扫黑办第13特派督导组进驻福建。省委常委、政法委书记、省扫黑除恶专项斗争领导小组常务副组长罗东川会见了督导组一行。

2日上午，督导组在福州与福建省扫黑办及有关重点行业部门进行了座谈，主要了解福建省贯彻落实全国扫黑除恶专项斗争第3次推进会及全省扫黑除恶专项斗争相关工作情况。

3日，督导组正式进驻福建省相关地市开展督导工作。

（摘编：康明辉）

福建省根治农民工欠薪显成效

2020年8月31日福建省人社厅消息，为坚决杜绝拖欠、克扣农民工工资现象，我省积极打造根治欠薪“防火墙”，在全国率先建立劳动关系领域风险防控机制，实施劳动关系监测、劳动关系预警等制度，全力打赢根治欠薪攻坚战，取得明显成效。目前，福州市被列为部级构建和谐劳动关系综合配套改革试点城市，全省有6个工业园区、40家企业被评为全国劳动关系和谐工业园区与和谐企业；73个工业园区、1430家企业、32个乡镇、23个街道被评为省级劳动关系和谐工业园区、和谐企业、和谐乡镇（街道）。

同时，我省严格实施欠薪失信联合惩戒，将欠薪问题纳入住建、交通运输、铁路、通信等建设领域信誉考评范围，实行“一票否决”，让恶意欠薪者“一处违法、处处受限”。上半年，全省公布30起重大劳动保障违法行为，将5家严重拖欠农民工工资用人单位列入“黑名单”。

为充分发挥考核“指挥棒”作用，我省将根治欠薪工作纳入对各地市的综治考评、绩效考评和党政班子考评等三大考核体系，将落实工资支付保障制度、处置欠薪案件等作为主要考核指标，全方位压实地方党委政府的主体责任和属地责任。2019年冬季攻坚行动期间，全省检查用人单位7894户，为9595名劳动者追发工资等待遇1.3亿元。

2020年1月，省人社厅、公安厅联合建立讨薪纠纷警情应急协调处置联动机制，形成讨薪纠纷警情定期通报、互联共享、联动处置、案件移送长效机制，做到接报一起、甄别一起、查处一起。上半年，全省各级人社部门移送涉嫌拒不支付劳动报酬犯罪案件13件，公安机关立案11件，涉及欠薪金额241.14万元、涉及劳动者189人。

（摘编：苏建平）

福建为国际减贫事业贡献力量

2020 年 10 月 12 日至 13 日，“摆脱贫困与政党的责任”国际理论研讨会在福建成功举办。连日来，我省摆脱贫困的重大成就和生动实践，受到外国党政领导、外国驻华使节、外国媒体记者高度关注和积极评价，在我省干部群众中引起热烈反响。

这次研讨会是今年来在我省举办的规格最高、规模最大、具有特殊重要意义的重大涉外活动，也是继去年成功举办全球推介活动后，福建在国际外交重大舞台上的又一次精彩亮相。

在中国国家扶贫日和国际消除贫困日到来前夕，在福建举办以“摆脱贫困与政党的责任”为主题的国际理论研讨会意义非凡。在参与活动过程中，充分感受到了外宾的热情，很多线下参会的驻华使节都反映此行收获满满、效果超出预期，他们不仅对中国的脱贫成果印象深刻，也对福建的文化、产业、社会治理等方面大加赞赏，都表示要将所见所闻、所学所感带回去。

（摘编：黄万良）

福建省 23 个重点县全部“摘帽”

2020 年 4 月 29 日中共福建省委办公厅、省政府办公厅发布公告，明确明溪、宁化、政和、连城、周宁、柘荣等 6 个县均达到脱贫退出条件，同意其退出省级扶贫开发工作重点县。至此，福建 23 个省级扶贫开发工作重点县全部“摘帽”，扶贫开发取得阶段性明显成效。

摘帽不摘政策，脱贫不脱帮扶。下一步，福建将深入贯彻党中央决策部署，按照“一个不落下”和“四个不摘”的要求，保持工作连续性，将第五批驻村第一书记驻村时间延长至 2021 年上半年；聚焦老区苏区脱贫奔小康，加快补齐短板弱项，巩固提升“三保障”和饮水安全成果；建立防止返贫监测和帮扶机制，把已脱贫但不够稳定的建档立卡贫困户和收入略高于现行扶贫标准的边缘户确定为监测对象，实施产业、就业、社会帮扶，强化低保兜底，多措并举防止返贫致贫，真正实现稳定脱贫、发展致富。

（摘编：周忠志）

福建省实施老旧小区改造方案

2020年9月7日福建省人民政府办公厅下发《关于印发福建省老旧小区改造实施方案的通知》(闽政办〔2020〕43号),提出力争用3年时间完成2000年前建成、失养失修失管、市政配套设施不完善、社会服务设施不健全、居民改造意愿强烈的城市或县城(城关镇)住宅小区(含单栋住宅楼)改造工作,加快推动城市更新。

方案提出,按照"先民生后提升、先地下后地上、先功能后景观"的原则,对小区建筑本体和周边环境适度提升改造,完善配套设施,重点解决基础设施老化、防灾防疫功能不健全、公共服务缺失、智能化程度不高等群众反映强烈的问题。坚持政府引导、居民参与,充分尊重居民意愿,"改不改、改什么、怎么改"由居民集体讨论决定,激发居民参与改造的主动性、积极性。同时,坚持成片改造,注重特色,建管并重,实现一次改造、长期保持。

改造内容方面,方案提出,重点实施基础类改造,突出补齐功能性设施短板,有条件的地方推进完善类改造和提升类改造。一是基础类,主要是市政配套基础设施改造提升以及小区内建筑物屋面、外墙、楼梯等公共部位维修等。二是完善类,主要是环境及配套设施改造建设、小区内建筑节能改造、有条件的楼栋加装电梯等。三是提升类,主要是公共服务设施配套建设及其智慧化改造,包括改造或建设小区及周边社区综合服务设施、卫生服务站等公共卫生设施、幼儿园等教育设施、周界防护等智能感知设施,以及养老、托育、助餐、家政保洁、便民市场、便利店、邮政快递末端综合服务站等社区专项服务设施。

组织实施上,方案明确,要建立"市、县(区)统筹谋划,街道(城关镇)组织实施,社区参与落实管理"的老旧小区改造工作推进机制。组织科学编制老旧小区改造规划和年度改造计划,生成改造项目储备库。同等条件下优先安排居民改造意愿强、参与积极性高的小区实施改造。建设单位牵头会同街道(城关镇)、社区、规划设计单位、管线单位、小区业主代表组成工作专班,"一小区一方案"制定改造方案。

资金筹措上,方案提出,通过居民合理出资、政府财政支持、管线单位出资、社会力量参与等渠道筹措改造资金,加大金融服务支持力度。按照谁受益、谁出资原则,积极推动居民出资参与改造。积极争取国家补助资金,省级财政统筹安排资金支持老旧小区改造。对老旧小区改造中符合相关省级专项资金使用对象条件的项目,优先安排资金;对需支付老旧小区改造个人出资费用的生活困难人员等,给予相应临时补助或送温暖慰问补助。

(摘编:王诗诚)

“两山”理论实践与创新高峰论坛在南平举办

2020年8月2日南平市在武夷新区举办“两山”理论实践与创新高峰论坛，邀请专家学者通过实地调研，总结南平践行“两山”理论的创新实践，共同研究探讨“绿水青山”转化为“金山银山”的科学机制和路径。论坛集中展示了南平“两山”理论实践与创新的成果，现场发布由中国工程院“生态文明建设”国家战略重大咨询项目课题组编制的《南平市生态文明治理现代化探索研究报告》和水利部水利水电规划设计总院编制的《水美城市建设规划编制导则》。

今年是习近平总书记“两山”理论发表15周年，是福建“生态省”战略实施20周年，也是福建国家生态文明试验区建设的评估验收之年。近年来，南平认真践行“两山”理论，统筹山水林田湖草系统治理，探索建立边界清晰、权责明确的国有自然资源资产管理体系，建设国有自然资源资产管理体制改革试点；系统谋划推动绿水青山转化为金山银山的路径，推进生态产业化和产业生态化，形成了“选产业、补短板、延链条、强保障”的基本思路，创造性地构建了以生态文明治理现代化为目标，以绿色发展考核评价体系为导向，以选准做优与绿水青山相得益彰的现代绿色农业、旅游、健康养生、生物、数字信息、先进制造、文化创意等七大绿色产业为支撑，以在全国首创的“武夷品牌”“生态银行”“水美经济”三项创新为动力的“1173”绿色发展体系，探索一条“机制活、产业优、百姓富、生态美”的绿色发展新路，交出一份践行“两山”理论的南平答卷。

会前，与会院士、专家系统梳理总结南平市践行“两山”理论、推进生态文明治理现代化、加快绿色高质量发展的创新实践。在实地调研基础上，经咨询研讨，形成《南平市生态文明治理现代化探索研究报告》。专家组成员一致认为，南平在生态产品价值实现、破解农村产权改革难题、生态文明治理现代化、促进人与自然和谐共生等方面提供了可复制、可推广的南平经验，为全国生态资源富集后发地区践行“两山”理念提供了示范。并建议南平在现有探索的基础上，进一步深化生态文明治理现代化的内涵与重点，完善“政府主导、企业主体、全民参与、党建保证”的南平经验，持续深化改革特别是市场化运作力度，提升南平生态文明治理现代化探索的理论价值，为建设美丽中国、推进生态文明治理现代化作出更大贡献。

（摘编：黄万良）

2020海峡青年（福州）云上峰会以“幸福·家园·梦想”为主题

2020年8月15日，作为由国台办、全国青联、省政府共同主办的第八届海峡青年节的“重磅活动”，以“幸福·家园·梦想”为主题的2020海峡青年（福州）云上峰会在主会场福州拉开帷幕。代省长王宁出席并宣布本届海峡青年节集中活动启动，中共中央台办、国务院台办主任刘结一和全国青联主席汪鸿雁通过视频连线致辞，省领导周联清、郭宁宁出席。全国台企联会长李政宏到现场致辞，国民党前主席洪秀柱通过视频致辞。

王宁代表省委、省政府和全省人民，向参加活动的嘉宾与两岸青年朋友表示热烈欢迎和衷心感谢。他说，海峡青年节作为闽台交流的重要平台、两岸合作的重要品牌，必将给两岸青年朋友带来更多实实在在的获得感。近年来，福建深入贯彻落实习近平总书记重要讲话重要指示批示精神，推动经济社会迈上了高质量发展的快车道。在党中央的坚强领导下，今年以来我省统筹推进疫情防控和经济社会发展取得积极成效，经济运行呈现加快复苏、持续向好的态势，广大台胞台企台青携手同心，展现了守望相助的手足情谊。王宁表示，我们将秉持“两岸一家亲”的理念，积极探索两岸融合发展新路，研究推出更多惠台利民措施，为台湾青年在闽创新创业创造营造良好环境，更好地安心、安身、安家。希望两岸青年朋友珍惜韶华、携手打拼，加深相互理解、增进心灵契合，积极推动两岸融合发展，为实现中华民族伟大复兴作出应有贡献。

刘结一在致辞中表示，希望广大台湾青年胸怀民族大义，为两岸关系克服阻力、战胜邪恶、向前发展作出贡献，我们将继续为青年台胞来大陆发展提供有力支持。刘结一表示，祖国大陆抗击新冠肺炎疫情的非凡历程，凝聚着两岸同胞血浓于水的亲情，包含着在大陆广大台胞台企和许多台湾青年的贡献。祖国大陆率先有效控制疫情，经济社会发展展现出韧性和活力，以国内大循环为主体、国内国际双循环相互促进的新格局必将推动发展迈上新台阶，为台湾青年来大陆取得更大发展提供广阔天地。期待广大台湾青年把握时代脉搏，看准发展机遇，两岸青年在民族复兴、国家统一的进程中携手奋斗、勇担使命，铸就无悔青春。

洪秀柱表示，青年不仅是驱动国家进步的引擎，更是促使民族壮大的动力。希望通过这个平台，青年朋友从相互学习中激荡更多崭新的想法和创意。希望海峡青年节持续在两岸青年中发挥影响力，增进了解、共同成长。

本次峰会采用线上与线下相结合方式进行，除在福州设立主会场外，在海峡两岸台青聚集地同步设立了六个分会场，两岸青年10万余人通过线下和线上参与了“云上峰会”。本届海峡青年节将推出两岸青年“云上峰会”“云直播”“云加油”“云游海峡”4项重点活动，同期还将举办海峡气象青年汇、闽台人才协作论坛等3项活动及海峡青少年校园音乐交流周等8场系列活动。

（摘编：林学军）

第五篇

生态文明

2019 年福建省生态环境状况公报发布

2020 年 6 月 5 日是第 49 个世界环境日。福建省政府新闻办 3 日召开福建省生态环境状况新闻发布会，发布 2019 年我省生态环境状况公报。公报显示，福建生态环境质量继续保持优良，森林覆盖率 66.8%，继续居全国首位。生态环境状况指数继续保持全国前列。

2019 年，全省水环境质量总体保持优良水平，全省 12 条主要河流Ⅰ至Ⅲ类水质比例 96.5%，同比上升 0.7 个百分点，比全国平均水平高 21.6 个百分点，其中Ⅰ至Ⅱ类优质水比例 61.5%，同比提高 9.8 个百分点。县级及以上集中式生活饮用水源地水质达标率为 100%。

大气环境方面，全省城市环境空气质量保持优良，PM2.5 浓度下降至 24 微克每立方米，比全国平均浓度低三分之一。68 个城市空气质量优良天数比例平均为 99.2%。9 个设区城市空气质量优良天数比例平均为 98.3%，排名依次为：南平、龙岩、宁德、莆田、厦门、福州、三明、泉州和漳州。在全国 168 个重点城市中，厦门、福州环境空气质量分别位列第 4 和第 6 位。

全省近岸海域生态环境状况保持稳定，海水质量总体良好。按点位比例评价，全省近岸海域优良水质（Ⅰ、Ⅱ类）比例 85.1%。其中，国家考核点位优良水质比例 80%，优于 72% 的考核目标。

今年是打好污染防治攻坚战的决胜之年，我省将坚持问题精准、时间精准、区位精准、对象精准、措施精准，紧盯目标、紧盯重点、紧盯节点，持续加大力度，坚决打赢蓝天、碧水、净土“三大保卫战”。

（摘编：林学军）

福建省举办习近平生态文明思想专题培训班

2020年10月23日我省举办党政领导干部学习习近平生态文明思想专题培训班，邀请中央生态环境保护督察办公室督察专员陈亮作专题报告。陈亮以“秦岭违建别墅事件的始末与启示——增强抓好整改的政治自觉思想自觉行动自觉”为主题，围绕习近平生态文明思想，从秦岭违建别墅整治案例入手，剖析中央环保督察整改相关案例，内容丰富，说理透彻，对我省做好中央环保督察反馈问题整改具有重要推动作用。省中央环保督察整改工作领导小组成员单位、省直有关单位和中直单位驻闽机构负责同志参加培训班；各县（市、区）以及各地中央环保督察整改工作领导小组成员单位、相关企业负责同志等通过视频参加。

2020年11月27日，我省举办习近平生态文明思想专题培训班，深入学习贯彻党的十九届五中全会精神，交流学习习近平生态文明思想体会。副省长李德金作主题为“坚持系统治理 打好水污染防治攻坚战”的专题报告。省中央环境保护督察整改工作领导小组成员单位、省直有关单位、中直单位驻闽机构有关负责同志参加培训班，各市、县（区）和平潭综合实验区相关负责同志通过视频参会。

（摘编：张海生）

福建省水库管护水平位居全国前列

2020年12月3日，全国水库除险加固和运行管护工作会议在福州举行。我省扎实推进水库安全鉴定全覆盖、除险加固常态化、日常管护社会化等工作，水库管护水平位居全国前列。近五年来，我省投入2.36亿元，对1771座水库进行了安全鉴定，做到应检尽检，基本实现安全鉴定全覆盖。经安全鉴定为三类坝，或发现重大险情、工程重大隐患的水库，第一时间实行严格管控，落实安全防范措施，降低水位或空库运行。同时，马上启动除险加固程序，及时开展维修，做到“发现一座、维修一座、销号一座”。据统计，近五年来共投资11.17亿元，完成346座水库除险加固。此外，我省在全国率先推行小型水库日常管护社会化。截至目前，共有73个县（市、区）采用政府购买服务的方式对小型水库进行管护，占比达87%，服务覆盖2098座小型水库。

（摘编：郭虹）

全国首家生态仲裁院在南平成立

2020年11月6日，全国第一家受理生态环境资源纠纷的仲裁院——“南平生态仲裁院”正式成立。

“南平生态仲裁院”首次将仲裁运用在生态领域，主要受理涉及大气、水、土壤等生态环境污染纠纷案件，将促进和保障生态环境资源法律的全面正确施行，实现多元解决生态纠纷，切实维护人民群众生态环境权益。

南平仲裁委员会主任龚选民表示，成立生态仲裁院，能够充分发挥仲裁机制解决纠纷低成本、高效率、化解快、促和谐、保稳定的优势。

新《中华人民共和国环境保护》出台后，全国首例环境民事公益诉讼案就在南平开庭，此案被最高人民法院评为2015年度全国法院民事行政十大案例之一，这说明南平已经具备司法解决生态类案件的基础和经验，可以为生态仲裁院提供司法范本。

（摘编：杨福来）

第十六届海峡两岸（三明）林业博览会暨投资贸易洽谈会发布“中国绿都”评价结果开幕

2020年11月6日，第十六届海峡两岸（三明）林业博览会暨投资贸易洽谈会开幕。副省长崔永辉出席开馆仪式。

本届林博会以“深化海峡两岸合作，做实绿色三明文章”为主题，围绕贯彻落实习近平生态文明思想，积极践行“绿水青山就是金山银山”理念，发挥三明“林深水美人长寿”生态优势，展示三明生态文明建设新成果、新面貌，展销两岸绿色生态森林食品，宣传推介全域森林康养产品，持续打响“中国绿都·最氧三明”品牌，促进海峡两岸林业交流融合，全方位推动三明林业高质量发展超越。本届林博会突出全域全时，推出“云上林博会”，并设立主会场、分会场和线上会场。

开馆仪式上，发布了三明市森林生态系统功能价值评估结果、“中国绿都”评价结果、三明道地药材“明八味”评选结果，现场为2020年三明市十佳制茶大师、秋季茶王赛和团体茶艺赛获奖者颁奖，并举行了项目集中签约仪式。

（摘编：黄万良）

数字中国建设峰会实施“碳中和”

2020年10月29日福建省生态环境厅消息，第三届数字中国建设峰会期间，共举办大型活动19场、参会人数近1万人。根据估算，数字峰会期间因交通、餐饮、住宿、展会等活动新增二氧化碳排放约900吨。为实现绿色办会，在省生态环境厅指导下，福州市生态环境局与数字峰会主办方实施“碳中和”行动，通过购买林业碳汇项目减排量抵消中和峰会活动实际产生的二氧化碳排放，实现峰会“零排放”。下一步，我省将积极在各类大型活动中探索开展“碳中和”行动，围绕碳减排和达峰目标深入推进绿色低碳发展创新实践。

（摘编：苏建平）

第五届中国国际绿色创新发展大会大力推进生态文明建设

2020年9月8日，第五届中国国际绿色创新发展大会在厦门举行，大会以“大力推进生态文明建设，努力实现绿色发展目标——共建新平台、共创新生态、共享新成果”为主题。中国国际投资促进会会长马秀红、副省长郭宁宁出席会议有关活动。

与会嘉宾围绕推进绿色发展相关政策和法律的创新与实践、促进节能环保产业的投资与融资、扩大环境产品技术和服务的贸易、加强绿色“一带一路”建设的国际合作、提升绿色发展帮扶脱贫水平等五个议题进行研讨。会议发布了《绿创名校教育园建设指导白皮书》《中国乡村教育均衡现状及破解之法白皮书》，启动中国县域城乡生态环境治理项目，并为“2020中国国际绿色发展创新企业”授牌。大会同期举办第五届中国国际绿色创新技术产品展，现场展示国内外知名环保企业的绿色低碳创新技术、智能产品及服务，并开展投资、融资、贸易合作等多场对接洽谈活动。

（摘编：周忠志）

福建省获闽江流域生态保护修复试点正向激励县（市、区）名单

2020年11月2日省财政厅消息，经市县自评、专家核验和省级复查，2019年度我省共有29个县（市、区）县获得闽江流域山水林田湖草生态保护修复试点正向激励，奖励资金总额达2.25亿元。

作为调动县（市、区）开展生态保护主动性、创造性的正向激励措施，我省在闽江流域山水林田湖草生态保护修复试点工作中，建立正向激励资金机制，对在年度试点工作绩效评价排名靠前的县（市、区）给予奖励。其中，将乐、顺昌、建瓯、建阳、光泽分别奖励1500万元；松溪、政和、邵武、连城、泰宁、武夷山、沙县、三元、宁化、明溪分别奖励800万元；浦城、大田、古田、梅列、建宁、永安、延平、长汀、清流、长乐、闽清、闽侯、尤溪、永泰分别奖励500万元。

通过实施闽江流域山水林田湖草生态保护修复项目，我省17项生态环境指标持续提升，闽江流域劣五类水质断面数从14个至完全消除。

（摘编：游学荣）

福建省鼓励市场化方式开展废弃矿山生态修复

2020年10月26日福建省自然资源厅消息，我省日前下发通知，要求各地逐步构建“政府主导、企业主体、社会参与”的废弃矿山生态修复体系，坚持“保护优先、自然恢复为主”“谁修复、谁受益”，通过政策激励，吸引社会各方投入，探索实施“生态修复＋废弃资源利用＋产业融合”的废弃矿山生态修复新模式；建立本地区废弃矿山生态修复项目储备库，统筹安排，分类推进历史遗留废弃矿山（点、硐）生态修复工作。

通知要求，县级自然资源主管部门根据本地区历史遗留废弃矿山现状，组织编制本地区废弃矿山生态修复实施方案，在编制实施方案时，立足自然恢复为主、人工修复相结合，遵循“保障生态安全、恢复生态功能、兼顾生态景观”的优先次序，以当地生态环境敏感区、生态功能脆弱区和废弃矿山集中连片区为重点，以消除地质灾害隐患为前提，以恢复生态功能为目的，兼顾地形地貌、区域环境等特点，系统划定废弃矿山生态修复分区。

（摘编：苏建平）

三明南平将创建省级绿色金融改革试验区

2020年10月15日福建省人民政府办公厅下发《关于印发三明市、南平市省级绿色金融改革试验区工作方案的通知》（闽政办〔2020〕54号）指出，经省政府研究，同意三明市、南平市创建省级绿色金融改革试验区，要求两地和各有关部门认真贯彻执行。

《三明市省级绿色金融改革试验区工作方案》提出，发挥红色三明、工业三明、绿色三明、文明三明优势，规划产业低碳转型路径，重点推进传统产业绿色转型升级和特色现代农业、文旅康养产业、绿色低碳经济、绿色产业园区发展，全力建设生态高颜值、发展高质量的新三明，力争在“十四五”期间实现“三大目标”：

促进绿色金融产品和服务快速发展。到2025年，形成组织体系完整、政策支持有力、基础设施完善、产品工具丰富的绿色金融体系，并在绿色信贷、绿色债券、绿色基金、绿色租赁、绿色信托、绿色保险等领域，建立健全资金渠道多元、金融服务有效、健康可持续的绿色投融资服务体系。

推动绿色低碳经济快速发展。绿色贷款、绿色融资比重不断提高，“十四五”期间，三明市绿色产业企业上市公司达到4家以上，绿色融资余额年均增速不低于20%，到2025年各类绿色融资余额达到500亿元以上，其中绿色债券等直接融资规模达到100亿元以上。

助推生态环境质量持续提升。绿色经济占比不断提高，工业企业主要污染物排放总量持续削减，单位GDP能耗和主要污染物、二氧化碳排放量降幅超过全省和全国平均水平。超额完成治水、治气和节能、减排、降耗等省定目标，辖区集中式饮用水源地和水环境功能区达标率100%，市区空气质量达到或优于国家二级标准天数比例99%以上，受污染耕地安全利用率大于99%，污染地块安全利用率大于91%，生态质量走在全省前列，绿色发展方式和生活方式基本形成。

重点任务为：创新绿色产业发展体系，创新完善绿色融资体系，创新完善绿色金融基础设施体系，创新完善绿色金融政策支撑体系。

《南平市省级绿色金融改革试验区工作方案》提出，重点服务南平市七大绿色产业，实现绿色金融与绿色产业融合发展，力争在“十四五”期间实现“三大目标”：

绿色金融体系基本形成。按照“线上+线下”“绿色产业+金融服务+金融产业”的整体思路，积极探索绿色金融发展的有效途径和方式。

绿色金融持续健康发展。持续优化绿色信贷、绿色债券、绿色基金、绿色租赁、绿色信托、绿色保险、林业金融、碳金融等绿色金融产品。

助推绿色发展水平持续提升。“十四五”期间，南平市绿色经济占比不断提高，单位GDP能耗和主要污染物、二氧化碳排放量降幅超过全省和全国平均水平，超额完成治水、治气和节能、减排、降耗等省定目标，公众对环境满意率持续保持在90%以上且进入全省前三名。

重点任务为：扎实推进绿色金融基础设施体系建设，丰富绿色金融产品体系及服务供给，助力绿色产业发展、推进生态文明试验区建设，创新完善绿色金融配套支撑体系。

（摘编：郭虹）

福建省最新河湖“健康体检”报告出炉

2020年10月18日福建省河湖健康研究中心消息，该中心近日通报了省河湖健康评估最新报告。报告显示，福建河湖健康状况良好，2019年1—6月主要河流流域国控断面Ⅰ～Ⅲ类水质比例94.5%，高出全国平均水平20个百分点。

据介绍，福建省流域面积大于200平方公里的179条河流健康综合指数在70分以上的有159条，健康状况良好率达88.8%，其中健康综合指数在85分以上的河流有22条，主要分布在南平和三明地区。去年体检不健康的7条河流“治愈”了，雁石溪、杯溪、芗江、梅溪（闽清）和九龙江南溪的水质改善较为明显。据介绍，今年我省除了对原有179条河流开展评估外，还对21座大型水库进行首次健康评估，水库健康综合指数优良率达90.5%。值得关注的是，福建省今年河湖库“体检”公众参与度显著提高，共收集到6.3万份调查问卷。

（摘编：林学军）

福建省综合性生态保护补偿实施县获环境质量提升奖励

2020年9月6日省财政厅消息，我省不断健全完善综合性生态保护补偿机制，对环境质量提升的23个综合性生态保护补偿实施县加大倾斜支持力度。近日，省财政厅根据考核结果，下达奖补资金给予鼓励。此次下达的1.45亿元资金，是在年初预拨3.45亿元奖补资金基础上进一步下达的，全年奖励资金累计达4.9亿元。其中，考核位列前10名的光泽、德化、连城、大田、宁化、柘荣、长汀、武平、永春、寿宁，每县获得2950万元，其余13个实施县各获得1500万元。资金可由实施县自主用于补齐生态环境保护短板的重点项目。

综合性生态保护补偿机制是我省生态文明试验区改革重点任务之一。省级财政在2019—2021年按一定比例统筹整合省级发改、自然资源、生态环境等8个部门20个生态保护专项资金，对实施县森林覆盖率、主要流域水质优良比例、小流域水质优良比例等11项生态指标年度提升情况进行考核，并依据考核情况给予分档奖励。

（摘编：郭虹）

福建省全面推行环境违法行为有奖举报

2020年8月25日福建省生态环境厅、财政厅联合印发《福建省生态环境违法行为举报奖励暂行办法》（简称《办法》），大幅提高奖励标准，最高档奖励达5万～30万元，并在物质奖励外，增加通报表扬、发放荣誉证书、授予荣誉称号等精神奖励形式。

《办法》规定，群众举报途径包括："12369"举报热线、来信来访、生态环境部门政务网站、生态环境部门公布的其他举报途径等。举报奖励范围包括：涉嫌环境污染犯罪、适用行政拘留以及其他隐蔽的恶性违法行为。

《办法》还专门对保护举报人信息作出严格规定，要求各级生态环境部门对举报人信息严格保密，切实保护举报人合法权益，并规定当举报人及其近亲属人身、财产安全受到威胁时，生态环境主管部门应当商请公安机关在职责范围内予以保护。

（摘编：周忠志）

福建省人大常委会开展土壤污染防治法执法检查

2020年8月10日，福建省人大常委会土壤污染防治法执法检查组在榕召开全体会议。

会议强调，开展土壤污染防治法执法检查是省人大常委会今年监督工作的重点，我们要以习近平生态文明思想为指导，认真贯彻落实党中央决策部署和全国人大常委会土壤污染防治法执法检查组第一次全体会议精神，切实担负起生态文明建设和环境保护的政治责任。

各设区市人大常委会和平潭综合实验区人大工委负责同志通过视频形式参加会议。12日—15日，执法检查小组将分赴漳州、南平、龙岩市开展检查，并委托其他设区市和平潭综合实验区开展检查，实现执法检查"全覆盖"。

（摘编：张海生）

福建省为打赢净土保卫战提供财政保障

2020年8月14日福建省财政厅消息，我省高度重视土壤污染防治工作，持续加大投入，取得积极成效。土壤污染防治法实施一年多以来，我省仅省以上财政投入到与土壤污染防治相关的资金就达94.85亿元，为打赢净土保卫战提供了强有力财政保障。

省级以上财政投入资金主要通过加大转移支付和增加专项资金给予支持。转移支付资金包括生态保护财力转移支付和流域生态补偿转移支付两大部分，资金由相关市县统筹用于危险废物污染防治、垃圾无害化处理、畜禽养殖污染治理等。2019年以来，省以上财政已下达81.94亿元。专项资金重点用于支持各地控制生活污染、农业污染、工矿污染、加强农用地保护以及推进山水林田湖草生态保护修复等专项工作。2019年以来，省以上财政下达用于这些领域的资金已超过12.91亿元，其中争取中央土壤污染防治资金1.83亿元，重点支持开展3个土壤环境保护示范区及5个土壤污染治理与修复试点示范项目建设，开展1.01万公顷受污染耕地安全利用与治理修复，完成35.3万公顷农用地详查任务，构建全省土壤环境信息化管理平台。

（摘编：康明辉）

福建省联合打击危险废物环境违法犯罪行为

2020年8月12日根据生态环境部、公安部、最高人民检察院统一部署，福建省生态环境厅、省公安厅、省人民检察院日前联合印发《福建省严厉打击危险废物环境违法犯罪行为专项行动方案》，决定从即日起至11月在全省范围内集中开展严厉打击危险废物环境违法犯罪行为专项行动。

此次专项行动重点检查的行业包括化学原料和化学制品制造业、医药制造业、金属表面处理及热处理加工、皮革鞣制加工、合成革制造、有色金属矿山采选等行业生产企业；危险废物焚烧、填埋处置单位和医废处置单位等；非法收集和利用处置废铅蓄电池黑窝点，非法电镀、非法炼铝、非法炼铅、非法焚烧电子垃圾等黑作坊，非法处置铝灰、废弃危化品、废酸、废矿物油单位、企业等。

重点检查区域为：以化工石化园区和以化工企业为主的工业园区或聚集区；沿江、沿河、沿湖、沿库、沟渠、山谷，废弃房屋、矿坑、溶洞、主要交通干线两侧、城乡接合部及行政区划交界地带等可能非法倾倒、处置危险废物的区域。

（摘编：郭虹）

福建省环评编制失信将面临更严惩戒

福建省生态环境厅2020年8月6日消息，今后，我省将对环评文件编制单位及编制人员的监管范围更广、惩戒力度更大。我省日前出台了《福建省环境影响报告书（表）编制监督管理办法（试行）》，除对失信编制单位和编制人员实施惩戒外，还将编制单位法定代表人、负责人和技术质量负责人纳入失信惩戒对象；除了通报批评、责令限期整改等传统手段外，还依法依规采取限制承接项目、评选荣誉、担任专家等多种手段，让失信者感受到“切肤之痛”。

根据新规，我省对环评文件编制质量监管包括省级日常监管、对环评文件定期抽查复核、对编制单位和编制人员抽查等。今后，监管部门除了抓好建设项目环评文件编制监管，还将重视规划环评文件质量、竣工环境保护验收报告、环境影响后评价文件的质量监管等。同时，利用生态云平台抽取环评文件进行抽查复核，提高复核工作效率。对在我省开展环评的编制单位和编制人员信用情况实行动态更新，信用档案和失信名单实时向社会公开。

编制单位信用评定等级分为守信、一般失信和严重失信；编制人员信用评定等级分为良好和不良。对一般失信的编制单位，评定结果公布之日起一年内不得享受各级生态环境主管部门相关优惠政策，并不得参加各级生态环境主管部门组织的各类认定认证和荣誉评选。对严重失信的编制单位，评定结果公布之日起三年内不得承担使用财政性资金的环保技术服务或环保咨询项目，不得享受各级生态环境主管部门相关优惠政策。对信用不良的编制人员，列入我省失信名单期间，不接受其加入我省生态环境保护系统各类专家库的申请，已入库的暂停专家资格。编制人员两次列入失信名单，取消加入我省生态环境保护系统各类专家库的资格，已入库的取消专家资格。

2011年起，福建省生态环境厅对环评文件编制单位和人员实施常态化考核；2013年正式施行《福建省环境影响评价机构考核管理暂行办法》。8年来全省共开展环评考核600多次，考核环评文件近万份，通报批评226家环评文件编制单位，责令限期整改250家，通报批评环评工程师159人次，监管力度始终居全国前列。

（摘编：张海生）

南平走好高质量绿色发展路

如何打通绿水青山向金山银山的转换通道？南平率先推出了“三大创新”：生态银行建设从最花力气的市场化平台入手，解决资源集约利用的问题，把生态价值转化为经济价值；武夷品牌建设从最具竞争力的优势入手，解决以品牌赋能变现生态溢价实现优质优价的问题；水美经济建设从最宝贵的水资源入手，解决培育新经济激发新动能的问题。

从多点突破再到系统集成，南平还在全国率先推出绿色发展评价体系，让绿色发展有了“指挥棒”；结合当地资源禀赋确定了七大绿色产业，让绿色发展有项目支撑。这些制度建设相辅相成，既把青山绿水守得更好，确保其公共性，又把金山银山做得更大，充分挖掘其经济价值，让经济效益和社会效益协调统一。

作为我省生态文明试验区的重要“试验田”，南平在探索生态文明建设新模式、培育加快绿色发展新动能和开辟实现绿色惠民新路径三方面进行了有效的探索与实践，提供了可复制可推广的样本，很有意义。

一、“三大创新”品牌

（一）武夷品牌

2017年，南平确立“武夷品牌”发展战略，把生态资源优势与武夷山“双世遗”品牌优势有机结合。2018年7月，在全省率先推出“武夷山水”区域公用品牌。近年来，南平在“武夷品牌”建设上探索“1+N”母子品牌运作模式，建立健全“武夷山水”品控体系，在北京、上海、深圳成功举办宣介活动，“武夷山水”品牌连续两年在中国区域品牌联盟评选中位列前三。

（二）生态银行

2017年，南平在全国首创“生态银行”模式，搭建生态资源资产运营管理平台。目前，各县（市、区）因地制宜探索一批运作模式，国家自然资源部赋予南平4项相关试点政策，并将顺昌“森林生态银行”列为首批全国生态产品价值实现10个典型案例之一。

（三）水美经济

2017年7月，南平首批水美城市项目动工，将水流域治理与资源开发利用、产业发展、城市经营、全域旅游、生态保护、乡村振兴、文化传承等结合起来，既改善城乡人居环境、补齐城乡建设短板，又源源不断策划生成项目、形成长期持续有效投资拉动，还通过创新“商、居、文、体、游”一体的水岸经济模式，打造新业态新模式。水利部以南平为样板编制了《水美城市建设规划导则》，为全国推广制定标准，并将水美乡村建设列入水利部2020年工作要点。

二、南平七大绿色产业

2017年，南平从选准与绿水青山相得益彰的产业入手，梳理确定重点发展培育的现代绿色农业、旅游、健康养生、生物、数字信息、先进制造、文化创意等七大产业。梳理茶、笋竹、氟新材料等14条重点产业链整链培育，加快372个绿色产业重点支撑项目建设，打造肉鸡饲养加工、氟新材料等产值超百亿产业集群，去年全市绿色产业规模工业增加值占全市规模工业增加值比重为84.5%。

（摘编：彭金龙）

三明成立全国首个水执法与云司法数助治理中心

2020年5月4日福建省水利厅消息，三明市河长制办公室与三明市中级人民法院共同设立的水执法与云司法数助治理中心揭牌。该中心是全国首个水执法与云司法数助治理中心。

该中心通过“数据协同平台+云上法官在线”，贯通数据系统、深化数据共享、推进数据应用，聚焦重点区域、重点环节、重点工程，对全市流域治理提供及时、高效、全程、严格的司法保护管理机制。主要发挥六大功能：可视智能预警管理功能、远程证据保全展示功能、实时诉后修复巡查功能、在线联席研判解纷功能、类案推送规范执法功能和云上全民普法宣教功能。

（摘编：郭虹）

福建省海绵城市建设试点获中央财政正向激励

2020年7月16日福建省财政厅消息，自我省福州、厦门列入全国海绵城市建设试点以来，试点工作扎实推进，取得积极成效。近日，中央财政下达正向激励资金7500万元，对福州市试点工作给予奖励。目前，我省海绵城市建设试点地区包括福州鹤林、三江口片区和厦门翔安南部新城、马銮湾片区，中央财政累计支持我省试点区域补助资金27亿元。通过试点工作的推进，我省试点区域的环境品质和抵御内涝能力大幅提升。

海绵城市建设重点解决城市水问题，目的是让城市拥有像海绵一样的蓄水能力，借助“渗、滞、蓄、净、用、排”等措施，使城市在适应环境变化和应对自然灾害方面具有良好的弹性，下雨时吸水、蓄水、渗水、净水，需要时将蓄存的水释放并加以利用。

（摘编：苏建平）

汀江—韩江流域横向生态补偿机制再获财政部奖补

2020 年 7 月 15 日福建省财政厅消息，在汀江—韩江流域第一轮横向生态奖补政策支持下，流域水质始终保持在Ⅲ类以上水平，生态环境得到有效保障。为持续推动流域生态建设，近日，财政部再次下达我省 2020 年汀江—韩江流域上下游横向生态补偿机制奖励资金 2 亿元，确认给予第二轮奖补政策支持。

根据横向生态补偿机制，福建、广东两省以水质考核为依据，对流域水环境进行保护，财政部给予奖补，两省每年各安排 1 亿元补偿资金，统筹用于生态环境保护、水源涵养、污染防治、统一监测、强化监管等。目前已完成第一轮三年试点，其间，汀江、九峰溪、中山河、象洞溪跨省界断面水质全部达到协议目标要求。

（摘编：郭虹）

福建省扎实有序推进环保督察整改

2020 年 6 月 17 日福建省生态环境厅消息，我省采取有力措施扎实推进中央环保督察整改，着力解决突出生态环境问题，到目前，第一轮中央环保督察 72 项整改任务已完成或基本完成 53 项，其余正在有序推进；第二轮中央生态环保督察群众信访 4433 件已办结 4117 件，解决了一大批群众关心的揪心事、烦心事。

为举一反三，全面整改，我省正抓紧完善督察整改方案，既将督察反馈问题细化分解为 40 项整改任务，做到整改目标明确、措施具体有力，又注重标本兼治，提出一系列配套制度和长效机制，力求从根源上、从制度上解决问题。同时，我省始终坚持以群众满意为标准，切实保障整改落实，通过实施省领导包案整改工作机制和“四个一”（一周一督办、一会诊、一协调、一推动）工作机制，健全信访件可视化监管等制度，强化云端“一市（事）一会商”机制，对重点问题强化抽查、挂牌、督办，坚决做到不应付了事、不留尾巴、不再反弹。

为落实“真整改”，我省将实施第三方监督评估机制，邀请人大代表、政协委员、业内人士、有关专家和群众代表进行监督评估，同时还将通过省级生态环保督察等硬措施、硬手段，检验督察问题是否真正整改到位。

（摘编：郑云光）

福建首个海岛造林绿化提升规划通过评审

2020年6月14日由福建省林业局委托省林业调查规划院编制的《湄洲岛造林绿化提升建设规划（2020—2025年）》，近日通过专家组评审。该规划是我省首个完成编制的海岛造林绿化提升规划。

该规划立足湄洲岛自然禀赋、人文景观和生态环境现状，在保护好“青山、绿水、碧海、蓝天、金沙”原貌的基础上，以“扩绿、提质、增效”为主攻方向，构建“一环、一轴、双核、多园”的总体布局，统筹推进全岛绿化美化提升。为进一步推进我省沿海防护林体系建设，我省于今年启动10个有人居住乡镇海岛造林绿化提升规划工作。

（摘编：张海生）

福建提前两年完成“十三五”农村环境综合整治任务

2020年5月28日福建省生态环境厅消息，我省提前两年完成“十三五”农村环境综合整治任务，农村生活污水治理率达66.5%，畜禽粪污综合利用率达88%。在生态环境部、农业农村部日前联合召开的推进打赢净土保卫战和农业农村污染治理攻坚战视频会议上，福建作典型发言。

近年来，我省将农业农村污染治理攻坚战与污染防治攻坚战、乡村振兴战略、生态扶贫融合，同要求、同部署、同落实，推动技术、资金、项目向农村倾斜。目前，全省已创建“绿盈乡村”7000个，占据全省农村半壁江山。同时，将全省1.4万多个乡村统一编码编号、建档落图，打通生态环境监管“最后一公里”。

为推进农村污水治理，我省坚持源头治理，实施饮水安全“六个100%”工程，提前半年完成国家下达的98个县级饮用水水源地115个环境问题整治，180个“千吨万人”水源地水质达标率94.6%，490个乡镇级水源地水质达标率97.5%。

为强化小流域管护，2019年，全省小流域Ⅰ～Ⅲ类水质比例达92.8%，比2016年提高17.2个百分点，其中Ⅰ～Ⅱ类水质比例达54.5%，90个劣Ⅴ类小流域断面全面消除。同时，将小流域整治触角向农村黑臭水体治理延伸。

（摘编：张海生）

福建省提前完成排污许可清理整顿工作

2020年5月2日福建省生态环境厅消息，4月20日，我省提前10天完成33个行业14589家企业排污许可清理整顿工作，成为全国率先完成清理整顿任务的6个省份之一。

针对企业量大面广的现状，我省多措并举，协同合作，实现排污许可清理整顿工作“加速度”。省生态环境厅加强督导力度，持续调度各设区市工作情况，发布工作要点提示和进度通报，对进度滞后、清单导入率较低的市点对点督导。开展企业分类质量检查工作共18043家，对有意回避排污登记的企业，上门帮扶的同时加强检查。

与此同时，生态环境部门借力生态环境大数据“亲清服务”平台、微信公众号等，实行线上“手把手”指导，为企业答疑解惑；开展分片区下沉式帮扶企业，录制排污注册、填报等教学视频，编制行业排污登记模板；对主动进行排污登记的企业，列入监督执法正面清单，免除近期现场执法检查。接下来，我省将组织设区市启动固定污染源全覆盖查漏补缺回头看行动，切实做到“不漏发、不错发”。

（摘编：苏建平）

福建省开启自然保护地智慧监管新模式

2020年4月12日福建省生态环境厅消息，为探索自然保护地领域治理体系和治理能力现代化，我省把AI和遥感技术有机融合，打造天上看、网上查、地上管的“一体防控”闭环监管链条，依托生态云平台强大的计算能力，加载自然保护地范围，快速自动提取变化图斑，让保护地内的违法建筑无处遁形。目前，省生态环境厅已联合省林业局先行在武夷山国家公园、冠豸山国家级风景名胜区等5个自然保护地展开试点。

省生态环境厅介绍，以前自然保护地遥感影像主要是靠人工比对，耗时费事；如今有了AI技术，遥感影像识别时间有望从传统人工一个月缩减到一天内，推动从事后监管向事前事中转变，抓早抓小、防微杜渐。现在把问题管在了苗头，打破以往人工识别耗费时间长、一线人员到现场核实时违章建设往往已既成事实的尴尬，从源头遏制了违法行为发生。

瞄准全省自然保护地面积大、种类多样等特点，系统集成机器学习技术，内嵌并不断丰富完善训练样本库，不仅能“慧眼识图”，还能“学以增智”，不断提升判断准确率。同时，根据需求个性化生成人类活动变化监测报告。

（摘编：张海生）

福建省推进27个县连片开展农村生活污水治理

2020年3月25日福建省生态环境厅、住建厅、农业农村厅、卫健委日前联合下发《福建省2020年农村生活污水治理实施方案》，明确今年将完成年度有效投资6亿元，推进永泰等27个县（市、区）、358个村庄连片开展农村生活污水治理。358个村庄中，福州26个、漳州63个、泉州36个、三明47个、莆田37个、南平28个、龙岩20个、宁德86个、平潭15个。同时，福清、诏安、南安等地开展农村黑臭水体治理试点，促进农村生态环境明显改善。

方案明确，强化规划统筹引领，科学编制实施方案。对纳入年度为民办实事项目的村庄污水治理任务，各地要组织编制项目实施方案，明确工程建设内容、投资概算、完成时限和项目责任单位。

方案要求，强化项目过程监管，建立长效管护机制。

（摘编：李哲）

福建省下达中央和省级污染防治资金16.3亿元

2020年3月22日福建省生态环境厅消息，为全力保障疫情防控与复工复产“两不误”，我省在安排污染防治资金时向受疫情影响较重的县（市、区）和乡（镇、街道）倾斜，并加快清算下达2020年度重点流域生态补偿资金，切实保障各地污染防治资金需求，目前已安排下达中央和省级污染防治资金16.3亿元。生态环保专项资金重点支持开展应急监测和处置、加强饮用水水源地环境保护、垃圾填埋场地下水环境监管等，切实保障人居环境安全。

同时，我省生态环境部门畅通审批服务“绿色通道”，推行“不见面审批”，企业群众通过“生态云”亲清服务平台就可以实现网上办事、在线专家咨询、第三方机构等服务。疫情发生以来，全省共审批备案1325个项目环评文件、37个项目辐射安全许可，总投资约1580亿元，有力地支持了我省重点企业项目有序复工复产。

（摘编：周忠志）

福建省排查整治土壤环境重点监管企业

2020年3月16日福建省生态环境厅消息，该厅与省自然资源厅、省农业农村厅、省工业和信息化厅等4部门日前联合下发《“守护净土”重点监管企业排查整治工作方案》（简称《方案》），集中力量开展土壤重点监管企业排查整治专项行动，以188家省级土壤环境重点监管企业为主要对象，查清查明各类土壤环境重点污染源，解决土壤环境监管和风险防控中的老大难问题，逐步建立健全长效监管机制。

《方案》按照“抓重点、细分类”的思路，明确七大排查重点内容，包括摸清企业基本情况、摸排敏感区域周边企业、督促企业落实隐患排查制度等。

根据部署，专项行动从2019年底开始开展排查，2020年1月前，建立排查清单，明确排查内容、排查重点、人员安排和责任分工；2020年6月底前，对问题突出、群众反映强烈的，督促企业及时开展整改；2020年6月至12月底，建立排查整治销号制度，对于重视不够和整改不到位的启动专项督察；2020年12月以后，总结形成可复制、宜推广的重点监管企业监管模式。

（摘编：周忠志）

限“三高”福建省大气精准治污出新招

福建省生态环境厅消息，今年1月起，我省各地陆续实施针对“三高”的管理政策，即划定高污染燃料禁燃区、高排放非道路移动机械禁止使用区、高排放机动车限制通行区，并实施精准管理。7月1日起，全省9个设区市和平潭综合实验区将实现全覆盖。

我省各级生态环境部门将坚持疏堵结合，综合采取法律、行政、技术、资金等手段限“三高”。对于违反限“三高”相关规定的行为，将依法给予没收相关设施、罚款、责令改正等行政处罚。依托全省200多座空气自动站、4座大气超级站，逐步推广的大气热点网格，以及九市一区均已建成的机动车遥感监测系统等提供的科技支撑，做到“耳聪目明”，让污染无处遁形。在安排大气污染防治资金时，我省将重点支持燃煤锅（窑）炉改电、天然气等清洁能源。

（摘编：李哲）

2020 年福建省环境空气质量状况通报

根据《环境空气质量标准》（GB 3095—2012）及其修改单、《环境空气质量评价技术规范（试行）》（HJ 663—2013）和《城市环境空气质量排名技术规定》（环办监测〔2018〕19 号），对 2020 年全省县级以上城市空气质量进行评价。具体如下：

一、9 市 1 区环境空气质量

1—12 月，9 个设区城市及平潭综合实验区的环境空气质量达标天数比例平均为 98.8%，同比升高 0.5 个百分点。9 个设区城市环境空气质量综合指数范围为 2.32 ~ 3.01，首要污染物均为臭氧。空气质量从相对较好开始排名，依次为：南平、厦门、龙岩、泉州、福州、宁德、莆田、三明、漳州。平潭综合实验区环境空气质量综合指数为 2.00，首要污染物为臭氧（详见附表 1）。

二、县级城市环境空气质量

1—12 月，58 个县级城市环境空气质量综合指数范围为 1.79 ~ 2.86，首要污染物为臭氧、颗粒物。空气质量达标天数比例平均为 99.7%，同比升高 0.4 个百分点。空气质量相对较好、排名前 10 位的县级城市（自第 1 名开始）分别是：泰宁、明溪、周宁、将乐、大田、建宁、寿宁、清流和尤溪（并列第 8 名）、宁化和华安（并列第 10 名）。空气质量相对较差、排名后 10 位的县级城市（自最后一名开始）分别是：龙海、平和、长乐、闽侯、长泰和南安（并列倒数第 5 名）、罗源、永安、晋江和福清（并列倒数第 9 名）（详见附表 2）。

附表 1

2020 年 1—12 月设区城市环境空气质量状况

排名	城市	综合指数	达标天数比例（%）	SO_2	NO_2	PM_{10}	$PM_{2.5}$	CO_{-95per}	$O3_{\_8h-90per}$	首要污染物
1	南平市	2.32	100	6	14	29	19	0.7	118	臭氧
2	厦门市	2.53	99.7	6	19	33	18	0.7	126	臭氧
3	龙岩市	2.54	99.2	8	21	33	18	0.8	114	臭氧
4	泉州市	2.73	97.5	5	19	38	21	0.7	136	臭氧
5	福州市	2.76	99.5	5	21	38	21	0.9	128	臭氧
6	宁德市	2.77	99.2	6	16	37	22	1.0	137	臭氧
7	莆田市	2.78	95.9	6	16	40	22	0.8	140	臭氧
8	三明市	2.83	100	8	21	38	22	1.2	114	臭氧
9	漳州市	3.01	98.1	7	24	46	20	0.8	138	臭氧
-	平潭区	2.00	98.9	2	10	24	14	0.8	124	臭氧

备注：1. 综合指数为无量纲，CO 浓度单位为 mg/m^3，其他浓度单位均为 $\mu g/m^3$；

2. 综合指数越小，表示环境空气质量相对越好。

附表 2

2020 年 1—12 月县级城市空气质量状况

设区市	县级城市	达标天数比例（%）	综合指数	首要污染物
福州	连江县	100	2.38	臭氧
	闽清县	100	2.40	臭氧
	永泰县	99.7	2.41	臭氧
	罗源县	99.5	2.69	臭氧
	长乐区	99.5	2.77	臭氧
	闽侯县	99.2	2.73	臭氧
	福清市	98.9	2.59	臭氧
莆田	仙游县	100	2.22	臭氧
三明	泰宁县	100	1.79	臭氧
	明溪县	100	1.80	臭氧
	将乐县	100	1.85	臭氧
	大田县	100	1.88	臭氧
	建宁县	100	1.90	臭氧
	清流县	100	1.95	臭氧
	尤溪县	100	1.95	臭氧
	宁化县	100	1.98	臭氧
	沙县	100	2.14	臭氧
	永安市	100	2.66	臭氧
泉州	德化县	100	2.13	臭氧
	晋江市	100	2.59	臭氧
	石狮市	99.2	2.54	臭氧
	惠安县	99.2	2.56	臭氧
	南安市	99.2	2.72	可吸入颗粒物
	泉港区	98.9	2.53	臭氧
	永春县	98.6	2.19	臭氧
	安溪县	98.1	2.44	臭氧
漳州	华安县	100	1.98	臭氧
	长泰县	100	2.72	臭氧
	云霄县	99.7	2.28	臭氧
	诏安县	99.7	2.44	臭氧
	南靖县	99.5	2.38	臭氧
	东山县	99.5	2.46	臭氧
	漳浦县	99.5	2.53	臭氧
	平和县	99.5	2.82	臭氧
	龙海市	99.5	2.86	臭氧

续表

设区市	县级城市	达标天数比例（%）	综合指数	首要污染物
南平	松溪县	100	1.99	臭氧
	政和县	100	2.08	细颗粒物、臭氧
	邵武市	100	2.14	细颗粒物
	武夷山	100	2.19	臭氧
	顺昌县	100	2.20	细颗粒物
	浦城县	100	2.29	臭氧
	建阳区	100	2.32	臭氧
	建瓯市	100	2.34	臭氧
	光泽县	100	2.37	细颗粒物
龙岩	武平县	100	1.99	臭氧
	连城县	100	2.18	臭氧
	上杭县	100	2.19	臭氧
	长汀县	99.5	2.04	臭氧
	永定区	99.5	2.31	臭氧
	漳平市	99.5	2.45	臭氧
宁德	周宁县	100	1.84	臭氧
	福鼎市	100	1.99	臭氧
	屏南县	100	2.14	臭氧
	古田县	100	2.29	臭氧
	柘荣县	100	2.36	臭氧
	霞浦县	100	2.40	可吸入颗粒物、细颗粒物、臭氧
	寿宁县	99.5	1.91	臭氧
	福安市	99.5	2.52	臭氧

备注：综合指数越小，表示环境空气质量相对越好。

（来源：福建省生态环境厅网站，摘编：康明辉）

2020 年福建省县级以上集中式生活饮用水水源水质每月状况

1 月

一、监测情况

2020 年 1 月，全省 9 个设区市及平潭综合实验区共监测 117 个正式投入使用的集中式生活饮用水水源（取水口），其中地表水水源 110 个（河流型 54 个，湖库型 56 个）、地下水源 7 个。

（一）监测点位

1. 地表水水源

河流型水源在水厂取水口上游 100 米附近处设置监测断面，水厂在同一河流有多个取水口，可在最上游 100 米处设置监测断面；湖库型水源原则上按常规监测点位采样，在每个水源取水口周边 100 米处设置 1 个监测点位进行采样。河流及湖库采样深度为水面下 0.5 米处。

2. 地下水水源

具备采样条件的，在抽水井采样。如不具备采样条件，在自来水厂的汇水区（加滤前）采样。

（二）监测项目

1. 地表水水源

①设区城市、平潭综合实验区：监测项目为《地表水环境质量标准》（GB 3838—2002）表 1 的基本项目（24 项）、表 2 的补充项目（5 项）和表 3 的优选特定项目（33 项），共 62 项。其中，湖库型地表水饮用水源加测叶绿素 a 和透明度 2 项，共 64 项。

②县级城市：监测项目为《地表水环境质量标准》（GB 3838—2002）表 1 的基本项目（24 项）、表 2 的补充项目（5 项）和表 3 的优选特定项目（33 项），共 62 项。其中，湖库型地表水饮用水源加测叶绿素 a 和透明度 2 项，共 64 项。

2. 地下水饮用水源

监测项目为《地下水质量标准》（GB/T 14848—2017）表 1 中 39 项。

各地可根据当地污染实际情况，适当增加区域特征污染物。

二、评价标准及方法

（一）地表水水源

地表水水源水质评价根据《地表水环境质量标准》（GB 3838—2002）Ⅲ类标准限值进行评价。基本项目按照《地表水环境质量评价方法（试行）》（环办〔2011〕22 号）进行评价，补充项目、特定项目采用单因子评价法进行评价。

（二）地下水水源

地下水水源水质评价执行《地下水质量标准》（GB/T 14848—2017）Ⅲ类标准限值，采用单因子评价法进行评价。评价项目为《地下水质量标准》（GB/T 14848—2017）表 1 中 39 项。

三、评价结果

（一）总体情况

117 个集中式生活饮用水水源达标比例 100%（详见附表）。

（二）地表水水源

110 个地表水水源达标比例 100%。其中，有 77 个达到或优于Ⅱ类标准，占 70%。

（三）地下水水源

7 个地下水水源均达标，达标比例 100%。

备注：

1. 集中式生活饮用水水源，是指进入输水管网送到用户的和具有一定取水规模（供水人口一般大于1000人）的在用、备用和规划水源。

2. 集中式生活饮用水水源和饮用水的区别：饮用水水源为原水，居民饮用水为末梢水，水源水经自来水厂净化处理达到《生活饮用水卫生标准》的要求后，进入居民供水系统作为饮用水。

附表

2020 年 1 月福建省县级以上集中式生活饮用水水源水质状况

序号	省份名称	行政区划	点位名称	水源地类型	水体类型	达标情况	超标指标及超标倍数
1	福建省	福州市	福州市西区、北区水厂闽江原厝取水口	地表水	河流	达标	
2	福建省	福州市	福州市城门水厂闽江南港取水口	地表水	河流	达标	
3	福建省	福州市	福州市马尾水厂白眉水库取水口	地表水	湖库	达标	
4	福建省	福州市	福州市新东区水厂塘坂取水口	地表水	河流	达标	
5	福建省	福州市	福州市飞凤山水厂水源取水口	地表水	河流	达标	
6	福建省	闽侯县	闽侯县自来水公司叶洋泵站取水口	地表水	河流	达标	
7	福建省	连江县	连江县塘坂水厂塘坂取水口	地表水	河流	达标	
8	福建省	罗源县	罗源县八井水厂反调节库取水口	地表水	湖库	达标	
9	福建省	罗源县	罗源县可湖水厂西溪水库取水口	地表水	湖库	达标	
10	福建省	罗源县	罗源县洋尾水厂东岩调节水库取水口	地表水	湖库	达标	
11	福建省	闽清县	闽清县白石坑水厂闽江白石坑取水口	地表水	河流	达标	
12	福建省	闽清县	闽清县塔山水厂闽江猴山取水口	地表水	河流	达标	
13	福建省	闽清县	闽清县贵坑水厂爱焦涧取水口	地表水	河流	达标	
14	福建省	永泰县	永泰县南区水厂大樟溪取水口	地表水	河流	达标	
15	福建省	永泰县	永泰县青云山水厂天门窗水库取水口	地表水	湖库	达标	
16	福建省	永泰县	永泰县第二自来水厂水源取水口	地表水	河流	达标	
17	福建省	福清市	福清市东张水库取水口	地表水	湖库	达标	
18	福建省	福清市	福清市闽江调水峡南取水口	地表水	河流	达标	
19	福建省	长乐区	长乐市炎山水厂矶头取水口	地表水	河流	达标	
20	福建省	厦门市	厦门市莲坂水厂、集美水厂石兜、坂头水库取水口	地表水	湖库	达标	
21	福建省	厦门市	厦门市同安梅山水厂汀溪水库取水口	地表水	湖库	达标	
22	福建省	莆田市	莆田市莆田水厂东圳水库取水口	地表水	湖库	达标	
23	福建省	莆田市	莆田市涵江水厂外渡水库取水口	地表水	湖库	达标	
24	福建省	仙游县	仙游县仙游水厂古洋水库取水口	地表水	湖库	达标	
25	福建省	三明市	三明市富兴堡水厂东牙溪水库取水口	地表水	湖库	达标	
26	福建省	三明市	三明市下洋水厂东牙溪水库取水口	地表水	湖库	达标	
27	福建省	明溪县	明溪县城北水厂罗翠水库取水口	地表水	湖库	达标	
28	福建省	清流县	清流县自来水厂严坊溪取水口	地表水	河流	达标	
29	福建省	宁化县	宁化县沙子甲水厂寨头里水库取水口	地表水	湖库	达标	
30	福建省	大田县	大田县自来水公司坑口水库取水口	地表水	湖库	达标	

续表

序号	省份名称	行政区划	点位名称	水源地类型	水体类型	达标情况	超标指标及超标倍数
31	福建省	尤溪县	尤溪县自来水厂大池水库取水口	地表水	湖库	达标	
32	福建省	尤溪县	尤溪县东村溪兴头水库取水口	地表水	湖库	达标	
33	福建省	沙县	沙县第一水厂洞天岩水库取水口	地表水	湖库	达标	
34	福建省	沙县	沙县第二水厂下村洋水库取水口	地表水	湖库	达标	
35	福建省	沙县	沙县第三水厂马岩水库取水口	地表水	湖库	达标	
36	福建省	将乐县	将乐县下村水厂漠村溪取水口	地表水	河流	达标	
37	福建省	泰宁县	泰宁县北溪水厂际头水库取水口	地表水	湖库	达标	
38	福建省	建宁县	建宁县自来水公司王坪栋溪取水口	地表水	湖库	达标	
39	福建省	永安市	永安市北区水厂沙溪取水口	地表水	河流	达标	
40	福建省	永安市	永安市铁路水厂后溪取水口	地表水	河流	达标	
41	福建省	永安市	永安市南区水厂洛溪水库取水口	地表水	湖库	达标	
42	福建省	泉州市	泉州市北水厂北高干渠取水口	地表水	河流	达标	
43	福建省	泉州市	泉州市湄丰水厂、泉港第三水厂泗洲水库取水口	地表水	湖库	达标	
44	福建省	泉州市	泉州市湄丰水厂、泉港第三水厂黄塘溪取水口	地表水	河流	达标	
45	福建省	泉州市	泉州市金浦水厂晋江干流金鸡拦河旧闸取水口	地表水	河流	达标	
46	福建省	泉州市	泉州市三水厂晋江干流金鸡拦河旧闸取水口	地表水	河流	达标	
47	福建省	惠安县	惠安县城南水厂黄塘溪取水口	地表水	河流	达标	
48	福建省	惠安县	惠安县北关水厂菱溪水库取水口	地表水	湖库	达标	
49	福建省	安溪县	安溪县安溪水厂晋江西溪吾都取水口	地表水	河流	达标	
50	福建省	永春县	永春县第三自来水厂晋江东溪湖洋溪取水口	地表水	河流	达标	
51	福建省	德化县	德化县德化第二水厂国宝溪取水口	地表水	河流	达标	
52	福建省	石狮市	石狮市石狮水厂南高干渠取水口	地表水	河流	达标	
53	福建省	晋江市	晋江市田洋水厂南高干渠取水口	地表水	河流	达标	
54	福建省	南安市	南安市美林水厂晋江东溪取水口	地表水	河流	达标	
55	福建省	漳州市	厦门市高殿水厂、杏林水厂九龙江北溪取水口	地表水	河流	达标	
56	福建省	漳州市	漳州市第一水厂九龙江西溪康山取水口	地表水	河流	达标	
57	福建省	漳州市	漳州市第二水厂九龙江北溪鳌浦取水口	地表水	河流	达标	
58	福建省	漳州市	漳州市福糖水厂九龙江北溪内林取水口	地表水	河流	达标	
59	福建省	云霄县	云霄县自来水厂车圩溪取水口	地表水	河流	达标	
60	福建省	漳浦县	漳浦县自来水厂梁山水库取水口	地表水	湖库	达标	
61	福建省	漳浦县	漳浦县自来水厂澎水水库取水口	地表水	湖库	达标	

续表

序号	省份名称	行政区划	点位名称	水源地类型	水体类型	达标情况	超标指标及超标倍数
62	福建省	诏安县	诏安县自来水厂亚湖水库取水口	地表水	湖库	达标	
63	福建省	长泰县	长泰县自来水公司龙津溪福信取水口	地表水	河流	达标	
64	福建省	东山县	东山县供水公司红旗水库取水口	地表水	湖库	达标	
65	福建省	南靖县	南靖县自来水公司象溪取水口	地表水	河流	达标	
66	福建省	平和县	平和县自来水公司花山溪取水口	地表水	河流	达标	
67	福建省	华安县	华安县自来水厂九龙江北溪取水口	地表水	河流	达标	
68	福建省	龙海市	龙海市自来水厂九龙江北溪江东桥取水口	地表水	河流	达标	
69	福建省	南平市	南平市安丰水厂建溪取水口	地表水	河流	达标	
70	福建省	南平市	南平市新建村水厂照溪（五星桥水库）取水口	地表水	湖库	达标	
71	福建省	顺昌县	顺昌县派溪水厂院尾水库取水口	地表水	湖库	达标	
72	福建省	浦城县	浦城县东区水厂南浦溪取水口	地表水	河流	达标	
73	福建省	浦城县	浦城县西区水厂东风水库取水口	地表水	湖库	达标	
74	福建省	光泽县	光泽县自来水厂西关水坝取水口	地表水	河流	达标	
75	福建省	松溪县	松溪县杉溪水厂杉溪取水口	地表水	河流	达标	
76	福建省	松溪县	松溪县来龙水厂钱园桥水库取水口	地表水	湖库	达标	
77	福建省	政和县	政和县珠山水厂宝岭水库取水口	地表水	湖库	达标	
78	福建省	邵武市	邵武市通明水务公司苦竹湾取水口	地下水	地下水	达标	
79	福建省	邵武市	邵武市熙春水厂大乾水库取水口	地表水	湖库	达标	
80	福建省	武夷山市	武夷山市石雄水厂西溪取水口	地表水	河流	达标	
81	福建省	武夷山市	武夷山市三菇水厂崇阳溪取水口	地表水	河流	达标	
82	福建省	建瓯市	建瓯市东门水厂松溪取水口	地表水	河流	达标	
83	福建省	建瓯市	建瓯市新区水厂七里街水库取水口	地表水	湖库	达标	
84	福建省	建阳区	建阳市狮子山水厂崇阳溪取水口	地表水	河流	达标	
85	福建省	龙岩市	龙岩市莲花水厂地下取水口	地下水	地下水	达标	
86	福建省	龙岩市	龙岩市西桥水厂地下取水口	地下水	地下水	达标	
87	福建省	龙岩市	龙岩市东宫下水厂地下取水口	地下水	地下水	达标	
88	福建省	龙岩市	龙岩市凤凰水厂富溪三级水库大坝取水口	地表水	湖库	达标	
89	福建省	龙岩市	龙岩市新区水厂黄岗水库取水口	地表水	湖库	达标	
90	福建省	龙岩市	龙岩市东南洋水厂东肖水库取水口	地表水	湖库	达标	
91	福建省	长汀县	长汀县自来水股份有限公司正方水库取水口	地表水	湖库	达标	
92	福建省	永定区	永定县龙寨水厂龙寨水库取水口	地表水	湖库	达标	
93	福建省	上杭县	上杭县石禾仓水厂丰村溪取水口	地表水	河流	达标	
94	福建省	上杭县	上杭县兰地水厂汀江横滩取水口	地表水	河流	达标	

续表

序号	省份名称	行政区划	点位名称	水源地类型	水体类型	达标情况	超标指标及超标倍数
95	福建省	武平县	武平县北门水厂捷文水库取水口	地表水	湖库	达标	
96	福建省	连城县	连城县自来水公司竹光取水口	地下水	地下水	达标	
97	福建省	连城县	连城县自来水公司波洋取水口	地下水	地下水	达标	
98	福建省	连城县	连城县自来水公司罗坊鲜水塘地下取水口	地下水	地下水	达标	
99	福建省	连城县	连城县城区第二水源北团河取水口	地表水	湖库	达标	
100	福建省	漳平市	漳平市自来水厂大坂三级电站取水口	地表水	河流	达标	
101	福建省	漳平市	漳平市铁路水厂双洋溪取水口	地表水	河流	达标	
102	福建省	宁德市	宁德市二水厂金涵水库取水口	地表水	湖库	达标	
103	福建省	宁德市	宁德市德源自来水厂陈家洋水库取水口	地表水	湖库	达标	
104	福建省	宁德市	宁德市盛源自来水公司盛源水库取水口	地表水	湖库	达标	
105	福建省	霞浦县	霞浦县北山里水厂溪西水库取水口	地表水	湖库	达标	
106	福建省	古田县	古田县城关水厂桃溪水库取水口	地表水	湖库	达标	
107	福建省	屏南县	屏南县第一自来水厂汤坑溪取水口	地表水	河流	达标	
108	福建省	屏南县	屏南县第二自来水厂南峭溪取水口	地表水	河流	达标	
109	福建省	屏南县	屏南县第二自来水厂引水工程取水口	地表水	河流	达标	
110	福建省	寿宁县	寿宁县自来水有限公司六六溪水库取水口	地表水	湖库	达标	
111	福建省	寿宁县	寿宁县城区自来水厂西山水库取水口	地表水	湖库	达标	
112	福建省	周宁县	周宁县深洋水厂李园水库取水口	地表水	湖库	达标	
113	福建省	柘荣县	柘荣县自来水厂新荣溪水库取水口	地表水	湖库	达标	
114	福建省	福安市	福安市城关二水厂交溪桃花岛取水口	地表水	河流	达标	
115	福建省	福安市	福安市城东水厂留洋水库取水口	地表水	湖库	达标	
116	福建省	福鼎市	福鼎市二水厂南溪水库取水口	地表水	湖库	达标	
117	福建省	平潭综合实验区	平潭县自来水公司三十六脚湖取水口	地表水	湖库	达标	

注：1. 连城县城区第二水源北团河饮用水水源（闽政文〔2019〕23号）于2020年1月开始监测；
2. 寿宁县城区自来水厂大安乡西山水库饮用水水源（闽政文〔2019〕143号）于2020年1月开始监测。

2月

一、监测情况

2020年2月，全省9个设区城市及平潭综合实验区共监测已正式供水的117个集中式生活饮用水水源（取水口），其中地表水水源110个（河流型55个，湖库型55个）、地下水源7个。

（一）监测点位

1. 地表水水源

河流型水源在水厂取水口上游100米附近处设置监测断面，水厂在同一河流有多个取水口，可在最上游100米处设置监测断面；湖库型水源原则上按常规监测点位采样，在每个水源取水口周边100米处设置1个监测点位进行采样。河流及湖库采样深度为水面下0.5米处。

2. 地下水水源

具备采样条件的，在抽水井采样。如不具备采样条件，在自来水厂的汇水区（加滤前）采样。

（二）监测项目

1. 地表水水源

①设区城市、平潭综合实验区：监测项目为《地表水环境质量标准》（GB 3838—2002）表1的基本项目（24项）、表2的补充项目（5项）和表3的优选特定项目（33项），共62项。其中，湖库型地表水饮用水源加测叶绿素a和透明度2项，共64项。

②县级城市监测项目为《地表水环境质量标准》（GB 3838—2002）表1的基本项目（24项）、表2的补充项目（5项），共29项。其中，湖库型地表水饮用水源加测叶绿素a和透明度2项，共31项。

2. 地下水饮用水源

监测项目为《地下水质量标准》（GB/T 14848—2017）表1中39项。

各地可根据当地污染实际情况，适当增加区域特征污染物。

二、评价标准及方法

（一）地表水水源

地表水水源水质评价根据《地表水环境质量标准》（GB 3838—2002）Ⅲ类标准限值进行评价。基本项目按照《地表水环境质量评价方法（试行）》（环办〔2011〕22号）进行评价，补充项目、特定项目采用单因子评价法进行评价。

（二）地下水水源

地下水水源水质评价执行《地下水质量标准》（GB/T 14848—2017）Ⅲ类标准限值，采用单因子评价法进行评价。评价项目为《地下水质量标准》（GB/T 14848—2017）表1中39项。

三、评价结果

（一）总体情况

117个集中式生活饮用水水源达标比例100%（详见附表）。

（二）地表水水源

110个地表水水源达标比例100%。其中，有79个达到或优于Ⅱ类标准，占71.8%。

（三）地下水水源

7个地下水水源均达标，达标比例100%。

备注：

1. 集中式生活饮用水水源，是指进入输水管网送到用户的和具有一定取水规模（供水人口一般大于1000人）的在用、备用和规划水源。

2. 集中式生活饮用水水源和饮用水的区别：饮用水水源为原水，居民饮用水为末梢水，水源水经自来水厂净化处理达到《生活饮用水卫生标准》的要求后，进入居民供水系统作为饮用水。

附表

2020年2月福建省县级以上集中式生活饮用水水源水质状况

序号	省份名称	行政区划	点位名称	水源地类型	水体类型	达标情况	超标指标及超标倍数
1	福建省	福州市	福州市西区、北区水厂闽江原厝取水口	地表水	河流	达标	
2	福建省	福州市	福州市城门水厂闽江南港取水口	地表水	河流	达标	
3	福建省	福州市	福州市马尾水厂白眉水库取水口	地表水	湖库	达标	
4	福建省	福州市	福州市新东区水厂塘坂取水口	地表水	河流	达标	
5	福建省	福州市	福州市飞凤山水厂水源取水口	地表水	河流	达标	
6	福建省	闽侯县	闽侯县自来水公司叶洋泵站取水口	地表水	河流	达标	
7	福建省	连江县	连江县塘坂水厂塘坂取水口	地表水	河流	达标	
8	福建省	罗源县	罗源县八井水厂反调节库取水口	地表水	湖库	达标	
9	福建省	罗源县	罗源县可湖水厂西溪水库取水口	地表水	湖库	达标	
10	福建省	罗源县	罗源县洋尾水厂东岩调节水库取水口	地表水	湖库	达标	

续表

序号	省份名称	行政区划	点位名称	水源地类型	水体类型	达标情况	超标指标及超标倍数
11	福建省	闽清县	闽清县白石坑水厂闽江白石坑取水口	地表水	河流	达标	
12	福建省	闽清县	闽清县塔山水厂闽江猴山取水口	地表水	河流	达标	
13	福建省	闽清县	闽清县贵坑水厂爱焦涧取水口	地表水	河流	达标	
14	福建省	永泰县	永泰县南区水厂大樟溪取水口	地表水	河流	达标	
15	福建省	永泰县	永泰县青云山水厂天门窗水库取水口	地表水	湖库	达标	
16	福建省	永泰县	永泰县第二自来水厂水源取水口	地表水	河流	达标	
17	福建省	福清市	福清市东张水库取水口	地表水	湖库	达标	
18	福建省	福清市	福清市闽江调水峡南取水口	地表水	河流	达标	
19	福建省	长乐区	长乐市炎山水厂矶头取水口	地表水	河流	达标	
20	福建省	厦门市	厦门市莲坂水厂、集美水厂石兜、坂头水库取水口	地表水	湖库	达标	
21	福建省	厦门市	厦门市同安梅山水厂汀溪水库取水口	地表水	湖库	达标	
22	福建省	莆田市	莆田市莆田水厂东圳水库取水口	地表水	湖库	达标	
23	福建省	莆田市	莆田市涵江水厂外渡水库取水口	地表水	湖库	达标	
24	福建省	仙游县	仙游县仙游水厂古洋水库取水口	地表水	湖库	达标	
25	福建省	三明市	三明市富兴堡水厂东牙溪水库取水口	地表水	湖库	达标	
26	福建省	三明市	三明市下洋水厂东牙溪水库取水口	地表水	湖库	达标	
27	福建省	明溪县	明溪县城北水厂罗翠水库取水口	地表水	湖库	达标	
28	福建省	清流县	清流县自来水厂严坊溪取水口	地表水	河流	达标	
29	福建省	宁化县	宁化县沙子甲水厂寨头里水库取水口	地表水	湖库	达标	
30	福建省	大田县	大田县自来水公司坑口水库取水口	地表水	湖库	达标	
31	福建省	尤溪县	尤溪县自来水厂大池水库取水口	地表水	湖库	达标	
32	福建省	尤溪县	尤溪县东村溪兴头水库取水口	地表水	湖库	达标	
33	福建省	沙县	沙县第一水厂洞天岩水库取水口	地表水	湖库	达标	
34	福建省	沙县	沙县第二水厂下村洋水库取水口	地表水	湖库	达标	
35	福建省	沙县	沙县第三水厂马岩水库取水口	地表水	湖库	达标	
36	福建省	将乐县	将乐县下村水厂漠村溪取水口	地表水	河流	达标	
37	福建省	泰宁县	泰宁县北溪水厂际头水库取水口	地表水	湖库	达标	
38	福建省	建宁县	建宁县自来水公司王坪栋溪取水口	地表水	湖库	达标	
39	福建省	永安市	永安市北区水厂沙溪取水口	地表水	河流	达标	
40	福建省	永安市	永安市铁路水厂后溪取水口	地表水	河流	达标	
41	福建省	永安市	永安市南区水厂洛溪水库取水口	地表水	湖库	达标	
42	福建省	泉州市	泉州市北水厂北高干渠取水口	地表水	河流	达标	
43	福建省	泉州市	泉州市湄丰水厂、泉港第三水厂泗洲水库取水口	地表水	湖库	达标	
44	福建省	泉州市	泉州市湄丰水厂、泉港第三水厂黄塘溪取水口	地表水	河流	达标	

续表

序号	省份名称	行政区划	点位名称	水源地类型	水体类型	达标情况	超标指标及超标倍数
45	福建省	泉州市	泉州市金浦水厂晋江干流金鸡拦河旧闸取水口	地表水	河流	达标	
46	福建省	泉州市	泉州市三水厂晋江干流金鸡拦河旧闸取水口	地表水	河流	达标	
47	福建省	惠安县	惠安县城南水厂黄塘溪取水口	地表水	河流	达标	
48	福建省	惠安县	惠安县北关水厂菱溪水库取水口	地表水	湖库	达标	
49	福建省	安溪县	安溪县安溪水厂晋江西溪吾都取水口	地表水	河流	达标	
50	福建省	永春县	永春县第三自来水厂晋江东溪湖洋溪取水口	地表水	河流	达标	
51	福建省	德化县	德化县德化第二水厂国宝溪取水口	地表水	河流	达标	
52	福建省	石狮市	石狮市石狮水厂南高干渠取水口	地表水	河流	达标	
53	福建省	晋江市	晋江市田洋水厂南高干渠取水口	地表水	河流	达标	
54	福建省	南安市	南安市美林水厂晋江东溪取水口	地表水	河流	达标	
55	福建省	漳州市	厦门市高殿水厂、杏林水厂九龙江北溪取水口	地表水	河流	达标	
56	福建省	漳州市	漳州市第一水厂九龙江西溪康山取水口	地表水	河流	达标	
57	福建省	漳州市	漳州市第二水厂九龙江北溪鳌浦取水口	地表水	河流	达标	
58	福建省	漳州市	漳州市福糖水厂九龙江北溪内林取水口	地表水	河流	达标	
59	福建省	云霄县	云霄县自来水厂车圩溪取水口	地表水	河流	达标	
60	福建省	漳浦县	漳浦县自来水厂梁山水库取水口	地表水	湖库	达标	
61	福建省	漳浦县	漳浦县自来水厂澎水水库取水口	地表水	湖库	达标	
62	福建省	诏安县	诏安县自来水厂亚湖水库取水口	地表水	湖库	达标	
63	福建省	长泰县	长泰县自来水公司龙津溪福信取水口	地表水	河流	达标	
64	福建省	东山县	东山县供水公司红旗水库取水口	地表水	湖库	达标	
65	福建省	南靖县	南靖县自来水公司象溪取水口	地表水	河流	达标	
66	福建省	平和县	平和县自来水公司花山溪取水口	地表水	河流	达标	
67	福建省	华安县	华安县自来水厂九龙江北溪取水口	地表水	河流	达标	
68	福建省	龙海市	龙海市自来水厂九龙江北溪江东桥取水口	地表水	河流	达标	
69	福建省	南平市	南平市安丰水厂建溪取水口	地表水	河流	达标	
70	福建省	南平市	南平市新建村水厂照溪（五星桥水库）取水口	地表水	湖库	达标	
71	福建省	顺昌县	顺昌县派溪水厂院尾水库取水口	地表水	湖库	达标	
72	福建省	浦城县	浦城县东区水厂南浦溪取水口	地表水	河流	达标	
73	福建省	浦城县	浦城县西区水厂东风水库取水口	地表水	湖库	达标	
74	福建省	光泽县	光泽县自来水厂西关水坝取水口	地表水	河流	达标	
75	福建省	松溪县	松溪县杉溪水厂杉溪取水口	地表水	河流	达标	

续表

序号	省份名称	行政区划	点位名称	水源地类型	水体类型	达标情况	超标指标及超标倍数
76	福建省	松溪县	松溪县来龙水厂钱园桥水库取水口	地表水	湖库	达标	
77	福建省	政和县	政和县珠山水厂宝岭水库取水口	地表水	湖库	达标	
78	福建省	邵武市	邵武市通明水务公司苦竹湾取水口	地下水	地下水	达标	
79	福建省	邵武市	邵武市熙春水厂大乾水库取水口	地表水	湖库	达标	
80	福建省	武夷山市	武夷山市石雄水厂西溪取水口	地表水	河流	达标	
81	福建省	武夷山市	武夷山市三菇水厂崇阳溪取水口	地表水	河流	达标	
82	福建省	建瓯市	建瓯市东门水厂松溪取水口	地表水	河流	达标	
83	福建省	建瓯市	建瓯市新区水厂七里街水库取水口	地表水	湖库	达标	
84	福建省	建阳区	建阳市狮子山水厂崇阳溪取水口	地表水	河流	达标	
85	福建省	龙岩市	龙岩市莲花水厂地下取水口	地下水	地下水	达标	
86	福建省	龙岩市	龙岩市西桥水厂地下取水口	地下水	地下水	达标	
87	福建省	龙岩市	龙岩市东宫下水厂地下取水口	地下水	地下水	达标	
88	福建省	龙岩市	龙岩市凤凰水厂富溪三级水库大坝取水口	地表水	湖库	达标	
89	福建省	龙岩市	龙岩市新区水厂黄岗水库取水口	地表水	湖库	达标	
90	福建省	龙岩市	龙岩市东南洋水厂东肖水库取水口	地表水	湖库	达标	
91	福建省	长汀县	长汀县自来水股份有限公司正方水库取水口	地表水	湖库	达标	
92	福建省	永定区	永定县龙寨水厂龙寨水库取水口	地表水	湖库	达标	
93	福建省	上杭县	上杭县石禾仓水厂丰村溪取水口	地表水	河流	达标	
94	福建省	上杭县	上杭县兰地水厂汀江横滩取水口	地表水	河流	达标	
95	福建省	武平县	武平县北门水厂捷文水库取水口	地表水	湖库	达标	
96	福建省	连城县	连城县自来水公司竹光取水口	地下水	地下水	达标	
97	福建省	连城县	连城县自来水公司波洋取水口	地下水	地下水	达标	
98	福建省	连城县	连城县自来水公司罗坊鲜水塘地下取水口	地下水	地下水	达标	
99	福建省	连城县	连城县城区第二水源北团河取水口	地表水	河流	达标	
100	福建省	漳平市	漳平市自来水厂大坂三级电站取水口	地表水	河流	达标	
101	福建省	漳平市	漳平市铁路水厂双洋溪取水口	地表水	河流	达标	
102	福建省	宁德市	宁德市二水厂金涵水库取水口	地表水	湖库	达标	
103	福建省	宁德市	宁德市德源自来水厂陈家洋水库取水口	地表水	湖库	达标	
104	福建省	宁德市	宁德市盛源自来水公司盛源水库取水口	地表水	湖库	达标	
105	福建省	霞浦县	霞浦县北山里水厂溪西水库取水口	地表水	湖库	达标	
106	福建省	古田县	古田县城关水厂桃溪水库取水口	地表水	湖库	达标	
107	福建省	屏南县	屏南县第一自来水厂汤坑溪取水口	地表水	河流	达标	
108	福建省	屏南县	屏南县第二自来水厂南峭溪取水口	地表水	河流	达标	

续表

序号	省份名称	行政区划	点位名称	水源地类型	水体类型	达标情况	超标指标及超标倍数
109	福建省	屏南县	屏南县第二自来水厂引水工程取水口	地表水	河流	达标	
110	福建省	寿宁县	寿宁县自来水有限公司六六溪水库取水口	地表水	湖库	达标	
111	福建省	寿宁县	寿宁县城区自来水厂西山水库取水口	地表水	湖库	达标	
112	福建省	周宁县	周宁县深洋水厂李园水库取水口	地表水	湖库	达标	
113	福建省	柘荣县	柘荣县自来水厂新荣溪水库取水口	地表水	湖库	达标	
114	福建省	福安市	福安市城关二水厂交溪桃花岛取水口	地表水	河流	达标	
115	福建省	福安市	福安市城东水厂留洋水库取水口	地表水	湖库	达标	
116	福建省	福鼎市	福鼎市二水厂南溪水库取水口	地表水	湖库	达标	
117	福建省	平潭综合实验区	平潭县自来水公司三十六脚湖取水口	地表水	湖库	达标	

3月

一、监测情况

2020年3月，全省9个设区市及平潭综合实验区共监测117个正式投入使用的集中式生活饮用水水源（取水口），其中地表水水源110个（河流型55个，湖库型55个）、地下水源7个。

（一）监测点位

1. 地表水水源

河流型水源在水厂取水口上游100米附近处设置监测断面，水厂在同一河流有多个取水口，可在最上游100米处设置监测断面；湖库型水源原则上按常规监测点位采样，在每个水源取水口周边100米处设置1个监测点位进行采样。河流及湖库采样深度为水面下0.5米处。

2. 地下水水源

具备采样条件的，在抽水井采样。如不具备采样条件，在自来水厂的汇水区（加滤前）采样。

（二）监测项目

1. 地表水水源

①设区城市、平潭综合实验区：监测项目为《地表水环境质量标准》（GB 3838—2002）表1的基本项目（24项）、表2的补充项目（5项）和表3的优选特定项目（33项），共62项。其中，湖库型地表水饮用水源加测叶绿素a和透明度2项，共64项。

②县级城市：监测项目为《地表水环境质量标准》（GB 3838—2002）表1的基本项目（24项）、表2的补充项目（5项）和表3的优选特定项目（33项），共62项。其中，湖库型地表水饮用水源加测叶绿素a和透明度2项，共64项。

2. 地下水饮用水源

监测项目为《地下水质量标准》（GB/T 14848—2017）表1中39项。

各地可根据当地污染实际情况，适当增加区域特征污染物。

二、评价标准及方法

（一）地表水水源

地表水水源水质评价根据《地表水环境质量标准》（GB 3838—2002）Ⅲ类标准限值进行评价。基本项目按照《地表水环境质量评价方法（试行）》（环办〔2011〕22号）进行评价，补充项目、特定项目采用单因子评价法进行评价。

（二）地下水水源

地下水水源水质评价执行《地下水质量标准》（GB/T 14848—2017）Ⅲ类标准限值，采用单因子评价法进行评价。评价项目为《地下水质量标准》（GB/T 14848—2017）表1中39项。

三、评价结果

（一）总体情况

117个集中式生活饮用水水源达标比例100%。

（详见附表）。

（二）地表水水源

110个地表水水源达标比例100%。其中，有71个达到或优于Ⅱ类标准，占64.6%。

（三）地下水水源

7个地下水水源均达标，达标比例100%。

备注：

1. 集中式生活饮用水水源，是指进入输水管网送到用户的和具有一定取水规模（供水人口一般大于1000人）的在用、备用和规划水源。

2. 集中式生活饮用水水源和饮用水的区别：饮用水水源为原水，居民饮用水为末梢水，水源水经自来水厂净化处理达到《生活饮用水卫生标准》的要求后，进入居民供水系统作为饮用水。

附表

2020年3月福建省县级以上集中式生活饮用水水源水质状况

序号	省份名称	行政区划	点位名称	水源地类型	水体类型	达标情况	超标指标及超标倍数
1	福建省	福州市	福州市西区、北区水厂闽江原厝取水口	地表水	河流	达标	
2	福建省	福州市	福州市城门水厂闽江南港取水口	地表水	河流	达标	
3	福建省	福州市	福州市马尾水厂白眉水库取水口	地表水	湖库	达标	
4	福建省	福州市	福州市新东区水厂塘坂取水口	地表水	河流	达标	
5	福建省	福州市	福州市飞凤山水厂水源取水口	地表水	河流	达标	
6	福建省	闽侯县	闽侯县自来水公司叶洋泵站取水口	地表水	河流	达标	
7	福建省	连江县	连江县塘坂水厂塘坂取水口	地表水	河流	达标	
8	福建省	罗源县	罗源县八井水厂反调节库取水口	地表水	湖库	达标	
9	福建省	罗源县	罗源县可湖水厂西溪水库取水口	地表水	湖库	达标	
10	福建省	罗源县	罗源县洋尾水厂东岩调节水库取水口	地表水	湖库	达标	
11	福建省	闽清县	闽清县白石坑水厂闽江白石坑取水口	地表水	河流	达标	
12	福建省	闽清县	闽清县塔山水厂闽江猴山取水口	地表水	河流	达标	
13	福建省	闽清县	闽清县贵坑水厂爱焦涧取水口	地表水	河流	达标	
14	福建省	永泰县	永泰县南区水厂大樟溪取水口	地表水	河流	达标	
15	福建省	永泰县	永泰县青云山水厂天门窗水库取水口	地表水	湖库	达标	
16	福建省	永泰县	永泰县第二自来水厂水源取水口	地表水	河流	达标	
17	福建省	福清市	福清市东张水库取水口	地表水	湖库	达标	
18	福建省	福清市	福清市闽江调水峡南取水口	地表水	河流	达标	
19	福建省	长乐区	长乐市炎山水厂矶头取水口	地表水	河流	达标	
20	福建省	厦门市	厦门市莲坂水厂、集美水厂石兜、坂头水库取水口	地表水	湖库	达标	
21	福建省	厦门市	厦门市同安梅山水厂汀溪水库取水口	地表水	湖库	达标	
22	福建省	莆田市	莆田市莆田水厂东圳水库取水口	地表水	湖库	达标	
23	福建省	莆田市	莆田市涵江水厂外渡水库取水口	地表水	湖库	达标	
24	福建省	仙游县	仙游县仙游水厂古洋水库取水口	地表水	湖库	达标	
25	福建省	三明市	三明市富兴堡水厂东牙溪水库取水口	地表水	湖库	达标	

续表

序号	省份名称	行政区划	点位名称	水源地类型	水体类型	达标情况	超标指标及超标倍数
26	福建省	三明市	三明市下洋水厂东牙溪水库取水口	地表水	湖库	达标	
27	福建省	明溪县	明溪县城北水厂罗翠水库取水口	地表水	湖库	达标	
28	福建省	清流县	清流县自来水厂严坊溪取水口	地表水	河流	达标	
29	福建省	宁化县	宁化县沙子甲水厂寨头里水库取水口	地表水	湖库	达标	
30	福建省	大田县	大田县自来水公司坑口水库取水口	地表水	湖库	达标	
31	福建省	尤溪县	尤溪县自来水厂大池水库取水口	地表水	湖库	达标	
32	福建省	尤溪县	尤溪县东村溪兴头水库取水口	地表水	湖库	达标	
33	福建省	沙县	沙县第一水厂洞天岩水库取水口	地表水	湖库	达标	
34	福建省	沙县	沙县第二水厂下村洋水库取水口	地表水	湖库	达标	
35	福建省	沙县	沙县第三水厂马岩水库取水口	地表水	湖库	达标	
36	福建省	将乐县	将乐县下村水厂漠村溪取水口	地表水	河流	达标	
37	福建省	泰宁县	泰宁县北溪水厂际头水库取水口	地表水	湖库	达标	
38	福建省	建宁县	建宁县自来水公司王坪栋溪取水口	地表水	湖库	达标	
39	福建省	永安市	永安市北区水厂沙溪取水口	地表水	河流	达标	
40	福建省	永安市	永安市铁路水厂后溪取水口	地表水	河流	达标	
41	福建省	永安市	永安市南区水厂洛溪水库取水口	地表水	湖库	达标	
42	福建省	泉州市	泉州市北水厂北高干渠取水口	地表水	河流	达标	
43	福建省	泉州市	泉州市湄丰水厂、泉港第三水厂泗洲水库取水口	地表水	湖库	达标	
44	福建省	泉州市	泉州市湄丰水厂、泉港第三水厂黄塘溪取水口	地表水	河流	达标	
45	福建省	泉州市	泉州市金浦水厂晋江干流金鸡拦河旧闸取水口	地表水	河流	达标	
46	福建省	泉州市	泉州市三水厂晋江干流金鸡拦河旧闸取水口	地表水	河流	达标	
47	福建省	惠安县	惠安县城南水厂黄塘溪取水口	地表水	河流	达标	
48	福建省	惠安县	惠安县北关水厂菱溪水库取水口	地表水	湖库	达标	
49	福建省	安溪县	安溪县安溪水厂晋江西溪吾都取水口	地表水	河流	达标	
50	福建省	永春县	永春县第三自来水厂晋江东溪湖洋溪取水口	地表水	河流	达标	
51	福建省	德化县	德化县德化第二水厂国宝溪取水口	地表水	河流	达标	
52	福建省	石狮市	石狮市石狮水厂南高干渠取水口	地表水	河流	达标	
53	福建省	晋江市	晋江市田洋水厂南高干渠取水口	地表水	河流	达标	
54	福建省	南安市	南安市美林水厂晋江东溪取水口	地表水	河流	达标	
55	福建省	漳州市	厦门市高殿水厂、杏林水厂九龙江北溪取水口	地表水	河流	达标	
56	福建省	漳州市	漳州市第一水厂九龙江西溪康山取水口	地表水	河流	达标	

续表

序号	省份名称	行政区划	点位名称	水源地类型	水体类型	达标情况	超标指标及超标倍数
57	福建省	漳州市	漳州市第二水厂九龙江北溪鳌浦取水口	地表水	河流	达标	
58	福建省	漳州市	漳州市福糖水厂九龙江北溪内林取水口	地表水	河流	达标	
59	福建省	云霄县	云霄县自来水厂车圩溪取水口	地表水	河流	达标	
60	福建省	漳浦县	漳浦县自来水厂梁山水库取水口	地表水	湖库	达标	
61	福建省	漳浦县	漳浦县自来水厂澎水水库取水口	地表水	湖库	达标	
62	福建省	诏安县	诏安县自来水厂亚湖水库取水口	地表水	湖库	达标	
63	福建省	长泰县	长泰县自来水公司龙津溪福信取水口	地表水	河流	达标	
64	福建省	东山县	东山县供水公司红旗水库取水口	地表水	湖库	达标	
65	福建省	南靖县	南靖县自来水公司象溪取水口	地表水	河流	达标	
66	福建省	平和县	平和县自来水公司花山溪取水口	地表水	河流	达标	
67	福建省	华安县	华安县自来水厂九龙江北溪取水口	地表水	河流	达标	
68	福建省	龙海市	龙海市自来水厂九龙江北溪江东桥取水口	地表水	河流	达标	
69	福建省	南平市	南平市安丰水厂建溪取水口	地表水	河流	达标	
70	福建省	南平市	南平市新建村水厂照溪（五星桥水库）取水口	地表水	湖库	达标	
71	福建省	顺昌县	顺昌县派溪水厂院尾水库取水口	地表水	湖库	达标	
72	福建省	浦城县	浦城县东区水厂南浦溪取水口	地表水	河流	达标	
73	福建省	浦城县	浦城县西区水厂东风水库取水口	地表水	湖库	达标	
74	福建省	光泽县	光泽县自来水厂西关水坝取水口	地表水	河流	达标	
75	福建省	松溪县	松溪县杉溪水厂杉溪取水口	地表水	河流	达标	
76	福建省	松溪县	松溪县来龙水厂钱园桥水库取水口	地表水	湖库	达标	
77	福建省	政和县	政和县珠山水厂宝岭水库取水口	地表水	湖库	达标	
78	福建省	邵武市	邵武市通明水务公司苦竹湾取水口	地下水	地下水	达标	
79	福建省	邵武市	邵武市熙春水厂大乾水库取水口	地表水	湖库	达标	
80	福建省	武夷山市	武夷山市石雄水厂西溪取水口	地表水	河流	达标	
81	福建省	武夷山市	武夷山市三菇水厂崇阳溪取水口	地表水	河流	达标	
82	福建省	建瓯市	建瓯市东门水厂松溪取水口	地表水	河流	达标	
83	福建省	建瓯市	建瓯市新区水厂七里街水库取水口	地表水	湖库	达标	
84	福建省	建阳区	建阳市狮子山水厂崇阳溪取水口	地表水	河流	达标	
85	福建省	龙岩市	龙岩市莲花水厂地下取水口	地下水	地下水	达标	
86	福建省	龙岩市	龙岩市西桥水厂地下取水口	地下水	地下水	达标	
87	福建省	龙岩市	龙岩市东宫下水厂地下取水口	地下水	地下水	达标	
88	福建省	龙岩市	龙岩市凤凰水厂富溪三级水库大坝取水口	地表水	湖库	达标	
89	福建省	龙岩市	龙岩市新区水厂黄岗水库取水口	地表水	湖库	达标	

续表

序号	省份名称	行政区划	点位名称	水源地类型	水体类型	达标情况	超标指标及超标倍数
90	福建省	龙岩市	龙岩市东南洋水厂东肖水库取水口	地表水	湖库	达标	
91	福建省	长汀县	长汀县自来水股份有限公司正方水库取水口	地表水	湖库	达标	
92	福建省	永定区	永定县龙寨水厂龙寨水库取水口	地表水	湖库	达标	
93	福建省	上杭县	上杭县石禾仓水厂丰村溪取水口	地表水	河流	达标	
94	福建省	上杭县	上杭县兰地水厂汀江横滩取水口	地表水	河流	达标	
95	福建省	武平县	武平县北门水厂捷文水库取水口	地表水	湖库	达标	
96	福建省	连城县	连城县自来水公司竹光取水口	地下水	地下水	达标	
97	福建省	连城县	连城县自来水公司波洋取水口	地下水	地下水	达标	
98	福建省	连城县	连城县自来水公司罗坊鲜水塘地下取水口	地下水	地下水	达标	
99	福建省	连城县	连城县城区第二水源北团河取水口	地表水	河流	达标	
100	福建省	漳平市	漳平市自来水厂大坂三级电站取水口	地表水	河流	达标	
101	福建省	漳平市	漳平市铁路水厂双洋溪取水口	地表水	河流	达标	
102	福建省	宁德市	宁德市二水厂金涵水库取水口	地表水	湖库	达标	
103	福建省	宁德市	宁德市德源自来水厂陈家洋水库取水口	地表水	湖库	达标	
104	福建省	宁德市	宁德市盛源自来水公司盛源水库取水口	地表水	湖库	达标	
105	福建省	霞浦县	霞浦县北山里水厂溪西水库取水口	地表水	湖库	达标	
106	福建省	古田县	古田县城关水厂桃溪水库取水口	地表水	湖库	达标	
107	福建省	屏南县	屏南县第一自来水厂汤坑溪取水口	地表水	河流	达标	
108	福建省	屏南县	屏南县第二自来水厂南峭溪取水口	地表水	河流	达标	
109	福建省	屏南县	屏南县第二自来水厂引水工程取水口	地表水	河流	达标	
110	福建省	寿宁县	寿宁县自来水有限公司六六溪水库取水口	地表水	湖库	达标	
111	福建省	寿宁县	寿宁县城区自来水厂西山水库取水口	地表水	湖库	达标	
112	福建省	周宁县	周宁县深洋水厂李园水库取水口	地表水	湖库	达标	
113	福建省	柘荣县	柘荣县自来水厂新荣溪水库取水口	地表水	湖库	达标	
114	福建省	福安市	福安市城关二水厂交溪桃花岛取水口	地表水	河流	达标	
115	福建省	福安市	福安市城东水厂留洋水库取水口	地表水	湖库	达标	
116	福建省	福鼎市	福鼎市二水厂南溪水库取水口	地表水	湖库	达标	
117	福建省	平潭综合实验区	平潭县自来水公司三十六脚湖取水口	地表水	湖库	达标	

4月

一、监测情况

2020年4月，全省9个设区市及平潭综合实验区共监测116个正式投入使用的集中式生活饮用水水源（取水口），其中地表水水源109个（河流型54个，湖库型55个）、地下水源7个。

（一）监测点位

1. 地表水水源

河流型水源在水厂取水口上游100米附近处设置监测断面，水厂在同一河流有多个取水口，可在最上游100米处设置监测断面；湖库型水源原则上按常规监测点位采样，在每个水源取水口周边100米处设置1个监测点位进行采样。河流及湖库采样深度为水面下0.5米处。

2. 地下水水源

具备采样条件的，在抽水井采样。如不具备采样条件，在自来水厂的汇水区（加滤前）采样。

（二）监测项目

1. 地表水水源

①设区城市、平潭综合实验区：监测项目为《地表水环境质量标准》（GB 3838—2002）表1的基本项目（24项）、表2的补充项目（5项）和表3的优选特定项目（33项），共62项。其中，湖库型地表水饮用水源加测叶绿素a和透明度2项，共64项。

②县级城市监测项目为《地表水环境质量标准》（GB 3838—2002）表1的基本项目（24项）、表2的补充项目（5项），共29项。其中，湖库型地表水饮用水源加测叶绿素a和透明度2项，共31项。

2. 地下水饮用水源

监测项目为《地下水质量标准》（GB/T 14848—2017）表1中39项。

各地可根据当地污染实际情况，适当增加区域特征污染物。

二、评价标准及方法

（一）地表水水源

地表水水源水质评价根据《地表水环境质量标准》（GB 3838—2002）Ⅲ类标准限值进行评价。基本项目按照《地表水环境质量评价方法（试行）》（环办〔2011〕22号）进行评价，补充项目、特定项目采用单因子评价法进行评价。

（二）地下水水源

地下水水源水质评价执行《地下水质量标准》（GB/T 14848—2017）Ⅲ类标准限值，采用单因子评价法进行评价。评价项目为《地下水质量标准》（GB/T 14848—2017）表1中39项。

三、评价结果

（一）总体情况

116个集中式生活饮用水水源达标比例100%（详见附表）。

（二）地表水水源

109个地表水水源达标比例100%。其中，有69个达到或优于Ⅱ类标准，占63.3%。

（三）地下水水源

7个地下水水源均达标，达标比例100%。

备注：

1. 集中式生活饮用水水源，是指进入输水管网送到用户的和具有一定取水规模（供水人口一般大于1000人）的在用、备用和规划水源。

2. 集中式生活饮用水水源和饮用水的区别：饮用水水源为原水，居民饮用水为末梢水，水源水经自来水厂净化处理达到《生活饮用水卫生标准》的要求后，进入居民供水系统作为饮用水。

附表

2020年4月福建省县级以上集中式生活饮用水水源水质状况

序号	省份名称	行政区划	点位名称	水源地类型	水体类型	达标情况	超标指标及超标倍数
1	福建省	福州市	福州市西区、北区水厂闽江原厝取水口	地表水	河流	达标	
2	福建省	福州市	福州市城门水厂闽江南港取水口	地表水	河流	达标	

续表

序号	省份名称	行政区划	点位名称	水源地类型	水体类型	达标情况	超标指标及超标倍数
3	福建省	福州市	福州市马尾水厂白眉水库取水口	地表水	湖库	达标	
4	福建省	福州市	福州市新东区水厂塘坂取水口	地表水	河流	达标	
5	福建省	福州市	福州市飞凤山水厂水源取水口	地表水	河流	达标	
6	福建省	闽侯县	闽侯县自来水公司叶洋泵站取水口	地表水	河流	达标	
7	福建省	连江县	连江县塘坂水厂塘坂取水口	地表水	河流	达标	
8	福建省	罗源县	罗源县八井水厂反调节库取水口	地表水	湖库	达标	
9	福建省	罗源县	罗源县可湖水厂西溪水库取水口	地表水	湖库	达标	
10	福建省	罗源县	罗源县洋尾水厂东岩调节水库取水口	地表水	湖库	达标	
11	福建省	闽清县	闽清县白石坑水厂闽江白石坑取水口	地表水	河流	达标	
12	福建省	闽清县	闽清县塔山水厂闽江猴山取水口	地表水	河流	达标	
13	福建省	闽清县	闽清县贵坑水厂爱焦涧取水口	地表水	河流	达标	
14	福建省	永泰县	永泰县南区水厂大樟溪取水口	地表水	河流	达标	
15	福建省	永泰县	永泰县青云山水厂天门窗水库取水口	地表水	湖库	达标	
16	福建省	永泰县	永泰县第二自来水厂水源取水口	地表水	河流	达标	
17	福建省	福清市	福清市东张水库取水口	地表水	湖库	达标	
18	福建省	福清市	福清市闽江调水峡南取水口	地表水	河流	达标	
19	福建省	长乐区	长乐市炎山水厂矶头取水口	地表水	河流	达标	
20	福建省	厦门市	厦门市莲坂水厂、集美水厂石兜、坂头水库取水口	地表水	湖库	达标	
21	福建省	厦门市	厦门市同安梅山水厂汀溪水库取水口	地表水	湖库	达标	
22	福建省	莆田市	莆田市莆田水厂东圳水库取水口	地表水	湖库	达标	
23	福建省	莆田市	莆田市涵江水厂外渡水库取水口	地表水	湖库	达标	
24	福建省	仙游县	仙游县仙游水厂古洋水库取水口	地表水	湖库	达标	
25	福建省	三明市	三明市富兴堡水厂东牙溪水库取水口	地表水	湖库	达标	
26	福建省	三明市	三明市下洋水厂东牙溪水库取水口	地表水	湖库	达标	
27	福建省	明溪县	明溪县城北水厂罗翠水库取水口	地表水	湖库	达标	
28	福建省	清流县	清流县自来水厂严坊溪取水口	地表水	河流	达标	
29	福建省	宁化县	宁化县沙子甲水厂寨头里水库取水口	地表水	湖库	达标	
30	福建省	大田县	大田县自来水公司坑口水库取水口	地表水	湖库	达标	
31	福建省	尤溪县	尤溪县自来水厂大池水库取水口	地表水	湖库	达标	
32	福建省	尤溪县	尤溪县东村溪兴头水库取水口	地表水	湖库	达标	
33	福建省	沙县	沙县第一水厂洞天岩水库取水口	地表水	湖库	达标	
34	福建省	沙县	沙县第二水厂下村洋水库取水口	地表水	湖库	达标	
35	福建省	沙县	沙县第三水厂马岩水库取水口	地表水	湖库	达标	
36	福建省	将乐县	将乐县下村水厂漠村溪取水口	地表水	河流	达标	
37	福建省	泰宁县	泰宁县北溪水厂际头水库取水口	地表水	湖库	达标	

续表

序号	省份名称	行政区划	点位名称	水源地类型	水体类型	达标情况	超标指标及超标倍数
38	福建省	建宁县	建宁县自来水公司王坪栋溪取水口	地表水	湖库	达标	
39	福建省	永安市	永安市北区水厂沙溪取水口	地表水	河流	达标	
40	福建省	永安市	永安市南区水厂洛溪水库取水口	地表水	湖库	达标	
41	福建省	泉州市	泉州市北水厂北高干渠取水口	地表水	河流	达标	
42	福建省	泉州市	泉州市湄丰水厂、泉港第三水厂泗洲水库取水口	地表水	湖库	达标	
43	福建省	泉州市	泉州市湄丰水厂、泉港第三水厂黄塘溪取水口	地表水	河流	达标	
44	福建省	泉州市	泉州市金浦水厂晋江干流金鸡拦河旧闸取水口	地表水	河流	达标	
45	福建省	泉州市	泉州市三水厂晋江干流金鸡拦河旧闸取水口	地表水	河流	达标	
46	福建省	惠安县	惠安县城南水厂黄塘溪取水口	地表水	河流	达标	
47	福建省	惠安县	惠安县北关水厂菱溪水库取水口	地表水	湖库	达标	
48	福建省	安溪县	安溪县安溪水厂晋江西溪吾都取水口	地表水	河流	达标	
49	福建省	永春县	永春县第三自来水厂晋江东溪湖洋溪取水口	地表水	河流	达标	
50	福建省	德化县	德化县德化第二水厂国宝溪取水口	地表水	河流	达标	
51	福建省	石狮市	石狮市石狮水厂南高干渠取水口	地表水	河流	达标	
52	福建省	晋江市	晋江市田洋水厂南高干渠取水口	地表水	河流	达标	
53	福建省	南安市	南安市美林水厂晋江东溪取水口	地表水	河流	达标	
54	福建省	漳州市	厦门市高殿水厂、杏林水厂九龙江北溪取水口	地表水	河流	达标	
55	福建省	漳州市	漳州市第一水厂九龙江西溪康山取水口	地表水	河流	达标	
56	福建省	漳州市	漳州市第二水厂九龙江北溪鳌浦取水口	地表水	河流	达标	
57	福建省	漳州市	漳州市福糖水厂九龙江北溪内林取水口	地表水	河流	达标	
58	福建省	云霄县	云霄县自来水厂车圩溪取水口	地表水	河流	达标	
59	福建省	漳浦县	漳浦县自来水厂梁山水库取水口	地表水	湖库	达标	
60	福建省	漳浦县	漳浦县自来水厂澎水水库取水口	地表水	湖库	达标	
61	福建省	诏安县	诏安县自来水厂亚湖水库取水口	地表水	湖库	达标	
62	福建省	长泰县	长泰县自来水公司龙津溪福信取水口	地表水	河流	达标	
63	福建省	东山县	东山县供水公司红旗水库取水口	地表水	湖库	达标	
64	福建省	南靖县	南靖县自来水公司象溪取水口	地表水	河流	达标	
65	福建省	平和县	平和县自来水公司花山溪取水口	地表水	河流	达标	
66	福建省	华安县	华安县自来水厂九龙江北溪取水口	地表水	河流	达标	
67	福建省	龙海市	龙海市自来水厂九龙江北溪江东桥取水口	地表水	河流	达标	
68	福建省	南平市	南平市安丰水厂建溪取水口	地表水	河流	达标	

续表

序号	省份名称	行政区划	点位名称	水源地类型	水体类型	达标情况	超标指标及超标倍数
69	福建省	南平市	南平市新建村水厂照溪（五星桥水库）取水口	地表水	湖库	达标	
70	福建省	顺昌县	顺昌县派溪水厂院尾水库取水口	地表水	湖库	达标	
71	福建省	浦城县	浦城县东区水厂南浦溪取水口	地表水	河流	达标	
72	福建省	浦城县	浦城县西区水厂东风水库取水口	地表水	湖库	达标	
73	福建省	光泽县	光泽县自来水厂西关水坝取水口	地表水	河流	达标	
74	福建省	松溪县	松溪县杉溪水厂杉溪取水口	地表水	河流	达标	
75	福建省	松溪县	松溪县来龙水厂钱园桥水库取水口	地表水	湖库	达标	
76	福建省	政和县	政和县珠山水厂宝岭水库取水口	地表水	湖库	达标	
77	福建省	邵武市	邵武市通明水务公司苦竹湾取水口	地下水	地下水	达标	
78	福建省	邵武市	邵武市熙春水厂大乾水库取水口	地表水	湖库	达标	
79	福建省	武夷山市	武夷山市石雄水厂西溪取水口	地表水	河流	达标	
80	福建省	武夷山市	武夷山市三菇水厂崇阳溪取水口	地表水	河流	达标	
81	福建省	建瓯市	建瓯市东门水厂松溪取水口	地表水	河流	达标	
82	福建省	建瓯市	建瓯市新区水厂七里街水库取水口	地表水	湖库	达标	
83	福建省	建阳区	建阳市狮子山水厂崇阳溪取水口	地表水	河流	达标	
84	福建省	龙岩市	龙岩市莲花水厂地下取水口	地下水	地下水	达标	
85	福建省	龙岩市	龙岩市西桥水厂地下取水口	地下水	地下水	达标	
86	福建省	龙岩市	龙岩市东宫下水厂地下取水口	地下水	地下水	达标	
87	福建省	龙岩市	龙岩市凤凰水厂富溪三级水库大坝取水口	地表水	湖库	达标	
88	福建省	龙岩市	龙岩市新区水厂黄岗水库取水口	地表水	湖库	达标	
89	福建省	龙岩市	龙岩市东南洋水厂东肖水库取水口	地表水	湖库	达标	
90	福建省	长汀县	长汀县自来水股份有限公司正方水库取水口	地表水	湖库	达标	
91	福建省	永定区	永定县龙寨水厂龙寨水库取水口	地表水	湖库	达标	
92	福建省	上杭县	上杭县石禾仓水厂丰村溪取水口	地表水	河流	达标	
93	福建省	上杭县	上杭县兰地水厂汀江横滩取水口	地表水	河流	达标	
94	福建省	武平县	武平县北门水厂捷文水库取水口	地表水	湖库	达标	
95	福建省	连城县	连城县自来水公司竹光取水口	地下水	地下水	达标	
96	福建省	连城县	连城县自来水公司波洋取水口	地下水	地下水	达标	
97	福建省	连城县	连城县自来水公司罗坊鲜水塘地下取水口	地下水	地下水	达标	
98	福建省	连城县	连城县城区第二水源北团河取水口	地表水	河流	达标	
99	福建省	漳平市	漳平市自来水厂大坂三级电站取水口	地表水	河流	达标	
100	福建省	漳平市	漳平市铁路水厂双洋溪取水口	地表水	河流	达标	
101	福建省	宁德市	宁德市二水厂金涵水库取水口	地表水	湖库	达标	

续表

序号	省份名称	行政区划	点位名称	水源地类型	水体类型	达标情况	超标指标及超标倍数
102	福建省	宁德市	宁德市德源自来水厂陈家洋水库取水口	地表水	湖库	达标	
103	福建省	宁德市	宁德市盛源自来水公司盛源水库取水口	地表水	湖库	达标	
104	福建省	霞浦县	霞浦县北山里水厂溪西水库取水口	地表水	湖库	达标	
105	福建省	古田县	古田县城关水厂桃溪水库取水口	地表水	湖库	达标	
106	福建省	屏南县	屏南县第一自来水厂汤坑溪取水口	地表水	河流	达标	
107	福建省	屏南县	屏南县第二自来水厂南峭溪取水口	地表水	河流	达标	
108	福建省	屏南县	屏南县第二自来水厂引水工程取水口	地表水	河流	达标	
109	福建省	寿宁县	寿宁县自来水有限公司六六溪水库取水口	地表水	湖库	达标	
110	福建省	寿宁县	寿宁县城区自来水厂西山水库取水口	地表水	湖库	达标	
111	福建省	周宁县	周宁县深洋水厂李园水库取水口	地表水	湖库	达标	
112	福建省	柘荣县	柘荣县自来水厂新荣溪水库取水口	地表水	湖库	达标	
113	福建省	福安市	福安市城关二水厂交溪桃花岛取水口	地表水	河流	达标	
114	福建省	福安市	福安市城东水厂留洋水库取水口	地表水	湖库	达标	
115	福建省	福鼎市	福鼎市二水厂南溪水库取水口	地表水	湖库	达标	
116	福建省	平潭综合实验区	平潭县自来水公司三十六脚湖取水口	地表水	湖库	达标	

注：永安市铁路水厂水源保护区（后溪）取消（闽政文〔2020〕39号），于2020年4月起停止监测。

5月

一、监测情况

2020年5月，全省9个设区市及平潭综合实验区共监测115个正式投入使用的集中式生活饮用水水源（取水口），其中地表水水源108个（河流型53个，湖库型55个）、地下水源7个。

（一）监测点位

1. 地表水水源

河流型水源在水厂取水口上游100米附近处设置监测断面，水厂在同一河流有多个取水口，可在最上游100米处设置监测断面；湖库型水源原则上按常规监测点位采样，在每个水源取水口周边100米处设置1个监测点位进行采样。河流及湖库采样深度为水面下0.5米处。

2. 地下水水源

具备采样条件的，在抽水井采样。如不具备采样条件，在自来水厂的汇水区（加滤前）采样。

（二）监测项目

1. 地表水水源

①设区城市、平潭综合实验区：监测项目为《地表水环境质量标准》（GB 3838—2002）表1的基本项目（24项）、表2的补充项目（5项）和表3的优选特定项目（33项），共62项。其中，湖库型地表水饮用水源加测叶绿素a和透明度2项，共64项。

②县级城市：监测项目为《地表水环境质量标准》（GB 3838—2002）表1的基本项目（24项）、表2的补充项目（5项）和表3的优选特定项目（33项），共62项。其中，湖库型地表水饮用水源加测叶绿素a和透明度2项，共64项。

2. 地下水饮用水源

监测项目为《地下水质量标准》（GB/T 14848—2017）表1中39项。

各地可根据当地污染实际情况，适当增加区域特征污染物。

二、评价标准及方法

（一）地表水水源

地表水水源水质评价根据《地表水环境质量标准》（GB 3838—2002）Ⅲ类标准限值进行评价。基本项目按照《地表水环境质量评价方法（试行）》（环办〔2011〕22号）进行评价，补充项目、特定项目采用单因子评价法进行评价。

（二）地下水水源

地下水水源水质评价执行《地下水质量标准》（GB/T 14848—2017）Ⅲ类标准限值，采用单因子评价法进行评价。评价项目为《地下水质量标准》（GB/T 14848—2017）表1中39项。

三、评价结果

（一）总体情况

115个集中式生活饮用水水源均达标（达到或优于Ⅲ类标准），达标比例100%（详见附表）。

（二）地表水水源

108个地表水水源均达标，达标比例100%。其中，有68个达到或优于Ⅱ类标准，占63.0%。

（三）地下水水源

7个地下水水源均达标，达标比例100%。

备注：

1. 集中式生活饮用水水源，是指进入输水管网送到用户的和具有一定取水规模（供水人口一般大于1000人）的在用、备用和规划水源。

2. 集中式生活饮用水水源和饮用水的区别：饮用水水源为原水，居民饮用水为末梢水，水源水经自来水厂净化处理达到《生活饮用水卫生标准》的要求后，进入居民供水系统作为饮用水。

附表

2020年5月福建省县级以上集中式生活饮用水水源水质状况

序号	省份名称	行政区划	点位名称	水源地类型	水体类型	达标情况	超标指标及超标倍数
1	福建省	福州市	福州市西区、北区水厂闽江原厝取水口	地表水	河流	达标	
2	福建省	福州市	福州市城门水厂闽江南港取水口	地表水	河流	达标	
3	福建省	福州市	福州市马尾水厂白眉水库取水口	地表水	湖库	达标	
4	福建省	福州市	福州市新东区水厂塘坂取水口	地表水	河流	达标	
5	福建省	福州市	福州市飞凤山水厂水源取水口	地表水	河流	达标	
6	福建省	闽侯县	闽侯县自来水公司叶洋泵站取水口	地表水	河流	达标	
7	福建省	连江县	连江县塘坂水厂塘坂取水口	地表水	河流	达标	
8	福建省	罗源县	罗源县八井水厂反调节库取水口	地表水	湖库	达标	
9	福建省	罗源县	罗源县可湖水厂西溪水库取水口	地表水	湖库	达标	
10	福建省	罗源县	罗源县洋尾水厂东岩调节水库取水口	地表水	湖库	达标	
11	福建省	闽清县	闽清县白石坑水厂闽江白石坑取水口	地表水	河流	达标	
12	福建省	闽清县	闽清县塔山水厂闽江猴山取水口	地表水	河流	达标	
13	福建省	永泰县	永泰县南区水厂大樟溪取水口	地表水	河流	达标	
14	福建省	永泰县	永泰县青云山水厂天门窗水库取水口	地表水	湖库	达标	
15	福建省	永泰县	永泰县第二自来水厂水源取水口	地表水	河流	达标	
16	福建省	福清市	福清市东张水库取水口	地表水	湖库	达标	
17	福建省	福清市	福清市闽江调水峡南取水口	地表水	河流	达标	
18	福建省	长乐区	长乐市炎山水厂矶头取水口	地表水	河流	达标	

续表

序号	省份名称	行政区划	点位名称	水源地类型	水体类型	达标情况	超标指标及超标倍数
19	福建省	厦门市	厦门市莲坂水厂、集美水厂石兜、坂头水库取水口	地表水	湖库	达标	
20	福建省	厦门市	厦门市同安梅山水厂汀溪水库取水口	地表水	湖库	达标	
21	福建省	莆田市	莆田市莆田水厂东圳水库取水口	地表水	湖库	达标	
22	福建省	莆田市	莆田市涵江水厂外渡水库取水口	地表水	湖库	达标	
23	福建省	仙游县	仙游县仙游水厂古洋水库取水口	地表水	湖库	达标	
24	福建省	三明市	三明市富兴堡水厂东牙溪水库取水口	地表水	湖库	达标	
25	福建省	三明市	三明市下洋水厂东牙溪水库取水口	地表水	湖库	达标	
26	福建省	明溪县	明溪县城北水厂罗翠水库取水口	地表水	湖库	达标	
27	福建省	清流县	清流县自来水厂严坊溪取水口	地表水	河流	达标	
28	福建省	宁化县	宁化县沙子甲水厂寨头里水库取水口	地表水	湖库	达标	
29	福建省	大田县	大田县自来水公司坑口水库取水口	地表水	湖库	达标	
30	福建省	尤溪县	尤溪县自来水厂大池水库取水口	地表水	湖库	达标	
31	福建省	尤溪县	尤溪县东村溪兴头水库取水口	地表水	湖库	达标	
32	福建省	沙县	沙县第一水厂洞天岩水库取水口	地表水	湖库	达标	
33	福建省	沙县	沙县第二水厂下村洋水库取水口	地表水	湖库	达标	
34	福建省	沙县	沙县第三水厂马岩水库取水口	地表水	湖库	达标	
35	福建省	将乐县	将乐县下村水厂漠村溪取水口	地表水	河流	达标	
36	福建省	泰宁县	泰宁县北溪水厂际头水库取水口	地表水	湖库	达标	
37	福建省	建宁县	建宁县自来水公司王坪栋溪取水口	地表水	湖库	达标	
38	福建省	永安市	永安市北区水厂沙溪取水口	地表水	河流	达标	
39	福建省	永安市	永安市南区水厂洛溪水库取水口	地表水	湖库	达标	
40	福建省	泉州市	泉州市北水厂北高干渠取水口	地表水	河流	达标	
41	福建省	泉州市	泉州市湄丰水厂、泉港第三水厂泗洲水库取水口	地表水	湖库	达标	
42	福建省	泉州市	泉州市湄丰水厂、泉港第三水厂黄塘溪取水口	地表水	河流	达标	
43	福建省	泉州市	泉州市金浦水厂晋江干流金鸡拦河旧闸取水口	地表水	河流	达标	
44	福建省	泉州市	泉州市三水厂晋江干流金鸡拦河旧闸取水口	地表水	河流	达标	
45	福建省	惠安县	惠安县城南水厂黄塘溪取水口	地表水	河流	达标	
46	福建省	惠安县	惠安县北关水厂菱溪水库取水口	地表水	湖库	达标	
47	福建省	安溪县	安溪县安溪水厂晋江西溪吾都取水口	地表水	河流	达标	
48	福建省	永春县	永春县第三自来水厂晋江东溪湖洋溪取水口	地表水	河流	达标	
49	福建省	德化县	德化县德化第二水厂国宝溪取水口	地表水	河流	达标	

续表

序号	省份名称	行政区划	点位名称	水源地类型	水体类型	达标情况	超标指标及超标倍数
50	福建省	石狮市	石狮市石狮水厂南高干渠取水口	地表水	河流	达标	
51	福建省	晋江市	晋江市田洋水厂南高干渠取水口	地表水	河流	达标	
52	福建省	南安市	南安市美林水厂晋江东溪取水口	地表水	河流	达标	
53	福建省	漳州市	厦门市高殿水厂、杏林水厂九龙江北溪取水口	地表水	河流	达标	
54	福建省	漳州市	漳州市第一水厂九龙江西溪康山取水口	地表水	河流	达标	
55	福建省	漳州市	漳州市第二水厂九龙江北溪鳌浦取水口	地表水	河流	达标	
56	福建省	漳州市	漳州市福糖水厂九龙江北溪内林取水口	地表水	河流	达标	
57	福建省	云霄县	云霄县自来水厂车圩溪取水口	地表水	河流	达标	
58	福建省	漳浦县	漳浦县自来水厂梁山水库取水口	地表水	湖库	达标	
59	福建省	漳浦县	漳浦县自来水厂澎水水库取水口	地表水	湖库	达标	
60	福建省	诏安县	诏安县自来水厂亚湖水库取水口	地表水	湖库	达标	
61	福建省	长泰县	长泰县自来水公司龙津溪福信取水口	地表水	河流	达标	
62	福建省	东山县	东山县供水公司红旗水库取水口	地表水	湖库	达标	
63	福建省	南靖县	南靖县自来水公司象溪取水口	地表水	河流	达标	
64	福建省	平和县	平和县自来水公司花山溪取水口	地表水	河流	达标	
65	福建省	华安县	华安县自来水厂九龙江北溪取水口	地表水	河流	达标	
66	福建省	龙海市	龙海市自来水厂九龙江北溪江东桥取水口	地表水	河流	达标	
67	福建省	南平市	南平市安丰水厂建溪取水口	地表水	河流	达标	
68	福建省	南平市	南平市新建村水厂照溪（五星桥水库）取水口	地表水	湖库	达标	
69	福建省	顺昌县	顺昌县派溪水厂院尾水库取水口	地表水	湖库	达标	
70	福建省	浦城县	浦城县东区水厂南浦溪取水口	地表水	河流	达标	
71	福建省	浦城县	浦城县西区水厂东风水库取水口	地表水	湖库	达标	
72	福建省	光泽县	光泽县自来水厂西关水坝取水口	地表水	河流	达标	
73	福建省	松溪县	松溪县杉溪水厂杉溪取水口	地表水	河流	达标	
74	福建省	松溪县	松溪县来龙水厂钱园桥水库取水口	地表水	湖库	达标	
75	福建省	政和县	政和县珠山水厂宝岭水库取水口	地表水	湖库	达标	
76	福建省	邵武市	邵武市通明水务公司苦竹湾取水口	地下水	地下水	达标	
77	福建省	邵武市	邵武市熙春水厂大乾水库取水口	地表水	湖库	达标	
78	福建省	武夷山市	武夷山市石雄水厂西溪取水口	地表水	河流	达标	
79	福建省	武夷山市	武夷山市三菇水厂崇阳溪取水口	地表水	河流	达标	
80	福建省	建瓯市	建瓯市东门水厂松溪取水口	地表水	河流	达标	
81	福建省	建瓯市	建瓯市新区水厂七里街水库取水口	地表水	湖库	达标	
82	福建省	建阳区	建阳市狮子山水厂崇阳溪取水口	地表水	河流	达标	
83	福建省	龙岩市	龙岩市莲花水厂地下取水口	地下水	地下水	达标	

续表

序号	省份名称	行政区划	点位名称	水源地类型	水体类型	达标情况	超标指标及超标倍数
84	福建省	龙岩市	龙岩市西桥水厂地下取水口	地下水	地下水	达标	
85	福建省	龙岩市	龙岩市东宫下水厂地下取水口	地下水	地下水	达标	
86	福建省	龙岩市	龙岩市凤凰水厂富溪三级水库大坝取水口	地表水	湖库	达标	
87	福建省	龙岩市	龙岩市新区水厂黄岗水库取水口	地表水	湖库	达标	
88	福建省	龙岩市	龙岩市东南洋水厂东肖水库取水口	地表水	湖库	达标	
89	福建省	长汀县	长汀县自来水股份有限公司正方水库取水口	地表水	湖库	达标	
90	福建省	永定区	永定县龙寨水厂龙寨水库取水口	地表水	湖库	达标	
91	福建省	上杭县	上杭县石禾仓水厂丰村溪取水口	地表水	河流	达标	
92	福建省	上杭县	上杭县兰地水厂汀江横滩取水口	地表水	河流	达标	
93	福建省	武平县	武平县北门水厂捷文水库取水口	地表水	湖库	达标	
94	福建省	连城县	连城县自来水公司竹光取水口	地下水	地下水	达标	
95	福建省	连城县	连城县自来水公司波洋取水口	地下水	地下水	达标	
96	福建省	连城县	连城县自来水公司罗坊鲜水塘地下取水口	地下水	地下水	达标	
97	福建省	连城县	连城县城区第二水源北团河取水口	地表水	河流	达标	
98	福建省	漳平市	漳平市自来水厂大坂三级电站取水口	地表水	河流	达标	
99	福建省	漳平市	漳平市铁路水厂双洋溪取水口	地表水	河流	达标	
100	福建省	宁德市	宁德市二水厂金涵水库取水口	地表水	湖库	达标	
101	福建省	宁德市	宁德市德源自来水厂陈家洋水库取水口	地表水	湖库	达标	
102	福建省	宁德市	宁德市盛源自来水公司盛源水库取水口	地表水	湖库	达标	
103	福建省	霞浦县	霞浦县北山里水厂溪西水库取水口	地表水	湖库	达标	
104	福建省	古田县	古田县城关水厂桃溪水库取水口	地表水	湖库	达标	
105	福建省	屏南县	屏南县第一自来水厂汤坑溪取水口	地表水	河流	达标	
106	福建省	屏南县	屏南县第二自来水厂南峭溪取水口	地表水	河流	达标	
107	福建省	屏南县	屏南县第二自来水厂引水工程取水口	地表水	河流	达标	
108	福建省	寿宁县	寿宁县自来水有限公司六六溪水库取水口	地表水	湖库	达标	
109	福建省	寿宁县	寿宁县城区自来水厂西山水库取水口	地表水	湖库	达标	
110	福建省	周宁县	周宁县深洋水厂李园水库取水口	地表水	湖库	达标	
111	福建省	柘荣县	柘荣县自来水厂新荣溪水库取水口	地表水	湖库	达标	
112	福建省	福安市	福安市城关二水厂交溪桃花岛取水口	地表水	河流	达标	
113	福建省	福安市	福安市城东水厂留洋水库取水口	地表水	湖库	达标	
114	福建省	福鼎市	福鼎市二水厂南溪水库取水口	地表水	湖库	达标	
115	福建省	平潭综合实验区	平潭县自来水公司三十六脚湖取水口	地表水	湖库	达标	

注：闽清县贵坑水厂水源保护区取消（闽政文〔2020〕82号），于2020年5月起停止监测。

6月

一、监测情况

2020年6月，全省9个设区市及平潭综合实验区共监测115个正式投入使用的集中式生活饮用水水源（取水口），其中地表水水源108个（河流型53个，湖库型55个）、地下水源7个。

（一）监测点位

1. 地表水水源

河流型水源在水厂取水口上游100米附近处设置监测断面，水厂在同一河流有多个取水口，可在最上游100米处设置监测断面；湖库型水源原则上按常规监测点位采样，在每个水源取水口周边100米处设置1个监测点位进行采样。河流及湖库采样深度为水面下0.5米处。

2. 地下水水源

具备采样条件的，在抽水井采样。如不具备采样条件，在自来水厂的汇水区（加滤前）采样。

（二）监测项目

1. 地表水水源

①设区城市、平潭综合实验区：监测项目为《地表水环境质量标准》（GB 3838—2002）表1的基本项目（24项）、表2的补充项目（5项）和表3的优选特定项目（33项），共62项。其中，湖库型地表水饮用水源加测叶绿素a和透明度2项，共64项。

②县级城市监测项目为《地表水环境质量标准》（GB 3838—2002）表1的基本项目（24项）、表2的补充项目（5项），共29项。其中，湖库型地表水饮用水源加测叶绿素a和透明度2项，共31项。

2. 地下水饮用水源

监测项目为《地下水质量标准》（GB/T 14848—2017）表1中39项。

各地可根据当地污染实际情况，适当增加区域特征污染物。

二、评价标准及方法

（一）地表水水源

地表水水源水质评价根据《地表水环境质量标准》（GB 3838—2002）Ⅲ类标准限值进行评价。基本项目按照《地表水环境质量评价方法（试行）》（环办〔2011〕22号）进行评价，补充项目、特定项目采用单因子评价法进行评价。

（二）地下水水源

地下水水源水质评价执行《地下水质量标准》（GB/T 14848—2017）Ⅲ类标准限值，采用单因子评价法进行评价。评价项目为《地下水质量标准》（GB/T 14848—2017）表1中39项。

三、评价结果

（一）总体情况

115个集中式生活饮用水水源均达标（达到或优于Ⅲ类标准），达标比例为100%（详见附表）。

（二）地表水水源

108个地表水水源均达标，达标比例为100%。其中，有62个达到或优于Ⅱ类标准，占57.4%。

（三）地下水水源

7个地下水水源均达标，达标比例为100%。

备注：

1. 集中式生活饮用水水源，是指进入输水管网送到用户的和具有一定取水规模（供水人口一般大于1000人）的在用、备用和规划水源。

2. 集中式生活饮用水水源和饮用水的区别：饮用水水源为原水，居民饮用水为末梢水，水源水经自来水厂净化处理达到《生活饮用水卫生标准》的要求后，进入居民供水系统作为饮用水。

附表

2020年6月福建省县级以上集中式生活饮用水水源水质状况

序号	省份名称	行政区划	点位名称	水源地类型	水体类型	达标情况	超标指标及超标倍数
1	福建省	福州市	福州市西区、北区水厂闽江原厝取水口	地表水	河流	达标	
2	福建省	福州市	福州市城门水厂闽江南港取水口	地表水	河流	达标	

续表

序号	省份名称	行政区划	点位名称	水源地类型	水体类型	达标情况	超标指标及超标倍数
3	福建省	福州市	福州市马尾水厂白眉水库取水口	地表水	湖库	达标	
4	福建省	福州市	福州市新东区水厂塘坂取水口	地表水	河流	达标	
5	福建省	福州市	福州市飞凤山水厂水源取水口	地表水	河流	达标	
6	福建省	闽侯县	闽侯县自来水公司叶洋泵站取水口	地表水	河流	达标	
7	福建省	连江县	连江县塘坂水厂塘坂取水口	地表水	河流	达标	
8	福建省	罗源县	罗源县八井水厂反调节库取水口	地表水	湖库	达标	
9	福建省	罗源县	罗源县可湖水厂西溪水库取水口	地表水	湖库	达标	
10	福建省	罗源县	罗源县洋尾水厂东岩调节水库取水口	地表水	湖库	达标	
11	福建省	闽清县	闽清县白石坑水厂闽江白石坑取水口	地表水	河流	达标	
12	福建省	闽清县	闽清县塔山水厂闽江猴山取水口	地表水	河流	达标	
13	福建省	永泰县	永泰县南区水厂大樟溪取水口	地表水	河流	达标	
14	福建省	永泰县	永泰县青云山水厂天门窗水库取水口	地表水	湖库	达标	
15	福建省	永泰县	永泰县第二自来水厂水源取水口	地表水	河流	达标	
16	福建省	福清市	福清市东张水库取水口	地表水	湖库	达标	
17	福建省	福清市	福清市闽江调水峡南取水口	地表水	河流	达标	
18	福建省	长乐区	长乐市炎山水厂矶头取水口	地表水	河流	达标	
19	福建省	厦门市	厦门市莲坂水厂、集美水厂石兜、坂头水库取水口	地表水	湖库	达标	
20	福建省	厦门市	厦门市同安梅山水厂汀溪水库取水口	地表水	湖库	达标	
21	福建省	莆田市	莆田市莆田水厂东圳水库取水口	地表水	湖库	达标	
22	福建省	莆田市	莆田市涵江水厂外渡水库取水口	地表水	湖库	达标	
23	福建省	仙游县	仙游县仙游水厂古洋水库取水口	地表水	湖库	达标	
24	福建省	三明市	三明市富兴堡水厂东牙溪水库取水口	地表水	湖库	达标	
25	福建省	三明市	三明市下洋水厂东牙溪水库取水口	地表水	湖库	达标	
26	福建省	明溪县	明溪县城北水厂罗翠水库取水口	地表水	湖库	达标	
27	福建省	清流县	清流县自来水厂严坊溪取水口	地表水	河流	达标	
28	福建省	宁化县	宁化县沙子甲水厂寨头里水库取水口	地表水	湖库	达标	
29	福建省	大田县	大田县自来水公司坑口水库取水口	地表水	湖库	达标	
30	福建省	尤溪县	尤溪县自来水厂大池水库取水口	地表水	湖库	达标	
31	福建省	尤溪县	尤溪县东村溪兴头水库取水口	地表水	湖库	达标	
32	福建省	沙县	沙县第一水厂洞天岩水库取水口	地表水	湖库	达标	
33	福建省	沙县	沙县第二水厂下村洋水库取水口	地表水	湖库	达标	
34	福建省	沙县	沙县第三水厂马岩水库取水口	地表水	湖库	达标	
35	福建省	将乐县	将乐县下村水厂漠村溪取水口	地表水	河流	达标	
36	福建省	泰宁县	泰宁县北溪水厂际头水库取水口	地表水	湖库	达标	
37	福建省	建宁县	建宁县自来水公司王坪栋溪取水口	地表水	湖库	达标	

续表

序号	省份名称	行政区划	点位名称	水源地类型	水体类型	达标情况	超标指标及超标倍数
38	福建省	永安市	永安市北区水厂沙溪取水口	地表水	河流	达标	
39	福建省	永安市	永安市南区水厂洛溪水库取水口	地表水	湖库	达标	
40	福建省	泉州市	泉州市北水厂北高干渠取水口	地表水	河流	达标	
41	福建省	泉州市	泉州市涸丰水厂、泉港第三水厂泗洲水库取水口	地表水	湖库	达标	
42	福建省	泉州市	泉州市涸丰水厂、泉港第三水厂黄塘溪取水口	地表水	河流	达标	
43	福建省	泉州市	泉州市金浦水厂晋江干流金鸡拦河旧闸取水口	地表水	河流	达标	
44	福建省	泉州市	泉州市三水厂晋江干流金鸡拦河旧闸取水口	地表水	河流	达标	
45	福建省	惠安县	惠安县城南水厂黄塘溪取水口	地表水	河流	达标	
46	福建省	惠安县	惠安县北关水厂菱溪水库取水口	地表水	湖库	达标	
47	福建省	安溪县	安溪县安溪水厂晋江西溪吾都取水口	地表水	河流	达标	
48	福建省	永春县	永春县第三自来水厂晋江东溪湖洋溪取水口	地表水	河流	达标	
49	福建省	德化县	德化县德化第二水厂国宝溪取水口	地表水	河流	达标	
50	福建省	石狮市	石狮市石狮水厂南高干渠取水口	地表水	河流	达标	
51	福建省	晋江市	晋江市田洋水厂南高干渠取水口	地表水	河流	达标	
52	福建省	南安市	南安市美林水厂晋江东溪取水口	地表水	河流	达标	
53	福建省	漳州市	厦门市高殿水厂、杏林水厂九龙江北溪取水口	地表水	河流	达标	
54	福建省	漳州市	漳州市第一水厂九龙江西溪康山取水口	地表水	河流	达标	
55	福建省	漳州市	漳州市第二水厂九龙江北溪鳌浦取水口	地表水	河流	达标	
56	福建省	漳州市	漳州市福糖水厂九龙江北溪内林取水口	地表水	河流	达标	
57	福建省	云霄县	云霄县自来水厂车圩溪取水口	地表水	河流	达标	
58	福建省	漳浦县	漳浦县自来水厂梁山水库取水口	地表水	湖库	达标	
59	福建省	漳浦县	漳浦县自来水厂澎水水库取水口	地表水	湖库	达标	
60	福建省	诏安县	诏安县自来水厂亚湖水库取水口	地表水	湖库	达标	
61	福建省	长泰县	长泰县自来水公司龙津溪福信取水口	地表水	河流	达标	
62	福建省	东山县	东山县供水公司红旗水库取水口	地表水	湖库	达标	
63	福建省	南靖县	南靖县自来水公司象溪取水口	地表水	河流	达标	
64	福建省	平和县	平和县自来水公司花山溪取水口	地表水	河流	达标	
65	福建省	华安县	华安县自来水厂九龙江北溪取水口	地表水	河流	达标	
66	福建省	龙海市	龙海市自来水厂九龙江北溪江东桥取水口	地表水	河流	达标	
67	福建省	南平市	南平市安丰水厂建溪取水口	地表水	河流	达标	

续表

序号	省份名称	行政区划	点位名称	水源地类型	水体类型	达标情况	超标指标及超标倍数
68	福建省	南平市	南平市新建村水厂照溪（五星桥水库）取水口	地表水	湖库	达标	
69	福建省	顺昌县	顺昌县派溪水厂院尾水库取水口	地表水	湖库	达标	
70	福建省	浦城县	浦城县东区水厂南浦溪取水口	地表水	河流	达标	
71	福建省	浦城县	浦城县西区水厂东风水库取水口	地表水	湖库	达标	
72	福建省	光泽县	光泽县自来水厂西关水坝取水口	地表水	河流	达标	
73	福建省	松溪县	松溪县杉溪水厂杉溪取水口	地表水	河流	达标	
74	福建省	松溪县	松溪县来龙水厂钱园桥水库取水口	地表水	湖库	达标	
75	福建省	政和县	政和县珠山水厂宝岭水库取水口	地表水	湖库	达标	
76	福建省	邵武市	邵武市通明水务公司苦竹湾取水口	地下水	地下水	达标	
77	福建省	邵武市	邵武市熙春水厂大乾水库取水口	地表水	湖库	达标	
78	福建省	武夷山市	武夷山市石雄水厂西溪取水口	地表水	河流	达标	
79	福建省	武夷山市	武夷山市三菇水厂崇阳溪取水口	地表水	河流	达标	
80	福建省	建瓯市	建瓯市东门水厂松溪取水口	地表水	河流	达标	
81	福建省	建瓯市	建瓯市新区水厂七里街水库取水口	地表水	湖库	达标	
82	福建省	建阳区	建阳市狮子山水厂崇阳溪取水口	地表水	河流	达标	
83	福建省	龙岩市	龙岩市莲花水厂地下取水口	地下水	地下水	达标	
84	福建省	龙岩市	龙岩市西桥水厂地下取水口	地下水	地下水	达标	
85	福建省	龙岩市	龙岩市东宫下水厂地下取水口	地下水	地下水	达标	
86	福建省	龙岩市	龙岩市凤凰水厂富溪三级水库大坝取水口	地表水	湖库	达标	
87	福建省	龙岩市	龙岩市新区水厂黄岗水库取水口	地表水	湖库	达标	
88	福建省	龙岩市	龙岩市东南洋水厂东肖水库取水口	地表水	湖库	达标	
89	福建省	长汀县	长汀县自来水股份有限公司正方水库取水口	地表水	湖库	达标	
90	福建省	永定区	永定县龙寨水厂龙寨水库取水口	地表水	湖库	达标	
91	福建省	上杭县	上杭县石禾仓水厂丰村溪取水口	地表水	河流	达标	
92	福建省	上杭县	上杭县兰地水厂汀江横滩取水口	地表水	河流	达标	
93	福建省	武平县	武平县北门水厂捷文水库取水口	地表水	湖库	达标	
94	福建省	连城县	连城县自来水公司竹光取水口	地下水	地下水	达标	
95	福建省	连城县	连城县自来水公司波洋取水口	地下水	地下水	达标	
96	福建省	连城县	连城县自来水公司罗坊鲜水塘地下取水口	地下水	地下水	达标	
97	福建省	连城县	连城县城区第二水源北团河取水口	地表水	河流	达标	
98	福建省	漳平市	漳平市自来水厂大坂三级电站取水口	地表水	河流	达标	
99	福建省	漳平市	漳平市铁路水厂双洋溪取水口	地表水	河流	达标	
100	福建省	宁德市	宁德市二水厂金涵水库取水口	地表水	湖库	达标	

续表

序号	省份名称	行政区划	点位名称	水源地类型	水体类型	达标情况	超标指标及超标倍数
101	福建省	宁德市	宁德市德源自来水厂陈家洋水库取水口	地表水	湖库	达标	
102	福建省	宁德市	宁德市盛源自来水公司盛源水库取水口	地表水	湖库	达标	
103	福建省	霞浦县	霞浦县北山里水厂溪西水库取水口	地表水	湖库	达标	
104	福建省	古田县	古田县城关水厂桃溪水库取水口	地表水	湖库	达标	
105	福建省	屏南县	屏南县第一自来水厂汤坑溪取水口	地表水	河流	达标	
106	福建省	屏南县	屏南县第二自来水厂南峭溪取水口	地表水	河流	达标	
107	福建省	屏南县	屏南县第二自来水厂引水工程取水口	地表水	河流	达标	
108	福建省	寿宁县	寿宁县自来水有限公司六六溪水库取水口	地表水	湖库	达标	
109	福建省	寿宁县	寿宁县城区自来水厂西山水库取水口	地表水	湖库	达标	
110	福建省	周宁县	周宁县深洋水厂李园水库取水口	地表水	湖库	达标	
111	福建省	柘荣县	柘荣县自来水厂新荣溪水库取水口	地表水	湖库	达标	
112	福建省	福安市	福安市城关二水厂交溪桃花岛取水口	地表水	河流	达标	
113	福建省	福安市	福安市城东水厂留洋水库取水口	地表水	湖库	达标	
114	福建省	福鼎市	福鼎市二水厂南溪水库取水口	地表水	湖库	达标	
115	福建省	平潭综合实验区	平潭县自来水公司三十六脚湖取水口	地表水	湖库	达标	

7月

一、监测情况

2020年7月，全省9个设区市及平潭综合实验区共监测115个正式投入使用的集中式生活饮用水水源（取水口），其中地表水水源108个（河流型53个，湖库型55个）、地下水源7个。

（一）监测点位

1. 地表水水源

河流型水源在水厂取水口上游100米附近处设置监测断面，水厂在同一河流有多个取水口，可在最上游100米处设置监测断面；湖库型水源原则上按常规监测点位采样，在每个水源取水口周边100米处设置1个监测点位进行采样。河流及湖库采样深度为水面下0.5米处。

2. 地下水水源

具备采样条件的，在抽水井采样。如不具备采样条件，在自来水厂的汇水区（加滤前）采样。

（二）监测项目

1. 地表水水源

①设区城市、平潭综合实验区：监测项目为《地表水环境质量标准》（GB 3838—2002）表1的基本项目（24项）、表2的补充项目（5项）和表3的优选特定项目（33项），共62项。其中，湖库型地表水饮用水源加测叶绿素a和透明度2项，共64项。

②县级城市：监测项目为《地表水环境质量标准》（GB 3838—2002）表1的基本项目（24项）、表2的补充项目（5项）和表3的优选特定项目（33项），共62项。其中，湖库型地表水饮用水源加测叶绿素a和透明度2项，共64项。

2. 地下水饮用水源

监测项目为《地下水质量标准》（GB/T 14848—2017）表1中39项。

各地可根据当地污染实际情况，适当增加区域特征污染物。

二、评价标准及方法

（一）地表水水源

地表水水源水质评价根据《地表水环境质量

标准》（GB 3838—2002）Ⅲ类标准限值进行评价。基本项目按照《地表水环境质量评价方法（试行）》（环办〔2011〕22 号）进行评价，补充项目、特定项目采用单因子评价法进行评价。

（二）地下水水源

地下水水源水质评价执行《地下水质量标准》（GB/T 14848—2017）Ⅲ类标准限值，采用单因子评价法进行评价。评价项目为《地下水质量标准》（GB/T 14848—2017）表 1 中 39 项。

三、评价结果

（一）总体情况

115 个集中式生活饮用水水源均达标（达到或优于Ⅲ类标准），达标比例为 100%（详见附表）。

（二）地表水水源

108 个地表水水源均达标，达标比例为 100%。其中，有 71 个达到或优于Ⅱ类标准，占 65.7%。

（三）地下水水源

7 个地下水水源均达标，达标比例为 100%。

备注：

1. 集中式生活饮用水水源，是指进入输水管网送到用户的和具有一定取水规模（供水人口一般大于 1000 人）的在用、备用和规划水源。

2. 集中式生活饮用水水源和饮用水的区别：饮用水水源为原水，居民饮用水为末梢水，水源水经自来水厂净化处理达到《生活饮用水卫生标准》的要求后，进入居民供水系统作为饮用水。

附表

2020 年 7 月福建省县级以上集中式生活饮用水水源水质状况

序号	省份名称	行政区划	点位名称	水源地类型	水体类型	达标情况	超标指标及超标倍数
1	福建省	福州市	福州市西区、北区水厂闽江原厝取水口	地表水	河流	达标	
2	福建省	福州市	福州市城门水厂闽江南港取水口	地表水	河流	达标	
3	福建省	福州市	福州市马尾水厂白眉水库取水口	地表水	湖库	达标	
4	福建省	福州市	福州市新东区水厂塘坂取水口	地表水	河流	达标	
5	福建省	福州市	福州市飞凤山水厂水源取水口	地表水	河流	达标	
6	福建省	闽侯县	闽侯县自来水公司叶洋泵站取水口	地表水	河流	达标	
7	福建省	连江县	连江县塘坂水厂塘坂取水口	地表水	河流	达标	
8	福建省	罗源县	罗源县八井水厂反调节库取水口	地表水	湖库	达标	
9	福建省	罗源县	罗源县可湖水厂西溪水库取水口	地表水	湖库	达标	
10	福建省	罗源县	罗源县洋尾水厂东岩调节水库取水口	地表水	湖库	达标	
11	福建省	闽清县	闽清县白石坑水厂闽江白石坑取水口	地表水	河流	达标	
12	福建省	闽清县	闽清县塔山水厂闽江猴山取水口	地表水	河流	达标	
13	福建省	永泰县	永泰县南区水厂大樟溪取水口	地表水	河流	达标	
14	福建省	永泰县	永泰县青云山水厂天门窗水库取水口	地表水	湖库	达标	
15	福建省	永泰县	永泰县第二自来水厂水源取水口	地表水	河流	达标	
16	福建省	福清市	福清市东张水库取水口	地表水	湖库	达标	
17	福建省	福清市	福清市闽江调水峡南取水口	地表水	河流	达标	
18	福建省	长乐区	长乐市炎山水厂矶头取水口	地表水	河流	达标	
19	福建省	厦门市	厦门市莲坂水厂、集美水厂石兜、坂头水库取水口	地表水	湖库	达标	
20	福建省	厦门市	厦门市同安梅山水厂汀溪水库取水口	地表水	湖库	达标	

续表

序号	省份名称	行政区划	点位名称	水源地类型	水体类型	达标情况	超标指标及超标倍数
21	福建省	莆田市	莆田市莆田水厂东圳水库取水口	地表水	湖库	达标	
22	福建省	莆田市	莆田市涵江水厂外渡水库取水口	地表水	湖库	达标	
23	福建省	仙游县	仙游县仙游水厂古洋水库取水口	地表水	湖库	达标	
24	福建省	三明市	三明市富兴堡水厂东牙溪水库取水口	地表水	湖库	达标	
25	福建省	三明市	三明市下洋水厂东牙溪水库取水口	地表水	湖库	达标	
26	福建省	明溪县	明溪县城北水厂罗翠水库取水口	地表水	湖库	达标	
27	福建省	清流县	清流县自来水厂严坊溪取水口	地表水	河流	达标	
28	福建省	宁化县	宁化县沙子甲水厂寨头里水库取水口	地表水	湖库	达标	
29	福建省	大田县	大田县自来水公司坑口水库取水口	地表水	湖库	达标	
30	福建省	尤溪县	尤溪县自来水厂大池水库取水口	地表水	湖库	达标	
31	福建省	尤溪县	尤溪县东村溪兴头水库取水口	地表水	湖库	达标	
32	福建省	沙县	沙县第一水厂洞天岩水库取水口	地表水	湖库	达标	
33	福建省	沙县	沙县第二水厂下村洋水库取水口	地表水	湖库	达标	
34	福建省	沙县	沙县第三水厂马岩水库取水口	地表水	湖库	达标	
35	福建省	将乐县	将乐县下村水厂漠村溪取水口	地表水	河流	达标	
36	福建省	泰宁县	泰宁县北溪水厂际头水库取水口	地表水	湖库	达标	
37	福建省	建宁县	建宁县自来水公司王坪栋溪取水口	地表水	湖库	达标	
38	福建省	永安市	永安市北区水厂沙溪取水口	地表水	河流	达标	
39	福建省	永安市	永安市南区水厂洛溪水库取水口	地表水	湖库	达标	
40	福建省	泉州市	泉州市北水厂北高干渠取水口	地表水	河流	达标	
41	福建省	泉州市	泉州市湄丰水厂、泉港第三水厂泗洲水库取水口	地表水	湖库	达标	
42	福建省	泉州市	泉州市湄丰水厂、泉港第三水厂黄塘溪取水口	地表水	河流	达标	
43	福建省	泉州市	泉州市金浦水厂晋江干流金鸡拦河旧闸取水口	地表水	河流	达标	
44	福建省	泉州市	泉州市三水厂晋江干流金鸡拦河旧闸取水口	地表水	河流	达标	
45	福建省	惠安县	惠安县城南水厂黄塘溪取水口	地表水	河流	达标	
46	福建省	惠安县	惠安县北关水厂菱溪水库取水口	地表水	湖库	达标	
47	福建省	安溪县	安溪县安溪水厂晋江西溪吾都取水口	地表水	河流	达标	
48	福建省	永春县	永春县第三自来水厂晋江东溪湖洋溪取水口	地表水	河流	达标	
49	福建省	德化县	德化县德化第二水厂国宝溪取水口	地表水	河流	达标	
50	福建省	石狮市	石狮市石狮水厂南高干渠取水口	地表水	河流	达标	
51	福建省	晋江市	晋江市田洋水厂南高干渠取水口	地表水	河流	达标	
52	福建省	南安市	南安市美林水厂晋江东溪取水口	地表水	河流	达标	

续表

序号	省份名称	行政区划	点位名称	水源地类型	水体类型	达标情况	超标指标及超标倍数
53	福建省	漳州市	厦门市高殿水厂、杏林水厂九龙江北溪取水口	地表水	河流	达标	
54	福建省	漳州市	漳州市第一水厂九龙江西溪康山取水口	地表水	河流	达标	
55	福建省	漳州市	漳州市第二水厂九龙江北溪鳌浦取水口	地表水	河流	达标	
56	福建省	漳州市	漳州市福糖水厂九龙江北溪内林取水口	地表水	河流	达标	
57	福建省	云霄县	云霄县自来水厂车圩溪取水口	地表水	河流	达标	
58	福建省	漳浦县	漳浦县自来水厂梁山水库取水口	地表水	湖库	达标	
59	福建省	漳浦县	漳浦县自来水厂澎水水库取水口	地表水	湖库	达标	
60	福建省	诏安县	诏安县自来水厂亚湖水库取水口	地表水	湖库	达标	
61	福建省	长泰县	长泰县自来水公司龙津溪福信取水口	地表水	河流	达标	
62	福建省	东山县	东山县供水公司红旗水库取水口	地表水	湖库	达标	
63	福建省	南靖县	南靖县自来水公司象溪取水口	地表水	河流	达标	
64	福建省	平和县	平和县自来水公司花山溪取水口	地表水	河流	达标	
65	福建省	华安县	华安县自来水厂九龙江北溪取水口	地表水	河流	达标	
66	福建省	龙海市	龙海市自来水厂九龙江北溪江东桥取水口	地表水	河流	达标	
67	福建省	南平市	南平市安丰水厂建溪取水口	地表水	河流	达标	
68	福建省	南平市	南平市新建村水厂照溪（五星桥水库）取水口	地表水	湖库	达标	
69	福建省	顺昌县	顺昌县派溪水厂院尾水库取水口	地表水	湖库	达标	
70	福建省	浦城县	浦城县东区水厂南浦溪取水口	地表水	河流	达标	
71	福建省	浦城县	浦城县西区水厂东风水库取水口	地表水	湖库	达标	
72	福建省	光泽县	光泽县自来水厂西关水坝取水口	地表水	河流	达标	
73	福建省	松溪县	松溪县杉溪水厂杉溪取水口	地表水	河流	达标	
74	福建省	松溪县	松溪县来龙水厂钱园桥水库取水口	地表水	湖库	达标	
75	福建省	政和县	政和县珠山水厂宝岭水库取水口	地表水	湖库	达标	
76	福建省	邵武市	邵武市通明水务公司苦竹湾取水口	地下水	地下水	达标	
77	福建省	邵武市	邵武市熙春水厂大乾水库取水口	地表水	湖库	达标	
78	福建省	武夷山市	武夷山市石雄水厂西溪取水口	地表水	河流	达标	
79	福建省	武夷山市	武夷山市三菇水厂崇阳溪取水口	地表水	河流	达标	
80	福建省	建瓯市	建瓯市东门水厂松溪取水口	地表水	河流	达标	
81	福建省	建瓯市	建瓯市新区水厂七里街水库取水口	地表水	湖库	达标	
82	福建省	建阳区	建阳市狮子山水厂崇阳溪取水口	地表水	河流	达标	
83	福建省	龙岩市	龙岩市莲花水厂地下取水口	地下水	地下水	达标	
84	福建省	龙岩市	龙岩市西桥水厂地下取水口	地下水	地下水	达标	
85	福建省	龙岩市	龙岩市东宫下水厂地下取水口	地下水	地下水	达标	

续表

序号	省份名称	行政区划	点位名称	水源地类型	水体类型	达标情况	超标指标及超标倍数
86	福建省	龙岩市	龙岩市凤凰水厂富溪三级水库大坝取水口	地表水	湖库	达标	
87	福建省	龙岩市	龙岩市新区水厂黄岗水库取水口	地表水	湖库	达标	
88	福建省	龙岩市	龙岩市东南洋水厂东肖水库取水口	地表水	湖库	达标	
89	福建省	长汀县	长汀县自来水股份有限公司正方水库取水口	地表水	湖库	达标	
90	福建省	永定区	永定县龙寨水厂龙寨水库取水口	地表水	湖库	达标	
91	福建省	上杭县	上杭县石禾仓水厂丰村溪取水口	地表水	河流	达标	
92	福建省	上杭县	上杭县兰地水厂汀江横滩取水口	地表水	河流	达标	
93	福建省	武平县	武平县北门水厂捷文水库取水口	地表水	湖库	达标	
94	福建省	连城县	连城县自来水公司竹光取水口	地下水	地下水	达标	
95	福建省	连城县	连城县自来水公司波洋取水口	地下水	地下水	达标	
96	福建省	连城县	连城县自来水公司罗坊鲜水塘地下取水口	地下水	地下水	达标	
97	福建省	连城县	连城县城区第二水源北团河取水口	地表水	河流	达标	
98	福建省	漳平市	漳平市自来水厂大坂三级电站取水口	地表水	河流	达标	
99	福建省	漳平市	漳平市铁路水厂双洋溪取水口	地表水	河流	达标	
100	福建省	宁德市	宁德市二水厂金涵水库取水口	地表水	湖库	达标	
101	福建省	宁德市	宁德市德源自来水厂陈家洋水库取水口	地表水	湖库	达标	
102	福建省	宁德市	宁德市盛源自来水公司盛源水库取水口	地表水	湖库	达标	
103	福建省	霞浦县	霞浦县北山里水厂溪西水库取水口	地表水	湖库	达标	
104	福建省	古田县	古田县城关水厂桃溪水库取水口	地表水	湖库	达标	
105	福建省	屏南县	屏南县第一自来水厂汤坑溪取水口	地表水	河流	达标	
106	福建省	屏南县	屏南县第二自来水厂南峭溪取水口	地表水	河流	达标	
107	福建省	屏南县	屏南县第二自来水厂引水工程取水口	地表水	河流	达标	
108	福建省	寿宁县	寿宁县自来水有限公司六六溪水库取水口	地表水	湖库	达标	
109	福建省	寿宁县	寿宁县城区自来水厂西山水库取水口	地表水	湖库	达标	
110	福建省	周宁县	周宁县深洋水厂李园水库取水口	地表水	湖库	达标	
111	福建省	柘荣县	柘荣县自来水厂新荣溪水库取水口	地表水	湖库	达标	
112	福建省	福安市	福安市城关二水厂交溪桃花岛取水口	地表水	河流	达标	
113	福建省	福安市	福安市城东水厂留洋水库取水口	地表水	湖库	达标	
114	福建省	福鼎市	福鼎市二水厂南溪水库取水口	地表水	湖库	达标	
115	福建省	平潭综合实验区	平潭县自来水公司三十六脚湖取水口	地表水	湖库	达标	

8 月

一、监测情况

2020 年 8 月，全省 9 个设区市及平潭综合实验区共监测 115 个正式投入使用的集中式生活饮用水水源（取水口），其中地表水水源 108 个（河流型 53 个，湖库型 55 个）、地下水源 7 个。

（一）监测点位

1. 地表水水源

河流型水源在水厂取水口上游 100 米附近处设置监测断面，水厂在同一河流有多个取水口，可在最上游 100 米处设置监测断面；湖库型水源原则上按常规监测点位采样，在每个水源取水口周边 100 米处设置 1 个监测点位进行采样。河流及湖库采样深度为水面下 0. 5 米处。

2. 地下水水源

具备采样条件的，在抽水井采样。如不具备采样条件，在自来水厂的汇水区（加滤前）采样。

（二）监测项目

1. 地表水水源

①设区城市、平潭综合实验区：监测项目为《地表水环境质量标准》（GB 3838—2002）表 1 的基本项目（24 项）、表 2 的补充项目（5 项）和表 3 的优选特定项目（33 项），共 62 项。其中，湖库型地表水饮用水源加测叶绿素 a 和透明度 2 项，共 64 项。

②县级城市监测项目为《地表水环境质量标准》（GB 3838—2002）表 1 的基本项目（24 项）、表 2 的补充项目（5 项），共 29 项。其中，湖库型地表水饮用水源加测叶绿素 a 和透明度 2 项，共 31 项。

2. 地下水饮用水源

监测项目为《地下水质量标准》（GB/T 14848—2017）表 1 中 39 项。

各地可根据当地污染实际情况，适当增加区域特征污染物。

二、评价标准及方法

（一）地表水水源

地表水水源水质评价根据《地表水环境质量标准》（GB 3838—2002）Ⅲ类标准限值进行评价。基本项目按照《地表水环境质量评价方法（试行）》（环办〔2011〕22 号）进行评价，补充项目、特定项目采用单因子评价法进行评价。

（二）地下水水源

地下水水源水质评价执行《地下水质量标准》（GB/T 14848—2017）Ⅲ类标准限值，采用单因子评价法进行评价。评价项目为《地下水质量标准》（GB/T 14848—2017）表 1 中 39 项。

三、评价结果

（一）总体情况

115 个集中式生活饮用水水源均达标（达到或优于Ⅲ类标准），达标比例为 100%（详见附表）。

（二）地表水水源

108 个地表水水源均达标，达标比例为 100%。其中，有 67 个达到或优于Ⅱ类标准，占 62. 0%。

（三）地下水水源

7 个地下水水源均达标，达标比例为 100%。

备注：

1. 集中式生活饮用水水源，是指进入输水管网送到用户的和具有一定取水规模（供水人口一般大于 1000 人）的在用、备用和规划水源。

2. 集中式生活饮用水水源和饮用水的区别：饮用水水源为原水，居民饮用水为末梢水，水源水经自来水厂净化处理达到《生活饮用水卫生标准》的要求后，进入居民供水系统作为饮用水。

附表

2020 年 8 月福建省县级以上集中式生活饮用水水源水质状况

序号	省份名称	行政区划	点位名称	水源地类型	水体类型	达标情况	超标指标及超标倍数
1	福建省	福州市	福州市西区、北区水厂闽江原厝取水口	地表水	河流	达标	
2	福建省	福州市	福州市城门水厂闽江南港取水口	地表水	河流	达标	

续表

序号	省份名称	行政区划	点位名称	水源地类型	水体类型	达标情况	超标指标及超标倍数
3	福建省	福州市	福州市马尾水厂白眉水库取水口	地表水	湖库	达标	
4	福建省	福州市	福州市新东区水厂塘坂取水口	地表水	河流	达标	
5	福建省	福州市	福州市飞凤山水厂水源取水口	地表水	河流	达标	
6	福建省	闽侯县	闽侯县自来水公司叶洋泵站取水口	地表水	河流	达标	
7	福建省	连江县	连江县塘坂水厂塘坂取水口	地表水	河流	达标	
8	福建省	罗源县	罗源县八井水厂反调节库取水口	地表水	湖库	达标	
9	福建省	罗源县	罗源县可湖水厂西溪水库取水口	地表水	湖库	达标	
10	福建省	罗源县	罗源县洋尾水厂东岩调节水库取水口	地表水	湖库	达标	
11	福建省	闽清县	闽清县白石坑水厂闽江白石坑取水口	地表水	河流	达标	
12	福建省	闽清县	闽清县塔山水厂闽江猴山取水口	地表水	河流	达标	
13	福建省	永泰县	永泰县南区水厂大樟溪取水口	地表水	河流	达标	
14	福建省	永泰县	永泰县青云山水厂天门窗水库取水口	地表水	湖库	达标	
15	福建省	永泰县	永泰县第二自来水厂水源取水口	地表水	河流	达标	
16	福建省	福清市	福清市东张水库取水口	地表水	湖库	达标	
17	福建省	福清市	福清市闽江调水峡南取水口	地表水	河流	达标	
18	福建省	长乐区	长乐市炎山水厂矶头取水口	地表水	河流	达标	
19	福建省	厦门市	厦门市莲坂水厂、集美水厂石兜、坂头水库取水口	地表水	湖库	达标	
20	福建省	厦门市	厦门市同安梅山水厂汀溪水库取水口	地表水	湖库	达标	
21	福建省	莆田市	莆田市莆田水厂东圳水库取水口	地表水	湖库	达标	
22	福建省	莆田市	莆田市涵江水厂外渡水库取水口	地表水	湖库	达标	
23	福建省	仙游县	仙游县仙游水厂古洋水库取水口	地表水	湖库	达标	
24	福建省	三明市	三明市富兴堡水厂东牙溪水库取水口	地表水	湖库	达标	
25	福建省	三明市	三明市下洋水厂东牙溪水库取水口	地表水	湖库	达标	
26	福建省	明溪县	明溪县城北水厂罗翠水库取水口	地表水	湖库	达标	
27	福建省	清流县	清流县自来水厂严坊溪取水口	地表水	河流	达标	
28	福建省	宁化县	宁化县沙子甲水厂寨头里水库取水口	地表水	湖库	达标	
29	福建省	大田县	大田县自来水公司坑口水库取水口	地表水	湖库	达标	
30	福建省	尤溪县	尤溪县自来水厂大池水库取水口	地表水	湖库	达标	
31	福建省	尤溪县	尤溪县东村溪兴头水库取水口	地表水	湖库	达标	
32	福建省	沙县	沙县第一水厂洞天岩水库取水口	地表水	湖库	达标	
33	福建省	沙县	沙县第二水厂下村洋水库取水口	地表水	湖库	达标	
34	福建省	沙县	沙县第三水厂马岩水库取水口	地表水	湖库	达标	
35	福建省	将乐县	将乐县下村水厂漠村溪取水口	地表水	河流	达标	
36	福建省	泰宁县	泰宁县北溪水厂际头水库取水口	地表水	湖库	达标	
37	福建省	建宁县	建宁县自来水公司王坪栋溪取水口	地表水	湖库	达标	

续表

序号	省份名称	行政区划	点位名称	水源地类型	水体类型	达标情况	超标指标及超标倍数
38	福建省	永安市	永安市北区水厂沙溪取水口	地表水	河流	达标	
39	福建省	永安市	永安市南区水厂洛溪水库取水口	地表水	湖库	达标	
40	福建省	泉州市	泉州市北水厂北高干渠取水口	地表水	河流	达标	
41	福建省	泉州市	泉州市湄丰水厂、泉港第三水厂泗洲水库取水口	地表水	湖库	达标	
42	福建省	泉州市	泉州市湄丰水厂、泉港第三水厂黄塘溪取水口	地表水	河流	达标	
43	福建省	泉州市	泉州市金浦水厂晋江干流金鸡拦河旧闸取水口	地表水	河流	达标	
44	福建省	泉州市	泉州市三水厂晋江干流金鸡拦河旧闸取水口	地表水	河流	达标	
45	福建省	惠安县	惠安县城南水厂黄塘溪取水口	地表水	河流	达标	
46	福建省	惠安县	惠安县北关水厂菱溪水库取水口	地表水	湖库	达标	
47	福建省	安溪县	安溪县安溪水厂晋江西溪吾都取水口	地表水	河流	达标	
48	福建省	永春县	永春县第三自来水厂晋江东溪湖洋溪取水口	地表水	河流	达标	
49	福建省	德化县	德化县德化第二水厂国宝溪取水口	地表水	河流	达标	
50	福建省	石狮市	石狮市石狮水厂南高干渠取水口	地表水	河流	达标	
51	福建省	晋江市	晋江市田洋水厂南高干渠取水口	地表水	河流	达标	
52	福建省	南安市	南安市美林水厂晋江东溪取水口	地表水	河流	达标	
53	福建省	漳州市	厦门市高殿水厂、杏林水厂九龙江北溪取水口	地表水	河流	达标	
54	福建省	漳州市	漳州市第一水厂九龙江西溪康山取水口	地表水	河流	达标	
55	福建省	漳州市	漳州市第二水厂九龙江北溪鳌浦取水口	地表水	河流	达标	
56	福建省	漳州市	漳州市福糖水厂九龙江北溪内林取水口	地表水	河流	达标	
57	福建省	云霄县	云霄县自来水厂车圩溪取水口	地表水	河流	达标	
58	福建省	漳浦县	漳浦县自来水厂梁山水库取水口	地表水	湖库	达标	
59	福建省	漳浦县	漳浦县自来水厂澎水水库取水口	地表水	湖库	达标	
60	福建省	诏安县	诏安县自来水厂亚湖水库取水口	地表水	湖库	达标	
61	福建省	长泰县	长泰县自来水公司龙津溪福信取水口	地表水	河流	达标	
62	福建省	东山县	东山县供水公司红旗水库取水口	地表水	湖库	达标	
63	福建省	南靖县	南靖县自来水公司象溪取水口	地表水	河流	达标	
64	福建省	平和县	平和县自来水公司花山溪取水口	地表水	河流	达标	
65	福建省	华安县	华安县自来水厂九龙江北溪取水口	地表水	河流	达标	
66	福建省	龙海市	龙海市自来水厂九龙江北溪江东桥取水口	地表水	河流	达标	
67	福建省	南平市	南平市安丰水厂建溪取水口	地表水	河流	达标	
68	福建省	南平市	南平市新建村水厂照溪（五星桥水库）取水口	地表水	湖库	达标	

续表

序号	省份名称	行政区划	点位名称	水源地类型	水体类型	达标情况	超标指标及超标倍数
69	福建省	顺昌县	顺昌县派溪水厂院尾水库取水口	地表水	湖库	达标	
70	福建省	浦城县	浦城县东区水厂南浦溪取水口	地表水	河流	达标	
71	福建省	浦城县	浦城县西区水厂东风水库取水口	地表水	湖库	达标	
72	福建省	光泽县	光泽县自来水厂西关水坝取水口	地表水	河流	达标	
73	福建省	松溪县	松溪县杉溪水厂杉溪取水口	地表水	河流	达标	
74	福建省	松溪县	松溪县来龙水厂钱园桥水库取水口	地表水	湖库	达标	
75	福建省	政和县	政和县珠山水厂宝岭水库取水口	地表水	湖库	达标	
76	福建省	邵武市	邵武市通明水务公司苦竹湾取水口	地下水	地下水	达标	
77	福建省	邵武市	邵武市熙春水厂大乾水库取水口	地表水	湖库	达标	
78	福建省	武夷山市	武夷山市石雄水厂西溪取水口	地表水	河流	达标	
79	福建省	武夷山市	武夷山市三菇水厂崇阳溪取水口	地表水	河流	达标	
80	福建省	建瓯市	建瓯市东门水厂松溪取水口	地表水	河流	达标	
81	福建省	建瓯市	建瓯市新区水厂七里街水库取水口	地表水	湖库	达标	
82	福建省	建阳区	建阳市狮子山水厂崇阳溪取水口	地表水	河流	达标	
83	福建省	龙岩市	龙岩市莲花水厂地下取水口	地下水	地下水	达标	
84	福建省	龙岩市	龙岩市西桥水厂地下取水口	地下水	地下水	达标	
85	福建省	龙岩市	龙岩市东宫下水厂地下取水口	地下水	地下水	达标	
86	福建省	龙岩市	龙岩市凤凰水厂富溪三级水库大坝取水口	地表水	湖库	达标	
87	福建省	龙岩市	龙岩市新区水厂黄岗水库取水口	地表水	湖库	达标	
88	福建省	龙岩市	龙岩市东南洋水厂东肖水库取水口	地表水	湖库	达标	
89	福建省	长汀县	长汀县自来水股份有限公司正方水库取水口	地表水	湖库	达标	
90	福建省	永定区	永定县龙寨水厂龙寨水库取水口	地表水	湖库	达标	
91	福建省	上杭县	上杭县石禾仓水厂丰村溪取水口	地表水	河流	达标	
92	福建省	上杭县	上杭县兰地水厂汀江横滩取水口	地表水	河流	达标	
93	福建省	武平县	武平县北门水厂捷文水库取水口	地表水	湖库	达标	
94	福建省	连城县	连城县自来水公司竹光取水口	地下水	地下水	达标	
95	福建省	连城县	连城县自来水公司波洋取水口	地下水	地下水	达标	
96	福建省	连城县	连城县自来水公司罗坊鲜水塘地下取水口	地下水	地下水	达标	
97	福建省	连城县	连城县城区第二水源北团河取水口	地表水	河流	达标	
98	福建省	漳平市	漳平市自来水厂大坂三级电站取水口	地表水	河流	达标	
99	福建省	漳平市	漳平市铁路水厂双洋溪取水口	地表水	河流	达标	
100	福建省	宁德市	宁德市二水厂金涵水库取水口	地表水	湖库	达标	
101	福建省	宁德市	宁德市德源自来水厂陈家洋水库取水口	地表水	湖库	达标	

续表

序号	省份名称	行政区划	点位名称	水源地类型	水体类型	达标情况	超标指标及超标倍数
102	福建省	宁德市	宁德市盛源自来水公司盛源水库取水口	地表水	湖库	达标	
103	福建省	霞浦县	霞浦县北山里水厂溪西水库取水口	地表水	湖库	达标	
104	福建省	古田县	古田县城关水厂桃溪水库取水口	地表水	湖库	达标	
105	福建省	屏南县	屏南县第一自来水厂汤坑溪取水口	地表水	河流	达标	
106	福建省	屏南县	屏南县第二自来水厂南峭溪取水口	地表水	河流	达标	
107	福建省	屏南县	屏南县第二自来水厂引水工程取水口	地表水	河流	达标	
108	福建省	寿宁县	寿宁县自来水有限公司六六溪水库取水口	地表水	湖库	达标	
109	福建省	寿宁县	寿宁县城区自来水厂西山水库取水口	地表水	湖库	达标	
110	福建省	周宁县	周宁县深洋水厂李园水库取水口	地表水	湖库	达标	
111	福建省	柘荣县	柘荣县自来水厂新荣溪水库取水口	地表水	湖库	达标	
112	福建省	福安市	福安市城关二水厂交溪桃花岛取水口	地表水	河流	达标	
113	福建省	福安市	福安市城东水厂留洋水库取水口	地表水	湖库	达标	
114	福建省	福鼎市	福鼎市二水厂南溪水库取水口	地表水	湖库	达标	
115	福建省	平潭综合实验区	平潭县自来水公司三十六脚湖取水口	地表水	湖库	达标	

9 月

一、监测情况

2020 年 9 月，全省 9 个设区市及平潭综合实验区共监测 114 个正式投入使用的集中式生活饮用水水源（取水口），其中地表水水源 107 个（河流型 53 个，湖库型 54 个）、地下水源 7 个。

（一）监测点位

1. 地表水水源

河流型水源在水厂取水口上游 100 米附近处设置监测断面，水厂在同一河流有多个取水口，可在最上游 100 米处设置监测断面；湖库型水源原则上按常规监测点位采样，在每个水源取水口周边 100 米处设置 1 个监测点位进行采样。河流及湖库采样深度为水面下 0. 5 米处。

2. 地下水水源

具备采样条件的，在抽水井采样。如不具备采样条件，在自来水厂的汇水区（加滤前）采样。

（二）监测项目

1. 地表水水源

①设区城市、平潭综合实验区：监测项目为《地表水环境质量标准》（GB 3838—2002）表 1 的基本项目（24 项）、表 2 的补充项目（5 项）和表 3 的优选特定项目（33 项），共 62 项。其中，湖库型地表水饮用水源加测叶绿素 a 和透明度 2 项，共 64 项。

②县级城市：监测项目为《地表水环境质量标准》（GB 3838—2002）表 1 的基本项目（24 项）、表 2 的补充项目（5 项）和表 3 的优选特定项目（33 项），共 62 项。其中，湖库型地表水饮用水源加测叶绿素 a 和透明度 2 项，共 64 项。

2. 地下水饮用水源

监测项目为《地下水质量标准》（GB/T 14848—2017）表 1 中 39 项。

各地可根据当地污染实际情况，适当增加区域特征污染物。

二、评价标准及方法

（一）地表水水源

地表水水源水质评价根据《地表水环境质量标准》（GB3838—2002）Ⅲ类标准限值进行评价。基本项目按照《地表水环境质量评价方法（试行)》（环办〔2011〕22号）进行评价，补充项目、特定项目采用单因子评价法进行评价。

（二）地下水水源

地下水水源水质评价执行《地下水质量标准》（GB/T 14848—2017）Ⅲ类标准限值，采用单因子评价法进行评价。评价项目为《地下水质量标准》（GB/T 14848—2017）表1中39项。

三、评价结果

（一）总体情况

114个集中式生活饮用水水源均达标（达到或优于Ⅲ类标准），达标比例为100%（详见附表）。

（二）地表水水源

107个地表水水源均达标，达标比例为100%。其中，有65个达到或优于Ⅱ类标准，占60.7%。

（三）地下水水源

7个地下水水源均达标，达标比例为100%。

备注：

1. 集中式生活饮用水水源，是指进入输水管网送到用户的和具有一定取水规模（供水人口一般大于1000人）的在用、备用和规划水源。

2. 集中式生活饮用水水源和饮用水的区别：饮用水水源为原水，居民饮用水为末梢水，水源水经自来水厂净化处理达到《生活饮用水卫生标准》的要求后，进入居民供水系统作为饮用水。

附表

2020年9月福建省县级以上集中式生活饮用水水源水质状况

序号	省份名称	行政区划	点位名称	水源地类型	水体类型	达标情况	超标指标及超标倍数
1	福建省	福州市	福州市西区、北区水厂闽江原厝取水口	地表水	河流	达标	
2	福建省	福州市	福州市城门水厂闽江南港取水口	地表水	河流	达标	
3	福建省	福州市	福州市马尾水厂白眉水库取水口	地表水	湖库	达标	
4	福建省	福州市	福州市新东区水厂塘坂取水口	地表水	河流	达标	
5	福建省	福州市	福州市飞凤山水厂水源取水口	地表水	河流	达标	
6	福建省	闽侯县	闽侯县自来水公司叶洋泵站取水口	地表水	河流	达标	
7	福建省	连江县	连江县塘坂水厂塘坂取水口	地表水	河流	达标	
8	福建省	罗源县	罗源县八井水厂反调节库取水口	地表水	湖库	达标	
9	福建省	罗源县	罗源县可湖水厂西溪水库取水口	地表水	湖库	达标	
10	福建省	罗源县	罗源县洋尾水厂东岩调节水库取水口	地表水	湖库	达标	
11	福建省	闽清县	闽清县白石坑水厂闽江白石坑取水口	地表水	河流	达标	
12	福建省	闽清县	闽清县塔山水厂闽江猴山取水口	地表水	河流	达标	
13	福建省	永泰县	永泰县南区水厂大樟溪取水口	地表水	河流	达标	
14	福建省	永泰县	永泰县青云山水厂天门窗水库取水口	地表水	湖库	达标	
15	福建省	永泰县	永泰县第二自来水厂水源取水口	地表水	河流	达标	
16	福建省	福清市	福清市东张水库取水口	地表水	湖库	达标	
17	福建省	福清市	福清市闽江调水峡南取水口	地表水	河流	达标	
18	福建省	长乐区	长乐市炎山水厂砚头取水口	地表水	河流	达标	
19	福建省	厦门市	厦门市莲坂水厂、集美水厂石兜、坂头水库取水口	地表水	湖库	达标	
20	福建省	厦门市	厦门市同安梅山水厂汀溪水库取水口	地表水	湖库	达标	

续表

序号	省份名称	行政区划	点位名称	水源地类型	水体类型	达标情况	超标指标及超标倍数
21	福建省	莆田市	莆田市莆田水厂东圳水库取水口	地表水	湖库	达标	
22	福建省	莆田市	莆田市涵江水厂外渡水库取水口	地表水	湖库	达标	
23	福建省	仙游县	仙游县仙游水厂古洋水库取水口	地表水	湖库	达标	
24	福建省	三明市	三明市薯沙溪水库取水口	地表水	湖库	达标	
25	福建省	明溪县	明溪县城北水厂罗翠水库取水口	地表水	湖库	达标	
26	福建省	清流县	清流县自来水厂严坊溪取水口	地表水	河流	达标	
27	福建省	宁化县	宁化县沙子甲水厂寨头里水库取水口	地表水	湖库	达标	
28	福建省	大田县	大田县自来水公司坑口水库取水口	地表水	湖库	达标	
29	福建省	尤溪县	尤溪县自来水厂大池水库取水口	地表水	湖库	达标	
30	福建省	尤溪县	尤溪县东村溪兴头水库取水口	地表水	湖库	达标	
31	福建省	沙县	沙县第一水厂洞天岩水库取水口	地表水	湖库	达标	
32	福建省	沙县	沙县第二水厂下村洋水库取水口	地表水	湖库	达标	
33	福建省	沙县	沙县第三水厂马岩水库取水口	地表水	湖库	达标	
34	福建省	将乐县	将乐县下村水厂漠村溪取水口	地表水	河流	达标	
35	福建省	泰宁县	泰宁县北溪水厂际头水库取水口	地表水	湖库	达标	
36	福建省	建宁县	建宁县自来水公司王坪栋溪取水口	地表水	湖库	达标	
37	福建省	永安市	永安市北区水厂沙溪取水口	地表水	河流	达标	
38	福建省	永安市	永安市南区水厂洛溪水库取水口	地表水	湖库	达标	
39	福建省	泉州市	泉州市北水厂北高干渠取水口	地表水	河流	达标	
40	福建省	泉州市	泉州市湄丰水厂、泉港第三水厂泗洲水库取水口	地表水	湖库	达标	
41	福建省	泉州市	泉州市湄丰水厂、泉港第三水厂黄塘溪取水口	地表水	河流	达标	
42	福建省	泉州市	泉州市金浦水厂晋江干流金鸡拦河旧闸取水口	地表水	河流	达标	
43	福建省	泉州市	泉州市三水厂晋江干流金鸡拦河旧闸取水口	地表水	河流	达标	
44	福建省	惠安县	惠安县城南水厂黄塘溪取水口	地表水	河流	达标	
45	福建省	惠安县	惠安县北关水厂菱溪水库取水口	地表水	湖库	达标	
46	福建省	安溪县	安溪县安溪水厂晋江西溪吾都取水口	地表水	河流	达标	
47	福建省	永春县	永春县第三自来水厂晋江东溪湖洋溪取水口	地表水	河流	达标	
48	福建省	德化县	德化县德化第二水厂国宝溪取水口	地表水	河流	达标	
49	福建省	石狮市	石狮市石狮水厂南高干渠取水口	地表水	河流	达标	
50	福建省	晋江市	晋江市田洋水厂南高干渠取水口	地表水	河流	达标	
51	福建省	南安市	南安市美林水厂晋江东溪取水口	地表水	河流	达标	
52	福建省	漳州市	厦门市高殿水厂、杏林水厂九龙江北溪取水口	地表水	河流	达标	

续表

序号	省份名称	行政区划	点位名称	水源地类型	水体类型	达标情况	超标指标及超标倍数
53	福建省	漳州市	漳州市第一水厂九龙江西溪康山取水口	地表水	河流	达标	
54	福建省	漳州市	漳州市第二水厂九龙江北溪鳌浦取水口	地表水	河流	达标	
55	福建省	漳州市	漳州市福糖水厂九龙江北溪内林取水口	地表水	河流	达标	
56	福建省	云霄县	云霄县自来水厂车圩溪取水口	地表水	河流	达标	
57	福建省	漳浦县	漳浦县自来水厂梁山水库取水口	地表水	湖库	达标	
58	福建省	漳浦县	漳浦县自来水厂澎水水库取水口	地表水	湖库	达标	
59	福建省	诏安县	诏安县自来水厂亚湖水库取水口	地表水	湖库	达标	
60	福建省	长泰县	长泰县自来水公司龙津溪福信取水口	地表水	河流	达标	
61	福建省	东山县	东山县供水公司红旗水库取水口	地表水	湖库	达标	
62	福建省	南靖县	南靖县自来水公司象溪取水口	地表水	河流	达标	
63	福建省	平和县	平和县自来水公司花山溪取水口	地表水	河流	达标	
64	福建省	华安县	华安县自来水厂九龙江北溪取水口	地表水	河流	达标	
65	福建省	龙海市	龙海市自来水厂九龙江北溪江东桥取水口	地表水	河流	达标	
66	福建省	南平市	南平市安丰水厂建溪取水口	地表水	河流	达标	
67	福建省	南平市	南平市新建村水厂照溪（五星桥水库）取水口	地表水	湖库	达标	
68	福建省	顺昌县	顺昌县派溪水厂院尾水库取水口	地表水	湖库	达标	
69	福建省	浦城县	浦城县东区水厂南浦溪取水口	地表水	河流	达标	
70	福建省	浦城县	浦城县西区水厂东风水库取水口	地表水	湖库	达标	
71	福建省	光泽县	光泽县自来水厂西关水坝取水口	地表水	河流	达标	
72	福建省	松溪县	松溪县杉溪水厂杉溪取水口	地表水	河流	达标	
73	福建省	松溪县	松溪县来龙水厂钱园桥水库取水口	地表水	湖库	达标	
74	福建省	政和县	政和县珠山水厂宝岭水库取水口	地表水	湖库	达标	
75	福建省	邵武市	邵武市通明水务公司苦竹湾取水口	地下水	地下水	达标	
76	福建省	邵武市	邵武市熙春水厂大乾水库取水口	地表水	湖库	达标	
77	福建省	武夷山市	武夷山市石雄水厂西溪取水口	地表水	河流	达标	
78	福建省	武夷山市	武夷山市三菇水厂崇阳溪取水口	地表水	河流	达标	
79	福建省	建瓯市	建瓯市东门水厂松溪取水口	地表水	河流	达标	
80	福建省	建瓯市	建瓯市新区水厂七里街水库取水口	地表水	湖库	达标	
81	福建省	建阳区	建阳市狮子山水厂崇阳溪取水口	地表水	河流	达标	
82	福建省	龙岩市	龙岩市莲花水厂地下取水口	地下水	地下水	达标	
83	福建省	龙岩市	龙岩市西桥水厂地下取水口	地下水	地下水	达标	
84	福建省	龙岩市	龙岩市东宫下水厂地下取水口	地下水	地下水	达标	
85	福建省	龙岩市	龙岩市凤凰水厂富溪三级水库大坝取水口	地表水	湖库	达标	

续表

序号	省份名称	行政区划	点位名称	水源地类型	水体类型	达标情况	超标指标及超标倍数
86	福建省	龙岩市	龙岩市新区水厂黄岗水库取水口	地表水	湖库	达标	
87	福建省	龙岩市	龙岩市东南洋水厂东肖水库取水口	地表水	湖库	达标	
88	福建省	长汀县	长汀县自来水股份有限公司正方水库取水口	地表水	湖库	达标	
89	福建省	永定区	永定县龙寨水厂龙寨水库取水口	地表水	湖库	达标	
90	福建省	上杭县	上杭县石禾仓水厂丰村溪取水口	地表水	河流	达标	
91	福建省	上杭县	上杭县兰地水厂汀江横滩取水口	地表水	河流	达标	
92	福建省	武平县	武平县北门水厂捷文水库取水口	地表水	湖库	达标	
93	福建省	连城县	连城县自来水公司竹光取水口	地下水	地下水	达标	
94	福建省	连城县	连城县自来水公司波洋取水口	地下水	地下水	达标	
95	福建省	连城县	连城县自来水公司罗坊鲜水塘地下取水口	地下水	地下水	达标	
96	福建省	连城县	连城县城区第二水源北团河取水口	地表水	河流	达标	
97	福建省	漳平市	漳平市自来水厂大坂三级电站取水口	地表水	河流	达标	
98	福建省	漳平市	漳平市铁路水厂双洋溪取水口	地表水	河流	达标	
99	福建省	宁德市	宁德市二水厂金涵水库取水口	地表水	湖库	达标	
100	福建省	宁德市	宁德市德源自来水厂陈家洋水库取水口	地表水	湖库	达标	
101	福建省	宁德市	宁德市盛源自来水公司盛源水库取水口	地表水	湖库	达标	
102	福建省	霞浦县	霞浦县北山里水厂溪西水库取水口	地表水	湖库	达标	
103	福建省	古田县	古田县城关水厂桃溪水库取水口	地表水	湖库	达标	
104	福建省	屏南县	屏南县第一自来水厂汤坑溪取水口	地表水	河流	达标	
105	福建省	屏南县	屏南县第二自来水厂南峭溪取水口	地表水	河流	达标	
106	福建省	屏南县	屏南县第二自来水厂引水工程取水口	地表水	河流	达标	
107	福建省	寿宁县	寿宁县自来水有限公司六六溪水库取水口	地表水	湖库	达标	
108	福建省	寿宁县	寿宁县城区自来水厂西山水库取水口	地表水	湖库	达标	
109	福建省	周宁县	周宁县深洋水厂李园水库取水口	地表水	湖库	达标	
110	福建省	柘荣县	柘荣县自来水厂新荣溪水库取水口	地表水	湖库	达标	
111	福建省	福安市	福安市城关二水厂交溪桃花岛取水口	地表水	河流	达标	
112	福建省	福安市	福安市城东水厂留洋水库取水口	地表水	湖库	达标	
113	福建省	福鼎市	福鼎市二水厂南溪水库取水口	地表水	湖库	达标	
114	福建省	平潭综合实验区	平潭县自来水公司三十六脚湖取水口	地表水	湖库	达标	

备注：1. 三明市富兴堡水厂东牙溪水库取水口、三明市下洋水厂东牙溪水库取水口均从三明市东牙溪水库水源保护区取水，从2020年9月起统一整合调整至新监测点位“三明市东牙溪水库取水口”；

2. 2020年9月，新增点位：三明市东牙溪水库取水口（测站编码：400304，饮用水类型：湖库型）。由于东牙溪水库分层取水改造施工，该点位2020年9月—2021年2月施工期间暂停水质监测；

3. 2020年9月，新增点位：三明市薯沙溪水库取水口（测站编码：400305，饮用水类型：湖库型），2020年9月正式启用。

10月

一、监测情况

2020年10月，全省9个设区城市及平潭综合实验区共监测114个正式投入使用的集中式生活饮用水水源（取水口），其中地表水水源107个（河流型53个，湖库型54个）、地下水源7个。

（一）监测点位

1. 地表水水源

河流型水源在水厂取水口上游100米附近处设置监测断面，水厂在同一河流有多个取水口，可在最上游100米处设置监测断面；湖库型水源原则上按常规监测点位采样，在每个水源取水口周边100米处设置1个监测点位进行采样。河流及湖库采样深度为水面下0.5米处。

2. 地下水水源

具备采样条件的，在抽水井采样。如不具备采样条件，在自来水厂的汇水区（加滤前）采样。

（二）监测项目

1. 地表水水源

①设区城市、平潭综合实验区：监测项目为《地表水环境质量标准》（GB 3838—2002）表1的基本项目（24项）、表2的补充项目（5项）和表3的优选特定项目（33项），共62项。其中，湖库型地表水饮用水源加测叶绿素a和透明度2项，共64项。

②县级城市监测项目为《地表水环境质量标准》（GB 3838—2002）表1的基本项目（24项）、表2的补充项目（5项），共29项。其中，湖库型地表水饮用水源加测叶绿素a和透明度2项，共31项。

2. 地下水饮用水源

监测项目为《地下水质量标准》（GB/T 14848—2017）表1中39项。

各地可根据当地污染实际情况，适当增加区域特征污染物。

二、评价标准及方法

（一）地表水水源

地表水水源水质评价根据《地表水环境质量标准》（GB 3838—2002）Ⅲ类标准限值进行评价。基本项目按照《地表水环境质量评价方法（试行）》（环办〔2011〕22号）进行评价，补充项目、特定项目采用单因子评价法进行评价。

（二）地下水水源

地下水水源水质评价执行《地下水质量标准》（GB/T 14848—2017）Ⅲ类标准限值，采用单因子评价法进行评价。评价项目为《地下水质量标准》（GB/T 14848—2017）表1中39项。

三、评价结果

（一）总体情况

114个集中式生活饮用水水源均达标（达到或优于Ⅲ类标准），达标比例为100%（详见附表）。

（二）地表水水源

107个地表水水源均达标，达标比例为100%。其中，有71个达到或优于Ⅱ类标准，占66.4%。

（三）地下水水源

7个地下水水源均达标，达标比例为100%。

备注：

1. 集中式生活饮用水水源，是指进入输水管网送到用户的和具有一定取水规模（供水人口一般大于1000人）的在用、备用和规划水源。

2. 集中式生活饮用水水源和饮用水的区别：饮用水水源为原水，居民饮用水为末梢水，水源水经自来水厂净化处理达到《生活饮用水卫生标准》的要求后，进入居民供水系统作为饮用水。

附表

2020年10月福建省县级以上集中式生活饮用水水源水质状况

序号	省份名称	行政区划	点位名称	水源地类型	水体类型	达标情况	超标指标及超标倍数
1	福建省	福州市	福州市西区、北区水厂闽江原厝取水口	地表水	河流	达标	
2	福建省	福州市	福州市城门水厂闽江南港取水口	地表水	河流	达标	

续表

序号	省份名称	行政区划	点位名称	水源地类型	水体类型	达标情况	超标指标及超标倍数
3	福建省	福州市	福州市马尾水厂白眉水库取水口	地表水	湖库	达标	
4	福建省	福州市	福州市新东区水厂塘坂取水口	地表水	河流	达标	
5	福建省	福州市	福州市飞凤山水厂水源取水口	地表水	河流	达标	
6	福建省	闽侯县	闽侯县自来水公司叶洋泵站取水口	地表水	河流	达标	
7	福建省	连江县	连江县塘坂水厂塘坂取水口	地表水	河流	达标	
8	福建省	罗源县	罗源县八井水厂反调节库取水口	地表水	湖库	达标	
9	福建省	罗源县	罗源县可湖水厂西溪水库取水口	地表水	湖库	达标	
10	福建省	罗源县	罗源县洋尾水厂东岩调节水库取水口	地表水	湖库	达标	
11	福建省	闽清县	闽清县白石坑水厂闽江白石坑取水口	地表水	河流	达标	
12	福建省	闽清县	闽清县塔山水厂闽江猴山取水口	地表水	河流	达标	
13	福建省	永泰县	永泰县南区水厂大樟溪取水口	地表水	河流	达标	
14	福建省	永泰县	永泰县青云山水厂天门窗水库取水口	地表水	湖库	达标	
15	福建省	永泰县	永泰县第二自来水厂水源取水口	地表水	河流	达标	
16	福建省	福清市	福清市东张水库取水口	地表水	湖库	达标	
17	福建省	福清市	福清市闽江调水峡南取水口	地表水	河流	达标	
18	福建省	长乐区	长乐市炎山水厂矶头取水口	地表水	河流	达标	
19	福建省	厦门市	厦门市莲坂水厂、集美水厂石兜、坂头水库取水口	地表水	湖库	达标	
20	福建省	厦门市	厦门市同安梅山水厂汀溪水库取水口	地表水	湖库	达标	
21	福建省	莆田市	莆田市莆田水厂东圳水库取水口	地表水	湖库	达标	
22	福建省	莆田市	莆田市涵江水厂外渡水库取水口	地表水	湖库	达标	
23	福建省	仙游县	仙游县仙游水厂古洋水库取水口	地表水	湖库	达标	
24	福建省	三明市	三明市薯沙溪水库取水口	地表水	湖库	达标	
25	福建省	明溪县	明溪县城北水厂罗翠水库取水口	地表水	湖库	达标	
26	福建省	清流县	清流县自来水厂严坊溪取水口	地表水	河流	达标	
27	福建省	宁化县	宁化县沙子甲水厂寨头里水库取水口	地表水	湖库	达标	
28	福建省	大田县	大田县自来水公司坑口水库取水口	地表水	湖库	达标	
29	福建省	尤溪县	尤溪县自来水厂大池水库取水口	地表水	湖库	达标	
30	福建省	尤溪县	尤溪县东村溪兴头水库取水口	地表水	湖库	达标	
31	福建省	沙县	沙县第一水厂洞天岩水库取水口	地表水	湖库	达标	
32	福建省	沙县	沙县第二水厂下村洋水库取水口	地表水	湖库	达标	
33	福建省	沙县	沙县第三水厂马岩水库取水口	地表水	湖库	达标	
34	福建省	将乐县	将乐县下村水厂漠村溪取水口	地表水	河流	达标	
35	福建省	泰宁县	泰宁县北溪水厂际头水库取水口	地表水	湖库	达标	
36	福建省	建宁县	建宁县自来水公司王坪栋溪取水口	地表水	湖库	达标	
37	福建省	永安市	永安市北区水厂沙溪取水口	地表水	河流	达标	

续表

序号	省份名称	行政区划	点位名称	水源地类型	水体类型	达标情况	超标指标及超标倍数
38	福建省	永安市	永安市南区水厂洛溪水库取水口	地表水	湖库	达标	
39	福建省	泉州市	泉州市北水厂北高干渠取水口	地表水	河流	达标	
40	福建省	泉州市	泉州市湄丰水厂、泉港第三水厂泗洲水库取水口	地表水	湖库	达标	
41	福建省	泉州市	泉州市湄丰水厂、泉港第三水厂黄塘溪取水口	地表水	河流	达标	
42	福建省	泉州市	泉州市金浦水厂晋江干流金鸡拦河旧闸取水口	地表水	河流	达标	
43	福建省	泉州市	泉州市三水厂晋江干流金鸡拦河旧闸取水口	地表水	河流	达标	
44	福建省	惠安县	惠安县城南水厂黄塘溪取水口	地表水	河流	达标	
45	福建省	惠安县	惠安县北关水厂菱溪水库取水口	地表水	湖库	达标	
46	福建省	安溪县	安溪县安溪水厂晋江西溪吾都取水口	地表水	河流	达标	
47	福建省	永春县	永春县第三自来水厂晋江东溪湖洋溪取水口	地表水	河流	达标	
48	福建省	德化县	德化县德化第二水厂国宝溪取水口	地表水	河流	达标	
49	福建省	石狮市	石狮市石狮水厂南高干渠取水口	地表水	河流	达标	
50	福建省	晋江市	晋江市田洋水厂南高干渠取水口	地表水	河流	达标	
51	福建省	南安市	南安市美林水厂晋江东溪取水口	地表水	河流	达标	
52	福建省	漳州市	厦门市高殿水厂、杏林水厂九龙江北溪取水口	地表水	河流	达标	
53	福建省	漳州市	漳州市第一水厂九龙江西溪康山取水口	地表水	河流	达标	
54	福建省	漳州市	漳州市第二水厂九龙江北溪鳌浦取水口	地表水	河流	达标	
55	福建省	漳州市	漳州市福糖水厂九龙江北溪内林取水口	地表水	河流	达标	
56	福建省	云霄县	云霄县自来水厂车圩溪取水口	地表水	河流	达标	
57	福建省	漳浦县	漳浦县自来水厂梁山水库取水口	地表水	湖库	达标	
58	福建省	漳浦县	漳浦县自来水厂澎水水库取水口	地表水	湖库	达标	
59	福建省	诏安县	诏安县自来水厂亚湖水库取水口	地表水	湖库	达标	
60	福建省	长泰县	长泰县自来水公司龙津溪福信取水口	地表水	河流	达标	
61	福建省	东山县	东山县供水公司红旗水库取水口	地表水	湖库	达标	
62	福建省	南靖县	南靖县自来水公司象溪取水口	地表水	河流	达标	
63	福建省	平和县	平和县自来水公司花山溪取水口	地表水	河流	达标	
64	福建省	华安县	华安县自来水厂九龙江北溪取水口	地表水	河流	达标	
65	福建省	龙海市	龙海市自来水厂九龙江北溪江东桥取水口	地表水	河流	达标	
66	福建省	南平市	南平市安丰水厂建溪取水口	地表水	河流	达标	

续表

序号	省份名称	行政区划	点位名称	水源地类型	水体类型	达标情况	超标指标及超标倍数
67	福建省	南平市	南平市新建村水厂照溪（五星桥水库）取水口	地表水	湖库	达标	
68	福建省	顺昌县	顺昌县派溪水厂院尾水库取水口	地表水	湖库	达标	
69	福建省	浦城县	浦城县东区水厂南浦溪取水口	地表水	河流	达标	
70	福建省	浦城县	浦城县西区水厂东风水库取水口	地表水	湖库	达标	
71	福建省	光泽县	光泽县自来水厂西关水坝取水口	地表水	河流	达标	
72	福建省	松溪县	松溪县杉溪水厂杉溪取水口	地表水	河流	达标	
73	福建省	松溪县	松溪县来龙水厂钱园桥水库取水口	地表水	湖库	达标	
74	福建省	政和县	政和县珠山水厂宝岭水库取水口	地表水	湖库	达标	
75	福建省	邵武市	邵武市通明水务公司苦竹湾取水口	地下水	地下水	达标	
76	福建省	邵武市	邵武市熙春水厂大乾水库取水口	地表水	湖库	达标	
77	福建省	武夷山市	武夷山市石雄水厂西溪取水口	地表水	河流	达标	
78	福建省	武夷山市	武夷山市三菇水厂崇阳溪取水口	地表水	河流	达标	
79	福建省	建瓯市	建瓯市东门水厂松溪取水口	地表水	河流	达标	
80	福建省	建瓯市	建瓯市新区水厂七里街水库取水口	地表水	湖库	达标	
81	福建省	建阳区	建阳市狮子山水厂崇阳溪取水口	地表水	河流	达标	
82	福建省	龙岩市	龙岩市莲花水厂地下取水口	地下水	地下水	达标	
83	福建省	龙岩市	龙岩市西桥水厂地下取水口	地下水	地下水	达标	
84	福建省	龙岩市	龙岩市东宫下水厂地下取水口	地下水	地下水	达标	
85	福建省	龙岩市	龙岩市凤凰水厂富溪三级水库大坝取水口	地表水	湖库	达标	
86	福建省	龙岩市	龙岩市新区水厂黄岗水库取水口	地表水	湖库	达标	
87	福建省	龙岩市	龙岩市东南洋水厂东肖水库取水口	地表水	湖库	达标	
88	福建省	长汀县	长汀县自来水股份有限公司正方水库取水口	地表水	湖库	达标	
89	福建省	永定区	永定县龙寨水厂龙寨水库取水口	地表水	湖库	达标	
90	福建省	上杭县	上杭县石禾仓水厂丰村溪取水口	地表水	河流	达标	
91	福建省	上杭县	上杭县兰地水厂汀江横滩取水口	地表水	河流	达标	
92	福建省	武平县	武平县北门水厂捷文水库取水口	地表水	湖库	达标	
93	福建省	连城县	连城县自来水公司竹光取水口	地下水	地下水	达标	
94	福建省	连城县	连城县自来水公司波洋取水口	地下水	地下水	达标	
95	福建省	连城县	连城县自来水公司罗坊鲜水塘地下取水口	地下水	地下水	达标	
96	福建省	连城县	连城县城区第二水源北团河取水口	地表水	河流	达标	
97	福建省	漳平市	漳平市自来水厂大坂三级电站取水口	地表水	河流	达标	
98	福建省	漳平市	漳平市铁路水厂双洋溪取水口	地表水	河流	达标	
99	福建省	宁德市	宁德市二水厂金涵水库取水口	地表水	湖库	达标	

续表

序号	省份名称	行政区划	点位名称	水源地类型	水体类型	达标情况	超标指标及超标倍数
100	福建省	宁德市	宁德市德源自来水厂陈家洋水库取水口	地表水	湖库	达标	
101	福建省	宁德市	宁德市盛源自来水公司盛源水库取水口	地表水	湖库	达标	
102	福建省	霞浦县	霞浦县北山里水厂溪西水库取水口	地表水	湖库	达标	
103	福建省	古田县	古田县城关水厂桃溪水库取水口	地表水	湖库	达标	
104	福建省	屏南县	屏南县第一自来水厂汤坑溪取水口	地表水	河流	达标	
105	福建省	屏南县	屏南县第二自来水厂南峭溪取水口	地表水	河流	达标	
106	福建省	屏南县	屏南县第二自来水厂引水工程取水口	地表水	河流	达标	
107	福建省	寿宁县	寿宁县自来水有限公司六六溪水库取水口	地表水	湖库	达标	
108	福建省	寿宁县	寿宁县城区自来水厂西山水库取水口	地表水	湖库	达标	
109	福建省	周宁县	周宁县深洋水厂李园水库取水口	地表水	湖库	达标	
110	福建省	柘荣县	柘荣县自来水厂新荣溪水库取水口	地表水	湖库	达标	
111	福建省	福安市	福安市城关二水厂交溪桃花岛取水口	地表水	河流	达标	
112	福建省	福安市	福安市城东水厂留洋水库取水口	地表水	湖库	达标	
113	福建省	福鼎市	福鼎市二水厂南溪水库取水口	地表水	湖库	达标	
114	福建省	平潭综合实验区	平潭县自来水公司三十六脚湖取水口	地表水	湖库	达标	

11 月

一、监测情况

2020 年 11 月，全省 9 个设区市及平潭综合实验区共监测 114 个正式投入使用的集中式生活饮用水水源（取水口），其中地表水水源 107 个（河流型 53 个，湖库型 54 个）、地下水源 7 个。

（一）监测点位

1. 地表水水源

河流型水源在水厂取水口上游 100 米附近处设置监测断面，水厂在同一河流有多个取水口，可在最上游 100 米处设置监测断面；湖库型水源原则上按常规监测点位采样，在每个水源取水口周边 100 米处设置 1 个监测点位进行采样。河流及湖库采样深度为水面下 0. 5 米处。

2. 地下水水源

具备采样条件的，在抽水井采样。如不具备采样条件，在自来水厂的汇水区（加滤前）采样。

（二）监测项目

1. 地表水水源

①设区城市、平潭综合实验区：监测项目为《地表水环境质量标准》（GB 3838—2002）表 1 的基本项目（24 项）、表 2 的补充项目（5 项）和表 3 的优选特定项目（33 项），共 62 项。其中，湖库型地表水饮用水源加测叶绿素 a 和透明度 2 项，共 64 项。

②县级城市：监测项目为《地表水环境质量标准》（GB 3838—2002）表 1 的基本项目（24 项）、表 2 的补充项目（5 项）和表 3 的优选特定项目（33 项），共 62 项。其中，湖库型地表水饮用水源加测叶绿素 a 和透明度 2 项，共 64 项。

2. 地下水饮用水源

监测项目为《地下水质量标准》（GB/T 14848—2017）表 1 中 39 项。

各地可根据当地污染实际情况，适当增加区

域特征污染物。

二、评价标准及方法

（一）地表水水源

地表水水源水质评价根据《地表水环境质量标准》（GB 3838—2002）Ⅲ类标准限值进行评价。基本项目按照《地表水环境质量评价方法（试行）》（环办〔2011〕22号）进行评价，补充项目、特定项目采用单因子评价法进行评价。

（二）地下水水源

地下水水源水质评价执行《地下水质量标准》（GB/T 14848—2017）Ⅲ类标准限值，采用单因子评价法进行评价。评价项目为《地下水质量标准》（GB/T 14848—2017）表1中39项。

三、评价结果

（一）总体情况

114个集中式生活饮用水水源均达标（达到或优于Ⅲ类标准），达标比例为100%（详见附表）。

（二）地表水水源

107个地表水水源均达标，达标比例为100%。其中，有65个达到或优于Ⅱ类标准，占60.7%。

（三）地下水水源

7个地下水水源均达标，达标比例为100%。

备注：

1. 集中式生活饮用水水源，是指进入输水管网送到用户的和具有一定取水规模（供水人口一般大于1000人）的在用、备用和规划水源。

2. 集中式生活饮用水水源和饮用水的区别：饮用水水源为原水，居民饮用水为末梢水，水源水经自来水厂净化处理达到《生活饮用水卫生标准》的要求后，进入居民供水系统作为饮用水。

附表

2020年11月福建省县级以上集中式生活饮用水水源水质状况

序号	省份名称	行政区划	点位名称	水源地类型	水体类型	达标情况	超标指标及超标倍数
1	福建省	福州市	福州市西区、北区水厂闽江原厝取水口	地表水	河流	达标	
2	福建省	福州市	福州市城门水厂闽江南港取水口	地表水	河流	达标	
3	福建省	福州市	福州市马尾水厂白眉水库取水口	地表水	湖库	达标	
4	福建省	福州市	福州市新东区水厂塘坂取水口	地表水	河流	达标	
5	福建省	福州市	福州市飞凤山水厂水源取水口	地表水	河流	达标	
6	福建省	闽侯县	闽侯县自来水公司叶洋泵站取水口	地表水	河流	达标	
7	福建省	连江县	连江县塘坂水厂塘坂取水口	地表水	河流	达标	
8	福建省	罗源县	罗源县八井水厂反调节库取水口	地表水	湖库	达标	
9	福建省	罗源县	罗源县可湖水厂西溪水库取水口	地表水	湖库	达标	
10	福建省	罗源县	罗源县洋尾水厂东岩调节水库取水口	地表水	湖库	达标	
11	福建省	闽清县	闽清县白石坑水厂闽江白石坑取水口	地表水	河流	达标	
12	福建省	闽清县	闽清县塔山水厂闽江猴山取水口	地表水	河流	达标	
13	福建省	永泰县	永泰县南区水厂大樟溪取水口	地表水	河流	达标	
14	福建省	永泰县	永泰县青云山水厂天门窗水库取水口	地表水	湖库	达标	
15	福建省	永泰县	永泰县第二自来水厂水源取水口	地表水	河流	达标	
16	福建省	福清市	福清市东张水库取水口	地表水	湖库	达标	
17	福建省	福清市	福清市闽江调水峡南取水口	地表水	河流	达标	
18	福建省	长乐区	长乐市炎山水厂矶头取水口	地表水	河流	达标	

续表

序号	省份名称	行政区划	点位名称	水源地类型	水体类型	达标情况	超标指标及超标倍数
19	福建省	厦门市	厦门市莲坂水厂、集美水厂石兜、坂头水库取水口	地表水	湖库	达标	
20	福建省	厦门市	厦门市同安梅山水厂汀溪水库取水口	地表水	湖库	达标	
21	福建省	莆田市	莆田市莆田水厂东圳水库取水口	地表水	湖库	达标	
22	福建省	莆田市	莆田市涵江水厂外渡水库取水口	地表水	湖库	达标	
23	福建省	仙游县	仙游县仙游水厂古洋水库取水口	地表水	湖库	达标	
24	福建省	三明市	三明市薯沙溪水库取水口	地表水	湖库	达标	
25	福建省	明溪县	明溪县城北水厂罗翠水库取水口	地表水	湖库	达标	
26	福建省	清流县	清流县自来水厂严坊溪取水口	地表水	河流	达标	
27	福建省	宁化县	宁化县沙子甲水厂寨头里水库取水口	地表水	湖库	达标	
28	福建省	大田县	大田县自来水公司坑口水库取水口	地表水	湖库	达标	
29	福建省	尤溪县	尤溪县自来水厂大池水库取水口	地表水	湖库	达标	
30	福建省	尤溪县	尤溪县东村溪兴头水库取水口	地表水	湖库	达标	
31	福建省	沙县	沙县第一水厂洞天岩水库取水口	地表水	湖库	达标	
32	福建省	沙县	沙县第二水厂下村洋水库取水口	地表水	湖库	达标	
33	福建省	沙县	沙县第三水厂马岩水库取水口	地表水	湖库	达标	
34	福建省	将乐县	将乐县下村水厂漠村溪取水口	地表水	河流	达标	
35	福建省	泰宁县	泰宁县北溪水厂际头水库取水口	地表水	湖库	达标	
36	福建省	建宁县	建宁县自来水公司王坪栋溪取水口	地表水	湖库	达标	
37	福建省	永安市	永安市北区水厂沙溪取水口	地表水	河流	达标	
38	福建省	永安市	永安市南区水厂洛溪水库取水口	地表水	湖库	达标	
39	福建省	泉州市	泉州市北水厂北高干渠取水口	地表水	河流	达标	
40	福建省	泉州市	泉州市湄丰水厂、泉港第三水厂泗洲水库取水口	地表水	湖库	达标	
41	福建省	泉州市	泉州市湄丰水厂、泉港第三水厂黄塘溪取水口	地表水	河流	达标	
42	福建省	泉州市	泉州市金浦水厂晋江干流金鸡拦河旧闸取水口	地表水	河流	达标	
43	福建省	泉州市	泉州市三水厂晋江干流金鸡拦河旧闸取水口	地表水	河流	达标	
44	福建省	惠安县	惠安县城南水厂黄塘溪取水口	地表水	河流	达标	
45	福建省	惠安县	惠安县北关水厂菱溪水库取水口	地表水	湖库	达标	
46	福建省	安溪县	安溪县安溪水厂晋江西溪吾都取水口	地表水	河流	达标	
47	福建省	永春县	永春县第三自来水厂晋江东溪湖洋溪取水口	地表水	河流	达标	
48	福建省	德化县	德化县德化第二水厂国宝溪取水口	地表水	河流	达标	
49	福建省	石狮市	石狮市石狮水厂南高干渠取水口	地表水	河流	达标	

续表

序号	省份名称	行政区划	点位名称	水源地类型	水体类型	达标情况	超标指标及超标倍数
50	福建省	晋江市	晋江市田洋水厂南高干渠取水口	地表水	河流	达标	
51	福建省	南安市	南安市美林水厂晋江东溪取水口	地表水	河流	达标	
52	福建省	漳州市	厦门市高殿水厂、杏林水厂九龙江北溪取水口	地表水	河流	达标	
53	福建省	漳州市	漳州市第一水厂九龙江西溪康山取水口	地表水	河流	达标	
54	福建省	漳州市	漳州市第二水厂九龙江北溪鳌浦取水口	地表水	河流	达标	
55	福建省	漳州市	漳州市福糖水厂九龙江北溪内林取水口	地表水	河流	达标	
56	福建省	云霄县	云霄县自来水厂车圩溪取水口	地表水	河流	达标	
57	福建省	漳浦县	漳浦县自来水厂梁山水库取水口	地表水	湖库	达标	
58	福建省	漳浦县	漳浦县自来水厂澎水水库取水口	地表水	湖库	达标	
59	福建省	诏安县	诏安县自来水厂亚湖水库取水口	地表水	湖库	达标	
60	福建省	长泰县	长泰县自来水公司龙津溪福信取水口	地表水	河流	达标	
61	福建省	东山县	东山县供水公司红旗水库取水口	地表水	湖库	达标	
62	福建省	南靖县	南靖县自来水公司象溪取水口	地表水	河流	达标	
63	福建省	平和县	平和县自来水公司花山溪取水口	地表水	河流	达标	
64	福建省	华安县	华安县自来水厂九龙江北溪取水口	地表水	河流	达标	
65	福建省	龙海市	龙海市自来水厂九龙江北溪江东桥取水口	地表水	河流	达标	
66	福建省	南平市	南平市安丰水厂建溪取水口	地表水	河流	达标	
67	福建省	南平市	南平市新建村水厂照溪（五星桥水库）取水口	地表水	湖库	达标	
68	福建省	顺昌县	顺昌县派溪水厂院尾水库取水口	地表水	湖库	达标	
69	福建省	浦城县	浦城县东区水厂南浦溪取水口	地表水	河流	达标	
70	福建省	浦城县	浦城县西区水厂东风水库取水口	地表水	湖库	达标	
71	福建省	光泽县	光泽县自来水厂西关水坝取水口	地表水	河流	达标	
72	福建省	松溪县	松溪县杉溪水厂杉溪取水口	地表水	河流	达标	
73	福建省	松溪县	松溪县来龙水厂钱园桥水库取水口	地表水	湖库	达标	
74	福建省	政和县	政和县珠山水厂宝岭水库取水口	地表水	湖库	达标	
75	福建省	邵武市	邵武市通明水务公司苦竹湾取水口	地下水	地下水	达标	
76	福建省	邵武市	邵武市熙春水厂大乾水库取水口	地表水	湖库	达标	
77	福建省	武夷山市	武夷山市石雄水厂西溪取水口	地表水	河流	达标	
78	福建省	武夷山市	武夷山市三菇水厂崇阳溪取水口	地表水	河流	达标	
79	福建省	建瓯市	建瓯市东门水厂松溪取水口	地表水	河流	达标	
80	福建省	建瓯市	建瓯市新区水厂七里街水库取水口	地表水	湖库	达标	
81	福建省	建阳区	建阳市狮子山水厂崇阳溪取水口	地表水	河流	达标	
82	福建省	龙岩市	龙岩市莲花水厂地下取水口	地下水	地下水	达标	

续表

序号	省份名称	行政区划	点位名称	水源地类型	水体类型	达标情况	超标指标及超标倍数
83	福建省	龙岩市	龙岩市西桥水厂地下取水口	地下水	地下水	达标	
84	福建省	龙岩市	龙岩市东宫下水厂地下取水口	地下水	地下水	达标	
85	福建省	龙岩市	龙岩市凤凰水厂富溪三级水库大坝取水口	地表水	湖库	达标	
86	福建省	龙岩市	龙岩市新区水厂黄岗水库取水口	地表水	湖库	达标	
87	福建省	龙岩市	龙岩市东南洋水厂东肖水库取水口	地表水	湖库	达标	
88	福建省	长汀县	长汀县自来水股份有限公司正方水库取水口	地表水	湖库	达标	
89	福建省	永定区	永定县龙寨水厂龙寨水库取水口	地表水	湖库	达标	
90	福建省	上杭县	上杭县石禾仓水厂丰村溪取水口	地表水	河流	达标	
91	福建省	上杭县	上杭县兰地水厂汀江横滩取水口	地表水	河流	达标	
92	福建省	武平县	武平县北门水厂捷文水库取水口	地表水	湖库	达标	
93	福建省	连城县	连城县自来水公司竹光取水口	地下水	地下水	达标	
94	福建省	连城县	连城县自来水公司波洋取水口	地下水	地下水	达标	
95	福建省	连城县	连城县自来水公司罗坊鲜水塘地下取水口	地下水	地下水	达标	
96	福建省	连城县	连城县城区第二水源北团河取水口	地表水	河流	达标	
97	福建省	漳平市	漳平市自来水厂大坂三级电站取水口	地表水	河流	达标	
98	福建省	漳平市	漳平市铁路水厂双洋溪取水口	地表水	河流	达标	
99	福建省	宁德市	宁德市二水厂金涵水库取水口	地表水	湖库	达标	
100	福建省	宁德市	宁德市德源自来水厂陈家洋水库取水口	地表水	湖库	达标	
101	福建省	宁德市	宁德市盛源自来水公司盛源水库取水口	地表水	湖库	达标	
102	福建省	霞浦县	霞浦县北山里水厂溪西水库取水口	地表水	湖库	达标	
103	福建省	古田县	古田县城关水厂桃溪水库取水口	地表水	湖库	达标	
104	福建省	屏南县	屏南县第一自来水厂汤坑溪取水口	地表水	河流	达标	
105	福建省	屏南县	屏南县第二自来水厂南峭溪取水口	地表水	河流	达标	
106	福建省	屏南县	屏南县第二自来水厂引水工程取水口	地表水	河流	达标	
107	福建省	寿宁县	寿宁县自来水有限公司六六溪水库取水口	地表水	湖库	达标	
108	福建省	寿宁县	寿宁县城区自来水厂西山水库取水口	地表水	湖库	达标	
109	福建省	周宁县	周宁县深洋水厂李园水库取水口	地表水	湖库	达标	
110	福建省	柘荣县	柘荣县自来水厂新荣溪水库取水口	地表水	湖库	达标	
111	福建省	福安市	福安市城关二水厂交溪桃花岛取水口	地表水	河流	达标	
112	福建省	福安市	福安市城东水厂留洋水库取水口	地表水	湖库	达标	
113	福建省	福鼎市	福鼎市二水厂南溪水库取水口	地表水	湖库	达标	
114	福建省	平潭综合实验区	平潭县自来水公司三十六脚湖取水口	地表水	湖库	达标	

12 月

一、监测情况

2020 年 12 月，全省 9 个设区市及平潭综合实验区共监测 114 个正式投入使用的集中式生活饮用水水源（取水口），其中地表水水源 107 个（河流型 53 个，湖库型 54 个）、地下水源 7 个。

（一）监测点位

1. 地表水水源

河流型水源在水厂取水口上游 100 米附近处设置监测断面，水厂在同一河流有多个取水口，可在最上游 100 米处设置监测断面；湖库型水源原则上按常规监测点位采样，在每个水源取水口周边 100 米处设置 1 个监测点位进行采样。河流及湖库采样深度为水面下 0.5 米处。

2. 地下水水源

具备采样条件的，在抽水井采样。如不具备采样条件，在自来水厂的汇水区（加滤前）采样。

（二）监测项目

1. 地表水水源

①设区城市、平潭综合实验区：监测项目为《地表水环境质量标准》（GB 3838—2002）表 1 的基本项目（24 项）、表 2 的补充项目（5 项）和表 3 的优选特定项目（33 项），共 62 项。其中，湖库型地表水饮用水源加测叶绿素 a 和透明度 2 项，共 64 项。

②县级城市监测项目为《地表水环境质量标准》（GB 3838—2002）表 1 的基本项目（24 项）、表 2 的补充项目（5 项），共 29 项。其中，湖库型地表水饮用水源加测叶绿素 a 和透明度 2 项，共 31 项。

2. 地下水饮用水源

监测项目为《地下水质量标准》（GB/T 14848—2017）表 1 中 39 项。

各地可根据当地污染实际情况，适当增加区域特征污染物。

二、评价标准及方法

（一）地表水水源

地表水水源水质评价根据《地表水环境质量标准》（GB 3838—2002）Ⅲ类标准限值进行评价。基本项目按照《地表水环境质量评价方法（试行）》（环办〔2011〕22 号）进行评价，补充项目、特定项目采用单因子评价法进行评价。

（二）地下水水源

地下水水源水质评价执行《地下水质量标准》（GB/T 14848—2017）Ⅲ类标准限值，采用单因子评价法进行评价。评价项目为《地下水质量标准》（GB/T 14848—2017）表 1 中 39 项。

三、评价结果

（一）总体情况

114 个集中式生活饮用水水源均达标（达到或优于Ⅲ类标准），达标比例为 100%（详见附表）。

（二）地表水水源

107 个地表水水源均达标，达标比例为 100%。其中，有 65 个达到或优于Ⅱ类标准，占 60.7%。

（三）地下水水源

7 个地下水水源均达标，达标比例为 100%。

备注：

1. 集中式生活饮用水水源，是指进入输水管网送到用户的和具有一定取水规模（供水人口一般大于 1000 人）的在用、备用和规划水源。

2. 集中式生活饮用水水源和饮用水的区别：饮用水水源为原水，居民饮用水为末梢水，水源水经自来水厂净化处理达到《生活饮用水卫生标准》的要求后，进入居民供水系统作为饮用水。

附表

2020 年 12 月福建省县级以上集中式生活饮用水水源水质状况

序号	省份名称	行政区划	点位名称	水源地类型	水体类型	达标情况	超标指标及超标倍数
1	福建省	福州市	福州市西区、北区水厂闽江原厝取水口	地表水	河流	达标	
2	福建省	福州市	福州市城门水厂闽江南港取水口	地表水	河流	达标	

续表

序号	省份名称	行政区划	点位名称	水源地类型	水体类型	达标情况	超标指标及超标倍数
3	福建省	福州市	福州市马尾水厂白眉水库取水口	地表水	湖库	达标	
4	福建省	福州市	福州市新东区水厂塘坂取水口	地表水	河流	达标	
5	福建省	福州市	福州市飞凤山水厂水源取水口	地表水	河流	达标	
6	福建省	闽侯县	闽侯县自来水公司叶洋泵站取水口	地表水	河流	达标	
7	福建省	连江县	连江县塘坂水厂塘坂取水口	地表水	河流	达标	
8	福建省	罗源县	罗源县八井水厂反调节库取水口	地表水	湖库	达标	
9	福建省	罗源县	罗源县可湖水厂西溪水库取水口	地表水	湖库	达标	
10	福建省	罗源县	罗源县洋尾水厂东岩调节水库取水口	地表水	湖库	达标	
11	福建省	闽清县	闽清县白石坑水厂闽江白石坑取水口	地表水	河流	达标	
12	福建省	闽清县	闽清县塔山水厂闽江猴山取水口	地表水	河流	达标	
13	福建省	永泰县	永泰县南区水厂大樟溪取水口	地表水	河流	达标	
14	福建省	永泰县	永泰县青云山水厂天门窗水库取水口	地表水	湖库	达标	
15	福建省	永泰县	永泰县第二自来水厂水源取水口	地表水	河流	达标	
16	福建省	福清市	福清市东张水库取水口	地表水	湖库	达标	
17	福建省	福清市	福清市闽江调水峡南取水口	地表水	河流	达标	
18	福建省	长乐区	长乐市炎山水厂矶头取水口	地表水	河流	达标	
19	福建省	厦门市	厦门市莲坂水厂、集美水厂石兜、坂头水库取水口	地表水	湖库	达标	
20	福建省	厦门市	厦门市同安梅山水厂汀溪水库取水口	地表水	湖库	达标	
21	福建省	莆田市	莆田市莆田水厂东圳水库取水口	地表水	湖库	达标	
22	福建省	莆田市	莆田市涵江水厂外渡水库取水口	地表水	湖库	达标	
23	福建省	仙游县	仙游县仙游水厂古洋水库取水口	地表水	湖库	达标	
24	福建省	三明市	三明市薯沙溪水库取水口	地表水	湖库	达标	
25	福建省	明溪县	明溪县城北水厂罗翠水库取水口	地表水	湖库	达标	
26	福建省	清流县	清流县自来水厂严坊溪取水口	地表水	河流	达标	
27	福建省	宁化县	宁化县沙子甲水厂寨头里水库取水口	地表水	湖库	达标	
28	福建省	大田县	大田县自来水公司坑口水库取水口	地表水	湖库	达标	
29	福建省	尤溪县	尤溪县自来水厂大池水库取水口	地表水	湖库	达标	
30	福建省	尤溪县	尤溪县东村溪兴头水库取水口	地表水	湖库	达标	
31	福建省	沙县	沙县第一水厂洞天岩水库取水口	地表水	湖库	达标	
32	福建省	沙县	沙县第二水厂下村洋水库取水口	地表水	湖库	达标	
33	福建省	沙县	沙县第三水厂马岩水库取水口	地表水	湖库	达标	
34	福建省	将乐县	将乐县下村水厂漠村溪取水口	地表水	河流	达标	
35	福建省	泰宁县	泰宁县北溪水厂际头水库取水口	地表水	湖库	达标	
36	福建省	建宁县	建宁县自来水公司王坪栋溪取水口	地表水	湖库	达标	
37	福建省	永安市	永安市北区水厂沙溪取水口	地表水	河流	达标	

续表

序号	省份名称	行政区划	点位名称	水源地类型	水体类型	达标情况	超标指标及超标倍数
38	福建省	永安市	永安市南区水厂洛溪水库取水口	地表水	湖库	达标	
39	福建省	泉州市	泉州市北水厂北高干渠取水口	地表水	河流	达标	
40	福建省	泉州市	泉州市湄丰水厂、泉港第三水厂泗洲水库取水口	地表水	湖库	达标	
41	福建省	泉州市	泉州市湄丰水厂、泉港第三水厂黄塘溪取水口	地表水	河流	达标	
42	福建省	泉州市	泉州市金浦水厂晋江干流金鸡拦河旧闸取水口	地表水	河流	达标	
43	福建省	泉州市	泉州市三水厂晋江干流金鸡拦河旧闸取水口	地表水	河流	达标	
44	福建省	惠安县	惠安县城南水厂黄塘溪取水口	地表水	河流	达标	
45	福建省	惠安县	惠安县北关水厂菱溪水库取水口	地表水	湖库	达标	
46	福建省	安溪县	安溪县安溪水厂晋江西溪吾都取水口	地表水	河流	达标	
47	福建省	永春县	永春县第三自来水厂晋江东溪湖洋溪取水口	地表水	河流	达标	
48	福建省	德化县	德化县德化第二水厂国宝溪取水口	地表水	河流	达标	
49	福建省	石狮市	石狮市石狮水厂南高干渠取水口	地表水	河流	达标	
50	福建省	晋江市	晋江市田洋水厂南高干渠取水口	地表水	河流	达标	
51	福建省	南安市	南安市美林水厂晋江东溪取水口	地表水	河流	达标	
52	福建省	漳州市	厦门市高殿水厂、杏林水厂九龙江北溪取水口	地表水	河流	达标	
53	福建省	漳州市	漳州市第一水厂九龙江西溪康山取水口	地表水	河流	达标	
54	福建省	漳州市	漳州市第二水厂九龙江北溪鳌浦取水口	地表水	河流	达标	
55	福建省	漳州市	漳州市福糖水厂九龙江北溪内林取水口	地表水	河流	达标	
56	福建省	云霄县	云霄县自来水厂车圩溪取水口	地表水	河流	达标	
57	福建省	漳浦县	漳浦县自来水厂梁山水库取水口	地表水	湖库	达标	
58	福建省	漳浦县	漳浦县自来水厂澎水水库取水口	地表水	湖库	达标	
59	福建省	诏安县	诏安县自来水厂亚湖水库取水口	地表水	湖库	达标	
60	福建省	长泰县	长泰县自来水公司龙津溪福信取水口	地表水	河流	达标	
61	福建省	东山县	东山县供水公司红旗水库取水口	地表水	湖库	达标	
62	福建省	南靖县	南靖县自来水公司象溪取水口	地表水	河流	达标	
63	福建省	平和县	平和县自来水公司花山溪取水口	地表水	河流	达标	
64	福建省	华安县	华安县自来水厂九龙江北溪取水口	地表水	河流	达标	
65	福建省	龙海市	龙海市自来水厂九龙江北溪江东桥取水口	地表水	河流	达标	
66	福建省	南平市	南平市安丰水厂建溪取水口	地表水	河流	达标	
67	福建省	南平市	南平市新建村水厂照溪（五星桥水库）取水口	地表水	湖库	达标	

续表

序号	省份名称	行政区划	点位名称	水源地类型	水体类型	达标情况	超标指标及超标倍数
68	福建省	顺昌县	顺昌县派溪水厂院尾水库取水口	地表水	湖库	达标	
69	福建省	浦城县	浦城县东区水厂南浦溪取水口	地表水	河流	达标	
70	福建省	浦城县	浦城县西区水厂东风水库取水口	地表水	湖库	达标	
71	福建省	光泽县	光泽县自来水厂西关水坝取水口	地表水	河流	达标	
72	福建省	松溪县	松溪县杉溪水厂杉溪取水口	地表水	河流	达标	
73	福建省	松溪县	松溪县来龙水厂钱园桥水库取水口	地表水	湖库	达标	
74	福建省	政和县	政和县珠山水厂宝岭水库取水口	地表水	湖库	达标	
75	福建省	邵武市	邵武市通明水务公司苦竹湾取水口	地下水	地下水	达标	
76	福建省	邵武市	邵武市熙春水厂大乾水库取水口	地表水	湖库	达标	
77	福建省	武夷山市	武夷山市石雄水厂西溪取水口	地表水	河流	达标	
78	福建省	武夷山市	武夷山市三菇水厂崇阳溪取水口	地表水	河流	达标	
79	福建省	建瓯市	建瓯市东门水厂松溪取水口	地表水	河流	达标	
80	福建省	建瓯市	建瓯市新区水厂七里街水库取水口	地表水	湖库	达标	
81	福建省	建阳区	建阳市狮子山水厂崇阳溪取水口	地表水	河流	达标	
82	福建省	龙岩市	龙岩市莲花水厂地下取水口	地下水	地下水	达标	
83	福建省	龙岩市	龙岩市西桥水厂地下取水口	地下水	地下水	达标	
84	福建省	龙岩市	龙岩市东宫下水厂地下取水口	地下水	地下水	达标	
85	福建省	龙岩市	龙岩市凤凰水厂富溪三级水库大坝取水口	地表水	湖库	达标	
86	福建省	龙岩市	龙岩市新区水厂黄岗水库取水口	地表水	湖库	达标	
87	福建省	龙岩市	龙岩市东南洋水厂东肖水库取水口	地表水	湖库	达标	
88	福建省	长汀县	长汀县自来水股份有限公司正方水库取水口	地表水	湖库	达标	
89	福建省	永定区	永定县龙寨水厂龙寨水库取水口	地表水	湖库	达标	
90	福建省	上杭县	上杭县石禾仓水厂丰村溪取水口	地表水	河流	达标	
91	福建省	上杭县	上杭县兰地水厂汀江横滩取水口	地表水	河流	达标	
92	福建省	武平县	武平县北门水厂捷文水库取水口	地表水	湖库	达标	
93	福建省	连城县	连城县自来水公司竹光取水口	地下水	地下水	达标	
94	福建省	连城县	连城县自来水公司波洋取水口	地下水	地下水	达标	
95	福建省	连城县	连城县自来水公司罗坊鲜水塘地下取水口	地下水	地下水	达标	
96	福建省	连城县	连城县城区第二水源北团河取水口	地表水	河流	达标	
97	福建省	漳平市	漳平市自来水厂大坂三级电站取水口	地表水	河流	达标	
98	福建省	漳平市	漳平市铁路水厂双洋溪取水口	地表水	河流	达标	
99	福建省	宁德市	宁德市二水厂金涵水库取水口	地表水	湖库	达标	
100	福建省	宁德市	宁德市德源自来水厂陈家洋水库取水口	地表水	湖库	达标	

续表

序号	省份名称	行政区划	点位名称	水源地类型	水体类型	达标情况	超标指标及超标倍数
101	福建省	宁德市	宁德市盛源自来水公司盛源水库取水口	地表水	湖库	达标	
102	福建省	霞浦县	霞浦县北山里水厂溪西水库取水口	地表水	湖库	达标	
103	福建省	古田县	古田县城关水厂桃溪水库取水口	地表水	湖库	达标	
104	福建省	屏南县	屏南县第一自来水厂汤坑溪取水口	地表水	河流	达标	
105	福建省	屏南县	屏南县第二自来水厂南峭溪取水口	地表水	河流	达标	
106	福建省	屏南县	屏南县第二自来水厂引水工程取水口	地表水	河流	达标	
107	福建省	寿宁县	寿宁县自来水有限公司六六溪水库取水口	地表水	湖库	达标	
108	福建省	寿宁县	寿宁县城区自来水厂西山水库取水口	地表水	湖库	达标	
109	福建省	周宁县	周宁县深洋水厂李园水库取水口	地表水	湖库	达标	
110	福建省	柘荣县	柘荣县自来水厂新荣溪水库取水口	地表水	湖库	达标	
111	福建省	福安市	福安市城关二水厂交溪桃花岛取水口	地表水	河流	达标	
112	福建省	福安市	福安市城东水厂留洋水库取水口	地表水	湖库	达标	
113	福建省	福鼎市	福鼎市二水厂南溪水库取水口	地表水	湖库	达标	
114	福建省	平潭综合实验区	平潭县自来水公司三十六脚湖取水口	地表水	湖库	达标	

（来源：福建省生态环境厅网站，摘编：康明辉）

2020年福建省地表水水质状况排名

参照生态环境部《城市地表水环境质量排名技术规定（试行）》，对全省重点流域和各设区市、有关县级行政区的地表水水质状况进行排名。

一、重点流域省考断面水质排名情况

2020年1—12月，全省12条重点流域总体水质从相对较好开始排名，具体为：霍童溪、交溪、晋江、闽江、敖江、汀江、木兰溪、萩芦溪、九龙江、东溪、漳江、龙江。

二、设区市水质排名情况

2020年1—12月，各设区市地表水水质按省考断面、小流域考核断面分别评价，水质排名情况如下（详见表1）。

表1　2020年1—12月福建省设区市地表水水质排名情况

类别 \ 排名	1	2	3	4	5	6	7	8	9
省考断面（自优排序）	三明	宁德	泉州	南平	厦门	龙岩	莆田	福州	漳州
小流域考核断面（自优排序）	三明	南平	厦门	宁德	泉州	莆田	龙岩	福州	漳州

三、县级行政区水质排名情况

平潭综合实验区因涉及流域少，暂参与县级行政区水质排名。2020年1—12月，平潭和全省61个县级行政区（42个县、12个县级市，地理位置相对独立的7个市辖区）地表水水质综合排名前10位和后10位名单如下（详见表2）。

表2　2020年1—12月福建省县级行政区地表水水质排名情况

排名 \ 类别	1	2	3	4	5	6	7	8	9	10
前10名（自优排序）	泰宁	德化	将乐	明溪	建宁	清流	武夷山	宁化	沙县	永春
后10名（倒数排序）	惠安	泉港	漳浦	晋江	屏南	霞浦	武平	龙海	福清	诏安

注：地理位置相对独立的7个市辖区为：福州长乐、泉州泉港、龙岩新罗和永定、南平延平和建阳、宁德蕉城。

（来源：福建省生态环境厅网站，摘编：康明辉）

2020 年福建省流域水环境质量状况

2020 年 1—12 月，全省 12 条主要河流 143 个水质评价断面总体水质为优。Ⅰ～Ⅲ类水质比例为 97.9%，同比上升 1.4 个百分点；Ⅰ～Ⅱ类水质比例为 67.8%，同比上升 6.3 个百分点。各类水质比例如下：Ⅰ类占 4.9%，Ⅱ类占 62.9%，Ⅲ类占 30.1%，Ⅳ类占 1.4%，Ⅴ类占 0.7%，无劣Ⅴ类水。（详见附图）。全省小流域Ⅰ～Ⅲ类水质比例为 96.9%，同比上升 4.1 个百分点。

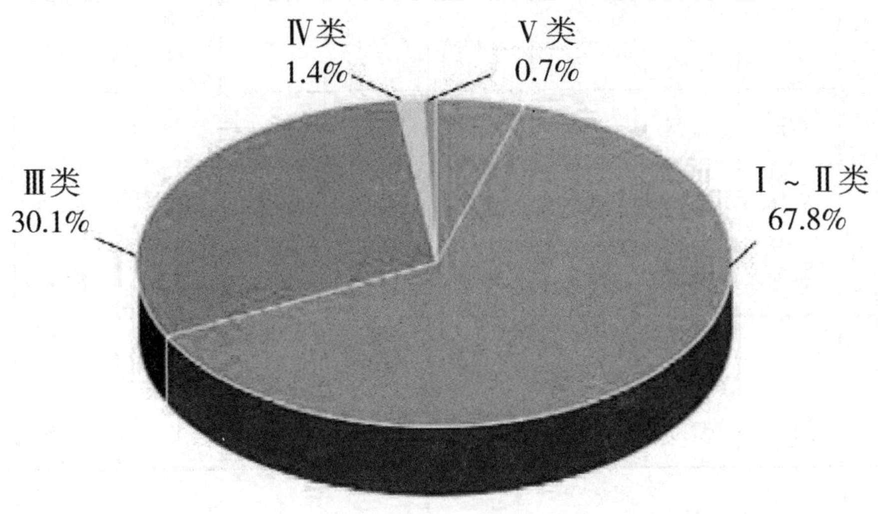

2020 年 1—12 月全省主要河流水质类别比例

（来源：福建省生态环境厅网站，摘编：康明辉）

2020年福建省近岸海域水质状况排名

根据各地近岸海域一类、二类海水水质比例进行排名，平潭综合实验区因涉及海域面积相对较小，暂参与县级行政区水质排名。2020年1—12月，沿海市、县（区）和重点港湾海水水质排名情况如下（详见附表）。

2020年1—12月全省近岸海域水质排名情况

地区＼排名		1	2	3	4	5	6	7	8	9	10
设区市（自优排序）		莆田	泉州	福州	漳州	厦门	宁德				
县级	前10名（自优排序）	石狮	秀屿	城厢	泉港	平潭	同安	翔安	漳浦	惠安	长乐
	后10名（倒数排序）	福安	蕉城	海沧	集美	诏安	龙海	云霄	霞浦	荔城	涵江
重点港湾河口	前5名（自优排序）	深沪湾	湄洲湾	兴化湾	罗源湾	泉州湾					
	后5名（倒数排序）	旧镇湾	三沙湾	诏安湾	沙埕湾	厦门湾					

（来源：福建省生态环境厅网站，摘编：康明辉）

2020 年福建省每月排污权交易情况

1 月

2020 年 1 月 17 日举行我省第 111 场集中竞价交易，成交 75 笔，成交金额 122.88 万元；本月协议 50 笔，成交金额 859.40 万元。

2 月

2020 年 2 月 28 日，我省举行第 112 场集中竞价交易，成交 63 笔，成交金额 80.55 万元；本月协议 23 笔，成交金额 1015.89 万元。

3 月

2020 年 3 月 16 日举行我省第 113 场集中竞价交易，成交 80 笔，成交金额 103.88 万元；本月协议 10 笔，成交金额 640.63 万元。

4 月

2020 年 4 月，全省卖方挂牌成交 336 笔，成交金额 1091.69 万元；本月协议 11 笔，成交金额 1805.29 万元。

5 月

2020 年 5 月，全省卖方挂牌成交 232 笔，成交金额 1036.50 万元；本月协议 10 笔，成交金额 610.97 万元。

6 月

2020 年 6 月，全省卖方挂牌成交 182 笔，成交金额 408.71 万元；本月协议 8 笔，成交金额 856.58 万元。

7 月

2020 年 7 月，全省卖方挂牌成交 188 笔，成交金额 440.06 万元；本月协议 33 笔，成交金额 1001.62 万元。

8 月

2020 年 8 月，全省卖方挂牌成交 231 笔，成交金额 559.09 万元；本月协议 24 笔，成交金额 542.84 万元。

9 月

2020 年 9 月，福建省排污权交易卖方挂牌成交 175 笔，成交金额 514.96 万元；本月协议 40 笔，成交金额 1659.08 万元。

10 月

2020 年 10 月，全省排污权交易累计竞价成交 8 笔，成交金额 16.02 万元；卖方挂牌成交 133 笔，成交金额 162.61 万元；本月协议 35 笔，成交金额 2055.92 万元。

11 月

2020 年 11 月，全省累计竞价 9 笔，成交金额 16.51 万元；卖方挂牌成交 127 笔，成交金额 145.64 万元；本月协议 162 笔，成交金额 2168.16 万元。

12 月

2020 年 12 月，福建省累计竞价 26 笔，成交金额 108.23 万元；卖方挂牌成交 94 笔，成交金额 153.49 万元；本月协议 179 笔，成交金额 4778.50 万元。

（来源：福建省生态环境厅网站，摘编：康明辉）

第六篇

区域概览

福州市社会发展综述

2020年，第三届数字中国建设峰会在福州成功举办，习近平总书记发来贺信，给全市人民以巨大鼓舞。一年来，福州市上下凝心聚力、攻坚克难、锐意进取，全力打好新冠疫情防控阻击战，全力落实“六稳”“六保”任务，各项工作都取得了新的进展。全市地区生产总值突破1万亿元；一般公共预算总收入1108.4亿元，增长1.2%；地方一般公共预算收入675.6亿元，增长1.1%；进出口总额2526亿元，与上年持平；实际利用外资70亿元，增长7.2%；社会消费品零售总额突破4200亿元，增长0.8%；城镇居民人均可支配收入49358元，增长3%；农村居民人均可支配收入22600元，增长6%；固定资产投资增长10.5%；居民消费价格总水平上涨2.8%；城镇登记失业率2.9%。完成省下达的节能减排降碳任务。蝉联全国文明城市和全国双拥模范城。一年来社会发展的主要工作和成效是：

人居环境持续改善。开展城市品质提升“十位一体”专项行动。地铁1号线二期开通运营，2号线东延线和6号线东调段获国家发改委批复。“绿进万家、绿满榕城”行动常态化推进，造林绿化4866.7公顷，建成区新种乔木16万株。新增林荫大道51条，提升绿道143.3公里，新建街头、路边、山边、水边串珠式小公园432个。实施新店外环路、下洋路延伸段、首山路北段等城区缓堵项目136个，建成投用福马路、站东互通、西岭互通铜盘路连接线等项目67个。改造旧屋区16个115万平方米。整治老旧小区126个。提升立面景观110处。整治传统老街巷54条、小街巷59条。基本建成城区内河信息化平台，内河水系治理全面转入长效运营管理阶段。提升改造垃圾分类屋（亭）911座，厨余垃圾处理厂和生活垃圾焚烧协同处置厂建成投用。新增更新公交车302辆，优化公交线路118条，改建公交站台133个。开展城市精细化管理“十位一体”专项行动。整治提升华林路、湖东路等重要街区11条。铺设超薄沥青防尘路面63条、200万平方米。修补人行道365条、38万平方米。新建公厕202座。完成零星地块精准改造131处。完成拆墙透绿426处。减少围挡23万平方米。清理广告牌匾1927面。拆除废弃杆件931根。整治沿街箱柜1058个。新增缆化下地425段、178公里。优化47条道路车行标识，新设75条道路人行标识730面。清理批而未供土地1553.3公顷。处置“两违”942.7万平方米。电动自行车管理更加严格规范。闽江沿线规划管控和大学城、高新区环境整治得到有效提升。加快滨海新城建设，启动建设输配环、互联网科技产业园、智慧运营中心等项目69个，建成海峡青少年活动中心、安置房三期等项目58个。三江口片区开发稳步推进，建成樟岚北片区道路、马航洲湿地修复保护等项目5个。打造乡村振兴中高级版试点村69个，新建美丽乡村174个、提升美丽乡村200个，建成县域垃圾焚烧处理设施4座、农村生活污水配套管网61公里，拆除旱厕3188个，整治裸房2万栋。建成安全生态水系39公里，综合治理水土流失9400公顷，新开工洪洋溪安全生态水系、新洋溪防洪治理等重大水利项目27项。第二轮中央生态环保督察交办的1042件群众信访件整改任务全部完成。鼓宦线获评全国“十大最美农村路”。

民生保障日益增强。新改扩建公办幼儿园27所，规范治理小区配套幼儿园237所，新改扩建中小学24所。2.9万个公办、普惠幼儿园学位实行公开派位，民办义务教育学校全部实行摇号招生。中职学校新开设产业发展急需专业27个。新成立福州三中等教育集团3个。市精神病院门诊楼、市皮肤病院医技楼、市二医院改扩建等20个重点医疗项目进展顺利，市妇幼保健院新院建成投用，滨海新城医院（一期）、市一医院外科病房大楼等项目基本建成。组建紧密型县域医共体9个。成功举办第25届市运会、福州马拉松、世界女子围棋赛等大型体育赛事。实施新一轮古厝保护提升项目335个，开放冶山遗址公园，梁厝、登高山、温麻等17个特色历史文化街区继续拓展完善。“福建船政”入选第四批国家工业遗产名单。成功举办海丝国际旅游节、丝路国际电影节。提升基层文化站488个。市非遗展示馆、台湾会馆建成开放。新建农村幸福院153个。启动建设安置型商品房1.8万套，新增政策性租赁住房2.05万套。开展房屋结构安全大排查174万栋，整改隐患问题2.3万处、群租房8684套。整改安全生产重大隐患点308个。全面放开落户限制，实现户籍迁入“零门槛”。编制、信访、仲裁、司法行政、民族宗教、军民融合、国防动员、退役军人服务保障、民兵预备役、双拥、海防、人防、反走私等工作继续加强。广播影视、新闻出版、哲学社会科学、文学艺术、统计、科普、气象、防震、地方志、档案、老龄、青少年、妇女儿童、残疾人、慈善、红十字等各项事业健康发展。

政府建设不断加强。认真学习《习近平谈治国理政》第一、二、三卷以及《习近平在福州》《习近平在福建》等系列采访实录，“四个意识”更加牢固，“四个自信”更加坚定，“两个维护”更加坚决。深入贯彻中央八项规定及实施细则精神，力戒形式主义、官僚主义，严守廉洁制度。弘扬“马上就办、真抓实干”优良作风，坚持一线考核、正向激励，持续开展“服务基层年”等活动，政府系统干部队伍精气神持续提振。政务公开考核位居全省第一。“一企一议”解决企业困难问题7472个，落实减税降费131亿元。行政执法三项制度全面推行。鼓楼区获评全国首批法治政府建设示范区。审计监督力度不断加大。全年实施效能问责145人次。自觉执行市人大及其常委会决定决议，主动接受人大法律监督、工作监督和市政协民主监督，支持市政协开展协商民主实践。提请市人大常委会审议地方性法规草案2件，办复省、市人大代表建议469件和省、市政协提案483件，满意率分别达99.15%、100%。

“十三五”时期社会发展的主要工作和成效：五年来，在党中央国务院、省委省政府和市委的坚强领导下，福州市以习近平新时代中国特色社会主义思想为指导，全面贯彻党的十九大和十九届二中、三中、四中、五中全会精神，认真落实习近平总书记重要讲话重要指示批示精神，马上就办、真抓实干，迎难而上、拼搏奋进，全市综合实力跃上新台阶，城乡面貌焕然一新，人民群众幸福感明显增强。

城乡面貌明显进步。建成区面积从375.9平方公里扩大到416平方公里，常住人口城镇化率从67.7%提高到71%。长乐顺利撤市设区；城区156条内河治理基本完成，拆除沿河房屋近400万平方米，埋设截污管道260公里，清除淤泥295万立方米，修复改造雨污管网2522公里，治理污染源3507个，建成城区水系联排联调中心，黑臭水体全面消除。获评全国黑臭水体治理示范城市；造林绿化32600公顷。森林覆盖率达58.36%，位居全国省会城市第2位。人均公园绿地面积提高到15.3平方米。建成区新种乔木85万株，新增园林绿地面积3866.7公顷，绿地率提高到42.2%。荣获国家森林城市、全国森林旅游示范市称号；建设环山休闲步道131.3公里、滨水休闲步道680.3公里、大型生态公园15个、串珠式小公园1202个，开挖旗山湖、晋安湖等调蓄、景观湖7个。整合拓展西湖、左海景区水系。打造闽江两岸休闲景观带56公里；实施连片旧屋区改造186个，拆除旧房2354万平方米，惠及群众10万户35万人；实施老旧小区整治608个，惠及群众14.1万户50万人；拆墙透绿1072处，拆除围墙92.7公里。城区修补人行道750条、60万平方米。完成缆化下地1071段、439公里。新建、改建城乡公厕1826座。“两违”处置量连续三年全省第1；实施城区缓堵项目840个，高峰延时指数下降10.16%，交通拥堵排名从全国第19位下降到第27位；城区垃圾分类覆盖率达100%，居民分类准确率达80%，垃圾分类考评排名进入全国前10；实施美丽乡村建设1792个，农村无害化厕所普及率从92.5%提高到99.3%，农村污水治理管控率从54.7%提高到91.4%；空气质量连续五年位居全国省会城市前3位。闽江、敖江等重点流域水质位居全国前列，小流域优良水质从66.1%提高到91.7%；建设冶山、新店遗址公园。整修“三山两塔”。修复上下杭、朱紫坊、烟台山。打造鳌峰坊、南公园等特色历史文化街区17个。整治中山路、学生街、桂香街等传统老街巷261条。保护修缮重点文物和古建筑1200多处。建设马尾船政文化城。福清天宝陂入选世界灌溉工程遗产名录。永泰爱荆庄荣获联合国文化遗产保护奖；滨海新城实施建设类项目277个、总投资超2700亿元，落地招商项目625个、总投资1952亿元。福州城市正从滨江城市向滨江滨海城市跨越。

社会事业全面发展。城镇居民人均可支配收入从34982元提高到49358元，农村居民人均可支配收入从15203元提高到22600元。；最低工资标准从每月1350元提高到1720元。城乡居民基础养老金从每月100元提高到190元。实现城乡低保标准一体化；新增就业67万人；全国首创安置型商品房建设模式，建设安置型商品房7.95万套，公租房实物配租2.37万套；解决历史遗留的6.65万户逾期回迁安置问题，共9.9万套、838万平方米；新建公办幼儿园66所、小学36所、中学19所，新增幼儿园学位2.6万个、义务教育学位14.55万个，学前普惠学额覆盖率从42.5%提高到90.5%。引进清华附中、天津大学、新加坡国立大学等名校合作办学；人均期望寿命从78.4岁提高到79.5岁。每千人医疗机构床位数从4.68张提高到6.2张。新建孟超肝胆医院、省妇产医院、省儿童医院等高等级医院，引进复旦大学附属华山医院合作共建国家区域医疗中心；养老床位总数从2.8万张增加到5.35万张。每千名老年人拥有养老床位从24张提高到41.2张；建成全民健身点2.5万个。人均体育场地面积从1.84平方米增加到2.49平方米；新建市图书馆新馆、海峡文化艺术中心等一批标志性公共文化场馆；扫黑除恶好评率连续四年全省第1，执法工作满意率连续三年全省第1，群众安全感率从全省第7位攀升到第2位；现行标准下4425户14042名农村建档立卡贫困人口全部脱贫。助力甘肃定西如期脱贫。

2021年是奋进“十四五”、逐梦新征程的开局之年。福州市立足新发展阶段，贯彻新发展理念，融入新发展格局，解放思想、坚定信心、埋头苦干，全方位推动高质量发展超越。经济社会发展的主要预期目标是：地区生产总值增长8.5%，地方一般公共预算收入增长5%，固定资产投资增长10%，社会消费品零售总额增长9%，出口总额增长8%，实际利用外资增长6%，城镇居民人均可支配收入增长8%，农村居民人均可支配收入增长8.5%，城镇登记失业率控制在3.5%以内，完成节能减排降碳任务。

（摘编：李哲）

鼓楼区社会发展概述

2020年是全面建成小康社会和“十三五”规划收官之年，也是发展进程中极不平凡的一年。一场突如其来的新冠肺炎疫情席卷各地，给鼓楼带来了严峻挑战。在市委、市政府和区委的正确领导下，鼓楼区坚持以习近平新时代中国特色社会主义思想为指导，全面贯彻党的十九大和十九届二中、三中、四中、五中全会精神，把人民群众生命安全和身体健康放在第一位，广大医务工作者白衣执甲，党员干部、社区工作者、志愿者坚守一线，企业家、海内外乡亲捐款捐物，全区人民众志成城，汇聚起了打赢疫情防控人民战争总体战阻击战的磅礴力量。在深入推进常态化疫情防控的同时，以“争当排头兵”系列竞赛活动为抓手，攻坚克难、砥砺奋进，保持了经济社会平稳健康发展。全年地区生产总值突破2000亿元，一般公共预算总收入增长1.3%，地方一般公共预算收入增长2.5%，社会消费品零售总额增长2.1%，城镇以上固定资产投资增长8%，实际利用外资增长141.7%，城镇居民人均可支配收入增长2%。获评全国首批法治政府建设示范区、中国领军智慧城区；位列全国百强区第18名、全国营商环境百强区第22名，均为全省第一。一年来社会发展的主要工作和成效体现在。

城市品质显著提升。老城更新多点开花。坚持“系统、综合、集成”理念，十位一体推进实施483个新一轮城市品质提升项目，完成华林路、湖东路、西洪路等5条重要街区综合提升，改造经院巷等21条传统街巷和27个老旧小区，实施85栋建筑立面整治，缆化下地120段，开展废弃杆件、广告牌、箱柜、卷帘门专项整治，城区面貌焕然一新。启动文林路南侧等5个旧屋区改造项目，完成市三建宿舍等25个零星地块精准改造，推进22个安置房项目建设，开展13个安置房项目选房。推进城区缓堵项目8个，实施道路平整度提升63.7万平方米。新增公共停车泊位727个。

生态环境持续改善。水系综合治理基本完成，21条内河全面转入长效管理。福道灯光夜景全面提升，福山郊野公园全线贯通。“绿进万家、绿满榕城”扎实推进，建成街头小公园60个，拆墙透绿80处，新建改造绿地16万平方米。空气质量优良率达99.7%，西北区饮用水源保护区水质连续25年100%达标。精细管理不断升级。开发垃圾分类智慧监管平台，创新推行垃圾分类“亭长制”和管理员持证上岗制，开展误时投放专项整治，建成垃圾分类精品示范点150个，垃圾分类正确率达90%。新改建12座公厕，打造10条精品市容环卫示范街，新增5条“两车”禁停道路。

民生事业全面进步。民生支出占一般公共预算支出比重达78.2%，实施53项为民办实事项目。全面完成第七次全国人口普查现场登记工作。教育强区巩固发展。获评国家级信息化教学实验区、基础教育国家级优秀教学成果推广应用示范区。建成鼓楼第二中心小学教场分校、钱塘小学教育集团怡山校区等5所学校，新增学位3500个。深入实施“强师工程”，推行“区管校聘”改革。加快智慧校园建设，“空中课堂”入选教育部“线上教学优秀案例”并向全国推广。实现区属中小学校内课后服务全覆盖。健康鼓楼稳步推进。新改造投用洪山、五凤等4家街镇社区卫生服务中心，设立6个社区卫生服务中心分部。与省、市属医院结成11个医联体49个医疗协作帮扶对子。完成区疾控中心P2实验室一期建设，启用全省首个官方疫苗全过程可追溯平台。城镇居民、职工医疗保险参保率达98% 以上。实现0~3 岁托育机构街镇全覆盖，国思托育园通过省级示范试点验收。新增健身路径10 条、足球场7 片、篮球场4 片，建成西河智慧体育公园，构建了“15 分钟健身圈”。

社会保障坚实有力。新增就业2.9 万人，失业人员再就业0.3 万人。承接各级国企社会化管理退休人员2.2 万名。临时救助月标准提高至988 元，失能特困人员集中供养率100%。新引进8 家养老服务企业，建成13 个“长者食堂+学堂”，为特殊困难老年人、80 周岁以上老年人购买580 余万元居家养老服务券，为12.9 万名鼓楼户籍老年人购买意外伤害险。

文化旅游融合发展。加强乌山、于山、冶山历史风貌区和历史文化街区保护建设。强化古厝保护和活化利用，在全国首推“古厝长制”，开发全国首套古厝保护数字化系统，建成福州古厝展示馆。策划推出52 条坊巷文化旅游线路和“云游坊巷”等线上文旅项目，开展“大美鼓楼·四季坊巷”周周游系列活动。获评全省首批全域生态旅游示范区。

社会治理多向发力。“一线处置”成效显著。在全国首创基层社会治理“一线呼叫、一线报到、一线处置”机制，累计办理各类诉求事项1.5 万件次，办结率达98.7%，有效打通服务群众“最后一米”。“12345”便民服务平台受理有效诉求件7.6 万件，群众满意率达99.9%，社区建设成果突出。社区治理三年行动有效实施，全区69 个社区全部通过市级达标社区验收，创建市级标杆社区21 个。创新打造“两中心两厅一平台”社区服务场所和治理平台，组织开展“居民恳谈日”活动621 场次，落实“参与式预算”微实事协商项目93 个。建成中山智慧社区，实现社区人、地、物智慧化管理。平安建设扎实开展，坚持生命至上、安全第一，深入开展房屋结构安全隐患排查，整治安全隐患1621 处、群租房1445 户。完善“1235”矛盾纠纷多元调处机制，建成在线矛盾纠纷化解工作室，在线调处矛盾纠纷1221 件次，刘子钰调解工作室获评全省首批省级金牌调解工作室。“最多投一次”阳光信访事项办结率达99.5%。扫黑除恶成果持续巩固，社会治安保持稳定。

法治建设领域拓展。深化一流法治城区建设，法治建设向营商环境、文化遗产保护、社区治理等领域拓展，圆满完成“七五”普法及验收工作。成立法律服务站10 个，办理法律援助案件244 件。严格执行区人大及其常委会决定决议，自觉接受区人大法律监督、工作监督和区政协民主监督，办结109 件人大代表建议和167 件政协委员提案，满意率达100%。“鼓楼智脑”建设不断深化，开发服务企业、智慧河长等30 多个应用子系统，汇聚数据信息3650 多万条。深入推进基层政务公开标准化规范化工作，区政府门户网站实现全省绩效考核十连冠。作风建设常抓不懈。认真落实全面从严治党和意识形态工作主体责任，严格执行中央八项规定及其实施细则精神。落实“基层减负年”要求，深入践行“一线工作法”，驰而不息整治“四风”问题，实施效能问责10 人次。加强审计监督，因公出国（境）经费、差旅费支出压减超50%，公务接待、会议培训支出压减超60%。

2021 年是中国共产党成立100 周年，是“十四五”开局之年，也是开启全面建设社会主义现代化国家新征程、向第二个百年奋斗目标进军的第一年。面对深刻复杂变化的国内 外形势，鼓楼区必须提升识变之智、应变之方、求变之勇，一手抓常态化疫情防控，一手抓经济社会发展，扎实做好“六稳”工作，全面落实“六保”任务，确保开好局、起好步。经济社会发展的主要预期目标是：地区生产总值增长8.7%，地方一般公共预算收入增长5%，城镇以上固定资产投资增长7%，社会消费品零售总额增长9%，外贸进出口总额增长1%，实际利用外资增长3%，城镇居民人均可支配收入增长5%，城镇登记失业率低于全市平均水平，完成能耗“双控”目标任务。

（摘编：杨立群）

台江区社会发展概述

2020年是极不平凡的一年，既是决胜全面建成小康社会、决战脱贫攻坚之年，也是“十三五”规划收官之年，更是面对突如其来的新冠肺炎疫情冲击，全区上下不畏险阻、砥砺前行的奋进之年。一年来，台江区坚持以习近平新时代中国特色社会主义思想为指导，全面贯彻党的十九大和十九届四中、五中全会精神，认真落实习近平总书记重要讲话重要指示批示精神，坚持“马上就办、真抓实干”，弘扬勇于拼搏、争先创优的“台江精神”，凝心聚力、攻坚克难，扎实做好“六稳”工作，全面落实“六保”任务，统筹推进疫情防控和经济社会发展，各项工作都取得了新的进展。地区生产总值达600.81亿元，增长6.3%，位居全市第三；第二产业增加值、第三产业增加值分别增长12.7%和5.3%，均居全市第一；一般公共预算总收入24.99亿元，地方一般公共预算收入16.19亿元；实际利用外资7.8亿元；固定资产投资177.7亿元，增长19.2%；社会消费品零售总额245.3亿元，增长3.5%。一年来社会发展的主要工作和成效是：

改革创新持续深化。营商环境3.5版改革成效凸显，区级“一趟不用跑”事项占比超七成，“信易批”“打包办”“全城通办”等服务广受好评。简化投资审批办事流程，开设重点项目业务办理“绿色通道”，电子证照增量生成率达100%。15家区属国有企业全面改制整合，区国投集团、城投集团正式揭牌成立。街道机构改革、经营类事业单位改革全面完成。融媒体中心建成投用。食品安全“一品一码”体系建设深入推进。全方位推广“家园事务服务中心”“五事工作法”及“三社联动”工作模式，创新推出“邻里议事厅”“人民勤务岗”等做法，实现服务群众“零距离”。教师“区管校聘”改革全面推进。居家社区养老服务集成改革经验获全市推广。

城市品质稳步提升。243个新一轮城市品质提升项目、358个老城区“十位一体”综合提升项目全面完成，城乡基础设施投入达26.18亿元。打铁垱新村、河口东里等22个零星旧改项目顺利完成，滨海快线南公园站、中平花园1号楼等重要节点项目净地交付。红星地块安商房基本封顶，柔远雅苑、融信洋中城顺利交房，1.5万户居民完成回迁选房。高标准整治提升宁化新村、凤凰新村等39个老旧小区，惠及群众1.4万户，改造数量及投资额居全市之首。房屋结构安全隐患大排查大整治取得阶段性成效，整改隐患问题278处、群租房1819户。开展整理“城市客厅”专项行动，市容市貌管理等十大专项工作扎实推进，道路保洁、园林绿化等综合排名明显提升，创建4条市容严管街。新增停车泊位1234个，打造海峡金融商务区、闽江北岸中央商务区及上下杭历史文化街区三大规范停车示范区。实施拆墙透绿70处，新增绿地7.3公顷，建成街头公园38个、城市绿道8公里，闽江北岸公共空间贯通工程建成开放。新改扩建市政道路10条，完成城市标识系统更新。全面落实垃圾分类“四定”工作，分类准确率达80%以上。苍霞街道入选“福建省首批生活垃圾分类示范片区创建街镇”。打好污染防治“三大战役”，空气质量优良率达99.7%。

民生短板全力补齐。66项为民办实事项目有效落实。南公小学、双杭小学主体结构封顶，鳌峰学校、南公幼儿园等一批学校建成投用。新增城镇就业10449人，安置下岗失业人员3214人，动态消除“零就业”家庭。主动为全区户籍居民购买政府救助责任保险。健全完善分级诊疗体系，人均基本公共卫生服务经费补助标准增长8.3%。加大对各类困难群体的帮扶救助力度，累计发放低保、医疗补助、临时救助等各类抚恤补助金7500万元。新港街道、鳌峰街道社区卫生服务中心完成改造提升，5家“长者食堂”正式运营。武夷绿洲智慧体育公园、智能健身驿站及20条健身路径建成开放。实施新一轮古厝保护提升行动项目30个，完成5处文保单位、10处登记文物点、57处风貌建筑保护修复。高标准推进综治中心规范化、一体化建设，打造51个平安智能小区，群众安全感率位居省、市前列。第七次全国人口普查顺利开展。公共法律服务、司法行政系统特赦实施工作获国家司法部表彰。

政府建设切实加强。落实学习贯彻习近平新时代中国特色社会主义思想长效机制，“四个意识”更加牢固，“四个自信”更加坚定，“两个维护”更加坚决。深入贯彻中央八项规定及实施细则精神，力戒形式主义、官僚主义，严守廉洁制度。开展“弘扬台江精神、奋力争先进位”主题活动，狠抓政府执行力提升，全方位加强机关效能建设，全年效能处理16人，干部作风、政务环境明显好转。依法治区扎实推进，媒体公益普法制度不断完善，行政机关负责人出庭应诉制度进一步落实。完成审计项目20个，审计调查5项，大数据审计成效初显。全年主动公开政务信息1148件，区政府及部门预算公开率达100%。自觉接受各类监督，广泛听取各界意见建议，办复人大代表建议118件、政协委员提案112件，满意率均达100%。

“十三五”时期社会发展的主要工作和成效是：

着力精建管优治理，城市建设品质和颜值明显提升。创新“1+X”全面系统集成工作法，高质量推进老旧小区、小街巷、立面景观等整治项目。累计实施38片、117公顷旧屋区改造，配建101万平方米安置型商品房，1.2万户群众迁入新居。全面整治白马河等12条内河，水系沿线慢行系统建成开放，南公园、闽江北港公园完成景观提升，新增串珠公园23个、街头公园98个、绿地36公顷。完成25项交通缓堵、96条市政道路新改扩建、60条小街巷整治提升及210项缆化下地项目，138栋楼体景观焕然一新，127个老旧小区旧貌换新颜。垃圾分类全面推行，“路街巷长制”“河长制”实现全覆盖。上下杭、南公园等历史文化街区修复开放，17条传统老街巷、45处文保单位得到修缮提升。完成闽江沿线116项夜景项目，海峡金融商务区立面灯光秀多次登上央视舞台，成为“夜福州”的闪亮名片。中央环保督办件全面销号。

下大力气保障和改善民生，人民生活水平显著提高。全区累计用于民生支出72.69亿元，完成为民办实事项目207件。实施城镇新增就业人员4.2万人，安置下岗失业人员1.2万人，居民人均可支配收入从3.78万元提高到5.4万元，增长42.8%。新改扩建学校16所，新增学位6000个，适龄儿童入园率达99.1%，学前普惠学额覆盖率从29.76%提高至85.86%。居家社区养老服务照料中心覆盖率达100%，社区卫生服务中心每门诊人次药品费用降低69%。提升基层文化站62个，新建体育休闲公园2个、健身路径105条。“15分钟居家养老服务圈”“15分钟公共文化服务圈”“10分钟体育健身圈”基本形成。全区综治“三率”实现大幅度提升，群众安全感率连续三年进入全省前10。圆满完成第三次全国国土调查、第四次全国经济普查。

科技、教育、文体和卫生健康等各项社会事业全面发展，台江区相继获评“全国群众体育先进单位”“全国基层中医药工作先进单位”“国家义务教育质量监测优秀组织单位”“福建省科普示范区”等称号，东西部扶贫协作工作、国家公共文化服务体系示范区创建工作顺利通过国家部委验收考核，高分通过省对县教育“两项督导”评估，获得“优秀”等级。有望连续六届蝉联全省文明城区称号。

（摘编：林学军）

仓山区社会发展概述

2020年，面对突如其来的新冠肺炎疫情，仓山区坚持以习近平新时代中国特色社会主义思想为指导，深入贯彻落实党的十九大和十九届二中、三中、四中、五中全会精神，统筹推进疫情防控和经济社会发展，全力打好疫情防控阻击战，扎实做好“六稳”工作，全面落实“六保”任务，坚持“一手抓产业提升，一手抓城建提质”的总体思路，深入开展优二强三提升、城建提质、绿化仓山提质、干事创业提效、营商环境优化五大专项行动，各项工作都取得新进展。全区完成地区生产总值890亿元；社会消费品零售总额489亿元，增长0.1%；固定资产投资增长10.0%；进出口总额267亿元，增长0.04%；实际利用外资12.3亿元，完成年计划的125.5%；居民人均可支配收入45830元，增长3%；一般公共预算总收入41亿元，增长-6.4%；地方一般公共预算收入27.2亿元，增长-4.7%；完成市下达的节能减排降碳任务。“五个一批”第二、三季度综合考评分别位居全省第8、第3，招商工作综合考评位居全市第2。一年来社会发展的主要工作和成效体现在：

城区品质日益提升。三江口片区开发加快推进。完成梁福小区等21个项目95.2万平方米征迁。马航洲湿地保护修复工程等5个总投资77.13亿元的项目顺利竣工，梁厝河滨水商业街、嘉里樟岚中心等86个总投资1019亿元的项目正加快建设。福泉高速连接线拓宽改造工程、清凉山消防站等30个公共配套项目建设有序推进，福州学校初中部建成招生，最美区域雏形初显。

城市颜值持续提升。完成南二环、三环路、烟台山片区等重点区域新一轮城市品质提升项目442个，淮安路等10条新建、改扩建道路建成通车；完成“十位一体”项目360个，旧康山里等10个老旧小区完成改造提升，后坂公园等75个街头小公园建成开放，人居环境明显改善。环岛滨江休闲路品质持续提升，完成标识完善、绿化提升等63个项目，滨江走廊更加靓丽。烟台山、梁厝一期、学生街（施埔路）等特色街区正式运营。“绿化仓山提质”行动常态化推进，新种乔木2.3万株，新增绿化面积27.2万平方米，其中南江滨最美环江路新增绿化带6公里，总面积14.3公顷，打造了显江透绿的“最美”江岸。

城市管理更加精细。生活垃圾分类全面推进，提升改造垃圾分类屋（亭）330座，推出“公交站牌式”收运线路54条。强化市容管理，全区35条道路纳入“严管街”试点；创新建立市容管理“一户一码”信息化监管平台，提高市容管理智能化水平。电动自行车管理持续规范，累计更换电动自行车新式号牌25.8万面，换牌量位居全市第1。“两违”整治取得实效，在全省率先推行5G无人机“两违”巡查，共拆除“两违”建筑103.56万平方米。

百姓福祉持续改善。社会保障精准有力。完成30项为民办实事项目。持续开展公共就业服务专项行动，实现新增城镇就业1.48万人，城镇就业困难对象再就业1107人；疫情防控期间，为企业复工复产接回务工人员3902人。城乡居民养老保险参保6.02万人、实现应保尽保，被征地农民养老保障参保12.8万人、参保率87%；城乡居民基本医疗保险参保37.92万人，参保率98.15%。扎实做好安置回迁工作，建成安置房14580套、共计109万平方米，完成对接选房12685套、共计

101.17万平方米。对口帮扶协作成效突出，落实各类扶贫资金8515.2万元，推动大森建材、东升茶叶等项目落地，助力临洮县、周宁县成功脱贫“摘帽”。

公共服务不断提升。教育事业优先发展，首山中学等14所中小学（幼儿园）建成投用，新增学位1.9万个；新认定12所普惠性民办幼儿园，全面完成74所小区配套幼儿园治理，新增公益普惠学位6800个；创新办学机制，促成城门中学与福州外国语学校合作办学，建成全市首个市属中学教育集团；“壮腰”工程成效初显，区属中学中考优秀率提高了11.73个百分点。健康服务水平不断提升，市妇幼保健院新院建成投用，全区13家基层医疗卫生机构和全部社区卫生服务站实现中医药服务全覆盖。全区14家养老机构实现医养结合。实施新一轮19项古厝保护提升项目，修缮完成闽海关税务司官邸等文物10处，以及齐氏青砖大厝等历史建筑20处、传统风貌建筑22处；建成陈岱孙纪念馆、陈靖姑信俗文化主题公园，成功举办陈岱孙120周年诞辰、第十三届闽台陈靖姑民俗文化旅游节等活动。文体设施持续完善，完成30个村级综合性文化服务中心、55处体育设施建设。

安全稳定有效维护。深入开展安全隐患大排查大整治行动，摸排各类生产经营单位和场所1.73万家次，整改隐患4973项。开展房屋结构安全排查整治，排查房屋49.12万处，整治隐患2619处、群租房1433套。

“十三五”时期社会发展的主要工作和成效是：始终注重抓统筹提品质，城区面貌焕然一新。项目征迁全力推进，完成三叉街旧改等380个项目征迁，交地超2666.7公顷、拆迁1472.77万平方米，征迁工作位居全省、全市前列，征迁“铁军”精神得到省、市高度肯定。三江口片区塔吊林立、钩机轰鸣，海峡文化艺术中心、三江口大桥等17个项目建成投用，亚升集团总部等26个优质项目成功落地。城市功能配套持续完善，地铁1、2号线开通运营，南台大道等180余条道路通车运行，建成公共停车场56个，新增停车泊位7014个。“绿化仓山提质”行动成效显著，飞凤山公园、高盖山公园等6个生态公园建成开放，全区新增绿地面积178.02万平方米，人均公园绿地面积达15.6平方米，较2015年增加了2.1平方米，提高了15.6个百分点。水系综合治理全面推进，完成41条主河道和20条支流征迁交地，拆迁165万平方米；完成白湖亭河等44条河道治理，建成滨河步道约150公里，打造了流花溪、台屿河等一批样板河、网红河，实现内河水清、河畅、岸绿、景美。

始终注重办实事惠民生，人民生活更加幸福。坚持民生为本，累计投入民生事业资金145.77亿元，占一般公共预算支出的79.12%。居民人均可支配收入从32296元提高到预计45830元。完成为民办实事项目162项。完成3.5万套、300余万平方米安置回迁，基本解决困扰多年的逾期安置问题。加快补齐教育短板，新建、改扩建中小学校26所，新开办公办幼儿园19所，新增学位3.5万个；认定普惠性民办幼儿园45所，学前普惠学额覆盖率从34%提高到85.19%。健康事业快速发展，新增市妇幼保健院新院等120家医疗机构，千人均医生数、注册护士数分别提高1.19人、1.98人，达到3.76人、4.85人；建成居家养老服务中心14个，新增养老机构5家，每千名老年人床位数达50张、位居全市前列。深入推进扫黑除恶专项斗争，三年共打掉黑恶团伙29个，综合打击质效位居全市第2。

2021年是全面实施“十四五”规划的开局之年。初步确定今年经济社会发展的主要预期目标是：地区生产总值增长9.0%；一般公共预算总收入增长5.0%；地方一般公共预算收入增长5.0%；社会消费品零售总额增长9.0%；固定资产投资增长9.0%；居民人均可支配收入增长7.5%；实际利用外资增长3.0%，进出口总额增长1.0%，完成市下达的节能减排降碳任务。

（摘编：王诗诚）

晋安区社会发展概述

2020年是“十三五”规划收官之年，也是应对疫情考验极不平凡的一年。一年来，晋安区坚持以习近平新时代中国特色社会主义思想为指导，全面贯 彻落实党的十九大和十九届二中、三中、四中、五中全会精神，以昂扬的斗志、奋进的姿态，干在实处、走在前列，着力统筹疫情防控和经济社会发展大局，全力战胜各种风险挑战，各项工作 取得新的成效。全年实现地区生产总值985亿元，增长5.5%；一般公共预算总收入33.6亿元；地方一般公共预算收入22.9亿元；规上工业增加值增长3.7%；全社会固定资产投资额616.1亿元，增长7.3%；社会消费品零售总额910.8亿元，增长1.8%；进出口总额232亿元，增长3%；实际利用外资9亿元；城镇居民人均可支配收入4.85万元，增长4.2%；农村居民人均可支配收入2.33万元，增长6.8%。一年来社会发展的工作和成效主要体现在：

城乡面貌明显改善。旧屋区改造工作持续推进，完成鼓山沿山片区等9个旧屋区、300万平方米房屋征收，出让土地68.87公顷，开工建设安置型商品房200万平方米，完成洋下等32个项目、1万户、102万平方米回迁选房。实施56个民生基础设施建设项目，新（改）建市政道路15公里，西岭互通、站东互通、园中互通等一批缓堵项目建成通车，新店外环路、前横路快速通道、地铁4号线等省市重点项目加快建设。完成2个重要门户、2个重要片区、6条重要线路为核心的新一轮城市品质提升工程，实现“路不断、灯不断、林荫不断、景观不断实施433个“十位一体”综合提升项目，改造提升老街巷25条、老旧小区14个，完成道路缆化下地80条、“拆墙透绿”100处，建成街头小公园80个，改造提升公园绿地100万平方米。牛岗山公园获2020年度中国风景园林学会科学技术奖（规划设计奖）一等奖，金鸡山公园栈道景观二期工程获全国园林工程奖铜奖。城区垃圾分类2.0版和农村生活垃圾分类全面铺开，获评全市城区生活垃圾分类工作先进区。“河湖长制”深入落实，城区28条主干河道、10条支流整治率先通过市级验收，转入常态化管养。大力实施乡村振兴战略，完成18个村庄规划编制，17个美丽乡 村实现提档升级。寿山乡获评省级乡村治理示范乡镇，创新村等3个村获评省级乡村治理示范村。巩固“四好农村路"建设成果，新（改）建农村公路6条、16公里，完成公路养护提升40公里，交通运输部全国“十大最美农村路”颁奖活动在晋安成功举办，鼓宦线成为全省唯一入选线路。推进水土流失综合治理．完成造林绿化2万亩、森林抚育533.3公顷、封山育林666.7公顷。

民生“获得感”持续增强。加大民生保障力度，各级财政用于民生支出26.6亿元，占一般公共预算支出76.7%。18件省市级、32件区级为民办实事项目顺利完成。教育事业提质发展，则徐中学桂湖校区、晋四小扩建工程等10个学校项目建成投用，新增学位6090个。榕博小学、榕博幼儿园人才主题学校挂牌成立。106所小区配套幼儿园完成治理，学前教育普惠率、公办率位居省市前列。城乡教育一体化改革稳步推进，则徐教育集团组建挂牌，中高考成绩明显提升，获得福州市初中教学质量综合效益优胜奖。我区获评第三批全国老年远程教育示范区。医疗资源进一步丰富，省儿童医院建成开诊，省妇产医院、省疾控中心即将投入使用，区医院改扩建二期、区中医院项目抓紧实施，全省首个国家级家庭健康服务项目落地晋安，成功创建省级慢性病综合防控示范区，获评全国计划生育优质服务先进单位。文化事业加快发展，获得900万元省级文化产业发展专项扶持资金。古厝、历史建筑和文物保护全面强化，新店古城遗址公园、协和大学建筑群等保护建设顺利推进，区非遗展示馆、软木画乡村非遗传习所正式揭牌。金鸡山文化生活馆建成投用，6件作品获福州市第四届茉莉花文艺奖，实现零突破。体育事业进步明显，组织全民健身活动（赛事）30场，建成社区足球场17片。组队参加第25届市运动会，团体总分位列全市第二，创历史最佳。社会保障事业有序发展，区社会福利中心全面运营，在全市率先启动困难老年人家庭适老化改造。建立全区困难群众信息库，发放低保、失业补助等9300多万元，特困人员集中供养率居全市第一。国有企业退休人员社会化管理、“三供一业”移交工作稳步推进。退役士兵安置和就业帮扶工作有效落实，新增城镇就业1.8万人，城镇失业人员再就业6400人。持续巩固脱贫攻坚成果，深化与甘肃渭源、宁德霞浦等地东西部扶贫和山海协作，落实各类帮扶资金5700万元。

社会“和谐度”稳步提升。大力创建全国农村社区治理实验区。全国首个两岸社区交流中心正式运营，获评省级社会工作专业人才基地，在全省率先建成区级市域社会治理实践基地。“晋我家”智慧社区管理平台升级扩面，“我家小院”“梯位长协会”“乡村剧场”等社区治理品牌培育形成。全国新时代文明实践中心试点工作持续深化，完成三级文明实践中心建设，推出“志愿晋安”管理服务平台。顺利通过省级文明城区总评，鹅鼻村获评第六届全国文明村，砌池社区、盛辉物流集团获评全国文明单位。信访积案、矛盾纠纷化解工作扎实推进，鼓山镇人民调解委员会获评全国模范人民调解委员会。扫黑除恶专项斗争纵深推进，刑事案件同比下降22.1%，“两抢”案件同比下降46.2%。打造“智慧监管”模式，2500多家企业纳入食品安全“一品一码”全过程追溯体系。加强电动自行车规范管理，完成牌证更换23.1万辆。实施安全生产专项整治三年行动，加强“三边三乱”整治，深化房屋结构安全隐患大排查大整治，全面排查各类建筑45.3万处，4500多处安全隐患有效整改。六大类应急预案完成修编，应急管理体系加快形成，应急救援能力持续增强。防灾减灾、防汛抗旱、森林防火等工作稳步推进，社会保持安定稳定。

“放管服”改革不断深化。在全市率先开展“智慧审批”试点，推出个体工商户换照等“秒批”服务事项，企业开办时限提速至5小时。80%行政审批和公共服务事项实现“一窗通办”，“一趟不用跑”事项比例进一步提高，电子证照生成率和应用率居全市第一。投放32台“e福州”便民服务自助终端，实现104项高频事项就近自助办理，打造“十五分钟”便民服务圈。创新“晋企优服卡”“金融特派员”等工作机制，推行重点项目、重点企业“全程代办强化政银企对接，帮助落实企业信贷资金15亿元。认真执行区人大及其常委会决议决定，自觉接受区人大及其常委会的法律监督、工作监督，自觉接受区政协的民主监督，支持区政协开展协商民主实践，办复市区两级人大代表建议121件、政协委员提案131件，满意率100%。

2021年是中国共产党成立一百周年，是实现第一个一百年奋斗目标的收官之年，也是“十四五”发展的开局之年。晋安区立足新发展阶段，贯彻新发展理念，融入新发展格局，永葆“闯”的精神、“创”的劲头、“干”的作风，全力以赴做好“十四五”开局工作。经济社会发展的主要预期目标是：地区生产总值增长9%；一般公共预算总收入、地方一般公共预算收入增长5%；全社会固定资产投资额增长9%；社会消费品零售总额增长9%；规上工业增加值增长8.5%；第三产业增加值增长9.6%。

（摘编：郭虹）

马尾区社会发展概述

2020年是极不平凡的一年，更是刻骨铭心的一年。一年来，马尾区凝心聚力、锐意进取，全力打好新冠疫情防控阻击战，全力落实“六稳”“六保”任务，全力推进产业高质量发展“12345”工程和城市品质提升“六大”行动，各项工作都取得了新的进展。全区地区生产总值640亿元，增长6%；一般公共预算总收入31.6亿元，下降9.6%；地方一般公共预算收入21亿元，下降8.1%；固定资产投资201亿元，增长10%；社会消费品零售总额191.5亿元，增长1.5%；实际利用外资7.5亿元，下降30%；城镇居民人均可支配收入54978元，增长3.5%；农村居民人均可支配收入29530元，增长6.5%；完成市下达的节能减排降碳任务。获批国家骨干冷链物流基地、全省唯一专利与标准融合机制创新试点。一年来社会发展的工作和成效主要体现在：

城乡面貌持续改善。实施新一轮城市品质提升工程项目122个，完成老城区“多位一体”综合改造项目203个，打造了魁岐桥下体育公园、朏头田园风光公园、建星路街区整体提升、福马铁路罗星段整治改造、君竹路示范段店牌店招改造、君山北山体景观提升等一批城市亮点，实现城市形象“里子”“面子”双提升。新改扩建市政道路20条，建成投用亭江防洪防潮工程一期、亭江中心区山洪排涝工程一期，新建5G基站300个，高层住宅“一户一表”实现“应改尽改”，基础设施不断完善。建立常态化“巡街”“巡河”以及“两违”综合治理“五个一”、河道保洁市场化等工作机制，“一口一策”治理闽江入海排污口，马尾镇、罗星街道分别获评省、市级生活垃圾分类示范片区，长柄村获评全省农村生活垃圾分类试点示范单位。实施乡村振兴项目42个，建成市级美丽乡村精品示范村4个，亭江镇获评国家卫生镇，闽安村获评全国文明村，白眉村获评省级乡村旅游特色村。

民生保障日益增强。投入7.7亿元实施9个教育新改扩建项目，新增学位1100个，义务教育对符合条件的外来务工人员子女做到全覆盖。区教师进修学校获评省示范性县级教师进修学校，琅岐中学被认定为省三级达标高中，我区连续两年获评全市初中教学质量综合效益优胜奖。“健康中国2030”规划纲要和健康促进行动深入实施，完成医保专线“村村通”工程，成功创建省级卫生社区7个、卫生村2个，新建更新健身路径30条、农民体育健身工程5个、社区足球场5片。新增城镇就业人员9100人，失业人员再就业1360人，城镇登记失业率控制在市下达的目标范围以内。公共文化服务体系进一步完善，文艺精品创作进一步繁荣，闽剧《龙台驸马》获省第九届百花文艺奖，“两马”童声合唱团获第十五届中国合唱童声组银奖。城乡社区标准化建设持续推进，新设社区3个，创建标杆社区10个，标杆社区数量占到总数的30%以上。食品安全整治工作扎实开展，安全生产形势保持稳定。圆满完成第七次全国人口普查。

船政建设再翻新篇。持续推进马尾造船厂船政核心保护区历史建筑群保护修复，基本完成轮机车间、绘事院、铁胁厂、机装车间等重点建筑的修缮和厂区景观改造，挖掘保护了原船政锅炉厂遗址、船政老“插床”等一批珍贵文物，同步完成了船政风貌区范围内船政博物馆改造、历史文化街区和官街建设，船政文化城一期将于春节前实现“物理”开园。在保护的同时，更加注重发挥文化的价值，启动船政AAAAA级景区申报工作，实施二号船坞活化利用，利用船政的影响力谋划发展展陈、直播、研学等新经济、新业态，实现保护与活化利用的双赢。举办了纪念沈葆桢200周年诞辰、第十一届海峡两岸船政文化研讨会、海峡两岸（故宫文化）文创设计交流周暨船政文创论坛、“迎世遗·续文脉”2020年海峡两岸船政书画展、“致敬船政·赓续文脉”第二届船政文化节、纪念船政邮局120岁等一系列盛会，制作了《船政印象》《船政先声》《首任船政大臣沈葆桢》《船政舰船图鉴》等一批影视书籍作品，组建了“船政少年”志愿宣讲服务团，开辟了“数字船政”线上游览平台，船政宣传氛围进一步鼓浓。

“十三五”社会发展的工作和成效主要是：办好了一批群众期盼的实事，荣获了科技创新百强区、新型城镇化质量百强区、物联网产业发展先进城市等一批国家级称号，连续实现省级文明城区“三登科”、省级平安县（市、区）“四登科”。

城乡发展协调推进。城市融合发展进一步加快，常住人口城镇化率从70.8%提高到78.4%。地铁2号线马尾延伸段动建前期工作启动，三江口大桥、东南绕城高速（琅岐段）、东部快速通道建成通车，市政路网密度从每平方公里3.39公里提高到4.45公里，污水处理能力从每日7.5万吨提高到9万吨，供水管网从322公里增加到372公里，累计投入11.62亿元建成了7个水利工程，基础和公共设施日臻完善。改造旧屋区99.21万平方米，40个老旧小区旧貌换新颜，补齐提升13处重要节点夜景灯光，完成拆墙透绿105处、立面景观改造26处、缆化下地106处、小街巷整治21条，城市更新有序推进。城区黑臭水体全面消除，新增生态休闲公园7座、串珠公园4个、沿河休闲绿道8公里，绿地率由35.5%提高到37.9%，人均公园绿地面积居全市第二，宜居品质持续提升。农村人居环境综合整治三年行动全面完成，美丽乡村建设实现全覆盖，打造了亭江镇省级乡村振兴特色镇、10个市级以上乡村振兴试点村和“闽白”沿线乡村振兴示范带。累计投入近百亿元打造琅岐国际生态旅游岛，环岛路闭合贯通，红光湖公园、海青交流营地、九龙商业中心、对台客货运码头等重要设施建成投用，琅岐开放开发进一步加快。“两不愁三保障”全面落实，闽宁协作、山海协作圆满完成，城乡低保标准实现一体化，“飞毛腿扶贫扶智模式”被国务院扶贫办列为扶贫典型案例，为脱贫攻坚取得决定性胜利作出贡献。

生态文明建设走深走实。低碳、环保、绿色发展模式加快构建，顺利通过国家生态工业示范园区复核，获评第一批省级绿色开发区。中央生态环境保护督查整改任务扎实推进，河（湖）长制全面落实，城市空气质量优良天数比例达100%，地表水、集中式饮用水源两项水质达标率均为100%，污染防治攻坚战取得新成效。完成琅岐岛生态红线划定，新增植树造林800公顷、幼林抚育1133.3公顷，森林覆盖率从46.63%提高至47.18%，国家生态文明示范区创建工作已上报省级评审。

民生福祉不断增进。城镇居民人均可支配收入从38280元提高到54978元，最低工资标准从每月1350元提高到1720元，城乡居民基础养老金从每月100元提高到190元，农村居民人均可支配收入由19815元提高到29530元，居全市首位。建成保障性住房53.7万平方米，完成逾期回迁安置3190户、40万平方米，历史遗留逾期回迁安置欠账问题逐步解决。新改扩建公办幼儿园6所、中小学14所，新增幼儿园学位1560个、义务教育学位5520个，学前普惠学额覆盖率居全市第二位。引进开办了市一医院琅岐东院，区医院晋升二级甲等医院，罗星街道社区卫生服务中心建成投用，每千人医疗机构床位数从2.53张提高到3.92张。居家社区养老服务照料中心实现镇街全覆盖，农村养老服务设施覆盖率由30.6%提高到70.9%，每千名老年人拥有养老床位数高于全市平均27.4个百分点。区图书馆获评国家一级馆，区文化馆获评国家二级馆，成功创建国家公共文化服务体系示范区。

（摘编：赵旭东）

长乐区社会发展概述

2020年，面对艰巨繁重的发展任务和新冠肺炎疫情的严重冲击，长乐区以习近平新时代中国特色社会主义思想为指导，坚决贯彻落实党的十九大和十九届二中、三中、四中、五中全会精神，统筹推进疫情防控和经济社会发展，扎实做好“六稳”工作、全面落实“六保”任务，全力打好三大攻坚战，积极融入“三个福州”建设，认真开展“当先锋打头阵、抓项目促跨越”主题竞赛活动，全方位推动高质量发展超越，较好地完成了年初确定的各项任务。全区地区生产总值突破千亿元，增长6.5%；第一产业增加值增长3.5%；规模以上工业增加值增长7.5%；第三产业增加值增长5.5%；固定资产投资增长15%；一般公共预算总收入增长5.2%；地方一般公共预算收入增长3.5%；实际利用外资完成6.92亿元；进出口总值完成175亿元；社会消费品零售总额完成158.4亿元；居民人均可支配收入增长3.5%；城镇登记失业率2.37%；完成市下达的减排降碳目标。第七次全国人口普查登记工作顺利完成。一年来社会发展的主要工作和成效是：

疫情防控坚决有力。认真落实“外防输入、内防反弹”工作要求，健全完善常态化疫情防控机制，坚持人物同防、海陆联防、群防群控，压实“四方责任”，采取了严守“四道关口”、救治患者“四早”“四集中”、运用大数据“智慧抗疫”、冷链食品“三个全面”等措施，全力打好疫情防控的人民战争、总体战、阻击战。

城市功能品质提升。新一轮城市品质提升、城区“十位一体”综合提升、机场高速沿线景观高标准品质提升共422个项目完成投资9.27亿元，营前瀛洲、航城江莲片区改造基本完成，检察院宿舍小区等7个老旧小区改造全力推进，南山生态公园二期、洞江湖公园一期建成投用，城区牛山公园、南山生态公园栈道工程启动建设。交通基础设施更加完善，长福高速、长平高速顺利通车，道庆洲过江通道跨江主桥合龙，东南快速通道万新路复线段建成，完成西洋南路、郑和路、兴贤路等交通治堵改造工程，会堂南路（203省道至龙景路）、岱岭隧道及连接线等进展顺利，营滨路提升改造、金福路及连接线、文浮路潭头街段、胪峰大道改造等工程加快建设，营前港闸桥工程主体建成。公交优先战略深入实施，新增、优化公交路线19条，线路营运总里程达600公里。新增公共停车泊位636个。供水供电工程取得进展，新远航水厂、炎山泵站至远航水厂原水管道加快建设，城区至罗联供水管道、仙滨仙岐路供水管道等供水项目顺利完成，福平铁路110千伏松下牵引变外部供电、110千伏西区变增容、110千伏渡桥变扩建工程建成投用，220千伏阜山变电站、董奉变电站开工建设。车里垃圾焚烧发电厂建成投用，生活垃圾分类“三端四定”工作深入开展，建成标准示范片区5个，稳步推进城区垃圾分类全覆盖。深化市政设施智慧化管理，城区污水管道检测、首占营前新区雨污管道清淤检测基本完成。

民生福祉持续改善。教育、卫生健康、养老等六大类158个民生补短板项目完成投资72.4亿元，五类30个为民办实事项目完成投资27.1亿元。教育事业扎实推进，教育“两项督导”被省政府教育督导委员会评为优秀等级。加大薄弱校优化整合，推动教育集团化办学，厚福中学并入长乐五中，江田中学并入长乐七中，成立漳港中心小学龙峰校区、金峰中心幼儿园东湖湾校区等。

首占大名城幼儿园等3所小区配套园及长乐五中、玉田中学、文武砂中学、松下大祉小学等32个学校项目竣工投用。成立区教育发展促进会，募集社会资金用于奖教奖学、助教助学。医疗卫生短板加快补齐，古槐中心卫生院新院建成投用，空港医院、松下卫生院公卫大楼竣工，区人民医院和湖南、罗联卫生院新院主体结构封顶，文武砂卫生院、江田中心卫生院启动建设。12大类46项基本公共卫生服务项目有序推进，我区获评第五批国家慢性病综合防控示范区。18个镇街全部完成省级卫生乡镇创建，猴屿乡获评国家级卫生乡镇。237家村卫生所全面开通医保“村村通”，全省首家医共体监管平台落地区总医院。养老服务不断健全，启动1.2万人农村居家养老政府购买服务，建成梅花镇居家养老社区服务照料中心、文武砂东湖社区养老服务站和25个农村幸福院，椿萱乐老年公寓一期竣工，文福苑老年公寓加快建设。就业形势总体稳定，新增城镇就业7901人，转移农村富余劳动力6408人，社会保险覆盖面持续扩大。文体事业健康发展，区融媒体中心建设通过省级验收，“三馆三中心”加快建设，改造提升文化站4家和文化服务中心46家，放映农村公益电影3101场。举办全民健身健步行活动，承办第三届“吴清源杯”世界女子围棋赛暨世界人工智能围棋大赛。文保工作有序开展，历史建筑和古厝保护不断加强，建立历史建筑保护管理信息平台，申报4个省级文保单位、3处不可移动文物，挖掘“海丝拾古”1578处，和平街特色历史文化街区开街。长乐大众闽剧团获评全国基层文艺院团先进集体。文明创建持续深化，城区文明程度和市民文明素质不断提高，移风易俗工作成效进一步巩固，文明乡风逐步形成。在全市率先实现新时代文明实践所（站）全覆盖，航城琴江满族村、漳港百户村获评第六届全国文明村，区供电公司获评第六届全国文明单位。社会救助力量增强，区慈善总会、海外域外乡亲联谊会等社团组织积极开展扶贫济困、爱心助学、医疗救助、老区帮扶等活动，累计救助金额达3751万元，受益群众11.85万人次。

社会治理不断完善。扫黑除恶专项斗争取得明显成效，“七五”普法工作扎实有效，“平安长乐”建设进一步深化，乐和解平台全区推广，“阳光餐饮”工程全面实施，安全生产、应急管理、食品药品安全、防汛防台等工作有序推进，社会治安持续稳定。

党政建设不断加强。巩固深化“不忘初心、牢记使命”主题教育成果，强化理论武装，新时代意识形态工作进一步加强。认真开展突破“难、硬、重、新”工作行动，着力推动党员干部担当尽责、激情创业。贯彻落实新时代全面从严治党总要求，持续加强党风廉政建设和反腐败斗争工作，强化重大工程建设、公共资源交易等重点领域监管，一体推进不敢腐、不能腐、不想腐。严格落实中央八项规定及其实施细则精神，力戒形式主义、官僚主义，倡导厉行节约、反对浪费。认真践行“马上就办、真抓实干”精神，深化机关效能建设，持续整治“虚僵躲拖腐”不良作风，实施效能问责18人次。坚持依法行政，健全完善重大行政决策机制。推进审计监督全覆盖，审计监督力度不断加大。认真执行区人大各项决议决定，自觉接受区人大常委会法律监督、工作监督和区政协民主监督，认真办理人大议案1件、代表意见建议129件，政协提案112件。

2021年是现代化建设进程中具有特殊重要性的一年。根据“十四五”发展的总体要求和目标任务，2021年长乐区经济社会发展主要预期目标是：地区生产总值增长8.5%，第一产业增加值增长3%，规模以上工业增加值增长9%，第三产业增加值增长10%，固定资产投资增长11%，一般公共预算总收入增长5%，地方一般公共预算收入增长5%，实际利用外资增长2%，社会消费品零售总额增长8%，居民人均可支配收入增长7%，进出口总值、城镇登记失业率完成市下达的目标，完成节能减排降碳任务。

（摘编：苏建平）

福清市社会发展概述

2020年是福清撤县建市30周年，也是福清发展历程中极不平凡的一年。面对严峻复杂的国内外疫情防控和经济形势，在上级和市委的坚强领导下，全市上下以习近平新时代中国特色社会主义思想为指导，认真贯彻党的十九大和十九届二中、三中、四中、五中全会精神，深入开展“五大提升行动”，以“三重一大五保障”为抓手，扎实做好“六稳”工作，全面落实“六保”任务，统筹推进疫情防控和经济社会发展，各项工作取得新进展。主要成效体现在“三项桂冠、四大突破、五个第一”：“三项桂冠”，即荣获第六届“全国文明城市”；取得全国双拥模范城“三连冠”；天宝陂入选世界灌溉工程遗产名录。“四大突破”，即规上工业总产值突破2000亿元，三大千亿产业集群加速崛起；龙江流域治理体系取得突破，六大系统治理工程齐头并进，流域水质不断提升；龙高半岛饮水难问题取得突破，创新“市统管、村自建”模式，依靠群众做好群众工作，龙高半岛50万群众将在春节前喝上和城市一样的自来水；全省县域集成改革试点取得突破，进入2020年全国营商环境百强县前20名。“五个第一”，即“五个一批”行动第二季度取得全省第一，第四季度可再获第一；“抓项目促跨越”行动排名福州市第一；招商专项行动排名福州市第一；一般公共预算总收入、地方一般公共预算收入总量和增速均位列福州市第一；规上工业增加值增速排名福州市第一。一年来社会发展的主要工作和成效是：

着力加快城乡建设，城市面貌明显改善。开展国土空间2020—2035年规划编制，优化城市空间发展格局。加快福厦高铁、环城路延伸线等干线建设，推动长福高速、滨海大通道一期全面建成通车。推进东部新城、观溪片区等组团建设，完成8个片区征迁，总建筑面积147万平方米。开展宏路高速出口等城市重要门户综合整治，进一步提升城市形象。投入9.5亿元，开展城镇“十位一体”综合提升，改造7个老旧小区，打造8条特色街巷。建成23条市政道路和25个街头绿地小公园，新建改造供水管网77公里、燃气管网23公里。举全市之力推进龙江流域水系综合治理，实施六大类295个治理项目，已完成年度任务204个，累计排查清淤排水管网604.2公里，修复管网病害2669处，整治50个入河排口，完成185.2公顷土地养殖退养，实施11个村、13家企业雨污分流试点。全面启动生活垃圾分类，试点推动垃圾分类精品屋建设。深化农村人居环境整治，获评全省村庄清洁行动先进县，高山镇获评“国家卫生镇”。投入2.7亿元，创建和提升84个美丽乡村，实现美丽乡村建设全覆盖。

着力增进民生福祉，城市发展更有温度。坚持以人民为中心的发展思想，持续加大民生投入，完成136件为民办实事项目。财政投入项目补助和贷款贴息6亿元，乡贤募集捐款6364.6万元，多方筹资推进城乡供水一体化。创新“市统管、村自建”模式，一年完成龙高片区6镇141个村供水干支管网建设，建成供水干管188.8公里、村内支管2421公里，全线无一起阻工，龙田水厂改扩建项目顺利通水，50万群众将在春节前喝上与城市“同水质、同服务、同保障”的自来水。投入4.5亿元，新建、改扩建中小学、幼儿园20所，福清一中新校区等16所学校建成投用，新增学位1.5万个。福建师范大学福清分校正式更名为福建技术师范学院，福清有了自己的本科院校。福建医科大学附属福清市医院、省附一医院福清分院先后挂牌，市三医院提升为二甲综合医院。整合24家基层医疗机构，组建2个紧密型医共体，564个村卫生所实现“医保村村通”。新建农村幸福院100家，试点嵌入式“长者食堂”建设。新增19个居家养老服务站，基本实现社区全覆盖。启动利桥特色历史文化街区保护开发，一都状元文化街正式开街，福清佾舞入选第五批国家非遗推荐名录。在福州市第25届运动会上，金牌数、奖牌数、团体总分均位居福州第一。老年人体育健身活动丰富多彩，获评“全国老年人太极拳之乡”和“全国老年人气排球之乡”称号。新增就业1.9万人，转移农村富余劳动力5244人，城乡养老保险参保率达到99.4%，城乡低保标准提高至760元。认真做好第七次全国人口普查工作。下半年人工增雨40次，积极应对旱情。做好国家食品安全示范城市创建工作，提升食品安全保障水平。国防动员、军民融合、海防、人防、爱国卫生等工作持续加强，科普、气象、防震、地方志、老龄、妇女儿童、残疾人、慈善等各项事业取得了新进展。

着力加强政府自身建设，作风更加务实高效。认真学习《习近平谈治国理政》以及《习近平在福建》《习近平在福州》等系列采访实录，坚持用习近平新时代中国特色社会主义思想武装头脑、指导实践。严格落实全面从严治党，严格履行意识形态工作责任制。坚决贯彻上级和市委决策部署，落实“三重一大五保障”，建立重点工作例会、重点项目专班等制度，强化政府执行力。开展市直机关服务基层评议活动，促进效率提升、作风转变。加强政府效能建设，持续整治“庸懒散拖”和“小鬼病”问题，实施效能问责34次。自觉执行市人大及其常委会决定决议，主动接受人大法律监督、工作监督和政协民主监督，2020年共办复人大代表意见建议112件、政协提案128件，均100%按时答复，满意率均为98%。

“十三五”是福清经济社会高速发展的五年。在市委的坚强领导下，全市上下汇聚起接续奋斗的磅礴力量，顺利完成了“十三五”规划确定的主要目标任务，为“十四五”乃至更长时期发展奠定良好的基础。社会发展的主要成效是：

社会事业全面进步、民生保障大幅改善。每年地方财政70%以上用于民生支出，年度民生投入从57.8亿元提高到91.8亿元，增长58.8%，累计完成省市县三级为民办实事项目648个。福清市医院新院、实验小学第二校区、工人文化宫、老年人体育活动中心、“新三馆”等一批民生项目建成投用。深入推进更高水平的“平安福清”建设，全市刑事案件发案率年均比降9.6%，群众安全感更加充实。扎实开展脱贫攻坚工作，提前完成脱贫任务，全市五年来没有新增贫困人口。深入开展全国文明城市创建，城乡文明程度持续提升。

生态保护扎实推进、绿色发展大幅提升。实施垃圾焚烧发电厂改扩建等401个生态环保项目，拆除关闭违法违规畜禽养殖场1857家，完成重大节能减排项目12个，全市主要污染物指标总体呈现下降趋势。严格落实河湖长制，入选省级综合治水实验县。加强园区安全环保基础设施建设，建成江阴化工应急救援中心、污水处理厂等一批配套项目。新建市民休闲公园等16个串珠公园，新增环石竹湖步道等30公里休闲绿道，中央公园玉融山栈道、环山慢道一期建成开放。开展“全民动员、绿化福清”行动，新增绿地245公顷，植树造林3605公顷，获评省级“森林城市”。

2021年是我国现代化建设进程中具有特殊重要性的一年，也是“十四五”开局之年。今年全市经济社会发展的主要预期目标是：地区生产总值增长9.1%；农业总产值增长3.5%；规模以上工业总产值增长9%；一般公共预算总收入增长8%，地方一般公共预算收入增长12%；全社会固定资产投资增长12%；社会消费品零售总额增长9.5%；城镇居民人均可支配收入增长8.5%，农村居民人均可支配收入增长8.6%；城镇登记失业率控制在3.9%以内；确保完成上级下达的年度节能减排降碳等其他各项任务。

（摘编：康明辉）

闽侯县社会发展概述

2020年，既是全县干部群众同心协力统筹疫情防控和经济社会发展的攻坚之年，也是八闽首邑儿女决战决胜“十三五”的收官之年。闽侯县坚持以习近平新时代中国特色社会主义思想为指导，在上级党委政府和县委的正确领导下，聚焦滨江新城建设，谋划推进“十个专项行动”和“16项重点工作”，全方位推动高质量发展超越实现新突破。全年GDP完成782亿元，增长5.5%；重大项目开工188个、竣工92个，带动固定资产投资完成625亿元；一般公共预算总收入、一般公共预算收入分别完成126.05亿元、78.14亿元，总量均保持全省前列。县域经济综合竞争力、县域经济实力分别再上全国百强榜、全省十强榜，县域投资潜力跻身全国第9位。一年来社会发展的主要工作和成效是：

项目提品质、增颜值。入选全国县城新型城镇化建设示范县，全县项目完成房屋征收217万平方米。福州大学城实施三批整治提升项目，沙堤市民公园建成开园；东南汽车城打通东南大道三期等12条“断头路”；县城新增公园7个、公共停车泊位1476个，新建（提升）农贸市场3个，公交停车场建成投用；南通科学城“十策治十乱”城市品质提升工作成效明显；基本完成雪峰山城片区单元控规。新建农村公路138公里，完成农村安全饮水提升改造工程，打造乡村振兴试点村70个，青口后福、荆溪仁洲、白沙林柄、洋里梧溪等村分获全国及省市级荣誉称号。启动荆溪徐家村古村落风貌区建设，473处文物全部落实测绘、落图、立碑定点管理，2个项目入选福州市第六批非遗项目名录。闽侯二桥、旗山湖等重大基础设施项目加快推进，61个项目建成投用。286个新一轮城市品质提升、城镇综合提升“十位一体”项目完成投资5.96亿元，依法处置“两违”面积142.5万平方米，整治裸房113.5万平方米。造林绿化和森林经营面积3533.3公顷，5个村获评省级森林村庄、青口镇获评省级森林城镇。“整洁闽侯”行动持续深化，新建公厕31座，铺设污水管网100公里，县垃圾焚烧发电厂点火运营。“散乱污”企业整治、“污水不入河”行动扎实推进，获闽江流域山水林田湖草生态保护修复试点正向激励，空气质量优良率99.7%，闽江流域干流水质Ⅰ~Ⅲ类比例达100%。

探索优环境、赋新能。“放管服”改革承接、取消、合并、暂停事项221项，99%的事项承诺办理时限压缩到法定时限的30%以内。开展“企业开办免费代办”、“榕证通”免费快递服务，推出52组“一件事联办”服务清单，在东南汽车城设立县行政服务中心分中心。企业开办时间压缩至1个工作日，不动产办证时限压缩至24小时内，全市率先推行医保服务“一窗受理”，全省率先实现用电业务“一证通办”，全国纳税人满意度调查排名全省第一。高新区创新园、旗山湖“三创园”、福州软件园闽侯分园加快建设，新增高新技术企业110家。专利申请6652件、授权4281件，均位列全市前茅。新增院士（专家）工作站5个、全市第一，院士签约项目4个、全省第一。新增高技能人才222人，引进高层次人才26人。招商落地项目462项，总投资684亿元。实现出口106.5亿元，被认定为国家外贸转型升级基地。成功举办系列对台交流活动，新设香港闽侯同乡联谊会。全市率先成立县级留学人员联谊会、创建“省级侨胞之家示范点”，乡镇（街道）商会全覆盖。

办好许多实事增福祉、惠民生。财政民生支出达 80.22 亿元，占一般公共财政预算支出的 81.2%。完成省市县三级为民办实事项目 59 个。挖井 94 口，17 天完成三溪口水库引水工程，抗旱工作取得阶段性胜利。建成教育项目 19 个、新增学位 5350 个，新增市级学科带头人、骨干教师 16 名，高考本科上线率提升 4 个百分点。5 个医疗卫生项目建成投用，两大医共体组建运营，充实卫技人员 105 名，县人民医院获评二级甲等医院。爱国卫生运动深入开展，创建省级卫生乡镇 1 个、村（居）32 个。43 个农村幸福院建成投用，每千名老年人床位数提高到 29.5 张。更新（新增）健身路径、驿站 50 条（个），荣获福州市第二十五届运动会群众组团体一等奖。县电影发行放映公司获评全国文化建设先进集体，县博物馆获评福州市最美博物馆。县融媒体中心完成机构整合，指挥中心平台建成投用。全国第二批新时代文明实践中心建设试点工作稳步推进，县乡村三级实践中心、所、站全覆盖，甘蔗昙石、白沙孔元蝉联全国文明村。新增城镇就业 9179 人、农村富余劳动力转移就业 4107 人。城乡居民养老保险、低保分别扩面新增 1.46 万人、1098 人，村卫生所医保定点结算全覆盖。第七次全国人口普查工作扎实推进。房屋结构安全等领域安全生产专项整治三年行动深入开展，整治县级以上安全隐患 20 个。扫黑除恶“六清”行动深入推进，“信访评理室”乡镇（街道）、村（居）全覆盖。“两不愁三保障”等精准脱贫政策全面落实，山海协作、东西部对口帮扶工作成效显著。“七五”普法圆满收官。建成全省首个退役军人思想政治教育基地，完成地震预警信息接收终端三年建设任务，民族宗教、行政复议、计生服务、关心下一代以及国防动员、双拥共建、人民防空、民兵预备役等工作持续加强，诚信建设、防汛防台、气象、保密、档案、党史方志、老年教育、共青团、妇女儿童、红十字、残疾人、慈善等各项事业全面发展。

“十三五”是闽侯发展取得重要成就的五年。这五年，县域综合实力明显增强，持续位居全国“百强县（市）”、全省“十强县（市）”行列，GDP 跨越三个百亿台阶，一般公共预算总收入、一般公共预算收入保持省市前列。“三大攻坚战”取得重大成效，金融机构不良贷款余额下降 4.44 亿元、不良贷款率下降 3.13 个百分点，建档立卡贫困人口全部提前脱贫、贫困村全部提前退出，县域环境质量实现稳步提升。社会发展的主要成效是：

城乡建设步伐明显加快。建成区面积提高到 152.2 平方公里，常住人口城镇化率提高到 60%，成为全省通地铁第一县。县城新区华丽蜕变、旧城改造稳步推进，福州大学城、东南汽车城等重点区域发展提速。乡村振兴战略深入实施，美丽乡村建设全覆盖。被授予“全国绿化模范单位”“国家生态县”称号。

民生保障水平明显提高。城镇居民人均可支配收入、农村居民人均可支配收入分别比 2015 年增长 41%、47.4%。建成投用昙石山中学、江滨湿地公园、县社会福利中心、县博物馆等大批公共服务项目，各类保障补助标准稳步提高，农村、城镇低保标准分别提高 117%、33.3%，安置房回迁 1.57 万套 147 万平方米。获评福建省“平安县”，入选建设新时代文明实践中心第二批全国试点县。

2021 年是“十四五”的开局之年，也是我国现代化建设进程中具有特殊重要性的一年。闽侯县坚持以习近平新时代中国特色社会主义思想为指导，扎实做好“六稳”工作、全面落实“六保”任务，巩固拓展疫情防控和经济社会发展成果。今年经济社会发展的主要预期目标是：GDP 增长 8.5%；一般公共预算总收入增长 5%；固定资产投资增长 9%；实际利用外资增长 3%；社会消费品零售总额增长 9.5%；城乡居民人均可支配收入增长 7.5%；城镇登记失业率控制在 3% 以内；全面落实节能、减排、降碳任务。

（摘编：周忠志）

连江县社会发展概述

2020年是特殊的一年，是艰难开局的一年，却也是砥砺意志、奋勇前进的一年。一年来，连江县众志成城、攻坚克难，全力打好新冠疫情防控阻击战，扎实做好“六稳”工作，全面落实“六保”任务，各项工作都取得了新的进展。全县地区生产总值突破600亿元；一般公共预算总收入56.87亿元，增长7.4%；地方一般公共预算总收入34.76亿元，增长4.1%；进出口总额84.9亿元，增长11.9%；实际利用外资3.98亿元，完成市下达任务；社会消费品零售总额129亿元，与上年持平。城镇居民人均可支配收入39959元，增长2%；农村居民人均可支配收入20455元，增长4.7%；固定资产投资增长11%；城镇登记失业率2.1%。完成市下达的节能减排降碳任务。获评全国双拥模范县、全省首批全域生态旅游示范县，再次蝉联“中国鲍鱼之乡”称号。一年来社会发展的主要工作和成效是：

城乡环境更加宜居。新一轮省级文明县城创建深入开展，临时市场、公共交通等专项整治成效明显。连江温麻·魁龙坊特色历史文化风貌区建成开放。文笔东路三期通车，文笔西路二期动建。空气质量排名位列六县市第一。入选福建省第三批综合治水试验县、福建省县域节水型社会建设达标县。城区“十位一体”综合提升工作启动，投入1.8亿元完成街区综合提升、老街巷改造等项目53个。全年绿化造林3200公顷。建成城市主题公园2个、街头小公园13个，新增公园绿地面积5.3公顷。含光人行桥主体工程竣工。完成5G基站建设180个，主城区5G覆盖率达100%。全面启动城区生活垃圾分类工作，21个行政村开展生活垃圾干湿分类试点。敖江流域浦下至乌石浦堤段、牛溪左右岸等防洪工程基本完工。东岱等乡镇内河整治成效明显。福州北二通道贵安连接线、福州绕城高速可门疏港连接线、228国道晓澳至道澳二期动工，飞石互通连接线、308省道定海连接线大埕至筱埕段主体完工。琯头川石、马鼻玉井等5个陆岛交通码头动建。同心村获评全国文明村。坂顶村、梅洋村入选福建金牌旅游村。国土空间总体规划正加紧编制，海域岸线修测工作即将完成。大沧项目完成征地近万亩。

民生事业全面进步。实施中小学、幼儿园扩容工程，新建、改扩建校舍36.5万平方米，新增学位7460个，温泉幼儿园、进修校第二附属园等20个项目建成投用。连江实验小学入选全国文明校园。全县高考本科上线率75%，中考优秀率、优良率、普高率位居福州七县市第一，全市中考第一名花落连江。职专新校区加快建设，“校企合作、产教融合”培养模式不断深化。入选中国小康网“中国医疗服务百佳县市”。建成浦口卫生院新院、丹阳卫生院医改综合楼、长龙卫生院综合楼，新建岱云、横厝、下岐等3个卫生所。县医院新院、县精神病医院、可门港医院主体工程完工。济雅医院完成迁建。行政村卫生所医保“村村通”实现全覆盖。小沧乡获评“国家卫生乡”。建成9个社区居家养老服务站、28个农村幸福院。健全防止返贫监测与帮扶机制，扶贫对象家庭医生签约率达100%。在全年降雨量大幅减少情况下，开展人工增雨作业47次，采取合理调水节水措施，城乡居民饮水基本得到保障。江南、潘渡、下宫3个乡撤乡设镇。扎实开展房屋结构安全隐患排查整治，拆除隐患房屋10.2万平方米。整改农村公路隐患97处。食品安全快检经验被全省推广。全市首批“园区枫桥”机制试点单位落地贵安。禁毒教育基地、禁毒主题公园、海上毒品查缉站建成投用，禁毒重点关注县顺利迎检。第七次全国人口普查圆满完成。平安建设、扫黑除恶、民族宗教、双拥共建、民兵预备役、打击走私、应急救援、司法、侨务、老龄、档案、统计、气象、地方志、青少年、妇女儿童、残疾人、慈善、红十字等工作取得新成效。

党政建设不断加强。认真学习《习近平谈治国理政》第一、二、三卷以及《习近平在福州》《习近平在福建》等系列采访实录，“四个意识”更加牢固，“四个自信”更加坚定，“两个维护”更加坚决。落实一线考核、正向激励，持续开展“服务基层年”等活动，全县干部精气神持续提振。全年实施效能问责10人次。坚持向革命前辈学初心、悟使命，《连江县革命发展史》正式发行。深化政府机构改革，乡镇机构设置更加合理。注重法治政府建设，完成行政诉讼应诉95件，办结行政复议116件。政务新媒体建设排名全市第二。全县各类市场主体总数突破4万户。“三公”经费支出下降42%。

“十三五”时期社会发展的主要成效是：

城乡面貌深刻变化。县建成区面积从15.7平方公里拓展到18.5平方公里。建成含光生态公园、西滨公园等5个城市公园，人均公园面积达20.8平方米。建设敖江沿江休闲步道，新增绿道24公里。培育40个市级以上乡村振兴试点村，打造159个美丽乡村、112个幸福家园工程示范村。定海湾山海运动小镇、杜棠三落厝、安凯旗冠顶等成为网红景点。敖江流域45家石材厂全部关停，1.5万公顷超规划海上养殖全部清退，436家规模以下生猪养殖场全部拆除。扎实推进中央生态环保督察问题整改工作，“村植千树”全面开展，森林覆盖率达52.9%，空气质量位居六县市前列。全面消除劣V类小流域和“牛奶溪”。

基础配套加快完善。市政建设更加精细，新建改造38条城市道路，打通2条断头路。县城区污水处理厂完成提标改造，新建污水管网40公里。塘坂引水二期工程建成通水，城区第二自来水厂正式供水，新建改造供水管网100公里。乡镇级及以上集中式饮用水水源地水质达标率100%。铺设燃气管道190公里。所有乡镇均实现双电源供电。交通体系更加健全，通港大道、滨海大通道、104国道改线等工程建成通车。新增高速公路通车里程42公里、国省道通车里程110公里。新建各类桥梁16座、物流泊位4个、陆岛交通码头3个，可门港铁路支线开通运营。32座水库完成除险加固。县财政共投入约50亿元用于产业园区基础设施建设，拓展产业用地面积4666余公顷。

民生福祉更加殷实。教育发展更加优质均衡，新增省一级达标校1所，新建学校18所，新增各类学位15320个。连江一中、黄如论中学获评福建省普通高中课程改革基地建设学校。县级公立医院综合改革全面实施，新改扩建乡镇卫生院16家、农村卫生所72家。琯头卫生院获评“全国百佳乡镇卫生院”。建成各类养老机构52个，新增床位4070张。省定标准以下贫困人口全部如期脱贫，全县年收入5万元以下的集体经济薄弱村实现“清零”。脱贫攻坚工作考评连续4年位居全市第一，助力陇西县脱贫摘帽。全省最大的少数民族异地搬迁造福工程罗山集中安置小区主体工程建成。新认定5个省级传统村落、69处历史建筑。《大围涂》电视纪录片获福建省第九届百花文艺奖。连江籍运动员在国内外赛场屡创佳绩，共斩获国际金牌6枚、全国金牌20枚。全县人均体育场地面积达3.24平方米，位居全省前列。

2021年是奋进“十四五”、逐梦新征程的开局之年。连江县立足新发展阶段，贯彻新发展理念，融入新发展格局，坚定信心、埋头苦干，全方位推动高质量发展超越。今年经济社会发展的主要预期目标是：地区生产总值增长8.3%，地方一般公共预算总收入增长5%，固定资产投资增长9%，社会消费品零售总额增长10%，实际利用外资、出口总额增幅高于全省平均水平，城镇登记失业率控制在3.8%以内，完成市政府下达的节能减排降碳任务。

（摘编：黄万良）

闽清县社会发展概述

2020年，在市委、市政府和县委的坚强领导下，闽清县坚持以习近平新时代中国特色社会主义思想为指导，全面贯彻落实党的十九大和十九届二中、三中、四中、五中全会精神，全面做好“六稳”工作，落实“六保”任务，坚决打赢“三大攻坚战”，奋力夺取疫情防控和经济社会发展“双胜利，全县地区生产总值354亿元，比增5%：一般公共预算总收入29亿元，比增0.3%：地方一般公共预算收入16亿元，比增1.5%；固定资产投资122亿元，比增20%；城镇居民人均可支配收入35600元，比增4%；农村居民人均可支配收入17308元，比增7.5%。一年来社会发展的主要工作和成效是：

城乡品质提档升级。新城开发提速增效。投入15亿元，建成府前广场景观工程及地下停车场、锦江海悦等5个项目，新城中小学西侧等地块顺利出让，世茂云瀚、瑞鑫壹号院等商住项目有序推进。动建县工人文化宫、智慧总部创新园，加快公安业务技术房、法院审判大楼等项目建设，城市功能布局更加无善。

中心城区焕发活力。投入15.7亿元，完成龙洲路、龙洲公园景观改堂、重要节点夜景灯光、智慧路灯等市政提升项目，综合整治广宇老旧小区及台山片区等3条背街小巷，启动旧气象局片区征迁和江滨自行车道（三期）台山桥至赖下桥段建设。深化省级文明县城创建，全面铺开城区生活垃圾分类工作，建设垃圾分类屋（亭）70座，新增公共停车位500个，停车场、户外广告、居民小区物业、建筑垃圾堆放等管理进一步规范。

“大交通”日趋完善。建成X125线池园潘亭至上莲段等10条41公里公路，完成316国道闽清段15公里道路“白改黑”，“大通道”亮夜工程全线亮灯，开启“内联外畅”新格局。完成农村道路养护示范提升145公里、安全生命防护工程13.7公里，检测桥梁306座，整治隐患22处，获评省级“四好农村路”示范县。投入2318万元，加快城乡公交客运一体化，更新公交线路2条，新增新能源公交车17部，实现65周岁以上群众免费乘车全覆盖。

城乡环境更加宜居。深入推进农村人居环境和“两高”沿线综合整治，“六清”专项行动持续攻坚，荣获福建村庄清洁行动先进县称号。新建城乡公厕31座，整治裸房4000栋，拆除“两违面积”36.5万平方米。建成投用乡镇垃圾中转站10个、污水处理设施5座，新增日污水处理能力1300吨，延伸城乡污水管网65公里。新改建城乡一体化供水管网106公里，优化电力线路138公里，铺设天然气管网10公里，建成5G基站120个。新建、提升美丽乡村56个。云龙际上等19个村庄列入福建省第三批省级传统村落，雄江梅雄入选福建省美丽休闲乡村，白中攸太获评福州市十大魅力乡村。落实第二轮中央生态环保督察整改，投入4.45亿元实施闽江流域（闽清段）山水林田湖草生态保护修复，完成重点生态区位商品林赎买151.32公顷，造林绿化7666.67公顷，治理水土流失1733.3公顷。在全市率先推行河道警长制，全市地表水、集中式饮用水源水质达标率保待100%。空气质量优良达标率位居全市前列，优级天数较去年增加52天。

民生福祉不断增进。民生保障覆盖更广。年度48项为民办实事项目全面完成，财政用于各类民生支出达21.8亿元。支持企业稳岗稳工，开发临时公益性岗位500个，安置困难员工443人。全年新增城镇就业1846人，转移农村富余劳动力3026人，城镇登记失业率稳定控制在3%以内。巩固提升脱贫攻坚成效，扎实开展“两不愁三保障”回头看，推动脱贫攻坚与乡村振兴有效衔接，271个村集体经营性收入达到10万元以上，上莲乡获评全国脱贫攻坚先进集体。特困供养保障机制更加健全，城乡低保、残疾人“两项补贴”、临时救助等标准全面提升。建成县智慧养老服务信息平台，新建上莲乡农村区域性养老服务中心，完成白樟等3个乡镇田园式养老试点建设，新建农村幸福院40所，新增养老床位380张。公共服务供给更足。实施教育提升工程，新建提升公办幼儿园5所，新增幼儿学位990个，普惠性幼儿园覆盖率位居全市前列；改扩建小学2所，闽清三中等10所学校通过“义务教育管理标准化学校”市级评估，其中9所通过省级评估，中考优秀率排名全布七县（市）第三，高考本科上线率80.29%，1名考生考入北京大学。巩固县域医共体改革成效，健全完善分级诊疗机制，基层医疗卫生诊疗量占比增长8.4%，动建县公共卫生应急服务中心（一期）。新改建白樟、东桥卫生院，建成三溪、上莲、雄江、桔林卫生院中医馆，改扩建25家“空白村”卫生所，在全市率先实现村卫生所医保“村村通”全覆盖。省级性病防控示范区创建通过验收，县中医院获评二甲医院。

文体事业加快发展。加快县文庙修缮提升，改造2个乡镇综合文化站、16个村（社区）综合文化服务中心，吴孟超院士馆落成开馆。新增市级非遗项目2个。坂东镇获评省级侨乡文化名镇。县体育中心对外开放。新建足球场5个，提升农民体育健身工程5个，更新健身路径20条。

社会治理秩序更稳。创新信访“六项机制”“平安智慧乡村”等治理模式，静态交通整治典型经验获得王宁省长肯定，“警民恳谈会”线上线下创新做法获得新华社专题报道。扫黑除恶专项斗争持续深化，破获九类涉恶案件11起40人。健全完善防控金融风险机制，严厉打击金融诈骗、非法集资等违法违规行为，不良贷款率降至1%，低于全市平均水平。建立特殊、疑难信访问题化解和政府救助保险制度，有效化解信访积案及特殊个案，获评全国信访工作“三无”县。社区治理深入推进，创建标杆社区31个、达标社区56个。扎实开展安全生产专项整治三年行动及房屋结构安全、道路交通等13个重点行业领域专项整治，防汛防台风、森林防灭火、防灾减灾体系不断完善，坂东文定村获评全国综合减灾示范社区。持续强化食品药品安全监管，全县食品抽检合格率达98.26%，实现学校食堂“互联网+明厨亮灶”全覆盖。圆满完成第七次全国人口普查。

行政效能全面提速。认真组织学习《习近平谈治国理政》第一、二、三卷以及《习近平在福州》《习近平在福建》等系列采访实录，激励广大干部敢于担当、主动作为。顺利完成乡镇机构改革，扎实开展突破“难、硬、重、新”工作行动，高效落实“一企一议”“重大项目协调例会”等服务机制，帮助企业解决问题431个，落实各类扶持资金9791.5万元，减税降费4.3亿元。“放管服”改革持续深化，工程建设项目审批时限进一步压缩，企业开办1小时办结达到全省最高效率。落实全面从严治党主体责任，严格贯彻中央八项规定及其实施细则精神，坚定不移推进政府系统党风廉政建设和反腐败工作。依法治县有力推进，严格执行人大及其常委会决议、决定，依法接受人大法律监督和工作监督，主动接受政协民主监督，自觉接受社会各界和人民群众的监督，办理县人大代表建议95件、县政协委员提案90件，满意率均达100%。

2021年经济社会发展的主要预期目标是：地区生产总值增长8.5%；一般公共预算总收入增长5%，地方一般公共预算收入增长5%；固定资产投资增长12%；社会消费品零售总额增长10%；城镇居民人均可支配收入增长7.5%，农村居民人均可支配收入增长8.5%。

（摘编：游学荣）

罗源县社会发展概述

2020年是极不平凡的一年。在市委、市政府和县委的正确领导下，罗源县坚持以习近平新时代中国特色社会主义思想为指导，全面贯彻党的十九大和十九届二中、三中、四中、五中全会精神，统筹推进疫情防控和经济社会发展，扎实做好“六稳”工作，全面落实“六保”任务，全方位推动高质量发展超越，县域经济运行持续恢复向好。全年完成地区生产总值335亿元，增长6.5%，位居全市前列。固定资产投资180亿元，增长18.2%；进出口总额35亿元，增长35.76%；一般公共预算总收入15.4亿元，地方一般公共预算收入9.68亿元。城镇居民人均可支配收入36430元；农村居民人均可支配收入17270元。一年来社会发展的主要工作和成效是：

城乡面貌显著改观。统筹生态建设和城乡发展，努力打造生态环境优美、人民安居乐业的幸福小城。城市品位逐步提升，溪尾街和罗中路完成老旧改造，中心市场、塔兜市场“农加超”建成投运，城区“十位一体”综合提升成效明显。动建梅岭公园四期、莲花山体育公园等7个城市景观提升项目，城市公园串绿成线、串珠成链。动车站站前广场完成整治提升，滨海新城基础设施和公共配套持续完善，人气商气不断聚集。岐阳旧改、余家塘旧改、霍口水库搬迁等安置房项目加快推进，闽源小区完成老旧小区改造修缮，群众居住条件持续向好。新增公共停车泊位530个，岐阳旧改等一批市政路网逐步完善，群众出行更加便利舒适。乡村振兴深入实施，松山、起步、白塔“三个组团”集成政策、整合资源，找准薄弱环节，集中力量攻坚，形成强大合力。推动资金流向乡村，创新发行1.92亿元乡村振兴专项债券，统筹安排财政资金7000万元，实施99个乡村振兴项目。深化“政银担”三方合作，为263个农业经营主体增信贴息，新增涉农贷款1.3亿元。因地制宜、多途径发展集体经济，189个行政村集体经营性收入超10万元。全市乡村振兴金融现场会在罗召开，推广我县金融赋能乡村振兴模式。合作成立海峡两岸乡村创客培训学院，举办4期专题培训。新建提升33个美丽乡村，建设“畲风海韵”特色景观带，有序推进生活垃圾分类试点，乡村“颜值”不断提高。生态环境持续改善，中央环保督察82件交办信访件全部验收销号。石材矿山环境恢复治理成效显著，中央环保督察组在向省委、省政府的反馈督察意见中指出“罗源县石材矿山治理修复工作取得明显成效，昔日矿区重现青山绿水”。垃圾焚烧发电厂（静脉工业园）建成投运，“散乱污”企业全面整治，金港工业区重点企业超低排放改造加快实施，道路运输、工地扬尘有效治理，县域空气质量达二级标准，达标天数占全年99.5%，排名全市第3。严格落实“河湖（库）长制”，完成2条万里安全生态水系建设，综合治理水土流失926.7公顷，推进花园溪、起步溪等水流域综合治理，县级饮用水源地水质达标率、福州二水源敖江流域2个省控断面达标率均为100%，重点流域干流水质排名全市第1。

民生保障日益增强。全年民生相关支出21.2亿元，占一般公共预算支出的78.5%。全年安排为民办实事项目18项，总投资3.08亿元。社会事业稳步发展，完成2所公立幼儿园建设，新增学位1080个，普惠性幼儿园覆盖面达89.11%。加快福州民族小学教学楼、城南幼儿园等教育基础设施建设。推动职业中学与福州职业技术学院合作办学，在罗设立大专班并首次对外招生。建成县医院扩建病房大楼，完成洪洋卫生院医养结合改造。省级基本公共卫生服务项目绩效评价荣获全省第1。新建提升42处森林步道、社会足球场等体育设施，举办30多场文体活动，承办市运会武术散打比赛。民族团结不断深化，制定《罗源县促进民族团结进步的若干补充措施》，在专项资金、人才建设等7个方面支持民族乡村发展。大力实施“1+3+N”工程，整合畲族名村八井村、竹里村资源，建成全省首个畲族文化民俗小镇。开发福湖村、南洋村等一批各具特色的畲村景点，培育民族产业示范点、示范带。成功举办“中国农民丰收节”福州市主会场暨少数民族主会场活动。荣获“全省民族团结重点区”称号，入选“全国民族团结进步示范区”。保障体系逐步健全，坚持稳就业、保就业，落实阶段性减免各类企业保险金2917万元。完成各类技能培训、以工代训1021人，城镇新增就业再就业2498人，农村富余劳动力转移就业3232人。全年共发放保障金、救助金1.43亿元，贴息270万元。新增城乡居民医社保参保人数1.78万人。试点养老服务集成改革，实行“3443”养老服务模式，县社会福利中心“公建民营”工作初显成效。新建14个农村幸福院，行政村幸福院覆盖率超76%。脱贫攻坚顺利收官，县级财政投入扶贫资金5323万元，全部用于帮扶建档立卡贫困人口发展生产。建立健全返贫监测预警机制，持续巩固脱贫攻坚成果。深入开展脱贫攻坚“抓重点补短板”百日专项行动，扎实做好农村危房改造和饮水安全保障工作，牢牢守住“两不愁三保障”底线。继续代表福州市接受第三方评估，在全省扶贫开发成效考核中取得良好成绩，得到上级充分肯定。社会大局和谐稳定，“文明罗源”“平安罗源”“法治罗源”扎实推进。深入实施房屋结构安全、防汛风险隐患、道路交通安全隐患等排查整治攻坚专项行动。强化食品安全责任落实，省级食品安全社会共治示范县通过考评验收。扫黑除恶专项斗争圆满收官，第七次人口普查、“七五普法”全面完成。效能、统计、物价、广电、工会、共青团、妇女儿童、计生服务、科协、文联、红十字会、残联、老龄等各项事业全面发展，国防动员、双拥支前、退役军人、信访、人防海防、外事、侨务、爱国卫生、老区建设、宗教、气象、应急防灾、社会科学、档案方志、社会公益组织等各项事业健康发展。

政府履职更具高效。强化党建引领，认真组织学习《习近平谈治国理政》第一、二、三卷及《习近平在厦门》《习近平在宁德》《习近平在福州》《习近平在福建》等系列采访实录，不断增强“四个意识”，坚定“四个自信”，做到“两个维护”。巩固深化“不忘初心、牢记使命”主题教育成果，持续整治形式主义、官僚主义突出问题。坚持依法行政，落实法治政府建设任务，不断提高政府行政效能和服务水平。认真履行“一岗双责”，推进政府系统廉政建设，严格落实中央八项规定及其实施细则精神，行政监督、审计监督，财政预算、绩效、风控管理机制进一步完善，财政资金使用效益进一步提升，“三公”经费支出下降29.24%。认真执行县人大及其常委会的决议、决定，依法接受县人大及其常委会的法律监督、工作监督，自觉接受县政协的民主监督，支持政协履行职责，办理答复人大代表建议84件、政协委员提案89件。

2021年是实现第一个百年奋斗目标的收官之年，也是“十四五”发展的开局之年，罗源县牢记习近平总书记关于“把罗源建设成为闽江口及闽东南的一颗明珠”的殷殷嘱托，坚定不移传承弘扬“3820”战略工程思想精髓，进一步坚定信心、解放思想，全方位推动高质量发展超越。今年全县经济社会发展的主要预期目标是：地区生产总值增长8.3%，固定资产投资增长12.0%，社会消费品零售总额增长10.0%，进出口总额增长2.0%，实际利用外资增长3.0%，地方一般公共预算收入增长5.0%，城镇居民人均可支配收入增长7.0%，农村居民人均可支配收入增长8.0%，居民消费价格总水平涨幅控制在3.0%以内，完成节能减排降碳任务。

（摘编：彭金龙）

永泰县社会发展概述

2020年，在市委、市政府和县委的坚强领导下，永泰县坚持以习近平新时代中国特色社会主义思想为指导，全面贯彻党的十九大和十九届二中、三中、四中、五中全会精神，凝心聚力，奋勇攻坚，统筹推进疫情防控和经济社会发展，各项工作取得新的成效。全县生产总值首次突破300亿大关，达到313.5亿元，增长7.5%；一般公共预算总收入20.42亿元，地方一般公共预算收入12.46亿元，分别增长0.4%和1.4%；规模以上工业产值76.95亿元，增长10.5%；社会消费品零售总额43.9亿元，增长2.6%；实际利用外资3192万元；进出口总值11.9亿元，增长31%；城镇居民和农村居民人均可支配收入分别增长3.5%和5.8%，基本完成年初确定的目标任务。一年来社会发展的主要工作和成效是：

城市面貌焕然一新。全面推进城区"十位一体"提升项目，福永高速东西出口、动车站等重要节点得到改造提升，西门新村实施改造。建设大厦、金融大厦高标准落成。花海公园全面开放。莆炎高速公路建成通车。355国道葛岭濑下至城峰蕉濑段、211省道城峰蕉濑至大洋段、西大道等项目加速推进。马洋大桥启动改造。新建市政道路8.3公里。新建改造供水管网15公里、雨污管网23公里。保罗环保生活垃圾焚烧发电项目竣工投产。全面铺开垃圾分类，建成分类屋45个、分类亭479个。入选国家县城新型城镇化建设示范县。获批建设国家森林城市。

改革创新推向深入。"一窗受理、集成服务"等"放管服"改革持续深化，企业开办流程压缩至1个工作日，"一趟不用跑"事项占比提升至77.2%。深化工程审批制度改革，审批办理时限压缩至90个工作日以内。在水利、交通、建筑领域全面落实小规模政府投资项目简化招投标制度改革。启动新一轮国资国企改革。争取地方政府专项债券5.7亿元、中央和省级预算内投资项目资金4200万元。完成农村集体资产清产核资。试点农村宅基地及房屋确权登记。在全省率先成立生态办，赎买重点生态区位商品林666.7公顷，实现林地"占补平衡"1266.7公顷，达成全市首笔11万吨林业碳汇交易，整治松材线虫病疫木7.4万株。推进国家生态综合补偿试点县建设。入选全国森林康养基地试点建设县。

民生福祉切实增强。完成第七次全国人口普查。建成全省最大的县级农特馆，实施东门购物广场、物业购置、里岛停车场等三大扶持村财增收项目，51.8%的村集体年经营性收入达20万元以上。试点群众医疗互助机制。顺利通过教育"两项督导"省级评估，中考综合考评居六县(市)第二，推进埔埕九年一贯制学校试点，公办幼儿园和普惠性民办园覆盖率达77.1%和98.8%。建成投用闽江师专附属小学及幼儿园、实验幼儿园分园和霞拔、嵩口等中心幼儿园，加快建设东门中学、进修校一附小。新增城镇就业2170人，农村富余劳动力转移就业2910人。发放创业贷款3448万元，居全市第一。完成樟城中心市场"农+超"改造。42户住房困难户获得配租。新改扩建1所农村区域性养老服务中心、36所农村幸福院。建成18个乡镇公益性公墓。

治理效能显著提升。建立健全县政府学习习近平新时代中国特色社会主义思想常态化机制，切实提升领导干部的政治能力和工作本领。自觉接受县人大及其常委会的法律监督、工作监督和县政协的民主监督，办复人大代表建议意见99件、政协委员提案60件，满意率分别达100%和98.3%。完善重点工作攻坚指挥平台机制。破获涉黑涉恶案件80起，“百警打击涉黑涉恶”战果全市第一。健全“大信访”工作机制，信访总量下降4.5%。“七五”普法顺利验收，平安“三率”及食品质量安全满意率均居全市前列。严格落实党政领导干部安全生产责任制职责清单。深入开展房屋结构安全隐患大排查大整治专项行动，拆除危房14万平方米，加固6.9万平方米。此外，民族宗教、外事侨务、国防动员、双拥共建、退役军人服务保障和民兵预备役等工作继续加强。科普、气象、防震、地方志、档案、老龄、老区、老干部、妇女儿童、残疾人、慈善、诚信等各项事业健康发展。

“十三五”时期社会发展的主要成就是：

生态环境持续优化，获评第一批国家生态文明建设示范县。完成生态保护红线、永久基本农田、城镇开发边界三条控制线划定，全县近35%的国土面积划入生态保护红线范围。

百漈沟景区获批省级地质公园。以全国第一的成绩成功创建“中国天然氧吧”。建设50个空气自动监测站，空气质量连续5年位居全市前3。造林绿化5653.3公顷，建设“三沿一环”森林景观带204.5公顷，森林覆盖率从75.88%提高至76.96%，居全市第一，获“全国绿化模范县”称号。赎买重点生态区位商品林2866.7公顷，受益林农1.8万人，增加林农收入9142万元。完成蜜饯污染整治，长庆溪水质从Ⅴ类提升至Ⅲ类。

取缔大樟溪沿岸规模以上养猪场39家，大樟溪及支流水质长期保持Ⅲ类以上，县级以上饮用水源水质达标率100%。实施大樟溪山水林田湖草保护修复工程，完成清凉溪安全生态水系、长庆溪嵩口段中小流域治理。建立119座小水电站在线监控系统，落实最小生态下泄流量。关闭9座小水电站。

抽水蓄能电站和平潭及闽江口水资源配置工程进展顺利，发电和供水在即。

社会事业长足发展。筹集重建资金6.5亿元，完成“尼伯特”灾后重建项目140项，夺取抗洪救灾和灾后恢复重建的伟大胜利。民生支出累计投入129.9亿元，占地方一般公共预算支出的83.3%，提升3.3个百分点。其中，教育支出从4.9亿元提高至6.3亿元，年均增长5.2%。城镇居民人均可支配收入从24095元提高到34646元，年均增长7.2%。农村居民人均可支配收入从11071元提高到16775元，年均增长9%。农村低保保障标准由每年3000元提高至9120元，增长2倍。56个贫困村顺利退出，1271户4149名贫困人口全部脱贫，成为全省首批摘帽的5个扶贫开发工作重点县之一。精准扶贫工作经验获中央电视台推广。建立农村困难边缘群众动态跟踪管理机制，104户257名困难边缘群众得到全面保障，未出现新增或返贫人员。成立县级教育基金会和15个乡镇教育基金会。福州工商学院建成开学，结束没有本科院校的历史。永泰一中晋升省一级达标高中，城关中学通过省二级达标高中评估。改扩建中小学校、幼儿园27所，新增幼儿园学位1890个、义务教育学位6600个。学前普惠学额覆盖率从67%提高至98.6%。招聘编外老师228名。城乡居民住院个人自付比例从49.1%下降至44.7%。完成中医院、妇幼保健院搬迁等一批重大医疗建设项目，197个村卫生所完成标准化建设。每千人医疗机构床位数从4.2张提高至5张。养老床位从1588张增至2837张，每千名老人拥有床位数从31张提高至43张。

社会福利中心正式运营。建设安置型商品房453套，新增公租房实物配租252套。成立全国首家县级乡村振兴研究院，组建乡村复兴基金会，举办“乡村复兴论坛·永泰庄寨峰会”。“永泰庄寨建筑群”列入第八批全国重点文物保护单位，爱荆庄荣获联合国教科文组织“亚太地区文化遗产保护优秀奖”。省级文物保护单位从9个增加至19个。新增省级非物质文化遗产3项、市级非物质文化遗产5项。荣获全国法治县创建工作先进县。获评全省第四轮第一批平安县。

（摘编：张海生）

厦门市社会发展综述

2020年是厦门发展极不平凡的一年。面对严峻复杂的外部形势、艰巨繁重的改革发展稳定任务特别是新冠肺炎疫情的严重冲击，厦门市坚持以习近平新时代中国特色社会主义思想为指导，深入学习贯彻党的十九大和十九届二中、三中、四中、五中全会精神，全面贯彻落实习近平总书记对福建、厦门工作的重要讲话重要指示批示精神，在市委的正确领导下，统筹推进疫情防控和经济社会发展，扎实做好“六稳”工作，全面落实“六保”任务，坚定“抓招商促发展、抓项目增后劲”，经济运行持续回稳、稳中向好，社会大局保持稳定安定。全市地区生产总值增长5.7%；固定资产投资增长8.8%；财政总收入、地方级财政收入分别增长1.7%和2%；全体居民人均可支配收入稳步增长；居民消费价格涨幅2.5%；完成年度节能减排任务。一年来社会发展的主要工作和成效是：

众志成城，疫情防控工作取得重大成果。坚定信心、同舟共济、科学防治、精准施策。坚持人民至上、生命至上，始终把人民生命安全和身体健康放在第一位，大力弘扬伟大抗疫精神，严防死守、盯死看牢。本地确诊病例35例，仅用42天就实现“清零”，自2020年2月16日后至今再无新增，实现确诊患者“零死亡”、医务人员“零感染”、境外输入疫情“零扩散”。

两岸交流融合稳步推进。新批台资项目577个，合同使用台资增长88.1%。两岸首家全牌照合资证券公司金圆统一证券开业，建霖家居等台企在A股上市。进一步放宽台胞职业资格采认，台湾人才来厦就业1864人。成功举办海峡论坛、两岸企业家峰会年会、文博会等两岸交流活动。厦金通电、通气、通桥前期工作取得积极进展。

跨岛发展再加速，城市能级稳步提升。“岛内大提升、岛外大发展”全面推进。策划生成未来三年亿元以上项目1224个，计划总投资1.88万亿元。东坪山整治提升成效明显。全市累计完成房屋征收1081万平方米，增长56.1%。岛外重大片区完成投资1620亿元，环东海域新城初步形成滨海高端酒店群，“三谷三园”建设和产业招商协同推进；集美新城十年集聚成城，产城融合加速，特斯拉中心等一批项目落地；马銮湾新城环湾大道、南岸生态岛等基本建成；同翔高新城加快集聚新能源等优势产业；东部体育会展新城新体育中心、新会展中心开建。

城市管理更加精细。完善城市管理网格化建设，从严整治违规养犬、油烟扰民、扬尘噪声等问题。处置重大安全隐患房屋4663栋，改造老旧小区228个，新增路外公共停车泊位6213个。投用东部垃圾焚烧发电厂二期，原生生活垃圾实现“零填埋”。新增改造园林绿地432公顷。

乡村振兴深入推进。都市现代农业全产业链产值1021亿元，增长10.9%。建成农村公路88.7公里，改造提升24个山区农村饮水安全工程，农村自来水普及率达97.8%。推进28个自然村生活污水治理，城乡环卫实现一体化。完成既有农房“平改坡”2459栋、裸房整治1509栋，完成263户困难家庭住房安全保障任务。

脱贫攻坚任务全面完成。厦门市结对帮扶的甘肃省临夏州贫困县全部脱贫摘帽，累计援助资金22.4亿元，实施扶贫项目1336个，帮助引进企业59家，援建扶贫车间258个，输转来厦就业9273人，就地就近和第三地就业4.1万人。援宁援藏援疆援渝各项工作进展顺利，省内山海协作扎实推进。

污染防治成效显著。全力推进中央生态环保督察反馈问题整改，新建改造污水管网160公里，新建扩建5座污水处理厂，全市污水处理能力达每日150万吨，整治入海排放口171个，全面完成海域养殖退养。空气质量在全国168个重点城市中排名第四，主要流域国省控断面和饮用水水源地水质优良率达100%，土壤环境质量保持稳定。公众对生态环境质量满意率全省第一。

重大风险有效防控。排查整治涉众型经济金融风险，基本出清网贷风险。厦门国际金融仲裁中心揭牌。不良贷款率0.83%，保持全国低位水平。地方政府债务风险安全可控。落实房地产市场调控长效机制，规范住房租赁行业管理，房地产市场平稳健康发展。

社会保障力度加大。37项为民办实事项目全部完成。城镇新增就业35.6万人，城镇登记失业率控制在年度目标范围内。城乡居民基本医疗保险筹资标准提高至每人每年1070元。建设保障性住房9726套、推出1.2万套，三个保障房地铁社区一期工程交付使用，新增市场化租赁住房5.4万套（间）。新增居家社区养老服务照料中心9家、农村幸福院34家、养老床位1642张，居家和社区养老服务改革试点获评全国优秀。

公共服务水平提升。建成56个中小学幼儿园项目，新增学位4.3万个。开建7所普通高中，双十中学翔安校区初中部等项目加快建设。复旦中山厦门医院入选国家区域医疗中心首批试点。四川大学华西厦门医院等项目加快建设。公共卫生体系不断完善提升，免费为适龄在校女生接种国产2价宫颈癌疫苗。第二批集采医保药品人均相关费用下降61.9%。新增38所学校对外开放体育设施。

社会治理强力推进。深入实施主动创稳、铸魂创安、强基创先“三创工程”，矛盾纠纷多元化解机制经验在全国推广。扫黑除恶专项斗争取得重大成效，群众安全感率99.358%，保持全省第一。排查整治各类隐患，安全生产形势总体稳定。“爱心厦门”深入推进，荣获全国文明城市“六连冠”，蝉联全国双拥模范城。顺利开展第七次全国人口普查。民族宗教、外事侨务、档案方志、人防海防、仲裁、粮食、气象工作取得新成绩，妇女儿童、青年、老龄、残疾人、红十字、慈善事业取得新成效。

自身建设党建引领。持续加强政府系统党的建设，巩固“不忘初心、牢记使命”主题教育成果，开展“深化大学习、提振精气神”专项活动，坚持对标一流、争先进位，机关效能进一步提升。落实中央八项规定及其实施细则精神，推进基层减负，整治形式主义、官僚主义，文风会风持续改善。自觉接受人大法律监督、工作监督和政协民主监督，认真办理市人大代表建议338件、议案3件，市政协提案507件，办复率均为100%。全面完成“七五”普法。提请市人大常委会审议法规草案12件，废止和宣布失效市政府文件62件，获评首批全国法治政府建设示范市，政府透明度指数全国第一。

“十三五”时期经济社会发展主要成效如下。

地区生产总值年均增长7.2%左右，人均突破2万美元。平板显示、旅游会展、航运物流等9条产业链产值超千亿元。净增国家高新技术企业1282家，总量占全省近40%。

跨岛发展纵深推进。成为全国最高等级的国际性综合交通枢纽，厦门港集装箱吞吐量位居世界第14位，高崎机场位列全球机场百强。建成地铁1号、2号线。完成国家综合管廊、海绵城市双试点任务，城市治理体系和治理能力现代化水平不断提升。

改革开放持续深化。自贸试验区累计30项创新举措在全国复制推广。完成新一轮政府机构改革，98%的审批服务事项实现网上办理，工程建设项目审批制度改革成为全国蓝本，营商环境居全国前列。累计引进5948家外商投资企业，实际使用外资107.2亿美元，外贸综合竞争力全国第五。

对台融合加快推进。累计新设台资项目3673个，实际使用台资22.57亿美元。综合配套改革取得实效，获批建设海峡两岸集成电路产业合作试验区、数字经济融合发展示范区，出台首个地方版台胞台企同等待遇政策，成为落实惠台利民政策典范城市。

生态质量不断提升。加快建设高颜值厦门，

生态文明指数在全国地级及以上城市中排名第一。空气质量稳居全国前列，生活垃圾分类工作在全国考评中保持第一。筼筜湖综合治理等5项改革举措在全国推广。获评国家生态市、国家生态园林城市。六是人民生活日益改善。新增中小学幼儿园学位17.6万个、医疗床位6700余张，连续获评国家卫生城市。累计开工建设保障性住房10万套、配租配售9.31万套（间）。全体居民人均可支配收入年均增长8%左右。“鼓浪屿·历史国际社区”入选世界文化遗产名录。山海健康步道建成投用。成为2023年亚洲杯足球赛承办城市之一。刑事警情年均下降27.5%，成为全国社区治理和服务创新试验区，获评全国和谐社区建设示范城市。

“十四五”主要战略任务和二〇三五年远景目标。

根据市委十二届十二次全会的战略安排，到二〇三五年我国基本实现社会主义现代化之时，厦门市将成为自由港特征经济特区和高素质高颜值现代化国际化国家中心城市，率先实现全方位高质量发展超越，率先基本建成社会主义现代化强国的样板城市。全市经济实力、科技实力、综合实力将大幅跃升，经济总量和城乡居民人均收入将再迈上新的大台阶，人才优势和创新动力显著增强，成为高水平创新型城市；实现新型工业化、信息化、城镇化、农业现代化，建成现代化经济体系；建成更高水平开放型经济新体制，国内大循环重要节点、国内国际双循环重要枢纽的新优势显著增强；实现治理体系和治理能力现代化，人民平等参与、平等发展权利得到充分保障，法治厦门、法治政府、法治社会全面建成；社会事业蓬勃发展，市民素质和社会文明程度达到新高度，城市国际影响力显著增强；形成绿色生产生活方式，人居环境与城市品质全面提升，人民生活更加美好，人的全面发展、人民共同富裕基本实现；建成国际航运中心、国际贸易中心、国际旅游会展中心、区域创新中心、区域金融中心和金砖国家新工业革命伙伴关系创新基地等“五中心一基地”。

锚定二〇三五年远景目标，厦门市“十四五”发展的指导思想是：高举中国特色社会主义伟大旗帜，深入贯彻党的十九大和十九届二中、三中、四中、五中全会精神，坚持以马克思列宁主义、毛泽东思想、邓小平理论、“三个代表”重要思想、科学发展观、习近平新时代中国特色社会主义思想为指导，深入学习贯彻习近平总书记重要讲话重要指示批示精神，全面贯彻党的基本理论、基本路线、基本方略，紧紧围绕统筹推进“五位一体”总体布局和协调推进“四个全面”战略布局，坚定不移贯彻新发展理念，坚持稳中求进工作总基调，以全方位推动高质量发展超越为主题，以深化供给侧结构性改革为主线，以改革创新为根本动力，以满足人民日益增长的美好生活需要为根本目的，统筹发展和安全，加快建设现代化经济体系，主动服务以国内大循环为主体、国内国际双循环相互促进的新发展格局，积极探索海峡两岸融合发展新路，勇当城市治理体系和治理能力现代化排头兵，实现经济行稳致远、社会安定和谐，成为国家高质量发展引领示范区，为谱写全面建设社会主义现代化国家的厦门篇章开好局、起好步。

2021年是中国共产党成立100周年，是第二个百年奋斗目标和“十四五”规划的开局之年，也是厦门经济特区建设40周年，做好今年工作意义重大。发展的主要预期目标为：地区生产总值增长7.5%以上，规上工业增加值增长7.5%，固定资产投资增长8%左右，财政总收入、地方级财政收入分别增长5.5%和5%，社会消费品零售总额增长8%，外贸进出口总额增长3%，实际使用外资增长6%，居民消费价格涨幅控制在3%左右，全体居民人均可支配收入保持稳定增长，完成国家和省下达的节能减排任务。

（摘编：王诗诚）

思明区社会发展概述

2020年，是全面建成小康社会和“十三五”规划的收官之年。思明区坚持以习近平新时代中国特色社会主义思想为指导，全面贯彻党的十九大和十九届二中、三中、四中、五中全会精神，在市委、市政府和区委的坚强领导下，坚持稳中求进工作总基调，坚持新发展理念，坚持以改革开放为动力，全方位推动高质量发展超越，统筹推进疫情防控和经济社会发展，扎实做好“六稳”工作，全面落实“六保”任务，坚决打好三大攻坚战，经济社会保持平稳健康发展。GDP增速在三季度由负转正，全年完成地区生产总值2053亿元，增长4.5%，呈现“一季好于一季”的良好态势。财政总收入逆势增长，按新口径全年达390亿元，增长12.5%，在连续5年雄踞全省各县市区首位的同时，进位超越6个设区市，紧跟厦福泉。一年来社会发展的工作和成效主要有：

“岛内大提升”加快推进。11个重点片区建设全面铺开，旧城旧村改造进入新一轮提速发展期。开元创新社区建设强势推进，泥窟、石村片区仅用24天实现预签约95%；湖滨片区首轮预签约突破99.6%，创造厦门建市以来单一项目征迁工作牵涉户数最多、签约速度最快的历史记录；何厝、岭兜片区奋力攻坚，拆除房屋1596栋、面积达62.6万平方米；滨海片区再创征拆新速度，26天即实现黄厝会议中心项目整村签约；中山路片区改造提升工程按下加速键，东山东坪山片区基础设施全面升级，滨北超级总部基地、沙坡尾等片区改造提升顺利推进。率先全市成立区城市更新和土地整备专业机构，开发“智慧土管”信息系统，梳理地块31宗，成功出让农科所、开元工业园B04、27号哨所等地块，促成土地资源与产业项目高效嫁接。

基础设施更加完善。开展第四轮市政设施提升。实施植物园南门入口等4个片区配套道路建设，完成大厝山路等9条道路改造。打通东坪山路等断头路。改造提升安平里等27个老旧小区、20座公厕、4个公园。实施健康步道沿途及铁路沿线285栋立面改造。新建前埔工业园等5个停车场，增加停车位891个。在厦港等老城街区推广错峰停车模式，提供共享车位567个。推动五大领域、25个新基建项目建设，实现全区重点场所5G通信广域全覆盖。

城区管理更趋精细。与万科集团合作试点鼓浪屿“城市空间整合服务”，组建思明城建集团，城区服务功能迈向市场化、专业化。启用全省首座区级垃圾分类科普展示中心，在嘉莲街道试点其他垃圾精细化分类管理，在96个小区试点定时定点投放。深化“裁执分离”模式，拆除违建65万平方米。回应群众需求，坚持疏堵结合，新增“摊规点”摊位数297个。高标准常态化推进文明城市创建，发起“净走”等系列活动，积极助力厦门夺取全国文明城市“六连冠”，更有厦港街道、大同小学、4399新获国家级文明表彰殊荣，“思明习惯”蔚然成风。

社会保障不断改善。千方百计稳岗位、保就业，全年新增就业4.5万人，失业再就业4.2万人，城镇登记失业率控制在4.5%。联合新东方、安踏等名企开展“直播带岗”6场，提供就业岗位4100个。引进大中专院校毕业生2.6万人，占全市40%。安置退役军人及军属133人，落实828名退役士兵社保接续。思明早教湖东托育中心成为首家省级普惠托育试点机构，在源泉山庄老年公寓建设市级医养结合试点，滨海、梧村等街道照料中心提升改造。塔埔社区紫云尚城项目正式开工，打造全区首个集体发展用地建设租赁住房。发放各类救助资金2.4亿元，惠及43.6万人次。社会综治险新增疾病医疗救助项目。开展“爱心结对”等志愿活动，新建31个爱心驿站、10个爱心屋，为36名残疾人及其家属解决就业需求，推动爱心厦门建设走深走实。

公共服务不断加强。入选国家级信息化教学实验区。新建、改扩建学校7所，新增中小学、幼儿园学位3750个。完成32个小区配套幼儿园整治，有效规范校外培训机构发展。开元、梧村等社区卫生服务中心提档升级。建成区疾控中心新冠病毒核酸检测实验室，核酸检测能力提升一倍。公益性体育智慧健身房试点经验在全省推广，与厦门大学共建人民体育场全民健身指导示范基地，群众文化艺术中心竣工投用。鼓浪屿华侨文化展馆获评中国华侨国际文化交流基地。

安全形势不断向好。坚持主动创稳，三年扫黑除恶战果显著，打掉1个黑社会性质组织、15个涉恶犯罪集团、3个涉恶犯罪团伙，打击成效位居全市第一。全区刑事警情同比下降27.17%，连续8年保持下降，群众安全感满意率达99.57%。“雪亮工程”纵深推进，建成212个智慧安防小区。创新发展“枫桥经验”，率先全省打造“诉源治理中心”，搭建全市首个区级社会治理协同平台。食品外卖信息实现全程可追溯，建成筼筜街道、云顶学校等食品安全教育基地。开展安全生产专项整治三年行动，首创应急自救原创游戏“逃生宝”，居民防灾减灾意识和自救互助能力有效提升。开发森林防灭火应急指挥系统，启动林火监测预警系统建设。完成222处防汛防台重点区域建档。2.6万栋房屋安全隐患排查覆盖率、202栋D级危房长效处置率均达100%。国防动员和后备力量建设工作实现新提升，外事侨务、民族宗教、方志档案、粮食安全等工作取得新进展，人防海防、妇女儿童、关心下一代、老龄、残疾人等各项事业取得新成效。

自身建设扎实高效。坚持以政治建设为统领，扎实开展“深化大学习、提振精气神”专项活动，突出学以致用、以学促干，把疫情防控、招商引资、土地征收等岗位作为检验学习成果的主考场，近1100名干部支援战疫一线、175名干部充实项目一线，在大战大考中展现担当作为。依法接受人大及其常委会的监督，自觉接受人民政协的民主监督，强化审计监督，主动接受社会和舆论监督，高质量办理市、区人大代表议案3件，建议108件，办理政协提案136件，满意率均达100%。完善政务公开制度，全年举办新闻发布会4场。成功承办首届中国法治微电影展，全面完成“七五”普法。投入2.87亿元，实施14件为民办实事项目。顺利完成第七次全国人口普查。实施街道机构改革，率先建立区级社区工作者职业体系，将更多力量、资源下沉一线，基层治理能力进一步提升。

“十三五”时期社会发展概述。

社会治理能力在探索创新中迈向现代化。平安综治考评始终位居全市前列。市政园林环卫国企化管养改革和城管执法体制改革纵深推进。“片长制”“9+1”综合执法等文明创建机制成效彰显，连续五届获评省级文明城区。生活垃圾分类直运、无害化处理率均达100%，垃圾分类成效居全国前列。建成区绿地率、绿化覆盖率均位居全市第一，空气质量优良率居全市前列，获评“国家生态文明建设示范区”。

以人民为中心的发展思想在保障民生中结出幸福果。人均可支配收入达7.4万元，稳居全省县市区前列；预计全区居民人均期望寿命81.1岁，高出全国平均水平3.8岁，人口健康主要评价指标达到发达国家中高水平。民生投入占财政总支出保持在70%以上，获评全省首批“教育强区”，打造15分钟便民生活圈，公共服务实现量质齐升。

2021年是中国共产党建党100周年，也是第二个百年奋斗目标和“十四五”规划的开局之年。全区经济社会发展的主要预期目标为：地区生产总值增长7.5%，财政总收入和地方一般公共预算收入均增长5%，固定资产投资增长15%，实际使用外资25.15亿元，城镇登记失业率控制在4.5%以内，完成市下达的节能减排任务。

（摘编：林学军）

湖里区社会发展概述

2020年，面对突如其来且仍在全球肆虐的新冠肺炎疫情，湖里区坚持以习近平新时代中国特色社会主义思想为指导，坚持把人民生命安全和身体健康放在第一位，全面落实市委、市政府和区委决策部署，统筹推进疫情防控和经济社会发展，扎实做好“六稳”工作、全面落实“六保”任务，全力推进“岛内大提升”，顺利实现经济全面企稳回升、持续向好发展。全年实现地区生产总值1360亿元、增长5.0%左右，财政总收入226.9亿元、增长4.75%，其中区级财政总收入49.1亿元、增长-1.0%，服务业增加值增长6.5%，限上批零业销售额增长27.0%，固定资产投资增长25%，实际利用外资增长15.0%，城镇居民人均可支配收入增长7.0%，主要经济指标基本完成年初既定目标。入选全国进口贸易促进创新示范区。顺利通过国家和省市文明城区测评。第三季度“五个一批”项目综合考评排名进入全省前十。涌现一批全省抗击新冠肺炎疫情先进集体、先进个人。一年来社会发展的主要工作和成效是：

公共服务体系优化升级。召开全区教育大会，实施“十大教育发展工程”；新开办5所公办校(园)，新增5466个学位；成立湖里实验小学教育集团，探索集团化办学模式；开办特殊教育学校(嘉禾学校)。全国首批国家区域医疗中心落户复旦中山厦门医院；“5+3+8”基层医疗卫生机构体系完成全面布局；区社会福利服务中心建成投用。首家省级普惠托育中心开办运营。区文化馆、图书馆新馆等建成开馆。公布实施首批2个区级文物保护单位，制订东部旧改片区范围内未定级文物保护方案。

社会保障工作扎实到位。促进2.1万失业人员再就业，接收高校毕业生1.6万人。开展各类社会救助6.2万人次，发放救助金9432万元；建成8个“爱心屋”。辖区60周岁以上贫困人口全部享受基本养老保险。街道、社区居家养老服务照料机构实现全覆盖。各类养老机构总床位数3444张，每千名老年人养老床位数78张，均居全市各区第一。

东部旧改全面提速。东部旧改需拆迁总量约900万平方米，累计完成房屋征收签约812.5万平方米、完成率89.0%，拆除674万平方米、完成率73.5%，其中2020年完成签约400万平方米，拆除601万平方米。23个自然社完成整村拆除，提交净地194.5公顷，推出6幅地块挂牌出让。出台安置房建设标准和管理办法，优先保障安置房和社区发展用地项目供地。全区4个安置房项目竣工，14个安置房项目和高林—金林社区发展中心项目正紧锣密鼓加快建设。

城区管理科学精细。引入第三方机构采集城市管理问题，“数字湖里”公共管理集成平台日均受理城市管理事件3000多件，结案率达99.9%。完成违建别墅整治任务。拆除违建8.7万平方米，实现新增“两违”零形成。制订湖里区绿地建设导则，健康步道沿线景观全面升级。创新建立共享单车常态长效管理机制。新增公共停车泊位1350个，打通4条断头路，改造17座公厕。在2次市对区城市综合管理考评、文明城区测评中均名列榜首，8次垃圾分类考评中7次位居第一。

对口帮扶精准有效。拨付省内外6个对口帮扶地区各项帮扶资金突破1亿元。帮助东乡县新设立13个扶贫车间，输转建档立卡贫困户735人到厦就业，采购东乡县消费扶贫产品1359万元，助力东乡县于11月21日实现脱贫。落实“四个不摘”政策，助力去年脱贫摘帽的浦城县经济社会持续健康发展。

污染治理成果显著。全力推进第二轮中央生态环保督察反馈问题整改，在全市率先办结销号中央督察组交办的40件信访件。完成管网溯源排查2887公里，新建污水管网13.7公里、雨污分流改造78.7公里；完成289个排水单元和127条市政道路雨污混接改造，基本实现68个排海口晴天污水“零排放”。空气质量优良率达100%。地表水实现100%达标。涉疫医废实现100%日产日清、100%安全处置。

重大风险可防可控。加强政府投资项目管理，依法依规融资举债，无政府隐性债务，政府债务风险被省、市评定为绿色等级，属于低风险可控范围。加强国企债务和隐性债务监管，国企债务水平维持在合理区间。持续开展涉众型金融风险隐患排查整治，累计排查1.2万多家企业，引导4家网贷机构线上存量清零。严厉打击金融领域电信网络新型违法行为，有效遏制黑灰产业链犯罪。

纵深推进扫黑除恶。建立定期调度和“六个一”工作机制，扎实开展“六清行动”，涉恶团伙查办数、打财断血金额等扫黑除恶主要工作成效指标位居全市前列。创新“10+2+5”重点行业领域突出乱象问题整治工作模式，“城中村”黄赌警情同比减少189起、下降20.1%，4个重点小区完成乱象整治，在全市首创设立校园周边警示岗位牌，批发市场乱象得到有效整治，区—街—居“三资”管理制度更加规范。

牢牢守住安全底线。全面启动安全生产三年行动，生产安全事故起数和死亡人数同比分别下降39.5%和9.1%，未发生较大及以上事故。开展房屋安全隐患排查，累计排查房屋2.8万栋，对鉴定为D级的265栋危房开展“一房一策”危房长效解危处置，解危率达91.1%。扎实创建平安湖里，警情同比下降21.8%，在上半年群众安全感率排名中首次进入全省各区县前十。

不断深化社会治理。坚持党建引领，出台加强小区业委会规范化建设措施，进一步完善小区治理体系。扎实开展“四门四访”，全面普及“最多投一次”阳光信访，1048件信访件100%及时受理、100%按时办结。探索建立和完善多元化纠纷解决机制，深化访调对接、诉非联动和驻公安派出所调解室建设，全区各级调解组织共调处矛盾纠纷4968件。完成湖里区第七次全国人口普查普查登记与比对复查工作。

依法行政扎实推进。全面推行行政执法三项制度，全面清理和确认行政执法主体资格，主动公开政务信息1262件，依法受理行政复议案件44件，清理行政规范性文件54件，大力开展《民法典》宣传，顺利通过“七五”普法市级总结验收。自觉接受人大法律监督、工作监督和政协民主监督，积极办理关于老旧小区消防设施改造的人大议案，认真办理区人大代表建议69件、政协提案77件，满意或基本满意率达100%。

服务效能持续提升。巩固拓展“不忘初心，牢记使命”主题教育活动成果，开展“深化大学习，提振精气神”专项活动。深入推进机关效能建设，实行“六定”责任落实机制。从严治庸治懒，给予效能问责20人次。率先在全市实施“一窗受理、集成服务”改革，探索围绕项目落地实施“审批服务提速增效”改革，“一趟不用跑”事项占比达79.2%，办理承诺时限压缩至法定时限的17%。深入推进营商环境市场化、法治化和国际化建设，年初市对区营商环境考核中位列全市各区第一。

廉政建设不断深化。严格落实中央八项规定及其实施细则精神，扎实推进党风廉政建设和反腐败斗争，锲而不舍纠治“四风”，文风会风持续改善，带头过“紧日子”，“三公”经费同比下降12%。

2021年经济社会发展主要预期目标为：地区生产总值比增8.0%以上，规模以上工业增加值比增6.0%，批发零售贸易业销售总额比增15.0%，财政总收入比增4.03%，区级财政收入比增4.2%，全社会固定资产投资比增5.0%，城镇登记失业率控制在4.0%以内，完成省市下达的节能减排任务。

（摘编：苏建平）

集美区社会发展概述

2020 年是集美发展极不平凡的一年。面对突如其来的新冠肺炎疫情，集美区坚持以习近平新时代中国特色社会主义思想为指导，全面贯彻党的十九大和十九届二中、三中、四中、五中全会精神，认真落实党中央国务院、省委省政府和市委市政府决策部署，在区委的坚强领导下，坚持稳中求进工作总基调，立足新发展阶段，贯彻新发展理念，积极服务并深度融入新发展格局，全方位推动高质量发展超越，以“招商引资与项目建设攻坚年”为重要抓手，统筹推进疫情防控和经济社会发展，扎实做好“六稳”工作，全面落实“六保”任务，经济社会保持平稳健康发展。全年实现地区生产总值增长 5.5%；固定资产投资增长 16.7%；规上工业总产值 1186 亿元（含火炬企业），增长 6.8%；财政总收入 145 亿元，增长 8.5%，其中区级财政收入 40.2 亿元，增长 6%；城乡居民人均可支配收入增幅高于经济增速。完成年度节能减排任务。上榜“中国工业百强区”，成为全市首个国家“全域旅游示范区”，全市唯一入选省级县域集成改革试点。一年来社会发展的主要工作和成效有：

护航企业乘风破浪。营商环境评估在全市六区排名第一。复工复产按下“快进键”，第一时间出台 20 条政策支持企业共渡难关，5 天内即兑付第一笔扶持资金，累计兑付疫情期间企业扶持资金超亿元，其中为承租政府性资产经营用房的中小企业和个体工商户减免租金 3800 万元。全年减税降费超 5 亿元。深化“放管服”改革，承接“强区放权”审批服务事项 32 项，“一趟不用跑”“最多跑一趟”事项占比达 98.4%，67 个高频事项实现秒批秒办。率先全市开通省外务工人员“返厦直通车”。率先实现新设立企业“一窗通办”。推出“阿集在线”“集美 i 企宝”“在线坐席 +不见面审批”等创新举措，为企业提供线上政策兑现、供应链招商等服务，被人民网等中央媒体报道。全年新增商事主体 19128 家，累计数量达 98342 家，规模居岛外各区第一。

城市颜值更加靓丽。集美新城实现“十年集聚成城”目标，核心区西亭片区完成整村征收，公共配套再上新台阶，人气商气全面集聚。马銮湾新城集美片区公共基础设施建设进一步完善，环湾大道核心路段主体建成，社会事业项目相继建成投用。稳步推进市政大提升工作。新增备案停车场 46 个，投用停车场 4 个，新增停车位 8400 个（含路面停车位）。第三轮绿化提升改造 19.3 万平方米，完成铁路高速沿线环境整治超 10 万平方米。城市更新提质增速，投资 9500 万元提升已建安置房和公租房，完成航海生活区等 5 个老旧小区改造。382 栋存量危房全部清人封房。“大城管”格局基本形成。垃圾分类新时尚蔚然成风，示范小区户数占比提高至 92%。全区“两违”管控持续保持高压态势，新增违建趋零。

生态环境持续向好。开展三轮“守护蓝天百日攻坚”行动，重拳整治涉气“散乱污”企业，全区空气质量优良率达 99.4%。水环境质量明显提升，全区入河排水口、排水管网溯源排查工作基本完成，入海排放口完成整改。杏林湾及九天湖水质明显改善，国、省控断面水质保持稳定达标，坂头—石兜水库水质年均值达Ⅱ类标准。海域养殖清退工作顺利完成并通过验收。厦门大桥—集美大桥海岸带修复项目取得实质性进展，杏林大桥—新阳大桥岸线整治项目前期工作加快推进。开展危险废物专项排查整治，土壤污染防治更加有力。区、镇、村居、宗地四级“林长制”管理体系常态化运行。全力推进中央生态环保督察反馈问题整改，中央生态环保督察信访件全部办结。

乡村振兴亮点频出。基本建成新324国道和许溪溪林两条乡村振兴示范动线，全面串联沿线9个省级乡村振兴试点村和19个乡村特色景区。“一革命四行动”深入推进，新改建农村公厕19座，完成农房整治超3300栋，村容村貌发生较大转变。完成许庄、双岭等17个农田水利基础设施建设，培育壮大品诚源花卉等一批现代农业项目，塔斯曼中药材、仙景芋等特色农产品持续发展。三李城商业中心等村集体发展项目有序推进。实施引智下乡工程，吸引高校师生团队和台湾青年参与乡村建设。后溪镇蝉联三届、后溪村首次获评“全国文明村镇”。

社会事业蓬勃发展。陈嘉庚先生创办的集美大学航海学院、财经学院、集美工业学校和乐安小学纪念办学100周年，华侨大学迎来60周年校庆，嘉庚办学精神和侨校特色进一步彰显。建成集美区实验小学、鱼孚幼儿园等14所中小学、幼儿园，新增建设学位10620个。华锐莱普顿双语学校北校区建成投用，厦门二中集美校区、苎溪高中开工。新招聘教师717人，柔性引进高层次教育人才6人。161所民办园实现分级普惠性收费管理。52所中小学全部通过义务教育管理标准化验收。健康集美行动扎实推进。四川大学华西厦门医院进入主体结构施工，市妇幼保健院集美院区开工。“互联网+家庭医生”签约服务平台、专科专病医联体建设进一步深化。开工建设太保家园国际颐养社区，建成集美区老年人养护中心，新增投用3家老人日间照料中心，实现公共养老服务体系硬件设施全覆盖。集美区人文馆、集美新城体验馆对外开放。承办全国健身锦标赛、中国乒协国青国少集训选拔等品牌赛事。

民生保障精准兜底。全面落实“爱心厦门”建设“五大行动”“四项机制”，全方位关怀保障弱势群体，建成6家助残“爱心屋”、4个儿童关爱示范点。稳住就业“基本盘”，新增城镇就业登记1.9万人次，失业人员再就业1.5万人。开展农村富余劳动力和失业人员等重点群体项目制培训44期，培训合格人员数居全市第一。积极推进低保扩面，率先全省实施“农村大病防贫救助”项目，全区特困人员全部由政府兜底供养。东西部扶贫协作和对口支援深入开展，清流县、和政县均按期实现脱贫摘帽，市对区考核8项指标居全市第一。与龙岩市新罗区建立“山海协作对口帮扶”对子，新增挂点大池镇北溪村（老区村）。

社会治理有序有力。全区刑事警情数同比下降31.8%，降幅连续四年居全市首位。扫黑除恶专项斗争持续纵深推进。完善社会矛盾纠纷多元调处、源头化解工作机制，创新驻所“公证+”警调联动模式，调处成功率达99.5%，被公安部评为全国年度优秀行政执法制度。挂牌成立全市首家退役军人法律援助工作站和首家未成年人一站式办案中心。深化实施食品安全战略，食品安全责任体系进一步完善。深入开展安全隐患大排查大整治及安全生产专项整治三年行动，全区未发生较大及以上生产安全事故，安全生产形势总体保持平稳。道路交通亡人事故起数、亡人数降幅均居全市第一。“12345”热线答复满意度全市第一。顺利完成第七次人口普查入户登记工作。扎实开展文明城市创建，创出群众获得感、幸福感。

自身建设不断强化。巩固提升“不忘初心、牢记使命”主题教育成果，开展“深化大学习，提振精气神”专项活动，激励广大干部主动作为、干事创业，机关效能进一步强化。坚持依法行政，全面完成“七五”普法，法治政府建设、依法治区工作成效显著。加强政务公开，区政府官网在区县政府网站绩效评估中排名全市第一。自觉接受人大法律监督、工作监督和政协民主监督，邀请“两代表一委员”对政府工作进行评议、打分，高质量办理区人大代表建议89件、政协委员提案115件，办复率100%。36项为民办实事项目全面完成。坚持全面从严治党，严格执行中央八项规定及其实施细则精神，大力推进基层减负，持续整治形式主义、官僚主义，文风会风继续改善。全面制止餐饮浪费，厉行勤俭节约。

（摘编：周忠志）

海沧区社会发展概述

2020年，面对突如其来的新冠肺炎疫情，海沧区坚持以习近平新时代中国特色社会主义思想为指导，全面贯彻党的十九大和十九届二中、三中、四中、五中全会精神，在市委、市政府和区委的正确领导下，紧紧围绕全面建成小康社会目标任务，坚持稳中求进工作总基调，坚持新发展理念，全方位推动高质量发展超越，统筹推进新冠肺炎疫情防控和经济社会发展，扎实做好“六稳”工作，全面落实“六保”任务，稳中向好的态势进一步巩固。全年实现地区生产总值850亿元，增长4.5%左右；财政总收入186.6亿元；区级财政收入33.9亿元；固定资产投资增长3%；规上工业产值1390亿元；规上工业增加值增长8%；城镇居民和农村居民人均可支配收入增速超过全省平均水平。一年来社会发展的主要工作和成效是：

“六稳”“六保”全面落实。在统筹推进疫情防控的同时，提前谋划复工复产，春节假期结束后仅3周，实现规上工业企业及重点项目复工率“两个100%”。严格学校疫情防控措施，分批次安全有序复学复课。落实就业帮扶，“零材料”发放企业稳岗补贴1.4万家次；开展“点对点、一站式”精准服务，从湖北、甘肃等省份接回返厦员工2500余人。推进降本减负，提前预拨技改资金3627万元，1—11月累计兑现扶持资金6.8亿元。

两岸融合亮点频现。“云端”举办保生慈济文化节，乐活节等涉台活动反响热烈，首度与台湾媒体合办金沙书院散文奖。发挥开台文化资源优势，颜思齐写入国家历史教科书取得实质性进展。台湾青年助力疫情防控、乡村振兴、脱贫攻坚等工作，得到国台办和全国台联肯定。

营商环境优化提升。深化“放管服”改革，全省首推免费“双向邮寄”服务，让群众从“最多跑一趟”到“一趟不用跑”。完善政务服务平台，全流程网上办理事项增长92.6%。推行“一件事”集成套餐服务。企业服务更加高效，率先全市推出证照联办；设立企业专窗，事项办理时限进一步压缩。

片区开发形成气势。土地房屋征收加快推进，率先全省完成福厦高铁项目净地交付，孚中央整村征收签约刷新海沧速度，鼎美等3个整村征收工作取得重大进展。马銮湾新城开发建设加快，落地SM等项目，策划生成“三馆合一”等公建配套。鳌冠新城加快规划编制。临港新城产城融合稳步推进。

基础设施日趋完善。第二西通道左线隧道全线贯通；海疏立交（海新路主线）顺利通车，有效连接海沧生活区和马銮湾片区；海沧疏港通道、芦澳路（马青路—翁角路段）等加快建设。59个市政基础设施项目有序推进，新建（改造）道路10.3公里。新增公共停车位567个。海沧污水处理厂扩建工程建成投用。开展排水管网溯源排查和正本清源改造工作。轨道6号线建设有序推进，轨道4号线前期工作加快。

生态环境总体改善。上半年公众对环境质量满意度调查全市第一，1—11月空气质量优良率100%。全面深化河湖长制，过芸溪整治成效获水利部肯定；新阳主排洪渠稳定消除黑臭，入选住建部典型案例汇编。强化土壤污染风险管控，危险废物安全处置率、医疗废物集中处置率均达100%。绿色空间加快拓展，1—11月新增园林绿地114.8公顷、绿道12.8公里，建成大埕公园；

超额完成植树造林任务。全区生活垃圾直运率达100%。做好第二轮中央生态环保督察反馈问题整改。

乡村振兴深入实施。深化首批全国乡村治理体系建设试点工作。青礁村入选第二批全国乡村旅游重点村。过坂社区绿盈乡村建设入选福建省案例选编。加大农村集体经济项目建设力度，莲花汤岸公寓顺利封顶。现代农业加快发展，伊甸园等项目动工建设。开展农业企业“百千”增产增效行动，贞岱现代农业设施示范园稳步推进。深化农村人居环境整治，获评“福建省村庄清洁行动先进区”。推进铁路、高速公路沿线环境综合整治，实施农房平改坡及裸房整治，有效提升立面景观。

文教事业稳步提升。加大教育资源供给力度，建成芸景实验小学、刘山幼儿园等8个项目，新增学位3060个。鼓励国企举办普惠性幼儿园，收回4所小区配套幼儿园举办公办园。中考成绩保持岛外领先，高考成绩持续提升，区属高中本科上线率创历史新高。新增4所学校免费开放体育设施。文物保护工作扎实推进。“沧江文库”丛书第一辑出版发行。国际半程马拉松、斯巴达勇士赛等品牌赛事成功举办，全民健身运动会等群众性文体活动备受欢迎。

医疗资源强基提质。东孚街道社区卫生服务中心投入使用，4个社区卫生服务中心发热哨点诊室完成改造，马銮湾医院装修加快推进。完成区疾控中心PCR实验室改造，提升核酸检测能力至每日10.8万人份。深化基层医疗机构与复旦中山厦门医院开展协作。为全区适龄在校女生提供国产二价宫颈癌疫苗自愿免费接种。全面完成家庭医生签约任务。获评“全国基层中医药工作先进单位”和“全国计划生育优质服务先进单位”。

民生保障更有温度。加大公益性岗位开发力度，岗位数及补贴金额全市第一，有力促进困难人员就业。完善社会救助体系，发放救助金1760万元。佳芸花园等15个安置房项目加快建设。基本完成60项省、市、区为民办实事项目。坚决打赢脱贫攻坚战，推进东西部扶贫协作、山海协作、对口支援工作，落实帮扶资金9035万元。

社会治理扎实有效。文明创建不断深化，创新实施全市首个人车分离双向斑马线，受“人民日报”微博点赞。“爱心厦门”建设成效显著，建成8个爱心屋，打造全市首条“爱心商业街”。志愿服务理念深入人心，“红裙子志愿服务队”亮相央视《焦点访谈》。实施食品安全战略，积极参与国家食品安全示范城市创建工作。扎实开展第七次全国人口普查。打好扫黑除恶专项斗争收官战，1—11月刑事警情下降27.3%，群众安全感进一步提升。深化校园“微治理”，经验做法获中央政法委肯定。保持新增“两违”零增长。启动安全生产专项整治三年行动，强力推进房屋安全隐患排查整治，安全生产形势总体平稳。坚持主动创稳，扎实做好信访维稳工作。开展涉众型经济金融风险排查，加强政府债务风险评估，有效防范化解重大风险。港澳、外侨、国防动员、人防、应急、双拥、民族宗教、妇儿、老龄、残疾人、档案、红十字、粮食安全等工作取得新进步。

党建引领政府履职。把政治建设摆在突出位置，巩固“不忘初心、牢记使命”主题教育成果，开展“深化大学习、提振精气神”专项活动。全面落实意识形态工作责任制，融媒体中心建设稳步推进。严格落实中央八项规定及其实施细则精神。深化基层减负，政府发文、办会实现只减不增。坚决落实“过紧日子”要求，开展零基预算改革，进一步压减全区公用经费和非刚性、非重点项目支出，向上争取资金4.8亿元。法治政府建设不断加强，自觉接受区人大及其常委会的法律监督和工作监督，区政协民主监督和社会各界监督。推进政务公开标准化规范化。办理人大代表议案1件、建议112件，政协委员提案134件，满意和基本满意率100%。

2021年是中国共产党建党100周年，也是“十四五”规划的开局之年，起好步、开好局至关重要。全年经济社会主要预期目标是：地区生产总值增长7.5%以上，规上工业增加值增长8%，固定资产投资增长5%，区级财政收入增长3.3%，社会消费品零售总额增长5%，城镇居民和农村居民人均可支配收入增速超过全省平均水平。

（摘编：张海生）

同安区社会发展概述

2020年是极不平凡的一年，面对突如其来的新冠肺炎疫情及国内外风险挑战明显上升的复杂局面，同安区坚持以习近平新时代中国特色社会主义思想为指导，全面贯彻党的十九大和十九届二中、三中、四中、五中全会精神，在区委的坚强领导下，坚持稳中求进工作总基调，扎实做好“六稳”工作，落实“六保”任务，围绕全市“招商引资与项目建设攻坚年”的目标任务，统筹推进疫情防控和经济社会发展，全方位推动高质量发展超越。2020年地区生产总值增长7.9%；规模以上工业总产值达1098.0亿元，增长6.8%；财政总收入完成104.3亿元；区级财政收入完成26.3亿元；社会消费品零售总额完成394.6亿元；居民人均可支配收入增长6.4%；完成年度节能减排任务。一年来社会发展的主要工作和成效是：

产城融合加快推进。同安新城和同翔高新城开发提速。骨干路网及基础设施项目快速推进，中国移动、石墨烯产业园等一批重大项目加快建设，环东海域医院、同安一中滨海校区高中部等民生项目全力实施，波特曼七星湾等高端酒店项目建成运营，环东海域半程马拉松比赛、全国青少年帆船赛等高端赛事顺利举办，全省首个海岸赛艇训练基地正式落户，产城融合高地进一步形成。

城市更新力度加大。完成乌涂商业街等城区立面改造，提升凤祥片区等12条市政道路，改造西安片区等18个老旧小区。建成7个停车场，新增停车位464个。建设燃气管道20公里，新增市政给水管网47公里，全面铺开管网排查，加快破解市政配套不完善问题。加快城西市场等6个农贸市场、苏颂公园等3座城市公园提升改造。完成高速、高铁沿线环境整治。同安绿道连海段建成贯通，新增绿道11公里、公园绿地面积100公顷，城市面貌焕然一新。

乡村振兴取得实效。农村人居环境整治三年行动顺利收官，获评“省村庄清洁行动先进区”。15个“千村试点、万村推进”试点村建设稳步推进，9个美丽乡村项目有序实施，以全省第二名的成绩获评“四好农村路”示范区。全力打造汀溪、莲花两条乡村振兴动线，规划提升竹坝片区。探索乡村社会治理新模式，建设省级家风家训乡贤馆，五显镇、莲花镇获评“省乡村治理示范镇”。汀溪镇入选“全省乡村振兴特色乡镇”，军营村列入“全国乡村旅游重点村”，古坑村获评“2020年中国美丽休闲乡村”，省级以上休闲农业示范点数量位居全市第一。

文明创建拓展深化。蝉联“省级文明城区”荣誉。国家级新时代文明实践中心建设任务圆满完成，工作经验在全省宣传推广。创建全市首个政府主导的“云上爱心屋”商城，率先实现线下“爱心屋”镇（街）全覆盖。拓展“文明卫士”等市容管理数字平台，从严整治占道经营、油烟扰民等不文明行为，城市综合管理考评排名全市第二。处置“两违”178.2万平方米，历史“两违”处置量位居全市第一，成为全市首个“两违”市级核减权限下放试点区。苏厝村、埔后村等5个村获评“全国文明村”，数量全市第一。

社会保障更加健全。投入社会保障及救助资金9亿多元。城乡居民基本养老保险、基本医疗保险参保率均达100%。帮助8400多名失业人员再就业。新增镇级照料中心2家，农村幸福院19家，三级基本养老服务体系更加完善。老年人、残疾人关爱服务体系和设施进一步健全。危房整治有序推进。建设保障性住房22854套，祥平地铁社区（一期）交付使用。

教育资源更加均衡。二外高中部等22个项目开工建设，进修附中等13个项目竣工投用，新增学位9270个。学前教育普惠性覆盖率99%，省级义务教育管理标准化学校占比95%。创新农村艺体学科购买课时服务工作机制，提高农村学校艺体教学水平。教师校际交流数量位居全市首位，“区级统筹、片区互补”工作经验在全市推广。区教育发展公司投入运营。厦门一中与汀溪中学、国祺中学，厦门六中与五显中学合作办学实质落地，全力打造我区教育品牌。

卫健服务更加完善。深入实施“健康同安”行动，环东海域医院引入浙大附属邵逸夫医院合作运营，第三医院整体提升改造等项目加快推进。加强高水平医疗技术协作，与福建中医药大学签署校地战略合作协议，与8名国内顶级专家签订学科共建特聘主任协议。推动医疗资源向基层倾斜，基本公共卫生服务项目增至29项，完成家庭医生签约15.1万人。再获“全国基层中医药工作先进单位”荣誉称号。莲花镇获评“国家卫生乡镇”。

文化事业更加繁荣。落实全市文化旅游会展产业发展大会精神，巅峰影业、福莱磨石等文旅产业项目落地见效。完成同安影剧院和12个村级综合文化服务中心提升改造，推进人民体育场设施升级。成功举办苏颂诞辰1000周年纪念活动和孔子文化节、朱子文化节等活动。“送王船习俗”列入世界级非遗名录。实施文化遗产保护“六个一批”工程，新增10处区级以上文保单位，开工建设区历史陈列馆。

重大风险有效防控。扎实推进涉众型经济金融风险专项整治等工作，排查整治1000多家涉金融企业。健全稳企业防风险工作体系，不良贷款率0.87%。不断优化地方政府债券期限和债券结构，确保风险安全可控。落实房地产调控机制，着力化解涉房地产信访及历史遗留问题，保障房地产市场平稳健康发展。

精准扶贫有力开展。扎实推进与临夏州康乐县东西部扶贫协作、与漳州市诏安县省级扶贫开发、与龙岩市上杭县山海协作，加大资金支持、产业合作、消费扶贫和社会帮扶力度，劳务输转1232人。帮助康乐县、诏安县引进6家企业，安排扶贫项目71个，带动1.6万人脱贫增收。完善我区协同救助工作机制，投入7200万元帮扶困难群众1.2万人次，困难群众生活基本保障到位。深化“爱心结对”，组织党员干部、机关党组织帮扶633名困难群众，共筑爱心之城。

污染防治有序推进。全力推进中央生态环保督察反馈问题整改。实施流域治理“一本账”，92个流域治理项目有力推进。完成2000公里管道排查清淤，全面铺开三格化粪池和隔油池建设，累计建成116公里安全生态水系，整改216个入海入河排口，加快4座污水处理厂建设，新增日污水处理能力15万吨。埭头溪稳定消除黑臭，东西溪流域水质100%达标，龙东溪、官浔溪流域水质大幅提升。空气质量优良率100%。危险废物处置利用率、医疗废物集中处置率均达100%，土壤环境质量总体良好。

党政建设成果丰硕。开展“深化大学习、提振精气神”专项活动，巩固深化“不忘初心、牢记使命”主题教育成果。自觉接受人大、政协监督，办结区人大代表建议76件、区政协提案94件。不断深化作风建设，严格执行基层减负，深入整治“文山会海”，全年精简文件41.7%，压减会议49%。全面落实从严治党主体责任，严格落实中央八项规定精神，“三公经费”压减50%以上。查处群众身边腐败和作风问题14起26人，党风廉政建设和反腐败斗争取得积极成效。

2021年是中国共产党建党100周年，是“十四五”规划的开局之年，也是厦门市“创新发展年”，做好全年工作至关重要。2021年同安区主要预期目标为：地区生产总值增长8%左右；规模以上工业产值增长11%；财政总收入和区级财政收入均增长6%；全社会固定资产投资增幅高于省市平均水平；社会消费品零售总额增长8%；城镇居民人均可支配收入增幅高于全省平均水平，农村居民人均可支配收入增长8.5%；完成上级下达的节能减排任务。

（摘编：郭虹）

翔安区社会发展概述

2020年是极不平凡的一年，翔安区坚持以习近平新时代中国特色社会主义思想为指导，全面贯彻党的十九大和十九届二中、三中、四中、五中全会精神及党中央决策部署，紧紧抓住“岛内大提升、岛外大发展”等重要战略机遇，统筹抓好疫情防控和经济社会发展，扎实做好“六稳”“六保”工作，经受严峻考验、付出艰苦努力，较好地完成了年初确定的各项目标。全年完成地区生产总值705.9亿元，增长8%；规模以上工业增加值406.8亿元，增长6.9%；固定资产投资增长20.7%；财政总收入80.7亿元，增长12.9%；区级财政收入22.5亿元，增长7.5%；社会消费品零售总额120.5亿元，增长1.6%；批发零售业销售额798.7亿元，增长77.9%；城镇居民人均可支配收入43816元，增长4.4%，农村居民人均可支配收入24206元，增长7.7%。其中，地区生产总值、财政总收入、区级财政收入、批发零售业销售额、城镇和农村居民人均可支配收入等6项指标增幅领跑全市，固定资产投资、社会消费品零售总额等2项指标增幅排名全市前二。11项对标全省指标增幅全部达标，“加快高质量发展”竞赛活动考评位居全市各区前列。一年来社会发展的主要工作和成效是：

市政配套不断完善。国内最长跨海地下管廊—机场快速路综合管廊过海段全线贯通，建成5公里综合管廊、243个5G基站，开工建设翔安电信5G机楼。启用东部垃圾焚烧发电厂二期、翔安污水处理厂四期，溯源排查排水管网72平方公里，新建污水管道60公里，全区污水纳管、收集和处理能力稳步提升。完成翔安水厂、舫山水厂扩建及管网互联互通，每日新增供水17万吨，建成投用新圩泵站、汀溪水库向银鹭水厂应急供水等项目，有效解决新圩用水“孤岛”问题。

公共服务扩容提质。省教育“两项督导”评估排名全省第三，省义务教育质量监测小学科学综合评估跃居全市第三。蔡厝高中、翔安职校新校区等28所学校开工建设，宋坂小学等14所学校顺利建成，新增学位13560个。新开办7所小学幼儿园，24所学校获评省级义务教育管理标准化学校，与福建教育学院、福建幼高专开展合作办学，聘任中国科学院院士韩家淮为厦大附属翔安实验学校总校长。家庭医生签约服务12.9万人，设立市级普惠性婴幼儿照护服务试点托位100个，投入2.3亿元建设市第五医院医技科教综合大楼等项目。《马巷厅志（点校版）》通过评审，拍胸舞等5个项目入选省级非物质文化遗产项目，首届厦门环东半程马拉松赛激情开跑。

秉持群众的“关键小事”就是政府的“头等大事”理念，民生支出52亿元、占全区财政支出的81%，65项各级为民办实事项目全部见效。

民生保障更加有力。实施“5110”精准就业帮扶工程，深入开展村（居）“三加三送”活动，帮助2681名劳动年龄内五类重点对象实现就业。全面推进“爱心厦门”建设，做好困难群众兜底保障，发放各类补贴4.5亿元，被征地农民新增参保1.7万人，符合条件的低保对象全部享受延保渐退政策。房屋安全排查整治工作获国务院安委办检查组高度评价，长效处置D级危房1931栋、处置率达99.8%，农村五类重点对象住房安全问题全面消除。创新医疗补充商业保险试点项目，率先试点精神障碍社区康复服务，新开建15家幸福院，为120个村（居）购买居家养老服务。田墘

"四统房"开工建设，莲塘"联体连片"项目封顶，新店地铁社区一期、黎安居住区等保障房项目交付使用。做好禁建区划定时已受理的农村宅基地审批工作，审批672宗，尽最大努力改善农村群众居住条件。圆满完成对口帮扶甘肃永靖县、漳州云霄县脱贫攻坚任务。

城乡环境更加宜居。77件中央生态环保督察信访交办件全部验收销号，0.3万多公顷海域养殖全面完成清退。环境空气质量优良率达99.5%。首创"排口长"制、小微水体"星级"管理机制，整治107个入海（河）排污口，建成4个生态补水工程、日补水达5万吨，省控断面溪边后水质全年稳定达标，内田溪、内垵溪等昔日"臭水沟"蜕变为水清岸绿的景观带。文明创建取得扎实成效，整治占道经营、环境脏乱等问题2000个，新设停车泊位3万个。完成巷西路市政改造、铁路及高速公路沿线环境整治，新增改造园林绿地110公顷。严厉整治农村乱占耕地建房、违建别墅问题，拆除"两违"225万平方米，对新增"两违"坚持"零容忍"。

社会治理更加有序。扫黑除恶专项斗争三年行动成效显著，累计打掉黑社会性质组织1个、恶势力犯罪集团和团伙9个、黑恶势力成员及其他涉恶类犯罪嫌疑人700余人，上半年群众安全感率、扫黑除恶好评率、政法部门执法工作满意率三项指标均排名全市第一，其中群众安全感率、扫黑除恶好评率位列全省前十。信访维稳保持稳定，成功调解矛盾纠纷1400起，受理劳动监察投诉2600起，为群众挽回经济损失2.5亿元。安全生产形势总体平稳，率先建立市管项目联合监管机制，排查整改各类安全生产隐患4000余个。创建6个示范型退役军人服务中心（站），为退役军人发放各类补助3000万元。完成第七次全国人口普查数据采集工作。民族宗教、外事侨务、档案方志、粮食安全、人防、海防、气象工作取得新进展，工会、妇女儿童、老龄、青少年、残疾人、红十字、慈善事业实现新进步。

党政建设扎实推进。严格履行政府系统全面从严治党主体责任，扎实推进党风廉政、依法治区、意识形态各项工作，认真开展"深化大学习、提振精气神"专项活动，创新构建"项目指挥部+联合党组织"党建模式，引导767个基层党组织、1.1万名党员干部在疫情防控、复工复产、征地拆迁等重大一线发挥战斗堡垒和先锋模范作用。严格落实中央"过紧日子"要求，一般性支出和非急需、非刚性支出压减15%。

二〇三五年远景目标：经济实力、科技实力、综合竞争力大幅跃升，经济总量比2025年翻一番，占全市比重每5年提高2个百分点，城乡居民收入迈上新台阶，创新动力显著增强，成为高水平创新型城区；实现产业基础高级化、产业链现代化，经济结构更加优化，建成现代化经济体系，成为厦门优势产业新高地；实现城区治理体系和治理能力现代化，人民平等参与、平等发展权利得到充分保障，法治翔安、法治政府、法治社会全面建成；建成文化强区、教育强区、人才强区、体育强区、健康强区，市民素质和社会文明程度达到新高度，城区文化软实力显著增强；形成绿色生产生活方式，人居环境与城区品质全面提升，人民生活更加美好，人的全面发展、人民共同富裕基本实现；建成区域创新中心、高端制造业示范基地、闽西南协同发展核心区、"海丝"重要门户枢纽和金砖新工业项目示范基地、新发展示范基地、经贸交流示范基地、人才创新示范基地，成为厦门东部市级中心、闽南都市群中心。到二〇三五年建成更高水平的高素质高颜值现代化国际化城区，率先实现全方位高质量发展超越，成为厦门率先基本建成社会主义现代化强国样板城市的"硬核支撑"。

2021年全区经济社会发展主要预期目标是：地区生产总值增长8.3%以上，规模以上工业增加值增长8.5%，固定资产投资增长10%，财政总收入增长12%，区级财政收入增长8%，社会消费品零售总额增长15%，限额以上批发零售额增长35%，居民收入稳定增长。其中，地区生产总值增速保持全市领先，规上工业增加值、总产值力争全市第一。

（摘编：杨立群）

漳州市社会发展综述

2020年是极不平凡的一年，在以习近平同志为核心的党中央坚强领导下，在省委和省政府以及市委的正确领导下，漳州市坚持以习近平新时代中国特色社会主义思想为指导，全面贯彻党的十九大和十九届二中、三中、四中、五中全会精神，深入学习贯彻习近平总书记对福建工作的重要讲话重要指示批示精神，统筹推进常态化疫情防控和经济社会发展，扎实做好“六稳”工作、全面落实“六保”任务，坚持不懈“大抓工业、抓大工业”，全方位推动高质量发展超越。全市完成生产总值4545.61亿元；一般公共预算总收入350.65亿元，下降1.6%，地方一般公共预算收入218.56亿元，下降0.4%；进出口807.5亿元，增长11.3 %；实际利用外资41.14亿元，增长8%；社会消费品零售总额1697.15亿元；居民消费价格指数（市辖区）上涨1.7%；城镇居民人均可支配收入40008元，增长2.7%；农村居民人均可支配收入21103元，增长6.1%；城镇登记失业率3.59%；完成年度节能减排任务。一年来社会发展的主要工作和成效是：

战疫情、保发展，双胜利目标基本实现。始终把人民群众生命安全和身体健康放在第一位，建立健全联防联控机制，坚持常态化防控和应急处置相结合，迅速推动复工复产复商复市，深入开展“奋战下半年、勇夺双胜利”竞赛活动和突破“难、硬、重、新”工作行动，出台促进“六稳”工作18条等一揽子政策，开展产业链供应链固链、中小微企业纾困等行动，累计新增减税降费55.35亿元，金融机构本外币贷款增量突破500亿元，创历年新高。

深化“放管服”改革，推进开发区体制机制改革向县管开发区延伸，企业开办审批时间压缩至1个工作日内，企业开办“零成本”改革经验在全省推广，全市92.4%的审批事项“一趟不用跑”、82.86%的事项全流程网办，位居全省第一。深入开展国资国企综合改革，组建农业发展集团、信息产业集团、人才发展集团，推动国有企业做强做优做大。

深化漳台全面融合，漳浦台湾农民创业园考核位居全国第一，台资实际到资金额位居全省第一。围绕打好打赢“三大攻坚战”，落实“四个不摘”要求，全面推行缓解相对贫困人口政策，市本级扶贫资金增长39.8%；加快推进中央环保督察反馈问题整改，探索开展市级环保督查，大力开展矿山环境整治专项行动，启动东山八尺门综合治理生态修复工程，推动河湖长制落实，排查整治污染源1.88万个，市区空气质量优良率为98.1%、提高0.8个百分点，主要流域国、省考断面Ⅰ～Ⅲ类水质比例均为100%；有效防控重点领域金融风险，严控政府债务余额，全市不良贷款率降至0.93%。

兜底线、惠民生，幸福感持续巩固提升。完成23项为民办实事项目，财政民生支出占比达77.72%。落实就业优先政策，发放1.16亿元用于企业稳岗稳工，城镇新增就业5.12万人。继续提高城乡低保和特困人员救助供养标准，疫情发生以来累计发放副食品补助9627万元。

加快补齐社会事业短板，漳州市职业教育园区、漳州一中新高中部建成投用，市医院新总部业务楼封顶、市医院朝阳分院负压病房完成改造，全市新增中小学学位1.3万个、公办幼儿园学位1.6万个、病床位2408张、卫技人员2906人、养老床位4137张，义务教育教师平均工资收入水平不低于公务员政策得到落实。完善民生基础设施建设，建成保障性安居工程7560套，新增公共停车位5151个、公园绿地面积145.3公顷，市殡仪馆改扩建一期工程完工，52个老旧小区完成改造，中心城区农贸市场提升改造建设三年行动取得良好成效。持续深化扫黑除恶专项斗争，启动创建全国市域社会治理现代化试点合格城市，群众安全感满意率保持在99%以上。开展安全生产专项整治等行动，实现生产安全事故起数和死亡人数“双下降”。蝉联第六届全国文明城市，实现全国双拥模范城创建“七连冠”。

抓作风、转职能，服务型政府加快建设。坚持把政治建设摆在首位，巩固深化“不忘初心、牢记使命”主题教育成果，认真落实全面从严治党主体责任，扎实推进省委巡视反馈问题整改。强化为民担责，持续解决不动产权证办理、文川里片区保护等一批历史遗留问题。加强法治政府建设，推行行政执法“三项制度”，基层政务公开标准化、规范化工作有序推进。坚持把有限的财力用到防控疫情、发展经济和保障民生的“刀刃上”，严格执行中央八项规定及其实施细则精神和省市实施办法，大力压减一般性支出，市本级“三公”经费支出下降28.68%。进一步加强机关效能建设，集中整治形式主义、官僚主义。全面执行市人大及其常委会的决议、决定，办理人大代表建议126件、政协委员提案298件，满意率分别为100%和99.8%。妇女儿童、青少年、残疾人、民族宗教、精神文明、档案管理、社会科学、防汛防台、防震减灾、红十字会、退役军人事务、国防动员、外事及援藏援疆援宁等工作取得明显成效。

“十三五”时期的主要成效。全市生产总值和城乡居民人均可支配收入均比2010年翻一番，全市建档立卡贫困人口全部脱贫，全面建成小康社会目标圆满完成。

“大抓工业、抓大工业”，产业结构不断优化。培育形成食品加工、装备制造、新材料三大千亿产业集群，“4+4”产业体系日趋完善，三次产业结构优化为11.0∶45.2∶43.8。这五年，是科技引领、创新驱动，发展动能换挡提速的五年。全市拥有国家级高新技术企业350家，比2015年增加235家，全社会研发投入年均增长超20%。

深化改革、扩大开放，体制机制日臻完善。“会审制”改革、“商务110”等经验做法在全国推广，开放型经济新体制综合试点试验成果顺利通过国家验收，累计新引进台资项目334个、实际利用台资127.2亿元。这五年，是生态优先、绿色转型，人居环境持续提升的五年。探索推进“生态+”模式，布局建设“五湖四海”项目，全市森林覆盖率从63.58%提高到64.78%。这五年，是统筹城乡、加快融合，基础设施显著改善的五年。全市常住人口城镇化率预计从54%提高到61%，中心城区建成区面积扩大到123.47平方公里，乡村振兴战略开局良好，“四难一差”问题明显缓解，高速公路密度达到发达国家水平。

“十四五”时期是我国开启全面建设社会主义现代化国家新征程、向第二个百年奋斗目标进军的第一个五年，也是漳州市全方位推动高质量发展超越、加快富美新漳州建设的关键五年。漳州市坚决贯彻党中央、国务院的战略部署，按照省委和省政府的工作要求，以及市委十一届十二次、十三次全会的工作安排，当好新时代新福建建设先锋、新增长极和重要引擎，全方位推动高质量发展超越。

坚定不移推进“大抓工业、抓大工业”，着力实现更高质量的发展。把发展经济的着力点放在实体经济上，加快建设现代产业体系，重点壮大“三大三新”产业，大力培育新兴产业，发展现代服务业，提升现代农业“六化”水平，加快向工业新城、农业强市迈进，力争到2025年全市生产总值超过6500亿元，规模工业总产值突破万亿大关，服务业增加值比重超42%，数字经济规模达到3000亿元，农业全产业链总产值超4000亿元。创建国家创新型城市，强化企业创新主体作用，力争国家级高新技术企业突破500家、研发经费投入强度达到2.4%。

坚定不移实施深层次改革、高水平开放，着力实现更有效率的发展。深化重点领域和关键环节改革，破除制约高质量发展的体制机制障碍。把实施扩大内需战略同深化供给侧结构性改革有机结合起来，加强需求侧管理，加快形成需求牵引供给、供给创造需求的更高水平动态平衡。高质量参与“海丝”核心区建设，加快国家跨境电子商务综合试验区建设，推动贸易和投资自由化、便利化，努力建设更高水平开放型经济新体制。继续发挥好台胞主要祖籍地优势，在闽台融合发展上迈出更大步伐，为促进祖国统一作出更大贡献。

坚定不移推动富民增收、促进共建共享，着力实现更加公平的发展。全面实施乡村振兴战略，打造宜居宜业乡村样板。强化就业优先政策，实施居民增收行动，城镇新增就业 15 万人，居民人均可支配收入年均增长 7.2%。构建高质量教育体系，推进健康漳州建设，健全多层次社会保障、养老服务和住房保障体系，努力提高基本公共服务均等化水平，力争到 2025 年主要劳动年龄人口平均受教育年限达到 12 年、新增各类养老床位 5000 张、人均预期寿命提高到 79.63 岁。

坚定不移建设现代都市、打造生态之城，着力实现更可持续的发展。围绕“一核、两湾、三片、四极”，构建主体功能明显、优势互补、高质量发展的国土空间格局，加快推进以人为核心的新型城镇化，全面提升城市能级和综合承载力，到 2025 年常住人口城镇化率达到 65%。全面树立绿色发展导向，构建绿色低碳产业体系，持续深化污染防治，提升生态系统碳汇能力，确保森林覆盖率不低于 63%，单位 GDP 能耗和二氧化碳排放等生态文明指标严格控制在省下达目标内。

坚定不移提升治理能力、建设平安漳州，着力实现更为安全的发展。统筹发展和安全，持续完善防范和化解重大风险体制机制。加强应急管理，落实安全生产责任制，有效遏制较大及以上生产安全事故发生。维护区域金融稳定，牢牢守住不发生系统性金融风险底线。推进扫黑除恶专项斗争长效常治，完善社会治安防控体系，健全矛盾纠纷多元化解、源头稳控机制，推动创建全国市域社会治理现代化试点合格城市。

扎实做好 2021 年工作，全方位推动高质量发展超越。做好今年的政府工作，事关“十四五”开局，事关新发展阶段起步，事关全方位推动高质量发展超越。漳州市以习近平新时代中国特色社会主义思想为指导，全面贯彻党的十九大和十九届二中、三中、四中、五中全会精神，坚持稳中求进工作总基调，立足新发展阶段，贯彻新发展理念，积极服务并深度融入新发展格局，以全方位推动高质量发展超越为主题，以深化供给侧结构性改革为主线，以改革创新为根本动力，以满足人民日益增长的美好生活需要为根本目的，坚持系统观念，巩固拓展疫情防控和经济社会发展成果，更好统筹发展和安全，扎实做好“六稳”工作、全面落实“六保”任务，突出抓防控抗疫情、抓工业强实体、抓开放扩内需、抓改革优环境、抓城乡促协调、抓民生补短板，努力保持经济运行在合理区间，确保“十四五”开好局，加快建设富美新漳州，奋力当好新时代新福建建设先锋、新增长极和重要引擎，以优异成绩庆祝建党 100 周年。

2021 年经济社会发展的主要预期目标是：全市生产总值增长 7.5% 左右；一般公共预算总收入增长 4% 左右，地方一般公共预算收入增长 3% 左右；固定资产投资增长 8% 左右；进出口增长 3% 左右，实际利用外资增长 5% 左右；社会消费品零售总额增长 6.5% 左右，居民消费价格指数（市辖区）涨幅 3% 左右；城镇登记失业率控制在 5% 以内；城镇居民、农村居民人均可支配收入分别增长 7% 和 8% 左右；完成节能减排任务。

（摘编：赵旭东）

芗城区社会发展概述

2020年是极不平凡的一年，芗城区既承担着全面建成小康社会和“十三五”规划收官的历史重任，也面对着新冠肺炎疫情带来的严峻挑战。一年来，在市委市政府和区委的正确领导下，在区人大和区政协的监督支持下，芗城区统筹推进常态化疫情防控和经济社会发展，扎实做好“六稳”工作，落实“六保”任务，坚决打好三大攻坚战，按照“一二三四五”工作格局，全力推进“大抓工业、抓大工业”，深入推进老城区建设管理“十项行动”、乡村振兴重点工作“八项行动”和五个“三年行动计划”，加快建设现代化中心城市，团结带领全区人民，全力以赴实现经济社会发展目标。全年实现地区生产总值780亿元，增长1.1%；农林牧渔业总产值20.8亿元，增长4.2%；规模工业总产值748亿元，比降20.72%，规模工业增加值186亿元，比降18.53%；固定资产投资259.6亿元，比降7.96%；一般公共预算总收入28.7亿元，比降6.24%；地方一般公共预算收入15亿元，比降6.62%；实际利用外资1亿元，外贸出口58.6亿元；社会消费品零售总额220亿元，比降5%；城镇居民人均可支配收入45294元，增长3.6%，农村居民人均可支配收入21027元，增长6.4%。年度节能减排降碳任务预计可以完成。一年来，社会发展的主要工作和成效是：

全力提品质，城市面貌焕然一新。老城区建设管理“十项行动”首战告捷，初步实现“区内干净、路面整洁、设施完备、交通有序”，为漳州市蝉联全国文明城市作出重要贡献。拓展城市发展空间，女排娘家基地项目基本完成41.88万平方米征迁任务；漳州古城延安南入口、侨芗剧场、文庙片区等老“地标”展现新形象；西湖片区8所学校开工，6个安置房及11条道路加快建设，迈出崛起新步伐；11.8平方公里北部新城概念性规划加快编制。持续提升市政设施水平，完成15条背街小巷整治提升，新增公共停车位206个，完成11个农贸市场、40个老旧小区改造。开展机动车违停集中整顿、电动自行车和人力客运三轮车等专项治理，查处交通违法违规行为上万起。进一步规范“地摊经济”，夜市搬迁后成为“新网红”。成立国有芗江物业公司，顺利接管41个小区物业服务。

致力促振兴，农业农村稳步发展。以乡村振兴重点工作“八项行动”为抓手，持续推动“三农”发展。坚决打赢脱贫攻坚战，巩固提升“两不愁三保障”和饮水安全工作，完成52户建档立卡贫困户住房改造修缮。建成“四好农村路”29公里，城乡供水一体化项目开工，新建高标准农田306.7公顷，建设4个优质农产品标准化示范基地。深入实施农村“一革命四行动”，清运农村垃圾5.1万吨，完成裸房整治632幢，拆除“两违”面积61.8万平方米，初步实现“路面干净、水沟畅通、边角清楚、门前整洁”。严格落实河（湖）长制，扎实推进小流域治理，农村生活污水收集处理PPP项目全部完工，建立畜禽养殖污染常态化巡查检查机制。持续抓好中央生态环保督察反馈问题整改，完成6455个污染源整治。全区空气优良率达97.5%。

接力补短板，民生福祉有效改善。持续加大民生投入，实施180个民生补短板“三年行动计划”项目，民生支出占一般公共预算支出的79.41%。优先发展教育，新建续建28个教育项目，新增学位8605个；巷口中心幼儿园等4所公办幼儿园投入使用，实现普惠性幼儿园覆盖率超85%，公办性质幼儿园就读幼儿占比超50%的目标。推进优质医疗资源扩容，加快市人民医院、区妇幼保健院等14个项目建设；公立医院改革持续深化，整合成立医疗集团，实现"互联网+医疗健康"服务全覆盖。完善养老服务体系，建设3所养老服务照料中心、11所农村幸福院，提升27所社区居家养老服务站，开工建设23座小区养老"阳光亭"。加强文化自然遗产保护，出台《城市开发建设中文化自然遗产保护的实施意见》，公布芗城区第一批一般不可移动文物262处，重点实施7个文物保护单位修缮工程。整合提升芗城区艺术团，开展"一月一活动、一季一主题"精品文化创建活动，举办公共文体活动30多场。拓宽就业渠道，新增就业人数9075人，城镇登记失业率控制在3.08%。实现城乡低保标准一体化，提高退休人员养老金最低水平，落实国企退休人员社会化管理，全年发放养老、失业保险金、失地农民保障金和城乡低保金共6.97亿元。交付使用安置房项目6个，解决40万平方米征迁安置和11810套商品房、安置房不动产登记历史遗留问题。

合力强治理，平安芗城加快建设。弘扬新时代"枫桥经验"和"漳州110"精神，积极构建"四位一体"调处体系，纵深推进扫黑除恶专项斗争，群众安全感率再创新高。信访积案和社会矛盾纠纷得到有效化解，获国家信访局"三无"县（市、区）的通报表扬和授牌。"七五"普法圆满收官。完成51个村"撤村设居"工作。深化"餐桌污染"治理，推进食品安全"一品一码"追溯平台建设。扎实开展安全生产专项整治，道路交通安全和安全生产形势稳定向好。深化民兵调整改革圆满完成。扎实开展第七次全国人口普查。

着力转作风，党政建设不断加强。始终把政治建设摆在首位，增强"四个意识"，坚定"四个自信"，做到"两个维护"。严格落实中央八项规定及其实施细则精神，完善"1+N"作风纪律综合督查、干部作风情况备案等机制，全面提高行政效能。坚持政府过"紧日子"，压减因公出国（境）经费和差旅费50%以上、公务接待和会议培训60%以上。认真执行人大决定决议，自觉接受人大、政协和社会监督，办理人大代表建议63件、政协委员提案103件，办结率100%。

"十三五"时期经济社会发展的主要成效。综合实力显著提升，经济总量近800亿元，人均GDP近13万元，提前两年完成小康目标。产业结构优化升级，形成"3+1"主导产业，其中钢铁产值突破400亿元。

城乡建设步伐加快。深入开展老城区建设管理"十项行动"、乡村振兴重点工作"八项行动"。完成重点区域征迁超800万平方米，常住人口城镇化率达92%，全区境内公路通车总里程超370公里。实现国家文明城市"三连冠"、省级文明城区"五连冠"。

三大攻坚扎实推进。建档立卡贫困村、贫困户迈向高质量稳定脱贫。污染防治攻坚成效显著，中央生态环保督察信访件全部完成整改，水质、空气和土壤质量稳步提升，跻身"省级生态区"。重大风险有效防范，金融风险总体可控。

社会事业全面发展。被评为漳州市初中教育教学质量先进区、高中教育教学质量达标区。实现中医馆全覆盖，荣获全国基层中医药工作先进单位称号。全区1.63万被征地农民养老保障实现全覆盖，新增城镇就业人数3.6万人。提供"安得广"1786套，公（廉）租房、限价商品房等保障性住房2901套。社会治安持续向好，人民群众的获得感、幸福感、安全感不断提升。

2021年芗城区经济社会发展的主要预期目标是：地区生产总值增长7.6%；农林牧渔业总产值增长4%；规模工业总产值增长7.8%，规模工业增加值增长7.5%；固定资产投资增长8%；一般公共预算总收入增长4%，地方一般公共预算收入增长3%；实际利用外资与上年持平；外贸出口增长5%；社会消费品零售总额增长8%；城镇居民人均可支配收入增长7%，农村居民人均可支配收入增长8%；完成市下达的节能减排降碳任务。

（摘编：郭虹）

龙文区社会发展概述

2020年是极其不平凡的一年。龙文区坚持以习近平新时代中国特色社会主义思想为指导，全面落实区委决策部署，统筹推进疫情防控和经济社会发展，“奋战下半年，勇夺双胜利”，全方位推动高质量发展超越。同时，针对统计口径调整和统计方式改变，主动开展统计“四清一查”，推动全区上下轻装上阵再出发，知重负重勇前行。全年地区生产总值完成361.36亿元，增长持平；一般公共预算总收入17.02亿元；一般公共预算收入11.25亿元；规模工业总产值291.01亿元；固定资产投资150亿元；实际利用外资1.55亿元；社会消费品零售总额218亿元；进出口总值41亿元；城镇居民人均可支配收入45886元；农村居民人均可支配收入22746元。一年来社会发展的主要工作和成效有：

城市进程提速。市行政服务中心开工，启动“龙江新城”、“一江两岸”等重点片区城市设计，深化蓝田开发区体制机制改革，政企各司其职、有机融合，重新编制镇街和部门权责清单，城市运行趋势向好、未来可期。

城市人气提升。第七次人口普查常住人口总量29万，锦绣碧湖等城市社区持续投建，宝龙广场开业，海丝钟表博物馆评定为AAA景区，华东里特色文化项目列入市文体旅招商大会，旅游美食季、商圈购物节等成功举办，碧湖商圈、闽南水乡、福隆商圈、蓝田开发区夜经济日益繁荣。

城乡品质提升。配套设施升级。实施城建项目172个，投资178亿元，北仓路等11条城市道路完工，建元东路等7条城市道路和5条农村道路通车，建成6个支渠引水工程，双向泵站投用，实施6个城市污水垃圾项目，东墩污水处理厂二期竣工，新增公共停车场2个。

治理能力深化。投入1746万元改造3个老旧小区，投入1970万元打造平安大数据系统，碧湖街道列入省首批垃圾分类示范片区并获奖励，全市率先开展外立面“牛皮癣”专项整治。成立首个市级新时代文明实践中心和全市首家物业行业党委，社区（乡村）110成效显现，“护企110”、万达商圈“门前三保”、锦绣社区成为市域社会治理亮点。推进高速沿线和农村人居环境整治，完成裸房整治416栋，建设美丽乡村。文化保护加强。“陈淳的传说”被评为市第八批非遗项目，新增湘桥华佗庙等3处区级文物保护单位、闽南盐鸡传统制作技艺等3项区级非遗项目。省级非遗项目“何阳拳”入校推广。

生态环境改善。河长制“三三”机制获省河长办肯定，排查整治640个污染源，铺设雨污管道105公里，清淤20公里，北溪、西溪流域平均水质达到Ⅲ类水质考核要求，集中式饮用水源水质达标率100%，小流域Ⅲ类水质达标率100%；建设81个大气污染热点网格及预警处理系统，降尘抑尘专项行动深入开展，空气优良率98.7%；实施土壤污染防治，受污染耕地安全利用率98.3%。

民生事业改善。用心用情用力用财保障民生，支出12.61亿元，占比79.4%。办好民生实事。加快市实小龙文校区等4所学校建设，建成6所公办幼儿园，新增学位2275个，学前三年入园率98%以上，普惠性学前教育覆盖面86.8%。重视后疫情时代医卫文体建设，可开放床位数1200张，省级慢性病综合防控示范区通过验收，亲子小屋获全国推广，举办赛事27场，健康风尚进一步形成。

健全保障体系。严格落实“四个不摘”要求，跟踪巩固“两不愁三保障”，救助低收入家庭306户120.88万元。发放基础养老金4072万元、被征地农民养老保障金6329万元，城市农村低保标准提高到每年8664元。销售安得广住房545套，配租公租房842户。居家养老服务扩面至75周岁，建设1家社区食堂、3个养老中心、9个居家养老服务站，首家民办养老机构开业。

构建安全格局。开展安全生产隐患大排查大整治和专项整治三年行动，生产安全事故控制在较低水平，摸排重大安全隐患房屋372栋，处置率100%。设立区、镇、村三级信访评理室73个，联调联治“微治理”模式获省高院肯定，社会治安实现“五个不发生”目标。强化金融风险防控，不良贷款率降至0.83%。推进食品安全“一品一码”，保障“舌尖上的安全”。此外，妇女儿童、青少年、关工委、残疾人、民族宗教、精神文明、新闻出版、档案管理、社会科学、防汛防台、防震减灾、应急消防、红十字会、退役军人事务、国防动员、外事等各项工作取得成效。

党政建设加强。学懂弄通做实习近平总书记重要讲话重要指示批示精神，以知促行，以行促知，增强“四个意识”、坚定“四个自信”、做到“两个维护”。自觉接受区人大法律监督和工作监督，主动接受区政协民主监督，高质量办理人大代表建议38件、政协提案70件，法定期限办复率100%。努力建设为民务实廉洁高效的法治政府，全省首创行政审批证明系统便民服务，全市率先启动“企业开办一件事一站式”等模式，全程网办审批事项占比88%，百分百实现“最多跑一趟”。精打细算过紧日子，“三公经费”支出持续压减。

“十四五”时期是龙文区立足中心城区全方位推动高质量发展超越的关键五年。龙文区迎来中心城区区划调整的机遇与利好，中心城区就要有中心城区的梦想，就要有中心城区的担当和作为。《龙文区国民经济和社会发展第十四个五年规划纲要（草案）》提出了“十四五”时期龙文区国民经济和社会发展的主要目标：全区地区生产总值年均增速保持在6.5%左右，高于全市平均水平，城市发展能级跃升到新的高度。龙文区坚决贯彻区委的战略部署，全力推动龙文从几何中心向城市中心转变，加快建设产城人深度融合发展的滨江产业新城、富美中心城区。

2021年是龙文现代化建设进程中具有特殊重要性的一年，面对新机遇新征程，龙文区勇于担当，让历史问题不再成为历史，轻装上阵再出发；坚定信心，让新问题不再成为历史问题，知重负重勇向前。要以习近平新时代中国特色社会主义思想为指导，深入贯彻党的十九大和十九届二中、三中、四中、五中全会精神，认真落实习近平总书记重要讲话重要指示批示精神，紧紧围绕市委市政府和区委的决策部署，坚定不移贯彻新发展理念，坚持稳中求进总基调，以全方位推动高质量发展超越为主题，以深化供给侧结构性改革为主线，以改革创新为根本动力，以满足人民日益增长的美好生活需要为根本目的，统筹发展和安全，围绕融入以国内大循环为主体，国内国际双循环相互促进的新发展格局，积极融入全市以高质量工业为核心的现代化产业体系分工和“一核、两湾、三片、四极”的区域发展格局，加快实施“八大提升工程”，提升龙文中心城区首位度、城市内涵和发展能级，提升城市治理水平，加快建设产城人深度融合发展的滨江产业新城、富美中心城区，增强龙文区作为中心城区“内核”的硬度，在当好“新福建建设先锋”中展现更大作为。

2021年国民经济和社会发展的主要预期目标是：全区地区生产总值增长7.5%左右；规模工业总产值增长8.1%；一般公共预算总收入增长5%，一般公共预算收入增长4%；固定资产投资增长8%；社会消费品零售总额增长6.5%；城镇居民人均可支配收入增长7%；农村居民人均可支配收入增长8%；落实节能减排降碳任务。

（摘编：黄万良）

龙海市社会发展概述

2020年是极不平凡的一年，面对新冠肺炎疫情影响，龙海市在市委的正确领导下，在市人大、政协的监督支持下，坚持以习近平新时代中国特色社会主义思想为指导，深入贯彻党的十九大和十九届二中、三中、四中、五中全会精神，紧扣全面建成小康社会目标任务，做好“六稳”工作，落实“六保”任务，坚定不移“大抓工业、抓大工业”，突出重点区域发展、重点项目建设、重点工作落实，奋力夺取疫情防控和经济社会发展双胜利，全方位推动高质量发展超越取得新成效。全年完成地区生产总值560亿元，增长5%；规模工业总产值716亿元，增长5%；规模工业增加值200亿元，增长4.7%；固定资产投资150亿元，下降29.8%；一般公共预算总收入31亿元，下降6.85%；地方一般公共预算收入19亿元，下降4.76%；社会消费品零售总额157亿元，增长1.2%；农林牧渔业总产值112.2亿元，增长4.2%；实际利用外资0.8亿元，增长3.7%；进出口总值33亿元，增长3.55%；城镇和农村居民人均可支配收入达40854元和22359元，分别增长2%和6.8%。一年来社会发展的主要工作和成效是：

民生保障扎实有力。坚持“生命至上”，全力落实疫情防控“四早四集中”等措施，投入4600多万元筹措医疗防控物资，引导12家企业转产抗疫产品，构筑起抵御疫情的严密防线。集中财力兜牢民生底线，“三保”支出24.8亿元，占公共财政支出的64.9%，实施为民办实事项目28个，发放各类社会救助资金1.6亿元，新增城镇就业人数6577人，完成棚户区改造452套。

教育优质均衡发展，新建改造小学、幼儿园26所，新增学位2070个，落实教师工资水平不低于公务员政策，被评为漳州市教育教学质量高中先进县和初中达标县。

医疗改革持续深化，建成卒中和胸痛中心，加大中医药等学科培养力度，积极引入高层次医疗人才，加快建设海澄和港尾卫生院。养老短板加快补齐，建成2个乡镇敬老院、7个养老机构、24所农村幸福院，为7类老人购买居家养老服务。

开展农村人居环境、“两高一线”“两违”和“百路千村”综合整治，处置“两违”74万平方米，创建11个裸房整治示范村，完成农房整治3527栋，建成镇村公厕68座。开展安全生产三年行动，加强涉疫场所、建筑施工、房屋结构、道路运输等重点领域安全隐患闭环管理，扎实做好防汛抗旱、防震减灾各项工作。

开展各类船舶专项整治，严厉打击盗采海砂、跨区作业等违法行为，处置各类违法船舶330艘，集中拆解“三无”船舶109艘。深化扫黑除恶专项斗争，打掉涉恶犯罪团伙2个，抓获涉黑涉恶人员299人。强化野生动物交易市场监管，深化食品一品一码溯源系统建设，确保群众舌尖上的安全。落实粮食安全责任制，完成中心粮库储备粮轮换任务。

妇女儿童、青少年、残疾人、退役军人、国防动员、双拥共建、红十字会、工会、外事、新闻出版、物价、气象等工作取得新成效，老区苏区、山海协作、援藏援疆扎实开展。

党政建设不断加强。巩固深化“不忘初心、牢记使命”主题教育，筑牢信仰之基、补足精神之钙、把稳思想之舵。落实全面从严治党主体责任，健全完善市政府会议及重大行政决策等规章制度，进一步规范招投标、工程建设、矿产资源、土地收储、财政资金、中介服务等事项。加快推进省委巡视和省经济责任审计反馈问题整改，处置批而未供和闲置土地198.5公顷。

“十三五”经济社会发展的主要成效。

经济发展稳中向好。地区生产总值年均增长7.7%，提前四年实现比2010年翻一番的小康目标；社会消费品零售总额翻两番；居民人均可支配收入翻一番；累计固定资产投资突破千亿元；工业和技改投资占比明显提升，新增新上规模工业企业109家，连续五年入选全国工业百强县(市)、连续四年入选全省县域经济实力十强县(市)，综合实力跃上新台阶。

重点区域加速崛起。“一江滨两新区”城市功能配套日臻完善，锦江大道石码海澄段、龙翔路、平宁路、罗锦路建成通车，“四馆一中心”主体完工，月港广场、革命烈士陵园等建成投用，宜居宜业的城市风貌展现新颜。“南太武南溪湾”产业集聚效应逐步显现，高新技术产业园区基础设施、浮南大道创业园区段和港尾段，以及4座片区污水处理厂投入使用，产城融合的新经济增长极强劲崛起。累计交通投资超160亿元，厦漳同城大道、沿海大通道、省道208复线、龙江大道、疏港公路等重大项目竣工通车，实现城乡公交一体化，对外畅通、对内循环的交通格局基本形成。

城乡面貌明显改观。市容市貌进一步靓化，新增市政道路17公里，停车位1680个，城市建成区面积扩大到23.4平方公里，荣获“国家卫生城市”和省级“文明城市”称号。农村环境进一步优化，整治提升镇村主干道，全面完成165个村庄垃圾治理，新增农村公路119公里，创建美丽乡村36个。生态保护进一步强化，建成乡镇污水处理设施10座，流域断面、饮用水源水质全面达标，海洋、土壤环境持续改善，空气质量实现一级达标。

群众福祉有效改善。累计民生支出152.5亿元，占财政支出的80%以上，完成为民办实事项目116个，逐年提高农村居民低保标准，实现城乡低保一体化。医疗资源扩容提质，居家养老实现村级全覆盖，以优异成绩通过国家级义务教育发展基本均衡评估验收，成功创建“省级平安县城”。

“十四五”时期是开启全面建设社会主义现代化国家新征程、向第二个百年奋斗目标进军的第一个五年，这是我国的重要战略机遇期，也是龙海市全方位推动高质量发展超越，加快新时代新龙海建设的关键转型期，今后五年的奋斗目标是：力争地区生产总值达到830亿元，年均增长7.5%左右；制造业增加值占地区生产总值的比重达33%以上；服务业增加值占地区生产总值的比重达40%以上；居民人均可支配收入达到46100元，三次产业迈向中高端水平。

2021年是“十四五”开局之年，也是站在新起点上全方位推动高质量发展超越的关键之年，为确保“十四五”顺利开篇，龙海市高举习近平新时代中国特色社会主义思想伟大旗帜，全面贯彻党的基本理论、基本路线、基本方略，统筹推进“五位一体”总体布局，协调推进“四个全面”战略布局，立足新发展阶段，贯彻新发展理念，融入新发展格局，坚持稳中求进工作总基调，以全方位推动高质量发展超越为主题，以深化供给侧结构性改革为主线，以改革创新为根本动力，以满足人民日益增长的美好生活需要为根本目的，努力在危机中育先机，于变局中开新局，全力做好“六稳”工作，全面落实“六保”任务，坚持不懈“大抓工业、抓大工业”，着力抓好重点区域发展、重点项目建设、重点工作落实，加快新时代新龙海建设，奋力谱写全面建设社会主义现代化国家的龙海篇章。

2021年龙海市主要预期目标是：力争地区生产总值增长8%左右，规模工业总产值增长10.7%左右，规模工业增加值增长10.3%左右，固定资产投资增长8%左右，一般公共预算总收入增长4%左右，地方一般公共预算收入增长3%左右，社会消费品零售总额增长4.9%左右，农林牧渔业总产值增长3.8%左右，实际利用外资增长15%左右，进出口总值增长5%左右，城镇和农村居民人均可支配收入增长8%左右，城镇登记失业率控制在3.6%以内，节能减排指标控制在漳州下达范围之内。

（摘编：周忠志）

漳浦县社会发展概述

2020年，漳浦县在省委省政府、市委市政府和县委坚强领导下，高举习近平新时代中国特色社会主义思想伟大旗帜，全面贯彻党的十九大和十九届二中、三中、四中、五中全会精神，有力有效抗击新冠疫情，扎实做好“六稳”“六保”，全方位推动高质量发展超越，经济社会保持平稳健康发展。全年实现地区生产总值423.8亿元、规模以上工业总产值279.18亿元、规模以上工业增加值81.85亿元、固定资产投资185亿元、一般公共预算总收入23.77亿元、地方一般公共预算收入15.41亿元、社会消费品零售总额187.5亿元、实际利用外资2.6亿元、外贸进出口总值50亿元、城镇居民人均可支配收入42800元、农村居民人均可支配收入23200元。一年来社会发展的工作和成效主要体现在：

疫情防控有力有效。面对突如其来的新冠疫情，全县上下勠力同心、团结抗疫，医务人员、公安民警、基层干部和广大党员奋战防疫一线，持续织密织牢联防联控网络，扎实推进企业复工复产、店铺复商复市、学校复学复课，在最短时间内实现经济社会全面复苏、逆势前进，创造出百万人口大县“零疑似、零确诊”的阶段性战果。建成县医院、中医院、妇幼、疾控中心4个核酸检测实验室；出台应对疫情促进企业发展十条措施，兑现奖励838万元，为企业减税降费3.45亿元。

生态环保纵深推进。践行“绿水青山就是金山银山”的发展理念，坚决打好污染防治攻坚战，持续深化矿产资源秩序整治，一体推进城市黑臭水体、流域水环境综合治理。第二轮中央生态环保督察102件信访交办件全部办结销号。在全国首创招聘森林土地资源保护协管员100名。深入排查污染源头899个，污染源大数据库持续完善。绥东溪黑臭水体整治、万安溪河道整治等18个水质提升项目加快推进，鹿溪流域水质有效提升。近岸海域国省控站点及重点港湾水质100%达标。造林绿化813.33公顷；退养转产野生动物养殖场79家；县医院获评国家级节约型公共机构示范单位。

社会事业全面发展。全年财政用于民生支出39.7亿元、占总支出的80.7%。投入6250万元，新续建城关中心学校、上埔小学、旧镇第二中心幼儿园等10个教育项目，迁建前亭中心学校、漳浦职校；公开招聘教师133名。文体中心体育场、文化馆、工人文化宫主体建成，体育馆、博物馆、档案馆基本完工；广播剧《青山青史》《闽宁镇》获评福建省百花文艺奖；入选中国县域经济调研基地。投入9500万元，推进第二医院和六鳌、湖西、官浔、赤岭等卫生院迁改扩建，天福医院一期主体建成，县医院、中医院2个医共体总院挂牌成立。建成农村幸福院38个、社区居家养老服务站8个。发放城乡低保、城乡特困人员、残疾人两项补贴1.05亿元。统筹拨付1250万元，推动脱贫攻坚项目26个。新增城镇就业6000人，开发公益岗位189个，安置退役军人37名。此外，第七次人口普查有序开展，统计审计、安全生产、食品药品、粮食物价、司法行政、民宗外侨、双拥支前、网络媒体、工青妇残、老干老龄、老区老促等各项工作均取得新进展。

“十三五”期间社会发展的主要成效。

坚持城乡协调发展，常住人口城镇化率达55.5%，获评国家卫生县城、省级森林县城。城市面貌大提质。投入478亿元，实施城建项目579个。主城区“断头路”基本贯通，主干道全部

“白改黑、上改下”。入选全国重大市政工程领域PPP创新工作重点城市。县行政服务中心、汽车站顺利搬迁，智慧城市建设日臻完善。鹿溪流域水系治理、景观工程一体推进，金浦大桥竣工通车。整治提升江滨公园、鹿溪公园、西湖公园，新建威惠公园、龙湖湿地公园、印池潭公园，修复建成文庙、武庙、旧县衙。

乡村建设大提档。投入20.2亿元，建成省级乡村振兴特色乡镇2个、省级试点村18个、市级示范村77个；因地制宜创建深土锦东、六鳌新厝等31个省级美丽乡村，官浔红霞、深土山尾等6个中国传统村落挂牌；深化农村人居环境整治三年行动，农村生活垃圾实现户集、村收、镇转运、县处理。投入91.5亿元，实施赤岭、官浔等一批安全生态水系和农村饮水安全项目；建成道路218公里，改造危桥19座，沿海大通道、迎宾大道、红色旅游道路建成通车。

生态环境大改善。整治矿山、洗砂场、石材加工厂568个，复垦复绿820公顷，矿山无序开采现象得到有效遏制。投入4300万元，关闭拆除非法生猪养殖场4544家93.7万平方米、牛蛙养殖场78家2.5万平方米。投入2.1亿元，提升改造垃圾焚烧发电厂、县城污水处理厂。造林绿化6866.7公顷，森林覆盖率达55.13%。县乡水源地水质100%达标，流域省考断面水质达标率、近岸海域优良海水水质比例均为88.9%，城市空气质量优良天数达97.02%。

坚持“以人民为中心”的发展思想，财政用于民生支出年均达39.9亿元，人民群众幸福感、获得感不断提升。

科教文卫齐头并进。率先推行台籍科技特派员制度，获评省级科普示范县。投入6.3亿元，实施校园项目82个，顺利通过义务教育基本均衡县验收。投入5.6亿元，建设文体中心和259个基层综合性文化服务中心，漳浦剪纸入选国家传统工艺振兴目录、中华绝技，黄道周讲学处入选第八批全国重点文物保护单位。投入6.27亿元，新改建医疗机构11家，每千人医疗机构床位、执业医生数达5.22张、1.82人，获评全国基层中医药工作先进单位。

脱贫攻坚决战决胜。紧扣“一个都不能少”，紧盯“两不愁三保障”，大力实施异地商会挂钩帮扶和百企挂百村工程，全县3941户11193人和5个贫困村于2017年在全市率先脱贫脱帽。投入1.37亿元，落实脱贫攻坚项目43个，改造贫困户危房1483户，开发公益岗位517个，农村低保标准由2800元/年提高至7908元/年。对口帮扶宁夏海原，精准实施帮扶项目59个，协助销售农产品3200万元，帮扶转移就业3212人。

社会大局安定稳定。投入6771万元，新建改造养老设施116所，社会福利中心和乡镇敬老院实现“公建民营”。发放城乡低保金等各类补贴5.69亿元，新增城镇就业3.5万人，安置退役军人211名，城镇登记失业率保持在2.45%以内。打造规范化社区28个、标杆社区15个，城乡社区综合服务设施全覆盖。省禁毒重点关注县、道安综合整治重点县、卷烟打假整治跟踪督导县均已脱帽，扫黑除恶深入开展，平安漳浦纵深推进。

2021年是“十四五”开局之年，漳浦县坚持以习近平新时代中国特色社会主义思想为指导，全面贯彻党的十九大和十九届二中、三中、四中、五中全会精神，坚持稳中求进工作总基调，立足新发展阶段，贯彻新发展理念，融入新发展格局，落实省委十届十一次全会、市委十一届十三次全会和县委十三届十二次全会精神，全力推进“大抓工业、抓大工业”，以起步就是冲刺、开局就是决战的状态，全方位推动漳浦高质量发展超越。预期目标是：地区生产总值增长8%，规模以上工业总产值增长9%，规模以上工业增加值增长8.8%，固定资产投资增长8%，一般公共预算总收入增长4.5%，地方一般公共预算收入增长3.5%，社会消费品零售总额增长6.5%，实际利用外资增长5%，外贸进出口总值增长3%，城镇和农村居民人均可支配收入分别增长7%、9%。

（摘编：杨立群）

云霄县社会发展概述

2020年，云霄县以习近平新时代中国特色社会主义思想为指导，深入学习贯彻党的十九大精神，全面落实习近平总书记对福建工作的重要指示要求，树牢“四个意识”，坚定“四个自信”，坚决做到“两个维护”，在县委的坚强领导下，牢牢把握“六稳”“六保”和高质量发展要求，统筹推进常态化疫情防控和经济社会发展，迎难而上，砥砺奋进，较好推动了经济社会平稳有序运行。实现地区生产总值180亿元，农林牧渔业总产值60.6亿元，规模工业总产值96亿元，规模工业增加值28亿元，实际利用外资3200万元，固定资产投资90亿元，公共财政总收入10.08亿元，地方公共财政收入6.62亿元，限额以上社会消费品零售总额30.8亿元，城镇和农村居民人均可支配收入分别增长至35658元和19601元。一年来社会发展主要的工作和成效是：

致力乡村振兴，三农工作取得实效。成功召开全县现代农业发展大会，持续推进“六十工程”建设，建成农产品产地初加工中心4个、优质农产品标准化示范基地7个，绿州农业入选国家农业科技示范展示基地，马铺乡百草园获评“福建省休闲农业示范点”；举办线上枇杷节、丰收节等活动，下河、客寮两村跻身全国乡村特色产业亿元村；在全省率先成立地理标志产业协会，辖区地理标志商标增至37个，“下河杨桃”斩获2020中华品牌商标博览会金奖。全域旅游蓬勃发展，棪树村、下河村分别获评“福建省金牌旅游村”“福建省美丽休闲乡村”称号。乡村治理更加有效，开展“百路千村”专项行动和农地“非农化”整治，深化“两违”综合治理，处置“两违”面积71.6万平方米。持续推进农村人居环境整治“一革命四行动”，深化“两高”沿线环境整治，新建改造城乡公厕44座，整治裸房1300栋，全县生活垃圾全部实现焚烧发电处理。生态建设持续推进，紧盯中央环境保护督察反馈问题和“一点两库三区”生态环境敏感区域开展整治攻坚，突出抓好八尺门海域综合治理生态修复、涉河涉海非法采砂船清零行动和高塘断面水环境整治，红树林保护区提前4个月完成年度227.4公顷退养任务，排查治理污染源334个，完成人工造林更新1270.7公顷。认真开展脱贫攻坚“回头看”，严格落实“四不摘”要求，圆满完成脱贫攻坚稳定提质年度目标任务。

致力民生改善，社会事业全面进步。加速补齐“四难一差”短板，全面完成26项为民办实事项目，全县财政民生支出占比87.6%。扩大优质教育供给，二实幼建发分园、列屿紫阳等5所幼儿园顺利开园，新增学前学位1600个。推进优质医疗资源扩容，新增床位77张，县医院整体迁建项目正式开工，再成立2家名医工作室，更多群众选择在家门口就医。全面落实计划生育优惠政策。完善公共文化服务体系，“一馆一园”落成投用，党校新校区、向东渠精神教育实践基地陆续开工，广播电视“村村通”建设实现县域全覆盖。携手省水投集团成立云霄水务公司，县第二自来水厂顺利投建，城乡供水一体化工作稳步推进。开展扫黑除恶“六清”“六建”工作，打掉涉恶集团1个，宣判恶势力犯罪集团（团伙）3件28人，查处“保护伞”3人。实施“断卡”系列专项行动，有效遏制电信网络诈骗犯罪高发态势。全面完成退役军人服务保障体系“五有”“全覆盖”建设。信访形势持续向好，获评全国信访工作“三无”

县称号。打击制售假、安全生产、食品药品安全形势平稳有序。持续开展精神文明创建活动，涌现出全国模范人民调解员张顺龙、全国教育系统先进工作者吴云、省级见义勇为模范林志伟等先进典型，云霄县人民法院、陈岱镇礁美村分别获得云霄首个“全国文明单位”“全国文明村”殊荣。建成223处地震预警信息发布终端，新地震科普体验馆投入使用。圆满完成全国第七次人口普查。

致力党的建设，政务服务更加高效。持续开展《习近平在福建》系列采访实录学习活动，激励广大党员干部汲取先进力量。坚定不移推进从严治党，认真贯彻中央八项规定精神，“三公”经费持续下降。深化机关效能建设，受理群众投诉5件，办复率100%，通报批评32个单位，实施效能问责3人。自觉接受人大的法律监督和工作监督、政协民主监督，办理人大议案建议59件、政协提案100件，办复率100%。全面完成乡镇机构改革，制定县乡“属地管理”事项责任清单。财政监督、审计监督继续加强，党风廉政建设和反腐败工作有效推进。跻身全国县级财政管理绩效先进行列，商事制度改革工作获国务院办公厅通报激励，职级晋升工作在全省作典型交流发言，党务政务工作取得新成效。军政军民团结融合发展，人事编制、妇女儿童、青少年、外事侨台、国防教育、老龄老干、老区建设、民族宗教、档案保密、地方志、残疾人、气象、红十字会、工会、慈善事业等各项工作都取得新的进步。

“十三五”社会发展的主要成效：

城市建设描绘新画卷。“中心开发、南扩北延”框架全面拉开，完成渡头、复兴东、旧实小、威惠庙等棚户区改造建设，建成80公顷南湖生态园，滨北新区建设拉开帷幕，改造城区路网30.12公里，新建雨污管道160公里，县城建成区面积由13.5平方公里扩展至20.57平方公里，全县常住人口增加到41.2万人。云平高速、沿海大通道、开漳大道、和田路等一批交通大动脉建成通车，让云霄山海互动、蓝绿互补。新农村建设加快推进，建成“美丽乡村”45个，新增农村供水管道107公里、亮化工程816公里，改造农村道路92.8公里、危桥15座，常住人口城镇化率提高至54%。

改革开放取得新突破。改革工作硕果累累，云霄电商扶贫入选全国电商精准扶贫中国样本，在全省首创农产品检验检疫“四检合一”机制，国地税联合办税、商事制度改革等创新经验在全国复制推广；持续深化“放管服”改革，实现89.5%的审批事项“一次不用跑”，86%的审批事项“全流程网办”；医疗卫生体制改革、农村综合改革、国企国资改革等有序推进。对外开放持续深化，积极融入“一带一路”国家战略，五年累计批准外企20家，实际利用外资11.8亿元。云台交流有效拓展，在推动两岸融合发展中作出新贡献。

民生福祉达到新水平。历史性摘掉“省级贫困县”帽子，10416名贫困人口实现脱贫。五年财政民生支出累计113.48亿元，完成为民办实事项目124项，实施“造福工程”和危房改造6216户，第二实验小学、社会保障服务中心、殡仪服务中心等一批公共服务设施建成投用，九年义务教育巩固率达99%以上，优质医疗资源和服务供给不断扩大，低收入群体实现低保“应保尽保”，城乡安全饮用水问题基本解决、生活污水垃圾有效处置，水、气、土等生态环境治理持续向好，“回扣地”等历史遗留难点问题逐步得到妥善化解。

2021年，云霄县继续统筹推进常态化疫情防控和经济社会发展，做好“六稳”工作，落实“六保”任务，全力以赴推进经济社会各项事业再上新台阶，确保“十四五”发展开好局、起好步，以优异成绩向中国共产党成立100周年献礼。

云霄县经济社会发展的主要预期目标是：GDP增长7.5%，农林牧渔总产值增长3.2%，规模工业总产值增长8%，全社会固定资产投资增长10%，实际利用外资增长5%，外贸出口增长4%，社会消费品零售总额增长与去年持平，公共财政总收入增长4%，地方公共财政收入增长2%，城镇居民和农民人均可支配收入分别增长7%和8%。

（摘编：苏建平）

诏安县社会发展概述

2020年，面对突如其来的新冠肺炎疫情冲击，经济下行压力加大等诸多困难挑战，在党中央的坚强领导下，在省、市和县委的正确领导下，在县人大、县政协的监督支持下，诏安县坚持以习近平新时代中国特色社会主义思想为指导，深入贯彻落实习近平总书记重要讲话重要指示批示精神，统筹推进疫情防控和经济社会发展，扎实做好“六稳”工作，全面落实“六保”任务，全力开展“生态建设年”“项目服务攻坚年”“大干150天、奋战下半年、勇夺双胜利”等活动，经济社会保持平稳向好发展。2020年全县完成地区生产总值285.75亿元，增速高于全市平均水平；农林牧渔业总产值96.5亿元，增长5.5%；规模工业总产值383.3亿元，其中规模工业增加值115亿元；第三产业增加值97.12亿元；固定资产投资71亿元，增长2.6%；一般公共预算总收入10.9亿元，增长6.12 %，其中地方一般公共预算收入6.9亿元，增长8.86%；实际利用外资0.42亿元；出口总值35亿元，增长3.0%；社会消费品零售总额104.21亿元；农村居民人均可支配收入18621元，增长5.0%；城镇居民人均可支配收入33152元，增长3.2%。荣获“中国生态牡蛎之乡”“中国天然氧吧”称号，彰显产业优良、气候舒适、宜游养生的良好生态。一年来社会发展的主要工作和成效是：

突出生态美，人居环境不断改善。编制省级历史文化街区保护规划，古城文化旅游项目启动实施，古城保护和开发有序推进。完成老城区107公里雨污管道清淤，城西污水处理厂及配套管网项目加快推进，城东污水处理厂完成提标改造，污水治理能力得到提升。省级文明县城创建成效显著，劝导整治占道经营2.85万余起，拆除违章搭盖5200余起，建立创城常态长效机制。全面开展“百路千村”“两违”综合治理提档升级行动，共拆除“两违”面积102.4万平方米，占年度任务的146.3%。出台《诏安县农村环境卫生管理办法》，太平镇、桥东镇、建设乡、四都镇全域生活垃圾实行第三方保洁，全县农村生活垃圾无害化处理率达到100%。

坚决推进中央环保督察反馈问题整改，深入开展污染源排查整治，1865个污染源完成整治1850个，完成率99.2%。在全市率先开展非法设置长袖定置网等违规违禁渔具专项整治行动，清理长袖定置网334槽，清理海域面积1266.7公顷，有效保护海洋生态。

聚力促振兴，乡村发展步伐加快。完成乡村振兴“一村一方案”编制，梅岭镇获评全省乡村振兴重点特色乡镇和省级乡村治理示范乡镇。特色产业丰产丰收，茶叶产量1.42万吨、增长9.4%；设施蔬菜产量10.7万吨、增长9.2%；牡蛎产量28.8万吨、增长7%。农业产业化步伐加快，获评省级海洋产业发展示范县，太平镇获评全国乡村特色产业十亿元镇，裕健龙生态农业等9家企业获评农业产业化省级龙头企业。“诏安红星青梅”“诏安八仙茶”获国家农产品地理标志登记保护，成功举办八仙茶春秋两季茶王赛、首届单丛茶王赛等活动，农特产品知名度得到提升。

开展扶持壮大村级集体经济试点工作，培育南诏镇五一村等14个村集体经济收入100万元以上经济强村。制定强化脱贫攻坚工作若干措施，建立“一月一帮扶”机制、“一键报贫”系统，全覆盖、地毯式开展贫困户“两不愁三保障”、住房

“八有”和饮水安全排查，顺利通过全省脱贫攻坚质量调研评估。

持续补短板，民生保障得到加强。城区供水管网改造（三期）等12个为民办实事项目完成投资1.48亿元。教育事业加快发展，第一实验中学新校区建设有序推进，诏安职校完成整体搬迁，顺利通过教育“两项督导”省级评估。医疗卫生事业稳步发展，县总医院扩建扎实推进，四都镇、白洋乡、红星乡、秀篆镇卫生院门诊综合楼投入使用。文体事业繁荣发展，建成121个基层综合性文化服务中心，圆满举办海峡两岸大学生篮球赛和福建省首届女子篮球联赛。

基本民生得到有效保障，发放优待金、各类优抚资金4340万元，发放低保、特困人员等各类救助金1.33亿元。出台解决不动产登记历史遗留问题处置意见，解决社保卡、不动产登记证“办理难”等民生问题。深入推进基层武装机构规范化建设，改造提升民兵连部123个，国防动员工作基础得到夯实。

注重强治理，社会保持和谐稳定。抓好新时代文明实践阵地建设，建成4个新时代文明实践中心、8个社会主义核心价值观主题公园。开展移风易俗“六大行动”，增强群众文明意识，培养群众文明习惯、文明行为，全县注册登记志愿者近7万人，全社会文明程度不断提升。全面开展安全生产隐患大排查大整治行动，房屋结构安全隐患排查整治工作位列全市首位，获评省级食品安全社会共治示范县，安全生产形势持续稳定向好。全面启动市域社会治理现代化试点创建工作，深入推进城乡社区网格治理“2+N”模式暨乡村（社区）110工作，荣获全国信访工作“三无”县称号。扫黑除恶专项斗争持续深入开展，共打掉恶势力犯罪集团、恶势力团伙2个，破获案件75起，社会大局保持安定稳定。

提振精气神，行政效能持续提升。严格贯彻落实中央八项规定精神及省市县实施细则，严格落实意识形态工作责任制，推进全面从严治党向纵深发展。全面开展“生态建设年”活动，强力推进省委巡视反馈问题和系列案件案后整改工作。及时学习贯彻《中华人民共和国民法典》，深入贯彻落实《优化营商环境条例》，依法行政水平不断提升。制定《诏安县工程建设审批流程图》，各类项目前期审批时限进一步压缩，社会投资工业类项目从法定时限295个工作日压缩到29个工作日。出台政府投资项目初设及概算评审、建设工程招标代理行为等管理规定，实现项目前期全过程监管。制定出台新的征迁补偿办法，龙兴楼、下梅塘棚改项目刷新“征迁速度”，攻坚能力得到增强。健全督查跟踪机制，清单化跟踪推进361项重点工作，形成有部署、有落实、有反馈的工作闭环。自觉接受人大、政协和社会监督，共办理人大代表建议46件，政协委员提案82件，办结率均为100%。

2021年是开启全面建设社会主义现代化国家新征程中具有特殊重要性的一年。诏安县坚持以习近平新时代中国特色社会主义思想为指导，全面贯彻落实党的十九大和十九届二中、三中、四中、五中全会精神，坚持稳中求进工作总基调，立足新发展阶段，贯彻新发展理念，构建新发展格局，坚持系统观念，巩固拓展疫情防控和经济社会发展成果，扎实做好“六稳”工作、全面落实“六保”任务，不断增强晋位意识、争先责任，全方位推动高质量发展超越，确保“十四五”开好局、新征程起好步，以优异成绩庆祝建党100周年。

2021年诏安县经济社会发展的主要预期目标为：全县地区生产总值增长9.0%；一般公共预算总收入增长5.0%，其中地方一般公共预算收入增长5.0%；规模工业总产值增长9.5%，其中规模工业增加值增长9.4%；农林牧渔业总产值增长5.5%；固定资产投资增长11.0%；进出口总值增长2.0%；实际利用外资增长2.0%；社会消费品零售总额增长4.5%；城镇居民人均可支配收入增长7.0%；农村居民人均可支配收入增长9.0%；节能减排指标控制在省市下达范围之内。

（摘编：郭虹）

东山县社会发展概述

2020年，在市委、市政府和县委的坚强领导下，在县人大及其常委会和县政协的监督支持下，东山县以习近平新时代中国特色社会主义思想为指导，贯彻党的十九大和十九届二中、三中、四中、五中全会精神，统筹疫情防控和经济社会发展，以“八大行动”“6+4”乡镇考核为抓手，扎实做好“六稳”工作，全面落实“六保”任务，深入推进“大抓工业、抓大工业”，全方位推动高质量发展超越。全县生产总值完成247亿元，三次产业结构不断优化；一般公共预算总收入完成15.3亿元、增长-2%；地方一般公共预算收入完成10.5亿元，与去年持平；城镇居民人均可支配收入完成39979元、增长2.7%；农民人均可支配收入完成23939元、增长6.7%。一年来社会发展的主要工作和成效体现在：

认真践行“两山”理念，推进生态文明建设，宜居环境持续优化。成功创建国家“绿水青山就是金山银山”实践创新基地。决战决胜污染防治攻坚战，全面完成352个污染源排查整治，环境质量指标持续向好。启动八尺门海域综合治理生态修复工程，推进东南部沙滩修复二期项目建设。重拳整治盗采海砂行为，查处涉嫌非法销售海砂刑事案件29起。完成农村人居环境整治三年行动，城乡污水收集系统工程加快推进，城垵污水处理厂进水调试，入选全省首批农村生活污水治理试点县。加快环卫体制改革，成立东山城投环境公司，投用大件、园林及建筑垃圾处理厂，开展海漂垃圾综合治理，有力提升城乡垃圾常态化管护运维水平。推进“百路千村”整治，处置“两违”302宗80万平方米。推动农村住宅建设规范化管理，成为全省农房建设试点县。优化提升城区市容交通，新建改造10条市政道路、建成6处停车场，完善交通微循环。完成3个老旧小区改造和61个村“三线”整治，实施“平改坡”558栋，整治裸房160栋，城乡面貌进一步改善。

致力增进民生福祉，强化社会治理能力，群众生活更加美好。财政民生支出占比保持在七成以上，32个为民办实事项目完成投资超7亿元。推进一中新校区等12个教育补短板项目，新增公办幼儿园学位774个。扎实推进全国新时代文明实践中心试点县建设，铜陵镇、石埔村入选全国文明镇村。省级慢性病综合防控示范区通过考核验收，康庄医院、县医院传染病配套用房投用，8个省级以上名医工作室常态化运作，率先在全市实现省级卫生乡镇全覆盖。落实稳岗补贴，促进就业稳定，城镇新增就业1100人、失业再就业379人。持续抓好“两不愁三保障”及饮水安全，建档立卡贫困对象754户1718人脱贫成果稳定提质。承办全国渔业水上突发事件应急演练，全县生产安全事故起数和伤、亡人数“三下降”。持续开展扫黑除恶专项斗争，争创“无毒示范岛”，推进城乡社区网格治理“2+N”模式暨“社区（乡村）110”工作，信访事项化解率92.6%。

坚持全面从严治党，加强政府自身建设，行政效能不断提升。落实全面从严治党主体责任和意识形态工作责任制，修订《政府工作规则》，完善民主决策等12项制度。组织开展国有资产保值增值、政府债务等21个审计项目，自觉接受人大、政协和社会监督，办理人大代表建议62件、政协委员提案79件。贯彻落实中央八项规定精神，持续纠治“四风”，开展内部绩效管理提升试点工作。深化行政审批改革，进驻大厅审批事项1488

项，累计压缩事项审批时限13797个工作日，压缩率达85.9%。

工会、妇女儿童、青少年、残疾人、民族宗教、档案管理、社会科学、防汛防台、防震减灾、红十字会、退役军人事务、国防动员、外事侨务、粮食安全等工作也取得新的成效。

“十三五”经济社会发展的主要成效：

机制更活、质效更明显。顺利完成政府机构、行政综合执法和生产经营类事业单位改革，组建东山城投集团。深化“放管服”改革，承接上级下放事项59项、取消52项，全省首创“照章同步、银税代办”，登记企业户数和注册资本分别是“十二五”期间的2.6倍和2.3倍。加大招商力度，五年来落地项目189个，完成投资273.7亿元。积极融入闽西南协同发展区建设，谷文昌干部学院竣工投用，成为全国党员干部教育培训基地。对台小额贸易累计完成1.8亿美元，水产品出口总值稳居全省县级首位，获评全国农产品类外贸转型升级基地，对外开放水平进一步提升。

产业更优、实力更强劲。三次产业结构由2015年的19.6∶47.9∶32.5优化为15.6∶48.2∶36.2。获评国家级专家服务基地，新增2家省级院士工作站、5家高新技术企业，科技创新能力不断增强。服务业发展提速增效，东海岸保税物流园区、风动石·塔屿景区列入省级现代服务业集聚示范区。“十三五”期间，全县生产总值年均增长5.7%，人均生产总值10.9万元，2016—2017年连续两年荣获全省县域经济发展“十佳县”。

百姓更富、社会更和谐。累计投入127亿元建设354个民生补短板项目，建成公路78.2公里、市政道路81公里、市政综合管线311公里，文昌学村、行政服务中心大楼等一批民生项目投用，全省率先实现城乡供水“五同”。社会保障水平有效提升，农村低保标准翻两番，建档立卡贫困户、贫困村提前实现脱贫摘帽，农村居民人均可支配收入持续位居全市前列。有效防范化解金融风险，全县不良贷款率0.74%。连续五届荣膺全国双拥模范县，获评全国信访“三无”县、平安建设先进县、法治县创建先进单位、国家卫生县城等荣誉，实现省级文明城市“三连冠”。

生态更美、魅力更彰显。全县完成造林和森林经营面积2400公顷，森林覆盖率27.9%，环境空气6项污染物指标达国家二级标准，获评全国十大美丽海岛，成为全国生态保护和建设典型示范区。成功举办马拉松、帆船帆板、汽车拉力等国内外高等级赛事，五年累计接待游客人次、旅游收入分别为“十二五”期间的1.8倍和2倍。

“十四五”时期经济社会发展的指导思想是：高举习近平新时代中国特色社会主义思想伟大旗帜，深入贯彻党的十九大和十九届二中、三中、四中、五中全会精神，以全方位推动高质量发展超越为主题，以深化供给侧结构性改革为主线，以改革创新为根本动力，以满足人民群众日益增长的美好生活需要为根本目的，统筹发展和安全，坚持陆海统筹、岛城一体，突出“一海、九湾、七基地”，着力建设“海上东山”，率先推进全域城镇化、全岛景区化、海洋产业生态化、闽台融合品牌化、乡村振兴示范化，全力打造“绿水青山就是金山银山”的实践创新样板，努力谱写“生态旅游岛·富美新东山”建设新篇章，朝着建设国际旅游岛的目标迈进。

2021年是“十四五”规划、开启全面建设社会主义现代化国家新征程、向第二个百年奋斗目标进军的开局之年。东山县进一步坚定信心、提振精神，抢抓机遇谋发展、乘势而上促超越，全力确保“十四五”发展开好局、起好步，以优异成绩庆祝建党100周年。

经济社会发展的主要预期目标是：全县生产总值增长7.5%左右，一般公共预算总收入增长1%左右，地方一般公共预算收入增长0.5%左右；规模工业总产值增长8%左右，规模工业增加值增长7.7%左右，固定资产投资增长8%左右；外贸进出口增长4%左右；实际利用外资增长5%左右；社会消费品零售总额增长6%左右；城镇和农村居民人均可支配收入分别增长7%、8%左右。

（摘编：彭金龙）

平和县社会发展概述

2020年是极其不平凡的一年。平和县坚持以习近平新时代中国特色社会主义思想为指导，全面贯彻党的十九大、十九届二中、三中、四中、五中全会精神，扎实做好“六稳”工作，全面落实“六保”任务，统筹推进常态化疫情防控和经济社会发展，完成地区生产总值254.57亿元。平和县入选全国“互联网+农产品”出村进城试点县。一年来社会发展的主要工作和成效是：

城乡环境美丽宜居。深入开展省级文明县城创建活动。投入34.6亿元，建设市政道路9.6公里，新建改造污水管网13公里、供水管网20公里、雨水管网13.5公里，新建改造城区路灯900盏、停车位300个、公厕8座；投资5亿元的垃圾焚烧发电厂开工建设。投资3.16亿元，实施乡村振兴“345”示范项目145个。加大以“清四堆”为重点的村庄清洁与垃圾治理专项行动，农村人居环境整治三年行动通过验收；乡村振兴服务站实现全覆盖。小溪镇入选全国乡村特色产业十亿镇，蕉路村入选第二批全国乡村旅游重点村，新陂村获评第六届全国文明村，6个村入选省级“一村一品”示范村。

生态质量明显提升。推动中央环保督察等问题整改落实，有序开展农村生活污水治理PPP项目、山格污水处理厂提升改造等前期工作。打好环保攻坚战，县城饮用水源、国控洪濑口汤坑桥监测点、跨省际长乐葵山监测点水质达标率均达100%，省考核10条小流域水质达标率93.3%，环境空气质量优良天数比例为99.4%，完成植树造林1920公顷、退果还林还茶超600公顷，生态环境质量稳步向好。

脱贫攻坚稳定提质。落实“四个不摘”要求，扎实开展脱贫攻坚“补短板强弱项‘回头看’行动”，全面推行缓解相对贫困人口政策扶持，脱贫质量进一步提升。继续实施低收入困难群众和建档立卡贫困人口意外、重疾和医药费兜底保险，创新蜜柚价格指数保险，有效防范和化解贫困户返贫风险。

教育文化优先发展。总投资2.73亿元的17项为民办实事项目全部完成。通过省对县教育“两项督导”考核，落实义务教育教师待遇不低于公务员收入，全力推进长宏国际幼儿园、大溪中心小学教学楼等项目建设，广兆中学、平和六中确认为省三级达标高中；稳妥实行公民办中小学同步招生制度改革，再获“漳州市高中教育教学质量先进县”荣誉。县文博中心、4个乡镇综合文化站和107个村级综合性文化服务中心建成投用，保护修缮城隍庙、庄上大楼等文保单位，新增省级、县级文保单位2个、12个。央视拍摄、播出蜜柚公益广告宣传片。《平和县志（1989—2007）》付梓出版。

医疗保障显著提升。投资10亿元的县医院迁建工程顺利开工，有序推进国强乡卫生院、南胜镇卫生院周转房建设。家庭医生签约24.95万人。引进1家国家级、2家省级名医工作室，县域医疗服务能力进一步提升。新建73家农村幸福院，完善提升2家区域性养老服务中心、6家社会养老服务站，为40个老区村配套老年活动中心。落实社会保险惠企援企、失业保险稳岗返还、一次性稳就业奖补等措施，千方百计促就业。

社会治理创新发展。深入开展扫黑除恶专项斗争，严厉打击各类违法犯罪行为，提升“乡村（社区）110”网格治理机制，创新金融纠纷预防调处化解综合机制，拓展提升矛盾纠纷线上调解，群众安全感和满意度持续提升。完成县乡村三级评理室建设，信访秩序进一步规范。常态化开展安全生产大检查、房屋结构安全隐患排查治理，加强重点行业领域安全监管，未发生较大以上安全生产事故。加强国防动员、双拥共建、军民融合等工作，健全退役军人服务保障体系。

营商环境持续优化。加快推进商事制度改革，应用“企业+N秒办”服务新模式。推进工程建设项目审批制度改革，实现政府投资项目压缩至88个工作日、社会投资项目压缩至66个工作日，审批时限压缩50%以上。推行“五办”审批服务，主动对接“漳州通APP”，发挥“12345”平台便民服务功能，有效提升政务服务便民化水平。

党政建设从严从实。坚持把党的政治建设摆在首位，不折不扣把中央和省、市、县委部署落到实处。落实党风廉政建设责任制，加强廉政风险防控工作；加大行政监察、审计监督和效能管理力度，政府治理能力不断提升。严格执行县人大及其常委会决议决定，自觉接受县人大法律监督和工作监督，主动接受县政协民主监督，办理人大建议65件、政协提案92件，满意率100%。认真贯彻落实中央八项规定及其实施细则精神，规范督查检查考核，切实减轻基层负担。

此外，精神文明、应急管理、市场监管、双拥优抚、人事编制、妇女儿童、老干老龄、档案史志、民族宗教、外事侨务、防震减灾、科普气象、对台、残联等各项工作都取得新成效。

“十三五”社会发展主要成效。

致力统筹发展、夯实基础，美丽城乡呈现新面貌。实施《平和县城乡总体规划（2015—2030）》，加快推进城区改造、扩容、提质，新改扩建市政道路55公里，改造提升自来水厂及供水管网，城区综合能力不断提升。实施乡村振兴“345”示范工程，创建4个示范乡镇、63个示范村；开展农村人居环境整治三年行动，城乡环境卫生状况从根本上得到改善。云平高速、平寨至西蝉公路拓宽改造等建成通车，农村公路拼宽改造完成357公里；110千伏霞寨、文峰等变电站建成投用，燃气管网铺设40公里；新建14个万里安全生态水系、4处乡镇防洪堤项目，综合整治河道175公里，完成综合治理水土流失面积180平方公里。全面改善县域发展的城建、交通、能源等环境。

致力攻坚克难、决战决胜，“三大攻坚”取得新胜利。创新实施精准扶贫“五大载体”，全县建档立卡贫困户全部脱贫摘帽，正式退出省级扶贫开发工作重点县。持续推进中央环保督察、省“三合一”督察等反馈问题整改，首创“智慧河长”管理模式，主要流域Ⅰ~Ⅲ类水质比例达100%；大力实施大气污染防治行动计划，环境空气质量优良率由2015年的92.4%提升至99%以上。造林绿化、退果还林还茶完成8293.3公顷，森林覆盖率达到73.2%。不良贷款率为1.5%，政府债务风险控制在预警线下。

致力改善民生、共建共享，社会事业取得新进步。实施教育、医疗、养老补短板项目，县实验幼儿园高南校区、城关社区卫生服务中心等建成投用；通过国家义务教育发展基本均衡县评估验收，公办村卫生所标准化建设实现全覆盖。新建、改造一批养老设施，居家养老专业化服务覆盖230个村（居）。城乡低保标准实现一体化，城乡居民社会养老保险参保率达99.3%。加强文物保护修缮，镇村文化服务站实现全覆盖，建成一批全民健身场地。扫黑除恶专项斗争纵深推进，严厉打击各类违法犯罪，创新推行“乡村（社区）110”网格治理新模式、乡镇律师工作室等，信访态势平稳可控。严格落实安全生产责任，安全生产形势稳定向好。

2021年平和县经济社会发展的主要预期目标是：全县地区生产总值增长7.5%；财政总收入增长4%，地方级收入增长3%；规模工业产值增长8.2%；农业总产值增长4.5%；固定资产投资增长8%；进出口总值增长5%；实际利用外资增长9%；社会消费品零售总额增长6.5%；城镇、农村居民人均可支配收入分别增长7%、8%；落实节能减排降碳任务。

（摘编：游学荣）

南靖县社会发展概述

2020年是极不平凡的一年。在上级党委、政府和县委的正确领导下，在县人大及其常委会、县政协的监督支持下，南靖县深入学习领会习近平新时代中国特色社会主义思想，认真贯彻落实党的十九大和十九届二中、三中、四中、五中全会精神，团结带领全县人民，围绕全方位推动高质量发展超越的总体要求，扎实做好“六稳”工作，全面落实“六保”任务，特别是面对突如其来的新冠肺炎疫情，南靖县第一时间打响全民战“疫”，因时因势优化调整防控措施，迅速推动复工复产复商复市，并在全市率先举行疫情防控应急演练，统筹推进常态化疫情防控和经济社会发展工作取得积极成效。去年2月14日至今持续保持新冠肺炎确诊病例、疑似病例和无症状感染者“零新增”，全年完成地区生产总值318.8亿元；第三产业增加值102.8亿元；固定资产投资76.8亿元；一般公共预算总收入12.5亿元；地方一般公共预算收入8.2亿元；外贸出口15.4亿元；实际利用外资8958万元；社会消费品零售总额94亿元；城镇和农村居民人均可支配收入分别为37057元、19934元。人口自然增长率1.83‰。年度节能减排任务全面完成。一年来社会发展的主要工作和成效体现在：

农村环境明显改善。积极编制国土空间总体规划和村庄规划，扎实开展农村人居环境整治三年行动和山梅公路、“两高”沿线整治，新改建农村公厕60座，整治裸房1600栋，拆除“两违”面积49万平方米，村庄绿化面积12万平方米。新改建输电线路127.3公里，建设农村公路30公里。新增“国家森林乡村”7个、“省级森林村庄”9个、“省级传统村落”7个。

生态质量稳定向好。扎实推进污染防治攻坚战，靖城桥国考断面水质均值达III类水，3个省控断面和象溪饮用水源地水质达标率均为100%，县城空气质量优良天数比例达99.4%，完成造林绿化1600公顷，森林覆盖率达73.41%，第二轮中央环保督察信访件全部完成整改并销号。健全完善城乡垃圾一体化处理模式，农村生活污水处理设施建设PPP项目、畜禽养殖废弃物资源化利用整县推进项目加快实施。县污染源普查办公室荣膺“第二次全国污染源普查表现突出集体”，县法院2个“生态司法+”修复模式入选“全省生态司法十大修复方式”。

改革开放迈出新步伐。统筹推进土楼景区、高新园体制机制和乡镇机构改革，创新推出“不见面开标”“南靖掌上政务”等审批服务。全面完成农村集体产权制度改革和全省自然资源统一确权登记示范点工作，集体林权制度改革扎实推进。科技特派员工作在全省作典型发言。被列为“全省开展小微企业质量体系认证提升行动试点县”，金山镇入选“全省全域土地综合整治试点”。深化靖台交流合作，积极推进靖台融合发展，相关做法获得全国台联批示肯定。与圣马力诺市举行“两山”缔结友好山峰线上论坛。

群众福祉再上新台阶。脱贫攻坚有力度。聚焦“两不愁、三保障”，扎实推进打赢脱贫攻坚战稳定提质三年行动，积极开展“全省壮大村集体经济重点扶持县”试点工作，着力巩固脱贫成果。拨付各级扶贫资金3453.9万元，全力支持贫困村、贫困户发展产业；拨付37.8万元，完成126户贫困户住房修缮。

民生保障有温度。新增城镇就业人员2050人，城镇登记失业率低于控制线。认真做好优抚安置、残疾人补助和医疗救助、困难救助等工作，全面落实城乡低保、被征地农民养老保险、医疗保险等保障。新改扩建农村幸福院和社区居家养老服务站31所，县社会福利中心和乡镇敬老院全部实行公办民营，居家养老服务实现村（居）全覆盖。6个乡镇安福堂投入使用。

社会事业有进度。教育方面，投入1.9亿元，实施南靖一中艺体馆、丰田华侨学校综合楼、第四实验幼儿园等教育项目36个，新增学位550个；深化优质高中集团化办学模式，高考成绩再创新高，蝉联“全市高中、初中教育教学质量先进县”称号。卫生方面，投入1.6亿元，完成县医院新建病房大楼、龙山中心卫生院门诊综合楼主体建设；组建“南靖县总医院”，县域内医疗机构就诊率逐步提高。文体方面，全面推进世遗保护提升“六个一批”项目，新增2家省级文物保护单位，南靖侨史馆即将投用；成功举办“世遗土楼·海丝文化”南靖高峰论坛，《南靖县志（1991—2007）》成稿付印。科技方面，全年有效发明专利141件，每万人口发明专利拥有量4.7件；专利授权总量529件，增长15%。

平安建设有深度。深化平安南靖建设，加大社会矛盾纠纷排查和化解力度，扎实打好“扫黑除恶”收官战，“打财断血”战果位居全市第1。深入开展“党建带网建”试点工作，2个镇、15个村入选“省级乡村治理试点示范单位”。认真做好“七五”普法总结验收工作，县检察院再获“全国先进基层检察院”殊荣，县法院首创“执行三联动协作机制”在全省推广，南坑派出所入选全省首批“枫桥式公安派出所”。扎实开展安全生产专项整治三年行动和安全生产隐患大排查大整治，全县安全生产形势总体平稳。积极加强食品药品安全监管。深入开展第七次全国人口普查。工青妇、残疾人、民族宗教、防汛防台、防灾减灾、苏区老区、双拥共建、人民防空、国防动员等工作稳步推进。

政府治理开创新局面。持续巩固和深化主题教育成果，全面加强政府系统党的政治建设。深入推进全面从严治党，扎实做好省委巡视反馈意见整改“后半篇文章”，认真落实意识形态工作责任制。严格贯彻中央“八项规定”和实施细则精神，县级“三公”经费支出持续下降。积极落实正向激励和容错纠错机制，干部干事创业精气神进一步提升。持续推进政务“五公开”，加强权责清单动态管理。自觉接受人大及其常委会法律监督、政协民主监督，共办理人大代表建议95件，政协委员提案93件，办结率100%。加强审计监督、效能督查，党风廉政建设和反腐败斗争扎实推进。

2021年是“十四五”规划的开局之年，也是现代化建设进程中具有特殊重要性的一年。做好2021年工作，南靖县全面贯彻党的十九大和十九届二中、三中、四中、五中全会精神，坚持稳中求进工作总基调，立足新发展阶段，贯彻新发展理念，积极服务并深度融入新发展格局，以全方位推动高质量发展超越为主题，以深化供给侧结构性改革为主线，以改革创新为根本动力，以满足人民日益增长的美好生活需要为根本目的，坚持系统观念，巩固拓展疫情防控和经济社会发展成果，更好统筹发展和安全，扎实做好“六稳”工作、全面落实“六保”任务，科学精准施策，努力保持经济运行在合理区间，以新时代新南靖建设的优异成绩庆祝中国共产党成立100周年。经济社会发展的主要预期目标：地区生产总值增长7.5%；固定资产投资增长8%；规模工业总产值增长8%；规模工业增加值增长8%；一般公共预算总收入增长4%，地方一般公共预算收入增长3%；社会消费品零售总额增长3.2%；实际利用外资增长5%；外贸出口增长5%；城镇和农村居民人均可支配收入均增长8%。落实节能减排降碳任务。

（摘编：林学军）

长泰县社会发展概述

2020年是极不平凡的一年。面对突如其来的新冠肺炎疫情，面对错综复杂的国内外形势，长泰县紧紧依靠全县人民，全面贯彻党的十九大和十九届二中、三中、四中、五中全会精神，深入学习贯彻习近平总书记对福建工作的重要讲话重要指示批示精神。扎实做好“六稳”工作，全面落实“六保”任务，深入推进县委“三四八”重点工作，疫情防控和经济社会发展平稳有序。全县经济运行总体平稳，全年地区生产总值完成330亿元，人均GDP达2.22万美元，顺利完成“十三五”规划和赶超任务。城镇和农村居民人均可支配收入完成40854元、21998元，均比2010年翻一番以上。现行标准下农村贫困人口全面脱贫，全面建成小康社会目标可以如期实现。入选全国县域经济综合竞争力四百强、全国县域投资潜力两百强，再次蝉联全省县域经济实力“十强县”。一年来社会发展的主要工作和成效是：

城乡面貌得到改善。乡村振兴扎实推进。县财政落实乡村振兴专项资金1500万元，重点支持创建1个省级特色乡镇、7个省级试点村、1个省级实绩突出村。深化“一革命四行动”，农村生活垃圾收集率超95%、转运率100%。“网格化+云平台”智慧村居治理模式、农村厕所粪污处理及资源化利用模式成为全国先进典型，珪后村获评全国乡村治理示范村，叶高发荣获“全国先进工作者”称号。岩溪镇、坂里乡和10个村获评省级乡村治理示范镇村。城乡品质不断提升。国土空间总体规划加快编制，列入漳州新城重点布局区域，“百路千村”“两违”综合治理深入推进，县城区排涝工程改扩建项目启动实施，昌华小区完成老旧小区改造，人和农贸市场实现“农改超”。继续投入4000万元，实施石板材厂二级拆除，为高质量发展腾出了绿色空间、蓄积了转型动力。基础设施持续完善。城乡供水一体化项目加快推进，农村污水处理设施建设项目基本完工，主要乡镇污水管网建设项目顺利竣工，林丰线道路改建工程开工建设。县城至九洋、枋洋至青阳农村客运公交化运行，坂里至市区公交专线开通运营，边远山区群众“出行难”得到缓解。

千方百计防风险、解难题，三大攻坚全面推进。污染源头深度治理。加快推进中央环保督察反馈问题整改，开展921个污染源头治理，完成率98.6%。深化大气污染源整治“百日行动”，实施7个省级大气环境精准治理减排项目，35个大气污染热点网络建成投用，县城区环境空气质量优良天数比例100%。河湖长制深入落实，银塘污水处理厂开工建设，20个水环境整治项目有序推进，可养区水禽整治完成率89.9%，国控及省控断面水质均值达标。

脱贫成果持续巩固。落实扶贫资金4445万元，“两不愁三保障”“一户一方案”有效实施，全县建档立卡贫困户年人均纯收入达到17261元，实现稳定脱贫。

金融风险有效防范。处置不良贷款大户3家、6835万元，不良贷款率下降至1.25%，达到近三年来最低水平。三大攻坚战取得决定性成就。

人民福祉不断增进。民生支出19.23亿元，占一般公共预算支出81%。12件县级为民办实事项目完成投资5.7亿元。

社会事业统筹推进。5个教育项目建成投用、3个竣工验收、5个加快建设，新增学位5860个，中考综合比位居全市前三。医改工作稳步推进，县中医院等3个医疗卫生项目建成投用，获评国家级慢性病综合防控示范区，再次荣膺国家卫生县城。3所乡镇敬老院、6个城乡养老服务设施建成，“四难一差”短板加快补齐。

社会保障更加健全。城镇新增就业3591人，再就业1692人，城镇登记失业率控制在市下达的指标范围内，新增公益性岗位73个。城乡低保和特困人员救助供养标准继续提高，发放保障金3108万元、惠及3915人，群众“急难愁盼”问题有效解决。

社会治理水平提升。扫黑除恶、综治维稳深入开展，矛盾纠纷调解成功率98.4%，获评全国信访工作“三无”县，综治考评位居全市第一。村居干部报酬待遇得到提升，基层治理保障更加充分。安全生产专项治理三年行动全面开展，11个重点领域安全生产隐患大排查大整治深入推进，安全形势持续平稳向好，荣获省级平安县。第七次全国人口普查顺利开展，妇女儿童、民族宗教、双拥工作、防震减灾、外事侨务等工作取得新进展。

党政建设持续加强。全面从严治党纵深推进。贯彻执行“不忘初心、牢记使命”制度，省委巡视、各级审计反馈问题高效整改，实施效能问责3人次，党风廉政建设和反腐败斗争坚决有力。

依法行政进一步加强。行政执法“三项制度”全面推行，“七五”普法顺利收官。办理人大代表建议84件，办理政协委员提案38件，满意率分别为98.8%及100%，县级财政管理绩效综合评价位居全国第50名、全省第4名。

政务效能不断提升。审批服务事项全部实现“最多跑一趟”、85.4%实现“一趟不用跑”，企业开办时间压缩至1个工作日以内，行政审批时限压缩率达83%，市对县绩效考评全市第二。

“十三五”时期社会发展的主要成效：

推动城乡一体，人居环境进一步改善。第三批国家新型城镇化试点扎实推进，县城区管网及道路改造全面完成，县城建成区扩大到9.6平方公里。获评全国乡村治理体系建设试点示范县、全国农村垃圾分类处理和资源利用示范单位，美丽乡村标准化经验全国推广。吴田山和南坑矿区关闭治理，石材加工企业全面整治、改造转型，绿色发展理念深入人心，污染防治成效深得民意。

全力补齐短板，幸福指数进一步提高。民生支出91.29亿元，占一般公共预算支出81%。实施县级为民办实事项目125个，累计投资49.06亿元。新增学位1.24万个，每千人口医疗机构床位数从3.68张提高到4.57张。城乡居民人均可支配收入分别增长42.7%、49.2%，新时代脱贫攻坚目标任务如期完成，群众的获得感成色更足、幸福感更可持续、安全感更有保障。

2021年是中国共产党百年华诞，是“十四五”规划的开局之年。长泰县以习近平新时代中国特色社会主义思想为指导，全面贯彻党的十九大和十九届二中、三中、四中、五中全会精神，坚持稳中求进工作总基调，立足新发展阶段，贯彻新发展理念，积极服务并深度融入新发展格局，以全方位推动高质量发展超越为主题，以深化供给侧结构性改革为主线，以改革创新为根本动力，以满足人民日益增长的美好生活需要为根本目的，坚持系统观念，巩固拓展疫情防控和经济社会发展成果，更好统筹发展和安全，扎实做好“六稳”工作，全面落实“六保”任务，努力保持经济运行在合理区间。突出抓防控抗疫情、抓工业强实体、抓项目扩投资、抓改革增动力、抓城乡促协调、抓生态优环境、抓民生补短板，以起步就是冲刺、开局就是决战的状态，奋力当好全方位推动高质量发展先锋。2021年长泰县主要预期目标是：地区生产总值增长7.5%左右；规模工业总产值增长8.5%左右；固定资产投资增长8%左右；一般公共预算总收入增长5%左右；外贸出口增长1.5%左右；社会消费品零售总额增长8%左右；城乡居民人均可支配收入分别增长4%和5%左右。

（摘编：张海生）

华安县社会发展概述

2020年是历史上不平凡的一年，在以习近平同志为核心的党中央坚强领导下，华安县深入学习贯彻习近平新时代中国特色社会主义思想和党的十九大，十九届二中、三中、四中、五中全会精神，按照省、市和县委的部署要求，紧紧围绕“大抓工业、抓大工业”，深入实施乡村振兴战略，做好工业发展、城市建设、生态旅游“三篇文章”，念好茶、林、竹“三字经”，坚决打好三大攻坚战，以最大的信心、最大的决心、最大的干劲，埋头苦干、锲而不舍，统筹推进疫情防控和经济社会发展。2020年全县地区生产总值完成170.76亿元；一般公共预算总收入7.94亿元，增长1.5%；地方一般公共预算收入5.4亿元，增长9.6%，增幅位居全市第一；规模工业总产值227.27亿元；规模工业增加值64.77亿元；固定资产投资79.21亿元；实际利用外资2400万元；社会消费品零售总额41.18亿元；城镇居民人均可支配收入3.73万元，增长2.7%；农民人均可支配收入2.06万元，增长5.2%；完成年度节能减排降碳任务。一年来社会发展的主要工作和成效体现在：

三大攻坚卓有成效。重大风险稳定可控。金融服务实体经济力度加大，累计向企业发放纾困资金8624.2万元；全县金融机构不良贷款率0.8%。“平安华安”建设持续推进，扫黑除恶专项斗争不断深化，成功打掉1个黑恶势力；严格落实安全生产“党政同责、一岗双责”，大力推进安全生产专项整治行动和房屋安全隐患大排查大整治大提升行动，安全生产形势稳定向好。

脱贫成效不断巩固。全县357户1201人贫困户“两不愁三保障”、饮水安全均得到解决，人均纯收入达1.73万元，23个贫困村村级集体经济收入平均26.78万元，连续三年实现稳定脱贫。

污染防治纵深推进。严格落实河湖长制，在全市率先建立“河（湖）长+检察长”协作机制治河新模式。被确认为国家生态综合补偿试点县，空气质量优良天数比例、九龙江（华安段）水质环境功能区达标率、县城集中式饮用水源水质达标率均达100%；全市加强矿产资源管理工作现场会在我县召开，整治经验在全市推广；中央生态环保督察交办信访件全部完成整改销号；全县990个污染源全部完成整治；完成63家“散乱污”企业、69家石板材加工企业整治。

城乡发展深度融合。城市品质有效提升。县城中心区拆除危旧房7058平方米。荣成二期、雍华府等一批房地产完成主体建设；投入2500万元，完成真武山木栈道、平湖路文体公园景观提升；大同路、文化路等5条市政道路及配套工程动工建设。基础设施不断夯实。新改建城市污水、供水管网12.5公里、城市公厕5座，新增公共停车位210个。启动城乡供水一体化建设。全面落实“路长制”，荣获省“第四批‘四好农村路’省级示范县”。交通运输“十大工程”有序推进，投入1527万元，完成20.2公里生态示范路、123公里农村公路安防。推进芹新线、高龙公路建设。漳州北部垃圾焚烧发电PPP项目进入扫尾。

人居环境持续改善。建立农村人居环境整治工作“流动红旗”评比制度，经验做法在全省农业农村系统推广；上榜“省村庄清洁行动先进县”。完成裸（农）房整治1200栋、新改建镇村公厕17座。农村生活污水处理PPP项目30个村开工建设，完成97公里污水管网和4座污水处理站建设。拆除“两违”61.9万平方米，黄枣村“百路千村”“两违”治理成果成为全市先进典型。完成造林绿化和森林经营8933.3公顷。

群众福祉持续增进。民生事业更加完善。全县民生事业支出11.28亿元，占公共财政支出70.62%，28项为民办实事项目完成投资4.19亿元。在全市率先实现县城区公交全免费。完成“五馆一中心”主体、51个村级体育健身活动场所建设。城镇新增就业人员955人，发放城乡居民养老保险金、被征地农民养老保障金5558万元；21个养老补短板项目完成投资1449万元。

教育发展更加优质。实施《华安重振教育三年行动计划（2020—2022）》，新续建8个校舍项目、新增学位180个，普惠性幼儿园覆盖率100%。18所小学和基层中学实行课后延时服务管理，解决1002名随迁子女上学问题。

医疗服务更加便捷。县域紧密型医共体稳步推进，县医院业务用房竣工投用，新增卫技人员22名，新增床位107张。启动第二医院项目前期，2个核酸检测实验室投用。完成第四次全国中药资源普查。

党政建设持续加强。全县投入“六稳、六保”资金3.77亿元。牢固树立“过紧日子”思想，深入贯彻中央八项规定及其实施细则精神，坚决整治“四风”问题，扎实推进省委巡视反馈问题整改。办理人大代表建议47件、政协提案60件，办结率100%。实行“网上办、掌上办、智能办、邮寄办、预约办”等方式，推动企业和群众办事线上“一网通办”，行政服务中心受理业务4.55万次，即办件率94.38%，审批时间压缩率94.12%。“最多跑一趟”、“一趟不用跑”、“全程网办”审批事项占比分别为99.79%、91.08%、85.27%。开展专项效能督查8次，效能问责4人。县政府与县政协、法院、工会互动机制不断完善。法治政府、廉政建设、反腐工作和政务公开扎实推进。

退役军人事务、共青团、妇联、残疾人、物价、粮食、档案、供销、烟草、市场监管、气象、移民、地震、科协、史志、工商联、关工委、民族宗教、外事侨务、对台工作、双拥共建、消防救援、防汛防台、红十字会、邮政、通讯和人口普查等各项工作都取得新的进展。

“十三五”时期社会发展的主要成效：

重建设，打基础，城乡环境不断优化。投入11.25亿元，实施城建项目134个，拆除“两违”292.51万平方米。第二饮用水源、生猪屠宰场等一批民生项目投用。实施造林绿化1333.3公顷。完成农村公路181公里，建制村100%通客车。投入10多亿元，完善开发区路水电等配套设施。

补短板，强弱项，社会事业不断发展。全县民生类支出达33.6亿元，占县财政总支出的53%。实施为民办实事项目131件，全市首个公益性陵园长宝山陵园建成投用。新改扩建中小学校舍项目31个，普惠性幼儿园占比100%。完成94个村（居）标准化公办卫生所建设。

强保障，惠民生，生活水平不断改善。城镇登记失业率控制在4.5%以内，发放城乡居民社会养老金1.92亿元，实现城乡低保标准一体化。建档立卡贫困对象115户234人纳入低保兜底保障。新建保障性住房1021套，全部完成配租配售。五年累计投入扶贫开发资金6.85亿元。

2021年是中国共产党建党100周年、“十四五”规划开局之年。全县经济社会发展主要预期目标是：地区生产总值增长7.5%左右；固定资产投资增长8%左右；规模工业总产值增长6%左右；规模工业增加值增长5.7%左右；一般公共预算总收入增长5.22%，地方一般公共预算收入增长1%；实际利用外资增长3%左右；外贸出口总值增长8%左右；农林牧渔业总产值增长4.2%；社会消费品零售总额增长5%左右；城镇居民人均可支配收入增长5%；农村居民人均可支配收入增长8.5%；节能减排降碳控制在省、市下达指标范围之内。

（摘编：黄万良）

泉州市社会发展综述

2020年极不平凡，突如其来的疫情给人民生命健康带来严重威胁，对经济社会发展产生空前冲击。泉州市地区生产总值由一季度下降10.3%到全年增长2.9%。实施“百千”增产增效行动，梳理2237家重点扶持企业，兑现惠企资金48.2亿元、减税降费91.1亿元；建立企业金融服务顾问制度，开展“百名行长进企业”活动，为企业增贷、转续贷、降低利率、延期还款2400多亿元，创新开设“网络招聘超市”、推行共享用工，支持龙头企业与本地中小微企业产能对接810亿元。农林牧渔业增加值增长1.8%、工业增加值增长2.9%、第三产业增加值增长3.2%。

坚持“人民至上、生命至上”理念，第一时间启动突发公共卫生事件一级响应，大年初一转入指挥部体制，市县乡村四级迅速行动，打响疫情防控的人民战争、总体战、阻击战。4万多名医务工作者白衣为甲、大义逆行，护佑人民群众生命健康安全；500多家企业勇挑重担、协作联产，半月多就造出防疫物资新产业链；3500多名市县两级党员干部闻令而动、挺身而出，自带被褥分赴村居一线；广大公安干警、镇街村居干部及其他一线人员日夜坚守、冲锋在前，守护千家万户的幸福安宁；港澳台侨乡亲、广大企业家守望相助、捐款捐物，展现家国情怀；874万泉州儿女众志成城、齐心协力，筑起疫情防控的人民防线。全市总确诊人数控制在较低水平，实现确诊患者零死亡、医护人员零感染。

围绕“城市要聚”，环湾向湾建设提速提质。启动国土空间规划编制，科学划定“三条控制线”。比拼开展片区更新改造活动，北峰丰州西华洋、繁荣大道及棚户区、南埔山片区开工建设，东海后埔、城东南滨江片区加快征迁；县（市、区）13个片区更新改造完成投资105亿元。开工老旧小区改造项目297个、完工152个，惠及5.6万户家庭。梯次实施聚城畅通工程，兴泉铁路、福厦客专泉州段加快架梁铺轨；厦漳泉城市联盟路泉州段建成通车，泉梅、泉厦金高速列入国网规划；城东至北峰通道将于春节前通车，武荣大桥、刺桐大桥南节点开工建设；鲤城紫山路、洛江滨江大道、泉港海南街等28条断头路打通。稳步推进古城综合提升工程，中山中路保护提升项目进入工程收尾，承天巷、旧馆驿等29条古城街巷启动保护提升，11所古书院开展复建复兴，正音、宝觉等书院投入使用；梧林古村落项目对外试运营。提升城市生态景观，晋江下游南岸生态整治、百崎湖启动区、蚶江湿地公园等11个生态连绵带项目基本完工，西湖桃花岛、山线绿道二期工程建成开放；全市新改建城市综合公园、社区公园和口袋公园137个、面积700公顷。改善城市治理，出台泉州市文明行为促进办法、电动自行车管理办法，完善创城创卫常态长效机制；垃圾分类实施范围扩大到22个街道（乡镇）、40多万户居民，实现公共机构全覆盖。南安、晋江、安溪生活垃圾焚烧发电厂完成改扩建，餐厨垃圾资源化处理设施建成投用。全市新改建城镇污水管网345公里，完成柯石、浔美等23个排涝工程建设和83个积水点改造。支持公交线路跨区发展，新增公共停车泊位6500多个。

围绕“民生要实”，全面建成小康社会胜利在望。坚持惠民利民富民，居民收入增长高于经济增长，“四心”工程、民生“XIN”行动深入实施，36个为民办实事项目顺利兑现。

顺利完成脱贫攻坚目标任务，有效化解疫情对脱贫攻坚的影响，强化返贫预警监测和突发原因致贫应急救助，巩固提升“两不愁三保障”和农村饮水安全水平，村集体经营性收入普遍达10万元以上。扎实推进乡村振兴，编制完成145个乡村振兴试点村规划，加快创建23条示范线路，完成人居环境整治、乡村旅游、乡村记忆文化等19个三年行动任务，十大特色产业全产业链产值突破2000亿元。加强农村宅基地管理，农村建房乱象初步得到遏制。开展全国深化农村公路管理养护体制改革试点，建成农村公路路网239公里，实施生命防护工程912公里。

优先发展教育事业，组织分批错峰复学放假；新增公办幼儿园学位1.4万个、中小学学位1.8万个，严格落实“公民同招”政策。开展校外培训机构专项整治，公布4批“黑白名单”。获批省级示范性现代职业院校15所。未成年人思想道德建设持续加强，妇女儿童发展纲要指标全面改善。

扩大卫生健康资源供给，公共卫生管理服务能力明显提升，全市核酸检测机构达53家，日检测能力8万管，累计检测核酸400多万人次。第一医院城东院区二期病房楼、光前医院综合病房大楼、医高专附属人民医院二期综合病房楼竣工。全市新增医疗机构床位6508张、卫技人员2271人；二级以上医院网络门诊预约率达85%。

织密织牢社会保障安全网，加大援企稳岗力度，发放失业保险稳岗补贴、失业金和困难救助11.6亿元，惠及43.5万人次。新增城镇就业9.3万人，失业人员实现再就业2.8万人，新增“五险”参保人数33万人次，城乡低保标准提高到750元。新增养老床位3334张。老龄、老干部工作得到加强。

创建国家公共文化服务体系示范区得到验收，推动图书馆、文化馆、博物馆开启“云端”模式，投用泉州文化云；有序推进“泉州：宋元中国的世界海洋商贸中心”申遗，完成遗产点文物考古、保护修缮和环境整治，发布南外宗正司、市舶司、安溪冶铁、德化窑遗址等考古成果；设立中国社科院考古研究所泉州工作站，与北大考古文博学院共建中国泉州文化遗产研究院。统筹抓好世界中学生运动会筹备工作。

打好打赢污染防治攻坚战，扎实推进中央生态环保督察反馈问题整改；完成70个大气减排精准治理项目，中心市区空气质量优良率97.3%；实行“流域河长令”，河长制标准化建设入选水利部优秀案例；完成农村“千吨万人”饮用水水源保护区划定，县级以上13个饮用水水源地Ⅲ类水质达标率100%。完成植树造林5600公顷、水土流失治理2.07万公顷、矿山生态修复59.5万平方米。安溪获评国家生态文明建设示范县，永春入选全国“绿水青山就是金山银山”实践创新基地，桃溪国家湿地公园通过验收。

落实“强基促稳”行动，攻坚信访案件化解，强力打击治理电信网络诈骗犯罪，进一步升级“城安系统”，深入推进平安泉州建设。完善食品安全“一品一码”信息追溯体系；建立14个集中监管仓，严格进口冷链食品和国际邮件快件管控。深刻汲取欣佳酒店坍塌事故教训，开展房屋安全“百日攻坚”、安全隐患大排查大整治和安全生产专项整治三年行动，攻坚自建房加工场所、小作坊小加工厂等安全生产薄弱环节，健全完善安全生产分级分类监管、联合惩戒机制。

加强军地同心共建，率先建立军地“双清单”制度，全面提升退役军人服务保障水平，实现全国双拥模范城“一带三”整体创模目标。民族宗教、统计、人防、海防、气象、地震以及工会、青少年、妇女、残疾人、红十字会、计生协会、慈善等工作都取得新成效。

坚持以对党和人民高度负责的态度做政府工作。扎实开展学习《习近平谈治国理政》“学思比”专题活动，拓展提升“法治政府建设年”成效，高标准完成“七五”普法任务。开展突破“难硬重新”工作行动，集中力量破解14项老难题和新课题。严格执行市人大及其常委会决议决定，自觉接受市人大法律监督和工作监督，主动接受市政协民主监督，认真办理人大代表建议415件、政协提案538件。精打细算过“紧日子”，压缩一般性支出14.5亿元。深化拓展基层减负工作。加强政府廉政建设，推进巡视巡察、审计发现政府工作问题整改销号，巩固风清气正的政治生态。

“十三五”时期社会发展的主要成效是：

坚持古城提质、新城集聚，城乡面貌明显提

升。开展国家生态修复、城市修补试点，古大厝修旧如旧，古街巷活化保护，6.41 平方公里古城逐步成为见人见物见生活的“活样本”。中心城区面积由 206.5 平方公里拓展至 235 平方公里，城镇化率从 63.6% 提高到 68.5%。全面推进乡村振兴，完成农村人居环境整治“一革命四行动”任务，实现所有乡镇和行政村生活垃圾治理常态化。污染防治攻坚战取得决定性成果。

坚持保护历史、传承文脉，文化自信深入人心。“泉州：宋元中国的世界海洋商贸中心”列入中国世界遗产申报项目。国家级闽南文化生态保护区通过验收，新增国家级文物保护单位 13 处、世界非物质文化遗产 1 项，市公共文化中心、非物质文化遗产馆投入使用。成功举办金砖国家治国理政研讨会、海丝国际艺术节、国际大体联足球世界杯等重大活动，文化强市建设初显成效。

坚持以人为本、保障民生，群众生活更加殷实。居民收入增长和经济同步增长，政府财力超七成五投入民生。实现现行扶贫标准下建档立卡贫困人口全部脱贫、贫困村全部摘帽。全市累计新增公办幼儿园学位 7 万个、中小学学位 18.3 万个、医疗机构床位 1.7 万张、养老床位 1.6 万张，分别占总数的 17.7%、14.1%、35% 和 36.7%。14.8 万户居民从棚户区搬出，住进新房。建立全市统一的城乡居民基本医保制度，实现城乡低保标准一体化。荣膺国家生态市、国家森林城市、国家节水型城市、全国基层中医药工作先进市等荣誉。

“十四五”时期是我国“两个一百年”目标的历史交汇期，是开启全面建设社会主义现代化国家新征程的第一个五年，也是泉州在新的起点上全方位推动高质量发展超越的关键五年。根据市委十二届十三次全会通过的“十四五”规划和二〇三五年远景目标建议，市政府编制了“十四五”规划和二〇三五年远景目标纲要（草案）。总体要求是：高举习近平新时代中国特色社会主义思想伟大旗帜，全面贯彻党的十九大和十九届二中、三中、四中、五中全会精神，坚持稳中求进工作总基调，立足新发展阶段，贯彻新发展理念，积极服务并深度融入新发展格局，常学常新“晋江经验”，在全方位推动高质量发展超越过程中，勇当发展现代产业体系、深化改革开放、区域协调发展、促进共同富裕“四个主力军”，努力打造具有全国影响力的海丝名城、制造强市，加快建设现代化中心城市。“十四五”时期经济社会发展主要目标是：经济总量继续保持全省领先，产业集群竞争力走在全国前列，环湾中心城市聚核成型，高水平开放格局基本形成，人民生活品质稳步提高。一是坚持以高质量发展超越为主题，建设现代产业体系。力争到 2025 年，地区生产总值达 1.5 万亿元左右，工业总产值突破 3 万亿元、第三产业增加值占 GDP 比重超 42%。

2021 年是实施“十四五”规划的开局之年，经济社会发展主要预期目标为：全市生产总值增长 7.5% 左右，农林牧渔业总产值增长 2.5% 左右，工业增加值增长 7.5% 左右，第三产业增加值增长 8% 左右；一般公共预算总收入增长 5%，地方一般公共预算收入增长 5%；固定资产投资增长 7.5% 左右；实际利用外资增长 7%，出口商品总额增长 7%；社会消费品零售总额增长 7.5% 左右，居民消费价格涨幅控制在 3% 左右；居民收入增长和经济同步增长；完成节能减排降碳任务。实现上述目标，做好疫情防控是前提和基础。泉州市继续弘扬伟大抗疫精神，把常态化精准防控和局部应急处置有机结合，毫不放松抓好“外防输入、内防反弹”工作，为经济社会发展创造良好条件。

（摘编：吴强）

鲤城区社会发展概述

2020年，是鲤城攻坚克难的一年。面对突如其来的新冠疫情，面对前所未有的各种困难压力和严峻挑战，鲤城区紧紧团结和依靠全区人民，奋勇拼搏，实干创新，落细落实“六稳”“六保”工作任务，有力推动全区经济社会实现平稳健康发展，全力将疫情影响降到最低程度，基本完成了年初确定的年度主要目标任务。一年来社会发展主要工作和成效是：

在发展中共建共享，解决了一批顺民心、解民忧、惠民生的实事好事，体现了“鲤城温度”。坚决贯彻习近平总书记“坚定信心、同舟共济、科学防治、精准施策”的总要求，坚持落实“外防输入、内防扩散”，引导发动汉威机械等企业转产防疫和医疗物资，打造进口冷链防控管理新模式，全方位应用“健康码”，全链条把控“物流链”，全领域开展“应检尽检”“适时抽检”“愿检尽检”工作；健全完善疾病防控体系，实行多点预警监测，有力保障人民群众健康安全。

投入11亿元用于民生建设，33项为民办实事完成投资超4亿元，完成年度投资计划194%。实施教育事业高质量发展三年行动，打造“一基金、一中心、一集团”教育发展模式，推进教育新一轮发展“十大工程”；设立教育发展基金，首期筹集2.73亿元，有效拓宽教育投入渠道；组建鲤城教育发展集团，整合教育资源资产，巩固和提升“学在鲤城”品牌，新增公办及普惠性幼儿园学位2007个，普惠性幼儿园覆盖率达到87%。

深刻吸取欣佳酒店事故教训，以永远在路上的理念紧绷安全生产之弦，有效推进“平安鲤城·雷霆行动”，开展安全生产三年专项整治、安全隐患大排查大整治、房屋安全百日攻坚系列活动。特别是聚焦房屋安全，推进安全隐患大起底、大整治，209栋人员密集场所重大安全隐患房屋有效处置，747栋一般安全隐患房屋完成鉴定，180宗特殊情况建房整改到位，571宗自建房加工场所完成消防评查，在全市率先全面实现四个“100%”，推动安全形势触底反弹、稳定向好。高质量开展第7次人口普查。

“十三五”时期社会发展的主要成效是：在区委的坚强领导下，鲤城区以习近平新时代中国特色社会主义思想为指导，深入贯彻党的十九大和十九届二中、三中、四中、五中全会精神，深入贯彻全方位推动高质量发展超越部署，团结一心、开拓奋进，打赢了一场场硬仗，攻克了一个个难关，胜利完成“十三五”规划确定的主要目标任务。

坚持古城和新区并举，城市面貌崭露新峥嵘。主动融入“环泉州湾”总体建设布局，对标主城定位，全面铺开124个城市建设项目，完成投资284.1亿元。深入实施古城保护提升计划，完成“生态修复、城市修补”、老旧小区改造等49个项目，提升37条背街小巷，建成11个口袋公园，逐步成为见人见物见生活的“活样本”，泉州古城文化生态旅游度假区获评省级旅游度假区。全面提速江南新区城市化步伐，启动实施繁荣片区、站前大道西侧棚户区改造等一批项目，建成笋江新城、滨江新城等优质城市展示面，完成站前大道等一批市政道路工程，改造升级南环路、笋江路等城市主干道、岔路口，打通爱国路、池峰路等一批断头路。城市管理更加精细，开展城市秩序整治提升“5+1”行动。顺利完成各项减排任务，获评国家生态文明建设示范区。

坚持优质和均衡齐抓，民生福祉得到新改善。扎实推进“强基促稳”三年行动、民生“XIN”行动，完成133个为民办实事项目，民生支出超43亿元。新增城镇就业4.6万人，新增“五险”参保人数2.42万人次，城镇登记失业率控制在1.81%以内。建成高山安置区、向阳新村等6个安置项目，有效解决了群众迫切的安置问题。完成江南学园等13个新建、扩建教育项目，增加学位1.4万个，引进福师大等名校合作办学，被评为全省首批教育强区和教育工作先进区。建成中医联合医院、公共卫生服务中心，获评全国首批健康促进示范区、省级慢性病综合防控示范区。扫黑除恶专项斗争取得显著成果。推广社区民情接待站建设，推进网格化社会治理模式，不断提升社区建设和治理水平。国防动员和人民武装工作取得新成效，获评省级双拥模范城“七连冠”。

坚持效能和廉政双优，政府建设展现新气象。积极开展“两学一做”学习教育、“不忘初心、牢记使命”主题教育，靶向整治形式主义、官僚主义，“马上就办、真抓实干”氛围更浓。完成新一轮政府机构改革和事业单位改革，加快职能转变，行政权力精简幅度达19%。在全市创新出台政府合同监督管理五个“统一”制度，获市主要领导高度肯定并在全市推广实施。自觉接受人大依法监督和政协民主监督，认真办好514件人大代表意见建议和735件政协提案，办复率100%。严格落实党风廉政建设责任制，刚性执行中央八项规定精神及实施细则，政府系统“三公”经费支出下降60%，反腐倡廉工作有效加强。

“十四五”时期鲤城区经济社会发展的指导思想是：高举中国特色社会主义伟大旗帜，深入贯彻党的十九大和十九届二中、三中、四中、五中全会精神，坚持以马克思列宁主义、毛泽东思想、邓小平理论、“三个代表”重要思想、科学发展观、习近平新时代中国特色社会主义思想为指导，全面贯彻党的基本理论、基本路线、基本方略，紧紧围绕统筹推进“五位一体”总体布局和协调推进“四个全面”战略布局，立足新发展阶段、贯彻新发展理念，融入新发展格局，推进“跨江发展、跨域融合”，对标前列、稳中求进、担当作为、勇立潮头，以全方位推动高质量发展超越、创造高品质生活、打造现代化城区、实现高效能治理为导向，以江南新区城市现代化和古城商贸振兴为战略牵引，以深化供给侧结构性改革、创新转型为根本动力，统筹发展和安全，加快构建现代化经济体系，加快提升中心城区能级和核心竞争力，加快建设“品质名城·现代都市”，为全面建设社会主义现代化强区开好局、起好步。

“十四五”时期经济社会发展主要目标：围绕区委“1235”总体部署，以“852”作为奋斗目标，以品质生活、品质产业、品质城市为发展基调，聚焦聚力高质量发展、高品质生活、高效能治理，全面构筑国际海丝文化旅游度假胜地、海峡两岸科教创新服务中心、中国丝路现代商贸示范城市，努力实现经济发展速稳质优、创新能力大幅跃升、城市品质明显提高、精神文明引领风尚、社会民生全面进步。“十四五”期间，全区地区生产总值年均增长率不低于7%，力争到2025年，全区生产总值达到650亿元，工业增加值达到170亿元，第三产业增加值达到450亿元，占GDP比重超68%，服务业成为全区经济增长的重要引擎。一般公共预算总收入达到30亿元以上，固定资产投资年均增长10%以上。

2021年是贯彻落实党的十九届五中全会精神和实施“十四五”规划的开局之年，也是乘势而上开启全面建设社会主义现代化国家新征程的奋斗元年。结合上级要求、综合各方因素，新一年全区经济社会发展的主要预期目标是：全区生产总值增长8%，工业增加值增长5.5%，三产增加值增长9.5%；一般公共预算总收入增长5%，一般公共预算收入增长5%；固定资产投资增长15%；实际利用外资增长7%，出口增长7%；社会消费品零售总额增长9%，居民人均可支配收入与全区生产总值基本同步增长；完成节能减排任务。

（摘编：林学军）

丰泽区社会发展概述

2020年是极不平凡的一年，突如其来的疫情给人民生命健康和经济社会发展带来了巨大挑战。在以习近平同志为核心的党中央坚强领导下，丰泽区团结和依靠全区人民，从容应考、沉着应战，交出了一份同心协力、实干担当的历史答卷。先后开展促“六稳”“六保”、畅通“双循环”年终冲刺等专项行动，在疫情对第三产业影响较大的情况下，地区生产总值由一季度下降11.5%快速扭负转正，全年增长3.9%、居全市第五。增进了人民群众幸福感。在财政压力加大的情况下，民生领域投入20.65亿元、占总支出的76.3%，全面建成小康社会胜利在望。一年来社会发展的主要工作和成效是：

都市形象清新靓丽。开展“基础设施建设提速”系列行动，21个城建项目完成投资16亿元。全力推动片区改造，西华洋片区完成签约99.5%，南滨江片区完成签约93.5%，后埔、南埔山等片区动迁工作全面提速，后渚、金凤屿片区改造前期工作有序推进。加速老城区有机更新，获中央专项补助资金2.1亿元，完成40个老旧小区、9个城中村、23条背街小巷综合整治，培育“美丽社区”示范点4个；打通“断头路”3条，修复破损1622处，改造公厕18座、农贸市场4个，新设便民摊点18处，新增公共停车泊位800余个。完善创城创卫常态长效机制，顺利通过创城总评和创卫省级复审。完成第三次国土资源调查。管理再提效。数字城管采集立案数突破17万件、案件处置率99.56%，200个停车场使用智慧停车管理系统。分类处置安全隐患房屋1343栋，拆除违建面积22.2万平方米。全面推动生活垃圾分类，升级改造分类投放点230处，丰泽街道获评“福建省首批生活垃圾分类示范片区”。推广成立出租房屋管理协会，实现街居两级全覆盖。完善城市管理体制，道路保洁、公厕管理等实现市场化运营。“智慧丰泽”一期PPP项目被中国信息协会授予“2020政府信息化管理创新奖”。作为全省唯一的县（市、区）获评第四批“全国少数民族流动人口服务管理示范城市”。生态再提质。按时完成中央和省、市生态环保督察反馈问题整改。实施10个大气减排项目，加强油烟监管、喷雾抑尘等专项整治，空气质量超标天数比降54.5%。严格落实河（湖）长制，完成截污改造、雨污分流、排污整治项目76个，北渠饮用水源水质达Ⅱ类标准。加强土壤污染防治，开展水土流失综合治理，完成66.7公顷土壤安全利用。严厉打击环境违法行为，投诉件下降34%。完成植树造林7.9公顷，提升绿化景观20.3万平方米。

民生福祉持续增进。疫情开始即设专班，协调重点保供企业扩大库存、拓展货源，做好各类生活物资保供稳价。实施就业稳岗暖心服务行动，发放稳岗返还资金1.06亿元、失业保险待遇1409万元，减、免征社会保险费7亿元，新增城镇就业2.46万人、居全市第一。低保标准提高到每人每月775元，人均补助水平居全市前列。被征地人员养老保障金标准提高至每人每月237元，实现“六连涨”。发放各类救助补助金2214万元。新建、提升居家社区养老服务照料中心2个，区福利中心建设前期工作有序推进。完成区、街、社区三级退役军人服务机构建设。社会事业群众有感。教育发展更加优质均衡，顺利通过省级“教育强区”考核；新改扩建校舍工程22个，新增优质学位4500个，学前教育普惠率超86%；省级义务教育管理标准化学校数量居全市第一，中考成绩连续十三年居全市前列，高考成绩再创新高；课后延时服务惠及1.2万名学生；新成立5个学校董事会、促进会。卫生健康资源供给持续扩大，泉州正骨医院北峰院区、疾控中心妇幼保健院等项目有序推进，正骨医院获评“全国2020年群众满意的医疗机构”；完善基层医疗卫生服务体系，新增医疗机构41家，率先在全市推行“互联网+常态化核酸检测”信息化管理，核酸日检测能力达2.8万份以上。推进创建“国家公共文化服务体系示范区”工作，新增社区综合文化服务中心示范点2个、多功能运动场所7处，区图书馆项目竣工。社会环境稳定有序。深入推进“强基促稳”三年行动，成功排查调处矛盾纠纷2294起，化解历史信访积案101件。打好扫黑除恶专项斗争收官战，刑事警情下降10.1%，平安建设“三率”稳步提升。推进安全生产隐患大排查大整治，组织实施“扫雷”系列行动，事故起数、死亡人数、受伤人数实现“三下降”，被评为泉州市年度安全生产和消防安全目标责任制“双优秀”单位。加强“餐桌污染”治理，开展药械安全专项整治，有效保障食品药品安全。自然资源、防汛防火、民族宗教、地方志、国防双拥、老干老龄、工青妇儿、红十字、残疾人等工作取得新成效。

党政建设不断加强。坚定政治方向，始终把政治建设摆在首位，巩固“不忘初心、牢记使命”主题教育成果，以实际行动增强“四个意识”，坚定“四个自信”，做到“两个维护”。纵深推进政府系统全面从严治党，严格落实中央八项规定及其实施细则精神，风清气正、担当作为的氛围更加浓厚。自觉接受区人大法律监督和工作监督，主动接受区政协民主监督，认真办理109件人大代表建议、99件政协委员提案，满意、基本满意率100%。“七五”普法顺利通过验收，组建援企法律服务团队，成立律师行业委员会，区级“民主法治示范社区”创建率100%。

“十三五”时期社会发展的主要成效：五年来，经济实力显著增强。累计实施重点项目185个、完成投资900亿元。经济总量从2015年的460.03亿元提高到763.9亿元，提前完成“十三五”规划目标。数字经济、总部经济、电子商务、智能制造、科技服务等新兴业态成形成势，我区成为全省第四个第三产业占GDP比重超80%的县（市、区）。

城市面貌焕然一新。累计实施重点城建项目85个，泉州公共文化中心等一批项目投入使用。人居环境综合整治深入开展，生态连绵带建设有力推进，荣获“国家生态文明试验区”。公共停车位、农贸市场、污水管网等设施配套逐步完善。“智慧丰泽”（一期）项目投入使用，城市运行更加智慧便捷。

民生事业再创佳绩。区本级民生支出84.6亿元，年均增长8.9%。城镇累计新增就业8.45万人，居民人均可支配收入6.01万元，低保、医保等补助标准持续提高。扎实开展民生“XIN”行动，新增优质学位1万余个、医疗卫生机构床位975张、保障性住房1005套，荣获“福建省首批教育强区”“全国基层中医药先进单位”等称号。平安建设成效显著，未发生重特大安全事故，消防火灾起数降至十年来最低值。蝉联省级双拥模范城“六连冠”。

2021年是中国共产党成立100周年，是“十四五”规划开局之年，丰泽区在区委的正确领导下要迈好第一步、见到新气象。经济社会发展主要预期目标是：地区生产总值增长8%左右；工业增加值增长5%左右，第三产业增加值增长8.5%左右；一般公共预算总收入增长4%左右，地方一般公共预算收入增长3%左右；全社会固定资产投资增长8.5%左右；社会消费品零售总额增长8.5%左右；实际利用外资增长8%左右；出口总额增长8%左右；居民人均可支配收入与经济增长基本同步；完成节能减排降碳任务。实现上述目标，做好疫情防控是前提和基础。弘扬伟大抗疫精神，坚持常态化精准防控和局部应急处置有机结合，为经济社会发展创造良好条件。

（摘编：苏建平）

洛江区社会发展概述

2020年，在中共泉州市洛江区委的坚强领导下，洛江区以习近平新时代中国特色社会主义思想为指导，深入学习贯彻党的十九大和十九届二中、三中、四中、五中全会精神，全面落实中央、省市和区委的决策部署，统筹推进疫情防控和经济社会发展，扎实做好“六稳”工作、落实“六保”任务，全年完成地区生产总值293亿元、增长3.5%；一般公共预算总收入超21.26亿元、实现正增长，一般公共预算收入超12亿元、增长5%，全方位推动高质量发展超越迈出坚实步伐。一年来社会发展的主要成效是：

聚力攻坚提升城乡品质。城市建设快速推进。实施城建攻坚行动，85个在建城建项目完成投资17.6亿元。落实全市新片区更新改造大比拼活动，提速阳江新城片区开发建设，完成土地征收60公顷，片区市政路网、水系治理等5个基础设施项目开工建设，完成投资8亿元。动工建设西环路双阳段，启动万虹路拓改工程，打通安和路、万贤街、滨江路与324国道交叉段等5条断头路，洛滨北路、310县道改造工程、经十路、俞大猷公园大道等基本完成建设。提升汇鑫路、安顺路等15个节点绿化景观，新增、改造绿地20万平方米，建设10处街心公园、口袋公园；改造更新万安中心城区部分路灯及双阳片区5条道路路灯电缆，新建洛滨路三期路灯工程。投入1390万元改造一批老旧小区。投入2805万元开展文明城区、卫生城市创建工作，对中心城区坑洼路面、违规停车、摆摊设点等进行专项整治，修复、硬化主次干道和背街小巷路面9000多平方米，新增机动车停车位3000多个；开展万虹路、滨江路、西环路两侧环境整治，并向村（社区）道路延伸，改造垃圾围347个，拆除“两违”194宗、面积30.2万平方米。乡村振兴步伐加快。投资1.4亿元建设47个乡村振兴项目。强化试点示范带动效应，推进4个省级试点村、1个省级特色乡镇、7个市级试点村建设，投入2300万元实施虹山乡环境整治工程和“悠美河市·生态东溪”示范线路建设。发展壮大村集体经济，投入674万元组织实施增收项目39个，所有村集体经营性收入达10万元以上，其中20万元以上的村达68.7%。深化“一革命四行动”，对67个行政村开展房前屋后整治，填埋、改造旱厕216座，提级改造农村公路29公里，整治裸房374栋。新增科技特派员56人、团队9个，清华大学乡村振兴福建洛江远程教学站落地。生态治理成效明显。打好污染防治攻坚战，100%完成第二轮中央生态环境保护督察信访件办理。开展大气污染治理，完成10个重点治理项目，空气质量优良天数比率达97%，比2019年提高2.6个百分点。全面落实河（湖）长制，投资1127万元实施7个流域水质提升精准治理项目，洛江区污水管网配套工程PPP项目加快建设，新建污水管网39公里，消除3处饮用水水源地环境安全隐患，完成洛阳江水质监测站建设，省重点考核小流域西埭桥断面水质稳中向好。完成植树造林及森林经营820公顷，森林覆盖率达64.3%。

想方设法增进民生福祉。脱贫攻坚圆满完成。建立防止返贫监测预警机制，落实精准帮扶措施，扎实做好“两不愁、三保障”及农村饮水安全，与省水投集团合作共建城乡供水一体化项目，拨付扶贫专项资金1064.3万元，全区806名市定贫困人口稳定脱贫、人均年收入1.34万元。社会保障更加有力。开展就业稳岗暖心服务行动，新增城镇就业3808人。推进全民参保，发放养老金1.6亿元。推进城乡低保一体化，城乡低保标准提高至775元/人·月，发放低保金1396万元。实施居家养老服务工程，新建农村居家养老服务站10个、城乡社区服务站4个。公共服务扩量提质。投入近1亿元建设10个教育项目。河市第二中心幼儿园、万安第二中心幼儿园等建成招生，促成世茂璀璨天城配套幼儿园与泉州市刺桐幼儿园合作办学，新增学位810个；将双阳中心小学、万安中心小学分别更名升格为区第二、第三实验小学，动工建设阳江学园（小学校区），启动塘西学园（十一中塘西校区）、区实验幼儿园前期工作；推动高中达标晋级，促成泉州十一中与南开公能教育集团合作办学，泉州十一中创建省一级达标高中接受省专家组评估验收，奕聪中学通过预评估；加强教师队伍建设，招聘中小学、幼儿园教师189名。区妇幼疾控综合业务用房大楼竣工，泉州宝璋肿瘤医院加快建设，启动占地6.5公顷、床位容量500张的洛江区医院新院区建设。推进国家公共文化服务体系示范区创建，完善区文化馆、图书馆设施设备，建成一批多功能运动场、全民健身驿站、篮球场，南少林国际武术学校列入全国青少年足球培训基地；成功举办首届青少年武术锦标赛暨两岸武术文化交流活动、洛阳桥诗会，推动成立“蔡襄书院”，新增1个省级全民阅读示范点、9个新时代文明实践中心和站所，建成4个市级乡村记忆文化试点村。安全生产常抓不懈。投入1661万元开展房屋安全“百日攻坚”、各领域安全生产隐患大排查大整治和安全生产专项整治三年行动，抽调920名区、镇、村干部组建网格化排查员队伍，聘请112名各行业领域专家、技术人员，累计排查、鉴定各类房屋5.02万栋，处置结构重大隐患房屋866栋；排查整治“三合一”场所1765家、群租房529家、分租式厂房159家、自建房加工场所711家，推动各类场所安装电气火灾监控系统560套，建成电动自行车集中充电场所715处；滚动摸排、整改道路交通临水临崖64处、安全和自然灾害隐患点572处。社会治理效能提升。深入推进“强基促稳”三年行动，定期开展领导干部接访，组织政府系统开展夜访夜谈，建设区级矛盾纠纷融合式调处中心，有效化解一批信访积案。加强食品安全监管，建设基层食品快速检测室4个，开展食品安全监督抽检802批次、快速检测3200批次。加强平安洛江建设，提升城市安全信息系统，深入开展“云剑2020”“飓风肃毒2020”及扫黑除恶专项斗争，综治“三率”稳步提高。

从严从实加强政府自身建设。政务服务有速度、有温度。动态调整福建省网上办事大厅区级审批服务事项，推行“互联网+政务服务”“一窗受理”，“最多跑一趟”占比99.6%，“一趟不用跑”占比74.5%。疫情防控期间推出“七办”工作法，倡导“不见面审批”，累计办理3.5万余件。出台《中介超市管理规定（试行）》，吸引374家中介机构入驻我区审批服务网上中介超市。压缩企业开办时间，激发市场主体活力，全年新增市场主体8098家，总量较2019年底增长12.7%。政府行政法治化、科学化。修订完善《区政府工作规则》，主动向区人大报告重要工作，与区政协开展重大事项事前协商，邀请区政府法律顾问列席区政府常务会重要议题。严格执行区人大及其常委会决议决定，主动接受人大法律监督、政协民主监督，认真办理人大代表建议103件、政协委员提案87件。拓展提升“法治政府建设年”行动，加大行政执法监督力度，依法履行行政复议职责，按时办结行政复议7件。

2021年经济社会发展主要预期目标为：地区生产总值增长8%；工业增加值增长8.5%；农业总产值增长2.5%；一般公共预算总收入、一般公共预算收入增长5%；实际利用外资增长1%；出口商品总值增长7%；全社会固定资产投资增长8%；社会消费品零售总额增长9%；居民人均可支配收入增速与经济增长基本同步；完成省、市下达的节能减排任务。

（摘编：周忠志）

泉港区社会发展概述

2020年，在区委的坚强领导下，泉港区以习近平新时代中国特色社会主义思想为指导，坚持稳中求进工作总基调，把统筹推进疫情防控和经济社会发展作为重中之重，全力建设活力泉港、宜居泉港、和谐泉港，较好地完成了年初确定的目标任务。全年实现地区生产总值增长3.8%；一般公共预算总收入下降7.8%；一般公共预算收入增长1%；居民人均可支配收入增长5.6%。一年来社会发展的主要工作和成效是：

坚持生态为基，把推动产城融合贯穿始终。统筹做好生产、生活、生态三篇文章，让城市见文见物见生活。城市更新提速推进。扎实推进129个城建项目建设，完成投资99.25亿元。福厦客专泉港段全线完成征迁，南山北路启动改建，海南街东段（一中段）、南龙路东延伸段、学府路北延伸段等梗阻路贯通，“内联外畅”开启新格局。实施水利项目19个、完成投资3.6亿元，双溪水库、顶五孔水闸改建工程完工验收。

城市生态提质建设。完成造林绿化126公顷、10个口袋公园建设，植物园（二期）完成主要节点景观建设，提前超额完成市级下达的水土流失治理任务。建成黄田、龙马溪2个清新流域样板工程和5条示范河段，坝头溪流域综合整治被确定为全市观摩学习点。实施20个大气减排精准治理项目，环境空气质量优良率为98.5%。

加快涂岭镇省级乡村振兴特色镇和7个省级乡村振兴试点村建设，实施8个乡村休闲公园建设、14公里生态示范路建设和重要县乡道专项养护，顺利完成农村人居环境整治任务。城市管理提效实施。创新“四色法”智慧督查考评，开展住宅小区、集贸市场、主次干道专项整治，巡查整改“两违”、占道经营、车辆“滴撒漏”、市政设施损坏等问题21898个，完成厕所革命、垃圾分类、危房改造、农房整治等年度任务，创卫考评成绩名列全市前茅。

坚持民生为本，把全面建成小康贯穿始终。把近80%的财力倾斜保障民生支出，推动基本民生向质量民生升级。保障扩面解民忧。实行城乡低保统一标准，人均补差498元，受益8855人，低保标准城乡一体化和覆盖率走在全市前列。拓展“救急难”“505”微心愿做法，通过政府救助、免费购险、社会认领等方式，助力困难群体共抗疫情、稳定脱贫。实施3个农村饮水安全巩固提升工程、8个农村自来水改造工程，惠及5.9万人。新建5个村级老年服务中心、6个居家养老服务站，为737户困难老年人家庭实施适老化改造。

资源拓容惠民需。投入3.2亿元，推进18个教育基建项目，新增中小学幼儿园学位5100个，安控区征迁户子女就学有序安置；开展公办学校教师工作岗位全员竞聘，新招聘教师141人，教师结构性紧缺问题逐步缓解。加快泉港区医院病房大楼2#楼、门诊医技综合楼建设，完成“120”急救指挥系统提升和12个一体化村卫生所建设，完善疾控中心及泉港区医院实验室检验检测设备配置，入选省级慢性非传染性疾病综合防控示范区。加快构建现代公共文化服务体系，新建30个综合文化服务中心，7个镇（街道）文化站提升全部达标验收，百姓书房入选全国服务农民、服务基层文化建设先进集体。

治理创新保民安。深化平安泉港创建，实施“雪亮工程”四期、反走私防控体系建设，深入推进社会治理网格化服务、“1+7+N”矛盾纠纷多元化解机制，开展“百名警长进百村”活动，上半年群众安全感率和扫黑除恶好评率再创历史新高，分别居全市第3位、第2位。

坚持制度为核，把加强自身建设贯穿始终。严格落实全面从严治党，进一步转职能、改作风、优服务。综合运用述职评价、奖优罚劣、问责问效等办法，推动区委区政府重大决策部署落实。办复人大代表建议142件、政协委员提案171件，诚峰一级渔港建设、老旧小区改造等事项办理反响良好。落实基层减负，区政府文件和会议分别精简48.49%、51.93%。出台《法治政府建设拓展提升项目清单》，落实行政执法“三项制度”，顺利通过“七五”普法验收。。对10个单位18个重点网络平台进行全面“体检”，牢牢掌握意识形态工作的领导权、管理权和话语权。

“十三五”时期社会发展的主要成效体现在：

最显著的变化是城市变大、形象变美，泉港更加宜居。把握“扩体量、提品质、聚人气”三条主线，妥善解决“人进城、建好城、管好城”问题。城市发展从“分散”向“聚合”转变。坚持工业进园区、居民进小区，氯碱片区整体搬迁全面启动，石化安控区建设进入扫尾攻坚。总部经济区和荷池、龙山片区等组团式开发，建成47个现代小区，新开工房地产项目建筑面积455万平方米，是“十二五”时期的2.2倍，建成区面积扩大到20平方公里，城镇化率从48.3%提升至55%。

市政配套从“补短”向“精致”提升。实施综合交通、公共配套、特色小镇、美丽乡村、规划管理“五大提升工程”，推进祥云路、驿峰路、驿坂廊道等28条主次干道建设或改造，加快推进“七镇连通”、口袋公园等一批市政精品，群众实实在在感受到城市在变好。开展农村人居环境整治三年行动，实施农村生活污水治理、厕所革命、垃圾收集转运等专项行动，健全完善市容环卫、市政维护、园林绿化等机制，“两违”工作考评成绩连续三年居全市首位。

生态建设从“达标”向“创优”迈进。以系统思维治水治气治土，全面抓好中央和省级环保督察反馈问题整改，取得全区饮用水水质100%达标、入海小流域全面消劣、空气质量考核指标全部达到国家二级标准、土壤污染防治工作成为全省试点等多项成绩。开展高铁高速沿线环境整治，湿地公园建设、坝头溪流域整治等一批重大项目加快推进，辖区多个村居荣膺美丽休闲乡村、文明村、森林乡村、最美渔村、乡村治理示范村和历史文化名村、传统村落、少数民族特色村寨等国家级荣誉。

最可喜的收获是民生共建、发展共享，泉港更加和谐。实施民生“1+4”补短板、XIN行动等，不遗余力增民享、解民需、保民安。以大投入落实大保障。五年累计民生支出131亿元、占一般公共预算总支出的76.9%，164件为民实事办好办实。提前两年完成脱贫攻坚任务，100%村集体经营性收入突破10万元、60%村突破20万元。实施安控区涉迁村“离土不离村、乔迁利不减”服务管理创新行动，创新推行“互联网+”居家养老助残、“505”微心愿、房票安置、“救急难”等做法，投用中心敬老院，社会保障体系持续扩面升级。

以高标准赢得高质量。坚持高位嫁接，与福建师范大学、福建医科大学附属医院开展合作办学办医，泉港区中医医院建成投用，“区管校聘”“府院共办融合型医联体”改革经验成为全国先进典型。投用文化馆、图书馆、方志馆、科技馆，建成一批文明礼堂、百姓书房，基本建成“共建共享共治”的泉港公共文化服务模式。开展平安泉港创建，深化扫黑除恶、强基促稳、打击成品油走私等专项行动，在全省率先建立行政争议调解中心，获评全国法治先进区、省级平安县（市、区）。

2021年泉港区经济社会发展预期目标为：全区生产总值增长8%，农林牧渔业总产值增长1%，工业增加值增长8%，建筑业增加值增长8%，第三产业增加值增长8%；一般公共预算总收入增长6%，一般公共预算收入增长6%，固定资产投资增长8%；实际利用外资增长持平，出口商品总值增长7%；社会消费品零售总额增长8%，居民人均可支配收入增长7.5%。

（摘编：张海生）

石狮市社会发展概述

2020年是“十三五”规划的收官之年，是石狮发展历程中极不平凡的一年。面对突如其来的新冠肺炎疫情、严峻复杂的宏观经济形势和繁重艰巨的改革发展任务，石狮市认真贯彻落实中央、省、泉州市和市委决策部署，统筹推进疫情防控和经济社会发展，深入开展“五个年”活动，较好地完成了年初确定的主要目标任务。全年实现GDP955亿元，增长3%；一般公共预算总收入56.7亿元、一般公共预算收入36亿元；全体居民人均可支配收入56742元；全面小康指数位居全国县级市第20位、全省第2位，实现全国文明城市“二连冠”、全国双拥模范城“六连冠”。一年来社会发展的主要成效是：

深入开展“城市提质年”活动，城乡统筹一体格局愈发凸显。城市颜值不断提升。海岸带建设开启新篇，共富路（石锦路—沿海大通道）、锦蚶路、锦江外线、锦尚外线建成通车，嘉禄路（群英南路—花园路）、金盛路（南洋路—北环路）等“断头路”打通接续。宝盖山生态公园、环湾湿地公园、红塔湾海岸公园、风炉山山体公园景观配套更加完善，应急水源工程基本建成，14个景观绿化项目完成投资1.4亿元，生态连绵带不断延伸拓展。联邦商业城、狮仔山等片区开发快速推进，15个老旧小区和28处中心市区街坊支路“微改造”焕发新颜。建成421个5G基站，实现主城区5G信号连续覆盖。乡村振兴全面推进。启动国家水禽基因库改扩建和肉品加工厂项目，完成祥芝中心渔港扩建，新增高标准农田146.7公顷，古浮村、祥渔村入选省级“一村一品”示范村。持续推进“一革命四行动”，新改建城乡公厕44座，完成25个村生活污水管网建设，全市生活污水处理率提升至93%。深入开展“三清”“五绣”行动，城乡环境卫生考评成绩位列泉州市第3。完成农村集体资产股份制改革，76%的行政村集体经营收入超20万元。生态环境持续改善。完成将军山存量垃圾、梧垵溪跨境流域整治，中央生态环保督察反馈个性问题和信访件全部销号。打好蓝天、碧水、净土三大保卫战，建成海洋食品园污水处理厂和鸿山、锦尚生活污水处理厂，完成高新区污水处理厂提标改造，整治废弃石窟13.5万平方米，造林绿化56.8公顷，空气质量优良天数比例提升至99.2%。

深入开展“民生提档年”活动，优质公共服务供给日益丰富。全年民生投入占财政支出70%以上，28个为民办实事项目顺利完成。教育事业稳步发展。吹响“逐梦——家门口的优质教育”号角，成立9个镇级教育基金会（促进会），募集捐款3.9亿元；46个教育类项目完成投资5.7亿元，世茂小学、宝盖五幼等16个项目投入使用，新增学位6450个。义务教育质量监测成绩居泉州市前列。医疗服务不断提升。国家级紧密型医疗卫生共同体试点有序推进，市中医院、妇幼保健院新业务楼、凤里新社区卫生服务中心投入使用，福建中医药大学（石狮）医疗保障研究院落地运营，实现行政村医保和心电图服务全覆盖，村医服务能力稳步提高，基本建成“8分钟医疗卫生服务圈”；试点推行长期护理保险制度，全面跟进药品、耗材集中采购使用改革，为群众减轻医药负担近4000万元。文体事业繁荣发展。加强文化和自然遗产保护，新增省级文保单位2处，卢厝“刣狮”入选国家“非遗”项目名录；成功举办“相约云端”第十四届闽台对渡文化节，建成全省首个智慧体育公园，新增村（社区）综合文化服务中心5个，“狮来运转”城市IP动漫正式上映。社会保障持续完善。发放稳就业、失业保险等补助救助资金1.23亿元，完成职业技能培训7262人次；新建居家养老服务照料中心3个、农村幸福院2个，新增医养结合床位290张；全面做好民生兜底各项工作，出台残疾人托养服务补助政策，低保标准提高至户月人均825元，有效帮助边缘地带困难家庭稳定脱困。积极为驻石部队排忧解难，拥军优属、国防动员等任务全面落实。

深入开展“交通整治年”活动，社会稳定防控体系更加完善。强化交通安全整治。精准实施滴灌宣传教育，严查酒驾醉驾、超限超载、占道经营等违法行为，开展渣土车整治百日攻坚，治理交通隐患点45处，新增公共停车位2300多个，形成城市“绿波”路网26公里，交通事故起数下降15.2%、死亡人数下降23.9%。强化安全生产监管。纵深推进安全生产专项整治三年行动、安全隐患大排查大整治、房屋安全“百日攻坚”，建立健全安全生产守信激励、失信惩戒机制，配备企业专职安全员近6000名，完成渔船船员培训1万多人次，安全生产事故起数下降33%。强化平安石狮建设。开展“扫黑恶、反诈骗、除隐患、强基础”专项行动，促进社会治安持续向好，刑事发案率下降18.1%，现案破案率72%、居全省首位；成立矛盾纠纷多元化解中心，实现矛盾纠纷“进出一扇门、事情全办清”，被评为全国信访工作“三无”县（市、区）、福建省平安市。此外，人防、档案、地方志、民族宗教、外事侨务、妇女儿童、粮食安全、防震减灾等工作都取得新成绩。

深入开展“作风建设年”活动，政府系统服务效能持续提高。坚持把学习贯彻习近平新时代中国特色社会主义思想作为重中之重，迅速掀起学习宣传贯彻党的十九届五中全会精神热潮。政府系统全体公职人员按照市委部署，不断开拓创新，狠抓工作落实，在疫情防控、复工复产、项目建设、安定稳定、民生保障等领域涌现出一大批先进典型。强化法治政府建设，纵深推进“放管服”改革，修订公布市、镇（街道）权责清单，在泉州市率先推行商品房“交房即交证”，不动产抵押登记压缩到2个工作日以内，实现开办企业“零费用”“当天办”。完成18个部门网格应用系统整合，汇聚政务数据4.5亿条，实现98.4%的事项“网上办”。主动接受人大法律监督、工作监督，政协民主监督，监察监督，认真办理人大代表建议111件、政协提案183件，顺利完成“七五”普法任务。深入贯彻中央八项规定及实施细则精神，严格履行意识形态工作责任制，认真落实各级巡视巡察反馈和审计发现问题整改，切实加强廉洁政府建设。

2021年是中国共产党成立100周年，也是“十四五”规划的开局之年，做好政府工作意义重大。石狮市以习近平新时代中国特色社会主义思想为指导，全面贯彻党的十九大和十九届二中、三中、四中、五中全会精神，认真贯彻中央和省委、泉州市委经济工作会议精神，坚持稳中求进工作总基调，立足新发展阶段，贯彻新发展理念，融入新发展格局，扎实做好“六稳”“六保”工作，巩固拓展疫情防控和经济社会发展成果，全面落实好市七届五次党代会经济拼速度、城市拼厚度、改革拼力度、民生拼温度、党建拼亮度“五拼”攻坚任务部署，扎实开展标杆企业培育、大招商招大商、城市策划规划、古建传承保护、全民绿化美化、护航民营经济等六个专项行动，提站位、勇开拓、重实干、敢担当、守廉洁，确保稳全局、开新局，为推动石狮高质量发展奠定坚实基础。主要预期目标是：地区生产总值增长8%左右；一般公共预算总收入增长5%，一般公共预算收入增长5%；农业总产值增长3%左右；工业增加值增长7.7%左右；第三产业增加值增长8.5%左右；固定资产投资增长10%左右；实际利用外资增长8%，出口商品总值增长7%；社会消费品零售总额增长8.5%，居民消费价格总水平涨幅控制在3%以内；居民人均可支配收入和经济同步增长；完成节能减排降碳任务。

（摘编：游学荣）

晋江市社会发展概述

2020年，面对突如其来新冠疫情的巨大冲击，晋江市坚持以习近平新时代中国特色社会主义思想为指导，认真贯彻党的十九大和十九届二中、三中、四中、五中全会精神，坚持“晋江经验”引领，深入开展“三个年”活动，全力落实“六稳”“六保”要求，统筹抓好疫情防控和经济社会发展，全年地区生产总值增长4.0%，一般公共预算总收入227.67亿元、增长2.7%，其中本级收入139.28亿元、增长1.0%。一年来社会发展的主要工作和成效是：

管理城市更加精致。扎实推进58个城市品质提升工程，整治裸房4100宗，完成“三拆一清”3737宗，提升绿化154万平方米，高铁高速沿线、沿海大通道、机场连接线等43条重要通道景观明显提升。大件垃圾处理站启用，垃圾焚烧发电厂完成提标，餐厨垃圾收运试点加快推广。

扎实开展文明创建。深度推进市容市貌、农贸市场、老旧小区、交通秩序等322个整治项目，新增智慧停车位3450个，摊点经营、共享单车秩序不断规范，城市更加文明、干净、有序。强化生态治理。完成第二次全国污染源普查。深沪污水处理厂正式投用，建成324个农村生活污水处理项目，打通29条污水“断头管”。启动“蓝色海湾”综合治理，划定河道和水利工程保护范围，整治河道12.5公里，梧垵溪等流域水质持续提升。晋江南岸公园、崎山公园全面开放，植树造林483.3公顷，绿化矿山迹地27.7公顷，整治废弃石窟10个，全年空气质量优良率首达100%。攻坚乡村振兴。落实“一革命四行动”，新建公厕140座，新增乡村振兴示范村20个，获评全省村庄清洁行动先进县，乡村治理入选全国典型案例。建设高标准农田1900公顷，省级以上农业产业化龙头企业增至38家，入选省级海洋产业发展示范县，东石镇获评全国农业产业强镇，围头村入选全国乡村旅游重点村。全市村（社区）集体经营性收入全部突破20万元。对口帮扶上杭、长汀工作取得新成效。

民生福祉日益增进。投入民生建设资金90亿元，占本级财政支出72.22%。20件为民实事、200件民生微实事全面完成。兜牢社会保障。位居中国社会保障百佳县前三。开发公益性岗位118个，新增城镇就业人口2.1万人。发放临时救助资金605万元，救助困难群众8100人次。低保标准提升至每月775元，“四帮四扶”186户家庭。创新开展长期护理保险，社会福利中心二期建成投用，新增养老床位600张。2682户家庭回迁安置。新设社区治丧场所10个。

优化教育医疗供给。新增优质学位7650个，新改扩建公办幼儿园10所，小学自办食堂20个。晋江一中、养正中学、季延中学分校区加快建设，泉州五中桥南校区招生。新增病床位1692张，柔性引进高层次医疗人才235名，上海六院福建医院签约落地，“张长青名医工作室”开诊运行，市第三医院扩建提升，市医院新院区、省口腔医院闽南分院建成投用。推进公共文化服务。建设公共文化服务体系示范区。编制6个古村落保护规划，梧林传统古村落开放试运营，紫帽山入选省级旅游度假区，获评全省全域生态旅游示范市。完成安平桥、草庵摩尼光佛、金交椅山古窑址3个申遗点文物保护修缮和周边环境整治，潘山庙宇木雕入选国家级非遗名录，“送王船”入列联合国人类非遗代表作。

深化平安晋江建设。持续深化扫黑除恶专项斗争，扎实推进“强基促稳”三年行动，成立平安行公益慈善基金，群众安全感满意率提高到99.33%。全方位开展安全隐患大排查大整治，累计排查房屋29万栋、各类生产经营场所6万家，整治安全隐患10万个，生产安全事故起数下降12.3%、死亡人数下降12.9%。粮食安全行政首长责任制有效落实，12万吨粮食储备库建成投用，食品“一品一码”追溯体系更加完善，粮食食品安全更有保障。完成第七次全国人口普查。荣膺全国双拥模范城“七连冠”。民族宗教、统计档案、防灾减灾、对口帮扶、老干老龄、工青妇儿、红十字、残疾人、退役军人、国防双拥等各项事业加快发展。

机关效能优化提升。巩固深化“不忘初心、牢记使命”主题教育成果，全面加强政府系统党的建设。自觉接受人大法律监督和政协民主监督，办好198件人大代表建议、217件政协委员提案，满意率、基本满意率100%。行政服务中心搬迁投用，“最多跑一趟”“一趟不用跑”事项占比达98.61%，审批时限平均压缩至法定的16.73%。办理便民服务热线诉求事项35万件。推进基层政务公开标准化规范化省级试点，主动公开政府信息2.7万条。

“十三五”社会发展主要成效：

坚持产城人融合，持续强功能提品质，城市能级大幅跃升。主动融入闽西南和泉州环湾城市群发展格局，深度推进新型城镇化建设，统筹投入961亿元，带动社会投资超2000亿元，全面建设六大新增长区域，建成现代小区109个，培育乡村振兴示范村72个，中心城区建成区面积拓展到115平方公里，城镇化率提高到68%，中等城市框架格局基本形成。下绣花功夫建设管理城市，接续实施基础设施补短板项目400个，二体中心、全民健身中心、晋江南岸公园、厦漳泉城市联盟路等一批城市配套建成投用，“152030”快速交通圈、15分钟文化生活圈、10分钟体育健身圈正式成型，新建公园绿地546.7公顷，人均绿地面积达13.78平方米，获评国家生态市，城市更宜业宜居、更靓丽温馨。

坚持创新突围，持续深化改革扩大开放，发展动能加速转换。新增15项国家级改革试点，“三块地”等改革任务圆满完成，多项原创成果被国家层面采纳，获批省级县域集成改革试点，成为全省乃至全国改革试点最多、成果最丰富的县级城市之一。国企实体化改革成效显现，四大集团、四大公司资产规模超1600亿元。对外开放持续扩大，出口加工区升格为综合保税区，国际鞋纺城获批市场采购贸易试点，晋江机场旅客年吞吐量突破800万人次，实际利用外资、自营出口总额年均分别增长5%和4%。缔结“一带一路”国际友城2对，成功举办APEC电子商务工商联盟论坛。晋台交流合作不断拓展，向金门供水量突破千万吨。创新生态加快优化，福大科教园建成投用，国科大智能制造学院落地招生，泉州职业技术大学升格本科，三大本硕高校、9家“国字号”科研机构的创新版图基本形成，企业研发投入年均增长11%以上，高新技术企业从54家增至251家，聚集各类高层次人才超5000人，成功获批国家创新型（县）市、国家双创示范基地。

坚持补齐民生短板，持续扩大优质公共服务供给，全面建成更高水平小康社会。投入民生资金超400亿元。办成133件为民实事、超千件民生微实事。高质量打赢脱贫攻坚战，城乡居民人均可支配收入提高到4.5万元，年均增长7.4%，“四帮四扶”1301户家庭，爱心慈善工程惠及4万人次。新增优质学位超6万个，每千人医疗机构床位数从2.17张提高到3.85张，每千名老人养老床位数从30张提高到39.3张。荣膺中国十大慈善城市、全省平安建设先进市。暖暖的民生温度，让更多的人都能享受生活的美好和生命的精彩。

2021年是“十四五”开局之年，晋江市经济社会发展主要预期目标是：地区生产总值增长7.5%，一般公共预算总收入增长5%、本级收入增长5%，全社会固定资产投资增长7.5%，城乡居民人均可支配收入增长8%。

（摘编：王诗诚）

南安市社会发展概述

2020年是极其不平凡的一年，南安市经受住了新冠肺炎疫情的严峻考验，夺取了全面建成小康社会的伟大胜利，迈上了全方位推动高质量发展超越的新台阶。全市完成地区生产总值1340亿元、增长3.5%，一般公共预算总收入90.1亿元、增长1%，一般公共预算收入52.7亿元、增长5.3%。社会发展的工作和成效主要是：

融合并进提升城市能级。城市系统规划有机更新。立足为民建城、软性成长，聘请同济大学等高端团队开展城市空间更新专题研究，国土空间规划编制取得阶段性成果。重点片区改造有序铺开。成立城市建设委员会和10大指挥部，城南北山、三丰片区更新改造全面启动；城北唐道时代汇、万人体育场动工建设，美的智慧家居科创项目、武夷泛家展贸项目、兴泉铁路南安北站等节点稳步推进；溪美北山片区、丰州西华洋片区征迁创出南安新速度。通道建设加快推进。泉厦漳城市联盟高速路南安段建成通车，省道215线丰州至洪濑段拓改工程主体完工，茂盛路全线贯通，江滨南路二期、南金公路市政化改造二期基本完成，科院北路二期、武荣大桥开工建设。创城创园效应初显。投入70亿元实施62个城建项目，改造提升老旧小区18个，建成投用餐厨垃圾资源化处理厂，加快实施一批商业、市政、教育、医疗、养老等项目，城市功能配套不断完善。深入推进“八大文明提升”专项行动，有效破解硬件设施短板、市容秩序乱象、市民文明素养等问题，省级文明城市创建取得新成效。城西湿地公园、北山森林公园基本建成，新增绿地2.14万平方米、绿道15公里，增加公共停车位2640个，国家园林城市创建步履坚实。生态环境持续向好。完成矿山生态修复治理8.4公顷、植树造林1380公顷、水土流失治理5533.3公顷。在全省率先建设海洋自然资源监控体系，柳湖水系连通综合整治基本完工，“两溪一湾”美林龙峰段主体建成，梅溪小流域治理省级考核成为泉州唯一优秀流域，入选全国深化小型水库管理体制改革样板县、省级综合治水试验县，获评省级节水型社会达标建设县。

共建共享提高民生福祉。基本保障厚实兑现。如期完成12件57项为民办实事项目。抓好重点群体就业帮扶，新增城镇就业9000多人。城乡低保标准从600元提高到775元，全民参保扩面7.08万人，基本实现社会保险法定人员全覆盖。新增养老床位900张，农村养老服务设施覆盖率超60%。为2.8万多名持证残疾人购买意外伤害保险，落实事实无人抚养儿童、孤儿基本生活保障。实现退役军人服务中心（站）市镇村全覆盖，蝉联全国双拥模范城“四连冠”。完成国企退休人员社会化管理移交工作。位居中国社会保障百佳县第22位、全面小康指数百强县第54位。教育质量持续回升。中高考成绩创出新辉煌，10名一中学子被清华北大录取，教师工资福利待遇落实到位，山区教师采取积分制有序流动，顺利通过教育“两项督导”省级核查，入选基础教育国家级优秀教学成果推广应用示范区和省级普通高中新课程新教材实施示范区。推行教育项目代建制，组建宏翔教育集团承接住宅小区配建幼儿园运管，创新“国投建设运营＋乡镇供地”模式布局普惠性幼儿园，完成“无证园”清零，推动与首都师范大学、昌财学村合作办学，新增幼儿园学位3150个、中小学学位3600个。医疗医改全面推进。启动紧密型医共体建设，南安市总医院揭牌成立，上海大学附属南安医院主体封顶，新增病床592张。举办“九日山”医学论坛，落实医保“家庭共济账户”和跨省异地就医结算政策，“一老一小”健康服务更加到位，健康扶贫温暖民心。文体旅融合成风。参与成功创建国家公共文化服务体系示范区，建成4个新时代文明实践所（站）、1个省级红十字博爱驿站示范点，“百姓书房”数量居泉州市首位。系列文旅活动周火热举办，《石头记》顺利拍摄，成功文化产业园动工建设，英都良山村、乐峰湖内村成为省级美丽休闲乡村，官桥竹口村、丰州燎原村入选省级乡村旅游村，获评全国红色旅游摄影根据地。成功举办全国皮划艇激流回旋秋季冠军赛，体育产业事业融合发展。社会治理织网善治。深化“强基促稳”三年行动，扫黑除恶专项斗争高质量收官，禁毒、反诈、道安、信访专项治理成效明显，初步通过省级食品安全社会共治示范市考评验收。打好安全生产专项整治攻坚战，推动隐患大起底、大整治，安全生产态势平稳向好。全域铺开网格化管理，“一张网格管治理”初步成形。阶段性完成第七次全国人口普查任务，“大爱南安·慈善有我”活动掀起全民慈善热潮，工会、青少年、妇女儿童、侨联、老龄、计生协会、红十字会等事业取得新进步，统计、民宗、方志、地震、气象、档案、外事、人防、支前、海防等工作实现新提升。

对标对表提效政务服务。把政治建设摆在首位。严格落实政府系统全面从严治党主体责任，定期研究推动省委巡视整改工作，涉及经济社会民生的35个问题已完成和基本完成整改30个。把作风建设引向深入。反躬自省向作风顽疾开刀，精文减会推动基层减负提效，推行大督导机制破解落实难题。带头过“紧日子”，年度专项资金压减3.9%，“三公”经费支出下降17.3%。把法治建设贯穿到底。健全重大行政决策机制，率先在全省印发规范性文件制发流程图，合法性审查实现全覆盖，顺利通过“七五”普法检查验收。认真办理人大代表建议690件、政协委员提案500件，满意率和基本满意率达99.92%。把廉政建设挺在最前。深化政务公开，加强行政监察、审计监督和财政预算绩效管理，实施审计整改清单挂销号，政务环境更加便捷高效。

“十四五”时期经济社会发展目标。按照市十三届党代会五次会议通过的“十四五”规划和2035年远景目标的《建议》，“十四五”经济社会发展的指导思想是：坚持以习近平新时代中国特色社会主义思想为指导，全面贯彻党的十九大和十九届二中、三中、四中、五中全会精神，认真贯彻习近平总书记对福建工作的重要讲话重要指示批示精神，紧紧围绕统筹推进“五位一体”总体布局和协调推进“四个全面”战略布局，贯彻新发展理念，坚持稳中求进工作总基调，以全方位推动高质量发展为主题，以深化供给侧结构性改革为主线，以改革创新为根本动力，以满足人民日益增长的美好生活需要为根本目的，以认真落实各级巡视巡察整改为总抓手，统筹发展和安全，凝聚力量、奋勇前行，着力打造海丝先行先试新门户、两岸融合发展示范区、东南沿海智造业基地、绿色生态美丽新市域、文明和谐善治幸福城，开启现代化南安建设新征程，奋力在全省、泉州市全方位高质量发展超越大局中走前列作贡献，实现县域发展综合实力全国领先。“十四五”南安市经济社会发展的主要预期目标和重点任务是：至2025年力争地区生产总值迈进2000亿大关，一般公共预算总收入和一般公共预算收入翻一番，各项主要经济指标增速高于全省、泉州市平均水平。至2025年，全社会R&D经费投入占GDP比重达2%。石材陶瓷、机械装备、日用轻工率先迈入千亿产业集群，培育一批500亿级“新星”产业群，工业总产值突破5000亿元。建成区面积拓展到58平方公里。

2021年是“十四五”规划的开局之年。南安市经济社会发展主要预期目标是：地区生产总值增长8%，一般公共预算总收入增长8%，一般公共预算收入增长8%，固定资产投资（不含农户）增长10%，工业增加值增长8%，社会消费品零售总额增长7%，全体居民人均可支配收入增长8%。

（摘编：康明辉）

惠安县社会发展概述

2020年，面对突如其来的新冠肺炎疫情，惠安县坚持以习近平新时代中国特色社会主义思想领航定向，在上级党委、政府和县委的坚强领导下，始终坚持“人民至上、生命至上”理念，第一时间启动突发公共卫生事件一级响应，认真落实“四早”、“四集中”措施，迅速打响疫情防控的人民战争、总体战、阻击战。全县生产总值增长3.3%、迈过“千亿”大关、达1010.2亿元，工业增加值增长4.8%，完成一般公共预算总收入76.18亿元、一般公共预算收入34.62亿元。农村危房改造工作得到国务院办公厅通报表扬，人口普查工作得到国务院人普办高度肯定，获评“全国县域经济综合竞争力百强”、“中国工业百强”、“中国创新百强”和“全省县域经济实力十强”。社会发展的工作和成效主要是：

生态质量继续改善。聚力打好蓝天碧水净土保卫战，生态文明建设取得新成效。加快人居环境整治。积极推进“绿色家园”创建三年行动，新增造林绿化164.5公顷，矿山生态恢复11.2公顷，水土流失治理220公顷，“绿盈乡村”创建达标比例62%。全面深化“河（湖）长制”，林辋溪纳入福建省入海河口整治规划，开展第二轮流域水质提升“碧水清源”专项行动，推进12个重点水利项目，建成区黑臭水体基本消除，集中式饮用水源水质达标率保持100%。优化调整全县畜禽养殖禁养区范围和海水养殖水域滩涂规划，常态化治理海漂垃圾，近岸海域环境功能区水质达标率99%以上。

抓好环保设施建设。全面开展挥发性有机物污染治理，在泉惠石化工业园区周边设置75个在线连续监测设备，全县PM2.5平均浓度同比下降20%以上。大力推进农村生活污水治理工程PPP项目和配套管网建设，新铺设污水管网124公里，行政村污水处理设施覆盖面扩大至60%，城乡生活生产污水日处理能力达10.8万吨，净峰镇坑黄村污水治理入选国家生态环境部先进典型案例。

完善生态文明制度。以强烈的答卷意识抓好中央生态环保督察反馈问题整改，制定出台石雕行业标准化导则，持续加大环境执法力度，排查清理“散乱污”企业25家。科学编制国土空间总体规划“一张蓝图”，实行建设用地总量和强度“双控制”，盘活存量用地103.3公顷，拆除“两违”建筑43万平方米。

社会事业加快发展。继续把本级财力优先用于保障和改善民生，44件为民办实事项目全面完成。推进教育现代化。紧紧围绕立德树人根本任务，统筹推进各类教育协调发展，38个教育领域工程包项目完成投资8.13亿元，新改扩建公办幼儿园5所，补充普惠性民办幼儿园8所，新增学位1164个，学前教育普惠率85%。深化城乡义务教育一体化建设，第五实验小学建成投用、新增学位1800个，55所中小学通过义务教育学校标准化建设，整合6所农村小规模学校，教育资源布局持续优化。疫情期间“停课不停学”，中高考成绩取得重大突破，6名学生被清华大学、北京大学录取；惠安一中通过省级首批示范性普通高中建设学校中期评估验收，惠安四中通过省级二级达标高中评估验收，亮亮中学顺利建成并引进华中师范大学第一附属中学全面开展合作办学。惠安开成职业中专学校入选省级示范性现代中等职业学校。

强化“三医”联动机制。出台深化医药卫生

体制改革“1+3”政策体系，积极打造紧密型县域医共体，县总医院挂牌成立，妇幼保健院区通过二级医院评审，东岭分院升级为二级乙等医院。县医院分院项目获得1.5亿元地方专项债券支持，六大医疗服务技术平台县域内互联互通。全县新增42家村级一体化管理卫生所，县域内就诊率62%、较上年提升1.62个百分点。坚持“平战结合、防治融合”，紧急新建6个PCR实验室、核酸日检测能力提升至6000份，推进方舱医院改造建设，强化应急物资储备，应对公共卫生事件的能力和水平有效提升。持续落实药品集中带量采购，全面推行多元复合式医保支付制度，城乡居民基本医保报销比例54.1%。

加快社会和谐“善治”。主动融入泉州市创建国家公共文化服务体系示范区工作大局，扎实推进融媒体中心建设，镇级综合文化站、村级综合文化服务中心实现全覆盖全达标，文艺精品公益演出200场，254个文物保护单位“定线落图”，新增4个市级非物质文化遗产代表性项目。新建24个农村居家养老服务站，采取公建民营模式提高镇级敬老院使用效率。

深化“强基促稳”行动。开展平安惠安建设，顺利完成“七五”普法，创新矛盾纠纷多元预防化解机制，县级“12345”便民服务平台建成投用，群众反映意见建议的渠道持续拓宽。深入开展“断卡”专项行动，坚决打击涉黑涉恶、网络诈骗、非法集资等违法犯罪活动，改革完善食品药品监管体制，开展房屋安全百日攻坚、安全隐患大排查大整治和安全生产专项整治三年行动，全面推动各类隐患问题整改见底清零，群众安全感进一步增强。全力支持保障驻惠部队现代化建设，军政军民更加团结。民族宗教、外事侨务、公益慈善、妇女儿童、青少年、老龄人、残疾人、红十字、工会等事业取得新的成绩。

政府建设不断加强。巩固深化“不忘初心、牢记使命”主题教育成果，坚持不懈推进党风廉政建设和反腐败斗争。加快法治政府和服务型政府建设，重新梳理镇级权责清单并完成审批服务执法“三整合”，推进政务公开标准化规范化，认真办理人大代表建议113件、政协委员提案51件。对政府投资的小规模工程实施简易招投标管理，网上中介服务超市平台投入运行，工程建设项目审批时限控制在85个工作日内，全流程网办审批服务事项占比60.8%，“一趟不用跑”事项占比72.8%、较上年提升17个百分点。

“十三五”社会发展的主要成效。全县地区生产总值年均增长7.5%，人均地区生产总值13.2万元、达到国内发达地区水平，一般公共预算收入年均增长6.48%，全社会固定资产投资年均增长10.8%，主要指标增幅位居全市“第一方阵”前列，在省、市发展大局中的地位和作用进一步凸显。

坚持绿色生态优先，发展底色更加鲜亮。统筹山水林田湖海系统治理，持续做好生态修复、环境保护、绿色发展“三篇文章”，获评国家生态县、省级森林县城。深入开展大规模国土绿化行动，新增植树造林1466.7公顷，森林覆盖率达28.67%，环境空气质量年优良率稳定在95%以上，六项污染物指标全部达到国家二级标准。严守耕地保护红线，连续5年实现耕地占补平衡。实施129个重点水利项目，综合治理河道156公里，黄塘溪等主要河道水质进一步好转。建立跨区域环境应急联动和洛阳江流域司法保护工作机制，生态文明制度体系逐步完善。

始终以人民为中心，民生保障不断改善。本级财政民生相关支出超200亿元、占一般公共预算支出的77.5%，全体居民人均可支配收入37015元、年均增长7.4%。对标“两不愁三保障”，一鼓作气、尽锐出战，组建农村劳务服务公司184家，转移农村劳动力超1万人，有劳动力的贫困户至少有一人稳定就业，提前两年实现市定标准下建档立卡的3509个贫困户、10689个贫困人口全部脱贫。滚动实施为民办实事项目225个，新增中小学学位21403个、公办幼儿园学位3480个，每千人口病床位数从3.84张提高到5张，城乡居民养老待遇标准“九连涨”，低保标准实现一体化，社会保持安定稳定，群众有更多的获得感、幸福感和安全感，全面建成小康社会胜利在望。

（摘编：李哲）

安溪县社会发展概述

2020年，安溪县以习近平新时代中国特色社会主义思想为指导，深入贯彻落实党的十九大和十九届二中、三中、四中、五中全会精神，保持战略定力，发扬斗争精神，统筹抓好常态化疫情防控和经济社会发展，扎实做好“六稳”工作，全面落实“六保”任务，经济运行在承压中平稳向好，各项主要经济指标完成情况良好。全年完成GDP757.41亿元，增长3%；工业增加值增长4.8%；一般公共预算总收入43.8亿元，下降14.6%；一般公共预算收入28.38亿元，下降8.5%；固定资产投资增长1%；社会消费品零售总额增长1.5%；居民人均可支配收入增长5%；第三产业增加值、出口商品总值、实际利用外资等指标与上年度持平。一年来，社会发展的工作和成效主要是：

补短板、增优势，民生福祉更加殷实。始终把民生事业当作政府的大事、要事、牵挂事，扎实抓好民生补短板四大行动和18个为民办实事项目。基本民生加快改善。深入推进就业稳岗暖心服务，组织各类补贴性培训6150人，举办各类招聘活动32场，新增城镇就业3500人，城镇登记失业率1.6%。城乡居民养老保险参保率99.54%，基本医保参保率95.32%。发放城乡低保、抚恤补助等保障金1.04亿元。建成高标准农田2986.7公顷，中心粮库二期和大米加工生产线投入使用，主副食品、生活必需品供应充足、价格稳定。推进食品生产经营环节“一证通”试点，全县食品生产企业全部进入省食品安全信息追溯平台。

教育基础加快夯实。推进18个城区扩容和23个农村薄弱校改造项目，6所公办园、2所县直小学建成投用，公办园在园幼儿占比、普惠性幼儿园覆盖率分别提高至53.12%和95.33%。56所中小学通过省级“义务教育管理标准化学校”评估验收。创办全省首个残疾人职业教育特殊教育融合班。招聘在编教师268名、县聘编外教师572名。“县管校聘”改革试点正式实施；推行教师调配流动新机制。建立师生心理健康排查干预机制。

医疗体系加快健全。完善重大疫情防控体制机制，健全公共卫生应急管理体系。大力推进紧密型县域医疗卫生共同体建设，建设县医院和县中医院两个“总院”，基层医疗卫生机构门诊量占比达56.21%。公立医疗机构实现卫生信息一体化全覆盖。县医院门诊医技大楼、县妇幼保健院新址投入使用，推进县中医院病房综合大楼改造等医疗卫生基础设施建设，新增床位887张。建成9个乡镇航空医疗救援中转站。完成参内镇、长卿镇行政区划调整。建成县社会福利中心二期及112个居家养老服务设施。

文化惠民扎实推进。组织文化惠民演出144场，新建镇村文化广场17个、健身工程点61个。高甲戏《延安颂》完成创排，“戏剧宣讲”做法获中宣部刊文推广。青阳下草埔冶铁遗址完成阶段性考古发掘，“一馆两棚”建设扎实推进，与北京大学考古文博学院共建安溪研究中心。推进湖头历史文化名镇保护开发工作，李光地宅和祠保护修缮工程有序推进；金谷镇溪榜村安南永德苏维埃政府旧址入选第十批省级文物保护单位。社会环境加快提升。

社会稳定持续抓实。深入开展“强基促稳”三年行动，深化“六清”行动，严打各类黑恶犯罪行为，破获九类涉恶案件236起，抓获各类涉黑恶人员351人；持续抓好打击整治电信诈骗及跨境网络赌博、禁毒整治、法治信访等工作，完成“七五”普法任务。开展文明创建，推进移风易俗。完成第七次全国人口普查。推进X波段相控阵天气雷达站建设。加强国防后备力量建设，双拥共建和军政军民融合实现新发展。同时，民族宗教、侨台外事、地灾防治、科普、档案及工青妇、社会团体等工作取得新成效。

优城市、振乡村，城乡环境更加宜人。始终把城乡建设作为造福民生、服务发展的重要落脚点，以高水平的国土空间规划引领城乡融合发展，打造高素质、高颜值、高品质的大美茶乡。城市格局大优化。加快解放路西片区、沼涛实小、凤山书院、同德大桥等片区改造；推进东岳小区等6个老旧小区改造提升项目。推进参岭隧道、同德大桥建设，建成安溪六中、金火完全中学2座人行天桥；垃圾焚烧发电厂三期投入运行。凤山书院完成主体工程建设，绿道北线全线贯通，龙湖山公园开工建设。深入推进城市精细化管理三年行动，完成城区污水管网普查，新增绿化51万平方米，拆除“两违”38.98万平方米。完善公交线路布局，城区公交车全部更新为新能源汽车。加快两翼新城建设，湖头新城启动城市精品街工程建设，推进环城路建设，建成李光地政德文化馆；南翼新城龙门镇区配套环境提升、环西路等项目加快推进，培文大桥等建成投用。乡村振兴加速度。完成30个省级乡村振兴试点村规划编制。扎实推进农村集体产权制度改革和农村承包地改革与管理，开展农村集体“三资”清理工作。整合涉农资金2500万元，大力扶持淮山、茭白、芦柑等特色农业产业化、规模化发展。实施农村物流网络一体化工程，推动多网融合，入选全国“互联网+”农产品出村进城工程试点县。获评全国县域数字农业农村发展先进县。推进以食用为目的野生动物养殖场退养转产转岗，全面禁止和严惩非法野生动物交易行为。深入开展农村人居环境整治，推进“一革命四行动”，完成全域旱厕整治，新建改造公厕217座，完成农村户厕无害化改造3668户；整治裸房3243栋，推进危废旧空心房和农村杆线整治。创建3条市级乡村振兴示范线，32个村被确定为市县级乡村振兴试点村；尚卿乡获评全国一村一品示范乡镇，福田乡丰田村获评全国文明村。深化科技特派员制度，选认省级科技特派员个人43名、团队5个。大力推进乡镇片区更新改造，长卿镇、感德镇、龙涓乡等片区改造正式启动。纵四线（G355）南翼新城过境段、省道S312线福田高速出口至漳平界建成通车；省道S312线金谷元口至尚卿、国道G355线官桥至虎邱、国道G358线虎邱至西坪等路段完成沥青路面改造；农村公路提级改造工程完成路面硬化665公里，农村客运实现“村村通”。

转作风、优效能，行政服务更加高效。始终把依法行政贯穿于政府工作各领域、全过程，不断推动法治政府建设再上新台阶。自觉接受县人大法律监督和工作监督，主动接受县政协民主监督，认真办理人大代表建议119件、政协提案99件，满意和基本满意率均达100%。推进统计机制优化提升。行政规范性文件审查率、公开率、合法率和报备率均达100%。全面推行证明事项告知承诺制及“审批官”机制，推进“一件事”集成套餐改革，在全省率先实现企业开办、不动产登记“一窗通办、一日办结”和企业用地“三证合办”。坚决落实过紧日子要求，压缩一般性支出1亿元。持续纠治“四风”，深化拓展基层减负工作，文件、会议同比分别精简30%、50%；扎实推进党风廉政建设和反腐败工作，加强政府效能建设，对6人实施效能问责。

2021年是中国共产党成立100周年，是实施“十四五”规划的开局之年，也是现代化建设进程中具有特殊重要性的一年，必须迈好第一步，见到新气象。全年经济社会发展主要预期目标为：GDP增长8%左右，工业增加值增长8.5%，第三产业增加值增长8.5%，一般公共预算总收入增长5%，一般公共预算收入增长5%，固定资产投资增长8%，社会消费品零售总额增长8.5%，居民人均可支配收入增长8%。

（摘编：彭金龙）

德化县社会发展概述

2020年，面对突如其来的新冠肺炎疫情，德化县坚持以习近平新时代中国特色社会主义思想为指导，汇聚全县各方力量，沉着应对，积极应战，全面实施“五个年”活动，努力推动经济社会稳定健康发展。全县地区生产总值（GDP）287.66亿元，增长4.1%，增速较上半年提升2.8个百分点，高于全市平均水平1.2个百分点，居全市第3名。规模以上工业增加值80.3亿元，增长5%，增速较上半年提升3.7个百分点，高于全市平均水平2个百分点，居全市第3名。固定资产投资增长6.9%，增速较上半年提升5.9个百分点，高于全市平均水平9.3个百分点，居全市第3名。社会消费品零售总额136.39亿元，下降1.4%，降幅较上半年收窄4.1个百分点，高于全市平均水平0.9个百分点，居全市第6名。一年来社会发展的工作和成效主要有：

注重城乡统筹，建管并重，大幅提升了家园品质。扎实开展城乡建设提升年活动，获评第六届全国文明城市，入选全国县城新型城镇化建设示范名单。城区品位不断提升。投入11亿元实施24个市政提升工程。霞田、官路、世科、科技园等片区改造扎实推进，瓷艺城列入全市新片区更新改造比拼项目。新改建污水、供水、燃气管网63.63公里，管线下地缆化6公里。新增城市道路30公里、沥青路4.3万平方米、隔离护栏15公里、泊车位783个。驾云亭公园扩建基本完工，建成唐寨山森林公园休闲绿道13.75公里，新增绿地面积26.5公顷。编制智慧德化规划，建成5G基站580个。持续开展市容市貌、占道经营、渣土车“滴洒漏”等专项整治，拆除“两违”11.2万平方米，设置地摊244位、便民摊点302位。

推进“一清二整三美化”专项整治，实施“一革命四行动”，完成农房整治1000栋，获评省村庄清洁行动先进县。生态环境持续优化。率先在全市开展林业有害生物综合防治管理试点，造林绿化1533.3公顷。创建国家森林村庄14个，戴云山森林步道列入省第一批森林步道名单。桂阳列入全国森林康养基地试点建设乡镇，石牛山入选省级森林康养基地。扎实开展浐溪水质提升“碧水清源”专项行动，完成浐溪水口和赤水段、涌溪桂阳段、春美双瀚溪、雷峰蕉溪等安全生态水系建设，治理水土流失2173.3公顷。完成全国第二次污染源普查、中央第二轮生态环境保护督察整改，获评国家绿色矿业发展示范区，上榜“2020年中国县域全生态百优榜”。

突出补齐短板，普惠均等，持续增进了民生福祉。扎实开展保底创优深化年活动，民生支出23.39亿元，占一般公共预算支出的76.3%，38件为民办实事项目全部完成。

筹集扶贫资金6612万元、壮大村集体经济资金2720万元，细化出台落实贫困户“战疫”19条，深入实施“消薄倍增”计划，全县191个村集体经营性收入全部达到10万元以上，其中131个村达20万元以上，占68.6%。教育事业方面，投入3.3亿元推进城区中小学、幼儿园新改扩建项目，竣工投用8个，新增学位4000个。职校、八中分别获评省示范现代中等职业学校、省二级达标高中，省级教育科研基地落户我县，教育质量稳步提升。

医疗养老方面投入4950万元，建设县妇幼保健院、第三医院、县医院发热门诊楼、龙门滩隔离病区等医疗卫生项目。推进家庭医生签约服务、乡镇巡回医疗服务、分级诊疗平台改造提升等工作。创新建设爱心幸福城，动建县社会福利中心，盘活16个乡镇敬老院，关爱老年人服务体制机制不断完善。

开展文化科技卫生“三下乡”和“墟日文化车”百场文艺展演进乡镇等活动。桂祥图书馆建成开放。推进霞田文体园“一场两馆”建设，举办第24届全民健身节、第20届瓷都广场文化节、百场万人体育活动。德化窑遗址列入“泉州：宋元中国的世界海洋商贸中心”申遗点，完成尾林、内坂窑址考古发掘，建成德化窑宋元遗址展示馆。

深入开展房屋安全“百日攻坚”、安全隐患大排查大整治和安全生产专项整治三年行动，创新网格化挂钩责任片区工作制度，健全完善安全生产分级分类监管、联合惩戒等长效机制，推进陶瓷企业厂房消防安全、工业燃气安全等11个专项整治，排查各类生产经营单位和场所4698家、完成隐患整改15097项，排查房屋44058栋、完成分类处置871栋，生产安全事故起数和死亡人数连续三年“双下降”。

落实“强基促稳”行动，深入开展扫黑除恶专项斗争，强化信访案件化解攻坚，建立县级矛盾纠纷多元化解中心，公共法律服务站点乡镇全覆盖，社会治安防控体系不断完善。其他事业方面，扎实开展第七次全国人口普查。成立县佛教协会，提升宗教活动场所规范化管理水平。深入实施军民融合发展战略，健全完善退役军人服务保障体系。审计、人防、气象、地震、档案以及工会、青少年、残疾人、红十字会、计生协会、慈善等工作都取得新成效。

坚持担当为重，廉洁自律，全面加强了自身建设。坚持以政治建设统领政府各项工作，深入学习宣传贯彻党的十九届五中全会精神、习近平总书记重要讲话重要指示批示精神，深入开展干事创业比拼年活动，驰而不息纠正官僚主义、形式主义，政府系统作风建设得到加强。规范政府投资项目监督管理及工程变更审批流程，梳理乡镇权责清单，进一步推进政府治理体系和治理能力现代化。坚持节用裕民，带头过“紧日子”，坚决压缩一般性支出，兜住“三保”支出底线。加强对三公经费等方面动态监控，制度化常态化开展“1+X”专项督查，推动中央八项规定及其实施细则精神落到实处。

“十三五”时期社会发展的主要成效：

城乡建设向高品质推进。厦沙高速德化段、国道355城关至三班（永春界）路段建成通车，兴泉铁路德化段快速推进，成功争取城关至永泰嵩口高速列入海西高速公路网，在全省率先实现所有乡镇通二级公路。城区建成区扩大6.46平方公里达30.46平方公里，城镇化率提高2个百分点达75.8%，获评国家卫生县城、园林县城。

生态环境向高颜值提升。完成造林绿化7800公顷。彭村水库投产发电，完成闽江防洪工程德化段（一期）建设，成功创建龙门湖国家水利风景区和银瓶湖、大龙湖省级水利风景区，打造“一河一湖一景”德化版河湖长制。环境空气质量综合指数排名全市第一，饮用水源水质达标率100%，生态环境质量持续保持全省前列。排名“全国百佳深呼吸小城”第11位，获评中国天然氧吧，荣膺全国绿化模范县、首批国家生态文明建设示范县。

民生幸福向高指数攀升。高质量打赢脱贫攻坚战，实现现行扶贫标准下建档立卡贫困人口全部脱贫、贫困村全部摘帽，扶贫工作绩效连续三年位列全市第一，获评中国全面小康十大示范县。滚动实施民生“XIN”行动项目15个。投入10.35亿元，推进32个教育项目建设，竣工投用27个，新增学位2万个，上学难问题逐步缓解。成立县总医院，建成投用县中医院新院区、县医院医技楼和浔中镇社区卫生服务中心，获评全国基层中医药先进县。进城务工人员安居工程荣获中国人居环境范例奖。新时代文明实践工作列入全国试点。荣膺中国营商环境百强区县、省级科普示范县、双拥模范县、食品安全社会共治示范县。

（摘编：林学军）

永春县社会发展概述

2020年，面对突如其来的新冠肺炎疫情，永春县坚持以习近平新时代中国特色社会主义思想为指导，深入贯彻落实党的十九大和十九届二中、三中、四中、五中全会精神，汇聚全县方方面面力量，沉着应对、积极应战，经济社会稳定健康发展，地区生产总值增长1.6%。一年来社会发展的主要工作和成效是：

拓空间增内涵，城乡面貌展现新颜。城市建设有序推进。组织开展国土空间总体规划编制，完善国土空间规划治理体系。实施积水点改造，解决18处城区内涝。新改建污水管网23公里、燃气管网15公里、给水管网13公里。完成9个老旧小区改造，惠及1773户家庭。启动实施榜头片区改造，推动桃场片区、金龟山片区开发建设。新建10个口袋公园，完成东平高速出口景观工程。开展违建整治，拆除两违18万平方米。推进新基建，建成420个5G基站。乡村振兴加快步伐。推进2个省级乡村振兴特色乡镇、20个试点村建设，打造3条市级乡村振兴示范线路。成功承办全省“中国农民丰收节”省级主会场活动。举办秋季茶王赛、厨王争霸赛、永春芦柑文化旅游节。推进农产品“一品一码”全过程可追溯，新获绿色食品认证7家。获评“全国县域数字农业农村发展先进县”。湖洋镇、岵山镇获评全国“一村一品”示范村镇。改建农村公路67公里、危桥6座，完成安保工程73公里、国省干线“白改黑”32公里。生态环境日益优化。加强大气污染防控，全年空气环境质量优良率保持在95%以上。落实河湖长制，完成晋江防洪工程等项目建设，东关桥等国、省控断面水质达到考核要求。河湖长制工作受国务院督查激励。列入全国第三批节水型社会建设达标县。51件中央环保督察整改事项全部验收销号。完成白濑水库（永春部分）征迁等前期工作，推进横口集镇区迁建，加快马跳水库建设。矿山生态修复2.9公顷、植树造林866.7公顷，水土流失治理3133.3公顷。

惠民生增福祉，社会大局和谐稳定。持续加大民生投入，民生财政支出占一般公共预算支出的78.8%。以列入全国“新型城镇化建设示范县”为契机，强化民生补短板强弱项工作。脱贫攻坚全面打赢。创新防返贫、控新贫、稳脱贫“一库五机制”，在全省率先设立“防贫保”保险，巩固拓展脱贫攻坚成效。制定应对疫情冲击17条措施，未发生因疫返贫致贫。社会保障不断完善。新增城镇就业1298人，城镇登记失业率1.26%。实施全民参保计划，城乡居民养老保险参保率99.99%。实施低保户、特困户、贫困残疾人安居工程201户。新建区域性养老服务照料中心2个，居家养老活动中心56个。教育事业再创佳绩。高考7人录取清华、北大，“本一”上线率高于全省平均线，位居泉州市前列。永春一中高考特优生培养居全省县域中学第一，永春六中通过省级二级达标中学验收。启动永春一中分校前期工作，新、扩建幼儿园5所、中小学校舍3幢，新设立2所县属实验小学。卫生健康稳步向前。深化医疗改革，推进片区医联体试点，构建分级诊疗服务体系。设立省附一医院永春县总医院专家工作站，启动卒中中心建设，柔性引进省协和医院专家团队。改建提升县医院急诊科，完成县疾控中心、县医院、县中医院新冠病毒核酸检测生物实验室建设，疾病预防控制中心改扩建项目建成投用。文体事业繁荣发展。完成国家公共文化服务体系示范区创建，镇村综合文化站（中心）全覆盖。新晋2处省级文物保护单位。4处全国重点文物保护单位消防、安防工程通过国家文物局立项。编制苦寨坑窑遗址《保护规划》和《公园规划》，做好申报国家考古遗址公园前期工作。岵山镇获评中国特膳食品（熟地）之乡。举办全省红色旅游村跑、泉州首届定向越野赛等全民运动健身赛事。发展环境安定稳定。深化“强基促稳”三年行动，开展“三治融合”示范村（社区）创建活动；全面推广“135”庭所共建机制，排查化解各类矛盾纠纷3468件。推行“村干部兼职辅警”机制，实施网格化服务管理试点，探索基层治理新途径。开展扫黑除恶专项斗争，综治“三率”位居全市前列。“七五”普法规划顺利完成。深入开展房屋安全百日“大整治”、安全隐患大排查大整治、安全生产专项整治三年行动，安全生产态势保持稳定。通过省级食品安全社会共治示范县考评验收。做好第七次全国人口普查。完成深化民兵调整改革任务。同时，退役军人、双拥共建，工青妇、科协、计生协、慈善、残联、文联，统计、民族宗教、供销、城镇集体工业、老干部、老龄、史志、档案、人防、气象、防震减灾等工作全面进步。

转作风提效能，自身建设全面加强。扎实开展“作风建设年”活动，着力治理“五种”不良风气。不断深化“放管服”改革，11件试点事项实现“一件事一次办好”。认真执行县人大及其常委会决议、决定，自觉接受人大法律监督和工作监督、政协民主监督，125件人大代表建议、148件政协提案全部按时办结。扎实开展“法治政府建设年”活动，推行县政府常务会学法制度，抓好《中华人民共和国民法典》学习宣传工作。加强和改进意识形态工作，强化意识形态领域风险防控。严格贯彻落实中央八项规定及其实施细则精神，抓好政府廉政建设。

“十三五”时期社会发展的主要成效是：

城乡环境明显改善。加快城市建设步伐，城镇化率提高至65%。开展全城植绿、生态连绵带建设，县城绿地率达39.25%。建成泉州市党内政治生活体验馆、县科技馆。列入全国县城“新型城镇化建设示范县”创建单位。打造4个无裸房乡镇、10个无裸房镇区和一批无裸房村，荣获全国农村人居环境整治成效明显激励县。创建80个县级示范村、25个精品村、10个美丽镇区，列入全省实施乡村振兴战略重点县。完成7个国省干线建设工程，农村公路管养市场化率100%，获评“四好农村路”全国示范县。

生态品牌日益凸显。坚持“生态立县”战略，认真呵护永春的绿水青山，荣膺首届中国生态文明奖先进集体，获评国家重点生态功能区，全国生态保护与建设典型示范区。党政领导生态环境保护目标责任书考核连续5年优秀。探索创新生态文明建设，全域生态综合体实践模式被列为国家生态文明试验区第三批改革成果，列入全省生态产品市场化改革试点县。建成全国首个县级水生态文明展示馆，荣获全国河湖长制工作激励县，入选全省首批综合治水试验县。

社会事业不断进步。实施为民办实事项目249件、完成投资81亿元。创立105个教育基金会（促进会），募集资金1.25亿元。增加5670个中小学、幼儿园学位，义务教育巩固率稳定在95%以上，被授予“全国义务教育发展基本均衡县”。组建县总医院，实施医联体建设，建立分级诊疗制度。千人均医疗卫生机构病床位达5.5张。获评国家卫生县城、全国基层中医药工作先进单位。创新6种养老服务典型模式，满足更多层次的养老需求。苦寨坑原始青瓷窑址获评“全国十大考古新发现”。

2021年是“十四五”规划的开篇之年，是全方位推动永春高质量发展超越的关键一年。主要的预期目标是：地区生产总值增长8%，农业总产值增长3.5%，工业增加值增长7.8%，三产增加值增长8%，一般公共预算总收入增长6%，一般公共预算收入增长6%，固定资产投资增长7.5%，实际利用外资增长8%，出口商品总值增长10%，社会消费品零售总额增长8.5%，居民人均可支配收入与经济增长基本同步。

（摘编：周忠志）

三明市社会发展综述

2020年，三明市坚决贯彻落实习近平总书记重要讲话重要指示批示精神，按照省委省政府决策部署，全力做好“六稳”工作、落实“六保”任务，做实“四篇文章”、推进“四个着力”、深化“五比五晒”，促进了经济稳步回升和社会大局稳定。初步统计，全市生产总值2702.19亿元，增长4.1%；规模以上工业增加值增长3.1%；地方一般公共预算收入111.16亿元，增长3.2%；固定资产投资增长7.1%；外贸出口106.6亿元，增长-39.7%；实际利用外商直接投资1.41亿元，增长7.3%；社会消费品零售总额781.71亿元，下降0.3%；城镇居民人均可支配收入39270元，增长3.5%；农村居民人均可支配收入19410元，增长6%；居民消费价格总水平上涨1.3%；节能减排年度任务可以完成。社会发展一些重要领域、重点项目实现突破：

疫情防控受到上级肯定。国务院联防联控机制指导组充分肯定三明疫情防控工作“行动早、措施实、防控严、见成效”。该市创新建立金融服务、交通物流、线上对接、“手拉手”等四大产业链协作配套平台，成为国务院联防联控机制典型案例，“数字抗疫”经验被公安部肯定。

特色改革继续领先。三明医改、河湖长制工作和将乐县生态文明建设分别获得国务院正向激励表扬，在全国率先探索医防融合新机制。林改、扶贫改革、基础教育改革获得国家有关部委肯定，该市被确定为全国首个林业改革发展综合试点市，成为全国文化旅游消费试点城市、全国体育消费试点城市、省级绿色金融改革试验区。

生态环境质量指标实现“六个全省第一”。市区和10个县（市）空气质量达标天数比例100%，全省第一；8个县进入全省58个县级城市空气质量综合排名前十名，数量全省第一；7个县进入全省62个县级行政区水质排名前十名，数量全省第一；主要河流Ⅰ～Ⅱ类优质水比例100%，全省第一；国（省）控和小流域断面水质排名全省第一；该市地表水环境质量有4个月进入全国前30名，全省第一。

城市品牌更具影响力。中央媒体先后两次深入该市开展万寿岩遗址保护工作宣传和“三明实践”主题宣传报道活动，进一步打响“风展红旗如画三明”品牌，三明、沙县蝉联全国文明城市，三明、永安分别荣获全国双拥模范城“八连冠”“五连冠”。将乐、清流、明溪、建宁4个县进入2020年度福建省县域经济发展“十佳”县。厦门航空开通北京大兴——三明每天往返航班。三明市继续摘得高考理科、美术专业全省第一名，本科上线率保持全省前列。三明综合信用指数在全国地级市中排名由2018年的第246位跃升至第35位、全省第2位。

一年来，社会发展主要工作和成效是：

统筹疫情防控和经济社会发展有力有效。坚持一手抓疫情防控，面对突如其来的新冠肺炎疫情，第一时间启动重大突发公共卫生事件一级响应，筑牢“五道关口”“三道防线”，全市疫情在1个月内得到有效遏制，实现零扩散、零感染、零死亡；落实常态化疫情防控措施，做好“外防输入、内防反弹”工作，全市自2月17日以来无新增确诊病例、疑似病例和无症状感染者。坚持一手抓复工复产，第一时间出台支持中小微企业共渡难关12条、促“六稳”30条、提振消费12条、加快项目有序开工复工18条、打通复工复产“五难”操作链专项行动工作方案等系列政策措施，深化“访企业、解难题、促‘六稳’”专项行动，3月10日起，全市重点项目、规上工业企业、限上商贸企业、农业龙头企业复工率均达100%，全年累计减轻企业负担超过35亿元，该市减负做法被国务院减负专项督查确定为典型案例。

“四篇文章”持续做实。持续做实“红色三明”，常态化开展红色故事宣讲79场，《风展红旗如画》情景音乐剧完成公演，该市12个县（市、区）全部纳入长征国家文化公园福建重点建设区并启动建设，三明中央苏区革命纪念馆建成，5个原中央苏区县纳入中央国家机关及有关单位对口支援范围，全市向上争取各类补助资金175亿元、增长11.93%。持续做实“绿色三明”，建宁、宁化入选第四批国家生态文明建设示范县，泰宁、尤溪入选第二批国家全域旅游示范区，新增万寿岩文旅小镇等3个国家AAAA级旅游景区，闽江流域山水林田湖草生态保护修复项目获财政部绩效考评正向激励。持续做实“文明三明”，《三明市公共行为文明促进条例》正式实施，文明积分管理平台、积分入学平台投入使用，市级新时代文明实践中心试点、全国精神文明建设展览馆（三明）项目扎实推进。

扎实推进三大攻坚战。精准脱贫任务全面完成，三明国家扶贫改革试验区扎实推进，“两不愁三保障”水平持续提升，受疫情影响的208户753名建档立卡贫困户实现稳定脱贫，对2813户9409名相对贫困人口开展常态帮扶；防范化解重大风险成效显著，全市不良率降至0.94%，为近五年最低；新增贷款达174.4亿元、增长11.46%，为近五年新高；污染防治纵深推进，加快实施三钢、青纸、智胜化工超低排放改造，完成国土绿化和森林经营面积87060公顷、治理水土流失面积32453.33公顷，7个县获省环境质量提升奖励。深化环保督察问题整改专项行动，第一轮、第二轮中央环保督察反馈涉及该市的整改任务全部按序时进度推进，永安金银湖矿山、尼葛开发区异味扰民等突出问题整改基本完成；深化城市管理“五难”治理专项行动，全市新增停车泊位5813个、新（改）建标准公厕110座、整治农贸市场39个、治理背街小巷261条、治理和提升小区170个。

城乡建设发展加快。持续抓好市区经济社会发展，169个市区经济重点项目完成投资108.2亿元；“城市双修”持续深化，建成贵溪洋生态湿地公园、市区老年儿童微游乐园等项目，23个老旧小区微改造和市区东侧后山地灾工程治理项目全部完成；“依法和谐征迁”强力推进，市区完成征迁81.23公顷，徐碧“城中村”等一批“老大难”问题有效解决；行政区划调整工作稳步推进，编制完成三沙生态旅游区总体规划，市区与沙县产业民生领域同城化步伐加快，生态新城发展提速，生态康养城、市第一医院生态新城分院、市委党校迁建等项目加快推进。全面实施乡村振兴战略，建宁现代种业产业园获批创建国家级产业园，沙县、泰宁列入国家武夷岩茶特色产业集群，大田被授予全国首批国家数字乡村试点地区，尤溪被评为第二批国家农村产业融合发展示范园；“一革命五行动”加快推进，建成1个省级重点特色乡镇和12个美丽乡村精品示范村、13个乡村振兴实绩突出村，完成农村公路提档升级1400公里，清流获评全国村庄清洁行动先进县。

改革开放持续深化。积极推进“以人民健康为中心”的医改3.0版，探索构建新时代健康保障体系，完善慢性病分级分类分标管理机制，推进医防融合改革，国家中医药综合改革试验区建设取得实效。持续深化集体林权制度改革，累计发放“福林贷” “益林贷”等林业普惠性贷款140.7亿元，“林票”制度、“福林贷”、林业金融风险综合防控机制被列入《国家生态文明试验区改革举措和经验做法推广清单》。探索绿色信贷、绿色债券、绿色基金、绿色租赁、绿色信托、绿色保险为一体的绿色金融改革，全年绿色贷款增长21.2%。推进市属国有企业深化经营业绩考核和薪酬管理制度改革。扎实开展农村产权制度改革和农村新型住宅小区集中建设试点，建立“两统筹、两统管”农房规划建设管理机制，在全省率先开展林票、地票、房票“三票制”改革，沙县列入全国农村宅基地制度改革试点。坚持“线上”“线下”开展国际交流合作，第一时间为国际友城匈牙利布达佩斯十五区和意大利等5个国家海外侨胞捐赠防疫物资，成功举办第16届林博会、第26届世界客属石壁祖地祭祖大典、纪念朱熹诞辰890周年等活动。

民生事业不断改善。全市用于民生的重点支出272.64亿元、增长7.89%，占一般公共预算支出81.42%。30项省、市为民办实事项目基本完成目标任务。全市新增城镇就业1.74万人，城镇登记失业率3.18%，发放各类稳就业奖补资金1.46亿元，发放创业担保贷款2.8亿元，带动就业5484人。在全省率先建立革命“五老”人员遗偶生活补助自然增长机制，率先将城乡低保标准提高至最低工资标准的45%，特困供养平均标准从每人每年16413元提高至20094元，临时救助封顶线从每年8000元提高至20000元，全市企业、机关事业单位退休人员人均每月分别增加养老金146.3元、189.9元。全市新增中小学和幼儿园学位28515个，推出中高考五项关怀举措，全市1595个中高考考场在全省率先实现100%安装空调，该市被教育部评为全省唯一的“普通高中新课程新教材实施国家级示范区”。闽西北区域医疗中心建设稳步推进，县域远程医疗服务100%覆盖。新建114个农村幸福院，乡镇敬老院床位使用率提高到60%以上。县级融媒体中心建设全面完成，尤溪“四创四融”模式被评为全国广播电视媒体融合典型案例，“百姓大舞台”“周周有戏看”活动持续开展，泰宁影视基地建设有序推进，沙县小吃制作技艺、大田杂剧作场戏入选国家级非物质文化遗产名录。群众性体育活动深入开展，成功举办泰宁环大金湖骑行赛、将乐国际皮划艇马拉松公开赛等一批“运动山水”特色体育赛事。平安三明建设深入推进，扫黑除恶专项斗争取得胜利，市网络生态治理中心投入使用，10个县（市、区）被授予全国信访工作“三无”县（市、区），省级食品安全社会共治示范县（市）全覆盖，安全生产较大事故起数、死亡人数实现“双降”。

政府服务提质增效。深入开展“六最”营商环境对标活动，31个主要指标中有26个全省最优，38个市直部门各类审批服务事项承诺时限压缩率84.89%、继续保持全省最短，市直180项、县级600项审批服务事项在“e三明”实现全流程网上办理，“五办工作法”获省政府主要领导肯定。着力建设法治政府，启动创建全国法治政府建设示范市，组建市政府法律顾问团、法律服务团，在交通、城市管理领域探索开展柔性执法试点；认真办理市人大代表建议215件、政协提案267件。着力建设廉洁政府，加强廉政风险防控，有效发挥审计监督作用。开展形式主义、官僚主义负面清单专项整治，以市政府、市政府办印发的文件和市政府召开的会议分别同比下降3.2%、3.1%。

2020年是“十三五”规划收官之年。五年来，三明市综合实力明显提升。“十三五”期间，全市生产总值从2015年的1712.99亿元提高到2020年的2702.19亿元，增加近1000亿元，增长40.7%；人均生产总值达10.4万元，比2015年末增加3.6万元，增长36.6%；全市一般公共预算总收入从2015年的130.67亿元增加到170.15亿元、增长30.21%（加上减税降费和疫情影响，达到195.47亿元，同口径增长49.59%）；地方一般公共预算收入从2015年的93.68亿元增加到111.16亿元、增长18.65%（加上减税降费和疫情影响，达到126.63亿元，同口径增长35.17%）；城乡居民人均可支配收入从2015年的27393元、12806元分别提高到39270元、19410元，分别年均增长7.5%、8.7%，增幅均居全省前列；五年实施省市重点项目807个、总投资4078亿元，全市固定资产投资年均增长11.3%、保持全省前列水平，“五个一批”新增项目总数和新增开工数、新增投产数近三年连续保持全省前3名，产业项目占比提升至80.6%；五年共化解政府债务402.01亿元、处置不良贷款316亿元，不良贷款率从2015年最高8.58%下降至0.94%，全市金融机构贷款余额从2015年的1207.93亿元提高到1698.26亿元，增长40.6%；五年新增市场主体37.72万家，增量是“十二五”时期的5.8倍。

（摘编：于新民）

三元区社会发展概况

2020年，三元区牢牢把握“项目提速”“服务提升”“干部提振”工作主题，积极应对各种风险挑战，统筹新冠肺炎疫情防控和经济社会发展，全区经济发展好于预期，社会大局保持稳定，民生事业繁荣发展。全区生产总值249.7亿元，增长4.5%；其中，第三产业增加值83.5亿元，增长4.8%。农业总产值22.45亿元，增长4%；规模以上工业增加值增长2.5%；固定资产投资增长5.5%；社会消费品零售总额69.6亿元，增长1.5%；地方一般公共预算收入4.68亿元，增长2%；城镇居民人均可支配收入43270元，增长5%；农村居民人均可支配收入22370元，增长6.5%；节能减排年度任务全面完成。社会发展重要工作取得了新突破：

疫情防控、复工复产得到肯定。发现全市首例新冠肺炎确诊病例，第一时间组织全区上下投入抗疫，“管住人、用好人、温暖人”的疫情防控做法在全省作交流发言；2月21日在全市率先实现规上工业企业全部复工；“两统筹、两兼顾”工作得到国务院指导组充分肯定，莘口镇获评省抗击疫情先进集体。

文化旅游、森林康养深入人心。万寿岩旧石器时代遗址保护纪实在《新闻联播》头条报道，对接21家主流媒体、130余家主流网站集中报道万寿岩200多篇。万寿岩文旅小镇升格国家AAAA级景区、格氏栲获评国家首批森林康养基地，万寿岩遗址博物馆晋级国家三级博物馆。

基层治理、社会服务创新推进。“五必知五必访五必做”新时代三元版枫桥经验在《长安》杂志上发表；全市乡镇生态综合管护模式推广现场会在莘口镇召开，环保基层网格化创新工作得到省环保厅肯定；“12345”便民服务中心群众满意率达99.5%，“e三明”注册率居全市首位。

一年来，社会发展主要工作和成效是：

强功能、提品质，刷新了城乡面貌。国道534槐林至荆东、国道205台江连接线建成通车。实施“依法和谐征迁”项目18个，完成土地征收716亩、房屋征收746户，白沙旧改剩余地块等一批项目完成扫尾清零。加快荆东片区开发，将市区南大门从东霞富兴堡向南拓展延伸6公里，盘活槐林片区、荆西片区近200公顷。实施“城市双修”、“五难”攻坚，新增停车位580个、完成公厕改造11座、农贸市场改造4个，红旗新村、地质队及周边等一批老旧小区微改造加快推进。完善“148”文明城区创建长效机制，顺利通过全国文明城市和省级文明城区考评迎检。推进农村人居环境整治，新建农村公厕12座、污水处理设施32座，绿化村庄37.3公顷。格氏栲至上沙地、岩前至星桥中桥等项目建成通车。编制西际等省级乡村振兴试点“多规合一”村庄规划，张坑、乌龙、楼源入选国家森林乡村，西际村获评“全国文明村镇”。污染防治纵深推进，中央、省委环保督察反馈问题基本销号。辖区主要流域水质优良比例、环境空气质量优良比例均达100%。西际村、东牙溪饮用水源、东牙溪小流域入选《中国绿都·最氧三明》电视专栏“十佳”名录。

抓弱项、补短板，增进了民生福祉。脱贫攻坚成效牢固。全区已脱贫贫困户人均可支配收入稳定超过8000元，已摘帽的7个贫困村村财收入稳定超过20万元/年，推广运用“困难家庭精准帮扶云平台”，实现帮扶工作“掌上办”“指尖办”。公共服务能力提升。民生支出占财政支出比重85.3%。全区城镇新增就业1501人，城镇登记失业率低至2.5%。统筹推进新东霞小学等8个新建、扩建的应急补短板教育项目建设，新增学位2480个，公办园覆盖率提升至59.18%，义务教育事业发展质量综合各项指标位于全省前列。在全市最早开展医防融合示范点建设，创新推行慢病积分制管理和“你点我讲”健康宣教模式，形成医防协同一体化健康管理模式。区乡村三级退役军人服务保障体系实现全覆盖。第七次全国人口普查顺利推进。《三元年鉴》《三元区志》首次公开出版发行。安全稳定底线牢固。深入开展矿山、危险化学品等行业领域安全生产专项整治，安全风险管控责任和隐患分色治理工作有效落实，安全生产态势总体平稳。聚焦“六清”行动，全力打赢扫黑除恶专项斗争决胜战，破获“打伞破网”案件21起，禁毒工作深入推进，平安“三率”明显提高。

守法治、强治理，提升了行政效能。自身建设加强。人大代表建议、政协提案办复率均为100%。认真落实基层减负，区本级精简督查事项27%、会议16%。行政服务中心投入使用，“三集中、三到位、一站式”目标要求有效落实。各类审批服务事项办理法定时限合计压缩至1652个工作日，压缩率达86.5%，控制在法定时限的13.5%，位于全省前列。

2020年各项主要目标任务的基本完成，标志着该区“十三五”规划实现圆满收官。五年来，经济实力快速攀升。尽管在“十三五”期末，受新冠肺炎疫情影响，全区经济社会经受了前所未有的冲击，一些经济指标增速放缓，但总体上达到了预期目标。2020年地区生产总值达到249.7亿元，完成规划目标的124.9%；人均GDP12.1万元，完成规划目标的118.6%；地方级一般公共预算收入年均增长2.9%；居民人均可支配收入年均增长8.5%。

民生保障大为改善。深化国家扶贫改革试验区建设，7个贫困村，103户、207人脱贫攻坚全面完成。教育短板加快补齐，累计新增学位5540个。公共卫生服务体系日趋完善，建成区卫生服务综合大楼等一批卫生项目，乡、镇（街道）中医馆实现全覆盖。城乡养老服务体系日益完善，养老服务设施覆盖率达90%以上。全民参保计划加快推进，养老保险精准扩面工作走在全市前列。持续深化国家级公共文化服务体系示范区创建活动，忠山、龙安入选中国传统村落。

城市品位提质上档。南龙铁路建成通车，“两横五纵”“两枢纽七互通”交通格局初显雏形。海西商贸城、东霞永嘉天地、御江首府项目加快建设，现代化南部新城初具规模，并不断向南前进。实施“城市双修”，加快道路白改黑、老旧小区微改造、“三供一业”提升、拆墙透绿景观改造及夜景工程改造，中心城区的面貌焕然一新。东霞社区、群二社区荣获“全国综合减灾示范社区”称号；成功实现全国文明城市“三连冠”，初步实现了“城市让人民生活更加美好”的愿景。

产业调整成效彰显。积极推进农业品牌产业化基地建设，“万寿岩”公共农业品牌快速打响。传统产业通过技术改造，生产能力、创新能力得到普遍提高。新兴产业快速发展，氟硅新材料产业异军突起，产值年均增长20%。文旅康养产业朝气蓬勃，万寿岩国家考古遗址公园等一批项目建成投入使用。

生态环境变化深刻。创新森林资源管护机制，连续34年无森林火灾，全区森林覆盖率从78.66%升至79.23%，位居全国前列。落实企业环境信用评价、年度审核和公示制度。推行环境责任保险，建立了工业园区整体投保机制。突出“生态、生产、生活”管控，打造“河湖长制”升级版，小流域水质均达Ⅲ类标准以上。城区环境质量优良天数比例达98%以上，主要污染物排放总量完成控制目标。

改革开放取得突破。全面完成农村集体产权制度改革、农村土地确权登记颁证工作。深化农村金融改革，“福林贷”“金穗快农贷”等金融产品大力推广。推进林业改革，完成国有林场改革，推行重点区位商品林赎买、林票改革。深化基础教育改革，试行“总校制”办学机制。“三医联动”、总医院医联体建设等改革成果不断巩固提升，深化和拓展医改“三明经验”，医养结合服务新模式“乐龄家园”得到广泛赞誉。全方位拓展对外开放合作领域，白炭黑出口至全球50多个国家，主动融入闽西南经济协作区，招商引资取得重大突破。

（摘编：游学荣）

梅列区社会发展概况

2020年，梅列区坚持以习近平新时代中国特色社会主义思想为指导，深化“五比五晒”，经济运行持续回升，社会保持和谐稳定。初步统计，全年实现地区生产总值361.5亿元，增长5%；地方公共财政收入7.73亿元，增长0.9%；固定资产投资增长5%；社会消费品零售总额120亿元，增长3%；城镇居民人均可支配收入45115元，增长2.5%；农村居民人均可支配收入20994元，增长4%；完成节能减排降碳年度目标。社会发展一些重要领域、重点项目取得突破：

疫情防控坚决有效。全区干部闻令立战、沉着应战，日夜坚守、联防联控，始终保持“零确诊”记录，辖区在较短时间恢复生产生活秩序。徐碧街道卫生服务中心、富华社区党总支分别受到国家和省级表彰，境外疫情防控案例获市委市政府通报表扬。

教育品牌持续打响。国家义务教育质量监测考评成绩居全省首位，教育教学质量稳步攀升。中考、高考成绩位列全市前茅。投入2.5亿元完成5个教育补短板应急项目，全年新增学位3420个，沪明小学仅用270天就建成投入使用。

2020年社会发展的主要工作和成效是：

三大攻坚有力推进。金融风险有效防范。完成不良贷款处置达6.54亿元，新增贷款32.53亿元，全区不良率降至1.15%，属地内不良率降至0.64%。脱贫攻坚推进有力。持续巩固稳定脱贫成果，落实“四个不摘”要求，在全市首创“政府防返贫责任险”，推动农村相对贫困家庭精准帮扶工作，贫困户全年收入比增18.69%，贫困村年均村财收入比增19.1%，增幅居全市前列。污染防治扎实开展。严格落实生态环境保护目标责任制，扎实抓好中央督察信访问题整改工作，信访件办结率达100%。深化蓝天、碧水、净土保卫战，持续推进餐饮油烟、工地扬尘等专项整治，空气优良天数达标率100%。完成绿化造林面积167.5公顷，治理水土流失面积212.1公顷。

城乡环境更加宜居。城区建设步伐加快。有力推进“依法和谐征迁”，完成三明卫校周边地块、陈大片区集体土地等20个征迁项目。全力推动“城市双修”项目建设，立体式综合城市公园——贵溪洋湿地公园已开园试运行，市区后山地灾整治、交通沿线景观提升、老年儿童微游乐园等项目全面完工，城市变化可观可感。御龙天峰、康城一品等优质住宅区落地北部新城，城市框架逐步拉开。深化城市“五难”治理，深入推进垃圾分类，新（改）建公厕16座，新增停车泊位近800个，完成红岩新村、丹蓉新村等15个老旧小区改造，一批小区物业管理水平得到有效提升，农贸市场、背街小巷脏乱差等问题逐步得到解决。乡村振兴扎实推进。深入开展人居环境整治行动，推进“一革命五行动”，全面巩固提升农村饮水安全，有序推进污水处理、村容村貌等整治工程。实施农村道路养护里程达320公里，抓好“两高”沿线环境整治。创建绿盈乡村15个，小蕉村获评国家级森林乡村，陈大镇获评省级全域生态旅游小镇，上街村、砂蕉村获评市级美丽乡村精品示范村。

民生事业稳步发展。民生事业支出持续提升，占区财政支出比重达82%。梅列医院改建、农村公厕新改建等9个为民办实事项目基本完成。开设“1+N四点半”学校服务学生人数1024人。基层医疗服务能力不断提高，完善慢性病分级分类分标管理机制，新建3家社区卫生服务站，完成梅列二院医改示范点提升改造，福兴妇幼医院、列东中医院等民营特色专科医院建成投入使用。投入630万元完成农村幸福院、镇级区域性养老服务中心等项目建设，特殊困难老人家庭适老化改造任务全部完成，养老服务覆盖面进一步扩大。广泛开展全民健身运动活动，顺利完成国民体质监测任务。社会保障扩面提标。城乡低保统筹指数居全市首位，城乡低保标准由每人每月580元提高到708元。积极落实就业创业政策，新增城镇就业1921人，城镇登记失业率1.84%，控制在任务目标3.5%以内。企业保险、工伤保险、失业保险等超额完成年度参保任务，城乡居民基础养老金每月提高到130元，机关事业、企业人均养老金每月分别提高195元、133元。实施贫困留守儿童“雏燕”关爱行动，对443名留守儿童建档立卡跟踪服务。

政务效能不断加强。深化法治建设，及时公开各类政府信息700余件，加强规范性文件备案审查。全年办结区人大代表建议59件、区政协委员提案84件，办复率为100%、满意率为99.3%。深入开展“六最”营商环境对标活动，率先在“e三明”开设“一件事”审批受理功能，转化“一趟不用跑”和“最多跑一趟”事项1093项，事项审批最新承诺时限已压缩到法定时限的16.9%，保持全省最短。深入开展“访企业、解难题、促‘六稳’”专项行动，问题解决率为97.8%，办结满意率为100%，累计减税降费1.94亿元，清理拖欠民营企业中小企业账款3577.36万元，企业发展信心不断增强。开展预算执行审计、经济责任审计项目21项，政府转移支付资金增长81%，一般性支出压减10%。

2020年工作任务的完成，标志着“十三五”规划的主要目标任务基本完成。五年来，综合实力显著增强。地区生产总值从2015年的226.32亿元提高至361.5亿元，年均增长9%；人均地区生产总值达19.1万元，位居全市前列；社会消费品零售总额达到2015年的1.65倍，年均增长10.59%。实施“五个一批”项目408个，总投资达850.4亿元，在2016年全市“大干150天、加快推进‘五个一批’项目建设”活动、2019年全市“五比五晒”竞赛活动中获得一等奖。这五年，是城乡面貌焕然一新的五年。为三明市蝉联三届全国文明城市、八届全国“双拥模范城”发挥了主战场、主力军作用。中心城区、北部新城、陈大组团全面开发，常住人口城镇化率提升至92.8%。全力攻坚“依法和谐征迁”，累计完成市、区重点征迁项目61个，完成土地征收265.5公顷，征收房屋36.65万平方米，有力突破了一批制约发展的难点堵点，解决了一批长期想解决而没有解决的遗留问题。大力推进“城市双修”，总投入9.67亿元，累计完成50个项目建设，推动一批老旧小区旧貌换新颜，建成城市绿道、滨江自行车慢道等滨水绿廊25公里，城区“一重山”及交通节点沿线景观得到有效提升。205国道市区段改线、南三龙铁路等一批交通项目完成建设，实现交通互联贯通。深入开展农村人居环境整治，建成一批“美丽庭院”、“美丽村庄”，洋溪镇和上街村、陈墩村、大源村、砂蕉村、小蕉村等“一镇五村”被评为省级乡村振兴示范创建试点。这五年，是民生事业全面进步的五年。民生事业支出占区财政支出比重持续保持80%以上。全区建档立卡贫困户、贫困村实现脱贫摘帽。城镇居民和农村居民人均可支配收入年均分别增长7.73%和8.33%，城镇登记失业率控制在2.33%以内。居民低保、医保等补助标准持续提高，农村低保标准线由每年5904元提高至每年8496元，居全市第一；城乡基本养老保险参保率保持90%以上。累计投入5.1亿元，新（扩）建学校11所，新增中小学、幼儿园学位8130个，学前教育入园率超过98.8%，义务教育巩固率稳定在95%以上，荣获“全国义务教育发展基本均衡区”、“全国中小学校责任督学挂牌督导创新区”、“福建省教育工作先进区”等称号。公共卫生服务持续优化，新增专科医院、门诊部等各类医疗机构23家，实现每千人拥有医疗机构床位数达到14张、每千人拥有医师（助理医师）5.38人，均高于全省平均水平。被授予“全国慢性病综合防控示范区”。

（摘编：林学军）

永安市社会发展概况

2020年，永安市认真学习贯彻习近平总书记关于疫情防控工作的重要讲话重要指示批示精神，迅速落实上级指令，执行一级响应措施，精准防控重点人群、重点场所、重点单位，3名确诊病例在短时间内得到治愈，全市疫情在1个月内得到有效遏制。在疫情防控中，全市上下夜以继日、连续奋战，合力构筑起阻击疫情的钢铁防线。疫情防控由应急状态转为常态化后，全面贯彻落实党中央、国务院和上级党委、政府的决策部署，统筹推进疫情防控和经济社会发展，促进经济稳步回升和社会大局稳定。全市完成地区生产总值446.3亿元，增长3.6%；地方一般公共预算收入19亿元，增长4.1%；固定资产投资增长6.2%；社会消费品零售总额128.1亿元，增长2%；城镇居民人均可支配收入40236元，增长3.4%；农村居民人均可支配收入20784元，增长5.7%；节能减排任务全面完成。一年来社会发展的主要工作和成效是：

三大攻坚战扎实推进。强基固本需要破解难题，始终以攻坚的决心、发展的理念，啃下最硬的“骨头”。打好精准脱贫攻坚战，全面对照“两不愁三保障”标准，建立保障性扶贫机制和防止返贫致贫监测帮扶工作机制，将低保线从6960元提高至8496元，718户1564人建档立卡贫困户全部脱贫，人均收入1.5万元；35个贫困村全部摘帽退出，平均村财收入15万元以上。打好污染防治攻坚战，持续深化河湖长制，狠抓中央环保督察问题整改，尼葛开发区异味扰民问题得到有效治理，金银湖水泥矿山与石林景区重叠问题已基本完成整改，全年环境空气质量优良率达100%，主要流域水质均达到Ⅲ类以上标准，城区饮用水源水质达标率100%。打好防范化解重大风险攻坚战，政府债务风险有效防控，政府性债务控制在限额以内，全口径债务逐年下降，入闸全国建制县隐性债务化解试点，获得再融资债券资金30.16亿元，有效缓解偿债压力；房地产风险持续化解，按照“一盘一策”化解思路，推动12个项目竣工交房或进场复工；工贸企业不良贷款持续压降，不良贷款率下降至0.9%，为近五年最低水平。

人民生活得到保障。坚持以人民为中心的发展思想，解民之困、惠民之需，人民群众幸福感、获得感、安全感持续提升。城乡面貌不断改观，城市功能日趋完善，城市“七难”问题治理取得明显成效，全年投入1.2亿元实施13个城市建设和14个老旧小区改造项目；乡村面貌不断完善，完成10个省级乡村振兴试点村的规划编制，农村卫生厕所普及率达96.6%，生活垃圾实现100%有效治理，乡镇集中式污水处理设施实现全覆盖；基础设施持续提升，兴泉铁路加快推进，溪源水库大坝主体完工，三年水质提升改造工程如期完成。民生福祉持续改善，7类47项为民办实事项目完成投资8.98亿元，全年民生支出增长11.7%，占一般公共预算支出的76.7%。社会保障更加全面，新增城镇就业3553人，城镇登记失业率3.18%，城乡居民最低生活保障标准提高至每人每月708元；教育事业更加均衡，新建、新开办公办幼儿园和普惠性幼儿园3所，普惠性幼儿园覆盖率达92%，名师名校长数量居三明之首，永安一中学子摘得全省高考理科状元桂冠；卫健体系更加完善，启动总医院新院区建设，策划实施医疗“补短板”等4个卫生建设项目；养老服务更加贴心，新增农村幸福院15所，改造提升乡镇敬老院5所，实现每千名老人38张床位的目标；文体事业更加丰富，唱响“风展红旗 如画三明”品牌，成功举办第十届海峡两岸曲艺欢乐汇，新时代文明实践所（站）实现全覆盖，青水畲族乡、市法院分别荣获全国文明村镇和全国文明单位称号。社会治理更加有效，深化扫黑除恶专项斗争，一年来共打掉黑社会性质组织1个、恶势力犯罪集团2个、恶势力犯罪团伙2个，整治行业乱象1300余个，群众对扫黑除恶专项斗争好评率达99.39%，位列省、三明前列；持续推进“平安永安”建设，“七五”普法圆满收官，被授予全省第四轮第一批平安县（市、区）和全省乡村治理示范县称号，入围2020年赛迪治理能力百强县，位列第42位、全省第2位；信访秩序持续好转，信访总量下降4%，被国家信访局授予信访工作“三无”县称号；应急管理能力不断增强，全年未发生较大及以上生产安全、食品安全事故。各项工作持续提升，国防建设、人民防空、双拥优抚等工作不断加强，退役军人服务保障体系实现全覆盖，蝉联“全国双拥模范城”五连冠。

全面加强党政建设。始终把对党忠诚置于前，坚持把政治建设放在首位，深入学习贯彻习近平新时代中国特色社会主义思想，深化落实省委“三四八”贯彻落实机制要求，切实增强“四个意识”、坚定“四个自信”、做到“两个维护”。始终把依法行政抓于常。以创建法治政府建设示范市为抓手，严格执行行政决策程序和政府议事规则，推动行政执法规范化、信息化建设，加强行政复议、法治督察工作，全面深化政务公开，认真办理人大代表建议154件、政协委员提案155件。始终把为民服务践于行。持续开展“访企业、解难题、促‘六稳’”活动，帮助企业解决难题194项，落实减税降费2.53亿元，降低企业电费支出7600多万元；持续深化“放管服”改革，梳理落实“一趟不用跑”事项1409项，“最多跑一趟”事项39项，审批事项平均压缩时限20.3天，入围2020年赛迪营商环境百强县，位列第34位、上升4位。始终把廉洁勤政守于心。认真贯彻落实中央八项规定及实施细则精神和省、市实施办法，行政效能不断提升，作风建设和廉政建设不断加强。坚持过“紧日子”，压减一般性支出5%，盘活财政存量资金4200多万元。

2020年工作任务的完成，为“十三五”规划画上圆满的句号。五年来，永安市深入贯彻习近平总书记提出的“努力建设机制活、产业优、百姓富、生态美的新福建”的殷切期望，推动各项社会事业协调并进，为全面建成小康社会奠定了坚实基础。“十三五”末全市生产总值是2015年的1.4倍，年均增长6.6%；规模以上工业增加值、社会消费品零售总额和地方一般公共预算收入年均分别增长6.8%、6.6%和1.7%；金融机构存、贷款余额均突破240亿元，比2015年分别增加69亿元和43亿元。

这五年，在“百姓富”上取得新提升。坚持惠民利民，持续保障和改善民生。坚持每年投入20多亿元资金用于民生支出，新建、改扩建中小学及幼儿园12所，永安一中学子2019年、2020年分别夺得全省高考文科、理科第一，荣获全省首批国家中小学责任督学挂牌督导创新县、福建省教育工作先进市等称号。成功创建国家公共文化服务体系示范区，被列为全国首批健康促进试点市，在三明率先实现城乡低保标准一体化。南三龙铁路、漳永高速建成通车，兴泉铁路加快建设，新建、改造普通道路220公里，城市形象品位明显提升。创新“391”党建精准扶贫工作机制，全市现行标准下建档立卡贫困人口全部脱贫，城镇和农村居民人均可支配收入年均分别增长6.8%和8.3%。

这五年，在“生态美”上展示新风貌。牢记习近平总书记“青山绿水是无价之宝”的叮嘱，在三明率先出台《环境保护工作责任清单》，300项党政领导生态环保目标任务全部完成。新改建公园和公共绿地共计58.6万平方米，累计建成城市慢线11公里。单位生产总值能耗下降20%，工业固体废弃物利用率达85%以上，工业用水重复利用率达90%以上，提前一年超额完成“十三五”减排任务。全市环境空气质量优良率始终保持在97.5%以上，10个省控断面及市区两个集中式饮用水源地水质均达到Ⅲ类以上标准，荣获“全国百佳深呼吸小城”和“中国最具生态竞争力城市”等称号。

（摘编：杨立群）

清流县社会发展概况

2020年，是应对大战大考、逆势奋进的一年。清流县深入学习贯彻落实习近平新时代中国特色社会主义思想，努力在危机中育先机，于变局中开新局，全力做好“六稳”工作、落实“六保”任务，统筹推进疫情防控和经济社会发展，经济运行呈二季度企稳、下半年稳定回升态势。全年实现地区生产总值153.34亿元，增长3.23%；规模以上工业增加值增长2.1%；县级一般公共预算收入4.25亿元，增长3.0%；固定资产投资增长4.3%；社会消费品零售总额48.94亿元，增长0.7%；城镇居民人均可支配收入34365元，增长3.3%；农村居民人均可支配收入18503元，增长6.2%。一年来社会发展的主要工作和成效是：

共克时艰，疫情防控展现新担当。面对突如其来的新冠肺炎疫情，快速反应，积极应对，全力打好疫情防控人民战争、总体战、阻击战。全县人民众志成城、同舟共济，县乡村（居）三级防控网格持续筑牢，全县保持零输入、零确诊，疫情防控取得重要阶段性成果。深入开展“访企业、解难题、促‘六稳’”专项行动，实施“一业一策”“一企一策”精准帮扶，解决复工复产、复商复市“五难”等实际困难100多个，汇编、制定援企惠企政策57条，争取各类补助资金4020万元，为企业减税降费减负5312万元，经济社会发展经受住了疫情考验。全力支援武汉保卫战，先后派出2位援鄂医疗队员，动员社会各界捐款捐物折合人民币195.41万元，彰显了清流人民风雨同舟、守望相助的大爱情怀。

精准施策，三大攻坚取得新成果。持续巩固脱贫成果，坚持“四个不摘”，实施扶贫项目57个，发放产业扶持资金1295万元，增设贫困户公益性岗位217个，扶贫消费化解因疫滞销产品513万元，精准脱贫全面完成，相对贫困帮扶有序推进。持续打好污染防治攻坚战，顺利通过第二轮省环保督察，第一、二轮中央环保督察信访件所反映问题全面整改销号，严管露天焚烧行为，城区空气质量保持在全省前10位，强化水源地保护与河道治理，水质达标率100%，获省环境质量提升奖励。持续防范化解重大风险，全年化解不良贷款6119万元，不良率降至1.0%，为近六年最低，地方政府债务余额控制在省核定的限额范围内。盘活政府性资金7823万元。

致力超越，改革开放释放新活力。全面完成农村集体产权制度改革，稳步推进林业金融贷款及林权流转，新增林权抵押贷款2092万元，流转面积933.3公顷。深化“总校制”改革，实施“总园制”办学，创新城乡教师交流轮岗机制，城关幼儿园、文华幼儿园通过“市级示范性幼儿园”评估验收。医改向“全联”“深动”深化，基本形成基层首诊、双向转诊、急慢分治、上下联动的分级诊疗模式，县总医院胸痛中心通过中国胸痛中心（基层版）认证，成为国家级胸痛中心。区域协同融合发展不断深化，集美（清流）共建产业园二期启动建设，新引进台资企业7家，清流台湾农民创业园被省级农订会组委会授予“最佳组织奖”。

统筹全域，城乡建设呈现新面貌。大力开展省级文明城市创建活动，深入推进城市管理“五难”治理专项行动。实施碧林新村、绿园小区、政府宿舍区等老旧小区改造，完成碧林南路、金鼎片区等街巷污水整治，新建改造城乡公厕26座，城区新增停车泊位616个。出台务实可行的城区零星危房改造政策，制定城区低效用地再开发专项规划，推进“三旧改造”，创新开展弃土弃渣综合回收利用，加快重点项目建设临时用地恢复治理。实施嵩口、嵩溪、赖坊、灵地、李家集镇街区改造，完成公路沿线农房建筑风貌改造提升1340余幢，拆除“两违”20余万平方米，全面完成乡镇垃圾转运站改造提升，荣获全市唯一“全国村庄住宅清洁行动先进县”，人居环境整治三年行动顺利收官。完成13个乡镇乡村振兴战略计划、111个行政村发展建设方案编制，赖坊镇南山村“村园一体化”发展模式入选全国乡村振兴优秀案例，林畲镇、嵩溪镇入选省级乡村治理示范乡镇。浦梅铁路、兴泉铁路（清流段）建设加快推进，火车站前广场、进站大道接近完工，永宁高速桐坑互通及连接线项目获得省上批复。启动全县国土空间规划编制。

为民惠民，社会事业实现新发展。社会保障更加有力，民生相关支出占财政支出的79.0%，7大类30项民生实事基本办成，城乡低保每人每年提高至7680元，新增城镇就业305人，城镇登记失业率控制在2.16%。教育短板进一步补齐，动工建设龙津学校，屏山、长校江坊等6所幼儿园竣工投入使用，中考、高考考场空调安装实现全覆盖，高考本科上线人数同比大幅提升，再创历史新高。群众医疗服务获得感不断增强，县域内就诊率达90.1%，城乡住院病人平均自付费用1250元，全市最低。文体惠民深入推进，实施农村电影放映“2131”工程，清流图书馆、文化馆被评为国家一级馆，新增省级文物保护单位2处，县体育中心一期工程（体育馆）竣工，红军北上抗日先遣队旧址群保护提升等3个项目列入省长征国家文化公园项目建设保护规划并启动建设。深入开展安全隐患大排查大整治活动和安全生产三年专项整治行动。第七次全国人口普查顺利推进。

履职尽责，政府建设树立新形象。坚持把政治建设摆在首位，深化拓展“不忘初心、牢记使命”主题教育成果，严格落实意识形态工作责任，持续抓好巡视巡察问题整改“后半篇文章”。坚持依法行政，认真执行县人大及其常委会决议，主动接受人大法律监督、工作监督和政协民主监督，认真办理人大代表建议和政协委员提案。持续深化“放管服”改革，优化“互联网+政务服务”，大力推广运用“e三明”网上办事平台，全县各单位各类审批服务事项办理平均时限压缩率84.66%，“一趟不用跑”和“最多跑一趟”事项占比99.05%，诉求受理率、及时查阅率、回复率、按时办结率均为100%。牢固树立政府过“紧日子”思想，强化预算执行约束，“三公”经费支出减少6.0%。坚持“从战场中找战果，从战果中找战将”，完善内部二级绩效管理，“干多干少不一样、干好干坏不一样”导向更加鲜明，干部担当作为精气神进一步提振。

2020年工作任务的完成，为“十三五”规划收官画上了圆满句号。五年来，清流县面临形势非比寻常。面对多年少有的经济转型阵痛、下行压力持续加大等国内外复杂严峻形势，以及全县经济总量小、产业结构不优、民生短板亟须补齐、财政保运转与求发展矛盾、持续增长后劲不足等问题，清流县以上率下、迎难而上，精准识变、科学应变，修复净化政治生态，采取“一盘一策”化解房地产市场矛盾，成功处置涉高考政策人员应急事件，全力应对非洲猪瘟疫情防控、暴雨洪灾袭击、新冠肺炎疫情冲击等重大挑战，全面完成脱贫攻坚重大历史使命，将和全国、全省、全市一道迈进全面建设社会主义现代化国家新征程。综合实力显著提升，全县地区生产总值年均增长7.3%，人均GDP突破10万元；地方一般公共预算收入年均增长4.3%，2017—2019年连续3年县级一般公共预算收入增幅和税性比均居全市第一位；规模以上工业总产值突破150亿元，年均增长7.2%，东莹化工、南方水泥先后实现税收超亿元；五年实施省市县重点项目599个、总投资1037.43亿元，全县固定资产投资年均增长11.0%；化解不良贷款7.45亿元，不良率下降5.06个百分点；五年新增市场主体2.96万家，较2015年增长4.9倍。2019—2020年连续两年获福建省县域经济发展“十佳县”，2016—2019年经济发展进步指数居全市第1位。2017—2018年连续两年获市“五比五晒”考评一等奖。

（摘编：苏建平）

宁化县社会发展概况

2020年，面对突如其来的新冠肺炎疫情，宁化县深入学习贯彻习近平新时代中国特色社会主义思想和党的十九大、十九届二中、三中、四中、五中全会精神，战疫情、稳经济、保稳定、惠民生，全力做好“六稳”工作、落实“六保”任务，做实“四篇文章”，推进“四个着力”，深化“五比五晒”活动，开展“百日攻坚大会战”，经济运行企稳回升。全年完成地区生产总值突破200亿元；地方级一般公共预算收入6.71亿元，与上年持平；固定资产投资增长5%；社会消费品零售总额62.43亿元，增长2%；城镇居民人均可支配收入31535元，增长3.5%；农村居民人均可支配收入17958元，增长7%。社会发展主要工作成效有：

城乡建设环境更美，彰显出高质量发展新魅力。城市换新颜。积极创建第六届省级文明县城，扎实推进城市管理“七难”治理攻坚行动，新建市政道路8公里，新增停车位258个，疏浚修复污水管网60公里，拆除“两违”面积1.5万平方米。实施城市亮化工程，“三溪六岸”夜景进一步提升。改造提升老城区，启动老旧小区改造试点3个，完成城市微改造工程6个，改造背街小巷2.73公里，市民幸福感持续提升。乡村改旧貌。深入实施乡村振兴战略，加快推进33个省市县乡村振兴示范村建设，深化农村“一革命四行动”和农村公路提档升级三年攻坚行动，乡村道路好路率达92%，行政村公厕覆盖率、污水处理率分别达100%、95%，农村垃圾全面实现“户投放、村收集、乡镇转运、县处理”，石壁镇、中沙乡和34个村入选省级乡村治理试点示范单位，我县被列为全省农村生活污水治理整县推进试点县。生态创示范。打好蓝天、碧水、净土保卫战，治理水土流失面积9913.33公顷，建设安全生态水系48.5公里，推广烤烟房“煤改电”70座，森林覆盖率达74.97%，空气质量居全省县级城市前十位，国省控和小流域断面水质达Ⅱ类标准，在全市率先完成第二轮中央环保督察反馈信访件交账销号，该县被国家生态环境部评为第四批国家生态文明建设示范县。

改革开放力度更大，激发出高质量发展新潜能。科技创新不断提升。规上工业研发经费投入7462.8万元、增长45.3%，增幅创历史新高。新增专利授权230件、省星火计划项目1个、省级星创天地企业1家，福特科光电通过国家高新技术企业复审，蛟湖小镇科普教育基地实践活动获评全国科普日优秀活动。重点改革不断深化。加快财政体制和预算管理制度改革，获财政部“2019年度县级财政管理绩效综合评价”前200名。深化养老服务改革，县社会福利中心“公建民营”改革和农村互助养老“四化”模式分别入选全国公办养老机构改革优秀案例和农村养老服务典型经验案例，我县被列为全省贫困重度残疾人集中照料试点县。启动林票制、地票制、房票制改革，农村新型住宅集中建设试点稳步推进。在全省县域内率先推行“总对总”批量担保业务模式。对外开放不断扩大。主动融入闽西南协同发展区建设，实施两岸客家融合发展行动计划，成功举办第二十六届世界客属石壁祖地祭祖大典和第八届石壁客家论坛系列活动，石壁客家祖地入选首批省政协港澳台侨交流基地，山海协作和对外交流更加密切深入。

民生改善成效更实，释放出高质量发展新红

利。疫情防控有力有效。全面落实“外防输入、内防反弹”总要求，压实“四方责任”，织密“五张网”，把牢“五道关口”，全县交通检疫查验车辆10.7万辆36.8万人次，重点地区返宁人员隔离138人次，发热病人监测5134人次，核酸检测3万余人次，冷链食品、外环境核酸检测1623份，全县唯一一例新冠肺炎患者在全市率先治愈出院，自2月8日以来无新增确诊和疑似病例。第一时间出台促“六稳”29条、提振消费12条措施，打通复工复产“五难”操作链，全面推动复工复产复学复商复市，经济社会发展和疫情防控实现双胜利。脱贫任务全面完成。出台应对新冠肺炎疫情助力脱贫攻坚10条措施和贫困户“321”帮扶政策，建档立卡贫困户实现稳定脱贫，省级扶贫开发工作重点县顺利退出。落实“四不摘”要求，加强脱贫不稳定人口与边缘易致贫人口监测预警，437户相对贫困对象实现专业技术人员“点对点”“一对一”帮扶，有效保障脱贫人口不返贫、边缘人口不致贫。民生保障持续加强。着力稳就业、保就业，城镇登记失业率控制在5%以内。大幅提高最低生活保障标准，养老保险精准扩面工作居全市前列。优化城区公交线路，新增新能源纯电动公交车10辆。全力办好为民实事，12件实事有10件基本完成，殡仪馆扩建和瑶上农贸市场2个项目完成年度目标任务。社会事业稳步提升。《风展红旗如画》情景音乐剧震撼上演，长征国家文化公园宁化段项目扎实推进，长征出发纪念馆竣工即将开馆，我县被列入国家第二批革命文物保护利用片区分县名单，向上争取各类转移支付18.45亿元，居全市前列。滨江实验中学等10所学校建成投入使用，新增学位7635个，教育“两项督导”顺利通过省级评估；中高考再创佳绩，中考平均总分和个人总分、高考本科批上线率均居全市第一。全国基层中医药工作先进单位创建扎实推进，新建县医院基本完工，县总医院正式成为福建中医药大学教学医院。新增省级文物保护单位3个，7个项目列入市级非物质文化遗产代表性项目名录，第五届“骑聚红土地·重走长征路”自行车赛成功举办。社会大局和谐稳定。深入开展扫黑除恶专项斗争和“三个专项”行动，完善信访“421”工作机制，该县被评为全国信访工作“三无县”，电信诈骗省级重点整治地区成功摘帽。有效防控金融风险，不良贷款率预计1.23%，创七年来新低。扎实开展安全生产专项整治三年行动和大排查大整治，积极创建省级食品安全社会共治示范县，全县保持安定稳定。“七五”普法圆满完成。深化双拥共建、国防教育、国防动员和民兵预备役建设。支持关工委、工会、老龄老干、退役军人、共青团、妇女、儿童、残疾人、红十字会等事业发展。统计、人防、水文、气象、移民、老区、防震减灾、民族宗教、机关事务、住房公积金管理等工作取得新成效。

政府行政效能更高，展现出高质量发展新作风。讲政治，思想再提升。严格落实意识形态工作责任制，牢牢掌握意识形态工作领导权，为高质量发展提供强大精神动力和舆论保障。优服务，审批再提速。深化“放管服”改革，推进“六最”营商环境对标活动，梳理“一趟不用跑”“最多跑一趟”办事清单事项928项，32个部门审批时限压缩率达83.32%，在全市率先推行行政审批项目“一码通”，931项事项入驻省网上办事大厅。转作风，效能再提高。大力弘扬“马上就办、真抓实干”优良作风，自觉接受人大、政协监督，高质量办理建议提案。严格落实全面从严治党主体责任，从严执行中央八项规定及其实施细则精神和省市县实施办法，持续为基层减负，抓好巡视、审计整改，加强效能监督和绩效评估，惩防体系不断完善。

2020年工作任务的完成，标志着“十三五”规划圆满收官。经过五年的努力，赶超目标顺利完成，三大攻坚战和全面建成小康社会取得决定性成果，为“十四五”发展奠定了坚实基础。五年来，宁化县上下同心共谋发展，综合实力明显提升。“十三五”末全县地区生产总值、地方级一般公共预算收入分别是“十二五”末的1.84倍、1.15倍，固定资产投资年均增长10.54%，根据市对各县（市、区）经济发展状况比较分析，该县2016年至2019年进步指数居全市前三，获评全国法治县创建活动先进单位、国家电子商务进农村综合示范县、省级文明县城等荣誉，2017年、2019年两次入选全省县域经济发展十佳县。

（摘编：彭金龙）

建宁县社会发展概况

2020年，建宁县坚持以习近平新时代中国特色社会主义思想为指导，全面贯彻党的十九大和十九届二中、三中、四中、五中全会精神，深入践行习近平总书记在福建、在三明、在建宁调研时的重要讲话重要指示精神，做实做足“四篇文章”、推进“四个着力”、深化“五比五晒”，统筹新冠肺炎疫情防控和经济社会发展。全年完成地区生产总值139.8亿元、增长4.9%；农林牧渔业总产值35.8亿元、增长4.2%；规模以上工业增加值增长2.9%；第三产业增加值39.3亿元、增长6.1%；地方一般公共预算收入3.38亿元、增长2%；固定资产投资增长5%；社会消费品零售总额31亿元、增长1%；城镇居民人均可支配收入32532元、增长3.5%；农村居民人均可支配收入18245元、增长6.8%。社会发展主要工作成效有：

致力统筹协调，城乡环境持续改善。一是城市增品位。城市建成区扩大至6平方公里，碧桂园等房地产项目有序推进。新改建市政道路5公里、污水管网15公里、公厕4座，新增停车泊位300个。实施衙前巷、城背巷、金钩山（二期）等老旧小区微改造，完成中山北路沿街建筑物立面改造和水南桥修复。发挥“e三明”“e建宁”作用，推行“网格+微城管”管理模式，城市管理更加科学。创建省级文明县城取得重大成果，群众满意度大幅提升。二是乡村换新颜。扎实开展“一镇十村”省级乡村振兴示范建设，均口镇和14个村被列入省级乡村治理试点示范单位，高峰村荣获“2020中国最美村镇最美康养小镇”称号，上榜2020年福建省美丽休闲乡村名单。完成农村公路晋级改造35公里，通乡县道全部达到三级以上公路标准。三是生态立标杆。严格落实“三严四限六禁”，持续打好蓝天、碧水、净土保卫战。全面深化“河湖长制”，地表水质保持Ⅱ类及以上标准，成功争取全国首批水系连通及农村水系综合整治先行试点县。落实重点生态区位商品林赎买1200公顷，禁柴改燃做法得到省林业局肯定，富强石材被评为“全国石材行业绿色矿山建设示范单位”。

致力民生补短，人民生活持续向好。一是脱贫攻坚成果显著。严格落实“四个不摘”要求，抓实“两不愁、四保障”，实施五大增收工程，有力保障贫困户稳定增收。高质量完成国务院脱贫攻坚普查工作，枫元村被国务院扶贫办列为脱贫攻坚成功做法经验总结对象村。二是社会事业加快发展。坚持教育优先发展战略，新建成小学、幼儿园3所，新增学位2520个。教育质量显著提升，在省级教育“两项督导”中获评两个“优秀”等级，客坊中心小学入选教育部首批乡村温馨校园典型案例学校。深化“三医联动”改革，总医院满意度明显提升。实现城乡低保标准一体化，新增城镇就业2190人。三是平安建设持续深化。深入推进扫黑除恶专项斗争，近三年共打掉涉黑犯罪组织2个、涉恶势力集团2个、涉恶势力团伙8个，查处涉恶“保护伞”5起。有效化解社会矛盾纠纷，群众安全感率保持在98%以上。实施“食品放心工程”，推进“餐桌污染”治理，顺利通过省级食品安全社会共治示范县考评验收。强化安全隐患排查整治，安全生产形势稳定向好。

致力转变作风，政府形象持续提升。一是忠诚干事。坚持把政治建设摆在首位，巩固深化“不忘初心、牢记使命”主题教育成果，持续学懂弄通做实习近平新时代中国特色社会主义思想，增强“四个意识”、坚定“四个自信”、做到“两个维护”。二是依法干事。全力推进法治政府建设，严格落实民主集中制和“三重一大”制度，自觉接受人大法律监督和工作监督、政协民主监督及社会各界监督。共办理人大代表建议113件，政协建议案2件、提案134件、社情民意49件。三是干净干事。严格落实中央八项规定及其实施细则精神，坚决整治“不作为、慢作为、乱作为”行为，驰而不息纠治“四风”，发文办会数量、“三公”经费持续下降。压紧压实全面从严治党主体责任，强化政府采购、土地招拍挂、项目招投标、扶贫等重点领域、关键环节监督审计，进一步扎紧制度的“笼子”，坚决从源头上遏制腐败。

2020年取得的成绩为“十三五”收官画上了圆满句号。回顾过去的五年，走出了一条高质量发展路径。三次产业结构调优至14∶56.8∶29.2，地区生产总值年均增长7.4%，地方一般公共预算收入年均增长3.2%，城镇、农村居民人均可支配收入年均增长7.8%、9.3%。在顺利完成赶超目标的同时，发展质量也显著提升，2016—2017年连续两年被世界著名品牌大会评为“中国最具投资潜力特色魅力示范县”，2016—2019年连续四年进步指数居全市第二，2017—2020年连续四年获评全省县域经济发展“十佳县”。取得了一批重大攻坚战果。打赢三大攻坚战，决胜全面建成小康社会取得决定性成就。贫困发生率从7.74%降为零，1554户4808人农村贫困人口全部脱贫，省级扶贫开发工作重点县实现摘帽，“量化折股扶贫模式”获评全国精准扶贫十佳典型。累计化解不良贷款10.5亿元、地方政府隐性债务5.97亿元，财政管理绩效综合评价位居全国前列。突破了一批长期制约发展的瓶颈问题。莆炎高速建宁段、浦梅铁路建宁至冠豸山段进入收尾阶段，“两高两铁”交通格局即将形成，获评“四好农村路”省级示范县。220千伏变电站建成投运，高质量发展能源保障更加坚实。有效化解尚和国际、万家财富、南方国际、福城等烂尾楼盘和爱心宾馆、河东棚户区拆迁等历史遗留问题，城市发展空间有力拓展，城镇化率从42.9%提升至47.1%。新行政服务中心建成投入使用，营商环境更加优良。创建了一批“国字号”品牌。荣获第四批国家生态文明建设示范县命名，创建闽江源国家湿地公园。入选首批国家农村产业融合发展示范园、全国农民合作社质量提升整县推进试点单位，获评全国100个农村创业创新典型范例、全国第四批率先基本实现主要农作物生产全程机械化示范县。获评2017—2018年度全国电商示范百佳县，成功争创全国电子商务进农村综合示范县（升级版）。实施了一批重大民生工程。累计实施为民办实事项目99个，民生支出占一般公共预算支出保持在80%以上。闽江源小学、第二实验幼儿园等项目建成投入使用，县医院、康养中心等项目进入收尾阶段，列入第三批全国居家和社区养老服务改革试点县，群众就医负担大幅下降。

2021年是“十四五”规划开局之年，是中国共产党建党100周年，建宁县以习近平新时代中国特色社会主义思想为指导，做强特色重点产业，保持经济平稳较快发展和社会和谐稳定，全方位推动高质量发展超越，为“十四五”规划实施和现代化建设开好局、起好步。主要预期目标是：地区生产总值增长7.5%以上；农林牧渔业总产值增长4%；规模以上工业增加值增长8.5%；第三产业增加值增长9%；固定资产投资增长8%；社会消费品零售总额增长8%；地方一般公共预算收入增长2%；城镇居民、农村居民人均可支配收入分别增长7%、8.5%。

2035年远景目标是：经济实力取得显著进步，全方位推动高质量发展超越取得明显成效。“小县大城关”建设基本实现，城区集聚辐射带动能力明显增强。三次产业结构更加合理，生态优势更加凸显，新型工业化、信息化、城镇化取得显著进展，基本实现农业农村现代化。公共服务体系逐步完善，社会文明达到新高度，人民生活水平不断提高，城乡发展差距明显缩小，全体人民共同富裕取得更大成效。基本实现县域治理体系和治理能力现代化，平安建宁建设达到更高水平。

（摘编：张海生）

泰宁县社会发展概况

2020年，泰宁县坚持以习近平新时代中国特色社会主义思想为指引，认真贯彻落实党中央国务院、省委省政府和市委市政府决策部署，努力克服新冠肺炎疫情带来的不利影响，统筹疫情防控和经济社会发展，全县地区生产总值增长3%；地方一般公共预算收入增长2%；固定资产投资增长4.5%；社会消费品零售总额增长1%；城乡居民人均可支配收入分别增长2.9%和6.8%。令人振奋的是：

泰宁受到广泛关注。人民日报、新华社、中央广播电视总台等19家中央和省内外媒体深入三明各地开展“习近平新时代中国特色社会主义思想指导三明实践”大型采访活动，12月16日以来，在主要栏目、重要版面连续聚焦报道“三明实践”，其中涉及泰宁的报道有186次（篇），阅读量超1600万人次。中国世界遗产旅游推广联盟大会、海峡两岸姊妹湖产业协作年会、全国首届糖尿病中医药基层防治大会在泰宁举行。

多项工作走在全省、全国前列。顺利通过全国基层中医药工作先进县验收，被列入国家生态综合补偿试点县和全国深化农村公路管理养护体制改革试点县，被授予全国信访工作“三无”县，获评全省村庄清洁行动先进县、“四好农村路”示范县、“七五”普法中期先进县，荣膺省级双拥模范县“三连冠”。大田乡获评国家爱国卫生乡镇，影剧院、地方海事处在各自领域被授予全国先进集体。

社会发展主要工作和成效是：

毫不松懈抓疫情防控。第一时间启动重大突发公共卫生事件一级响应，全力压实属地、部门、单位和个人“四方责任”，着力把好入泰、村（社区）、单位、家庭个人和诊所药店等五道关口，坚决打赢疫情防控阻击战；严格落实“外防输入、内防反弹”常态化疫情防控要求，织密外防输入、核酸检测、无症状感染者、重点场所和社区（村居）精准防控“五张网”，截至目前，全县未发生确诊、疑似病例和无症状感染者。精准施策抓复工复产。开展“访企业、解难题、促六稳”专项行动，推出了支持企业和项目复工复产27条、落实“六保”任务44条等系列政策措施，组建147个服务专班，3月8日起，全县重点项目、规模企业、限上商贸企业复工率达100%。多措并举抓提振消费。推出提振消费14条措施，先后举办“全闽乐购·乐购三明”线上线下促消费活动6场次，与“拼多多”合作在全市率先开展县长直播带货，全年完成网上交易额12.9亿元、增长4.7%；持续激活旅游市场，积极承接职工疗休养、研学培训等活动，先后组织开展旅游专场推介23场次，分期发放旅游消费券3000万元、住宿消费券200万元，全年游客接待量550万人次、旅游总收入48亿元。

坚决打赢“三大攻坚战”。精准脱贫全面完成，“两不愁三保障”水平持续提升，80%的行政村自有收入达到10万元，在全省脱贫攻坚系列主题新闻发布会上作了“旅游+扶贫”专场推介，水际村入选全国森林旅游扶贫典型案例。污染防治持续推进，河湖长制工作成效明显，山水林田湖草生态保护修复试点和矿山生态修复治理工作基本完成，第一、二轮中央环保督察反馈意见整改任务按序时进度推进，建成生态文明展示馆，生态环境质量保持全省前列。防范化解重大风险有力有效，全年累计化解银行不良贷款0.84亿元，不良贷款率控制在 1.1%，新增债券资金 5.6 亿元，债务规模低于限额。

深入实施乡村振兴战略。朱口益村新型住宅小区集中建设试点工作顺利推进，新村新房建设、乡村风貌管控做法在全市推广。全面完成农村土地承包经营权确权发证、集体资产清查等工作，实现场村合作营林造林 139.1 公顷，新增耕地 133.3 公顷。培育省级“一村一品”示范村 4 个、农业产业化示范联合体 2 家、家庭农场 2 家、农业产业化重点龙头企业 7 家，科荟种业入选省级重点后备上市企业名单，泰宁岩茶入选全国首批优势特色产业集群建设名单。“一革命五行动”扎实推进，完成农村公路升级改造 56 公里、危桥改造 2 座，90% 行政村完成人居环境整治任务，100% 行政村建立垃圾常态化治理机制，乡村公厕实现全覆盖，大田、梅口入选省级乡村治理示范乡镇，17 个村入选省级乡村治理示范村。

全力补齐民生短板。10 件为民办实事项目基本完成，总医院已完成总工程量的 50%，龙山步道（一期）、猫儿山至大龙乡 B 标段公路基本完工，一中教学楼改扩建、新行政服务中心（档案馆）、全民健身活动中心、公交总站、泰中重点中型灌区节水配套改造、里家源小型水库等一批项目建成投用。城市“六难”问题（14）专项治理取得明显成效，新（改）建市政道路 4.2 公里、雨污管网 15.2 公里、标准公厕 5 座，新增公共停车位 451 个，整治背街小巷 13 条，治理和提升老旧小区 23 个，80% 以上小区实现业委会自主管理。

积极推动改革发展。“总校制”向小学幼儿园延伸，建成教师周转房 79 套，九年义务教育巩固率达 100%，泰宁一中完成省一级达标校验收。启动医防融合改革和县疾控中心综合改革，住院患者人均自费费用再下降 3.57%，初步实现“小病不出乡、大病不出县”。农村和社区养老服务设施覆盖率达 90%，乡镇敬老院床位使用率提高到 52%。新增商品房 3097 套，建成保障性住房 140 套。城镇登记失业率低于省定标准，基本养老保险、医疗保险参保率分别达 98.8% 和 99.8%，城乡低保标准、特困供养平均标准分别提高 18.96%、19.33%。全省首个乡村非遗博览苑对外开放，红军街、尚书巷入选省级历史文化街区，梅林戏荣获多个省级艺术奖项。扫黑除恶专项斗争取得决定性胜利，社会治安、安全生产、食药品安全形势总体平稳。

2020 年各项工作的扎实成效，为“十三五”发展画上了圆满的句号。五年来，泰宁县战胜了诸多困难挑战，通过全县上下的不懈努力，经济社会发展迈上了新台阶。

综合实力显著增强。地区生产总值突破百亿大关，年均增长 6.7%，人均 GDP 达到 8.92 万元，比 2015 年末增加 1.48 万元；农林牧渔业总产值年均增长 4.4%；规模以上工业增加值年均增长 6.9%；社会消费品零售总额年均增长 7.1%；旅游接待量、旅游总收入年均增长 9.2% 和 10.4%；累计实施重大项目 191 个、总投资 177 亿元，固定资产投资年均增长 12.4%；累计完成地方一般公共预算收入 13.68 亿元；新增市场主体 3.2 万家，是“十二五”时期的 11 倍；城乡居民人均可支配收入达 35786 元、18484 元，分别年均增长 7.1%、8.85%。

民生事业全面进步。全县 4844 个建档立卡贫困人口全部脱贫、32 个贫困村全部退出，在全省率先实现省级扶贫开发工作重点县“摘帽”。全县民生支出占一般公共预算支出的 78%，累计落实为民办实事项目 51 个，实施补短板项目 600 余个，新增教育学位 3400 个、医疗床位数 133 个，解决了 3.8 万人饮水安全问题。应急管理、粮食等工作走在全市前列，双优通过省对县教育“两项督导”，获评省级体育产业示范基地。全国文化科技卫生“三下乡”福建分会场集中示范活动在泰宁举行，环大金湖世界华人山地马拉松赛入选中国田径协会“铜牌”赛事。“5·8”泥石流灾害应急救援入选国家行政学院典型案例。

自身建设持续加强。完成政府机构改革、党政机关和企事业单位公车改革，峨嵋峰升格为国家级自然保护区，下渠乡撤乡设镇。累计办理人大代表建议 320 件、政协委员提案 269 件，公布实施部门、乡镇权责清单，各类审批服务事项办理时限压缩率达 85.2%，“三公经费”支出逐年下降。机关事务保障中心获评国家级节约型公共机构示范单位，下渠司法所获评全国先进司法所。

（摘编：张海生）

明溪县社会发展概况

2020年明溪县以习近平新时代中国特色社会主义思想为指导，沉着有力应对各种风险挑战，经济社会发展稳中向好，被评为2020年度福建省县域经济发展“十佳”县。全县地区生产总值增长4%，地方一般公共财政预算收入增长3%，城镇居民人均可支配收入增长4.6%，农村居民人均可支配收入增长6.7%。社会发展一些重要领域、重点工作取得新成效：

城乡建设呈现新面貌。东部新区开发有序推进，实小东部校区主体封顶，药谷小镇主干道（一期）基本建成，产城融合发展的空间格局加快形成；莆炎高速明溪城关至建宁段及城区互通连接线建成通车，动车站站房完成主体建设，黄沙坑水库竣工验收。农村人居环境整治三年行动圆满收官，沙溪、胡坊列为省级乡村治理示范乡镇，罗翠等16个村列为省级乡村治理示范村，御帘村获评省“金牌旅游村”。

生态环境展现新颜值。城区空气质量达标天数比例达100%，空气质量持续保持全省前列，12条小流域全部达到或优于Ⅲ类水质，获省环境质量提升奖励，列入省级全域土地综合整治试点县，第二次全国污染源普查工作获国务院通报表扬，自然资源管理水平居全市前列，全市党政领导生态环保目标责任书连续4年考核优秀。举办首届“黄腹角雉杯”国际观鸟摄影大赛、全省“生态观鸟·森林康养”主题活动。

社会事业迈上新台阶。澳莱贝尔幼儿园开园招生，县一中教学楼改扩建、县中医院能力提升工程建成投用，市民服务中心、融媒体中心、县委党校培训中心投入运营，县级综合档案馆、公共卫生服务综合大楼即将投用，县总医院晋级为二级甲等综合医院；被国家信访局评为信访工作“三无”县，县社区矫正管理大队被国家司法部评为全国社区矫正机构先进集体。

一年来，社会发展主要工作有：

致力精准施策，统筹疫情防控和经济社会发展有力有效。面对疫情大战大考，第一时间启动重大突发公共卫生事件一级响应，坚持“外防输入、内防反弹”，压实“四方”责任，落实“四早”措施，把好“五道关口”，织好“五张网”，全县上下众志成城、同舟共济，全力打好疫情防控人民战争、总体战、阻击战。秋冬季以来，突出“一线两重点”，坚持“人”“物”同防，抓实进口冷链食品检测监测等措施；累计安排疫情防控资金4248万元，2个核酸检测实验室建成投用，完成县总医院负压病房改造，防控和救治能力不断提升。生产生活秩序加快恢复，举办“首届乐购三明直播节”“农民丰收节”等促销活动，帮助企业及早复工复产，上半年主要经济指标实现由负转正。

致力做实“四篇文章”，高质量发展路子越走越宽。做实老区苏区文章。把握国家新一轮支持苏区振兴发展、国家中医药管理局对口支援明溪等机遇，策划重点对接项目82个。融入长征国家文化公园建设，县革命纪念园等六大特色展示点加快推进，万春桥等3处革命文物修缮工程开工建设，滴水岩成功创建国家AAA级旅游景区，红七军团铜铁岭战斗旧址列入第十批省保单位；与国家中医药管理局联合举办红色故事线上宣讲，中央和省级主流媒体深入该县开展“习近平新时代中国特色社会主义思想三明实践”大型采访活动，“风展红旗如画”品牌深入人心。做实工业产业文章。聚焦“专精特新”，推动“三新”产业高质量发展。做实绿色生态文章。坚持生态产业化、产业生态化，大力推进全域生态观鸟、森林康养产业发展，成立“村社合一”观鸟合作社5家，心海森林康养项目扎实推进，新增森林人家2个、森林康养基地12个，打造国家、省级森林村庄10个。做实精神文明文章。完成“第六届省级文明县城”创建总评迎检，检察院、沙溪乡、御帘村分别获评第六届全国文明单位、全国未成年人思想道德建设先进单位、全国文明村，入选全国先进数量居全市前列。扎实推进城市管理“五难”治理，新增停车泊位600个，智慧停车项目正式运营，综合市场提升改造工程、活禽交易和屠宰市场建成投用，规范临时市场7处。

致力统筹协调，城乡发展一体推进。精美城市更具特色。东部新区加快建设，开发面积达35.2公顷，县档案馆周边地块开发有序推进，明洲大酒店正式运营，获评国家三星级旅游饭店；城区功能不断完善，完成经济局宿舍小区、原化工厂房改房老旧小区改造，紫岭路（二期）、红豆杉路人行道、实验小学和消防大队路口改造等项目建成投用，新改建城市道路13公里、城市给排水各类管网25公里。欧侨广场、时代广场、金茂广场等商圈经济、夜经济加快发展，欧陆风情步行街竣工投用。美丽乡村更加宜居。坚持规划先行，完成10个省级乡村振兴试点村和7个城郊融合村村庄规划编制。坚持“两统筹、两统管”，9个市县农村新型住宅小区和瀚仙镇、沙溪乡农村村民住宅规划建设管理试点工作有序推进；深入推进“千村整治、百村示范”工程，龙湖村、御帘村市县美丽乡村精品示范村加快建设，梓口坊村全域土地综合整治项目列入国家级试点，夏阳村获评省级乡村振兴实绩突出村。农村人居环境整治取得实效，水冲式公厕实现行政村全覆盖，户用厕所无害化改造覆盖率达97.2%，农村生活垃圾治理、生活污水治理覆盖率分别达100%、86.04%，新改建农村公路35公里。基础设施更趋完善。红色旅游公路雪城线建成通车，兴泉铁路明溪段扎实推进；夏阳溪安全生态水系、沙溪流域防洪四期工程王陂堤段基本完工，明源水厂厂区主体开工建设；220千伏大焦变完成基础施工，新改建农村电网132公里。

致力补短板惠民生，群众幸福指数持续提升。全县民生支出占一般公共预算支出80.38%，较上年提高3.13个百分点，28个为民办实事项目完成目标任务。坚持稳就业保就业，落实稳岗就业补贴354.89万元，城镇登记失业率2.47%，低于全市2.53个百分点。社会保障更加有力，城乡居民养老保险、城乡基本医疗保险参保率分别达98.36%、99.92%，低保、特困供养标准分别增长19.07%、16.5%，临时救助2620人次，做到应保尽保、应救尽救。民生短板加快补齐，瀚仙中小教学楼、胡坊中心幼儿园扩建等项目建成投用，新增学位990个，实验幼儿园迁建开工建设，启动实施第三实验小学扩建、第三幼儿园新建、城关中学艺体馆等项目；加快县总医院门诊综合楼项目前期工作，中医馆实现乡镇全覆盖，复康中医医院挂牌运营，成立福建中医药大学（明溪）中医药健康管理示范中心，全国第四次中药资源普查、世行贷款医改促进项目有序推进；乡镇敬老院改造提升工程加快实施，老年日间照料中心、农村幸福院覆盖村（居）达70%，3个社区（村）列入全国老年人心理关爱项目点。

致力改作风优环境，政府服务提质增效。严格落实中央八项规定及其实施细则精神，深化“放管服”改革，39个部门入驻新行政服务中心；深入推进“互联网+政务服务”，大力推行“五办工作法”，网上可办理事项占审批服务事项达99.7%。深入开展“访企业、解难题、促六稳”专项行动，配合推动e三明扩面提效，“12345”便民服务平台按时办结群众反映事项5304件，群众满意率达99.98%；深入推进二级绩效管理，2019年度绩效考评位居全市第1位；全面落实预算绩效管理，跻身全国财政管理绩效综合评价前100名，获正向激励1000万元。坚持依法行政。制定法律顾问工作规则，落实行政执法“三项制度”，推行柔性执法，“七五”普法顺利通过省市验收。办理落实人大代表建议106件、政协委员提案71件，基本满意率以上分别达100%、97.2%。

（摘编：张海生）

将乐县社会发展概况

2020年，将乐县坚持以习近平新时代中国特色社会主义思想为指导，紧紧围绕“148”工作机制，全面贯彻落实中央和省市决策部署，科学应对复杂形势，主动克服重重困难，夯实了稳增长、保态势的坚实基础。过去的一年，充满挑战和喜悦。

令人感动的是：筑牢了疫情防线。面对突如其来的疫情，我们见事早、行动快，坚决贯彻落实中央和省市县委决策部署，严格落实“四早”措施，因时因势调整防控策略，强化重点人群、重点领域防控，科学果断处置1例确诊病例。落实“外防输入、内防反弹”常态化疫情防控要求，建设2家PCR实验室，开展新冠疫苗紧急接种工作，确保人民群众健康安全。

为之欣喜的是：守住了六保底线。在毫不放松抓好疫情防控的同时，科学有序组织企业复工复产和学校复学复课。及时落实惠企惠民政策，积极争取地方政府债券、中央预算内投资等项目资金8.51亿元，增幅84.2%，用情帮助企业解决用工、资金、市场开拓等困难，发放纾困贷款1.38亿元，落实减税降费8055万元，与16家企业签订“一企一策”备忘录。初步统计，2020年全县地区生产总值165亿元，增长4%；城镇和农村居民人均可支配收入分别增长5%和8%。

倍感振奋的是：攻到了发展前线。掀起项目攻坚热潮，以现场办公、一线调度等形式强化项目跟踪服务，推动一批重点项目提速提质，总投资6亿元的回头山森林康养基地项目正如火如荼建设，龙栖山森林康养小镇已投入运营。在《人民日报》、中央广播电视总台等中央主要媒体聚焦“三明实践”的系列报道中，该县“画好山水画，走好生态富民路”等经验做法在央视等媒体上进行了专题报道，展现了将乐山青水秀人勤的风采。

可圈可点的是：拓展了改革路线。盯住企业和群众反映的环节多、来回跑等痛点、堵点，深入推进“放管服”改革，全县所有办理事项法定时限压缩比例88.7%，企业开办时间缩短到1个工作日内，在全省靠前，不动产登记工作走在全市前列。探索推广的“林票”制，解决了林业生产周期长、见效慢的矛盾。万安镇建筑风貌管控工作接受省委省政府工作检查，得到省市充分肯定，并在全市推广。

暖人心扉的是：坚守了民生主线。中高考再创佳绩，顺利通过教育“两项督导”省级评估工作。顺利通过省级融媒体中心验收。进一步推进殡葬改革，丧葬不良风气得到有效整治。“平安将乐”建设纵深推进，破获了25年前“博物馆命案”。风险管控能力不断提高，不良贷款率连续4年处于全市较低水平。

一年来，社会发展主要工作成效有：

三大攻坚战圆满收官。脱贫成效巩固提升。紧扣“两不愁、三保障”突出问题，全面补齐短板弱项。坚决落实“四不摘”要求，全面落实就业、产业、金融、健康、教育等扶贫政策，积极开展城市困难家庭精准帮扶，整合各类资金4537万元专项用于扶贫工作，加快推进住房、饮水安全巩固提升和产业发展等扶贫项目123个，贫困群众收入稳步增长，贫困村平均村集体收入达45.1万元，农村危房改造全面完成。全县无因贫辍学学生、无一人因贫看不起病。生态环境持续向好。坚持铁腕执法，全力打好蓝天、碧水、净土攻坚战，空气和流域水环境质量保持全省前列。中央、省级环保督察反馈问题整改扎实推进。生态系统价值核算省级试点工作全面完成，国家森林城市和生态产品市场化改革试点工作有序推进。被评为“中国天然氧吧”。各类风险管控有力。政府债务风险整体可控。扎实推进安全生产专项整治三年行动，强化房屋、道路、矿山、危化品等重点领域隐患排查整治，全年未发生较大及以上安全事故。持续加强法律援助、社区矫正等工作，省市级信访积案全部化解。成功破获“天空”跨境网络赌博案件，抓捕涉案人员52人。扫黑除恶成效明显，打掉涉黑犯罪组织、恶势力集团、恶势力团伙共6个。

城乡面貌焕然一新。城市建设显新姿。蝉联三届省级文明县城，城市管理更加精细化。龟山、航华和县医院宿舍楼老旧小区改造项目主体完成，南门头老旧小区改造项目加快推进。强力开展“两违”整治，拆除违法建筑24.6万平方米。原供销社、原脱脂厂等地块拆除腾空，全年拆迁腾地2.4万平方米。盘活批而未供土地33.2公顷。智慧将乐一期工程投入使用。乡村风貌展新颜。统筹整合资金2040万元用于村容村貌提升、农房整治等工作。“一革命四行动”任务基本完成。随着农村人居环境整治工作的深入推进，各乡镇均探索出了适合自身发展的整治路子，乡村面貌得到进一步改善提升。基础设施开新篇。霞客邑道和沙余线竣工通车。西彦水厂、建筑垃圾消纳场投入使用。洋新线、生活垃圾填埋场二期扩建等工程顺利推进。新增城乡污水管网34.5公里、天然气管网5公里。全面完成农村公路建设任务，改造危桥4座。实现县域带电作业全覆盖，电网供电能力和安全保障水平不断提升。

幸福指数不断提高。民生保障坚实有力。坚持民生为本，民生事业累计投入17.3亿元。兑现失业保险稳岗返还等各类补贴520万元，新增公益性岗位130个，为高校毕业生提供就业见习岗位155个，全县就业形势保持稳定，城镇登记失业率2.75%。城乡低保、特困供养等政策全面落实，社会保险参保扩面工作取得新进展。残疾人、留守儿童等关爱服务进一步加强。公共服务优质均衡。艺术幼儿园、高唐学校扩建工程、水南中学综合教学楼预计春季开学投入使用，可提供学位1630个；启动实小分校、第二实验幼儿园等项目建设，预计新增学位2070个。紧密型医共体建设扎实推进，推动优质资源下沉和医疗服务能力提升，打造一批健康休闲场所，投入1000多万元补齐医疗设施短板，妇产儿科大楼主体完工，总投资6500万元的卫生应急大楼启动建设，县总医院胸痛中心通过国家认证。社会事业繁荣发展。第七次全国人口普查工作顺利推进。文化惠民活动深入开展，新增省级重点文物保护单位3处，县博物馆、市民文化中心投入使用，县博物馆入选国家二级博物馆，举办了城市名片宣讲大赛、校园红歌赛等丰富多彩的活动。

政府建设全面加强。第一时间学习贯彻习近平总书记重要讲话和重要指示批示精神及系列采访实录等，促进干部队伍素质的整体提高。作风建设持续优化。紧抓快办，一抓到底，推动各项重大决策部署落地落实。提升督查工作效能，打通落实的“中梗阻”，倒逼问题解决。自觉接受县人大及其常委会的法律监督、县政协的民主监督和社会各界监督，办理人大代表建议57件、政协委员提案98件。顺应群众呼声，办结“e三明”平台诉求5567件廉政建设纵深推进。全面加强政府系统党风廉政建设，营造良好政治生态。坚持政府带头过紧日子，厉行勤俭节约，严格控制一般性支出，按10%比例压减定额公务费。强化审计监督，促进财政增收节支4514万元。

“十三五”时期，建宁县深入学习贯彻习近平新时代中国特色社会主义思想，坚持高质量发展，综合实力明显提升。GDP、地方一般公共预算收入分别年均增长7.1%、1.2%，城镇居民人均可支配收入、农村居民人均可支配收入分别年均增长7.5%、9.4%，规模以上工业增加值等指标增幅连续多年保持全市前列。全县地方税收年均增长7.7%，税收大户金牛水泥成为全市唯一进入省民营企业百强榜单的企业。开发区企业从63家增加到110家，实现税收6.68亿元，获评全省首批循环经济示范园区，获得国家“双创”升级版扶持中小企业发展专项资金4500万元。医改和打造“绿水青山”赢得“金山银山”两项经验做法获国务院通报表扬。以第二名的好成绩首次进入全省县域经济发展“十佳”县。

（摘编：郭虹）

沙县社会发展概况

2020年，是应对挑战、经受考验的一年，也是攻坚克难、逆势奋进的一年。沙县围绕做实做足“四篇文章”、推进“四个着力”、深化“五比五晒”，深入开展“项目产业发展攻坚年”活动，打好“项目产业百日攻坚大会战”。全县地区生产总值增长3.2%；农林牧渔业总产值增长4.5%；规模以上工业增加值增长3.3%；地方公共财政收入增长3%；全社会固定资产投资增长4.5%；社会消费品零售总额增长1.5%；城镇居民人均可支配收入增长3.5%；农村居民人均可支配收入增长7%；城镇登记失业率为2.19%，居民消费价格水平总体平稳。社会发展主要工作和成效有：

在抗击新冠肺炎疫情中砥砺前行。面对突如其来的新冠肺炎疫情，第一时间启动重大突发公共卫生事件Ⅰ级响应。按照“外防输入、内防扩散”工作总要求，全县广大党员干部、公安干警、民兵预备役和社区工作者下沉一线，全力开展疫情排查、隔离阻断和保障供给等工作；社会各界人士纷纷捐款捐物支援家乡；全县医务工作者全力以赴战“疫”，没有出现扩散型病例，为全县经济社会全面有序恢复奠定了坚实基础。同时，制定扶持农业12条、中小微企业18条、建筑业和房地产业13条、服务业11条、小吃业10条等政策，有效推动经济企稳回升。

在撤县设区机遇中谋求发展。按照市委市政府的统一部署，全面启动撤县设区工作，国务院已经受理并批转至民政部审核办理。同时，市县同城化持续推进，按照“产业民生先行、先易后难、高位规划、统筹推进”的原则，先行启动教育、医疗、交通、产业、金融、规划、电力等惠民举措，并取得了阶段性成效。在交通方面，优化延伸市县公交线路，统一运营价格，由原来的5元/人次降为2元/人次，推进三沙生态旅游区公路项目建设。在教育方面，生态新城小学整体划归市属学校，县一中、金沙高级中学列为市属学校管理，城南中学与三明市列东中学实行“总校制”办学。在医疗方面，县总医院纳入三明市第一医院“总院制”运行机制管理，市第一医院每周派专家到县总医院坐诊，并实现在线远程会诊。

在“六稳”“六保”工作中攻坚克难。落实阶段性减免企业社会保险费、税费等政策，共减免失业保险费、企业养老保险费、工伤保险费等1.5亿元。向青山纸业、未来药业等526家企业发放稳岗返还资金359.38万元，惠及企业职工1.24万人。梳理出15个部门57项惠企政策兑现事项，累计办理2.23万件，兑现金额达6786.89万元。全县城镇新增就业1450人，失业再就业750人。27个省市重点项目、70个市“项目攻坚年”项目和219个县重点项目进展顺利。紧跟中央投资项目、地方政府专项债、新基建等政策，共争取到上级资金21.09亿元。启动“十四五”规划编制，谋划布局公共服务、新基建等480个重大项目。

在政府自身建设中担当作为。坚持以政治建设为统领，强化意识形态工作，严格落实全面从严治党主体责任。贯彻落实中央八项规定及其实施细则精神，查处形式主义、官僚主义问题11起15人；保持惩治腐败高压态势，立案查处违纪违法案件113件113人。健全完善重大行政决策规则和行政规范性文件制定程序，全面推行执法“三项制度”，办复人大代表建议103件，满意率99%；办结政协提案75件，办结率100%。顺利通过“七五”普法工作验收，扎实推进第七次全国人口普查工作的各项任务，连续 8 届荣获“全省双拥模范县”称号。

过去五年，沙县深入学习贯彻习近平新时代中国特色社会主义思想，认真贯彻落实上级各项决策部署，坚持新发展理念，主动适应经济发展新常态，较好完成了“十三五”规划的主要目标任务，决胜全面建成小康社会取得决定性成就。2017 年、2020 年连续两届荣获“全国文明城市”称号。

最催人奋进的是：综合实力迈上新台阶。以深化供给侧结构性改革为主线，逐步优化产业结构，三次产业比例由 2015 年末的 11.2∶60.3∶28.5 调整为 10∶59∶31。综合实力大幅提升。五年来，全县地区生产总值年均增长 6.6%，规模以上工业增加值年均增长 7.5%，全社会固定资产投资年均增长 11.4%；城镇、农村居民人均可支配收入分别年均增长 7.4%、8.6%。2017 年以来，连续三年荣获市对县绩效考评优秀等次。

最引人瞩目的是：城乡发展呈现新面貌。城市建成区面积增加 3 平方公里，新建商品房面积 179.9 万平方米；开展城市“五难”治理，新建停车场 12 个，新增标准公厕 16 个，改造老旧小区 4 个，打通金陵南路等城市“断头路”15 条，改扩建三官堂路、建国路等道路 12 条，形成“六横六纵”城区路网结构。新建或改建七峰叠翠、鼓楼坪、铁路公园示范段等 17 个城市公园，建成“最美沙县”灯光秀、“印象沙县”3D 水幕秀、“灵动沙县”喷泉秀，实现 300 米见绿、500 米见园。乡村振兴扎实推进。现行标准下，全县建档立卡贫困人口 1401 户 3159 人顺利实现脱贫，32 个建档立卡贫困村、14 个空壳村摘帽退出。持续开展“一革命五行动”“两高”沿线整治专项行动、村庄清洁行动，乡镇生活垃圾转运系统实现全覆盖。夏茂镇被列入全省乡村振兴重点特色镇，凤岗街道水美村、富口镇白溪口村等 10 个村入选全省“千万工程”试点村，夏茂镇长阜村、富口镇白溪口村、南阳乡大基口村列入全市创建美丽乡村精品示范村。夏茂镇连续三届获评全国文明村镇，高砂镇连续两届获评全国文明村镇。生态环境不断提升。打好污染防治攻坚战，空气优良率常年保持 99.66% 以上，流域水质均符合地表水 III 类标准；全面推行“河（湖）长制”，县级流域河长履职制度被水利部评为 2018 年基层治水十大经验之一，连续 3 年考核位居全市前列。

最让人欣慰的是：民生事业谱写新篇章。民生支出不断加大，每年超过 75% 的财政支出用于保障和改善民生，完成县胸痛中心、县博物馆新馆等为民办实事项目 162 件；城乡低保标准和补差水平逐年提高，在全市率先实现城乡一体化，低保标准由 2015 年末的 235 元提高到 708 元；养老、医疗、失业、工伤、生育等社会保险参保人数达 53.88 万人次，发放养老金等各类补助 9.74 亿元。完成保障性安居工程建设和管理目标任务。沙县小吃城顺利通过省级食品安全示范街验收。社会事业全面发展。金沙幼儿园、金古小学、三官堂小学等 9 所学校建成投入使用，新增学位 1.06 万个，“学位难”问题得到有效缓解。教育质量明显提升，本科上线率逐年提高，2019 年、2020 年连续两年有考生被北大录取。持续深化“三医联动”综合改革，组建县总医院，推进慢性病一体化管理工作，实现基层医疗机构中医馆全覆盖；C－DRG 改革初见成效，患者自付费用降低 5.86%，累计为群众节省医药费 1418 万元。完成全县 10 所乡镇敬老院提升改造，累计建成农村幸福院 59 所，设立医养结合站 9 个，创办乡村乐龄学堂 44 所，“学养结合、医养结合”模式基本成型。社会治理不断提升。加强金融风险化解防范，不良率由最高的 7.55% 降至 1.19%；化解风险楼盘 6 个，所属的 4711 套商品房全部实现交房。深入开展扫黑除恶专项斗争，扎实推进禁毒整治工作。全力抓好信访矛盾排查调处，共排查化解各类信访矛盾纠纷 983 件，调处化解率 96.1%。应急管理和防灾减灾救灾体制改革基本完成，安全生产形势保持基本稳定。2017 年、2019 年获得“全省平安县”荣誉称号，2018 年、2019 年连续两年平安建设工作考评在全市排名第一。

（摘编：林学军）

尤溪县社会发展概况

2020年，尤溪县坚决贯彻党中央、国务院和省市决策部署，因时因势打出了战疫情、促发展的“组合拳”，较好完成了年度各项目标任务。全年实现地区生产总值226.7亿元，增长3.5%；地方一般公共预算收入8.37亿元，增长3.1%；固定资产投资增长3.9%；社会消费品零售总额65亿元，增长1.5%；城镇居民人均可支配收入37887元，农村居民人均可支配收入19947元，分别增长4.0%、6.5%。社会发展主要抓好以下方面工作：

疫情防控有力有序。在全市率先实施全面暂停城区公交、出租车运营等有效措施，严密抓好境外、中高风险地区来尤人员跟踪健康管理，构筑起县、乡、村（社区）三级防控网络，有效防止疫情传播蔓延，自2020年2月16日起无新增确诊病例和疑似病例。公共卫生服务能力持续提升，县总医院、中医院在全市率先被省卫健委确定为有新型冠状病毒核酸检测资质的县级医疗机构，完成核酸检测65343人次，完成第一阶段疫苗接种任务；全市应对秋冬季新冠肺炎疫情综合演练在该县举办，有效提升我县应对突发公共卫生事件应急处置能力。卫生领域短板加快补齐，加强疾病防控体系建设，综合推进县级医疗机构规范化建设，谋划实施疾病预防控制中心综合楼等17个项目，总投资20.5亿元。

全力打赢三大攻坚战。脱贫攻坚取得全面胜利，脱贫成效持续巩固提升；金融风险总体可控，率先在全市建立金融纠纷多元化解机制，不良率降至0.79%，保持全市前列；污染防治成效明显，扎实抓好第二轮中央生态环保督察和省生态环境保护例行督察交办信访件整改工作，城市空气质量优良天数比例达100%，全县流域断面水质稳定达Ⅲ类标准以上，饮用水水源地水质均达Ⅱ类标准以上，水土流失率下降至7.13%。

城乡建设协调发展。城市发展有成效，西城新区建设取得阶段成效，签订房屋征收补偿安置协议104份，18个项目建设扎实推进；前进路等3个老旧小区改造基本完成，工人文化宫等一批基础设施项目有序推进，璞玥澜山等楼盘开工建设。城市管理有作为，实施城市管理“五难”治理攻坚行动，新增公共停车泊位312个，新建改造公厕9座，完成厦岗街等背街小巷治理；深入开展“两违”综合治理，全县共处置违法建设面积29.43万平方米，腾出土地面积23万平方米；基本完成紫阳公园等5个公园绿地老年儿童活动设施改造提升。乡村面貌有提升，启动新阳中心片区建设，实施渔溪线等10个项目，农民文化主题公园等5个项目建成投入使用；抓好乡村振兴“两带一镇十村”示范创建，11个重点村实施项目103个，完成投资7741.2万元；加强农村村民住宅规划建设管理，溪尾乡、新阳镇被列入全市农村新型住宅小区集中建设试点乡镇；推进农村人居环境整治“一革命五行动”，全县无害化厕所普及率达96.08%，完成村庄规划编制102个，完成裸房整治700幢；深入实施农村公路提档升级三年攻坚行动，完成农村公路新改建及损毁修复134公里。

改善民生促进和谐。社会保障更加完善，深化“十百千”创新创业计划，发放各类创业担保贷款980万元，新增城镇就业1302人，失业人员再就业408人，城镇登记失业率为2.66%；落实各类救助扶助资金7754.38万元、救助扶助28384人次。社会事业更加进步，西城中心小学（二期）

等8个项目建成投入使用，义务教育质量稳步提高，全县高考本科上线率居全市前列；全面推进健康负责制，组建家庭医生签约团队，提供健康全过程管护，被省卫健委确认为省级慢性非传染性疾病综合防控示范区；文化事业繁荣发展，被纳入长征国家文化公园福建重点建设区并启动建设，举办朱子诞辰890周年纪念活动，县博物馆被列为国家三级博物馆，是全省唯一被评定的县级博物馆。社会治理更加有效，扫黑除恶专项斗争深入开展，打掉涉黑涉恶集团和团伙9个，好评率居全省前列、全市第二；基层平安建设更加扎实，“六无”村（社区）数量居全市首位，无发生较大及以上生产安全事故；总结推广信访工作“三三”机制，妥善化解信访事项916件，化解率达93.1%，被国家信访局评为信访工作“三无”县；第七次全国人口普查顺利推进；通过省级文明县城验收，洋中镇桂峰村被授予“全国文明村镇”。

自身建设效能提升。深入践行“马上就办、真抓实干”，行政审批时限压缩72.3%，“e三明”和12345政务服务平台群众诉求及时查阅率、回复率均达100%，满意率达99.85%。加快“互联网+政务服务”建设，1351项服务事项入驻网上办事大厅，实现数据“多跑路”、群众“少跑路”。办理人大代表建议104件、政协委员提案88件，满意率基本满意率分别达97.1%、100%。全面实行二级绩效考评机制，有效提振干部干事创业精气神。

过去的五年，尤溪县成功克服了经济下行、新冠肺炎疫情等诸多困难挑战，较好完成了“十三五”规划，全面建成小康社会取得决定性成就。

综合实力实现大幅提升。全县主要经济指标实现较快增长，地区生产总值年均增长6.7%；一般公共预算总收入和地方一般公共预算收入实现双增，分别比2015年增长16.2%、14.1%，跻身全国县级财政管理绩效先进行列；外贸进出口总额从5.95亿美元增加到10.27亿美元，生产企业进出口规模连续五年居全市第一；全体居民人均可支配收入为26426元，比2015年增长54.6%。

民生事业实现全面进步。民生保障方面，县财政每年用于民生支出达80%以上，累计实施为民办实事项目103个；全县建档立卡贫困户1857户5805人和36个贫困村、24个空壳村、2个市级扶贫开发工作重点乡提前一年退出管理；新增城镇就业6494人，城镇登记失业率控制在2.27%以内；建设农村幸福院153所、居家养老服务站39个、社区居家养老服务照料中心4所；特困人员供养、农村低保、临时救助等补助标准逐年提高，城乡居民医保基本实现全覆盖，多元化养老服务体系初步形成。社会事业方面，教育质量稳步提升，五年来新建或改扩建学校51所，增加学位1.82万个，高考成绩连续四年位居全市前列，中考成绩全市位次提升6名，省家长教育中心落户尤溪。医疗卫生水平不断提高，在全市率先成立县域紧密型医共体，推行村级卫生所“1733”管理模式，提升基层医疗卫生服务能力；县总医院和中医院被确认为福建中医药大学非直属附属医院。朱子文化品牌进一步打响，出版发行《朱熹行迹传》等著作10余册，连续举办4届海峡论坛尤溪分会场活动，列入全省朱子文化生态保护核心区，朱熹诞生地被国台办列为海峡两岸交流基地。社会治理方面，平安建设不断深化，调处化解一批重大矛盾纠纷，有效整治一批安全隐患，通过省级禁毒重点关注县重点整治验收，扫黑除恶专项斗争行动成效显著，连续16年保持命案必破，是全市唯一的“福建省2013—2016年度平安先进县”；“七五”普法深入开展，被评为全国法制宣传教育先进县和全国法治县创建活动先进单位。

城乡面貌显著改善。城市功能优化提升，县城建成区面积拓展到15平方公里，城镇化率由41.8%提高到48.5%，初步形成宜居宜业宜商的山水新城，古城展现新貌。乡村建设步伐加快，半山村入选全国乡村治理示范村，西城镇和城关镇下村村等10个村列入省级乡村振兴试点镇、村，洋中镇、溪尾乡被列入省级乡村治理示范乡镇，尤墩村等29个村被列入省级乡村治理示范村；闽中综合交通枢纽初步形成，五年来累计投资141.2亿元。实施防洪减灾等五大类71个项目，累计投资26.22亿元。供电保障能力稳步提升，五年来累计投资3.35亿元。信息设施建设持续加快，五年来累计投资1.8亿元。

（摘编：林学军）

大田县社会发展概况

2020年，大田县深入学习贯彻习近平新时代中国特色社会主义思想，以“十大攻坚会战”为抓手，全方位推动高质量发展超越。初步统计，全县地区生产总值228亿元，增长4.1%；地方一般公共预算收入7.43亿元，增长3%，实现由负转正；城镇居民人均可支配收入39374元，增长4.5%；农村居民人均可支配收入19682元，增长7.5%。一年来，社会发展主要工作和成效是：

疫情防控有力有效。坚持“外防输入、内防反弹”，全力做好常态化核酸检测、联防联控、物资保障、医疗救治和应急处置等各项工作，县总医院、疾控中心核酸检测实验室建成使用，全面落实重点人群“应检尽检”和冷链物流、农贸市场等重点场所物品环境检测，始终保持“零确诊”良好态势。县疾控中心被授予“福建省抗击新冠肺炎疫情先进集体”荣誉称号。

脱贫攻坚取得胜利。扎实开展脱贫攻坚普查数据专项清洗及“补短板强弱项”大排查，“两不愁三保障”突出问题基本解决，投入2230万元实施创辉农业、茶天下旅游等69个重点扶贫项目，产业扶贫惠及2542户，华兴镇被评为全国“十三五”易地扶贫搬迁工作担当有为集体，全县建档立卡贫困人口2780户8566人全部脱贫，农村相对贫困家庭“239”精准帮扶工作机制得到有效落实。

污染防治成效明显。组织开展环保督察问题整改专项行动，两轮中央生态环保督察转办的86件信访件全部完成整改；打好“蓝天、碧水、净土”保卫战，环境空气综合指数保持全省前列，“河湖长制”持续深化，坑口水库饮用水源保护区搬迁安置工作如期完成，城区及乡（镇）集中式饮用水水源地水质达标率100%，闽湖国控高才断面水质稳定在Ⅱ类以上，山水林田湖草闽湖（大田）环境综合整治项目稳步实施，土壤风险防控试点县建设扎实推进，综合治理水土流失面积5.16万亩，武陵大石“河道治理案例”入选福建乡村生态振兴案例，生态综合执法案例荣获全省机关体制机制创新优秀案例二等奖。

城市建设持续发力。坚持“依法和谐征迁”，原汽车站片区、原火电厂及福田桥头片区改造有力推进，完成商住用地征迁40.16公顷，兴泉铁路客运站站前路及站前广场、城乡供水一体化（一期）工程等市政项目稳步实施，三远大爱城、美地福邸、源昌誉璟台等开发项目加快建设，新建改造城区给排水管网27.85公里、天然气管道13.8公里，城区智慧停车系统、地表水厂（二期）、河滨健身栈道（三期）、生活垃圾应急填埋场等设施建成投入使用。

城乡管理日益精细。持续开展市容市貌攻坚会战和城市管理“五难”治理专项行动，新增城市停车位180个，新建改造城乡农贸市场4个、城市公厕7座，整治背街小巷152条，完成老旧小区改造提升806套；坚决打好农村人居环境整治攻坚会战，深入开展“清沟扫地摆整齐”集中整治行动，整治裸房1159座，拆除旱厕1557座，新建村镇公厕31座、旅游公厕15座，无害化改造厕所600户，村庄绿化17.8公顷。

乡村振兴稳步推进。高标准编制梅林、仙峰等22个试点乡村规划，强力推进10个省级乡村振兴试点村建设，阳春、上地被评为省级乡村振兴实绩突出村；统筹实施农村安全饮水、电网升级改造等项目，良元220千伏输变电工程基本建成，完成农村公路提档升级 53.29 公里，新开通城乡公交线路 4 条，实现 18 个乡（镇）生活污水处理设施全覆盖；桃源、广平被列为市级农村村民住宅规划建设管理典型示范乡镇，奇韬“五龙鼎珠”农村新型住宅小区集中建设试点工作经验做法在全市推广。

保障水平持续提高。全年民生投入 24.94 亿元，占一般公共预算支出的 83%，22 项为民办实事项目基本落实；新增城镇就业 931 人，发放创业担保贷款 5567 万元，带动就业 1454 人，城镇登记失业率 2.04%，控制在市下达目标内；城乡低保、特困供养等人员社会救助水平进一步提高，城乡居民基本养老保险参保率达 98.71%，城乡居民基本医疗保险参保工作全面完成。

社会事业加快发展。全年教育支出达 8.41 亿元，实施总投资 2.3 亿元教育补短板项目 22 个，建设中心小学新校区、第三实验小学、城关幼儿园赤岩分园等 10 个项目建成投入使用，新增学位 7760 个，石牌中小、大田三中等 6 所学校获评“省义务教育管理标准化学校”，中考、高考考场空调安装实现全覆盖，中考优秀率居全市前列，高考本科上线率居全市第二，大田学子杨欣摘取全市高考文科状元。有序推进疾病预防控制中心综合改革、医防融合服务体系建设，县域远程医疗服务 100% 覆盖，多学科诊疗模式建成运营，乡（镇）中医馆基本实现全覆盖，获评“省级慢性病综合防控示范区”。夕阳红闽中康养服务中心二期加快推进，新建农村幸福院 10 个、居家养老服务照料中心 3 个，完成 162 户特殊困难老年人家庭适老化改造，建成农村区域性养老服务中心 2 个，新增养老床位 275 张，山区养老工作在全省农村养老服务业推进会上作典型发言。“章公祖师”肉身坐佛像追索取得进展，新增宫边红釉窑群遗址等 3 处省级文物保护单位，梅林基层文化服务中心获评省级优秀示范点。

社会治理有效提升。扫黑除恶专项斗争取得胜利，“平安大田”建设深入推进，严厉打击电信网络新型违法犯罪，创建“六无”村（居）126 个，“省级平安县”创建通过验收。全面开展安全生产专项整治三年行动和安全隐患大排查大整治，应急管理能力不断提高，食品药品安全保持稳定，精神文明创建持续深化，第七次全国人口普查顺利推进，“七五”普法工作圆满完成。《党建引领乡村治理现代化的“大田路径”》写入新华社政务智库报告，2 个镇、10 个村获评省级乡村治理示范村镇，吴山氏大人评理室获评省级十佳评理室。

履职能力不断增强。坚持以政治建设为统领，巩固深化“不忘初心、牢记使命”主题教育成果，深入推进政府系统党风廉政建设和反腐败斗争。严格落实中央八项规定及其实施细则精神和省、市、县实施办法，深入开展形式主义、官僚主义专项整治，持续改进文风会风，全年发文办会分别下降 51%、62%。深化“放管服”改革，深入开展“六最”营商环境对标活动，审批时限压缩率达 81.93%，群众办事实现“分散办”到“集中办”，行政服务中心管委会获得“福建省五一劳动奖状”。自觉接受人大法律监督、政协民主监督和社会舆论监督，加大政务公开力度，认真办理人大代表意见建议和政协委员提案，全年共办理人大代表建议 106 件、政协委员提案 110 件。

2020 年工作任务的圆满完成，标志着“十三五”规划的顺利收官。五年来，大田县致力百姓富，社会事业全面进步。“一家四业”产业扶贫模式成效显著，累计投入扶贫资金 1.97 亿元，如期完成新时代脱贫攻坚任务，城乡居民可支配收入年均增长 8.8%，农村居民收入增幅超过城镇居民。民生支出 106.25 亿元，比“十二五”期间增长 35.55 亿元，建成 45 个教育提升工程，新增学位 2.53 万个、教师编制 1246 个，高考本科上线率由 69.89% 提升至 77.97%。医药卫生体制改革不断深化，县域医共体组建运营，在全市率先成立医养服务中心，县总医院“六大中心”、疾控中心标准化实验室全面建成。在全省率先建成县级居家养老服务中心，牵头制定福建省“农村居家养老服务规范”，闽中康养服务中心等养老服务设施建成投入使用，新增养老床位 1650 张。“大田后生仔”文化品牌唱响全国，郭居敬“二十四孝”诗选及怜目唱本等 3 个项目入选省级非物质文化遗产代表性项目名录，东坂入选“中国历史文化名村”。获评国家公共文化服务体系示范区、全国群众体育先进单位，被授予“全国老年气排球之乡”称号。

（摘编：王诗诚）

莆田市社会发展综述

2020年，莆田市坚持以习近平新时代中国特色社会主义思想为指导，深入学习贯彻习近平总书记重要讲话重要指示批示精神和治理木兰溪的重要理念，增强“四个意识”、坚定“四个自信”、做到“两个维护”，扎实做好“六稳”工作，全面落实“六保”任务，全方位推动高质量发展超越，奋力追赶全年目标任务，全面建成小康社会取得决定性成就。初步统计，地区生产总值2700亿元，增长3%；一般公共预算总收入231.3亿元，增长2.2%，地方一般公共预算收入147.1亿元，增长2.8%；固定资产投资额与上年持平；社会消费品零售总额1625亿元，与上年持平；居民人均可支配收入3.2万元，增长5%；城镇登记失业率2.41%；居民消费价格总水平上涨2%。

一年来，莆田市全力以赴、全民动员、全心投入，高标准蝉联全国文明城市，摘取全国双拥模范城“六连冠”，湄洲岛晋级国家AAAAA级旅游景区。城市新区落子起势，木兰溪南岸土地综合整治和生态修复试点获国家批准。职教高地开局起步，从“大有可为”迈向“大有作为”。“12345”热线全面升格，成为百姓“连心桥”“主心骨”。

一年来，统筹疫情防控和社会发展，各项工作取得了新成效：

众志成城，坚决打好打赢抗击疫情的“莆田战役”。面对突如其来的疫情，莆田市坚持把人民群众生命安全和身体健康放在第一位，全市上下团结一心、英勇奋斗，全力抗击新冠肺炎疫情。1月24日，启动Ⅰ级响应，在全省率先实行“三个一律”“三个严禁”等超常举措，迅速铺开全市疫情防控工作；1月27日，暴发首起整村聚集性疫情，创新实施整村易地集中隔离，打赢了全省规模最大的聚集性疫情歼灭战；2月3日，全省首个治愈患者出院，3月7日全市本土住院病例、确诊病例、疑似病例全部“清零”，从首例确诊到全部清零仅用42天。在这场大战大考中，18名医护人员逆行出征、驰援武汉、载誉而归。在这场大战大考中，16万党员干部冲锋在前，医护人员白衣为甲，公安干警百战不殆，志愿人员默默奉献，镇街村居干部、环卫工人等一线人员昼夜坚守，海内外同胞守望相助，共同筑起守护生命的铜墙铁壁，换来妈祖故乡的平安无恙。每个人都是英雄，每个人都了不起！

抢占先机，创新创造复工复产的“莆田模式”。疫情没有阻挡莆田发展的脚步，从防护物资紧缺到企业火线转产，创新“三原三联”模式，用10天时间实现日产口罩从0到200万的蝶变；从精准援企稳岗到畅通“五难”链条，在全国率先出台支持中小微企业共渡难关10条等措施，创新莆惠金服平台、投保专项资金、复工复产综合险、稳外贸企业直通车、“莆田餐巴”等，为各行各业纾困解难，企业降本减负35亿元、新增贷款230亿元，用两个月时间全面实现复工复产，中央重点媒体80多次报道该市复工复产，为莆田模式叫好点赞。

更实举措，持续提高城乡建设水平。城市新区启动建设，绶溪、沟头、龙德井等24个片区顺利征迁，出让土地178.2公顷、成交211亿元，建成棚改房9304套，改造老旧小区17个。完成安置房、历史遗留不动产办证11万套、5927宗。新改建市政道路60公里、城镇污水管网60公里、城乡公厕420座。新建公园绿地70公顷、口袋公园35个、绿道40公里。建成智慧停车管理系统，新增停车泊位5015个。公布两批71处历史建筑保护名录，拆除“两违”建筑超200万平方米，完成“两高”沿线环境整治。

锐意开拓，不断激发改革开放活力。实施开发区改革和创新发展三年行动计划，推进人事薪酬、“管委会+公司”运营等机制改革，园区动力活力进一步激发。深化“放管服”改革，打造政务云平台，推行企业开办“1+X”套餐、政企直通车服务，“互联网+电子政务”水平居全省第一。“12345”热线荣获全国政府服务热线“服务之星奖”“最佳管理效率奖”。成功举办第五届世界妈祖文化论坛、海峡论坛·妈祖文化活动周等活动，莆台交流合作走深走实。

守住底线，坚决打赢三大攻坚战。健全政司银企联动防范机制，加大信贷风险大户化解力度，银行业不良贷款率降至1.11%。开展脱贫攻坚补短板提质量行动，“两不愁”持续巩固，“三保障”显著提升，饮水安全全面覆盖，脱贫质量更高、成色更足。完成84项中央、省环保督察整改年度任务，实施30个木兰溪全流域治理项目，顺利推进蓝色海湾整治项目，创建20个污水零直排区，主要流域水质优良比例稳定在90%左右，饮用水源水质达标率、入河排污口整治率、近岸海水优良率居全省第一。

真抓实干，切实保障改善民生。建成“党建+”社区邻里中心17个、“综治+”社区治理中心21个。创新保就业稳就业举措，纳入全省“1234工作法”，受国务院办公厅通报表扬。建立企业用工共享信息平台，兑现援企稳岗补助资金1.3亿元，新增城镇就业2.4万人。在全国率先开展城企联动普惠养老试点，新增各类养老床位1969张，建成农村幸福院580个。新增普惠性幼儿园学位1.22万个、中小学学位1.8万个。成立职教专班，出台“1+3”政策体系，签约落地福建东软职业学院等院校，新增高职学位1222个、中职学位1836个；湄职院入选省现代职业教育示范校、三创示范校，荣获全国首届职业技能大赛项目第四名。深化“三医联动”改革，新增医疗床位800张，“联合病房”实现县区全覆盖。实施莆仙戏弘扬工程，“百姓舞台”“莆阳讲堂”等文化公益品牌效应凸显。粮食安全、民族宗教、档案、工青妇和残疾人事业等工作取得新进步。

认真履职，党政建设全面提升。认真履行全面从严治党主体责任，加强党风廉政建设，巩固深化“不忘初心、牢记使命”主题教育成果，全力抓好国务院大督查、省委巡视问题整改，全面落实意识形态工作责任制。严格落实中央八项规定及其实施细则精神，持续转变作风，厉行勤俭节约。主动接受人大、政协和社会监督，办理人大代表建议173件、政协提案240件，办复率均为100%。

2020年是全面建成小康社会和“十三五”规划收官之年。回眸“十三五”，用行动践行使命，用实干推动转型，用奋斗书写担当，五年来的发展是全方位的，变化是深层次的。

坚定沿着习近平总书记指引的方向奋力前行，经历了一系列大事喜事要事，极大激发了全市上下奋斗新时代的磅礴力量。最激动人心的是中央主要媒体集中报道习近平总书记治理木兰溪的重要理念，木兰溪获评全国首批示范河湖、十大“最美家乡河”，实现了习近平总书记提出的“变害为利、造福人民”目标，生态文明建设的木兰溪样本全国瞩目。最振奋人心的是在习近平总书记五次直接关心和嘱托下，我们持续巩固木兰溪治理成果，全力保护好湄洲岛，成功举办五届世界妈祖文化论坛、第五届世界佛教论坛，汇聚了积极向上的正能量，提振了干部的精气神，增强了市民的凝聚力，提升了莆田的美誉度，开启了莆田高质量发展的新篇章。

坚持新发展理念，深化供给侧结构性改革，推动高质量发展落实赶超，经济结构更加优化，质量效益明显提升，综合实力跃上新台阶。地区生产总值是五年前的1.6倍，鞋服产值突破千亿，工业总量跃升全省第五位，三次产业结构由5.8∶55.3∶38.9优化为4.9∶50.9∶44.2。前瞻布局5G、人工智能、电子信息、生命健康等产业。产业互联网平台蓬勃发展，获得全省唯一的平台经济示范区，63家平台企业累计交易额1700亿元、税收超30亿元。北理工东南信息技术研究院、中电研究院、兰州大学莆田研究院、中科院兰海核医学研究中心、黑马莆田分院、莆商领袖商学院等一批创新载体顺利落地，新增国家高新技术企业115家、是五年前的3倍。世界中式古典家具之都、中国古典工艺家具之都、中国油画产业之都落户莆田，莆田木雕亮相金砖厦门会晤国际舞台，莆田匠心智造绽放光彩。

全面融入闽东北协同发展区，纵深推进城市东拓南进西联北优中修，一个高素质高颜值的新莆田冉冉升起。荣获国家森林城市、园林城市、水生态文明城市、黑臭水体治理示范城市、社会信用体系建设示范城市等称号。城市新区全面铺开、妈祖健康城拔地而起、大学城建成投用、中心城区快速拓展，建成区面积从87.1平方公里扩大到132.4平方公里。城市更新焕发活力，完成征迁2181万平方米，建成棚改房7.8万套。世界妈祖文化论坛永久会址、会展中心、“三馆一宫”成为新地标，新增香格里拉、喜来登等国际品牌酒店，相继贯通莆涵大道、壶公路、滨溪北路，打通文献路等断头路44条，建成区道路总长度从678公里增加到1095公里，绿道长度从157.8公里增加到418.7公里，绶溪、南湖、环玉湖等城市公园成为“新网红”。新增人行天桥13座，“小黄人”公共自行车成为市民“新宠”、骑行量超6000万人次，城市品质跃升一个新台阶。现代立体交通体系日益完善，实现镇镇半小时上高速、村村通客车、岛岛通班轮。创新采用流域系统治理的PPP模式，城镇污水管网从824公里增加至1310公里，污水收集处理量从23.5万吨/日增加到30.5万吨/日，新增近50万人口污水收集处理量。建成区及乡镇污水处理设施实现全覆盖，城乡生活垃圾无害化处理率100%。生态绿心保护修复项目获评“中国人居环境范例奖”。

坚定不移推进改革开放，先行先试、开拓创新，改革春潮竞相涌流，开放活力充分迸发。全国首创“自己‘批’、网上办”审批新模式，“证照同办”“多证合一”改革走在全国前列，市场主体突破50万户、比五年前翻一番。改革重组市属国有企业，总资产是五年前的3倍。全力打赢防范化解金融风险攻坚战，银行业不良贷款率从全省第二高的6.06%回落至低于全省平均水平。莆田港口岸扩大对外开放通过国家验收，港口吞吐能力年均增长10%以上，东南沿海最大的罗屿40万吨码头列入国家布局规划，30万吨铁矿石巨轮成功靠泊，东方大港雄姿初展。开展妈祖千年首巡东南亚、20年赴台再巡安，设立大陆首家台胞医保服务中心，实现莆台海上货运直航，来莆台胞突破200万人次。

坚持以人民为中心的发展思想，紧紧依靠人民，不断造福人民，社会事业全面进步，人民生活再上新水平。每年新增财力70%以上用于民生支出，五年累计864亿元。完成为民办实事115项、投资168亿元。建档立卡贫困户8894户28020人全部脱贫，人均纯收入16762元、是五年前的4.6倍；88个贫困村全部摘帽，村均集体收入突破27万元、是五年前的6.5倍，决战脱贫攻坚取得决定性胜利。居民人均可支配收入从2.1万元提高到3.2万元，养老、医疗保险参保率居全省前列。教育强市稳步推进，五年教育支出285亿元，新增中小学幼儿园学位7.5万个，成立全国首个新工科产业学院，迁建莆田学院、湄洲湾职业技术学院，建成华峰学院、三棵树绿色涂装学院。“健康莆田”建设扎实推进，新增医疗机构床位5056张，获评“全国无偿献血先进市”称号，人均期望寿命80.4岁、比五年前提高3岁。莆仙戏《海神妈祖》《踏伞行》等精品享誉全国，电影《妈祖回家》全国上映。创办“妈祖杯”海丝国际羽毛球挑战赛等品牌赛事，成功举办国际射联步手枪世界杯总决赛、金砖国家少年足球邀请赛等国际性赛事。

2021年经济社会发展的主要预期目标是：地区生产总值增长8%以上；规模工业增加值增长7.5%；一般公共预算总收入增长5%，其中地方一般公共预算收入增长5%；固定资产投资额增长9%；社会消费品零售总额增长9%；外贸出口总额增长8.5%，实际利用外资增长6.5%；居民人均可支配收入增长8%；城镇登记失业率3%以内；居民消费价格总水平涨幅3%左右；完成节能减排降碳任务。

（摘编：杨立群）

仙游县社会发展概况

2020年，仙游县深入贯彻落实习近平总书记重要讲话重要指示批示精神和治理木兰溪的重要理念，统筹新冠肺炎疫情防控和经济社会发展工作，全方位推动高质量发展超越，全年实现地区生产总值571亿元，增长4.5%；全社会固定资产投资256亿元；一般公共预算总收入40.8亿元，增长1.7%，其中地方一般公共预算收入27.2亿元，增长4%；社会消费品零售总额362亿元；农林牧渔业总产值43亿元，增长5%；居民人均可支配收入25496元，增长4.5%。

一年来，面对突如其来的新冠肺炎疫情，仙游县坚持人民至上、生命至上，率先实行“三个一律”“三个严禁”，突出联防联控、群防群治，建成投用3个县级PCR实验室，紧急动员企业复工转产医疗防护物资，实现口罩、防护服等从无到有、形成规模的突破，在全市率先出台一二三产扶持办法，着力打通“五难”操作链，落实各项援企稳岗措施，在最短时间内做到输入确诊病例“清零”，实现了确诊患者“零死亡”、医护人员“零感染”、本地人员“零关联”，以最快速度恢复了正常生产生活秩序，在一个百万人口大县短时间内形成了稳控有力的良好局面，疫情防控取得重大战略成果。社会发展主要成效体现在：

城乡建设统筹推进。“兴城市”有序实施，国土空间总体规划三条控制线基本划定，完成23个村庄规划编制。200个城建项目完成投资148亿元。建成区面积扩大2.6平方公里，城镇化率提高1.9个百分点。中心城区六大片区和滨海新城四大片区改造工作扎实推进。艺都大道、金凤大桥、北三环中段、东一环北段、东二环北段实现贯通，温南支路、来蜚路建成通车。温泉度假中心招商运营，美食城二期竣工，“六馆”加快建设。6个老旧小区完成改造。建成商品房面积74.5万平方米。城市精细化管理水平持续提高，成立县属国有城乡环卫公司，新建垃圾分类屋亭100座，新增城区停车泊位1083个。垃圾焚烧发电厂正式运营，飞灰固化物填埋场竣工投用。特色小镇加快建设，塔斗山公园二期建成启用，九鲤湖祈梦堂、望仙台竣工投用。乡村振兴战略扎实推进，完成22个省级乡村振兴试点村村庄规划编制。创成省级乡村旅游特色村3家、金牌旅游村2家，济川村荣获中国最美村镇治理有效成就奖。乡镇科技特派员工作站实现全覆盖。游洋兴山村等4个村荣获第二批“国家森林乡村”。强化农村人居环境整治和“两高”沿线环境综合整治，新改建公厕19座。实施房屋安全隐患百日攻坚专项行动，处置重大安全隐患房屋913栋。乡村文明持续加强，移风易俗成效明显。

三大攻坚战持续突破。脱贫攻坚战成效进一步巩固，18个乡镇（街道）、38个贫困村扶贫产业基地实现全覆盖，全市决战决胜脱贫攻坚现场会在我县召开。污染防治攻坚战扎实推进，上级环保督察反馈问题得到有效整改。空气质量优良率100%达标，稳居全市第一。“双河湖长制”深入落实，木兰溪全流域系统治理全面推进，恢复水域面积7.6万平方米，木兰溪干流水质断面考核100%达标。列入全省首批农村生活污水治理试点县，农村生活污水治理专项规划完成编制，农村生活污水处理工程新建污水管网292.2公里。老城区雨污分流改造完成7公里，污水收集率进一步提高。经济开发区污水处理厂二期竣工投用。完成矿山生态恢复3个、治理水土流失1666.7公顷、植树造林1546.67公顷、商品林赎买82.2公顷，森林覆盖率居全市第一。防范化解重大风险攻坚战成效明显，连续三年实现“双降”目标。

民生保障更加完善。16件为民办实事项目完成投资28.5亿元。发放各类援企稳岗补贴1895万元。为企业减免社会保险费1.04亿元。城镇新增就业3274人，城镇登记失业率控制在5%以内。城乡居民基本医疗保险参保人数98.3万人、养老保险参保率达98%。城乡低保实现应保尽保。医疗救助、抚恤补助、灾害救济、慈善资助等救助体系更趋完善。建成农村幸福院30个，7个乡镇敬老院实行“公建民营”，居家社区专业化养老服务实现城乡全覆盖。福泽园建成投用。实施棚户区改造1035套，安置房竣工23.04万平方米。开通、优化公交线路4条，大蜚山公交首末站竣工投用。“四好农村路”加快建设，完成农村公路养护提升工程375公里、农村公路硬化工程40公里、改造危桥8座。城区第一水厂迁建工程加快建设。创成全国首家“大面积停电事件应急体系示范县”，新建、改造电力线路183.61公里。防灾减灾及应急救援体系不断完善，有效应对台风等自然灾害。

社会事业协调发展。教育强县扎实推进，实施高中提升工程4.5万平方米、校舍安全改造项目1.1万平方米、全面“改薄”项目3150平方米。新改建幼儿园9所、小学3所，新增学位7740个。新创市级示范性幼儿园3所、义务教育管理标准化学校61所、省级合格小规模学校19所。度尾中学、现代中学、私立一中晋升为省二级达标高中，大济中学、龙华中学晋升为省三级达标高中，华侨中学通过省一级达标校复评。县老年大学获评省达标老年大学。健康仙游扎实推进，县总医院迁建项目动工建设，菜溪、社硎、大济卫生院新综合楼投用。295个村级卫生所开通医保终端服务。莆仙戏鲤声艺术传承保护中心荣获全国基层文艺院团先进集体。仙游籍运动员荣获国家级以上金牌6枚。省级文明县城创建工作扎实开展。“七五”普法通过市级验收。第七次人口普查工作全面完成。“平安仙游”建设扎实推进。全县安全生产隐患大排查大整治和专项整治三年行动深入开展，生产性两项指标实现“双下降”。食品安全形势稳中向好。扫黑除恶专项斗争圆满收官。鲤城木兰、南桥社区列入全市“党建+”社区邻里中心试点，打造成基层治理范本。全县防汛抗旱应急指挥中心投入使用。信访、人民调解工作扎实有效，社会保持和谐稳定。双拥工作、国防动员、民兵预备役部队建设、海防、人防等工作不断加强，征兵工作圆满完成。惠台政策有效落实，仙台融合发展更加深入。

政府职能有效转变。加强党的全面领导，严格执行人大及其常委会决议、决定，自觉接受社会各界和人民群众的监督，办理县人大代表建议203件、县政协提案180件，办结率均为100%。完成乡镇机构改革。“放管服”改革不断深化，营商环境第三方评估排名居全市第二。97%网上办事大厅服务事项实现“最多跑一趟”。企业开办环节压缩至2个，时限压缩至1个工作日。“12345”政务服务平台受理群众诉求1.97万件，网评满意率99.19%。废止规范性文件51件、修改3件、保留237件。严格落实中央八项规定。效能建设、绩效管理以及审计监督进一步加强，党风廉政建设和反腐败斗争取得新成效。

2020年工作任务的完成，标志着“十三五”规划目标的顺利收官。这是仙游综合实力稳步提升的五年。全县地区生产总值、一般公共预算总收入、规模以上工业增加值、固定资产投资、居民人均可支配收入年均增长7.5%、7.7%、7.9%、7.6%、8.2%。绩效考核实现全市三连冠，系历史首次。“五个一批”综合考评、招商引资考评连续三年位居全市第一。华峰绿色纤维产业园、元生智汇智能终端项目、京东数字经济产业园等一批重大项目建成投用。三产结构由“十二五”末的4.9∶58.3∶36.8调整为3.9∶52.5∶43.6。新增超亿元企业16家、中国驰名商标2枚、高新技术企业10家。社会消费品零售总额年均增长9.8%，连续三年入选全国电商百强县。五年主要景区门票收入达到1.16亿元，较“十二五”时期实现翻番。

（摘编：郭虹）

荔城区社会发展概况

2020年，荔城区深入贯彻落实习近平总书记对福建工作的重要指示精神和治理木兰溪的重要理念，统筹推进疫情防控和经济社会发展，全方位推动高质量发展超越，全区经济呈现持续恢复态势，社会和谐稳定。全年实现地区生产总值595亿元、增长3.6%，固定资产投资340亿元、增长2.0%，财政总收入44.80亿元、下降5.9%，地方级财政收入26.76亿元、下降5.7%，规模以上工业增加值225.3亿元、增长4.5%，社会消费品零售总额406亿元、增长5.0%，外贸出口总额63.0亿元、下降5.9%，实际利用外资2.64亿元，农林牧渔业总产值32亿元、增长1.0%，居民人均可支配收入41080元、增长8.6%，节能减排等约束性指标完成市下达任务。

一年来社会发展的主要工作和成效：

聚焦全民健康，实行联防联控大动员，疫情防控取得阶段成效。年初以来，病毒突袭而至，疫情来势汹汹，群众生命安全和身体健康面临严重威胁，荔城区坚持人民至上、生命至上，同时间赛跑、与病魔较量，迅速打响疫情防控的人民战争、总体战、阻击战，严格落实排查、检测、隔离、救治等措施，用1个多月的时间基本遏制疫情蔓延势头，全区累计报告确诊病例8例，8例已全部治愈出院，目前无住院病例和疑似病例。坚持自力更生、共克时艰，组织48家企业转产口罩、防护服等抗疫物资，优先保障基层医务人员、工作人员、学生教师、企业员工，为打赢疫情防控阻击战提供必要保障。坚持大爱无疆、援鄂抗疫，6名医护人员远赴湖北，成为最美逆行者，圆满完成任务；全区医务工作者坚守岗位、无私奉献，体现医者仁心、展现大义担当。坚持应势而变、精准施策，适时调整工作重点，从防疫物资保障、租金减免、增信增贷、产能恢复等方面发力，加大政策兑现力度，组织员工返岗，开展“区长直播带货”活动，加快推进复工复产复商复市复学工作，全区生产生活秩序加快恢复。

聚焦重点领域，决战全面小康大会战，三大攻坚战取得新胜利。打赢脱贫攻坚战。强化精准帮扶措施，新增产业扶贫基地15个，累计打造30个产业扶贫基地。下达扶贫专项资金3626万元，提供公益性岗位85个，发放低保金、城乡特困金3897.7万元，全区贫困户家庭年人均纯收入预计达19830元，增长33.3%，4个贫困村全面脱帽，421户贫困户全面脱贫。开展对口帮扶工作，落实1200万元帮扶资金，帮助建瓯市迪口镇建成6个民生项目。打好防范化解重大风险攻坚战。帮助企业用好用活纾困专项贷款资金、政策融资担保等，化解企业融资难题。打好污染防治攻坚战。一体推进第一轮中央环保督察、第二轮中央生态环境保护督察反馈问题和信访件整改。完成城乡污水整治PPP项目建设，累计建设管网1059公里、三格式化粪池4.92万户、污水提升泵井220座、小型污水处理场（站）6座。加快建设南洋水系综合治理PPP等重大水利工程，完成河道整治85.3公里，小流域水质全面提升。完成智慧水利测站点建设，筑起智慧防线，让防汛“耳聪目明”。开展餐饮油烟、柴油货车排查整治，完成107家涉VOCs企业提升改造，天气优良天数达标率95.6%。

聚焦民生短板，建设共建共享大网络，社会民生持续改善。八大类为民办实事项目超额完成投资任务，民生支出占一般公共预算支出比重达

79.1%，发展成果惠及广大人民群众。教育事业优先发展。实施23个教育类建设项目，麟峰小学磐龙校区、西天尾洞湖小学及附属幼儿园、溪白实验幼儿园、阳光檀悦幼儿园等10个项目投入使用，新增学位5145个。创新委托管理办学模式，跨区域引进优质教育资源，莆田九中正式纳入莆田一中教育集团委托办学管理。麟峰小学、梅峰小学等学校开展课后服务活动，解决家长接送难题。实施幼儿午托工程，新增床位1500多个。社会保障不断完善。新增社区居家养老服务照料中心3个、农村幸福院8家。大力推进稳就业工作，主办6场线上专场招聘会，提供就业岗位1.2万个。开展"黄赌毒"、电信网络诈骗、跨境赌博等整治，推进"六清"行动，打掉涉黑组织2个、涉恶犯罪集团（团伙）6个，查处"保护伞"案件8件8人，打赢扫黑除恶专项斗争。开展安全生产大检查、大整治，建立整改清单、责任清单、销号清单，安全生产监管能力得到加强。信访维稳、人民调解工作扎实有效，社会保持和谐稳定。排查整治危房11.7万栋。全面完成60个安置房、3.42万宗首次登记工作，累计办理转移登记2.59万宗。深入开展"光盘行动"，有效遏制"舌尖上的浪费"。有序推进国有企业退休人员社会化管理工作。退役军人服务保障体系建设进一步健全，双拥工作进一步加强。

聚焦营商环境，推进政府职能大转变，行政效能持续提高。推行"自己'批'网上办"审批服务新模式，打通服务企业群众"最后一公里"，群众办件"好差评"结果持续向好。持续优化营商环境，营商环境第三方评估成绩连续两年全市第一，市场主体达11.92万户，各类企业2.92万户，总量全市第一。严格落实中央八项规定精神，持续纠治"四风"，实行区领导现场接听"12345"热线制度，务实高效解决问题，绩效考评再获全市优秀等次。深化"放管服"改革，261项高频政务服务事项下沉社区就近办理。建成"党建+"社区邻里中心5个。人大代表建议71件、政协委员提案101件全部办结。加强和改进行政复议、行政应诉工作，完善府院良性互动机制，依法办理行政复议案件32件、行政诉讼136件。设立15个法律援助工作站，实现一村一法律顾问全覆盖。完成镇街机构改革，进一步构建简约高效基层管理体制。完成第七次全国人口普查。

2020年是"十三五"规划的收官之年，过去五年，是荔城经济大发展、大提升的五年。经济总量跃居全市第一，地区生产总值年均增长11.0%，人均GDP达1.45万美元。社会消费品零售总额、规模以上工业产值分别是"十二五"末的2.74倍、4.26倍，财政总收入连续9年全市第一，外贸出口总量连续5年全市第一；是荔城城乡大建设、大变样的五年。一大批重点项目陆续建成，五年累计完成全社会固定资产投资1571.78亿元。基础设施全面改善，新增城市道路里程45公里。基本建成玉湖新城、珠宝城，大学城初具规模，城区跨溪南进步伐加快，城区面积持续扩大，累计开发商品房768万平方米，建成安置房332万平方米，回迁群众7509户。常住人口城镇化率从70.2%提高到74%；是荔城生态大保护、大治理的五年。全力打好"蓝天、碧水、净土"三大保卫战，综合治理河道192公里，创成省级首批综合治水试验县。城乡污水得到系统治理，实现了农村污水收集处理从无到有的历史性跨越，基本构建了覆盖全区的污水收集处理大脉络，城镇生活污水处理率达95.2%以上，比"十二五"末提高25.6个百分点，木兰溪流域水质实现跨类提升。旅游综合收入增长1.76倍，获批国家AAA级旅游景区1个，AA级旅游景区3个；是荔城民生大投入、大改善的五年。五年累计完成为民办实事项目250件、资金总额超过50亿元。居民人均可支配收入比"十二五"末增长49%，贫困户年人均纯收入是"十二五"末的5.5倍，城乡低保补助水平增长114%。科教文卫体等各项事业建设取得长足发展，新建、改扩建公办中小学、幼儿园36所，新增学位1.8万个；"健康荔城"建设扎实推进，全区医疗机构新增床位855张。荣获"国家级慢性病综合防控示范区""省级妇幼健康优质服务示范区""省级基础教育（学前教育学段）改革发展试验区""福建省教育工作先进区"等称号，实现省级双拥模范城"四连冠"。

（摘编：张海生）

城厢区社会发展概况

2020年城厢区深入学习贯彻党的十九大精神和习近平总书记对福建工作的一系列重要讲话重要指示批示精神，经济社会实现平稳健康发展。全区生产总值完成515亿元，增长3%。固定资产投资增长10.5%。社会消费品零售总额530亿元，增长6.5%。财政总收入33.5亿元，其中地方级财政收入23.9亿元。全体居民人均可支配收入41700元，增长9%。

齐心直面挑战，科学应对，精准施策，夺取疫情防控和经济社会发展双胜利，在疫情防控大战大考中交上一份有力的答卷。坚决贯彻党中央决策部署，在全市疫情形势最复杂、防控难度最大的严峻挑战面前，全区抽调500多名干部支援社区抗疫一线，动员荔城纸业等19家企业及时转产口罩等防疫物资，对全区154个开放式小区实行封闭式改造，在不到一个月时间内取得战疫工作阶段性胜利。全力推进复工复产，全市第一家出台推进复工复产6条补充措施、做好“六稳”工作13条措施、促进复产达产若干措施等针对性激励政策，成立31支服务队下沉一线靠前服务，采取“点对点”接驳解决“返岗难”问题，全市首家设立省外劳务协作工作站解决“引进难”问题，为62家“白名单”中小微企业增信融资担保2.7亿元解决“融资难”问题，着力畅通人流、物流、资金流，兑现奖补惠企资金超1.4亿元，其中区级配套近1.2亿元，为企业降本减负6亿元，经济实现企稳回升。

真心俯下身子，倾听民意，服务民生，扎实办好17件惠民实事，为群众解决了一批重点、难点、热点问题。多措并举稳就业、保就业，全区城镇新增就业人员5686人、失业人员再就业2248人，均完成年计划的150%以上，2020年离校未就业高校毕业生就业率80%以上，均居全市第一，期末城镇登记失业率3.18%。创新消费扶贫模式，建立扶贫超市42家、产业扶贫基地26个，全区建档立卡贫困户年人均可支配收入达1.97万元，7个建档立卡贫困村集体经营性收入均达19万元以上，有力巩固脱贫攻坚成果。大力推进学校建设，泗华小学、顶墩学校等8所学校建成投入使用，九华学校、霞林学校扩容工程基本建成，新增中小学及幼儿园学位7700个，为全市最多，有效缓解了中心城区上学难问题。

一年来，社会发展主要工作体现在：

城市建设展现新形象。大力提升城市品质，实施11个城乡面貌品质提升重点项目和19个园林绿化项目，完成新塘社区、福兴小区等6个老旧小区823户8.8万㎡改造，加快绶溪公园二期、木兰陂世遗公园建设，新建洋西、泗华等5个“口袋公园”，完善木兰溪、延寿溪、北渠等滨水绿道，新增绿道6公里。不断完善基础设施，滨溪北路实现通车，福厦客专、木兰大道三期、灵华线等重大交通设施项目加快建设。实施“安置房建设年”行动，有序推进24个安置区建设，实现华亭山牌、木兰溪防洪工程西许等7个安置房项目959套回迁，坂头东、霞林地块七等8个项目竣工扫尾，龙德井、顶墩下黄等5个项目动工建设。加强城市精细化管理，开展创城“十大”行动，出台数字城管案件处置奖惩机制，处置各类城管案件13万多件，按时处置率达99.96%。垃圾分类试点取得新成效，率先开展“环保酵素制作、生活垃圾减量”行动，大力推广垃圾分类“物业+、支部+、公司+”三种模式，建设城区100座分类屋亭，基本建成城区生活垃圾分类处理系统，生活垃圾无害化处理率达100%，垃圾分类逐步成为新时尚。

民生事业迎得新发展。强化社会救助兜底保障，城乡低保标准提高到660元，发放低保金、救助金10.1万人次超3500万元。深入推进55个项目30001套历史遗留安置房不动产证办理工作，首次登记率达100%，转移办证率达95%。优先发展教育事业，加快城镇小区配套幼儿园治理，学前教育普惠率达91.1%，居全市首位。教育教学质量稳步提升，小学、初中、高中教育教学综合评价均名列全市第一。探索城区优质校与园区5所学校“一对一”融合办学模式，提升园区教学质量。深入推进“健康城厢”建设，区医院病房楼基本完成建设，建成华亭镇卫生院医养结合中心，优化提升全区65个一体化村卫生所远程视频诊疗，基层医疗卫生服务能力不断提升。文体惠民扎实开展，成功举办“亚明杯”2020全国海鲜烹饪邀请赛、第三届福建省社区（乡村）体育联赛，新建村级综合文化服务中心18个、智慧体育公园等文体设施14处，巩固提升农家书屋12家。全面夯实食品安全监管工作，通过全省首批“一证通”建设试点验收，严查食品药品违法违规行为，牢牢守住食品药品安全底线。

生态环境实现新突破。深入贯彻落实习近平总书记治理木兰溪的重要理念，深化木兰溪全流域系统治理，创新专业队伍无人机巡河护河机制，实施饮用水源地保护等一系列专项行动，全力推进中央、省、市生态环保督察反馈问题整改，整治2502个入河排污（雨）口，木兰溪干流水质优良（达到或优于Ⅲ类）比例、东圳水库水质达标率均达100%；强力实施内河综合整治，完成25处截污改造工程，建设城区污水管网6公里，下磨溪等10条城市内河全面消除劣Ⅴ类水质；持续开展农村黑臭水体治理，小流域7个考核断面水质均达到省考要求。大力推进“一革命四行动”，完成80个村庄房前屋后、1250栋既有农房整治和1300户户厕改造，新建城乡公厕25座，提升3条主要县道80公里沿线绿化景观，城镇生活垃圾无害化处理率达100%。大力实施“区级主导、镇街主责、村居主体、群众参与、长效管理”五方共治及“包工不包料”的农村污水治理模式，88个村近2000公里农村污水管网全面建成投用，治理经验全省推广。加大造林绿化力度，新增植树造林266.7公顷、森林抚育446.7公顷、封山育林473.3公顷，全区森林覆盖率达71.3%，稳居全市第一。

社会治理迈上新台阶。高质量打好扫黑除恶专项斗争收官战，深入开展十大重点行业专项整治，打掉黑恶势力犯罪团伙8个，破获九类涉恶案件92起，促进重点行业领域整改问题255个，圆满完成“六清”行动任务。深入推进市域社会治理创新，升级打造“合侦快破”全国样板，深度探索警用无人机技战法，实现破案打击效能新提升，得到公安部肯定和推广；建设11个“党建+”邻里中心，拓展和延伸“1+6+X”服务内涵，基层社会治理服务水平不断提升。创新调解方式方法，探索建立诉非联动机制，健全完善“访调对接”机制，深化诉源治理，全区“信访评理室”建设覆盖面100%。严格落实安全生产责任制，开展安全生产专项整治三年行动和房屋结构等各领域安全隐患大排查大整治，生产性安全事故起数、死亡人数均下降50%以上。加强退役军人服务保障，军民融合深度发展。“七五”普法工作顺利通过总结验收，第七次全国人口普查稳步开展。

2020年各项目标任务的顺利完成，为“十三五”画上了圆满的句号。“十三五”期间，全区先后获得“全国法治区创建活动先进单位”“全国节水型社会建设达标县（区）”“中国妇女、儿童发展纲要国家示范区”“全国青少年普法教育示范区”“省教育工作先进区”“省级文明城区”（四连冠）、“省级双拥模范城”（四连冠）、“省科普示范区”“省平安县区”“‘四好农村路’建设省级示范县区”“全省创建无传销示范点省级达标单位”“省农产品质量安全区”等一系列荣誉称号。全区生产总值由2015年的284.7亿元跃升到2020年的515亿元，年均增长7.3%，人均突破12万元；三次产业比例由3.8∶43.5∶52.7调整到2∶33.6∶64.4。签约落地92个项目，301个重大项目实现开工，189个项目实现投产，全社会固定资产投资累计完成1170亿元。

（摘编：李哲）

涵江区社会发展概况

2020年，涵江区坚持以习近平新时代中国特色社会主义思想为指引，深入学习贯彻习近平总书记重要讲话重要指示批示精神和治理木兰溪的重要理念，统筹推进常态化疫情防控和经济社会发展，扎实做好“六稳”工作，全面落实“六保”任务，全方位推动高质量发展超越，奋力完成全年主要目标任务。全年实现地区生产总值606亿元，增长2.5%；规模以上工业企业产值1115亿元，增长3.2%；固定资产投资348亿元，增长4%；一般公共预算总收入40亿元，地方一般公共预算收入23.1亿元；农林牧渔业总产值31.9亿元，增长7.2%；社会消费品零售总额158亿元，增长2%；外贸进出口总额58.1亿元，增长4.1%；实际利用外资5.5亿元，增长329.5%；全体居民人均可支配收入3.6万元，增长4.9%。

一年来，社会发展的主要工作：

同心战“疫”，奋力夺取“双胜利”。坚决贯彻党中央决策部署，落实常态化疫情防控措施，严守“四道关口”，织密“五张网”，筑牢“五道防线”，建成投用核酸检测实验室2个，仅用一个月时间实现病例清零，2个集体、4名个人荣获全省抗疫先进表彰。在全市率先启动防疫物资研发和转产工作，5家企业取得生产资质，额温枪、防护服、医用口罩等防疫物资纳入国家、省、市统一调配，为抗疫大局作出贡献。落实支持中小微企业共渡难关“10条”、复工复产“20条”等措施，累计拨付复工复产帮扶资金8900多万元，兑现减税降费和助企资金6.2亿元，为93家企业争取担保贷、纾困专项贷、应急周转金9.6亿元。开展“云招商”“全闽乐购”、直播带货等活动，引进落地点钢科技、百威东南销售总部等项目13个，用两个月时间实现全面复工复产。

守牢底线，坚决打赢三大攻坚战。坚决落实中央环保督察反馈问题整改任务，持续推进木兰溪全流域系统治理，清淤疏浚河道19公里，整治入河排污口2800多个，新建污水管网53.2公里，主要流域断面水质达到国省考核目标。聚焦“两不愁三保障”，开展补短板行动，脱贫攻坚工作通过省级督导评估，西吉县实现脱贫摘帽，“涵江村”获评闽宁协作示范村，闽宁协作直播带货入编国家脱贫攻坚大型画册——《庄严的承诺》。重大风险有效防范，还本付息52亿元，列入全国建制县（区）隐性债务风险化解试点区。扫黑除恶专项斗争扎实推进，安全生产形势稳中向好，社会大局总体稳定。

共建共享，持续增进民生福祉。落实稳就业政策，城镇新增就业2816人。建成二实小塘北分校，引进世界500强阳光控股集团开办优质高端学校，省级教育“两项督导”取得“双优”佳绩。规范化提升村级卫生所33个，福建国药东南医院、区精神卫生中心投入使用，获评全国健康促进区创建先进单位。新建农村幸福院7所，城乡居民养老保险参保率超90%。推进顶铺、铺尾、苍林、萝苜田、萍湖“党建+”邻里中心建设，建成智慧体育公园，承办全省全民健身场地设施建设现场会。区融媒体中心建成投用，青少年宫开馆运营，江口镇公共法律服务中心、人民调解委员会分别获评全国法律服务工作先进集体、全国模范调解委员会。完成第七次全国人口普查。

依法行政，着力提升政府治理水平。落实政府系统全面从严治党主体责任和意识形态工作责任，巩固拓展“不忘初心、牢记使命”主题教育成果，全力配合省委经济责任和自然资源责任审计，切实抓好省委巡视、市委巡察、上级审计反馈问题整改。主动接受人大、政协和社会监督，办结区人大常委会审议意见8件、人大代表建议92件、政协委员提案132件。严格落实中央八项规定及其实施细则精神，持续纠治“四风”，力戒形式主义、官僚主义，“三公”经费压减30%。

2020年工作任务的顺利完成，标志着“十三五”规划各项工作画上了圆满句号。回顾过去的五年，全区经济社会发展取得了新的重大成就。

坚持新发展理念，落实高质量发展超越，接续努力、攻坚克难，综合实力在优化结构中稳步提升。地区生产总值年均增长6.5%，是五年前的1.5倍，人均GDP持续保持全省全市前列。三次产业结构由4.0∶68.7∶27.3优化2.8∶66.3∶30.9。累计完成固定资产投资1707亿元，是上一个五年的1.2倍。融入闽东北协同发展区，累计实施重点项目1787个，建成投用乌溪水库、市区联合粮食储备库、湄渝高速、莆涵大道等一批重大基础设施。久久为功推动滨海产业新城建设，16平方公里的港区陆域成为涵江新一轮高质量发展超越的广阔舞台。

着力推进新型城镇化，加快宜居涵江建设，优化配套、精细管理，城乡品质在加速提升中焕发新颜。塘北、兴涵水都、国际商贸城加快建设，白塘湖、大学城、动车站三大新区正在崛起，建成区面积从31平方公里拓展至55平方公里，蝉联省级文明城区“三连冠”，江口镇、梧塘镇分别获评全国文明乡镇、省级历史文化名镇。建成“两馆一中心”、隆恒·财富广场、天虹·水韵城等新地标，投用囊山、西河、啤酒广场等大型公园，城市颜值明显提升。“城涵一体化”发展潜力逐步释放，基础设施配套不断完善，形成“两高两铁四通道”立体交通网络。全面推进省级乡村振兴重点区建设，三江口啤酒小镇、萩芦体育小镇分别入选国家级、省级特色小镇，白沙镇坪盘村入选全国乡村旅游重点村名录，城乡协调发展水平显著提升。

落实治理新要求，打好蓝天碧水净土保卫战，保护优先、两溪共治，生态文明在绿色发展中展现靓丽底色。深入贯彻习近平总书记治理木兰溪的重要理念，全面落实河长制，保护木兰溪、萩芦溪，木兰溪入海口纳入国家“蓝色海湾”整治项目，宫口河入选全国城市黑臭水体治理示范河段。全市率先启动以水质达标为付费标准的水环境综合治理工程，建成投用滨海工业污水处理厂，建成区及乡镇污水处理设施实现全覆盖。全面完成“十三五”主要污染物减排目标，城市空气质量优良率、绿化覆盖率分别提高到93.7%、50.8%，涵江的水更清、天更蓝、山更绿、环境更宜居。

回应群众新期待，推动社会事业全面发展，补齐短板、兜牢底线，人民生活水平在均衡普惠中显著提升。累计投入民生资金114亿元，占财政总支出的80%。脱贫攻坚任务如期完成，14个贫困村摘帽出列，所有建档立卡贫困户稳定脱贫。城乡居民可支配收入年均分别增长6.7%、8.1%，居民收入增速高于经济增长。保障体系全面覆盖，建成全国首家台胞医保服务中心、全省首家中国海峡人才市场区级工作站，养老床位突破1000张，医疗机构床位新增1280张，城镇登记失业率控制在3%以内。教育强区迈出新步伐，新增中小学幼儿园学位1.6万个，建成投用湄洲湾职业技术学院，莆田学院东校区、东南新工科学院选址涵江，完成征地86余公顷。文体事业得到新发展，萝苜田列入第三批省级历史文化街区，十音八乐、错金银传统技艺入选国家级非物质文化遗产代表性项目名录。投用商务大楼、新行政服务中心，“证照分离”“多证合一”等改革走在全省全市前列，便民服务中心标准化建设实现乡镇全覆盖。民主法治建设取得新进步，获评“全国平安建设先进区”“全国第三届青少年普法教育先进单位”“省级食品安全社会共治示范区”，涉侨维权机制、网格化综合执法改革成为全国社会治理创新典型。

2021年是“十四五”规划的开局之年，也是全方位推动高质量发展超越的关键之年。全区经济社会发展的主要预期目标是：地区生产总值增长8.5%以上；规模以上工业企业产值增长7%；固定资产投资增长9%；一般公共预算总收入增长4.8%，地方一般公共预算收入增长3.3%；农林牧渔业总产值增长7.3%；社会消费品零售总额增长8%；居民人均可支配收入增长9%；完成节能减排降碳任务。

（摘编：杨立群）

秀屿区社会发展概况

2020年，秀屿区深入贯彻落实习近平总书记对福建工作的重要指示批示精神和治理木兰溪的重要理念，统筹做好疫情防控和经济社会发展，扎实做好“六稳”工作，全面落实“六保”任务，全方位推动高质量发展超越，经济社会发展取得新成效。全年实现地区生产总值372亿元，增长2.3%；规模以上工业总产值690亿元，增长1.6%；全社会固定资产投资402亿元，与去年持平；财政总收入22.6亿元，与去年持平；社会消费品零售总额80亿元，增长4%；农业总产值79亿元，与去年持平；外贸出口总额19.1亿元，实际利用外资1.6亿元；城镇居民人均可支配收入34300元，增长2%；农村居民人均可支配收入21400元，增长4%。

疫情防控万众一心。严格落实分区分级精准防控和“外防输入、内防反弹”的总体防控策略，6例本土确诊病例全部清零，本地疫情防控取得了阶段性胜利。全力加强防疫物资保障，组织乐澄、宝得等10多家企业跨界转产口罩超9000万个、防护服4.2万套，永荣公司无偿提供125吨消毒液供应全市。爱心人士、商会、海外侨胞等社会各界积极支援抗疫，累计收到捐款1358万元，充分展现出“一方有难、八方支援”的大爱情怀。统筹抓好疫情防控和复工复产，成立复工复产工作服务小组，出台支持企业复工复产六条措施，全力畅通政策链、服务链，帮助企业破解“五难”问题，全面推动复工复产，社会秩序全面恢复，经济发展企稳复苏。

城乡建设协调并进。抢抓莆田新区建设千载难逢的历史机遇，举全区之力推进启动区开发建设，抽调262名干部深入项目一线攻坚，仅用17天完成159万平方米房屋丈量，并陆续完成征迁。开展总体规划设计方案国际征集活动，规划建设国际鞋艺体验小镇，布局引入市实验小学秀屿分校、市第三实验小学等优质教育资源和市级综合医院，一揽子推动片区7条市政道路、7个安置区、4个学校开工建设，城市建设开启新篇。福厦客专、城际轨道F2线预埋工程顺利推进，联十一线进入全线施工，清塘大道四期实现通车，新改建市政道路20公里，城乡交通网络更加畅通。完成土海生态公园夜游提升工程和二期景观改造，新增口袋公园5个、绿道8公里。出让经营性土地7宗46公顷，铜锣湾·万达广场、国投景园、大唐国韵世家等一批品质楼盘相继入市，销售商品房达40多万平方米。新投放2艘客渡轮船，新增公交站点30个，增设公共停车泊位1000多个，畅通群众出行“最后一公里”。

乡村振兴扎实推进。深化农村集体土地“三权分置”和农村集体产权制度改革，颁发农村集体经济组织股权证16.5万本，颁证率达100%；成功举办秀屿区第三届农民丰收节；严格落实农村村民建房规划许可制度；建设“四好农村路”140公里；新建公厕30个，新改造户厕800户。持续推进大规模国土绿化和“两高”沿线环境综合整治，整治裸房1530幢、新增绿地花廊10万平方米。全面推行城乡环卫一体化社会化运作，实现城乡保洁全覆盖，生活垃圾无害化处理率达100%。

三大攻坚纵深推进。防范化解重大风险有力有效，化解企业不良贷款5.6亿元，辖区内银行不良贷款余额和不良率实现“双降”；纵深推进扫黑除恶专项斗争，破获九类黑恶案件24起，大力整治非法采砂等行业乱象；落实安全风险分级管控，深入开展各领域安全隐患大排查大整治，消除隐患3600多项。巩固脱贫成果有力有效，培育产业扶贫基地37个，92名贫困对象实现再就业，减轻贫困户医疗负担391人513万元，发放教育补助3.4万人2300万元，全面保障贫困户饮水安全，贫困户家庭医生签约服务实现全覆盖；实行贫困线与低保线“双线合一”，建档立卡贫困人口实现稳定脱贫，贫困村实现稳定脱贫摘帽。污染防治攻坚有力有效，入选全国首批水系连通及农村水系综合整治项目试点县区，整治炉厝溪、埭头溪等农村河道4条25公里；巩固木兰溪全流域系统治理成果，严格抓好生态环保督察反馈问题及信访交办件整改落实，农村污水治理、城区黑臭水体整治加快推进，铺设污水管网160公里，建成小型污水处理站11座，整治河湖“四乱”问题76个，恢复岸线2.5公里；强化建筑工地和道路扬尘防控，整治餐饮业油烟819家，试点创建低碳社区1个；恢复治理废弃矿山6处；完成11个小区生活垃圾强制分类推行工作。

民生福祉持续增进。完成21个为民办实事项目。扎实开展“七人普”工作。推进毓英中学城东校区、第五实验小学等28个项目建设，新建校舍面积12万平方米，新增学位6850个。新创办区机关幼儿园，新增省级义务教育管理标准化学校23所，莆田十一中、二十五中成功创建二级达标校；实验小学、毓英中学教学成绩均居全市前列。实施区医院内科综合楼等医疗提升工程，新改造标准化村卫生所95个。城乡低保保障标准提高到每人每年7920元，发放临时救助、残疾人补助等各类救助金9900多万元。新建农村幸福院10所。落实稳就业政策，开展职业技能提升培训2500余人次，城镇登记失业率控制在5%目标以内。强化食品安全监管，食品生产经营主体100%纳入“一品一码”追溯体系。实施笏石镇省级历史文化名镇保护规划，保护提升平海村传统村落，修缮平海天后宫、平海卫城隍庙等历史建筑。建成苏厝村、前云村2个综合文化服务中心省级示范点。竣工安置区52个1.5万多套，完成转移登记7694套，转移登记率93%。顺利通过全国文明城市和省级文明城区考评，东庄镇获评全国文明村镇。深化双拥共建，落实优抚政策，发放补助资金2900万元，退役军人服务中心全面建成。

党的建设摆在首位。全面深化镇级机构改革，整合优化镇级机构设置。联合浙江大学探索OMO远程教育培训新模式，举办招商引资“云培训班”8期。严格落实全面从严治党要求，深入推进党风廉政建设和反腐败斗争，切实抓好巡视巡察、主体责任、审计反馈问题整改。落实意识形态工作责任制，建成区融媒体中心、新时代文明实践中心。认真贯彻中央八项规定及实施细则精神，大力整治文山会海等形式主义、官僚主义问题。深入实施“七五”普法，依法开展政府信息公开，全面推进依法治区。加大“12345”政务服务平台投诉件办理力度，建立效能投诉件动态管理台账，办结率100%。办理人大代表意见建议54件、政协委员提案85件。

2020年工作任务的完成，标志着“十三五”目标的顺利实现。过去五年是秀屿高质量发展超越的五年：地区生产总值是2015年的1.43倍，规模以上工业总产值是2015年的1.54倍，全社会固定资产投资额年均增长4.8%，总量位居全市第一，三次产业结构进一步优化。化工新材料、纺织新面料、新能源等三大主导产业基本形成，新型功能材料产业集群是全市唯一纳入国家战略性新兴产业集群发展工程。平台经济、直播经济等新业态逐步成熟，平台企业累计交易额突破358亿元，淘宝直播基地、抖音城市产业带基地等直播经济新业态落户上塘。莆田新区、中心城区全面推进，建成区面积扩大至12平方公里，城市建设中的秀屿版块正在崛起，城市功能与品质明显提升。财政资金投入社会事业五年累计达71亿元。建档立卡贫困人口全部实现脱贫，20个贫困村全部实现摘帽。教育强区战略深入实施，办学条件显著改善，教学质量稳步提升。健康秀屿加快推进，基本医疗服务和公共卫生服务得到加强。养老、就业、住房等社会保障体系基本建立，人民生活和社会保障水平显著提高。全面落实“双河长制”“湖长制”，新铺设污水管网350公里，蓝天、碧水、净土三大保卫战成效显著，空气、水环境及土壤质量持续改善。

（摘编：苏建平）

南平市社会发展综述

2020年是新冠肺炎疫情严重冲击下极不平凡的一年，南平市坚持以习近平新时代中国特色社会主义思想为指导，全面贯彻党的十九大和十九届二中、三中、四中、五中全会精神，深入贯彻习近平总书记重要讲话重要指示批示精神，认真落实省委、省政府的决策部署，统筹疫情防控和经济社会发展，扎实做好“六稳”工作、全面落实“六保”任务，大力实施“八项行动”，深入开展突破“难、硬、重、新”和“创新突破年”活动，凝心聚力全方位推动绿色高质量发展超越，决胜全面建成小康社会取得重大胜利。2020年全市生产总值2007.4亿元，增长0.3%；一般公共预算总收入146.1亿元、下降2%，地方一般公共预算收入98.2亿元、增长2%；固定资产投资增长0.1%；实际利用外资2.48亿元；社会消费品零售总额702.4亿元、下降3.9%；居民消费价格总水平上涨1.4%；城镇居民人均可支配收入36492元、增长3.8%，农村居民人均可支配收入18557元、增长6.7%；城镇登记失业率3.38%；省上下达的节能减排降碳任务全面完成。

一年来的社会发展的主要工作和成效是：

统筹疫情防控和经济社会发展取得重大成果。早动员早部署，落实“疫情防控目标责任一张图”，创新推行“机关联乡村、联社区”机制，实行“大数据+网格化”管理，筑牢“外防输入、内防反弹”严密防线。集中优势资源全力救治患者，20例确诊病例全部治愈出院，从首例确诊病例到实现本土患者清零仅41天，至今无本土新增确诊病例。在共克时艰的日子里，我们先后派出6批次68名医护和疾控人员驰援武汉、宜昌、香港，抽调干部33批272人次派驻福州、厦门口岸及代表福建派驻成都、上海口岸。抢抓机遇、抓早抓实，创新“机关联企业”机制，开展“战疫情、抓复工、促发展”活动，选派360名干部网格化服务905家企业，有序推进复工复产、复商复市、复学复课；累计减免税费55.5亿元，下达各类扶企奖补资金3.02亿元，圣农、元力活性炭、闽铝轻量化、华宇等481家规模工业企业逆势上扬；牵头发起“清新闽东北 健康武夷+”行动，举办“全闽乐购”南平促消费行动和全国郊野钓鱼大赛、中国龙舟公开赛等赛事，滚动投放5500万元消费券，带动民宿、餐饮等服务业发展；全市生产总值、固定资产投资、地方一般公共预算收入等主要经济指标在一季度大幅下滑基础上逐季回升，顺利实现正增长。

三大攻坚战取得丰硕战果。全力打赢脱贫攻坚战，围绕“两不愁三保障”和饮水安全目标，突出产业扶贫、就业扶贫、政策扶贫，持续实施“五个一百”示范带动工程，深化挂钩帮扶机制，开展“民企带村”“百企帮百村”活动，提前实现新时代脱贫攻坚目标，建档立卡贫困户60158人全部脱贫，346个贫困村全面退出，5个省级扶贫开发重点县全部“摘帽”。聚力打好污染防治攻坚战，坚决打好蓝天、碧水、净土三大保卫战，空气平均达标天数比例100%、空气质量保持全省第一；3条主要河流优良水质比例和123个小流域断面Ⅰ～Ⅲ类水质比例均100%；污染地块安全利用率100%。着力打好防范重大风险攻坚战，积极化解金融、房地产等重点领域风险隐患，不良贷款率降至1.21%；加强地方政府债务管理，严格控制在省上核定限额之内。

新型城镇化建设步伐加快。中心城市建设力

度加大。争取省上出台支持武夷新区建设加快新南平全方位绿色高质量发展措施，行政中心搬迁后各项工作有序推进。邀请高水平团队，加快编制《南平市国土空间总体规划（2020—2035）》《建阳中心城区概念性总体发展规划（2019—2070）》《中心城区（建阳）建筑风貌设计导则》。武夷新区中国农批南平云仓储中心、氢燃料电池设备生产基地等项目落地，智慧物流园、教育实训基地等项目开工建设，福建船政交通职业学院职教园顺利开园。推进延平城区建设，宝武营、北门岭等示范社区和工业路一期改造基本完成，白炭黑及林产化工一体化、爱克太尔新材料、远驰科技等项目加快推进，产城融合态势日益凸显。县域城市功能持续完善。19个城市棚户区、91个城镇老旧小区改造和一批城乡历史文化保护项目加快实施，新改建城市道路147公里、地下管网531公里，新增绿道132公里、绿地101公顷、公共停车泊位3061个、公厕76座，城乡基础设施和品质风貌有效提升。乡村振兴扎实推进。实施乡村振兴“十大行动”，开展城乡人居环境整治百日大会战和大战60天“全域无垃圾”专项行动；按照“一带N点”模式，结合水美乡村建设和特色产业发展，打造189个乡村振兴示范点和22条乡村振兴示范带。

民生保障力度不断加大。民生支出占一般公共预算支出达82%，27项为民办实事项目如期完成。社会事业持续协调发展。南平一中武夷新区高中部等项目加快建设，改扩建12所公办幼儿园，高考本科上线率62.32%，较2019年上升3个百分点。提高全民健康水平，健共体互联网医院正式上线运营，策划医疗卫生补短板项目105个，1159个村卫生所完成一体化管理标准化建设。全民健身广泛开展，竞技体育水平不断提升，成功举办第四届市运会。社会保障不断完善。新建11所农村区域性养老服务中心、14所居家社区养老服务中心、276个农村幸福院，全国居家和社区养老服务改革试点市通过验收。全面提高城乡低保标准，低保覆盖面居全省前列。城镇职工基本养老保险参保人数达71.97万人，退休人员基本养老金增加5%；城乡居民基本养老保险基础养老金最低标准提高至每人每月130元。城乡居民医保补助标准提高到每人每年550元以上。新分配公租房1536套、保障4366人。城镇新增就业1.92万人。社会治理水平进一步提升。认真落实总体国家安全观，持续完善社会治安防控体系，加大涉黑涉恶案件深挖彻查力度，获评全省扫黑除恶工作先进单位。深化“四无”平安村（居）创建，完善高速高铁平安“六联”“综治进民企”等机制，打造“闽事理·接管通”信息化平台。全面落实房屋结构安全“百日攻坚”、安全生产专项整治三年行动，严格食品、药品安全监管，评价性抽检合格率分别为98.6%、100%。抓好防汛救灾工作，有力防御“7·8”强降雨。创新建设地灾防治指挥平台。第二十届省科协年会在该市成功举办。“七五”普法总结验收顺利完成。第七次全国人口普查有序推进。民族宗教、外事侨务、台港澳事务、老区库区、气象水文、防震减灾、人民防空、档案方志等工作继续加强，妇女儿童、老龄、残疾人等事业不断推进，军政军民关系融洽和谐。

政府自身建设得到加强。巩固深化“不忘初心、牢记使命”主题教育成果，积极践行伟大抗疫精神，大力弘扬廖俊波精神和“洋林精神”，引导党员干部增强“四个意识”，坚定“四个自信”，做到“两个维护”。坚持依法行政，加强重点领域立法，提请审议地方性法规2件，修改废止行政规范性文件165件，办理市人大代表议案建议158件、政协提案269件，办复率100%。推动全面从严治党向纵深发展，推进政府系统党风廉政建设和反腐败斗争，严格落实中央八项规定及其实施细则精神，发挥“大督查”“随手拍”等机制作用，深化“1+X”专项督查，力戒形式主义、官僚主义，机关效能建设不断加强。

2020年是全面建成小康社会和“十三五”规划收官之年。“十三五”期间，全市上下锐意进取、创新突破，绿色高质量发展迈出新的步伐。

五年来，持续加快绿色发展，综合实力显著增强。创造性构建以生态文明治理现代化为目标，以选准做优与绿水青山相得益彰的七大绿色产业为支撑，以全国首创的“武夷品牌”“生态银行”“水美经济”三项创新为动力，以绿色发展考核评价体系为导向的绿色发展体系。全市GDP突破2000亿元大关、年均增长5.4%，人均GDP高于全国平均水平，服务业增加值占 GDP 比重提高 5 个百分点以上；全社会研究与试验发展经费投入年均增长超 10%，新增国家级高新技术企业 72 家，新增省级以上“专精特新”中小企业、小巨人企业、单项冠军企业 64 家；成功创建国家森林城市、全国森林康养基地试点市，森林覆盖率达 78.85%，提前一年完成“十三五”单位 GDP 能耗下降目标。

五年来，持续建设美丽南平，城乡面貌日新月异。举全市之力打赢“武夷新区决胜搬迁攻坚战”，平稳顺利完成行政中心搬迁。武夷新区开发建设累计投资超 600 亿元，延平新城、建阳西区生态城初具规模，53 个总投资 406 亿元城市更新、旧城改造等片区开发项目加快实施，城市建成区面积新增 31.5 平方公里，常住人口城镇化率从 54% 提高到 58.25%。5 个县（市）列入国家生态文明建设示范县（市）、数量居全省第一。水美城市建设向水美乡村、全域水美延伸，建成 645 个美丽乡村，农村无害化卫生户厕普及率达 97.69%，整治农村裸房 3.7 万栋。

五年来，持续构建立体交通，基础设施全面提升。南三龙铁路、衢宁铁路建成通车，铁路营运里程新增 115 公里、总里程达 848 公里。高速南平联络线、顺邵高速、武夷新区绕城高速、武夷山高速北城互通建成通车，乡镇便捷通高速项目和普通国省道提级改造工程加快实施，高速公路通车里程新增 115 公里、总里程达 1045 公里，总里程居全省第一；农村公路建设与改造里程 2092 公里，居全省第一。武夷山机场迁建项目省空协议签订，闽江航道南平段整治工程完工，雷公口水库引调水工程通水。一批防洪排涝、水库除险加固和中小流域治理工程相继建成，供水、供气、电力、通讯等设施不断改善。落实耕地保护面积与永久基本农田划定面积全省第一，连续 21 年实现全市耕地占补平衡。

五年来，持续攻坚破解难题，发展环境不断优化。坚持先谋后动、统筹推进，全力攻克解决了畜禽养殖污染、违规违法开垦茶山、竹筏工罢工、延平库区用电秩序、中心城区“脏乱差”、工程质量问题等一批长期想解决而没有解决的复杂难题，延平辖区内 20 条劣 V 类小流域全面消除，党政领导生态环境目标责任制考评连续三年优秀；库区用电秩序整治入选 2020 年全国创新社会治理 20 个典型案例；南平中心城市成功创建省级文明城市。

五年来，持续抓改革促开放，创新活力竞相迸发。全面完成 45 项国家生态文明试验区重点改革任务，武夷山国家公园体制试点工作走在全国前列，领导干部自然资源资产离任审计南平做法成为全国典型；719 个有经营性资产村全部成立股份经济合作社。组建 7 家市管国有企业，市属国有企业总资产 1030 亿元、增长 28.7%，净资产 408 亿元、增长 10.4%。科技特派员制度领跑全国，累计选派科技特派员 7866 人次，与高等院校组建科特派团队 345 个，建立利益共同体 1055 个，推广“五新”技术 4000 余项，带动农民增收 55 亿元。与中国工程院、中国农业科学院等建立战略合作关系，中科院 STS 项目落地实施 18 项。主动融入“一带一路”、闽东北协同发展区、闽浙赣皖福州经济协作区建设，南台融合持续深化。

五年来，持续发展社会事业，民生福祉大为改善。居民收入增速高于经济增速，民生社会事业领域短板加快补齐，社会保障体系全面覆盖。普惠性学前教育覆盖率达 93.5%，进城务工随迁子女公办学校就读率达 97.1%，公办高中达标建设率 96.3%。基本医疗卫生服务实现全覆盖，每千人常住人口拥有床位数高于全省水平。街道和中心城区乡镇居家社区养老服务照料中心覆盖率达 100%，农村养老设施覆盖率达 90%。连续五届蝉联全国双拥模范城称号。扫黑除恶专项斗争成效显著，社会更加安定和谐。

2021 年是“十四五”开局之年，经济社会发展的主要预期目标是：全市生产总值增长 7.5% 左右；一般公共预算总收入增长 3%，地方一般公共预算收入增长 3%；固定资产投资增长 8% 左右；外贸出口增长 3%，实际利用外资增长 6%；社会消费品零售总额增长 8%，居民消费价格总水平涨幅控制在 3% 以内；城镇登记失业率控制在省上下达指标内；城镇居民、农村居民人均可支配收入分别增长 7% 和 8.5%；单位 GDP 能耗控制在省上下达的目标内。粮食总产量稳定在 117.5 万吨以上。

（摘编：王诗诚）

延平区社会发展概述

2020年，延平区坚持以习近平新时代中国特色社会主义思想为指导，统筹抓好常态化疫情防控和经济社会发展，凝心聚力全方位推动绿色高质量发展超越，决胜全面建成小康社会取得重大胜利。初步统计，2020年完成辖区生产总值415.8亿元，增长1.1%；一般公共预算总收入11.5亿元，地方一般公共预算收入7.3亿元；社会消费品零售总额102.7亿元；城镇居民人均可支配收入37591元，增长4.0%；农村居民人均可支配收入20386元，增长6.4%；节能减排降碳目标任务全面完成。一年来社会发展的主要工作和成效是：

疫情防控有力有效。全面贯彻“坚定信心、同舟共济、科学防治、精准施策”要求，实行“大数据+网格化”管理，创新“机关联乡村、联社区”等联防联控机制。集中优势资源全力救治患者，4名确诊病例全部治愈出院，至今无本土新增确诊病例。建成2个核酸检测实验室并投入使用，9712万元防控资金直抵一线。选送1名优秀医务工作者驰援香港，抽调干部14批次分赴福州、厦门口岸做好防疫处置和转送工作，大数据推送、溯源追踪等外防输入工作从未间断，隔离管控、应检尽检等常态化防控措施从未停止。打好复工复产“组合拳”，选派100余名优秀干部驻点服务重点企业，累计减税降费2.6亿元，帮助企业协调申请银行贷款3亿元。

三大攻坚成果丰硕。严格落实“四个不摘”要求，建档立卡贫困户4891人全部脱贫，40个贫困村全面摘帽，561户完成易地扶贫搬迁。深入实施大气、水、土壤污染防治三大行动计划，查处涉气“散乱污”企业6家，关闭工业炉窑9个，查处小流域环境违法案件23件，削减库区网箱养殖12万平方米，完成临时用地复垦12宗，治理废弃矿山3家。全区空气优良比例达100%，主要河流达标率100%。大力开展防范和打击非法集资宣传教育活动，不良贷款率降至0.82%，地方政府债务控制在省核定限额内。

改革开放纵深推进。深化“放管服”改革，在全市率先出台《集群注册登记管理暂行规定》，引进南龙网商公司，新增市场主体3万余户，增长258.7%。全面开展“互联网+监管”系统应用工作，审批均压缩在三个环节以内，承诺时限统一控制在法定时限的50%以内。推行线上“一件事”服务套餐，实现审批服务事项网上可办率96%，“一趟不用跑”事项占比65%以上。深化“一把手”招商、产业链招商、以商招商，新引进总投资超5000万元以上签约项目44个，实际利用外资全市排名第二。

幸福指数持续提升。充分挖掘释放南平行政中心搬迁红利，抓好21个为民办实事项目，教育、社会保障和就业等民生支出23.4亿元，占比86.3%。城乡面貌持续提升。以创建省级文明城区和承办第四届旅游产业发展大会为抓手，开工建设紫云天台、梅山中和坊等11个老旧小区项目。新增停车泊位248个，完成撤渡建桥及危桥改造3座，农村公路安保工程71.2公里，埂埕大桥顺利贯通，塔前互通拟于2月3日正式通车。扎实推进乡村振兴，深入开展城乡人居环境品质提升行动、城市生活垃圾分类试点和“全域无垃圾”专项行动，抓好“两高”和普铁沿线环境及农村“裸房”整治，新（改）建城乡公厕30座，改造农村无害化卫生户厕1754户、普及率达97.7%，获评福建省村庄清洁行动先进县（市、区）荣誉称号。16

个省级试点村、18个市级示范村加快发展，炉下镇斜溪社区村成为福建省唯一全国村级“乡风文明建设”优秀典型。社会事业稳步推进。南平九中、西芹中学、机电职业学校顺利迁入西芹新校区，新城学校初中部、南平八中初中部投入使用。全区普惠性幼儿园覆盖率达91.6%，中考成绩进入全市第一梯队。开展“订单式”专业技能培训，机电学校“元力股份班”首次开班。延平青少年活动中心成功封顶，区融媒体中心建成并投入使用，全省广电网络系统应急广播建设现场推进会在延平举行。市第一医院延平分院成为全国首家健共体互联网医院，数字化分级诊疗体系落地实施。城镇新增就业4668人，登记失业率保持在3.9%。全面落实阶段性减免企业养老、工伤、失业保险费政策。医疗救助、临时救助力度不断加大，新建农村区域性养老服务中心1家，居家养老服务照料中心1家、长者食堂2家、养老院提质升级示范点2个和农村留守老人关爱服务保障示范点2个。社会治理不断深化。认真落实总体国家安全观，强化“雪亮工程”综合实战应用，加大涉黑涉恶案件深挖彻查力度，纵深推进“六清行动”，创新开展乡村治理“12345”机制试点，推行信访事项“三线管理”工作机制。扎实开展安全生产专项整治三年行动和房屋安全、道路交通安全、消防安全、非煤矿山等重点行业领域安全生产专项整治，守住安全发展的底线。强化食品药品安全监管，加快“一品一码”追溯体系建设，评价性抽检合格率分别为98.8%和100%。第七次全国人口普查有序推进。防汛防台防寒潮等防灾救灾工作有力实施，民族团结进步事业深入推进，宗教工作法治化水平不断提升。工会、共青团、妇女、儿童、老年人工作持续加强，残疾人、慈善、人防、老区库区、气象水文等工作取得新成效。军民融合发展深入推进，双拥共建创新提升。

党政建设不断完善。大力弘扬廖俊波精神，积极践行伟大抗疫精神，增强“四个意识”、坚定“四个自信”、做到“两个维护”。深入开展“业务大学习，能力大提升”活动，认真学习《习近平谈治国理政》第三卷和《习近平在福建》系列采访实录，推动干部政治能力和业务水平双提升。持续深化法治政府建设，顺利通过“七五”普法验收。认真办理人大代表议案3件、代表建议67件、政协提案101件，办结率均达100%。切实履行全面从严治党主体责任，扎实推进政府系统党风廉政建设和反腐败斗争，落实省委“五抓五看”“八个坚定不移”要求，持之以恒纠正“四风”，机关效能建设不断加强。深化政务公开，加强行政监察、审计监督和财政预算绩效管理，实施审计整改清单挂销号，政务环境更加透明高效。

2020年目标任务的基本完成，标志着“十三五”顺利收官。过去的五年，延平区上下锐意进取、开拓创新、奋力突破，用汗水和奋斗谱写了浓墨重彩的延平篇章。

最振奋的是发展动能得到持续增强。经济总量不断扩张，辖区生产总值突破400亿元，年均增长4.1%，总量稳居全市前列。经济结构不断优化，七大绿色产业规上工业增加值占比达90%以上，一、二、三产业占比9.8∶39.6∶50.6，三产较“十二五”末提升13个百分点。发展后劲不断增强，五年固定资产投资达794.5亿元，招引项目261个，初步形成了电池生产、电线电缆、林产化工、针纺产业、乳业加工五大产业集群，成为闽北先进制造业基地。企业创新能力不断提升，15家企业通过国家两化融合管理体系贯标评定，全区现有高新技术企业16家、省级科技“小巨人”领军企业17家、省级“专精特新”中小企业10家、省级制造业单项冠军企业（产品）5家。

最骄人的是民生福祉得到坚强保障。累计完成为民办实事项目108项，新增城镇就业1.6万人，社会养老保险、医疗保险基本实现全覆盖。投入4.4亿元，完成三中新城分校、正荣小学、区第二实验幼儿园等31个项目建设，建筑面积达14.4万平方米，学校办学条件进一步改善。福建林职院、闽职院、南平职业中专等职教院校深入开展产教融合，打造协同育人新模式。医疗医改全面推进，成立延平区总医院和中医医疗联盟，建成中医馆12家，通过国家级慢性病综合防控示范区建设验收。15个乡镇均建有敬老院，建成农村幸福院172个，城乡养老服务水平明显提升。构建退役军人服务保障体系，连续八届蝉联省级“双拥模范城（县）”称号。

（摘编：周忠志）

建阳区社会发展概况

2020年，建阳区坚持以习近平新时代中国特色社会主义思想为指导，牢牢把握稳中求进工作总基调，紧扣绿色高质量发展超越主题主线，深入挖掘释放南平市行政中心搬迁红利，做大做强实体经济，决战决胜脱贫攻坚，全面推进乡村振兴，经济社会持续健康发展。初步统计，2020年全区生产总值256亿元，增长3%；一般公共预算总收入18.7亿元；地方一般公共预算收入13.4亿元，增长1.4%；农林牧渔业总产值70.7亿元，增长4.5%；社会消费品零售总额92.5亿元，增长0.2%；城镇居民人均可支配收入37944元，增长6%；农村居民人均可支配收入19500元，增长9%。一年来社会发展主要工作和成效是：

疫情防控共克时艰。面对突如其来的新冠肺炎疫情，全区上下闻令而动、依令而行，迅速打响了疫情防控的人民战争、总体战、阻击战。党员干部冲锋在前，医务人员英勇作战，公安民警日夜坚守，广大群众全民参与，社会各界慷慨捐赠，凝聚起众志成城抗疫情、风雨同舟克时艰的强大合力。创新“六位一体”综合防控体系、“七个一”健康管理、“1234”社区防控工作法等，迅速筑起“外防输入、内防扩散”的牢固防线，仅用42天完成南平市第四医院建设任务，再创“建阳速度”，至今342天无新增确诊病例和疑似病例。疫情防控形势平稳向好后，因时因势精准施策，有序推动复工复产、复商复市、复学复课，以最快速度恢复了正常生产生活秩序。

脱贫目标如期实现。全区建档立卡贫困户2657户6333人全部达到脱贫退出标准，32个贫困村全部摘帽，5万元以下薄弱村全面消除。严格落实“两不愁三保障”“四不摘”要求，完成16个贫困村饮水工程建设。扎实开展就业扶贫，策划生成104个总投资2682.8万元扶贫项目，增设公益性岗位安置贫困劳动力109人。

生态环境持续向好。全力抓好省生态环境保护例行督察问题整改。完成植树造林1933.3公顷、现有林改培1133.3公顷、人工林栽培156.3公顷，空气质量达标天数比例100%。认真落实“河湖长”制，建立生态巡查机制，在全市率先完成排污许可发证登记，集中式生活饮用水水源地、区域河流断面水质达标率100%。持续巩固畜禽养殖污染防治成效，完成野生动物养殖退养转产，屠宰厂迁建项目建成投用。“大棚房”、违建别墅清理取得阶段性成果，污染地块修复“三防三监控”机制在全省推广。

千年古县焕发新机。全力服务搬迁大局，南平市行政中心正式迁驻建阳。全面融入闽北新兴中心城市建设，精准高效破解征迁难题，全力保障云谷水系工程、新区综合医院等重点项目用地，稳妥有序推进留置地问题化解。积极配合南平市体育中心、武沙高速等重点工程建设，雷公口引调水工程通水，省道303全线贯通。全力对接市区一体管理机制体制，行政服务中心整体进驻市级中心，人社、不动产登记、医保等分中心同步入驻。

城市功能更加完善。西区生态城、童游嘉禾等核心商圈业态逐步完善，马尚道、正达商业街投入运营，西区、童游赤岸农贸市场开门营业。启动螃蜞路拓宽改造，双龙桥隧、交通枢纽等项目加快推进，完成嘉禾大道改造、垃圾焚烧发电二期建设，首条城市隧道—长安隧道建成通车，新增城区停车泊位1109个。启动北门、西桥等6个片区、总投资3亿元的老旧小区改造。加快推进潭山林下旅游项目，完成宋慈公园等3个城市公园改造，建成区绿化覆盖率46.8%。

乡村振兴更加扎实。全面启动三大“卫星”集镇建设。水吉建盏小镇加快推进，旅游公路开工建设；徐市镇固定资产投资突破10亿元，与经济开发区产城融合稳步推进；麻沙镇入选省级商务特色小镇、福建全域生态旅游小镇名单，获评第六届全国文明村镇。水南村、溪源村等12个省级试点村和“一带N点”13个市区级示范村建设加快推进。实施新型农业经营主体培育工程，申报国家、省市级示范社14家、家庭农场15家。加快发展农村电商，打造电商示范村、服务中心17个。持续推进“四好农村公路”建设，完成农村公路单改双122公里，书麻线、将崇线等建成投用。深化农村人居环境整治，大力实施“一革命四行动”，新改建公厕198座，完成5个乡镇污水处理厂建设，“全域无垃圾”专项行动成效显著。扎实推进“两高”沿线环境整治，整治裸房1172栋，补植绿化2万平方米。

民生福祉更加殷实。财政民生领域支出占比83.2%，28项为民办实事项目基本完成。社会保障不断完善。全力做好大中专毕业生、农民工、退役军人等重点群体就业帮扶，城镇登记失业率控制在4%以内。发放各类惠企补助1241.3万元，阶段性减免各类参保企业保险费1.1亿元，惠及职工10万余人。发放低保金、特困供养金、医疗救助金等各类惠民补助3636.9万元。落实保障性安居工程，公租房配租入住913套，配租率99.2%。社会事业蓬勃发展。启动实验幼儿园双龙校区、景龙幼儿园建设，崇雒九年一贯制学校、启明学校、老年大学新校区等建成投用，高考600分以上突破80人，顺利通过省政府教育“两项督导”评估。扎实推进14类基本公共卫生服务，村卫生所全部开通医保终端，小湖镇卫生院获评全国“敬老文明号”，黄坑镇获评全国卫生乡镇。有序推进省级托育试点、慢性病综合防控示范区建设，疾控中心建成投用。加快推进居家和社区养老服务改革，新改建农村幸福院、日照中心48所，65岁以上老人健康管理率70%。启动童游智慧体育公园建设，打造社区15分钟健身圈205个，顺利承办第四届市运会。社会治理更加高效。深化“平安建阳”建设，严厉打击新型电信网络诈骗和毒品犯罪，扎实开展“一十百千万”和“六清”行动，打掉涉黑组织3个、恶势力集团5个、恶势力团伙2个。顺利通过“七五”普法验收。扎实推进第七次全国人口普查。深入推进防灾减灾救灾体系建设，潭城街道七贤社区获评“全国综合减灾示范社区”。全面开展安全生产专项整治三年行动，积极推进安全生产主体责任示范企业创建，建立农村公路三级“路长制”，全区未发生较大及以上安全生产事故。

政府建设更加务实。完善“两法衔接”机制，办理人大代表议案、建议226件、政协提案93件，办结率100%，满意和基本满意率100%。严格落实中央八项规定精神及省市实施办法，带头过紧日子，“三公”经费同比下降28.4%。大力整治形式主义、官僚主义等“四风”问题，全年文件、会议分别减少10.8%、11.6%。

2020年各项工作的有效推进，为“十三五”画上了圆满的句号，也为“十四五”开好局奠定了基础。五年来，综合实力稳步攀升。地区生产总值突破200亿元，年均增长10.8%；一般公共预算总收入年均增长6.4%。全社会固定资产投资稳步增长，一批重大项目建成投用。获评千年古县、中国建窑建盏之都、全国绿色发展百强区、全国百佳深呼吸小城。

社会事业全面进步。累计办成为民实事139项。总投资10.6亿元，惠及20多万人口的城乡供水一体化项目加快实施。教育、医疗等工作持续走在全市前列，新增学位6000个，实现乡村卫生服务“七统一”，第一医院医技楼建成投用，厚生眼科、八五口腔等专科医院相继运营。社会福利中心实现公建民营，农村幸福院覆盖率75%。完成农村路网改造320.5公里，新建改建城市公园8座，新增骑行道100公里，慢行绿道163公里。

民生福祉持续增进。全区公共财政支出80%以上用于民生，新增城镇就业1.4万人，转移农村劳动力2.3万人。城镇、农村居民人均可支配收入年均分别增长7.3%、9.6%。城乡医疗保险、养老保险基本实现全覆盖。贫困户年人均纯收入从2384元/年增加到10867.9元/年。扫黑除恶专项斗争成效显著、禁毒重点关注地区成功摘帽。

（摘编：彭金龙）

邵武市社会发展概况

2020年是新冠肺炎疫情严重冲击下极不平凡的一年。邵武市坚持以习近平新时代中国特色社会主义思想为指导，深入实施“八项行动”，扎实开展突破“难、硬、重、新”工作行动和“创新突破年”活动，统筹抓好疫情防控和经济社会发展，凝心聚力全方位推动邵武绿色高质量发展超越，决胜全面建成小康社会取得重大胜利。初步统计，全年实现地区生产总值245亿元；农林牧渔业增加值31亿元，规模以上工业增加值80亿元，固定资产投资额171亿元，一般公共预算总收入17.8亿元，地方一般公共预算收入13.2亿元，社会消费品零售总额96亿元，外贸出口27亿元，城镇居民人均可支配收入38040元，农村居民人均可支配收入21300元，完成上级下达的节能减排任务，入选全国县域经济综合竞争力400强、全国县域投资潜力400强。一年来社会发展的主要工作和成效是：

疫情防控成效显著。第一时间启动突发公共卫生事件一级响应，成立市疫情防控指挥部，迅速进入“战时”状态。推行“大数据+网格化”管理，强化“人”“物”同防，守好“四道关口”、织密“五张网”，筑牢“外防输入、内防反弹”防线。调动社会各界加入疫情防控，广大共产党员、医护人员、公安干警、基层干部、社区工作者、志愿者冲锋在前、勇挑重担，派出7批次医护和疾控人员驰援武汉、宜昌、香港，抽调4批次干部派驻福州、厦门口岸。建成市总医院、市疾控中心2个核酸检测实验室，严格落实核酸检测“应检尽检”。出台支持企业复工复产十条措施，动员企业转产口罩等医疗防护物资，有序推进复工复产、复商复市。慎终如始抓好常态化疫情防控，筑起抗击疫情的“铜墙铁壁”，保持新冠肺炎确诊病例“零纪录”。

三大攻坚战取得突破。脱贫攻坚目标任务全面完成，“两不愁三保障”及农村饮用水安全水平巩固提升。统筹抓好“战疫”与“战贫”，健全防止返贫监测帮扶机制，全市建档立卡贫困户1115户3029人全部稳定脱贫，21个贫困村实现摘帽。生态环境质量持续改善，上级生态环保督察反馈问题有效整改。严格“禁燃区”管控，全年空气质量优良天数比例达100%。深化“河湖长制”，加大打击河道非法采砂、电毒炸鱼行为力度，完成金山溪、洪武渠内河整治和城区污水处理厂、第二污水处理厂提标扩容工程建设。罐子窠旧垃圾填埋场封场，国家储备林质量精准提升工程扎实推进，完成绿化造林1606.6公顷，治理水土流失1800公顷。重大领域风险防控有力，化解不良贷款1.37亿元，银行业金融机构不良贷款率下降至1.12%；地方政府债务余额控制在省上核定限额内；全面实施财政预算绩效管理，有效盘活存量资金，我市财政管理绩效综合评价位居全国第76名。

水美邵武加快建设。启动国土空间规划编制，完成城郊廖家排、原邵泰线三里亭段、金山溪片区控制性详细规划编制。水美城市（一期）项目有序实施，下南寮、吴家塘农场、综合农场、高峰农场棚户区改造项目加快建设。积极向上争取老旧小区改造资金3.15亿元，实施老旧小区改造项目11个。学府路（一期）、丹桂路、四板路和张三丰大道人行过街天桥、坊上大桥及接线工程建成投入使用，客运枢纽中心正式开张运营。青少年户外活动中心、行政服务中心、廖家排等停车场对外开放，新增公共停车位1686个。新改建市政管网27公里，新增城市绿地15.54万平方米。城市卫生保洁市场化服务面积增至379.3万平方米。完成26个“一带N点”乡村振兴试点村规划编制。人居环境三年行动全面收官，普铁、高速沿线环境和农村裸房、农村房屋安全隐患整治强力推进，拆除“两违”建筑26.4万平方米，新改建农村公厕15座、三格化粪池1429户。新增全国“一村一品”示范村1个、省级“一村一品”示范村3个、省级传统村落3个，金坑乡金坑村入选国家级历史文化名村。农田水利设施加快建设，建设高标准农田3080公顷、生态护岸7公里。全面落实“路长制”，拓宽改造农村公路18.9公里，建设安全生命防护工程26.7公里。

社会事业持续改善。年度28项为民办实事项目全面完成，民生支出占一般公共预算支出达82.5%。坚持教育优先发展，第一幼儿园古山溪园区正式招生，通泰小学分校和实验幼儿园第一、二分园（暂定名）主体工程竣工，实验幼儿园第三分园（暂定名）加快建设。顺利通过教育“两项督导”省级评估，2020年高考本科上线率创近五年新高。持续推进“健共体”建设，深化“四个下沉”，健全分级诊疗运行机制，完成113个一体化管理村卫生所标准化建设。市立医院门诊医技教学综合楼、市人民医院整体迁建等项目加快推进。通过省级慢性病综合防控示范区评估验收。新建居家养老服务照料中心1个、农村幸福院10个，新增养老床位620张。文体事业加快发展，樵溪楼、兴安会馆修缮工程竣工，完成各乡镇（街道）图书馆分馆、文化馆分馆建设，城市书吧成为书香邵武新地标。在南平市第四届运动会斩获90金57银52铜，成功举办2020年“武夷山水”全国郊野钓鱼大赛、云灵山户外运动挑战赛、“张三丰故里”和平古道越野赛、金坑苏区定向越野赛等赛事。社会保障体系不断完善，新增城镇就业1850人，城镇登记失业率2.38%，城乡居民社会养老保险参保率98.99%，低保标准从每人每月580元提高到659元。新建保障性安居工程675套，配租保障性住房114套，兑现人才公寓120套、人才奖励房16套，发放购（租）房补贴1639.6万元。社会治理成效明显。“民生110”社会网格化服务水平全面提升，受理群众服务需求17816件，办结率98.5%，满意率98.9%。深化“平安邵武”建设，坚决打好扫黑除恶专项斗争收官战，禁毒、电信网络诈骗犯罪重点整治成功“摘帽”，刑事案件、生产安全事故、信访总量逐年下降。全面开展第七次全国人口普查和第三次全国国土调查工作。

党政建设不断加强。巩固深化“不忘初心、牢记使命”主题教育成果，大力弘扬廖俊波精神，进一步增强“四个意识”，坚定“四个自信”，做到“两个维护”。严格落实中央八项规定及其实施细则精神，持之以恒正风肃纪，扎实做好省委巡视反馈意见和年度全面从严治党主体责任检查反馈问题及各级审计机关审计发现问题的整改工作，把全面从严治党贯穿于政府工作全过程、各方面。主动接受市人大法律监督和工作监督、市政协民主监督、监察监督、社会监督，认真办理人大代表建议113件、政协委员提案106件，办复率达100%。扎实推进法治政府建设，“七五”普法工作通过省级验收。全面推进26个试点领域基层政务公开规范化标准化建设。扎实做好政府系统意识形态工作。

2020年是全面建成小康社会和“十三五”规划收官之年。“十三五”时期，全市上下稳稳地做、实实地干，新时代新邵武建设迈出坚实步伐。

五年来，持续稳增长、调结构，综合实力明显增强。持续深化供给侧结构性改革，大力实施创新驱动战略，经济结构不断优化，经济运行速度、质量和效益稳步提升。全市地区生产总值年均增长4.8%；社会消费品零售总额年均增长9.9%；三次产业结构由15.6∶48.1∶36.3调整优化为12.3∶46.9∶40.8；经济开发区、金塘工业园区开发面积达17.2平方公里，新增规上企业55家，培育省级以上高新技术企业12家。扎实推进技术创新，新增各类专利技术（发明）1208件，每万人口发明专利拥有量6.88件，居南平市十县（市、区）首位。深化拓展科技特派员制度，现有省、南平市级科技特派员218人，邵武农业科技园区被评为国家级科技特派员创业基地。

（摘编：周忠志）

武夷山市社会发展概况

2020年，武夷山市坚持以习近平新时代中国特色社会主义思想为指导，统筹推进疫情防控和经济社会发展，沉着应对疫情、“7.9”洪灾等不利因素影响，全方位推动绿色高质量发展超越。全市生产总值208.05亿元，增长0.1%；一般公共预算总收入13.10亿元，增长0.67%。地方一般公共预算收入9.35亿元，增长3.39%；固定资产投资增长8.1%；城镇居民人均可支配收入37405元，增长3.1%；农村居民人均可支配收入19956元，增长6.2%；全社会用电量累计6.57亿千瓦时，与去年持平；银行存款余额197.58亿元，增长5.2%，贷款余额171.66亿元，增长14.03%。城镇登记失业率2.73%。社会发展的主要工作和成效是：

筑牢战疫防线。面对突如其来的新冠肺炎疫情，武夷山按照党中央“坚定信心、同舟共济、科学防治、精准施策”总要求，严格落实“外防输入、内防反弹”防控策略，第一时间建立“集中统一、快速反应”的应急指挥体系，动员全社会力量、调动各方面资源，迅速形成了抗击疫情的强大合力。642个基层党组织冲锋一线，4661名党员、干部、志愿者下沉社区，3批23名优秀医护人员驰援武汉、宜昌，12批工作组派驻福州、厦门口岸。社会各界、海内外侨胞捐赠款物598.95万元。无数爱心汇聚成守望相助、共克时艰的巨大力量，新冠肺炎疫情发生以来，该市未出现本地聚集性感染和境外输入病例，3月5日实现新冠肺炎患者“清零”且至今无新增，社区疫情防控“三化三防”经验入选全国城乡社区疫情防控100个优秀案例。

推进城市建设。全力实施城市建设攻坚战，第一批52个项目，总投资56.8亿元，已开工48个，竣工27个，完成投资12.8亿元。完成宁武高速北城互通、国道G237（九曲路口至公馆大桥段）、疏港大道二期、武夷大道、五九大道等道路建设提升30条。新建、改造污水管网26.34公里，铺设市政燃气管网约30公里；建设智能化停车场8个，新增停车泊位1745个；拆除“两违”32.31万平方米，彩钢瓦9.34万平方米；绿化彩化31万平方米、提升绿地9.85万平方米。扎实推进城区生活垃圾分类，建成垃圾分类屋28座。实施老旧小区改造13个、1321户。水泥厂棚户区整治、高振农庄整治、疏港大道征迁、中山路拓宽等制约城市建设发展的问题，得到攻坚突破，城市面貌焕然一新，环境更美、品质更好、功能更全。

厚植生态优势。深入实施大气、水、土壤污染防治三大行动计划，空气质量优良天数比例100%，境内主要河流水质优良比例100%。全面完成第二轮中央、省生态环境保护督察信访问题整改。落实河湖长制，完成92个行政村农村生活污水治理、46个入河排污口整治、48处水电站下泄流量设施改造。完成中小河流域综合治理6千米，治理水土流失面积2866.7公顷。推进国家储备林质量精准提升工程，完成现有林改培813.3公顷，商品林赎买1446.7公顷。持续整治违规违法开垦茶山98.2公顷，复绿造林562.2公顷。整治违建别墅18宗，拆除违法建筑面积1.52万平方米。生态文明建设取得长足发展，获批国家生态综合补偿试点县，争取国家生态专项补偿资金2亿元。列入省第三批生态产品市场化改革试点；五夫“生态银行”模式入选全国十个实践“绿水青山就是金山银山”典型案例；“茶生态银行”茶叶区块链溯源平台亮相第三届数字中国建设峰会，GEP生态系统服务价值核算试点经验向全国推广；GEEP经济生态生产总值通过专家验收，属全国首例；武夷山国家公园体制试点高分通过评估验收，在首批10个国家公园体制试点中排名第二。

推动乡村振兴。出台八条稳定脱贫措施，1988户建档立卡贫困户全部稳定脱贫，21个贫困村全部摘帽退出。积极对接长泰县对口帮扶，提高乡村振兴效果。扎实推进国家级田园综合体项目，累计投资8亿元，完成项目批复111.5%；大力推广“五新”技术，建立7个病虫害绿色防控技术示范区，示范面积133余公顷。黄柏溪引水至樟树水库连通工程基本建成，兴星灌区项目全面完工。开展城乡人居环境整治百日大会战和大战60天实现“全域无垃圾”专项行动，排查整治裸房（危房）6654栋，建设乡镇公厕19座、乡村公厕80座，新建改造户厕3567户，拆除旱厕453个。建设“四好”农村路6.81公里，改造危桥5座，完成农村公路安保工程51.73公里。稳妥推进农村综合改革，完成农业水价综合改革试点2253.3公顷，列入全省农村公共基础设施管护体制改革试点。深入推进11个省级试点村、3个圆梦村建设，新增评定6个星级示范村、5个单项冠军村。

保障改善民生。财政累计支出14.22亿元，用于保基本民生、保工资、保运转。26项为民办实事项目，完成或基本完成24项、在建2项。新增城镇就业2051人、农村劳动力转移就业1995人。大力实施教育振兴行动，加快推进实验幼儿园茶场分园、星村中心幼儿园新校区、实验小学茶场分校建设，8所学校通过标准化验收，一中成为全省普通高中课程改革基地建设学校。大力推进“三医联动”改革，积极开展DRG收付费国家试点工作。深化公立总医院改革，推进“健共体”项目建设，改造修缮5所基层医疗卫生机构，完成23所村卫生所达标建设，中医院新大楼即将投入使用。成功创建2个国家卫生镇，5个省级卫生镇（村），荣获2018—2020年周期全省唯一国家卫生城市。完成福利中心二期项目、17所农村幸福院建设。完成全国居家和社区养老服务改革试点任务，成为全省唯一婚俗改革试点县市。第七次全国人口普查进展顺利。“七五”普法总结验收工作顺利完成。蝉联全国双拥模范城（县）“三连冠”。持续深化平安武夷建设，扎实开展安全生产隐患大排查大整治大培训和房屋结构安全“百日攻坚”行动、安全生产专项整治三年行动、道路交通安全隐患整治等专项行动，安全生产形势总体平稳。扎实防控涉众型金融类、互联网金融类等领域风险，不良贷款率1.31%；妥善化解地方政府债务风险，政府债务率低于警戒线。扎实开展“扫黑除恶”专项斗争，打掉2个黑社会性质组织、5个恶势力犯罪集团、4个恶势力犯罪团伙，化解32件疑难信访问题和历史遗留问题，社会大局和谐稳定。入选全省第四轮第一批平安县（市、区）。

强化履职担当。持续深化“放管服”改革，出台优化营商环境二十条措施，设立企业“绿色通道”，推行“并联审批”“容缺审批”“容缺后补”“即收即办”制度，各类行政许可和便民服务事项即办率达到50%以上。82项高频政务服务事项实现区域通办、异地可办，“一趟不用跑”事项占比提升至80.3%，“最多跑一趟”事项占比提升至99.7%。创新实行指挥部推进机制、“3+1”清单管理机制、城市综合执法等机制，推动工作有效落实。顺利完成第七次国务院大督查、中办“基层减负年”试点、省环保督察等省级、国家级督察检查。严格支出管理过紧日子，一般性支出下降3.69%、“三公”经费支出持续下降。自觉服从市委领导，主动接受市人大及其常委会的工作监督、法律监督和市政协的民主监督，认真听取各方意见建议，全年办理市人大代表议案建议88件、市政协委员提案94件，满意率分别为100%、98.94%。全面完成市属国有企业退休人员社会化管理工作

2020年各项工作的扎实有效，为“十三五”圆满收官作出了积极贡献。五年来，经济保持平稳较快发展，生产总值年均增长7.3%，2019年突破200亿元大关；累计开竣工项目192项，总投资916.99亿元，固投年平均增长4.61%；全市一般公共预算总收入、地方一般公共预算收入年均增长分别为4.36%、3.87%。

（摘编：游学荣）

建瓯市社会发展概况

2020年，建瓯市以习近平新时代中国特色社会主义思想为指导，坚持新发展理念，全方位推动绿色高质量发展超越，全市经济社会发展稳中有进。全年完成地区生产总值280.07亿元，下降5%；农林牧渔业总产值91.92亿元，增长4%；农林牧渔业增加值56.07亿元，增长4%；一般公共预算总收入14.78亿元，增长0.6%，地方一般公共预算收入10.58亿元，增长5.9%；社会消费品零售总额146.86亿元，下降3.8%；外贸出口总额24.08亿元，增长1.1%；城镇居民人均可支配收入36545元，增长4%；农村居民人均可支配收入19964元，增长4.9%。

疫情防控有力有效。面对突如其来的新冠肺炎疫情冲击，坚持以习近平总书记重要讲话和指示批示精神为根本遵循，认真落实党中央、国务院和省委、省政府决策部署，科学施策，加强联防联控，在南平市率先出台防疫标准措施22条、制定“四类人群”管理流程，率先启用人脸识别系统、推行“线上入瓯登记”，将疫情防控精准到村、到户、到人。选送3名医护人员驰援武汉，抽调12批15人次派驻福州和厦门机场口岸。建成闽北首家县级核酸检验室，引进闽北首台新冠核酸快速检测仪，全年完成核酸检测5.32万份，实现疑似病例、确诊病例和密切接触者“三清零”。科学有序推进复工复产复商复市复学，选派31名驻企联络员、188名干部挂钩帮扶企业，列入国家疫情防控重点保障企业13家、贷款2.24亿元，生产生活秩序全面恢复。

城乡建设卓有成效。启动国土空间总体规划编制，城北片区规划、第三次全国国土调查顺利完成。持续开展“打赢城市建设管理翻身仗”活动，中山西路等9条道路“白改黑”、钞库巷等17条背街小巷完成改造提升，新建改建公厕8座，三江口大桥开工建设。水南二桥、北坪防洪堤等水美项目加快建设，东门水厂完成改造提升，南环路道路及景观提升、北环路附属工程等项目投入使用，云际山公园二期将在春节前成为市民打卡点。深化乡村振兴“1带N点”模式，36个省级试点村和2个示范点建设加快，184个村完成农村集体资产股份制改革。可建村、房村村分别被评为“全国乡村治理示范村”和“2019年度福建省乡村振兴实绩突出村”。开展城乡人居环境整治百日大会战和大战60天“全域无垃圾”专项行动，新建改造示范农房1073栋、三格式化粪池4836个，阳泽村等6个村庄被列为国家森林乡村，吴大元村被评为中国少数民族特色村寨。基础设施不断完善，国道237线玉山至屏南界道路完成主体工程，衢宁铁路建瓯东站建成通车。落实“两高”、普铁沿线环境综合整治、生态环保督察问题整改，城西污水处理厂一期、14个乡镇集镇污水处理厂投入使用，池畲溪得到有效治理，境内3条主要河流水质为Ⅱ类。获省上闽江流域山水林田湖草生态保护修复试点正向奖励1500万元。

民生事业见行见效。民生支出占公共财政支出的85%，16个为民办实事项目基本完成年度任务。脱贫攻坚成效持续巩固，发放扶贫小额信贷9876.45万元，惠及贫困户2215户，24个贫困村饮水安全提升项目完成。医疗卫生服务功能更加完善，市立医院提升改造等项目加快推进，市妇幼保健院、市立医院内儿科病房大楼建成。持续开展“打赢教育翻身仗”活动，实施校安及薄弱环节提升工程21项，新增普惠幼儿园3所，一中新校区建成投入使用。健康养老事业加快发展，建州老年中心二期、中西医结合医院医养结合项目加快建设，社会福利中心二期竣工，“公建民营”养老模式在央视新闻频道宣传报道。残疾事业进一步提升，“福乐家园”残疾康复中心投入使用。文化体育事业蓬勃发展，东岳庙修缮完成，迪口郑魏村等3个传统村落完成改善提升，闽浙赣省委驻地等6个红色文化展示馆建成开放。2022年第十七届省运会比赛场馆项目有序推进。获第四届南平市运动会群众部团体总分一等奖、青少年部团体总分第二名。举办全国郊野钓鱼大赛，获评“最美钓场”。市融媒体中心投入使用，首部《建瓯市志》出版。社会保障不断加强。市公共实训基地建成投入使用。最低生活保障实现“应保尽保”，全市参加基本养老保险29.7万人、失业保险1.53万人、工伤保险4.5万人。新增城镇就业1750人。加强金融风险防控，化解不良贷款2.74亿元。持续推进问题楼盘处置，放生池棚户区改造开工建设。下水南棚户区改造持续推进，启动莲花山庄、盛海小区等6个老旧小区改造。

政府服务高质高效。自觉接受人大法律监督和政协民主监督，办理人大议案2件、代表建议82件、政协提案86件。行政服务中心搬迁新址，实施“不见面”审批事项847项，审批服务提速提质。持续深化“平安建瓯”，加快“雪亮工程”建设，推行“接管通”工作机制，普及应用“闽事理”政法移动服务平台，建成市乡村三级综治中心，创建省级乡村治理示范镇2个、示范村18个。扫黑除恶专项斗争持续深入开展，打掉涉黑组织1个，恶势力犯罪集团、团伙9个。刑事案件同比下降10%，现行命案“零发案”。食品安全溯源建设持续推进，录入“一品一码”135万条。开展安全生产专项整治三年行动，5个国省道治超非现场执法动态监控设施投入使用，整治房屋结构安全隐患727栋。第七次全国人口普查工作顺利完成。全面从严治党、依法行政和廉洁行政进一步加强，通过南平市“七五”普法总结验收。坚持精打细算过紧日子，加大行政监察和审计监督力度，“三公”经费同比下降22%。

2020年工作任务的完成，为“十三五”规划画上了圆满句号。

五年来，综合实力再上新高度。固定资产投资年均增长5.7%。2020年地区生产总值是2015年的1.4倍，年均增长5%。财政总收入和地方级财政收入分别是2015年的1.23倍和1.18倍，年均分别增长3.9%、3.4%。城镇居民、农村居民人均可支配收入年均分别增长6.8%、8.3%。“一区三园”建设加快，基础设施累计投资8亿元，引进企业38家，2020年园区企业产值106亿元，税收1.2亿元，比2015年分别增长了82%、65%，排名从全省97家开发区倒数第二上升至第42位。

五年来，社会事业取得新进步。全市各级财政累计用于社会民生支出143亿元，占全市公共预算支出八成以上。累计完成为民办实事项目77个，投资40.45亿元。高质量打赢脱贫攻坚战，36个贫困村、4545户贫困户10428人脱贫摘帽。社会保障持续增强，城镇累计新增就业9597人，实施棚户区改造50万平方米，建成保障房4325套。教育、卫生健康实现双提升，教育累计支出38.18亿元，实施教育提质工程210个，新建教学综合楼28幢，投资4亿元的一中新校区交付使用，获评“全国义务教育发展基本均衡县”，通过国家三类城市语言文字达标评估验收；完成卫生健康机构改革，实施卫生乡村一体化管理，新建医院6所，中西医结合医院完成整体搬迁，公共卫生服务布局更加合理。推行多元化养老模式，新建、提升养老机构15所，“公建民营”养老模式走在前头。文体事业取得新成就，迪口值庆桥被列为全国重点文物保护单位，市博物馆新馆建成，斩获第二届全国青运会金牌2枚、第十六届省运会金牌4枚，歌舞娱乐场所专项整治经验做法在全省推广。防范化解重大风险取得突破，累计化解不良贷款26.68亿元，不良率从8.21%降至2020年的2.23%；化解问题楼盘12个，交房2868套，占征迁户、购房户的77%。“平安建瓯”建设持续深化，“接管通”工作机制和“闽事理”政法移动服务平台得到省上肯定，社会保持和谐稳定。连续三届被省上授予“双拥模范城”。

（摘编：赵旭东）

顺昌县社会发展概况

2020年是极不平凡的一年。顺昌县深入学习贯彻习近平新时代中国特色社会主义思想，加快推进“一城两翼三区”建设，决胜全面建成小康社会取得决定性成就，全方位推动绿色高质量发展超越迈向新台阶。全县生产总值完成128.33亿元，比降4.3%；固定资产投资增长5.7%；财政总收入8.55亿元，地方财政收入5.57亿元，分别增长0.44%和1.43%；农林牧渔业总产值38.41亿元，增长5.6%；规模以上工业增加值比降21%；社会消费品零售总额31.7亿元，比降3.37%；外贸出口12.23亿元，增长18.78%；城镇居民人均可支配收入33361元，增长4.1%；农村居民人均可支配收入17725元，增长6.9%。

疫情防控有力有效。疫情发生后，迅速启动响应机制，按照“坚定信心、同舟共济、科学防治、精准施策”总要求，落实“四个一”“七个全覆盖”措施，推行“五长共治、十户联防”、“栋巷联控”机制，1.3万名党员干部投身一线，全县人民众志成城，构筑起“外防输入、内防反弹”的坚固防线，有力保障了人民群众的生命安全和身体健康。全县确诊病例1例并治愈出院。县总医院谢宝琴同志主动投身援鄂抗疫，荣获南平市“五一”劳动奖章。县总医院感染性疾病科、洋口镇党委、县疾控中心黄孔华同志分别荣获全省抗疫先进集体、先进个人称号。县总医院、疾控中心建成核酸检测中心，落实重点人群应检尽检。转入常态化疫情防控后，立即出台应对疫情十九条帮扶措施，设立1000万元专项基金，累计发放帮扶资金437万元，有力推动产业链协同复工，被省发改委确定为全省复工复产典型发言单位。

城市建设加快推进。开展国土空间总体规划编制，推进“多规合一”。实施城市品质提升“六大行动”，加快完善城市功能配套，持续提高城市治理水平。启动龙湖湾片区开发，策划实施城市客厅建设项目，有效拓展城市发展空间。博物馆竣工，水南复桥正式通车，体育中心、文化艺术中心、棚户区改造等项目加快推进。水南片区新建停车场2个、新增停车泊位114个。建成环湖慢道12公里。完成城区街巷立面改造2万平方米。武沙高速合掌岩互通及沿江快速通道工程快速推进，建西大桥及连接线、武沙高速郑坊互通及连接线工程竣工。深化省级文明县城创建，城区农贸市场完成搬迁，拆除“两违”25万平方米，城区秩序明显好转。

乡村振兴扎实推进。聚焦“两不愁、三保障”突出问题，坚持“四个不摘”，建成精准扶贫精准脱贫大数据监测平台，探索“1+5+N”防贫助贫工作体系，有力兜牢返贫底线。全国首创“扶贫碳汇管理方法学”，“一元碳汇”上线运营。创新开展“共享农庄生态银行”试点工作，推进巩固拓展脱贫攻坚成果与乡村振兴有效衔接。该县受邀参加全省“决胜全面小康，决战脱贫攻坚”主题新闻发布会。推进元坑省级乡村振兴特色镇和11个省级乡村振兴试点村建设。建成“下沙—坊上—来布”37公里乡村振兴示范带。创建“绿盈乡村”中级版14个、高级版2个，双溪街道下沙村、岚下乡钱墩村入选全省乡村生态振兴典型案例。深入开展爱国卫生运动、“全域无垃圾”和农村“裸房”整治行动，行政村无害化户厕普及率达98.5%，新建改造三格化粪池2597户、排污管网6.3公里，农村人居环境明显改善，获评“福建省村庄清洁行动先进县”，全省农村人居环境整治三年行动考核验收获得优秀等次。推进“四好农村路”建设，获评第四批省级示范县。建立“顺昌乡村振兴大学堂”，打造理论研究、实践指导、人才培养“三位一体”教育培训平台，推进乡村人才振兴。

生态屏障更加牢固。持续打好污染防治攻坚战，主要流域省控以上断面地表水水质优良比例、县级集中式饮用水源地水质达标率、空气质量优良天数比例均达100%。加强生态流域治理，建成小流域水质自动监测站19座，持续推进畜禽粪污资源化利用和农药化肥科学减量增效行动。富屯溪与北门溪水系连通及综合治理工程完工，闽江防洪工程九期洋口段建成、职中段有序推进。深入开展打击非法交易和滥食野生动物专项行动。大力弘扬“洋林精神”，推动林业高质量发展。完成造林面积1120公顷、中央林木良种培育任务116万株，赎买省级重点生态区位林800公顷。洋口获评“省级森林乡镇”。县国有林场取得国内首张欧盟FSC生态系统服务认证证书，获评“全国十佳林场”。“森林生态银行”入选全国生态产品价值实现典型案例。生态巡查机制写入《福建省河长制规定》。年度党政领导生态环境保护目标责任考核排名全市前列。成功创建“国家生态文明建设示范县”。

社会事业稳步发展。27项为民办实事项目基本完成。落实“稳就业、保民生”政策，发放就业稳岗奖补1506万元，城镇登记失业率控制在4.2%。企业职工养老待遇逐年提高，人均养老金每月2529元。着力推进一中富州校区、城西小学、郑坊园区小学、仁寿中心小学新校区等教育项目建设，新建校园、校舍面积5.9万平方米。深化医改工作，“健共体”建设取得新进展，完成世行贷款医改促进项目，精神病专科医院实行第三方托管，县乡村卫生服务一体化稳步推进。提升养老服务水平，县社会福利中心实现公建民营。新增县级文物保护单位4处。体育工作再创佳绩，揽获第四届市运会青少部金牌53枚。落实退役军人优抚安置政策，维护军人军属合法权益。全面完成国有企业退休人员社会化管理工作。深入开展房屋结构、道路交通等各领域安全隐患大排查大整治大培训和安全生产专项整治三年行动，生产安全事故起数、死亡人数分别下降71.4%和85.7%。高质量通过“七五”普法检查验收。公共法律服务标准化建设列入国家第六批试点项目。深化扫黑除恶专项斗争，社会保持安定稳定，县公安局获评全国公安机关执法示范单位。群众安全感和满意度持续提升。

政府建设得到加强。推进“不忘初心、牢记使命”主题教育常态化、制度化，全力建设学习型政府。严格落实意识形态工作责任制。扎实推进全面从严治党、党风廉政建设和反腐败工作。严格落实中央八项规定及其实施细则，公文会议精简33.3%。坚持“过紧日子”，一般性支出压减10%，“三公”经费下降24%。出台深化“放管服”改革二十三条措施，持续优化营商环境。坚持依法行政和民主集中制，政府行政决策法治化水平有效提升。自觉接受县人大及其常委会的法律监督和工作监督、县政协民主监督、社会监督和舆论监督，办理人大代表建议99件、政协委员提案（来信）93件，满意和基本满意率99.5%。健全财审制度，完成政府投资项目预算评审26个、结算审计10个，分别核减造价2089万元和2575万元。坚持“五步工作法”，推进重点工作604项，完成或按期推进545项，占比90.2%，累计解决历史遗留“难、硬”问题58件。

2020年，在笃定前行中收官“十三五”。五年来，顺昌县发展结构更加均衡，综合实力不断提升。全县生产总值年均增长7.1%，三次产业比重由2016年的20.5:37.8:41.7调整为14.8:37.9:47.3。累计获得6次全省“五个一批”正向激励。实施工业发展攻坚战，盘活重组企业16家，新增规上工业企业55家，建设工业平台7.48平方公里，初步形成氟新材料、竹木生态加工、光电机械、新型建材、现代绿色农业与食品加工五大主导产业体系。获评省级食用菌产业园、省级农产品质量安全示范县。推进城乡协调发展，实施城市建设攻坚项目72项，完成投资47.8亿元，城镇化率54.3%；乡镇敬老院改造建设全面完成，乡镇污水处理设施实现全覆盖，新建农村公路163公里，实现城乡公交一体化，农村基础设施逐步完善。

（摘编：李哲）

浦城县社会发展概况

2020年浦城县统筹常态化疫情防控和经济社会发展，凝心聚力全方位推动绿色高质量发展超越，各项工作取得了新的进展。全县地区生产总值175亿元，比上年增长4.5%；一般公共预算总收入9.7亿元，下降3.26%；地方一般公共预算收入6.8亿元，增长0.09%；全社会固定资产投资增长9.3%；社会消费品零售总额42.7亿元，下降3.5%；城镇居民人均可支配收入33888元，增长2.1%；农村居民人均可支配收入17260元，增长8.5%；完成年度节能减排降碳任务。一年来社会发展的主要工作和成效有：

积极应对疫情防控。面对突如其来的新冠肺炎疫情，浦城县坚持人民至上、生命至上，按照“坚定信心、同舟共济、科学防治、精准施策”总要求，抓实抓细各项防控工作。疫情初期，在辖区高速口、国道省界等重要节点设置管制检查卡点13个，实行24小时不间断值守排查检测，利用大数据摸排境外、省外入浦人员4万多人次，严防疫情输入扩散，为福建守好“北大门”。县财政拨付5103万元保障疫情防控经费，新建负压病房，购置负压救护车，建成3家核酸检测实验室，设立集中医学观察点。健全“四早”防控工作机制，实行疫情防控网格化服务管理，组织1511名机关干部下沉社区，在城区聘任622名片区长、楼栋长、弄巷长开展防控工作，《“三长”齐发力，社区更美丽》获选全国城乡疫情防控优秀案例。截至目前，全县累计报告确诊病例2例，于2020年2月22日实现在院治疗确诊和疑似病例双“清零”。

三大攻坚进展明显。坚决打好脱贫攻坚收官战。落实就业扶贫，结合“春风行动”等专项行动，帮助全县2436名有就业意愿的贫困劳动力全部实现就业，4510户贫困户各有一项产业或就业增收项目。全面落实贫困人口“三保障”及饮水安全保障，加派科级干部对207户515个五类贫困重点对象进行帮扶，对70个贫困村、5066户贫困户实施动态监测，全力防止返贫致贫。坚决打好污染防治攻坚战。完成荣华山组团10家企业喷淋回收塔升级改造。全年空气质量优良达标比例达100%。全面落实河湖长制，加快推进农村面源污染治理和畜禽粪污资源化利用，马莲河小流域水质提升工程建成运行，县级集中式饮用水水质达标率达100%。加强环境监督管理，查处违法案件29件，取缔非法散乱污企业8家。坚决防范重大风险。扎实开展非法集资、中小银行集中取款等各项金融风险防范活动，不良贷款率降至1.9%。

人居环境不断改善。推进新城建设与老城区改造，城西练夫人广场基本建成，铂悦花园等一批商住项目顺利交房。仙楼山公共停车场投入使用。全面落实农村公路“路长制”，拓宽改造“四好农村路”33条142公里，建设客运站点4个，完成危桥改造10座，云峰大桥、茅洲大桥、九石渡大桥和双保大桥4个撤渡建桥项目建成通车。全长18.219公里的205国道余乐至仙阳段一级道路提级改造工程春节前可全线通车。

民生事业加快发展。民生支出占地方一般公共预算支出的82.56%，27项为民办实事项目基本完成。积极落实就业扶持政策，新增城镇就业人员789人，下岗失业人员再就业342人，新增农村劳动力转移就业3893人。教育事业均衡发展，获评南平市政府教育工作优秀县，学前教育公办园在园学生提升到51.4%，创建省级义务教育管理标准化学校14所，高考本科上线率71%居全市第3，临江中学新校区投入使用，浦城一中新校区进入装修阶段，新华小学、实验幼儿园新园区、荣华实验高中等项目加快建设。健康事业快速发展，总医院运行机制不断完善，健康体检中心大楼、第三医院精神卫生医养综合楼进入装修阶段，188个建制村完成标准化卫生所建设并纳入医保定点协议管理。加快推进养老设施建设，完成60所农村幸福院和临江镇农村区域性养老服务中心、富岭社区居家养老服务照料中心建设，改造提升莲花社区、怡源社区日间照料中心，启动时间银行项目。文体事业协调发展，县广播电视台获评全国新闻出版广播影视系统先进集体，7处城市书屋建成并向市民开放，新城全民健身中心加快建设，参加市运会获得35枚金牌、38枚银牌、43.5枚铜牌，青少部田径项目取得团体第一成绩。广泛开展群众性精神文明创建活动，新获评全国文明村、文明家庭、未成年人思想道德建设先进工作者各1个。第七次全国人口普查现场登记工作全面完成。积极探索社区治理“浦城模式”，打通服务群众的“最后一米”。对标“六清”行动要求，打好“扫黑除恶”专项斗争收官战役。推进“雪亮工程”和综治中心“一站式”服务建设，新建、替换视频监控1080路，实现城乡主要路口、重点部位视频监控无盲区。启动全国自然灾害综合风险普查试点工作，完成7个乡镇应急救援站建设，配强应急救援力量。扎实开展房屋安全隐患大排查大整治，安全生产形势平稳向好，防汛救灾工作机制更加健全。

政府效能显著提高。“12345”便民服务平台共办结群众反映事项3389件，群众满意率99.8%。办结116件人大代表建议和99件政协委员提案，“双联”工作机制实现制度化、常态化。深入推进法治浦城建设，3000多名公职人员参加统一学法考试，高质量完成“七五”普法验收工作。强化财政绩效管理，压缩“三公”经费326.79万元，同比减少29.79%，获得财政管理绩效综合评价全国第139名。

2020年各项工作的完成，标志着“十三五”顺利收官。过去的五年，面对经济下行压力和改革发展的繁重任务，浦城县积极应对挑战，奋力攻坚克难，着力为民惠民，积极融入国家生态文明试验区建设，在绿色高质量发展的道路上迈出了坚实步伐。全县地区生产总值年均增长7.4%，全社会固定资产投资年均增长12.5%，一般公共预算总收入在2019年首次突破10亿元，先后荣获“中华诗词之乡”、国家级“森林康养最佳目的地”等称号。

五年来，社会事业长足进步。成功创建全国义务教育发展基本均衡县，31所学校入选省级“义务教育管理标准化学校”，浦城一中通过省一级达标校复查，职业技术学校被认定为省规范化中等职业学校，新改扩建36个中小学、幼儿园项目，新招录教师681人。养老设施不断完善，县社会福利中心建成并投入使用，新建农村幸福院201所、日间照料中心7个、农村区域性养老服务中心1个，改造提升乡镇敬老院18所。建立覆盖城乡的基本医疗卫生制度，居民主要健康指标保持在全省前列，完成县中医医院、妇幼保健院整体搬迁，引进1.5T超导核磁共振等先进医疗设备332台（套）。成功举办首届旅游产业发展大会、两届丹桂文化艺术节。猫耳山遗址公园入选省级遗址公园名单，云峰寺大殿、上同古民居等文物古建筑完成修缮。新增省级文物保护单位4处、非遗项目1个、非遗传承人1名。体育事业蓬勃发展，全民健身运动丰富多彩。

五年来，人民生活水平显著提高。高质量打好精准脱贫攻坚战，5066户建档立卡贫困户9675人全部脱贫，70个贫困村全部出列，2018年度实现扶贫开发工作重点县“摘帽”。本级财政民生支出达122亿元，占财政支出八成以上。城乡居民基本医疗保险实现全覆盖，基本养老金标准连续提升，低保标准提高到7152元。办好为民实事130项。实现城镇新增就业7790人，新增农村劳动力转移就业29384人。城镇居民、农村居民人均可支配收入分别增长9664元、5973元。安全生产、“平安浦城”建设扎实推进，扫黑除恶专项斗争成效显著，刑事案件立案数逐年下降，社会更加安定和谐。

（摘编：游学荣）

光泽县社会发展概况

2020年，面对新冠肺炎疫情影响，光泽县全面贯彻落实习近平总书记“坚定信心、同舟共济、科学防治、精准施策”总要求，统筹推进疫情防控和经济社会发展，克服重重困难，有效防控了疫情，恢复了生产，实现了全县经济社会的平稳有序。全年实现地区生产总值117.29亿元，增长1.9%；固定资产投资54.4亿元，增长13.5%；社会消费品零售总额20.17亿元，下降7.2%；出口总额4.8亿元，下降21.3%；财政总收入7.06亿元，增长3.6%，其中地方级财政收入4.56亿元，增长0.6%。

一年来社会发展的主要工作和成效是：

持续提升城市品质。水美城市建设继续推进，圣农大道综合整治工程、砂坪溪右岸滨水景观、西溪右岸东关公园提升改造圆满完工，新增城市滨水步道3公里，改造提升公园3个，水城交融生态线初步形成。扎实创建国家森林城市，新建改造城市绿道11公里、城市绿地8万平方米，城区绿化覆盖率达46.21%。群众居住条件不断改善，实施中山南路等6个片区老旧小区改造，新建、在建房地产项目16个，建筑面积超过20万平方米，930套安置房项目顺利推进。

积极探索城市治理。深入开展“争创文明城，争做文明人”系列活动，创新打造“好母亲素质提升工程”，建成垃圾分类亭和资源可回收分类站53座。抓实市容环境整治，拆除违建面积6629平方米，清理废旧广告牌匾150余处，沿街店面环境、交通秩序等专项整治取得实效。创新社会治理形式，推行“包片联户”网格治理工作机制，探索“楼栋微自治”治理模式，选配326名楼栋长认领8大服务岗位，有效提高城市管理水平。

改善乡村生活环境。深入开展人居环境整治行动，垃圾转运市场化管理实现乡村全覆盖，荣获福建省村庄清洁行动先进县，止马镇入选省级乡村治理示范乡镇，中坊村、金陵村、官屯村等7个村入选省级乡村治理示范村，以油溪、山头、管蜜为代表的9个省级乡村振兴示范村，从不同切入点引领全县乡村落实乡村振兴“二十字方针”。全面启动农村公路“单改双”工程建设，完成农村公路安保工程37.86公里、水毁道路修复222处，饶坪战备路改造完工，完成寨里镇、止马镇、司前乡农村客运公交化改造。实施新一轮农村电网升级改造工程，完成线路改造59.48公里，供电可靠率达99.9%。

决战决胜脱贫攻坚。巩固提升“两不愁三保障”水平，举全县之力坚决打赢脱贫攻坚收官战，累计投入扶贫资金2.56亿元，全县1794户4494人实现稳定脱贫，以油溪村为代表的脱贫攻坚工作与乡村振兴工作有序衔接，所有村集体经营性收入达到10万元以上。抓稳产业扶贫，投入资金4503万元，实施扶贫项目126个，圣农“民企带村”成效显著，种养产业发展势头良好，获评全国“蜂业扶贫先进县”。抓准教育保障，发放各类教育帮扶资金705.94万元，投入1102万元用于改善乡镇学校教学条件。抓牢医疗保障，贫困人口家庭医生签约率、基本医疗保险参保率、大病救治率均达到100%。抓严住房保障，扎实开展贫困户住房安全“回头看”，实施贫困户危房改造34户，完成568户易地扶贫搬迁户及10个安置区全覆盖自查评估验收。抓实饮用水保障，完成全县贫困人口饮水情况核查，实现入户核查、水质检测、问题整改全覆盖。

探索生态价值实现。完成武夷山国家公园内11户生态搬迁，武夷山国家公园（光泽片）总面积增至37.7万亩，武夷山国家公园体制试点顺利通过评估验收，完成储备林质量精准提升集约人工林栽培132.6公顷、现有林改培973.3公顷、人工商品林购买1586.7公顷，森林覆盖率达81.77%，获得省政府4000万元的生态文明试验区生态项目补助。启动武夷西麓规划设计，统筹推进武夷山国家森林步道等项目建设，荣膺全国唯一“中国山水休闲垂钓名城”称号，入选全国森林康养基地试点建设县。打好绿色生态旅游品牌，完善杉关生态文化旅游区基础设施，干坑莳光山居获评AAA级民宿，神山青少年研学实践教育基地正式运营。

社会事业不断发展。为民办实事项目扎实推进，20项民生实事基本落实。教育资源均衡发展，城北小学（含城北幼儿园）开工建设，实小总部完成搬迁，一中城南校区、实验幼儿园城南校区投入使用，城区小学和初中新生实现划片就近入学。医疗设施进一步改善，县总医院完成信息化建设和负压病房改扩建，建成2个县级核酸检测实验室并投入使用，康养中心、精神卫生防治院、医共体项目有序推进，止马镇创建国家卫生乡镇通过省级技术评审。文体事业继续发展，红一方面军物资储运站（饶坪大圣庙）入选省级文物保护单位，5人入选市级非遗项目代表性传承人，成功承办市运会青少部跆拳道项目比赛。

保障体系逐步健全。加大援企稳岗力度，组织技能培训1.22万人次，落实失业保险稳岗返还金264.8万元，城镇新增就业1171人，转业士官安置率达100%，残疾人康复服务率达97.77%，城镇登记失业率控制在5.2%以内。稳步提高社会保障水平，城乡低保提标扩面，退役军人服务站实现村（居）全覆盖，基本养老保险参保率达91%，城乡居民医保参保率达99.28%。加大养老服务覆盖面，建成农村幸福院9家，探索实施长者食堂、共享食堂等养老服务新模式，不断满足居民多样化康养服务需求。

治理有效平安稳定。纵深推进扫黑除恶专项斗争，加大新型电信网络诈骗等违法犯罪活动打击力度，破获涉黑涉恶案件16起，刑事案件发生率同比下降0.59%，社会治安形势持续好转。坚持和发展新时代“枫桥经验”，深化信访连心代理制，建立健全信访“三级接访”工作制度，圆满完成全国“两会”等重点时期安保维稳，连续两年获评国家级信访工作“三无县”，获评全省第四轮第一批平安县称号。深入推进司法行政体制改革，“七五”普法通过市级验收，完成县级社区矫正中心和基层司法所规范化建设，公共法律服务室实现村（居）全覆盖。认真开展第七次全国人口普查工作。强化消防、食药、道路交通、工贸企业等重点领域安全监管，分类处置重大安全隐患房屋405套，消除普速铁路沿线安全隐患问题28个，成功抵御“7·9”特大洪灾，全年未发生较大以上安全事故。

作风建设不断提高。始终把政治建设摆在首位，严格履行从严治党主体责任，巩固深化“不忘初心、牢记使命”主题教育成果，深入学习贯彻党的十九届四中、五中全会、省委十届十次全会和市委五届十次全会精神，全面推进中央、省、市和县委的决策部署落地生根，全县上下干事创业、协同担当的精气神得到有效提振。加强与各人民团体和社会各界人士的联系，自觉接受人大法律监督、政协民主监督、监察监督、审计监督和社会监督，103件人大代表建议、72件政协委员提案全部办结，政府决策民主化、科学化、法治化水平显著提升。严格落实基层减负各项措施，纠治形式主义、官僚主义，防止文山会海反弹回潮。牢固树立“过紧日子”思想，严控“三公”经费，建立预算绩效评价管理机制，把资金用在“刀刃上”，全年一般性支出压减10%以上。

2020年工作任务的完成，标志着“十三五”圆满收官。“十三五”期间，准确把握光泽所处的发展阶段和历史方位，坚定高质量发展方向不动摇，主动融入闽东北经济协作区发展，全力以赴推进“中国生态食品城”建设，经济社会发展取得长足进步。地区生产总值突破100亿元大关，年均增幅5%，人均地区生产总值突破8.8万元，规模以上工业总产值突破130亿元。农林牧渔业总产值从2015年的68.4亿元增加到2020年83.57亿元。财政总收入年均增幅6.2%，地方级财政收入年均增幅3.1%。全社会固定资产投资年均增长20.6%。

（摘编：周忠志）

松溪县社会发展概况

2020年，是新冠肺炎疫情严重冲击下极不平凡的一年，也是全面建成小康社会、完成“十三五”规划具有里程碑意义的一年。松溪县坚持以习近平新时代中国特色社会主义思想为指引，深入学习贯彻党的十九大和十九届二中、三中、四中、五中全会精神，按照中央、省、市的决策部署，在抓早抓好抓实常态化疫情防控的前提下，围绕全方位推动绿色高质量发展超越这一战略目标，主动作为、沉着应对，努力克服新冠肺炎疫情和经济下行等诸多压力，深入实施“八项行动”，开展突破“难、硬、重、新”和“创新突破年”等活动，聚力“六保”“六稳”，社会各项事业取得新的成就。全县地区生产总值实现80.16亿元、增长-1.5%；一般公共预算总收入3.9亿元、增长-1.8%；地方一般公共预算收入2.75亿元、增长0.2%；固定资产投资78.42亿元、增长19.2%；社会消费品零售总额34.11亿元、增长-3.3%；城镇居民人均可支配收入32074元、增长3.5%；农村居民人均可支配收入14449元、增长7.6%。

筑牢疫情防线，坚决打赢疫情防控阻击战。第一时间成立县防控新冠肺炎疫情指挥部，制定疫情防控应急预案，紧急动员、统筹调配全县力量参与疫情防控。在疫情防控之初，按照“外防输入、内防扩散”要求，建立医疗机构预检分诊、发热门诊管理体系，做好高中风险区域返松、境外入松人员摸排、流调工作，把好入县关、村居关等“5道关口”。全县上下众志成城、风雨同舟、共克时艰，渡过了疫情防控最艰难的时期，5名确诊患者全部治愈，自2月9日至今未出现新增病例。在常态化疫情防控阶段，坚持“外防输入、内防反弹”部署，落实11个“一律”“四方责任”“四早”要求，全面实行三级网格化管理，持续抓实重点防疫场所以及进口物流、冷链食品等防控措施。增强群众自我保护意识，有序推动疫苗接种工作。县政府累计投入4453万元，全力保障防控工作开展，不断补齐短板、提升防控能力。建成县医院、县疾控中心2个核酸检测实验室，积极开展外环境消杀、核酸采样、应急演练等专业培训，建立医疗物资储备和滚动轮替机制。疫情防控工作取得阶段性胜利。

巩固脱贫成果，有序衔接乡村振兴。紧扣“两不愁三保障”，不断完善脱贫人口监测机制。易地扶贫搬迁圆满完成，上合新村集中安置区入选全国“十三五”美丽搬迁安置区。顺利通过省、市扶贫开发工作考核。深入实施乡村振兴战略，成功打造5条乡村振兴示范带，创建2个省级“一村一品”示范村，祖墩乡入选省级乡村治理示范乡，源尾村入选第三批省级传统村落名录。围绕产业兴旺，扎实推进科特派工作，选任71名省、市级科技特派员深入一线指导，成功打造4个精品示范点；探索推动“金土地生态银行”运营，流转土地8.4万平方米；新成立专业合作社16家、打造省级示范社1家。突出生态宜居，开展“全域无垃圾”专项行动，推广“爱心美德公益超市”“小手拉大手”“相约二八”等做法，实施“一革命四行动”和爱国卫生运动，推行“干湿分离”，

建成62个可降解生物垃圾堆肥池，填埋垃圾减量38.5%，乡镇污水处理率70%以上。塑造文明乡风，推进移风易俗，建立农村精神文明建设联席会议制度，形成“时间银行”“社区大党委”等文明实践品牌，古衕村获评“全国文明村镇”。

办好为民实事，持续增进民生福祉。始终把改善民生作为政府工作的出发点和落脚点，全年民生支出14.29亿元，占财政支出的82.91%，28项为民办实事项目序时推进。争取河仁慈善资金7000万元，支持教育、卫生事业发展。教育事业稳步提升，二中综合楼、人小教学楼、东门幼儿园投入使用，南门分园及溪东廻龙幼儿园、溪东小学综合楼竣工。全面实施“县管校聘”试点改革，新聘教师52名。高考本科上线率61.33%，增长2.55个百分点，在第29届全国中学生生物奥赛上，该县为南平市夺得十八年来第一枚金牌。卫生健康服务能力逐步增强，持续推进“三医联动”改革，15项世行贷款项目指标基本达标。完成县医院“六大中心”建设。新引入医技人员38名。完成县医院信息化管理平台及9个卫生院、社区卫生中心信息系统建设，65个卫生所开通服务“一体化”。文体事业协调发展，成功举办国庆暨快铁时代、郊野钓鱼大赛等大型活动。参加第四届市运会，获得金牌30枚，较上届增加26枚，取得历史最好成绩。完成松溪非遗展示馆数字化提升。编纂完成《松溪县志（1989—2005)》。

社会保障提质扩面，城镇新增就业917人；城乡居民养老保险参保率达99.62%，基本养老保险基础养老金最低标准提高至每人每月130元，医保补助标准提高到每人每年550元；落实低保1652户3673人、发放低保金1218.83万元。建成6个农村幸福院、2个社区老年人日间照料中心。加强社区建设，新增设置湛卢、来龙、茶香三个社区。顺利完成全国第七次人口普查。城市建设不断提升，建成雨污分流管网17公里，新增停车位200个、城区公厕6个，全面完成供水管网更新替换，建设标准对标省内一线城市，城市饮用水水质合格率100%，获评国家第三批“节水型社会建设达标县”。扎实推进省级文明城市创建，开展城区“六乱”治理，重拳打击“两违”。平安建设继续深化，持续完善社会治安防控体系，深化扫黑除恶专项斗争，重点打击电信诈骗等违法犯罪。深入开展安全生产专项整治三年行动、房屋结构安全隐患大排查大整治，有序推进消防、交通等领域安全隐患排查整治。实行食品、药品安全网格化监管。有效防范和化解金融风险，不良贷款率下降至1.47%。绿色家园更显生态，深化“河湖长制”，小流域水质均达到或优于Ⅲ类水质。完成松溪县长衍溪（花桥段）安全生态水系建设，县域集中式饮用水源达Ⅱ类水质，达标率100%。国家储备林质量精准提升工程连续三个季度在全市考评中位列第一。大林坑森林康养基地入选全国试点，源尾村、岭完村获评“国家森林乡村”，岩后村、招沙甲村、万前村入选“福建省森林村庄”。

优化营商环境，不断加强政府自身建设。深化“放管服”改革，梳理“最多跑一趟”“一趟不用跑”事项1240个、占入驻总事项的98.65%，平均承诺办理时限压缩至法定时限的15.5%；7类工程建设项目审批流程事项再优化，时限压缩22.25%。创新“八个一”机制，推进“一件事”套餐服务改革，编制套餐25种，办理满意率100%。完成新行政服务中心建设，为企业、群众提供“一站式”“一窗式”服务。推进“两学一做”教育常态化，巩固深化“不忘初心、牢记使命”主题教育成果。推进法治政府建设，全面推行规范性文件合法审核机制，圆满完成“七五”普法。严格落实中央八项规定及其实施细则精神，坚决落实过紧日子要求。自觉接受县人大及其常委会的法律监督、县政协的民主监督，全年办理人大代表议案和建议53件、政协委员提案和建议50件，满意和基本满意率100%。

2020年是“十三五”规划收官之年，以“滴水穿石、人一我十”的精神和韧劲做好松溪的事情，奋力“绿色崛起、后发赶超”，新时代新松溪建设迈出了新步伐。经过五年接续奋斗，全面建成小康社会目标如期实现。初步统计，全面小康的各项指标均达到或超过国家标准。其中，地区生产总值净增27亿元、年均增长5.9%；人均生产总值6.5万元，比“十二五”末增加2万元；三次产业比重由21.1∶38.3∶41.6调整为18.8∶37.5∶43.7；城镇居民人均可支配收入32074元，累计增加9046元、年均增长6.8%；农村居民人均可支配收入14449元，累计增加5073元、年均增长9%。2019年县域经济总量全省排名超过周宁、柘荣。

（摘编：杨立群）

政和县社会发展概况

2020年是新冠肺炎疫情严重冲击下极不平凡的一年。一年来，面对疫情和全球经济下行的双重考验，政和县坚持以人民至上、生命至上诠释了人间大爱，以众志成城、坚忍不拔书写了抗疫史诗，以只争朝夕、不负韶华坚定了政和自信；用逆行出征的豪迈、顽强不屈的坚守、患难与共的担当，统筹推进疫情防控和经济社会发展，做好“六稳”工作，落实“六保”任务，为“十三五”画上圆满句号。一年来社会发展的工作和成效，主要体现在以下几个方面：

坚持人民至上，疫情防控有力有效。坚持把疫情防控作为头等大事来抓，全面落实“坚定信心、同舟共济、科学防治、精准施策”总要求，早动员、早部署、早行动。第一时间启动一级响应，迅速组织动员各方力量，调集一切资源，用好“四联四促”“大数据+网格化”机制，严防严守重要出入口，织密织牢县乡村三级防控网，配齐配强医疗防疫专班，做精做细分类诊治预案，全面筑牢“外防输入、内防反弹”的铜墙铁壁，全力维护和保障人民群众生命安全和身体健康。迅速反应、有效处置1例确诊病例，落实落细常态化疫情防控措施，358天保持无新增确诊病例。在风雨同舟、共克时艰的日子里，先后派出1名医护人员和1名疾控人员驰援武汉、香港抗击疫情；抽调16批次党员、干部配合省市，全力守好福州、厦门机场口岸。疫情防控以来，全县累计投入防控资金4792万元，建成负压病房2个、核酸检测实验室2个，启用集中医学观察点2个，完成核酸检测3.2万人，筹备口罩、防护服等防疫物资73.4万件。

坚持协调发展，城乡面貌日益改善。水泥厂老旧小区改造、熊城大酒店亲水景观工程等项目如期竣工，城区第二饮用水源、污水干管深度排查、背街小巷提升工程、七星溪滨水休闲步道等项目启动实施。林贸至彩虹桥段道路改造、元峰大桥至姜屯连接线、白茶城片区路网等项目有序推进。城乡治理一体化巡查机制持续完善，“机关联社区、党建促和谐”结对共建共管机制有效运行。中央环保督察信访转办件高效办理，“全域无垃圾”专项整治深入开展，蓝天、碧水、净土三大保卫战取得实效。乡村振兴稳步推进，农村生活污水治理专项规划完成编制，农村人居环境整治三年行动持续开展。22个乡村振兴示范村、9条示范带、75个“绿盈乡村”取得实效。全县垃圾分类试点工作、国家级农业产业强镇项目扎实推进。第三次全国国土调查全面完成，划定生态保护红线、永久基本农田、城镇开发边界3条生态红线。国土空间总体规划启动编制，乱占耕地建房专项整治全面推进，裸房专项整治工作在全市率先开展。国家储备林质量精准提升工程、山水林田湖草生态保护修复试点项目稳步实施，全县森林覆盖率达79.6%。

坚持民生改善，社会大局和谐稳定。28个为民办实事项目基本完成。保就业政策全面落实，新增城镇就业1180人。一中通过省一级达标校复评验收，同心幼儿园、同心小学、第三实验小学、正和外国语学校加快推进。县中医院整体搬迁项目、县殡葬服务中心启动建设，村规民约、居民公约完成修订，16个民间志愿服务组织活动开展有声有色。成功承办第四届市运会武术套路、围棋2个比赛项目，获得市运会金牌27枚。第七次全国人口普查工作完成入户登记。大型纪录片

《中国影像方志（政和篇）》录制上映。房屋结构安全隐患大排查大整治“百日攻坚”专项行动、各行业领域安全隐患大排查大整治工作强力推进。率先在全省建成乡镇小型消防站5个。食品安全保障有力，信访诉求渠道畅通。

坚持深化改革，政府建设不断增强。自觉接受人大和政协监督，办理人大代表建议70件、政协委员提案69件，办复率100%。“放管服”改革深入推进，“审批不见面”“最多跑一趟”等服务机制高效运行，全年合并、取消行政审批事项29项，所有审批事项平均承诺时限比省、市规定再降低20个百分点，免费赠送首套公章155套，实现开办企业“零成本”，营商环境成效评估排名全市第2位。“三公”经费支出持续下降，县级财政管理绩效综合评价排名全国第61位。国防动员和后备力量建设水平持续提升，县人武部被评为“省级正规化建设先进单位”。

“十三五”时期，政和县大力弘扬廖俊波精神，围绕突破“四大经济”工作思路，沉着应对各种困难挑战，努力营造良好发展氛围，较好完成了“十三五”规划确定的各项目标任务。

综合实力一年比一年强。2020年完成地区生产总值98.3亿元，年均增长6.7%，是2015年的1.6倍；三次产业结构优化为19.0∶37.1∶43.9，其中三产提升了10.7个百分点；工业用电量3.6亿度，年均增长17.3%，是2015年的2.2倍；社会消费品零售总额56.1亿元，年均增长10.3%，是2015年的1.6倍；城镇、农村居民人均可支配收入32260元、14662元，年均增长6.8%、8.8%，分别是2015年的1.4倍、1.5倍；公共财政总收入5.67亿元，年均增长0.8%，其中县级财政收入3.88亿元，年均增长0.9%。五年来，我们连续5次获得中国百佳深呼吸小城称号、3次入围全国电商百佳县榜单、2次摘取中国茶业百强县荣誉，先后被列为国家级、省级电子商务进农村综合示范县、全国健康促进县、国家知识产权强县工程试点县。对照小康社会指数，人均生产总值、城乡居民人均可支配收入、城镇化率等各项指标均高于基本标准，将与全国、全省同步迈入小康社会。

人民生活一年比一年好。五年累计投入民生领域资金71.4亿元，其中争取省市挂钩单位、省统战系统、石狮市帮扶资金9.6亿元，解决了一大批群众最关心最期盼的问题。扶贫小额信贷“全国示范县”机制不断完善，“爱心扶贫基金”“健康扶贫基金”“廖俊波乡村教育基金”社会效益不断彰显，历经5年，现行标准下贫困人口6461人全部脱贫，40个贫困村全部退出。建成保障性住房724套，改造农村危房2222户，完成易地扶贫搬迁458户1724人。新改扩建中小学、幼儿园50所。县医院实现三轮托管，第三医院投入使用。稻香社会福利中心、石屯敬老院实现社会化运营，全县新建乡镇敬老院、农村幸福院38个。移风易俗、殡葬改革全面推进，乡镇公益性公墓全面覆盖。县级机构改革全面完成。村居民兵连部规范化建设完成76个。“七五”普法顺利通过省市验收。扫黑除恶专项斗争、禁毒重点整治、反电信诈骗等工作取得实效。

城乡变化一年比一年大。五年累计实施城乡建设项目110个，完成投资69.3亿元。成功创建省级园林城市、省级森林城市。衢宁铁路建成通车，进站大道投入使用，政和进入快铁时代。高速连接线综合改造、环城路稻香至林屯段、林屯至官湖段顺利竣工，“小环城”格局基本形成。新建改造市政道路14条23公里、国省干线5条31.8公里、“四好”农村路52条172公里、公路安全防护工程71条505公里、危桥15座，新增公交线路8条、新能源公交车25辆。完成城区沿河夜景亮化、体育场、七星公园提升工程、南门小公园建设，新建熊山公园、胜利洋、官湖洋等6条健康步道。建成停车场5个，新增停车位579个。珠山湾水厂完成扩建，4个城区垃圾中转站不断完善，9个乡镇污水处理厂投入使用，新增污水管道153.8公里、燃气管道23.6公里。完成建溪四期防洪工程，启动建溪五期防洪工程，水土流失治理面积9113.3公顷。“河湖长制”“路巷长制”全面落实，河道非法采砂、畜禽污染等重点整治成果持续巩固，三轮车平稳退市，环卫保洁明显提升，“两违”处置稳妥推进，共建共管共享新局面基本形成。

（摘编：苏建平）

龙岩市社会发展综述

2020年面对疫情，龙岩市坚持以习近平新时代中国特色社会主义思想为指导，统筹疫情防控和经济社会发展，实行项目化推进工作落实机制，开展突破“难、硬、重、新”工作行动，扎实做好“六稳”工作、全面落实“六保”任务，经济社会保持平稳发展，全面建成小康社会取得决定性成就。全市地区生产总值2880亿元，增长4.2%左右；一般公共预算总收入329.8亿元、增长1.5%，地方一般公共预算收入158.6亿元、增长1.9%；固定资产投资增长3%；出口增长22.7%，实际利用外资下降16.9%；社会消费品零售总额下降4%；城镇居民人均可支配收入40370元、增长4%，农村居民人均可支配收入20180元、增长7%。社会发展的主要成效是：

着力联防联控，疫情防控成效显著。疫情发生后，龙岩市将疫情防控作为头等大事来抓，始终坚持人民至上、生命至上，坚决打赢疫情防控阻击战，成为全省确诊病例最少、全面清零最早的设区市，截至1月5日已连续332天无新增确诊病例、连续329天无新增疑似病例。抓“早”，迅速构建防控体系，第一时间成立市疫情防控应急指挥部，派驻云南、福州、厦门重点口岸工作专班，落实好“四早”“四集中”要求，有效防止疫情扩散。抓“紧”，建立提级管控、群防群治等制度，严格落实“四方”责任，织密织牢“五张网”，严把防控“四道关口”，坚决防止疫情反弹。抓“细”，规范预检分诊和发热门诊，强化重点人群健康管理，做好重点场所排查管控，开展聚集性疫情防控应急演练，毫不放松抓好疫情防控。抓“实”，全市各级财政投入5.5亿元用于疫情防控。建成康山医院，支持企业转产口罩和防护服，多方筹集防护、生活物资，有力保障疫情防控、复工复产。抓“常”，做好常态化疫情防控，实行“人”“物”同防，严格落实测温、验码、科学戴口罩等措施，强化外防输入、进口冷链食品全链条监管，日核酸检测能力提升至4万人次以上，有序组织疫苗接种。在这场严峻的疫情防控斗争中，广大医务工作者白衣为甲、逆行出征，广大党员、干部冲锋在前、日夜奋战，各级各部门履职尽责，各行各业坚守岗位，全市人民众志成城，共同构筑起疫情防控的坚固防线，为推动经济社会发展提供坚实保障。

着力宜居宜业，城乡建设扎实推进。龙岩市、武平县蝉联全国文明城市，上杭县成功创建第六届全国文明城市，1个镇和6个村被评为全国文明村镇。全市新改建道路120公里、供水污水管网229公里，新增公共停车位3433个，中心城区龙岩大桥、犀牛路一期、华莲西路一期等一批项目建成通车。中央苏区金融街建成开街，龙岩大道商圈成功创建省级示范商圈。全市完成106个老旧小区改造提升任务。中心城区369个小区生活垃圾分类全面铺开。开展“两治一拆”专项行动，完成农房整治2.8万栋、整治面积287万平方米。农村集中供水率达94.7%。获评“福建百香果”中国特色农产品优势区，新增3个国家级农业产业强镇，乡村治理经验做法获农业农村部和省里肯定推广。上杭县获评全国村庄清洁行动先进县、入选国家数字乡村试点地区。

着力环境治理，生态质量巩固提升。加强中央、省生态环保督察反馈问题整改，突出抓好水环境治理保护，全市3条主要河流均为Ⅰ～Ⅲ类水质，82条小流域中80条达Ⅰ～Ⅲ类水质标准。

市、县两级集中式生活水源地水质100%达标。城市空气质量优良天数比例99.2%，保持全省前列。实施森林质量精准提升工程，造林绿化51000公顷，治理水土流失面积31800公顷。完成国土空间总规纲要、“三线一单”编制工作。矿区生态恢复治理等5项举措被列为国家生态文明试验区改革模式进行推广。武平县获评国家生态文明建设示范县。武平县、梅花山被评为首批国家森林康养基地。新罗区、漳平市入选全省首批农村生活污水治理试点地区。

着力机制创新，重点改革取得突破。龙岩市及7个县（市、区）全部纳入中央国家机关及有关单位对口支援范围。全面完成乡镇（街道）机构改革。理顺厦龙合作区、龙雁组团开发建设机制。列入国家电子证照应用试点，入选全国社保卡“一卡通”创新运用综合示范地区。获批财政部支持深化民营和小微企业金融服务综合改革试点城市。在全省率先建立政务服务高频事项“跨省通办”合作机制。全面推行证明事项和涉企经营许可事项告知承诺制，“一窗受理”事项达86%，企业开办时间压缩至半天。出台市属国企参与政府性投资项目规范管理办法，推动企业做强主业，市属国企实现营收330亿元、增长209%，新增主体信用AA级以上企业2家。龙高股份主板上市获中国证监会审核通过，连城赛特新材在科创板上市。列入全国医保DIP付费改革试点城市，15项医改重点指标中9项居全省前列。土地节约集约利用获国务院大督查通报表扬。市供销社获评“金扁担”改革贡献奖。永定区农村集体产权制度改革经验做法在全国推广。

着力惠民利民，民生事业不断进步。民生支出占一般公共预算支出比重达78.8%。26项为民办实事项目基本完成。精准落实就业、医疗等帮扶措施，新出台支持贫困户发展生产11条政策，2037户脱贫不稳定户和边缘户全部消除贫困风险，易地扶贫搬迁办证率达99%、得到自然资源部肯定。加大援企稳岗力度，创新“人力资源网上超市”就业服务，建立全省首个职业技能提升中心，城镇登记失业率3.92%、新增就业2.5万人。加大基本民生兜底保障，发放低保金2.4亿元，临时救助困难群众1.8万人次，建成保障性安居工程8078套。全市13所中小学校秋季建成招生、新增学位2.7万个，33所公办幼儿园开工建设。龙岩学院列入国家中西部高等教育振兴计划，闽西职业技术学院通过省示范性现代职业院校建设工程评估验收。龙岩市选手在首届全国职业技能大赛上取得优异成绩。市第一医院分院、市中医院医技综合大楼建成投入使用，基层医疗服务水平进一步提升。圆满完成第七次全国人口普查登记工作。荣获全国未成年人思想道德建设工作先进城市。市关工委被评为全国关心下一代工作先进集体。

着力平安建设，社会保持安定稳定。创建市域社会治理现代化试点合格城市扎实推进。“七五”普法全面完成，《中华人民共和国民法典》宣传深入开展。扫黑除恶专项斗争和涉麻制毒、电信网络诈骗重点整治成效明显，群众安全感满意率达98.9%。实施安全生产专项整治三年行动，开展房屋结构安全隐患大排查大整治，安全生产形势保持平稳。食品药品安全得到有效保障。粮食、能源供应有力、价格平稳。全市不良贷款率为0.71%，信贷资产质量居全省前列。健全基层财政运转预警监测机制，兜牢县级“三保”底线。

“十三五”时期是全面建成小康社会决胜阶段，是新龙岩建设迈出新步伐的五年。习近平总书记强调“要饮水思源，决不能忘了老区苏区人民”。龙岩市牢记习近平总书记的谆谆嘱托，紧紧抓住中央支持原中央苏区振兴发展的重大机遇，在市委的坚强领导下，攻坚克难、砥砺前行，全力以赴推动高质量发展落实赶超，全面建成小康社会，基本完成“十三五”规划任务，为“十四五”发展、开启全面建设社会主义现代化国家新征程打下坚实基础。

五年来，综合实力显著增强。全市生产总值由1920亿元增加到2880亿元，年均增长7.1%；人均GDP突破10万元，年均增长6.7%。一般公共预算总收入由269.8亿元增加到329.8亿元；地方一般公共预算收入由124.6亿元增加到158.6亿元。固定资产投资年均增长10.4%。有色金属、文旅康养、建筑业产值均突破1000亿元。成功创建全国文明城市、国家新型工业化产业军民融合示范基地、国家应急产业示范基地等一批国字号品牌。上杭跻身全省县域经济实力十强县，长汀、连城、武平连续入选全省县域经济发展十佳县。

五年来，城乡面貌焕然一新。常住人口城镇化率达60%，提高7.4个百分点。铁路通车里程由625公里增加到744公里，高速公路通车里程由662公里增加到747公里，南三龙铁路、厦蓉高速扩容龙岩段等建成通车。中心城区建成区面积扩大12.7平方公里、达65.7平方公里，新增公园绿地面积281公顷、人均公园绿地面积达16平方米。农村人居环境整治三年行动顺利收官，“两高”、国省道沿线整治成效明显，建成“四好农村示范路”1200公里，新增中国历史文化名镇名村7个、中国传统村落48个、全国乡村旅游重点村5个。

五年来，生态环境持续优化。国家生态文明试验区建设深入推进，长汀水土保持综合治理模式被列为全国生态保护与修复工作典型，林改“武平经验”在全国推广，成功创建全国森林旅游示范市、全国绿化模范城市、全省首个国家级林业科技示范区，获批建立3个国家湿地公园。森林覆盖率79.39%，保持全省首位。关闭煤矿90家，淘汰落后产能701万吨。推动建立汀江—韩江流域上下游横向生态补偿机制，主要流域22个国（省）控断面Ⅰ～Ⅲ类水质比例由84.3%提高至100%，全面消除劣Ⅴ类水质小流域，小溪河治理经验做法在全国推广。

五年来，发展活力不断释放。法治政府建设扎实推进，营商环境进一步提升。多项改革举措获国家部委和省里肯定推广，获批设立国家级普惠金融改革试验区、跨境电商综合试验区。行政审批、基层医改、不动产登记等改革走在全国、全省前列。创新建立“e龙岩”网上公共服务平台。在全省率先实现国家级电子商务进农村示范县全覆盖。获批建设国家创新型城市，R&D占GDP比重提高0.46个百分点，高技术产业增加值年均增长21%，新增省级以上高新技术企业195家、高水平创新平台52家。

五年来，人民生活明显改善。城镇、农村居民人均可支配收入分别年均增长7.3%、8.7%，高于GDP增速0.2个、1.6个百分点。脱贫攻坚取得决定性胜利，3个省级贫困县、31个贫困乡镇、380个贫困村全部退出，11万建档立卡贫困人口提前一年全部脱贫、“一个都不落下”。全面实现“义务教育发展基本均衡县”创建目标。城乡低保标准实现一体化。列入全国居家和社区养老服务改革试点地区，社区居家养老服务设施覆盖率100%。完成城镇棚户区住房改造3.1万套。新时代文明实践中心建设加快推进，全面完成县级融媒体中心建设。成功创建食品药品安全放心市。被评为全国禁毒示范创建工作先进城市。实现全国双拥模范城“五连冠”。同时，退役军人、国防动员、人民防空、对口援建、外事侨务、民族宗教、妇女儿童、青少年、老年人、残疾人、社会福利、慈善等各项事业取得新进步。

2021年是中国共产党成立100周年，也是实施“十四五”规划、开启全面建设社会主义现代化国家新征程的第一年。在实现“两个一百年”奋斗目标的历史交汇点，习近平总书记作出系列重要指示批示，赋予福建全方位推动高质量发展超越的重大使命，为新时代新龙岩建设提供了根本遵循，指明了前进方向，增添了新的动力。龙岩市坚持以习近平新时代中国特色社会主义思想为指导，全面贯彻党的基本理论、基本路线、基本方略，增强“四个意识”、坚定“四个自信”、做到“两个维护”，深入贯彻落实习近平总书记关于做好老区苏区工作的重要论述，坚持稳中求进工作总基调，立足新发展阶段，贯彻新发展理念，服务和深度融入新发展格局，扭住供给侧结构性改革，注重需求侧管理，巩固拓展疫情防控和经济社会发展成果，更好统筹发展和安全，扎实做好“六稳”工作、全面落实“六保”任务，全方位推动高质量发展超越，建设闽西南生态型现代化城市，打造有温度的幸福龙岩，以优异成绩庆祝建党100周年。全年经济社会发展主要预期目标是：主要指标增速保持全省中上游水平。全市生产总值增长7.6%左右；一般公共预算总收入增长5.5%，地方一般公共预算收入增长5%；固定资产投资增长8.5%左右；出口增长8%左右，实际利用外资增长6%；社会消费品零售总额增长9%左右；城镇登记失业率控制在5.5%以内；城镇居民、农村居民人均可支配收入分别增长7.6%和8%；单位GDP能耗控制在省下达的目标内。

（摘编：于心民）

新罗区社会发展概述

2020 年是经济社会发展进程中极不平凡的一年。新罗区坚持以习近平新时代中国特色社会主义思想为指导，围绕“首善之区”工作目标，全力“攻坚 2020”，决胜六大行动，抓实“5 个 100”，在抓好常态化疫情防控的同时，认真落实“六稳六保”工作任务，经济社会保持平稳发展。全年 GDP 实现 1019 亿元，增长 5.5%，首次迈入“千亿方阵”；一般公共预算总收入实现 39.3 亿元、增长 0.9%，地方一般公共预算收入实现 25.1 亿元、增长 3.2%。

一年来，积极应对疫情冲击和经济下行的“双重考验”，实行项目化推进工作落实机制，开展“难、硬、重、新”工作行动，用“辛勤指数”换来“发展指数”，以“奉献指数”提升“幸福指数”，向全区人民交出了新罗答卷。社会发展主要工作和成效有：

交出应对疫情的新罗答卷。1071 个基层党组织和 1.2 万名党员冲锋在前，全体医务工作者、公安干警，区、镇（街）、村（居）三级干部不惧风险、坚守岗位；1650 名网格长、5260 名志愿者严守“责任田”，全区人民、海内外广大企业家同舟共济、守望相助，在最吃劲、最关键的时刻，共同严把疫情防控“四道关口”和“五张网”，把“四早、四集中”工作要求落实在“外防输入、内防反弹”的各项工作中，自 2 月 8 日以来保持着“零感染、无确诊病例、未出现无症状感染者”的平稳态势。

交出六稳六保的新罗答卷。第一时间成立 6 个复工复产服务小组，出台实施“六稳”18 条、一二三产及建筑业等一系列暖企助企政策措施，通过“百名干部挂百企”暖企行动，累计为企业争取各级补助资金、贴补或减免费用超过 13 亿元，全年“4＋5”产业产值突破 2000 亿元；社会消费品零售总额达 462.9 亿元；城镇居民人均可支配收入 44519 元、增长 2.6%，农村居民人均可支配收入 23925 元、增长 6.1%。获评中国城区高质量发展水平百强区、中国工业百强区。

交出破题攻坚的新罗答卷。决战决胜征地拆迁“净地行动”和“百日攻坚”工作，南芳小区、月苑小区等 29 个中心城区遗留十多年未完成的项目实现净地交付，累计征收房屋 93.8 万平方米、土地 480.8 公顷。财政投入 8670 万元，全面推进“两高”沿线及城乡环境综合整治，城乡面貌目之所及、焕然一新。在全市率先成立园区企业服务中心，免费为项目业主提供“保姆式”代办服务，全年受理办结服务事项 1371 件，办结率 100%。

交出务实为民的新罗答卷。财政统筹 23.8 亿元，实施 148 项民生补短板项目；完成 73 个老旧小区改造，惠及群众 7688 户；8 个基础教育应急性项目和 9 所幼儿园投入使用；新罗区总医院挂牌成立，带动东城、北城等 17 个基层卫生服务中心建设。统筹 4000 万元推进 70 个乡村振兴试点村建设，“一革命四行动”“两治一拆”深入实施，完成裸房、空心房整治 24.5 万平方米，拆除旱厕 1.37 万座、违法建筑 7899 平方米，打造 3 条乡村振兴精品线路。顺利通过中央环保督察核验。入选全省首批农村生活污水治理试点地区。

交出社会治理的新罗答卷。第七次全国人口普查顺利开展。全面推进安全生产三年行动计划，开展 19 项安全生产专项整治和房屋结构安全大排查大整治工作，创新第三方机构督导模式，累计整改安全隐患 907 项，完成红橙隐患点整改 48 项，实现安全领域排查全覆盖、整改零库存。创新经济社会发展助推涉麻制毒、电信网络诈骗治理工作机制，获国家禁毒委通令嘉奖和省打击治理电信诈骗联席办通报表扬。

交出高效行政的新罗答卷。全面推动中央和省委、市委的决策部署落地见效。建立重点工程纪委监委驻点监督和重点工作效能督查全覆盖工作机制。自觉接受人大法律和工作监督、政协民主监督和社会监督，坚持区领导牵头领办重点建议、重点提案制度，126件人大代表建议、234件政协委员提案办理满意率均达96%以上。扎实推进政府系统党风廉政建设，严格执行中央八项规定及实施细则精神。坚持政府过紧日子思想，加强财政支出管理，政府一般性支出同比下降15%。

2020年是新罗乘风破浪加快发展的一年，也是新罗逆势而上加快转型的一年。同时，在过去五年里，圆满完成了“十三五”规划的主要指标任务，经济社会各项事业都取得了显著的成效。

加快转型升级，提高综合实力，构建了特色鲜明的现代产业体系。辖区GDP突破千亿元。“4+5”产业体系跃上高端化、集群化发展轨道，百亿产业集群增加到5个、千亿产业集群实现零的突破，规模工业增加值年均增长7%。连续5年位列中国市辖区综合实力百强、最具投资潜力中小城市。

注重功能优化，致力品质提升，建立了融合发展的城乡统筹格局。蝉联全国文明城市、省级文明城区。创新党建引领社区治理工作，完成第一批106个重点薄弱小区提档升级。累计完成房屋征收315.9万平方米，土地征收2000公顷，“两违”治理腾出土地606.7公顷，中心城市建成区面积由2015年的56平方公里扩大至2020年的66平方公里，常住人口净流入10万人，达84万人。厦蓉扩容、南龙铁路、小池快速通道及小池互通建成通车。成功创建第五批中国传统村落6个、省级旅游特色村13个、省级美丽乡村78个。

重拳治理污染，守卫蓝天碧水，健全了常态长效的生态保护机制。九龙江及小溪河流域全面消除劣五类水质；25条省控小流域综合水质优良比例达100%，比2015年提高60个百分点；登高桥断面部分时段20年来首次达到Ⅱ类。完成水土流失治理、植树造林18933.3公顷，森林覆盖率达79.8%。中心城区空气质量天数优良比例保持99%以上。紫金山体育公园入选全国生态文明改革案例。

坚持人民至上，增进民生福祉，营造了更加优质的公共服务环境。聚焦“两不愁三保障”，4个贫困镇和42个贫困村全部摘帽。在全省率先创建激励性扶贫模式，并在国家扶贫网作经验介绍。脱贫攻坚工作连续3年获市级考评第一。财政民生累计投入168亿元，新增义务教育学位1.7万个、医疗机构床位6871张，社区、农村居家养老服务站点327个，兜底保障工作惠及1.1万人，新增城镇就业4.95万人。“阳光招生”积分制入学全面实施。平安新罗建设取得实效，社会持续保持安定稳定，人民群众幸福感、安全感全面提升。同时，国防动员、人民防空、对口援建、退役军人、妇女儿童、青少年、老年人、残疾人、社会福利、慈善等各项事业取得新进步。

2021年新罗区工作的总体思路和目标是：坚持稳中求进工作总基调，立足新发展阶段、贯彻新发展理念、构建新发展格局，扭住供给侧改革，注重需求侧改革，巩固疫情防控成效，拓展经济社会发展成果，落实“六稳六保”工作部署，深化项目化推进工作落实机制和“产业发展项目建设年”活动，围绕“五比一看”竞赛，突出“三个重点”，开展“三大行动”，抓实“3个100”，全面推进宜居宜业有温度的“首善之区”建设。全年经济社会发展主要预期目标是：地区生产总值增长7.7%～8%；一般公共预算总收入增长6%、地方一般公共预算收入增长5.5%；规模工业增加值增长7.5%～7.8%；固定资产投资增长8.6%；社会消费品零售总额增长9.5%；实际利用外资、外贸出口总值持平；城镇居民人均可支配收入增长7.7%，农村居民人均可支配收入增长7.7%；各项社会事业协调发展，以优异的成绩庆祝建党100周年。

（摘编：周忠志）

永定区社会发展概况

2020年，是十分不平凡、不容易、不简单的一年。面对国内外形势的深刻复杂变化，特别是突如其来的新冠肺炎疫情，永定区坚持以习近平新时代中国特色社会主义思想为指导，深入学习贯彻党的十九大和十九届二中、三中、四中、五中全会精神，以及习近平总书记对福建、龙岩、永定工作的重要讲话重要指示批示精神，统筹推进疫情防控和经济社会发展，扎实做好“六稳”“六保”工作，围绕全方位推动高质量发展超越目标，全面实施“1334”发展战略，深入推进“六大工程”、开展“六大行动”，各项工作比预期好，圆满完成脱贫攻坚目标任务，决胜全面建成小康社会取得决定性成就，“重振永定雄风、再创永定辉煌”迈出更加坚实的步伐。

启动战时机制，果断行动，迅速遏制疫情扩散。新冠肺炎疫情发生后，永定区坚决贯彻落实习近平总书记关于疫情防控的重要讲话重要指示批示精神，把人民生命安全和身体健康放在第一位，在全市最早成立区疫情防控应急指挥部，并向合溪乡（天丰村）派驻重点区域疫情防控工作组，果断实施全面封闭管理、人员分类管控、环境全面消杀等防控举措，在短时间内治愈5例确诊病例、排除4例疑似病例，并调整为“低风险地区”，成功阻断了疫情扩散。同时，统筹推进常态化疫情防控措施，建成区医院、区疾控中心核酸检测实验室，日检测能力6400人以上，疫情防控能力得到质的提升。在疫情防控斗争中，广大党员干部不畏艰险、不辞辛苦、不计得失，医务工作者白衣执甲、逆行出征，社区干部、公安干警、志愿者日夜坚守、忘我工作，社会各界和港澳台同胞、海外侨胞守望相助、慷慨奉献，筑起了抗击疫情的巍峨长城。

建设宜居家园，内外兼修，城乡品质加速提升。着力打造精美城区，永定大道景观提升、西溪河“一河两岸”改造等项目基本建成，老旧小区改造提升逐渐铺开。开工建设城乡供水一体化项目，建成城区供水管网11.5公里，城镇供水管网延伸35.8公里。成功创建第六届省级文明城区，首次以区的身份助力龙岩市蝉联全国文明城市荣誉称号。实现创建全国卫生县城三连冠。全面推进城乡环境综合整治，“一革命四行动”成效显著，23个乡镇污水处理设施及垃圾转运系统全面建成，完成14处乡镇简易生活垃圾填埋场整治。投资13.8亿元实施41个生态环保攻坚战役项目，断面监测水质达标率为100%；城区空气质量保持优良，空气达标天数比例达99.4%。

释放发展红利，共建共享，民生福祉持续增进。脱贫攻坚全面胜利。4个贫困乡和54个贫困村全部如期实现摘帽，4733户15605名贫困人口全部实现脱贫，贫困群众“两不愁、三保障”问题得到有效解决，生产生活条件大幅改善。社会事业长足进步。“九校联建”工程、永定一中科技艺术馆和4所新建公办幼儿园等项目有序推进，新增幼儿园、小学学位2220个，华夏学校实现招生。启动紧密型医共体改革，组建永定总医院，中医院迁建工程进入内装阶段，建成212所公建村卫生所。社会保障更加健全。全区城镇新增就业1500人，城乡低保、特困供养标准逐年提高，实现“应保尽保”。构建多层次养老服务体系，新增、改（扩）建14个社区（农村）养老服务照料中心、160个农村幸福院。社会秩序安定稳定。全力推进扫黑除恶专项斗争“六清”行动，严厉打击涉麻制毒违法犯罪行为，打击治理电信网络诈骗实现“两升两降”，防灾救灾和应急保障能力进一步提升，安全生产形势稳定向好。

坚持党建引领，积极作为，全面加强自身建设。坚持以党的政治建设为统领，增强“四个意识”、坚定“四个自信”、做到“两个维护”，全力推动中央决策部署和省、市、区委工作要求落地见效。自觉接受人大法律监督和工作监督、政协民主监督和社会监督，加强与人大、政协的工作联系。主动向人大及其常委会报告工作，重大事项及时和人大、政协沟通，认真执行人大决定决议，听取采纳人大代表建议和政协提案，共办理人大代表建议174件、满意率100%；政协委员提案97件，满意率98%。

2020年工作任务的完成，标志着“十三五”规划的圆满收官。这五年，永定区积极适应体制调整，抢抓“撤县设区”和国家文旅部及省有关单位对口支援的历史机遇，扎实推进“二次创业”，永定发展的方向更加清晰，重振雄风的步伐更为坚定，再创辉煌的基础日益厚实，永定已经站上新的更高历史起点，正以崭新的风貌，在高质量发展超越的征程上阔步向前。

五年的不懈努力，让永定的综合实力显著提升。2020年地区生产总值比2015年增长36.6%、年均增长6.4%；人均GDP达8.6万元，增长了3.1万元；全区GDP增幅排名从2015年全市第6位提升到2020年的全市第3位。“十三五”全社会固定资产投资增速持续保持全市前三；地方一般公共预算收入年均增长7.1%；社会消费品零售总额年均增长13.9%。

五年的不断投入，让永定人民获得感、幸福感明显增强。累计完成民生事业支出118.8亿元，占财政总支出的83.7%，是“十二五”的1.31倍。城乡居民人均可支配收入分别年均增长7.6%、8.4%。社会保障体系逐步完善，养老保障水平逐年提高。实施体育中心田径运动场、“两河一山”生态休闲项目等一批民生工程。交通基础设施累计投资69.7亿元，新增通车里程205公里，永杭高速、龙湖大道（永梅出省公路）等一批重大交通项目建成通车。累计投入扶贫开发资金6.1亿元，高质量打赢脱贫攻坚战。

五年的提质扩容，让永定的城乡风景更加靓丽。加快推动市区同城一体化和城乡一体化进程，常住人口城镇化率由2015年的44.3%提高到49.9%。城区建成区面积由2015年的9.98平方公里扩大至12.1平方公里。完成城建惠民项目总投资15.4亿元，建成永定大道等一批城市主干道，打通体育路等一批微循环堵点，新增停车位1013个。以点带面推动乡村振兴战略全面实施，36个乡村振兴试点村、110个市级以上美丽乡村建设成效显著，农村面貌日新月异。

五年的防治攻坚，让永定的生态文明成效凸显。全面打赢污染防治攻坚战，累计投入56.06亿元用于生态环境建设。全面推进河湖长制工作，投入10.8亿元建成一批水源工程、防洪工程和安全生态水系，关闭拆除生猪养殖场3989家118.8万平方米，主要流域水质达标率100%。治理水土流失17880公顷，造林绿化8600公顷，生态环境质量持续优化，城市空气质量保持优良，被评为“中国最美县域”“全国绿化模范单位”。

五年的改革创新，让永定的发展活力奔涌释放。纵深推进“放管服”改革，营商创业环境更加优化。积极稳妥推进公车改革、事业单位分类改革和乡镇机构改革，文化体制、社会治理体制、生态文明体制、农业农村体制机制等各领域改革事项落地生根，治理体系和治理能力现代化水平不断提升。人民陪审员制度改革、农村集体产权制度改革等经验做法在全国推广。

2021年是实施“十四五”规划的开局之年，蓄好势、起好步至关重要。永定区深入学习贯彻党的十九届五中全会精神，持之以恒实施“1334”发展战略，进一步夯实永定加快发展的基础，赢得“十四五”开门红，以新时代新永定建设的优异成绩庆祝建党100周年！2021年全区经济社会发展的主要目标是：地区生产总值增长8%；一般公共预算收入增长5.5%，地方一般公共预算收入增长5%；全社会固定资产投资增长10%；外贸出口总值增长3%；实际利用外资增长6%；城镇、农村居民人均可支配收入分别增长8%、8.5%；城镇登记失业率控制在5%以内；完成市下达的节能减排降碳任务。

（摘编：林学军）

上杭县社会发展概况

2020年，上杭县坚持以习近平新时代中国特色社会主义思想为指导，紧紧围绕“四个上杭”奋斗目标，统筹推进疫情防控和经济社会发展，各项事业稳步推进。全县实现地区生产总值432亿元，增长5.7%，增速全市第1；规模以上工业增加值增长7.3%；固定资产投资增长8.3%；财政总收入39.9亿元，增长1.7%，地方财政收入28.2亿元，增长3%；社会消费品零售总额152.8亿元，增长-5.7%；城镇居民人均可支配收入44402元，增长5%，农村居民人均可支配收入19449元，增长5.5%。获评“福建省经济实力十强县”；首次获评全国文明城市，连续三届获评全国双拥模范县。龙龙铁路（上杭段）全线铺开，超额完成年度投资计划。该县境内首次发现恐龙足迹群化石，为我省在恐龙及其遗迹方面的首次发现。社会发展的主要工作和成效有：

基础设施更加完善。永杭高速上杭城区南互通接线工程预计春节前通车。统筹安排1亿元资金实施“四好农村路”，完成72条“四好农村路”建设，竣工大中线（溪口段），乡村路网更加完善。在全市率先实现农村客运公交化运营改造乡镇全覆盖，群众出行更加经济便利。水利基础设施日趋完善，完成4个中小河流治理项目和4个安全生态水系项目，竣工汀江防洪工程（一期）、旧县片区烟区水源工程、白砂镇锦绣水库等项目。

城市建设扎实推进。130个城建项目完成投资55亿元。完成体育路、三环路二期等9条道路工程，城市道路布局持续优化。开展市容环境整治，进一步完善公园绿地、休闲健身、教育文化卫生等配套设施，开工建设金山湖商业综合体，城市更加宜居宜业。“智慧路灯”等智慧城管项目加快建设，城市精细化管理水平有效提升。

乡村面貌有新提升。农村人居环境整治、房屋安全排查整治“百日攻坚战”成效明显，“两治一拆”专项行动深入推进，“零补偿”拆除空心房、废弃烤烟房、旱厕等210万平方米，全市农村人居环境整治现场会在我县召开。15个集镇改造提升项目、7个“最美村落”完成投资1.1亿元，新增3000个农村停车位，获评全国村庄清洁行动先进县，入选国家数字乡村建设试点地区。

生态文明建设扎实推进。认真抓好省委省政府生态环境保护督察反馈问题整改。“河湖长制”工作纵深推进，重点断面水质达标率100%。开展大气专项治理，空气质量保持优良。推进土壤污染风险防控试点，率先在全市实现县、乡土长制全覆盖。深入推进矿山生态环境恢复治理，完成水土流失治理4400公顷、植树造林1200公顷。工业区区域节能评估审查工作走在全省前列。

脱贫攻坚有力有序。在全面完成“两不愁、三保障”和饮水安全等脱贫任务的同时，对全县391户重点监测对象实行挂牌督战，强化帮扶和措施保障，确保稳定脱贫。实施中长期激励性产业扶贫项目89个，新增贫困劳动力就业297人。推动产业扶贫保险全覆盖，有效降低返贫风险。

社会保障更加有力。创新“一三四”工作机制，精准稳就业促就业，发放各类稳岗补贴2237万元。实施民生兜底专项行动，做好农民工工资支付工作，全力保障困难群众基本生活。在全市率先实现基层社会保障平台全覆盖。成立全省首个县级残疾人慈善基金会。养老事业有新进展，建成40个农村幸福院、3个区域性养老服务中心。开展农村幸福院运营质量专项治理，运营质量有效提升。加强殡葬设施后续管理，长效机制逐步健全，城区治丧活动规范有序，移风易俗成效明显。全国退役军人思想政治工作会议在该县召开。迳美村整体搬迁工作基本完成。

民生福祉持续改善。24 项为民办实事项目基本完成。教育事业加快发展。建成实验小学紫金校区、水西小学和 3 所公办幼儿园，乡村教育扩容项目有序推进，教育供给有效增加。课后延时服务拓展至工业区周边学校，解决工业区职工后顾之忧。增加教师专项绩效考核奖励金 2000 万元，农村学校“暖心工程”加快实施，尊师重教氛围愈加浓厚。“名校带动工程”和“阳光招生”工作深入实施，教育更加公平。“健康上杭”加快打造。持续推进医疗改革，县域“六大中心”建设更加完善，建成医共体和分级诊疗系统，医疗水平不断提升。完成 4 个乡镇卫生院改扩建项目。文体事业繁荣发展。体育中心、青少年水上运动中心项目加快推进，成功承办全国陆上赛艇公开赛、全国拔河锦标赛，举办第四届客属龙舟文化旅游节，群众文体生活更加丰富。文物保护工作有效加强，红色交通站、红军医院等旧址列入省级文保单位。获评全省民族团结进步重点区。

社会治理更加精细。“七五”普法圆满收官，法治政府加快建设。完善多元化调解机制，调解成功率达 99.9%。纵深推进扫黑除恶专项斗争，持续推进打击电信网络诈骗犯罪、涉麻制毒等专项行动，社会保持安定稳定。才溪派出所荣获“全国公安机关执法示范单位”。全省食品安全社会共治示范县创建工作通过验收。扎实开展安全生产专项整治三年行动，安全生产形势总体稳定。获评全省第四轮第一批平安县。

在疫情防控中，上杭县按照上级各项部署要求，坚持“四早”，织密织牢“五张网”，严格落实“四方责任”和网格化管理措施，精准动态抓好重点地区来杭人员的健康管理，加强重点场所管控，全力守护人民群众生命安全，全县没有确诊病例。提升核酸检测能力，有序组织疫苗接种，关心关爱一线人员，强化资金、防护物资保障，扎实开展应急综合演练，为做好常态化疫情防控奠定坚实基础。

党政建设不断加强。严格落实全面从严治党主体责任，推动政府系统建设更加规范。持续加强政府系统作风建设，文件、会议、督查检查数量大幅下降，基层负担明显减轻。认真落实中央八项规定精神，坚持精打细算过紧日子，加强和规范财政资金管理，“三公”经费、一般性支出等进一步压减。扎实抓好审计整改。自觉接受人大监督、政协监督、监察监督和社会监督，高标准做好 219 件人大代表建议和 214 件政协委员提案办理工作。

2020 年是“十三五”收官之年。过去的五年，各项事业取得明显进步。综合实力再上新台阶。地区生产总值从 2015 年的 268 亿元跃升至 430 亿元，人均地区生产总值达 11.4 万元，规模以上工业产值突破 1000 亿元，新材料产业产值突破 100 亿元，社会消费品零售总额突破 100 亿元，连续五年被评为“福建省经济实力十强县”，并逐步提升进位至全省第七。

城乡建设再上新台阶。开工建设龙龙铁路（上杭段），建成永杭、厦蓉扩容等高速（上杭段），实施一批“四好农村路”，“2345”交通圈基本形成，城乡基础设施建设水平显著提升。建成了汀江绿道、汀江大桥、张滩大桥等一批重大城建项目、“15 分钟生活圈”项目和基础设施提升项目，加强城市精细化管理，获评全国文明城市、国家园林县城。扎实推进乡村振兴，打造了一批各具特色的工业强镇、商贸强镇、旅游强镇和美丽乡村。

民生保障再上新台阶。坚持共享发展，每年实施一批民生实事，县财新增财力 90% 以上用于保障和改善民生。关注群众痛点难点问题，推动殡葬改革、农村饮水安全、养老服务、普通高中免费教育、义务教育均衡化、大病医保“三保合一”均衡化、健康扶贫保险等工作走在全省全市前列，社会保障体系更加健全。社会治理更加高效，安全生产、公共安全、食品药品安全管理水平有效提升，平安“三率”长期保持全省前列。荣获国家生态文明建设示范县、“四好农村路”全国示范县、国家卫生县城等重大荣誉。

（摘编：张海生）

武平县社会发展概况

2020年，是极不平凡、极具挑战的一年，突如其来的新冠肺炎疫情给人民群众的生命安全和身体健康带来严重威胁，对经济社会发展带来前所未有的冲击。武平县坚持人民至上、生命至上，全力打好疫情防控人民战争，各级各部门闻令而动、扛起责任，交通人第一时间把好入闽入武关口，医务工作者冲锋在前，公安民警不畏艰险，党员干部带头拼搏，基层工作者日夜值守，广大志愿者默默奉献，社会各界捐资出力，全县人民守望相助、共克时艰，疫情防控取得显著成效；坚持统筹抓好疫情防控和经济社会发展，扎实做好“六稳”工作，全面落实“六保”任务，迅速出台控疫情、稳增长34条政策措施，最大限度减少疫情影响，经济社会发展经受住严峻考验，办成了一批大事要事，办好了一批实事好事。连续第五年荣膺福建省县域经济发展“十佳县”，发展质量和效益稳步提升；继2017年获评国家园林县城之后，今年蝉联全国文明城市、获评国家卫生县城、国家生态文明建设示范县，“四城同创”五年梦圆；成功入选全国首批森林康养基地，捷文村被确定为全省践行习近平生态文明思想示范基地，林改“金字招牌”越擦越亮；兴贤坊传统文化街区盛大开街，千鹭湖二期建成开园，武平再添城市文化新名片、绿色生态新明珠；环城快速通道全面建成通车，城区、景区、园区实现畅通联接；成功举办新时代弘扬刘亚楼将军革命精神学术研讨会，亚楼革命精神焕发时代光芒。

一年来社会发展的主要工作和成效是：

重点改革深入推进。乡镇（街道）机构改革、森林公安机关管理体制改革全面完成。理顺县防汛抗旱和森林防灭火机构隶属关系。教师“县管校聘”改革试点取得预期成效，农村教学点教育资源整合全面完成，14所薄弱学校实行委托管理。出台深化医药卫生体制改革24条措施，紧密型医共体建设稳步推进。制订实施国企改革三年行动方案，激活国有资本功能。农村集体产权制度改革持续深化，214个村集体经济组织成立股份经济合作社。

生态环境更加靓丽。中央、省环保督察反馈问题得到有效整改。投入10.3亿元实施41个生态环保攻坚战役项目。城区生活污水处理厂二期建设及提标改造全面完成，畜禽粪污资源化利用整县推进项目扎实开展，垃圾资源化产业园项目开工建设。河（湖）长制深入实施。全县14条省控小流域断面水质优良比例100%，县级集中式饮用水源水质达标率100%。城区空气质量保持全省前列。入选2020年度“中国天然氧吧”福建唯一的最佳打卡目的地，综合效益指数评估全国第一。

城市品质不断提升。建成公园壹号、翰林春天二期等一批人居提质项目，实现商品房销售30万平方米，城区新开业个体工商户1774户，城区常住人口突破12万。沿河东路三期（儿童乐园至工业大道）、沿河西路三期（平通路至香樟田园公社）开工建设。鼓楼西路力争2021年春节前建成通车。新增城区停车位424个。新建改造城区公厕13座。城区供水管网、污水管网、燃气管网进一步完善。完成2个背街小巷整治、5个老旧小区改造、11个城区内涝点整治项目。采取“地面网格日常巡查+无人机区域扫描航拍”监管模式，形成“两违”全方位无死角管控网。

乡村振兴步伐加快。“武平百香果”“武平蜂蜜”注册为地理标志证明商标。桃溪镇被列入第十批全国“一村一品”示范镇。科技特派员工作全省领先、全国有位。岩前、城厢2个省级乡村振兴特色镇和27个省、市、县乡村振兴试点村建设加快推进。农村人居环境整治成效明显。新建乡镇公厕46座，拆除危旧空心房52.1万平方米、旱厕2653座，推行城乡生活垃圾分类试点工作。获评全省村庄清洁行动先进县。全省全面建成小康社会补短板暨农村人居环境整治工作推进现场会在武平召开。

脱贫成果巩固提升。投入扶贫资金1.8亿元。“两不愁三保障”和饮水安全得到巩固提升。实施激励性扶贫项目324个，带动贫困户3531户11887人发展生产。新建扶贫车间19家，带动178名贫困人口就业。累计为2224户贫困户发放扶贫小额信贷1.3亿元。建立健全返贫监测预警和动态帮扶机制，1964户贫困户3914人纳入兜底保障，全面消除314户1034人重点监测对象的返贫致贫风险，确保全面小康路上一个不少。

民生保障坚实有力。全县公共财政81.4%用于民生支出。12项为民办实事项目较好完成。新增城镇就业1105人，转移农村富余劳动力就业900人。养老、医疗、失业、工伤、生育保险稳步扩面。城乡居民基本医疗保险补助标准提高到每人每年550元。城乡低保补助标准提高到每人每月596元。退役军人优抚安置政策全面落实。建成县社区养老服务中心、县老年日间照料中心，改建30个村级幸福院，万安、东留敬老院升级拓展为农村区域性养老服务中心。东留在全县率先开通校园周末免费班线。农村客运公交化改造全面完成，广大群众出行更加便捷。

社会事业全面进步。全县高考本科上线率超过全省平均水平11.08个百分点。陈伟光老师荣获“全国先进工作者”。县教师进修学校附属学校完成扩建，中赤和湘店蓝天幼儿园完成建设，岩前第二中心学校、进校附小福景校区建成招生。荣获“第五批国家级慢性病综合防控示范区”。县医院心衰中心通过国家认证。县医院、疾控中心核酸检测实验室建成使用。县应急医疗救助中心开工建设，县第二医院儿童保健大楼基本建成，县医养中心和残疾人康复中心投入使用。建成亚楼红色教育基地。中国乡村春晚研究院福建分院落户武平。客家文化（闽西）生态保护区学术研讨会、第二届客家传统戏剧展演周等活动在武成功举办。县博物馆升级为国家二级博物馆。武平运动员赖玮娟在全国赛艇青年锦标赛中获冠军。武平一中男队和武平体校女队双双荣获福建省青少年手球锦标赛冠军。

社会治理成效明显。武平被认定为省级乡村治理体系建设试点县，2镇、16村被认定为省级乡村治理示范镇、村。在全市率先建立县级应急指挥中心。深入开展房屋结构安全隐患大排查大整治，启动“一楼一码”房屋健康档案建设。制订实施食品安全18条措施，食品安全“一品一码”“一证通”试点工作有效开展。扫黑除恶专项斗争成效好评率全市第一，信访积案化解和打击电信诈骗违法犯罪、涉麻制毒、涉枪涉爆、农村赌博等专项行动成效明显。“七五”普法任务圆满完成。第七次全国人口普查工作有序开展。

政府效能显著提升。压紧压实全面从严治党主体责任，增强“四个意识”、坚定“四个自信”、做到“两个维护”。扎实开展“全国法治政府建设示范县”创建工作。全力打造“红耀武平·服务先行”党建品牌。人大代表建议、政协委员提案办结率均达100%。发挥审计监督作用。全面实行项目化推进工作落实机制。深化机关效能建设，优化政府绩效管理。深入推进政府系统党风廉政建设和反腐败工作，严格落实中央八项规定及其实施细则精神，力戒形式主义、官僚主义。树立真正过紧日子思想，出台加强财政支出管理实施意见，全县政府一般性支出下降10.3%。认真做好“十四五”规划和21个专项规划的编制工作，精心谋划未来五年发展蓝图。

2020年政府各项工作的顺利完成，促进了“十三五”规划的圆满收官。五年来，经济实力显著增强。全县地区生产总值从2015年的163.7亿元增加到2020年的279.6亿元，年均增长7.4%，经济总量提前一年实现赶超任务。产业结构由2015年的22:40.4:37.6调整为2020年的16:42.3:41.7。去年文旅康养产业产值破百亿，今年武平高新区产值破百亿、产值亿元以上企业破百家。“十三五”期间连续五年荣膺福建省县域经济发展“十佳县”。

（摘编：林学军）

长汀县社会发展概况

2020年，长汀县同心协力，克服新冠肺炎疫情冲击等诸多困难挑战，完成了“六稳”“六保”工作任务，经济增长好于预期，实现决胜全面建成小康社会、决战脱贫攻坚双胜利。全年完成地区生产总值311亿元、增长5.2%。一般公共预算总收入14.59亿元、增长1%，地方一般公共预算收入9.75亿元、增长2%。规模工业增加值增长5.5%。固定资产投资增长7%。社会消费品零售总额157亿元、与去年同期持平。城镇居民人均可支配收入29016元、增长4.2%，农村居民人均可支配收入17812元、增长5.5%。

疫情防控有力有效。坚持人民至上，严格按照中央、省、市疫情防控要求，落实“外防输入、内防反弹”防控措施，抓牢抓实常态化疫情防控，全县始终保持“零疫情”。推出8个方面36项政策措施，工业企业、重点商贸流通企业、省市重点项目复工复产率达100%，成为全省重要的防疫物资生产供应基地。

服务保障做实做优。深化营商环境攻坚专项行动，群众、企业满意度进一步提升。争取到上级资金24.2亿元、地方政府债券12.6亿元。落实纾困惠企政策，减免税费、租金、电费2.9亿元，发放中小微企业贷款960笔25亿元。开展“难、硬、重、新”攻坚行动，征地拆迁促重点项目落地百日攻坚完成征地268.7公顷、拆迁6.64万平方米，清理盘活批而未供土地82.4公顷，解决项目用地149公顷。

生态建设再掀高潮。成立生态共治监管中心，推动条块环境治理向全域化、智能化转变。首获联合国全球环境基金支持，41个生态环保攻坚项目完成投资9.7亿元、占年度任务的136%，空气质量优良天数比例达99.3%，国、省控断面水质达标率100%。第二轮中央生态环保督察33件信访件全部整改销号，省生态环保督察17件信访件即交即办即改。《龙岩市长汀水土流失区生态文明建设促进条例》颁布施行，水土流失率下降至6.78%，治理经验获国家水利部通报表扬。

名城魅力日益显现。《龙岩市长汀历史文化名城保护条例》颁布实施。完成卧龙书院重建、东城墙考古和宋慈画舫及航栈等建设工程，夜游汀江项目试运营，唐宋古城历史风貌基本恢复，成为远近闻名的网红城市。深入开展“四城同创”，推行垃圾分类，城市更加干净美丽、宜业宜居。

乡村振兴全面发力。投入3.6亿元，“一革命四行动”“两治一拆”和乱占耕地建房、广告标牌设施、国省道及铁路高速公路沿线环境整治成效明显，完成裸房整治11.3万平方米，拆除“空心房”、危房、旱厕和违章建筑200.7万平方米、广告标牌2380平方米，无害化卫生厕所普及率达98.2%，乡镇生活污水处理率达83.8%，人居环境显著改善，顺利通过省、市考核验收。2个特色乡镇、20个试点村和166个试点项目建设顺利推进，涂坊镇洋坑村、铁长乡铁长村获评省级乡村振兴实绩突出村，三洲镇和中复村分别获评福建省全域生态旅游小镇、金牌旅游村。

基础设施提档升级。原中央苏区智能运营中心投入使用，新建5G基站76个、智能停车场2个、新能源汽车充电站9个。新改造农村道路45.3公里、危桥22座，完成生命防护工程535公里。城乡供水一体化项目有序推进，荣丰水库、余田坑水库竣工。完成污水管网改造61公里、电网改造156公里、天然气管道建设67公里、高标准农田建设2400公顷、补充耕地61.1公顷。

脱贫攻坚圆满收官。严格落实“四不摘”，盯紧监测户、边缘户，推行全民消费扶贫、产业激励扶贫、开发式就业扶贫和动态兜底保障扶贫等措施办法，现行标准下贫困人口稳定脱贫。代表福建省接受国家“十三五”易地扶贫搬迁评估核查，荣获“全国‘十三五’易地扶贫搬迁工作成效明显县”称号，南站幸福小区被评为“全国‘十三五’美丽搬迁安置区”。

民生实事扎实推进。优化教育布局，投入9.2亿元，新建长汀一中初中部等7所学校，新增学位5485个。深化“三医联动”改革，新桥卫生院被确定为“全国首批医养结合远程协同服务试点机构”，南山卫生院整体搬迁等4个改扩建项目顺利完工，新增床位230个。育成公祠被列为第十批省级文物保护单位。第七次全国人口普查有序推进。45辆新能源公交车投入使用。

社会保障有效落实。82%公共财政用于民生支出，为民办实事项目基本完成。新增就业2300人。城乡居民基本医疗保险和养老保险提前完成年度参保任务，食品安全责任保险和企业职工失业保险、工伤保险、残疾人意外伤害保险应保尽保。落实困难群众保障标准自然增长机制，发放各类补助资金9946万元。全国居家和社区养老服务改革试点工作深入推进，每千名老人拥有床位41.9张。

基层治理精准高效。平安建设三级联创成效显著，“三率”测评居全市前列。纵深推进扫黑除恶专项斗争，涉麻制毒、新型电信网络诈骗等区域性治安问题治理取得新成效。践行新时代“枫桥经验”，“最多投一次”信访办结率达96.4%，被评为“全国信访工作‘三无’县”。开展“四个专项整治行动”，强化安全风险分级管控和隐患排查治理双重预防，安全生产形势总体保持平稳。“七五”普法全面完成，依法治县深入推进。金融风险防控有力，信贷不良率下降至0.77%。

重点领域改革纵深推进。“放管服”和工程建设项目审批制度改革成效明显，“一趟不用跑”和“最多跑一趟”事项占比超过90%，政务服务基本实现“一站式”和“网上办”。一体推进国有企业投融资、薪酬、人事改革，企业资本运作、业务拓展能力不断提升，营业收入稳步增长。启动工业园区“一区多园”标准化建设。乡镇机构改革全面完成。

政府自身建设更加严实。坚持党对政府工作的全面领导，坚决落实县委决策部署。自觉接受县人大及其常委会法律监督、工作监督和县政协民主监督，主动接受监察监督、社会监督和舆论监督，坚持县政府领导牵头办理重点建议、提案，127件人大代表建议、134件政协委员提案全部办复。依法行政，加强与法院、检察院联动协作，落实定期学法和以案释法制度，行政案件败诉率逐年下降。坚持过“紧日子”，加强预算管理，强化审计监督，一般性支出同比下降10%。重视政府系统意识形态工作。持续加强党风廉政建设，严格落实中央八项规定及其实施细则精神和市委3号文件精神，查处违反中央八项规定精神问题89起129人，党纪政务处分22人，效能问责43人次。

2020年工作任务的基本完成，标志着该县“十三五”规划目标基本实现，为“十四五”时期全方位推动高质量发展超越奠定了基础、积蓄了后劲。

综合实力实现新跨越。初步核算，“十三五”期间，地区生产总值从200.3亿元增加到311亿元、年均增长7.3%，经济总量跃居全市第三，人均地区生产总值接近8万元，超额完成省、市赶超任务。一般公共预算总收入从9.4亿元增加到14.59亿元、年均增长10.6%，地方一般公共预算收入从6.48亿元增加到9.75亿元、年均增长9.3%。规模工业增加值年均增长8.2%。固定资产投资年均增长11.8%。社会消费品零售总额年均增长11.7%。2017—2019年，连续三年荣获“福建省县域经济发展十佳县”称号。

幸福指数得到新提升。城镇居民人均可支配收入从21268元提高到29016元、年均增长8%；农村居民人均可支配收入从12766元提高到17812元、年均增长8.8%。城镇登记失业率稳定在5%以内。新建各类学校25所，新增学位20230个，城区大班额得到有效缓解。“三医联动”改革深入推进，医疗卫生保障水平明显提高，人均预期寿命提高到79.5岁。提前两年完成脱贫摘帽目标任务，如期实现全面建成小康社会奋斗目标。

（摘编：苏建平）

连城县社会发展概况

2020年，连城县坚决贯彻落实党中央、国务院的决策部署和省、市工作要求，迅速有力打响疫情防控人民战争、总体战、阻击战。在这场没有硝烟的战争中，全县上下同心同德、群防群控，充分展现了革命老区强大的战时动员力、抗疫凝聚力，广大医护人员白衣执甲、昼夜奋战，广大党员干部冲锋在前、坚守一线，广大人民群众风雨同舟、守望相助，广大乡贤朋友慷慨解囊、万里驰援，牢牢守住了“零感染”低风险地区的坚固防线，全面有序复工复产、复商复市、复教复学。

面对疫情冲击和经济下行压力，连城县紧紧依靠全县人民，坚持疫情防控和经济社会发展“两手抓”，实行项目化推进工作落实机制，有效对冲疫情影响，牢牢稳住了经济基本盘。全年实现生产总值280亿元，增长5.2%；规模以上工业增加值增长6%；城乡500万元以上固定资产投资增长5.3%；社会消费品零售总额117亿元，增长1.5%；财政总收入10.3亿元，增长2%；地方级财政收入6.8亿元，增长4.8%；城镇居民人均可支配收入35062元，增长5%；农村居民人均可支配收入18246元，增长6.5%。主要经济指标增速排名保持全市前列，蝉联福建省县域经济发展“十佳”县。社会发展主要工作及成效体现在：

城市功能持续完善。基本完成国土空间总体规划编制。城乡供水一体化、城区高水高排等项目稳步推进，东环路、北大西路完成“白改黑”，开工建设人民路、幸福北路。实施城市道路“绿亮净美”76公里、“三线下地”4公里，新改建管网40.5公里、公厕18座，新增停车位2400个、绿化面积3万平方米，更换新能源公交车20辆。文川河漫道全线贯通，“莲”宋灯点亮全城。省级文明县城创建工作深入开展，市容市貌持续好转，城市文明程度和市民素质明显提升。

乡村面貌持续改善。乡村振兴战略规划完成编制并全面实施。建成美丽乡村示范片区2个、特色景观带2条。完成农村公路安保工程155公里，新改建农村公路75公里、危桥13座，成功创建“四好农村路”省级示范县。建设高标准农田2.5万亩，营造乡村生态景观林58公顷。全力打好农村人居环境整治三年行动收官战，整治农房152万平方米，新改建乡村公厕24座，农村污水治理率达80%。塘前、曲溪、赖源成功创建省级文明乡镇，北团石丰入选全国文明村镇。

生态环境持续向好。顺利通过第二轮省生态环境保护例行督察。闽江上游连城段防洪工程、庙前历史遗留工矿重金属污染治理修复等项目有序推进，福地水库、文川河二期安全生态水系基本建成，全市首个生活垃圾气化发电项目投入使用，闽江流域山水林田湖草生态保护修复项目获省级正向激励奖励。植树造林1133.3公顷，治理水土流失4000公顷。国控省考断面水质和集中式饮用水水源地水质全部达标。全年空气质量优良天数比例100%。

脱贫攻坚成果显著。省级扶贫开发工作重点县成功“摘帽”。聚焦“两不愁三保障”和饮水安全开展“回头看”，整改销号问题7880个。安置公益性岗位346人次，新建扶贫车间11个，激励性扶贫项目惠及3832户11010人。开展消费扶贫，带动贫困户农产品销售249万元。

社会保障更加健全。民生支出26亿元，增长6.2%。31件为民实事基本完成。城镇新增就业809人、失业人员再就业505人，城镇登记失业率为3.92%，城乡居民基本医疗保险和基本养老保险参保率分别为98.3%和99.4%。发放各类特殊群体补助4978万元。

社会事业全面进步。实施校安工程1.1万平方米，冠豸小学、冠豸幼儿园等4所学校投入使用，新增学位2790个。公办幼儿园学位占比超70%，位居全市第一。评选首届教书育人模范。县域紧密型医共体建设稳步推进，县医院微创治疗中心即将投入使用。建成农村幸福院32个。冠豸书屋全部投入使用。

社会治理不断加强。扫黑除恶专项斗争深入推进，新泉、姑田退出市级禁毒重点关注地区行列，省、市交办信访积案稳妥化解。应急管理水平有效提升，安全生产、食品药品安全形势持续向好。"十四五"规划编制顺利完成。"七五"普法圆满收官。第七次全国人口普查工作有序开展。实现全国双拥模范县"四连冠"。

深化改革持续推进。九大领域51项全面深化改革工作重点突破事项全面完成。"放管服"改革持续推进，110个高频事项实现"最多跑一趟"，2937个事项实现"一趟不用跑"。工程建设项目审批实现"四个统一"，办件时间平均缩短120个工作日。乡镇机构改革顺利完成。隔川、宣和撤乡设镇有序推进。国有资产整合工作扎实开展。住建部对口支援工作成效明显，建立部县联席会议制度，在全市率先出台对口支援三年行动计划和振兴发展十年规划，策划生成援建项目96个，与中国燃气达成合作意向，邀请中规院修编排水防涝专项规划。

党政建设不断加强。持续巩固深化"不忘初心、牢记使命"主题教育成果，不断增强"四个意识"、坚定"四个自信"、做到"两个维护"。坚决扛起党的建设和意识形态工作主体责任，一以贯之推进全面从严治党，持续深入贯彻落实市委2号、3号文件精神，全面抓好巡视巡察和各类审计反馈问题整改，更大力度反腐倡廉，持之以恒转变作风。坚持厉行节约、反对浪费，严格落实中央八项规定及其实施细则精神，"三公"经费下降19.7%。认真执行县人大及其常委会各项决议决定，积极支持人民政协履行职能，办理人大代表建议97件、政协委员提案95件，办复率100%。大力推进政务公开，全面推行电子政务。持续完善交办、催办、督办机制，工作效率明显提高。

2020年各项工作任务的完成，为"十三五"画上了圆满句号。过去五年，是连城历史上发展最快、变化最大的五年，也是连城经济总量持续增长、综合实力持续提升、人民群众获得感持续增强的五年。

综合实力全面提升。生产总值由147.5亿元提高到280亿元，增长90%；财政总收入突破10亿元，增长77.9%；固定资产投资年均增长15.2%；社会消费品零售总额实现翻番；金融存贷款余额双双突破百亿。连续三年获评福建省县域经济发展"十佳"县。市对县目标绩效管理考核从2017年的一般等次，到2018年的良好等次，再到2019年的优秀等次，一年一个台阶，全方位推动高质量发展超越迈出坚实步伐。

城乡面貌全新转变。城市建成区面积增加2.14平方公里，城镇化率提高5.4个百分点。改造老旧小区5个、棚户区15万平方米，新建现代住宅小区11个。新增城市道路24.6公里，完成"白改黑"15.6公里，打通断头路8条，城区"两横四纵"路网全面拉开。新改建农村公路287公里、危桥82座，完成农村公路安保工程750公里。浦梅铁路连城段基本建成，双火车站时代即将来临。跻身全省城乡供水一体化试点县，建成城区第二水源。乡村振兴战略稳步实施，农村人居环境大幅改善，美丽乡村"一村一品"特色鲜明，梅花山十八寨竞相争艳。坚持绿水青山就是金山银山，持续开展地瓜干生产加工和养殖业污染整治，污水、垃圾处理设施实现全覆盖，植树造林5866.7公顷，治理水土流失1.47万公顷，森林覆盖率稳居全市榜首。

民生福祉有力改善。民生支出只增不减，累计达114.3亿元。城镇和农村居民人均可支配收入分别增长44%和53.8%，脱贫攻坚取得完胜，彻底告别绝对贫困。城镇新增就业累计5500人，转移农村劳动力1.8万人，城镇登记失业率控制在4.5%以内，城乡居民基本医疗保险和基本养老保险参保率稳定在95%以上。新建各类学校12所，成功创建国家义务教育发展基本均衡县。县医院、妇幼保健院、文川医院实现异地搬迁。新增省级以上文物保护单位34个、中国传统村落14个、省级历史文化名镇2个、省级历史文化街区2个。

（摘编：黄万良）

漳平市社会发展概况

2020年，漳平市砥砺奋进，以更坚定的信念、更顽强的斗志、更务实的作风，统筹推进疫情防控和经济社会发展，开展突破“难、硬、重、新”工作行动，全方位推动高质量发展超越，经济社会保持平稳发展，决胜全面建成小康社会取得决定性成就。全市生产总值280.2亿元、增长5.3%；固定资产投资增长11%；一般公共预算总收入突破15亿元、增长5.2%，地方一般公共预算收入9.7亿元、增长6.9%；城镇居民人均可支配收入38608元、增长4.5%，农村居民人均可支配收入20233元、增长6.8%。成功创建国家级农村电商示范县、“中国最美樱花胜地”、中国农民漆画创研产业基地、省级“食品安全社会共治示范市”“食品药品放心市”，入选全省首批农村生活污水治理试点县；《台式乌龙茶》《台式乌龙茶加工技术规范》两项国家标准正式发布，漳平水仙茶入选省十大农产品区域公用品牌；象湖镇入选全国森林康养基地试点，永福镇入选省“全域生态旅游小镇”。社会发展主要工作体现在以方面：

防控成效持续巩固。疫情发生以来，漳平市始终把人民群众生命安全和身体健康放在第一位，团结和带领全市人民，采取科学、有力、有效的措施，全民动员，同心战“疫”。各级各部门履职尽责，社会各方面全力支持，广大医务工作者英勇奋战，社区工作者、公安干警、基层干部、新闻工作者、志愿者坚守岗位，快递、环卫、抗疫物资生产运输人员不辞劳苦，普通劳动者默默奉献，全市人民风雨同舟、守望相助，共同筑牢了疫情防控“铜墙铁壁”。至目前，仍然保持“零疑似、零确诊”，成为人民安心、放心、舒心的家园，菁城街道被省委、省政府评为抗击新冠肺炎疫情先进集体。

城市平台不断做优。投入5.3亿元完善城区基础设施建设，城北路网、外环路“白改黑”、中和路（二、三期）等61个项目投用，老旧小区提升改造23处、停车场增至14个、停车位增至1564个，新建城市公厕17座、供水管网25.1公里、雨污管道26公里；城市执法力量下沉，“两违”、渣土扬尘、焚烧垃圾、占道经营等行为有效整治，拆除“两违”建筑789宗、面积90万平方米，新增城区绿地4.3万平方米，城市更加绿化、亮化、净化、美化。

乡村振兴持续推进。脱贫攻坚如期完成，实施贫困户“五化”提升总攻行动，“两不愁三保障”及饮水安全问题全面解决，所有建档立卡特困人员实现政府兜底保障；实施“百家经营主体”带动帮扶贫困户465户、人均增收3000元以上，建档立卡贫困户2704人列入低保，6790人参与激励性扶贫、覆盖率70.1%。集镇改造提升加快，永福、新桥、溪南、南洋、芦芝、赤水等乡镇在集镇扩容、道路改造提升等方面成效明显，所有乡镇（街道）环境整治取得新进展。农村面貌日趋靓丽，“一革命四行动”全力攻坚，新建农村公厕69座，旱厕消除1.38万个、基本实现“清零”，整治裸房17.8万平方米、“空心房”50万平方米，旧村复垦完成87.45公顷、指标交易70.51公顷，投入1.6亿元建成“四好农村路”31公里，城乡供水一体化（一期）完成投资9730万元，南洋镇梧溪村入选第十批全国“一村一品”示范村，赤水镇香寮村、桂林街道山羊村入选省级民族乡村振兴示范点。乡村服务力量加大，现有龙岩市级以上科技特派员48名、科技特派员团队5个，培训新型职业农民388人。

体制机制持续放活。“放管服”改革不断深化，企业开办时间压缩至1个工作日以内，不动产登记实现“交房即交证”“交地即交证”，重点项目“510”服务机制运行良好，“我来跑”企业代办服务创新推行，市与乡镇税收和土地收益分配、乡镇（街道）财政预算管理、争取项目资金奖励、驻企特派员等机制不断完善，乡村公共空间管理更加规范，矿山整治百日行动取得阶段性成效。

生态优势持续厚植。国家级生态文明建设示范市创建加快推进，中央、省生态环保督察反馈意见整改任务全面落实，“散乱污”工业企业全面取缔，入河排污口、普速铁路沿线环境综合整治任务全面完成，城市扬尘污染有效管控，畜禽养殖业污染整治、土壤污染管控和修复持续开展；生态环保攻坚战役项目完成投资10亿元，农村生活污水收集与处理工程加快建设，城乡生活垃圾处理率100%，城市污水处理率95%。

百姓福祉持续增进。民生支出不断增长，占一般公共预算支出比重81%。10个为民办实事项目完成投资2.6亿元，九龙江（下桂林）生态绿化修复工程、公共体育场提升改造工程竣工投用。教育项目完成投资2.7亿元，城区4所新建校、乡镇3所公办幼儿园、漳平二中改扩建等项目投用。卫生项目完成投资2.1亿元，吾祠、官田、和平等卫生院综合楼及“菁和源”康养中心主体工程建成。民政项目完成投资6000万元，社区居家养老服务照料中心增至11个、敬老院增至13个、农村幸福院增至126个，残疾人康复服务中心大楼建成。文体项目完成投资1960万元，奇和洞遗址“国宝碑”及界牌设立，南洲书院入选省级文物保护单位。社会治理纵深推进，应急管理体系、应急处突机制不断完善，安全生产“一月一主题”专项行动扎实开展，道路安全隐患整改70处、治超点建设提升2处，“雪亮工程”、平安“三级联创”、矛盾纠纷化解等全力推进，三类民生案件破案率、快侦率、返赃率大幅提升。第七次全国人口普查工作有序开展。退役军人服务保障力度加大。

政府效能持续提升。着力提振干部干事创业精气神，解决了一批事关群众切身利益的痛点堵点问题，破解了一批多年悬而未决的历史遗留问题。坚持精打细算“过紧日子”，化解政府到期债务11.98亿元。自觉接受人大监督、政协民主监督和社会舆论监督，办复人大代表意见建议104件、政协提案127件，均100%按时答复，满意率均为100%。依法依规报备规范性文件24件、办理行政复议和应诉案件19件。权力运行网上公开全面推进，审计监督进一步加强。

2020年是漳平撤县设市30周年，各项工作的顺利开展，标志着“十三五”规划主要目标基本实现。五年来，漳平市综合实力大幅跨越。“十三五”期间，全市生产总值年均增长7.2%；一般公共预算总收入年均增长8.5%，地方一般公共预算收入年均增长8.8%。经济结构持续优化，三次产业结构比例从2015年的15.3∶44.6∶40.1调整为2020年的13.9∶44∶42.1。现代农业迈出新步伐，农业总产值年均增长3.4%，现有龙岩市级以上农业产业化龙头企业35家，设施农业面积1266.7公顷，漳平水仙茶制作技艺获国家级非物质文化遗产代表作，拥有国家农产品地理标志登记保护2个、省级示范家庭农场23家，荣获国家级农业科技园区、全国绿色食品原料（茶叶）标准化生产基地、国家漳平户外木竹制品产业示范园区、全国农村产业融合发展试点示范县等称号。工业经济转型升级，钢铁机械制造、建材、新材料等主导产业逐步形成，产值亿元以上工业企业达65家，其中5亿元以上企业6家，现有国家级高新技术企业17家及省级科技小巨人领军企业19家、高新技术企业14家、“专精特新”企业9家、高成长型企业4家、企业技术中心3家、单项冠军企业2家。工业园区获评2018—2019年省级劳动关系和谐工业园区，在2019年度省级开发区综合发展水平考评中位列第九、首次进入全省前十，水、电、路、通讯等基础设施不断完善，集中供热基本覆盖，现有规模以上工业企业91家，标准化厂房20万平方米、已入驻企业19家。服务业发展跃上新台阶，社会消费品零售总额年均增长9.6%，旅游、物流等现代服务业加快发展，农村电商村级公共服务全覆盖，永福镇入选全国淘宝镇，南洋镇入选省级商务特色镇。

（摘编：王诗诚）

宁德市社会发展综述

2020年，是极不平凡、极具挑战的一年，是拼搏进取、收获满满的一年。这一年，是“弱鸟先飞、滴水穿石”30年、撤地设市20周年，宁德市秉承习近平总书记在宁德工作期间开创的一系列重要理念、重大部署、宝贵经验和优良作风，坚持以习近平新时代中国特色社会主义思想为指导，全面贯彻党的十九大和十九届二中、三中、四中、五中全会精神，深入实施“一二三”发展战略，统筹推进疫情防控和经济社会发展，扎实做好“六稳”工作、全面落实“六保”任务，尽最大努力完成好年初确定的各项目标任务，成为全省唯一连续四个季度保持经济正增长的设区市。省对市考核的12项主要经济指标中，多项增幅居全省前列。全市生产总值2619亿元、增长6%；规上工业增加值增长7.4%；一般公共预算总收入233.55亿元，地方一般公共预算收入137.79亿元，分别增长5.3%、8.6%；城镇居民人均可支配收入37121元、增长3.4%，农村居民人均可支配收入19050元、增长7%；进出口增长17.9%，其中出口增长17.9%；实际利用外资增长5.1%；固定资产投资增长0.7%；金融机构本外币存款余额2496.36亿元、贷款余额2299.24亿元，分别增长21.4%、14.6%；年度节能减排任务全面完成。

一年来社会发展的主要工作和成效是：

争分夺秒战疫情。第一时间动员全市上下进入应急防控状态，联防联控、群防群治，守住了福建“北大门”。仅用25天有效遏制疫情蔓延，26例本地确诊病例和1例境外输入确诊病例、1例无症状感染者全部治愈出院。出台关心关爱一线医务人员措施办法，4批58名驰援湖北医护人员顺利完成援助任务，为打赢湖北、武汉保卫战贡献了宁德力量。强化保障促发展。64天本地口罩日产能从1.5万只迅速增加到200万只，市民和企业基本防疫需求得到保障。城市核酸检测基地建成投用，日检测量从1000份提高到4.9万份，具备5日内常住人口全员检测能力，8类重点人群“应检尽检”。出台支持中小微企业用工、融资、出口等一系列共渡难关政策措施，仅用2个月企业生产经营就恢复到上年同期水平。常态防控稳秩序。持续抓好“外防输入、内防反弹”各项措施落实，外籍轮船、修造船、渔船等三类船只严格管理，进口冷链食品、冷冻库规范管理，“人”“物”同防措施有效落实，“由物输入”风险有效控制，至今无本土新增确诊病例。

脱贫任务高质量完成。全市最后两个省级扶贫开发工作重点县周宁、柘荣实现摘帽。651户重点巩固对象和363户重点监测对象“零返贫”。在全省率先出台疫情期间强化帮扶“7条措施”、防止返贫精准救助方案，设立返贫救助保障金。市本级投入1.17亿元用于巩固脱贫。发放扶贫小额信贷资金10.6亿元。实施产业扶贫项目1.33万个，1000多家农业企业、合作社带动1.5万户贫困户发展。安排2393名贫困劳动力到公益性岗位就业。12258名不具备自主脱贫能力的贫困户实现农村低保“应保尽保”，建档立卡贫困人员医疗叠加保险报销比例达94.4%。完成造福工程搬迁522人，超额提前完成省里下达任务。79个建档立卡贫困村、7.3万人实现饮水安全有保障。全国扶贫经验交流示范基地加快建设。全国民族地区决胜全面小康决战脱贫攻坚经验交流现场会在该市召开。29国驻华使节到我市考察并参加“摆脱贫困与政党的责任”国际理论研讨会“宁德扶贫故事”

分享会。

乡村振兴有效衔接。积极探索具有闽东特色的乡村振兴之路，388名乡村振兴指导员、303名科技特派员和25名金融助理员驻乡联村服务。投入乡村振兴资金44.31亿元，110个省级乡村振兴试点村实施项目597个，306个市级产业薄弱村实施项目1139个，基本消除村级集体经济年收入10万元以下相对薄弱村。完成铁路沿线环境安全隐患整治，全面提升“两高一线”沿线362个乡村景观风貌。培育乡村文化振兴示范村38个、文化队伍653支、文化骨干4160名。

文明城市首创首成。经过三年努力，获评全国文明城市。19个集体新获全国文明村镇、文明单位、文明家庭、文明校园称号。获评全国无障碍环境示范市，荣获全国无偿献血先进市。整治超标电动车4.63万辆。加强烟花爆竹销售和燃放管理。改造提升8个农贸市场。完成168个老旧小区环境治理。背街小巷一级环卫保洁、路面硬化、路灯建设实现全覆盖。“光盘行动”、礼让斑马线、志愿服务等文明行为蔚然成风，市民文明素质显著提高。

城市功能不断完善。中心城区实施城建项目217个，完成投资68.3亿元。四大馆、工人文化宫建成投用。时代广场、人民广场、镜台山公园一期完成改造提升。连城路及周边道路加快建设，三都澳新区路网基本形成，打通3条断头路，完成24个城市主干道交叉路口优化改造，“白改黑”28.8公里。建成公厕14座。新增公共停车位（含临时）1万多个、充电桩1300个。首批无人驾驶锂电新能源巴士在锂电新能源小镇上线运营。新增92辆纯电动公交车，公交路线增至30条，实现城区全覆盖。

污染防治深入推进。中央生态环保督察第一轮整改任务全面完成，第二轮整改任务加快落实。海上养殖综合整治取得决定性胜利，累计投入资金47.72亿元，清退和升级改造渔排142.7万口、贝藻类3.7万公顷，清海工作“宁德模式”成为全国生态环保督察整改典型经验、生态审计典型案例，海漂垃圾加快陆海统筹治理。中心城区重点流域黑臭水体基本消除，新建改造雨污管网280公里，新改扩建污水处理厂3个，污水日处理能力由5万吨提高到16.5万吨。全市109个大气治理项目、1647个入河排污口排查、14个农村“千吨万人”饮用水水源地环境整治全面完成。完成2622个自然村户厕改造。

民生保障力度加大。全市民生支出278.35亿元，占一般公共预算支出78%。完成33件为民办实事项目。发放就业补助资金1.41亿元，城镇新增就业3.65万人，城镇失业人员再就业1.1万人，城镇登记失业率3.9%。1101名事实无人抚养儿童纳入保障，市儿童福利院投用。新纳入低保、特困人员14572人，生活不能自理特困人员集中供养率提高到92.5%，在全省率先实行特困人员“先诊疗后付费”。每千名老年人拥有养老床位超过35张，养老机构公建民营比例达到84.7%。保障性安居工程开工800套、建成1419套。市县两级城市公益性公墓建设全面启动。

社会事业加快发展。全市竣工教育项目48个，新增学位2.36万个。新增公办幼儿园9所、普惠性民办幼儿园87所，公办幼儿园比例提高到50.3%，学前教育普惠率提高到92.4%。新增义务教育管理标准化学校56所、一级达标高中3所。宁德一中新校区建成。职业院校对接四大主导产业招生比例提高到50%。市职教园前期工作加快推进。宁德师范学院医学院加快建设。实施医疗卫生补短板项目122个，新增床位1710张。建成“双达标”基层医疗卫生机构101个。入选全国医保付费改革试点城市，医保刷卡结算实现“村村通”“就近通”。8件作品荣获第九届百花文艺奖。全国基层理论网宣基层经验交流会在该市举行。中央广播电视总台“心连心”慰问演出走进宁德，向全国人民展示了闽东人民滴水穿石的奋斗精神和脱贫致富的时代风貌。

平安建设深入推进。扫黑除恶专项斗争取得压倒性胜利，各类违法犯罪活动有效打击，群众安全感率达99.27%、位居全省第一。信访工作态势总体平稳向好。宗教事务管理依法加强。安全生产专项整治三年行动全面启动，安全事故起数和死亡人数实现“双下降”。沿海2.69万艘12米以下“非标”船舶全部纳入规范化管理。基层防灾减灾救灾能力不断提升。食品安全“一品一码”主体注册率100%。实现全国双拥模范城“五连冠”。军民融合、国防动员和后备力量建设、退役军人服务保障、双拥共建、海防、人防、反走私工作得到加强。工、青、妇、计生协、科协、统计、老区、老龄、残联、移民、档案、地方志、气象、外事、侨务、台港澳、关心下一代等工作取得新进展。

依法行政展示新形象。持续巩固“不忘初心、牢记使命”主题教育成果，增强“四个意识”、坚定“四个自信”、做到“两个维护”。自觉接受人大及其常委会监督并报告工作，依法执行人大及其常委会决定决议，办理市人大代表建议347件。提请市人大常委会审议地方性法规草案1部，制定政府规章和规范性文件26件。支持政协履行政治协商、民主监督、参政议政、凝聚共识职能，办理市政协提案361件。在全省率先出台重大行政决策执行情况第三方评估实施办法。行政执法“三项制度”全面实行。审计工作不断加强。乡镇（街道）机构改革全面完成。党风廉政建设和反腐败斗争深入推进，严格落实中央八项规定及其实施细则精神和省市实施办法，“三公”经费支出下降15.6%左右。政府网站绩效评估位列全国地市级第五位，机关效能不断提升、作风建设持续加强。

2020年各项工作取得扎实成效，为“十三五”规划收官划上圆满句号。“十三五”时期，是宁德练就“弱鸟先飞”本领，展现鸿鹄之志、传播闽东之光，发展影响力持续提升的五年，是宁德保持“滴水穿石”韧劲，念好“山海经”、抱好“金娃娃”，发展竞争力持续增强的五年，闽东大地旧貌换新颜。

五年来，综合实力大幅跃升，成为全省新增长极。三次产业结构从15.2∶53∶31.8调整优化为12.4∶50.4∶37.2。全市GDP接连迈上2000亿元、2500亿元台阶，年均增长7.2%，近两年分别以高于全省1.6和2.7个百分点的增速领跑全省，提前一年超额完成省里下达的赶超任务。人均生产总值突破1万美元。工业用电量连续两年增幅居全省第一。金融机构本外币存款净增1200亿元、贷款净增898亿元。一般公共预算总收入五年净增86亿元、年均增长9.2%，连续四年增幅居全省第一，总量跃升至全省第六。全体居民人均可支配收入28574元、年均增长8.3%，其中，城乡居民人均可支配收入年均分别增长7.4%、9%。福安入选全国县域经济百强县，时隔六年重回全省县域经济发展十佳县。

五年来，城乡面貌深刻变化，描绘美丽宁德画卷。城乡基础设施建设累计投入2400亿元。新增铁路营运里程119公里、高速公路通车里程167公里、普通国省道通车里程276公里，“三纵四横”高速公路网基本形成，县县通高速、镇镇有干线、村村通客车全面实现。公交车电动率100%。农村公路总里程突破1万公里。常住人口城镇化率59%左右。历史文化名镇11个、名村42个、传统村落232个，数量居全省第一。完成中小河流治理29条、安全生态水系建设585公里、水土流失治理7.468万公顷。荣获“国家森林城市”，森林覆盖率69.98%。中心城区人口和面积分别增加到60万人、60平方公里规模。机动车保有量16.7万辆、增长72.9%。道路340公里、增长77%。自来水日供水能力由5万吨增加到18.7万吨。城市绿化覆盖率42.5%，环东湖生态景观圈全面提升。

五年来，社会事业全面进步，不断满足群众需求。新增财力近八成用于民生事业，累计投入民生领域补短板1224.9亿元，新增学位7.2万个、医疗床位2985张、养老床位7029张。学前三年入园率98.3%，基本满足学前教育就读需求。义务教育发展基本均衡县实现全覆盖。闽东卫校并入宁德师范学院成立二级医学院。医疗卫生服务能力大幅提升，基本医保实现“三保合一”。城乡养老服务设施基本实现全覆盖。城乡低保救助标准实现一体化。建设保障性住房1.28万套，改造棚户区3.02万套，4.3万户居民住房条件得到改善。成功举办第十六届省运会、第十届老健会。“七五”普法全面完成，县级公共法律服务中心实现全覆盖，法治宁德、平安宁德建设持续深化，社会保持和谐稳定。

（摘编：游学荣）

蕉城区社会发展概况

2020年，蕉城区高举习近平新时代中国特色社会主义思想伟大旗帜，拿出只争朝夕的干劲、保持滴水穿石的韧劲，众志成城迎接全国文明城市总评，助力“宁德创城、首创首成”；经济社会发展呈现稳中有进、进中向好态势，全面完成了各项目标任务。全年完成地区生产总值803亿元，增长12.2%，增幅领跑全省；一般公共预算总收入40.97亿元，增长1.7%；地方一般公共预算收入22.27亿元，增长0.4%；农林牧渔业总产值83.8亿元，增长2.8%；规上工业增加值245亿元，增长20%；城镇居民人均可支配收入38918元，增长3%；农村居民人均可支配收入19104元，增长6%。

齐心协力防控疫情。面对年初突如其来的新冠肺炎疫情，蕉城区第一时间建立疫情防控组织领导体系，第一时间部署落实防控措施，全面开展摸底排查，全覆盖设立医学观察点，始终做到严而又严、实而又实、细而又细，抗疫取得重大成果，社会大局保持和谐稳定。党员开展的“戴党徽、亮身份、争先锋、做表率”活动，得到了省委、省政府的高度肯定，并在全省予以推行。在严密防控疫情的同时，紧紧抓住复工复产这个关键，仅用20多天就实现规模以上工业企业100%复工复产，取得疫情防控和复产复工双胜利，工作方法在全省做典型经验交流。

城市品质持续提升。主动扛起“主战场、主阵地”的责任担当，举全区之力开展文明城市创建，累计投入11.8亿元，中心城区面貌大幅提升、城市魅力充分彰显，10个单位和47名个人荣获市级二等功、三等功荣誉。区新时代文明实践中心建成投用，打通服务群众的“最后一米”。增坂路、隆兴路完成建设，八一五路东段全线通车，署前路、青山路福洋段、鹤鸣路等完成“白改黑”，连城路建设有序推进；新增城区停车场7个，施划临时停车泊位8300多个；全面完成城区背街小巷改造和路灯安装。署前路棚改一期完成建设，长兴城、继光花苑等老旧小区改造加快推进。实施中心城区水系综合治理，铺设污水管网1.2万米，完成南山岩片区给水管道新建、金溪引水等工程建设，中心城区黑臭水体基本消除。

农村建设步伐加快。我区列入省级乡村治理体系建设试点区。成立“五个振兴”工作专班，区领导全面挂钩乡村振兴试点村，下达乡村振兴专项资金2400万元，49个产业薄弱村实现乡村振兴指导员、科技特派员挂钩帮扶全覆盖。农村人居环境整治三年行动圆满收官，“两高沿线”和“重点旅游路线”农房整治尽显蕉城特色，全区本级累计投入1.64亿元。下发《关于规范农村村民住宅建设审查审批的通知》，农村建房更加规范。金涵上金贝村、八都猴盾村、霍童邑坂村和坑头村获评全国文明村，虎贝黄家村入选全国“一村一品”示范村镇，全国计生协会2020家庭健康主题推进活动在七都北山村举行。全区“绿盈乡村”占比达81.1%。实施霍童溪沿岸绿化美化项目，打造“桃花特色旅游休闲经济带”，在霍童溪畔种植近5万株桃树，沿岸景观摄影点加快建设，“百里画廊、曲水桃源”“十里桃花夹岸”盛景指日可待。

生态治理卓有成效。历时两年的海上养殖综合整治取得决定性胜利，累计投入资金8亿多元、清退渔排22.7万口，6个单位和33名个人荣获市级二等功、三等功荣誉。《蕉城区国家生态文明建设示范区规划》《蕉城区农村生活污水治理规划》

完成编制。完成第二次全国污染源普查，区污普办获评全国污染源普查表现突出集体。深入实施“洁净蓝天”“清新水域”“清洁土壤”工程，年度空气质量达标率99.2%，饮用水水源地水质达标率100%，重点流域水质均达三类以上，完成森林抚育2333.3公顷、封山育林1333.3公顷、造林绿化509.3公顷、林相改造提升80公顷，森林覆盖率达67.73%。

脱贫成果持续巩固。严格落实“四个不摘”要求，打好政策扶持组合拳，建立防止返贫监测和帮扶机制，继续实行科级以上干部挂钩帮扶措施，最大限度化解了疫情带来的不利影响，71户203名脱贫不稳定对象全部消除返贫风险，全区建档立卡贫困家庭务工劳动力1368人全部就业，确保了全面小康路上一个不少、一户不落。

民生保障更加有力。加强困难群体扶助，下放低保、特困审核权限至乡镇，城乡低保标准提高至每人每年7920元，特困人员救助标准最高档提高至37092元；发放城乡低保高龄、电费、物价等补贴，为全区低保、特困对象购买保险。坚持稳就业保民生，新增城镇就业18439人，农村劳动力转移就业2289人。深化国有企业改革，出台《蕉城区国有企业退休人员社会化管理实施方案》，为困难区属国有企业职工补缴30%的基本养老保险费。保障房建设稳步推进，兰田小区二期、金马小区二期建成。加大殡葬惠民力度，免除常住人口火化基本服务费，补助从350元提高至1400元。

社会事业不断进步。新增民族实验、小塘花苑、城澳以及区实验二园、三园等5所幼儿园，全区公办幼儿园占比50.23%、普惠性学前教育覆盖率90.13%；民族实验小学建成投用，新建城澳九年一贯制学校、北山西林学校二期动工建设。完成蕉城区总医院组建，人民医院“五大县域中心”建设通过验收，建成85个标准化卫生所。12所乡镇敬老院实施改造提升。南环路慈善一条街项目获全省公益慈善项目大赛特等奖。宁德901台新址建设在疫情期间迎难而上，创造国内传播台建设的最快纪录。《寻剑——无名英雄蔡威传奇》获福建省第九届百花文艺奖，纪录片《寻剑——无名英雄蔡威传奇》举行首映式。以“时代楷模”杨春同志为原型的电影《我是警察之扫黑英雄》、电视连续剧《山哈闹海》、时代报告剧《石头花开》之《三月三》相继在我区开拍。霍童洞天联合申报世界文化遗产文本编制取得实质性进展。城隍庙街区认定为省级历史文化街区。宁德畲族文化园动工建设。成功举办中国明史学会第十九届年会，建成宁德明史研究成果展示馆。第七次全国人口普查完成阶段性任务。

社会保持和谐稳定。扫黑除恶专项斗争取得决定性胜利，禁毒攻坚扎实推进，初步建成全方位、多功能的警务服务监管平台，积极创建“枫桥式公安派出所”，组建全市首支巡特警女子中队。推行110报警服务台与12348法律服务平台联动纠纷处置机制。成立社区矫正管理局，教育矫正质量持续提升，公共法律服务水平进一步提高。金融风险有效防控，不良贷款率降至1.16%。完成乡镇（街道）机构改革，提高离任村（社区）主干待遇，基层社会治理和服务能力持续提升。退役军人服务保障和双拥工作有效落实。

提高站位提升效能。切实履行管党治党责任，依法执行区人大及其常委会决议决定，全年办理区人大代表议案、建议95件，办理政协委员提案139件。加强党风廉政建设和反腐败工作，政府系统政治生态进一步净化。严格落实中央八项规定精神，驰而不息纠治“四风”，机关效能、绩效考评等工作进一步加强。

2020年的发展，为“十三五”画上了圆满句号。五年来，经济实力跃上新台阶。地区生产总值从“十二五”末的302亿到“十三五”末突破800亿大关，年均增长12.20%，增速连续三年居全省各县市区第一，实现从跟跑到领跑全市的历史性超越，确立了宁德经济中心地位。规上工业增加值年均增长27.40%，增幅连续四年全市第一，撑起了蕉城经济的半壁江山。一般公共预算总收入年均增长20%，地方一般公共预算收入年均增长15.5%，地方财力进一步提升。社会消费品零售总额年均增长6.29%，城镇居民人均可支配收入年均增长7.51%，农村居民人均可支配收入年均增长9.2%，人民生活更加富足。发展质量和效益不断提高，连续两年获得市对县（市、区）绩效评估第一名。

（摘编：游学荣）

福安市社会发展概况

2020年是极为特殊的一年。面对突如其来的新冠肺炎疫情，福安市深入学习贯彻党的十九届五中全会和习近平总书记重要讲话重要指示批示精神，坚决打赢三大攻坚战，经济社会发展取得新成效，获评全省县域经济发展“十佳”县（市）。全市地区生产总值608亿元，增长6.3%；农林牧渔业总产值94.2亿元，增长4%；规上工业增加值增长7.3%；固定资产投资增长4%；社会消费品零售总额150亿元，增长3%；公共财政总收入51.23亿元，增长2.7%；地方公共财政收入27.88亿元，增长4.4%；实际利用外资4349万元，完成年度任务的167%；城镇居民人均可支配收入40495元，增长6%；农村居民人均可支配收入19717元，增长6.5%；城镇登记失业率3.83%。一年来社会发展的主要工作和成效是：

疫情防控成效显著。新冠肺炎疫情发生以来，坚持把人民群众身体健康和生命安全放在第一位，坚定信心、同舟共济、科学防治、精准施策，迅速织牢织密对外交通出入口、市内交通、公共场所三张防控网，构筑起联防联控、群防群控的坚强堡垒，成功救治1例输入性确诊病例，无新增本土确诊病例、疑似病例、无症状感染者，做到了疫情“零扩散”、病例“零死亡”、医护人员“零感染”。全面加强海上防控、口岸检疫、转运送达、集中隔离、回归社区全流程闭环管理，筑牢了从“国门”到“家门”全闭环防控链条。因时因势调整防控策略，在省内率先推广应用“八闽健康码”，强化重点人群核酸检测，累计摸排国内中高风险地区返韩人员18231人、境外返韩人员8650人。千方百计加快复工复产，及时出台扶持传统企业开拓市场六条措施等援企惠企政策，组织开展“百家单位挂百企”“百名干部下村居”活动，畅通政策链、服务链、操作链，帮助企业破解“五难”问题，全市经济在短时间内全面恢复。

基础设施有效提升。被国家发改委列入全国县级新型城镇化建设示范名单。实施城乡基础设施补短板项目85个，完成投资15.2亿元。高速西互通连接线公路、国道228溪尾临江至下邳段建成通车，国道104铁湖至溪柄段等5条道路完成“白改黑”，下白石宁海陆岛码头建成投用。栖云桥、韩赛快速通道、富春大道三期等市政路网加快建设。沈海高速湾坞收费站至国道228连接线改造、穆阳联虹大桥、溪柄黄沙大桥开工建设。环阳头岛慢道系统等市政景观工程、公园绿道完成提升。新增公共绿地面积20万平方米。铺设天然气管道25公里，新改建污水管道9.16公里、自来水管网10.5公里。新建城乡公厕184座、公共停车泊位222个、新能源汽车充电桩142个，新增新能源公交车30辆。建成5G基站150个，实现城区5G全覆盖。入选全国深化农村公路管理养护体制改革试点地区名单。新改建农村公路80公里、生命防护工程60公里。北部乡镇9个交通项目完成投资7405万元，潭头大桥建成通车，下南溪至龟凤公路加快建设，上范公路提级改造工程开工建设，社晓路社口至坦洋段改造工程前期工作加快推进。穆阳溪引水一期工程动工建设。

宜居建设有力推进。一批城区背街小巷完成改造提升，中心城区环卫清扫保洁实现一体化。安居、鹤祥老旧小区改造扎实推进。“两违”整治占地面积153.5万平方米、拆违面积81.75万平方米。实施“一事一议”项目145个，兑现奖补资金2746.74万元。“一革命四行动”纵深推进，完成自然村改水13个村、改厕647个村14339户。“两高一线”农村人居环境综合整治成效显著，景观风貌全面提升，打造形成小梨、南浦等省级农村人居环境整治典型样本。穆云畲族乡获评省级乡村治理示范乡镇，下岐等14个村获评省级乡村治理示范村，棠溪等12个村入选第五批中国传统村落。

污染防治持续加强。第二次全国污染源普查全面完成，市污染源普查办荣获全国表现突出集体。福安经济开发区入选省级循环化绿色改造重点支持园区。第二轮中央生态环保督察反馈信访件基本办结，突出环境问题得到整改。福安（赛岐）生活垃圾焚烧发电厂建成运营，实现并网发电。12个水利重点项目完成投资3.17亿元。5个安全生态水系项目全面建成，治理河长40.8公里。治理水土流失面积1500公顷。实施重点流域生态项目35个，落实生态补偿金740万元。交溪流域水环境质量继续保持优良。完成植树造林400.1公顷。海上养殖综合整治全面完成，建成万亩养殖示范区3个，“海上田园、多彩渔村”初步呈现，下白石镇宁海、北斗都村成为网红打卡地。

脱贫攻坚战如期打赢。实施产业扶贫项目7197个，投入产业扶贫资金3598.2万元。发放建档立卡贫困户小额贷款1949.69万元。81户脱贫不稳定对象和49户受疫情影响重点监测对象实现零返贫。造福工程完成搬迁33户121人。溪邳村入选全国扶贫经验交流基地。下岐村郑月娥荣获“2020年全国脱贫攻坚奖奋进奖”。筹资9750万元入股“闽东时代乡村振兴发展基金”，用于发展村级集体经济。全市村级集体经济年收入10万元以下“相对薄弱村”基本消除，94个建制村集体经济年收入达20万元以上。选任科技特派员157名、乡村振兴指导员37名驻乡联村服务，实现乡村振兴试点村、产业薄弱村全覆盖。7个少数民族乡村被列为省首批民族乡村振兴示范点。南岩村成为省首个“乡村振兴实践与协同创新基地”试点村。

社会保障加快完善。重点民生支出34.77亿元，占全市公共财政支出的75.4%。68件为民办实事项目基本完成。四大领域民生补短板项目完成投资21.51亿元。发放高校毕业生自主创业项目补助资金170万元。发放就业稳岗补助2342万元，城镇新增就业4670人，城镇失业人员再就业2209人，农村劳动力转移就业6887人。城乡居民基础养老金月提高至145元，城乡低保、特困人员年供养标准分别提高到7920元、22656元，生活不能自理特困人员集中供养率提高到60%。在全省首创被征地农民参加城乡居民养老保险代缴服务，受益4.2万人，为60周岁以上老年人发放养老金1.74亿元、60周岁以上被征地农民发放保障金3142.33万元。新建农村幸福院70个，养老服务设施覆盖全市70%以上建制村。城乡居民医保实现全覆盖。新殡仪馆加快建设。开工建设棚户区改造安置房600套。重大安全隐患房屋完成处置695栋，有效处置率达98.9%。

政府作风不断改进。深入学习习近平在福建在宁德工作期间系列采访实录，公务活动用餐套餐制全面推行，会议文件进一步精简，“三公”经费下降18.9%。被列入全省基层政务公开标准化规范化工作先行试点县，在全省率先完成市本级基层政务公开事项标准目录编制。“12345”便民服务平台诉求件办结率达99.9%，群众满意率达99.1%。办理人大代表建议167件、政协委员提案135件，答复率、办结率达100%，满意率进一步提高。

2020年各项工作取得扎实成效，为“十三五”规划收官画上了圆满句号。五年来，综合实力迈上新台阶。经济总量连续四年保持全省县（市）第十位。2019年入选全国县域经济百强县，排名第96位。地区生产总值年均增长8.0%；人均地区生产总值达到10.53万元，较2015年提高60.2%；规上工业增加值年均增长8.1%；公共财政总收入、地方公共财政收入年均分别增长8.2%、3.5%；税性收入占公共财政总收入、地方公共财政收入的比重分别达到93.7%、88.4%。其他主要经济指标均达到或接近预期。

（摘编：林学军）

福鼎市社会发展概况

2020年是决战决胜脱贫攻坚、全面建成小康社会和“十三五”规划收官之年，更是应对疫情考验极不平凡的一年。福鼎市坚持以习近平新时代中国特色社会主义思想为指导，坚持新发展理念，扎实做好“六稳”工作，全面落实“六保”任务，坚决打好“三大攻坚战”，努力战胜各种风险挑战，经济社会发展总体平稳。全市生产总值430亿元、增长1.4%，城镇居民人均可支配收入39840元、增长4%，农村居民人均可支配收入19188元、增长7%。社会发展主要工作有：

疫情防控成效卓越。面对突如其来的新冠肺炎疫情，福鼎市坚决贯彻党中央和习近平总书记的决策部署，坚持人民至上、生命至上，紧紧依靠人民群众，同时间赛跑、与病魔较量，坚决打赢疫情防控的人民战争、总体战、阻击战。疫情就是命令，第一时间启动突发公共卫生事件Ⅰ级响应，坚决停止春节期间大型活动和聚会聚餐，关停景区景点和公共文化体育场馆，迅速切断病毒传播途径。防控就是责任，面对闽浙交界的严峻形势，全市上下戮力同心、共克时艰，坚持“外防输入、内防扩散”，严守“四道关口”、织密“五张网”、落实“四个一”，切实加强人员排查管控，落实健康管理，坚决守住了福建“北大门”，经受住了一场艰苦卓绝的历史大考，彰显了福鼎人民“百折不挠、奋斗不息”的时代风采。生命重于泰山，调配组建了宁德市支援人数最多的县级援鄂医疗队，与全国援鄂医疗队一道进行了一场惊心动魄的抗疫大战，展现了“福鼎肉片”对“武汉热干面”的深情厚谊；社会各界慷慨解囊、踊跃捐款捐物，诠释了福鼎人民“一方有难、八方支援”的大爱情怀。坚持就是胜利，坚持“外防输入、内防反弹”，统筹推进疫情防控和经济社会发展，仅用两个月时间就实现企业复工复产，生产生活秩序全面恢复。

城市面貌日益改善。新区建设全面提速，文化艺术中心主体完工，市医院百胜院区（一期）建成投用。城市路网加快完善，站前大道、滨海大道（一期）完成改造，江滨南大道、玉塘大道（二期）建成通车，新改建城市道路13公里。园林城市再添新绿，完成河中岛、龙山溪桐城段景观提升，新增绿化面积17.4万平方米、绿道慢道9.6公里。城市管理进一步提升，垃圾分类试点有效推进，城乡垃圾集中处理全域覆盖，治理“两违”71.6万平方米。建成雨水管网14公里、污水管网14公里，新增城区公厕9个、停车泊位465个、燃气管网14.4公里。“电动福鼎”加速打造，推广应用新能源汽车110辆，城区公交实现100%电动化，新增充电桩130个。启动太姥大道和法官公寓、上龙山老旧小区改造。

乡村振兴卓有成效。太姥山获评国家卫生乡镇，点头上榜中国特色小城镇百强，佳阳获评首批全省民族团结进步重点区，叠石、店下、磻溪获评省级文明乡镇。赤溪、富民入选全国文明村（单位），柏洋获评全国乡村治理示范村，柏柳入选全国乡村特色产业亿元村，小白鹭获评省乡村振兴实绩突出村，楮楼、周山入选省级传统村落。乡村振兴全面推进，晋级改造“四好农村路”33公里。赤溪全国农村综合性改革试点试验成效显著，成为“摆脱贫困与政党的责任”国际理论研讨会现场观摩点，圆满完成全国民族地区决胜全面小康、决战脱贫攻坚经验交流现场观摩任务。“一革命四行动”深入开展，新增镇村公厕22个，完成农房整治 24.8 万平方米，列入省农村生活污水治理试点县。

生态治理稳步推进。扎实开展合成革、紫菜加工等重点行业污染整治，两轮中央生态环保督察信访件全部交账销号。启动国土空间规划编制和“智慧国土”平台建设，完成“三线一单”准入清单，法国开发署项目序时推进。打好防尘降尘组合拳，严格建筑渣土运输管理，城市空气优良达标率 100%。河湖长制全面落实，建设百步溪安全生态水系 16 公里，治理水土流失 933.3 公顷，城市饮用水源地水质达标率、小流域Ⅰ~Ⅲ类水质比例均为 100%。海漂垃圾治理实现市场化运营，打击非法盗采海砂专项行动扎实开展。强化农业面源污染防治，茶叶有机肥替代化肥逐步推广。实施“青山挂白”专项整治，推进废弃矿山生态修复，首创全省林业行政委托执法，查处破坏森林资源案件 282 起，植树造林 426.5 公顷，森林覆盖率 62.6%。生态环境持续向好，珍稀鸟类黑冠鳽、淡水生态系统指示物种欧亚水獭首现福鼎。

民生幸福更有温度。坚持让群众过稳日子，全年民生支出 34.6 亿元，占一般公共预算支出 83%。29 个为民办实事、7 个民生实事票决制项目扎实推进。巩固提升脱贫质量，建档立卡贫困户年人均纯收入达 17569 元，完成住房安全保障提升 106 户 324 人。坚持就业优先，新增城镇就业 3505 人，城镇登记失业率 3.4%。改建乡镇敬老院 10 个，新建农村幸福院 38 个，新增养老床位 1690 张，社会福利中心（一期）和叠石等 7 个乡镇敬老院实现“公建民营”。住房保障体系持续完善，续租公租房 313 套，配售经适房 468 套，收储置换桐北桐南危房 30 榴，改造农村危房 236 户。坚决保障农民工权益，深入开展治欠保支行动。全面落实优待、优抚政策，发放各类抚恤补助金 3283 万元。城乡低保标准提高到 7920 元/年，发放各类救助资金超亿元。

社会事业更有厚度。推动城乡教育均衡发展，实施教育补短板项目 16 个，建成投用公办小学 5 所、公办幼儿园 2 所，新增学位 3000 个，普惠性幼儿园覆盖率达 91.8%。赤溪小学获评全国首批乡村温馨学校，职业中专获评省示范性现代中等职业学校。医疗卫生事业健康发展，新增医疗床位 150 张，市医院和疾控中心核酸检测实验室建成投用，具备 5 日内市区常住人口全员检测能力。推动媒体融合发展，融媒体中心建设走在宁德市前列。丰富公共文化服务供给，“中国微演艺”、福鼎白茶微电影《最美的样子 3》等接连上演，非物质文化遗产展厅建成投用。《福鼎市志（1996—2013）》编撰完成。举办“福鼎白茶杯”中国足球冠军邀请赛，获评全国老年柔力球之乡。

社会治理更有深度。深化更高水平平安福鼎建设，纵深推进扫黑除恶专项斗争，打掉恶势力集团 3 个、恶势力团伙 1 个。成立禁毒协会、未成年人综合保护联盟，完善“雪亮工程”体系，打造城市“快警”模式，开辟闽浙边界警务协作绿色通道，连续 19 年实现现行命案全破。创新市域社会治理，坚持和发展新时代“枫桥经验”，化解信访积案 32 件。扎实推进安全生产专项整治三年行动，生产安全事故起数、死亡人数分别下降 48.1% 和 18.8%，处置重大安全隐患房屋 311 栋，完成“非标”船舶挂牌 3235 艘。

党政建设全面加强。深入学习贯彻习近平新时代中国特色社会主义思想，增强“四个意识”、坚定“四个自信”、做到“两个维护”，办理人大代表建议 161 件。办理政协提案 148 件。主动接受社会监督，受理 12345 平台和市长信箱群众诉求 5622 件，群众满意率 98.7%。坚持政府带头过紧日子，“三公”经费持续压降。充分发挥审计监督，组织开展领导干部经济责任和自然资源资产离任审计。

2020 年工作任务的完成，标志着“十三五”规划的收官。这五年，综合实力显著增强。全市生产总值由 2015 年的 332.5 亿元增加到 2020 年的 430 亿元，年均增长 3.8%。特色农业做强做精，福鼎白茶产业综合产值突破百亿大关，获评“十三五”茶业发展十强县。工业经济不断夯实，汽摩配、合成革、食品加工等传统产业稳步发展，锂电新能源、精品钢等新兴产业加快崛起，吸引 3 家上市公司落户投资，获评省知识产权强市。现代服务业蓬勃发展，市场主体较 2015 年增长 190%，获评全国首个美食地标城市，三产占 GDP 比重由 2015 年的 24.2% 提高到 2020 年的 31.9%。

（摘编：黄万良）

霞浦县社会发展概况

2020年来，霞浦县认真落实习近平总书记重要讲话重要指示批示精神，统筹推进疫情防控和经济社会发展，较好地完成了年度各项目标任务。全年完成地区生产总值267亿元、增长2.3%；固定资产投资（不含农户）增长13%；公共财政总收入14.91亿元、增长15.6%，地方公共财政收入10.64亿元、增长22.1%；城镇居民人均可支配收入36800元、增长3.3%，农村居民人均可支配收入19200元、增长6.5%。

一年来，社会发展的主要工作及成效是：

凝聚力量防控战疫情。坚持全民战役，凝聚全县力量，创新“1+7”工作机制，落实精准科学防控，4例确诊输入性病例全部治愈出院，2月4日至今未新增确诊和疑似病例。发动社会各界力量支持防控工作，累计接收捐赠款物828万元；携手爱心企业向武汉及福建支援湖北医疗队捐赠海产品10多吨、价值200多万元，为打赢“湖北保卫战”贡献力量。制定支持中小微企业应对疫情共渡难关“18条”措施，开展领导干部挂钩帮扶、督导活动，全县省市重点项目、规上工业企业全部按时复工。坚持“一校一策”，扎实推进复学工作，全县各级各类学校如期实现复学开课。通过不懈努力，全县经济社会运行逐步趋于正常，生产生活秩序得到迅速恢复，并涌现出一批先进个人和集体，松港东昇社区党支部书记陈培仙荣获“抗击新冠肺炎疫情全国三八红旗手”称号，水门乡派出所获评“福建省抗击新冠肺炎疫情先进集体”。

城乡面貌日益改善。扩容提质明显加快。成功入选国家级县城新型城镇化建设示范名单，老城区更新改造和“智慧霞浦”项目稳步推进，滨海新城基础设施加快实施，新增污水管网8公里、天然气管道28公里，安泊智能停车场、宏翔山河桥等一批市政设施建成使用。“一革命四行动”顺利收官，改造自然村户厕1707户，新、改建公厕64座；世遗考察点沿线环境整治有序推进，“两高一线”综合整治年度任务顺利完成，拆除“两违”面积61万平方米和“两乱”坟墓160座、寺观教堂及民间信仰场所7座。基础设施不断完善。全年投入建设资金13.85亿元。新建、改造县乡村路网45公里，建成生命防护工程190公里、整治隐患里程105公里，改造危桥2座，新建陆岛码头4个，建成“三产路”8条，“白改黑”道路5条，时代一汽主物流通道及周边路网、罗汉溪景区配套路网（江边段）竣工通车，三沙疏港路（古镇至古桶段）全线贯通，“东海1号”风景观光道积石至闾峡段动工建设。动工建设渔港9个，治理中小河流1条，完成建档立卡贫困村饮水安全巩固提升工程30个。新增变电容量2万千伏安、线路17.7公里，110千伏时代一汽专线工程竣工投运。生态建设扎实推进。持续打好污染防治攻坚战，创新生态环境治理“331”工作机制，基本完成第二轮中央生态环境保护督察交办信访件问题整改。新建安全生态水系46公里，治理水土流失面积2000公顷。新增建成区公园绿地面积26.8公顷，完成造林面积640.8公顷、松材线虫病林分改造733.3公顷，新增省级森林乡村7个、国家森林乡村5个。全面完成海上养殖综合整治和渔业转型升级目标任务，累计投入资金25.8亿元，清退禁养区渔排7.7万口、藻类2200公顷，升级改造渔排64.9万口、藻类23800公顷，打造6个渔排示范区和5个藻类万亩示范片，实现了“颜值”与

“产值”双提升。

社会事业全面进步。保障体系逐步完善。全年民生支出28.7亿元，占财政总支出75.8%。28项为民办实事项目基本完成。新增城镇就业3556人，农村富余劳动力转移就业6500人，城镇登记失业率3.53%。新建居家养老服务照料中心3家、五星级社区居家养老服务中心1家，完成乡镇（街道）敬老院改造提升运营11所。开展全省特殊困难群体帮扶服务试点，健全临时救助制度，发放城乡低保、特困生活补助金8321万元、临时救助生活补助金452万元。脱贫攻坚巩固提升。建立防止返贫工作机制，落实产业、教育、医疗、住房安全等扶贫补助，下拨各级扶贫资金6200多万元。扩大扶贫小额信贷覆盖面，发放财政贴息78.5万元，为338户贫困户发放贷款近1000万元。积极壮大村集体经济，145个“相对薄弱村”集体经济经营性年收入均超过10万元。公共服务供给加强。18个教育补短板项目完成投资2.55亿元，三小教学综合楼、一中初中部等6个项目竣工投用，新增学位4550个；创建省级义务教育管理标准化学校7所；“两项督导”顺利通过省市评估。6个卫生补短板项目完成投资3.41亿元，县精神病院二期病房楼主楼和溪南、柏洋卫生院业务用房以及长春大京分院竣工验收；新增中医馆2个，开通村卫生所（室）医保点225个，县医院成功加盟省立医院医联体；松港社区卫生服务中心荣获全国“敬老文明号”称号，牙城镇获评“国家卫生乡镇”。文体事业更加繁荣。配合完成央视“心连心”慰问演出，成功举办“诗歌海岸·青春霞浦”诗刊社第36届“青春诗会”，召开“中国·霞浦海洋文化研讨会”，编辑出版《随着光影赏霞浦》书籍，拍摄完成《金玉满塘》电影和《跟着古诗游霞浦》30集专题片。汤养宗荣获第十一届丁玲文学奖“诗歌类成就奖”。建成县乡新时代文明实践中心试点。完成松山天后宫、半月里龙溪宫等5处文保单位消防安全提升改造工程和山民会馆、游朴故居抢救性保护工程。下浒三洲、盐田上村等5个村落上榜省级传统村落名录。顺利举办第七届休闲海钓大赛、第十一届山地马拉松赛、第二十一届“徐章铎杯”闽浙赣沪（霞浦）足球赛等活动。霞浦荣获“全国青少年校园足球优秀试点县”称号。社会大局和谐稳定。平安建设持续深化，扫黑除恶专项斗争战果明显，电信网络诈骗犯罪专项治理实现“两升两降”。“四下基层”教育培训基地建设扎实推进，信访评理室实现县乡村全覆盖，“最好不信访、最多投一次”工作机制在全市推广。三沙黄光清调解工作室获评“省级金牌调解工作室”，黄光清荣获“全国模范人民调解员”和“中国平安之星”称号。食品安全“一品一码”全过程追溯体系逐步完善，食品药品安全状况总体良好。安全生产形式保持稳定，防灾减灾救灾和应急处置能力不断提升。民族和宗教领域和谐稳定。第七次全国人口普查登记工作圆满完成。

党政建设不断加强。深入学习习近平同志在福建在宁德工作期间系列采访实录，积极推进法治政府建设，办理人大代表建议169件，政协提案125件，办结率100%，满意率98.5%。认真落实省委“五抓五看”“八个坚定不移”部署要求，深入推进党风廉政建设和反腐败工作，严格执行县政府工作规则、重大行政决策十条规定，健全政府性投资项目公开招投标机制，强化审计监督，干部廉政勤政意识明显增强。严格执行中央八项规定及其实施细则精神和省市县实施办法，驰而不息纠“四风”、树新风，认真落实“基层减负年”要求，会议减少3%，发文减少15%。创新差异化绩效考核机制，机关效能和作风建设持续改善，网上办事、政务公开有效开展。

2020年各项工作任务的基本完成，为“十三五”收官画上句号，也为“十四五”开局奠定基础。五年来，最显著的成就是扩体量、壮实力，经济指标实现“十个增长”。全县地区生产总值年均增长5.4%；人均地区生产总值年均增长5.3%；农林牧渔业总产值年均增长4.4%；固定资产投资年均增长13.6%；社会消费品零售总额年均增长5.9%；进出口总值年均增长8.7%；公共财政总收入年均增长5.0%，地方公共财政收入年均增长2.3%；城镇居民人均可支配收入年均增长7.3%，农村居民人均可支配收入年均增长8.9%。

（摘编：王诗诚）

寿宁县社会发展概况

2020年，寿宁县坚持以习近平新时代中国特色社会主义思想为指导，奋力实现“双战双赢”，较好地完成了年初确定的各项目标任务。实现地区生产总值108亿元，增长4.2%，其中三次产业分别增长3.4%、1.5%、5.2%；规上工业增加值下降2.6%；一般公共预算总收入5.2亿元，地方一般公共预算收入3.3亿元，分别增长1.3%、6.2%；固定资产投资增长15%；社会消费品零售总额34亿元，增长3.8%；外贸出口2.8亿元，实际利用外资增长52%；城镇居民人均可支配收入29424元，增长5%；农民人均可支配收入16510元，增长7.5%。一年来社会发展的主要工作成效有：

抗击疫情成果显著。以战时状态迅速投入疫情防控，全力打好疫情阻击战和发展主动仗。精锐尽出阻断疫情输入，筑牢“五道防线”，群防群控、联防联控，保持零发生、零传染、零确诊，牢牢守护了福建“北大门”安全。集中优质资源，以最快速度完成PCR实验室、负压病房等硬件设施建设，组建县级专家组，做到了有备无患。从金融支持、援企稳岗、减税降费等方面制定落实一揽子政策措施，有力保障了重点项目和企业在最短时间内复工复产。在疫情最复杂、防控最艰难的时刻，县内外寿宁人守望相助，社会各界同舟共济，涌现出了一批抗疫先进个人、先进集体和最美家庭，生动彰显了伟大抗疫精神。

城乡品质日益提升。东部新城开发全面启动，清渡至水洋公路建成通车，福寿大桥、东郊路安置小区等加快推进，新城大桥、寿宁大道（一期)、翠微湖坝、工人文化宫动工建设。旧城改造稳步实施，蟾溪生态治理及城区市政提升工程扎实推进，新建污水管网7.3公里、城市绿道5.9公里，市政道路提升7公里，新增城市绿地6000平方米。南阳省级试点小城镇市政道路等基础配套项目加快推进。实施梅溪、大同、茗溪等城区停车场和26个乡镇停车场建设，新增停车位950个。深入开展“一革命四行动”，完成改厕1380户，新建乡村公厕31座。扎实开展房屋结构安全隐患大排查大整治，加固危房226座，封房1236座，拆除705座。深化农村人居环境整治，“两高一线”沿线村庄面貌焕然一新，下党列入省级乡村治理示范乡镇，安宁村等14个村列入省级乡村治理示范村。亭溪村列入省重点改善提升“十镇百村”名单。大韩村、承天村入选福建省乡村振兴实绩突出村。韶托村等6个村获评国家森林乡村。塘洋村获评全国文明村。坚决遏制“两违”“两乱”行为，拆除“两违”建筑面积25.48万平方米，治理乱滥建坟墓810座。

生态环境明显改善。全面推进国家生态文明建设示范县创建，入选国家生态综合补偿试点县。中央环保督察整改任务如期完成。实施节能技改项目5个，空气质量优良天数比例达99.2%。河湖长制全面落实，建成生态安全水系20公里，饮用水源地和流域水环境水质达标率均为100%。获评全国第三批节水型社会建设达标县。托溪“红河谷”生态治理入选“2020年福建省优秀公众参与案例展播”。完成全县农用地土壤污染状况详查和重点行业企业用地调查。废弃矿山地质环境恢复治理26公顷。综合治理水土流失面积2201公顷。造林绿化5166.7公顷。创建“绿盈乡村”150个。下党村、西浦村入选《福建省乡村生态振兴案例选编》。

基本民生保障有力。29 件为民办实事项目基本完成。推广“我 + 1”产业扶贫模式，发放产业扶贫资金 3707 万元，帮助贫困户发展增收项目 3712 个。“福建寿宁下党村：红色旅游新地标”案例入选世界旅游联盟旅游减贫案例。可视化扶贫定制茶园案例获选全国消费扶贫优秀典型案例。拓展预防因病因灾致贫返贫保障服务，实施帮扶措施 425 项。落实贫困人口“先诊疗，后付费”，垫付医疗费用 1048 万元，发放医保扶贫兜底补助 365 万元。新增扶贫贴息贷款 1123 户 5259 万元。造福工程同步搬迁 139 人，农村危房改造 362 户，获评全国“十三五”搬迁工作成效明显县。全年救助低保对象 8164 人，发放救助金 3456 万元。坚持减负稳岗扩就业。开发非全日制公益性岗位 287 个、位居全市第一。发放创业担保贷款 2355 万元，新增城镇就业 718 人，农村劳动力转移就业 2762 人，城镇登记失业率控制在 3.6% 以内。社会保障提标扩面，全县养老保险参保人数达 16 万人。

社会事业全面发展。教育事业优先发展。“两项督导”高分通过省市评估。投入资金 3 亿元，完成教育工程 16 个。万科援建东区中学一期项目交付使用。城区“五校迁建”、平溪“三校联动”动工建设。新增学前教育普惠学位 450 个，适龄幼儿入园率达 98.03%。县职业技术学校被确认为三祥新材、东南（福建）汽车人才培养基地。特殊教育体系更加完善，三类残疾儿童少年入学率达 98.31%。“两香校园”建设成效明显。卫健事业持续发展。健康促进试点县创建工作扎实推进。与闽东医院的品牌托管和省人民医院、省立医院的高位对接不断深化。县医院二期病房大楼建成投用，新增床位 216 张。县康复医院建成验收。创成省级卫生乡镇 4 个，新建改建村卫生所 16 个，一体化管理村卫生所达 100 个。建成农村幸福院 15 个，长者食堂 5 个，区域性养老项目和老年人照料中心各 1 个，新增养老床位 150 张。顺利通过“中国长寿之乡”评审认定。妇幼保健、卫生监管等工作扎实开展。文体事业稳定发展。中央广播电视总台“心连心”慰问演出走进下党。“七五”普法全面完成。立体化社会治安防控体系更加完善，斜滩、清源、凤阳、下党列入全市平安乡镇。安全生产隐患排查整治扎实推进。食品安全管理体系不断完善。退役军人服务保障水平明显提高。国防及人民防空建设得到加强。武警官兵、消防救援队伍、民间公益救援队等在维护稳定、抢险救灾等方面发挥重要作用。

政府建设得到加强。深入学习习近平同志在福建在宁德工作期间系列采访实录，传承弘扬好思想好传统好作风，办理县人大代表建议 74 件、政协提案 65 件。严格执行中央八项规定及其实施细则精神和省市县《实施办法》，县政府发文和会议数量同比分别减少 17%、23%。在疫情防控和复工复产增支 2225 万元的情况下，一般性支出同比压减 1230 万元。出台《寿宁县政府性投资项目管理办法（试行）》，制度管权管事管人“笼子”进一步扎牢。深化“放管服”改革，“一趟不用跑”“最多跑一趟”占行政审批和服务事项总数的 65.18%。推进政务服务“一网通办”，70 项高频政务服务事项实现全省通办。

2020 年工作的完成，标志着“十三五”规划的基本实现。过去五年，寿宁沿着习近平总书记指引的道路和方向，牢记嘱托、感恩奋进，在加快发展绿色崛起道路上迈出了坚实步伐。

县域知名度明显提升。国家重点生态功能区、国家生态文明建设示范县、全国休闲农业和乡村旅游示范县、国家电子商务进农村示范县、全国重点产茶县、中国硒锌绿谷、中国木拱廊桥文化之乡、中国老年人宜居城市、杨梅洲峡谷国家森林公园、官台山古银硐国家地质公园等“国字号”招牌纷至沓来。福建农信“农村金融信用县”、省级富硒产业开发重点县、省级园林县城、省级森林县城等“省字号”名片接踵而至。特别是 2019 年 8 月 4 日，习近平总书记给下党乡乡亲们回信，为寿宁走出山门、加快发展创造了千载难逢的历史机遇。

综合实力迈上新台阶。地区生产总值突破百亿大关，人均生产总值 60439 元，分别是 2015 年的 1.61 倍和 1.57 倍。财政收入质量明显改善，税收收入占公共预算总收入比重提高至 73.1%。全社会固定资产投资年均增长 10%。社会消费品零售总额年均增长 10.5%。

（摘编：康明辉）

周宁县社会发展概况

2020年是非同寻常的一年。面对突如其来的新冠肺炎疫情和严峻复杂的形势，周宁县坚持以习近平新时代中国特色社会主义思想为引领，与全县人民一道，不忘初心、牢记使命，攻坚克难、逆势前行，全面落实“六稳”“六保”任务，圆满收官“十三五”，全县经济社会发展迈出了新的一大步。社会发展主要工作体现在：

“战疫”和发展两手抓，稳中求进更显不易。以战时状态，第一时间启动应急预案、组建指挥部，展开了周宁历史上动员范围最广、投入力量最大的疫情防控阻击战。严格落实“四早”“四集中”等防控措施，仅用1天时间就快速组建90间隔离病房，有效遏制疫情扩散，迅速平息大米抢购风波，6例确诊患者全部治愈，实现了“零死亡、零扩散”。千方百计筹集防疫物资，建成5条口罩生产线，成为全市较早拥有防护物资生产能力的县份之一；PCR实验室实现“双备份”，县总医院负压病房、感染病综合楼和县疾控中心综合楼等一批医疗应急设施项目加快推进，重点人群开始接种疫苗。在降为低风险地区后，果断按下复工复产“快进键”，在全市率先出台支持中小微企业共渡难关16条措施、推动项目企业复工复产18条措施，通过跨省“直通车”、“抗疫应急贷”、县属国有单位带头减免租金等纾困政策，规上企业复工率、产能恢复率和省、市重点项目复工率均在3月初就达到100%。全力帮扶贫困人口和边缘群体，支持返岗复工或就近就地就业，全县没有一户因疫情致贫返贫。在全市最早推出“惠聚周宁消费券”，积极开展“全闽乐购”“直播带货”等促消费活动，有效对冲疫情影响。更加重视疫情背景下的粮食安全和市场供应问题，新建高标准农田520公顷、补充耕地69.3公顷，新增储备粮1000吨，老百姓的“米袋子”“菜篮子”“肉盘子”安全稳定供给。在全县的共同努力下，GDP连续四个季度保持正增长，初步统计全年突破80亿元大关。

脱贫攻坚与乡村振兴齐发力，两者衔接更加紧密。全面落实“两不愁三保障”，有劳力贫困户充分就业，完全无劳力家庭应兜尽兜，九年义务教育巩固率达115.7%，城乡居民医保、养老保险覆盖面分别达99.2%、98.6%，医保叠加报销比例达95%以上，村级卫生所纳入医保定点达86.4%，住房、饮水安全等保障有力，2020年4月省委省政府正式公告周宁县脱贫摘帽。以乡村产业振兴为核心，按照现代农业“五化”思路抓好“8+1”特色产业，推动苏家山等10个示范村和溪坪等20个薄弱村整体提升，通过“抓两头带中间”，全县行政村集体经济收入均达10万元以上，初步统计全年农林牧渔业实现总产值15亿元、比增4.5%。坚持金融“活水”助力振兴，迅速成立县普惠金融服务中心和云上融资担保公司，省农发行将周宁作为“乡村振兴产业贷”首选试点县，首批贷款已审批下柜。农村人居环境整治三年行动圆满收尾，考核成绩居全市首位，该县“厕所革命”及资源化利用模式被农业农村部等三部委联合向全国推广。深化“两高一线”沿线环境整治，消除裸房1058栋。积极争取资金2000多万元，在全省率先采取EPC+O模式开展农村生活污水治理和运维，得到省生态环境厅支持推广。初步统计城镇和农村居民人均可支配收入分别比增7%、9%。

民生支出不遗余力，社会事业更有保障。针

对疫情冲击、减税降费和水电全行业减收过亿、社保支出兜底超过6000万元的严峻挑战，一手抓向上争取资金，全年共获批债券资金4.9亿元，争取转移支付和专项补助资金12亿元、增幅居全市前列；一手抓科学理财、过好“紧日子”，财政管理绩效综合评价在全国1862个县中居第44位、全省第2位，全年获得上级财政各类奖励性资金近3000万元。在财政口径税收收入下降8%的情况下，民生支出17.9亿元、增幅17.4%，占财政总支出的83%。全年29项为民办实事项目全面落实。城镇登记失业率控制在4%以下。周宁七中综合楼、三源幼儿园等18个教育项目竣工或主体完工，县教师进修校获评“省级标准化县级教师进修学校”。县总医院门急诊大楼、县精神康复医院竣工投用，医保基金安全运行未出险。社会福利中心“公建民营”加快推进，乡镇敬老院、农村幸福院达87所。城乡供水一体化启动实施，赛江防洪（三期）、城区高水高排等项目有序推进。新建城市污水管网7公里、停车泊位160个，城区首个立体停车场投用。序时完成第七次全国人口普查登记和“七五”普法工作。扫黑除恶专项斗争三年行动圆满收官，民间组织实现常态化规范管理，获评全国信访工作“三无”县。出台《房屋结构安全专项治理三年行动方案》，拉网式排查出的434条安全隐患均整改到位。应急管理创新建立的“无人机多任务混合编队”走在全省前列。

素质和作风建设持续加强，干部精气神更足。更加注重从长远谋划发展，在全市最先开展国土空间规划编制、进度最快，“三调”成果在宁德率先通过国家核查，严守生态保护红线、永久基本农田、城镇开发边界、产业准入负面清单等“红线”成为干部抓项目的行动自觉。乡村振兴指导员、科技特派员、驻村第一书记等“三支队伍”深入田间地头，为乡村和群众排忧解难。深入开展“项目大练兵”活动，抽调50名干部到“工业四大片区”等一线攻坚服务。县政府党组严格落实全面从严治党主体责任，班子成员团结协作、分工负责，主动抓好意识形态工作责任制、巡视巡察、审计发现问题整改等，带头纠正形式主义、官僚主义，严格落实中央八项规定及其实施细则精神，政府常务会议议题和重大行政决策事项合法性审查率100%，全县一般性支出压减11.2%，“三公”经费缩减37.4%。

2020年的特殊历程，在周宁历史上写下了浓墨重彩的一笔；“十三五”的风雨兼程，全县经济社会发展又跃上了一个新的大台阶。这五年，全面建成小康社会胜利在望。坚定不移沿着习近平总书记指引方向笃定前行，如期打赢脱贫攻坚战，5146名贫困人口全部稳定脱贫，35个贫困村全部出列，贫困发生率、漏评率、错退率均为零。坚持打基础、利长远，愚公移山建园区，引进“金娃娃”产业，办成一批大事要事，发展基础更加扎实。这五年，山路变通途。先后投入21.4亿元，新增纵三线（南段）和衢宁铁路两条“出县”通道，新建和拓改农村公路387公里，80%以上建制村道路实现“单改双”，“四好农村公路”成为增收致富的产业路，“一通百通”的大交通格局正在显现。这五年，城乡旧貌换新颜。县城区面积从2015年的6平方公里扩展到16平方公里，人鱼特色小镇PPP路网、旅游集散中心、工人文化宫、公安和司法技术用房等项目相继建成，新城区框架全面拉开，“再造一个新县城”的蓝图从梦想照进现实；保护和建设一批传统古村落、美丽乡村、乡村振兴示范村，繁荣了一方经济，受益了一方百姓。这五年，民生事业更有温度。尽力而为、量力而行，民生投入每年都保持在全县财力支出的80%以上，把资金“好钢”用在刀刃上，把项目安在解决“痛点”上，建成了职成教、金钟变、赛江防洪（二期）等一批基础设施，新增优质教育学位4860个，普惠性幼儿园覆盖面99.6%，“长者食堂”等一批民生实事贴近人心，民代教师教龄补偿、国企高龄职工无力参保等一批成因复杂的历史遗留问题切实解决，群众获得感满满。这五年，“诚信周宁”扬帆再起航。金融机构贷款余额年均增速25%、全市第一，不良贷款率从2014年顶峰的44.2%降至目前的0.51%、全市最低；创建信用乡镇5个、信用村（社区）76个；工商银行总行给予周宁10亿元综合授信，标志着县域信用评级重新获得认可，金融生态环境日益优化。

（摘编：林学军）

柘荣县社会发展概况

2020年，柘荣县坚持以习近平新时代中国特色社会主义思想为指导，统筹推进常态化疫情防控和经济社会发展，坚决打好三大攻坚战，较好地完成了年初确定的各项目标任务，全县经济社会实现持续平稳健康发展。全年地区生产总值增长6%；固定资产投资增长5%；社会消费品零售总额增长4.2%；一般公共预算总收入4.43亿元，增长1.7%，地方一般公共预算收入2.71亿元，增长4.9%；城镇居民人均可支配收入30048元，增长2.8%；农村居民人均可支配收入17212元，增长9%。一年来社会发展的主要工作和成效是：

疫情防控富有成效。新冠肺炎疫情发生后，全县上下落实“外防输入、内防反弹”的防控策略，打响了疫情防控的人民战争。强化组织领导，成立疫情防控领导小组，抽调256名干部下沉村（社区）开展网格化管理，形成县乡村三级防控体系。强化疫情管控，落实“四早”要求，建立“6433”工作机制，设置检疫查验点4个，加强中高风险地区入柘人员健康管理。强化物资储备，保障口罩、防护服、消毒药水等基本防疫物资需求。完成PCR实验室建设，核酸日检测能力最高达2万份，具备5日内常住人口全员检测能力，8类重点人员实现应检尽检。强化援企复产，精准出台支持企业用工、金融服务等助企纾困政策措施，“三难三多”问题切实解决，生产生活秩序加速恢复。疫情防控工作启动以来，广大党员干部冲锋在前，医务人员无私奉献，社会各界同舟共济，各乡镇各部门联防联控，牢牢守住了疫情防控入闽南下“北大门”，成功实现“零疑似”“零确诊”，抗击新冠肺炎疫情斗争取得阶段性胜利。

城乡面貌日新月异。县级国土空间总体规划和村庄规划编制全面启动，基本完成多规合一的一张蓝图。争取债券资金6.26亿元，其中专项债券资金4.35亿元，位列全市山区县第一。大力实施交通和城区路网建设项目，完成国道104柘荣城关过境公路A2标段，推进鸳鸯头叉口至东源桥头段公路主体工程。东城路、塔下路东段建成投用，安亭路、岭边路、本草路延伸段、秀峰路、西源路加速建设。文昌北路、屿北路“白改黑”竣工，上桥路西段、河滨东路、龙滨路和文昌南路“白改黑”全面推进，城区80%主次干道实现“白改黑”。城市功能不断提升，完成全民健身漫步道（一期）建设，第二污水处理厂正常运营，县垃圾无害化处理场改造和旧垃圾场整治工程竣工投用，新增雨污管网15公里，新改建城区停车场4个、停车位151个。全面推行城市管理网格化和街长制，城区主要路段整治取得实效。“两违”整治持续推进，拆除违建17.64万平方米，腾出土地11.22万平方米。房屋安全隐患大排查大整治百日攻坚专项行动深入开展，处置重大安全隐患房屋308栋。农村人居环境持续改善，高速公路沿线环境综合整治全面完成，改造农村危房70户、整治农房1168栋，完成56个自然村改厕。“四好农村路”扎实推进，建成农村公路20.7公里、安防工程68.2公里。城乡供水一体化（一期）、赛江流域防洪三期（柘荣段）、万里生态安全水系等项目加快建设。官安、溪口、长冠等5个国家传统村落完成保护规划编制，上黄柏村被评为第六届全国文明村。

乡村振兴亮点纷呈。决战决胜脱贫攻坚，今年以来，全县共为建档立卡贫困人口735户2774人落实帮扶项目1968个，统筹帮扶资金2928万元，今年4月省政府宣布我县脱贫“摘帽”。深入实施“乡村振兴示范计划”，持续深化“2 + N”特色农业产业体系，中药材、茶叶种植面积均突破4666.7公顷，发展林下经济866.7公顷。全县新增省级“一村一品”示范村6个，省、市级家庭农场示范场13家、合作社示范社14家，生态菌果产业联合体被列入农业产业化省级示范联合体。打造乡村旅游特色品牌，靴岭尾剪纸文创、岭边亭茶旅休闲、富溪商贸旅游、鸳鸯民宿等乡村旅游新业态不断涌现，绸岭剪纸康养主题民宿园签约落地，榴香园研学教育小镇获评市达标旅游小镇，溪口被评为省三星级旅游村、湖头被评为省级旅游村。新赎买重点生态区位商品林733.3公顷，全面启动国家储备林（乡村振兴）森林质量精准提升工程PPP项目。该县被认定为第二批福建特色农产品（油茶）优势区、第三批省级农产品质量安全县，“柘荣太子参”进入全国特色种植产品目录。前楼、铁场被评为省乡村振兴实绩突出村，湾里被评为全省民族乡村振兴示范点。

民生保障日臻完善。全年民生支出11.88亿元，占一般公共预算支出的80%，完成为民办实事项目10个、民生补短板项目73个。社会保障扩面提质。基本实现城乡居民基本医疗保险参保全覆盖，城乡居民养老保险参保率达99.93%，城乡低保制度全面落实。完成县社会福利中心二期工程主体建设，10所农村幸福院建成投用。城镇新增就业667人，失业人员再就业196人，城镇登记失业率3.79%。公共服务有效供给增加。附中教学楼、富溪和黄柏幼儿园完成建设，四小综合楼、一中艺术馆等项目扎实推进。县医院异地新建、县疾控中心及城郊卫生院业务用房等项目加快建设。凤岐吴氏大宅修缮保护、县游泳馆、一中社会化足球场改造等一批文体项目全面竣工。进一步推动新时代文明实践中心建设，建成中心1个、实践所9个、实践站22个。县融媒体中心完成一期建设。县档案馆建成投用。社会大局和谐稳定。“平安柘荣”建设持续深化，扫黑除恶专项斗争纵深推进，“枫桥式”公安局创建暨“一村一警”活动稳步实施。建设“食品放心工程”成效良好，为全县居民购买“守护舌尖”食品安全责任保险。安全生产形势稳定，大排查大整治工作成效明显，专项整治三年行动有序推进。双拥活动深入开展，双拥共建氛围浓厚。

自身建设从严唯实。大力秉承习近平总书记在福建、宁德工作时创造的宝贵思想财富、精神财富、作风财富和实践成果，进一步学懂弄通做实习近平新时代中国特色社会主义思想，汲取全方位推动高质量发展超越的强大精神力量。坚持和加强党的全面领导，切实履行全面从严治党主体责任，完成省委和市委、县委全面从严治党主体责任落实情况检查涉及政府系统问题整改。认真践行“马上就办、真抓实干”优良作风，着力提升服务发展、服务基层、服务群众的能力水平。加强政务公开，强化审计监督，营造风清气正的政治生态。大力推进依法行政，加快法治政府建设，“七五”普法工作顺利完成。自觉接受县人大及其常委会依法监督，主动接受县政协民主监督，认真落实人大执法检查、视察、专题询问和政协协商意见。积极回应人大代表、政协委员对社会热点问题的关切，68件人大代表议案建议、76件政协提案全部办复。

此外，工会、共青团、妇联、残联、文联、计生协、老体协、科协、红十字会等群团组织职能有效发挥，国防动员和后备力量建设深入开展，精神文明、供销、移民、民族、宗教、气象、台港澳、外事、侨务、老干部、老区和关心下一代等工作取得新成效。

追溯“十三五”时期，这是柘荣县经济社会发展进程中锐意进取、开拓创新、成效显著的五年，综合实力稳步提升。地区生产总值连续跨越60亿元、70亿元两个台阶，预计2020年实现地区生产总值77.37亿元，是2015年的1.4倍，年均增长5.9%。人均生产总值8.6万元，是2015年的1.4倍，年均增长5.7%。城镇和农村居民人均可支配收入分别年均增长7.1%、9.1%。在一些重点工作领域取得重大突破，先后获得国家生态县、国家生态文明建设示范县、中国十大生态养生旅游福地、省级森林城市等称号，成功创建国家级健康促进试点县、国家级电子商务进农村综合示范县、省级可持续发展实验区、省级食品安全社会共治示范县。

（摘编：苏建平）

古田县社会发展概况

2020年，古田县坚持以习近平新时代中国特色社会主义思想为指导，加快“建三圈、兴三业”，打响“千年临水 健康古田”发展品牌，统筹推进疫情防控和经济社会发展，扎实做好“六稳”工作，全面落实“六保”任务，努力克服疫情带来的不利影响，经济社会发展逐步趋好。全县地区生产总值增长3.6%；一般公共预算总收入10.86亿元，地方一般公共预算收入7.4亿元；固定资产投资增长7%；农林牧渔业总产值增长4%；规上工业增加值增长0.5%；社会消费品零售总额85亿元；外贸出口9.5亿元；实际利用外资2208万元、增长26.7%；城镇居民人均可支配收入35298元、增长4.6%，农村居民人均可支配收入20216元、增长7%。

一年来社会发展的主要工作和成效是：

众志成城战疫情，疫情防控成效显著。坚持把人民生命安全和身体健康放在第一位，坚定信心、同舟共济、科学防控、精准施策，3月4日实现新冠肺炎确诊病例、疑似病例全部“清零”，已连续9个月无新增确诊病例。坚持“群防群控、人物同防”，强化重点人群、重点场所排查管控与监测预警，累计查验人员超百万人次，摸排重点人群4万人次，落实健康管理2976人，出具个人核酸检测报告5.5万份、外环境及冷冻食品核酸检测报告2400多份。统筹推进疫情防控和经济社会发展，积极推进复工复产，推出10个方面39项惠企纾困措施，减免企业房租1162万元，落实减税降费1.2亿元。

统筹兼顾促协调，城乡面貌持续改善。新型城镇化宜居环境建设扎实推进，印石公园观景栈道及跨路天桥、玉田公园提升工程（二期）、新丰河景观亮化提升工程、闽江古田溪景观提升工程C4、C5标段竣工投用，完成古屏路世茂酒店至交警大队段、614路龙景佳园至城东街道办事处段沿街立面改造。城西片区供水工程投产运行，县第二水厂竣工验收，城乡生活垃圾治理一体化项目建成试运行。新改建供水管网、雨污管网、燃气管道27公里，新增城区停车位169个、充电桩76个，新建绿化景观1.1万平方米。旧城改造试点积极推进。“五大振兴”全面推进，科技特派员覆盖服务46个产业薄弱村、10个省级试点村、15个县级重点培育村，党支部领办59个合作社。农村人居环境整治持续深化，完成171个自然村、917户改厕，新改建村镇公厕77座，完成255个行政村房前屋后整治，完成村庄绿化35.3公顷，拆除违建82.4万平方米。完成县乡道晋级改造110公里。坂中村入选省委党校“四下基层”现场教学点。

精准发力破瓶颈，三大攻坚战果丰硕。脱贫成果有效巩固。全面落实“四个不摘”要求，建立防止返贫监测预警和精准救助机制，脱贫成果得到巩固提升，全县现行标准扶贫对象全部稳定脱贫，实现全面小康路上不落一人。污染防治成效明显。第一轮中央环保督察反馈问题整改基本完成，第二轮中央环保督察信访件交账销号率达100%。完成山水林田湖草生态保护修复工程、敖江流域矿山生态修复工程和闽江流域入河排污口整治任务。城区集中式饮用水水源水质达标率100%，省控小流域优良水质比例88.9%，主要流域国控、省控断面水质均达考核目标要求。“河（湖）长+检察长”府检协作模式得到国家水利部和最高人民检察院肯定与推广。完成10个精准减排项目，城区空气质量优良天数比例达100%。完成造林绿化933.3公顷、治理水土流失1000公顷。风险防范扎实有效。持续深化政银企联动协作，建立“税信贷”等6个融资平台，帮助65家企业争取授信8292万元。古田县民富融资担保公司成立运营，农村“两权”抵押贷款再续三年。不良贷款率降至1.64%。

不遗余力补短板，民生福祉持续增进。16项为民办实事项目有序推进。用于民生事业资金高达24.4亿元，占财政预算支出的84%。社会保障提质扩面。发放创业担保贷款399笔8688万元，新增城镇就业1375人，新增转移农村劳动力就业1998人。创新推行“小巷管家”特困群体照护关爱机制，农村低保补助标准从家庭人均年收入6960元提高到7152元。县社会福利中心建成投用，建成27个农村幸福院，开设13个“互助孝老食堂”。教育事业加快发展。城西幼儿园竣工投用，黄田第一、第二幼儿园和卓洋幼儿园封顶内装修。大桥中心小学综合楼竣工。古田三小等8所学校通过“义务教育管理标准化学校建设”市级评估。全市高考文科第一名花落古田。卫健事业不断加强。县医院迁建项目完成门诊、医技、附属楼主体结构封顶，同仁医院建设项目完成内部装修，县精神病防治院、城东卫生服务中心建设完工。建成统一的影像、心电、远程医疗等基础信息系统，实现201个村卫生所“村村通医保”。县医院“心衰中心”通过国家认证，DSA开机启用，冠脉介入诊疗技术成功开展。文体事业持续发展。成功举办2020年陈靖姑文化节网络直播活动，完成大型纪录片《千年临水情》制作播放。全省社会科学普及宣传周活动启动仪式在金翼之家举办。新增7名市级非遗代表性传承人。在全市率先完成325处不可移动文物保护线划定工作。完成国民体质监测和全民健身抽样调查。社会治理更加有效。扫黑除恶、禁毒整治等专项工作取得明显成效，更高水平“平安古田”建设持续深化。一批信访积案得到有效化解。食品药品安全风险有效防控。安全生产形势持续稳定。第七次全国人口普查入户登记工作高质量完成。应急管理体系和能力建设进一步加强。消防、森林防灭火、防汛抗旱等工作有效落实。国家拥军优属政策全面贯彻，退役军人服务保障工作得到加强。同时，审计统计、地震应急、工青妇残、老龄老干、农机气象、外事侨务、民族宗教、方志档案、关心下一代等工作取得了新业绩，为经济社会发展作出了新的贡献。

持之以恒优作风，政府效能不断提升。严格落实中央八项规定及其实施细则精神和省市县实施办法，驰而不息纠正“四风”，政府会议、文件简报大幅压缩，专项调研、检查考核提质增效。严格执行人大决议决定，共办理人大代表建议101件、政协提案65件。大力推行“互联网+政务服务”，审批服务事项网上可办率达98.3%。“12345”便民服务平台诉求件办结率达100%，群众满意率达99.5%。财政绩效综合评价晋级全国第27名、全省第一。

2020年各项工作任务的圆满收官，标志着“十三五”规划目标的胜利实现。五年来，紧紧团结和依靠全县人民，不忘初心、牢记使命，攻坚克难、锐意进取，经济社会发展迈上了新台阶。

综合实力显著增强。全县生产总值达216.1亿元，按可比价格计算，是2015年的1.27倍。人均地区生产总值达65074元，年均增长8.2%。公共财政总收入、地方公共财政收入分别年均增长3.5%、1.1%。全社会固定资产投资五年累计达288亿元，比“十二五”总和增长19%。五年累计完成社消零售总额377亿元、年均增长5.6%。主要经济指标基本完成或超额完成“十三五”规划目标。

人民生活明显改善。顺利实现省级扶贫开发工作重点县“摘帽”退出，建档立卡贫困户1270户、4509人全部脱贫，71个贫困村全部出列。城镇居民人均可支配收入和农民人均可支配收入较2015年分别提高10917元和7108元，五年累计新增城镇就业1.3万人、转移农村劳动力就业2.2万人。建成保障性住房565套。累计投入25亿元，办成75个为民办实事项目。民生短板加快补齐，新增学位7275个、养老床位3047张，配齐县医院“六大中心”和基层医疗机构“新六件”设备，义务教育发展基本均衡，公共文化服务体系更加健全，基本养老、基本医疗、最低生活保障等社会保障覆盖全体居民。

（摘编：林学军）

屏南县社会发展概况

2020年，屏南县坚持以习近平新时代中国特色社会主义思想为指导，统筹推进疫情防控和经济社会发展，扎实做好“六稳”工作，全面落实“六保”任务，经济社会发展呈现“总体平稳、后劲增强”的良好态势。完成地区生产总值93亿元，社会消费品零售总额38.7亿元，实际利用外资0.3亿元，一般公共预算总收入6.09亿元，地方一般公共预算收入4.03亿元，城镇居民人均可支配收入3.1万元，农村居民人均可支配收入1.7万元。一年来社会发展的主要工作和成效是：

疫情防控严密有序。面对突如其来的新冠肺炎疫情，全县上下迅速行动、积极应对，第一时间组建县乡村三级应对疫情指挥体系，建立“八个全覆盖”防控机制和“四个一”协调机制，组织4900多名党员干部下沉村居、卡口一线，筹措资金7000多万元采购口罩、防护服、负压救护车等防疫物资和建设隔离点、负压病房、PCR实验室等防治场所，实行中高风险地区和境外入屏人员全闭环管理，全面阻断疫情输入，疫情防控阻击战首战告捷。出台支持中小微企业发展共渡难关15条、项目复工5条等系列措施，实行“五个一”工作机制，发放纾困贷款5925万元，减免承租国有资产的企业和个体工商户租金215万元，退还企业应缴社保费用163万元，重点项目、规上企业率先在全市全面复工复产。严格落实“外防输入、内防反弹”防控策略和常态化防控措施，8类重点人群实现应检尽检，医院、车站、学校、市场等重点部位全面落实验码、测温、消杀等防控措施，强化进口冷链食品、冷冻库的风险排查和全过程监管，开展疫情防控应急演练桌面推演，坚决打赢疫情防控持久战，保持了“零疑似、零确诊”的良好局面。

乡村振兴全面发力。“三品一标”认证产品11个，“屏南高山花菜”获评全国名特优新农产品，入选省级农产品质量安全试点县、黑山羊特色养殖优势区。文创产业提档升级。争取专项债券资金8000万元投入文创村落建设，龙潭、厦地、双溪等一批文创基地集聚效应持续放大，“文创+”乡村旅游、旅居养生、研学旅行、新媒体经济等新业态加快发展。与中国人民大学可持续发展高等研究院等3所高等院校合作成立屏南乡村振兴研究院，聘请著名“三农”专家温铁军教授担任院长。龙潭村“文创+旅游”减贫模式入选世界旅游联盟旅游减贫案例，人民日报刊登了题为《古村焕发新活力（走向我们的小康生活）》介绍龙潭村文创助推乡村振兴经验。乡村治理提劲聚力。“十镇百村”改善提升项目和乡村振兴十大行动百项任务有效落实，实施乡村振兴发展项目205个、总投资4.8亿元，152个村集体经济年收入均达到10万元以上。全国美好环境与幸福生活共同缔造活动试点工作扎实推进，实施裸房整治1077幢，新增村庄绿地30公顷、“绿盈乡村”43个，建成旅游公厕14座、乡村公厕37座，完成自然村改水5个，农村改水改厕通过市级验收。完成城乡供水一体化规划编制。制定农村生活污水专项治理规划，出台农村生活污水治理设施运行维护管理办法。选派乡村振兴指导员、科技特派员、驻村第一书记193名，实现试点村与薄弱村全覆盖。加快农村“六大员”队伍整合，乡村治理能力持续提升。北墘获评全国文明村，寿山获评省级乡村治理示范乡镇，村头获评省级侨乡文化名村。

三大攻坚战取得实效。脱贫成果有效巩固。

稳定提升脱贫质量，重点贫困人口105户375人实行“一对一”单列管理。筹集资金584万元启动实施困难群众老旧住房电气线路改造，惠及贫困户、低保户、五保户1050户。作为全国唯一县份承担探索解决相对贫困长效机制试验任务，相关经验在全国农村改革试验区培训交流会上作典型发言。生态质量有效提升。深入开展“环境质量优化年”活动，创新环保问题整治流程，扎实推进中央环保督察反馈问题办结销号。全面落实河湖长制，主要流域水质稳定Ⅲ类以上。完成生态保护红线评估调整和榕屏化工去功能化交账销号，全面清理整治“散乱污”企业和“青山挂白”现象，治理水土流失面积250公顷、生态修复废弃矿山5公顷、植树造林733.3公顷。金融风险有效防控。加大不良贷款处置力度，不良贷款率（不含榕屏化工）下降至0.92%，防范和处置非法集资、“网络贷”“套路贷”专项整治工作取得阶段性成效。

民生保障显著改善。29项为民办实事项目全面完成。深入实施“教育质量提升年”活动，出台提升基础教育质量系列措施，光明第二幼儿园、岭下中学综合楼投入使用，熙岭幼儿园完成建设，国宝小学以及岭下、代溪等2所乡镇幼儿园加快推进。县精神病院老年康复病房综合楼、疾控中心实验楼、中医院门诊医技综合楼竣工验收，6个乡镇卫生院、1个社区卫生服务中心实现“双达标”，县总院传染病综合楼以及屏城、岭下等2所乡镇卫生院医技综合楼动工建设，基本实现农村医保“村村通”“就近通”，公共卫生体系持续优化。城市公益性公墓启动建设。社会福利中心、双溪等5个乡镇敬老院实现社会化运营，建成21个农村幸福院。教育、医疗卫生、养老等民生事业共计投入资金5.8亿元。城乡居民医疗保险参保率99.9%，城乡居民养老保险参保率98.4%。全面实现城乡低保标准一体化，低保标准提高至每人每年7152元。强化“稳就业、保就业”力度，发放稳岗补贴企业83家，新增城镇就业805人，城镇登记失业率为3.4%。北墘、三万里省级基层文化服务中心示范点投入使用，体育中心动工建设，成功举办“美丽中国”全国门球比赛、茶盐古道村庄越野赛。扎实推进平安屏南建设，开展党政领导大接访活动，群众信访处理答复率100%。“七五”普法、第七次全国人口普查登记工作圆满完成。省级食品生产经营环节“一证通”试点通过验收。扫黑除恶、民间标会治理工作取得实效，安全生产形势稳定向好，社会大局保持和谐有序。

党政建设切实加强。坚持把抓发展、保稳定、促和谐作为增强“四个意识”、坚定“四个自信”、做到“两个维护”的实际行动。自觉接受县人大的依法监督和县政协的民主监督，办复县人大代表建议意见62件、政协委员提案59件，满意率均为100%。全面落实行政执法“三项制度”，行政执法规范化水平明显提升。认真履行全面从严治党主体责任，严格落实中央八项规定及实施细则精神，强化意识形态工作责任制，狠抓巡视、审计反馈问题整改。驰而不息纠治“四风”，力戒形式主义、官僚主义，切实减轻基层负担。强化工程建设、政府采购等重点领域监管，村账乡管、政府“阳光平台”等机制有效运行，廉政风险防控体系持续织密完善。树牢精打细算过紧日子思想，强化财政预算绩效管理，优化财政支出结构，全面实行县内公务“零接待”，一般性支出压减10%。

2020年各项工作的顺利完成，为“十三五”规划收官画上了圆满句号。五年来，全县上下团结一心，迎难而上，奋力前行，有效应对复杂多变形势带来的各种困难和挑战，经济社会发展取得了突破性进展、历史性跃升，综合实力大幅提升。市对县综合绩效考核连续四年优秀。地区生产总值突破90亿元、是“十二五”末的1.4倍；一般公共预算总收入年均增长5.2%，地方一般公共预算收入年均增长3.1%，“两项收入”税性占比分别比“十二五”末提高5.6个和7.1个百分点；城镇居民人均可支配收入年均增长8.4%；农村居民人均可支配收入年均增长9.1%，增速连续五年高于全省平均水平。获得中国传统村落文化创意产业发展示范县、国家级电子商务进农村示范县、全国绿色旅游示范基地、全国民间药膳示范县、省级农村一、二、三产业融合发展试点县等多个国字号、省字号牌子。

（摘编：周忠志）

平潭综合实验区社会发展综述

2020年是全面建成小康社会和“十三五”规划收官之年，是平潭发展历史上极不寻常、极不平凡的一年。在省委省政府和实验区党工委坚强领导下，平潭综合实验区坚持以习近平新时代中国特色社会主义思想为指导，深入贯彻党的十九大和十九届二中、三中、四中、五中全会精神，增强“四个意识”、坚定“四个自信”、做到“两个维护”，坚持稳中求进总基调，坚持新发展理念，扎实做好“六稳”工作、全面落实“六保”任务，夺取了疫情防控和经济社会发展“双胜利”。

在实验区干部群众全力冲刺年度和“十三五”目标任务的关键时刻，省委尹力书记来岚调研指导，充分肯定平潭发展成就，提出做好“四篇大文章”，为未来发展指明了方向，注入了强大动力。我们坚持人民至上、生命至上，严把“三道关口”，压实“四方责任”，筑牢“五道防线”，打赢了疫情防控的人民战争、总体战、阻击战，保持了“零确诊”，守护了群众生命安全和身体健康，为经济复苏增长创造了良好条件，全年目标任务顺利完成，确保了“十三五”圆满收官，为“十四五”开局奠定了坚实基础。深入实施习近平总书记亲自擘画的“一岛两窗三区”战略，旅游品牌全面打响，两岸融合、对外开放走深走实，改革创新成果丰硕，产业培育开拓新篇，高质量发展超越的步伐更加稳健。

2020年地区生产总值301.4亿元，增长5.4%；一般公共预算总收入90.8亿元，增长28.2%；地方一般公共预算收入54.6亿元，增长20%；进出口总值131.3亿元，增长31.4%；城镇登记失业率3%；城镇居民人均可支配收入43278元，增长3.9%；农村居民人均可支配收入18742元，增长6.6%；节能减排任务全面完成。一年来社会发展的主要工作和成效是：

坚持探索新路，两岸融合行稳致远。经贸合作逆势上扬，台湾农渔产品贸易和保税进口货值分别增长48.2%、89.6%，构建“全球—台湾—平潭”海空联运通道，中转运输防疫物资超过4万批次。深化行业标准共通，率先构建覆盖职业资格、企业资质、商品检验的全链条采信体系。宗仁科技成为平潭首家在海峡股权交易中心挂牌的台资企业。台企参与制定的《海峡两岸绿色建筑评价标准》，成为福建省工程建设地方标准。海峡两岸交流培训中心开工建设，台胞社区加快建设。民间交流持续深化，成功举办第九届共同家园论坛、第三届两岸国学论坛、首届IM两岸青年影展、第十二届海峡两岸电视主持新人大赛等35场对台交流活动。基层治理创新发展，全国首创“一网三联”涉台司法服务模式和台湾法律专才实习实训试点，培育两岸基层融合试点村86个，形成8个各具特色的基层融合示范村居。

坚持一体发展，城乡建设统筹推进。世界最长最美跨海公铁大桥建成通车，入选“2020年度央企十大超级工程”，平潭迈入高铁时代。全国首创5G通信基站建设“快车道”模式，建成5G基站663个，基本实现全岛5G信号全覆盖。新建、改造、打通市政道路30多条，新增各类停车位15000多个，污水、供水、燃气等管道建设进一步加快。积极创建全国文明城市，城市管理更加有序，“两违”综合治理保持良好态势。全省率先完成20个省级乡村振兴试点村庄规划编制，征迁清零、“三沿六区”坟墓整治、海域养殖清退任务全面完成，农村人居环境整治如期完成，7 个村居被评为省级森林村庄。推动村（居）与区属国企合作，盘活闲置资金 2.1 亿元，186 个村（居）年经营性收入达到 10 万元以上。现代农业加快发展，获批"绿色食品"认证 4 个、国家地理标志产品 1 个。河长制工作深入开展，城乡供水一体化建设正式启动，"一闸三线"平潭段等一批重大水利项目有序推进。

坚持民生优先，社会事业不断发展。聚焦群众急难愁盼，系统谋划实施教育、医疗、文化、体育、创城等五个"补齐短板三年行动计划"。新建、改造 5 所学校，幼儿园公办率普惠率首次达到省定标准，实施教师"区管校聘"改革，教学水平进一步提高，国内"双一流"高校录取率实现新突破。实验区总医院挂牌成立，两岸国医馆正式开馆，区医院神经外科、儿科分别获评全省临床重点专科建设单位和培育单位。城镇新增就业 1622 人，城乡低保年发放标准比上年提高 780 元，医保财政补助高于省定标准，贫困群体全面实现兜底帮扶，脱贫攻坚成果进一步巩固。与中国社科院联合设立中华优秀传统文化研究基地，群众文艺汇演和全民健身运动方兴未艾。慈善总会正式成立，海上救援能力明显提升，人民群众获得感幸福感日益增强。

坚持共治共享，治理水平持续提升。平安建设持续深化，刑事立案数降至近十年最低，退出"扫黑除恶重点推进地区"名单，毒品关注县实现"脱帽"，"平安三率"显著提升。普法工作持续推进。信访渠道进一步规范和畅通，一批信访积案有效化解。扎实开展各领域安全生产专项整治，各类重特大生产安全事故得到遏制，应急管理体系进一步加强。精准化解、有效防范金融和政府债务风险，在保基本民生、保工资、保基层运转和保重点建设资金需求的基础上，成功化解政府历史债务超过 110 亿元。加强食品药品安全监管，市场秩序保持稳定。第七次全国人口普查现场登记工作全面完成。双拥共建、民族宗教、气象、科普、人防、地方志、保密、档案、工会、妇女儿童、老龄、残疾人等各项事业齐头并进。

坚持党建引领，自身建设全面加强。巩固深化"不忘初心、牢记使命"主题教育成果，严格落实中央八项规定及其实施细则精神，全面推进党风廉政建设和反腐败斗争，风清气正、政通人和的发展氛围更加浓厚。加快法治政府建设，认真执行县人大及其常委会决定决议，办理人大代表建议 119 件、政协提案 132 件。持续深化机关效能建设，深入推进"全媒体问政"，统筹督查增效和基层减负，驰而不息整治形式主义官僚主义，人民群众满意率进一步提高。

"十三五"时期社会发展的主要成效。"十三五"是平潭开放开发进程中极其重要的发展时期，经历了爬坡过坎、攻坚克难的艰辛历程。经过全区上下铁心拼搏、不懈奋斗，省委省政府提出的"四个转变"基本实现，《平潭综合实验区总体发展规划》第二阶段、《平潭国际旅游岛建设方案》第一阶段主要目标基本完成，开放开发亮点纷呈，经济社会全面进步，干成了多年来想干而没有干成的许多大事要事，实现了许多人想都不敢想的历史性突破，平潭从名不见经传的"丑小鸭"变成了声名鹊起的"白天鹅"，充满活力、更具魅力的"麒麟宝岛"加快崛起，奏响了"平潭浪涌"的时代强音。

突出协调发展，城乡面貌呈现新气质。切实加强城市规划建设管理，"栽得梧桐树，引得凤凰来"。金井新城日益繁荣，新区发展人兴业旺。城市基础建设全面升级，高标准建成海峡公铁大桥、高铁中心站、国际会展中心等一批城市新地标，环岛路、和平大道、中山大道、麒麟大道等城市主干路网四通八达，高铁入岛与福州形成半小时生活圈。全国首批综合管廊试点城市和智慧城市试点建设进展顺利。新汽车站、垃圾焚烧发电、餐厨垃圾处理、再生水厂等一大批重大市政设施投入使用，农贸市场、老旧小区、背街小巷和老旧管网改造全面推进。乡村振兴战略深入实施，建成 64 个省区级美丽乡村，打造了一批全国和省级乡村旅游重点村。新建农村生态示范路 250 公里，"镇镇有干线"建设完美收官。全省率先实现城乡公交一体化，主岛行政村全面实现"村村通公交"。新改扩建陆岛交通码头 13 个，离岛群众出行更加便捷安全。获批国家城乡融合发展试验区，城市发展的韧性和后劲越来越强。

突出绿色发展，生态建设迈开新步伐。遵循

"原生态+现代化"理念，邀请新加坡、日本等国际顶级规划团队编制国际旅游岛概念性规划，规划引领作用进一步强化。特色鲜明滨海旅游工程接续实施，打造了一批高品质的景区景点、产品业态，旅游服务体系得到加强，内涵和品质进一步提升。累计接待游客近2200万人次，旅游收入近220亿元，知名度美誉度大幅度攀升。践行"绿水青山就是金山银山"理念，大力保护石头厝、沙滩、岸线、水下文物等"真宝贝"，加强三十六脚湖饮用水源地保护，推进金井新城水系提升和小流域整治，全区饮用水水质100%达标，保障了群众身体健康。新建改造城市公园8个，城市园林美化花化水平进一步提升。连续十年每年植树造林1000万株以上，森林覆盖率提升至38.85%。空气质量连续5年居全省九市一区首位，获评国家森林城市，群众享受到的绿色福利越来越多。

突出开放发展，"两个窗口"开创新格局。在两岸关系复杂严峻的形势下，坚持先行先试，深化"一岛两标"，首创对台职业资格采信等65项惠台举措。平潭到台湾北、中、南部客货运航线实现全覆盖，经平潭口岸往来两岸旅客近100万人次，注册台企1200多家。率先落实台胞台企"两个同等待遇"，130多名台湾专才、台籍社区营造师参与公共事务管理和基层社区治理。台湾创业园、澳前台湾小镇、北港文创村、两岸影视基地等创新创业平台优化提升，国际南岛语族考古研究基地、两岸国学中心等文化交流平台深受青睐，"闽台合作的窗口"作用更加凸显。自贸试验区建设活力迸发，累计形成创新成果193项，为全国全省提供127项可复制可推广的"平潭经验"，"放管服"改革步伐加快，商事登记、投资管理、通关贸易等重点领域改革走在全国前列，绝大部分便民服务事项30分钟内办结。行政管理体制改革持续深化，审计监督作用有效发挥。引进各类人才1600余名，比"十二五"时期增长近1倍。

突出共享发展，民生福祉得到新提升。每年财政用于改善民生资金都占一般公共预算支出的70%以上，累计达到350亿元，建成一大批社会事业和为民办实事项目，科研机构、高等院校、三甲医院实现零的突破。自然资源部海岛研究中心、福建信息职业技术学院建成投用，厦门大学平潭研究院落地发展。新建扩建福建师大平潭附中、平潭一中新校区等30多所标准化学校，全省率先实行12年免费义务教育，教育质量稳步提升。协和医院平潭分院投入使用，社区医疗和公共卫生防控救治能力得到加强。提前一年全面完成脱贫攻坚任务。全省率先实现城乡低保一体化。社会福利中心正式运营，养老床位增长近5倍。被征地农民保障和城乡居民养老、医保筹资标准均居全省前列。建成澳前、竹园等7个安置小区近15000套安置房，总面积达180万平方米，近6300户征迁群众搬进新家、安居乐业。加强新时代双拥工作，海防建设管理和国防动员成效明显，部队官兵关心关注的"后路、后院、后代"问题有效解决，转业军官100%安置在行政、参公单位，军民融合发展呈现良好局面。扫黑除恶专项斗争纵深推进，司法公平正义得到彰显，平安建设向更高水平迈进，和顺致祥、幸福美满的生活环境越来越好。

2021年平潭综合实验区经济社会发展的主要预期目标是：地区生产总值增长7.8%；一般公共预算总收入增长4.5%，地方一般公共预算收入增长4.5%；固定资产投资完成210亿元；进出口增长10%；实际利用外资增长10%；社会消费品零售总额增长10%；城镇登记失业率与上年持平；城镇居民、农村居民人均可支配收入分别增长7%和8%；完成省定生态指标任务。

（摘编：王诗诚）

第七篇

统计数据

说明：

本篇内容摘自《2021 福建统计年鉴》，采用近三年的数据（除注明外）。

（摘编：王诗诚）

综　合

福建省行政区划（2020 年底）

设区市名称	县级行政单位数（个）				县级行政单位名称
	合计	县	县级市	市辖区	
总　计	85	44	12	29	
福州市	13	6	1	6	鼓楼区　仓山区　台江区　马尾区　晋安区　长乐区　福清市　闽侯县　连江县　罗源县　闽清县　永泰县　平潭县
厦门市	6			6	思明区　海沧区　湖里区　集美区　同安区　翔安区
莆田市	5	1		4	城厢区　涵江区　荔城区　秀屿区　仙游县
三明市	12	9	1	2	三元区　梅列区　永安市　明溪县　清流县　宁化县　大田县　尤溪县　沙　县　将乐县　泰宁县　建宁县
泉州市	12	5	3	4	鲤城区　丰泽区　洛江区　泉港区　石狮市　晋江市　南安市　惠安县　安溪县　永春县　德化县　金门县
漳州市	11	8	1	2	芗城区　龙文区　龙海市　云霄县　诏安县　漳浦县　长泰县　东山县　南靖县　平和县　华安县
南平市	10	5	3	2	延平区　建阳区　邵武市　武夷山市　建瓯市　顺昌县　浦城县　光泽县　松溪县　政和县
龙岩市	7	4	1	2	新罗区　永定区　漳平市　长汀县　上杭县　武平县　连城县
宁德市	9	6	2	1	蕉城区　福安市　福鼎市　霞浦县　古田县　屏南县　寿宁县　周宁县　柘荣县

平均每天主要社会经济活动

项　　　目	2010	2019	2020
一、全省每天创造的财富			
地区生产总值（亿元）	41.10	115.96	119.96
农林牧渔总产值（亿元）	6.10	12.70	13.43
工业总产值（亿元）	65.22	173.08	169.32
一般公共预算总收入（亿元）	5.63	14.10	14.09
#地方一般公共预算收入	3.15	8.36	8.41
一般公共预算支出（亿元）	4.64	13.91	14.25
原煤（吨）	66924	22787	17646
原盐（吨）	915	598	725
发电量（万千瓦时）	37159.45	65929.81	69320.22

续表

项　　目	2010	2019	2020
粗钢（吨）	29778	65487	67391
钢材（吨）	36728	102402	105509
生铁（吨）	15310	28441	30224
水泥（吨）	158718	258716	264669
平板玻璃（重量箱）	74385	140108	146496
布（万米）	854. 80	2815. 20	2035. 22
纱（吨）	5061	15915	14848
服装（万件）	800. 75	1452. 06	1505. 74
机制纸及纸板（吨）	11837	22058	21817
农用化肥（吨）	1586	2473	2356
烧碱（吨）	551	1068	981
彩色电视机（台）	24742	21667	36339
卷烟（箱）	4623	4816	4844
罐头（吨）	5567	8163	7700
粮食（吨）	16018	13532	13725
油料（吨）	605	604	621
甘蔗（吨）	1526	719	737
茶叶（吨）	747	1205	1261
水果（吨）	13993	18674	19592
肉类（吨）	5277	6990	7087
水产品（吨）	16094	22317	22687
食用菌（吨）	2090	3654	3767
二、全省每天消费量			
能源消费量（万吨标准煤）	25. 18	37. 58	37. 99
社会消费品零售总额（亿元）	16. 48	51. 77	50. 89
三、每天其他经济活动			
国际旅游外汇收入（万美元）	815. 96	2806. 43	565. 20
能源生产总量（万吨标准煤）	8. 93	11. 93	10. 92
货运周转量（亿吨公里）	8. 17	22. 73	24. 65
客运周转量（万人公里）	17774. 25	32603. 29	18086. 61
货物进出口总额（万美元）	29802. 81	52900. 35	55551. 19
出口总额（万美元）	19587. 16	32926. 90	33439. 08
进口总额（万美元）	10215. 66	19973. 45	22112. 11
主要港口货物吞吐量（万吨）	89. 55	162. 97	169. 76
邮电业务总量（万元）	32717. 53	106322. 19	130189. 62

续表

项　　目	2010	2019	2020
邮寄函件（万件）	69.04	13.03	8.93
图书出版总印数（万份）	21.23	39.41	37.21
杂志出版总印数（万份）	8.06	5.91	5.51
报纸出版总印数（万份）	273.92	202.22	189.93
四、全省每天婚姻变动			
结婚对数（对）	1038	658	562
离婚对数（对）	120	267	255

全省法人单位数和从业人员数（2020 年）

项　　目	法人单位数（个）	单产业法人	多产业法人
按登记注册类型分	**1156978**	**1133545**	**23433**
内资	1140856	1118080	22776
国有	39931	36609	3322
集体	8493	7819	674
股份合作	418	365	53
联营	313	310	3
国有联营	37	36	1
集体联营	94	93	1
国有与集体联营	28	28	
其他联营	154	153	1
有限责任公司	23671	22252	1419
国有独资公司	2309	2048	261
其他责任有限公司	21362	20204	1158
股份有限公司	1765	1375	390
私营	989691	974173	15518
私营独资	65677	65218	459
私营合伙	13067	13001	66
私营有限责任公司	906699	891998	14701
私营股份有限公司	4248	3956	292
其他	76574	75177	1397
港澳台商投资	10780	10408	372
合资经营（港或澳、台资）	2480	2378	102
合作经营（港或澳、台资）	83	80	3

续表

项　　目	法人单位数（个）	单产业法人	多产业法人
港、澳、台商独资经营	7946	7702	244
港、澳、台商投资股份有限公司	154	133	21
其他港澳台商投资	117	115	2
外商投资	5342	5057	285
中外合资	1411	1339	72
中外合作	33	32	1
外商独资	3739	3541	198
外商投资股份有限公司	75	64	11
其他外商投资	84	81	3
按机构类型分	**1156978**	**1133545**	**23433**
企业	1031865	1012895	18970
事业单位	26700	25526	1174
机关	7706	5859	1847
社会团体	18154	18106	48
其他	72553	71159	1394
按行业分	**1156978**	**1133545**	**23433**
农、林、牧、渔业	59673	59503	170
农业	31690	31618	72
林业	6301	6264	37
畜牧业	8700	8677	23
渔业	7312	7294	18
农、林、牧、渔服务业	5670	5650	20
采矿业	1811	1770	41
煤炭开采和洗选业	142	136	6
石油和天然气开采业			
黑色金属矿采选业	237	224	13
有色金属矿采选业	185	180	5
非金属矿采选业	1177	1160	17
开采辅助活动	41	41	
其他采矿业	29	29	
制造业	158080	156392	1688
农副食品加工业	6177	6072	105
食品制造业	4795	4708	87

续表

项　　目	法人单位数（个）	单产业法人	多产业法人
酒、饮料和精制茶制造业	6474	6362	112
烟草制品业	12	11	1
纺织业	5821	5761	60
纺织服装、服饰业	10831	10694	137
皮革、毛皮、羽毛及其制品和制鞋业	11686	11597	89
木材加工和木、竹、藤、棕、草制品业	6427	6367	60
家具制造业	5585	5540	45
造纸和纸制品业	4063	4036	27
印刷和记录媒介复制业	3237	3191	46
文教、工美、体育和娱乐用品制造业	10598	10512	86
石油加工、炼焦和核燃料加工业	289	282	7
化学原料和化学制品制造业	3962	3896	66
医药制造业	1297	1269	28
化学纤维制造业	274	271	3
橡胶和塑料制品业	8404	8345	59
非金属矿物制品业	19460	19283	177
黑色金属冶炼和压延加工业	564	558	6
有色金属冶炼和压延加工业	727	717	10
金属制品业	13018	12920	98
通用设备制造业	8497	8416	81
专用设备制造业	8075	8009	66
汽车制造业	1860	1836	24
铁路、船舶、航空航天和其他运输设备制造业	1023	1013	10
电气机械和器材制造业	5325	5257	68
计算机、通信和其他电子设备制造业	3946	3883	63
仪器仪表制造业	1160	1140	20
其他制造业	2348	2335	13
废弃资源综合利用业	880	866	14
金属制品、机械和设备修理业	1265	1245	20
电力、热力、燃气及水生产和供应业	6853	6640	213
电力、热力生产和供应业	5488	5340	148
燃气生产和供应业	179	145	34
水的生产和供应业	1186	1155	31

续表

项　　目	法人单位数（个）	单产业法人	多产业法人
建筑业	55581	51329	4252
房屋建筑业	17425	15054	2371
土木工程建筑业	10652	9409	1243
建筑安装业	4375	4184	191
建筑装饰和其他建筑业	23129	22682	447
批发和零售业	404677	399969	4708
批发业	224222	222217	2005
零售业	180455	177752	2703
交通运输、仓储和邮政业	23530	22724	806
铁路运输业	73	71	2
道路运输业	13585	13235	350
水上运输业	1421	1373	48
航空运输业	148	140	8
管道运输业	8	8	
多式联运和运输代理业	5243	5135	108
装卸搬运和仓储业	1988	1945	43
邮政业	1064	817	247
住宿和餐饮业	16900	16177	723
住宿业	5455	5291	164
餐饮业	11445	10886	559
信息传输、软件和信息技术服务业	70248	69699	549
电信、广播电视和卫星传输服务	861	782	79
互联网和相关服务	21107	20992	115
软件和信息技术服务业	48280	47925	355
金融业	4734	4204	530
货币金融服务	1422	1157	265
资本市场服务	2136	2123	13
保险业	531	289	242
其他金融业	645	635	10
房地产业	26042	24738	1304
房地产业	26042	24738	1304
租赁和商务服务业	124636	122824	1812
租赁业	9370	9244	126

续表

项　　目	法人单位数（个）		
		单产业法人	多产业法人
商务服务业	115266	113580	1686
科学研究和技术服务业	54197	53077	1120
研究和试验发展	10602	10539	63
专业技术服务业	20978	20063	915
科技推广和应用服务业	22617	22475	142
水利、环境和公共设施管理业	7619	7468	151
水利管理业	657	634	23
生态保护和环境治理业	1178	1159	19
公共设施管理业	4769	4670	99
土地管理业	1015	1005	10
居民服务、修理和其他服务业	20506	20065	441
居民服务业	9047	8819	228
机动车、电子产品和日用产品修理业	7867	7722	145
其他服务业	3592	3524	68
教育	23600	22593	1007
教育	23600	22593	1007
卫生和社会工作	8314	8141	173
卫生	5840	5689	151
社会工作	2474	2452	22
文化、体育和娱乐业	30424	30072	352
新闻和出版业	342	332	10
广播、电视、电影和影视录音制作业	4698	4645	53
文化艺术业	10621	10530	91
体育	3670	3567	103
娱乐业	11093	10998	95
公共管理、社会保障和社会组织	59553	56160	3393
中国共产党机关	1550	1415	135
国家机构	14967	13117	1850
人民政协、民主党派	272	260	12
社会保障	265	259	6
群众团体、社会团体和其他成员组织	25138	25074	64
基层群众自治组织	17361	16035	1326

各设区市按行业门类分的法人单位数（2020 年）

单位：个

项　　　目	福建省	福州市	厦门市	莆田市	三明市	泉州市	漳州市	南平市	龙岩市	宁德市
农、林、牧、渔业	59673	7697	1389	2417	7677	6974	8597	8436	5508	10978
采矿业	1811	69	14	18	551	260	153	170	469	107
制造业	158080	15518	23233	7770	5852	66710	14702	8103	5964	10228
电力、热力、燃气及水生产和供应业	6853	693	176	161	1294	869	911	871	1155	723
建筑业	55581	14295	10077	2948	2416	11233	5016	3174	3469	2953
批发和零售业	404677	64092	76151	42475	12127	125299	28333	18755	19918	17527
交通运输、仓储和邮政业	23530	4963	5641	855	1264	4367	2457	1477	1238	1268
住宿和餐饮业	16900	3670	4286	930	568	3389	1443	723	1051	840
信息传输、软件和信息技术服务业	70248	16792	17574	2773	1474	21288	3325	2159	2853	2010
金融业	4734	1729	1494	94	157	537	211	141	200	171
房地产业	26042	5569	5208	1348	1246	5210	2473	1533	1620	1835
租赁和商务服务业	124636	30189	26630	5179	3524	31582	8683	5848	4925	8076
科学研究和技术服务业	54197	12854	12814	2419	1836	12139	4609	2248	2879	2399
水利、环境和公共设施管理业	7619	1224	1035	430	675	1229	1121	670	598	637
居民服务、修理和其他服务业	20506	4557	5452	991	697	4107	1693	972	1079	958
教育	23600	4169	4727	1630	1251	4237	3130	1448	1687	1321
卫生和社会工作	8314	2327	963	347	1184	1107	647	759	487	493
文化、体育和娱乐业	30424	5882	7511	1418	1208	7011	2340	1772	1930	1352
公共管理、社会保障和社会组织	59553	11378	2760	4113	6161	9531	6706	6967	5237	6700
国际组织										

各设区市按机构类型分的法人单位数（2020 年）

单位：个

地　区	法人单位数					
		企业法人	事业法人	机关法人	社团法人	其他法人
福建省	1156978	1031865	26700	7706	18154	72553
福州市	207667	187013	4509	1289	4146	10710
厦门市	207135	201110	1223	405	1330	3067
莆田市	78316	71213	1995	459	817	3832
三明市	51162	36720	2956	1004	1684	8798
泉州市	317079	298087	4157	1091	3734	10010
漳州市	96550	80820	3915	1088	1406	9321
南平市	66226	50297	3729	868	2329	9003
龙岩市	62267	51479	1994	685	1538	6571
宁德市	70576	55126	2222	817	1170	11241

人口　就业　工资

主要年份年末常住人口及人口变动

年　份	常住总人口（万人）	按性别分类		按城乡分		人口出生率（‰）	人口死亡率（‰）	人口自然增长率（‰）	人口密度（人/平方公里）
		男	女	城镇	农村				
2018	4104	2099	2005	2749	1355	13.20	6.20	7.00	331
2019	4137	2014	2033	2808	1329	12.90	6.10	6.80	334
2020	4161	2151	2010	2861	1300	9.21	5.13	4.08	336

各种受教育程度人口占总人口的比重

单位:%

项　　目	2010 年	2019 年	2020 年
大专以上	8.4	11.4	14.1
高中（含中专）	13.9	15.8	14.2
初中	37.9	38.7	32.2
小学	29.8	25.9	28.0

家庭户类型构成

单位:%

项　　目	2000 年	2010 年	2020
一人户	9.1	12.1	27.3
二人户	15.5	17.2	26.3
三人户	25.4	24.3	19.4
四人户	24.7	21.7	14.2
五人户	15.8	13.7	6.9
六人户	5.9	6.4	4.0
七人户	2.2	2.6	1.1
八人户	0.8	1.1	0.4
九人户	0.3	0.5	0.2
十人及以上户	0.3	0.4	0.2

七次全国人口普查人口基本情况

项　　目	1953	1964	1982	1990	2000	2010	2020
一、总户数和总人口							
家庭户（万户）	320	360	514	658	874	1121	1437
总人口（万人）	1285	1676	2587	3005	3410	3689	4161
男	662	869	1331	1543	1757	1898	2151
女	623	807	1256	1462	1653	1791	2010
性别比（女性=100）	106.4	107.8	105.9	105.6	106.3	106.0	106.9
平均每户人数（人/户）	4.0	4.7	4.9	4.4	3.6	3.0	2.7
二、城乡人口（万人）							
城镇人口		223	548	642	1432	2106	2861
乡村人口		1453	2039	2363	1978	1583	1300
城镇化率（%）		13.3	21.2	21.4	42.0	57.1	68.8
三、民族人口（万人）							
汉族人口			2562	2958	3351	3610	4049
占总人口比重（%）			99.0	98.4	98.3	97.8	97.3
少数民族人口			25	47	59	80	112
占总人口比重（%）			1.0	1.6	1.7	2.2	2.7
四、人口年龄构成							
0—14岁人口（万人）	460	709	945	946	760	571	803
占总人口比重（%）	35.8	42.3	36.5	31.5	22.3	15.5	19.3
15—64岁人口（万人）	782	914	1530	1907	2422	2828	2890
占总人口比重（%）	60.9	54.5	59.1	63.5	71.0	76.7	69.6
65岁及65岁以上人口（万人）	43	53	113	152	228	291	462
占总人口比重（%）	3.3	3.2	4.4	5.0	6.7	7.9	11.1
百岁老年人口（人）	16	14	45	143	373	1058	2342
男	3	2	7	16	46	221	506
女	13	12	38	127	327	837	1836
总抚养比（%）	64.2	83.3	69.2	57.6	42.2	30.5	43.7
少儿抚养比	58.8	77.6	61.8	49.6	32.7	20.2	27.8
老年抚养比	5.4	5.8	7.4	8.0	9.5	10.3	15.9
老少比（%）	9.2	7.4	12.0	16.1	30.1	51.0	57.4
平均预期寿命（岁）			68.50	70.50	72.55	75.76	
男			66.20	68.40	70.30	73.27	
女			70.70	72.60	75.07	78.64	
五、受教育人口							
每十万人拥有小学及以上文化程度人口（人）							
小学		26716	36334	43213	40200	29801	28031

续表

项　　目	1953	1964	1982	1990	2000	2010	2020
初中	5070	12601	16891	35700	37886	32218	
高中及中专		1826	5716	6991	11300	13876	14212
大专以上		439	608	1228	3200	8361	14148
文盲人口			651	477	327	90	97
文盲率（%）		58.8	25.2	15.9	9.6	2.4	2.3
六、劳动力和就业状况							
劳动适龄人口（万人）	701	816	1364	1710	2188	2556	2511
男（16—59 岁）	367	444	736	911	1148	1353	1367
女（16—54 岁）	335	372	628	799	1040	1203	1144
占总人口比重（%）	54.6	48.7	52.7	56.9	64.2	69.3	60.4
七、各种婚姻人口占 15 岁及以上人口比重（%）			**100**	**100**	**100**	**100**	**100**
未婚			28.4	25.1	24.1	22.9	18.6
有配偶			63.4	67.8	69.6	70.6	73.7
离婚			0.6	0.6	0.7	1.1	2.2
丧偶			7.6	6.5	5.6	5.4	5.5
八、生育							
育龄妇女人数（万人）	319	354	608	778	1006	1121	998
生育旺盛期组（女 20—29 岁）	106	109	212	293	328	359	228
生育率（‰）			94.4	90.8	32.9	33.0	39.4
总和生育率			2.70	2.40	1.03	1.12	1.36
九、人口自然变动							
出生率（‰）	36.67	38.59	27.91	24.44	11.60	11.27	9.21
死亡率（‰）	12.55	8.68	6.35	6.71	5.85	5.16	5.13
自然增长率（‰）	24.12	29.91	21.56	17.73	5.75	6.11	4.08

就业基本情况

项　　目	2010 年	2019 年	2020 年
就业人员合计（万人）	**2114**	**2210**	**2206**
第一产业	600	369	323
第二产业	774	745	719
第三产业	740	1096	1164
就业人员构成（%）			
第一产业	28.4	16.7	14.6
第二产业	36.6	33.7	32.6
第三产业	35.0	49.6	52.8

续表

项目	2010 年	2019 年	2020 年
城镇非私营单位就业人员（万人）	**507.14**	**639.58**	**605.90**
#国有单位	155.51	147.14	152.27
集体单位	16.58	9.32	8.85
股份合作单位	8.14	5.47	7.51
联营单位	1.95	0.32	0.40
有限责任公司	87.40	276.30	245.28
股份有限公司	31.28	52.97	52.65
港澳台商投资单位	110.25	84.33	77.82
外商投资单位	81.88	48.58	53.84
城镇非私营单位在岗职工人数（万人）	**485.94**	**522.82**	**497.57**
国有单位	145.74	118.99	126.18
城镇集体单位	15.38	6.66	6.32
其他经济	324.83	397.16	365.07
城镇私营单位就业人员数（万人）	**362.67**	**617.59**	**603.26**
城镇登记失业人数（万人）	**14.49**	**16.81**	**35.74**
城镇登记失业率（%）	**3.77**	**3.50**	**3.82**

全社会就业情况（年底数）

年份	就业人员数（万人）	城镇非私营单位在岗职工（万人）	国有单位	城镇集体单位	其他单位	城镇登记失业人数（万人）	城镇登记失业率（%）
2018	2222	588.80	128.45	7.55	452.79	17.33	3.71
2019	2210	522.82	118.99	6.66	397.16	16.81	3.50
2020	2206	497.57	126.18	6.32	365.07	35.74	3.82

城镇非私营单位企业、事业、机关年末在岗职工人数

单位：万人

年份	总计	企业	机关和事业	事业	机关
2018	588.80	477.25		75.75	33.10
2019	522.82	407.65		75.74	33.93
2020	497.57	377.73	115.02		

城镇非私营单位企业、事业、机关在岗职工含劳务派遣人员平均工资

年　份	平均货币工资（元）					指数（上年＝100）				
	总　计	企　业	机关和事业	事　业	机　关	合　计	企　业	机关和事业	事　业	机　关
2018	76266	69939		101857	107169	110.5	110.0		112.4	114.1
2019	84374	77020		111146	112462	110.6	110.1		109.1	104.9
2020	91072	81752	121090			107.9	106.1	108.5		

城镇非私营单位在岗职工含劳务派遣人员平均工资

单位：元

行　　业	2015	2019	2020
合　计	**58719**	**84374**	**91072**
按注册类型分			
国有单位	73714	111211	118298
集体单位	54201	79508	71975
其他单位	54138	76019	81536
按国民经济行业分			
农、林、牧、渔业	45764	61785	65693
采矿业	44558	61117	57610
制造业	50514	71297	75846
电力、热力、燃气及水生产和供应业	81889	125627	129474
建筑业	51191	64935	68481
交通运输、仓储和邮政业	66657	90909	98433
信息传输、软件和信息技术服务业	85318	124902	132296
批发和零售业	56162	83311	86686
住宿和餐饮业	39738	46676	46850
金融业	130422	169030	177525
房地产业	63167	82669	85951
租赁和商务服务业	52281	64124	68637
科学研究和技术服务业	78987	121195	130546
水利、环境和公共设施管理业	48662	64577	68329
居民服务、修理和其他服务业	46997	66815	64316
教育	71615	101280	109145
卫生和社会工作	82945	122947	130854
文化、体育和娱乐业	64064	88407	96377
公共管理、社会保障和社会组织	71704	111509	121712
按三次产业分			
第一产业	45764	61785	65693
第二产业	51447	70476	74878
第三产业	70779	100826	107959

城镇非私营单位就业人员平均劳动报酬（2020 年）

单位：元

项　　目	单位从业人员	在岗职工	劳务派遣人员	其他从业人员
合　计	**88149**	**94093**	**60658**	**58337**
按企事业机关分				
企业	79816	83166	65829	62066
机关和事业	116030	130832	49718	39398
按国民经济行业分				
农、林、牧、渔业	59655	69855	33793	21192
采矿业	56885	57183	76113	36760
制造业	75992	76352	60317	84950
电力、热力、燃气及水生产和供应业	123310	132642	68458	53810
建筑业	68618	68653	67777	69275
批发和零售业	86482	87638	54170	83018
交通运输、仓储和邮政业	97558	101901	67896	46761
住宿和餐饮业	45186	46832	47831	19701
信息传输、软件和信息技术服务业	131811	135114	69917	95677
金融业	113781	181866	91730	50930
房地产业	84869	87471	54922	51761
租赁和商务服务业	65475	69806	46429	21977
科学研究和技术服务业	128207	133727	83359	61052
水利、环境和公共设施管理业	66565	71000	45916	39156
居民服务、修理和其他服务业	64190	65211	44107	61269
教育	103820	113486	46317	37624
卫生和社会工作	127830	135865	67075	58142
文化、体育和娱乐业	93079	102110	49778	36267
公共管理、社会保障和社会组织	117688	139015	48271	38707
按三次产业分				
第一产业	59655	69855	33793	21192
第二产业	74484	75772	66381	70239
第三产业	102294	112969	54156	47453

城镇私营单位就业人员平均劳务报酬

单位：元

项　　目	2019	2020	2020 年比上年增长（%）
合　　计	**57141**	**58631**	**2. 6**
按国民经济行业分			
农、林、牧、渔业	41032	46674	13. 8
采矿业	54269	63617	17. 2
制造业	56924	60593	6. 4
电力、燃气及水的生产和供应业	44688	51440	15. 1
建筑业	59959	60041	0. 1
交通运输、仓储和邮政业	58038	58494	-28. 1
信息传输、计算机服务和软件业	81306	85901	91. 8
批发和零售业	52206	52577	-9. 4
住宿和餐饮业	44796	43025	-17. 6
金融业	64487	71411	10. 7
房地产业	56501	58915	4. 3
租赁和商务服务业	57330	53710	-6. 3
科学研究、技术服务和地质勘查业	64121	57701	-10. 0
水利、环境和公共设施管理业	46284	50612	9. 4
居民服务和其他服务业	44235	45129	2. 0
教育	43723	43257	-1. 1
卫生、社会保障和社会福利业	59677	67295	12. 8
文化、体育和娱乐业	42862	44934	4. 8
公共管理和社会组织			
按三次产业分			
第一产业	41032	46674	13. 7
第二产业	58417	60292	3. 2
第三产业	54882	55513	1. 1

人民生活

主要年份城乡居民家庭人均收入

单位：元

年份	居民人均可支配收入			城镇居民人均可支配收入			农村居民人均可支配（纯）收入		
	数值	比上年增长（%）		数值	比上年增长（%）		数值	比上年增长（%）	
		名义	实际		名义	实际		名义	实际
2018	32644	8.6	7.0	42121	8.0	6.4	17821	9.1	7.5
2019	35616	9.1	6.3	45620	8.3	5.6	19568	9.8	6.9
2020	37202	4.5	2.2	47160	3.4	1.1	20880	6.7	4.5

城镇居民人均可支配收入及构成

单位：元

项目	2018年	2019年	2020年
可支配收入（元）	**42121**	**45620**	**47160**
工资性收入	25891	27992	29119
经营净收入	5574	6211	5992
财产净收入	4983	5512	6219
转移净收入	5673	5905	5830
可支配收入构成（%）	**100.0**	**100.0**	**100.0**
工资性收入	61.5	61.4	61.7
经营净收入	13.2	13.6	12.7
财产净收入	11.8	12.1	13.2
转移净收入	13.5	12.9	12.4

城镇居民人均生活消费支出

单位：元

项目	2018年	2019年	2020年
生活消费支出	28145	30946	30487
食品烟酒	9001	9537	9673
衣着	1554	1659	1443
居住	7716	8955	9356
生活用品及服务	1516	1557	1519
交通通信	3631	3715	3755
教育文化娱乐	2728	3066	2301
医疗保健	1375	1692	1774
其他用品及服务	625	765	665

城镇居民人均生活消费支出构成

单位:%

项　　目	2018 年	2019 年	2020 年
生活消费支出	100.0	100.0	100.0
食品烟酒	32.0	30.8	31.7
衣着	5.5	5.4	4.7
居住	27.4	28.9	30.7
生活用品及服务	5.4	5.0	5.0
交通通信	12.9	12.0	12.3
教育文化娱乐	9.7	9.9	7.5
医疗保健	4.9	5.5	5.8
其他用品及服务	2.2	2.5	2.2

农村居民按收入五等分分组的人均可支配收入

单位：元

项　　目	2018 年	2019 年	2020 年
低收入户	6422	7831	7900
中等偏下户	11575	13790	13217
中等收入户	16539	18119	18772
中等偏上户	22448	23637	26199
高收入户	37903	36954	45754

农村居民人均生活消费支出

单位：元

项　　目	2018 年	2019 年	2020 年
生活消费支出	14943	16281	16339
食品烟酒	5340	5784	6274
衣着	677	774	755
居住	3649	3799	3943
生活用品及服务	765	809	874
交通通信	1817	1903	1688
教育文化娱乐	1359	1615	1232
医疗保健	1016	1210	1271
其他用品及服务	320	386	302

农村居民人均生活消费支出构成

单位:%

项　　目	2018 年	2019 年	2020 年
生活消费支出	100.0	100.0	100.0
食品烟酒	35.7	35.5	38.4
衣着	4.5	4.8	4.6
居住	24.4	23.3	24.1
生活用品及服务	5.1	5.0	5.3
交通通信	12.2	11.7	10.3
教育文化娱乐	9.1	9.9	7.5
医疗保健	6.8	7.4	7.8
其他用品及服务	2.1	2.4	1.8

设区市城镇居民人均可支配收入（2020 年）

单位：元

地　区	人均可支配收入	工资性收入	经营净收入	财产净收入	转移净收入
福建省	**47160**	**29119**	**5992**	**6219**	**5830**
福州市	49300	31101	4238	6662	7299
厦门市	61331	43901	4956	7681	4793
莆田市	41007	21771	6741	6357	6139
三明市	39259	24685	5688	3221	5665
泉州市	50968	29755	11535	5934	3744
漳州市	40008	23455	6849	3718	5986
南平市	36492	21707	4350	3493	6943
龙岩市	40190	28057	4210	4438	3485
宁德市	37121	17072	11322	3947	4779

设区市城镇居民人均生活消费支出（2020 年）

单位：元

地　区	生活消费支出	食品烟酒	衣着	居住	生活用品及服务	交通通信	教育文化娱乐	医疗保健	其他用品及服务
福建省	**30487**	**9673**	**1444**	**9356**	**1519**	**3755**	**2301**	**1774**	**665**
福州市	32019	10019	1586	11468	1355	3125	2582	1129	756
厦门市	38069	11469	1689	12846	1865	4736	2644	1919	900
莆田市	25878	9093	1077	8449	1241	2248	1742	1668	360
三明市	26059	9224	1422	6150	1530	3005	2481	1614	634
泉州市	30114	9635	1720	8599	1890	3744	2284	1425	818

续表

地　区	生活消费支出	食品烟酒	衣着	居住	生活用品及服务	交通通信	教育文化娱乐	医疗保健	其他用品及服务
漳州市	26015	9218	1238	6663	1439	2896	2237	1749	576
南平市	22560	7724	1361	5369	1188	2211	2539	1677	491
龙岩市	25547	9124	1363	6225	1425	2695	2799	1384	532
宁德市	24495	8871	1776	5806	1526	1923	2213	1903	478

设区市农村居民人均可支配收入（2020 年）

单位：元

地　区	人均可支配收入	工资性收入	经营净收入	财产净收入	转移净收入
福建省	**20880**	**9411**	**7510**	**393**	**3567**
福州市	22669	11992	5525	1197	3955
厦门市	26612	17726	5504	1235	2147
莆田市	20823	10751	4269	565	5237
三明市	19533	7186	9641	424	2281
泉州市	23459	12516	8294	363	2286
漳州市	21103	10368	8404	195	2137
南平市	18557	7024	9629	164	1740
龙岩市	20150	7850	9597	245	2458
宁德市	19050	5835	11126	205	1884

设区市农村居民人均生活消费支出（2020 年）

单位：元

地　区	生活消费支出	食品烟酒	衣着	居住	生活用品及服务	交通通信	教育文化娱乐	医疗保健	其他用品及服务
福建省	**16339**	**6274**	**755**	**3943**	**874**	**1688**	**1232**	**1271**	**302**
福州市	17713	6524	1118	4313	1240	1416	1545	1087	471
厦门市	20902	7252	871	5874	1178	2799	1570	1082	276
莆田市	16165	6853	646	4016	843	1413	1420	640	335
三明市	13530	4866	613	3052	660	1627	1569	853	291
泉州市	16749	7250	685	4204	791	1798	1068	626	326
漳州市	13804	5530	560	3706	419	1294	997	986	312
南平市	12769	5108	669	2738	660	1492	1199	746	157
龙岩市	13649	5563	572	3036	642	1541	1088	870	336
宁德市	13666	5532	745	3178	597	853	1100	1377	284

科 技

主要年份研究与试验发展（R&D）人员情况

单位：人

年 份	合 计	科研机构	高等院校	规模以上工业企业	大中型	其 他
2017	207608	5703	31827	145529	104536	24549
2018	243391	5781	35239	172832	118359	29539
2019	261612	8722	40561	180365	118887	34521

各单位技术买卖情况

项 目	2015	2019	2020
买卖项数（项）	4209	17572	21886
机关法人	561	922	1199
事业法人	631	3224	4748
社团法人	8	54	135
企业法人	2912	13209	15513
自然人	25	79	87
其他组织	72	84	204
买卖金额（万元）	538645	2918834	3677282
机关法人	57966	105872	129405
事业法人	20047	119752	159916
社团法人	412	1131	1183
企业法人	450881	2673588	3354356
自然人	733	4045	6256
其他组织	8607	14447	26167

研究与试验发展（R&D）活动指标

项 目	2010 年	2018 年	2019 年
R&D 人员折合全时人员（人）	76737	160922	171452
基础研究	3435	6557	7666
应用研究	8090	16742	18242
试验发展	65218	137623	145545

续表

项　　目	2010 年	2018 年	2019 年
#科学研究与开发机构	2756	5158	5464
高等院校	5892	13251	16127
大中型工业企业	44062	84144	83290
R&D 经费内部支出（亿元）	**170.90**	**642.79**	**753.75**
基础研究	4.19	24.88	36.13
应用研究	9.49	47.28	50.87
试验发展	157.22	570.63	666.75
#科学研究与开发机构	6.54	28.82	34.09
基础研究	1.99	11.30	15.05
应用研究	2.80	8.49	6.86
试验发展	1.75	9.03	12.17
高等院校	6.94	43.67	56.29
基础研究	1.82	12.64	19.84
应用研究	4.31	26.28	32.75
试验发展	0.82	4.76	3.70
大中型工业企业	116.12	382.17	410.54
基础研究		0.010	0.005
应用研究	0.43	5.48	4.15
试验发展	115.68	376.68	406.38
R&D 经费内部支出按支出来源分			
政府资金	17.61	68.52	83.78
企业资金	148.45	556.70	654.75
国外资金	1.38	1.41	0.03
其他	3.46	16.16	15.19
R&D 经费内部支出占 GDP 比重（%）	**1.16**	**1.66**	**1.78**

各类型专利申请和授权情况

单位：项

年　份	专利申请数	发　明	实用新型	外观设计	专利授权数	发　明	实用新型	外观设计
2018	166610	37216	96225	33169	102622	9858	67822	24942
2019	153279	30083	87377	35819	98955	8963	61530	28462
2020	180399	35161	109187	36051	145929	10250	99956	35723

各单位专利申请授权情况

单位：项

项　目	合　计	个人	大专院校	科研单位	企业	机关团体
申请专利数						
2018	166610	50159	11139	1571	102443	1298
2019	153279	36365	12744	1482	101515	1173
2020	180399	38783	10336	1556	128206	1518
授权专利数						
2018	102622	27014	5180	986	68917	525
2019	98955	21311	6627	911	69323	783
2020	145929	31287	7898	1058	104717	969

技术市场基本情况

项　目	合　计	技术开发	技术转让	技术咨询	技术服务
合同数（项）					
2018	7753	4372	320	183	2878
2019	8786	4553	360	188	3685
2020	10943	4904	422	575	5042
合同金额（万元）					
2018	1109488	598017	322392	4681	184399
2019	1459417	600920	191035	3365	664097
2020	1838641	682030	436262	7757	712592

技术市场合同数与合同金额情况（2020 年）

项　　目	合同数（项）	合同金额（万元）
合　计	**10943**	**1838641**
按合同类别分		
技术开发合同	4904	682030
技术转让合同	422	436262
技术咨询合同	575	7757
技术服务合同	5042	712592
按服务目标分		
农、林、牧、渔业发展	1261	19345

续表

项 目	合同数（项）	合同金额（万元）
工商业发展	831	477613
能源生产、分配和合理利用	297	20453
基础设施以及城市和农村规划	257	21618
环境保护、生态建设及污染防治	393	21881
卫生事业发展	325	105160
教育事业发展	187	7962
社会发展和社会经济发展	5091	637720
非定向研究	51	1620
民用空间探测及开发	48	1055
地球和大气层的探索与利用	47	4133
国防	37	10318
其他民用目标	2118	509763
按技术流向分		
本省	11886	5137208
省外	10753	1635367

地方国有企事业单位专业技术人员数

单位：人

年 份	合 计	#工程技术人员	#农业技术人员	#卫生技术人员	#科学研究人员	#教学人员
2018	721428	95893	12841	116666	7519	363947
2019	729248	86129	12486	121358	7674	380581
2020	761770	107419	12330	123965	4342	388022

地方国有企事业单位各行业技术人员数

单位：人

行 业	2015 年	2018 年	2019 年
合 计	**677624**	**729248**	**761770**
按行业分			
农、林、牧、渔业	22558	21712	21394
采矿业	3240	2336	3053
制造业	12627	16575	29255
电力、燃气及水的生产和供应业	5267	7042	7251

续表

行　　业	2015 年	2018 年	2019 年
建筑业	12809	18962	19881
交通运输、仓储和邮政业	18627	19445	20746
信息传输、软件和信息技术服务业	7926	13359	12530
批发和零售业	4804	4831	4911
住宿和餐饮业	765	616	1004
金融业	23748	27199	27859
房地产业	5963	7412	8345
租赁和商务服务业	2955	4027	4518
科学研究、技术服务和地质勘查业	14618	15093	16988
水利、环境和公共设施管理业	9983	11347	12302
居民服务和其他服务业	3962	15840	14247
教育	389241	385199	392377
卫生、社会保障和社会福利业	133027	122375	124449
文化、体育和娱乐业	16601	16425	18287
公共管理和社会组织	15229	19453	22373
按三次产业分			
第一产业	22558	21712	21394
第二产业	33943	44915	59440
第三产业	647449	662621	680936

教　育

主要年份专任教师数和在校学生数

年　份	专任教师数（人）				在校学生数（万人）				每万常住人口拥有大学在校学生数（人）
	普通高等学校	普通中等学校	#普通中学	普通小学	普通高等学校	普通中等学校	#普通中学	普通小学	
2018	46555	173068	152990	172012	77.24	233.77	192.10	321.39	233.8
2019	49120	177006	156590	177930	86.12	242.69	200.38	334.40	256.7
2020	52001	181505	160680	182617	94.72	257.68	211.66	343.61	255.0

各级各类民办教育基本情况（2020 年）

单位：人

项　目	学校数（所）	毕业生数	招生数	在校学生数	教职工数	#专任教师数
民办高等教育	**36**	**63501**	**100087**	**296408**	**19772**	**14315**
民办高校	31	47038	82532	230949	14802	10489
本科	11	22952	33712	107345	8211	5747
专科	20	24086	48820	123604	6591	4742
独立学院	5	16463	17555	65459	4970	3826
本科	5	16463	17555	65459	4970	3826
高中阶段教育	**102**	**31477**	**46021**	**116635**	**22794**	**7276**
高中	83	21518	32729	86047	21680	6444
中等职业学校	19	9959	13292	30588	1114	832
初中阶段教育	**80**	**52274**	**62321**	**178164**	**8894**	**11462**
初中	80	52274	62321	178164	8894	11462
民办普通小学	**89**	**23913**	**22731**	**135307**	**4908**	**3730**
民办幼儿园	**5802**	**309998**	**290821**	**772407**	**109710**	**56955**

各类学校数

单位：所

年　份	普通高等学校	成人高等学校	中等职业教育	普通中学	#高中	技工学校	小学	幼儿园
2018	89	3	180	1784	538	62	5189	8161
2019	90	3	180	1793	544	62	5160	8664
2020	89	3	166	1812	550	62	5129	8756

各类学校专任教师数

单位：人

年份	普通高等学校	中等职业教育	普通中学	#高中	技工学校	小学	幼儿园
2018	46555	16485	152990	51144	3593	172012	90917
2019	49120	16780	156590	51950	3640	177930	97910
2020	52001	17000	160680	52750	3820	182617	99453

各类学校在校学生数

单位：万人

年份	普通高等学校	成人高等学校	中等职业教育	普通中学	#高中	技工学校	小学	幼儿园
2018	77.24	8.91	33.58	192.10	63.39	8.08	321.39	168.41
2019	86.12	9.18	33.48	200.38	63.93	8.83	334.40	169.59
2020	94.72	12.21	35.81	211.66	66.41	10.21	343.61	169.90

各类学校招生数

单位：万人

年份	普通高等学校	成人高等学校	中等职业教育	普通中学	#高中	技工学校	小学	幼儿园
2018	23.86	3.56	12.29	66.25	21.08	3.78	60.84	65.78
2019	30.21	3.47	13.01	70.51	22.19	4.06	62.17	63.43
2020	30.25	5.57	13.27	75.01	23.29	4.81	61.70	67.39

各类学校毕业生数

单位：万人

年份	普通高等学校	成人高等学校	中等职业教育	普通中学	#高中	技工学校	小学
2018	20.43	4.54	10.78	57.75	20.61	1.92	45.70
2019	20.02	3.00	11.04	60.96	21.02	2.24	48.79
2020	20.77	2.47	9.86	62.29	19.59	2.64	52.10

研究生数

单位：人

年份	在校学生数	招生数	毕业生数
2018	53129	18803	12245
2019	58710	20050	13301
2020	67333	24985	15455

职业技术培训机构基本情况（2020 年）

项　　目	学校数（所）	注册学生数（人）	结业学生数（人）	教职工数（人）	#专任教师数
总计	**1657**	**600962**	**834484**	**12550**	**7425**
职工技术培训学校（机构）	**61**	**145557**	**255077**	**1916**	**1812**
#教育部门和集体办	60	144996	254827	1881	1784
民办	1		250	35	28
农村成人文化技术培训学校（机构）	**999**	**272031**	**409180**	**1940**	**472**
#教育部门和集体办	999	272031	409180	1940	472
民办					
其他培训机构（含社会培训机构）	**597**	**183374**	**170227**	**8694**	**5141**
#教育部门和集体办	15	35405	41501	262	214
民办	582	147969	128726	8432	4927

分科研究生数（2020 年）

单位：人

项　　目	在校学生数	招生数	毕业生数	博士生			硕士生		
				在校生数	招生数	毕业生数	在校生数	招生数	毕业生数
合计	**67333**	**24985**	**15455**	**8281**	**1974**	**1076**	**59052**	**23011**	**14379**
学术型学位	**30450**	**10339**	**7211**	**7975**	**1850**	**1065**	**22475**	**8489**	**6146**
哲学	329	105	74	121	27	13	208	78	61
经济学	1593	485	414	487	93	48	1106	392	366
法学	1856	620	396	482	102	60	1374	518	336
教育学	829	275	240	159	33	22	670	242	218
文学	1559	484	416	357	54	60	1202	430	356
历史学	515	157	100	174	34	14	341	123	86
理学	8288	2798	1814	2781	654	386	5507	2144	1428
工学	7819	2786	1847	1769	460	213	6050	2326	1634
农学	1708	528	409	426	88	54	1282	440	355
医学	2816	1078	719	468	165	98	2348	913	621
管理学	2540	793	637	661	120	86	1879	673	551
艺术学	598	230	145	90	20	11	508	210	134
专业学位	**36883**	**14646**	**8244**	**306**	**124**	**11**	**36577**	**14522**	**8233**
哲学									
经济学	1645	696	372				1645	696	372
法学	2031	820	514				2031	820	514
教育学	3212	1554	1219	132	29	11	3080	1525	1208
文学	968	439	259				968	439	259

续表

项　　目	在校学生数	招生数	毕业生数	博士生			硕士生		
				在校生数	招生数	毕业生数	在校生数	招生数	毕业生数
历史学	50	20	15				50	20	15
理学									
工学	11521	5010	2269				11521	5010	2269
农学	2032	886	364				2032	886	364
医学	4917	1936	1245	174	95		4743	1841	1245
管理学	9237	2714	1723				9237	2714	1723
艺术学	1270	571	264				1270	571	264

普通高等学校本科分科学生情况

单位：人

项　　目	2018 年	2019 年	2020 年
在校学生数	**505489**	**518096**	**537206**
哲学	163	154	164
经济学	41029	41845	41945
法学	15420	15159	15122
教育学	18142	20050	22053
文学	45654	48111	51229
历史学	1432	1466	1523
理学	27918	27621	28839
工学	173511	175820	180387
农学	9969	9686	9609
医学	27396	28705	30501
管理学	101900	103551	105710
艺术学	42955	44385	46496
招生数	**134812**	**140108**	**146421**
哲学	25	18	25
经济学	11283	10864	10346
法学	3589	3687	3576
教育学	5515	6403	6606
文学	12098	13122	14086
历史学	341	358	365
理学	6867	7096	7859
工学	46053	46573	49157
农学	2523	2397	2519
医学	6867	7201	7494

续表

项　　目	2018 年	2019 年	2020 年
管理学	28317	29009	29394
艺术学	11334	11837	12891
毕业生数	**120998**	**121645**	**124411**
哲学	45	43	41
经济学	9598	9602	9875
法学	4368	4269	3876
教育学	3871	4321	4611
文学	11076	10937	11487
历史学	367	355	354
理学	7327	7103	6720
工学	39357	40634	42389
农学	2319	2474	2451
医学	6041	5747	5608
管理学	26272	26232	26697
艺术学	10357	9928	10302

普通高等学校专科分科学生数（2020 年）

单位：人

项　　目	在校学生数	招生数	毕业生数
合计	**409981**	**156034**	**83295**
农林牧渔大类	5103	2091	1258
资源环境与安全大类	3996	1439	716
能源动力与材料大类	4600	1861	830
土木建筑大类	38185	13719	8425
水利大类	2166	831	438
装备制造大类	33307	13319	5833
生物与化工大类	2217	781	455
轻工纺织大类	4238	1453	1082
食品药品与粮食大类	10686	4055	2391
交通运输大类	20116	7701	3622
电子信息大类	60077	22265	10873
医药卫生大类	48113	18222	10651
财经商贸大类	70517	25633	16115
旅游大类	11612	4049	2622
文化艺术大类	34332	14527	5577
新闻传播大类	4852	1665	1152
教育与体育大类	50900	20427	10422
公安与司法大类	8		19
公共管理与服务大类	4956	1996	814

成人高等学校分科学生情况

单位：人

项　　目	2018 年	2019 年	2020 年
招生数	**18598**	**17993**	**26098**
经济学	294	239	312
法　学	298	395	420
教育学	2506	2949	4110
文　学	331	399	654
历史学			
理　学	56	33	117
工　学	4746	4468	6401
农　学	298	352	398
医　学	4252	3761	7203
管理学	5727	5310	6291
艺术学	90	87	192
在校学生数	**45813**	**48231**	**61058**
经济学	694	636	738
法　学	610	710	913
教育学	6424	7271	9516
文　学	812	959	1377
历史学	6	3	
理　学	138	103	205
工　学	12243	12492	15238
农　学	820	940	1026
医　学	9877	9953	15059
管理学	13966	14925	16581
艺术学	223	239	405
毕业生数	**19784**	**15204**	**12819**
经济学	422	268	203
法　学	310	292	178
教育学	2162	2020	1774
文　学	456	253	216
历史学	16	3	
理　学	118	63	15
工　学	5997	4162	3566
农　学	440	184	299
医　学	4977	3653	2068
管理学	4792	4239	4472
艺术学	94	67	28

成人高等学校专科分科学生数（2020 年）

单位：人

项　　目	在校学生数	招生数	毕业生数
合计	**61051**	**29614**	**11866**
农林牧渔大类	5523	1584	1537
资源环境与安全大类	87	63	27
材料与能源大类	14		45
土木建筑大类	7185	4033	997
水利大类			
装备制造大类	3580	1789	759
生物与化工大类	378	96	45
轻工纺织大类	37	26	17
食品药品与粮食大类	190	80	
交通运输大类	555	216	54
电子信息大类	3122	1458	314
医药卫生大类	6145	2340	1130
财经商贸大类	22954	12147	5168
旅游大类	487	230	63
文化艺术大类	552	218	86
新闻传播大类			16
教育与体育大类	7745	3882	1275
公安与司法大类	52	30	
公共管理与服务大类	2445	1422	333

中等职业教育分科学生数（2020 年）

单位：人

项　　目	毕业生数	招生数		在校学生数
			#招初中毕业生数	
合计	**98580**	**132730**	**125139**	**358090**
农林牧渔类	6066	4509	3230	16841
资源环境类	20	149	149	304
能源与新能源类	185	128	127	347
土木水利类	5025	7932	6757	20462
加工制造类	7404	11518	10955	30604
石油化工类	210	417	369	1313
轻纺食品类	1094	1635	1630	4835
交通运输类	11195	10755	10378	29512
信息技术类	16742	27396	26411	69761

续表

项　　目	毕业生数	招生数		在校学生数
			#招初中毕业生数	
医药卫生类	6999	8008	7605	23684
休闲保健类	1135	1869	1825	5190
财经商贸类	15154	22608	21865	57711
旅游服务类	6221	8798	8000	23273
文化艺术类	6222	10171	9872	26443
体育与健身	819	1514	1504	4094
教育类	13511	14158	13465	41061
公共管理与服务类	404	799	635	1610
其他	179	362	362	1045

技工学校数、学生数和专任教师数

年　份	学校数（所）	招生数（人）	在校学生数（人）	毕业生数（人）	专任教师数（人）
2018	62	37794	80832	19219	3593
2019	62	40590	88270	22410	3640
2020	62	48060	102125	26370	3820

小学学龄儿童入学率升学率和初中升学率

单位:%

年　份	小学学龄儿童入学率	小学升学率	初中升学率
2018	99.99	98.85	86.16
2019	99.98	99.05	88.12
2020		99.28	83.86

文　化

主要年份文化事业情况

年　份	艺术表演团体（个）	公共图书馆（座）	博物馆（座）	图书出版总印数（万份）	期刊出版总印数（万份）	报纸出版总印数（万份）	广播综合人口覆盖率（%）	电视综合人口覆盖率（%）
2018	454	91	128	11461	2481	78555	99.04	99.19
2019	453	93	130	14385	2158	73810	99.62	99.71
2020	558	97	132	13620	2017	69515	99.82	99.85

主要年份各类文化事业机构数

单位：个

年　份	艺术事业		公共图书馆	博物馆	群众文化事业	
	艺术表演团体	表演场馆			艺术（文化）馆	文化站
2018	454	54	91	128	97	1126
2019	453	57	93	130	97	1122
2020	558	64	97	132	98	1122

群众文化（艺术）馆站业务活动及经费情况（2020 年）

项　目	总计	群众文化（艺术）馆	文化站
单位数（个）	1220	98	1122
从业人员（人）	4019	995	3024
举办展览（个）	3702	864	2838
组织文艺活动（次）	16144	2765	13379
举办训练班（次）	13417	5866	7551
培训人次（千人次）	575	231	344
组织公益性讲座次数（次）	536	536	
本年收入总额（千元）	627846	408113	219733
本年支出合计（千元）	605852	386234	219618

艺术表演团体按剧种分演出情况（2020 年）

项　目	剧团数（个）	从业人员（人）	本年新排上演剧目（个）	演出场次（千场）	演出观众人数（千人次）	艺术表演团体演出收入（千元）
艺术表演团体	**558**	**15523**	**115**	**97.7**	**33720**	**372830**
话剧、儿童剧、滑稽剧种	5	246	6	0.8	135	5046
歌舞、音乐类	50	2020	28	4.5	1175	40428
杂技、魔术、马戏类	3	163	1	0.2	131	1425
京剧、昆曲类	3	173	1	0.2	160	914
京剧	3	173	1	0.2	160	914
地方戏曲类	417	11287	68	66.8	16767	296180
曲艺类	47	888	11	18.0	10535	13160
综合性艺术表演团体	33	746		7.0	4817	15677

图书、博物馆情况

项　目	2018 年	2019 年	2020 年
图书馆			
公共图书馆图书总藏量（千册）	37450	42419	46063
#图书藏量（千册）	30006	34238	37448
报刊藏量（千册）	2659	2910	3007
视听文献、缩微制品藏量（千册）	787	808	827
组织各类讲座次数（次）	2451	3055	1267
各类讲座参加人次（千人次）	293	403	143
举办展览次数（次）	971	1048	900
参观展览人次（千人次）	2653	2112	825
举办培训班次数（次）	2395	2165	1000
参加培训班人次（千人次）	199	171	47
总流通人次（千人次）	33549	38912	16601
博物馆			
文物藏品（件）	670838	679751	745277
#一级品	1094	1094	1115
二级品	3055	3056	3714
三级品	103022	104482	104000
参观人次（千人次）	37154	41668	11937
#文物机构青少年参观人次	10720	11822	3388

图书出版情况

年　份	图书种数（种）	本版图书种数	#新出	总印数（万册、万张）	#租型	总印张（千印张）	#租型	定价总金额（万元）
2018	4568	4359	2372	11461	3677	927633	267531	180039
2019	4587	4379	2226	14385	4208	1112785	296365	213280
2020	4621	4405	2267	13620	4580	1109429	331109	231094

图书出版分类情况（2020 年）

项　目	图书种数（种）	#本版图书新出	总印数（万册、万张）	#新出	总印张（千印张）	#新出
总　计	**4621**	**2267**	**13620**	**2475**	**1109429**	**241853**
#使用“中国标准书号”合计	**4614**	**2260**	**13600**	**2455**	**1109278**	**241702**
马列主义、毛泽东思想	3	2	1		125	93
哲学	67	32	35	12	4169	1619
社会科学总论	25	18	8	7	1132	797
政治、法律	141	105	32	21	5672	4088
军事	8	3	10		2428	69
经济	165	97	41	24	9342	6118
文化、科学、教育、体育	2495	863	12384	1736	972604	158110
语言、文字	87	49	72	58	5926	4203
文学	665	416	586	341	53593	33240
艺术	165	128	58	47	5818	5002
历史、地理	286	210	99	73	15420	11746
自然科学总论	5	4	7	6	523	437
数理科学、化学	33	12	15	10	1906	908
天文学、地球科学	16	12	8	6	986	817
生物科学	26	23	15	14	1546	1405
医学、卫生	156	113	76	36	12335	5780
农业科学	54	24	31	9	2853	1045
工业技术	118	60	56	18	8410	2542
交通运输	5	2	7	5	655	300
环境科学	17	11	47	21	1457	1038
综合性图书	76	76	11	11	2343	2343

书刊报纸出版情况

年份	出版社（个）	出版种数（种）			总印数（万份）		
		图书	期刊	报纸	图书	期刊	报纸
2018	11	4568	176	43	11461	2481	78555
2019	11	4587	174	42	14385	2158	73810
2020	11	4621	174	42	13620	2017	69515

音像电子出版物出版情况

项目	2015年		2019年		2020年	
	种数（种）	数量（万张）	种数（种）	数量（万张）	种数（种）	数量（万张）
出版						
录音制品	31	6.79	29	7.87	15	1.95
录像制品	28	16.72	32	5.87	29	12.55
电子出版物	39	24.58	26	8.55	20	6.38
复制						
磁带制品		8.33		1.27		0.75
光盘制品		1082.88		93.75		11.98

广播电视事业发展情况

项目	2015年	2019年	2020年
广播电台数量（座）			
广播电台	6	4	4
电视台	7	5	5
广播电视台	65	76	68
节目套数（套）			
广播	90	93	93
电视	41	101	100
全年播出节目时间（万小时）			
广播	52.41	53.15	52.62
电视	36.49	41.28	42.35
全年节目制作时间（万小时）			
广播	25.37	26.17	25.19
电视	7.40	7.02	5.55
人口覆盖率（%）			
广播	98.68	99.62	99.82
电视	98.94	99.71	99.85
有线广播电视用户（万户）	730.68	727.40	726.77
#数字电视用户	689.18	727.40	726.77

续表

项　　目	2015 年	2019 年	2020 年
付费数字电视用户	306.81	474.10	551.41
#双向电视用户	53.51	255.80	465.58
广播电视网络互联网用户数（万户）	33.60	174.20	201.49
有线电视入户率（%）	69.07	64.79	57.63
广播电视总收入（亿元）	99.34	162.79	210.50
实际创收收入（亿元）	71.96	130.38	164.24
#广告收入	19.85	21.86	44.79
#广播广告收入	4.05	2.83	2.13
电视广告收入	13.66	10.98	7.74
网络收入	26.11	35.40	39.97
广播电视节目销售收入	3.65	4.28	5.12

广播电视制作播出情况

项　　目	2015 年	2019 年	2020 年
广播			
本年广播节目制作（小时）	253719	261696	251980
#新闻资讯类	52818	55971	57345
专题服务类	66807	62328	64619
综艺益智类	76749	66473	62693
广告类	17001	10890	7559
平均每日播音时间（小时）	1436	1456	1442
#播出自制节目	855	864	865
购买交换节目	86	116	126
电视			
有线广播电视用户数（万户）	730.68	727.40	726.77
#数字电视用户数	689.18	727.40	726.77
本年电视节目制作（小时）	73986	70246	55417
#新闻资讯类	25814	25215	25285
专题服务类	18265	17811	14112
综艺益智类	5519	3611	2964
影视剧类	495	491	253
广告类	5914	6523	4858
本年制作电视剧（集）	108	80	150
平均每周播出时间（小时）	6997	7938	8144
全年电视剧播出数（集）	108101	121161	129278

各设区市有线电视用户数

单位：万户

地　区	2018 年	2019 年	2020 年
全　省	**716.23**	**727.40**	**726.77**
福州市	153.64	152.47	152.02
厦门市	83.59	77.38	74.26
莆田市	33.10	48.66	49.34
三明市	50.95	51.54	51.94
泉州市	140.05	140.19	139.76
漳州市	85.56	86.18	86.92
南平市	67.55	66.80	67.09
龙岩市	46.50	47.92	48.72
宁德市	55.30	56.27	56.71

各设区市电视节目综合人口覆盖率

单位:%

地　区	2018 年	2019 年	2020 年
全　省	99.19	99.71	99.85
福州市	100.00	100.00	100.00
厦门市	100.00	100.00	100.00
莆田市	98.73	100.00	100.00
三明市	99.35	99.56	99.63
泉州市	98.51	99.62	99.93
漳州市	99.21	99.65	99.74
南平市	98.77	99.32	99.45
龙岩市	98.88	99.52	99.79
宁德市	99.48	99.55	99.86

体　育

当年在聘技术等级运动员人数

单位：人

项　　目	2018 年	2019 年	2020 年
等级运动员	**1578**	**2161**	**967**
#女	646	861	349
国际级运动健将			
#女			
国家级运动健将			12
#女			10
一级运动员	421	555	234
#女	186	230	113
二级运动员	1157	1606	721
#女	460	631	226

竞技体育比赛奖牌情况

单位：枚

项　　目	2018 年	2019 年	2020 年
世界比赛	**19**	**20**	
金牌	9	16	
银牌	6	1	
铜牌	4	3	
亚洲比赛	**12**	**28**	
金牌	4	17	
银牌	2	8	
铜牌	6	3	
全国比赛	**129**	**93**	**136**
金牌	44	38	42
银牌	39	32	45
铜牌	46	23	49

卫　生

主要年份卫生机构和人员情况

项　目	卫生机构数（个）	#医院、卫生院	卫生机构床位数（张）	#医院、卫生院	卫生机构技术人员数（人）	#医生	每千人口拥有	
							卫生机构床位数（张）	医生数（人）
2018	27588	1522	192513	178757	247346	91100	4.7	2.2
2019	27788	1560	202374	188146	263427	99532	4.9	2.4
2020	28152	1585	216753	202189	278397	105546	5.2	2.5

各类卫生机构数

单位：个

项　　目	2018 年	2019 年	2020 年
合　计	**27588**	**27788**	**28152**
医院	**641**	**678**	**695**
基层医疗卫生机构	**26421**	**26596**	**26949**
社区卫生服务中心（站）	692	663	706
卫生院	881	882	890
门诊部	1021	1181	1409
诊所、卫生所、医务室	5547	6274	6771
村卫生室	18280	17596	17173
专业公共卫生机构	**450**	**420**	**403**
疾病预防控制中心	97	96	98
专科疾病防治院	25	24	22
健康教育所			
妇幼保健院、所、站	90	91	95
急救中心	6	11	12
采供血机构	9	9	9
卫生监督所	86	87	88
计划生育技术服务机构	137	102	79
其他卫生机构	**76**	**94**	**105**
疗养院	8	7	5
医学科学研究机构	8	8	8
医学在职培训机构	19	16	15
其他	41	63	77

各类卫生机构床位数

单位：张

项　　　目	2018 年	2019 年	2020 年
合　计	**192513**	**202374**	**216753**
#医院	147897	156893	169245
疗养院	1559	1558	1300
社区卫生服务中心（站）	3639	3983	4334
卫生院	30860	31523	32944
门诊部			
妇幼保健院、所、站	6524	6628	7218
专科疾病防治院	2003	1743	1666

各类卫生技术人员数

单位：人

项　　　目	2018 年	2019 年	2020 年
合　计	**247346**	**263427**	**278397**
#执业医师	78738	85089	90384
执业助理医师	12362	14443	15162
注册护士	109327	116284	122476
药师（士）	14805	15475	15993
检验人员	9334	9895	10532

各类卫生机构情况（2020 年）

项　　　目	卫生机构（个）	医疗床位（张）	卫生技术人员（人）	#医生	#注册护士
合　计	**28152**	**216753**	**278397**	**105546**	**122476**
医院	**695**	**169245**	**167731**	**55575**	**84983**
综合医院	377	109264	118706	39614	60838
中医医院	88	20811	22261	7993	9855
中西医结合医院	9	3043	3339	1158	1623
民族医院	1	60	39	16	17
专科医院	213	35467	23099	6710	12506
护理院	7	600	287	84	144
基层医疗卫生机构	**26949**	**37278**	**90461**	**42641**	**30918**
社区卫生服务中心（站）	706	4334	13781	5676	5070
卫生院	890	32944	34449	12373	11865
门诊部	1409		18481	9620	6786
诊所、卫生所、医务室	6771		18048	9865	6602

续表

项　　目	卫生机构（个）	医疗床位（张）	卫生技术人员（人）	#医生	#注册护士
村卫生室	17173		5702	5107	595
专业公共卫生机构	**403**	**8930**	**18687**	**6910**	**6096**
疾病预防控制中心	98		4031	2147	265
专科疾病防治院	22	1666	912	331	318
妇幼保健院、所、站	95	7218	11317	4180	4958
急救中心	12	46	375	141	187
采供血机构	9		602	68	328
卫生监督所	88		1329		
计划生育技术服务机构	79		121	43	40
其他卫生机构	**105**	**1300**	**1518**	**420**	**479**
疗养院	5	1300	273	64	173
医学科学研究机构	8		58	37	7
医学在职培训机构	15		41	19	15
其他	77		1146	300	284

基层医疗卫生机构情况（2020 年）

项　　目	社区卫生服务中心（站）	卫生院	门诊部	诊所、卫生所、医务室	村卫生室
机构数（个）	**706**	**890**	**1409**	**6771**	**17173**
卫生技术人员数（人）	**13781**	**34449**	**18481**	**18048**	**5702**
#执业医师	4743	8569	8076	8380	1502
执业助理医师	933	3804	1544	1485	3605
注册护士	5070	11865	6786	6602	595
药师（士）	1301	3238	871	1121	
检验人员	522	1570	541	19	

农村村级卫生组织情况

项　　目	2018 年	2019 年	2020 年
村设置医疗点数（个）	**18280**	**17596**	**17173**
执业（助理）医师（人）	4192	3790	5107
注册护士（人）	443	461	595
乡村医生和卫生人员数（人）	**23295**	**21161**	**19397**
乡村医生	22527	20586	18846
卫生员	768	575	551

各类医院医疗服务情况

年份	诊疗人数（万人次）	#门急诊	入院人数（万人）	出院人数（万人）	病床周转数（次）
2018	10157.32	10038.41	467.93	467.77	33.70
2019	10851.16	10752.37	497.43	496.28	33.40
2020	9521.11	9416.75	448.60	449.01	28.40

医院、卫生院、妇幼保健院医疗服务情况（2020 年）

项　　目	诊疗人数（万人次）	#门急诊	入院人数（万人）	出院人数（万人）	死亡率（%）	病床周转数（次）	病床使用率（%）
医院	**9521.11**	**9416.75**	**448.60**	**449.01**	**0.17**	**28.40**	**71.64**
#综合医院	6997.52	6924.85	336.75	337.05	0.20	33.20	71.97
中医医院	1528.19	1503.35	52.79	52.91	0.14	26.70	66.66
专科医院	800.00	797.60	49.51	49.59	0.04	14.90	73.27
卫生院	**3474.73**	**3120.82**	**57.54**	**57.59**	**0.01**	**18.30**	**33.48**
妇幼保健院	**873.74**	**860.88**	**19.62**	**19.62**		**32.70**	**46.51**

防病工作情况

项　　目	2018 年	2019 年	2020 年
甲乙类传染病发病总例数（万个）	25.08	22.12	15.31
传染病发病率（1/10 万）	641.18	561.28	385.24
传染病死亡总人数（人）	273	261	256
传染病死亡率（1/10 万）	0.70	0.66	0.64
结核病登记病人数（例）	16575	15998	14650
登记患病率（‰）	0.43	0.41	0.37
结核病新发病人数（例）	14194	14467	13785
结核病登记新发病率（1/10 万）	36.64	36.99	34.98
“五苗”接种率（%）	98.90	99.70	99.76
乙肝疫苗全程接种率（%）	99.84	99.76	99.78

法定报告传染病发病及死亡情况（2020 年）

项　　目	发病率（1/10 万）	死亡率（1/10 万）	病死率（%）
总计	**385.24**	**0.64**	**0.17**
病毒性肝炎	107.51	0.04	0.04
痢疾	0.55		
伤寒副伤寒	1.20		
艾滋病	2.76	0.50	18.03

续表

项　　目	发病率（1/10万）	死亡率（1/10万）	病死率（%）
淋病	12.82		
梅毒	54.46	0.02	0.03
麻疹	0.04		
百日咳	0.26		
流脑			
猩红热	0.96		
出血热	0.87		
狂犬病			100.00
布氏杆菌病	0.28		
乙脑			
疟疾	0.11		4.76
新生儿破伤风	…		
肺结核	40.82	0.07	0.16

前十位疾病死亡原因及构成（2020年）

项　　目	占疾病死亡总人数比重（%）	项　　目	占疾病死亡总人数比重（%）
城市	**93.26**	**农村**	**92.15**
恶性肿瘤	30.25	恶性肿瘤	31.24
心脏病	18.65	脑血管病	16.59
脑血管病	17.10	心脏病	15.86
损伤和中毒	9.07	损伤和中毒	10.79
呼吸系统疾病	7.43	呼吸系统疾病	8.77
内分泌、营养和代谢疾病	4.49	内分泌、营养和代谢疾病	2.87
消化系统疾病	2.27	消化系统疾病	2.37
神经系统疾病	2.00	神经系统疾病	2.04
泌尿生殖系统疾病	1.17	泌尿生殖系统疾病	0.93
传染病	0.83	传染病	0.69

主要年份婚姻登记情况

单位：对

年　份	结婚登记件数	内地居民登记结婚	涉外及华侨、港澳台居民登记结婚	离婚登记件数	内地居民登记离婚	涉外及华侨、港澳台居民登记离婚
2018	273649	268292	5357	91597	90664	933
2019	240345	235234	5111	97560	96724	836
2020	205610	204644	966	93403	93103	300

社会救济情况

项　　目	2015 年	2019 年	2020 年
社会救济			
城镇居民最低生活保障人数（人）	129477	61852	62379
#女性	50814	28412	29041
#老年人		15044	14524
#残疾人	20875	16938	18498
城市居民最低保障家庭数（户）	75518	40319	40921
城市低保资金全年计划支出（万元）	53548	35814	42484
农村最低生活保障人数（人）	716811	414534	452363
#女性	260786	175247	199437
#老年人	227503	119928	122313
#未成年人	78654	59506	69723
#残疾人	103180	79005	91318
农村居民最低生活保障家庭数（户）	375987	228283	248073
农村低保资金全年计划支出（万元）		189387	232460
城市特困人员供养人数（人）		5062	5868
城市特困人员全年供养支出（万元）		6806	10210
农村特困人员供养人数（人）		63038	62044
农村特困人员全年供养支出（万元）		81562	91083

提供住宿的社会服务机构数

单位：个

项　　目	2018 年	2019 年	2020 年
合计	**363**	**609**	**715**
#光荣院	24		
社会福利院	63	65	
城市养老服务机构			
农村养老服务机构			
养老公寓等各类养老机构	123	202	640
社会福利医院	13	13	14
儿童福利机构	11	10	10
救助类服务机构（救助管理站）	42	41	
特困人员救助供养机构	80	268	

提供住宿的社会服务机构基本情况（2020 年）

项　　目	床位数（张）	年末在院人数（人）	社会（助理）工作师人数（人）
总计	**92676**	**37064**	**456**
#养老机构	84312	32693	299
社会福利院	14403	5015	165
特困人员救助供养机构	14448	6023	16
其他各类养老机构	55461	21655	118
社会福利医院	3883	3390	47
儿童福利机构	2073	527	30
其他提供住宿的服务机构	2406	454	78
流浪乞讨人员救助管理机构	1930	88	70

司　法

主要年份律师、公证、调解工作情况

项　　目	2015 年	2019 年	2020 年
律师工作			
律师事务所（个）	660	1039	1141
专职律师（人）	7211	10676	11703
兼职律师（人）	426	450	456
聘请常年法律顾问单位（个）	16310	25470	25937
律师业务情况			
民事诉讼（件）	128245	191690	214651
行政诉讼（件）	4010	11070	9866
非诉讼法律事务（件）	16905	32829	44482
解答法律咨询和代写法律事务文书（件）	180682	77523	77788
公证工作			
公证处（个）	90	93	93
公证人员（人）	979	1297	1311
#公证员	417	442	453
办理公证书（件）	491618	547063	403413
国内公证	229152	317111	315321
涉外及港澳台	262466	229952	88092
调解工作			
人民调解委员会（个）	19817	20480	20422
调解人员（万人）	9．60	9．41	8．08
调解纠纷（万件）	17．26	13．32	17．05
专职司法助理员（人）	2481	2575	6329

国内公证业务分类情况（2020 年）

单位：件

项　　目	办证件数
合计	**403413**
合同（协议）	6764
继承	34605
委托	96271
声明	53625
赠与	531
遗嘱	7729
现场监督	2316
婚姻状况、亲属关系、收养关系	13100
出生、生存、死亡	18795
身份、经历、学历、学位、职务、职称	2918
有无违法犯罪记录	12907
公司章程	6
保全证据	44079
证书（执照）	32957
签名（印章）	18204
文本相符	36290
赋予执行效力	10918
执行证书	53
抵押登记	1
提存	78
保管	23
其他	11243

社会保险

主要年份社会保险情况

项　　目	2010 年	2019 年	2020 年
养老保险			
城镇企业职工养老保险			
期末参加基本养老保险职工人数（万人）	466.88	843.20	894.36
期末领取基本养老保险离退休人数（万人）	93.33	151.08	159.34
基本养老保险基金收入（亿元）	149.55	628.82	391.99
基本养老保险基金支出（亿元）	135.85	484.92	532.89
基本养老保险基金累计结余（亿元）	104.63	794.55	562.49
机关事业单位养老保险			
期末参加基本养老保险职工人数（万人）	54.93	95.01	97.24
期末领取基本养老保险离退休人数（万人）	20.13	48.05	49.63
基本养老保险基金收入（亿元）	55.32	195.74	189.22
基本养老保险基金支出（亿元）	52.65	297.24	355.42
基本养老保险基金累计结余（亿元）	36.60	181.66	147.67
城乡居民社会养老保险			
期末参加基本养老保险人数（万人）		1554.14	1588.16
基本养老保险基金收入（亿元）		120.12	130.83
基本养老保险基金支出（亿元）		90.20	95.30
基本养老保险基金累计结余（亿元）		195.46	230.99
医疗保险			
期末参加基本医疗保险人数（万人）	1226.25	3788.10	3840.48
城镇职工	554.67	841.38	893.13
城镇居民	671.58	2946.72	2947.35
基本医疗保险基金收入（亿元）	113.72	588.55	624.88
城镇职工	106.22	354.41	377.66
城镇居民	7.50	234.14	247.22
基本医疗保险基金支出（亿元）	96.01	520.93	554.65
城镇职工	88.96	278.93	314.60
城镇居民	7.05	242.00	240.05
基本医疗保险基金累计结余（亿元）	174.86	783.29	866.89
城镇职工	169.99	687.55	763.98
城镇居民	4.87	95.74	102.91
基本医疗保险基金收缴率（%）	99.29	99.60	98.83

续表

项目	2010 年	2019 年	2020 年
失业保险			
期末参加失业保险人数（万人）	374.18	610.62	664.41
期末领取失业保险金人数（万人）	3.17	5.91	6.34
失业保险基金收入（亿元）	11.63	24.64	18.70
失业保险基金支出（亿元）	5.60	19.96	66.87
失业保险基金累计结余（亿元）	52.25	147.03	98.86
工伤、生育保险			
期末参加工伤保险的城镇企业职工人数（万人）	417.74	891.15	936.85
工伤保险基金收入（亿元）	5.90	19.81	10.40
工伤保险基金支出（亿元）	2.86	20.88	24.22
工伤保险基金累计结余（亿元）	22.37	62.85	49.02
期末参加生育保险的职工人数（万人）	374.41	621.73	676.58
生育保险基金收入（亿元）	4.32	18.95	19.32
生育保险基金支出（亿元）	2.95	18.61	21.33

各设区市主要社会保险参保人数（2020 年）

单位：万人

地区	参加城镇基本养老保险人数	参加城乡居民社会养老保险人数	参加基本医疗保险人数	参加失业保险人数	参加工伤保险人数	参加生育保险人数
全省	**1200.57**	**1588.16**	**3840.48**	**664.41**	**936.85**	**676.58**
省直	54.72		38.10		23.97	26.80
福州市	215.08	249.47	684.86	144.31	188.14	128.62
#平潭	5.99	19.82	40.12	3.28	6.74	3.21
厦门市	318.08	26.87	445.22	258.37	259.33	258.30
莆田市	48.63	170.88	323.29	26.06	51.78	23.04
三明市	63.69	125.35	263.83	25.03	44.46	22.76
泉州市	177.89	373.96	709.59	80.92	122.85	83.91
漳州市	111.48	224.90	482.61	47.44	83.53	49.74
南平市	71.97	137.46	287.32	24.72	62.97	21.11
龙岩市	62.50	140.33	281.41	30.82	48.38	31.02
宁德市	76.53	138.95	324.26	26.74	51.45	31.27

各设区市城镇基本养老保险人数（2020 年）

单位：万人

地　区	参加城镇基本养老保险职工人数	参加城镇企业基本养老保险人数	参加城镇机关事业养老保险人数	期末领取基本养老保险金离退休人数	企业单位领取人数	机关事业单位领取人数
全　省	**991.60**	**894.36**	**97.24**	**208.97**	**159.34**	**49.63**
省　直	37.55	24.55	13.00	17.17	10.42	6.75
福州市	172.65	159.00	13.65	42.43	34.23	8.20
#平潭	4.51	3.72	0.79	1.48	0.96	0.52
厦门市	281.41	272.86	8.55	36.68	33.67	3.01
莆田市	39.87	33.21	6.66	8.76	5.74	3.02
三明市	44.59	36.68	7.91	19.10	14.65	4.45
泉州市	160.58	146.05	14.54	17.30	11.67	5.63
漳州市	90.06	80.06	10.00	21.43	16.46	4.97
南平市	50.06	42.79	7.27	21.91	16.70	5.21
龙岩市	50.02	42.44	7.58	12.48	8.26	4.22
宁德市	64.82	56.74	8.08	11.71	7.54	4.17

市县数据

年末户籍统计人口数（2020 年）

单位：万人

地　　区	年末户籍统计总人口	按性别分	
		男	女
全　省	**3921.61**	**2014.89**	**1906.72**
福州市	**715.41**	**364.04**	**351.37**
福州市辖区			
鼓楼区	59.58	29.23	30.34
台江区	31.77	15.59	16.17
仓山区	63.87	31.17	32.70
马尾区	18.59	9.22	9.37
晋安区	43.23	21.09	22.15
长乐区	76.53	40.00	36.53
福清市	139.67	71.92	67.75
闽侯县	71.23	36.17	35.06
连江县	67.83	35.16	32.66
罗源县	26.97	14.07	12.90
闽清县	32.40	17.06	15.35
永泰县	38.50	20.45	18.05
平潭县	45.25	22.92	22.32
厦门市	**272.11**	**133.34**	**138.77**
厦门市辖区			
思明区	86.68	42.06	44.62
海沧区	26.27	12.62	13.64
湖里区	37.75	18.72	19.03
集美区	40.26	19.53	20.73
同安区	41.80	20.82	20.98
翔安区	39.35	19.59	19.77
莆田市	**365.55**	**186.75**	**178.80**
莆田市辖区			
城厢区	44.18	22.11	22.07
涵江区	45.17	22.42	22.75
荔城区	61.60	30.76	30.85
秀屿区	96.70	50.51	46.19

续表

地　区	年末户籍统计总人口	按性别分	
		男	女
仙游县	117.90	60.96	56.94
三明市	**287.84**	**150.57**	**137.27**
三明市辖区			
梅列区	15.78	7.69	8.09
三元区	13.67	6.83	6.84
永安市	32.79	16.83	15.96
明溪县	11.68	6.08	5.61
清流县	15.32	8.04	7.27
宁化县	37.20	19.55	17.64
大田县	41.48	22.61	18.87
尤溪县	45.04	24.29	20.75
沙县	27.09	13.91	13.17
将乐县	18.63	9.68	8.95
泰宁县	13.74	7.11	6.63
建宁县	15.43	7.94	7.49
泉州市	**766.14**	**396.60**	**369.54**
泉州市辖区			
鲤城区	27.66	13.44	14.21
丰泽区	29.93	14.35	15.58
洛江区	20.85	10.80	10.04
泉港区	42.25	21.76	20.48
石狮市	35.74	18.07	17.66
晋江市	121.24	61.82	59.42
南安市	166.71	87.95	78.76
惠安县	105.11	53.21	51.90
安溪县	121.03	64.44	56.59
永春县	60.20	31.93	28.27
德化县	35.43	18.81	16.61
漳州市	**523.95**	**268.62**	**255.34**
漳州市辖区			
芗城区	48.10	23.47	24.63
龙文区	18.47	8.95	9.52
龙海市	90.46	45.41	45.05
云霄县	46.77	24.66	22.11
漳浦县	94.65	48.71	45.95

续表

地　区	年末户籍统计总人口	按性别分	
		男	女
诏安县	68.63	35.85	32.78
长泰县	21.14	10.75	10.39
东山县	22.23	11.18	11.05
南靖县	35.73	18.31	17.41
平和县	61.26	32.74	28.53
华安县	16.51	8.59	7.92
南平市	**316.87**	**163.51**	**153.36**
南平市辖区			
延平区	49.42	25.29	24.14
建阳区	36.10	18.44	17.65
邵武市	30.22	15.45	14.77
武夷山市	24.70	12.52	12.19
建瓯市	54.60	28.23	26.37
顺昌县	23.02	11.88	11.14
浦城县	42.24	21.80	20.44
光泽县	16.16	8.43	7.73
松溪县	16.69	8.72	7.96
政和县	23.72	12.74	10.98
龙岩市	**317.60**	**165.01**	**152.59**
龙岩市辖区			
新罗区	59.72	29.49	30.22
永定区	48.12	25.34	22.78
漳平市	29.15	15.35	13.80
长汀县	54.76	29.06	25.70
上杭县	52.01	26.90	25.11
武平县	39.67	20.66	19.00
连城县	34.18	18.21	15.97
宁德市	**356.14**	**186.45**	**169.69**
宁德市辖区			
蕉城区	52.86	26.66	26.19
福安市	67.62	35.58	32.04
福鼎市	60.61	31.39	29.22
霞浦县	55.06	28.94	26.12
古田县	42.49	22.47	20.02
屏南县	18.96	10.13	8.82

续表

地　　区	年末户籍统计总人口	按性别分	
		男	女
寿宁县	26.32	14.11	12.21
周宁县	21.18	11.40	9.78
柘荣县	11.05	5.76	5.29

年末常住人口数（2020 年）

单位：万人

地　　区	常住人口数			城镇化水平（%）
		城镇人口	乡村人口	
全　省	**4161.00**	**2860.69**	**1300.31**	**68.8**
福州市	**832.00**	**603.04**	**228.96**	**72.5**
福州市辖区				
鼓楼区	67.00	67.00		100.0
台江区	41.20	41.20		100.0
仓山区	115.00	115.00		100.0
马尾区	29.20	25.67	3.53	87.9
晋安区	79.00	77.01	1.99	97.5
长乐区	79.30	47.59	31.71	60.0
福清市	139.40	74.66	64.74	53.6
闽侯县	99.30	59.69	39.61	60.1
连江县	64.10	32.47	31.63	50.7
罗源县	25.60	18.32	7.28	71.6
闽清县	25.70	11.26	14.44	43.8
永泰县	28.20	12.21	15.99	43.3
平潭县	39.00	20.96	18.04	53.7
厦门市	**518.00**	**463.14**	**54.86**	**89.4**
厦门市辖区				
思明区	107.40	107.40		100.0
海沧区	58.60	57.25	1.35	97.7
湖里区	103.90	103.90		100.0
集美区	104.00	93.95	10.05	90.3
同安区	85.90	64.52	21.38	75.1
翔安区	58.20	36.04	22.16	61.9
莆田市	**321.00**	**201.27**	**119.73**	**62.7**
莆田市辖区				
城厢区	54.70	39.35	15.35	71.9

续表

地　　区	常住人口数	城镇人口	乡村人口	城镇化水平（%）
涵江区	48.00	38.09	9.91	79.4
荔城区	67.40	49.98	17.42	74.2
秀屿区	60.40	26.50	33.90	43.9
仙游县	90.50	47.39	43.11	52.4
三明市	**249.00**	**157.37**	**91.63**	**63.2**
三明市辖区				
梅列区	22.00	21.45	0.55	97.5
三元区	18.80	16.45	2.35	87.5
永安市	34.50	24.84	9.66	72.0
明溪县	9.90	5.18	4.72	52.4
清流县	11.80	5.99	5.81	50.8
宁化县	26.20	12.62	13.58	48.2
大田县	30.00	16.21	13.79	54.0
尤溪县	34.20	16.69	17.51	48.8
沙县	25.10	17.62	7.48	70.2
将乐县	14.50	8.51	5.99	58.7
泰宁县	10.50	6.10	4.40	58.1
建宁县	11.50	5.70	5.80	49.6
泉州市	**879.00**	**601.76**	**277.24**	**68.5**
泉州市辖区				
鲤城区	42.80	42.80		100.0
丰泽区	70.10	70.10		100.0
洛江区	24.80	14.55	10.25	58.7
泉港区	35.50	19.76	15.74	55.7
石狮市	68.60	59.00	9.60	86.0
晋江市	206.20	141.64	64.56	68.7
南安市	151.90	93.78	58.12	61.7
惠安县	103.20	72.95	30.25	70.7
安溪县	100.40	49.83	50.57	49.6
永春县	42.20	25.86	16.34	61.3
德化县	33.30	26.02	7.28	78.1
漳州市	**506.00**	**310.48**	**195.52**	**61.4**
漳州市辖区				
芗城区	64.00	57.22	6.78	89.4
龙文区	30.50	27.73	2.77	90.9

续表

地　区	常住人口数	城镇人口	乡村人口	城镇化水平（%）
龙海市	95.30	58.37	36.93	61.3
云霄县	41.10	22.44	18.66	54.6
漳浦县	84.90	46.52	38.38	54.8
诏安县	56.00	25.65	30.35	45.8
长泰县	22.90	13.61	9.29	59.4
东山县	22.00	14.12	7.88	64.2
南靖县	30.50	16.13	14.37	52.9
平和县	45.40	21.55	23.85	47.5
华安县	13.40	7.14	6.26	53.3
南平市	**268.00**	**159.86**	**108.14**	**59.7**
南平市辖区				
延平区	45.40	32.72	12.68	72.1
建阳区	34.10	21.00	13.10	61.6
邵武市	27.40	21.80	5.60	79.6
武夷山市	26.00	15.95	10.05	61.4
建瓯市	43.40	22.59	20.81	52.0
顺昌县	17.90	9.20	8.70	51.4
浦城县	29.80	14.34	15.46	48.1
光泽县	13.00	6.55	6.45	50.4
松溪县	13.10	6.45	6.65	49.2
政和县	17.90	9.28	8.62	51.9
龙岩市	**273.00**	**171.66**	**101.34**	**62.9**
龙岩市辖区				
新罗区	84.80	72.77	12.03	85.8
永定区	32.50	16.35	16.15	50.3
漳平市	25.40	14.78	10.62	58.2
长汀县	39.80	21.29	18.51	53.5
上杭县	37.60	19.35	18.25	51.5
武平县	27.80	14.79	13.01	53.2
连城县	25.10	12.48	12.62	49.7
宁德市	**315.00**	**192.12**	**122.88**	**61.0**
宁德市辖区				
蕉城区	62.60	42.70	19.90	68.2
福安市	61.00	39.72	21.28	65.1
福鼎市	55.30	35.13	20.17	63.5

续表

地　　区	常住人口数			城镇化水平（%）
		城镇人口	乡村人口	
霞浦县	47.60	28.96	18.64	60.9
古田县	32.40	16.06	16.34	49.6
屏南县	14.00	6.91	7.09	49.3
寿宁县	17.80	8.86	8.94	49.8
周宁县	15.00	7.92	7.08	52.8
柘荣县	9.30	5.86	3.44	63.0

城镇非私营单位在岗职工（含劳务派遣人员）平均工资（2020 年）

单位：元

地　　区	在岗职工平均工资	在岗职工平均工资比上年增长（%）
全　省	**91072**	**7.9**
福州市	**96478**	**8.5**
福州市辖区		
鼓楼区	105980	9.1
台江区	100592	6.9
仓山区	91477	8.8
马尾区	98996	6.6
晋安区	100671	7.3
长乐区	85091	11.2
福清市	83487	9.7
闽侯县	113445	10.9
连江县	90557	9.5
罗源县	75295	4.4
闽清县	83834	6.9
永泰县	77711	9.1
平潭县	95400	6.4
厦门市	**108554**	**11.0**
厦门市辖区		
思明区	120880	12.9
海沧区	93981	10.5
湖里区	123640	10.7
集美区	95800	6.7
同安区	88484	5.6
翔安区	92540	12.9
莆田市	**75316**	**7.3**

续表

地　　区	在岗职工平均工资	在岗职工平均工资比上年增长（%）
莆田市辖区		
城厢区	73064	-14.2
涵江区	72055	16.3
荔城区	69633	6.8
秀屿区	73557	-0.6
仙游县	69368	8.8
三明市	**90508**	**4.6**
三明市辖区		
梅列区	107772	3.3
三元区	85961	5.0
永安市	88950	8.3
明溪县	88334	4.6
清流县	85355	4.3
宁化县	97254	-3.4
大田县	77356	4.6
尤溪县	86543	5.1
沙县	81031	7.4
将乐县	83221	6.5
泰宁县	95382	0.8
建宁县	77421	2.7
泉州市	**76330**	**5.5**
泉州市辖区		
鲤城区	82371	10.0
丰泽区	103260	6.8
洛江区	65626	5.3
泉港区	81487	6.1
石狮市	75198	4.9
晋江市	78327	6.5
南安市	75377	9.4
惠安县	65324	2.6
安溪县	74985	6.4
永春县	65790	10.4
德化县	67267	8.5
漳州市	**89060**	**6.8**
漳州市辖区		
芗城区	101323	13.9

续表

地　　区	在岗职工平均工资	在岗职工平均工资比上年增长（%）
龙文区	86192	5.7
龙海市	88067	-0.8
云霄县	91135	23.0
漳浦县	71888	-7.8
诏安县	72242	4.5
长泰县	78168	5.1
东山县	92319	3.6
南靖县	87119	3.7
平和县	85780	3.4
华安县	84488	3.5
南平市	**82487**	**8.2**
南平市辖区		
延平区	86429	8.9
建阳区	88565	12.7
邵武市	77955	7.0
武夷山市	81954	8.3
建瓯市	78552	3.4
顺昌县	83676	9.4
浦城县	79473	6.2
光泽县	85916	3.2
松溪县	75057	10.1
政和县	70381	7.7
龙岩市	**82970**	**5.2**
龙岩市辖区		
新罗区	95524	4.7
永定区	82156	5.4
漳平市	64776	5.3
长汀县	72796	6.5
上杭县	85690	3.7
武平县	76471	5.8
连城县	75169	4.7
宁德市	**92223**	**11.1**
宁德市辖区		
蕉城区	103715	10.7
福安市	93082	10.4
福鼎市	81626	10.6

续表

地　区	在岗职工平均工资	在岗职工平均工资比上年增长（%）
霞浦县	81364	9.7
古田县	77628	10.7
屏南县	91405	8.6
寿宁县	77600	9.8
周宁县	81241	8.9
柘荣县	80993	10.6

城乡居民人均可支配收入（2020 年）

单位：元

项　目	城镇居民人均可支配收入		农村居民人均可支配收入	
	数值	比上年增长（%）	数值	比上年增长（%）
全　省	**47160**	**3.4**	**20880**	**6.7**
福州市	**49300**	**2.9**	**22669**	**6.3**
福州市辖区				
鼓楼区	58160	3.0		
台江区	53912	2.9		
仓山区	45916	3.2		
马尾区	54653	2.9	29323	6.2
晋安区	49670	2.8	23184	6.4
长乐区	50670	2.9	25888	6.5
福清市	49967	2.9	26779	6.2
闽侯县	46538	3.0	21693	6.2
连江县	40563	3.5	20779	6.4
罗源县	36790	2.9	17329	5.4
闽清县	35151	2.7	17204	6.9
永泰县	34285	2.4	16808	6.0
平潭县	43278	3.9	18742	6.6
厦门市	**61331**	**3.9**	**26612**	**7.3**
厦门市辖区				
思明区	74012	4.0		
海沧区	55989	3.8	32781	7.3
湖里区	60263	3.9		
集美区	54960	3.7	32056	7.0
同安区	51775	3.9	24619	7.3
翔安区	43816	4.4	24206	7.7
莆田市	**41007**	**2.4**	**20823**	**5.8**

续表

项　　目	城镇居民人均可支配收入		农村居民人均可支配收入	
	数值	比上年增长（%）	数值	比上年增长（%）
莆田市辖区				
城厢区	47081	2.7	23067	6.3
涵江区	39059	2.6	20055	5.7
荔城区	46074	2.9	23567	6.4
秀屿区	34060	1.4	21735	5.7
仙游县	35338	2.4	18792	4.9
三明市	**39259**	**3.5**	**19533**	**6.7**
三明市辖区				
梅列区	45261	2.8	21197	5.0
三元区	42615	3.4	22268	6.0
永安市	40236	3.4	20784	5.7
明溪县	33206	1.9	18212	7.4
清流县	34586	4.0	18594	6.7
宁化县	31579	3.6	17904	6.7
大田县	39325	4.4	19682	7.5
尤溪县	37824	3.8	20054	7.1
沙县	39981	3.3	21855	6.5
将乐县	37743	3.7	19763	7.4
泰宁县	35999	3.5	18474	6.7
建宁县	32615	3.8	18321	7.3
泉州市	**50968**	**2.8**	**23459**	**5.9**
泉州市辖区				
鲤城区	49217	3.1		
丰泽区	60100	2.9		
洛江区	44706	3.3	19929	6.1
泉港区	39011	2.8	22698	5.7
石狮市	64830	3.1	29023	6.0
晋江市	54594	2.6	27344	5.3
南安市	50667	2.7	25094	5.9
惠安县	48007	2.7	24258	6.8
安溪县	35548	2.8	19145	6.2
永春县	35077	1.8	18163	6.0
德化县	37702	3.0	18105	6.6
漳州市	**40008**	**2.7**	**21103**	**6.1**
漳州市辖区				

续表

项　目	城镇居民人均可支配收入		农村居民人均可支配收入	
	数值	比上年增长（%）	数值	比上年增长（%）
芗城区	45163	3.3	21087	6.7
龙文区	46019	3.6	22874	7.0
龙海市	41054	2.5	22191	6.0
云霄县	35484	2.3	19417	5.6
漳浦县	40788	3.4	23111	6.5
诏安县	32992	2.7	18798	6.0
长泰县	41660	3.5	22228	6.1
东山县	39823	2.3	24141	7.6
南靖县	35816	1.1	20009	5.9
平和县	34940	1.5	20770	7.7
华安县	37289	2.7	20630	5.2
南平市	**36492**	**3.8**	**18557**	**6.7**
南平市辖区				
延平区	37591	4.0	20386	6.4
建阳区	37425	4.5	18607	7.3
邵武市	38343	3.3	21200	6.0
武夷山市	37405	3.1	19956	6.2
建瓯市	36683	4.4	20134	5.8
顺昌县	33361	4.1	17725	6.9
浦城县	34340	3.5	17048	7.2
光泽县	33093	3.9	16138	6.7
松溪县	32074	3.5	14449	7.6
政和县	32260	3.8	14662	6.1
龙岩市	**40190**	**3.5**	**20150**	**6.8**
龙岩市辖区				
新罗区	44519	2.6	23925	6.1
永定区	42535	4.2	21062	6.1
漳平市	38053	3.0	20290	7.1
长汀县	28988	4.1	18149	7.5
上杭县	43768	3.5	19699	6.8
武平县	37837	3.4	19244	6.7
连城县	34644	3.7	18331	7.0
宁德市	**37121**	**3.4**	**19050**	**7.0**
宁德市辖区				
蕉城区	38788	2.7	19271	6.9

续表

项　　目	城镇居民人均可支配收入		农村居民人均可支配收入	
	数值	比上年增长（%）	数值	比上年增长（%）
福安市	39660	3.8	19851	7.2
福鼎市	39610	3.4	19288	7.6
霞浦县	37118	4.3	19286	6.8
古田县	35018	3.8	20262	7.2
屏南县	30976	3.2	17201	6.4
寿宁县	28941	3.3	16536	7.7
周宁县	31917	3.6	17705	7.0
柘荣县	30150	3.1	16797	6.4

普通教育专任教师及在校学生数（2020 年）

单位：人

地　　区	专任教师数			在校生数		
	普通高中	普通初中	小学	普通高中	普通初中	小学
全　省	**52750**	**107931**	**182617**	**664046**	**1452519**	**3436133**
福州市	**8868**	**18627**	**32771**	**117772**	**270955**	**628043**
福州市辖区	4162	7738	14757	58190	126843	299847
鼓楼区	1372	1827	3022	19132	30942	60476
台江区	442	716	1281	6804	11472	26994
仓山区	836	1938	4634	12328	32663	86894
马尾区	365	650	963	4546	7578	17623
晋安区	406	975	1935	5380	19449	50991
长乐区	741	1632	2922	10000	24739	56869
福清市	1688	3749	6371	22893	55393	122623
闽侯县	694	1732	2925	9157	25233	63864
连江县	757	1818	3031	9326	22557	50942
罗源县	243	665	1273	2893	7543	20217
闽清县	378	938	1417	4061	9363	19480
永泰县	346	851	1197	4374	9800	20238
平潭县	600	1136	1800	6878	14223	30832
厦门市	**4316**	**9521**	**18997**	**56363**	**136780**	**365089**
厦门市辖区	4316	9521	18997	56363	136780	365089
思明区	1867	2635	4450	24224	38143	81213
海沧区	291	1055	2222	3964	13981	41594
湖里区	122	1395	3292	1616	21251	60778
集美区	891	1749	3391	10317	25441	68876

续表

地　　区	专任教师数			在校生数		
	普通高中	普通初中	小学	普通高中	普通初中	小学
同安区	771	1847	3791	10506	25967	70952
翔安区	374	840	1851	5736	11997	41676
莆田市	**5136**	**9070**	**15943**	**71550**	**127914**	**285040**
莆田市辖区	3598	6153	11468	49591	91383	206456
城厢区	908	1571	2470	11159	21684	44590
涵江区	698	1175	2145	10079	14572	35083
荔城区	1180	1646	3262	15770	27941	66102
秀屿区	812	1761	3591	12583	27186	60681
仙游县	1538	2917	4475	21959	36531	78584
三明市	**3930**	**7774**	**12869**	**46797**	**90237**	**220658**
三明市辖区	605	1023	1645	8457	13064	30796
梅列区	251	569	906	3970	7465	17581
三元区	354	454	739	4487	5599	13215
永安市	511	1011	1628	5613	11795	27853
明溪县	141	271	497	1320	2427	6022
清流县	194	340	684	2112	4512	10566
宁化县	478	821	1358	5457	10273	23862
大田县	427	1021	1957	4885	12171	36433
尤溪县	542	1158	1642	6047	10101	28949
沙县	481	945	1379	6508	12094	24631
将乐县	241	498	795	2743	5890	13305
泰宁县	152	320	638	1807	3753	9041
建宁县	158	366	646	1848	4157	9200
泉州市	**11092**	**22694**	**37132**	**141189**	**334330**	**818225**
泉州市辖区	2836	4919	8140	34042	69807	154046
鲤城区	1328	1941	2920	15937	29450	52952
丰泽区	582	1217	2371	7443	18995	45181
洛江区	391	629	1185	5145	8609	21079
泉港区	535	1132	1664	5517	12753	34834
石狮市	782	1240	2225	11894	25999	67056
晋江市	1966	3997	6857	29033	69950	189050
南安市	1827	3940	5897	21849	51796	139887
惠安县	1318	2869	4103	15097	32327	91274
安溪县	1266	3384	6149	16046	56871	108818
永春县	667	1462	2261	7682	16192	38760

续表

地　　区	专任教师数			在校生数		
	普通高中	普通初中	小学	普通高中	普通初中	小学
德化县	430	883	1500	5546	11388	29334
漳州市	**7192**	**14504**	**22325**	**84666**	**182166**	**398238**
漳州市辖区	1615	2524	4007	20533	39710	75256
芗城区	1334	1951	2599	17219	31167	49466
龙文区	281	573	1408	3314	8543	25790
龙海市	1458	2576	4217	16200	31969	74976
云霄县	595	1329	2105	7434	16276	31638
漳浦县	993	2571	3295	12802	31056	69614
诏安县	625	1519	2415	7418	20099	47681
长泰县	249	602	884	2396	5957	17735
东山县	305	538	929	2782	6163	16541
南靖县	428	848	1315	4464	9029	20240
平和县	660	1588	2409	7937	16285	34671
华安县	264	409	749	2700	5622	9886
南平市	**3727**	**8229**	**13104**	**45527**	**104512**	**199612**
南平市辖区	1045	2310	3887	12592	30441	58313
延平区	616	1393	2204	7163	17022	32445
建阳区	429	917	1683	5429	13419	25868
邵武市	337	860	1201	3887	9168	19086
武夷山市	269	701	1148	3502	8786	18551
建瓯市	549	1316	2108	7250	18985	34587
顺昌县	438	707	848	5493	5689	10931
浦城县	441	1044	1523	5847	13708	20864
光泽县	222	410	807	2560	5343	9230
松溪县	188	369	632	1931	5093	11449
政和县	238	512	950	2465	7299	16601
龙岩市	**4292**	**8624**	**14533**	**47116**	**92028**	**247191**
龙岩市辖区	1626	3316	6243	18996	38439	103541
新罗区	1008	1993	4139	12505	25830	71136
永定区	618	1323	2104	6491	12609	32405
漳平市	324	833	1380	4365	8386	23170
长汀县	714	1299	2410	8356	15947	42018
上杭县	721	1259	1755	6566	12324	33512
武平县	453	957	1482	4685	8991	23332
连城县	454	960	1263	4148	7941	21618

续表

地　区	专任教师数			在校生数		
	普通高中	普通初中	小学	普通高中	普通初中	小学
宁德市	**4197**	**8888**	**14943**	**53066**	**113597**	**274037**
宁德市辖区	777	1536	3025	9275	21300	56443
蕉城区	777	1536	3025	9275	21300	56443
福安市	948	1755	2866	12353	26353	55743
福鼎市	636	1401	2248	8895	18677	48403
霞浦县	531	1224	2135	7354	16610	45594
古田县	401	1066	1505	4906	9575	22881
屏南县	214	491	802	2245	4540	11202
寿宁县	293	662	960	3676	7368	12695
周宁县	253	495	834	2730	5497	12198
柘荣县	144	258	568	1632	3677	8878

卫生主要指标（2020 年）

地　区	卫生机构数（个）	卫生机构床位数（张）	卫生技术人员数（人）		
				执业（助理）医师	#注册护士
全　省	**28152**	**216753**	**278397**	**105546**	**122476**
福州市	**4965**	**42613**	**68049**	**26275**	**29831**
福州市辖区	2117	28092	48429	19079	21361
鼓楼区	423	10979	19510	7724	8645
台江区	261	4740	9732	3847	4443
仓山区	477	5160	8395	3309	3671
马尾区	129	548	1132	462	489
晋安区	436	4148	6235	2416	2767
长乐区	391	2517	3425	1321	1346
福清市	785	4659	6714	2537	3001
闽侯县	498	1939	3400	1312	1345
连江县	424	1901	2795	1089	1127
罗源县	245	1608	1342	442	583
闽清县	319	1566	1603	495	748
永泰县	273	1337	1334	508	570
平潭县	304	1511	2432	813	1096
厦门市	**2171**	**19470**	**38540**	**16121**	**16866**
厦门市辖区	2171	19470	38540	16121	16866
思明区	572	8145	15396	6325	6962
海沧区	294	1686	3811	1646	1558

续表

地区	卫生机构数（个）	卫生机构床位数（张）	卫生技术人员数（人）	执业（助理）医师	#注册护士
湖里区	203	1623	3318	1353	1487
集美区	390	4422	9226	3828	4048
同安区	444	1695	3595	1570	1480
翔安区	268	1899	3194	1399	1331
莆田市	**1400**	**15922**	**17527**	**6618**	**8022**
莆田市辖区	1006	11852	13363	5089	6063
城厢区	210	3106	4000	1550	1961
涵江区	279	4857	5515	1988	2555
荔城区	247	1717	2111	841	855
秀屿区	270	2172	1737	710	692
仙游县	394	4070	4164	1529	1959
三明市	**2621**	**16134**	**18390**	**6662**	**8030**
三明市辖区	285	3848	4764	1756	2143
梅列区	151	2041	3104	1168	1394
三元区	134	1807	1660	588	749
永安市	356	2671	3016	1128	1398
明溪县	108	494	655	211	246
清流县	134	675	815	271	357
宁化县	285	1420	1608	585	716
大田县	442	1682	1475	481	670
尤溪县	364	1889	2006	787	820
沙县	250	1363	1535	601	665
将乐县	153	875	1051	350	429
泰宁县	127	713	824	302	327
建宁县	117	504	641	190	259
泉州市	**5214**	**43286**	**46789**	**18421**	**20190**
泉州市辖区	809	13158	18004	6635	8371
鲤城区	192	7098	9087	3073	4580
丰泽区	277	3575	6415	2527	2769
洛江区	153	835	907	387	351
泉港区	187	1650	1595	648	671
石狮市	377	2299	3206	1438	1329
晋江市	1106	6444	7725	3259	2965
南安市	1022	6841	5245	2275	2081
惠安县	506	4735	4304	1767	1751

续表

地　区	卫生机构数（个）	卫生机构床位数（张）	卫生技术人员数（人）	执业（助理）医师	#注册护士
安溪县	696	5311	4544	1621	2069
永春县	385	2771	2106	782	893
德化县	313	1727	1655	644	731
漳州市	**3980**	**28834**	**31504**	**11171**	**13421**
漳州市辖区	578	9592	11629	4239	5318
芗城区	365	8382	9660	3485	4456
龙文区	213	1210	1969	754	862
龙海市	913	4510	4723	1804	2213
云霄县	281	1996	1923	584	959
漳浦县	693	3419	3906	1422	1675
诏安县	401	2600	2404	885	839
长泰县	158	1046	1086	395	466
东山县	162	1160	1334	358	467
南靖县	345	1347	1785	780	546
平和县	291	2390	2083	503	730
华安县	158	774	631	201	208
南平市	**2180**	**16097**	**17910**	**6287**	**8082**
南平市辖区	549	5848	6813	2293	3250
延平区	309	3696	4270	1503	1987
建阳区	240	2152	2543	790	1263
邵武市	184	1943	1993	699	943
武夷山市	227	1153	1307	514	526
建瓯市	329	2582	2582	907	1173
顺昌县	180	652	956	369	413
浦城县	291	1719	1622	573	643
光泽县	151	726	796	289	349
松溪县	146	628	816	275	354
政和县	123	846	1025	368	431
龙岩市	**2766**	**19550**	**20871**	**7470**	**9601**
龙岩市辖区	901	9848	11018	4050	5218
新罗区	611	7728	9142	3307	4448
永定区	290	2120	1876	743	770
漳平市	290	1049	1353	500	584
长汀县	432	2909	2566	782	1200
上杭县	492	2045	2249	910	879

续表

地　区	卫生机构数（个）	卫生机构床位数（张）	卫生技术人员数（人）	执业（助理）医师	#注册护士
武平县	402	1966	1895	651	853
连城县	249	1733	1790	577	867
宁德市	**2855**	**14847**	**18817**	**6521**	**8433**
宁德市辖区	526	3386	5013	1775	2406
蕉城区	526	3386	5013	1775	2406
福安市	498	2463	3308	1254	1498
福鼎市	463	2261	3516	1098	1690
霞浦县	310	2054	2459	819	1013
古田县	414	1467	1603	597	667
屏南县	175	755	698	232	302
寿宁县	204	1001	947	322	383
周宁县	155	957	779	226	294
柘荣县	110	503	494	198	180

社会保险和低保情况（2020年）

单位：万人

地　区	期末参加基本养老保险职工人数	期末参加城乡居民社会养老保险人数	期末参加基本医疗保险人数	城镇居民最低生活保障人数	农村居民最低生活保障人数
全　省	**991.60**	**1588.16**	**3840.48**	**6.24**	**45.24**
福州市	**172.65**	**249.47**	**684.86**	**0.81**	**5.52**
福州市辖区	127.41	55.47	297.18	0.49	0.98
鼓楼区		1.29	63.52	0.04	
台江区		1.26	36.53	0.14	
仓山区		6.02	62.97	0.14	0.14
马尾区	9.90	5.17	21.23	0.06	0.12
晋安区		4.72	41.94	0.07	0.08
长乐区	7.54	37.00	70.99	0.04	0.65
福清市	15.47	69.38	130.02	0.03	0.81
闽侯县	9.92	30.48	73.98	0.03	0.78
连江县	5.25	30.83	57.38	0.03	0.52
罗源县	3.05	11.25	24.28	0.03	0.45
闽清县	3.87	14.79	28.75	0.06	0.57
永泰县	3.16	17.46	33.15	0.04	0.58
平潭县	4.51	19.82	40.12	0.09	0.85
厦门市	**281.41**	**26.87**	**445.21**	**0.76**	**0.40**
厦门市辖区	281.41	26.87	445.21	0.76	0.40

续表

地　区	期末参加基本养老保险职工人数	期末参加城乡居民社会养老保险人数	期末参加基本医疗保险人数	城镇居民最低生活保障人数	农村居民最低生活保障人数
思明区	81.11	1.42		0.20	
海沧区	68.55	0.85		0.05	0.03
湖里区	28.03	2.51		0.09	
集美区	19.95	12.09		0.06	0.03
同安区	38.07	1.53		0.13	0.26
翔安区	31.46	8.46		0.24	0.07
莆田市	**39.87**	**170.88**	**323.29**	**0.18**	**4.71**
莆田市辖区	32.07	113.95	221.06	0.16	2.82
城厢区	0.75	18.84	36.49	0.03	0.40
涵江区	7.78	22.23	41.32	0.07	0.50
荔城区	0.85	22.44	52.23	0.05	0.52
秀屿区	3.75	50.44	84.10		1.39
仙游县	7.80	56.93	102.23	0.03	1.89
三明市	**44.59**	**125.35**	**263.83**	**0.47**	**3.67**
三明市辖区	13.05	5.00	30.66	0.09	0.08
梅列区	3.65	1.39		0.03	0.02
三元区	2.67	3.61		0.06	0.06
永安市	7.42	12.07	30.85	0.03	0.19
明溪县	1.61	5.91	10.92	0.02	0.26
清流县	1.89	6.98	13.67	0.04	0.56
宁化县	2.70	17.09	31.80	0.02	0.61
大田县	4.05	19.00	35.87	0.03	0.68
尤溪县	3.48	22.86	40.18	0.06	0.29
沙县	4.84	12.17	25.84	0.03	0.24
将乐县	2.37	9.42	17.08	0.03	0.21
泰宁县	1.69	7.01	12.98	0.03	0.33
建宁县	1.50	7.84	13.99	0.08	0.24
泉州市	**160.58**	**373.96**	**709.59**	**0.86**	**6.78**
泉州市辖区	57.33	41.50	125.08	0.29	0.88
鲤城区	11.02	4.37	19.27	0.08	
丰泽区	17.11	6.11	29.26	0.09	
洛江区	4.96	9.23	20.34	0.02	0.18
泉港区	4.40	21.80	36.54	0.10	0.70
石狮市	11.54	19.04	35.40	0.06	0.99
晋江市	41.07	60.77	117.82	0.04	1.43

续表

地　区	期末参加基本养老保险职工人数	期末参加城乡居民社会养老保险人数	期末参加基本医疗保险人数	城镇居民最低生活保障人数	农村居民最低生活保障人数
南安市	17.13	86.97	146.88	0.03	0.71
惠安县	13.56	57.60	97.92	0.02	0.42
安溪县	8.56	61.70	100.95	0.17	
永春县	6.18	30.34	52.73	0.23	0.70
德化县	5.23	16.05	32.81	0.04	1.65
漳州市	**90.06**	**224.90**	**482.61**	**1.30**	**7.68**
漳州市辖区	34.82	18.51	68.22	0.39	0.27
芗城区	11.15	10.87	24.94	0.24	0.22
龙文区	0.30	7.64	12.52	0.14	0.05
龙海市	12.26	43.92	80.53	0.11	0.89
云霄县	5.27	20.09	42.23	0.14	1.35
漳浦县	10.35	42.08	86.23	0.13	1.41
诏安县	4.27	27.03	61.40	0.03	0.36
长泰县	5.86	8.59	21.05	0.10	0.24
东山县	4.44	9.51	20.41	0.05	0.53
南靖县	5.12	17.58	32.59	0.08	1.10
平和县	5.44	28.70	54.30	0.02	0.26
华安县	2.23	8.88	15.67	0.27	1.26
南平市	**50.06**	**137.46**	**287.32**	**0.80**	**4.90**
南平市辖区	21.66	33.64	79.04	0.24	1.01
延平区	7.49	17.15	37.48	0.18	0.58
建阳区	5.87	16.50	33.05	0.06	0.43
邵武市	5.57	12.70	28.08	0.08	0.36
武夷山市	3.86	10.64	22.72	0.06	0.71
建瓯市	4.71	24.04	49.04	0.06	0.30
顺昌县	3.63	10.36	20.38	0.03	0.34
浦城县	4.32	19.91	38.45	0.06	0.53
光泽县	2.72	7.46	14.74	0.11	0.46
松溪县	1.73	7.96	14.46	0.05	0.31
政和县	1.87	10.76	20.42	0.11	0.87
龙岩市	**50.02**	**140.33**	**281.41**	**0.32**	**5.14**
龙岩市辖区	27.32	41.38	100.47	0.09	1.26
新罗区	14.09	17.94	48.07	0.07	0.33
永定区	5.03	23.44	40.33	0.01	0.93
漳平市	3.57	14.63	26.27	0.10	0.85

续表

地　　区	期末参加基本养老保险职工人数	期末参加城乡居民社会养老保险人数	期末参加基本医疗保险人数	城镇居民最低生活保障人数	农村居民最低生活保障人数
长汀县	4.87	24.51	46.50	0.04	1.02
上杭县	6.58	24.89	45.62	0.02	0.82
武平县	4.25	19.76	33.98	0.02	0.64
连城县	3.43	15.15	28.56	0.05	0.56
宁德市	**64.82**	**138.95**	**324.26**	**0.74**	**6.43**
宁德市辖区	27.31	16.65	54.67	0.10	0.56
蕉城区	11.32	16.65	47.28	0.10	0.56
福安市	12.32	27.25	59.25	0.13	0.90
福鼎市	9.42	24.80	57.30	0.07	0.58
霞浦县	4.67	21.64	48.35	0.02	0.50
古田县	3.79	17.06	36.90	0.07	0.76
屏南县	1.62	8.55	16.78	0.03	0.58
寿宁县	2.54	9.81	22.85	0.09	0.38
周宁县	1.51	8.83	17.95	0.14	1.29
柘荣县	1.65	4.36	10.22	0.09	0.89

第八篇 政策选编

福建省社会发展政策选编

中共福建省委办公厅关于认真组织学习《习近平在厦门》《习近平在宁德》两部采访实录的通知

各市、县（区）党委，平潭综合实验区党工委，省委各部、委、办，省直各委、办、厅、局、总公司党组（党委），各人民团体党组，各大学党委：

近日，反映习近平总书记成长历程的《习近平在厦门》《习近平在宁德》两部采访实录由中共中央党校出版社同时出版，在全国发行。这两部采访实录及《学习时报》正在连载的《习近平在福州》等采访实录，为深入学习领会习近平新时代中国特色社会主义思想的理论逻辑和实践逻辑提供了鲜活教材，对引导党员干部增强“四个意识”、坚定“四个自信”、做到“两个维护”，更好践行初心和使命具有重要教育示范意义。全省各级党组织和广大党员干部要在前一阶段学习的基础上，进一步深入学习，更好地理解把握和传承贯彻好习近平总书记在我省工作时创造的宝贵思想财富、精神财富和实践成果，推动新时代新福建建设取得新的成效。现将有关要求通知如下：

一、要增强政治自觉，进一步深化对学习《习近平在厦门》《习近平在宁德》两部采访实录重大意义的认识

习近平总书记在福建工作17年半，亲自领导了福建的改革开放和现代化建设，进行了一系列具有前瞻性、开创性、战略性的理念创新和实践探索。《习近平在厦门》通过总书记当年同事、接触过的干部群众的真实讲述，再现了总书记在厦门的工作经历和领导风范，充分展现了总书记深入把握经济特区发展科学规律的远见卓识、切实解决群众所想所急所盼的为民情怀。《习近平在宁德》从不同角度回忆了总书记在宁德的工作经历，生动讲述了三进下党、“四下基层”、搞“经济大合唱”、颁布“公务接待12条”、整治干部违规建私宅等攻坚克难的故事。这些都是我们不忘初心、牢记使命的光辉榜样，是引领福建不断前行的精神财富和强大动力。全省各级党组织和广大党员干部要把学习两部采访实录作为重大政治任务，切实把总书记为我们创造的宝贵思想财富、精神财富和实践成果学习好、传承好、贯彻好，切实把对总书记的深厚爱戴之情上升为增强“四个意识”、坚定“四个自信”、做到“两个维护”的政治自觉、思想自觉、行动自觉，切实让初心和使命在广大党员干部内心深处铸牢、在思想深处扎根。

二、要深入学习领会，进一步把握精神实质

《习近平在厦门》《习近平在宁德》等采访实录，是广大党员干部深入学习贯彻习近平新时代中国特色社会主义思想、不断砥砺初心使命的鲜活教材。全省广大党员干部要认真学习每一篇采访实录，深刻领会总书记对党和人民事业的孜孜探索、对八闽儿女的深厚感情；深刻领会总书记客观清醒、立足长远的战略思维，求真务实、从严治吏的领导作风，扎根基层、贴近群众的真挚情怀和功成不必在我的宽广胸襟。要通过深入学习领会，更好地坚定理想信念、践行初心和使命，把不忘初心、牢记使命作为必修课、常修课，时常叩问和守护初心，及时修枝剪叶、补钙壮骨，把牢理想信念“总开关”。更好地坚持以人民为中心的发展思想，以百姓心为心，真抓实干解民忧、纾民怨、暖民心，让人民群众获得感、幸福感、安全感更加充实、更有保障、更可持续。更好地发扬斗争精神，以刀刃向内的勇气自我革命、自我净化，以永远在路上的执着，推进全面从严治党向纵深发展，使党永葆强大生命力战斗力。更好地担当作为，以滴水穿石、抓铁有痕、踏石留印的作风，万众一心加油干，越是艰险越向前，形成人人奋勇争先、奋力担当的生动局面。

三、要坚决贯彻落实，进一步谱写新时代新福建建设新篇章

全省各级党组织和广大党员干部，要以深入学习《习近平在厦门》《习近平在宁德》等采访实录为新的契机，深化落实省委“三四八”贯彻机制，进一步把习近平总书记在福建工作时的创新理念和生动实践，全面系统、扎扎实实贯彻落实到新时代新福建建设的实际工作中，并与深入学习贯彻习近平新时代中国特色社会主义思想，党的十九大和十九届二中、三中、四中全会精神，习近平总书记参加十三届全国人大二次会议福建代表团审议时的重要讲话精神，习近平总书记对福建工作的重要讲话重要指示批示精神，与贯彻落实中央经济工作会议精神等紧密结合起来，紧扣全面建成小康社会目标任务，坚持稳中求进工作总基调，坚持新发展理念，坚持以供给侧结构性改革为主线，坚持以改革开放为动力，加快推进高质量发展落实赶超，加快推进新时代新福建治理现代化，努力建设“机制活、产业优、百姓富、生态美”的新福建，确保全面建成小康社会，努力创造得到人民认可、经得起历史检验的成绩。

四、要强化组织领导，进一步掀起学习热潮

全省各级党组织要切实加强领导、精心组织安排，广泛深入开展《习近平在厦门》《习近平在宁德》等采访实录的学习。各级党员领导干部要切实发挥“头雁效应”，带头学习、带头辅导、带头调研、带头践行，树好标杆、作好示范，把自己摆进去、把职责摆进去、把工作摆进去，努力做到学思用贯通、知信行统一，力戒形式主义、官僚主义，确保取得实实在在学习成效。各级党委（党组）要把《习近平在厦门》《习近平在宁德》等采访实录纳入“不忘初心、牢记使命”主题教育等干部教育内容，通过理论中心组学习、党支部“三会一课”、主题党日和党校主体班学习等形式，认真组织学习、深入开展研讨交流。要及时发现和总结学习的好经验好做法，充分反映和宣传各地干部群众学习采访实录的热烈反响，营造浓厚的学习氛围，不断推动学习往实里走、往深里走、往心里走，努力把学习的成果转化为新时代新福建建设的实际成效，为实现“两个一百年”奋斗目标、实现中华民族伟大复兴的中国梦作出更大贡献。

中共福建省委办公厅
2020年1月3日

【发文机关】中共福建省委办公厅
【标　　题】中共福建省委办公厅关于认真组织学习《习近平在厦门》《习近平在宁德》两部采访实录的通知
【发文日期】2020年1月3日

中共福建省委办公厅印发《关于持续解决困扰基层的形式主义问题为决胜全面建成小康社会提供坚强作风保证的若干措施》

2020 年 5 月 21 日福建日报刊发：近日，中共福建省委办公厅印发《关于持续解决困扰基层的形式主义问题为决胜全面建成小康社会提供坚强作风保证的若干措施》，并发出通知，要求各地各部门认真抓好贯彻落实。

《关于持续解决困扰基层的形式主义问题为决胜全面建成小康社会提供坚强作风保证的若干措施》公布如下：

为了深入学习贯彻习近平总书记关于力戒形式主义官僚主义重要论述，全面落实《中共中央办公厅关于持续解决困扰基层的形式主义问题为决胜全面建成小康社会提供坚强作风保证的通知》要求，确保深化拓展基层减负工作取得明显实效，结合我省实际，提出如下具体措施。

一、筑牢思想政治根基

1. 不断把深入学习贯彻落实习近平新时代中国特色社会主义思想引向深入。巩固拓展“不忘初心、牢记使命”主题教育成果，深入贯彻落实习近平总书记重要讲话重要指示批示精神，组织引导广大党员、干部深入学懂弄通做实习近平新时代中国特色社会主义思想，进一步坚定理想信念，使“四个意识”、“四个自信”、“两个维护”在内心深处扎根铸魂。

2. 牢固树立正确政绩观。深入查找贯彻落实党的理论和路线方针政策上存在的政治偏差，始终牢记人民利益高于一切，切实把对上负责与对下负责统一起来，坚决不做自以为领导满意却让群众失望的蠢事。

3. 深入学习习近平总书记关于力戒形式主义官僚主义重要论述选编。把重要论述选编作为党员干部特别是领导干部学习的重点内容，作为各级党校（行政学院）教学内容、必修课程，真正做到入脑入心。

二、坚决纠治形式主义老问题和新表现

4. 深化治理贯彻落实党中央决策部署、维护群众利益中的形式主义问题。紧盯只表态不落实、不担当不作为、不敬畏不在乎、空泛表态、敷衍塞责、弄虚作假、阳奉阴违等问题，加大整治问责力度，确保党中央决策部署不折不扣得到贯彻落实。

5. 坚决纠治常态化疫情防控工作中的形式主义官僚主义问题。坚决防止多头重复向基层派任务要表格、执行政策“一刀切”等机械式做法，让基层干部把更多精力投入到疫情防控和经济社会发展第一线。

6. 精准施治脱贫攻坚中的形式主义官僚主义问题。坚持露头就打，防止和克服扶贫开发工作中可能出现的“填表式”帮扶、“留影式”入户、“卷宗式”总结等数字脱贫、虚假脱贫，确保脱真贫、真脱贫。

三、严防文山会海反弹回潮

7. 落实精文减会目标。坚持标准不降、力度不减，强化精文减会的刚性约束，确保 2020 年文件会议比 2019 年只减不增。

8. 实施动态监测。对各地各部门发文开会情况实行月汇总、季统筹、年对账，对出现反弹苗头的及时预警、纠正偏差。

9. 严格控制发文数量。科学制定年度发文计划并分解。属同一主题、同类事项的或同一部门、同类工作的，要加强统筹，合并发文，不得分别或连续发文。

10. 进一步规范发文。中央文件没有明确要求制发配套文件的，一般不制发配套文件。弘扬“短实新”优良文风，进一步严格落实政策性文件原则上不超过10页、综合报告一般不超过5000字、专项报告一般不超过3000字等规定。

11. 切实精减报文报表数量。大力整治基层填报报表多、指标繁、频次高问题，推动同一单位内部和相关单位之间建立信息交流、共享机制，从源头上减少多头重复填报。

12. 提高会议实效。坚持问题导向、效果导向，防止议而不决、反复开会。不搞泛泛表态，防止会议搞成工作汇报。创新会议方式，能开视频会议的，不集中开会；能小范围开会解决的，不大范围开会；可以通过现场调研解决问题的，不召集专题会议研究。

13. 对照基层减负工作负面清单开展自查自纠。对在发文开会方面改头换面、隐形变异的形式主义现象，以红头改白头、正式改便函发文，同一议题会议层层重复开、明减实不减的，及时督促纠正。

四、进一步提高督查检查考核质效

14. 严格计划管理和备案管理。突出贯彻落实习近平总书记重要讲话重要指示批示精神和党中央决策部署、全面从严治党等重要督查。强化对年度计划的监督执行。

15. 强化暗访随机查。坚持多察“实绩”、少看“痕迹”，通过平时工作、群众反映举报和现代化信息手段等多渠道掌握问题线索后，直接到基层一线进行暗访核查，切实提高督查精准度。运用“互联网+督查”，利用大数据、云计算等信息化手段，让数据多“跑腿”，让干部群众少“跑路”。

16. 落实“五不两直”。做到督查检查考核不专门布置、不事先发通知、不打招呼、不听汇报、不用陪同接待，直奔基层、直插现场，掌握第一手资料和客观真实情况。

17. 坚持“九不得”工作要求。除必要的约谈、询问或反馈外，不得与当地领导干部进行与督查检查考核工作无实质关系的见面；不得召开10人以上的座谈会；不得随意要求各地填表格、报材料；不得轮番到同一市、县或企业、学校等单位督查；不得随意对各地工作下结论、提要求；不得让各地陪同；不得安排与督查主题无关的其他活动；不得以迎检名义层层组织各种自查督查；不得以迎检名义印制文件资料汇编或制作宣传片。

18. 帮助基层解决问题。更多地从上级机关部门层面，分析存在问题的原因，坚持省市县乡上下联动整改，切实帮助基层解决实际困难和问题。开展督查问效，严防无效督查。

19. 实行清单管理。对清理后保留的“一票否决”、签订责任状事项和城市评选评比表彰的创建活动，严格实行清单管理。除党中央、国务院及省委和省政府明确规定的事项外，各地各部门一律不得擅自设立“一票否决”和签订责任状事项。

五、切实解决出现在企业、学校、医院、科研单位的形式主义问题

20. 切实减轻企业负担。不得多头、频繁要求企业报送数据、报表和材料，不得随意要求企业参加部门召开的会议。对企业要求解决的困难和问题，相关部门要结合实际拿出有效解决办法，按时限向企业反馈办理情况。

21. 规范社会事务进校园。党委和政府部门开展的维护稳定、防灾减灾、消防安全、食品安全等工作和文明、卫生评选活动，确需学校参与的，要严格按程序报批。坚决杜绝强制摊派与教育教学无关的活动和工作。

22. 大幅减少对医院的现场督查检查考核。对医院督查检查考核主要利用大数据等信息化手段，尽量减少现场督查，让医院及医务人员集中精力提供优质医疗服务。

23. 进一步落实科研院所自主权。科学确定不同类型科研机构的职能定位和权利责任边界，在岗位设置、人员聘用、绩效工资分配、评价考核等方面充分放权，把自主权政策落实到科研一线。

六、提高调查研究实效

24. 加强调查研究统筹。统筹安排领导下基层调研，避免同一时间到同一个市县扎堆调研。原则上一个设区市一周只安排一次省领导调研。

25. 增强调查研究实效。要轻车简从，不搞层层陪同。多开展随机调研、蹲点调研、解剖麻雀式调研，多到困难多、群众意见多的地方调研。各地各部门不能提前“踩点”、打“前站”，不得对干部群众的座谈发言提前审稿、演练和“把关”。

26. 坚决克服不接地气的“空中政策”和相互打架的“本位政策”。制定政策要全面深入了解基层实际情况，加强分析研判，把落实党中央要求、满足实践需要、符合基层期盼统一起来。政策执行中要注意听取基层干部群众反映，了解具体落实情况，适时调整完善。

七、激励干部担当作为

27. 坚持正确用人导向。坚持在统筹推进疫情防控和经济社会发展、决胜全面建成小康社会、决战脱贫攻坚等重大考验中考察识别干部，真正把政治过硬、本领高强、实绩突出的干部选出来、用起来，以正确的用人导向引领干事创业导向。

28. 完善容错纠错机制。认真落实“三个区分开来”要求，落实纪检监察机关查处诬告陷害行为有关规定，精准审慎实施谈话、函询和问责。对近年来被问责和受处分干部情况进行全面了解梳理，积极稳妥使用影响期满、表现突出的干部。

29. 关心关爱基层干部。落实好干部带薪休假、津补贴、职务职级等待遇保障制度。建立村（社区）干部报酬动态增长机制，强化工作激励。

30. 加强榜样引领。深化理想信念教育，用好古田会议精神、才溪乡调查、长汀宁化长征出发地等红色资源，发挥好焦裕禄、谷文昌、廖俊波等一批先进模范人物的示范带动作用，传承红色基因，永葆政治本色。

八、深化基层治理改革

31. 进一步向基层放权赋能。加快制定赋权清单，理顺省市县乡在基层治理中的权责关系，扩大乡镇（街道）经济社会管理权限，推动更多社会资源、管理权限和民生服务下放到基层。

32. 科学规范“属地管理”。厘清不同层级、部门、岗位之间的职责边界，按照权责一致要求，建立健全责任清单，防止层层向基层转嫁责任。

33. 加强城乡社区服务和管理能力建设。构建基层智慧治理体系，打通地区、部门、企事业单位之间的数据壁垒，推动大数据、人工智能、区块链等现代科技与基层治理的深度融合，提升基层公共服务、矛盾化解、应急管理水平。

九、传导压实工作责任

34. 强化主体责任。各级党委（党组）要切实履行主体责任，坚持一级做给一级看，抓好本级带下级。深化省委“三四八”贯彻落实机制，发挥各级整治形式主义为基层减负专项工作机制牵头抓总和统筹协调作用，加强对各地各部门的督促指导，坚决杜绝形形色色的形式主义官僚主义，持续为基层松绑减负。

35. 推动政治监督和政治督查常态化、长效化。将防止和克服形式主义官僚主义作为巡视巡察、全面从严治党主体责任检查、党委督查、干部考察考核、民主生活会、组织生活会、年度述职等工作的重要内容，强化政治监督和政治督查，深入查找剖析，督促整改落实。

36. 加强舆论宣传。加大舆论监督力度，畅通举报渠道，通报曝光形式主义官僚主义的典型案例。总结宣传推广一批勇于担当、一心为民、真抓实干的好经验好典型，进一步在全省营造深化拓展基层减负工作的良好舆论氛围。

【发文机关】中共福建省委办公厅

【标　　题】中共福建省委办公厅印发《关于持续解决困扰基层的形式主义问题为决胜全面建成小康社会提供坚强作风保证的若干措施》

【发文日期】2020 年 5 月 21 日

福建省人民政府关于印发福建省划转部分国有资本充实社保基金实施方案的通知

各市、县（区）人民政府，平潭综合实验区管委会，省人民政府各部门、各直属机构：

现将《福建省划转部分国有资本充实社保基金实施方案》印发给你们，请认真贯彻执行。

福建省人民政府

2020年7月21日

（此件主动公开）

福建省划转部分国有资本充实社保基金实施方案

根据《国务院关于印发划转部分国有资本充实社保基金实施方案的通知》（国发〔2017〕49号，以下简称《实施方案》）及《财政部人力资源社会保障部国资委税务总局证监会关于全面推开划转部分国有资本充实社保基金工作的通知》（财资〔2019〕49号）的要求，结合我省实际，制定本方案。

一、划转范围、对象和比例

（一）划转范围

将省、市、县（区）各级国有及国有控股大中型企业、金融机构纳入划转范围，公益类企业、文化企业、政策性和开发性金融机构以及国务院另有规定的除外。市、县（区）包括计划单列市、经济特区、自贸区及保税区等各类开发区。

1. 大中型企业的划型标准，按照《国家统计局关于印发〈统计上大中小微型企业划分办法（2017）〉的通知》（国统字〔2017〕213号）等有关规定执行。

2. 大中型金融机构的划型标准，按照《中国人民银行中国银行业监督管理委员会中国证券监督管理委员会中国保险监督管理委员会国家统计局关于印发〈金融业企业划型标准规定〉的通知》（银发〔2015〕309号）执行。

3. 企业规模的认定及划转口径以合并财务报表为准。

4. 公益类企业按照《国资委财政部发展改革委关于印发〈关于国有企业功能界定与分类的指导意见〉的通知》（国资发研究〔2015〕170号）明确。

5. 文化企业是指由各级政府和文化部门出资设立的文化企业。

6. 政策性和开发性金融机构包括国家开发银行股份有限公司、中国进出口银行、中国农业发展银行和中国出口信用保险公司。

（二）划转对象

纳入划转范围的企业，对其由国家直接出资形成的国有资本（以下简称“国有股权”）实施划转，专项用于弥补因实施视同缴费年限政策形成的企业职工基本养老保险基金缺口。其中，符合划转范围的企业已完成公司制改革的，直接划转企业股权，尚未完成公司制改革的，抓紧推进改革，改制后按要求划转企业股权。

1. 国有资本投资、运营公司或具有持股平台性质的企业，应按照《实施方案》的要求履行划转义务。原则上直接划转国有资本投资、运营公司或持股平台自身的国有股权；确有困难的，也可划转国有资本投资、运营公司或持股平台所属一级子公司国有股权。

2. 已完成划转的企业开展重组的，已划转的国有股权不再重复划转。已完成划转的企业，由国家新增投入形成的国有资本不再划转。

3. 划转对象以《实施方案》印发日即2017年11月10日为准。《实施方案》印发日至划转实施日，企业因实施重组改制等改革事项，导致划转范围和划转规模发生变化的，需追溯划转。确实无法追溯的，可按《实施方案》印发前一年度末，即2016年末测算应划转的权益，并以上缴资金等方式替代或补足。

（三）划转比例

划转比例统一为企业国有股权的10%。其中，多元持股企业的划转方式为：

1. 划转对象涉及多个国有股东，须分别划转各国有股东所持国有股权的10%，并由第一大股东牵头实施。原则上多个国有股东中持股比例最大者为第一大股东，国有股东持股比例相同的，由具有实际控制权的国有股东牵头实施划转。

2. 第一大股东根据有关规定不需划转所持国有股权的，其他符合条件的国有股东仍需实施划转，牵头实施单位应顺次确定，并将应划转国有股权划转至牵头实施单位相应的承接主体。

二、承接主体

省、市、县（区）各级划转的股权统一归属省财政厅，由省政府授权省财政厅履行划入股权的出资人职责。省财政厅委托具有国有资本投资运营功能的我省国有独资公司（福建省金融投资有限责任公司）作为福建省统一的承接主体，对划转的国有股权专司专户管理和运营，单独核算，不计入承接主体的法人财产，隔离运营管理风险。承接主体接受考核和监督，确保划转国有资本保值增值、专项使用。各市、县（区）不再设立相应机构。企业国有股权变更登记完成后，承接主体应按照划转基准日账面值入账，股权变更登记完成后产生的股权分红和收益由承接主体代省财政厅持有。

（一）划转基准日

国有股权划转原则上以上一年度最后一日作为划转基准日。若上一年度最后一日至国有股划转通知下达前，划转对象因相关经济活动开展审计、资产评估等并相应进行账务调整的，以财务报告的最新变更时点作为划转基准日。

（二）资本管理

承接主体作为财务投资者，享有国有股权的知情权，经省财政厅授权可享有所划入国有股权的收益权、处置权，不干预企业日常生产经营管理，一般不向企业派出董事。必要时，经省财政厅、省国资委和省人社厅批准可依法依规向企业派出董事。承接主体和企业原持股主体可通过协议等方式明确股东权利的行使方式。对划入的国有股权，承接主体原则上应履行3年以上的禁售期义务，并应承继原持股主体的其他限售义务。在禁售期内，如划转涉及的相关企业上市，应承继原持股主体的禁售期义务。划转对象不改变现行国有资产管理体制。若因本次划转可能产生实际控制权转移的划转企业，承接主体应与原持股主体成为一致行动人。

（三）收益管理

对划入的国有股权，承接主体的收益主要来源于股权分红。除国家规定须保持国有特殊持股比例或要求的企业外，承接主体经省财政厅批准也可以通过国有资本运作获取收益。具体划转国有资本运作管理办法出台前，划转国有资本产生的现金收益可由承接主体进行投资，投资范围限定为银行存款、一级市场购买国债和对划转对象的增资。探索建立对划转国有股权的合理分红机制，承接主体持有的股权分红和运作收益，不纳入国有资本经营预算管理。每年6月底前，承接主体应将上年度国有资本收益和分红情况报送省财政厅、省人社厅。承接主体持有的国有资本收益，由省财政厅统筹考虑基本养老保险基金的支出需要和国有资本收益状况，适时实施收缴，专项用于弥补企业职工基本养老保险基金缺口。

（四）管理费用

承接主体的相关管理费用，由省财政厅提出意见报省政府批准确定。

（五）承接主体权责

依照所持有的股份份额获得股利和其他形式的利益分配；按照国有资本运作管理办法对划转国有资本及产生的现金收益进行管理；参加与所

持股权收益和处置有关的股东大会并表决；可行使查阅、复制公司章程、股东会、董事会和监事会的会议决议、公司会计账簿和财务会计报告等股东知情权；其他事项可与原持股主体保持一致行动，并授权其履行权利；法律、行政法规及公司章程所赋予的其他权利。

三、划转程序

各级国有资产监督管理机构负责提出所监管企业股权划转方案，逐级报省财政厅、省国资委、省人社厅审核；市、县（区）方案还需本级政府批准。涉及划转境内上市公司、全国中小企业股份转让系统挂牌公司以及境外上市公司非境外上市股份国有股权的，应按上市公司决策程序执行后上报。本方案所称各级国有资产监督管理机构（以下简称各级国资监管机构），是指代表各级政府履行出资人职责的部门（机构）、负责监督管理行政事业单位所办企业国有资产的主管部门和金融类企业国有资产的财政部门。

省财政厅会同省国资委、省人社厅对方案进行审核，报省政府批准后，向划转对象下达国有股划转通知，并抄送各级国资监管机构及承接主体。各级国资监管机构按批准意见具体办理企业国有股权的划出手续，省财政厅委托承接主体相应办理股权划入手续，并对划入的国有股权设立专门账户管理。

划转方案应明确以下内容：划转双方的名称与住所；被划转企业的基本情况；被划转企业2017年11月10日国有产权比例及划转基准日财务情况，被划转股权的具体数额；被划转企业涉及的职工分流安置方案（若无职工分流，需明确），被划转企业涉及的债权、债务（包括拖欠职工债务）以及或有负债的处理方案；划转双方的责任约定、纠纷的解决方式；协议生效条件；划转双方认为必要的其他条款。

批准企业国有产权划转事项，应当审查下列书面材料：省级国资监管机构或市、县（区）政府同意的划转方案；划转双方及被划转企业出具的股权划转股东决议；划转双方产权登记证和市场主体登记资料；划转双方签订的划转协议；中介机构出具的被划转企业划转基准日的审计报告；划出方债务处置方案、被划转企业职代会通过的职工分流安置方案（有职工分流的需提供）；其他有关文件。

划转对象涉及多个国有股东的，由第一大股东的国资监管机构负责对国有股东身份和应划转股权进行初审，并征求其他国有股东意见。相关国有股东应在15个工作日内回复。

涉及划转境内上市公司、全国中小企业股份转让系统挂牌公司以及境外上市公司非境外上市股份国有股权的，应同时向证券监管机构、中国证券登记结算有限责任公司抄送国有股划转通知，在国有股划转通知中明确划转对象的证券代码、划转数量、是否限售、联系方式等具体信息。

划转非上市企业国有股权的，划转对象应在收到国有股划转通知后20个工作日内，申请办理国有产权变更登记，并根据市场主体变更登记的相关规定，及时完成市场主体变更登记手续。相关国有产权登记机构应在接到申请10个工作日内，完成国有产权变更登记。

国有股东划转的国有股权应当权属清晰，因担保、质押、司法冻结等原因导致国有股东所持股权受限的，优先划转不受限股权；不受限股权不足的，国有股东应尽快解除限制并及时完成划转；暂时无法解除的，国有股东应说明限制解除的具体时间，待限制解除后的15个工作日内，完成划转工作。

国有股权划转至省财政厅后，相关企业应及时进行账务调整，并按规定做好国有资产产权变动登记工作。国有股权划出方应当就划转事项通知本企业债权人。涉及上市公司股份权益变动的，相关企业需按照证券监管有关规定，履行信息披露义务。

各级国资监管机构向同级财政部门提供年度划转任务执行情况，财政部门逐级汇总后，由省财政厅会同省国资委、省人社厅、福建证监局等部门联合上报省政府，并报国务院有关部委。

四、实施步骤

按照“分级组织、分批划转、先易后难、稳步推进”的原则分阶段推进。计划全省2020年底前基本完成划转工作，确有难度的企业可于2021年底前完成。行政事业单位所办企业待集中统一监管改革完成后予以划转。

第一阶段：摸底分类。本方案下发1个月内，各级国资监管机构按有关要求，对所属企业进行调查摸底，确定属于划转范围的企业名单，逐级报省财政厅、省国资委、省人社厅审核确认。其中，市、县（区）企业名单需本级政府批准。

第二阶段：拟定方案。划转范围经确定后2个月内，各级国资监管机构对属于划转范围的企业，拟订股权划转方案，同时明确分批划转企业名单和进度安排、未完成公司制改革的企业改制和划转时限，逐级报省财政厅、省国资委、省人社厅。其中，市、县（区）方案需本级政府批准。2020年，省级先选择7家省国资委监管企业和省属金融企业开展试点；试点结束后，在其他省国资委监管企业全面推开。各设区市（含平潭综合实验区）可参考省级分批划转做法、结合实际拟订本地区划转方案。正处于改组组建国有资本投资、运营公司，或处于混合所有制改革等体制机制改革中的企业，待改革完成后划转。

第三阶段：划转股权。省财政厅会同省国资委、省人社厅对股权划转方案进行审核，报省政府批准后，分批划转。

五、政策衔接

与原国有股转（减）持政策的衔接政策，按照国发〔2017〕49号、财资〔2019〕49号文件规定执行。

自本方案印发之日起，划转范围内企业实施重大重组，改制上市，或改组组建国有资本投资、运营公司等涉及国有股权变动的改革事项，企业改革方案应与国有资本划转方案统筹考虑。

福建省国有资本运作管理和收缴资金的使用办法等由省财政厅会同省国资委、省人社厅另行制定，并报省政府批准。

在国有股权划转和接收过程中，涉及的税费处理问题，按照财资〔2019〕49号文件及国家相关政策规定执行。

六、加强领导

省政府成立福建省划转部分国有资本充实社保基金工作协调小组，由分管国有企业和社保工作的省领导任组长，协调小组办公室设在省财政厅。协调小组由省财政厅、省人社厅、省国资委、省市场监管局、福建省税务局、福建证监局、厦门市税务局、厦门证监局等单位组成，各司其职，密切配合，加强对本方案的执行和指导，做好方案实施的监督评估工作。各市、县（区）人民政府要高度重视划转工作，对本地区划转工作负总责，按照全省的统一部署，统筹规划，周密安排，落实责任，抓紧启动划转工作，确保按要求完成划转目标任务。

【发文机关】福建省人民政府
【标　　题】福建省人民政府关于印发福建省划转部分国有资本充实社保基金实施方案的通知
【文　　号】闽政〔2020〕6号
【发文日期】2020年7月21日

福建省人民政府关于印发进一步做好稳就业保就业工作若干措施的通知

各市、县（区）人民政府，平潭综合实验区管委会，省人民政府各部门、各直属机构，各大企业，各高等院校：

现将《进一步做好稳就业保就业工作若干措施》印发给你们，请认真贯彻执行。

福建省人民政府
2020年5月18日

（此件主动公开）

进一步做好稳就业保就业工作若干措施

为深入贯彻落实习近平总书记关于统筹推进新冠肺炎疫情防控和经济社会发展工作的重要指示精神，认真落实国家有关稳就业、保居民就业工作部署，加快恢复和稳定就业，提出以下措施：

一、以实施“八项行动”为牵引，扩大就业岗位供给

（一）加大投资带动就业

实施一、二、三产业“百千”增产增效行动，发挥优势特色产业和优势企业带动就业作用。实施企业技术改造专项行动，加快转型升级步伐，提升就业吸纳能力。实施新老基础设施建设行动，加大新型基础设施投资力度，增加就业岗位。发挥创业投资促进“双创”和增加就业的独特作用，对带动就业能力强的创业投资企业予以引导基金扶持、政府项目对接等政策支持。〔省发改委、农业农村厅、工信厅、商务厅、科技厅、住建厅、交通运输厅、水利厅、财政厅、市场监管局、金融监管局、数字办按职责分工负责〕〔各项任务均需各市、县（区）人民政府和平潭综合实验区管委会落实，以下不再列出〕

（二）挖掘内需促进就业

实施保产业链供应链稳定行动，引导产业链上相关企业开展紧密合作，发挥龙头企业引领作用，促进我省重点产业恢复发展，培育超千亿产业集群，创造就业岗位。实施扩大消费专项行动，加快消费回补和潜力释放，鼓励有条件的地方发放消费券、购物券，培育壮大新兴消费领域和热点，拓展文化旅游消费，促进家政服务业提质扩容，拉动就业。（省发改委、工信厅、商务厅、财政厅、文旅厅按职责分工负责）

（三）稳定外贸扩大就业

实施招商引资专项行动，大力推进产业链招商、龙头企业和优势企业增资扩产、协同招商，创造更多就业岗位。研究进一步降低制度性成本，扩大出口信用保险覆盖面、合理降低保费，确保审核办理正常退税平均时间在10个工作日以内。支持自主品牌企业建设国际营销服务体系，指导厦门、福州、泉州、漳州、莆田、龙岩加快跨境电子商务综合试验区建设，积极培育贸易新业态新模式，扩大就业。指导推动行业商（协）会、中介机构发挥桥梁纽带作用。（省商务厅、发改委、工信厅，福建省税务局、厦门市税务局、福建银保监局、厦门银保监局按职责分工负责）

（四）培育壮大新动能拓展就业

加快落实促进平台经济规范健康发展的指导意见，培育一批有影响力的平台企业，促进新产业新业态新模式快速发展，拓展就业。支持我省企业对接国内各大电商平台，对实现网络销售额达到一定规模的企业给予奖励。加快人力资源产业园区发展，引导各类要素协同向人力资源产业龙头集聚，提高人力资源配置效率。支持灵活就业和新就业形态，合理设定无固定经营场所摊贩管理模式，预留自由市场、摊点群等经营网点，支持劳动者通过灵活多样形式实现就业。（省发改委、人社厅、商务厅、财政厅、自然资源厅、市场监管局、金融监管局，人行福州中心支行按职责分工负责）

（五）减负援企稳就业

实施困难行业和中小微企业帮扶行动，落实阶段性减免、缓缴社会保险费、金融支持、降低成本等助企纾困政策，帮助企业保住更多就业岗位。适当放宽受疫情影响企业稳岗返还政策认定标准，对受疫情影响不裁员、少裁员的中小微企业，企业及其职工上年度缴纳的失业保险费全额返还，对暂时经营困难且恢复有望的符合条件的参保企业，稳岗返还政策实施期限延至2020年12月31日。（省工信厅、商务厅、人社厅、财政厅、市场监管局、金融监管局，人行福州中心支行、福建银保监局、厦门银保监局、福建省税务局、厦门市税务局按职责分工负责）

（六）兜底保障保就业

实施民生兜底专项行动，开发一批消杀防疫、保洁环卫等临时性公益岗位，补贴期限最长不超过6个月。拓展扶贫车间、公益性岗位等就近就地就业机会，新增2000个扶贫公益性岗位。今年内对从事公益性岗位政策期满仍未实现稳定就业的，政策享受期限可延长一年。开展以工代赈工程建设，在农村中小型基础设施建设、农村危房改造中，优先吸纳贫困人口和低收入群体就业。（省人社厅、住建厅、卫健委、农业农村厅、民政厅、财政厅、交通运输厅、水利厅按职责分工负责）

二、以稳岗扩岗专项支持行动为支撑，落实保居民就业

（七）千方百计促进高校毕业生就业

把高校毕业生就业作为重中之重，实施“十个一批”扩岗行动。加大机关、事业单位招考（聘）力度，2020年全省公务员考录应届高校毕业生比例不低于去年，今明两年适当调减事业单位控编比例。国有企业新增岗位按不低于50%的比例，专项用于招聘应届高校毕业生；企业不得随意毁约，不得将本单位实习期限作为招聘入职的前提条件。适当延迟录用接收，除限定专门面向2020年应届毕业生考录的职位外，离校未就业毕业生可根据本人意愿，将户口、档案在学校保留2年或转入生源地公共就业人才服务机构，以应届毕业生身份参加用人单位招聘（录）考试，落实工作单位后参照应届毕业生办理相关手续。鼓励高校毕业生到村居、社区就业，开发1800个城乡社区等基层公共管理和社会服务岗位，吸纳高校毕业生就业。鼓励应届高校毕业生应征入伍或继续深造，扩大研究生和专升本招生规模。引导高校毕业生先就业后择业，支持中小微企业吸纳高校毕业生就业，2020年按每人1000元标准给予一次性吸纳就业补贴。强化创业担保贷款支持。挖掘企业、政府投资项目、科研项目见习岗位，安排7000个见习岗位吸纳高校（含技师学院）毕业生就业见习并优先留用，增设机关事业单位高校毕业生见习岗位。支持高校毕业生到服务预定、技术开发、内容付费等生产性、生活性服务业就业创业，对灵活就业的按规定给予社保补贴。开发2000个公益性岗位，兜底保障困难家庭未就业高校毕业生和退役大学毕业生士兵。支持各高等院校对毕业年度高校毕业生开展免费职业技能培训，离校2年内未就业高校（含技师学院）毕业生可按规定同等参加免费职业技能培训，按技能培训每人不超过1000元、创业培训每人不超过1200元的标准给予培训项目补助。（省委编办，省公务员局，省教育厅、科技厅、民政厅、财政厅、人社厅、农业农村厅、商务厅、卫健委、退役军人厅、国资委，省征兵办，团省委，人行福州中心支行，各高等院校按职责分工负责）

（八）促进相关重点群体就业

鼓励农民工就近就地就业，复产复工中优先使用贫困家庭劳动力。实施农业基础设施项目，创新业态培育，扶持创业带动就业，引导农民工回归农业稳定就业，扩大返乡留乡农民工就业规模。实施返乡创业能力提升行动，加强返乡创业重点人群、创业致富带头人、农村电商人才等培训培育。鼓励县级以上政府确定的重点企业、龙头企业等在县、乡建设创业孵化基地带动返乡创业，符合条件的按规定给予奖补。加强跨区域劳务协作，实施“6＋1”劳务协作行动，加大湖北地区和湖北籍劳动者就业支持力度，对公共就业服务机构、经营性人力资源服务机构、用人单位及劳务经纪人组织湖北地区和湖北籍劳动者开展跨区域有组织劳务输出的，给予就业创业服务补助，对吸纳省外贫困劳动力的给予跨省务工奖补。扎实推进退役军人安置工作，将退役军人就业创业培训纳入国家学历教育和职业教育体系，促进退役军人多渠道就业创业。（省人社厅、农业农村厅、退役军人厅按职责分工负责）

（九）突出抓好就业困难群体就业

劳动年龄内、有劳动能力、有就业要求、处于失业状态的城乡劳动者可在常住地进行失业登记，推进在线办理就业服务和补贴申领，完善线上失业登记功能，探索委托第三方帮扶登记失业人员。对领取失业保险金期满仍未就业且距离法定退休年龄不足1年的人员，可继续发放至法定退休年龄。2020年对领取失业保险金期满仍未就业的失业人员、不符合领取失业保险金条件的参保失业人员，发放6个月的失业补助金，按不高于当地失业保险金的80%确定，具体办法由各地制定。落实价格补贴联动机制，动态调整就业困难人员认定标准，及时将受疫情影响可能存在返贫、致贫人员纳入就业帮扶范围。对符合低保条件的城乡困难家庭做到应保尽保，2020年对就业困难人员享受灵活就业社会保险补贴政策期满仍未实现稳定就业的，政策期限可延长一年。按照国家部署开展灵活就业人员职业伤害保障试点工作。除有明确规定外，享受各项就业创业优惠政策可以银行工资发放记录等作为确认就业人数凭据。（省人社厅、发改委、农业农村厅、民政厅、财政厅、退役军人厅，国家统计局福建调查总队、人行福州中心支行按职责分工负责）

（十）支持企业吸纳就业

推动企业复工复产、复市复业，支持开展共享用工调剂。企业吸纳登记失业半年以上人员就业的，今年内可根据规定按每人不超过1个月当地最低工资标准，给予一次性吸纳就业补贴。对企业招用我省急需紧缺工种目录内台湾地区技工累计就业6个月以上的，根据我省采认高级工以上国家技能等级，各地可从就业补助资金中按每人不低于1万元给予招用企业一次性补贴。扩大创业担保贷款政策覆盖面，小微企业当年新招用符合条件人员数占企业现有职工数15%（超过100人的为8%），可以申请财政贴息支持。（省人社厅、工信厅、财政厅，人行福州中心支行按职责分工负责）

（十一）支持职业技能培训

加强公共实训基地和高水平产教融合实训基地建设，加大工业（产业）园区标准化建设力度，建成一批职业技能提升中心。持续实施职业技能提升行动福建行动计划，开展重点群体培训，加强职业培训基础能力建设。支持各类企业特别是规模以上企业或者吸纳就业人数较多的企业设立职工培训中心，鼓励企业与职业院校共建实训中心、教学工厂。支持企业申报高技能人才培训基地和技能大师工作室，按规定给予补助。（省人社厅、发改委、教育厅、工信厅、住建厅、农业农村厅、商务厅、退役军人厅、财政厅，省残联按职责分工负责）

（十二）规范企业裁员行为

支持企业与职工集体协商，采取协商薪酬、调整工时、轮岗轮休、在岗培训等措施，保留劳动关系。对拟进行经济性裁员的企业，指导其依法依规制定和实施职工安置方案，提前30日向工会或全体职工说明相关情况，依法依规支付经济补偿，偿还拖欠的职工工资，补缴欠缴的社会保险费。（省人社厅，省总工会按职责分工负责）

三、以强化服务保障为基础，确保抓紧抓实抓细抓到位

（十三）强化政府责任

完善工作组织协调机制，各级政府要切实履行稳就业保居民就业主体责任，充分发挥各级就业工作领导小组作用，统筹推进本地区稳就业工作。完善就业工作目标责任制，纳入班子工作实绩考核，对抓落实有力有效的，加大政策和资金倾斜力度，予以表扬激励，对不履行或者不正确履行职责的，依纪依法严肃问责。（省人社厅、财政厅、教育厅等省直有关单位按职责分工负责）

（十四）强化服务保障

完善资金投入保障机制，积极投入就业补助资金，统筹失业保险基金、工业企业结构调整专项奖补资金等，用于企业稳定岗位、鼓励就业创业、保障基本生活等稳就业支出。有条件的市、县政府可统筹就业资金结余等资金渠道设立就业风险储备金，用于应对突发性、规模性失业风险。加强资金绩效考评，将就业资金绩效评价结果作为省级财政分配补助资金的重要依据，对落实稳就业保居民就业政策措施工作力度大、任务完成好的地区予以倾斜。实施推进基本公共就业服务均等化行动计划，探索建立公共就业服务多元化供给机制，提高公共就业服务供给效率。实施基层公共就业服务经办能力提升计划，建立健全岗位信息汇集更新机制。加强基层（含社区、村）公共就业服务平台建设，每月组织1次针对辖区内登记失业人员、就业困难人员的跟踪调查服务，具体服务内容由县级人社部门和民政部门制定，各地可根据完成的工作量给予补助。（省财政厅、人社厅、发改委、民政厅按职责分工负责）

（十五）强化风险防控

完善就业形势监测机制，持续抓好就业常规统计，多维度开展重点区域、重点群体、重点行业、重点企业就业监测。建立移动通信、铁路运输、社保缴纳、招聘求职等多方参与的就业形势研判机制，加快推进劳动监测预警和智慧就业大数据平台建设，强化业务协同，实现监测成果交换共享。完善突发事件处置机制，各地区要第一时间处置因规模性失业引发的群体性突发事件，防止矛盾激化和事态扩大。处置过程中，当地政府可根据需要统筹不同群体就业需求，依法依规制定临时性应对措施。完善舆论宣传引导机制，拓展政策知晓度和申办便利度，打通政策落实“最后一公里”。做好舆情监测研判，建立重大舆情沟通协调和应急处置机制，消除误传误解，稳定社会预期。（省人社厅、统计局，国家统计局福建调查总队，海峡人才市场按职责分工负责）

【发文机关】福建省人民政府
【标　　题】福建省人民政府关于印发进一步做好稳就业保就业工作若干措施的通知
【文　　号】闽政〔2020〕4号
【发文日期】2020年5月18日

福建省人民政府办公厅关于印发福建省生态环境监管能力建设三年行动方案（2020—2022年）的通知

各市、县（区）人民政府，平潭综合实验区管委会，省人民政府各部门、各直属机构：

现将《福建省生态环境监管能力建设三年行动方案（2020—2022年）》印发给你们，请认真贯彻执行。

福建省人民政府办公厅
2020年5月28日

（此件主动公开）

福建省生态环境监管能力建设三年行动方案（2020—2022年）

为打好污染防治攻坚战，推动实现生态环境监管体系与监管能力现代化，加快国家生态文明试验区建设，制定本行动方案。

一、指导思想

以习近平新时代中国特色社会主义思想为指导，全面贯彻党的十九大和十九届二中、三中、四中全会精神，深入践行习近平生态文明思想，树牢“绿水青山就是金山银山”的理念，围绕打好污染防治攻坚战，加大“六稳”工作力度，全面落实“六保”任务，在疫情防控常态化前提下，加强源头管控，夯实基层基础，补齐治理短板，坚持问题导向，以生态云平台建设为抓手，创新生态环境监管模式，提升监管法治化水平，健全常态长效机制，为国家生态文明试验区和生态省建设提供有力支撑。

二、基本原则

（一）统筹谋划，分步实施

坚持全省一盘棋，省市上下联动，统筹生态环境监管各领域能力建设。明确省级与地方事权，根据轻重缓急、区域差异和监管层级，分步分级推进项目建设。

（二）突出重点，全面推进

综合考虑各类制约因素和瓶颈问题，重点突破，整体推进。围绕各领域突出环境问题与重点任务，统筹硬件和软件建设，向重点区域下沉监管力量。

（三）夯实基层，畅通末梢

强化基层环境监管装备配置，进一步打通生态环境监管“毛细血管”，激活“末梢神经”，实现生态环境监管全覆盖。

（四）强化集成，互联互通

注重新技术融合应用，拓展生态云平台功能，强化部门业务协同和数据共享，坚持统一协同调度，构建环境信息“一张图”、监测监控“一张网”，推动环境监管“横向到边、纵向到底”。

（五）精准科学，依法监管

提升生态环境监管标准化、规范化建设水平，强化“两法衔接”，增强生态环境监管统一性、权威性、有效性，严格执法监管，形成监管惩治合力。

三、建设目标

到2022年，全省生态环境监管执法水平全面提高，重点区域、重点流域生态环境监管能力得到显著提升，初步建成生态环境物联网，大数据应用贯穿监管全领域，加快实现省市县协同化管理、天空地海一体化监管，推动生态环境监管体系和监管能力现代化建设走在全国前列。

四、主要任务

（一）推进生态环境管理数字化智能化

完善生态云平台。构建陆海统筹、天地一体、上下协同、责任明确和数据共享的生态环境监测物联网，对全省水、大气、土壤、海洋、噪声、辐射等环境全要素进行实时态势感知。发展生态云平台通信、超算服务等第三方产业。

拓展生态云功能。加强中长期环境质量预报能力建设，建成空气质量预报预警及会商平台（三期）。拓展建设水环境综合分析、大气环境综合分析、自然生态监管、“绿盈乡村”服务系统、核与辐射智慧化监管等一批重点功能和应用模块。建设危险废物视频监控和智能化系统，实现全过程信息化监管。

提升生态云应用。加强生态环境智能大数据整体设计，实施国产化架构重构和业务系统国产化改造。探索区块链、人工智能等新技术应用。完善亲清服务平台，推动生态环境部门向监管与服务并重转变。有序共享生态环境大数据，为生态环保产业提供信息服务。

（二）优化空气、地表水自动监测网

拓展空气自动监测网。全省9个设区城市安装非甲烷总烃在线监测仪。以工业园区和港口为重点，新建2座省级空气区域站。升级改造环境空气质量背景站（福州）、超级站（厦门）和城市站。完善大气光化学组分监测网，在三明、南平等地建设VOCs监测站点，在主要大气污染传输通道建设多功能子站，提升对臭氧及其前体物、颗粒物等主要污染物的监测能力。在省控空气自动监测站安装智能监控系统，加强站内站外全方位管理。

完善地表水自动监测网。实施水质自动监测站升级及更新工程。进一步完善流域、饮用水源地水质自动监测站和视频监控设施，提升运行维护水平，确保数据真实、准确、全面。依托生态云平台，整合汇聚水质水量自动监测数据，完善水环境自动监控系统，稳步公开水质状况实时信息。

（三）共建完善海洋生态环境监管体系

构建海洋自动监测网络。积极利用相关涉海部门现有的岸基潮位站搭载生态环境监测设备，在三都澳、闽江口、江阴、湄洲岛、古雷、诏安等重要港湾（流域）入海口、重要敏感海域建设8个海洋生态环境自动监测站，布放海上生态监测浮标，提升海洋自动监测能力。

创新海洋环境监管手段。试点运用无人机、无人船、高清探头等空天地监测手段，开展岸线海域生态环境监视监控，推进海漂垃圾和入海排污口等岸线“四乱”问题整治，实现海洋生态环境综合管控。

增强海洋环境监测能力。与科研院所共建共享监测船舶。加强省近岸海域环境监测站、厦门环境监测中心站2个区域中心站海洋生态监测、应急监测能力。推进省驻沿海市（含平潭综合实验区）环境监测站海洋监测能力标准化建设。

（四）加强生态环境实验室基础能力

提升实验室监测分析水平。加强省属环境监测机构水、空气、土壤常规监测和应急监测能力，提升大气VOCs、非甲烷总烃等特征污染物分析能力，补充相应的监测设备。依托驻市环境监测站，组建省土壤监测技术中心（南平）和地下水环境监测技术中心（龙岩）。

完善监测实验基础条件。坚持保障急需，重点支持驻市（含平潭综合实验区）环境监测站、省近岸海域环境监测站以及用房面积极为紧张的市县环境监测业务用房修缮改造，提升监测实验能力。补充更新必要的环境监测车。

加强生态环境科研能力。推进生态环境海峡科技成果转化示范区建设。强化省环境科学研究院环境工程重点实验室建设，组建藻类防控技术中心、省级危险废物鉴别中心。

（五）提升综合执法和应急能力

完善环境执法监督和网格化监管体系。推动生态环境行政综合执法改革。增配新型快速精准取证执法装备，建立前端智能监管模式。强化污染源管控，完善重点污染源在线监控系统。推进九龙江流域环境监管执法能力建设，实现流域管理的智能化与精准化。优化网格化监管平台，网格员配备必要的日常巡查工具。

强化环境应急支撑保障。推进环境应急机构能力提标建设。升级环境应急指挥通信系统，提升数据传输质量。按照属地管理原则，更新扩充生态环境保护应急储备物资。

加强核与辐射安全监管。更新核电厂外围监督性监测子站和省属辐射环境监督站实验室仪器。提升省级辐射应急响应能力，配备必要的应急物资、应急监测设备等，完善核与辐射应急监测调度平台。实施省放射性废物库安防改造。厦门、泉州、宁德配备辐射监测设备与安全监管装备。采用改造、建设等方式，解决省属辐射环境监督站监测业务用房问题。

五、重点项目

重点实施五大类项目，总投资11.87亿元（其中，省本级项目资金需求6.97亿元，市县项目资金需求4.90亿元）。包括生态环境大数据应用、空气与地表水自动监测站升级改造、海洋环境监管能力建设、实验室基础能力建设、生态环境综合执法和应急能力提升等项目，具体项目详见附件。

六、保障措施

（一）加强领导，落实责任

各级各有关部门要加强组织领导，将本方案的落实情况纳入党政领导生态环境保护目标责任书考核内容，全面推进生态环境监管能力建设。加强项目前期工作，编制具体项目实施方案，合理确定建设规模和建设标准，严格履行项目建设程序，争取项目尽早建成发挥效益。

（二）加大投入，保障资金

各级各有关部门要多渠道筹措项目建设资金。省级资金重点保障省本级生态环境监管能力建设支出，并对省级扶贫开发工作重点县项目按总投资的60%予以补助，省发改委承担1亿元，省财政厅承担6.5亿元。项目实际安排资金以立项及财政投资评审后金额为准。各设区市政府、平潭综合实验区管委会负责辖区内生态环境监管能力建设，将本方案重点项目建设资金4.37亿元分年度统筹安排。运行维护和人才培养经费列入各级财政年度预算。同时，加强项目资金监管，实施项目绩效评价，提高资金使用效益。

（三）强化素质，提升水平

实施《2019—2022年福建省生态环境系统干部教育培训规划》，重点抓好生态环境系统五大类干部的教育培训。采取培训、轮训、岗位练兵比武、演习等形式，开展环境监测、监察、执法人员业务培训。依托重大科研和建设项目，提高科研人员素养和科研能力。

附件：重点项目表（略）

【发文机关】福建省人民政府办公厅
【标　　题】福建省人民政府办公厅关于印发福建省生态环境监管能力建设三年行动方案（2020—2022年）的通知
【文　　号】闽政办〔2020〕24号
【发文日期】2020年5月28日

福建省人民政府办公厅关于印发健康福建行动实施方案的通知

各市、县（区）人民政府，平潭综合实验区管委会，省人民政府各部门、各直属机构，各大企业，各高等院校：

《健康福建行动实施方案》已经省政府同意，现印发给你们，请认真贯彻执行。

福建省人民政府办公厅
2020 年 1 月 10 日

（此件主动公开）

健康福建行动实施方案

为深入贯彻落实国务院《关于实施健康中国行动的意见》（国发〔2019〕13 号）、国务院办公厅《关于印发健康中国行动组织实施和考核方案的通知》（国办发〔2019〕32 号）和中共福建省委、福建省人民政府《关于印发〈“健康福建2030”行动规划〉的通知》（闽委发〔2017〕8 号），加快推动从以治病为中心转变为以人民健康为中心，动员全社会落实预防为主方针，推动健康福建行动顺利实施，结合我省实际，现制定以下实施方案。

一、总体要求

坚持以习近平新时代中国特色社会主义思想为指导，全面贯彻党的十九大和十九届二中、三中、四中全会精神，深入学习贯彻习近平总书记关于卫生健康工作的重要论述和对福建工作的重要指示批示精神，坚持以人民为中心的发展思想，按照省委十届九次全会要求，坚持改革创新，坚持提升健康素养、提倡自我管理、完善健康服务和实现共建共享原则，加快推动卫生健康工作理念、服务方式从以治病为中心转变为以人民健康为中心，加强早期干预，建立健全健康教育体系，普及健康知识，引导群众建立正确健康观，为全方位全周期保障人民健康、建设健康福建奠定坚实基础。

二、总体目标

到 2022 年，基本建立覆盖城乡居民的健康促进政策体系，全民健康素养水平持续提高，健康生活方式加快推广，重大慢性病发病率上升趋势得到遏制，重点传染病、严重精神障碍、地方病、职业病得到有效防控，致残和死亡风险逐步降低，重点人群健康状况显著改善，健康水平、健康生活、健康环境等主要健康指标保持在全国前列。

到 2030 年，健康优先的制度设计和政策体系更加完善，全民健康素养水平大幅提升，健康生活方式基本普及，健康环境更加优化，居民主要健康影响因素得到有效控制，因重大慢性病导致的过早死亡率明显降低，人均健康预期寿命得到较大提高，居民主要健康指标水平达到高收入国家水平，健康公平基本实现，实现《“健康福建2030”行动规划》有关目标。

三、重点任务

（一）全方位干预健康影响因素

1. 健康知识普及行动。建立并完善省级健康科普专家库和资源库，构建健康科普知识发布和传播机制，组建省、市、县（区）医学专家科普讲师团队伍。强化医疗卫生机构和医务人员开展健康促进与教育的激励约束。鼓励各级电台、电视台和其他媒体开办优质健康科普节目。到2022年和2030年，全省居民健康素养水平分别不低于22%和30%。

2. 合理膳食行动。针对一般人群、特定人群和家庭，聚焦食堂、餐厅等场所，加强营养和膳食指导。鼓励全社会参与减盐、减油、减糖，研究完善盐、油、糖包装标准。推进食品营养标准体系建设。实施贫困地区重点人群营养干预。到2022年和2030年，成人肥胖增长率持续减缓，5岁以下儿童生长迟缓率分别低于1%和0.8%。

3. 全民健身行动。组织开展省级全民运动健身模范市县创建活动，充分发挥体育社会组织作用，提倡科学运动，为不同人群提供针对性的运动健身方案或运动指导服务。持续推进全民健身场地设施建设，努力打造百姓身边健身组织和“15分钟健身圈”。推进公共体育设施免费或低收费开放。推动形成体医结合的疾病管理和健康服务模式。把高校学生体质健康状况纳入对高校的考核评价。到2022年和2030年，城乡居民达到《国民体质测定标准》合格以上的人数比例分别不少于91.5%和93%，经常参加体育锻炼人数比例达到41%及以上和43%及以上。

4. 控烟限酒行动。加大控烟限酒宣传教育力度，推进地方公共场所控烟制度建设，强化执法监督。依法规范烟草促销、赞助等行为，禁止向未成年人销售烟草产品和酒精制品。实现室内公共场所、室内工作场所和公共交通工具全面禁烟。建立和完善戒烟服务体系，推广简短戒烟干预服务和烟草依赖疾病诊治。建立监测评估系统，开展烟草使用和饮酒行为流行病学调查。到2022年和2030年，全面无烟法规保护的人口比例分别达到30%及以上和80%及以上。

5. 心理健康促进行动。通过心理健康教育、咨询、治疗、危机干预等方式，引导公众正确认识和应对常见精神障碍及心理行为问题。健全社会心理服务网络，加强心理健康人才培养。建立精神卫生综合管理机制，完善精神障碍社区康复服务。到2022年和2030年，居民心理健康素养水平提升到20%和30%，心理相关疾病发生的上升趋势减缓。

6. 健康环境促进行动。向公众、家庭、单位（企业）普及环境与健康相关的防护和应对知识。多部门联合推进大气、水、土壤污染相关综合防治工作，继续推进“厕所革命”。推进健康城市、健康村镇建设。推进健康社区、健康单位（企业）、健康学校等健康细胞工程建设。建立环境与健康的调查、监测和风险评估制度。采取有效措施预防控制环境污染相关疾病、道路交通伤害、消费品质量安全事故等。到2022年和2030年，居民饮用水水质达标情况明显改善，并持续改善。

（二）维护全周期生命健康

7. 妇幼健康促进行动。进一步完善妇幼健康服务体系，提升妇幼保健机构服务能力。积极引导家庭科学孕育和养育健康新生命，健全出生缺陷防治体系。加强儿童早期发展服务，完善婴幼儿照护服务和残疾儿童康复救助制度。促进生殖健康，推进农村妇女宫颈癌和乳腺癌检查。到2022年和2030年，婴儿死亡率分别控制在7‰及以下和低于全国平均水平，孕产妇死亡率分别下降到16/10万及以下和低于全国平均值。

8. 中小学健康促进行动。持续开展“师生健康中国健康”主题教育活动，动员家庭、学校和社会共同维护中小学生身心健康。引导学生从小养成健康生活习惯，锻炼健康体魄，预防近视、肥胖等疾病。正确洗手和文明咳嗽普及率达100%。中小学校按规定开齐开足体育与健康课程。把学生体质健康状况纳入对学校的绩效考核，结合学生年龄特点，以多种方式对学生健康知识进行考试考查，将体育纳入高中学业水平测试。到2022年和2030年，福建省学生体质健康标准达标优良率分别达到50%及以上和60%及以上，全省儿童青少年总体近视率力争每年降低0.5个百分点以上，新发近视率明显下降。

9. 职业健康保护行动。针对不同职业人群，倡导健康工作方式，落实用人单位主体责任和政府监管责任，预防和控制职业病危害。完善职业病防治法规标准体系，建立健全职业健康体检、诊断、鉴定工作服务体系，鼓励用人单位开展职工健康管理。强化重点行业、重点领域职业病危害专项整治，加强尘肺病等职业病救治保障。到2022年和2030年，接尘工龄不足5年的劳动者新发尘肺病报告例数占年度报告总例数的比例实现明显下降并持续下降。

10. 老年健康促进行动。面向老年人普及膳食营养、体育锻炼、定期体检、健康管理、心理健康以及合理用药等知识。加快推进健康与养老服务工程建设，健全老年健康服务体系，完善居家和社区养老政策，推进医养结合，探索长期护理保险制度，打造老年宜居环境，实现健康老龄化。到2022年和2030年，65～74岁老年人失能发生率有所下降，65岁及以上人群老年期痴呆患病率增速下降。

（三）防控重大疾病

11. 心脑血管疾病防治行动。引导居民学习掌握心肺复苏等自救互救知识技能。全面落实35岁以上人群首诊测血压制度，加强高血压、高血糖、血脂异常的规范管理。提高院前急救、静脉溶栓、动脉取栓等应急处置能力，逐步培养一支稳定的高水平应急救护培训师资队伍。到2022年和2030年，心脑血管疾病死亡率分别下降到147.8/10万及以下和135.1/10万及以下，取得群众性应急救护培训证书的居民比例分别达到1%及以上和3%及以上。

12. 癌症防治行动。倡导积极预防癌症，推进早筛查、早诊断、早治疗，降低癌症发病率和死亡率，提高患者生存质量。有序扩大癌症筛查范围，推广应用常见癌症诊疗规范，加强癌症防治科技攻关，提升基层癌症诊疗能力。完善医保目录动态调整机制，按规定将符合条件的抗癌药物纳入医保目录。到2022年和2030年，总体癌症5年生存率分别不低于43.3%和46.6%。

13. 慢性呼吸系统疾病防治行动。引导重点人群早期发现疾病，控制危险因素，预防疾病发生发展。探索高危人群首诊测量肺功能、40岁及以上人群体检检测肺功能。加强慢阻肺患者健康管理，提高基层医疗卫生机构肺功能检查能力。到2022年和2030年，70岁及以下人群慢性呼吸系统疾病死亡率下降到6/10万及以下和5.43/10万及以下。

14. 糖尿病防治行动。引导糖尿病前期人群科学降低发病风险，指导糖尿病患者加强健康管理，延迟或预防糖尿病的发生发展。加强对糖尿病患者和高危人群的健康管理，促进基层糖尿病及并发症筛查标准化和诊疗规范化。到2022年和2030年，糖尿病患者规范管理率分别达到60%及以上和70%及以上。

15. 传染病及地方病防控行动。引导居民提高自我防范意识，讲究个人卫生，预防疾病。充分认识疫苗对预防疾病的重要作用。倡导高危人群在流感流行季节前接种流感疫苗。加强艾滋病、病毒性肝炎、结核病等重大传染病防控，努力控制和降低传染病流行水平。强化寄生虫病、饮水型氟中毒等地方病防治，控制和消除重点地方病。到2020年，100%县（市、区）达到消除碘缺乏病标准，100%病区县（市、区）达到控制饮水型氟中毒标准，并持续保持至2030年。到2022年和2030年，以乡镇、街道为单位，适龄儿童免疫规划疫苗接种率保持在90%以上。

（四）构建新型健康服务模式

16. “互联网+医疗健康”行动。通过运用互联网医院、人工智能、5G商用、基层卫生健康信息基础设施建设一体化等，夯实医疗健康信息化平台基础，推进医疗机构信息互联互通，推动“互联网+公共卫生”融合发展，建立“互联网+全民健康”综合监管，推进健康医疗大数据应用发展。到2022年，“互联网+医疗健康”示范省建设取得一定成效，在全国形成一定的示范效应。到2030年，“互联网+医疗健康”示范省、市、县建设形成一体化有序模式，树立“健康中国”建设的福建品牌。

四、组织实施

（一）加强组织领导

充分发挥省市健康福建建设领导小组统筹协调作用，健全完善由党政主要领导亲自抓、分管领导具体抓、各有关部门共同参与的健康福建行动推进机制。各地各部门要加强协作，研究疾病的综合防治策略；要结合实际，细化健康福建行动有关目标、任务和要求，逐项抓好任务落实。

（二）健全支撑体系

加强公共卫生体系建设和人才培养，提高疾病防治和应急处置能力。加强财政支持，强化资金统筹，优化资源配置，提高基本公共卫生服务项目、重大公共卫生服务项目资金使用的针对性和有效性。加强科技支撑，开展一批影响健康因素和疑难重症诊疗攻关重大课题研究，开展健康政策审查，保障各项任务落实和目标实现。强化信息支撑，推动部门和区域间共享健康相关信息。

（三）加强监测考核

在健康福建建设领导小组领导下，领导小组办公室具体负责推进健康福建行动组织实施、监测和考核工作。要以《“健康福建2030”行动规划》和本实施方案各专项行动、重点任务为监测考核重点，以目标、问题和结果为导向，以人民群众对健康福建建设的满意度为落脚点。各地要结合实际，细化考核办法，并落实到具体地方和单位。

（四）强化宣传引导

采取多种形式，强化舆论引导，营造人人关注健康的良好社会氛围，凝聚全社会力量，形成健康促进的强大合力。倡导和树立“每个人是自己健康第一责任人”的理念，鼓励个人和家庭积极参与健康福建行动，落实个人健康责任，养成健康生活方式。

附件：健康福建行动监测考核方案

附件

健康福建行动监测考核方案

为推进本实施方案，完善健康福建建设推进协调机制，确保如期实现健康福建建设目标，制定本方案。

一、加强监测评估

（一）监测主体

监测评估工作由领导小组统筹领导，领导小组办公室负责具体组织实施。各设区市、平潭综合实验区按要求制定本地区监测评估办法。

（二）监测内容

主要包括：各专项行动、重点任务主要指标（包括结果性指标、个人和社会倡导性指标、政府工作性指标）的年度完成情况，专项行动、重点任务目标实现情况，个人、社会和政府各项任务的落实情况。

（三）结果运用

领导小组办公室根据监测情况每年组织形成监测评估报告，经领导小组同意后通报各设区市党委、政府、平潭综合实验区党工委、管委会和各有关部门，适时发布监测评估报告。

二、做好考核工作

（一）考核主体

考核工作由领导小组统筹领导，领导小组办公室负责具体组织实施。考核对象为市、县（市、区）党委和政府，平潭综合实验区党工委和管委会及省直有关部门。各设区市党委、政府、平潭综合实验区党工委、管委会结合本地区实际，制定针对下一级党委和政府的考核办法，并细化落实到具体地方和单位。

（二）考核内容

围绕健康福建建设的主要目标任务要求，以《“健康福建2030”行动规划》“五三五”计划（即“五大工程、三大平台、五大保障”）和本实施方案16项行动为重点，包括健康建设年度工作措施执行情况、目标任务完成情况及建设水平，建设工作的组织领导、监督管理、能力建设、政策保障等责任落实情况，以及群众对健康建设的满意度等。

（三）考核指标

围绕《“健康福建2030”行动规划》等主要指标要求，兼顾数据的可获得性，建立相对稳定的考核指标框架（见附件）。各设区市、平潭综合实验区在对下一级进行考核时，可根据本地实际情况对考核指标进行调整完善。

（四）考核程序

实行分级考核，省负责对各设区市、平潭综合实验区和省直有关部门的考评，各设区市、平潭综合实验区负责对所辖县（市、区）和市直有关部门的考评。考核周期为每个自然年（即1月1日至12月31日），具体考核工作根据领导小组要求，由领导小组办公室和各设区市、平潭综合实验区相应领导机构办公室具体承办。

1. 县（市、区）自评：各县（市、区）原则上于次年1月底前完成自查自评工作，并向相应设区市健康建设领导机构提交自评报告。

2. 设区市考核及自评：各设区市、平潭综合实验区健康建设领导机构结合各县（市、区）自评情况，原则上于次年3月底前完成对各县（市、区）考核；包括组织市直相关部门完成自评。同时，将辖区县（市、区）考核结果和设区市、平潭综合实验区的自评情况形成书面报告，按要求提交领导小组。

3. 省直有关部门自评：对于省直有关部门的考评，将结合国家对我省的考核要求同步进行；同时，省直相关单位应于次年3月底前完成自评并向领导小组提交自评报告。

4. 领导小组组织评价或考核：在各设区市、平潭综合实验区及省直相关部门自评基础上，结合日常监测，原则上于次年的4—5月份，完成全省健康建设监测情况报告，或组织对各市、县（市、区）进行考核。

（五）结果运用

将主要健康指标纳入各级党委、政府绩效考核指标，综合考核结果经领导小组审定后通报，作为各设区市、平潭综合实验区、各相关部门党政领导班子和领导干部综合考核评价、干部奖惩使用的重要参考。

附件：健康福建行动考核指标框架

附件

健康福建行动考核指标框架

考核依据	序号	指　　标	基期水平	2022年全省目标值
《“健康福建2030”行动规划》	1	人均预期寿命（岁）	77.5	78.8
	2	婴儿死亡率（‰）	6.8	≤7
	3	5岁以下儿童死亡率（‰）	9.1	≤9
	4	孕产妇死亡率（1/10万）	19.6	≤16
	5	城乡居民达到《国民体质测定标准》合格以上的人数比例（%）	2014年为89.6	≥91.5
	6	居民健康素养水平（%）	15.8	≥22
	7	经常参加体育锻炼人数比例（%）	2014年为33.9	≥41
	8	重大慢性病过早死亡率（%）	2015年为15	≤12.9
	9	每千常住人口执业（助理）医师数（人）	2015年为2.04	2.6
	10	个人卫生支出占卫生总费用的比重（%）	2015年为27左右	25左右
《健康中国行动》《“健康福建2030”行动规划》和相关规划文件	11	建立并完善健康科普专家库和资源库，构建健康科普知识发布和传播机制	——	实现
	12	建立医疗机构和医务人员开展健康教育和健康促进的绩效考核机制	——	实现
	13	产前筛查率（%）	80.44	≥70
	14	新生儿遗传代谢性疾病筛查率（%）	98.8	≥98

续表

考核依据	序号	指　标	基期水平	2022年全省目标值
《健康中国行动》《"健康福建2030"行动规划》和相关规划文件	15	农村适龄妇女宫颈癌和乳腺癌筛查覆盖率（%）	85.77	≥80
	16	国家学生体质健康标准达标优良率（%）	31.8	≥50
	17	符合要求的中小学体育与健康课程开课率（%）	100	100
	18	中小学生每天校内体育活动时间（小时）	≥1	≥1
	19	寄宿制中小学校或600名学生以上的非寄宿制中小学校配备专职卫生专业技术人员、600名学生以下的非寄宿制中小学校配备专兼职保健教师或卫生专业技术人员的比例（%）	30.7	≥70
	20	配备专兼职心理健康工作人员的中小学校比例（%）	85	≥95
	21	接尘工龄不足5年的劳动者新发尘肺病报告例数占年度报告总例数比例（%）	32.56	明显下降
	22	二级以上综合性医院设老年医学科比例（%）	27.7	≥50
	23	高血压患者规范管理率（%）	50	≥60
	24	糖尿病患者规范管理率（%）	50	≥60
	25	乡镇卫生院、社区卫生服务中心提供中医非药物疗法的比例（%），村卫生室提供中医非药物疗法的比例（%）	——	100，70
	26	以乡（镇、街道）为单位适龄儿童免疫规划疫苗接种率（%）	90	>90
	27	达到碘缺乏病危害消除状态县比例（%）	96.3	100（2020年实现并持续保持至2030年）
	28	控制饮水型氟中毒县比例（%）	100	100（2020年实现并持续保持至2030年）

注：未写明年份的基期水平值均为2017年数值。

【发文机关】福建省人民政府办公厅

【标　　题】福建省人民政府办公厅关于印发健康福建行动实施方案的通知

【文　　号】闽政办〔2020〕3号

【发文日期】2020年1月10日

福建省教育厅等五部门关于印发进一步深化高考加分改革工作实施方案的通知

各设区市委统战部，各设区市教育局、民宗局、公安局、台港澳办，平潭综合实验区党群部、社会事业局、公安局：

为贯彻落实《教育部等五部门关于进一步深化高考加分改革工作的指导意见》，结合我省实际，省教育厅会同省委统战部、省民宗厅、省公安厅、省台港澳办研究制定了《福建省关于进一步深化高考加分改革工作实施方案》，经省政府同意，并报教育部备案，现予印发，请认真遵照执行。其他有关文件规定与本通知不一致的，以本通知为准。

福建省教育厅
中共福建省委统一战线工作部
福建省民族与宗教事务厅
福建省公安厅
福建省人民政府台港澳事务办公室
2020 年 10 月 20 日

福建省关于进一步深化高考加分改革工作实施方案

为深入贯彻党的十九大精神，全面落实全国教育大会精神和中央有关决策部署，认真落实《福建省深化考试招生制度改革实施意见》要求，进一步促进教育公平，提高人才选拔水平，根据《教育部等五部门关于进一步深化高考加分改革工作的指导意见》（教学〔2019〕2 号）精神，结合我省实际，制定本实施方案。

一、总体要求

以习近平新时代中国特色社会主义思想为指导，全面贯彻党的教育方针，依据国家有关政策和法律法规，充分考虑近年来我省基础教育发展情况，既要分类指导、精准施策、严格程序，也要统筹推进、积极稳妥、确保稳定，进一步减少加分项目，降低加分分值，精准确定加分区域、群体、条件，统筹做好相关政策调整，实现学生成长、国家选才、社会公平的有机统一。

二、深化调整高考加分项目

（一）保留部分全国性高考加分项目

1. 烈士子女考生，加分分值为 20 分。

2. 在服役期间荣立二等功以上或被战区（原大军区）以上单位授予荣誉称号的退役军人考生，加分分值为 10 分。

3. 自主就业的退役士兵考生，加分分值为 5 分。

上述 3 项全国性高考加分项目，可面向所有高校投档时使用。

（二）调整部分全国性高考加分项目

1. 归侨、华侨子女、归侨子女考生和台湾省籍考生（含台湾户籍考生），加分分值从 2021 年起调整为 5 分，可面向所有高校投档时使用。

2. 少数民族考生，加分分值从 2021 年起调整为 5 分，加分对象调整为全省 19 个民族乡的少数民族考生，以及高山（享受高山补贴）和无桥梁、海堤与大陆相连的海岛等少数民族考生。其中 2021 年至 2023 年，少数民族考生加分可面向所有高校投档时使用；2024 年至 2025 年，少数民族考生加分仅面向省属高校投档时使用。2026 年起取消少数民族考生加分政策。

三、工作要求

（一）精准确定加分资格条件和政策使用范围

2021年至2025年，少数民族考生高中阶段须在民族乡、高山（享受高山补贴）和无桥梁、海堤与大陆相连的海岛具有3年完整户籍，且在户籍所在县（市、区）学校具有3学年完整学籍，并有连续3学年的实际就读经历，方可享受高考加分。所有加分项目均不得用于不安排分省分专业招生计划的招生项目。符合多项加分项目的考生，分值不得累加。

（二）统筹完善相关专项政策

“归侨、华侨子女、归侨子女”“台湾省籍考生（含台湾户籍考生）”和散居在汉族地区的少数民族考生，在同等条件下优先录取。实施民族地区教育提升工程，加大对民族地区教育的帮扶力度，提升民族中小学教育教学质量和水平。

（三）严格落实加分考生资格信息公示制度

严格落实加分考生资格四级网上公示机制，省教育考试院，市、县（区）教育行政部门及考生所在学校均须向社会明确告知公示网站，做到详实、准确、及时公示。学校还须公示到考生所在班级。公示内容包括考生姓名、性别、所在学校、加分项目、加分分值及审核单位等。公示时间不少于10个工作日，网上公示信息须保留到当年年底。

（四）严格落实资格审核工作责任

按照“谁主管、谁审核、谁负责”的原则，明晰各有关部门在加分考生资格审核中的主体责任、工作流程、审核规则。教育部门要加强对高考加分考生资格审核工作的统筹协调；公安部门负责核实教育部门移送的考生户籍情况，反馈考生户籍变动信息，为教育部门审核考生年限资格条件提供参考依据；台港澳部门负责审核台湾省籍考生（含台湾户籍考生）的加分资格；侨务部门负责审核归侨、华侨子女、归侨子女考生的加分资格；民宗部门和教育部门负责审核少数民族考生的加分资格。对审核工作中发生的失职渎职行为实行倒查追责。

（五）严厉打击弄虚作假等违规违法行为

考生本人须对所申请的高考加分资格真实性负责，凡是以弄虚作假等手段获取加分资格的考生，一经查实，将依法依规取消其当年参加高考报名、考试和录取的资格，同时给予暂停其参加各种国家教育考试1至3年的处理，违规事实记入考生国家教育考试诚信档案。

四、组织实施

各地、各校要高度重视政策解读和培训宣传工作，认真制定培训宣传方案，提前做好政策解读宣传工作。统筹运用好各类媒体尤其是政务新媒体，通过答问、图解、动画、访谈等多种形式，全面、深入、准确解读实施方案内容，让考生和家长广泛知晓。要根据经济社会发展和方案实施情况，建立加分政策动态评估机制，认真研究实施过程中出现的新情况、新问题，制定完善机关工作预案，确保改革平稳顺利实施。

【发文机关】福建省教育厅、中共福建省委统一战线工作部、福建省民族与宗教事务厅、福建省公安厅、福建省人民政府台港澳事务办公室

【标　　题】福建省教育厅等五部门关于印发进一步深化高考加分改革工作实施方案的通知

【文　　号】闽教学〔2020〕55号

【发文日期】2020年10月20日

福建省科学技术厅印发《关于破除科技评价中“唯论文”不良导向的若干措施（试行）》的通知

省直各有关部门、直属机构，各有关单位：

为落实中共中央办公厅、国务院办公厅《关于深化项目评审、人才评价、机构评估改革的意见》《关于进一步弘扬科学家精神加强作风和学风建设的意见》和福建省委办公厅、福建省人民政府办公厅《关于深化项目评审、人才评价、机构评估改革的实施意见》的要求，进一步改进我省科技评价体系，有效破除科技评价中“唯论文”的不良导向，经研究制定《关于破除科技评价中“唯论文”的不良导向的若干措施（试行）》。现予印发，请遵照执行。

对执行过程中的有关问题，请及时向省科技厅反映。

联系电话：0591－87869308

福建省科学技术厅

2020 年 4 月 20 日

（此件主动公开）

关于破除科技评价中“唯论文”不良导向的若干措施（试行）

为落实中共中央办公厅、国务院办公厅《关于深化项目评审、人才评价、机构评估改革的意见》、《关于进一步弘扬科学家精神加强作风和学风建设的意见》和福建省委办公厅、福建省人民政府办公厅印发《关于深化项目评审、人才评价、机构评估改革的实施意见》的要求，进一步推动我省科技评价制度改革，破除在科技项目（平台）、科技人才、科研单位、科技奖励等科技评价中过度看重论文数量多少、影响因子高低，忽视标志性成果的质量、贡献和影响等“唯论文”不良导向，按照分类评价、注重实效的原则，现提出如下实施意见。

一、明确分类评价导向，分类评价应注重标志性成果的质量、贡献和影响。

1. 基础研究类科技活动，应注重评价新发现、新观点、新原理、新机制等标志性成果的质量、贡献和影响。对论文评价实行代表作制度，根据科技活动特点，合理确定代表作数量，其中，国内科技期刊论文原则上应不少于 1/3。代表作评价以同行评议为主，重点评价其学术价值及影响、与当次科技评价的相关性以及相关人员的贡献等，不把代表作的数量多少、影响因子高低作为量化考核评价指标。

2. 应用研究、技术开发类科技活动，应注重评价新技术、新工艺、新产品、新材料、新设备，以及关键部件、实验装置/系统、应用解决方案、新诊疗方案、临床指南/规范、科学数据、科技报告、软件等标志性成果的质量、贡献和影响，不把论文作为主要的评价依据和考核指标。

3. 增加高质量成果在科技评价指标中的权重。按照具有一定学术影响或取得实际应用效果的标志性成果；具有重要学术影响且对相关领域的科技创新具有带动作用的；已在实践中应用且对经济社会发展和国家安全作出重要贡献的等三个层次的高质量成果，可逐级增加权重。具体权重由相关科技评价组织管理单位（机构）根据实际情况确定。

鼓励发表具有国际影响力的国内科技期刊的论文、业界公认的国际顶级或重要科技期刊的论文、在国内外顶级学术会议上进行报告的论文（简称“三类高质量论文”），其研究成果，可按高质量成果进行考核评价。上述期刊、学术会议的具体范围由本单位的学术委员会本着少而精的原则确定，其中，具有国际影响力的国内科技期刊参照中国科技期刊卓越行动计划入选期刊目录确定；业界公认的国际顶级或重要科技期刊、国内外顶级学术会议由本单位学术委员会结合学科或技术领域选定。

二、省级科技计划项目评审评价应突出创新质量和综合绩效

立项评审注重对项目可行性和先进性进行评价，项目验收注重对项目任务书约定标志性成果的质量和影响进行综合绩效评价。

4. 应用研究、技术开发类项目，不把论文作为申报指南、立项评审、项目验收、随机抽查等的评价依据和考核指标，不得硬性要求在申请书、任务书、验收表等材料中填报论文发表情况。

5. 基础研究类项目，对论文评价实行代表作制度，代表作数量原则上不超过5篇。在申请书、任务书、验收表等材料中，重点填报代表作对相关项目的支撑作用和相关性；在立项评审、项目验收、随机抽查等环节，重点考核评价代表作的质量和应用情况。

三、省级科技创新平台评估应突出支撑服务能力

注重评估科技创新平台支撑服务我省重大需求、经济社会发展的作用和效果。

6. 省级新型研发机构、产业技术创新平台、临床医学研究中心等技术创新与成果转化类平台，注重评估对省内重大需求和工程建设的支撑作用、对重大临床需求和产业化需要的支撑保障作用。不把论文作为主要的评价依据和考核指标。

7. 省级科技企业孵化器、众创空间、省野外科学观测研究站等基础支撑与条件保障类平台，注重评估对外服务的质量和效果。不把论文作为主要的评价依据和考核指标。

8. 省创新实验室、省重点实验室等科学与工程研究类平台，注重评估原始创新能力、国际科学前沿竞争力、满足我省重大科技需求的能力等。对论文评价实行代表作制度，每个评价周期代表作数量原则上不超过20篇。

四、省属科研事业单位绩效评价应突出使命完成情况

注重评估科研机构履行职责使命和宗旨目标的情况，以及成果的学术价值和影响力。

9. 技术研发类科研机构，注重评估在成果转化、支撑产业发展等方面的绩效，不把论文作为主要的评价依据和考核指标。

10. 社会公益性研究类科研机构，注重评估公益性研究成果的绩效、履行社会责任的效果，不把论文作为主要的评价依据和考核指标。

11. 基础研究类科研机构，注重评估代表性成果水平、国际学术影响、在经济社会发展和国家重大需求中的贡献等。对论文评价实行代表作制度，每个评价周期代表作数量原则上不超过40篇。

五、省科学技术奖评审应突出成果质量和贡献

注重评审相关科技成果的质量、效果和影响，以及相关人员的贡献。

12. 省自然科学奖，注重对成果的原创性、公认度和科学价值等进行评审。对论文评价实行代表作制度，代表作数量原则上不超过5篇。

13. 省技术发明奖、科学技术进步奖、科学技术成果转化奖等，注重对成果的创新性、先进性、应用价值和经济社会效益等进行评审，不把论文作为主要的评审依据。

14. 省科学技术重大贡献奖、科学技术国际合作奖也应落实分类评价要求。

六、省级科技人才评选应突出科学精神、能力和业绩

注重评价学术道德水平以及在学科领域的活跃度和影响力、研发成果原创性、成果转化效益、科技服务满意度等。

15. 省“创业之星”评选，注重评价创业人才创办企业带动就业、产业科技含量及经济社会效益等，不把论文作为评价依据和考核指标。

16. 省“创新之星”评选，注重评价已取得核心成果的创新性、对推动行业技术提升的作用和影响力，不把论文作为主要的评价依据和考核指标。

17. 省引才引智计划人才评选和国家引才引智计划人才推荐，注重评价人才的实际工作履历、科技能力和岗位贡献，以及对提升我省相关领域科技水平的潜在价值等，不把论文作为主要的评价依据和考核指标。

18. 其它科技人才计划也应落实分类评价要求。

七、培育高质量科技期刊

以培育国内一流科技期刊为目标，推动我省科技期刊高质量发展，服务科技强省建设。

19. 积极参与中国科技期刊卓越行动计划，加大对省内重点科技期刊的质量建设和资金支持，力争培育一批列入中国科技期刊卓越行动计划的科技期刊。鼓励财政资金资助的论文在高质量国内科技期刊发表。

20. 完善学术期刊预警机制，各高校和科研院所要紧密跟踪国家定期发布国内和国际学术期刊的预警名单和“黑名单”，建立预警机制，从源头上防住本单位的论文向预警名单和“黑名单”的学术期刊投稿。

八、规范论文发表支出管理

建立与破除“唯论文”导向相适应的资金管理措施，从严控制论文资助范围，从紧管理论文发表支出。

21. 对于省级科技计划项目产生的代表作和“三类高质量论文”，发表支出可在项目专项资金按规定据实列支，除“三类高质量论文”外的代表作数量原则上不超过2篇。对于单篇论文发表支出超过2万元人民币的，需经该论文通讯作者或第一作者所在单位学术委员会对论文发表的必要性审核通过后，方可在省级科技计划项目专项资金中列支。

22. 对于发表在“黑名单”和预警名单学术期刊上的论文，相关的论文发表支出不得在省级科技计划项目专项资金中列支。不允许使用省级科技计划项目专项资金奖励论文发表，对于违反规定的，追回奖励资金和相关项目结余资金。

23. 项目承担单位应加强对项目专项资金中列支论文发表情况的核验。

24. 相关高校、科研院所等要对论文发表的必要性以及与项目研究的相关性进行审核；对于可能涉及国家安全和秘密等的论文，要从严审核、加强管理。不允许将论文发表数量、影响因子等与奖励奖金挂钩。

九、强化监督检查。加大监督检查力度，确保各项措施落实落地

25. 开展破除“唯论文”不良导向各项措施落实情况的监督检查。对落实不力、存在严重“唯论文”问题或存在奖励论文发表的相关高校、科研院所等，采取约谈、通报批评等方式予以处理并责令整改，整改期间暂停省级科技计划项目专项资金对该单位论文发表的资助。加强对咨询评审专家的培训引导，对项目评审中存在“唯论文”现象的，及时予以纠正。

26. 相关高校、科研院所要加强论文发表署名管理。认真贯彻中共中央办公厅、国务院办公厅《关于进一步弘扬科学家精神加强作风和学风建设的意见》精神，对论文无实质学术贡献仍然“挂名”的，依规严肃追究责任。

27. 加大正面典型案例的宣传，树立正确的舆论导向。不允许过度宣传论文发表情况，不提倡将论文数量、影响因子作为宣传报道、工作总结、年度报告的重要内容。

【发文机关】福建省科学技术厅
【标　　题】福建省科学技术厅印发《关于破除科技评价中“唯论文”不良导向的若干措施（试行）》的通知
【文　　号】闽科监〔2020〕1号
【发文日期】2020年4月20日

关于进一步贯彻落实《深化户籍制度改革促进基本公共服务均等化的若干措施》有关事项的通知

各设区市公安局、人社局、住建局（房管局），平潭综合实验区公安局、党群工作部、社会事业局、交通与建设局：

为进一步贯彻落实《关于深化户籍制度改革促进基本公共服务均等化的若干措施》（闽公综〔2020〕122号），促进城乡就业创业落户，优化各类人才落户政策环境和居住证制度，现就有关事项通知如下：

一、推进租赁私有住房落户政策落实

加快推进落实在城区租赁私有住房落户政策，确保县（市）城区以外建制镇租赁私有住房落户政策落地，促进租赁私有住房落户政策与住建部门私有住房租赁备案制度有序衔接。各级住建部门要按照《商品房屋租赁管理办法》等有关规定落实房屋租赁登记备案工作，发挥街道、居委会力量，引导鼓励租赁当事人办理住房租赁登记备案，推动提升备案率。公安机关在制定租赁私有住房落户具体政策时，要明确经住建部门租赁备案登记私有住房的基础性作用，同时将持居住证、劳动合同、市场主体营业执照登记时间等纳入稳定就业创业半年以上条件凭证材料，进一步引导农业转移人口在县（市）城区以外建制镇落户。有条件的地方，可推出以书面承诺作为稳定就业创业半年以上条件凭证等更便利措施。

二、优化先进模范人物和优秀人才落户措施

先进模范人物和高层次人才，凭相应的认定文件（含证书、通知等）、居民身份证和居民户口簿办理落户手续。同时，试行“承诺”办理，对暂时无法提供相关认定文件的人才，可凭书面承诺代替认定文件（含证书、通知等）；获得高级技师职业资格（职业技能等级）的高技能人才，凭经查询技能人才评价工作网（jndj. osta. org. cn）或福建省职业资格工作网（www. fjosta. org. cn）相应证书记载信息、居民身份证和居民户口簿办理落户手续。与其共同居住生活的配偶及其未成年子女需要随迁落户的，凭亲属关系凭证材料（含结婚证、出生医学证明、记载同户关系的户口簿等）办理。尊重落户意愿，上述人员选择在居住地落户的，按照本人合法稳定住所（含租赁）、人才集体户、居住地乡镇（街道）公共地址的顺序落户；选择在就业地落户的，按照本人合法稳定住所（含租赁）、就业单位集体户、人才集体户、就业地乡镇（街道）公共地址的顺序落户。落在集体户或者公共地址上，申请随迁配偶、未成年子女的，设立家庭户落户。

三、完善居住证制度

全面落实将缴纳医社保、就业登记、劳动合同、市场主体营业执照登记时间纳入居住证登记时间认定范围。对于办理居住登记时间未满半年的流动人口，可提供能证明本人在当地实际居住、就业超过半年的佐证材料，如连续时间满半年的医社保缴费记录、载明合同起止日期的劳动合同、载明登记时间的市场主体营业执照等办理补充居住登记后，申领居住证。进一步保障流动人口知情权，引导流动人口通过“福建省居住证查一查”微信小程序，自助查询本人办理居住证的时间条件和居住证受理进度。

四、建立健全部门间协作机制

要建立落户办理事后监督机制，对“承诺”办理落户的先进模范人物和高层次人才，由受理地县级公安机关每季度汇总名单及落户书面承诺，送同级人社部门核对确认。对发现不诚信申报的，县级公安机关按照《福建省居民户口登记管理办法》予以记录诚信评价、撤销登记、处罚。设区市（含平潭，下同）人社部门要指导县级人社部门做好事后监督工作，确保核对确认工作落实到位。提升私有租房落户规范化、信息化、便捷化水平，已建立私有住房租赁备案制度并实现网上登记备案的设区市，住建部门要通过开放数据端口、联网核查等信息化手段，实现私有住房租赁备案信息便捷可查，方便租房群众办理落户事项；尚未建立私有住房租赁备案制度的地方，要抓紧建立机制，并逐步实现私有住房租赁备案信息部门间共享。

附件：1. 先进模范人物和高层次人才落户申请对象；

2. 先进模范人物和高层次人才落户承诺书。

福建省公安厅
福建省人力资源和社会保障厅
福建省住房和城乡建设厅
2020 年 11 月 18 日

（此件主动公开）

附件 1

先进模范人物和高层次人才落户申请对象

一、先进模范人物

（一）党中央、国务院、中央军委功勋荣誉获得者；

（二）国家级表彰奖励获得者；

（三）省委省政府表彰的劳动模范和先进工作者；

（四）省五一劳动奖章获得者。

二、高层次人才

（一）入选以下国家人才（科技）计划

1. 国家级重大人才计划（代称）；
2. 国家“万人计划”；
3. 国家科学技术奖；
4. 长江学者奖励计划；
5. 享受国务院政府特殊津贴；
6. 新世纪百千万人才工程国家级人选；
7. 中宣部文化名家暨“四个一批”人才；
8. 科技部“创新人才推进计划”；
9. 财政部“全国高端会计人才（全国会计领军人才）”“国际化高端会计人才”；
10. 中国科学院“百人计划”；
11. 教育部“新世纪优秀人才支持计划”；
12. 教育部“国培计划中小学名校长领航工程”；
13. 中宣部宣传思想文化青年英才；
14. 中国科协“青年人才托举工程”。

（二）入选以下省级人才计划

1. 福建省引才“百人计划”；
2. 福建省级高层次人才（特级和 A、B、C）；
3. 福建省特级后备人才；
4. 福建省引进高层次人才（A、B、C）；
5. 福建省引进台湾高层次人才“百人计划”；
6. 福建省特支人才“双百计划”；
7. 福建省“雏鹰计划”青年拔尖人才；
8. 福建省“创业之星”“创新之星”；
9. 海西产业人才高地领军人才；
10. 海西创业英才；
11. 百千万人才工程省级人选；
12. 福建青年科技奖；
13. 福建省杰出科技人才；
14. 福建省优秀科技工作者；
15. 福建省高校高层次人才引进与培养“三项计划”领军人才；
16. 闽江学者奖励计划（不含讲座教授）；
17. 福建省卫生系统有突出贡献中青年专家；
18. 福建省引进医学领军人才计划；
19. 福建省会计领军人才；
20. 福建省文化名家；
21. 留学人员来闽创业启动支持计划；
22. 福建省互联网经济优秀人才创业启动支持计划；
23. 符合福建省年度紧缺急需人才引进指导目录并经认定的人才。

附件 2.

先进模范人物和高层次人才落户承诺书

本人__（姓名）__，公民身份号码：____________________，政治面貌：________，现申请根据《关于深化户籍制度改革促进基本公共服务均等化的若干措施》（闽公综〔2020〕122 号）有关规定，办理落户手续。承诺如下：

本人于______年___月___日，由（填写签发部门）______评为__________，（文号/证书编号：________），属于（填写附件 1 中具体类型）。

上述承诺内容完全真实，本人自愿接受有关部门落实事后监督，如有虚假，愿意承担由此引发的一切后果。

承诺人（签字）：________

______年____月____日

警方提示：该书面承诺办理户口登记行为已纳入户口登记诚信评价，若不诚信，将可能对当事人社会、生活、公务应用等各方面造成不便，请慎重对待，后果自负！

【发文机关】福建省公安厅　福建省人力资源和社会保障厅　福建省住房和城乡建设厅

【标　　题】关于进一步贯彻落实《深化户籍制度改革促进基本公共服务均等化的若干措施》有关事项的通知

【文　　号】闽公综〔2020〕232 号

【发文日期】2020 年 11 月 18 日

各设区市社会发展政策选编

福州市人民政府办公厅印发关于进一步降低落户条件壮大人口规模若干措施的通知

各县（市）区人民政府、高新区管委会，市直各委、办、局（公司），市属各高等院校，自贸区福州片区管委会：

《关于进一步降低落户条件壮大人口规模的若干措施》已经市政府研究同意，现印发给你们，请认真组织实施。

福州市人民政府办公厅
2020 年 12 月 11 日

关于进一步降低落户条件壮大人口规模的若干措施

为进一步深化户籍制度改革，促进人才和劳动力资源有序流入，壮大人口规模，全面放开我市落户条件，现制定如下具体措施：

一、全面放开落户限制，实现落户“零门槛”

不设学历、年龄、就业创业限制，外省市人员均可申请在我市落户，六县（市）、长乐区人员均可申请在五城区落户。

二、全面放开近亲属投靠条件，实现投靠“零门槛”

除院校学生集体户外，凡具有我市户籍的人员，其近亲属均可申请投靠落户。

三、提供落户地址多样化选择

新来我市落户人员可根据提供的材料类型选择落户地址。在六县（市）、长乐区和仓山区三江口区域租赁私有住房的，允许落户，但房屋租赁必须经建设（房地产）主管部门登记备案。

四、降低集体户设立条件

（一）机关、团体、学校、企业、事业单位从业人数满 5 人的可申请设立单位集体户；

（二）各人才公寓可申请设立集体户；

（三）商住楼可以楼座为单位申请设立集体户。

五、自本措施颁布之日起，新落户适龄儿童按照现有招生政策安排入学，如所在县（市）区学位不足，由本县（市）区统筹直至全市统筹安排入学。

六、本措施的实施细则由市公安局另行颁布。

七、本措施自 2021 年 1 月 1 日起施行。

【发文机关】福州市人民政府办公厅
【标　　题】福州市人民政府办公厅印发关于进一步降低落户条件壮大人口规模若干措施的通知
【文　　号】榕政办〔2020〕112 号
【发文日期】2020 年 12 月 11 日

厦门市人民政府关于
实施鼓励和促进民办教育优质发展若干措施的通知

各区人民政府，市直各委、办、局：

为鼓励社会力量兴办教育，按照“存量提质、增量优质”的原则，促进我市民办教育优质发展，根据《国务院关于鼓励社会力量兴办教育促进民办教育健康发展的若干意见》（国发〔2016〕81号）等规定，结合本市实际，提出如下措施。

一、鼓励社会力量办学

（一）明确办学要求

鼓励社会力量举办非义务教育的优质民办学校（含幼儿园、高中学校、中等职业学校、高等学校，下同），优化民办教育生态。社会力量举办幼儿园应符合本市社会资本举办幼儿园的有关规定。举办优质民办学校应当符合《厦门市人民政府办公厅转发市教育局关于社会资本举办优质民办学校暨外籍人员子女学校指导意见》（厦府办〔2017〕97号）相关要求。

责任单位：市教育局、资源规划局、建设局、民政局、人社局、市场监管局，各区人民政府

（二）健全审批机制

采取一事一议的办法，在不改变土地使用权权利主体、容积率和建筑物主体结构，保证建筑结构和消防安全的前提下，允许社会力量利用空置的办公楼、工业控制线外的厂房、学校等房产装修改造后举办优质的非义务教育民办学校。上述项目按如下程序办理：⑴资源规划部门对是否允许其建筑功能临时变更提出审查意见并按规定报批，其中利用工业用地举办学校的，还应依法进行环境影响评价和土壤污染专项评估；⑵按规定进行房屋安全鉴定；⑶建设、消防部门依职责将工程设计、施工、验收纳入监管，并出具验收报告；⑷教育部门依申请审批其开办学资格。

其中，利用闲置国有房产举办民办非营利性学校的，按法定权限和程序报批后，可采用经评估确定的价格定向协议租赁。

责任单位：市资源规划局、建设局、住房局、财政局、国资委、教育局、生态环境局，各区人民政府

（三）加大用地政策支持

市资源规划局、教育局、各区政府根据各级各类教育学位缺额需求情况，制定年度供地计划，用于支持社会力量举办优质学校、举办普惠性学校。市资源规划局根据学校设置布局的需要，对符合办学要求的行政事业单位、高校、国企等单位低效的用地、场所，按照规定程序调整为教育用地，落实新增各级各类学校用地计划指标。推出一批重点项目通过以土地、校舍等要素以一定年限的低租金或零租金等方式，吸引社会力量举办现代化、国际化、高水平的非义务教育民办学校。

责任单位：市教育局、资源规划局，各区人民政府

（四）支持国有企业办学

鼓励和支持国有企业举办或参与举办非营利优质民办学校。相关投资经营不纳入对国有企业的业绩考核。

责任单位：市教育局、资源规划局、国资委、财政局，各区人民政府

（五）支持一流高校来厦办学

对境内外一流高校到厦门联合或独立开办与

厦门产业发展高度相关的应用型学科院所，按照“一校一议”，给予一定的财政补助，并参照同类公办学校，给予一定的生均办学补助。支持境内外一流高校在厦合作设立二级学院或中外合作办学项目，经评估审计，在学院、项目运行的前3年，根据其新增固定资产投入的一定比例给予财政补助，并根据办学成本，给予一定的生均办学补助。补助资金由市财政全额承担。

责任单位：市教育局、发改委、民政局、财政局、人社局、资源规划局、市场监管局，各区人民政府

（六）支持参与院校专业建设

支持规模以上工业企业、科研机构等社会力量与职业院校、高校合作建设研训基地、实验室、合作设置专业，经评估按项目购置设备及装修费用总额的30%给予最高500万元投入奖励。上述中职项目的补助和奖励资金，由市、项目所在区按6：4比例承担；高校项目由市财政全额承担。

责任单位：市教育局、发改委、民政局、财政局、人社局、资源规划局、市场监管局，各区人民政府

二、完善财税扶持政策

（七）落实税费优惠政策

民办学校用电、用水、用气等，执行与公办学校相同的价格政策。民办学校按照有关规定享受相关税收优惠政策（详见附件）。营利性学校按公司法、企业所得税法等相关法律法规的规定依法纳税，符合小型微利企业所得税优惠条件，或取得高新技术企业资格的，可以相应享受小微企业或高新技术企业的税收优惠政策。

责任单位：市财政局、教育局、科技局、税务局、资源规划局，各区人民政府

（八）创新财政扶持方式

按国家有关要求，因地制宜，调整优化教育支出结构，逐步加大对社会力量办学的财政扶持力度。设立促进民办教育发展专项资金，以财政奖励等方式，鼓励、扶持、促进民办学校提高办学质量。民办教育发展专项资金列入同级财政预算。健全完善资金的使用和管理办法，优化资金支出结构，提高资金使用效益。

责任单位：市教育局、财政局，各区人民政府

（九）提高政府购买义务教育学位的补助标准

对接受政府购买学位的民办义务教育学校，从2020年春季开学起在现行标准的基础上增加每生每学年1000元的补助，市区按原体制5:5承担，增加部分由各区教育局统筹主要用于学校信息化建设和提高教师工资待遇。

责任单位：市财政局、教育局，各区人民政府

（十）支持提升办学质量

在落实《厦门市委厦门市人民政府印发〈关于促进民营经济健康发展的若干意见〉的通知》（厦委发〔2018〕26号）基础上，对符合条件的办学质量优秀或教育质量进步明显的学校，由市财政根据教育部门定期评选的结果给予相应的奖补。支持民办学校参与国际化学校评估认证，对民办学校通过教育部NCCT认证的，由市财政给予一定的奖补。支持各区采取补助租金、绩效奖补等办法，引导现有民办学校选择办学条件较好的场所办学。

责任单位：市教育局、财政局、人社局，各区人民政府

（十一）引导服务产业发展

支持民办院校对接我市重点产业，加强重点学科、特色专业（群）建设，对民办院校学科专业建设项目获评省教育厅项目，按省级资金安排标准予以支持。根据高校毕业生三年平均留厦就业率情况，给予一次性奖补，留厦毕业生数据以人社部门就业登记数据为准。上述中职项目的补助和奖励资金，由市、项目所在区按6：4比例承担；高校项目由市财政全额承担。

责任单位：市教育局、财政局、人社局，各区人民政府

（十二）支持科研创新

民办学校承担的课题获得市级以上（含市级）奖项的，市财政按获奖等级给予一定经费奖补。对获得重点研发计划、重大科技成果转化的项目按相关扶持政策予以补助。鼓励公办学校和民办学校相互购买管理服务、教学资源、科研成果。

责任单位：市教育局、财政局、人社局、科技局，各区人民政府

三、加强师资队伍建设

（十三）加强师资配备

民办学校要按有关规定配足配齐教师，与教

师签订劳动合同。民办学校聘任的教师或者教学人员，应当具备相应的教师资格或者其他相应专业资格、资质。逐步推行民办学校专任教师人事代理制度。非营利性民办学校引进师资享受本市相关人才引进政策。

责任单位：市教育局、人社局、财政局，各区人民政府

（十四）保障教职工待遇

按照前一年企业职工最低工资标准的 2.5 倍，设立民办学校教师年度工资总额最低指导线，保障民办教师的工资待遇。民办学校应当依法为教职工足额缴纳社会保险费和住房公积金。

依照有关规定，保障和促进民办学校教师专业发展。民办学校教师纳入各级教育部门的教师进修培训计划，按有关规定安排继续教育经费，做到与公办学校教师同系列、同机会、同要求。

责任单位：市人社局、教育局、住房局、财政局，各区人民政府

（十五）加强公办教师与民办教师的交流

有计划地开展公办学校与民办学校互派教师、管理人员等帮扶、挂职、支教工作。其中到薄弱民办学校支教的公办教师，在评优评先、职称评审中享受农村或薄弱学校任（支）教政策。探索创新民办学校教师交流制度。鼓励民办学校校长、教师到公办学校挂职学习。

责任单位：市教育局、人社局

四、加强政治引领和规范管理

（十六）切实加强民办学校党的建设

贯彻落实中央、省、市关于加强民办学校党的建设、加强和改进民办学校思想政治工作的规定要求，坚持社会主义办学方向，健全民办学校党组织工作保障机制，积极落实“双向进入、交叉任职”的规定，选好配强民办学校党组织负责人。切实加强思想政治理论课和思想品德类课程、教材、教师队伍建设，全面提升德育和思想政治教育工作水平。把民办学校党组织建设、党对民办学校的领导作为民办学校年度检查的重要内容。

责任单位：市教育局，各区人民政府。

（十七）改进政府管理方式

积极推进民办学校“全链条”审批，实现民办学校相关审批事项“一次办好”，提高服务效率。加强事中事后监管，提高政府管理服务水平。落实各级各相关部门民办教育发展责任，将鼓励支持社会力量兴办教育作为考核各级政府改进公共服务方式的重要内容。

责任单位：市教育局、发改委、公安局、民政局、财政局、人社局、资源规划局、建设局，各区人民政府

（十八）依法加强资产和财务管理

民办学校举办者出资、政府补助、受赠、收费、办学积累等各类资产应分类登记入账。进一步完善民办学校财务管理办法和会计核算办法，完善民办学校年度财务、决算报告和预算报告报备制度，民办学校的办学经费应在学校的资金账户中统一核算和使用。建立第三方审计制度。完善年检制度，民办学校年度检查结果按规定进行公示。

责任单位：市教育局、民政局、财政局、人社局、市场监管局

（十九）落实安全管理责任

民办学校选址、校舍建筑以及校园安全技术防范系统应当符合国家和地方有关标准。民办学校法定代表人是学校安全稳定工作的第一责任人。按照属地管理的原则，相关部门要抓好民办学校安全管理工作的指导和督查。

责任单位：市教育局、公安局、人社局、建设局，各区人民政府

（二十）建立综合监管机制

建立市、区、镇街三级联动的综合治理体系，健全联合执法机制，加大对违法违规办学行为的查处力度。教育、人社部门要加强行业管理，会同市场监管、民政、公安等有关部门和镇街，形成巡查发现、受理分派、违法查处、检查督导、信息共享等各环节分工牵头负责、共同协作的机制，构建行政审批、登记注册、行业主管、行政执法相互衔接的综合监管机制。建立违规失信惩戒机制，按规定将违规办学的学校及其举办者和负责人纳入“黑名单”管理，有终止办学情形的，应依法终止办学。

责任单位：市教育局、民政局、人社局、公安局、市场监管局，各区人民政府

五、其他规定

（二十一）本若干措施适用于国家机构以外的社会组织或者个人，利用非国家财政性经费，面向社会举办学校及其他教育机构的活动

本若干措施规定项目的奖励、补助等资金的标准、管理办法由市教育局和市财政局另行制定、实施。

本若干措施自发布之日起施行，有效期 5 年，由市教育局负责解释。

附件：社会力量参与办学各类税费减免政策一览表（略）

厦门市人民政府

2020 年 2 月 29 日

（此件主动公开）

【发文机关】厦门市人民政府

【标　　题】厦门市人民政府关于实施鼓励和促进民办教育优质发展若干措施的通知

【文　　号】厦府规〔2020〕6 号

【发文日期】2020 年 2 月 29 日

漳州市人民政府办公室关于进一步推进医疗卫生行业综合监管工作的实施意见

各县（市、区）人民政府，漳州、常山、古雷开发区管委会，漳州台商投资区、漳州高新区管委会，市直有关单位：

为进一步贯彻落实国务院办公厅《关于改革完善医疗卫生行业综合监管制度的指导意见》（国办发〔2018〕63号）和省政府办公厅《关于改革完善医疗卫生行业综合监管制度的实施意见》（闽政办〔2018〕97号），扎实推进国家卫生健康委员会等7部门《关于2019年医疗卫生行业综合监管督察对福建省的反馈意见》（国卫监督函〔2020〕295号）的问题整改，结合我市实际，进一步改革完善医疗卫生行业综合监管制度，深化全市医疗卫生行业综合监管，全面推进健康漳州建设，制定本实施意见。

一、总体目标

以习近平新时代中国特色社会主义思想为指导，认真贯彻落实健康中国行动的决策部署，建立职责明确、分工协作、运行规范、科学高效的医疗卫生行业综合监管制度，健全党委领导、政府监管、机构自治、行业自律、社会监督相结合的多元化综合监管体系，建成专业高效、统一规范、文明公正的卫生健康执法监督队伍，实现医疗卫生行业综合监管法治化、规范化、常态化，为实施健康漳州建设、全方位全周期保障人民健康提供有力保障。

二、重点任务

（一）明确监管主责

1. 强化党政领导责任。落实公立医院党委领导下的院长负责制，不断完善医疗卫生行业党建工作领导体制和工作机制。完善公立医院领导班子特别是主要负责人监督约束机制，加强对履行政治责任、行使职责权力、加强作风建设等方面的监督，将党建工作纳入公立医院党委书记和院长目标年薪制考核内容，加强社会办医院党组织建设。建立卫生健康行政部门牵头，有关部门参与的综合监管协调机制，坚持属地管理与分级负责相结合，同一医疗卫生机构的各类监督事项统一由所属卫生健康行政部门实施监督执法；国有企事业单位和集体举办的医疗卫生机构、民营医疗卫生机构的各类监督事项均由属地县级卫生健康行政部门实施监督执法。

责任单位：市卫健委、发改委、市场监管局、医保局、公安局

2. 强化医疗机构主体责任。继续将医疗卫生行业综合监管作为深化医改的重要任务，列入市“十四五”深化医药卫生体制改革规划和卫生健康事业发展专项规划。医疗卫生机构对本单位依法规范执业、保障质量安全、推进行风建设等承担主体责任，主要负责人是第一责任人。全面落实医疗机构依法执业自查和承诺制度，开发应用医疗机构依法执业自查自纠报告系统，组织医疗卫生机构和医务人员签署依法执业承诺书。推进县级以上公立医院和二级以上民营医疗机构驻点监督，指导其按照现代医院管理制度要求，建立健全服务质量和安全、人力资源、规范运行等内部管理机制，自觉接受行业监管和社会监督，切实提高医疗卫生行业服务水平和质量。

责任单位：市卫健委、发改委、司法局、公安局

3. 强化行业自律社会监督。探索一批民营化

程度高、社会关注面广的健康服务产业培育行业自律组织，引导提升其专业化水平和公信力，发挥其在规范执业行为、经营管理、维护行业信誉、调解处理服务纠纷等方面的作用。医疗机构要自觉接受人大代表、政协委员监督，充分发挥新闻媒体舆论监督、专业机构和中介组织技术支撑监督作用，完善公众投诉举报处理流程，确保舆论监督实效。建立完善群众投诉举报制度，规范投诉举报处理流程；鼓励各县（市、区）、开发区（投资区、高新区）建立医药违法行为有奖举报制度，拓宽群众参与监督渠道。利用互联网技术和信息化手段推动信息公开、拓宽监督渠道，支持网络媒体参与监督。完善舆情监测和处置机制，充分发挥融媒体的舆论监督作用。

责任单位：市委宣传部、网信办，市卫健委、医保局、市场监管局

（二）明确监管重点

1. 加强医疗服务要素和质量安全监管。推进医药卫生领域行政审批“三集中”制度改革，优化医疗卫生机构、从业人员及医疗技术、药品、医疗器械等准入和行政许可流程，推进医疗机构、医师和护士电子化注册全程一站式办理。严格落实医疗质量安全核心制度，加强重点科室、重点区域、重点环节、重点技术的质量安全监管。协同行业组织、医疗卫生机构、第三方专业机构开展大型公立医院（民营医疗机构）巡查行动。依托30个市级医疗质量控制中心，规范开展医疗服务质量评价，实行同质化标准。加强对医疗机构采购和使用药品耗材、器械试剂等医疗相关产品监管，建立临床用药超常预警和对辅助用药、高值医用耗材/监测试剂跟踪监控制度，开展大型医用设备和医学检验项目监督评估，控制药物（器械、检验）不合理应用。卫生健康、市场监管、民政、生态环境、消防安全等部门要加强跨部门工作衔接，探索一站式审批、办事、政策咨询和现场审核等服务，提高审批效率。

责任单位：市卫健委、发改委、人社局、民政局、市场监管局、生态环境局、住建局、医保局

2. 加强公共卫生产品及健康产业监管。依法加强对大气、土壤、水等环境因素、食品安全风险监测评估，提升饮用水的卫生安全水平，公共场所卫生监督量化分级管理率、学校卫生综合监督评价、涉水产品监督覆盖率、农村饮用水巡查覆盖率、食源性疾病规范上报率等指标要达到100%。加强疫苗采购、储运、接种全流程监管，确保疫苗质量和接种安全。加强对医疗机构放射诊疗、医疗废物处置执法监督力度，加强传染病防治分类监管，完善精神卫生服务体系，强化职业病防治综合监督。逐步完善二级及以上医院发热门诊建设，发挥预检分诊哨点作用，防止疫情扩散蔓延。启动医疗废物处置设施提标扩容，加强医疗废物收集、转运和处置体系建设，推进医废信息化管理。完善国家基本公共卫生服务和重大公共卫生服务项目实施情况绩效考核制度，突出县（市、区）、开发区（投资区、高新区）考核主体功能，加大项目效果评分权重。加强对公立医院、基层医疗卫生机构和社会办医院完成公共卫生服务、突发公共卫生事件卫生应急处置、紧急医学救援等任务的指导和考核。加强对医养结合、洗浴保健、美容养生、食疗健身等新业态监管，定期组织对药品、医疗器械、康复辅助器具等融合度高、交叉性强的健康产业监管，完善新技术新项目审慎监管机制。

责任单位：市卫健委、教育局、财政局、生态环境局、住建局、水利局、商务局、市场监管局

3. 加强医疗执业资质和秩序监管。指导公立医院建立健全成本控制考核制度，严格总会计师制度，加强公立医院全面预算管理、成本管控、财务报告、信息公开以及内部和第三方审计机制。严格执行非营利性和营利性医疗机构分类管理，加强对二级以上公立医院结余资金使用的监管，加强对营利性医疗机构盈利率的管控，依法公开服务价格等信息。持续推进“九不准”等相关制度，严肃查处违法违规和违反医德医风的执业行为，实行医德医风一票否决制；将对违法违规行为的处罚纳入医疗卫生行业信用机制，严厉打击医药购销领域商业贿赂行为。加强医疗卫生机构资质审查监管，强化违法医疗广告协查打击力度，严格医疗养生类节目和医疗广告管理，严肃查处假冒医疗机构或医务人员宣讲卫生健康知识、推销药品、推荐医疗机构等非法行为，下大力气整治非法行医。严厉打击骗取、套取公共卫生资金

行为；加强医保资金使用监管，明确项目补助资金使用范围，提高资金使用效益。开展医疗机构“黑护工”“黑救护车”“医闹”等扫黑除恶综合整治，完善医疗纠纷预防和处理机制。

责任单位：市卫健委、财政局、审计局、人社局、医保局、商务局、市场监管局、公安局、司法局

（三）强化监管机制

1. 完善行政执法规范化机制。建立健全行政执法公示、执法全过程记录、重大执法决定法制审核制度。落实执法责任制和责任追究制，探索容错纠错和免责机制。明确案件移送、协查程序，完善行刑衔接机制。开展“双随机、一公开”抽查联合检查，对投诉举报多、安全隐患大、有失信行为和严重违法违规记录的医疗卫生机构加大抽查频次和查处力度；将医保基金专项检查列入跨部门联合抽查工作计划，推进电子监管、视频监控、信用管理、社会监督相结合的非接触监管模式，完善事中事后全流程监管，形成震慑。

责任单位：市卫健委、发改委、人社局、税务局、市场监管局、医保局、公安局、司法局，市法院、检察院

2. 完善卫生行业信用机制。将医疗卫生行业行政许可、处罚等信用信息纳入全省信用信息共享平台，定期向社会公开医疗卫生机构的执业资质、人员准入、医疗服务项目质量及相关许可、检查、考核评估和行政处罚等信息，接受社会监督。完善相关部门和医疗卫生机构信息公开目录，明确信息公开主体、公开事项和时限要求，统一规范拟公开信息的内容、来源、标准等要素，确保数据采集的准确性和公开信息的可比性。建立医疗卫生机构和医务人员不良执业行为记分制度和“黑名单”制度，加强对失信行为的记录、公示和预警，推进全行业诚信资源共享，依法实施守信联合激励、失信联合惩戒，实现“一处违法，处处受限”。对失信主体在规定期限内积极履行行政处罚决定、主动纠正失信行为、消除不良影响的，可缩短行政处罚信息公示时间、加快信用恢复。

责任单位：市卫健委，发改委、公安局、财政局、人社局、商务局、人民银行漳州市中心支行、税务局、市场监管局、医保局，市法院、检察院

3. 完善多元监督和风险预警机制。加大对医疗卫生服务市场监管和打击力度，重点检查群众反映问题较多的口腔、医疗美容、血液透析等专业，结合新冠肺炎疫情防控工作，加强对第三方医学检验机构的监督检查；规范处方药外购管理，拓展慢性病、常见病处方药销售渠道，严禁药店使用社保卡刷卡结算除药品、医疗器械、消毒用品以外的物品，建立医疗卫生风险分级管控机制，形成统一的医疗服务质量、安全和费用风险监测评估网络，提高发现问题和防范化解重大风险能力。将医疗卫生行业综合监管工作纳入城乡社区网格化服务管理，合理配置监督协管力量，发挥乡（镇）、村（社区）基层卫生计生协管员的作用，做到“定格、定员、定责”，建立健全信息管理、各方联动、协调处理、考核评价等制度，筑牢医疗卫生综合监督网底。

责任单位：市卫健委，市委网信办，市发改委（大数据局）、财政局、人社局、税务局、市场监管局、医保局

（四）提升监管水平

1. 加快综合监管信息化建设。探索建立互联网医疗监管机制，构筑线上与线下一体化的监管方式，加大监督力度。对接全省医改效果评估监测信息系统功能，强化对公立医院综合管理、依法执业、服务资质、绩效评价等方面的监管。对互联网医院的网上医疗服务行为进行全程监管，强化医疗卫生机构和监管部门网络安全责任，确保互联网医疗服务质量安全。探索推行卫生监督电子执法和全过程记录，不断提升监管效率。

责任单位：市卫健委，市委网信办，市发改委（大数据局）、财政局

2. 加强综合监管队伍能力建设。整合卫生健康行政执法队伍，推进乡镇卫生健康综合监督协管，加强村（社区）卫生健康监督信息收集职能，构建市、县、乡、村四级卫生健康监督网络。开展卫生健康监督机构能力建设提升工程，加强依法履职所需的业务用房、执法设备、快速检测和监控系统等硬件投入，将各级卫生健康监督经费纳入各级财政预算，完善执法经费等政策保障。

加强市、县级卫生监督队伍建设，各地在事业单位编制、岗位结构比例内，根据当地卫生监督队伍建设实际情况，加大人员招考引进力度，逐步实行卫生监督执法员职位分级管理制度，畅通卫生健康监督员晋升途径。以县级为重点，加强医疗服务监督等急需人才培养，探索“互联网+”混合式培训管理模式，推进综合监管队伍的专业化、规范化建设。组织对各地长期借用卫生监督员的情况调查摸底，被借用的卫生监督员要及时返回原工作岗位，促进监督员真正到岗履职。加强医疗卫生行业执法监督队伍作风和纪律建设，打造公正廉洁、执法为民、敢于担当的执法监督体系。加快医保稽核队伍建设。

责任单位：市卫健委，市委编办，市发改委、财政局、人社局、医保局

3. 加大综合监管结果应用。建立健全综合监管结果与医疗卫生机构校验、等级评审、医保定点协议管理、医保总额分配、重点专科建设、财政投入、评先评优挂钩机制，打造一批依法执业示范单位。强化医疗机构主要负责人、相关责任人依法执业诚信和失信管理，将其与职称职务晋升、评先评优、绩效分配等紧密衔接，推进综合监管结果统筹运用。

责任单位：市委宣传部、网信办，市卫健委、人社局、医保局、市场监管局

三、保障措施

（一）加强责任落实和责任追究

各县（市、区）、开发区（投资区、高新区）及有关部门要进一步提高思想认识，加强组织领导，完善机制措施，落实监管责任，统筹协调推进，确保各项工作落实到位。加大责任追究力度，严肃查处各级政府相关部门责任人员在监管工作中的失职渎职行为，对问题严重、社会关切、监管不力的地方、部门和人员严肃追责问责；出现重大责任事故，有关部门依法依规承担相应责任；对涉嫌犯罪的依法移交司法机关追究刑事责任。

（二）建立权威有效的督察机制

将综合监管履职情况纳入卫生健康工作综合督察，建立由市卫健委牵头组织，相关部门参与的医疗卫生行业综合监管督察机制。主要针对各县（市、区）、开发区（投资区、高新区）及有关部门贯彻落实医疗卫生行业综合监管相关政策、突出问题及处理、综合监管责任落实、政府分管领导的领导责任落实等情况开展督察，可下沉至部分乡镇（街道）。每两年对各县（市、区）、开发区（投资区、高新区）督察一遍。对存在突出问题的地方和负有监管职责的有关部门，可不定期开展专项督察。督察结果作为对相关领导干部考核评价任免的重要依据和地区综合治理的重要内容。重大问题报市政府，涉及违纪违法案件线索及时移交相关部门。

（三）推进普法宣传和舆论引导

落实“谁执法、谁普法”的责任制，推进普法宣传教育，提高医疗卫生机构和从业人员依法执业意识。强化对医疗卫生行业综合监管重要作用宣传，动员社会各方共同推进综合监管制度建设。充分利用广播、电视、报刊、微博、微信等多种媒体和宣传渠道，采取多种形式大力宣传医疗卫生行业综合监管的重要意义，加强舆论引导，广泛宣传先进典型，发挥示范引领作用。

附件：医疗卫生行业综合监管部门职责分工（略）

漳州市人民政府办公室
2020 年 11 月 13 日

（此件主动公开）

【发文机关】漳州市人民政府办公室
【标　　题】漳州市人民政府办公室关于进一步推进医疗卫生行业综合监管工作的实施意见
【文　　号】漳政办〔2020〕72 号
【发文日期】2020 年 11 月 13 日

泉州市人民政府关于印发泉州市促进科技成果转移转化若干意见的通知

各县（市、区）人民政府，泉州开发区、泉州台商投资区管委会，市人民政府各部门、各直属机构，各大企业，各高等院校：

经市政府第76次常务会研究同意，现将《泉州市促进科技成果转移转化若干意见》印发给你们，请结合实际，认真抓好贯彻落实。

泉州市人民政府

2020年1月7日

泉州市促进科技成果转移转化若干意见

为进一步实施创新驱动发展战略，推动国家自主创新示范区和创新型城市建设，优化我市科技成果转化环境，激发创新活力和创造潜能，鼓励高校、科研机构及科技人员在泉转移转化科技成果，构建具有泉州特色的，以企业为主体、市场为导向、产学研深度融合的技术转移和科技成果转化体系，制定如下意见：

一、促进科技成果转化

1. 在泉高校、科研机构等事业单位对其持有的科技成果可以自主决定转让、许可或者作价投资等方式实施转化。除涉及国家秘密、国家安全外，不需另行审批或者备案。

在泉高校、科研机构等事业单位将其持有的科技成果转让、许可或者作价投资给国有全资企业的，可以不进行资产评估；给非国有全资企业的，由单位自主决定是否进行资产评估。

支持在泉高校、科研机构等事业单位试点开展科技成果权属改革，以市场委托方式取得的横向项目，单位可与科技人员约定其成果权属归科技人员所有或部分拥有；对利用财政资金形成的新增职务科技成果，单位可与科技人员共同申请知识产权，赋予科技人员成果所有权。

责任单位：市科技局、教育局、财政局、人社局、国资委，市属科研机构主管部门

2. 科技成果转让、许可和作价投资遵从市场定价原则，可通过协议定价、第三方评估定价、技术交易市场挂牌交易、拍卖等市场化方式确定价格。协议定价或第三方评估定价的，科技成果持有单位应当在本单位公示科技成果名称和拟交易价格，公示时间不少于15日。

责任单位：市科技局、教育局、人社局，市属科研机构主管部门

3. 在泉高校、科研机构等事业单位转移转化科技成果所获得的收入全部留归单位，纳入单位预算，不上缴财政，扣除对完成和转化职务科技成果作出重要贡献人员的奖励和报酬后，应当主要用于科学技术研发与成果转化等相关工作，并对技术转移机构的运行和发展给予保障。

在泉高校、科研机构等事业单位开展技术开发、技术咨询、技术服务、技术培训等活动取得的净收入视同科技成果转化收入，可留归本单位自主使用，并按照促进科技成果转化政策规定实施奖励。

责任单位：市科技局、教育局、人社局、财政局、市场监管局，市属科研机构主管部门

二、激励创新创业

4. 在泉高校、科研机构等事业单位在制定转

化科技成果收益分配制度时，应当充分听取本单位科技人员的意见，并在本单位公开。科技成果转移转化后，应当对完成该项科技成果和为成果转化作出贡献的人员给予奖励，按照以下规定执行：

（1）以技术转让或许可方式转化职务科技成果的，应当从技术转让或许可所取得的净收入中，提取不低于70%的比例用于奖励。

（2）以科技成果作价投资实施转化的，应当从作价投资取得的股份或出资比例中，提取不低于70%的比例用于奖励。

（3）科技成果1年以上未启动转化的，成果完成人和参加人在不变更职务科技成果权属的前提下，可以根据与成果所有单位的协议进行该项科技成果的转化，并享有协议规定的权益，转化收益的70%～90%归其所有。

（4）以股份或出资比例等股权给予科技人员的奖励，暂不缴纳个人所得税，获奖人在授（获）奖的次月15日内向主管税务机关办理备案；获奖科技人员按股权、出资比例取得分红或转让股份、出资比例取得所得时，应依法缴纳个人所得税。

责任单位：市教育局、科技局、人社局，市税务局，市属科研机构主管部门

5. 在泉高校、科研机构等事业单位从科技成果转化活动和专利奖励、政府及社会组织科技进步奖励等所获得的经费中，给予科技人员的报酬、奖励等支出，专项据实核增计入当年单位绩效工资总量，不纳入单位绩效工资总量基数。

责任单位：市教育局、科技局、市场监管局、人社局，市属科研机构主管部门

6. 鼓励在泉高校、科研机构等事业单位科技人员在履行岗位职责、完成本职工作的前提下，经征得单位同意，按相关规定办理手续，可兼职到企业从事科技成果转化活动。或者离岗创业的，可在3年内保留人事关系，保留原聘专业技术职务，工龄连续计算，并与原单位其他在岗人员同等享有参加职称评定、岗位等级晋升和社会保险等方面的待遇。3年内要求返回原单位的，按原职级待遇安排工作。

责任单位：市教育局、人社局、科技局，市属科研机构主管部门

三、促进技术市场发展

7. 按照“一个线上网络平台、一处线下服务大厅和一套市场运营体系”的工作框架，建设泉州市科技大市场，构建互联互通的技术交易网络。对科技大市场技术交易服务平台的运营机构，每年按照其促成技术交易额增量部分的1%予以奖励，每年奖励金额最高不超过50万元。

责任单位：市科技局、市场监管局，各县（市、区）人民政府，泉州开发区、泉州台商投资区管委会

8. 对企业开展技术交易所签订的四技合同（包含技术开发、技术转让、技术咨询、技术服务），经技术合同登记机构认定登记备案分别给予奖励。在泉州就地输出技术或吸纳各方技术年实际技术交易金额在1500万元以下部分（包含1500万），分别按1%和0.5%给予奖励，超过1500万元以上部分（不包含1500万），分别按0.5%和0.25%给予奖励，单个项目最高不超过50万元，每家企业每年奖励金额最高不超过100万元，奖补资金由市和受益县（市、区）、泉州开发区、泉州台商投资区两级财政各按50%的比例承担。

责任单位：市科技局，各县（市、区）人民政府，泉州开发区、泉州台商投资区管委会

9. 对技术合同认定登记机构每年完成技术合同认定登记额达到1亿元，给予5万元基础奖励，超过部分按0.6‰给予奖励，单个机构每年奖励金额最高不超过100万元。

责任单位：市科技局

四、拓展科技成果转移空间

10. 依托企业、高校、科研机构建设一批聚焦细分领域的科技成果中试、熟化基地，布局建设一批科技成果产业化基地或产学研合作示范基地，对评为省级基地的给予10万元奖励，对引进的重大基地按“一事一议”给予支持。

支持企业与高校、科研机构等事业单位共建各级企业技术中心、工程研究中心、工程技术研究中心、重点实验室以及新型研发机构等。经认定为国家级、省级和市级企业技术中心的，分别给予150万元、80万元、30万元奖励；经认定为国家级、省级工程研究中心的，分别给予150万元、80万元奖励；经认定为国家级、省级重点实

验室的，分别给予100万元、50万元奖励；引进国家、省级重点实验室按“一事一议”给予支持；经认定为省级、市级新型研发机构的，最高给予80万元、30万元的奖励。

责任单位：市工信局、发改委、科技局、教育局，各县（市、区）人民政府，泉州开发区、泉州台商投资区管委会

11. 推进“一带一路”“港澳台”和“闽西南协同发展区”的科技交流与合作，支持科技型中小微企业技术创新，鼓励企业、创新联盟与高校、科研机构进行产教研融合，面向泉州产业转型升级、社会发展的科技需求，组织实施一批产学研和对外科技合作项目。举办各类学术会议、成果对接会等。支持企业参与国内、国际各类科技博览会、科技成果推介会等，对于参展省外展会的单位给予一次性补助1万元，单家企业每年补贴最高不超过2万元。鼓励企业、科研机构在境外设立离岸研发中心、技术转移中心和企业孵化器等。

责任单位：市科技局

五、激励科技成果产业化

12. 鼓励设立各类科技成果转化基金。整合科技创新专项资金，与相关企业、金融投资机构合作，采用政府引导+市场化方式专项支持科技成果转移转化，实现产业化。

责任单位：市科技局、金融监管局，各县（市、区）人民政府，泉州开发区、泉州台商投资区管委会

13. 在泉高校、科研机构等事业单位的科技成果在我市就地转化的，经技术合同认定登记机构认定登记，年实际技术交易金额在1500万元以下部分（不包含1500万）按1%给予奖励，超过1500万元（包含1500万）以上部分按0.5%给予奖励，单个项目最高不超过50万元，每家每年奖励金额最高不超过100万元。

责任单位：市科技局

14. 企业向非关联单位购买国内（含港、澳、台）一类知识产权（专利、集成电路布图设计专有权、国家新药、国家一级中药保护品种、植物新品种、国家级农作物品种等）和境外发明专利技术在泉实施转化并取得一定经济效益的，经技术合同认定登记机构进行交易见证或复核备案，50万元以上的科技成果购买项目，按其实际支付技术交易额给予6%奖励，单个项目最高不超过100万元，每家企业每年奖励金额最高不超过300万元；奖补资金由市和受益县（市、区）、泉州开发区、泉州台商投资区两级财政各按50%的比例承担。同时优先推荐申请省级购买科技成果后补助。

责任单位：市场监管局、科技局，各县（市、区）人民政府，泉州开发区、泉州台商投资区管委会

15. 每两年组织评选一次泉州市专利奖，对获得重大发明专利奖和一、二、三等奖的项目，分别给予100万元、20万元、10万元、5万元的奖励。对我市企事业单位或个人作为前三完成单位或完成人获得国家科技奖任一奖项和作为第一完成单位或完成人获得福建省科技奖任一奖项，按照1∶1的比例给予配套奖励。对于泉州市外获得国家科技奖的成果在泉落地转化产业化的项目，由受益县（市、区）、泉州开发区、泉州台商投资区财政给予最高不超过100万元的资金支持，对重大项目按“一事一议”给予支持。对泉州市外获得中国专利奖或福建省专利奖，在泉落地转化的，其专利产业化配套资金奖励按照《泉州市专利奖评奖规定》（泉政文〔2019〕51号）执行。

责任单位：市场监管局、科技局，各县（市、区）人民政府，泉州开发区、泉州台商投资区管委会

六、促进科技服务业市场发展

16. 鼓励在泉高校、科研机构等事业单位和企业的科技人员从事技术转移工作。推动有条件的高校根据科技成果转移转化的需求科学设置培训课程，储备和培育专业化技术经纪人队伍，在不增加编制的前提下建设专业化技术转移服务机构。科技成果转化后，可在科技成果转化净收入中提取不低于10%的比例，用于机构能力建设和人员奖励。鼓励国内外知名技术转移服务机构、知识产权运营机构、高校、科研机构、产业联盟、协会、企事业单位独立或联合在泉设立“产学研协同创新中心”或“技术转移服务机构”等。建立有利于促进科技成果转化的专业技术职称评审体

系，并将科技成果转化创造的经济效益和社会效益作为科技成果转化人才职称评审的主要评价因素。

责任单位：市教育局、科技局、人社局、工信局、市场监管局，市科协

（1）对引进的重大科技服务机构按“一事一议”给予支持；现有技术转移服务机构获得国家级、省级技术转移示范机构称号的，分别给予一次性50万元、10万元奖励；同时优先推荐申报各级各类补助。

责任单位：市科技局、教育局

（2）依法设立的技术转移服务机构，按其年度促成科技成果在我市转化的技术合同的技术交易额的2%给予奖励，单个项目奖励最高10万元，每家机构每年奖励最高为50万元。

责任单位：市科技局

17. 对选派的科技特派员、科技特派员团队根据工作业绩，分别给予1万元、5万元的工作经费补助；对科技特派员与基地（企业）开展的技术合作及成果转化项目，根据合作成效给予10万元项目后补助。

责任单位：市科技局

18. 扶持专业机构开展有偿科技成果评价服务。对在我市开展工作好的专业评价机构给予连续3年、每年20万元的扶持经费。同时鼓励和引导我市科技服务机构开展科技成果评价工作。

责任单位：市科技局

七、优化科技成果转移转化环境

19. 在泉高校、科研机构等事业单位的主管部门要承担科技成果转化有关国有资产管理的主体责任，财政部门要加强监管。完善评价监督机制，在对在泉高校、科研机构等事业单位进行绩效考评时应将科技成果转化情况作为重要评价指标之一。在科技成果转移转化活动中有弄虚作假等失信行为的，相应单位和人员信息将计入本市公共信用信息平台。

责任单位：市科技局、教育局、财政局、发改委，市属科研机构主管部门

20. 在泉高校、科研机构等事业单位、国有企业以科技成果对外投资实施转化的，经审计确认发生投资亏损的，由其上级主管部门审定已经履行了勤勉尽责义务且未牟取私利的，不纳入在泉高校、科研机构等事业单位、国有企业对外投资保值增值考核范围。

责任单位：市教育局、科技局、国资委，市属科研机构主管部门

本意见有效期3年，自印发之日起施行。

【发文机关】泉州市人民政府

【标　　题】泉州市人民政府关于印发泉州市促进科技成果转移转化若干意见的通知

【文　　号】泉政文〔2020〕2号

【发文日期】2020年1月7日

三明市人民政府办公室关于进一步加强保障性住房建设和管理工作的意见

各县（市、区）人民政府，市直有关单位：

为进一步完善住房保障体系，规范保障性住房建设和管理工作，提升住房保障服务水平，结合我市实际，提出以下意见：

一、加强组织领导，明确工作责任

（一）切实提高认识

加快解决中低收入家庭以及新就业职工、外来务工人员的住房困难，是深化城镇住房制度改革，建立和完善城镇住房保障体系的重要内容，各县（市、区）人民政府和市直有关单位要以高度的责任感，切实肩负起住房保障工作职责，将此项工作纳入重要议事日程。

（二）健全目标责任制

各县（市、区）人民政府和市直有关单位主要负责人是住房保障工作的第一责任人，对组织辖区内保障性住房建设的宣传动员、资金筹措、拆迁安置、项目建设、使用管理以及社会稳定等工作负总责。各县（市、区）人民政府和市直有关单位要完善住房保障管理制度，健全住房保障机构，配备专门力量做好住房保障工作；要逐级签订住房保障目标责任书，纳入绩效管理体系，实行目标责任考核。

（三）明确工作责任

三明市保障性安居工程协调小组（详见附件）统筹负责全市住房保障工作，贯彻落实中央、省委、省政府和市委、市政府关于住房保障的决策部署，定期召开协调小组会议，研究保障性住房的政策措施，协调解决住房保障重大事项和突出问题；研究制定保障性住房规划和年度计划并组织实施；研究申报中央补助资金需求规模，提出市级配套资金建议；组织检查保障性住房工程的质量、实施进度等，做好实施和质量保障有关工作；跟踪掌握、汇总统计保障性住房执行情况等。

二、科学安排保障性住房建设

（一）科学优化规划布局

依据国土空间规划、产业布局，按照住房困难群体需求，统筹规划、合理布局保障性住房建设。保障性住房的规划选址应当与城市发展、产业用地调整规划相结合，与城市基础设施建设相衔接，充分考虑居民就业、就医、就学等需要，结合国土空间规划确定的居住片区选址建设保障性住房。

相对偏远区域要加大基础设施投入，加快配套完善交通、教育、医疗、商业等公共服务设施，确保居民生活和工作便利。集中建设的保障性住房应实行小区全封闭管理，配备必要的视频监控等智能管理信息系统。贯彻落实保障性住房绿色建筑行动有关部署，按照省地、节能、环保的要求，推广新技术、新材料、新工艺，提高保障性住房建设质量和居住品质。

（二）确保用地供应

各地要根据住房保障规划和年度建设任务，科学编制土地供应计划，将保障性住房建设落实到具体项目和地块，并及时向社会公布。在新增建设用地年度计划中对保障性住房用地指标需求，自然资源部门要征求住房保障部门意见，优先安排，单列指标，应保尽保；要提前做好保障性住房建设项目土地储备，挖潜土地资源。保障性住房项目的配套商业设施用地随项目整体划拨，在出售前按规定依法办理出让手续，补缴土地出让金。集中建设的公共租赁住房项目，可配建一定比例的商业设施等经营性用房用于出租出售，营业收入用于弥补公共租赁住房建设和运营成本。

（三）开辟绿色审批通道

要创新保障性住房工程审批机制，建立审批绿色通道，发改、自然资源、住建等职能部门要简化审批程序和工作流程，提高办事效率，专人负责、限时办结。项目单位按照规定提供申报资料，经审核无误的，有关职能部门要严格按照规定时限完成审批并出具相关手续。

（四）强化项目建设全过程管理

保障性住房建设项目要严格履行基本建设程序，坚持“先勘察、后设计、再施工”的原则，严格实行项目法人和施工招投标、施工图审查、施工许可、竣工验收以及合同管理、工程监理等制度，合理确定工程造价和建设工期。要严格执行工程招投标制度，选择信誉度高、综合实力强的勘察设计、施工及监理队伍参与工程建设。要加强工程项目发包承包管理，项目单位应当依法将工程发包给经工程招标确定的中标人，禁止中标人违法分包转包。要加强质量安全监管，督促建设各方主体认真落实质量安全主体责任和质量安全措施，依法依规推进项目建设，保障工程质量安全。

（五）完善建筹模式

按照“政府主导、企业参与、政策扶持、市场运作”的原则，通过新建、改建、购买、社会化租赁等方式多渠道筹集保障性住房。具体采取以下模式：

1. 政府投资委托代建。由政府直接投资，委托开发建设单位建设，建成后产权移交政府。

2. 国有投资公司建设。国有投资公司以及投融资平台要发挥主导作用，积极参与公共租赁住房建设和运营。市、县（市、区）两级国有投资公司应当主动参与公共租赁住房建设，市、县（市、区）两级财政可通过注入资本金或者直接投入项目建设资金等方式支持国有投资公司参与建设。

3. 社会投资建设。鼓励大专院校、科研机构以及用工规模较大或者引进人才较多的企事业单位利用自有存量国有建设用地建设公共租赁住房。鼓励农村（社区）集体经济组织投资、建设和经营公共租赁住房。企业较为集中的各类开发区、工业园区和产业园区，应当按照集约用地的原则，在企业相对集中的地段，组织相关企业出资参与集中建设公共租赁住房，统一配套公共服务设施。

4. 开发项目配建。各地可根据住房保障规划和保障性住房年度建设任务，在房地产开发项目中统筹配建公共租赁住房。

5. 购买租赁。对土地资源紧张、落实保障性住房指标确有困难的，可通过政府公开招标采购的方式购买或租赁部分小户型商品住房作为保障性住房房源。

三、规范保障性住房资金监管

（一）资金筹集

从中央和省级住房保障补助资金、财政预算、土地出让收入、住房公积金增值收益、出租和出售保障性住房收入及其他方式中，按照规定足额筹集住房保障资金。

（二）资金监管

保障性住房资金实行专项管理、分账核算、专户管理、专款专用，不得挤占、挪用。

财政部门会同有关部门对保障性住房项目预（概）算和竣工决（结）算进行评审，对资金使用情况进行核查及追踪。政府投资建设的保障性住房建设成本，由财政部门委托其所属财政投资评审机构或经财政部门认可的具有资质的社会中介机构进行评审。

项目建成后，住房保障主管部门应督促项目建设单位在规定时限内编制完成竣工财务决算。财政部门根据财政投资评审机构出具的评审结论进行审核批复，并会同有关部门对评审意见作出处理决定，住房保障主管部门负责督促项目建设单位执行和整改。

四、完善准入退出机制

（一）提高公共租赁住房分配效率

要统筹做好城镇中低收入住房困难家庭和新市民的公共租赁住房保障工作，建立常态化申请受理机制，随时申请、随时受理，完善轮候制度，压缩轮候时间。各地要强化部门协同，简化审核流程，压缩审核时限，进一步提高分配效率。要按照省住建厅、省建行《关于印发福建省公共租赁住房信息系统建设实施方案的通知》（闽建住函〔2019〕22号）要求，分阶段加快推进公共租赁住房信息系统建设和运行，实现房源管理、配租管理、租后管理等全过程管理。

（二）规范准入管理

1. 动态调整准入条件。住房保障主管部门要根据社会经济发展水平，会同有关部门定期分析会商住房保障条件和标准，提出动态调整意见，及时出台危旧房住户享受保障性住房的政策，提交市保障性安居工程协调小组研究，并及时向社会公布。

2. 强化部门协作。要建立健全住建、发改、民政、公安、市场监管、税务、人社、住房公积金、银行、证券、保险等部门和单位及街道、社区协作配合的家庭住房和经济状况审核机制。各有关部门要密切配合，认真审查相关信息并出具公函。低保户、特困人员或已通过民政低收入家庭认定且未过有效期的可以直接视同通过资产收入核定。保障性住房申请家庭收入（资产）范围按民政部门有关文件确定，保障性住房申请家庭资产、收入的核定结果一年内有效。银行、证券核查的时间节点为保障性住房房源公告日上月末。

3. 规范受理申请。街道办事处（乡、镇政府）要设立受理窗口。居（村）委会根据街道办事处（乡、镇政府）委托，协助履行申请受理职责。

4. 落实初审和审核制度。街道办事处（乡、镇政府）承担初审职责。如实填写入户调查表，认真做好调查笔录。对符合条件人户分离的申请人，在户口所在地、实际居住地、工作单位和经营地同时公示。调查及初审结果要统一造表登记、汇总，报上级审核部门备案。申请政府提供的保障性住房，其资格按照各地制定出台的推行保障性住房配置权力运行及网上公开工作方案确定的受理、审核程序执行。未出台该工作方案的要及时制定出台。

5. 健全合同管理。完善公共租赁住房租赁合同，明确承租人的权利和义务，除约定租金标准、租赁期限、空置、拖欠租金、转借、转租、损毁等内容外，还应约定保障对象人口、住房、经济状况发生变化，不再符合住房保障条件时的搬迁过渡期限及其租金标准，以及逾期不腾退的违约责任和处置办法。对于定向供应的公共租赁住房，用人单位应当切实履行对入住对象的管理责任，并督促不再符合条件的对象退出保障，确保公共租赁住房合规使用。

6. 实行轮候制度。住房保障部门对轮候对象基本情况和轮候顺序等进行登记、建册，并向社会公开。保障性住房申请家庭在轮候期间，家庭成员、户籍、收入、住房等情况发生变化，已不符合住房保障条件的，要书面告知住房保障部门并退出轮候。住房保障主管部门应不定期核查轮候家庭，不配合核查的取消轮候资格。

7. 强化动态管理。强化部门协同和信息共享机制，加强保障性住房使用动态管理和轮候对象监督管理。建立定期检查制度，住房保障部门应会同相关部门每年开展一次公共租赁住房资格复核，及时掌握保障对象家庭人口、房产交易、不动产登记、住房公积金、户籍、车辆注册、经济状况变化，及时更新保障对象档案信息，及时调整保障方式、保障标准等。租赁期届满申请续租的要进行资格复审并向社会公示，接受社会监督，对不再符合保障条件的应及时腾退公共租赁住房。住房保障管理部门可通过政府购买服务等方式，委托物业服务企业承担公共租赁住房使用情况的日常检查管理等工作。公共租赁住房产权、运营单位、委托物业服务企业一年内至少开展二次全覆盖入户巡查（人户吻合、房屋状况、转租、空置等）。

保障性住房住户在承租期间因结婚、离婚、生育或者死亡等原因导致家庭人口情况发生变化的，应及时向原申报保障性住房申请的街道办事处（乡镇人民政府）申报变动情况并提供相关证明材料。变动审核通过后，可持原签订租赁合同等材料向公共租赁住房管理单位提出租赁合同主体变更申请。

住房保障部门每年定期将公共租赁住房保障对象名单抄告房产交易、不动产登记、住房公积金、公安等部门，相关部门核查到保障对象存在家庭人口、住房和经济等状况变化时，要及时抄告住房保障部门，住房保障部门对核查到的不再符合保障条件的承租人按有关规定和合同约定处理。

建立住房保障、房产交易、不动产登记部门间的保障对象房产部门联动核查机制，实现全市保障对象购买房产网签备案信息共享查询，实时掌握相关状况变化，并及时处理。

8. 全面公开信息。实行保障标准、房源信息、审核结果、分配过程、分配结果、退出情况全过程公开，主动接受社会和群众监督，切实做到分配过程公开透明、分配结果公平公正。各类保障性住房年度建设项目及开工套数、竣工套数，配租配售对象的基本情况及配租配售的房屋面积等信息及时在当地媒体公示。

（三）强化退出管理

1. 保障家庭在保障期间基本情况发生变化时，应及时主动向住房保障部门申报。

2. 对违规使用公共租赁住房或不再符合保障条件的承租人，综合运用租金上调、门禁管控、信用约束、司法追究等方式，提升退出管理效率。

3. 承租人经审查不符合条件的，应当退出保障性住房，逾期拒不退出或拒不履行合同约定的，住房保障主管部门可以申请人民法院强制执行。

4. 承租人购买新建商品房期房的，自购房合同网签之日起，6 个月过渡期内必须腾退所承租的公共租赁住房；购买现房（二手房）的，自购房合同网签之日起，2 个月过渡期内必须腾退所承租的公共租赁住房；继承、受赠房产的，自房屋产权登记之日起，2 个月过渡期内必须腾退所承租的公共租赁住房。过渡期间，房租按市场租金收取。过渡期满拒不腾退的，可以申请人民法院强制执行。

5. 以欺骗等不正当手段登记为轮候对象的，取消其登记资格；已承租公共租赁住房的，责令限期退回公共租赁住房，并按市场价格补缴租金，逾期不退回的，可以申请人民法院强制执行，且承租人自退回公共租赁住房之日起五年内不得再次申请公共租赁住房。

五、完善住房保障监督管理机制

1. 住房保障部门要依法履行监督管理职责，建立保障性住房管理信息系统，积极推动建立住房保障、房管、发改、民政、公安、市场监管、金融、人社、公积金等部门的信息共享机制，增强审核工作的准确性，提高监管工作效率。

2. 建立健全失信联合惩戒机制，对保障性住房申请、使用、退出等环节失信主体实行分级分类管理，存在严重失信行为的列入失信联合惩戒对象名单，按国家发改委等 44 个部门《关于印发对失信被执行人实施联合惩戒的合作备忘录的通知》（发改财金〔2016〕141 号）的有关规定予以联合惩戒；发生较重失信行为或多次发生轻微失信行为但尚未达到严重失信行为标准的，列入重点关注对象名单，依法实施与其失信程度相适应的惩戒措施。

3. 各县（市、区）政府、市直有关单位要完善各类保障性住房管理制度，健全住房保障机构，配备充实专门力量，负责保障性住房使用情况监督检查和定期检查。

本意见自发文之日起施行。市、县（市、区）已出台的有关规定与本意见不符的，以本意见为准。

附件：三明市保障性安居工程协调小组成员单位（略）

三明市人民政府办公室
2020 年 12 月 21 日

（此件主动公开）

【发文机关】三明市人民政府办公室
【标　　题】三明市人民政府办公室关于进一步加强保障性住房建设和管理工作的意见
【文　　号】明政办〔2020〕67 号
【发文日期】2020 年 12 月 21 日

莆田市人民政府办公室关于印发
莆田市开展“保基本民生”工作方案的通知

各县（区）人民政府（管委会），市直有关单位：

经研究，现将《莆田市开展“保基本民生”工作方案》印发给你们，请认真组织实施。

莆田市人民政府办公室

2020年5月18日

莆田市开展“保基本民生”工作方案

为深入贯彻党中央关于“保基本民生”工作要求，全面落实新冠肺炎疫情防控、脱贫攻坚等决策部署，切实做好民生保障工作，兜牢民生底线，结合我市实际，制定本工作方案。

一、主要目的

以习近平新时代中国特色社会主义思想为指导，聚焦受新冠肺炎疫情影响困难群众，加大民生领域投入力度，强化困难群众救助措施，加强困难群众兜底保障，推进各项惠民政策举措落地，织密扎牢民生保障“安全网”，确保如期完成脱贫攻坚目标任务，确保全面建成小康社会。

二、主要措施

（一）强化困难群众兜底保障

落实低保标准与最低工资标准挂钩和残疾人两项补贴动态调整机制，全市城乡低保保障标准从人均每年7560元（仙游县6960元）统一提高到7920元。适当提高孤儿、事实无人抚养儿童生活补助标准。建立社会救助预警监测机制，将符合条件的脱贫不稳定、存在返贫风险的建档立卡贫困户及新增致贫人口纳入兜底保障范围，实行分类预警、分级监测、分档处置。落实“家庭收入豁免、刚性支出扣除、重病重残单人保、延保渐退”等低保惠民政策，着力强化对老弱病残等特殊贫困群体的兜底保障，完善儿童福利体系建设，加强农村留守妇女、困难残疾人、流浪乞讨人员关爱服务。

责任单位：市民政局、财政局、农业农村局（扶贫办）、残疾人联合会，各县（区）人民政府（管委会）

（二）加大临时救助力度

落实临时救助资金筹集机制，并及时预拨到乡镇，解决急难型群众救助需求。完善“一门受理、协同办理”机制，充分发挥乡镇干部、村（居）干部、社工、网格员、民政（综治）协管员作用，及时对辖区内农村留守老年人、留守儿童、困境儿童、留守妇女等困难群众、尤其是因疫情导致生活困难群众主动给予临时救助，对存在重大生活困难的，采取“一事一议”方式加大救助力度，切实增强临时救助实效。

责任单位：市民政局、财政局，各县（区）人民政府（管委会）

（三）阶段性加大价格临时补贴力度

3至6月，阶段性加大社会救助和保障标准与物价上涨挂钩联动机制的价格临时补贴力度，对城乡低保对象、特困人员、享受国家定期抚恤补助的优抚对象（含“革命五老”）和领取失业保险金人员等联动机制已有保障对象，以及阶段性纳入保障范围内的孤儿、事实无人抚养儿童和领取失业补助金人员，在现行补贴标准基础上提高1倍发放临时价格补贴，补贴金额与物价涨幅同比例变动。

责任单位：市民政局、人社局、财政局、退役军人事务局、发改委、统计局，各县（区）人民政府（管委会）

（四）巩固脱贫攻坚成果

突出老区脱贫攻坚，强化“三保障”，持续开展控辍保学行动。有序推进城乡供水一体化，完善管网设施，提升城市供水水质。支持各类农业新型经营主体全面复工复产。鼓励各级预算单位优先采购贫困地区农畜产品，促进产销衔接，多渠道解决农产品销售难问题。完善防止返贫监测和帮扶机制，对已脱贫但不够稳定的建档立卡贫困户和收入水平略高于扶贫标准的边缘户，强化“定期监测、单列管理、重点帮扶、兜底保障”，及时认定监测对象，建档立卡动态管理，多措并举防止因疫致贫、因疫返贫。

责任单位：市扶贫办、市直各有关单位，各县（区）人民政府（管委会）

（五）保障基本医疗卫生服务

加快推进公共卫生领域改革，构建完善重大疫情防控、公共卫生服务、公共卫生应急管理等体系。推动有条件的县（区、管委会）实现“医保村村通”。深入实施健康福建行动，规范实施基本公共卫生服务，深入开展爱国卫生运动，推进中医药传承创新发展。扎实抓好“一老一小”照护服务和妇幼健康工作，持续落实“母婴安全”和“儿童健康”行动计划，严格执行“母婴安全”五项制度，进一步提升妇幼健康服务体系，实施好妇幼基本和重大公共卫生项目，推进托育服务试点建设。全面落实健康扶贫三年攻坚行动。

责任单位：市卫健委、发改委、财政局、医保局，各县（区）人民政府（管委会）

（六）保障教育基本公共服务

多渠道扩大普惠性学前教育资源供给，完成“十三五”新改扩建中小学校幼儿园任务，新增普惠性幼儿园学位 1.2 万个、中小学学位 1.8 万个。加强普惠性民办幼儿园认定工作，全市公办园在园幼儿比例达 59%，全市幼儿园普惠率达 85% 以上。推进城乡义务教育一体化发展，做好义务教育薄弱环节改善与能力提升工作，推进义务教育管理标准化学校和乡村小规模学校标准化建设，义务教育“大班额”控制在1%以内。

责任单位：市教育局、发改委、财政局，各县（区）人民政府（管委会）

（七）加强保障性安居工程建设

坚持房子是用来住的、不是用来炒的定位，通过限地价控房价等综合精准长效调控机制，实现稳地价稳房价稳预期的房地产健康发展目标，切实满足民众对住房的居住改善需求。根据目标任务要求适时建设公共租赁住房，加大公共租赁住房建设、运营和管理力度，扩大中低收入住房困难家庭的住房保障范围，缓解中等偏下收入家庭以及外来务工人员等其他群体的阶段性居住困难。以设施配套、功能提升、环境美化、安全宜居为重点，统筹推进老旧小区、街区、片区和老城区改造，重点改造 2000 年底前建成、基础设施配套不齐全的老旧小区，完善小区配套和市政基础设施。

责任单位：市住建局，各县（区）人民政府（管委会）

（八）坚决打赢污染防治攻坚战

突出精准治污、科学治污、依法治污，打好蓝天、碧水、净土、海洋保卫战，攻坚木兰溪水质提升、大气污染治理、农村污水和黑臭水体治理、督察问题整改和信访件销号、环境安全隐患排查整治，持续巩固提升生态环境质量。深化生态云平台应用，运用科技手段推动企业落实环保主体责任。建立健全流域智能化监测监控体系，加强大气热点网格智能监管，通过环境质量异常预警、部门属地联动处置实现“监测吹哨、管养报到”。全面走访企业指导帮扶疫情防控和复工复产，做好重大项目环评审批服务，推进固定污染源排污许可核发和登记工作。以疫情防控为切入点，整治提升农村人居环境，深化“一革命四行动”，强化农村生活污水、垃圾治理，提高农村环境治理能力和水平。强化固废（危废）全过程监管，建成投用工业固体废物综合处置项目。

责任单位：市生态环境局、市直各单位，各县（区）人民政府（管委会）

三、组织保障

（一）加强组织领导

成立市级“保基本民生”工作领导小组，由

市政府分管领导任领导小组组长，市直各有关单位为领导小组成员单位，各县（区、管委会）相应成立领导小组。建立沟通协调机制，各级各有关单位要对照各自职能全力抓好民生保障工作，要当好信息员，多深入基层摸底，弄清楚本辖区本部门各项民生工作的实际情况，为工作决策提供参考；要当好协调员，加强同各部门之间的沟通联系，发挥好承上启下、沟通内外、协调左右的作用，确保各项工作有条不紊，顺利推进。

（二）**严格督导落实**

各级各有关部门要切实增强责任意识、担当意识，按照属地原则，细化工作目标任务，加强部门行业指导，及时帮助基层解决工作中遇到的困难和问题。市领导小组将视情组织市直有关单位，采取“四不两直”方式，加强对基层民生工作开展情况进行督促检查，对查访发现的问题，点对点交办落实整改，建立台账并逐一销号。对工作不力、推进迟缓、整改不到位的地区要及时约谈、重点督战。

（三）**强化宣传引导**

要加强工作信息编报，及时梳理总结“保基本民生”工作的好经验、好做法，综合利用报纸、电视、广播及微信公众号等媒体广泛宣传报道，充分展示我市基本民生保障工作取得的实际成效。同时，要加强兜底保障舆情监测，对负面舆情做到第一时间主动回应，防止不实炒作。

【发文机关】莆田市人民政府办公室
【标　　题】莆田市人民政府办公室关于印发莆田市开展“保基本民生”工作方案的通知
【文　　号】莆政办〔2020〕45号
【发文日期】2020年5月18日

南平市人民政府关于加强新时代文物保护利用工作的实施意见

各县（市、区）人民政府，武夷新区管委会，市直有关单位：

为贯彻落实《中共福建省委　福建省人民政府关于深入学习贯彻习近平总书记重要论述加强新时代文化和自然遗产保护利用工作的意见》（闽委发〔2019〕11号），抓住第44届世界文化遗产大会在我省举办的重要契机，深入挖掘我市文物的文化内涵和时代价值，全力推进新时代我市文物保护利用工作，结合南平实际，制定如下实施意见。

一、总体要求

（一）指导思想

以习近平新时代中国特色社会主义思想为指导，坚持“在保护中发展，在发展中保护”的理念，加强文物价值的挖掘、阐释和传播，努力形成“政府主导、社会参与、成果共享”的文物保护利用新格局。

（二）总体目标

走出一条符合南平实际的文物保护利用之路，文物安全形势明显好转，文物保护利用能力显著提高，文物展示利用水平大幅提升，文物机构队伍不断健全，社会参与活力明显激发，文物保护利用体系基本形成，文物保护利用成果更多更好惠及人民群众，文物工作在坚定文化自信、传承弘扬中华优秀传统文化、促进社会经济发展中的重要作用进一步彰显。

二、重点工作

（一）提高政治站位，切实增强责任担当意识

全面贯彻落实习近平总书记《〈福州古厝〉序》和厦门鼓浪屿申遗成功等重要指示批示精神，按照“党委领导、政府负责、部门协同、社会参与”的工作要求，坚持“公益属性、服务大局、改革创新、依法管理”的基本原则，加快推进文物保护利用工作。要进一步提高政治站位，强化责任担当意识，增强行动自觉，立足南平生态优势，加快“绿水青山转化为金山银山”的创新实践，让文物有机融入到“武夷品牌”“生态银行”“水美经济”三大机制创新中，丰富城乡文化内涵，加快文旅融合步伐，努力让文物留下来、活起来、用起来。

（二）落实主体责任，牢牢守住文物安全底线

全面贯彻落实《福建省人民政府关于进一步加强文物工作的实施意见》，牢牢守住文物安全底线、红线和生命线。一是落实主体责任。切实履行文物保护属地管理的主体责任，完善文物安全联合工作机制，建立健全消防工作联席会议制度；要组织文物、消防部门加强文博系统消防安全标准化管理达标创建，定期开展安全隐患排查，提升文物消防安全管理水平。二是加强管理力量。按照“切实加强各级文物行政机构建设，优化职能配置，确保职能落实”的要求，配齐配强文物保护管理工作的机构和人员，明确县（市、区）承担的文物保护具体职责，落实文化市场综合执法队伍的文物行政执法责任。三是创新保护机制。结合正在开展的新时代文明实践工作，探索建设社会共同参与的“文明实践中心”，以志愿者为主体力量，以志愿服务为主要活动方式，吸引更多民众参与到文物保护利用工作中。

（三）强化统筹推进，认真落实省委“六个一批”要求

全面推进“六个一批”项目实施，建立项目

清单，对项目内容进行细化，全面提升我市文物保护利用工作。一是依法公布和推荐一批文物保护单位。各县（市、区）人民政府要在2020年5月底前公布一批具有红色文化、朱子文化、茶文化、建盏建本文化和木拱廊桥文化等具有闽北特色的县级文物保护单位，同时按照《福建省文物局关于开展第九批省级文物保护单位补充申报遴选工作的通知》（闽文物字〔2019〕480号）要求，在2020年2月29日前补充推荐申报一批省级文物保护单位，最终实现2020年文物保护单位数量和规模整体提档升级的工作目标。二是启动实施一批文物保护重点工程。推动武夷山城村汉城国家考古遗址公园征地工作，争取尽快建成国家考古遗址公园；推动建窑遗址申报省级考古遗址公园，展示古代建窑建盏制作工艺、传播建盏特色文化；启动延平区峡阳百忍堂、建瓯市东岳庙和建阳考亭书院等保护工程建设；实施武夷山摩崖石刻修复工程，将蕴含武夷山深厚历史文化变迁和发展的文字进行永久固化、保存。三是精心组织一批展现闽北特色的主题展览。加大“全福游、有全福”品牌宣传，推动博物馆“走出去”展览，组织朱子文化、建窑建盏（遇林亭窑、茶洋窑）、茶文化和建本文化等闽北文化核心品牌展览赴外展出交流。讲好闽北文物故事，重点打造以考亭书院、建窑遗址等为代表性的物质文化载体，丰富展示内涵和提升利用水平，彰显闽北物质文化遗产魅力。积极参加省厅组织的涉台文物赴台展览、闽台宗祠“祖地文化”交流，加强闽台文化交流。四是完成一批文物保护重点项目。加快推进武夷新区、建瓯、浦城博物馆的内部装修与陈列设计工作，加快光泽、顺昌、政和、武夷山等博物馆场馆主体建设进度。各县（市、区）要抓紧革命文物本体修缮方案编制，对接《南平市革命文物保护利用规划》，积极争取国家专项资金支持，重点实施武夷山张山头红军墓群、福建日报创刊地（建瓯东岳庙）和延平区王台革命旧址群等一批革命文物保护工程，充分展示闽北红色文化内涵。持续推进《南平市朱子文化遗存保护条例》实施，在2020年5月底前全面完成保护标志设置工作；重点推进武夷山遇林亭窑址和五夫朱子文化、建阳建盏特色小镇和浦城猫耳山省级考古遗址公园保护工作，大力发展旅游、文化创意等绿色产业，充分展示保护利用成果。五是做好一批列入世界文化遗产预备名单的遗产保护和申报前期工作。充分展示我市“万里茶道”“闽浙木拱廊桥”文化遗产品牌魅力，推进申报世界文化遗产。武夷山市要认真做好下梅古建筑群、闽赣古驿道及风水关遗址、武夷古茶园及茶厂、九曲摩崖石刻四处世界文化遗产申报点的保护利用工作；政和县要着力做好后山桥、洋后桥、赤溪桥等三座木拱廊桥的保护利用工作，展现廊桥风采。六是推荐表彰一批先进单位和先进个人。根据省委“表彰一批”的要求，在第44届世界文化遗产大会举办期间，适应召开全市文物工作会议，总结我市文物保护利用工作成就，向省上推荐一批先进单位和先进个人，讲好南平故事，营造文物保护的浓厚氛围。

三、保障措施

（一）加强组织领导

各县（市、区）要进一步增强文物保护利用意识，将文物工作纳入党政领导班子和领导干部综合考核评价体系以及意识形态工作责任制考核评价的重要内容，全面落实文物工作“五纳入”要求。建立健全文物管理委员会联席会议制度，明确成员单位分工，形成工作合力，积极推进文物保护利用各项工作落地见效。

（二）加强经费保障

各县（市、区）要加大文物保护经费投入，将文物保护单位的维修专项资金纳入财政预算，要根据财力情况设立朱子文化、红色文化等文物保护专项资金，为文物保护利用提供必要的经费保障。各有关单位要严格规范中央和省级财政下达的文物保护专项资金使用，按规定加强预算执行管理和绩效管理，严禁统筹、挪用、截留文物保护专项资金，确保专款专用。

（三）加强督促落实

各县（市、区）要加强“六个一批”项目的督查力度，确保全面推进落实；加强对重大文物安全事故和案件的督查督办，对典型案例进行曝光通报，确保文物安全。同时，要根据省委“一城七线”工作部署，武夷山市应做好福州—南平（武夷山）文化和自然遗产考察线路安排，重点提升沿线城乡风貌、重点遗产片区、重要考察通道等核心景观效果，做好花化美化、建筑整治、氛围营造、古厝保护等，充分展示闽越文化、朱子文化、茶文化、建盏建本等闽北优秀历史文化遗产。

南平市人民政府

2020 年 2 月 10 日

（此件主动公开）

【发文机关】南平市人民政府

【标　　题】南平市人民政府关于加强新时代文物保护利用工作的实施意见

【文　　号】南政综〔2020〕22 号

【发文日期】2020 年 2 月 10 日

龙岩市人民政府关于取消和下放一批行政许可事项的通知

各县（市、区）人民政府，龙岩经开区（龙岩高新区）管委会，市直有关单位：

根据《国务院关于取消和下放一批行政许可事项的决定》（国发〔2020〕13号）文件精神，决定对应取消2项市级行政许可事项和下放1项市级行政许可事项。

各县（市、区）政府、市直有关单位要抓紧做好取消和下放行政许可事项的贯彻落实工作，进一步细化改革配套措施，落实监管责任，制定完善的事中事后监管细则，确保放得开、接得住、管得好。

附件：1. 市级对应取消的2项行政许可事项目录

2. 市级对应下放的1项行政许可事项目录

龙岩市人民政府

2020年10月30日

（此件主动公开）

附件1

市级对应取消的2项行政许可事项目录

序号	事项名称	子项名称	设定依据	承接审批部门	承接方式	加强事中事后监管措施	备注
1	部分医疗机构（除三级医院、三级妇幼保健院、急救中心、急救站、临床检验中心、中外合资合作医疗机构、港澳台独资医疗机构除外）《设置医疗机构批准书》核发	部分医疗机构（除三级医院、三级妇幼保健院、急救中心、急救站、临床检验中心、中外合资合作医疗机构、港澳台独资医疗机构除外）《设置医疗机构批准书》核发	1.《医疗机构管理条例》（国务院令第149号公布，国务院令第666号修订） 第九条 单位或者个人设置医疗机构，必须经县级以上地方人民政府卫生行政部门审查批准，并取得设置医疗机构批准书。 2.《医疗机构管理条例实施细则》（1994年卫生部令第35号公布，2017年国家卫计委令第12号修订） 第二十三条 变更《设置医疗机构批准书》中核准的医疗机构的类别、规模、选址和诊疗科目，必须按照条例和本细则的规定，重新申请办理设置审批手续。 3.《关于进一步改革完善医疗机构、医师审批工作的通知》（国卫医发〔2018〕19号） ……五、二级及以下医疗机构设置审批与执业登记“两证合一” 除三级医院、三级妇幼保健院、急救中心、急救站、临床检验中心、中外合资合作医疗机构、港澳台独资医疗机构外，举办其他医疗机构的，卫生健康行政部门不再核发《设置医疗机构批准书》，仅在执业登记时发放《医疗机构执业许可证》。	市卫健委	取消	取消许可后，卫生健康部门要通过以下措施加强监管： 1. 完善医疗机构设置规划方式，对社会办医疗机构实行指导性规划。加强对社会资本投资医疗机构的服务，同时注意防止以服务之名行审批之实。 2. 严格实施“医疗机构执业登记”，并将审批结果向社会公开。 3. 开展“双随机、一公开”监管、重点监管等，畅通投诉举报渠道，加大对医疗机构的监督检查力度，发现违法违规行为要依法查处并向社会公开结果。 4. 依法实施信用监管，如实记录违法失信行为，实施差异化监管措施，对严重违法的医疗机构及其从业人员实行行业禁入。	

续表

序号	事项名称	子项名称	设定依据	承接审批部门	承接方式	加强事中事后监管措施	备注
2	职业卫生技术服务机构丙级资质认可	职业卫生技术服务机构丙级资质认可	《职业卫生技术服务机构监督管理暂行办法》(2012年国家安全监管总局令第50号公布，2015年国家安全监管总局令第80号修正) 第四条　国家对职业卫生技术服务机构实行资质认可制度。职业卫生技术服务机构应当依照本办法取得职业卫生技术服务机构资质；未取得职业卫生技术服务机构资质的，不得从事职业卫生检测、评价等技术服务。 第五条　职业卫生技术服务机构的资质从高到低分为甲级、乙级、丙级三个等级。 甲级资质由国家安全生产监督管理总局认可及颁发证书。 乙级资质由省、自治区、直辖市人民政府安全生产监督管理部门认可及颁发证书，并报国家安全生产监督管理总局备案。 丙级资质由设区的市级人民政府安全生产监督管理部门认可及颁发证书，并报省级安全生产监督管理部门备案，由省级安全生产监督管理部门报国家安全生产监督管理总局进行登记。	市卫健委	取消	取消许可，整合至“职业卫生技术服务机构乙级资质认可”。卫生健康部门要通过以下措施加强监管： 1. 适当降低职业卫生技术服务机构乙级资质条件要求，完善职业卫生技术服务标准。引导现有职业卫生技术服务丙级机构换领新的乙级资质证书，拓宽业务范围和业务领域范围。 2. 开展“双随机、一公开”监管，畅通投诉举报渠道，发现违法违规行为要依法查处并向社会公开结果。 3. 对存在职业病危害因素的企业，依法开展职业病危害因素监督检查。发现职业卫生技术服务机构出具虚假报告的，依法追究法律责任。 4. 依法实施信用监管，如实记录违法失信行为，实施差异化监管等措施。	

附件2

市级对应下放的1项行政许可事项目录

序号	事项名称	子项名称	设定依据	承接审批部门	承接方式	加强事中事后监管措施	备注
1	成品油零售经营资格审批	成品油零售经营批准证书审批	1.《国务院对确需保留的行政审批项目设定行政许可的决定》(国务院令第412号) 第183项“石油成品油批发、仓储、零售经营资格审批”。实施机关为商务部、省级人民政府商务行政主管部门； 2.《国务院关于取消和下放一批行政许可事项的决定》(国发〔2020〕13号) 附件2：国务院决定下放审批层级的行政许可事项目录（共4项）第2项“成品油零售经营资格审批”下放后审批部门为设区的市级人民政府指定部门	市商务局	下放	下放后，商务部门要会同有关部门通过以下措施加强监管： 1. 商务部门严格落实成品油流通行业监管职责。要求成品油零售企业建立购销台账制度，完善油品来源、检验报告、检查记录等凭证材料档案。商务部门开展“双随机、一公开”监管，重点检查企业台账制度建立执行情况，发现违法违规行为依法处理或者提请有关部门予以查处。结合企业诚信经营和风险状况依法实施差异化监管。支持行业协会发挥行业自律作用。	

续表

序号	事项名称	子项名称	设定依据	承接审批部门	承接方式	加强事中事后监管措施	备注
		成品油零售经营批准证书变更审批				2. 地方政府严格落实属地监管职责。设区的市级人民政府要建立跨部门联合监管机制，按照综合行政执法改革精神，统筹配置行政处罚职能和执法资源，加强协同监管。建立投诉举报制度，定期组织开展对成品油零售企业的专项检查，发现违法违规行为由各有关部门按职责依法依规查处。建立企业信用记录并纳入全国信用信息共享平台，对违法失信企业依法实施失信惩戒。 3. 相关部门严格落实专项监管职责。从事成品油零售经营活动的企业必须符合自然资源、规划、建设、质量计量、环保、安全生产、消防、治安反恐、商务、税务、交通运输、气象等方面法律法规和标准要求，依法依规开展经营。公安、自然资源、生态环境、住房城乡建设、交通运输、商务、应急管理、税务、市场监管、能源等部门按职责依法依规加强监管，承担安全生产监管责任的部门切实履行监管责任、守牢安全底线。 4. 加强成品油零售行业监管信息共享运用。市场监管部门要及时将新登记经营范围涉及成品油零售的企业信息推送至有关主管部门。商务部门要将改革前已取得相应许可的成品油零售企业信息推送至有关主管部门。商务部门要将行业监管中发现的超经营范围经营企业信息或者无照经营信息及时推送至有关主管部门。各有关主管部门要充分运用共享的监管信息，有针对性地加强监管执法。	

【发文机关】龙岩市人民政府

【标　　题】龙岩市人民政府关于取消和下放一批行政许可事项的通知

【文　　号】龙政综〔2020〕94号

【发文日期】2020年10月30日

宁德市人民政府办公室关于印发健康宁德行动实施方案的通知

各县（市、区）人民政府、东侨经济技术开发区管委会，市政府各部门、各直属机构，各大企业，各高等院校：

《健康宁德行动实施方案》已经市政府同意，现印发给你们，请认真贯彻执行。

宁德市人民政府办公室
2020年9月11日

（此件主动公开）

健康宁德行动实施方案

为深入贯彻落实国务院《关于实施健康中国行动的意见》（国发〔2019〕13号），国务院办公厅《关于印发健康中国行动组织实施和考核方案的通知》（国办发〔2019〕32号），省委、省政府《关于印发〈“健康福建2030”行动规划〉的通知》，市委、市政府《“健康宁德2030”行动计划》，加快推动从以治病为中心转变为以人民健康为中心，动员全社会落实预防为主方针，推动健康宁德行动顺利实施，结合我市实际，现制定以下实施方案。

一、总体要求

坚持以习近平新时代中国特色社会主义思想为指导，全面贯彻党的十九大和十九届二中、三中、四中全会精神，深入学习贯彻习近平总书记关于卫生健康工作的重要论述和对福建工作的重要指示批示精神，坚持以人民为中心的发展思想，按照省委十届九次全会、市委四届十一次全会要求，坚持改革创新，坚持提升健康素养、提倡自我管理、完善健康服务和实现共建共享原则，加快推动卫生健康工作理念、服务方式从以治病为中心转变为以人民健康为中心，加强早期干预，建立健全健康教育体系，普及健康知识，引导群众建立正确健康观，为全方位全周期保障人民健康、建设健康宁德奠定坚实基础。

二、总体目标

到2022年，基本建立覆盖城乡居民的健康促进政策体系，全民健康素养水平持续提高，健康生活方式加快推广，重大慢性病发病率上升趋势得到遏制，重点传染病、严重精神障碍、地方病、职业病得到有效防控，致残和死亡风险逐步降低，重点人群健康状况显著改善，健康水平、健康生活、健康环境等主要健康指标达到全省前列。

到2030年，健康优先的制度设计和政策体系更加完善，全民健康素养水平大幅提升，健康生活方式基本普及，健康环境更加优化，居民主要健康影响因素得到有效控制，因重大慢性病导致的过早死亡率明显降低，人均健康预期寿命得到较大提高，居民主要健康指标水平达到全省前列，健康公平基本实现，实现《“健康宁德2030”行动计划》有关目标。

三、重点任务

（一）全方位干预健康影响因素

1. 健康知识普及行动。建立并完善市级健康科普专家库和资源库，构建健康科普知识发布和传播机制，组建县（市、区）医学专家科普讲师团队伍。强化医疗卫生机构和医务人员开展健康促进与教育的激励约束。开展与电台、电视台和其他媒体联办优质健康科普节目。到2022年和2030年，全市居民健康素养水平分别不低于22%和30%。

2. 合理膳食行动。针对一般人群、特定人群和家庭，聚焦食堂、餐厅等场所，加强营养和膳食指导。鼓励全社会参与减盐、减油、减糖。推进食品营养标准体系建设。实施贫困地区重点人群营养干预。到2022年和2030年，成人肥胖增长率持续减缓，5岁以下儿童生长迟缓率分别低于1%和0.8%。

3. 全民健身行动。组织开展市级全民运动健身模范市县创建活动，充分发挥体育社会组织作用，提倡科学运动，为不同人群提供针对性的运动健身方案或运动指导服务。持续推进全民健身场地设施建设，努力打造百姓身边健身组织和“15分钟健身圈”。推进公共体育设施免费或低收费开放。推动形成体医结合的疾病管理和健康服务模式。把高校学生体质健康状况纳入对高校的考核评价。到2022年和2030年，城乡居民达到《国民体质测定标准》合格以上的人数比例分别不少于91.5%和93%，经常参加体育锻炼人数比例达到41%及以上和43%及以上。

4. 控烟限酒行动。加大控烟限酒宣传教育力度，推进地方公共场所控烟制度建设，强化执法监督。依法规范烟草促销、赞助等行为，禁止向未成年人销售烟草产品和酒精制品。实现室内公共场所、室内工作场所和公共交通工具全面禁烟。建立和完善戒烟服务体系，推广简短戒烟干预服务和烟草依赖疾病诊治。建立监测评估系统，开展烟草使用和饮酒行为流行病学调查。到2022年和2030年，全面无烟法规保护的人口比例分别达到30%及以上和80%及以上。

5. 心理健康促进行动。通过心理健康教育、咨询、治疗、危机干预等方式，引导公众正确认识和应对常见精神障碍及心理行为问题。健全社会心理服务网络，加强心理健康人才培养。建立精神卫生综合管理机制，完善精神障碍社区康复服务。到2022年和2030年，居民心理健康素养水平提升到20%和30%，心理相关疾病发生的上升趋势减缓。

6. 健康环境促进行动。向公众、家庭、单位（企业）普及环境与健康相关的防护和应对知识。多部门联合推进大气、水、土壤污染相关综合防治工作，继续推进“厕所革命”。推进健康城市、健康村镇建设。推进健康社区、健康单位（企业）、健康学校等健康细胞工程建设。建立环境与健康的调查、监测和风险评估制度。采取有效措施预防控制环境污染相关疾病、道路交通伤害、消费品质量安全事故等。到2022年和2030年，居民饮用水水质达标情况明显改善，并持续改善。

（二）维护全周期生命健康

7. 妇幼健康促进行动。进一步完善妇幼健康服务体系，提升妇幼保健机构服务能力。积极引导家庭科学孕育和养育健康新生命，健全出生缺陷防治体系。加强儿童早期发展服务，完善婴幼儿照护服务和残疾儿童康复救助制度。促进生殖健康，落实农村妇女“两癌”免费筛查政策，不断推进全市农村适龄妇女宫颈癌和乳腺癌检查。到2022年和2030年，婴儿死亡率分别控制在7‰及以下和低于全省平均水平，孕产妇死亡率分别下降到16/10万及以下和低于全省平均值。

8. 中小学健康促进行动。持续开展“师生健康中国健康”主题教育活动，动员家庭、学校和社会共同维护中小学生身心健康。引导学生从小养成健康生活习惯，锻炼健康体魄，预防近视、肥胖等疾病。正确洗手和文明咳嗽普及率达100%。中小学校按规定开齐开足体育与健康课程。把学生体质健康状况纳入对学校的绩效考核，结合学生年龄特点，以多种方式对学生健康知识进行考查，将体育纳入高中学业水平测试。到2022年和2030年，宁德市学生体质健康标准达标优良率分别达到50%及以上和60%及以上，全市儿童青少年总体近视率力争每年降低0.5个百分点以上，新发近视率明显下降。

9. 职业健康保护行动。针对不同职业人群，倡导健康工作方式，落实用人单位主体责任和政府监管责任，预防和控制职业病危害。完善职业病防治法规标准体系，建立健全职业健康体检、诊断、鉴定工作服务体系，鼓励用人单位开展职工健康管理。强化重点行业、重点领域职业病危害专项整治，加强尘肺病等职业病救治保障。到

2022年和2030年，接尘工龄不足5年的劳动者新发尘肺病报告例数占年度报告总例数的比例实现明显下降并持续下降。

10. 老年健康促进行动。面向老年人普及膳食营养、体育锻炼、定期体检、健康管理、心理健康以及合理用药等知识。加快推进健康与养老服务工程建设，健全老年健康服务体系，完善居家和社区养老政策，推进医养结合，探索长期护理保险制度，打造老年宜居环境，实现健康老龄化。到2022年和2030年，65～74岁老年人失能发生率有所下降，65岁及以上人群老年期痴呆患病率增速下降。

（三）防控重大疾病

11. 心脑血管疾病防治行动。引导居民学习掌握心肺复苏等自救互救知识技能。全面落实35岁以上人群首诊测血压制度，加强高血压、高血糖、血脂异常的规范管理。提高院前急救、静脉溶栓、动脉取栓等应急处置能力，逐步培养一支稳定的高水平应急救护培训师资队伍。到2022年和2030年，心脑血管疾病死亡率分别下降到147.8/10万及以下和135.1/10万及以下，取得群众性应急救护培训证书的居民比例分别达到1%及以上和3%及以上。

12. 癌症防治行动。倡导积极预防癌症，推进早筛查、早诊断、早治疗，降低癌症发病率和死亡率，提高患者生存质量。有序扩大癌症筛查范围，推广应用常见癌症诊疗规范，加强癌症防治科技攻关，提升基层癌症诊疗能力。完善医保目录动态调整机制，按规定将符合条件的抗癌药物纳入医保目录。到2022年和2030年，总体癌症5年生存率分别不低于43.3%和46.6%。

13. 慢性呼吸系统疾病防治行动。引导重点人群早期发现疾病，控制危险因素，预防疾病发生发展。探索高危人群首诊测量肺功能、40岁及以上人群体检检测肺功能。加强慢阻肺患者健康管理，提高基层医疗卫生机构肺功能检查能力。到2022年和2030年，70岁及以下人群慢性呼吸系统疾病死亡率下降到6/10万及以下和5.43/10万及以下。

14. 糖尿病防治行动。引导糖尿病前期人群科学降低发病风险，指导糖尿病患者加强健康管理，延迟或预防糖尿病的发生发展。加强对糖尿病患者和高危人群的健康管理，推进全市2型糖尿病一体化管理工作深入开展，促进基层糖尿病及并发症筛查标准化和诊疗规范化。到2022年和2030年，糖尿病患者规范管理率分别达到60%及以上和70%及以上。

15. 传染病及地方病防控行动。引导居民提高自我防范意识，讲究个人卫生，预防疾病。充分认识疫苗对预防疾病的重要作用。倡导高危人群在流感流行季节前接种流感疫苗。加强艾滋病、病毒性肝炎、结核病等重大传染病防控，努力控制和降低传染病流行水平。强化寄生虫病、饮水型氟中毒等地方病防治，控制和消除重点地方病。到2020年，100%县（市、区）达到消除碘缺乏病标准，100%病区县（市、区）达到控制饮水型氟中毒标准，并持续保持至2030年。到2022年和2030年，以乡镇、街道为单位，适龄儿童免疫规划疫苗接种率保持在90%以上。

（四）构建新型健康服务模式

16. "互联网＋医疗健康"行动。通过推动"多码融合"、互联网医院平台等建设，提升区域平台便民惠民应用支撑能力，解决"一院一卡、重复发卡、互不通用"等堵点难点问题，加快实现全市医疗健康及公共卫生便民惠民服务"一码通"。推进世行贷款医改促进项目福建省县域医疗卫生信息化、宁德市远程医疗服务平台、宁德市区域影像系统等省市医疗健康信息化重点项目建设，夯实区域卫生信息化基础，促进分级诊疗制度落实。依托省统筹建设项目，健全完善计划免疫、血液信息、妇幼健康等公共卫生信息系统，促进"互联网＋公共卫生"融合发展。到2022年，"互联网＋医疗健康"示范市建设取得一定成效，在全省形成一定的示范效应。到2030年，"互联网＋医疗健康"示范市、县建设形成一体化有序模式，树立"健康福建"建设的宁德品牌。

四、组织实施

（一）加强组织领导

充分发挥市、县健康宁德建设领导小组统筹协调作用，健全完善由党政主要领导亲自抓、分管领导具体抓、各有关部门共同参与的健康宁德行动推进机制。各地各部门要加强协作，研究疾病的综合防治策略；要结合实际，细化健康宁德行动有关目标、任务和要求，逐项抓好任务落实。

（二）健全支撑体系

加强公共卫生体系建设和人才培养，提高疾病防治和应急处置能力。加强财政支持，强化资金统筹，优化资源配置，提高基本公共卫生服务项目、重大公共卫生服务项目资金使用的针对性和有效性。加强科技支撑，开展一批影响健康因素和疑难重症诊疗攻关重大课题研究，开展健康政策审查，保障各项任务落实和目标实现。强化信息支撑，推动部门和区域间共享健康相关信息。

（三）加强监测考核

在健康宁德建设领导小组领导下，领导小组办公室具体负责推进健康宁德行动组织实施、监测和考核工作。要以《“健康宁德2030”行动计划》和本实施方案各专项行动、重点任务为监测考核重点，以目标、问题和结果为导向，以人民群众对健康宁德建设的满意度为落脚点。各地要结合实际，细化考核办法，并落实到具体地方和单位。

（四）强化宣传引导

采取多种形式，强化舆论引导，营造人人关注健康的良好社会氛围，凝聚全社会力量，形成健康促进的强大合力。倡导和树立“每个人是自己健康第一责任人”的理念，鼓励个人和家庭积极参与健康宁德行动，落实个人健康责任，养成健康生活方式。

附件：健康宁德行动监测考核方案（略）

【发文机关】宁德市人民政府办公室
【标　　题】宁德市人民政府办公室关于印发健康宁德行动实施方案的通知
【文　　号】宁政办〔2020〕89号
【发文日期】2020年9月11日

平潭综合实验区管委会关于调整实验区城镇职工基本医疗保险有关政策的通知

各片区管理局，区直各单位，各区属事业单位，各参保单位：

为进一步减轻参保人员和参保企业的医疗保险缴费负担，切实保障参保职工医疗保障权益，按照国家和省里有关文件精神，经实验区党工委研究同意，决定对实验区城镇职工基本医疗保险有关政策进行调整，现将有关事项通知如下：

一、调整视同缴费年限及退休补缴政策

1. 实验区实施城镇职工基本医疗保险制度前，参保人员符合闽人社文〔2013〕41 号规定的连续工龄，可视同为城镇职工基本医疗保险缴费年限，参保人员未按期参保或中断缴费不影响视同缴费年限的认定。

除因判刑（包括缓刑）而被开除公职外，其他原因被开除、除名、自动离职、辞退的人员，在实施城镇职工基本医疗保险制度前的连续工龄，可视同为城镇职工基本医疗保险缴费年限。

2. 参保人员因用人单位关闭、破产、撤销、解散，改制等原因终止参保的，不影响该单位已按规定办理医保在职转退休手续的退休人员享受城镇职工基本医疗保险待遇。

用人单位存续期间，2017 年 6 月 1 日前已按规定办理医保在职转退休手续的退休人员，不受实际缴费年限满 10 年的限制，可自愿申请与原单位脱钩，实行社会化管理。

3. 参保人员到法定退休年龄，职工基本医疗保险缴费年限（含视同缴费年限）不足 25 年及统筹区外转入在本区实际缴费年限不足 10 年，本人不愿一次性补缴的，可按在职参保人员规定继续缴费至规定年限后，再办理职工医保在职转退休手续。在继续缴费期间，按在职人员规定享受相应待遇。

二、调整职工医保关系转移接续制度

从外统筹地区调入实验区的参保人员，转入后达到法定退休年龄在办理退休手续时，累计缴费年限（含实际缴费年限和视同缴费年限）应满 25 年，且在实验区实际缴费年限达到 10 年的，方可享受退休人员基本医疗保险待遇。

经组织人事部门批准调入实验区机关、事业单位的工作人员不受实际缴费年限的限制。

三、调整职工医保个人账户划拨政策

1. 在职职工个人缴纳（2%）的基本医疗保险费全部划入其个人账户。

2. 用人单位缴纳的基本医疗保险费中划入个人账户的部分，按参保人员年龄段确定不同划入比例，具体划入比例为：（1）40 周岁以下（含）的按本人月缴费工资的 0.8% 划入；（2）41 周岁至法定退休年龄的按本人月缴费工资的 1.5% 划入。

3. 退休人员按本人月基本养老金的 4.5% 划入；未领取基本养老保险待遇或退休金（养老金）低于实验区上年度企业退休人员平均养老金的退休人员，以实验区上年度企业退休人员平均养老金为基数，按 4.5% 划入。

四、调整职工医保大额医疗保费支付方式

职工医保大额医疗费用补充保险保费由职工医保统筹基金负担。

五、本通知自2020年8月1日起执行，以往规定与本通知不一致的，按本通知规定执行。

平潭综合实验区管委会
2020年7月23日

【发文机关】平潭综合实验区管委会
【标　　题】平潭综合实验区管委会关于调整实验区城镇职工基本医疗保险有关政策的通知
【发文日期】2020年7月23日

第九篇 荣誉成果

中央宣传部授予
闽宁对口扶贫协作援宁群体“时代楷模”称号

2020年6月30日，中央宣传部授予闽宁对口扶贫协作援宁群体“时代楷模”称号。

“闽宁对口扶贫协作”是习近平总书记在福建工作期间亲自部署、亲自推动的重要战略决策。闽宁对口扶贫协作援宁群体，是习近平总书记亲自开创的闽宁协作事业的坚定践行者，是东西部扶贫协作接续奋斗者，是社会扶贫创新发展先行者，是全球减贫治理中国智慧的积极探索者，生动诠释了我们党人民至上的价值理念、真挚厚重的人民情怀、一诺千金的不懈追求，充分彰显了中国共产党领导和社会主义制度的巨大优越性。为了深入学习贯彻习近平总书记关于脱贫攻坚工作的系列重要论述和指示批示精神，大力宣传弘扬闽宁对口扶贫协作援宁群体的感人事迹和崇高精神，号召全省广大党员、干部群众向他们学习，增强“四个意识”、坚定“四个自信”、做到“两个维护”，全面贯彻落实省委十届十次全会精神，更好统筹常态化疫情防控和经济社会发展工作，全方位推动高质量发展超越，省委决定在全省广泛开展向“时代楷模”闽宁对口扶贫协作援宁群体学习活动，于2020年8月24日印发《中共福建省委关于开展向“时代楷模”闽宁对口扶贫协作援宁群体学习活动的决定》。

（摘编：李哲）

国家科学技术奖福建省获奖成果

在2020年1月10日举行的2019年度国家科学技术奖励大会上，我省共有14项成果（我省单位主持完成的3项，参与完成的11项）荣获2019年度国家科学技术奖，其中，国家自然科学奖二等奖2项，国家技术发明奖二等奖2项，国家科学技术进步奖一等奖1项、二等奖9项。

此次获奖项目中，由我省单位主持完成的有：

国家自然科学奖二等奖：厦门大学田中群等完成的“电化学表面增强拉曼光谱学研究”。

国家科学技术进步奖二等奖：福建农林大学兰思仁等完成的“中国特色兰科植物保育与种质创新及产业化关键技术”，福建中医药大学陈立典等完成的“脑卒中后功能障碍中西医结合康复关键技术及临床应用”。

我省单位参与完成的有：

国家科学技术进步奖一等奖：三安光电股份有限公司、厦门华联电子股份有限公司、厦门光莆电子股份有限公司与中国科学院半导体研究所联合攻关的“高光效长寿命半导体照明关键技术与产业化”。

国家科学技术进步奖二等奖：福建省农业科学院畜牧兽医研究所的“蛋鸭种质创新与产业化”，福建龙净环保股份有限公司的“燃煤电站硫氮污染物超低排放全流程协同控制技术及工程应用”，宝钢德盛不锈钢有限公司的“红土镍矿冶炼镍铁及冶炼渣增值利用关键技术与应用”，厦门美图之家科技有限公司的“编码摄像关键技术及应用”，福建星云电子股份有限公司的“新能源汽车能源系统关键共性检测技术及标准体系”，厦门艾德生物医药科技股份有限公司的“基于外周血分子分型的肺癌个体化诊疗体系建立及临床推广应用”，福建上润精密仪器有限公司的“水产集约化养殖精准测控关键技术与装备”。

国家自然科学奖二等奖：福州大学杨有福的“基于全寿命周期的钢管混凝土结构损伤机理与分析理论”。

国家技术发明奖二等奖：厦门大学高亚辉的“近海赤潮灾害应急处置关键技术与方法”，福建省建筑科学研究院有限责任公司施峰的“深基础自平衡法承载力测试成套技术开发及应用”。

在2019年度国家科学技术奖励大会上，三安集团下属三安光电股份有限公司、厦门华联电子股份有限公司、厦门光莆电子股份有限公司与中国科学院半导体研究所联合攻关的“高光效长寿命半导体照明关键技术与产业化”获国家科学技术进步一等奖。这是近年来福建企业在获奖等级上取得的重大突破，也是我省民企首获国家科学技术进步一等奖。

（摘编：吴强）

2019 年度福建省科学技术奖获奖名单

2020 年 11 月 25 日福建省人民政府下发《福建省人民政府关于 2019 年度省科学技术奖励的决定》（闽政文〔2020〕209 号）提出，为深入贯彻习近平新时代中国特色社会主义思想和党的十九大和十九届二中、三中、四中、五中全会精神，大力实施创新驱动发展战略，营造有利于创新创业创造良好发展环境，鼓励科技成果转移转化，根据《福建省科学技术奖励办法》的有关规定，省科学技术奖励委员会组织对 2019 年度福建省科学技术奖进行评审，经省委研究，省政府决定对 2019 年度在科学技术进步活动中作出重要贡献的科学技术人员和组织给予奖励，为获奖者颁发奖状、证书和奖金。具体如下：

一、授予“染料敏化二氧化钛纳米晶太阳能电池的应用基础研究”等 2 项成果福建省自然科学奖一等奖，授予“环境中抗生素抗性基因的形成和传播扩散机理”等 3 项成果福建省自然科学奖二等奖，授予“多源异构模糊多目标群体决策理论与方法”等 8 项成果福建省自然科学奖三等奖。

二、授予“复合功能化车载玻璃关键技术研发及产业化”福建省技术发明奖一等奖，授予“利用首炉堆芯备用燃料组件提高反应堆燃料安全性的方法”等 2 项成果福建省技术发明奖三等奖。

三、授予“基于 64 位 8 核处理器的移动互联终端 SoC 芯片”等 25 项成果福建省科学技术进步奖一等奖，授予“高耸杆塔及其基础关键技术与工程应用”等 57 项成果福建省科学技术进步奖二等奖，授予“43 英寸液晶显示面板 MMG 套切技术研发及产业化”等 94 项成果福建省科学技术进步奖三等奖。

希望获奖的科技工作者珍惜荣誉，再接再厉，充分发挥科技创新的模范带头作用，勇攀高峰，再创佳绩。全省各级各部门及广大科技工作者要认真贯彻落实习近平总书记关于科技创新工作的重要讲话重要指示批示精神，围绕科技自立自强战略目标，坚持“四个面向”，抢占创新先机、强化技术攻关、加快成果转化，发扬创新精神和使命担当，力争取得更多重大科技成果，为全方位推动高质量发展超越，加快新时代新福建建设作出新的更大贡献。

2019 年度福建省科学技术奖获奖名单

一、自然科学奖（13 项）

序号	项目名称	主要完成单位	主要完成人
		一等奖	
1	染料敏化二氧化钛纳米晶太阳能电池的应用基础研究	华侨大学	吴季怀、兰章、林建明、黄妙良、黄昀昉
2	器官尺寸大小调控机理与靶向干预	厦门大学	周大旺、陈兰芬、邓贤明、耿晶、张世浩

续表

序号	项目名称	主要完成单位	主要完成人
		二等奖	
1	环境中抗生素抗性基因的形成和传播扩散机理	中国科学院城市环境研究所、中国科学院生态环境研究中心	朱永官、苏建强、乔敏、崔丽、安新丽
2	基于二维材料的宽波段短脉冲激光技术及应用	厦门大学	罗正钱、蔡志平、翁建、徐斌、许惠英
3	非中心对称结构光电功能晶体材料	中国科学院福建物质结构研究所	罗军华、赵三根、孙志华、沈耀国、李丽娜
		三等奖	
1	多源异构模糊多目标群体决策理论与方法	福州大学	李登峰、万树平、董九英
2	量子信息中的算子论方法	厦门大学	杜拴平、白朝芳
3	复杂系统的分岔与同步	华侨大学、湖南大学	汤龙坤、汪东树、温振庶、皮定恒、李继彬
4	集成分类和降维方法及生物信息学应用	厦门大学	邹权、林琛、曾念寅、曹刘娟、洪志令
5	基于人工智能的医学影像处理研究	厦门大学、中国人民解放军第一七四医院	王连生、黄绍辉、鞠颖、刘昌华
6	石墨烯结构设计性能调控及可控制备	福建师范大学	郑勇平、徐兰青、冯倩、刘金养、黄志高
7	锂离子电池功能电解质与作用机理的研究	厦门大学	杨勇、张忠如、赵玉芬、郑建明、路密
8	多重环境压力下海洋酸化的生理生态影响及其食物链效应	厦门大学、江苏海洋大学、汕头大学	高坤山、金鹏、徐军田、李富田、陈善文

二、技术发明奖（3项）

序号	项目名称	主要完成单位	主要完成人
		一等奖	
1	复合功能化车载玻璃关键技术研发及产业化	福耀玻璃工业集团股份有限公司、厦门大学、福建工程学院	周忠华、蒋炳铭、郭善济、王乾廷、阳欢
		二等奖（空缺）	
		三等奖	
1	利用首炉堆芯备用燃料组件提高反应堆燃料安全性的方法	福建福清核电有限公司	蔡光明、耿飞、肖冰山、张羽、张鹏
2	智能变频脉冲电源	厦门锐传科技有限公司	马宗煊、黄志超、杨佳林、许怀佑、陈顺乐

三、科学技术进步奖（176项）

序号	项目名称	主要完成单位	主要完成人
		一等奖	
1	基于64位8核处理器的移动互联终端SoC芯片	福州瑞芯微电子股份有限公司、福州大学	李诗勤、林峥源、郑明魁、韩江、黄涛、苏培源、邓训金、陈炜、张圣钦、陈志峰

续表

序号	项目名称	主要完成单位	主要完成人
2	动力电池快充关键技术及应用	宁德时代新能源科技股份有限公司	柳娜、王升威、王家政、骆福平、卢光波、张明、何立兵、邹启凡、康蒙、杜鑫鑫
3	规模化电池储能系统运行控制关键技术及工程应用	国网福建省电力有限公司电力科学研究院、中国电力科学研究院有限公司、北京交通大学、科华恒盛股份有限公司、许继电源有限公司、北京索英电气技术有限公司	李相俊、吴涵、惠东、范元亮、唐芬、郑高、甘江华、王上行、王仕城、冯晓滨
4	超高电压锂离子电池及其关键材料技术	宁德新能源科技有限公司	徐磊敏、栗文强、王亮、王梦、唐超
5	智能化集成化的机器学习云平台	福州大学、国网信通亿力科技有限责任公司、福建省星云大数据应用服务有限公司、福建六壬网安股份有限公司	郭文忠、陈星、郭昆、陈宏、张毅、王琦、陈羽中、戴远飞、林欣郁
6	铝型材厂污泥和铅锌尾矿高值化利用	福州大学、福建省德化县创捷窑具有限公司、福建省大田县鑫城水泥工业有限公司、福建省建筑科学研究院有限责任公司、至永建设集团有限公司	于岩、阮玉忠、林生凤、庄赞勇、罗列、陈瑞文、李杰、吴任平、林春莺、杜育红
7	高性能功能性 TPU/PET 纤维复合材料关键技术研发及产业化	福州大学、福建恩迈特新材料有限公司、福建思嘉环保材料科技有限公司、福建省长乐市伊纺达针纺有限公司、浙江华峰热塑性聚氨酯有限公司	郑玉婴、邓中文、蒋石生、陈金恩、张通、李宝铭、王炳喜、温娜、王振祥、曹宁宁
8	大型危化品储运设备安全运维关键技术研究与工程应用	福州大学、厦门市特种设备检验检测院、上海交通大学、厦门市标准化研究院	钟舜聪、伏喜斌、彭志科、钟剑锋、黄学斌、张金梅、张秋坤、林杰文、周宁、陈伟强
9	基于乘波原理的飞行器前体/进气道/发动机一体化设计方法及应用	厦门大学	尤延铖、朱呈祥、朱剑锋、李怡庆、黄玥、吴了泥、邱若凡、李涛、施崇广、郑晓刚
10	高精度衡器载荷测量仪开发和应用	福建省计量科学研究院、福州大学、泉州市计量所、绍兴市肯特机械电子有限公司	姚进辉、池辉、许航、杨晓翔、郭贵勇、王秀荣、赖征创、梁伟、林硕、柳历波
11	大跨度空间新型管桁架及复杂节点设计理论与应用	福州大学、中建海峡建设发展有限公司、福建省二建建设集团有限公司、福建六建集团有限公司、福州市一建建设股份有限公司、福建江夏学院、华侨大学、中铁二十四局集团新余工程有限公司	陈誉、李峻、黄跃森、蒋国平、徐接武、王卫华、钟栋材、王耀、何康、陈育新
12	基于多传感器融合的工程建设远程监管关键技术及应用	福建汇川物联网技术科技股份有限公司、闽江学院、福建省建设工程质量安全总站	郑文、林文忠、黄立强、韩晓东、孙小燕、张翔、陈周与、郭月容、傅平、罗海波
13	基于纳米材料形貌变化的可视化传感技术研究及应用	福州大学、福建中检华日食品安全检测有限公司、长乐聚泉食品有限公司	林振宇、郭隆华、陈劲星、邱彬、翁齐彪、苏建峰、许梢华、陈国南

续表

序号	项目名称	主要完成单位	主要完成人
14	天然蛋白源抗冻多肽的高效制备关键技术及产业化应用	福州大学、上海交通大学、福建莆田市海一百食品有限公司、安徽国肽生物科技有限公司、福建圣农食品有限公司	汪少芸、吴金鸿、蔡茜茜、陈旭、赵立娜、蔡晟、张恒、周红、付才力、马荣池
15	复杂动力条件下砂质海滩修复理论与关键技术研究与应用	自然资源部第三海洋研究所、河海大学、自然资源部海岛研究中心、自然资源部第一海洋研究所、中国海洋大学、自然资源部第二海洋研究所	蔡锋、张弛、戚洪帅、郑金海、杜军、雷刚、刘建辉、李广雪、时连强、朱君
16	燃煤烟气多污染物干式协同超净技术及装置	福建龙净环保股份有限公司、福建龙净脱硫脱硝工程有限公司	张原、王建春、林春源、詹威全、陈树发、赖毅强、饶益龙、苏清发、初琨、陈旭荣
17	再生稻高产高效生产关键技术创新与应用	福建省农业科学院水稻研究所、尤溪县农业技术推广站、浦城县农业技术推广站、福建省种植业技术推广总站	张建福、姜照伟、谢华安、林祁、林武、郑莉、陈丽娟、林强、解振兴、朱永生
18	太子参连作介导土壤环境灾变机理与消减关键技术	福建农林大学	林文雄、林生、吴林坤、张志兴、方长旬、陈婷、张重义、林伟伟、黄冬寿、彭来真
19	杉木人工林长期生产力保持关键技术及其应用	福建农林大学、国际竹藤中心、南京林业大学	马祥庆、吴鹏飞、林开敏、范少辉、曹光球、邹显花、陈杰、刘博、李明、俞元春
20	脑胶质瘤基础与综合治疗系列研究	福建医科大学附属第一医院、厦门大学	康德智、杨朝勇、姚培森、吴巧艺、黄理明、王行富、林元相、洪金省、许文燊、张声
21	基于放疗的食管癌个体化精准治疗的临床研究	福建省肿瘤医院、福建医科大学附属协和医院、泉州市第一医院	陈俊强、陈明秋、蔡文杰、康明强、林宇、李建成、陈晓辉、胡彩容、陈元美、吴海山
22	肿瘤耐药基因表型筛查与靶向治疗关键技术及临床应用	中国人民解放军联勤保障部队第九〇〇医院、福建省肿瘤医院、浙江省肿瘤医院、浙江省荣军医院	余宗阳、王水良、郑雄伟、宋正波、朱有才、许春伟、林贤东、赵忠全、孔文翠
23	胆囊癌淋巴转移影响因素及其临床应用	福建医科大学附属协和医院	陈燕凌、洪海杰、蒋雷、杜强、林伟、朱广伟、刘敏超、韩圣华、江小杰
24	危重症孕产妇三级转诊、救治综合体系建立及关键技术推广应用	福建省妇幼保健院（福建省妇儿医院）、福州大学	颜建英、郑博仁、张栋、张宇龙、廖秋萍、韩晴、蒋玲玲、黄科华
25	出血中风继发性损伤和闭、脱证微观病理机制的系列研究	福建中医药大学附属第二人民医院、福建省立医院、福建医科大学附属协和医院	吴成翰、严晓华、高丽丽、廖远生、王开宇、林菊珊、廖联明、王谨敏、谢步霓、杨瑞玲
		二等奖	
1	高耸杆塔及其基础关键技术与工程应用	国网福建省电力有限公司、中国电力科学研究院有限公司	韩军科、黄明祥、卞宏志、吴静、杨文智、杨风利、郑宇
2	MW级储能变流器装置关键技术与产业化	漳州科华技术有限责任公司、福州大学、科华恒盛股份有限公司	苏先进、曾春保、赖永春、林镇煌、林琼斌、蔡逢煌、陈海森

续表

序号	项目名称	主要完成单位	主要完成人
3	支撑分布式能源高效利用的主动配电网运行控制关键技术及示范应用	国网福建省电力有限公司、国网福建省电力有限公司厦门供电公司、福州大学、中国电力科学研究院有限公司、国网北京市电力公司	刘文亮、陈金祥、杨占勇、陈国伟、熊军、张　逸、郭熠昀
4	高效高可靠LED照明产品关键技术及产业化应用	厦门大学、厦门市产品质量监督检验院、厦门通士达照明有限公司、厦门华联电子股份有限公司	吕毅军、史园、陈朝、黄叶彪、沈亚锋、傅诺毅、朱丽虹
5	基于仿生原理的微波仿真与测试系统研究及产业化应用	华侨大学、福建火炬电子科技股份有限公司、四川中测微格科技有限公司、泉州市中仿宏业信息科技有限公司	柳培忠、杜永兆、张育钊、邓建华、骆炎民、胡亚楠、黄德天
6	基于循环经济的高品质可组合性LED灯模块化技术及其产业化	漳州立达信光电子科技有限公司、漳州立达信灯具有限公司	王其远、董永哲、许建兴、马永墩、曹亮亮、温晓良、杨小明
7	超高密度小间距LED芯片关键技术开发及应用	厦门市三安光电科技有限公司、厦门三安光电有限公司	林素慧、洪灵愿、何安和、王锋、郑高林、夏章艮、彭康伟
8	融合全场景智能终端的远程交互协作系统关键技术研发与产业化	厦门理工学院、厦门大学、厦门亿联网络技术股份有限公司、华侨大学	朱顺痣、张联昌、丁兴号、曾焕强、朱晨、廖昀、陈思
9	智慧公交管理服务平台关键技术研发与推广应用	厦门卫星定位应用股份有限公司、厦门大学、华侨大学、汉纳森（厦门）数据股份有限公司	赖增伟、许旺土、李文锋、钱建裕、高悦尔、赖永炫、王成
10	企业级安全通信系统的关键技术研发及产业化	福建星网锐捷通讯股份有限公司、北卡科技有限公司、福州大学	魏和文、陈明志、许春耀、陈荣观、黄昉菀、谢加良、郑一鸣
11	基于大数据的智慧应急关键技术及其综合服务系统	福建工程学院、长威信息科技发展股份有限公司、清华大学、福建省预警信息发布中心	吴建平、廖律超、黄炳裕、陈治杰、邹复民、潘正祥、蒋新华
12	智慧园社区泛在融合自组网设备关键技术研发	厦门大学、立达信物联科技股份有限公司、厦门盈趣科技股份有限公司、厦门立林科技有限公司	黄联芬、高志斌、林和志、张润福、赵毅峰、钟扬贵、吴振达
13	高可用云计算数据中心关键技术与应用	华侨大学、国富瑞（福建）信息技术产业园有限公司、国富瑞数据系统有限公司、浙江师范大学	莫毓昌、谢扬海、张昭、贾静、游银萍、吴明辉、黄种育
14	植被遥感与数字化建模分析技术服务于区域生态监测评价	福州大学、福建省林业调查规划院、福州林景行信息技术有限公司	邱炳文、陈崇成、唐丽玉、邹杰、李峥、黄洪宇、刘斌
15	面向海洋工程装备的石墨烯重防腐涂料的技术研发及产业化应用	泉州师范学院、信和新材料股份有限公司、中国科学院福建物质结构研究所	卓东贤、王诗榕、吴立新、瞿波、王立、王书传、吴海波
16	可弯曲高强韧刀模钢制造的关键技术及应用	福建恒而达新材料股份有限公司、莆田学院	林正华、郎兆林、唐群华、黄福生、陈建兴、陈秋星、沈群宾
17	高品质铜合金线、管、带及箔材开发与应用	福州大学、福建紫金铜业有限公司	向红亮、周建辉、邓丽萍、曾佳伟、沈莉香、罗仁昆

续表

序号	项目名称	主要完成单位	主要完成人
18	印刷版基用超高品质铝合金带材成形制造关键技术及产业化	中铝瑞闽股份有限公司、福建工程学院	黄瑞银、魏祥昭、吴建新、崔志香、徐始祥、刘琼、林善斌
19	大规格长纤维增强热塑性复合材料的关键制造技术与产业化	福建海源复合材料科技股份有限公司、福建海源新材料科技有限公司、福建工程学院、福州大学	李良光、陈晖、方辉、王永刚、廖永辉、程国龙、林建全
20	废弃轮胎裂解炭黑的高性能改性技术及工业化应用	三明学院、明溪县宝福再生资源开发中心	苏志忠、黄世俊、林明穗、崔国星、罗正根、王仁章、张启卫
21	镶块式高性能旋切刀辊关键技术及应用	三明市普诺维机械有限公司、三明学院、圣智（福建）热处理有限公司、三明市锐格模切科技有限公司、德普惠（福建）自动化设备有限公司	陈阳升、吴龙、郭尚接、林炜鑫、高浩、廖昌城、余富才
22	重载工程机械高效电液驱动与能量回收系统研制及产业化	华侨大学、福建华南重工机械制造有限公司	林添良、庄钦河、付胜杰、万禹平、任好玲、郭海波、陈其怀
23	汽车曲轴加工用高品质异形刀具	厦门金鹭特种合金有限公司	邹伶俐、吴其山、何耿煌、陈艺聪、林凤添、林亮亮、鄢国洪
24	客车多元材料轻量化关键技术研发	厦门金龙联合汽车工业有限公司、吉林大学	苏亮、那井新、吴长风、林银聚、周维毅、陈龙志、陈新柱
25	城市客车电动化关键技术研发与产业化	厦门金龙旅行车有限公司、厦门理工学院	房永强、周水庭、石添华、周毅鹏、韩锋钢、康燕语、林剑健
26	潜水支持船的技术研究与应用	福建省马尾造船股份有限公司	罗益根、余平、林善军、罗新东、涂家鹰、吴恭鼎、张成虎
27	逆流式节能型沥青混合料厂拌热再生关键技术及设备	福建铁拓机械有限公司、长安大学、福建荣建集团有限公司、龙岩市西安建筑工程有限公司	高岱乐、殷作耀、潘泽源、傅章敏、谢立扬、党森纪、杨健中
28	微棱镜型反光膜制造关键技术研发及产业化	集美大学、福建夜光达科技股份有限公司	皮钧、杨光、许明旗、刘菊东、姜涛、许经厨、沈志煌
29	含砷炭质难处理金矿加压预氧化关键技术开发及工业化应用	紫金矿业集团股份有限公司、贵州紫金矿业股份有限公司、中国恩菲工程技术有限公司、厦门紫金矿冶技术有限公司	陈景河、王春、刘诚、黄怀国、傅建国、李静、熊明
30	海参加工关键技术创新与产业化应用	福建农林大学、胜田（福清）食品有限公司、福州聚春园食品股份有限公司、莆田市汇龙海产有限公司	张龙涛、郭泽镔、曾绍校、王锦锋、胡正红、王跃、林海鹏
31	结构型温湿控制运动面料制备关键技术及产业化	泉州师范学院、安踏（中国）有限公司、东华大学、泉州海天材料科技股份有限公司、中原工学院、福建百宏聚纤科技实业有限公司	王黎明、李景川、权震震、王启明、何建新、叶敬平、邱夷平
32	拉链布带的超临界无水染色技术与装备	福建浔兴拉链科技股份有限公司、中国科学院福建物质结构研究所	林锦新、余培、黄婷婷、曾国赞、张田、崔红生、李伟
33	车间非点源 VOCs 和颗粒物协同治理关键技术及产业化	福建工程学院、澳蓝（福建）实业有限公司、福建三建工程有限公司、厦门中联永亨建设集团有限公司、福州大学、福建立盛建筑集团有限公司	范亚明、何华明、戴文新、刘润雨、石成春、翁仁贵、林莹

续表

序号	项目名称	主要完成单位	主要完成人
34	高温多雨地区耐久沥青路面建造关键技术	福建省高速公路建设总指挥部、交通运输部公路科学研究院、东南大学、福建路桥建设有限公司	陈礼彪、严二虎、马涛、曾俊铖、徐剑、陈岳峰、黄晓明
35	复杂地质护坡灾变防控与生态防护关键技术研究与应用	福建荣建集团有限公司、浙江大学城市学院、福建创盛建设有限公司、神州建设集团有限公司、厦门中联永亨建设集团有限公司、福建天蒙建设有限公司	王新泉、徐化新、韩尚宇、刁红国、谢勇成、陈徐东、黄传宝
36	不良地质环境复杂群洞隧道施工关键技术	福建工程学院、中铁隧道集团二处有限公司、鲲鹏建设集团有限公司、中铁四局集团有限公司、福建市政建设有限公司、福建承昌建设工程有限公司	吴波、姚志雄、牛瑞、翁志坚、郑军锋、蔡俊华、陈治雄
37	复杂地层条件下地铁车站建造及站－桥同位合建关键技术	福州大学、中铁十八局集团有限公司、福建省建筑科学研究院有限责任公司、中国电建集团华东勘测设计研究院有限公司、南昌铁路勘测设计院有限责任公司	黄明、沈启炜、李志伟、简文彬、郑斌、陈林靖、詹刚毅
38	装配式 RCS 混合结构抗震性能提升与建造关键技术	华侨大学、厦门源昌城建集团有限公司、厦门特房建设工程集团有限公司	刘阳、黄群贤、郭子雄、程强、黄春彩、胡红松、刘小娟
39	新型装配式结构抗震性能及结构三维隔震减震关键技术与应用	福州大学、福建江夏学院、福州建工（集团）总公司、福建省昊立建设工程有限公司、福建创盛建设有限公司、福建省龙祥建设集团有限公司	颜学渊、王素裹、林伟、肖三霞、陈尚鸿、陈再现、林祥武
40	华南火成岩区地热资源探测理论与技术	中国地质科学院水文地质环境地质研究所、中国地质大学（武汉）	王贵玲、蔺文静、张薇、马峰、甘浩男、刘彦广、刘德民
41	河口仿生态鱼道关键技术研究与应用	福建省水利水电勘测设计研究院、福州市水务投资发展有限公司、福州水务平潭引水开发有限公司、水利部交通运输部国家能源局南京水利科学研究院	杨首龙、陈宏景、杨晓峰、黄智刚、付开雄、范晓辉、宣国祥
42	番茄特色新品种选育与优质栽培关键技术研究及推广应用	福建农林大学、福建省种子管理总站、酒泉市华美种子有限责任公司、厦门中田金品种苗有限公司、福州田美种苗科技有限公司	钟凤林、林义章、侯毛毛、吴双、林志强、许茹、贾琪
43	重要蚊虫快速鉴定及高效杀蚊 Bt 制剂创制关键技术	福建农林大学、福州国际旅行卫生保健中心、福建省疾病预防控制中心、青海省疾病预防控制中心、中国检验认证集团天津有限公司	张灵玲、关雄、吴松青、黄恩炯、张小娟、林立旺、郭鹏
44	利用捕食螨携菌多靶标控制害虫害螨的研究与应用	福建省农业科学院植物保护研究所、四川省农业农村厅植物保护站、福建艳璇生物防治技术有限公司	张艳璇、余德亿、孙莉、徐翔、黄鹏、陈霞、姚锦爱

续表

序号	项目名称	主要完成单位	主要完成人
45	双孢蘑菇种质创新与新品种 W192 等的选育及应用	福建省农业科学院食用菌研究所	廖剑华、陈美元、郭仲杰、蔡志欣、卢园萍、曾志恒、柯斌榕
46	半番鸭种质创新与高效生产关键技术研究及应用	福建省农业科学院畜牧兽医研究所、福建农林大学、南靖品原养殖有限公司、漳州昌龙农牧有限公司	郑嫩珠、辛清武、缪中纬、朱志明、李丽、章琳俐、黄一帆
47	腹腔镜直肠癌关键技术的创新与推广应用	福建医科大学附属协和医院	池畔、黄颖、官国先、卢星榕、林惠铭、蒋伟忠、陈致奋
48	胰腺癌多重耐药机理与治疗策略的关键技术应用	中国人民解放军联勤保障部队第九〇〇医院、福州市第一医院	陈雄、陈曦、谭挺、李捷、季洪兵、张霞、翁向群
49	多种引起人类急性呼吸道感染的新型病毒的发现和分子生物学研究	福建省疾病预防控制中心、福建省妇幼保健院（福建省妇儿医院）	修文琼、郑奎城、刘光华、谢剑锋、吴冰珊、欧剑鸣、黄萌
50	非编码 RNA 等介导急性白血病表观遗传调控的机制研究	福建医科大学附属协和医院	沈建箴、周华蓉、付海英、吴淡森、张媛媛、徐成波、沈松菲
51	高危难治急性髓细胞白血病的早期诊断和干预新策略	厦门大学附属第一医院（厦门市第一医院）、南方医科大学南方医院	徐兵、方志鸿、李志峰、史鹏程、郭绪涛、李银、董慧娟
52	难治性股骨颈骨折及股骨头坏死的创新性治疗研究	中国人民解放军联勤保障部队第九〇九医院	练克俭、林达生、王雷、罗德庆、陈志文、林斌、翟文亮
53	社会心理因素致人群健康损害及其评价指标体系构建和应用	福建医科大学	吴思英、李煌元、田俊、林少炜、柴文丽
54	颅脑肿瘤、0T 多模态磁共振成像的技术创新和临床应用	福建医科大学附属第一医院	曹代荣、邢振、佘德君、杨谢锋、丁雅玲、陈潭辉、康德智
55	引导组织再生技术的创新发展与推广应用	福建省博特生物科技有限公司、中国医学科学院北京协和医院、深圳市人民医院、中国医学科学院整形外科医院、福建医科大学附属口腔医院、厦门大学	张其清、张瑗、刘玲蓉、张丁、邱晨、栾杰、陈江
56	闽台特色藤本类药材基础研究及转化应用	福建中医药大学、厦门中药厂有限公司、福州市望心生物科技有限公司	林羽、徐伟、褚克丹、范世明、陈红、陈丹、关斌
57	榕基自主可控技术创新工程项目	福建榕基软件股份有限公司	
		三等奖	
1	43 英寸液晶显示面板 MMG 套切技术研发及产业化	福州京东方光电科技有限公司	王宝强、JANGJONGSEOK、王文超、方涛、赖意强
2	闭环实时控制高性能开关关键技术	福州大学、厦门宏发开关设备有限公司	许志红、庄杰榕、陈细金、郑昕、汤龙飞
3	模块化多模多频手机关键技术研究及产业化	联想移动通信科技有限公司、联想移动互联科技（厦门）有限公司	康志洪、侯西荣、蔡志艺、王宝、罗炳财
4	无新线通信射频分量融合关键技术及其综合应用	国网福建省电力有限公司宁德供电公司、福建省亿坤通信股份有限公司、福州大学	丁智华、王东方、林维明、章浦军、涂承谦

续表

序号	项目名称	主要完成单位	主要完成人
5	一种智能油电混合式汽车万用表的研发	漳州市东方智能仪表有限公司	黄志刚、陈志宏、周毓荣
6	M310核电机组工程建设重大创新与技术改进	福建福清核电有限公司	陈国才、林传清、宋林、薛峻峰、徐金龙
7	面向新型源网荷特征的电压暂降监测、评估和治理技术及应用	国网福建省电力有限公司电力科学研究院、福州大学、四川大学、国网福建省电力有限公司厦门供电公司	黄道姗、汪颖、张逸、郭敬东、林焱
8	智能全保真光学电流互感器研制与应用	国网福建省电力有限公司电力科学研究院、福州大学、江苏凌创电气自动化股份有限公司、国网福建省电力有限公司福州供电公司	徐启峰、李超、谢楠、张炜、王韧秋
9	同期线损计算分析关键技术研究与应用	国网信通亿力科技有限责任公司、国网福建省电力有限公司信息通信分公司	黄文思、陆鑫、李宏发、陈婧、谷峪
10	复杂水电站群多策略调度决策系统研究与应用	中国华电集团有限公司福建分公司、南京金水尚阳信息技术有限公司	杨炳良、陈瑞兴、李昌平、陈士永、曹春兰
11	输电线路雷击故障精准定位与降低雷害风险的关键技术及应用	国网福建省电力有限公司检修分公司、武汉大学、国家电网公司华中分部、国网福建省电力有限公司电力科学研究院	李涵、陈灵、倪孟华、刘溟、周文俊
12	大面积停电多源情景耦合应急处置智能推演决策关键技术与应用	国网福建省电力有限公司检修分公司、全球能源互联网研究院有限公司、国网山东省电力公司应急管理中心、国网福建省电力有限公司福州供电公司	余尔汶、孙世军、门永生、王智敏、蔡维
13	基于区块链和大数据的电网企业运营多维分析关键技术及应用	福建网能科技开发有限责任公司、国网能源研究院有限公司、国网甘肃省电力公司、国网江苏省电力有限公司	郑厚清、林芬、贾德香、罗义钊、高骞
14	核电厂物理燃料技术支持系统开发及应用	福建福清核电有限公司	孟凡锋、李振振、程宏亚、郑东佳、兰蛟龙
15	高比能长寿命磷酸铁锂动力电池系统	宁德时代新能源科技股份有限公司	吴凯、胡建国、周灵刚、刘晓梅、韩昌隆
16	多物理场影响下宽频高量程光学互感器实用化关键技术及工程应用	国网福建省电力有限公司莆田供电公司、中国电力科学研究院有限公司、国网陕西省电力公司电力科学研究院、国网福建省电力有限公司经济技术研究院	胡蓓、庄建煌、成林、刘东伟、林瑞宗
17	煤粉工业锅炉清洁燃烧无烟煤的技术开发及应用	集美大学、福建永恒能源管理有限公司	何宏舟、赵雪、张榕杰、张军、郑捷庆
18	基于云计算与大数据的可视化防伪电子票据关键技术及应用	福建博思软件股份有限公司	林初可、宋冬林、肖勇、黄荣明、张晓龙

续表

序号	项目名称	主要完成单位	主要完成人
19	基于多基线优化的多源视频融合技术	罗普特科技集团股份有限公司	张翔、陈延艺、江文涛、张龙、卢天发
20	服务质量智能管控模式研究与应用	厦门航空有限公司	张宁、陈哲毅、郑少帅、许蕊、谢歆
21	公安智能感知大数据平台	南威软件股份有限公司	许辉奇、陈嵩荣、许仕明、吴清顺、林雪红
22	机器视觉智能测量及传输系统关键技术研发与应用	金钱猫科技股份有限公司	林大甲、许锡顺、程永红、林宝栋、庄世勇
23	复杂场景下多源电子数据恢复关键技术研究及应用	厦门市美亚柏科信息股份有限公司、公安部第三研究所	吴少华、吴松洋、沈长达、吴鸿伟、黄志炜
24	物联网智能抗干扰技术及其应用	厦门大学、厦门盈趣科技股份有限公司、京信通信系统（中国）有限公司、厦门盈趣汽车电子有限公司	肖亮、唐余亮、刘思聪、陈建成、方绍湖
25	数字建造关键技术研究及应用	福建农林大学、福州大学、中建海峡建设发展有限公司、三明莆炎高速公路有限责任公司	陈日清、陈国栋、杨长才、蔡俊华、陈兵
26	连续缠绕技术生产高流动性高强耐磨耐腐蚀玻璃纤维复合管材	福建路通管业科技股份有限公司	王磊、吴文露、章爱美、张秀英、郭文真
27	高值利用陶瓷废料和低质原料的生态陶板的自主研发与产业化	福建华泰集团股份有限公司	陈岚波、吴国良、吴国伟
28	交通运输用高温、耐磨铝合金材料的研制及产业化	福建祥鑫股份有限公司	黄铁明、冯永平、刘金霞、张建雷、池海涛
29	特种电熔氧化锆的研发	三祥新材股份有限公司	程诗忠、胡天喜、包晓刚、李小毅、叶旦旺
30	IGCC技术在大型炼油化工一体化系统中的首次成功应用	福建联合石油化工有限公司	林栩、唐礼焰、李永吉、陈金表、张爱新
31	环境友好型含氟多氧杂表面活性剂的产业化技术及应用	三明市海斯福化工有限责任公司、三明学院	吴成英、肖旺钏、谢伟东、李奇勇、吕涛
32	内外编码一体化工业雷管	福建省民爆化工股份有限公司	杨荣生、颜建议、华富春、曾陆平、林素英
33	制冷螺杆压缩机制造关键技术及产业化应用	福建雪人股份有限公司、福州大学	吴维青、张功旺、林汝捷、魏德强、翁明祖
34	智能化数控矿山金刚石绳锯机	泉州师范学院、华侨大学、泉州市洛江区双阳金刚石工具有限公司	宋金玲、顾立志、陈秋平、杨惠山、梁凤顺
35	基于深度学习的中厚板表面缺陷在线检测及质量评估系统	福建三钢闽光股份有限公司、北京科技大学、福建省三钢（集团）有限责任公司、北京科技大学设计研究院有限公司	陈玉叶、徐科、詹光曹、杨朝霖、郑芳垣
36	病死畜禽无害化智能处理机关键技术及应用	三明学院、福建省农业机械化研究所、华南理工大学、漳州市天洋机械有限公司	任雯、陈金瑞、艾子健、赖森财、胥布工

续表

序号	项目名称	主要完成单位	主要完成人
37	乘用车发动机皮带轮精密旋压关键技术及设备	福建威而特旋压科技有限公司	林卫东、张培凯、钟宜钦、高日华、许兆昌
38	高品质大型汽轮机铸钢件关键技术研究与应用	福建省开诚机械有限公司、三明学院、温州市开诚机械有限公司	张滨旭、刘建军、俞惠、高伟峰、黄海彪
39	农用轮式挖掘机的关键技术研究及产业化	福建晋工机械有限公司	赵家宏、吕志忠、肖传奇、刘雄伟、吴景毅
40	垛装物料装车托盘自动转换设备关键技术	龙合智能装备制造有限公司	杨静、卢衍湘、谭鲁民、杨林海、高超
41	高性能特大型高锰钢圆锥破碎机衬板关键技术研究及应用	三明市毅君机械铸造有限公司、三明学院、三明市蓝天机械制造有限公司	刘渊毅、王春荣、蔡建、黄高翔、夏尔冬
42	锦纶6智能高效生产及立体仓储系统集成技术研究与应用	福建景丰科技有限公司、福建锦江科技有限公司、闽江学院	付重先、吴华新、刘冰灵、金志学、杨金富
43	民用建筑机电设备噪声及振动控制关键技术研究与应用	闽江学院、厦门嘉达声学技术有限公司、厦门嘉达环保科技有限公司、福建省特种设备检验研究院	郑祥盘、宋继萍、林洁、潘健鸿、林嘉祥
44	新能源汽车动力锂电池系统组装装备的高可靠性制造关键技术与应用	福建星云电子股份有限公司、福建工程学院	汤平、刘成武、李有财、赖秋凤、邓秉杰
45	新能源汽车动力电池箱专用自动灭火装置	中汽客汽车零部件（厦门）有限公司	洪伟艺、洪清泉、熊孝新、许燕青、华伟
46	低品位含铜金矿高效提金及铜综合回收关键技术研究与应用	紫金矿业集团股份有限公司	谭希发、巫銮东、沈贤德、江城、简勇章
47	无氨氮参与的磷酸镧铈铽关键制备技术及产业化	福建省长汀金龙稀土有限公司	钟可祥、李来超、叶纪龙、张榕贵、赵德森
48	基于鞋材功能性的研究及其在鞋底中的应用	茂泰（福建）鞋材有限公司	卢鑫、丁思博、丁思恩、罗显发、郑荣大
49	特色海产食品深加工关键技术创新及产业化	福州百洋海味食品有限公司、福建省农业科学院农业工程技术研究所	赖谱富、高向登、滕忠希、李怡彬、黄茂坤
50	茶叶功能成分保健效应研究与产业化应用	武夷学院、福建农林大学、浙江大学、福建春伦集团有限公司	叶乃兴、屠幼英、吴仲、KIM EUNHYE、张渤
51	乌龙茶及速溶茶粉风味品质提升关键技术的开发与应用	集美大学、福建八马茶业有限公司、大闽食品（漳州）有限公司	李利君、倪辉、林荣溪、翁淑燚、黄高凌
52	红茶自动化加工关键技术装备集成创新与产业化应用	福建佳友茶叶机械智能科技股份有限公司、中国农业科学院茶叶研究所、集美大学	董春旺、陈加友、陈英勇、江进福、刘建华
53	高效低阻纳米高温复合滤材产业化技术开发	福建福能南纺新材料有限公司、厦门大学	李祖安、孙道恒、黄族健、吴德志、黄桢宝
54	面向经编智能化生产的机器视觉在线检测关键技术及产业化	福建省晋江市华宇织造有限公司、泉州思玛特信息技术有限公司、天津大学	苏成喻、苏子旭、陈孝蒙、张效栋、苏子滩

续表

序号	项目名称	主要完成单位	主要完成人
55	福建区域性重要天气气候过程定量化监测评估关键技术研究	福建省气候中心	邹燕、刘爱鸣、林昕、江晓南、杨志勇
56	软弱地层浅埋暗挖大跨隧道近接施工技术	福建省科建控股股份有限公司、深圳市市政设计研究院有限公司、大连理工大学、中铁十一局集团有限公司	林位玉、王建新、王峥峥、彭琦、何承国
57	通航受限水域船舶航行安全智能管控关键技术与应用	闽江学院、武汉中原电子集团有限公司、交通运输部东海航海保障中心福州航标处、中设设计集团股份有限公司	何伟、陈明忠、初秀民、陈先桥、刘轰
58	复杂路堑高边坡运营风险监测评估及养护对策与工法研究	龙岩双永高速公路有限责任公司、福州大学	王浩、林治基、陈善棠、丘仁科、豆红强
59	排水沥青路面的关键技术研究	福州大学、深圳海川新材料科技股份有限公司、国智建筑科技有限公司、中恒宏瑞建设集团有限公司	肖鑫、许莉、王志滨、鲍丹宇、张利铨
60	沿海强震区混凝土桩基抗震设计计算方法与应用	福州大学、中建五局土木工程有限公司、福建省宏实建设工程质量检测有限公司、福州市规划设计研究院	黄福云、罗文艺、庄一舟、郑杰圣、蔡纪锋
61	水域工程地震勘探关键技术研究与应用	福建省建筑设计研究院有限公司	刘宏岳、戴一鸣、殷勇、刘俊龙、林孝城
62	装配式约束混凝土柱蜂窝钢梁组合结构研究与应用	华侨大学、福建省第五建筑工程公司、厦门市建安集团有限公司、厦门市聚雄建设集团有限公司	李升才、肖清云、吴马保、胡振烽、沈夏磊
63	高水头浅覆盖层低桩承台钢板桩围堰施工技术	中交一公局厦门工程有限公司	黄宇、王禹、费志高、王铁法、谷世平
64	大断面管廊长距离过海顶管技术	中铁二十二局集团第三工程有限公司	刘四德、王宏、王新荣、孟祥龙、郑一明
65	加筋土与微型桩新型边坡组合支挡体系关键技术与应用	福建省地质工程勘察院、宁波大学、福建永强岩土股份有限公司、龙岩市西安建筑工程有限公司	齐昌广、张智超、孔秋平、郑敏洲、仉文岗
66	多层级互动式智能化防汛平台关键技术及示范应用	福建省水利水电勘测设计研究院	朱光华、陈继泉、陈敏、郑涛、李东
67	福建省河流生态安全评价方法及其应用	福建省水利水电科学研究院、福建师范大学	康辉平、陈兴伟、李孝成、李世恩、林炳青
68	优质抗病紫肉甘薯新品种选育与应用	福建省农业科学院作物研究所、福建省种植业技术推广总站	邱永祥、邱思鑫、罗维禄、刘中华、李华伟
69	进出境重要花卉、果树和蔬菜病毒快速检测关键技术及应用	福州海关技术中心、中国检验检疫科学研究院、福建农林大学、福建省农业科学院果树研究所	沈建国、张永江、吴祖建、高芳銮、谢丽雪
70	福建茶树主要害虫绿色防控规范化技术研究与应用	福建省农业科学院茶叶研究所	吴光远、曾明森、王庆森、刘丰静、王定锋

续表

序号	项目名称	主要完成单位	主要完成人
71	凹叶厚朴良种繁育及规范化栽培关键技术研究	福建农林大学、福建林业职业技术学院	郑郁善、荣俊冬、陈礼光、陈凌艳、何天友
72	“建阳桔柚”品种选育及其生态果园构建与配套关键技术集成应用	南平市建阳区经济作物技术推广站、福建省农业科学院农业生态研究所、福建省农业科学院生物技术研究所、南平市建阳区玉女桔柚生态示范场	刘韬、吴瑞东、雷龑、王义祥、翁伯琦
73	食用菌高效安全生产关键技术研究及应用	福建农林大学、河南世纪香食用菌开发有限公司、福建省食用菌技术推广总站、福建万辰生物科技股份有限公司	江玉姬、邓优锦、陈炳智、李彦增、肖淑霞
74	秀珍菇高产安全栽培关键技术提升	福建省农业科学院食用菌研究所	卢政辉、柯斌榕、兰清秀、兰世步、陈国平
75	秃杉品种选育和资源高效培育技术研究与应用	福建省德化葛坑国有林场、福建省林业科学研究院	连勇机、欧阳磊、林贤山、陈元品、张先动
76	先锋植物类芦对困难立地植被修复机理及其生态应用	福建农林大学	蔡丽平、侯晓龙、周垂帆、岳辉、王友生
77	肉羊舍饲关键技术研究与应用	福建省农业科学院畜牧兽医研究所、福建省畜牧总站、宏畅（福建）农牧科技有限公司、福建省福之羊生态农业科技有限公司	李文杨、刘远、吴贤锋、沈华伟、李桂贤
78	海水鱼刺激隐核虫病防控关键技术研发与应用	福建省农业科学院生物技术研究所、宁德市富发水产有限公司、福建省淡水水产研究所、福建省闽东水产研究所	龚晖、樊海平、陈佳、池洪树、郑炜强
79	脑缺血再灌注血脑屏障损伤新机制：免疫蛋白酶体调控作用	福建省立医院	陈兴泳、汪银洲、张旭、江秀龙、雷惠新
80	冠心病介入治疗后再狭窄的相关基础和临床研究	福建省立医院	陈海峰、卢楠、陈新敬、郑炜平、王热华
81	高血压脑出血神经组织损伤机制及微创手术治疗策略	中国人民解放军联勤保障部队第九〇〇医院、重庆医科大学附属永川医院（重庆市第二人民医院）	袁邦清、王守森、杨堃、郑兆聪、吴贤群
82	类风湿关节炎治疗新靶标的基础研究及其干预	福建医科大学附属第一医院	林锦骠、欧启水、杨滨、何毓珏、陈君敏
83	福建省乙肝高流行区流行规律及儿童乙肝免疫防控策略研究	福建省疾病预防控制中心、复旦大学附属妇产科医院	周勇、黄丽芳、杨秀惠、吴江南、潘伟毅
84	基于细胞自噬影响卵巢癌化疗耐药的机制及相关临床研究	福建省立医院	孙阳、晋龙、刘佳华、眭玉霞、杨茵
85	前列腺癌诊疗体系创新和临床应用	福建医科大学附属第一医院、香港中文大学威尔斯亲王医院	薛学义、许宁、吴志辉、魏勇、郑清水
86	自体神经移植物微环境调控及其在脊髓与周围神经损伤中的应用	福建医科大学附属第一医院、香港大学李嘉诚医学院	张文明、方心俞、张立群、Carolin Ruven、吴武田
87	人工智能在糖尿病及并发症管理中的研发及应用	福州康为网络技术有限公司、北京大学第一医院、闽江学院、中国疾病预防控制中心	宋李斌、郭晓蕙、谭枫、林中燕、周盛宗

续表

序号	项目名称	主要完成单位	主要完成人
88	重要吸血医学昆虫分类鉴定关键技术和系统发育构建	福州国际旅行卫生保健中心	张建庆、方义亮、杨美琼、陈敏、郑爱萍
89	革兰阴性杆菌耐药性及耐药机制的系列研究	泉州市第一医院	明德松、苏智军、吴一波、陈清清、陈晓婷
90	奥美拉唑碳酸氢钠胶囊	厦门恩成制药有限公司	乐云峰、林亚玲、郭加明、张家福、贺宇
91	常用牙科合金再生循环利用的系列研究	福建医科大学附属口腔医院、福建医科大学	程辉、张长源、王颖卉、林泓磊、江磊
92	痰瘀同治阻断肝病传脾干预2型糖尿病研究	福建中医药大学附属人民医院、福建中医药大学、漳州市中医院	衡先培、黄苏萍、蓝元隆、杨柳清、李亮
93	脑卒中中医康复护理关键技术的建立与推广应用	福建中医药大学、福建中医药大学附属康复医院	陈锦秀、李壮苗、杨柳、葛莉、郑丽维
94	茵陈蒿汤类方治疗非酒精性脂肪性肝病的物质基础研究与应用	厦门大学、厦门市中医院	陈少东、梁惠卿、唐金模、赖鹏华、吴春城

（摘编：王诗诚）

厦门大学获国家社科基金重大项目名单

2020 年 4 月 14 日，全国哲学社会科学工作办公室公布了研究阐释党的十九届四中全会精神国家社科基金重大项目立项名单。本次公布的立项课题共 109 项，集中在全国 50 多所高校和科研机构，北京大学获立 9 项，居首位，厦门大学喜获 6 项，与中国政法大学并列第二位。

此批次国家社科基金重大项目是全国哲学社会科学工作办公室围绕党的十九届四中全会精神设立的重大项目。厦门大学重大项目立项排名再次取得突破，凸显了厦门大学人文社科雄厚的科研实力。获立项的分别是：宋方青教授“完善弘扬社会主义核心价值观的法律政策体系研究”；史秋衡教授“构建服务全民终身学习的教育体系研究”；胡荣教授“健全我国乡村基层治理体系研究”；彭莉教授“完善促进两岸交流合作制度安排和政策措施研究”；廖益新教授“推动构建更加公正合理的国际税收治理体系研究”；陈振明教授“强化制度执行力研究”。

（摘编：游学荣）

华侨大学科研团队获
商务部（2019）商务发展研究成果奖

2020 年 6 月 8 日福建省商务厅消息，国家商务部“2018—2019 年度商务发展研究成果奖”评选结果日前揭晓，华侨大学工商管理学院张向前科研团队申报的成果《中国政府购买服务、社会资本合作与社会组织发展研究》获得报告类优秀奖。该成果基于公共治理、政府与市场失灵、社会组织管理等理论，立足于我国政府购买服务、社会资本合作（PPP）与社会组织发展的历史与现状，研究创建多主体参与国家治理机制，政府借助社会组织的力量，鼓励和引导社会投资、增强公共产品供给能力，促使各类资本优势互补、相互融合，充分发挥公共服务市场化配置的效益优势，与社会资本建立利益共享、风险分担及长期合作机制，满足社会公众对公共服务供给的层次化和个性化需求，实现政府、社会组织、大众的多赢，为相关决策主体提供有效的理论支持和政策建议。

“商务发展研究成果奖”是国家商务部设立的面向全国的社会科学类奖项，是我国商务领域最权威的部级政府奖项。

（摘编：苏建平）

福州·定西东西部扶贫协作入选“联合国全球减贫案例”

2020年10月18日福建日报报道：“十年九旱”的甘肃省定西市，饱受生态致贫之苦。2016年10月，中共中央、国务院确定由福州市对口帮扶定西市。福州发扬“马上就办、真抓实干”的优良作风，在开展产业扶贫、消费扶贫、劳务协作扶贫、资金帮扶的同时，还开展难度极大且富有特色的生态扶贫，助力定西可持续发展。

作为国家森林城市，福州把先进理念和技术应用到定西生态治理中。四年来，福州市在生态扶贫中投资7055.2万元，在定西市建设生态林1336公顷（其中安定区709.4公顷），以“种出风景、种出产业、种出财富”的理念和实践，给定西人民以绿色希望。

通过生态治理和百姓致富相结合、生态扶贫与产业扶贫相结合、先进技术与自然环境相结合，福州与定西齐心协力，探索出一整套可复制、可推广的生态扶贫模式。四年对口帮扶，福州与定西共实施协作项目700多个，帮扶定西市贫困人口56万多人。福州·定西东西部扶贫协作富有成效——万亩“福州林”，打造陇中“生态扶贫样本”，受到国务院扶贫办充分肯定，2019年被世界银行、联合国粮农组织等机构评为“联合国全球减贫案例”之一，并收录到南南合作减贫知识分享网站。

（摘编：赵旭东）

福建省四个城市获评第六届全国文明城市

在2020年11月20日召开的全国精神文明建设表彰大会上，我省宁德市、上杭县、福清市、德化县获得第六届全国文明城市荣誉称号。

另据了解，厦门市、福州市、龙岩市、三明市、莆田市、漳州市、沙县、石狮市、武平县保留全国文明城市荣誉称号。惠安县山霞镇等67个村镇、中共福建省委党校福建行政学院等95个单位获评第六届全国文明村镇、文明单位；福清市阳下街道溪头村等110个村镇、国家税务总局福州经济技术开发区税务局等168个单位继续保留全国文明村镇、文明单位荣誉称号；陈清洲家庭等14户家庭获评第二届全国文明家庭，施增英家庭等8户家庭继续保留全国文明家庭荣誉称号；福建农林大学等21所学校获评第二届全国文明校园，福建师范大学等14所学校继续保留全国文明校园荣誉称号；龙岩市获评第六届全国未成年人思想道德建设工作先进城市；中共福州市委文明办等6个单位和施黔群等6人分别获评第五届全国未成年人思想道德建设工作先进单位和先进工作者。

（摘编：李哲）

仙游县获评“全国政府采购百强县”

2020 年 1—6 月，仙游县共组织实施各类政府采购项目 29 个，政府采购预算金额 6831.99 万元（不含土地交易及工程），实际成交金额 5787.71 万元，节约资金 1044.28 万元，平均节约率 15.29%。

近年来，仙游县积极探索“制度规范化、管理科学化、主体责任化、监督阳光化”的多元化管理机制，促进政府采购提质增效，荣获“全国政府采购百强县（2018—2019 年度）”荣誉称号，成为全省 3 个入选县之一。

作为财政支出管理的“三驾马车”之一，政府采购在促进资产管理、提高资金使用效益上意义重大。仙游县财政局出台系列文件，规范政府采购各个环节的操作程序和内容。

该县还强化政府采购预算管理与执行。在年初预算和年度执行过程中严格把关，认真编制政府采购预算，做好政府采购预算与采购计划的衔接工作，确保采购计划严格按政府采购预算执行。

为强化主体责任，提高政府采购效率，该县推行公开招标备案制。对于采购方式选择公开招标的政府采购项目，采购计划无须再经审核，只需在仙游县政府采购网上公开信息系统平台上向财政部门备案有关材料即可。同时，该县加大全县政府采购工作的监管、引导和考核力度，采取“双随机”和“放管服”巡察等方式开展对政府集中采购活动监督检查，真正实现对政府采购的事前、事中和事后全过程监督。

据统计，2019 年该县共组织实施各类政府采购项目 90 个，政府采购预算金额 4.54 亿元（不含土地交易及工程），实际成交金额 4.03 亿元，节约资金 0.51 亿元，平均节约率 11.23%。

（摘编：郭虹）

福建省奖励跻身全国县级财政管理绩效先进县市名单

2020 年 10 月 29 日福建日报报道：为提高我省县级财政管理绩效水平，鼓励更多县市跻身全国县级财政管理绩效先进行列，省级财政进一步加大对先进县市的奖励力度。近日，省财政厅下达 2020 年县级财政管理绩效奖励资金 1.5 亿元，对进入 2019 年度县级财政管理绩效综合评价全国前 500 名的 17 个县市给予分档奖励。其中，排名进入前 200 名的古田、周宁、云霄、长泰、泰宁、政和、邵武、明溪、宁化、建宁、柘荣、浦城、尤溪、仙游 14 个县市，每县奖励 1000 万元；进入 201 ~ 300 名的屏南奖励 400 万元；进入 401 ~ 500 名的大田、建瓯，每县奖励 200 万元。2020 年，我省进入全国县级财政管理绩效综合评价前 500 名的县市达到 17 个，比去年增加 13 个。省级财政奖励规模也大幅度增加，增量达 1.33 亿元。

（摘编：杨立群）

福建省上榜国家县城新型城镇化建设示范名单

2020年6月21日福建省发改委消息，国家发展改革委日前印发《关于加快开展县城城镇化补短板强弱项工作的通知》，提出通过加大财政资金支持等方式，在优先支持公共卫生防控救治设施、医疗废物集中处置设施建设的同时，有序推进公共服务设施提标扩面等4大领域17项建设任务。《通知》公布县城新型城镇化建设示范名单，包括24个省份共120个县及县级市。我省霞浦县、闽侯县、永泰县、永春县、德化县、上杭县、长汀县、福清市、福安市、晋江市上榜示范名单。

（摘编：游学荣）

福建省新增国家级慢性病综合防控示范区名单

2020年6月10日国家卫生健康委办公厅公布第五批国家慢性病综合防控示范区建设评估结果，确定123个县（市、区）为国家级慢性病综合防控示范区。我省有5个县区名列其中，分别是：福州市长乐区、莆田市荔城区、漳州市长泰县、南平市延平区、龙岩市武平县。另据福建省卫健委消息，截至目前，我省共建设36个省级示范区（县区覆盖率43%），其中12个县区为国家级示范区（分布在我省8个设区市）。

我省于2011年正式启动慢性病综合防控示范区创建工作。“十二五”期间，我省在示范区建设过程中积极贯彻落实“大卫生、大健康”的理念，与卫生和文明城市建设、健康扶贫等项目有机衔接，共建共享，打开了我省慢性病防控工作的新局面。我省在条件成熟地区积极探索“政府主导、多部门合作、全社会参与”的慢性病防控模式，充分发挥“以点带面、推动整体、带动全省”的示范效应，有力提升了全省医疗改革、支持性环境建设、全民健康生活方式行动等各项健康相关工作水平。

（摘编：康明辉）

福建省入选首批国家森林康养基地名单

2020年6月10日国家林业和草原局、民政部、国家卫生健康委员会、国家中医药管理局等四部门公布96家第一批国家森林康养基地名单。我省4地5单位入选。

其中，以县为单位的国家森林康养基地有福州市晋安区、武平县、将乐县、顺昌县；以经营主体为单位的国家森林康养基地有福建省梅花山旅游发展有限公司建设的梅花山森林康养基地、福建省邵武市国有林场二都场建设的邵武市二都森林康养基地、三明市三元格氏栲森林旅游公司建设的三元格氏栲森林康养基地、福建岁昌生态农业开发有限公司建设的岁昌森林康养基地、浦城县旅游投资开发有限公司建设的匡山生态景区（一期项目建设工程）。

按照建设要求，各国家森林康养基地要进一步完善建设方案，加强生态环境保护，着力优化美化森林环境，完善服务设施，丰富森林康养产品，依法规范经营，提高森林康养服务水平。要按照生态优先、集约节约发展的原则，在严格保护生态环境、严格执行林地保护利用规划、严格遵守自然保护地各项规定的前提下，充分利用现有设施开展森林康养服务，严禁搞大拆大建和重复建设，坚决禁止违法建设别墅。

四部门将按照有关标准和要求，对国家森林康养基地开展动态管理，适时开展抽查检查和质量评定工作，对不符合条件、服务质量差、有违法违规等行为的，剔除出国家森林康养基地建设范围。

（摘编：张海生）

福建省获评全国十佳林场名单

2020年7月7日福建日报报道：日前，中国林场协会公布2019年全国十佳林场名单，我省顺昌县国有林场、长汀楼子坝国有林场位列其中。

近年来，顺昌县国有林场深入践行“两山”理念，在全国木材战略储备基地建设、森林质量精准提升、“森林生态银行”试点建设和林业碳汇项目开发利用上，进行了大胆探索和创新，探索出了一条把“绿水青山”转化为“金山银山”的实现路径。

长汀楼子坝国有林场积极参与长汀县“建设绿色生态”“建设绿色文明”“创建国家森林城市”等系列活动，主动参与长汀水土流失精深治理，做好国土绿化的先锋示范，同时大力推广“薄壳山核桃优良品种引种试验”等，着力推动绿色产业发展。

（摘编：王诗诚）

福建省三景区入围三项榜单

2020年1月2日中国社会科学院财经战略研究院和美团点评联合课题组发布中国景区旅游消费便利度指数（Travel Convenience Index，简称TCI），这是国内首个衡量旅游消费便利度的量化评估指标。在发布的榜单中，福州三坊七巷入围全国AAAAA免费景区TCI30强，位列第9位；厦门方特梦幻王国入围全国AAAA收费景区TCI50强，位列第47位；中国闽台缘博物馆入围全国博物馆类景区TCI20强。

TCI指数从消费者景区旅游消费全链路定义便利度，梳理出消费者从出发地到景区涉及的四个主要旅游消费环节：信息获取、交通、入园及游玩。TCI得分越高意味着该景区的经营管理环境越利于消费者旅游和消费。

联合课题组对我国AAAAA和AAAA景区（高星景区）进行数据分析。目前，全国高星景区TCI综合得分为80.4分，信息获取最便利，游玩配套服务提升空间最大，在景区信息获取、入园购票两个环节，以“互联网+”实现景区信息及票务的在线化等成为提升旅游消费便利度的关键因素。

TCI报告发现，目前国内AAAAA和AAAA景区的信息获取便利度达91分，近两成景区的此项得分获得满分。越来越多的游客可以很方便地通过手机查询景区的营业时间、票务信息和儿童票、老人票等优待票政策。与此同时，入园便利度也在“互联网+”的多种措施下有所提升。

（摘编：游学荣）

福建省获评全国节水型社会建设达标县（区）名单

2020年12月7日，福建省水利厅消息，永泰县、莆田市城厢区、沙县、永春县、龙海市、松溪县、龙岩市新罗区、寿宁县等八地获评全国第三批节水型社会建设达标县（区）。

近年来，我省高度重视节水工作，坚决落实最严格水资源管理制度，突出节水优先，建立节水协作推动机制，全力推进节水行动落地见效。2019年，我省用水总量177.3亿立方米，比2016年减少11.8亿立方米；万元GDP用水量、万元工业增加值用水量均比2015年下降35%以上。

（摘编：郭虹）

福建八县（市）获得国家级生态新名片

2020年10月9日生态环境部发布《关于命名第四批国家生态文明建设示范市县的公告》和《关于命名第四批“绿水青山就是金山银山”实践创新基地的公告》，其中，漳州市东山县、泉州市永春县2个县被命名为第四批“绿水青山就是金山银山”实践创新基地；三明市宁化县、三明市建宁县、泉州市安溪县、南平市顺昌县、南平市邵武市、龙岩市武平县等6个县（市）被授予第四批国家生态文明建设示范市县称号。

（摘编：周忠志）

福建省4镇40村获评全国乡村治理示范村镇

2020年1月3日中央农办、农业农村部等五部门联合公布全国乡村治理示范村镇名单。我省共有4个镇、40个建制村入选。

福清市高山镇、宁德市蕉城区赤溪镇、安溪县虎邱镇、上杭县古田镇等4镇入选全国乡村治理示范乡镇；福州市长乐区营前街道长安村等40个村被评为全国乡村治理示范村。

为贯彻落实中央关于推进乡村治理体系与治理能力现代化的决策部署，发挥典型经验的示范引领作用，中央农办等五部门联合开展乡村治理示范村镇创建工作，在全国确定99个乡（镇）为全国乡村治理示范乡镇，998个村为全国乡村治理示范村。

按照要求，示范乡镇要着力推进政府治理、社会参与、村民自治良性互动，提高乡镇公共服务、公共管理、公共安全水平，完善农村公共事务监督体系，构建共建共治共享的乡村治理格局；示范村要不断强化村党组织对村各类组织和各项工作的领导，健全民主管理制度，规范完善村规民约，创新矛盾纠纷化解机制，增强干部群众法律意识，大力弘扬文化道德新风，促进党组织领导的自治、法治、德治相结合的乡村治理体系更加完善。

（摘编：杨立群）

福建省统战系统先进集体和先进工作者名单

2020年12月29日中共福建省委统战部、福建省人力资源和社会保障厅下发《关于表彰全省统战系统先进集体和先进工作者的决定》（闽人社表彰〔2020〕38号）提出，近年来，全省统战系统各单位和广大干部职工以习近平新时代中国特色社会主义思想为指导，全面贯彻落实党的十九大和十九届二中、三中、四中、五中全会精神，不忘初心、牢记使命，拼搏奉献、担当作为，为推进我省统战事业发展作出了积极贡献，涌现出一大批先进集体和先进工作者。

为表彰先进，树立典型，弘扬正气，激励全省统战系统广大干部职工新时代新担当新作为，省委统战部、省人力资源和社会保障厅决定授予中共福州市委统战部等40个单位“2016—2019年度全省统战系统先进集体”称号，授予黄炳新等100位同志“2016—2019年度全省统战系统先进工作者”称号。

全省统战系统先进集体

（40个）

中共福州市委统战部
中共福清市委统战部
中共福州市鼓楼区委统战部
中共福州市晋安区委统战部
陈嘉庚纪念馆
厦门市民族与宗教事务局宗教二处
中共厦门市翔安区委统战部
漳州市归国华侨联合会
中共南靖县委统战部
中共漳州市芗城区委统战部
中共泉州市委统战部
中共泉州市丰泽区委统战部
中共晋江市委统战部
中共南安市委统战部
中共三明市梅列区委统战部
中共永安市委统战部
中共沙县县委统战部
中共莆田市秀屿区委统战部
中共仙游县委统战部
中共邵武市委统战部
中共武夷山市委统战部
中共龙岩市新罗区委统战部
中共连城县委统战部
中共宁德市蕉城区委统战部
中共福鼎市委统战部
民革福建省委会办公室
民盟莆田市委会
民建福建省委会机关支部
民进厦门市委会宣传调研处
农工党福建省委会机关支部
致公党福建省委会办公室
九三学社莆田市委会
台盟泉州市委会
华安县台湾同胞联谊会
宁德市社会主义学院
莆田中华职业教育社
华侨大学党委统战部
福州大学党委统战部
闽江学院党委统战部
福建省农业科学院党建工作处

附件2

全省统战系统先进工作者名单

（100名）

黄炳新 中共福州市仓山区委常委、统战部部长

郑晓春 中共闽清县委常委、统战部部长

林 洪（女） 中共福州市委统战部民族宗教处处长

叶燕青（女） 福州市工商业联合会办公室主任

胡羽中 中共福州市台江区委统战部副部长、区政府侨办主任

董行议 中共福州市马尾区委统战部办公室主任、区工商业联合会党组成员、三级主任科员

邱志雄 中共福州市长乐区委统战部部务会议成员、二级主任科员

易 午（女） 连江县海外联谊会专职副秘书长、一级科员余 勇 中共罗源县委统战部常务副部长

岳守钱 中共永泰县委统战部常务副部长

陈建明 中共厦门市委统战部联络处（民宗处）处长

林云青 中共厦门市委统战部新阶知工处（经济处）处长

林 希（女） 厦门鹭风报社社长、总编

黄艺琼（女） 厦门市工商业联合会经济联络部二级主任科员

叶丽萍（女） 中共厦门市同安区委统战部一级主任科员

庄旭初 厦门市海沧区工商业联合会副主席

戴 冬 中共漳州市委统战部机关党委专职副书记

林百荣 漳州市台湾同胞联谊会党组书记

陈在贵 中共漳州市龙文区委统战部部务会成员

林永民 中共漳浦县委统战部联络科长

郑海珠 中共云霄县委统战部民族宗教科科长

杨红贞（女） 诏安县台湾同胞联谊会会长

薛 斌 中共长泰县委统战部经济科科长

陈腾腾 中共泉州市鲤城区委统战部联络党派股负责人

林康前 中共泉州市洛江区委统战部常务副部长

林伟婷（女） 中共泉州市泉港区委统战部秘书股负责人

蔡连庭 中共石狮市委统战部副部长

张 蔚 中共惠安县委统战部侨务民宗联络股股长

傅庆元 中共安溪县委统战部民宗股负责人

林振华 中共永春县委统战部副部长、县工商业联合会党组书记、常务副主席

周启宗 中共德化县委统战部常务副部长

庄培阳 泉州台商投资区党工委党群工作部部务会议成员、统战民宗科负责人

吴观宇 泉州市民族与宗教事务局宗教科科长

张建川 中共三明市委统战部办公室（宣传研究科）主任

崔 毅 中共明溪县委统战部副部长、县民族与宗教事务局局长

包盛吉 中共清流县委统战部副部长、县工商业联合会党组书记、常务副主席

黄敏麒 中共宁化县委统战部办公室负责人

张朝霞（女） 中共泰宁县委统战部副部长、县民族与宗教事务局局长、一级主任科员

汤 良 中共将乐县委统战部副部长、县工商业联合会党组书记、常务副主席

陈德荣 中共尤溪县委统战部常务副部长、县民族与宗教事务局局长

黄景亮 中共莆田市委统战部部务会议成员

许益斌 莆田市海外联谊会秘书长

叶建平 中共莆田市城厢区委统战部副部长

林晓莹（女） 中共莆田市涵江区委统战部常务副部长

李梦贵 仙游县龙华镇党委统战委员、副镇长

黄鹏青 中共莆田市荔城区委统战部副部长、二级主任科员

柯万宝 中共南平市委统战部理论研究和宣

传信息科科长

李素英（女） 南平市台湾同胞联谊会秘书长

张春贵 中共南平市建阳区委统战部副部长、区工商联党组书记、专职副主席

林金森 中共建瓯市委统战部办公室主任

陈　亮 松溪县渭田镇党委统战委员、副镇长

李思永 政和县岭腰乡党委副书记、统战委员、人武部长

张爱珍（女） 中共南平市延平区委统战部副部长

陈天彩 中共漳平市委常委、统战部部长、市总工会主席、三级调研员

王小庆 中共龙岩市永定区委常委、统战部部长、区总工会主席

陈施珏 中共龙岩市委统战部办公室主任

李　琳（女） 龙岩市中华职业教育社办公室主任

邱年春（女） 上杭县民族与宗教事务局局长

俞永洪 长汀县工商业联合会主席

赖晓斌 中共武平县委统战部侨务股股长

吴会旺 中共宁德市委统战部常务副部长

林坚真 中共古田县委统战部副部长、县政府侨办主任、二级主任科员

陈必炎 中共屏南县委统战部副部长、县民族与宗教事务局局长

叶　凤（女） 中共周宁县委统战部常务副部长、县民族与宗教事务局局长

周明华 中共寿宁县委统战部办公室负责人、县职教社副主任兼秘书长

雷金森 福安市下白石镇党委统战委员

李宗金 霞浦县沙江镇党委副书记、统战委员

林　颖（女） 中共福鼎市委统战部办公室主任

赖前斌（女） 中共福建省委统战部干部处处长、一级调研员

曾慧芬（女） 省纪委监委驻省委统战部纪检监察组四级调研员

黄益光 福建侨报社七级职员

谢利华 中共福建省委统战部机关后勤服务中心七级职员

潘　谊 民革福建省委会调研处副处长、二级调研员

邓丽萍（女） 民革龙岩市委会秘书长、办公室主任

林　涛 民盟厦门市委会宣传部部长

李建辉 民盟泉州市委会副秘书长、宣调处副处长

郭百惠（女） 民建福建省委会宣传处三级主任科员

张　榕（女） 民建晋江市委会专职副主委

杨张帆（女） 民进福建省委会调研处二级主任科员

陈志鹏 民进漳州市委会组宣科四级主任科员

黄嘉铭 农工党福建省委会参政议政部副部长、三级调研员

范国宏 农工党福州市委会咨询服务处副处长

申家驹 致公党福建省委会参政议政室二级主任科员

庄从福 致公党泉州市委会秘书长、办公室主任

罗　枫（女） 九三学社福州市委会专职副主委兼秘书长

戴青兰（女） 泉州师范学院马克思主义学院教师

陈红斌 台盟漳州市委会副主委兼秘书长

吴智强 台盟福建省委会办公室一级主任科员

李度国 福建省民族与宗教事务厅机关党委三级调研员

赖彩凤（女） 泉州市华侨服务中心主任

董静怡（女） 福建省工商业联合会政策研究室二级主任科员

张劲秋（女） 厦门市台湾同胞联谊会副会长

陈振宝 福州市台湾同胞联谊会办公室二级主任科员

祝考泓 福建省社会主义学院行政处一级主任科员

陈晓红（女） 福建省中华职业教育社综合业务部部长

罗　钫 集美大学党委统战部部长

闵　华（女） 福建师范大学党派科科长

洪鸿麟 福建中医药大学办公室主任

王钊龙 福建省农业农村厅机关党委副书记

王　静（女） 福建省高速公路集团有限公司党委办公室科长

（摘编：彭金龙）

福建省党校（行政学院）系统先进集体和先进工作者名单

2020年8月25日福建省人力资源和社会保障厅、中共福建省委党校、福建行政学院下发《关于表彰全省党校（行政学院）系统先进集体和先进工作者的决定》（闽人社表彰〔2020〕21号）提出，近年来，全省党校（行政学院）系统广大教职工在省委、省政府的正确领导下，深入学习贯彻习近平新时代中国特色社会主义思想和党的十九大及十九届二中、三中、四中全会精神，按照《中国共产党党校（行政学院）工作条例》的要求，围绕中心、服务大局，开拓创新、真抓实干，为研究宣传习近平新时代中国特色社会主义思想、推进党的思想理论建设，加强全省干部教育培训，建设新时代新福建作出了积极贡献，涌现出一批先进集体和先进工作者。

为表彰先进，弘扬正气，树立典型，进一步激发全省党校（行政学院）系统广大干部职工的积极性和创造性，不断开创我省干部教育培训工作新局面，省人力资源和社会保障厅、中共福建省委党校、福建行政学院决定，授予中共福建省委党校福建行政学院马克思主义研究院等12个单位“全省党校（行政学院）系统先进集体”荣誉称号，授予李海星等40名同志“全省党校（行政学院）系统先进工作者”荣誉称号。

全省党校（行政学院）系统先进集体名单

1. 中共福建省委党校福建行政学院马克思主义研究院
2. 中共龙岩市委党校（行政学院）
3. 中共宁德市委党校（行政学院）
4. 中共罗源县委党校（行政学校）
5. 中共厦门市集美区委党校（行政学校）
6. 中共漳浦县委党校（行政学校）
7. 中共惠安县委党校（行政学校）
8. 中共永安市委党校（行政学校）
9. 中共仙游县委党校（行政学校）
10. 中共南平市建阳区委党校（行政学校）
11. 中共上杭县委党校（行政学校）
12. 中共福安市委党校（行政学校）

全省党校（行政学院）系统先进工作者名单

1. 李海星　中共福建省委党校福建行政学院马克思主义研究院院长、教授
2. 郑冬梅　中共福建省委党校福建行政学院生态文明教研部教授
3. 曾雪莲　中共福建省委党校福建行政学院图书馆学科信息科科长、副研究馆员
4. 暨永雄　中共福建省委党校福建行政学院后勤服务处（基建处）二级主任科员
5. 季仲明　中共福州市委党校（行政学院）在线教育处主任、讲师
6. 林善炜　中共福州市委党校（行政学院）副教授
7. 潘长春　中共福州市晋安区委党校（行政学校）副校长、高级讲师

8. 林继壮 中共福清市委党校（行政学校）副校长、讲师

9. 陈志刚 中共永泰县委党校（行政学校）副校长、高级讲师

10. 王 刚 中共厦门市委党校（行政学院）哲学教研部主任、副教授

11. 杨正武 中共厦门市委党校（行政学院）副教授

12. 林碧全 中共厦门市思明区委党校（行政学校）综合科科长

13. 沈丽英 中共厦门市同安区委党校（行政学校）科研室主任、高级讲师

14. 刘聪杰 中共漳州市委党校（行政学院）副教授

15. 许宏山 中共漳州市委党校（行政学院）科研处主任、讲师

16. 陈 娟 中共龙海市委党校（行政学校）行政处主任

17. 陈金营 中共平和县委党校（行政学校）高级讲师

18. 吴丽辉 中共华安县委党校（行政学校）常务副校长、高级讲师

19. 刘晴文 中共泉州市委党校（行政学院）组织处主任

20. 康燕雪 中共泉州市委党校（行政学院）副教授

21. 石作洲 中共晋江市委党校（行政学校）讲师

22. 吴端来 中共南安市委党校（行政学校）副校长、高级讲师

23. 杨华燕 中共安溪县委党校（行政学校）讲师

24. 包锦阔 中共三明市委党校（行政学院）经济学教研室主任、副教授

25. 刘 俊 中共三明市委党校（行政学院）统一战线理论教研室主任、讲师

26. 温兆熙 中共建宁县委党校（行政学校）高级讲师

27. 吴映岚 中共明溪县委党校（行政学校）常务副校长、高级讲师

28. 黄 花 中共莆田市委党校（行政学院）理论研究室副主任、教授

29. 陈文荣 中共莆田市秀屿区委党校（行政学校）高级讲师

30. 王慎勤 中共南平市委党校（行政学院）组织处处长

31. 邓志由 中共邵武市委党校（行政学校）常务副校长、高级讲师

32. 柯龙福 中共武夷山市委党校（行政学校）教务处主任、高级讲师

33. 吴兴河 中共龙岩市委党校（行政学院）党史与党建教研部负责人、副教授

34. 陈俊卿 中共龙岩市新罗区委党校（行政学校）教务室主任、讲师

35. 涂宏基 中共长汀县委党校（行政学校）常务副校长

36. 刘 芳 中共宁德市委党校（行政学院）机关党委专职副书记、副教授

37. 周道棉 中共寿宁县委党校（行政学校）讲师

38. 林胜平 中共柘荣县委党校（行政学校）高级讲师

39. 林晓新 中共平潭综合实验区党工委党校（行政学院）讲师

40. 赵好婷 中共福建省委省直机关工委党校二级主任科员

（摘编：吴强）

福建省广播电视系统先进集体和先进工作者名单

2020年5月6日福建省人力资源和社会保障厅、福建省广播电视局下发《关于表彰全省广播电视系统先进集体和先进工作者的决定》（闽人社表彰〔2020〕9号）提出，近年来，在省委、省政府领导下，全省广播电视系统坚持以习近平新时代中国特色社会主义思想为指导，深入贯彻落实习近平总书记关于宣传思想工作的重要思想和对广播电视工作的重要指示批示精神，不忘初心、牢记使命，稳中求进、守正创新，统筹抓好广播电视与网络视听、传统媒体与新兴媒体、事业与产业、内宣与外宣、服务与监管等工作，着力打造主流广电、精品广电、智慧广电、惠民广电、高效广电，各方面工作取得新成效，涌现出一批先进集体和先进个人，有力推动了我省广播电视和网络视听事业产业改革发展，为新时代新福建建设作出了积极贡献。

为表彰先进，弘扬正气，树立典型，进一步激发全省广播电视系统广大干部职工的积极性和创造性，推动广播电视和网络视听高质量发展，省人力资源和社会保障厅、省广播电视局决定，授予福州市广播电视局等23个单位“全省广播电视系统先进集体”，授予林忠等49名同志“全省广播电视系统先进工作者”。

全省广播电视系统先进集体名单

（23个）

福州市广播电视局

厦门广播电视集团技术中心

厦门市集美区广播电视台

漳州市人民广播电台

漳浦县广播电视台

德化县广播电视台

南安市广播电视台

惠安县广播电视事业局

尤溪县广播电视台（融媒体中心）

沙县广播电视台（融媒体中心）

莆田市广播电视台壶公山发射台

南平市广播电视台经济中心

建瓯市广播电视台

龙岩市广播电视发射台

龙岩市电视台新闻部

宁德市太姥山电视转播台

宁德市电视微波站

平潭县广播电视台《问政平潭》节目部

福建人民广播电台新闻综合广播

福建电视台东南频道

福建广电网络集团股份有限公司融媒体运营中心

福建广电网络集团股份有限公司泉州分公司

福建省广播电视节目收听收看中心

全省广播电视系统先进工作者名单

（49名）

林　忠　闽侯县广播电视事业发展中心事业科科长、技师

徐祚斌　连江县广播电视事业发展中心副主任

许小龙　闽清县广播电视事业发展中心（广播电视台）台长、工程师

朱德灿　永泰县广播电视发展中心主任

杨震先　厦门市文化和旅游局传媒管理处处长

黄　巍　厦门广播电视节目有限公司副总经理

许福清　厦门市翔安区文化和旅游市场综合执法大队副大队长、助理记者

许宏岗　厦门市广播电视监测台科长、高级工程师

陈邑萍　漳州市电视台副台长、主任播音员

何文利　漳州芝山转播台台长、高级工程师

张晓华　南靖县广播电视新闻中心主任、一级播音员

徐紫娟　东山县广播电视台总编室主任、助理记者

周梁升　泉州市文化广电和旅游局党委专职副书记

高栋梁　泉州市广播电视台副台长、三级艺术管理

郑平庭　泉州市泉港区广播电视事业局局长

余恩林　永春县广播电视台台长、高级工程师

吴俊彦　三明七〇五台台长、高级工程师

曾德林　明溪县广播电视台（融媒体中心）记者

熊建华　建宁县广播电视台（融媒体中心）副主任、记者

张登兴　尤溪县乡镇广播电视站站长、技师

韩剑雄　莆田市广播电视台党委副书记、高级政工师

黄　伟　莆田市荔城区文化体育和旅游局主任科员

周林旺　南平市文化和旅游局广播电影电视科科长

吴成来　南平市广播电视台副台长、记者

李立进　松溪县广播电视台台长、记者

陈协明　光泽县广播电视台（融媒体中心）记者

邱学军　龙岩市电视台新闻部副主任、主任编辑

黄远芳　上杭县新闻出版广电局9级职员

黄　勤　龙岩市人民广播电台副台长、主任记者

黄陈耿　宁德市新闻出版广电局办公室主任、高级工程师

陈云喜　宁德市电视转播台台长、工程师

张恒锋　宁德市电视台专题文艺部主任、主任记者

林庆丰　福鼎市广播电视公共服务中心9级职员

洪键飞　平潭县广播电视台办公室主任

马　莎　福建电视台屏山记者站副站长、编辑

黄小勇　福建电视台综合频道制片人、助理编辑

李建文　福建省广播电视传输发射中心602台机房主任、助理工程师

陈永平　福建电视台总编室科长、主任编辑

叶军民　福建人民广播电台东南广播公司记者

许福新　福建广电网络集团股份有限公司播控中心副总监、高级工程师

肖　德　福建广电网络集团股份有限公司福清分公司总经理、工程师

黄加新　福建广电网络集团股份有限公司南安分公司总经理

郑超杰　福建广电网络集团股份有限公司涵江分公司萩芦广电网络站站长助理

陈娟娟　福建广电网络集团股份有限公司宁德分公司客服代表

方　杰　福建教育电视台台长助理、主任编辑

郑景尧　福建省广播电视局规划财务处一级主任科员

吴云清　福建省广播电视局宣传管理处副处长

林　桓　福建省广播电视监测中心科长、工程师

宋雪宇　福建省广播电视节目收听收看中心助理编辑

（摘编：苏建平）

福建省荣获
全国抗击新冠肺炎疫情先进个人和集体名单

在2020年9月8日召开的全国抗击新冠肺炎疫情表彰大会上，我省有25人获得“全国抗击新冠肺炎疫情先进个人”称号、10个集体获得“全国抗击新冠肺炎疫情先进集体”称号，3人获得“全国优秀共产党员”称号、3个基层党组织获得“全国先进基层党组织”称号。具体名单如下：

全国抗击新冠肺炎疫情先进个人名单

谢宝松　福建省立医院呼吸与危重症医学科主任，主任医师

翁钦永　福建医科大学附属协和医院重症医学科主任，主任医师

康德智　福建医科大学附属第一医院党委副书记、院长，主任医师

谢宝缘（女）　福建医科大学附属第二医院护理部副主任，副主任护师

叶　玲（女）　福建中医药大学附属人民医院呼吸科主任医师

林　静（女）　福建中医药大学附属第二人民医院护士长

胡　颖（女）　福州市第一医院副主任医师

尹震宇　厦门大学附属中山医院副院长，主任医师

林　立　漳州市医院呼吸与危重症医学科主任，主任医师

庄锡彬　泉州市传染病防治医院副院长，泉州市第一医院医务科副科长，主任医师

罗信昌　三明市疾病预防控制中心食品安全与卫生监测科科长，主任技师

叶　兰（女）　南平市第一医院主管护师

吴灿明　龙岩市第二医院ICU护士长，副主任护师

林群英（女）　莆田学院附属医院副院长，莆田市肺科医院院长，主任医师

黄见新　福州市马尾区公安局副局长

庄露霞（女）　厦门市公安局人口管理处副处长

杨婷婷（女）　泉州市丰泽区丰泽街道丰泽社区党委书记、居委会主任

黄国盛　平潭县流水镇松南村党总支书记

吴桂荣　福建省委办公厅省委总值班室主任

梁志埠　福建省运输事业发展中心城运处副处长

艾　迪　福建省广播影视集团融媒体资讯中心采访部主题报道科副科长

林　峻　福州大学生物科学与工程学院副研究员

洪炳文　福建柒牌时装科技股份有限公司常务副总裁

陈　颖（女）　福建永辉超市有限公司总经理

陈许冰　福建省人民政府外事办公室四级主任科员

全国抗击新冠肺炎疫情先进集体名单

福建省卫生健康委员会

福建省疾病预防控制中心

福建省立医院党委

福建省福州结核病防治院党委

厦门市新型冠状病毒感染肺炎定点救治医院（厦门大学附属第一医院杏林分院）临时党委

福建省公安厅治安管理总队

厦门大学国家传染病诊断试剂与疫苗工程技术研究中心

厦门航空有限公司党委

福鼎市公安局交通警察大队党支部

福建圣农集团党委

全国优秀共产党员名单

谢宝松　福建省立医院呼吸与危重症医学科主任，主任医师

杨婷婷（女）　泉州市丰泽区丰泽街道丰泽社区党委书记、居委会主任

叶　玲（女）　福建中医药大学附属人民医院呼吸科主任医师

全国先进基层党组织名单

厦门航空有限公司党委

福建省福州结核病防治院党委

福鼎市公安局交通警察大队党支部

（摘编：游学荣）

福建受表彰的全国卫生健康系统疫情防控先进集体和先进个人名单

2020年3月6日国家卫健委最新消息，近日，国家卫生健康委、人力资源和社会保障部、国家中医药管理局印发《关于表彰全国卫生健康系统新冠肺炎疫情防控工作先进集体和先进个人的决定》（以下简称《决定》），授予113个集体“全国卫生健康系统新冠肺炎疫情防控工作先进集体”称号，授予472位同志“全国卫生健康系统新冠肺炎疫情防控工作先进个人”称号，追授34位同志“全国卫生健康系统新冠肺炎疫情防控工作先进个人”称号，获奖个人享受省部级表彰奖励获得者待遇。我省2个集体15位个人受表彰。

我省受表彰的集体是：福建国家紧急医学救援队、福建护理队（方舱）；受表彰的个人是：浦城县仙阳中心卫生院副院长、副主任医师毛梓洪，福建省疾病预防控制中心主管技师李东，福建中医药大学附属第二人民医院副主任医师李希，福建中医药大学附属人民医院主任医师李玮，福建省立医院副主任医师李鸿茹（女），厦门市海沧医院主管护师杨春燕（女），福建医科大学附属协和医院副主任医师吴文伟，福建医科大学附属协和医院主任医师吴峰，厦门大学附属中山医院副主任护师张素真（女），厦门大学附属中山医院副主任医师陈兰（女），福建省立医院副主任护师陈晓欢（女），龙岩市第一医院副主任护师林三秀（女），福建医科大学附属第一医院主管护师林韦（女），福建医科大学附属第一医院副主任护师林守虹（女），福建省立医院副主任医师林璇（女）。

（摘编：杨立群）

福建省红十字会系统先进集体和先进工作者名单

2020年9月17日　福建省人力资源和社会保障厅、福建省红十字会《关于表彰全省红十字会系统先进集体和先进工作者的决定》（闽人社表彰〔2020〕25号）提出，2016年以来，全省红十字会系统广大干部职工坚持以习近平新时代中国特色社会主义思想为指导，认真学习贯彻党的十九大和十九届二中、三中、四中全会精神，认真贯彻落实省委和省政府及中国红十字会总会的工作要求，积极履行救灾、救护、救助等职责，不断改革创新，锐意进取，扎实工作，为新时代新福建建设做出了积极贡献。特别是在新冠肺炎疫情防控工作中，广大红十字工作者不畏风险、坚守岗位，全力投入疫情防控一线，做了大量卓有成效的工作，涌现出一大批先进集体和个人。

为表彰先进，树立典型，进一步弘扬“人道、博爱、奉献”的红十字精神，激发广大红十字工作者的积极性、主动性和创造性，省人力资源和社会保障厅、省红十字会决定，授予永泰县红十字会等12个单位“福建省红十字会系统先进集体”称号；授予郑艳芳等15名个人“福建省红十字会系统先进工作者”称号。

福建省红十字会系统先进集体和先进工作者名单

一、先进集体（12个）

永泰县红十字会

罗源县红十字会

厦门市集美区红十字会

厦门医学院红十字会

云霄县红十字会

晋江市红十字会

尤溪县红十字会

莆田市荔城区红十字会

南平市建阳区红十字会

龙岩市红十字会

霞浦县红十字会

福建省造血干细胞捐献者资料库管理中心

二、先进工作者（15名）

郑艳芳（女）　永泰县红十字会常务副会长

姚丽云（女）　罗源县红十字会副会长

丁银水　厦门市红十字会办公室主任

杨海翔　厦门市海沧区红十字会二级主任科员

蔡美兰（女）　漳浦县红十字会常务副会长

陈诗雯（女）　泉州市鲤城区红十字会秘书长、办公室主任

周培煌（女）　南安市红十字会秘书长

吴乃霜（女）　三明市红十字会秘书长、一级主任科员

傅彬齐　仙游县红十字会常务副会长

王建东　南平市红十字会综合科科长

陈昌台　龙岩市永定区红十字会常务副会长

林利华　武平县红十字会秘书长

朱　珠（女）　宁德市红十字会秘书长

张松楼　福建省红十字会事业发展与交往联络部一级主任科员

李丽延（女）　福建省红十字会备灾救灾中心中级经济师

（摘编：郭虹）

福建省档案系统先进集体和先进工作者名单

2020年12月4日福建省人力资源和社会保障厅、福建省档案局下发《关于表彰全省档案系统先进集体和先进工作者的决定》（闽人社表彰〔2020〕32号）提出，近年来，在省委、省政府领导下，全省各级档案部门和广大档案工作者坚持以习近平新时代中国特色社会主义思想为指导，深入学习贯彻党的十九大和十九届二中、三中、四中、五中全会精神以及省委十届十中全会精神，始终牢记“档案工作姓党”，忠实履行“为党管档、为国守史、为民服务”神圣职责，围绕中心、服务大局，真抓实干、开拓创新，涌现出一批先进集体和先进个人，为推进我省档案工作转型升级、提质增效作出积极贡献。

为表彰先进、树立典型，充分调动档案系统干部职工的积极性和创造性，增强广大档案工作者的荣誉感和责任感，不断开创档案工作新局面，省人力资源和社会保障厅、省档案局决定，授予闽侯县档案馆等10个单位“全省档案系统先进集体”荣誉称号，授予林香平等21名同志“全省档案系统先进工作者”荣誉称号。

全省档案系统先进集体名单

（共10个）

1. 闽侯县档案馆
2. 厦门市翔安区档案馆
3. 南靖县档案馆
4. 南安市档案馆
5. 三明市档案馆
6. 莆田市城厢区档案馆
7. 武夷山市档案馆
8. 上杭县档案馆
9. 宁德市档案馆
10. 福建省档案馆信息技术处

全省档案系统先进工作者名单

（共21名）

1. 林香平（女） 福州市委办公厅厅务会议成员、市档案局局长、市档案馆馆长
2. 温昭增 永泰县档案馆馆长
3. 郭晓文 厦门市档案馆二级主任科员
4. 石世翔 厦门市思明区档案局副局长
5. 许 蔚 漳州市档案馆办公室副主任
6. 沈 达 龙海市委办公室室务会议成员、市档案局局长、市档案馆馆长
7. 夏丽清（女） 原泉州市委办公室室务会议成员、市档案局局长、市档案馆馆长
8. 丁 虹（女） 石狮市档案馆接收征集股股长
9. 罗燕春 永安市档案馆技术科科长
10. 李亚清（女） 明溪县档案馆副馆长
11. 李 玲（女） 莆田市档案馆宣教科四级主任科员
12. 元小宝（女） 莆田市涵江区档案馆副馆长
13. 肖忠恒 建瓯市档案馆馆长
14. 邓南钦 光泽县档案局局长、县档案馆馆长
15. 张金源 三明市永定区档案馆馆长
16. 辛芬芳（女） 武平县档案馆保管利用股股长
17. 陆容英（女） 宁德市档案局四级主任

科员

18. 张纯清　福鼎市档案馆副馆长

19. 柯长生　平潭综合实验区行政服务中心四级主任科员

20. 陈惠芳（女）　福建省档案馆保管利用处二级调研员

21. 杨素萍（女）福建省档案馆编研开发处副处长、二级调研员

（摘编：林学军）

福建省2020年省级一流本科课程名单

2020年12月25日福建省教育厅下发的《关于公布2020年省级一流本科课程名单的通知》（闽教高〔2020〕23号）提出，根据《教育部关于一流本科课程建设的实施意见》（教高〔2019〕8号）精神和2020年省级一流本科课程申报的有关通知要求，经高校申报推荐，并经专家评议，认定1043门课程为2020年省级一流本科课程（含2016－2019年省教育厅发文立项建设和培育、2020年验收认定的376门）。其中，线上一流课程190门，线下一流课程220门，线上线下混合式一流课程420门，虚拟仿真实验教学一流课程132门、社会实践一流课程81门，现予公布。

2020年省级一流本科课程名单

一、线上一流课程（190门）

序号	课程名称	课程负责人	主要建设单位
1	谈判学	陈　锴	厦门大学
2	金匮要略	陈少东	厦门大学
3	电磁场与电磁波	李伟文	厦门大学
4	生药学	丘鹰昆	厦门大学
5	数据结构	郑旭玲	厦门大学
6	天线与电波传播	游佰强	厦门大学
7	20世纪美国经典小说赏析	李美华	厦门大学
8	Spark编程基础	林子雨	厦门大学
9	多元统计分析	刘婧媛	厦门大学
10	英国诺奖作家经典赏析	张龙海	厦门大学
11	中英文科技论文写作	张尧立	厦门大学
12	离散数学	金贤安	厦门大学
13	植物分类学	侯学良	厦门大学
14	算法设计与分析	张德富	厦门大学
15	计算机辅助设计	饶金通	厦门大学
16	现代遗传学	王亚梅	厦门大学
17	电子线路	吴晓芳	厦门大学
18	激光原理与技术	黄朝红	厦门大学
19	英语演讲之道	江桂英	厦门大学
20	电磁波及其应用	游佰强	厦门大学

续表

序号	课程名称	课程负责人	主要建设单位
21	走近山水画	王　华	华侨大学
22	《道德经》与管理智慧	张向前	华侨大学
23	有门摄影课	林晔琳	华侨大学
24	轻松学习钢琴	杨曦婷	华侨大学
25	制造技术基础	刘晓梅	华侨大学
26	中国现当代文学（一）	李晓洁	华侨大学
27	宏观经济学	黄智淋	华侨大学
28	提高英语读写 1	苏慰凰	华侨大学
29	提高英语读写 2	林婷婷	华侨大学
30	中国现代文学史	田文兵	华侨大学
31	生命关怀与心理健康	赵冰洁	华侨大学
32	大学生健康教育与维护	周树锋	华侨大学
33	复变函数	陈行堤	华侨大学
34	地下建筑结构	缪圆冰	福州大学
35	福建文化	林继红	福州大学
36	创业谋略	陈润华	福州大学
37	结构化学	李　奕	福州大学
38	材料制备与加工	陈俊锋	福州大学
39	材料科学基础	彭开萍	福州大学
40	制药工艺学	唐凤翔	福州大学
41	大学生心理健康	张本钰	福建师范大学
42	面试沟通技巧	卢佳音	福建师范大学
43	数字时代的学习技术	杨　宁	福建师范大学
44	大学物理实验	郑卫峰	福建师范大学
45	古代汉语	陈　鸿	福建师范大学
46	中国古代史	郭培贵	福建师范大学
47	世界近现代史	王晓德	福建师范大学
48	刑法学	史振郭	福建师范大学
49	高级公共英语思辨阅读	林明金	福建师范大学
50	创新创业中的消费心理洞察	莫　莉	福建师范大学
51	现代教育技术	杨　宁	福建师范大学
52	固体物理学	陈水源	福建师范大学
53	外国民族音乐	王　州	福建师范大学
54	核心素养导向的课堂教学	余文森	福建师范大学
55	马克思主义基本原理概论	杨小霞	福建师范大学
56	体操（健美操、啦啦操）	方熙嫦	福建师范大学
57	地理信息系统导论	余　明	福建师范大学
58	云计算导论	陈志德	福建师范大学
59	人工智能导论	王开军	福建师范大学

续表

序号	课程名称	课程负责人	主要建设单位
60	大数据导论	严宣辉	福建师范大学
61	心理统计与 SPSS	孟迎芳	福建师范大学
62	Office 高级应用	李丽珊	福建农林大学
63	地球信息科学与空间技术	赖日文	福建农林大学
64	农学概论	曾任森	福建农林大学
65	神奇的种子世界	季彪俊	福建农林大学
66	审计学	李秀珠	福建农林大学
67	食品营养学	姚闽娜	福建农林大学
68	英语写作能力进阶教程	陈　玫	福建农林大学
69	作物育种学（双语）	张立武	福建农林大学
70	物理性污染控制	范立维	福建农林大学
71	军事课（闽农大）	刘文炳	福建农林大学
72	高等仪器分析	吕　健	福建农林大学
73	固体废弃物处理与资源化	封　磊	福建农林大学
74	机电传动控制	叶大鹏	福建农林大学
75	环境工程原理	韩晓刚	福建农林大学
76	明清家具品鉴	李吉庆	福建农林大学
77	食品发酵工艺学	陈继承	福建农林大学
78	太阳能工程	欧阳新华	福建农林大学
79	邮票上的昆虫世界	李　芳	福建农林大学
80	园林树木栽培学	陈凌艳	福建农林大学
81	财务分析（双语课）	刘路星	福建农林大学
82	大学生创新创业基础	谢向英	福建农林大学
83	福建近代历史与文化	李宝艳	福建农林大学
84	人力资源管理理论与实务	许小晶	福建农林大学
85	生活中的社会学	林姝敏	福建农林大学
86	兽医免疫学	吴晓平	福建农林大学
87	天然药物化学	倪　林	福建农林大学
88	土壤与肥料分析实验	叶　欣	福建农林大学
89	家具设计	叶翠仙	福建农林大学
90	闽茶艺韵	邓婷婷	福建农林大学
91	走近哲学大师	林贤明	福建农林大学
92	老年护理学	肖惠敏	福建医科大学
93	传染病学	叶寒辉	福建医科大学
94	卫生毒理学	李煌元	福建医科大学
95	皮肤性病学	程　波	福建医科大学
96	常见慢性病识别与管理	胡　荣	福建医科大学
97	人文视野中的科学技术——《自然辩证法》	朱红梅	福建医科大学
98	妊娠与分娩	胡蓉芳	福建医科大学

续表

序号	课程名称	课程负责人	主要建设单位
99	社会调查方法	李跃平	福建医科大学
100	医务社会工作	郑立羽	福建医科大学
101	小儿推拿学	林丽莉	福建中医药大学
102	内经选读	高嘉骏	福建中医药大学
103	中医骨伤科学基础	张　燕	福建中医药大学
104	医学统计学	蔡　晶	福建中医药大学
105	脑卒中康复护理	刘　芳	福建中医药大学
106	大学英语综合教程 2	江亦川	集美大学
107	大学英语综合教程 1	林　燕	集美大学
108	数据结构	吴晓晖	集美大学
109	数字电路与逻辑设计	方怡冰	集美大学
110	食品分析	黄志勇	集美大学
111	大学英语综合教程 4	余小敏	集美大学
112	诗词文本细读举例	王朝华	闽南师范大学
113	书籍编辑与实践	万丽慧	闽南师范大学
114	古代数学中的福建名人	周仕荣	闽南师范大学
115	网络营销	陈耀庭	闽南师范大学
116	大学物理——力学篇	蒋海斌	福建工程学院
117	建筑工程计量与计价	李　杰	福建工程学院
118	钢结构基本原理	陈　曦	福建工程学院
119	地基基础	李　杨	福建工程学院
120	合同法	王凤民	福建工程学院
121	新闻学概论	曹　丹	福建工程学院
122	外国文学名著赏析	陆招英	福建工程学院
123	英文写作—告别中式英语	李艳玲	福建工程学院
124	数学模型	欧启通	厦门理工学院
125	软件测试技术	肖　蕾	厦门理工学院
126	物流管理基础	傅雪红	厦门理工学院
127	创业基础	刘松先	厦门理工学院
128	运输学	洪怡恬	厦门理工学院
129	工程素质养成	翁伟	厦门理工学院
130	光纤与光通信实验	杨上供	厦门理工学院
131	面向对象系统分析与设计及其开发工具 ROSE	林宏杰	厦门理工学院
132	新闻英语视听说	林扬欢	厦门理工学院
133	人文地理学	李子蓉	泉州师范学院
134	闽南审美文化专题	王　伟	泉州师范学院
135	电子商务概论——以闽南电商为例的访谈式教学	苏金泷	泉州师范学院
136	异常心理学	邵　华	泉州师范学院
137	汽车构造 2	蔡祥鹏	泉州师范学院

续表

序号	课程名称	课程负责人	主要建设单位
138	弦管传奇　古乐南音	王丹丹	泉州师范学院
139	西方音乐史与名作赏析	林　静	泉州师范学院
140	行为矫正原理与方法	雷雨田	泉州师范学院
141	药剂学	吕凤娇	泉州师范学院
142	护理学导论	杨丽全	莆田学院
143	趣味科技	黄黎红	莆田学院
144	电气设备及其状态监测技术	陈学军	莆田学院
145	数字测图	傅文杰	莆田学院
146	跨境电商理论与实务	林炜莉	莆田学院
147	魅力表达轻松学	林大庆	三明学院
148	经济数学（一元微积分）	林丽华	三明学院
149	客家文化符号与文化创意	徐维群	龙岩学院
150	警务英语	林晓萍	福建警察学院
151	武术健身——攻防二十四手	黄晓鹏	福建警察学院
152	管理创新——案例与实践	缪匡华	福建江夏学院
153	土木工程概论	王国杰	福建江夏学院
154	身边的历史	陆　娱	福建江夏学院
155	质量管理工程	杨艳华	福建江夏学院
156	决策理论与方法	施海柳	福建江夏学院
157	Access 数据库程序设计	卓　琳	福建江夏学院
158	大学生创业基础	揭红兰	福建江夏学院
159	商务英语函电与合同	洪　菁	福建江夏学院
160	积极心理与大学生活	张翠莲	福建江夏学院
161	身边的幸福学	谢珍萍	福建江夏学院
162	金融学	张传良	福建江夏学院
163	网络创业实战	李　捷	福建江夏学院
164	创新管理	揭红兰	福建江夏学院
165	跨境电商操作实务	宋　磊	福建江夏学院
166	英国文学简史	刘　玲	福建江夏学院
167	组织行为学	杨　敏	福建江夏学院
168	人身保险	王明梅	福建江夏学院
169	计量经济学	范娟娟	福建江夏学院
170	动画后期合成（含非线编）	胡军强	福建江夏学院
171	欣赏物理学	关贵清	宁德师范学院
172	单片机原理与应用	张荣刚	福建技术师范学院
173	基础西班牙语	潘文翠	福州外语外贸学院
174	闽都名联与望族	吴可文	福州外语外贸学院
175	纪录片创作	沈　岚	福州外语外贸学院
176	国际贸易单一窗口	陈　忠	福州外语外贸学院

续表

序号	课程名称	课程负责人	主要建设单位
177	电商仓库主管速成术	胡秀连	福州外语外贸学院
178	金融工程学入门	沈育展	福州外语外贸学院
179	时尚设计师作品赏析	邱凤梓	福州外语外贸学院
180	大学英语 2	张海波	厦门大学嘉庚学院
181	人文社科英语	张　岚	厦门工学院
182	中外园林史	谢鑫泉	厦门工学院
183	《论语》导读	杜　云	阳光学院
184	境外实用英语	张昌宋	福建师范大学协和学院
185	楹联鉴赏与创作	王进安	福建师范大学协和学院
186	体格检查方法	邓丽娜	厦门医学院
187	情境英语口语	钟　俊	厦门医学院
188	生理学	黄黎月	厦门医学院
189	应用统计学	陈　钦	福建农林大学金山学院
190	奇妙的动物世界	谢正露	福建农林大学金山学院

二、线下一流课程（220 门）

序号	课程名称	课程负责人	主要建设单位
1	机械制图	姚荣迁	厦门大学
2	系统解剖学	薛茂强	厦门大学
3	刑事诉讼法学	刘学敏	厦门大学
4	大学物理	吴顺情	厦门大学
5	药剂学	王秀敏	厦门大学
6	环境科学导论	陈　荣	厦门大学
7	传递过程与单元操作（一）	叶李艺	厦门大学
8	马克思主义哲学原理	杨　松	厦门大学
9	政治学原理	李艳霞	厦门大学
10	羽毛球	林顺英	厦门大学
11	数据结构	郑旭玲	厦门大学
12	体外诊断产业技术	葛胜祥	厦门大学
13	金融经济学	周颖刚	厦门大学
14	英语口译	傅彦琦	厦门大学
15	外交学	方　浩	厦门大学
16	人类成长与社会环境	杨凌燕	厦门大学
17	临床检验医学	郑铁生	厦门大学
18	综合体城市设计	李芝也	厦门大学
19	现代饭店管理	林璧属	厦门大学
20	全球问题与全球治理	王秋彬	华侨大学
21	水污染控制工程	周作明	华侨大学

续表

序号	课程名称	课程负责人	主要建设单位
22	固体废弃物处理与处置及实验	吕碧洪	华侨大学
23	化学反应工程	李宝霞	华侨大学
24	机械工程测试技术	方从富	华侨大学
25	国际金融学	赵林海	华侨大学
26	货币银行学	苏梽芳	华侨大学
27	酒店经营策划与管理	汪京强	华侨大学
28	旅游目的地管理	黄安民	华侨大学
29	统计学导论	张秀武	华侨大学
30	结构力学	周克民	华侨大学
31	专业创新创业基础实践	缑　锦	华侨大学
32	旅游资源学	黄远水	华侨大学
33	有机合成设计	袁耀锋	福州大学
34	风险管理	陈可嘉	福州大学
35	食品分析	汪少芸	福州大学
36	机械制造工程训练	林有希	福州大学
37	设计表现技法	林　伟	福州大学
38	数理方法	郑　巧	福州大学
39	马克思主义基本原理概论	周志娟	福州大学
40	思想道德修养与法律基础	蔡晓良	福州大学
41	整合创新设计	洪歆慧	福州大学
42	商业空间设计	梁　青	福州大学
43	金融学	林炳华	福州大学
44	中国工艺美术史	张　健	福州大学
45	软件工程实践	汪璟玢	福州大学
46	学前儿童游戏	丁海东	福建师范大学
47	国际商务谈判（含国际商务谈判模拟）	陈　忠	福建师范大学
48	教育文化学	吴佳妮	福建师范大学
49	教育概论	殷世东	福建师范大学
50	生物化学	欧阳松应	福建师范大学
51	汉字源流	李春晓	福建师范大学
52	教育学（含教师职业道德）	孙曼丽	福建师范大学
53	马克思主义政治经济学概论	杨　强	福建师范大学
54	小学班队原理与班主任工作	念　烨	福建师范大学
55	教具设计与制作	黄树清	福建师范大学
56	教师专业技能测试与训练1（含三笔一画和微格教学）	刘国皇	福建师范大学
57	光学	陈志华	福建师范大学
58	山水画	王英暎	福建师范大学
59	生物学教学设计	胡　薇	福建师范大学
60	高等代数	肖民卿	福建师范大学

续表

序号	课程名称	课程负责人	主要建设单位
61	数学分析	王志强	福建师范大学
62	学前儿童健康教育	李　涛	福建师范大学
63	中学数学教学设计	李　祎	福建师范大学
64	植物科学研究进展	兰　涛	福建农林大学
65	普通植物病理学	吴祖建	福建农林大学
66	生物统计学	刘金福	福建农林大学
67	树木营养学	李　明	福建农林大学
68	生物化学 B	张灵玲	福建农林大学
69	植物学 A	陈　煜	福建农林大学
70	园林生态学	闫淑君	福建农林大学
71	营养学（双语课）	曾红亮	福建农林大学
72	水土保持学	蒋芳市	福建农林大学
73	制浆造纸机械与设备	陈礼辉	福建农林大学
74	组织行为学	坚　瑞	福建农林大学
75	思想道德修养与法律基础	刘新玲	福建农林大学
76	社区护理学	庄嘉元	福建医科大学
77	儿科学	吴　斌	福建医科大学
78	局部解剖学	赵小贞	福建医科大学
79	眼病学	黄　焱	福建医科大学
80	作业治疗学	林　诚	福建医科大学
81	临床免疫学与检验	陈　敏	福建医科大学
82	大学英语 2（高级）	冯　欣	福建医科大学
83	毛泽东思想和中国特色社会主义理论体系概论	吴任慰	福建医科大学
84	药物分析	林丽清	福建医科大学
85	自我认识与成长	郑立羽	福建医科大学
86	医学英语	齐　晖	福建医科大学
87	温病学	鲁玉辉	福建中医药大学
88	伤寒学	张喜奎	福建中医药大学
89	骨骼肌肉疾病作业治疗	刘雪枫	福建中医药大学
90	听力与言语康复学导论	黄　佳	福建中医药大学
91	中药学	王英豪	福建中医药大学
92	医学影像设备学	黄　浩	福建中医药大学
93	中医正骨学	牛素生	福建中医药大学
94	心肺系统疾病物理治疗	谢秋蓉	福建中医药大学
95	航海学	胡稳才	集美大学
96	基因工程与分子生物学	刘静雯	集美大学
97	微机原理与接口技术	方怡冰	集美大学
98	信号与系统	陈尔康	集美大学
99	数学建模	赵　玲	集美大学

续表

序号	课程名称	课程负责人	主要建设单位
100	民法总论	许翠霞	集美大学
101	中国近现代史纲要	陈再生	闽南师范大学
102	英美文学	张龙海	闽南师范大学
103	思想政治教育学原理	吴学兵	闽南师范大学
104	广告策划	胡鸿影	闽南师范大学
105	马克思主义基本原理概论	林海燕	闽南师范大学
106	高等代数	林卫强	闽南师范大学
107	教育实践	景　云	闽南师范大学
108	建筑给水排水工程	陈礼洪	福建工程学院
109	水质工程学	蒋柱武	福建工程学院
110	水分析化学	李静玲	福建工程学院
111	网络新闻采编业务	蓝燕玲	厦门理工学院
112	自动控制原理	彭彦卿	厦门理工学院
113	单片机原理与应用	陈志英	厦门理工学院
114	水资源规划与利用	刘光生	厦门理工学院
115	产品设计基础	王　刚	厦门理工学院
116	国际贸易实务	林　涛	厦门理工学院
117	预测与决策分析	李晓青	厦门理工学院
118	电力电子技术	郑雪钦	厦门理工学院
119	物理化学	陈延民	泉州师范学院
120	外国文学	吴春兰	泉州师范学院
121	天线技术	余燕忠	泉州师范学院
122	视唱练耳与工乂谱视读	白志艺	泉州师范学院
123	概率论与数理统计	苏连塔	泉州师范学院
124	国际贸易实务（双语）	王建福	泉州师范学院
125	政治经济学	黄身发	泉州师范学院
126	编译原理	郭淼霞	泉州师范学院
127	仪器分析	陈毅挺	闽江学院
128	物理化学实验	黄雅丽	闽江学院
129	高级财务会计	钱晓岚	闽江学院
130	电子系统设计	傅　平	闽江学院
131	新媒体广告策划与营销	戴　程	闽江学院
132	世界近现代史	房建国	闽江学院
133	专业导论（服装设计与工程）	吕　佳	闽江学院
134	现代管理学选讲	方宝璋	莆田学院
135	砼结构基本原理	林晓东	莆田学院
136	合唱与指挥	林荣华	莆田学院
137	影视制作概论	王中晓	莆田学院
138	金融工程学	宋丽平	莆田学院

续表

序号	课程名称	课程负责人	主要建设单位
139	体育心理学	朱美娟	莆田学院
140	大气污染控制工程	李章良	莆田学院
141	酒店情景英语	谢秀华	莆田学院
142	定向运动	林立新	莆田学院
143	环境影响评价	李奇勇	三明学院
144	综合商务英语	黄菊芬	三明学院
145	基因工程	鄢树枫	三明学院
146	物联网工程与实践	刘持标	三明学院
147	传感器与检测技术	黄思俞	三明学院
148	计算机系统基础	曾志宏	龙岩学院
149	学前儿童数学教育	邓进红	龙岩学院
150	GNSS 测量与数据处理	高　鹏	龙岩学院
151	团体心理辅导	黄　琼	龙岩学院
152	管理学	黄可权	龙岩学院
153	无机及分析化学	姜秀榕	龙岩学院
154	民俗学概论	邱立汉	龙岩学院
155	膜分离技术	吴彝华	龙岩学院
156	材料科学基础	林水东	龙岩学院
157	女子健身舞蹈	黄春香	武夷学院
158	化工原理	杨自涛	武夷学院
159	大学物理 A	刘雪梅	武夷学院
160	移动终端应用开发	潘俊虹	武夷学院
161	刑事科学技术	孟　梁	福建警察学院
162	治安案件查处	李富声	福建警察学院
163	治安学	张旭红	福建警察学院
164	审讯技巧	黄小英	福建警察学院
165	社区警务	刘　静	福建警察学院
166	劳动经济学	沈　斌	福建江夏学院
167	冯梦龙专题研究	程慧琴	福建江夏学院
168	传统图形设计	孟昭洋	福建江夏学院
169	中国法制史	杨阿丽	福建江夏学院
170	民法（物权法）	董榕萍	福建江夏学院
171	常微分方程	谢向东	宁德师范学院
172	旅游社交礼仪	谢新暎	宁德师范学院
173	中共党史	游国斌	宁德师范学院
174	法学概论	吴家林	宁德师范学院
175	学年儿童游戏理论	岳玉阁	宁德师范学院
176	数学分析（三）	赵小珍	宁德师范学院
177	程序设计基础	郭永宁	福建技术师范学院

续表

序号	课程名称	课程负责人	主要建设单位
178	面向对象程序开发与设计	施晓芳	福建技术师范学院
179	刑法 1（总论）	鲍莹玉	仰恩大学
180	仓储管理	胡秀连	福州外语外贸学院
181	财务报表分析	雷光美	福州外语外贸学院
182	工程材料	马　勤	泉州信息工程学院
183	机械设计	高善平	泉州信息工程学院
184	环境监测	王燕云	厦门华厦学院
185	思辨与写作	王　宁	厦门华厦学院
186	运输管理	陈　湉	福州理工学院
187	仪表与过程控制	刘　萍	厦门大学嘉庚学院
188	普通生物学	李　莹	厦门大学嘉庚学院
189	感测技术	高丽贞	厦门工学院
190	数字图像处理	林燕芬	厦门工学院
191	广告设计基础	朱丹青	厦门工学院
192	材料成形原理与设备	李春辉	厦门工学院
193	经贸英语口语实训	朱莉莉	阳光学院
194	人力资源管理与开发	童正容	阳光学院
195	新媒体采编实务	王　宏	阳光学院
196	乐理与视唱练耳	陈雅先	福建师范大学协和学院
197	企业危机管理	吴　琳	福建师范大学协和学院
198	电子商务与物流管理	钟晓燕	福建师范大学协和学院
199	英语阅读 A	张昌宋	福建师范大学协和学院
200	食品微生物学	周　强	闽南科技学院
201	风景园林规划与设计	唐乐尧	福州工商学院
202	微观经济学	王丽燕	福建商学院
203	商务英语写作	童成寿	福建商学院
204	商务英语视听说 I	范云霞	福建商学院
205	市场营销学	郑艳芳	福建商学院
206	管理会计	林舒航	福建商学院
207	成本会计	蔡秋玉	福建商学院
208	财务管理	谢汉昌	福建商学院
209	牙体牙髓病学	郑晓丹	厦门医学院
210	妇产科护理学	茅　清	厦门医学院
211	临床医学概要	林　虹	厦门医学院
212	中华文化传播	林敏奋	福州大学至诚学院
213	大学物理	孙　磊	福州大学至诚学院
214	电子商务导论	许仲生	集美大学诚毅学院
215	英语 2	伍　铃	福建农林大学金山学院
216	移动应用开发	程铃钫	福建农林大学金山学院

续表

序号	课程名称	课程负责人	主要建设单位
217	产品三维建模	秦立庆	闽南理工学院
218	大学与青年发展（港澳台学生国情教育专项）	朱银端	华侨大学
219	当代世界与中国（港澳台学生国情教育专项）	袁张帆	华侨大学
220	国情与法律教育（港澳台学生国情教育专项）	叶　莉	福建农林大学

三、线上线下混合式一流课程（420 门）

序号	课程名称	课程负责人	主要建设单位
1	离散数学	金贤安	厦门大学
2	马克思主义基本原理概论	张有奎	厦门大学
3	气体动力学基础	尤延铖	厦门大学
4	生物化学实验	石　艳	厦门大学
5	微生物学	郭　峰	厦门大学
6	电子线路 I	吴晓芳	厦门大学
7	电路分析	李　琳	厦门大学
8	软件项目管理	杨律青	厦门大学
9	画法几何	吴新烨	厦门大学
10	风险投资	吴超鹏	厦门大学
11	高级财务会计	杨　绮	厦门大学
12	海洋化学专门化实验	蔡毅华	厦门大学
13	微观计量经济学及其应用	茅家铭	厦门大学
14	细胞生物学	叶　军	厦门大学
15	电气控制实践训练	李继芳	厦门大学
16	C 程序设计基础	黄洪艺	厦门大学
17	遗传与分子生物学实验	章　军	厦门大学
18	微生物学与免疫学实验	张连茹	厦门大学
19	大学英语写作基础	江桂英	厦门大学
20	概率论与数理统计	曾华琳	厦门大学
21	微波技术基础	游佰强	厦门大学
22	IT 项目管理	吴清锋	厦门大学
23	儿科护理学	沈　曲	厦门大学
24	环境化学	于瑞莲	华侨大学
25	生物化学	周树锋	华侨大学
26	组织行为学	张向前	华侨大学
27	工程图学（一）	段　念	华侨大学
28	线性代数 A2	谢小贤	华侨大学
29	多彩机器人世界	张国亮	华侨大学
30	书法基础	卢　蓉	华侨大学
31	钢琴基础	杨曦婷	华侨大学
32	科学运动与健康	胡国鹏	华侨大学

续表

序号	课程名称	课程负责人	主要建设单位
33	设计构成基础	艾小群	华侨大学
34	侵权责任法	彭春莲	华侨大学
35	中国现代文学经典作品鉴赏	李晓洁	华侨大学
36	机械制造技术基础	尤芳怡	华侨大学
37	市场营销	杨洪涛	华侨大学
38	思辨与创新	罗陈娟	华侨大学
39	马克思主义基本原理概论	王　辉	华侨大学
40	西方文学经典鉴赏	王延娥	华侨大学
41	微电影创作	郭艳梅	华侨大学
42	食品安全	赵　珺	华侨大学
43	西方社会思想两千年	常旭旻	华侨大学
44	材料物理性能与结构表征实验	李凌云	福州大学
45	商业银行经营与管理学	刘晓潮	福州大学
46	数控技术	聂晓根	福州大学
47	知识产权法	贾丽萍	福州大学
48	软件定义网络	朱丹红	福州大学
49	分析化学	林翠英	福州大学
50	工程估价	黄利频	福州大学
51	中国文化（英语授课）	姚　玲	福州大学
52	信号与系统 A（双语）	张华君	福州大学
53	测量学	方绪华	福州大学
54	高等数学 B（下）	王　平	福州大学
55	特种陶瓷	林　枞	福州大学
56	财务报表编制与分析	陈朝晖	福州大学
57	会计学原理	房桃峻	福州大学
58	药物化学	黄剑东	福州大学
59	Python 语言程序设计	吴运兵	福州大学
60	高级语言程序设计	吴英杰	福州大学
61	模式识别	于元隆	福州大学
62	概率论与数理统计	薛美玉	福州大学
63	网络空间安全概论	郭文忠	福州大学
64	电器理论基础	许志红	福州大学
65	海绵城市建设概论	刘德明	福州大学
66	地下结构数值计算方法	缪圆冰	福州大学
67	地下水动力学	樊秀峰	福州大学
68	大学英语	王　茜	福州大学
69	高等数学 A（上）	周　勇	福州大学
70	知识产权法	贾丽萍	福州大学
71	生物化学	倪　莉	福州大学

续表

序号	课程名称	课程负责人	主要建设单位
72	高等数学 B（上）	曾勋勋	福州大学
73	近代物理实验	林应斌	福建师范大学
74	心理统计学（含 SPSS）	孟迎芳	福建师范大学
75	信息技术微格教学	杨　宁	福建师范大学
76	遥感概论	沙晋明	福建师范大学
77	细胞生物学	王冰梅	福建师范大学
78	大学生心理健康	张本钰	福建师范大学
79	人工智能与机器人	陈凤斌	福建师范大学
80	地球概论	张林海	福建师范大学
81	中小学生命教育	邱心玫	福建师范大学
82	生态学实验与技术	李守中	福建师范大学
83	英语课程标准与教材研究	兰春寿	福建师范大学
84	综合实践活动	林　钦	福建师范大学
85	性健康教育学	江剑平	福建师范大学
86	环境学	苏玉萍	福建师范大学
87	仪器分析	薛　珲	福建师范大学
88	大学物理 A（上）	叶晴莹	福建师范大学
89	闽台缘历史文化	叶青	福建师范大学
90	发展与教育心理学	连　榕	福建师范大学
91	储能原理与技术	黄志高	福建师范大学
92	大学摄影基础	徐希景	福建师范大学
93	钢琴教学法	廖红宇	福建师范大学
94	文采风流：近现代闽籍文人与作家	吕若涵	福建师范大学
95	网络与新媒体概论	宋美杰	福建师范大学
96	广告作品赏析	莫　莉	福建师范大学
97	学校管理心理学	黄爱玲	福建师范大学
98	组织行为学：了解并激励员工	唐　杰	福建师范大学
99	思想道德修养与法律基础	陈　志	福建师范大学
100	世界近现代史	王晓德	福建师范大学
101	线性代数	陈兰清	福建师范大学
102	知识产权法学	林少东	福建师范大学
103	马克思主义基本原理概论	杨小霞	福建师范大学
104	地理信息系统导论	余　明	福建师范大学
105	运动生物力学	范毅方	福建师范大学
106	舞蹈形体科学训练	习　英	福建师范大学
107	3S 技术	赖日文	福建农林大学
108	工业药剂学	黄彬彬	福建农林大学
109	闽茶艺韵	邓婷婷	福建农林大学
110	农学概论	李振方	福建农林大学

续表

序号	课程名称	课程负责人	主要建设单位
111	农业气象学	江　敏	福建农林大学
112	园艺植物育种总论	方　庭	福建农林大学
113	作物育种学（双语）	张立武	福建农林大学
114	物理性污染控制	范立维	福建农林大学
115	现代仪器分析实验 B	张金彪	福建农林大学
116	测量学	马　丹	福建农林大学
117	环境工程原理	韩晓刚	福建农林大学
118	家居产品设计	林皎皎	福建农林大学
119	家具结构设计	叶翠仙	福建农林大学
120	园林树木栽培学	陈凌艳	福建农林大学
121	化学反应工程	卢泽湘	福建农林大学
122	木制品加工工艺学	刘学莘	福建农林大学
123	食品加工原理（双语课）	方　婷	福建农林大学
124	新能源汽车与未来生活	陈学永	福建农林大学
125	生物信息学	何华勤	福建农林大学
126	Office 高级应用	李丽珊	福建农林大学
127	概率论与数理统计	张　慜	福建农林大学
128	耕作学——农业生态转型的理论与实践	陈冬梅	福建农林大学
129	工程索道	周成军	福建农林大学
130	花卉学	彭东辉	福建农林大学
131	家畜寄生虫病学	殷光文	福建农林大学
132	劳动经济学	林姝敏	福建农林大学
133	农产品贸易	何均琳	福建农林大学
134	社区管理	郭　涵	福建农林大学
135	外经贸英语函电	张云清	福建农林大学
136	现代仪器分析	杨桂娣	福建农林大学
137	药理学（双语课）	史培颖	福建农林大学
138	营养与健康讲座	姚闽娜	福建农林大学
139	大学物理 B	吴义炳	福建农林大学
140	高等数学（农林类）	王　桑	福建农林大学
141	乐龄乐活：老年休闲活动设计	吴旭平	福建农林大学
142	马克思主义基本原理概论	林贤明	福建农林大学
143	农业植物病理学	刘国坤	福建农林大学
144	普通昆虫学	吴梅香	福建农林大学
145	实验化学	蒋　疆	福建农林大学
146	食品工艺学	梁　鹏	福建农林大学
147	物流数据库技术	林　森	福建农林大学
148	运筹学	李　薇	福建农林大学
149	颈腰椎健康保健及防治常识	陈春美	福建医科大学

续表

序号	课程名称	课程负责人	主要建设单位
150	老年医学	朱鹏立	福建医科大学
151	医学实验室管理学	陈清泉	福建医科大学
152	病理生理学	曾　真	福建医科大学
153	人体寄生虫学	刘光英	福建医科大学
154	病理学	陈淑勤	福建医科大学
155	生物技术制药	陈晓乐	福建医科大学
156	医学统计学	吴思英	福建医科大学
157	临床麻醉学	郑晓春	福建医科大学
158	系统解剖学	林　清	福建医科大学
159	牙体牙髓病学	黄晓晶	福建医科大学
160	营养与食品卫生学	黄　芳	福建医科大学
161	内科护理学	胡　荣	福建医科大学
162	病原生物学	林　旭	福建医科大学
163	妇产科护理学	邱萍萍	福建医科大学
164	药理学（药学类）	俞昌喜	福建医科大学
165	生物化学与分子生物学	何　艳	福建医科大学
166	生理学	张明芳	福建医科大学
167	综合英语 1	陈斌敏	福建医科大学
168	流行病学	何保昌	福建医科大学
169	药理学（临床医学专业）	吴丽贤	福建医科大学
170	正确用药与指导	刘茂柏	福建医科大学
171	思想道德修养与法律基础	钟舒曼	福建医科大学
172	临床检验基础	高　瑶	福建医科大学
173	预防医学（卫生学）	刘宝英	福建医科大学
174	医学细胞生物学	宋　军	福建医科大学
175	临床营养学	陈　洁	福建医科大学
176	口腔解剖生理学	吕红兵	福建医科大学
177	医学伦理学	陈　旻	福建医科大学
178	急危重症护理学	胡蓉芳	福建医科大学
179	口腔修复学	程　辉	福建医科大学
180	中药药剂学	王晓颖	福建中医药大学
181	中医诊断学	李灿东	福建中医药大学
182	组织学与胚胎学	何才姑	福建中医药大学
183	内经选读	高嘉骏	福建中医药大学
184	中医骨伤科学基础	张　燕	福建中医药大学
185	健康信息学	黄至辉	福建中医药大学
186	经络养生与文化	郑美凤	福建中医药大学
187	古典舞身韵	范晓敏	集美大学
188	线性代数	高　峰	集美大学

续表

序号	课程名称	课程负责人	主要建设单位
189	羽毛球	陈莉琳	集美大学
190	电工电子实习	薛向东	集美大学
191	大学英语	林　燕	集美大学
192	大学物理 A	杨　兰	集美大学
193	创新工程实践	柯江岩	集美大学
194	英语演讲	赵　以	集美大学
195	高级语言程序设计——C 语言	张　庆	集美大学
196	电路分析基础	陈妤姗	集美大学
197	职业生涯规划——体验式学习	卢其乐	集美大学
198	军事理论	刘　坤	集美大学
199	政治经济学	李变花	闽南师范大学
200	食品安全与卫生学	薛　山	闽南师范大学
201	网络营销	陈耀庭	闽南师范大学
202	教学系统设计	安素平	闽南师范大学
203	压花艺术	邹金美	闽南师范大学
204	信息安全	周豫苹	闽南师范大学
205	现代教育技术应用	刘　冰	闽南师范大学
206	混凝土结构基本原理	郑居焕	福建工程学院
207	电器控制与 PLC 技术	陈　炜	福建工程学院
208	微观经济学	陈燕翎	福建工程学院
209	3D 设计软件应用	伊启中	福建工程学院
210	环境工程微生物学	徐　升	福建工程学院
211	建筑结构	王黎怡	福建工程学院
212	中国文化概论	祁开龙	福建工程学院
213	马克思主义基本原理概论	肖　行	福建工程学院
214	大学生心理健康教育	陈　泳	福建工程学院
215	理论力学	曾绍锋	福建工程学院
216	审计学	林丽清	福建工程学院
217	创业投资与管理	王高洁	福建工程学院
218	国际贸易实务	李　婷	福建工程学院
219	建筑结构抗震设计	吴　琛	福建工程学院
220	概率论与数理统计	曾祝明	福建工程学院
221	知识产权	郑华聪	福建工程学院
222	走进林纾	朱晓慧	福建工程学院
223	管理学原理	杜兴艳	福建工程学院
224	土力学	陈国周	福建工程学院
225	线性代数	张积林	福建工程学院
226	计算机网络技术	嵇晓蓉	福建工程学院
227	Web 应用程序设计	蒋丽峰	福建工程学院

续表

序号	课程名称	课程负责人	主要建设单位
228	电路	陈佳新	福建工程学院
229	电子设计自动化	林金阳	福建工程学院
230	英语阅读	张小红	福建工程学院
231	基于体裁的英语阅读与写作	黄雅颖	福建工程学院
232	英美文学简史	张生茂	福建工程学院
233	城市设计原理	杨芙蓉	福建工程学院
234	大气污染控制工程	林小英	福建工程学院
235	电力电子技术	黄　靖	福建工程学院
236	机械制造技术基础	詹友基	福建工程学院
237	商业银行经营管理	黄　莉	厦门理工学院
238	视听语言	郑　峰	厦门理工学院
239	运筹学	付　荣	厦门理工学院
240	程序设计与算法语言（C + +）	陈玉成	厦门理工学院
241	路基路面工程	赵花丽	厦门理工学院
242	高等数学 I（下）	吴春红	厦门理工学院
243	数字营销传播	赖祯黎	厦门理工学院
244	现代控制理论	孔祥松	厦门理工学院
245	信号与系统	刘　虹	厦门理工学院
246	大学信息技术	崔建峰	厦门理工学院
247	建筑工程计量与计价	李秀芳	厦门理工学院
248	模拟电子技术实验	李　燕	厦门理工学院
249	光纤与光通信实验	杨上供	厦门理工学院
250	电路	余长青	厦门理工学院
251	数字电子技术	余长青	厦门理工学院
252	投资学	吴平凡	厦门理工学院
253	电气控制与 PLC	刘美俊	厦门理工学院
254	中外美术鉴赏	翁丽芬	厦门理工学院
255	太极拳文化及杨式太极拳教学	赵双印	厦门理工学院
256	数据结构	施　华	厦门理工学院
257	茶文化	贺　莹	厦门理工学院
258	异常心理学	邵　华	泉州师范学院
259	发动机原理	邓腾树	泉州师范学院
260	楹联鉴赏与中国文化	王　曦	泉州师范学院
261	计算机网络	叶宇光	泉州师范学院
262	电子商务概论	苏金泷	泉州师范学院
263	人文地理学	李蕊蕊	泉州师范学院
264	大学物理实验 B	倪燕茹	泉州师范学院
265	高级语言程序设计	曾台盛	泉州师范学院
266	动物生物学	柯佳颖	泉州师范学院

续表

序号	课程名称	课程负责人	主要建设单位
267	无机化学 A	黄妙龄	泉州师范学院
268	闽南历史文化	刘新慧	泉州师范学院
269	软件工程	王荣海	泉州师范学院
270	设计思维与创新创业	杨诗源	泉州师范学院
271	食品化学	林　娈	泉州师范学院
272	药剂学	吕凤娇	泉州师范学院
273	学前特殊儿童教育	叶增编	泉州师范学院
274	货币银行学	吴子强	泉州师范学院
275	通信原理	林顺达	泉州师范学院
276	药物化学	高平章	泉州师范学院
277	药物分析	翁文婷	泉州师范学院
278	有机化学	郑燕玉	泉州师范学院
279	小学语文课程与教学	李尚生	泉州师范学院
280	南音演唱	陈恩慧	泉州师范学院
281	闽台传统音乐文化	吴少静	泉州师范学院
282	体操	李　健	泉州师范学院
283	创新思维	郭培才	闽江学院
284	高分子材料基础（双语）	王莉玮	闽江学院
285	Python 程序设计	张福泉	闽江学院
286	电路基础实验	王　彬	莆田学院
287	有机化学 A	林素英	莆田学院
288	房屋建筑学	谢兆平	莆田学院
289	数字电子技术	黄黎红	莆田学院
290	会计学原理 A	徐丽盈	莆田学院
291	大学物理	李　响	莆田学院
292	数据结构与算法	陈青青	莆田学院
293	护理学导论	杨丽全	莆田学院
294	建筑制图	单　翠	莆田学院
295	药理学 B	金　楠	莆田学院
296	商务礼仪	黄秀琳	莆田学院
297	护理学综合实验	陈良英	莆田学院
298	社区护理学	林朝芹	莆田学院
299	新能源发电	郝广涛	莆田学院
300	单片机综合应用	陈　玮	莆田学院
301	人体工程学	刘　阳	三明学院
302	外国文学 3	黄晓珍	三明学院
303	市场营销学	郑庆伟	三明学院
304	马克思主义基本原理	石雪梅	三明学院
305	小学生心理学	郑有珠	三明学院

续表

序号	课程名称	课程负责人	主要建设单位
306	运动营养学	王　峰	三明学院
307	微积分	林丽华	三明学院
308	工程制图	闻　霞	三明学院
309	中西服装史	信玉峰	三明学院
310	毛泽东思想和中国特色社会主义理论体系概论	陈绍西	三明学院
311	大学英语——写作基础	吴艳红	三明学院
312	中国古代文学	郑顺婷	三明学院
313	客家文化概论	兰寿春	龙岩学院
314	发酵工程与生活	林标声	龙岩学院
315	心理咨询原理与技术	姜燕琴	龙岩学院
316	地理信息系统	邹　丹	龙岩学院
317	图形创意	肖　玲	武夷学院
318	软件工程	李玲瑞	武夷学院
319	创造性思维与创新方法	祁少华	武夷学院
320	单片机技术	刘长勇	武夷学院
321	机械制造基础	林　权	武夷学院
322	古代汉语	陈　平	武夷学院
323	JAVA 面向对象程序设计	梁洪涛	武夷学院
324	闽北民间美术	田　丹	武夷学院
325	现场急救	陈仁辉	福建警察学院
326	国家赔偿法	钟明曦	福建警察学院
327	警务英语	林晓萍	福建警察学院
328	大学生创业基础	揭红兰	福建江夏学院
329	啦啦操	蔡昌文	福建江夏学院
330	大学英语（2）	车志红	福建江夏学院
331	证券投资分析	刘俊棋	福建江夏学院
332	管理创新——案例与实践	缪匡华	福建江夏学院
333	商务英语函电与合同	洪　菁	福建江夏学院
334	马克思主义基本原理概论	黄玉桃	宁德师范学院
335	外国文学史	吴梅芳	宁德师范学院
336	模拟电子技术	黄李健	宁德师范学院
337	材料科学基础	林　辉	宁德师范学院
338	酒店餐饮管理	詹　岚	宁德师范学院
339	汉字学概论	赵　峰	宁德师范学院
340	化工制图	郑美琴	宁德师范学院
341	高等代数	林秀清	宁德师范学院
342	市场营销	齐　斌	福建技术师范学院
343	国际贸易实务	吴飞霞	福建技术师范学院
344	模拟电子技术	马碧芳	福建技术师范学院

续表

序号	课程名称	课程负责人	主要建设单位
345	C 语言程序设计	叶福兰	福州外语外贸学院
346	国际贸易实务	陈　尘	福州外语外贸学院
347	外经贸英语函电	林　颖	福州外语外贸学院
348	国际结算	周銮平	福州外语外贸学院
349	中国近现代史纲要	林　希	福州外语外贸学院
350	工程测量	李　韵	福州外语外贸学院
351	数据库原理与应用	姚　洁	福州外语外贸学院
352	高级财务会计	邹灵涵	福州外语外贸学院
353	外事礼仪	陈　钦	福州外语外贸学院
354	基础法语	石　琳	福州外语外贸学院
355	统计学	刘贤昌	福州外语外贸学院
356	英语国家概况	杨俊惠	福州外语外贸学院
357	国际商务谈判	莒　萍	福州外语外贸学院
358	福建自贸区专题	戴斯玮	福州外语外贸学院
359	纪录片创作	沈　岚	福州外语外贸学院
360	大学生创新创业竞赛指导	邱　菱	福州外语外贸学院
361	高级语言程序设计（C 语言）	张梅娇	泉州信息工程学院
362	搜索引擎优化	亓梦佳	泉州信息工程学院
363	嵌入式系统	颜锦耀	泉州信息工程学院
364	统计学	林春凉	泉州信息工程学院
365	家具设计	彭　军	泉州信息工程学院
366	Python 程序设计与高级应用	鄂大伟	泉州信息工程学院
367	企业资源计划	张碧榕	泉州信息工程学院
368	思想道德修养与法律基础	蔡文桂	泉州信息工程学院
369	工程项目管理	褚玲妹	泉州信息工程学院
370	传感器原理与应用	蔡志猛	厦门华厦学院
371	无机及分析化学Ⅱ	许丽梅	厦门华厦学院
372	设计美学	林舜美	厦门华厦学院
373	马克思主义基本原理概论	王东星	厦门华厦学院
374	模拟电子技术基础	叶　楠	福州理工学院
375	工程经济学	李　莹	福州理工学院
376	创新与创业基础	苏考辉	厦门大学嘉庚学院
377	工程图学	陈松平	厦门大学嘉庚学院
378	人文社科英语	张　岚	厦门工学院
379	Java 程序设计	林丁报	厦门工学院
380	科技英语	喻新宇	厦门工学院
381	中外园林史	谢鑫泉	厦门工学院
382	单片机原理及应用	林　虹	阳光学院
383	赏音析乐	张晓娟	阳光学院

续表

序号	课程名称	课程负责人	主要建设单位
384	素描基础	杨思陶	阳光学院
385	大学物理	黄春晖	阳光学院
386	创意与创新	蒋湘玉	阳光学院
387	数据库原理	欧阳林艳	阳光学院
388	日语口译 A	杨　晖	福建师范大学协和学院
389	中国现当代文学史	伍明春	福建师范大学协和学院
390	投资银行理论与实务	徐慧华	福建师范大学协和学院
391	中国法制史	赵桂华	福建师范大学协和学院
392	会计学	柯　芳	福建师范大学协和学院
393	产业经济学	李碧珍	福建师范大学协和学院
394	大学生就业指导	林奇清	福建师范大学协和学院
395	中国近现代史纲要	李秋烟	福建师范大学协和学院
396	英语视听说 II	陈佳玫	闽南科技学院
397	基础英语	胡明珠	福州工商学院
398	大学生计算机应用基础	高　微	福州工商学院
399	财务管理	邓淑婷	福州工商学院
400	旅行社经营与管理	洪启颖	福州工商学院
401	人体解剖学与组织学	王玉孝	厦门医学院
402	基础护理学（上）	叶碧容	厦门医学院
403	药理学	吴雅茗	厦门医学院
404	Java 程序高级开发	亓晓静	福州大学至诚学院
405	高等数学	陈育栎	福州大学至诚学院
406	市场营销学	陈章旺	福州大学至诚学院
407	金属学及热处理	邵艳群	福州大学至诚学院
408	国际税收	刘　静	集美大学诚毅学院
409	计算机技术基础（C 语言）	叶晓红	集美大学诚毅学院
410	单片机原理与应用	李　颖	集美大学诚毅学院
411	财务管理	赵文健	福建农林大学金山学院
412	国际货物运输与代理	彭　虹	福建农林大学金山学院
413	统计学	陈　钦	福建农林大学金山学院
414	家具结构设计	邵　丹	福建农林大学金山学院
415	设计美学	李晨阳	福建农林大学金山学院
416	大学计算机应用基础	陈心瑜	福建农林大学金山学院
417	中级财务管理	李惠锦	闽南理工学院
418	鞋包产品设计	林晓芳	闽南理工学院
419	数控技术与编程	朱同波	闽南理工学院
420	国情教育（港澳台学生国情教育专项）	陈晓晓	集美大学

四、虚拟仿真实验教学一流课程（132 门）、实验教学中心（24 个）

序号	课程名称	课程负责人	主要建设单位
1	柔性纳米通道膜材料的制备与测试分析虚拟仿真实验	侯　旭	厦门大学
2	II－VI 族半导体外延及其探测器制作虚拟仿真实验	吴志明	厦门大学
3	不对称信息与最优税务稽查体制设计虚拟仿真项目	林文生	厦门大学
4	硬盘制造自动化产线控制系统设计与调试	许英杰	厦门大学
5	大洋水中痕量金属洁净采样、洁净检测及特征分析虚拟仿真实验	陈　敏	厦门大学
6	Spike 基因与新冠疫苗设计虚拟仿真实验	张连茹	厦门大学
7	量化交易仿真实验－海龟策略模拟仿真	陈海强	厦门大学
8	交互式旅游数字营销虚拟仿真实验——以鼓浪屿华侨文化主题民宿为例	汪京强	华侨大学
9	闽南嘉庚精神社会调查虚拟仿真实验教学项目——东南亚华裔留学生华侨文化研习	盛译元	华侨大学
10	基于网络隐蔽通信视角的 IP 协议分析虚拟仿真实验教学项目	田　晖	华侨大学
11	电弧性火灾探测虚拟仿真实验教学项目	张认成	华侨大学
12	汽车 ECU 组网控制虚拟仿真实验	王佳斌	华侨大学
13	蛋白质鉴定及生物药合成路径模拟虚拟仿真实验	周树锋	华侨大学
14	临海化工企业危险化学品泄漏应急处置虚拟仿真实验教学项目	杨　健	福州大学
15	钡铁氧体磁性材料的制备与性能测试虚拟仿真实验教学项目	于　岩	福州大学
16	闽江流域生态鱼道虚拟仿真实验教学项目	张　挺	福州大学
17	基于大数据“驴友”画像与精准推荐虚拟仿真实验教学项目	陈可嘉	福州大学
18	影响哺乳动物泌尿过程的因素探究虚拟仿真实验教学项目	卢钟磊	福州大学
19	注射用泮托拉唑钠生产虚拟仿真实验教学项目	陈　宪	福州大学
20	高压变电站室内危险环境雷达定位虚拟仿真实验教学项目	夏　岩	福州大学
21	基于 ROS 的化工危险环境机器人巡检虚拟仿真实验教学项目	张立伟	福州大学
22	“古田军魂”虚拟仿真实验教学项目	李　颖	福建师范大学
23	中小学教育惩戒的合法边界——教师实施教育惩戒的民事纠纷处理仿真教学实验	郑丽珍	福建师范大学
24	福建平潭岛火成岩地貌形成演变虚拟仿真实验教学项目	李志忠	福建师范大学
25	蛋白质结晶技术虚拟仿真实验教学	欧阳松应	福建师范大学
26	福建沿海突发台风融合新闻报道	林隆强	福建师范大学
27	高精密光学镜头检测虚拟仿真实验	张先增	福建师范大学
28	迈克尔逊干涉仪及其应用虚拟仿真实验	郑勇平	福建师范大学

续表

序号	课程名称	课程负责人	主要建设单位
29	电纺纳米纤维过滤材料制备及应用虚拟仿真实验教学项目	刘海清	福建师范大学
30	面向“一带一路”的海外仓运营虚拟仿真实验	黄茂兴	福建师范大学
31	食用菌工厂化栽培关键技术虚拟仿真实验——以福建古田银耳为例	陶永新	福建农林大学
32	永恒之蓝勒索病毒攻击与防御虚拟仿真实验	纪祥敏	福建农林大学
33	蛋白质结晶及其结构解析虚拟仿真实验教学项目	何华勤	福建农林大学
34	住宅小区植物造景虚拟仿真实验教学项目——以福州某封闭式老旧小区改造为例	邱　婷	福建农林大学
35	大数据支持下企业型茶园经济效果评价虚拟仿真实验	郑旭媛	福建农林大学
36	永春老醋液态深层发酵虚拟仿真实验	严志明	福建农林大学
37	基于中非菌草技术推广的英语翻译虚拟仿真实验	张云清	福建农林大学
38	产教融合育人模式下高速大型造纸机实习虚拟仿真——以静电复印纸抄造为例	胡会超	福建农林大学
39	农业智能机器人虚拟仿真实验	董楸煌	福建农林大学
40	流行性乙型脑炎临床实践虚拟仿真实验教学项目	刘景丰	福建医科大学
41	抗 PD－1 抗体生产中的质量控制虚拟仿真实验	俞昌喜	福建医科大学
42	情景化心搏骤停院前复苏虚拟仿真实验教学项目	林　婷	福建医科大学
43	援博茨瓦纳针灸诊疗口译虚拟仿真项目	冯　欣	福建医科大学
44	重大传染病疫情调查与应急处置虚拟仿真实验	何保昌	福建医科大学
45	医工融合背景下 3D 智能导航肺癌金标植入技术设计性实验虚拟仿真项目	李小波	福建医科大学
46	中共闽赣边区红医精神历史发源地调查虚拟仿真实验教学项目	吴任慰	福建医科大学
47	颈椎肌动学虚拟仿真实验教学项目	何　坚	福建中医药大学
48	标准化病人病史采集训练与评估虚拟仿真实训教学项目	林心君	福建中医药大学
49	女性盆底功能障碍中医康复护理虚拟仿真实验教学项目	葛　莉	福建中医药大学
50	拟穴青蟹人工繁育关键技术虚拟仿真实验	王艺磊	集美大学
51	水下图像增强及检测技术虚拟仿真实验	陈　彭	集美大学
52	疫情常态化旅游景观改造虚拟仿真实验——以鼓浪屿日光岩景区为例	陈其端	集美大学
53	邮轮旅游突发事件应急管理虚拟仿真实验	邱吉福	集美大学
54	蛹虫草工厂化生产和虫草多糖的分离与纯化虚拟仿真实验教学项目	张国广	闽南师范大学
55	沿海地区低风速风力发电机抗台风虚拟仿真实验	李天建	福建工程学院
56	半导体晶圆测试虚拟仿真实验	林金阳	福建工程学院
57	“福建向金门供水工程”新闻采访报道虚拟仿真实验	曹　丹	福建工程学院

续表

序号	课程名称	课程负责人	主要建设单位
58	福建非遗展陈空间色彩设计与评价虚拟仿真实验	黄东海	福建工程学院
59	面向5G密集移动通信系统的负载均衡虚拟仿真实验	朱　晨	厦门理工学院
60	面对突发需求的生产资源配置决策虚拟仿真实验	陈颖悦	厦门理工学院
61	沿海地区悬索桥的减振虚拟仿真实验	刘春嵘 杨闻宇	厦门理工学院
62	闽南功夫茶文化背景下现代陶瓷茶具设计虚拟仿真实验	王　刚	厦门理工学院
63	习近平新时代中国特色社会主义思想的孕育与实践——以“晋江经验”为例虚拟仿真实验	戴青兰	泉州师范学院
64	山区洪水水文监测虚拟仿真实验——以宁德市下党溪为例	李子蓉	泉州师范学院
65	台风环境下柔性直流互联电网的孤岛频率稳定性能评估虚拟仿真教学实验	刘孝锋	泉州师范学院
66	纺织服装行业智能制造大数据虚拟仿真实验项目	朱达欣	泉州师范学院
67	锦纶6长丝制造的仿真实训	林　棋	闽江学院
68	农村电商精准推广虚拟仿真实验教学项目——以闽东“中国食用菌之都”（宁德古田）为例	林中燕	闽江学院
69	城市划设计方案决策虚拟仿真实验教学	符小洪	闽江学院
70	10kV配电网主要电气设备高压试验三维仿真系统	陈学军	莆田学院
71	美国转基因大豆实时荧光聚合酶链式反应检测虚拟仿真软件	吴毕莎	莆田学院
72	沿海地区台风天气电视直播报道虚拟仿真实验	刘　志	莆田学院
73	红色文化动画场景设计虚拟仿真实验——以古田会议为例	邱国鹏	三明学院
74	六氟丙烯制备中除杂精馏仿真实训教学项目	林福星	三明学院
75	面向静电除尘的高频电源系统闪络虚拟仿真实验	吴春富	龙岩学院
76	微动地球物理勘探虚拟仿真实验教学	吴志杰	龙岩学院
77	杨梅黄酮纯化工艺优化虚拟仿真实验项目——以闽西老区农产品深加工科技扶贫为例	洪燕萍	龙岩学院
78	卫星全球定位系统原理虚拟仿真综合实验	郭　磊	武夷学院
79	《九曲棹歌》文化内涵虚拟仿真实验	陈　平	武夷学院
80	冷库建造虚拟仿真	王东方	武夷学院
81	民用爆炸物品储存库安全检查虚拟仿真实验	胡玉娟	福建警察学院
82	堰流水力性能虚拟仿真实验	王逢朝	福建江夏学院
83	面向工业化生产的PCB制造工艺虚拟仿真实验	张　禹	福建江夏学院
84	马尾船政文化遗址群定向越野虚拟仿真实验	王　颖	福建江夏学院
85	智能微电网并网运行控制虚拟仿真实验	吴必瑞	宁德师范学院
86	福鼎白茶功能性饮料生产工艺虚拟仿真实验教学	刘　伟	宁德师范学院
87	食用菌工厂化栽培虚拟仿真实验	张维瑞	宁德师范学院

续表

序号	课程名称	课程负责人	主要建设单位
88	基于优化客户体验的购物中心规划与运营虚拟仿真实验	李　冰	福建商学院
89	基于闽文化传播的涉外商务接待虚拟仿真实验项目	童成寿	福建商学院
90	信息技术下的货币资金审计虚拟仿真实验	池巧珠	福建商学院
91	重组新冠病毒 S1 蛋白 RBD 区的分离纯化虚拟仿真项目	张亚楠	厦门医学院
92	化妆品配方设计虚拟仿真实验	王贵弘	厦门医学院
93	“红色传承，勇毅逆行”——中国革命道德虚拟仿真实验教学项目	林　辉	厦门医学院
94	抑郁个案注意偏向干预虚拟仿真实验	蒋怀滨	福建技术师范学院
95	商业银行重空现金管理业务虚拟仿真实验	周丽萍	仰恩大学
96	直流耐压虚拟仿真实验	陈冬冬	闽南理工学院
97	Linux 操作系统服务与配置综合实验	李荣彬	闽南理工学院
98	基于宏观经济目标的产业链内厂商的博弈实验	吕　津	闽南理工学院
99	疫情防控背景下应急物流配送方案设计虚拟仿真实验教学项目	刘　丹	福州外语外贸学院
100	大数据环境下营业收入审计虚拟仿真实验教学项目	汪秀清	福州外语外贸学院
101	福州明清时期坊巷建筑在动画场景中的应用——以活化石三坊七巷为例的虚拟仿真实验教学项目	郑则凌	福州外语外贸学院
102	WB－BGA 封装制造虚拟仿真实验	张耀举	泉州信息工程学院
103	基于 AR 技术的可视化企业综合运营训练	亓梦佳	泉州信息工程学院
104	装配式混凝土结构施工技术仿真实验教学项目	车金如	泉州信息工程学院
105	建筑构造	黄碧玉	厦门工学院
106	体感交互的数据源获取虚拟仿真实验项目	张　洁	阳光学院
107	福州古厝回廊墙裙壁画原位复原修复虚拟仿真实验	吴冬原	阳光学院
108	基于宋代“曜变”烧制技艺的花器重构创新设计	柯淑芬	阳光学院
109	LTE 的容量规划仿真实验	陈明明	厦门华厦学院
110	虚拟仿真智能制造自动化生产线	卢月红	厦门华厦学院
111	卫星通信系统设计虚拟仿真实验项目	郑劲松	福州理工学院
112	跨境结算虚拟仿真实验	朱文娟	福州理工学院
113	爆破施工工艺虚拟仿真实验	黄成麟	福州理工学院
114	智慧银行互动虚拟仿真综合实验项目	朱　萃	厦门大学嘉庚学院
115	基于个体的金融业务数据分析虚拟仿真实验	卢　宇	福建师范大学协和学院
116	物联网公共服务虚拟仿真实验教学项目	禹谢华	闽南科技学院
117	基于 PLC 的水果分拣虚拟仿真系统	程　丽	福建农林大学金山学院
118	地铁屏蔽门自动控制虚拟仿真实验	叶月影	集美大学诚毅学院
119	财经素养虚拟博物馆虚拟仿真实验	刘大进	集美大学诚毅学院

续表

序号	课程名称	课程负责人	主要建设单位
120	福建传统漆艺工序实验（实训）虚拟仿真教学项目	陈开科	福州工商学院
121	抗 PD－1 抗体 GMP 生产工艺虚拟仿真实验	陈　洲	福建医科大学
122	舞台灯光设计虚拟仿真实验	陈磊松	闽南师范大学
123	大数据背景下的房地产评估虚拟仿真实验	潘　琰	福建江夏学院
124	道路交通事故痕迹物证勘验和鉴定虚拟仿真实验教学项目	谢华为	福建警察学院
125	高危场景下用电信息采集终端安装与调试的虚拟仿真实验	林文如	闽江学院
126	蒽醌法制备双氧水工艺反应工段虚拟仿真实验教学项目	应少明	宁德师范学院
127	（服装织品）时尚智能 3D 虚拟仿真实验教学项目	邱凤梓	福州外语外贸学院
128	家居室内空间与陈设体验虚拟仿真实验教学项目	何晓琴	福建商学院
129	发电厂认识实训虚拟仿真实验	林建新	福州大学至诚学院
130	以古田食用菌草为例的农产品微创新包装设计虚拟仿真实验	袁　超	福建农林大学金山学院
131	基于机器视觉的工业机器人动态抓取虚拟仿真实验	洪联系	集美大学诚毅学院
132	生活垃圾好氧发酵制备有机肥虚拟仿真实验教学项目	杨文卿	闽南科技学院

省级虚拟仿真实验教学中心

序号	课程名称	课程负责人	主要建设单位
1	福州大学校企联合地矿虚拟仿真实验教学中心	彭向东	福州大学
2	自贸经管虚拟仿真实验教学中心	辛　林	福州理工学院
3	金融投资虚拟仿真实验教学中心	陈　钦	福州外语外贸学院
4	船舶交通虚拟仿真实验教学中心	江海学	集美大学诚毅学院
5	网络安全与大数据虚拟仿真实验教学中心	刘年生	集美大学
6	智能制造虚拟仿真实验教学中心	谢煌生	龙岩学院
7	机械工程虚拟仿真实验教学中心	王文武	闽南理工学院
8	中医学虚拟仿真实验教学中心	杨朝阳	福建中医药大学
9	智能计算虚拟仿真实验教学中心	王　程	厦门大学
10	海洋科学虚拟仿真实验教学中心	陈　敏	厦门大学
11	中国语言文学虚拟仿真实验教学中心	林志强	福建师范大学
12	环境保护与资源利用虚拟仿真实验教学中心	韩晓刚	福建农林大学
13	药学虚拟仿真实验教学中心	俞昌喜	福建医科大学
14	人居环境虚拟仿真实验教学中心	徐正楠	福建工程学院
15	材料加工工程虚拟仿真实验教学中心	李　辉	厦门理工学院
16	治安勤务虚拟仿真实验教学中心	张旭红	福建警察学院
17	数字创意虚拟仿真实验教学中心	邱湘开	闽江学院

续表

序号	课程名称	课程负责人	主要建设单位
18	生物科技健康产品虚拟仿真实验教学中心	洪燕萍	龙岩学院
19	口腔虚拟仿真实验教学中心	纪　晴	厦门医学院
20	大数据技术与网络安全虚拟仿真实验中心	朱敏琛	福州大学至诚学院
21	森林生物学虚拟仿真实验教学中心	陈全助	福建农林大学金山学院
22	智能控制与决策虚拟仿真实验教学中心	吴庆祥	福建师范大学协和学院
23	检测与自动控制虚拟仿真实验教学中心	黄义新	集美大学诚毅学院
24	城市智慧管廊虚拟仿真实验教学中心	吴伟端	闽南理工学院

五、社会实践一流课程（81 门）

序号	课程名称	课程负责人	主要建设单位
1	互联网创业引导与实践	王　颖	厦门大学
2	深度报道	唐次妹	厦门大学
3	马克思主义基本原理概论	肖　斌	厦门大学
4	民俗学概论	刘家军	厦门大学
5	IT 创新创业及实践	张德富	厦门大学
6	古建筑测绘与调查	曹春平	厦门大学
7	嵌入式系统与实验	陈华宾	厦门大学
8	侨爱志愿服务项目社区服务学习	叶荔辉	华侨大学
9	数字新媒体营销	陈钦兰	华侨大学
10	磨漆画	金程斌	华侨大学
11	电子竞赛培养与实践	赖松林	福州大学
12	创作实践（陶艺）	林梓波	福州大学
13	思想政治理论实践课	詹志华	福州大学
14	制药工程创新创业实践	江龙光	福州大学
15	法学专业创新创业训练与素质拓展（送法下乡）	丁国民	福州大学
16	演讲与口才——经典诵写讲社会实践	陈　鸿	福建师范大学
17	闽台信俗与乡土社会	林国平	福建师范大学
18	基础生态学——生态文明社会实践	李守中	福建师范大学
19	3D 打印技术与应用	陈凤斌	福建师范大学
20	舞台语言表演艺术	彭　飙	福建师范大学
21	植物化学保护（课程实践）	吴松青	福建农林大学
22	食品科学与工程专业创新创业实践	方　婷	福建农林大学
23	（机电）专业课综合实践	叶大鹏	福建农林大学
24	农村发展规划	朱朝枝	福建农林大学
25	医学英语视听说	陈菲娜	福建医科大学
26	药学服务与沟通技能	刘茂柏	福建医科大学
27	生命科学概论——领略奇妙的生命世界	柯荔宁	福建医科大学
28	公共卫生现场综合实践	李昱辰	福建医科大学

续表

序号	课程名称	课程负责人	主要建设单位
29	创新思维与护理	庞书勤	福建中医药大学
30	铸文化自信　凝民族主力——福建省文博探索	黄金宏	福建中医药大学
31	环境改造与辅助技术	曾　奕	福建中医药大学
32	艺术实践	陈　萍	集美大学
33	影视动画后期制作	王洪波	集美大学
34	新思想在福建—思想政治理论课实践（二）	张劲松	集美大学
35	应用专题实践	王　素	集美大学
36	教育电视节目编导与制作	袁东斌	闽南师范大学
37	中国古代文学	高显莹	闽南师范大学
38	民间美术	龚任界	福建工程学院
39	创新实践	伊启中	福建工程学院
40	社会艺术服务	林江珠	厦门理工学院
41	社会语言学	黄利民	厦门理工学院
42	配饰设计与企划	李　静	泉州师范学院
43	体验中小学英语教学	许凌逸	泉州师范学院
44	法律诊所	王　冬	闽江学院
45	专业岗位实践	陈亮	闽江学院
46	国际贸易实务（双语）	宋秀峰	闽江学院
47	汉英翻译实践	王　容	莆田学院
48	莆仙说唱曲艺梆鼓咚	黄　璟	莆田学院
49	新闻采访与写作	阮　榕	莆田学院
50	“风展红旗如画”——《中国近现代史纲要》社会实践	欧阳秀敏	三明学院
51	动画创新造型基础——红色文化动画角色造型设计	张欣宇	三明学院
52	“致用”创业实践	杨红梅	三明学院
53	学期创作	朱荔婷	龙岩学院
54	建筑设计Ⅴ、Ⅵ	李婷婷	武夷学院
55	摄影创作	赵鹏升	武夷学院
56	包装设计	蔡　洁	武夷学院
57	思政课社会实践	邵雅利	福建江夏学院
58	社区营造与活化社会实践	汪　瑞	福建江夏学院
59	工业分析实验	陈　峰	宁德师范学院
60	植物工厂化技术	叶祖云	宁德师范学院
61	口腔早见习	陈　钟	厦门医学院
62	创新创业实践	齐　斌	福建技术师范学院
63	英语综合能力在外贸企业的实践与应用	胡　娟	仰恩大学
64	福建非遗项目点的调查与实践	王家声	仰恩大学
65	财税社会实践与志愿服务	詹荣花	闽南理工学院

续表

序号	课程名称	课程负责人	主要建设单位
66	大学生思想政治理论课社会实践	陈金平	福州外语外贸学院
67	“红色”短视频创作实践	鲁雯燕	福州外语外贸学院
68	电子商务与物流	张芸婷	泉州信息工程学院
69	社会实践	范　羚	厦门工学院
70	电子商务实务推广	郁榕睿	阳光学院
71	创新创业进阶课	罗成立	阳光学院
72	制药工程专业认知实习	沈金海	厦门华厦学院
73	机电传动控制	周海波	厦门华厦学院
74	移动通信技术	陈捷洁	福州理工学院
75	创意结构设计	张　帆	福州大学至诚学院
76	创业训练与实践	陈言国	福建师范大学协和学院
77	跨境电子商务综合实践	宋　晶	福建师范大学协和学院
78	休闲农业规划与设计实践	许艺娜	福建农林大学金山学院
79	体育教学法	兰润生	集美大学诚毅学院
80	园林树木学	陈　融	福州工商学院
81	穿越泉州刺桐城	杨颖聪	泉州职业技术大学

（摘编：吴强）

福建省示范性现代职业院校名单

2020年9月11日福建省教育厅、福建省财政厅下发《关于公布福建省示范性现代职业院校名单的通知》（闽教职成〔2020〕20号）提出，根据《福建省教育厅福建省财政厅关于印发福建省示范性现代职业院校建设工程实施方案的通知》（闽教职成〔2015〕49号）和《福建省教育厅福建省财政厅关于做好福建省示范性现代职业院校建设工程项目建设终期评估验收工作的通知》（闽教职成〔2020〕2号）要求，省教育厅、省财政厅组织开展了项目建设终期评估验收工作。经网络评审、实地核查、综合评议，并经公示程序，现将“福建省示范性现代职业院校”名单予以公布。

一、福建省示范性现代高等职业院校（19所）

序号	高职院校名称
1	黎明职业大学
2	福州职业技术学院
3	福建船政交通职业学院
4	福建水利电力职业技术学院
5	福建信息职业技术学院
6	厦门城市职业学院
7	泉州幼儿师范高等专科学校
8	闽江师范高等专科学校
9	泉州轻工职业学院
10	漳州职业技术学院
11	厦门海洋职业技术学院
12	福建林业职业技术学院
13	福建农业职业技术学院
14	福建卫生职业技术学院
15	闽西职业技术学院
16	泉州医学高等专科学校
17	漳州卫生职业学院
18	湄洲湾职业技术学院
19	三明医学科技职业学院

二、福建省示范性现代中等职业学校（55 所）

区域	中职学校名称
省属（11 所）	福建工业学校
	福建理工学校
	福建经济学校
	福建三明林业学校
	福建省邮电学校
	福建建筑学校
	福建商贸学校
	福建第二轻工业学校
	福建工贸学校
	福建经贸学校
	福建技师学院（技工学校）
福州（7 所）	长乐职业中专学校
	福清卫生学校
	福清龙华职业中专学校
	福州旅游职业中专学校
	福州机电工程职业技术学校
	罗源县高级职业中学
	福州建筑工程职业中专学校
厦门（5 所）	集美工业学校
	厦门工商旅游学校
	厦门信息学校
	厦门市海沧区职业中专学校
	厦门市集美职业技术学校
漳州（4 所）	漳州第一职业中专学校
	漳州第二职业中专学校
	南靖第一职业技术学校
	龙海职业技术学校
泉州（11 所）	晋江华侨职业中专学校
	南安职业中专学校
	泉州华侨职业中专学校
	晋江晋兴职业中专学校
	安溪华侨职业中专学校
	晋江职业中专学校
	晋江安海职业中专学校
	石狮鹏山工贸学校
	德化职业技术学校
	惠安开成职业中专学校
	南安市工业学校

续表

区域	中职学校名称
三明（6所）	永安职业中专学校
	三明工贸学校
	三明市农业学校
	大田职业中专学校
	三明职业中专学校
	尤溪职业中专学校
莆田（3所）	湄洲湾职业技术学校
	莆田华侨职业中专学校
	莆田职业技术学校
南平（1所）	南平市农业学校
龙岩（4所）	龙岩技师学院（技工学校）
	龙岩华侨职业中专学校
	长汀职业中专学校
	上杭职业中专学校
宁德（3所）	福安职业技术学校
	福鼎职业中专学校
	宁德技师学院（技工学校）

（摘编：林学军）

第四批福建省规范化中等职业学校名单

2020 年 12 月 25 日福建省教育厅下发《关于公布第四批规范化中等职业学校名单的通知》（闽教职成〔2020〕41 号）提出，根据《福建省教育厅关于印发福建省中等职业学校分级建设实施意见的通知》（闽教职成〔2016〕70 号）要求，经学校申报、设区市教育局推荐及有关省直部门同意，省教育厅组织专家评审、网络公示，认定福州商贸职业中专学校等 14 所中等职业学校为第四批福建省规范化中等职业学校，现予公布。

各地教育部门要深入贯彻落实《福建省职业教育改革工作方案》，继续加大统筹指导力度，优化中等职业学校结构布局，推动我省中等职业教育基础能力不断提高。获评“第四批福建省规范化中等职业学校”的学校要进一步巩固建设成果，针对薄弱环节，采取有力措施整改落实，进一步改善办学条件，提升办学质量和水平。

第四批福建省规范化中等职业学校名单

序号	设区市	学校名称
1	福州	福州商贸职业中专学校
2		福州环保职业中专学校
3		闽清职业中专学校
4	漳州	漳浦职业技术学校
5		云霄职业技术学校
6		诏安职业技术学校
7	泉州	泉州财贸职业技术学校
8	南平	浦城职业技术学校
9	龙岩	永定侨荣职业中专学校
10		连城职业中专学校
11	平潭	平潭职业中专学校
12	省属	福建铁路机电学校
13		福建海洋职业技术学校
14		福建生态工程职业技术学校

（摘编：林学军）

福建省高水平示范性老年大学和达标老年大学名单

2020 年 12 月 9 日福建省教育厅、中共福建省委老干部局下发《关于公布福建省高水平示范性老年大学和达标老年大学名单的通知》（闽教职成〔2020〕36 号）提出，根据《福建省教育厅　福建省财政厅关于开展 2018—2020 年福建省终身教育重点项目建设工作的通知》（闽教职成〔2018〕36 号）和《福建省教育厅　中共福建省委老干部局关于开展省级高水平示范性老年大学和达标老年大学验收工作的通知》（闽教职成〔2020〕9 号）要求，省教育厅、省委老干部局委托省终身教育服务中心和省老年大学协会，组织专家对省级高水平示范性老年大学立项建设项目进行验收，对各设区市认定的达标老年大学进行核查。经网络评审、实地考察、综合评议，并经公示程序，现将“福建省高水平示范性老年大学”“福建省达标老年大学”名单予以公布。

福建省高水平示范性老年大学名单（13 所）

序号	区域	老年大学名称
1	省级（1 所）	福建老年大学
2	设区市级（7 所）	福州市老年大学
3		厦门老年大学
4		漳州市老年大学
5		泉州老年大学
6		三明市老年大学
7		莆田市老年大学
8		宁德市老年大学
9	县级（5 所）	闽侯县老年大学
10		晋江市老年大学
11		石狮市老年大学
12		永安市老年大学
13		尤溪县老年大学

福建省达标老年大学名单（82 所）

序号	区域	老年大学名称
1	福州市（13 所）	福州市老年大学五一中路分校
2		福州市老年大学新店分校
3		鼓楼区老年大学
4		台江区老年大学
5		仓山区老年大学
6		晋安区老年大学
7		马尾区老年大学
8		长乐区老年大学
9		福清市老年大学
10		连江县老年大学
11		闽清县老年大学
12		罗源县老年大学
13		永泰县老年大学
14	厦门市（6 所）	思明区老年大学
15		湖里区老年大学
16		集美区老年大学
17		海沧区老年大学
18		同安区老年大学
19		翔安区老年大学
20	漳州市（10 所）	芗城区老年大学
21		龙海市老年大学
22		漳浦县老年大学
23		云霄县老年大学
24		东山县老年大学
25		诏安县老年大学
26		南靖县老年大学
27		平和县老年大学
28		华安县老年大学
29		长泰县老年大学
30	泉州市（9 所）	鲤城区老年大学
31		丰泽区老年大学
32		洛江区老年大学
33		泉港区老年大学
34		南安市老年大学
35		惠安县老年大学
36		安溪县老年大学
37		永春县老年大学
38		德化县老年大学

续表

序号	区域	老年大学名称
39	三明市（10所）	梅列区老年大学
40		三元区老年大学
41		明溪县老年大学
42		清流县老年大学
43		宁化县老年大学
44		建宁县老年大学
45		泰宁县老年大学
46		将乐县老年大学
47		沙县老年大学
48		大田县老年大学
49	莆田市（5所）	城厢区老年大学
50		涵江区老年大学
51		荔城区老年大学
52		秀屿区老年大学
53		仙游县老年大学
54	南平市（11所）	南平市老年大学
55		延平区老年大学
56		邵武市老年大学
57		武夷山市老年大学
58		建瓯市老年大学
59		建阳区老年大学
60		顺昌县老年大学
61		浦城县老年大学
62		光泽县老年大学
63		松溪县老年大学
64		政和县老年大学
65	龙岩市（8所）	龙岩市老年大学
66		新罗区老年大学
67		永定区老年大学
68		上杭县老年大学
69		武平县老年大学
70		长汀县老年大学
71		连城县老年大学
72		漳平市老年大学

续表

序号	区域	老年大学名称
73	宁德市（9所）	蕉城区老年大学
74		古田县老年大学
75		屏南县老年大学
76		周宁县老年大学
77		寿宁县老年大学
78		福安市老年大学
79		柘荣县老年大学
80		福鼎市老年大学
81		霞浦县老年大学
82	平潭综合实验区（1所）	平潭综合实验区老年大学

（摘编：赵旭东）

福建省乡村温馨校园建设典型案例学校名单（第一批）

2020年12月10日福建省教育厅下发《关于公布第一批乡村温馨校园建设典型案例学校名单的通知》（闽教基〔2020〕42号）提出，根据《教育部办公厅关于推进乡村温馨校园建设工作的通知》（教基厅函〔2020〕2号）和《福建省教育厅办公室关于做好2020年义务教育管理标准化学校建设等有关工作的通知》（闽教办基〔2020〕4号）精神，在各地推荐基础上，经审核公示，确定福清市高山西江小学等11所学校为第一批省级乡村温馨校园建设典型案例学校；另有福鼎市赤溪小学等3所学校被教育部确定为第一批乡村温馨校园建设典型案例学校，现将名单予以公布。

乡村温馨校园建设典型案例学校名单（第一批）

一、教育部典型案例学校

1. 福鼎市赤溪小学
2. 平潭南海学校
3. 建宁县客坊中心小学

二、省级典型案例学校

1. 福清市高山西江小学
2. 厦门市同安区莲花中心小学
3. 东山县大产小学
4. 安溪县金谷镇芸美小学
5. 将乐县万安中心小学
6. 莆田市第十一中学
7. 顺昌县大干中心小学
8. 浦城县盘亭中心小学
9. 连城县隔川中学
10. 长汀县石人“八一”希望小学
11. 福安市民族实验小学

（摘编：黄万良）

福建省特殊教育标准化学校名单

2020 年 6 月 17 日福建省教育厅下发《福建省教育厅关于确认厦门市集美区特殊教育学校等 3 所学校为“福建省特殊教育标准化学校”的通知》（闽教基〔2020〕22 号）提出，根据《福建省“十三五”教育发展专项规划》和《福建省教育厅关于开展特殊教育标准化学校建设和评估工作的意见》（闽教基〔2010〕62 号），在学校申报、各相关市县（区）教育局资格审查和现场指导的基础上，经省教育厅组织专家组评估并公示，厦门市集美区特殊教育学校、东山县特殊教育学校和宁德市蕉城区特殊教育学校等 3 所学校已达到福建省特殊教育标准化学校评估标准，现予以确认为“福建省特殊教育标准化学校”。

希望以上学校坚持以习近平新时代中国特色社会主义思想为指导，深入贯彻党的教育方针，落实立德树人根本任务，认真落实整改方案，持续推进达标后巩固提高工作，不断改善办学条件，优化学校管理，深入推进医教结合、融合教育等领域的改革实验，突出办学特色，更好地发挥示范、引领和辐射作用。我厅对特殊教育标准化学校实行动态管理制度，适时安排专项复查，对学校办学出现明显滑坡或发生安全责任事故的，责令限期整改，整改不到位的，撤销称号。

各设区市教育局要加强市级统筹和分类指导，对于已经完成特殊教育标准化创建任务的县（区），要指导县级教育行政部门在加强条件保障的同时，注重内涵建设和质量提升；对于尚未完成特殊教育标准化创建任务的县（区）要督促指导县级教育行政部门对照创建评估标准，查找薄弱环节，持续加大对特教学校的经费投入和师资保障力度，切实改善办学条件，提升办学质量和水平，加快实现特教学校标准化办学，为残疾儿童少年平等接受教育创造更好的条件。

（摘编：彭金龙）

福建省第四批省级历史文化街区名单

2020年4月22日福建日报报道，为切实保护好我省历史文化街区，延续城市传统风貌，省政府近日公布第四批省级历史文化街区4个，分别为：宁德市蕉城区城隍庙历史文化街区、龙海市石码历史文化街区、泰宁县红军街历史文化街区、泰宁县尚书巷历史文化街区。

省政府通知指出，历史文化街区承载着不可再生的历史信息和宝贵的文化资源，是历史文化遗产保护体系的重要组成部分，也是城市特色的重要本底。各级政府和有关部门要深入学习贯彻习近平总书记关于文化和自然遗产保护利用工作的重要论述，充分认识保护历史文化遗产的重要性和紧迫性，强化组织领导，明确工作责任，建立健全长效保护管理机制，加大资金投入，加快保护规划编制，切实做好历史文化街区的保护管理工作，更好地延续历史文脉，展现城市风貌。

（摘编：王诗诚）

福建省财政对13个生活垃圾分类示范街镇给予补助

2020年6月20日福建省财政厅消息，为促进垃圾分类处理工作加快推进，近期，省财政统筹下达资金5200万元，支持全省13个街道（乡镇）开展生活垃圾分类示范片区建设。每个示范片区补助400万元，资金主要用于餐厨（厨余）、大件、有害垃圾处理设施、可回收物回收管理、再生资源综合利用体系建设等。

下一步，在以上奖补资金基础上，省财政还将采取正向激励方式，对生活垃圾分类处理工作成效考核结果排名前五的示范片区，每个额外奖励100万元，由其统筹用于垃圾分类处理相关工作。

获补助的2020年我省首批创建生活垃圾分类示范片区为：福州市的鼓楼区洪山镇、台江区苍霞街道、仓山区临江街道、晋安区岳峰镇、马尾区马尾镇，漳州市龙文区碧湖街道，泉州市丰泽区丰泽街道，莆田市城厢区龙桥街道，龙岩市新罗区南城街道，三明市梅列区徐碧街道，南平市建阳区潭城街道，宁德市蕉城区焦北街道，平潭综合实验区金井片区新城区。

（摘编：赵旭东）

福州“12345”获全国政务热线评比省会城市第一

2020年7月31日福州市“智慧福州”管理服务中心消息，在近日举行的第四届全国“12345”政府服务热线年会上，福州市“12345”便民（惠企）服务平台在全国政务热线运行质量总体情况评比中，取得全国副省级城市和省会城市排名第一的佳绩，并获“全国十佳热线奖”“智慧抗‘疫’引领奖”两项荣誉。这是“12345”便民（惠企）服务平台今年第二次获得业内重要奖项。

据统计，今年初至7月底，该平台共受理各类诉求102.78万件，已超过去年全年的受理总量，诉求件回复率达100%，及时查阅率达100%，及时回复率达100%，群众满意率达99.82%，几项指标均位列全省前列。

在疫情防控期间，福州市“智慧福州”管理服务中心充分发挥福州市“12345”便民（惠企）服务平台的作用，一方面积极拓展专项服务，开通“抗新型冠状病毒肺炎疫情服务直通车”，为广大市民、海外侨胞提供各类疫情资讯服务，采取错峰排班和推出人工智能专席服务等方式确保接通率，另一方面用大数据技术辅助市委、市政府决策，为进一步提升城市治理能力增添抓手。

（摘编：赵旭东）

福建省首批省级金牌调解工作室名单

2020年6月9日福建省委政法委、福建省司法厅联合印发《关于省级金牌调解工作室命名授牌的决定》，命名全省首批11家省级金牌调解工作室。

我省首批省级金牌调解工作室分别为：福州市鼓楼区矛盾纠纷多元调处中心刘子钰调解工作室、福清市江阴镇人民调解委员会庄春松调解工作室、厦门市思明区嘉莲街道人民调解委员会彩红调解工作室、长泰县林墩工业区人民调解委员会王云山调解工作室、永春县五里街镇人民调解委员会陈耀辉调解工作室、晋江市矛盾纠纷多元调解委员会阿登调解工作室、三明市梅列区列西街道人民调解委员会驻列西派出所桂娇调解工作室、仙游县医患纠纷人民调解委员会庆元调解工作室、武夷山市新丰街道人民调解委员会夷和调解工作室、龙岩市新罗区东城街道人民调解委员会陈柏潮调解工作室、霞浦县三沙镇人民调解委员会黄光清调解工作室。

截至目前，全省共建立了11个省级金牌调解工作室、102个市级金牌调解工作室、254个县（市、区）级金牌调解工作室。

（摘编：赵旭东）

第十篇

年度人才

福建省受国家部委表彰并享受省部级表彰奖励获得者待遇人员名单

2020年4月7日福建省人力资源和社会保障厅下发《关于公布我省受国家部委表彰并享受省部级表彰奖励获得者待遇人员名单（2019年4月—2020年3月）的通知》（闽人社表彰〔2020〕2号）提出，2019年4月至2020年3月，我省共有76人受国家部委表彰并享受省部级表彰奖励获得者待遇，请按有关规定给予办理享受相关待遇。

福建省受国家部委表彰并享受省部级表彰奖励获得者待遇人员名单

（2019年4月—2020年3月，76人）

序号	姓名	受表彰时单位及职务	获得荣誉称号	表彰文号	表彰时间	备注
1	陈宏良	福建鑫宏峰茶业有限公司董事长	全国自强模范	人社部发〔2019〕38号	20190429	
2	柯丽婷（女）	尤溪县残疾人运动员	全国自强模范	人社部发〔2019〕38号	20190429	
3	谢启明	厦门市中途之家脊髓损伤者服务中心主任	全国自强模范	人社部发〔2019〕38号	20190429	
4	林　旭	泰宁县个体工商户	全国自强模范	人社部发〔2019〕38号	20190429	
5	陈建国	龙岩市搏赢残疾人服务中心理事长	全国自强模范	人社部发〔2019〕38号	20190429	
6	徐世元	福州市残联副理事长	全国残联系统先进工作者	人社部发〔2019〕38号	20190429	
7	肖玉埔	福建省泉州军分区动员处参谋	全国国防动员工作先进个人	人社部发〔2019〕48号	20190531	
8	陈晋辉	福建龙溪轴承（集团）股份有限公司党委副书记、总经理	全国机械工业劳动模范	人社部发〔2019〕50号	20190612	
9	陈　城	福建雪人股份有限公司车间主任	全国机械工业劳动模范	人社部发〔2019〕50号	20190612	
10	姜海洪	青拓集团有限公司董事长	全国钢铁工业劳动模范	人社部发〔2019〕75号	20190722	
11	卢芳颖	福建省三钢（集团）有限责任公司铁前系统技术负责人	全国钢铁工业劳动模范	人社部发〔2019〕75号	20190722	

续表

序号	姓名	受表彰时单位及职务	获得荣誉称号	表彰文号	表彰时间	备注
12	温　健	福建泉州闽光钢铁有限责任公司轧钢厂技术员	全国钢铁工业劳动模范	人社部发〔2019〕75号	20190722	
13	王可怡（女）	厦门第一中学	全国模范教师	人社部发〔2019〕93号	20190905	
14	王　刚	厦门理工学院	全国模范教师	人社部发〔2019〕93号	20190905	
15	毛文丑	闽清县杉村学校	全国模范教师	人社部发〔2019〕93号	20190905	
16	兰培真（女）	集美大学	全国模范教师	人社部发〔2019〕93号	20190905	
17	苏志忠	三明学院	全国模范教师	人社部发〔2019〕93号	20190905	
18	李慈平（女）	秀屿区东庄前云小学	全国模范教师	人社部发〔2019〕93号	20190905	
19	杨　利	泉州市第七中学	全国模范教师	人社部发〔2019〕93号	20190905	
20	吴思禄	上杭县官庄中心小学	全国模范教师	人社部发〔2019〕93号	20190905	
21	邹冰海	华安县华丰中学	全国模范教师	人社部发〔2019〕93号	20190905	
22	陈　东	闽江学院	全国模范教师	人社部发〔2019〕93号	20190905	
23	陈赛男（女）	莆田市荔城区麟峰小学	全国模范教师	人社部发〔2019〕93号	20190905	
24	林立灿	福州第一中学	全国模范教师	人社部发〔2019〕93号	20190905	
25	林豫梅	连城县莒溪中学	全国模范教师	人社部发〔2019〕93号	20190905	
26	洪秀端（女）	厦门市梧侣学校	全国模范教师	人社部发〔2019〕93号	20190905	
27	袁爱琴（女）	柘荣县乍洋中学	全国模范教师	人社部发〔2019〕93号	20190905	
28	蒋新征	南安第一中学	全国模范教师	人社部发〔2019〕93号	20190905	
29	程惠爱（女）	古田县吉巷永安初级中学	全国模范教师	人社部发〔2019〕93号	20190905	
30	傅燕珠（女）	明溪县盖洋中心小学	全国模范教师	人社部发〔2019〕93号	20190905	
31	雷惠强	南平市农业学校	全国模范教师	人社部发〔2019〕93号	20190905	
32	蔡玉芳（女）	福州屏东中学	全国模范教师	人社部发〔2019〕93号	20190905	
33	吴　云	云霄第一中学校长	全国教育系统先进工作者	人社部发〔2019〕93号	20190905	
34	徐　聪	福州格致中学校长	全国教育系统先进工作者	人社部发〔2019〕93号	20190905	
35	林浦生	中国石油化工集团有限公司福建漳州石油分公司经理、党委书记	中央企业劳动模范	人社部发〔2019〕98号	20190918	
36	洪　燕（女）	国家电网有限公司福建省电力有限公司南平供电公司配网电缆班班长	中央企业劳动模范	人社部发〔2019〕98号	20190918	

续表

序号	姓名	受表彰时单位及职务	获得荣誉称号	表彰文号	表彰时间	备注
37	温育翔	中国电信集团有限公司福建分公司IT支撑中心基础设施运维工程师	中央企业劳动模范	人社部发〔2019〕98号	20190918	
38	杨慰民	中国移动通信集团有限公司福建有限公司网络部网络管理中心副经理	中央企业劳动模范	人社部发〔2019〕98号	20190918	
39	林子华	中国煤炭地质总局中化地质矿山总局福建地质勘查院总工程师	中央企业劳动模范	人社部发〔2019〕98号	20190918	
40	蓝文枝	招商局集团有限公司招商局漳州开发区安达公共交通有限公司驾驶员	中央企业劳动模范	人社部发〔2019〕98号	20190918	
41	陈庆国	福州车辆段厦门运用车间乘务总指导	全国铁路劳动模范	人社部发〔2019〕100号	20190924	
42	沈洋洋	福州机务段福州动车车间动车组司机	全国铁路劳动模范	人社部发〔2019〕100号	20190924	
43	郭学民	福州工务段福州南路桥车间安全工长	全国铁路劳动模范	人社部发〔2019〕100号	20190924	
44	高令发	厦门枢纽改造工程建设指挥部副指挥长	全国铁路劳动模范	人社部发〔2019〕100号	20190924	
45	杨仁德	南昌铁路公安局福州公安处福州车站派出所大队长	全国铁路先进工作者	人社部发〔2019〕100号	20190924	
46	张如建	福建省厦门市海沧区档案馆副馆长	全国档案系统先进工作者	人社部发〔2019〕131号	20191216	
47	张恒华	福建省宁德市保密技术检测中心主任	全国保密工作先进工作者	人社部发〔2019〕132号	20191217	
48	曾钦达	福建省特种设备检验研究院党委书记、院长（教授级高级工程师）	全国市场监管系统先进工作者	人社部发〔2019〕133号	20191222	
49	程　亚	福建省厦门市同安区市场监督管理局信用监管科科长	全国市场监管系统先进工作者	人社部发〔2019〕133号	20191222	
50	林本勇	福建省平潭综合实验区市场监督管理局行政许可处处长	全国市场监管系统先进工作者	人社部发〔2019〕133号	20191222	
51	林　翰	福建省财政厅办公室一级主任科员	全国财政系统先进工作者	人社部发〔2019〕134号	20191223	
52	邓连生	福建省平潭综合试验区财政金融局党组书记、局长	全国财政系统先进工作者	人社部发〔2019〕134号	20191223	
53	陈炜华	莆田市审计局电子数据审计科科长	全国审计机关先进工作者	人社部发〔2019〕135号	20191225	
54	高贤亮	南平市审计局计算机审计中心主任	全国审计机关先进工作者	人社部发〔2019〕135号	20191225	
55	董爱红（女）	福建省水文水资源勘测中心副主任	全国水利系统先进工作者	人社部发〔2019〕136号	20191226	
56	傅昌发	福建省龙岩市连城县水利局局长	全国水利系统先进工作者	人社部发〔2019〕136号	20191226	

续表

序号	姓名	受表彰时单位及职务	获得荣誉称号	表彰文号	表彰时间	备注
57	黄聪龙	福建省厦门市水利工程质量安全站一级主任科员	全国水利系统先进工作者	人社部发〔2019〕136号	20191226	
58	赖春蕾	国家税务总局龙岩市永定区税务局办公室副主任	全国税务系统先进工作者	人社部发〔2020〕2号	20200102	
59	梁栋梁	国家税务总局厦门市税务局办公室二级主任科员	全国税务系统先进工作者	人社部发〔2020〕2号	20200102	
60	林爱钦（女）	福建省高级人民法院行政审判庭副庭长	全国模范法官	人社部发〔2020〕5号	20200115	
61	郑世文	南平市延平区人民法院审判委员会专职委员	全国模范法官	人社部发〔2020〕5号	20200115	
62	李　东	福建省疾病预防控制中心主管技师	全国卫生健康系统新冠肺炎疫情防控工作先进个人	国卫明电〔2020〕205号	20200305	
63	李　希	福建中医药大学附属第二人民医院副主任医师	全国卫生健康系统新冠肺炎疫情防控工作先进个人	国卫明电〔2020〕205号	20200305	
64	李　玮	福建中医药大学附属人民医院主任医师	全国卫生健康系统新冠肺炎疫情防控工作先进个人	国卫明电〔2020〕205号	20200305	
65	李鸿茹（女）	福建省立医院副主任医师	全国卫生健康系统新冠肺炎疫情防控工作先进个人	国卫明电〔2020〕205号	20200305	
66	杨春燕（女）	厦门市海沧医院主管护师	全国卫生健康系统新冠肺炎疫情防控工作先进个人	国卫明电〔2020〕205号	20200305	
67	吴文伟	福建医科大学附属协和医院副主任医师	全国卫生健康系统新冠肺炎疫情防控工作先进个人	国卫明电〔2020〕205号	20200305	
68	吴　峰	福建医科大学附属协和医院主任医师	全国卫生健康系统新冠肺炎疫情防控工作先进个人	国卫明电〔2020〕205号	20200305	
69	张素真（女）	厦门大学附属中山医院副主任护师	全国卫生健康系统新冠肺炎疫情防控工作先进个人	国卫明电〔2020〕205号	20200305	
70	陈　兰（女）	厦门大学附属中山医院副主任医师	全国卫生健康系统新冠肺炎疫情防控工作先进个人	国卫明电〔2020〕205号	20200305	
71	陈晓欢（女）	福建省立医院副主任护师	全国卫生健康系统新冠肺炎疫情防控工作先进个人	国卫明电〔2020〕205号	20200305	
72	林三秀（女）	龙岩市第一医院副主任护师	全国卫生健康系统新冠肺炎疫情防控工作先进个人	国卫明电〔2020〕205号	20200305	

续表

序号	姓名	受表彰时单位及职务	获得荣誉称号	表彰文号	表彰时间	备注
73	林　韦（女）	福建医科大学附属第一医院主管护师	全国卫生健康系统新冠肺炎疫情防控工作先进个人	国卫明电〔2020〕205 号	20200305	
74	林守虹（女）	福建医科大学附属第一医院副主任护师	全国卫生健康系统新冠肺炎疫情防控工作先进个人	国卫明电〔2020〕205 号	20200305	
75	林　璇（女）	福建省立医院副主任医师	全国卫生健康系统新冠肺炎疫情防控工作先进个人	国卫明电〔2020〕205 号	20200305	
76	骆小兰（女）	厦门市工商联主任科员	全国工商联系统先进工作者	人社部发〔2018〕81 号	20181221	收文时间 2019 年

（摘编：吴强）

福建三位青年科学家获本年度“科学探索奖”

2020 年 11 月 14 日，2020 年“科学探索奖”颁奖典礼在北京钓鱼台国宾馆举行，来自九大领域的 50 位获奖人从奖项发起人手中接过奖杯。其中，福建籍科学家徐集贤、史大林、陈兴分别在能源环保、天文和地球科学、化学新材料领域获奖。

徐集贤，1986 年出生于莆田，目前是中国科学技术大学化学与材料科学学院特任教授、博导，他长期从事新型光电转换材料和器件的研究，特别是在新一代太阳能光伏技术领域取得了具有一定国际影响力的成果。

史大林，1977 年出生于福州，目前是厦门大学特聘教授、博导，近海海洋环境科学国家重点实验室（厦门大学）首席科学家，厦门大学环境与生态学院副院长，他的主要研究方向为海洋生物地球化学与全球变化。

陈兴，1980 年出生于龙岩，目前是北京大学化学与分子工程学院教授、院长，兼任北大－清华生命科学联合中心高级研究员、北京大学合成与功能生物分子中心研究员，其主要研究方向为化学糖生物学和生物纳米技术。

“科学探索奖”获奖者每人将在未来 5 年内获得腾讯基金会总计 300 万元人民币的奖金，并且可以自由支配。

今年“科学探索奖”获奖人名单较去年更为多元化，其中女性获奖人增至 5 位、35 岁及以下获奖人 6 位。50 位获奖人平均年龄不到 40 岁，其中最年轻获奖者仅 30 岁。而在港澳地区首次放开申请后，亦有 3 位科学家获奖。

（摘编：杨立群）

福建再添全国曲艺界最高奖——“牡丹奖表演奖”

2020年9月25日，全国曲艺界最高奖——第十一届中国曲艺牡丹奖评奖结果揭晓，南平南词演员肖向丽荣膺“牡丹奖表演奖”，南音国家级传承人苏统谋被授予“中国文联终身成就曲艺艺术家”荣誉称号。

第十一届中国曲艺牡丹奖由中国文联、中国曲协共同主办，于2020年1月启动，全国共有430个曲艺节目参评，涵盖116个曲种。我省青年演员肖向丽成为我省五大曲种之一的南平南词第一朵“牡丹”，也是我省第四位“牡丹奖表演奖”得主。

本届大赛共授予3位老艺术家“中国文联终身成就曲艺艺术家”荣誉称号，苏统谋是南音领域唯一获此殊荣的艺术家，也是我省首位被授予“中国文联终身成就曲艺艺术家”荣誉称号的老艺术家。现年八十一岁高龄的苏统谋系南音国家级代表性传承人，他收集、整理了大量南音史料、资料，出版13部著作，使南音的指、谱、曲实现了一次历史上最大限度的收集、汇总、编校，为南音列入世界非物质文化遗产代表作名录作出重要贡献。

（摘编：赵旭东）

福建六名医务工作者获评“中国好医生、中国好护士”抗疫特别人物

2020年11月4日“中国好医生、中国好护士”抗疫特别人物名单在湖北武汉日前发布。6名福建医务工作者入选。

这6名医务工作者分别是：福建医科大学附属第一医院党委副书记、院长、主任医师康德智，福建省立医院呼吸与危重症医学科主任、主任医师谢宝松，福建省疾病预防控制中心免疫规划所主管技师李东，福建医科大学附属第二医院护理部副主任、副主任护师谢宝缘，厦门大学附属中山医院副院长、主任医师尹震宇，福建省立医院、省立金山医院感染管理部主任、副主任医师林璇。他们守初心战疫情，用实际行动诠释了伟大抗疫精神。

此次发布的300位“中国好医生、中国好护士”抗疫特别人物，是经过广泛推荐、网络点赞、审核评议等程序产生。他们中既有冲锋在前、最先与病毒短兵相接的湖北省和武汉市医务人员，也有执甲逆行、火速驰援的援鄂医疗和防控队员，还有坚守在全国各地抗疫一线、护佑人民健康安全的白衣战士。他们和广大医务人员一道，以对人民的赤诚和对生命的敬佑，视疫情为命令，争分夺秒，连续作战，用血肉之躯筑起阻击病毒的钢铁长城，用实际行动诠释了医者仁心和大爱无疆。

（摘编：王诗诚）

福建省荣获全国青年岗位能手（标兵）称号人员名单

2020年7月20日福建团省委消息，在共青团中央、人力资源社会保障部联合开展的第20届全国青年岗位能手评选活动中，我省共有18名优秀青年受到表彰。其中，王家政、王志沿荣获“全国青年岗位能手标兵”称号，马俊、涂闽杰、李琳等16人荣获“全国青年岗位能手”称号。

此次被命名表彰的50名“全国青年岗位能手标兵”和760名“全国青年岗位能手”，是通过层层遴选、严格审核和社会公示产生的。他们集中展现了新时代中国青年积极进取、不懈奋斗的精神风貌，是广大青年成长成才、建功立业的榜样。

（摘编：杨立群）

生态环境部表彰2019年全国执法大练兵先进福建名单

2020年3月29日生态环境部通报表扬2019年生态环境保护执法大练兵表现突出集体和个人，福建“环保铁军”继续保持高水平，再创佳绩。福建省生态环境厅获评2019年生态环境保护执法大练兵表现突出组织单位，居全国第一梯队首位。莆田市环境执法支队、泉州市环境监察支队、龙岩市环境监察支队、宁德市生态环境保护综合执法支队、福州市闽侯生态环境局、莆田市城厢生态环境局、三明市三元生态环境局、泉州市安溪生态环境局、泉州市晋江生态环境局、宁德市霞浦生态环境局等10个环境执法单位获评表现突出集体，俞扬、黄立都、陈德仁、周治诚、陈先哲、谢晓彬、李新发、占凯滨、顾宗元、傅蔡捷等10名环境执法人员获评表现突出个人。

（摘编：张海生）

第一期福建省语言文字专家库专家名单

2020年6月1日福建省语言文字工作委员会下发《关于公布第一期福建省语言文字专家库人员名单的通知》（闽语〔2020〕2号）提出，为加强我省语言文字工作的法制化、标准化、规范化、专业化建设，发挥专家人才在语言文字工作方面的专业作用，经各地各校推荐、专家评审、会议研究，林志强等201名专家入选第一期福建省语言文字专家库，现将名单予以公布。

入选第一期福建省语言文字专家库的人员要提高政治站位，严格要求自己，自觉维护我省语言文字专家形象，积极发挥好在推动全省语言文字工作方面的独特作用。严禁专家借助省语委专家库成员名义开展营利性商业活动，或从事任何违背公益性原则的活动。各级语委要加强教育引导和监督管理，发现问题请及时反馈省语委办。

第一期福建省语言文字专家库专家名单

（排名不分先后）

一、政策法规类

1. 林志强　福建师范大学
2. 李巧玲　漳平市教育局督导室
3. 李财满　福州市教育局
4. 王勇卫　泉州师范学院
5. 张照东　华侨大学
6. 刘舒平　福建师范大学
7. 苏新春　厦门大学
8. 吴晓芳　闽南师范大学两岸语言文化交流研究中心
9. 杜晶晶　厦门大学嘉庚学院
10. 金秋蓉　福建船政交通职业学院
11. 曾武勇　漳州市龙海机关干校
12. 冯学永　长乐市教育局
13. 林建安　洛江区教育局
14. 孙园园　厦门大学嘉庚学院
15. 沈声文　龙岩市中小学生研学实践教育中心
16. 翟相娟　华侨大学
17. 李　雪　集美大学
18. 程慧琴　福建江夏学院
19. 幸卫芳　三明学院附属小学
20. 陈卷忠　邵武市实验小学
21. 成　榕　福建林业职业技术学院
22. 许青坪　政和县教育局
23. 骆志鹏　福建省惠安第二中学

二、汉语文化推广类

1. 戴朝阳　泉州师范学院
2. 王进安　福建师范大学协和学院
3. 林新年　福建师范大学
4. 郭肖华　厦门理工学院
5. 李义海　闽江学院
6. 张静容　漳州职业技术学院
7. 胡　萍　华侨大学
8. 胥文玲　福建幼儿师范高等专科学校
9. 潘超青　厦门大学
10. 武良弼　福建省教育学会书法教育委员会
11. 王全福　安溪县恒兴中学
12. 肖模艳　闽南师范大学
13. 王中晓　莆田学院
14. 王月玲　福鼎市第一中学
15. 连占斗　大田县教育局
16. 蔡靖芳　黎明职业大学
17. 李建明　厦门大学嘉庚学院
18. 卓希惠　福州大学

19. 彭曙光　福建师范大学
20. 鲍道宏　福建教育学院
21. 王　曦　泉州师范学院
22. 林　红　福建农林大学
23. 董于雯　集美大学
24. 钱建状　厦门大学
25. 雷阿勇　闽江学院
26. 罗金华　明溪县第一中学
27. 罗冬卿　上杭县教师进修学校
28. 连秋凤　南平师范学校附属小学
29. 林为群　莆田市广播电视中心
30. 陈光田　集美大学诚毅学院
31. 蔡莹涓　福州大学
32. 廖翌湘　福建省人大常委会侨（台）工委秘书处
33. 戴志民　厦门城市职业学院

三、语言文字研究保护类

1. 陈　瑶　福建师范大学
2. 陈曼君　集美大学
3. 陈丽冰　宁德师范学院
4. 蔡国妹　闽江学院
5. 黄国城　莆田学院
6. 林清书　龙岩学院
7. 邓享璋　三明学院
8. 陈燕玲　泉州师范学院
9. 王跃龙　华侨大学
10. 吴宁锋　集美大学
11. 李无未　厦门大学
12. 赵　峰　宁德师范学院
13. 谢建娘　武夷学院
14. 曾德万　泉州师范学院
15. 陈朝霞　福建幼儿师范高等专科学校
16. 陈　芳　福建师范大学
17. 张平忠　福建教育学院
18. 唐若石　闽江学院
19. 林颂育　闽南师范大学文学院
20. 陆　露　集美大学诚毅学院
21. 游　晗　罗源县第一中学
22. 丁容容　黎明职业大学
23. 宋铁全　福州大学
24. 杜晓萍　华侨大学
25. 黄文革　厦门南洋职业学院
26. 李义海　闽江学院
27. 吴晓芳　闽南师范大学两岸语言文化交流研究中心
28. 范吉明　建瓯市第一小学
29. 陈　峰　福建省欧耶信息技术有限公司
30. 李　娟　闽江师范高等专科学校
31. 张　宁　闽江师范高等专科学校
32. 林传茂　福清市第一中学
33. 陈　平　武夷学院
34. 林慧娟　福建语林教育咨询有限公司

四、语言运用类

1. 郭泽青　泉州师范学院
2. 彭　飙　福建师范大学
3. 张军民　厦门理工学院
4. 张金发　闽南师范大学
5. 林毅慧　漳州市云霄一中
6. 彭曙光　福建师范大学
7. 杨　艳　厦门城市职业学院
8. 李文刚　厦门城市职业学院
9. 王进安　师大协和学院
10. 郑　甦　福建师大传播学院
11. 董于雯　集美大学
12. 王　虹　厦门大学
13. 李义海　闽江学院
14. 陈　欢　闽江学院
15. 于云宏　漳州市播音主持朗诵协会
16. 敖晓敏　宁德市霞浦县实验小学
17. 申宁宁　厦门理工学院
18. 张元坤　莆田市委宣传部、社科联
19. 陈滨峰　福州日报社
20. 苏毅敏　丰泽区第一中心幼儿园
21. 成　杨　福建省广播影视集团
22. 楼红英　厦门大学
23. 郑元清　湄洲湾职业技术学院
24. 陈　瑜　福建江夏学院
25. 张婷姝　漳州市播音主持朗诵协会
26. 林碧英　三明职业中专学校
27. 丁巧英　平潭城关小学
28. 倪振成　泉州市第一中学
29. 易　欣　厦门大学嘉庚学院
30. 林瑞艳　福建体育职业技术学院
31. 陈龙斌　泉州师范学院

五、汉字书写类

1. 蔡清德　福建师范大学
2. 黄鸿琼　泉州师范学院
3. 卢　蓉　华侨大学
4. 阮宪镇　宁德师范学院
5. 刘堆来　厦门市书法家协会
6. 邓建民　闽南师范大学
7. 罗彩娟　南平市农业学校
8. 张　煌　莆田市文学艺术界联合会
9. 林清书　龙岩学院
10. 方晓敏　福州教育学院附属第二小学
11. 林　红　福州文教职业中专学校
12. 李财满　福州市教育局
13. 刘家军　厦门大学
14. 张建华　湄洲湾职业技术学院
15. 王伟雄　莆田市兰亭文化传媒有限公司
16. 施书财　平潭第二实验小学
17. 李　玮　南平市建阳区实验小学
18. 余国联　南平市农业学校
19. 高诚杰　福建技术师范学院
20. 吴国雄　福建省惠安职业中专学校
21. 出培阳　泉州市丰泽区第八中心小学
22. 黄立成　漳州职业技术学院
23. 杨秋生　泉州师范学院
24. 张家壮　福建师范大学
25. 徐小敏　福建教育学院
26. 艾　青　漳州市芗城实验小学
27. 高亚强　漳州市实验小学古雷开发区分校
28. 赖志强　三明市梅列区实验小学
29. 陈升荣　漳平市第一中学
30. 陈怀斌　漳平市永福菁华小学
31. 钟　健　福州市仓山小学
32. 张惟雄　惠安县实验小学
33. 连长生　三明学院
35. 詹其仙　福建农业职业技术学院
36. 刘子铭　漳州市东山县二中

六、普通话水平测试类

1. 郑晓春　泉州幼儿师范高等专科学校
2. 翁　春　龙岩学院
3. 王　丽　三明学院
4. 陈慕贞　漳州城市职业学院
5. 敖峥嵘　福建省广播影视集团
6. 郑文灿　福建师范大学
7. 陈　鸿　福建师范大学
8. 卢　端　龙岩市高级中学
9. 李文斌　武夷学院
10. 殷晓云　福建师范大学协和学院
11. 吴宁锋　集美大学
12. 李　焱　厦门大学
13. 施秀平　宁德师范学院
14. 李玲玲　厦门理工学院
15. 贾朝晖　厦门市歌舞剧院
16. 唐若石　闽江学院
17. 蔡燕雁　莆田学院
18. 钟素丽　漳州市通北中心小学
19. 陈　霞　三明市三元区第二实验幼儿园
20. 罗　梅　福州电视台
21. 黄乃杰　福州第六中学
22. 孙红岩　泉州市教育局
23. 黄东梅　宁德职业技术学院
24. 卜祥忠　厦门大学嘉庚学院
25. 李文刚　厦门城市职业学院
26. 陈朝霞　福建幼儿师范高等专科学校
27. 孟繁杰　厦门大学
28. 王丽芬　闽江学院
29. 涂敏华　闽南师范大学
30. 杨火珠　三明市梅列区实验小学
31. 马小颖　南平市第三中学
32. 邓　葳　厦门大学嘉庚学院
33. 朱　丹　闽北职业技术学院
34. 李凤吟　泉州师范学院
35. 蔡育红　泉州师范学院

七、语言文字信息化类

1. 王晓艳　福建师范大学协和学院
2. 史晓东　厦门大学
3. 通拉嘎　泉州师范学院
4. 洪青阳　厦门大学
5. 褚建明　南平市农业学校
6. 张晓川　惠安县螺阳中心小学
7. 刘忠宝　泉州信息工程学院
8. 颜巧兰　泉州市第九中学

（摘编：苏建平）

福建省优秀教师和优秀教育工作者名单

2020年9月1日福建省人力资源和社会保障厅、福建省教育厅下发《关于表彰福建省优秀教师和优秀教育工作者的决定》（闽人社表彰〔2020〕22号）提出，近年来，在省委、省政府的领导下，全省广大教师和教育工作者坚持以习近平新时代中国特色社会主义思想为指导，认真学习贯彻党的十九大和十九届二中、三中、四中全会精神，深入贯彻落实习近平总书记关于教育的重要论述和全国教育大会、全国高校思想政治工作会议和学校思想政治理论课教师座谈会精神，认真落实全省教育大会精神，围绕立德树人根本任务，教书育人，爱岗敬业，无私奉献，涌现出一批优秀教师和优秀教育工作者。为表彰先进，树立典型，大力弘扬尊师重教的良好社会风尚，进一步增强广大教师和教育工作者的荣誉感、责任感，推动形成优秀人才争相从教、教师人人尽展其才、好老师不断涌现的局面，促进我省教育事业高质量发展，省人社厅、省教育厅决定，授予林萍等727人“福建省优秀教师”，授予廖素娟等121人“福建省优秀教育工作者”。

福建省优秀教师名单

（共727名）

一、福州市（102名）

林　萍（女）　闽江学院

李　为（女）　福州外语外贸学院

杜　云　阳光学院

陈栋桦　福州职业技术学院

李瑞兴　闽江师范高等专科学校

许秀亮（女）　福州第二中学

黄炳锋　福州第三中学

高春丽　福州第四中学桔园洲中学

黄鹭芳（女）　福州格致中学

李碧珍（女）　福州江南水都中学

张　婧（女）　福州第十六中学

杨秀珍（女）　福州第十九中学

郑振宁　福州高级中学

艾振斌　福州文博中学

蔡宗胜　福州教育学院附属第一小学

李　旭　福州教育学院附属第二小学

杨　杰　福州市聋哑学校

林伟锋（女）　福州市儿童学园

郑　华　福州机电工程职业技术学校

蔡洪亮　福州商贸职业中专学校

蔡　琤（女）　福州延安中学

王国韬　福州市鼓楼第一中心小学

金　亮（女）　福州市鼓楼第二中心小学

欧林铃（女）　福州市旗汛口幼儿园

阮文宇　福州市台江实验小学

陈　怡（女）　福州市台江区滨江幼儿园

林雪珊（女）　福州市台江区教师进修学校

朱　娟（女）　福州第十二中学

林　挺　福州第三十中学

林　群（女）　福州市麦顶小学

陈晓芹（女）　福州市义序中心小学

任将英（女）　福州市仓山区第一中心幼儿园

李新华　福州市仓山区教师进修学校

黄　勇　福州第七中学

陈赞招（女）　福州第十中学

陈雪玲（女）　福州市宦溪初级中学

林　媚（女）　福州市晋安区第三中心小学

刘伟群（女）　福州市晋安区教师进修学校

附属幼儿园
李健生　福州市亭江中学
陈秀锦（女）　福州市魁岐小学
任翠琳（女）　福州经济技术开发区幼儿园
蔡　奋　长乐第一中学
郑　宇　长乐第四中学
邵辉琴（女）　长乐第七中学
石锦惠（女）　长乐华侨中学
林钟钦（女）　福州市长乐区实验小学
陈雅琴（女）　福州市长乐区金峰中心小学
王鸿俤　福州市长乐区漳港中心小学
林　峰　福州市长乐区古槐中心幼儿园
严　丽（女）　长乐职业中专学校
郭纪萌　福州市长乐区教师进修学校
倪彬彬　福清第一中学
林心松　福清华侨中学
董光辉　福清第二中学
何宇坚　福清第三中学
陈金松　福清市滨江初级中学
何万基　福清市芦华初级中学
周秋强　福清市华南初级中学
肖宇鹏　福建师范大学附属福清德旺中学
陈　敏（女）　福清市瑞亭小学
刘筱婷（女）　福清市崇文小学
李　斌　福清市滨江小学
方贤彬　福清市宏路中心小学
陈茂银（女）　福清市占泽中心小学
施海英（女）　福清市前林中心小学
何文云　福清市临江中心小学
王远游　福清市虎邱中心小学
陈爱琴（女）　福清市龙山中心小学
陈巧琴（女）　福清市龙田中心幼儿园
许林民　闽侯县第一中学
余　杰　闽侯县第二中学
叶贵旺　闽侯县第四中学
林晨华（女）　闽侯县大义中学
汪家震　闽侯南通初级中学
潘　琼（女）　闽侯县实验小学
张　琦　闽侯县祥谦小学学区闽江小学
陈美玲（女）　闽侯县上街小学学区联心幼儿园
林碧清（女）　闽侯县职业中专学校
卓江蛟　连江第一中学
邱圣丹（女）　福州一中贵安学校
林　琦　连江第三中学
翁　光　连江县道沃中学
王晓芳（女）　连江县实验小学
林　枫（女）　连江县教师进修学校第二附属小学
叶　奋（女）　连江县东湖中心小学
黄春云　连江县教师进修学校
詹善敬　闽清县第一中学
黄声颖　闽清县省璜初级中学
李晓铭（女）　闽清县下祝初级中学
张宏梅（女）　闽清县城关小学
钱　玲（女）　闽清县白中镇中心小学
陈国杨　罗源第二中学
郑　星（女）　罗源县白塔中学
尤凌俊　罗源县松山中学
李　霞（女）　罗源县教师进修学校附属小学
兰海华　罗源县霍口中心小学
杨仁城　永泰县第二中学
林彩平（女）　永泰县霞拔中学
柯攸英（女）　永泰县城南小学
方齐珍　永泰县盘谷中心小学
黄　珊（女）　永泰县岭路中心小学
吴心敏（女）　福州高新区南屿江口小学

二、厦门市（58名）

陈水宣　厦门理工学院
黄铭杰　厦门理工学院
林　虹（女）　厦门医学院
陈　敏（女）　厦门医学院
黄华斌　厦门华厦学院
丰　海　厦门城市职业学院
姚树香（女）　厦门软件职业技术学院
黄世森　厦门第一中学
黄　强　厦门双十中学
邹方云　厦门集美中学
周英鹏（女）　厦门第二中学
简铧琦（女）　厦门第六中学
阙永华　厦门外国语学校
黄宛辉（女）　厦门五缘实验学校

林　菁（女）　厦门五缘第二实验学校
汤吟莹（女）　厦门实验小学
刘钦涛　厦门工商旅游学校
柯艳瑜（女）　厦门市教育科学研究院
池毓发　厦门市大同中学
林国斌　厦门市第十一中学
杜秀敏（女）　厦门市第九中学
庄少芸（女）　厦门市演武小学
陈　尹（女）　厦门市滨北小学
黄碧华（女）　厦门市滨东小学
陈雅静（女）　厦门市鹭江新城小学
徐晨来（女）　厦门市民立第二小学
沈汝丑　厦门市第三中学
廖丽青（女）　厦门市湖里中学
胡先锋　厦门市禾山中学
庄晓莉（女）　厦门市湖里实验小学
陈衍财　厦门市寨上小学
林荣芊　厦门市康乐第二小学
张骏辉（女）　厦门集美中学附属滨水学校
刘亚琳（女）　厦门市第十中学
杨金水　厦门市杏南中学
张鹏展　厦门市集美区灌口中学
郑晓万　厦门市集美区杏东小学
苏小豫（女）　厦门市集美区灌口小学
林黎星（女）　厦门市集美职业技术学校
吴　珣（女）　北京师范大学厦门海沧附属学校
王晓波　厦门双十中学海沧附属学校
周连城　华中师范大学厦门海沧附属中学
陈桂虹（女）　厦门市海沧区教师进修学校附属学校
钟美玲（女）　厦门海沧实验幼儿园
林　虹（女）　厦门海沧区教师进修学校
杨维恒　厦门市第二外国语学校
陈亚秋（女）　厦门市东山中学
柯丽芬（女）　厦门市同安区新民中心小学
曾金笔　厦门市同安区莲花中心小学
张伟铭　厦门市同安区褒美小学
颜毅真（女）　厦门市同安区实验幼儿园
康东鹏　厦门市同安区教师进修学校
林英杰　厦门市巷东中学
陈良州　厦门市新店中学
谢志友　厦门市翔安区实验学校
洪冬梅（女）　厦门市翔安区第二实验小学
邱火星　厦门市翔安区大嶝中心小学
朱秀芳（女）　厦门市翔安区特殊教育学校

三、漳州市（73 名）

林常青　漳州职业技术学院
唐忠辉　漳州卫生职业学院
李　玉（女）　漳州第一中学
王彩虹（女）　漳州市第二中学
范大连　漳州市第三中学
张淑琳（女）　漳州市第五中学
黄凌燕（女）　漳州市第八中学
陈伟森　漳州市华侨中学
高亚强　漳州市实验小学古雷开发区分校
甘丽萍（女）　漳州市实验幼儿园
朱小云（女）　漳州市幼儿园
黄毅芳（女）　漳州市机关幼儿园
陈彩花（女）　漳州市机关第二幼儿园
张弘超　漳州第二职业中专学校
陈艺平　漳州市高级技工学校
杨小兰（女）　漳州市教育科学研究院
李　猛　漳州市教育科学研究院
韩素贞（女）　漳州市过塘中学
肖强杰　漳州市浦南中心小学
林　妍（女）　漳州市江滨小学
邱海南　漳州市龙文区郭坑中心小学
陈水勇　龙海第一中学
林志强　龙海市第四中学
林立斌　龙海市实验中学
徐瑞云（女）　龙海市程溪中心小学
杨艺贞（女）　龙海市榜山第二中心小学
李晓玲（女）　龙海市港尾中心小学
方雅芬（女）　龙海市市直机关幼儿园
吴小燕（女）　龙海市古县中学
蔡长春　漳浦县龙湖中学
蔡开盛　漳浦达志中学
周建法　漳浦县丹山中学
林浦龙　漳浦县六鳌中学
杨丽贤（女）　漳浦县实验小学分校
许锦辉　漳浦县前亭中心学校

蓝德山　漳浦县湖西民族中心学校
陈宏伟　漳浦县赤湖中心学校
陈慧玲（女）　漳浦县实验幼儿园
陈锦山　漳浦第四中学
陈阿华（女）　漳浦县霞南中学
刘两盛　漳浦县杜浔中心学校
吴云山　云霄第一中学
官丽萍（女）　云霄第一中学分校
朱顺飞　云霄和平中学
林木金　云霄元光中学
吴坤和　云霄县下河中心小学
周　敏（女）　云霄县第二实验幼儿园
许伟湘（女）　诏安第一中学
黄少林　诏安县梅岭中学
游祥汉　诏安县秀篆镇中心小学
许春华（女）　诏安县官陂镇中心小学
沈晓英（女）　诏安县深桥镇中心小学
黄君镇　诏安县霞葛镇中心小学
吴超男　诏安县教师进修学校
林才生　东山第二中学
孙丽芬（女）　东山县第二实验小学
黄艺超　平和第一中学
赖文伟　平和第五中学
张武夷　平和县育才中学
陈澎湃　平和县大溪中学
李志平　平和县金华小学
叶九龙　平和县小溪中心小学
叶坤松　平和县芦溪中心小学
吴力文　南靖县第一中学
卓叶桂（女）　南靖县船场中心小学
冯文忠　南靖县龙山中心小学
戴东升　南靖第一职业技术学校
郑小军　长泰县第一中学
林金笔　长泰县第二中学
蔡惠玉（女）　长泰县第二实验小学
郑荣坤　华安县第一中学
黄惠宾（女）　华安县华丰中心小学
黄慧敏（女）　漳州台商投资区角美中心小学

四、泉州市（119 名）

苏明强　泉州师范学院
刘武强　闽南科技学院
张月珍（女）　泉州医学高等专科学校
郑晓春（女）　泉州幼儿师范高等专科学校
戴丰春　泉州第五中学
邵　晏　泉州第一中学
陈胜贤　泉州第一中学
王仁杰　泉州市培元中学
陈　璐（女）　泉州市实验小学
王　琨　泉州市晋光小学
张雯雯（女）　泉州市直机关金山幼儿园
连景林　泉州市农业学校
彭子建　泉州华侨职业中专学校
陈秋蓉（女）　泉州市特殊教育学校
谢贵荣　泉州市教育科学研究所
罗牧青（女）　泉州市第六中学
陈伟杰　泉州现代中学
陈伟杰　泉州市明新华侨中学
许温明　鲤城区实验小学
赖亚蓉（女）　泉州市通政中心小学
王雪珍（女）　泉州市第二中心小学
许丽双（女）　鲤城区教师进修学校
徐和赞　泉州市第九中学
谢思杭　泉州市乌屿小学
黄　勋（女）　泉州市丰泽区第二中心小学
杜　娥（女）　泉州市云谷小学
出培阳　泉州市丰泽区第八中心小学
任婷婷（女）　泉州市丰泽区湖心实验小学
赖迎春　泉州第十一中学
李梅花（女）　泉州市洛江区虹山中心小学
朱桂香（女）　泉州市洛江区河市中心小学
连育卿（女）　泉州市泉港区第五中学
吴吉华　泉州市泉港区第一中学
张景文　泉州市泉港区三川中学
林龙珠（女）　泉港区第二实验小学教育集团
陈美元（女）　泉州市泉港区界山玉湖中心小学
李宁采（女）　石狮市石光中学
易志芳（女）　石狮市第一中学
许　安　厦门外国语学校石狮分校
黄韩彦（女）　石狮市第八中学
高婉妮（女）　石狮市永宁中学
林秋凉（女）　石狮市第五实验小学第二校区

林金发　石狮市永宁中心小学
卢家振　石狮市祥芝镇大堡小学
邱碧玉（女）　石狮市鸿山镇邱厦小学
张美丽（女）　晋江市华侨中学
肖东亮　晋江市第五中学
曾宝架　晋江市东石中学
颜巧艺（女）　晋江市养正中学
施玲雅（女）　晋江市龙侨中学
张劲松　晋江市侨声中学
张文教　晋江市潘径中学
许秀治（女）　晋江市南岳中学
林金灿　晋江市平山中学
陈祖青　晋江市陈埭民族中学
左　淳　晋江市季延中学
刘美莉（女）　晋江市第十实验小学
王　雯（女）　晋江市教师进修学校
颜乙红（女）　晋江市实验小学
李玲玲（女）　晋江市第二实验小学
蔡秀余（女）　晋江市慎中实验学校
于凌华　晋江市龙湖镇栖梧小学
邱超杰　晋江市安海镇文峰小学
张春玲（女）　晋江市永和镇集英小学
张雪清（女）　晋江市实验幼儿园
许小茴（女）　晋江安海职业中专学校
江海泉　南安第一中学
刘荣添　南安市第二中学
陈丽明（女）　南安市柳城中学
傅长升　南安市实验中学
黄莉玲（女）　南安市西溪中学
戴碧波　泉州师范学院附属鹏峰中学
林火星　南安市南光中学
杨东珠（女）　南安市洪梅中学
李玲喜（女）　南安市洳江中学
黄小止（女）　南安市第一实验小学
吴秋兰（女）　南安市向阳中心小学
黄添珍（女）　南安市九都中心小学
李金凤（女）　南安市园美小学
王梅玲（女）　南安市群英小学
郭森福　南安市蓬华中心小学
黄秋玲（女）　南安市溪霞小学
薛志兴　南安职业中专学校
杨凯红（女）　南安市教师进修学校
刘伟彬　惠安文笔中学
王培坚　惠安高级中学
孙志煌　惠安第一中学
程美红（女）　惠安辋川中学
柯毅力　惠安后西中学
何凤英（女）　惠安县教师进修学校
张淑红（女）　惠安县涂寨中心小学
林惠萍（女）　惠安县城南第三实验小学
潘芳芳（女）　惠安县第二实验幼儿园
黄福恭　安溪第一中学
刘咏峰　安溪恒兴中学
陈木森　泉州师范学院附属培文实验高级中学
许艺梅（女）　安溪第七中学
李金耀　安溪县举溪中学
苏洪图　安溪县科名中学
李淑敏（女）　安溪梧桐中学
黄惠清（女）　安溪县第八小学
王培琼（女）　安溪县第十五小学
苏彩凤（女）　安溪县祥华中心学校
施素芬（女）　安溪县实验小学
刘细亮　安溪县虎邱中心学校
黄毅凤（女）　安溪县培文丽馨实验幼儿园
李菊花（女）　安溪茶业职业技术学校
沈环辉　永春第一中学
康丹晖　永春第二中学
刘晓梅（女）　永春美岭中学
郑雅琴（女）　永春县桃城镇中心小学
郑政治　永春县东平中心小学
徐学林　德化第五中学
徐英勇　德化第八中学
周丽雪（女）　德化县实验小学
林素娟（女）　德化县浔中中心小学
黄敏峰　泉州第十六中学
庄泽昆　泉州台商投资区将军希望小学
林明娥（女）　泉州台商投资区锦西小学

五、三明市（53 名）

林丽华（女）　三明学院
丁长峰　三明医学科技职业学院
郑宜武　三明第一中学
蒋苏延（女）　三明市第二中学

詹高晟　三明市列东中学
廖加庆　三明学院附属小学
杨丽萍（女）　三明市实验小学
黄　敏（女）　三明市特殊教育学校
王晓玲（女）　三明教育学院
陈　海　三明市第六中学
叶金菊（女）　三明市第十中学
范桂梅（女）　三明市梅列区第二实验小学
邓应友　三明市三元区星桥中心小学
王蓉青（女）　三明市三元区东霞幼儿园
林锦秀（女）　三明市三元区教师进修学校
朱锦程　永安市第一中学
刘丽春（女）　永安市第四中学
余功芳（女）　永安市贡川初级中学
钟育场　永安市青水乡龙吴小学
罗福阳　永安职业中专学校
肖秀花（女）　明溪县第一中学
陈美娥（女）　明溪县城关中学
俞银娣（女）　明溪县夏阳中心小学
王翠芳（女）　清流县长校中心小学
邓谋雨　清流县第一中学
张琳珠（女）　清流县教师进修学校
涂海滨　宁化县第一中学
黄致和　宁化县第五中学
王幸福（女）　宁化县淮土初级中学
朱梅琴（女）　宁化县水茜中心学校
叶龙珠（女）　宁化县特殊教育学校
江振根　建宁县第一中学
王竹金（女）　建宁县客坊中心小学
温维顺　泰宁县第一中学
黄佑清　泰宁县第四中学
廖娜玲（女）　泰宁县朱口镇第一中心小学
张胜友　将乐县第一中学
陈祝清　将乐县水南中学
汤远勇　将乐县万全中心校
黄郑锋　沙县第一中学
王金珠（女）　沙县翠绿小学
张　平　沙县青纸小学
纪成字　尤溪县第一中学
张朝睿　尤溪县第一中学文公分校
黄茂津　尤溪县第五中学
林　玲（女）　尤溪县坂面中学
林　琴（女）　尤溪县实验小学
连青阳　大田县第一中学
柯仁美　大田县第六中学
陈庆合　大田县上京初级中学
林育华（女）　大田县城关第二小学
陈玉清（女）　大田县城关第三小学
章　华（女）　大田县石牌中心小学

六、莆田市（56名）

龚荔群（女）　莆田第一中学
谢新华　莆田第二中学
许　燕（女）　莆田市外国语学校（莆田第一中学妈祖城校区）
姚文峰（女）　莆田市实验小学
唐金建　莆田市第二实验小学
陈俊锋　莆田市教师进修学院附属小学
凌朝晖　莆田学院附属实验小学
蔡黎萍（女）　莆田市特殊教育学校
陈素林　仙游第一中学
朱丽仙（女）　仙游县第二中学
黄李炮　仙游县华侨中学
邱金伟　仙游县第四道德中学
王育群　仙游金石中学
黄爱丽（女）　仙游县实验小学
谢艳莉（女）　仙游县城西中心小学
谢丽群（女）　仙游县鲤南东山小学
郑秀林（女）　仙游县赖店中心小学
郑丽芳（女）　仙游县枫亭中心小学
薛丽锋（女）　仙游县枫亭和平小学
张素萍（女）　仙游县度尾圣山小学
薛陈妍（女）　仙游县第二实验幼儿园
郑国强　仙游华侨职业中专学校
黄玉云（女）　仙游县教师进修学校
胡茂强　莆田第四中学
林伯雄　莆田第二十四中学
黄天赐　莆田第十六中学
祁雪萍（女）　莆田中山中学
黄志平（女）　莆田市荔城区北高镇埕头初级中学
陈加强　莆田市荔城区麟峰小学
陈军英（女）　莆田市荔城区黄石中心小学

姚静静（女） 莆田市荔城区第一实验幼儿园
刘 熙（女） 莆田第五中学
吴一莉（女） 莆田文献中学
陈荔青（女） 莆田市城厢区南门学校
翁育清（女） 莆田市城厢区霞林学校
陈雅容（女） 莆田市城厢区南门中特小学
郑 杰 莆田市城厢区灵川下尾小学
李 丹（女） 莆田市城厢区东海西厝中学
张淑琼（女） 莆田科技职业技术学校
李永清 莆田第六中学
林光华 莆田市涵江区三江口镇中学
何映涵（女） 莆田市涵江区国欢镇中学
张庆寿 涵江区实验小学
刘丽花（女） 莆田市涵江区第二实验小学
李智红（女） 涵江区白塘镇周墩小学
黄智双（女） 莆田市涵江区第二实验幼儿园
郑建庆 莆田第十中学
林义青 莆田第十一中学
王国亮 莆田市秀屿区毓英中学
林治春 莆田市秀屿区东湖初级中学
黄朝芬（女） 莆田市秀屿区秀山初级中学
林金杰 莆田市秀屿区埭头春霖小学
卓金水 莆田市秀屿区平海第二中心小学
林春花（女） 莆田市秀屿区南日中心小学
林建霞（女） 莆田市湄洲第一中心小学
王凌瑜（女） 莆田市湄洲湾北岸经济开发区东埔初级中学

七、南平市（52 名）

阮承治 武夷学院
杨成菊（女） 闽北职业技术学院
黄志斌 南平第一中学
吴建斌 平市高级中学
陈名将 南平剑津中学
纪联昕 南平市第四中学
廖代森 南平师范学校附属小学
刘水兴 南平市盲聋哑学校
吴兰团 南平市武夷旅游商贸学校
王命林 南平市教师进修学院
陈道云 南平市建溪学校
王丽华（女） 南平市巨口中学
魏 烽 南平市西芹中心小学
张 萍（女） 南平第二实验小学
郭木生 南平市教师进修学校
涂忠彬 建阳第一中学
吴康珍（女） 南平市建阳区西门小学
杨瑞芳（女） 南平市建阳区麻沙长坪小学
罗金水 南平市建阳区回龙中心小学
刘宽旺 建阳外国语学校
肖正华 邵武第四中学
汪晋丰 邵武第六中学
曾艳明（女） 邵武市八一希望小学
黄美秀（女） 邵武市实验幼儿园
杨 菲（女） 武夷山第一中学
王文兵 武夷山市武夷中学
徐文富 武夷山市武夷中心小学
陈钧玲（女） 武夷山市教师进修学校附属小学
冯 青 建瓯市第二中学
黄世春 建瓯市第七中学
吴炳兴 建瓯市迪口老区中学
陈珠妹（女） 建瓯市徐墩镇中心小学
陈 清（女） 建瓯市实验小学
叶杨荣 建瓯市第一小学
严炳旺 顺昌县第一中学
肖金凤（女） 顺昌县埔上中心小学
高卫萍（女） 顺昌县直机关幼儿园
杨洪标 浦城第一中学
陈虹兴 浦城县临江中学
连忠友 浦城县光明中心小学
黄 雯（女） 浦城县临江中心小学
周 萍（女） 浦城县古楼中心小学
付郁樱（女） 光泽第一中学
李梅英（女） 光泽县第三中学
蔡家发 光泽县杭西小学
高华忠 光泽县寨里中心小学
吴朝晖 松溪第一中学
刘连珠（女） 松溪县花桥中学
钟观荣（女） 松溪县郑墩中心小学
汤章梅（女） 政和第一中学
李学珍（女） 政和第二中学
杨 红（女） 政和县东平中心小学

八、龙岩市（56 名）

杨元慧（女） 龙岩学院

黄晓丽（女） 闽西职业技术学院

童万兴 龙岩第一中学

简庆庆（女） 龙岩市第一中学锦山学校

吴文枝 龙岩市松涛第二小学

黄春杏（女） 龙岩市教育科学研究院附属小学

余 萍（女） 龙岩市市直机关幼儿园

范楚丹（女） 龙岩卫生学校

范慧芝（女） 龙岩市第二中学

张琼如（女） 龙岩市江山初级中学

张文清（女） 龙岩初级中学

陈晓芳（女） 龙岩市实验小学

叶素莲（女） 新罗区西陂大洋小学

林冰红（女） 新罗区铁山中心小学

郭惠华（女） 龙岩市江山中心小学

李晓玲（女） 新罗区区直机关幼儿园

谢丽娜（女） 新罗区教师进修学校

赖伟昌 永定第一中学

许广福 永定区城关中学

张晓文 永定区古竹中学

曾秀珍（女） 永定区实验小学

陈晓晶（女） 永定区龙潭铜联小学

邱赛兰（女） 永定区城郊东溪小学

卢建琴（女） 永定区实验幼儿园

廖振书 永定侨荣职业中专学校

邱培忠 上杭县第一中学

谢建宝 上杭县第三中学

邓霞辉 上杭县下都中学

高瑞兰（女） 上杭县实验小学

林海燕（女） 上杭县第二实验小学

郑 辛（女） 上杭县旧县中心小学

郭 琳（女） 上杭县城东幼儿园

郭洁华（女） 上杭职业中专学校

刘喜如 武平县第一中学

谢春玉（女） 武平县中山中学

刘彩英（女） 武平县教师进修学校附属小学

黄永发 武平县象洞占阳小学

王 虹（女） 武平县实验幼儿园

江开田 连城县第一中学

罗桂华（女） 连城县林坊中学

林敏芳（女） 连城县冠豸小学

吴艳萍（女） 连城县隔川中心小学

马建英（女） 连城县实验小学附属幼儿园

吕福福 长汀县第一中学

俞开锋 长汀县河田中学

修海春（女） 长汀县南岩初级中学

张秋华（女） 长汀县大同中心学校

吴圣生 长汀县策武中心学校

黎本武 长汀县童坊中心学校

刘桂华（女） 长汀县实验幼儿园

韩铨锋 长汀县特殊教育学校

黄 巧（女） 漳平第一中学

廖易新（女） 漳平第二中学

詹彩斌（女） 漳平市教师进修学校附属小学

陈珠霞（女） 漳平市永福菁华小学

廖月琴（女） 漳平市赤水中心幼儿园

九、宁德市（56 名）

林秀清（女） 宁德师范学院

肖顺根 宁德师范学院

林美珍（女） 宁德职业技术学院

陈开钊 宁德一中

谢小惠（女） 宁德市民族中学

赖雅花（女） 宁德市高级中学

郑皓锋 宁德师范学校附属小学

黄晋耀 福安师范附小

蔡述铃 宁德市第五中学

林康顺 宁德市第九中学

肖良镇 宁德市第十中学

蔡 依（女） 宁德市蕉城区蕉城中学

叶赛灼（女） 宁德市蕉城区第一实验学校

曹小玲（女） 宁德市蕉城区第二实验学校

关喜鹊（女） 宁德市蕉城区实验小学

陈 明 福安市第一中学

王德平 福安市第二中学

雷成清 福安市实验中学

潘碧云（女） 福安市赛岐中学

林锦城 福安市实验小学阳泉校区

郑赛娇（女） 福安市下白石中心小学

李理新（女） 福安市第二实验幼儿园

曾柳娟（女） 福安职业技术学校

王荣瑞　福鼎市第六中学
董文雄　福鼎市第二中学
任　雄　福鼎市实验小学
郑　敏（女）　福鼎市白琳中心小学
蒋招春（女）　福鼎市巽城学校
杨丽群（女）　福鼎市机关幼儿园
严丽清（女）　福鼎市特殊教育学校
喻足德　福鼎市教师进修学校
姚穗珍（女）　霞浦县第六中学
黄家强　霞浦县第八中学
蒋明雄　福建宏翔高级中学
董陈萍（女）　霞浦县第二小学
李　珍（女）　霞浦县三沙中心小学
肖爱菊（女）　霞浦县崇儒中心小学
王丽娜（女）　霞浦县沙江中心小学
蓝良就　古田县第一中学
林　燕（女）　古田县第三中学
王光亮（女）　古田县第六中学
苏安栋　古田县第九中学
阮丽骅（女）　古田县第二小学
林更珍（女）　古田县吉巷中心小学
陆富富　屏南县第一中学
叶兆芬（女）　屏南县光华小学
苏德柱　屏南县熙岭中心小学
谢肃金（女）　周宁县第九中学
肖贵平（女）　周宁县咸村中心小学
周宜月（女）　周宁县中学教研室
毛兆康　寿宁县第五中学
胡良玉（女）　寿宁县鳌阳中学
叶　林　寿宁县坑底中学
缪水金　柘荣县第一中学
章影影（女）　柘荣县第一中学附属初级中学
郭挺秋　宁德师范学院第二附属小学

十、平潭综合实验区（7 名）

潘则南　福建师范大学平潭附属中学
林小丹（女）　平潭渔限学校
魏　静（女）　平潭城南学校
高　正　平潭城东小学
周宏清（女）　平潭岚城新区中心幼儿园
王华岚（女）　平潭白青乡中心幼儿园
林圣琼（女）　平潭职业中专学校

十一、省教育厅（72 名）

张兴祥　厦门大学
史秋衡　厦门大学
陈　敏　厦门大学
龙腊生　厦门大学
魏下海　华侨大学
陈爱政　华侨大学
姜　峰　华侨大学
江莉龙　福州大学
邱　挺　福州大学
陈建利　福州大学
黄　辉　福州大学
林秀敏（女）　福建师范大学
林新年　福建师范大学
孟迎芳（女）　福建师范大学
郑丽凤（女）　福建农林大学
林金科　福建农林大学
陈　琼（女）　福建农林大学
陈婉南（女）　福建医科大学
翁山耕　福建医科大学附属第一医院
姚　军　福建医科大学附属口腔医院
徐　伟　福建中医药大学
梁文娜（女）　福建中医药大学
翁武银　集美大学
高　峰　集美大学
沈毅玲（女）　闽南师范大学
周锦荣　闽南师范大学
翁仁贵　福建工程学院
林晓艳（女）　福建工程学院
林　伟　福建警察学院
刘名远　福建江夏学院
郑振宇　福建江夏学院
魏秀华（女）　福建技术师范学院
池　玫（女）　福建商学院
刘贤玲（女）　福建商学院
陈　曦（女）　福建教育学院
王　芳（女）　福建广播电视大学
卢　晨　厦门大学嘉庚学院
孙　磊（女）　福州大学至诚学院
张昌宋　福建师范大学协和学院
何均琳（女）　福建农林大学金山学院

林少琴（女） 集美大学诚毅学院
陈明仙 福建船政交通职业学院
陈常晖 福建船政交通职业学院
郭　勇 福建信息职业技术学院
郑志萍（女） 福建水利电力职业技术学院
郭先根 福建林业职业技术学院
肖晓梅（女） 福建农业职业技术学院
郑翠红（女） 福建卫生职业技术学院
林珊仟（女） 厦门海洋职业技术学院
谢茹胜（女） 福建生物工程职业技术学院
吴丽芳（女） 福建幼儿师范高等专科学校
苏两河 福建电力职业技术学院
靳相林 福建艺术职业学院
孙玲娜（女） 福建体育职业技术学院
刘庆军 福州第一中学
王　琳（女） 福建师范大学附属中学
郭燕琼（女） 福州实验小学
肖　磊 福建师范大学附属小学
彭如玲（女） 福建幼儿师范高等专科学校附属第一幼儿园
苏　静（女） 福建幼儿师范高等专科学校附属第二幼儿园
黄凌枫（女） 福建省直属机关幼儿园
董双红（女） 福建省实验幼儿园
王　瑾（女） 福建省金山幼儿园
蔡文镇 福建理工学校
郑　伟 福建第二轻工业学校
陈国庆 福建商贸学校
黄彬桓 福建经贸学校
余　丽（女） 福建三明林业学校
黄幼珍（女） 福建铁路机电学校
罗鸣亮 福建省普通教育教学研究室
赖文昭 福建省电化教育馆
毛行静 福建省职业技术教育中心

十二、省委组织部（6 名）

胡　熠（女） 中共福建省委党校、福建行政学院
孙秀艳（女） 中共福建省委党校、福建行政学院
李芳尚 中共泉州市委党校、泉州市行政学院
庄建平 中共漳州市委党校、漳州市行政学院
盖军静（女） 中共三明市委党校、三明市行政学院
陈芳萍（女） 中共南平市委党校、南平市行政学院

十三、省人力资源与社会保障厅（11 名）

陈楷沁 福建技师学院
陈扬帆 福建第二高级技工学校
林元钦 福州第二技师学院
沈奕瑄（女） 厦门技师学院
翁锦华（女） 漳州市高级技工学校
林金奕（女） 泉州市高级技工学校
熊祥斌 三明市第二高级技工学校
陈丽娜（女） 莆田市技工学校
林　菁（女） 南平技师学院
丰　飞 龙岩技师学院
葛长兴 宁德技师学院

十四、团省委（6 名）

郑　颖（女） 福州市青少年活动中心
黄　蓉（女） 厦门市青少年宫
陈宇灵（女） 漳州市青少年宫
姜仁旺 三明市青少年宫
唐荔钦（女） 莆田市青少年宫
傅燕萍（女） 龙岩市长汀县青少年宫

福建省优秀教育工作者名单

（共 121 名）

一、福州市（18 名）

廖素娟（女） 福州外国语学校
林进东 福州第十八中学
郑广成 福州教育学院附属第三小学
林　红（女） 福州文教职业中专学校
黄村玲（女） 福州杨桥中学
郑东秀（女） 福州市台江第三中心小学
林　萍（女） 福州城门中学
连圣宝 福州市鼓山中学
胡克晶 福州第二十四中学
郑其强 长乐第一中学
陈忠长 福州市长乐区湖南中学
余文斌 福清市岑兜中心小学

黄榕炜（女）　闽侯县上街实验学校
林　兴　连江县第三实验小学
王小清（女）　闽清县实验幼儿园
陈世春　罗源第三中学
郑亚男（女）　永泰县实验幼儿园
吴景萍（女）　福州高新区第一中心小学

二、厦门市（10 名）

陈佩玲（女）　厦门第一中学
林雄伟　厦门市第五中学
廖怀东　厦门信息学校
郑志生　厦门市思明区教师进修学校
陈冉冉（女）　厦门市五缘第二实验幼儿园
张超怀　厦门市集美区杏东小学
陈元章　厦门海沧实验中学
蔡育聪　厦门市同安区第二实验小学
王永富　厦门市翔安区教师进修学校
洪建军　厦门市教育局

三、漳州市（12 名）

林艺珊（女）　漳州科技职业学院
戴舟斌　漳州市第二中学
汪颜青（女）　龙溪师范学校附属小学
周奕苹（女）　漳州市实验幼儿园
赵为船　漳州第二职业中专学校
陈兰珍（女）　漳州市学生资助中心
陈国兵　漳州市芗城第二实验小学
李志龙　龙海市教育局
曾锦江　龙海市颜厝中心小学
张元祥　平和第一中学
林加添　长泰县古农农场中心小学
王惠玲（女）　漳州台商投资区实验幼儿园

四、泉州市（21 名）

王树生　泉州轻工职业学院
李百玲（女）　泉州市第二实验小学
庄月芳（女）　泉州市第七中学
苏伟毅　泉州市丰泽区崇德实验小学
彭培峰　泉州市实验小学洛江校区
陈建雄　泉州市泉港区教育局
杜振乐　石狮鹏山工贸学校
郭泉源　晋江市毓英中学
徐建平　晋江市第五实验小学
陈白鹭（女）　晋江市第三实验幼儿园
李燕玉（女）　晋江市特殊教育学校
叶永谦　南安市侨光中学
黄汉宗　南安国光中学
陈惠英（女）　南安市第二幼儿园
赵煌平　惠安县溪南实验小学
张晓川　惠安县螺阳中心小学
林添才　安溪沼涛中学
钟晓云（女）　安溪县第十八小学
郭素玉（女）　永春县桃溪实验小学
徐建新　德化第一中学
陈国平　泉州台商投资区管委会教育文体旅游局

五、三明市（9 名）

张德铭　三明市教育局
刘　玲（女）　三明梅列区实验幼儿园列西分园
叶　臻　三明市第十二中学
洪淑英（女）　永安市教育局
陈华沐　宁化县城东中学
陈学辉　建宁县教育局
万荣旺　将乐县白莲初级中学
黄修进　沙县大洛初级中学
吴长杨　尤溪县洋中中心小学

六、莆田市（8 名）

曾　颖（女）莆田市教育局
肖晋渠　仙游县蜚山第一小学
祁　凡　莆田市荔城区拱辰中心小学
刘永贤　莆田市城厢区教育局
陈先永　莆田华侨职业中专学校
许雪前　莆田市秀屿区实验小学
李建明　莆田妈祖中学
刘春先　莆田第十三中学

七、南平市（7 名）

林　勇　南平实验小学
张晓霞（女）　南平市实验幼儿园
罗　青（女）　南平市建阳区实验幼儿园
聂良春　邵武市昭阳中心小学
彭有姬（女）　武夷山市余庆小学
江　华　建瓯市职业教育中心
廖宏清　顺昌县实验小学

八、龙岩市（9名）
邹冠华（女）　龙岩市高级中学
林珊舸（女）　龙岩市松涛小学
蓝赠庆　龙岩市实验小学
邹永红（女）　上杭县蛟洋中心小学
胡春红（女）　武平县平川幼儿园
修怀茂　长汀县职业中专学校
卢海强　永定区教育局
傅开谋　连城县教育局
易永柏　漳平市教育局
九、宁德市（9名）
周裕丰（女）　蕉城区漳湾中心小学
李腾曦（女）　福安市第二实验幼儿园
叶昌惠　福鼎市第一中学
林　斌　霞浦县第一中学
谢赛男（女）　古田县实验幼儿园
潘国建　屏南县熙岭初级中学
陈玉华（女）　周宁县直机关幼儿园
缪华清　寿宁县鳌阳中心小学
谢兆文　宁德市人民政府教育督导室
十、平潭综合实验区（1名）
吴晓萍（女）　平潭第二实验幼儿园
十一、省教育厅（13名）
赖丹凤（女）　厦门大学
陈　捷　华侨大学
陈德铭　福州大学
侯建雄　福建师范大学
李文灿　福建农林大学
黄国辉　福建中医药大学
欧阳艺（女）　集美大学
陈素红（女）　闽南师范大学
魏　容（女）　福建工程学院
方晓斌　福建江夏学院
王昌伟　福建技术师范学院
何梅玲（女）　福建师范大学实验幼儿园
杨尊东　福建工业学校
十二、省人力资源与社会保障厅（4名）
饶　舜（女）　福建技师学院
吴锡勇　福建省技工教育中心
张美青（女）　福州第一技师学院
黄春耀　龙岩技师学院

（摘编：李哲）

国家健康科普专家库首批成员福建专家名单

日前，健康中国行动推进委员会决定组建国家健康科普专家库。2020年3月18日经各相关单位推荐、组织遴选和网上公示等程序后，形成了国家健康科普专家库第一批成员共1065名专家，我省有4名专家入选。他们是：

福建医科大学附属第一医院主任医师谢良地教授，厦门大学附属第一医院杨叔禹教授，福建医科大学附属第一医院/福建省眼科研究所主任医师徐国兴，福建省肿瘤医院主任护师骆惠玉。

国家健康科普专家库成立后，将贯彻落实《国务院关于实施健康中国行动的意见》，推进健康知识普及行动，充分发挥专家的技术支持作用，为人民群众提供健康科普知识。

（摘编：康明辉）

2020 年度福建省“最美退役军人”名单

2020 年 9 月 25 日下午，由省委宣传部、省退役军人事务厅、省军区政治工作局联合主办的 2020 年度福建省“最美退役军人”发布仪式在福州举行。副省长崔永辉出席活动并为“最美退役军人”颁奖。

据介绍，经广泛发动、逐级推荐、严格审核，共评选出福建省“最美退役军人”入选者十名、“最美退役军人”提名奖十名。福建省十名“最美退役军人”（排名不分先后）分别为：涵江医院康复科副主任邓阿茂，泉州市公安局技术侦察支队五大队副大队长吴永沛，福州市鼓楼区三坊七巷消防救援站副站长张天水，兴华财富集团公司董事长陈茂春，福建省司法警察训练总队二级警长林敏明，福建医科大学附属第一医院重症医学科主治医师卓惠长，中铁南昌局福州车站客运车间客运值班员赵静，南平市延平区南山镇桐坑村党支部书记童忠喜，福建中医药大学附属人民医院副护士长游华，福州市公安局巡特警支队副支队长樊斌。

（摘编：林学军）

“福建最美监狱人民警察”名单

由省监狱管理局主办、福建法治报社承办的第二届“福建最美监狱人民警察”评选宣传活动经评审委员会专家评审、省监狱管理局党委会研究和广泛公示，2020 年 1 月 2 日正式向社会公布 10 名最美人物及 10 名提名人物。

该活动自去年 6 月份启动，历时半年。此次评选坚持公开、公正、公平原则，面向全省监狱民警，重点推荐基层监区、分监区一线民警。经过各监狱单位自下而上逐级推荐，省级评选宣传活动领导小组研究，产生 5 类共 35 名正式候选对象。获得第二届“福建最美监狱人民警察”的是：温冬生（福清监狱一监区监区长）、闵芳（女子监狱八监区监区长）、张学武（福州监狱狱政管理科科长）、黄锦峰（省监狱管理局政治部二级主任科员）、潘曾（泉州监狱六监区政治教导员）、林赞和（榕城监狱八监区直属三中队中队长）、余卫阳（未成年犯管教所教育改造科科长）、张杰（建新医院内科传染科护士长、四级警长）、王祥华（清流监狱六监区四级警长）、周晓毅（武夷山监狱二监区六分监区分监区长）。

（摘编：周忠志）

福建省中小学（幼儿园）正高级教师名单

2020年9月1日福建省人力资源和社会保障厅下发《关于批准确认刘文川等96位同志中小学正高级教师职称的通知》（闽人社批复〔2020〕482号）：经研究，批准确认由福建省中小学正高级教师职称评审委员会评审通过的刘文川等96位同志中小学正高级教师职称。任职确认时间为2020年6月14日，现予公布。

刘文川等96位
中小学（幼儿园）正高级教师名单

一、省教育厅（4人）

福建省普通教育教学研究室：刘文川、黄丹青

福州第一中学：陈淑容、郭惠榕

二、福建师范大学（2人）

福建师范大学附属中学：林艳

福建师范大学附属小学：赖礼瑚

三、福州市（12人）

闽清县教师进修学校：黄如炎

福州格致中学：陈言

福州高级中学：林秀华

福州华侨中学：蔡隆

福州金山中学：叶东福

福州第十中学：黄巧曦

福州第十八中学：吴勇

长乐第二中学：曹义才、刘凯

福州市鼓楼第一中心小学：王芳

福州教育学院附属第二小学：方晓敏

福州金山小学：郭宝珠

四、厦门市（13人）

厦门市教育科学研究院：谢志芳

厦门市海沧区教师进修学校：邱宗如

厦门市湖里区教师进修学校：林传忠

厦门市思明区教师进修学校：高翔

厦门第二中学：王守琼

厦门市第三中学：黄聚宝

厦门第六中学：欧阳玲

厦门外国语学校：林华

厦门集美中学：黄小露

同安第一中学：邵水平

厦门五缘实验学校：陈海烽

厦门实验小学：陈真真

厦门市金山小学：洪月玲

五、漳州市（13人）

漳州市教育科学研究院：林晓杰、陈秋香、陈新华

漳州第一中学：梁金中

漳州市第五中学：朱淑芳

漳州市第七中学：赵幼明

漳州市第八中学：黄志勇

龙海市实验中学：林旺金

漳州市芗城中学：邹茂全

云霄第一中学：石惠珊

厦门大学附属实验中学：邱云

龙溪师范学校附属小学：陈慧蓉

漳浦县实验幼儿园：陈少丽

六、泉州市（17人）

泉州市教育科学研究所：柳惠斌、纪荣海

晋江市教师进修学校：陈淑端

泉州第五中学：薛玲、陈志胜

泉州市第九中学：叶连发

晋江市养正中学：沈慈勇

晋江市平山中学：林德田

南安市实验中学：陈金缺
南安市仑苍中学：梁耀胜
南安市龙泉中学：陈贻坚
泉州师范学院附属小学：黄志强
安溪县第三实验小学：林爱花
永春县实验小学：邱伟民
德化县实验小学：查婉琼、吴嫦云
泉州市刺桐幼儿园：黄阿香

七、三明市（9 人）

三明教育学院：黄和悦、池新回
永安市教师进修学校：林建梅
尤溪县教师进修学校：陈建炳
三明第一中学：陈荔平
三明市第二中学：吴文胜
尤溪第一中学：肖连珠
大田县鸿图中学：陈先华
永安市南门小学：谢传银

八、莆田市（6 人）

莆田第一中学：陈金海、黄喜彬
莆田第五中学：陈少华
莆田第八中学：邹荔娟
莆田市实验小学：林青
莆田市荔城区第二实验幼儿园：林雅静

九、南平市（5 人）

南平市教师进修学校：郭木生
建瓯市教师进修学校：曾建兴
南平市高级中学：欧捷
邵武市实验中学：吴丽萍
南平师范学校附属小学：杨邦清

十、龙岩市（8 人）

龙岩市教育科学研究院：杨梓生
武平县教师进修学校：兰赠连
龙岩市第二中学：吴菊华
长汀县第一中学：修红英、吴富林
武平县第一中学：熊雪梅
武平县第三中学：刘荣添
武平县实验小学：谢慧云

十一、宁德市（7 人）

宁德市民族中学：王神华
宁德东侨经济技术开发区中学：黄丹舟
福安市第一中学：黄以明
霞浦第一中学：陈莹
古田县第一小学：周强
柘荣县第三小学：袁仕理
福安市第二实验幼儿园：李腾曦

（摘编：郭虹）

福建省技校系列正高讲师任职资格人员名单

2020年12月25日福建省人力资源和社会保障厅下发《关于批准确认张美青同志技校系列正高讲师任职资格的通知》（闽人社批复〔2020〕705号）：经研究，批准确认2019年度全省技校系列正高级职务任职资格评审委员会评审通过的福州第一技师学院张美青同志的技校系列正高级讲师任职资格。任职资格确认时间为2020年12月5日，现予公布。

（摘编：彭金龙）

福建省中等职业学校正高级职务任职资格人员名单

2020年12月11日　福建省人力资源和社会保障厅下发《关于批准确认郑长青等10位同志中等职业学校正高级职务任职资格的通知》（闽人社批复〔2020〕686号）：经研究，批准确认2019年度全省中等职业学校正高级职务任职资格评审委员会评审通过的郑长青等10位同志的正高级讲师任职资格。任职资格确认时间为2020年11月15日，现予公布。

郑长青等10位中等职业学校正高级职务任职资格人员名单

一、省供销社（3人）

福建经济学校：郑长青、陈晓峰

福建商贸学校：张玲

二、福州市（2人）

福州财政金融职业中专学校：谢伟敏

福州机电工程职业技术学校：刘建成

三、厦门市（1人）

集美工业学校：刘炎火

四、漳州市（1人）

福建省漳州第二职业中专学校：严小云

五、泉州市（1人）

福建省晋江职业中专学校：李华军

六、三明市（1人）

福建省三明工贸学校：张捷树

七、南平市（1人）

南平市农业学校：袁文

（摘编：张海生）

福建省新闻系列正高级职务任职资格人员名单

2020 年 8 月 17 日福建省人力资源和社会保障厅下发《关于批准确认王金福等 32 位同志新闻系列高级编辑、高级记者职务任职资格的通知》（闽人社批复〔2020〕459 号）：经研究，批准确认 2019 年度全省新闻系列高级职务任职资格评审委员会评审通过的王金福等 32 位同志的高级编辑、高级记者任职资格。任职资格确认时间为 2020 年 7 月 24 日，现予公布。

王金福等 32 位新闻系列正高级职务任职资格人员名单

一、福建日报社（4 人）

高级编辑：王金福、朱海华、吴育卿、黄少鹤

二、福建省广播影视集团（9 人）

高级编辑：郑建武、方少勇、徐红蔚、陈峰、黄敏、蓝松祥、赵林

高级记者：刘一宁、游景升

三、福州市（2 人）

福州广播电视台

高级编辑：吴冬梅

高级记者：陈其真

四、厦门市（3 人）

厦门日报社

高级编辑：汪金铭、廖慧娟、何清平

五、漳州市（2 人）

闽南日报社

高级编辑：刘贞、吴志润

六、泉州市（4 人）

泉州广播电视台

高级编辑：翁菲菲、赖礼建

高级记者：陈文红、黄煜

七、三明市（2 人）

三明市广播电视台

高级记者：池生云

尤溪县融媒体中心

高级记者：张敏

八、南平市（3 人）

闽北日报社

高级编辑：刘晖、卢小标

南平广播电视台

高级记者：柯仙炉

九、龙岩市（1 人）

龙岩电视台

高级编辑：邓健

十、宁德市（2 人）

闽东日报社

高级编辑：蔡郁生、徐龙近

（摘编：赵旭东）

福建省社会科学研究系列高级职务任职资格人员名单

2020年12月29日福建省人力资源和社会保障厅下发《关于批准确认林昌华等5位同志社会科学研究系列高级职务任职资格的通知》(闽人社批复〔2020〕712号):经研究,批准确认全省社会科学研究系列第二十五届高级职务任职资格评审委员会评审通过的林昌华等3位同志的研究员任职资格、张元钊等2位同志的副研究员任职资格。任职资格确认时间为2020年12月18日,现予公布。

林昌华等5位社会科学研究系列高级职务任职资格人员名单

一、研究员(3人)

福建社会科学院:林昌华、林秀琴、耿羽

二、副研究员(2人)

福建社会科学院:张元钊、王毅霖

(摘编:赵旭东)

福建省自然科学研究系列高级专业技术职务任职资格人员名单

2020年11月10日福建省人力资源和社会保障厅下发《关于批准确认林建立等17位同志自然科学研究系列高级专业技术职务任职资格的通知》(闽人社批复〔2020〕610号):经研究,批准确认由省自然科学研究系列高级职务评审委员会评审通过的林建立等17位同志自然科学研究系列高级专业技术职务任职资格。任职资格确认时间为2020年10月15日,现予公布。

林建立等17位自然科学研究系列高级专业技术职务任职资格人员名单

一、省卫健委(1名)

副研究员:林建立

二、福州市(4名)

研究员:杨晓煜

副研究员:郑学立、张晓龙、赵必星

三、厦门市(7名)

研究员:李惠华、郭莺

副研究员:林志楷、孟红岩、何丽娟、郑国华、池小琴

四、泉州市(2名)

副研究员:王天生、郭陞垚

五、三明市(3名)

副研究员:李永清、林辉锋、尚伟

(摘编:黄万良)

福建省党校系统教师高级职务任职资格人员名单

2020年8月28日福建省人力资源和社会保障厅下发《关于批准确认郭彩霞等31位同志党校系统教师高级职务任职资格的通知》（闽人社批复〔2020〕476号）：经研究，批准确认2019年度全省党校系统教师高级职务任职资格评审委员会评审通过的郭彩霞同志的教授职务任职资格、郑济洲等12位同志的副教授职务任职资格及何芬等18位同志的高级讲师职务任职资格。任职资格确认时间为2020年7月19日，现予公布。

郭彩霞等31位党校系统教师高级职务任职资格人员名单

一、教授（1人）

中共福建省委党校、福建行政学院：郭彩霞

二、副教授（12人）

（一）**中共福建省委党校、福建行政学院**：郑济洲、张江海、曹冬英、刘刚

（二）**福建省社会主义学院**：叶元俭

（三）**厦门市**

厦门市委党校：王威、陈国飞

（四）**福州市**

福州市委党校：王赣闽

（五）**莆田市**

莆田市委党校：唐明彦、郑君瑜

（六）**三明市**

三明市委党校：盖军静、耿薇

三、高级讲师（18人）

（一）**福州市**

福清市委党校：何芬、陈祥坚

晋安区委党校：郑宇泽

（二）**莆田市**

仙游县委党校：陈晨静

（三）**泉州市**

晋江市委党校：石作洲

安溪县委党校：杨华燕

（四）**漳州市**

漳浦县委党校：刘燕婷

云霄县委党校：张加辉

华安县委党校：邹小华

平和县委党校：吴小青、陈金营

（五）**龙岩市**

永定区委党校：温丰元

（六）**三明市**

宁化县委党校：张林诚

（七）**南平市**

武夷山市委党校：柯龙福

建阳区委党校：邬龄惠、陈长茂

（八）**宁德市**

霞浦县委党校：黄长芳

（九）**平潭综合实验区**

平潭实验区党工委党校：詹立新

（摘编：林学军）

福建省技校系列教师高级职务任职资格名单

2020年1月12日福建省人力资源和社会保障厅下发《关于批准确认黄丽辉等42人技校系列高级职务任职资格的通知》(闽人社批复〔2020〕30号):经研究,批准确认2018年度福建省技工院校高级专业技术职务任职资格评审委员会评审通过的黄丽辉等2人技校系列正高级讲师任职资格、段超等40人技校系列教师副高级专业技术职务任职资格。任职资格确认时间为2020年1月12日。

黄丽辉等42人技校系列教师高级职务任职资格名单

一、正高级讲师(2人)

(一)福州市

福州第一技师学院:黄丽辉

(二)宁德市

宁德技师学院:阙少波

二、高级讲师(30人)

(一)省人社厅

福建技师学院:段超、黄天平、严岚

福建省第二高级技工学校:许小颖、许蝉、吴碧蓉

(二)福建省移民开发局

福建工程移民职业技术学校:张婕妤

(三)福建省中华职业教育社

福建中华技师学院:陈荷盈

(四)福州市

福州第一技师学院:庄忻、陈捷、黄蕊

福州第二技师学院:林楷、谢天锦

(五)厦门市

厦门技师学院:乐美基、吴啸龙、孙延、肖慕钦、叶俊娟、马赞玮、李春燕、陈鋆

(六)宁德市

宁德技师学院:郑秋季、薛世升

(七)泉州市

泉州高级技工学校:黄金平、吴文历

(八)漳州市

漳州高级技工学校:陈毅玲、翁锦华、叶蔚

(九)三明市

永安市技工学校:罗志成、蔡庆东

三、高级实习指导教师(10人)

(一)省人社厅

福建技师学院:郑广寒、安梦华、陈悦、洪本龙

(二)福州市

福州第一技师学院:郑极福、吴伟

福州第二技师学院:翁华萍

(三)厦门市

厦门技师学院:苏若飞

(四)宁德市

宁德技师学院:黄斌杰

(五)龙岩市

龙岩技师学院:罗智骁

(摘编:彭金龙)

福建省文物博物系列高级职务任职资格人员名单

2020 年 11 月 26 日福建省人力资源和社会保障厅下发《关于批准确认常浩等 40 位同志文物博物系列高级职务任职资格的通知》（闽人社批复〔2020〕647 号）：经研究，批准确认 2019 年度全省文物博物系列高级职务任职资格评审委员会评审通过的常浩等 9 位同志的研究馆员任职资格、万晶迎等 31 位同志的副研究馆员任职资格。任职资格确认时间为 2020 年 11 月 8 日，现予公布。

常浩等 40 位文物博物系列高级职务任职资格人员名单

一、研究馆员（9 人）

（一）**省文化和旅游厅**（2 人）

福建省文物保护中心：常浩

福建闽越王城博物馆：林繁德

（二）**厦门市**（1 人）

厦门市博物馆：张金颖

（三）**漳州市**（1 人）

龙海市博物馆：郑云

（四）**泉州市**（2 人）

福建省泉州海外交通史博物馆：傅恩凤

石狮市博物馆：李国宏

（五）**三明市**（2 人）

三明市文物保护中心：吴秀华

大田县博物馆：陈其忠

（六）**宁德市**（1 人）

柘荣县博物馆：游再生

二、副研究馆员（31 人）

（一）**省文化和旅游厅**（7 人）

福建博物院：万晶迎、李琳、林敏

福建省昙石山遗址博物馆：陈仕桦

福建省文物鉴定中心：陈丽君、卢晶

福建闽越王城博物馆：吴邦其

（二）**福州市**（2 人）

福州市博物馆：陈萍、林娜

（三）**厦门市**（3 人）

厦门市博物馆：陈进东、张芙蓉

陈嘉庚纪念馆：洪景淑

（四）**漳州市**（2 人）

漳州市文物保护中心：王丰丰、安红坤

（五）**泉州市**（4 人）

福建中国闽台缘博物馆：徐春阳、丁一哲

泉州市博物馆：蔡珊

泉州市威远楼文物保管所：吴培植

（六）**三明市**（4 人）

三明市博物馆：王莉莉

永安市博物馆：罗旌灌

建宁县中央苏区反“围剿”纪念馆：林晓春

尤溪县博物馆：陈益琴

（七）**南平市**（5 人）

南平市博物馆：余鹏

武夷山市博物馆：刘秀萍

政和县博物馆：王志明

邵武市博物馆：林彤

浦城县博物馆：杨军

（八）**龙岩市**（3 人）

中央苏区（闽西）历史博物馆：朱廷水

连城县博物馆：张仙玉

连城县文物与非遗保护中心：伍玲金

（九）**宁德市**（1 人）

屏南县博物馆：郑玉晶

（摘编：郭虹）

福建省图书资料系列高级职务任职资格人员名单

2020年6月16日福建省人力资源和社会保障厅下发《关于批准确认刘煦赞等58位同志图书资料系列高级职务任职资格的通知》（闽人社批复〔2020〕301号）：经研究，批准确认2019年度全省图书资料系列高级职务任职资格评审委员会评审通过的刘煦赞等16位同志的研究馆员任职资格、叶建勤等42位同志的副研究馆员任职资格。任职资格确认时间为2020年6月16日，现予公布。

刘煦赞等58位图书资料系列高级职务任职资格人员名单

一、研究馆员（16人）

（一）**省文化和旅游厅**（2人）

福建省图书馆：刘煦赞

福建省少年儿童图书馆：康新宇

（二）**省属高校**（6人）

福建师范大学福清分校；苏景乃

福建商学院：肖钠

福建农林大学：郑美玉

福建江夏学院：黄欣

闽南师范大学：谢发徽

福建工程学院：鲍玉来

（三）**福州市**（2人）

闽江学院：王凤满、潘艳

（四）**厦门市**（2人）

厦门市图书馆：付虹、林志军

（五）**泉州市**（1人）

泉州师范学院：吴绮云

（六）**莆田市**（2人）

莆田学院：陈春阳

莆田市图书馆：陈枚香

（七）**三明市**（1人）

三明市图书馆：黄泽民

二、副研究馆员（42人）

（一）**省文化和旅游厅**（10人）

福建省图书馆：叶建勤、雷兰芳、陈顺、陈颖、廖艳萍、邱丰、苏志磊、方挺、张美莺、陈黄焱

（二）**省卫健委**（1人）

福建省立医院：陈蓉

（三）**中共福建省委党校福建行政学院**（1人）：梅丽

（四）**省属高校**（11人）

华侨大学：刘君霞、王展妮

福建中医药大学：刘海霞

福建师范大学：马例文

福建医科大学：叶秀明

福州大学：吴佳丽、安结

福建江夏学院：张颖

集美大学：陈笑玲

闽南师范大学：陈添源、赵枫

（五）**中国海峡人才市场**（1人）

福州工商学院：林团娇

（六）**福州市**（2人）

闽江学院：官文娟、孙玉艳

（七）**厦门市**（3人）

厦门市少年儿童图书馆：赖丽娜

厦门理工学院：施航海

厦门城市职业学院：林晓玲

（八）**漳州市**（1人）

漳州城市职业学院：何惠华

（九）泉州市（5人）
泉州市图书馆：苏清闽
泉州经贸职业技术学院：刘巧婷
泉州医学高等专科学校：朱建彬
南安市李成智公众图书馆：黄超鹏
惠安县图书馆：薛佩伟
（十）三明市（2人）
三明学院：胡彩云
泰宁县图书馆：王金秀
（十一）南平市（2人）
武夷学院：林丽娟
南平市图书馆：刘忠旺
（十三）龙岩市（1人）
长汀县图书馆：黄德敏
（十四）宁德市（1人）
福鼎第一中学：丁振光
（十五）平潭综合实验区（1人）
平潭综合实验区图书馆：丁林昕

（摘编：黄万良）

福建省群众文化系列研究馆员任职资格人员名单

2020年5月13日福建省人力资源和社会保障厅下发《关于批准确认林玉坤等6位同志群众文化系列研究馆员任职资格的通知》（闽人社批复〔2020〕238号）：经研究，批准确认林玉坤等6位同志群众文化系列研究馆员任职资格，任职资格确认时间为2020年5月13日，现予公布。

林玉坤等6位研究馆员任职资格人员名单

一、厦门市（3人）
厦门市文化馆：林玉坤、周秀玉、张蕾
二、南平市（2人）
福建省松溪县美术馆：蔡丽
福建省南平市文化艺术馆：方剑云
三、龙岩市（1人）
福建省龙岩市艺术馆：梁明

（摘编：周忠志）

福建省艺术系列高级职务任职资格人员名单

2020 年 8 月 28 日福建省人力资源和社会保障厅下发《关于批准确认姚晓群等 32 位同志艺术系列高级职务任职资格的通知》（闽人社批复〔2020〕477 号）：经研究，批准确认 2018 年度全省艺术系列高级职务任职资格评审委员会评审通过的姚晓群等 32 位同志的艺术系列高级专业技术职务任职资格。任职资格确认时间为 2020 年 8 月 9 日，现予公布。

姚晓群等 32 位艺术系列高级职务任职资格人员名单

一、正高级（6 人）

（一）**省文化和旅游厅**（4 人）

1. 一级编剧（1 人）

福建省艺术研究院：姚晓群

2. 一级演员（1 人）

福建省实验闽剧院：江忠岩

3. 一级舞美设计师（1 人）

福建省歌舞剧院：陈文龙

4. 一级演奏员（1 人）

福建省歌舞剧院：邱少春

（二）**福州市**（1 人）

一级美术师

福州画院：柯学刃

（三）**厦门市**（1 人）

一级演员

厦门市南乐团：王安娜

二、副高级（26 人）

（一）**省文化和旅游厅**（13 人）

1. 二级演员（6 人）

福建省歌舞剧院：苗良栋、王一方、张淳

福建人民艺术剧院：孔小京、夏奇

福建省杂技团：蔡艳冰

2. 二级舞美设计师（1 人）

福建省实验闽剧院：朱勇祥

3. 二级演奏员（3 人）

福建省歌舞剧院：张黎、朱韦华滔

福建京剧院：刘公望

4. 二级艺术管理（2 人）

福建省实验闽剧院：林大立

福建人民艺术剧院：秦贞贞

5. 主任舞台技师（1 人）

福建芳华越剧院：陈伏军

（二）**省教育厅**（2 人）

二级美术师

福建幼儿师范高等专科学校：陈添清、罗琰娟

（三）**福州大学**（1 人）

二级美术师：林永潮

（四）**福州市**（1 人）

二级演员

福州市闽都文化艺术中心：程艳

（五）**厦门市**（1 人）

主任舞台技师

厦门艺术学校：郑碧芳

（六）**漳州市**（1 人）

二级演员

漳州市歌仔戏（芗剧）传承保护中心：李瑞东

（七）**泉州市**（5 人）

1. 二级演员（3 人）

福建省梨园戏传承中心：郑雅思

泉州市南音传承中心：王彩娥

晋江市高甲柯派表演艺术中心：陈荣星

2. 二级演奏员（1人）

泉州市提线木偶戏传承保护中心：黄达生

3. 二级艺术管理（1人）

福建省泉州艺术学校：廖红新

（八）龙岩市（1人）

二级美术师

福建省龙岩市艺术馆：张锦华

（九）三明市（1人）

二级美术师

尤溪县文化馆：朱盛柏

（摘编：王诗诚）

福建省高级教练职务任职资格人员名单

2020年9月4日福建省人力资源和社会保障厅下发《关于批准确认陈宏等19位同志高级教练职务任职资格的通知》（闽人社批复〔2020〕496号）：经研究，批准确认由省体育教练员高级职务任职资格评委会评审通过的陈宏等19位同志高级教练职务任职资格。任职资格确认时间为2020年7月26日，现予公布。

陈宏等19位同志
高级教练职务任职资格人员名单

一、福建省体育局

福建省乒羽网运动管理中心：陈宏

福建省武术运动管理中心：赵小瑞、宋林

福建省射击射箭运动管理中心：苏萍

福建省体操技巧运动管理中心：郑晓鋆

福建体育职业技术学院：周斌

二、福州市

福州市重点少年儿童业余体校：林秀炳

福州市体育工作大队：袁桂茹

福州市体育运动学校：王上

三、厦门市

厦门市竞技体育发展中心：曹娟

厦门市同安区少年儿童业余体育学校：蔡旭聪

四、漳州市

云霄县少年业余体育学校：郭旭生

五、泉州市

福建省泉州体育运动学校：张丽贞

福建省泉州体育运动学校：徐曙金

泉州市体工队：崔艺刚

六、三明市

三明市泰宁县少体校：何梅凤

七、莆田市

福建省莆田体育运动学校：徐庆霖

莆田市秀屿区少年业余体育训练学校：谢超英

八、龙岩市

龙岩体育运动学校：林秀聪

（摘编：林学军）

福建省翻译系列高级职务任职资格人员名单

2020年6月4日福建省人力资源和社会保障厅下发《关于批准确认岳峰、陈晴同志翻译系列高级职务任职资格的通知》（闽人社批复〔2020〕279号）：经研究，批准确认岳峰、陈晴两位同志翻译系列高级职务任职资格，任职资格确认时间为2020年6月4日，现予公布。

岳峰等2位高级职务任职资格人员名单

译审（1人）

福建师范大学：岳峰

一级翻译（笔译）（1人）

中国海峡人才市场：陈晴

（摘编：林学军）

福建省档案系列研究馆员职务任职资格人员名单

2020年3月6日福建省人力资源和社会保障厅下发《关于批准确认洪源清等6位同志档案系列研究馆员任职资格的通知》（闽人社批复〔2020〕110号）：经研究，批准确认洪源清等6人档案系列研究馆员职务任职资格。任职资格确认时间为2020年3月6日，现予公布。

洪源清等6位研究馆员职务任职资格人员名单

一、福建省科技厅（1人）

福建省科技档案馆：洪源清

二、福州大学（1人）

陈伟斌

三、厦门市（1人）

厦门市城市建设档案馆：吴成勇

四、莆田市（1人）

福建省仙游县档案馆：邱宗灿

五、龙岩市（1人）

龙岩学院：潘秀明

六、宁德市（1人）

宁德师范学院：施秀平

（摘编：杨立群）

福建省卫生系列高级专业技术职务任职资格人员名单

2020年12月9日福建省人力资源和社会保障厅下发《关于批准确认赖善榕等889名同志卫生系列高级专业技术职务任职资格的通知》（闽人社批复〔2020〕672号）：经研究，批准确认由全省卫生系列高级专业技术职务任职资格评审委员会评审通过的赖善榕等889名同志卫生系列高级专业技术职务任职资格，确认时间为2020年11月15日，现予公布。

赖善榕等889名同志卫生系列高级专业技术职务任职资格人员名单

一、福建省卫生健康委（26人）

主任医师：赖善榕、肖方震、叶莺、王木华、章灿明、林勇明、黄文龙、王登强

主任技师：华永有、吴冰珊、褚晓凌、林豪

研究员：刘洪旭

副主任医师：韩腾伟、邱月锋、王恺、祝寒松、路瑞芳

副主任药师：赵永

副主任技师：李曲文、李东、林建、齐瑛、钟文娟、刘家利

副研究员：王坤

二、福建省能源集团有限责任公司（7人）

主任医师：蔡艳、郑金枝

副主任医师：黄伟、陈开明

副主任技师：宋建忠

副主任护师：郑爱兰、陈淑珠

三、福建省地质矿产勘查开发局（1人）

副主任医师：周娟

四、福建省总工会（1人）

副主任药师：蔡洪玲

五、厦门大学（4人）

主任医师：陈先礼

副主任医师：陈智浩、蔡和杰

副主任护师：姚晓丽

六、中国海峡人才市场（10人）

主任医师：马传勇

副主任医师：王燕华、张尚明、吴锋清、陈志平、郭越、郭爱萍、黄倩、王锦华

副主任技师：严爱贞

七、福州市（65人）

主任医师：郑娟、黄玉钿、徐翔、林青、陈灼焰、王荣靖、刘伯龄、黄桂卿、张发钦、林东兴、张祎敬、章丽燕、林剑鸣、陈新弟、林世光、林志来、官红莲、陈杨伟、刘梅艳、徐幽琼、刘祥铨、沈波、官升灿、孙芳、韩荔芬、黄文、林永忠、杨雪云、闫临宇、陈世柱、曾桂凤、王文惠、高小清、柯武忠、王玉兰、陈霞、林文、何爱梅、郭捷、杨辉、汤玉芳、林泽新、孙孝仁、陈华光、赖惠英、郑郁、江智信、林信衡、胡颖、卢筠、陈述荣、陈德兴、郑艳、朱锐、李珠华、张育广

主任药师：陈丽艳

主任护师：蔡燕华、黄珠晶、黄晓云、郑晓萍、孙玉莲、黄丽英

副主任医师：喻云强

副主任护师：詹海霞

八、厦门市（170人）

主任医师：白冬雨、柴晓明、陈贵兵、陈绍语、陈小林、方志鸿、郭丽蓉、洪绍昆、黄慧敏、黄坤寨、黄培颖、雷晓毅、李夷民、梁玲、林勤、

林庆衍、穆臣会、冉静、史美娜、苏毅明、孙璐、王金高、王彰晖、吴金成、肖德勇、熊伟、徐桂华、徐彤、许春鹏、姚向阳、叶永造、元志、张海芳、张静华、张世阳、赵小燕、郑坤木、郑武扬、钟斌理、周颖、陈兰、方林、傅锦波、贺芙云、胡益群、康健乐、柯孙葵、林振和、刘国彦、刘子明、卢雅丕、陆程翔、陆海杰、吕智、邱兴烽、翁其强、谢婷玉、熊伟、修亦斌、阎国辉、叶明珠、赵红缨、廖良忠、贾俊香、梁洪、胡恕香、高海杰、陈旭、荆波、王斌、田洪居、郑雁、巫晓强、王道理、冯丽华、王春青、钱松屹、程飞、郭巍、李春阳、许惠勇、童美和、陈林峰、赵强、吴智梅、李玉琴、王良山、郑丽梅、周宇、郑冰、张志升、尹路、庄燕茹、刘学勍、黎圣洪、徐晓峰、玄先法、王燕、董志高、李湧、赵年贵、严辉弟、朱璇、申锦玉、郑蓉蓉、林振原、周金全、陈秋旻、吴秋燕、张吉玉、曹红霞、王芸素、陈弼沧、梁惠卿、林立、许正锦、叶钢福、余斌、叶文彬、李银兰、林金华、叶金模、叶宝华、杨滨

主任药师：林惠武、叶辉岩、张长泽、许惠溢、黄颖华、柯秀芬、曾昭红

主任技师：沈东炎、谢连志、张加勤、郑燕青、林丽蓉、姚艺辉、李自顺、周志忠、彭赛亮、李文东

主任护师：陈丽芳、陈丽明、陈培英、陈珍梅、林秋梅、毛俊嫒、王东梅、徐军、章秀锦、陈玉珠、许怡芳、陈莉、冯海珊、杨雪茹、张素真、张小螺、连美珠、薛丽珍、何红玉、洪农、黄湘晖、曾招治、陈美珠、王丽娟、孙金梅、陈爱琴

副主任医师：黄世勇、杨玲玲

副主任护师：纪超

九、漳州市（77 人）

主任医师：吴少平、许秋泳、郑建玲、张智洲、黄伟蓉、林金成、沈伟林、吴秀萍、李丽华、黄琼晖、谢添成、陈桂勇、纪文洋、陈妙华、汤文生、沈友信、颜志强、陈庆木、李飙、张维波、周文博、林哲辉、刘凯、陈文喜、蔡旺鑫、卢劲松、陈财宝、杨文祥、杨武堂、高巧珠、沈华山、赖建岩

主任药师：冯惠平、黄小红、林葳

主任技师：纪小霞

主任护师：赖秀丽、黄荣美、翁阿妹、郑义春、叶宝惠、张连玉、杨碧波、黄芳琴

副主任医师：蒲伟民、张书怡、郑清江、郑瑜彬、汤锦文、蓝宇频、高松、邓达荣、黄文苑、李鑫、江禄庆、林权惠、许亚凤、吴惠雪、黄莱娥、叶东文、梁元

副主任药师：杨李娜、林玮玮、李立、杨华婷、蔡华、薛鸿林、郑燕红、张亚坤、吴晓莉、郑昌建、洪文水、张秀碧、杨阿敏

副主任技师：韦华、徐秀凤、邱龙翔

十、泉州市（62 人）

主任医师：赖秋香、陈相波、吴兵、吴志生、林朝斌、苏江凌、王一雄、陈英勒、谢文吉、王雅端、曾景阳、吴岑、陈志平、郑伟生、陈杰云、姚庆阳、王奕文、庄阳辉、林阅生、江裔颖、金凌晖、洪建芳、丁红腊、吴松一、俞仁武、孙志婷、叶振强、张江彬、张金山、杨长安、苏翠敏、林智强、陈名智、陈松清、周爱军、蔡建忠、蔡婉津、许冬阳、何闽、康志钦、吴华生、郑红英、王建群、苏宏伟、赖传浩、曾建田、林宽荣、阮传亮、张季青、翁文水、史毅宏、庄志鹏

主任技师：江惠琼、李白

主任护师：曾丽玉、张雪花、尤玲玲、姜琼华、许秀琴

研究员：叶文迪

副主任医师：林海利

副主任护师：侯蓉

十一、三明市（84 人）

主任医师：罗洽、罗成昌、邓高振、杨仕桓、李生熙、王保国、黄敬伟、张宏海、吴高举、陈岗、宋慧萍、吴文胜、陈文新、曾惠英、傅祥明、陈智勇、潘智丰、蔡俊雄、陈远华、郑振、赵振东、周文华、林明、聂立雄、陈美娜、范慧卿、郑明纲、石剑锋、杨生旭、丰小英、王国东、曾文彬、陈进雄、王玮、陈永喜、黄超斌、魏志青、陈阳、曾先贵、姚荔香、吴文宗、胡彦华、范纯海、许海燕

主任药师：丁月红、林巧珠、汤七金、夏丽珍

主任技师：卓德祥、乐香珠、钟春燕、吴燕璟、罗宏活

主任护师：林明芳、陈玉蓓、陈宝珠、王智伟、包著妍、苏连珠、邓娟、叶传丽、许清华、邓云珍、林火仙、黄君燕

副主任医师：罗来凤、伍毓强、杨丽、邱平松、詹光晔、蔡保良、王文婵、曾福祥

副主任药师：魏晓文、王剑连、张海斌、陈清容、赖诗山、余秀珍、廖玉绸、肖小兰、黄华英、欧玲、罗新娇

十二、南平市（166 人）

主任医师：李峻、陈国、卢林琪、杨世明、张帆、游爱萍、李智海、陈晓燕、蒋凌、涂志蓉、陈顺洪、程福新、江晓林、张小平、季丽平、黄智华、范明生、罗宜仁、李典春、周必宝、罗松兴、彭绍华、杨福平、李爱英、黄晓文、陈文飞、廖彩华、郑良斌、林峰、严俐、黄锦萍、王芳、蔡荔琳、蔡梅生、方伟林、吴素贞、黄观明、吴仕玉、邵宝强、叶丰权、叶柳云、邱爱球、郑钦树、王英、陈硕、郑山、张福强、朱智宇、江彩珍、陈智远

主任药师：吴丹梅

主任技师：张忠源、吴春敏、郑鹃、张春鸣

主任护师：邓玉云、魏金凤、林青、叶丽芬、罗旭雯、董秀明、邬建蓉、吴美莲、李银香、刘文姝、黄珠

副主任医师：张文亮、朱剑斌、邹文娟、阙瑞华、林蓉蓉、范峥荣、刘晋延、周晓琴、周建玉、上官伦、杨蔡江、王珺、陈燕萍、侯成利、成美好、杨隆震、叶荣珠、黄淑贞、魏凤妹、陈丽、吴锦红、章莉荔、周晓明、黄玉芝、谢进慧、陈文英、翁瑞荣、谢火亮、邱枫盛、李胜、马志红、袁红斌、范群英、唐琳、陈文兰、钟素萍、张贵谊、林芸、李娟、范孝安、叶道飞、吴仁强、赵诚光、吴玉婵、余志妹、董萍萍、翁文芳、张华芝、陈兰、崔林凡、张远仙、毛海霞、罗春梅、叶翠容、毛文丽、陈玉兰、谭庆闽、江爱凤、何福洪、邵丽萍、孙秀云、杨小华、许奇岸

副主任药师：闵翼、陈忠平、刘晓娥、黄木香、伍文钦、肖嫦妞、池志文、黄桂英、吴丽燕、艾晨、王叶遵、杨彩兰、叶玉兴、阮丽芳、邹子林、郑连梅

副主任技师：朱家瑞、罗桂芳、陈家龙、邓秀美、黄佳、卢素平、毛惠琴、李静梅、游学华、黄美容、许闽益、徐美玲、陈海燕、张玉芳、林丽花、詹越波、李蔓娟、卢剑军、薛晓燕、袁文娟

副主任护师：李燕华

十三、龙岩市（63 人）

主任医师：陈婉玲、邹国平、李军、娄光明、郭建榕、李华青、吴勐、何丁秀、邱伍英、巫志华、陈小鑫、王水连、张建丹、潘选长、陈丽琼、陈益林、张力斌、曾晖、黄立航、曾碧珍、徐安飚、陈建福、苏城辉、李放、钟荣安

主任技师：华敦洪、聂丽华

主任护师：卢文珍、林三秀、廖巧珍、汤丽斌、吴灿明

副主任医师：沈熠、林翠荣、郑晓彬、范明华、陈长柏、蒋建萍、苏玉招、陈婷、张德庆、兰伟群、陈希、王满娣、邓书琦

副主任药师：刘娜、饶媚、张素平、廖洪娟、刘银芳、付春香、傅少平、邱忠新

副主任技师：邱小兰、高珊珊、卢丽珊、郑小霞、卢正优、叶爱燕、吴丽珍、王梅英、李小梅、廖琳虹

十四、宁德市（98 人）

主任医师：林德新、郑元振、陈锦果、林施峰、张发、陈国英、龚清全、顾伟青、郭玉梅、何晓宇、黄志雄、林庆强、宋彬、张申申、程寿康、吴寿福、马戈秋、刘中曙、黄小湖、陈兴长、杨声强、汤宝钗、陈贞、叶竹辉、任春霞、熊志强、唐锦森、马振峰、钟郑发、林建泉、林德湘、李秀夏、林贤强、周晓、陈芳、黄林升

主任药师：刘金发、缪春平、龚一珍、阮思况

主任护师：冯燕、黄丽英

副主任医师：姚慧娟、杨勇旺、王雄、林祖金、练为芳、陈庆城、尚祥、江敏、洪艺云、陈冉冉、李华明、林钗、魏婷芳、张晓滨、郑兴响、张小彤、曹金赛、蒋信忠、梁辉声、林瑞光、邱丽芳、朱小艳、余林芳、陈艳、丁甘玲、陈李英、卢水发、吴朝楚、施岩塔、施小娟、刘亮、曾秋萌、徐贻谋、林宗馨、蔡英姿、张忠策、陈晓琴、兰进寿、吴幼清、黄杨华

副主任药师：缪建辉、黄经、叶永兴、陈煜辉、彭艳君、钟碧丰、林煊、吴艳敏

副主任技师：刘光惠、叶作东、黄敏钊、蔡丽平、谢小玉、池秀惠、马雄剑、余进海

十五、莆田市（36 人）

主任医师：陈晨腾、陈志杰、郭朝书、翁金日、林武强、方向葵、黄晓萍、李淑蓉、郭国民、赵志强、袁师敏、吴智聪、林美琼、宋建国、张文雄、蔡丽霞、翁国建、颜清权、何剑峰、欧长福、李林、赖勋生、吴春新、许剑萍、李婵湘、丁志鸿

主任药师：王丽随

主任技师：林彝梅

主任护师：胡慧娟、郑丽明、林秀英

副主任医师：姚奇青

副主任药师：黄丽珊、邹金棋、朱赛红

副研究员：王亮生

十六、平潭综合实验区管委会（19 人）

主任医师：李强、陈光龙、郭永华

主任药师：李正平

副主任医师：张志民、卓龙进、吴强、周莺、俞晓娟、吴旭辉

副主任药师：李云芳、陈瑞清

副主任护师：魏云霞、陈小云、蔡珠英、张素平、施香平、杨钦、丁瑞珠

（摘编：游学荣）

福建省基层卫生高级专业技术职务任职资格人员名单

2020年12月9日福建省人力资源和社会保障厅下发《关于批准确认林慧娟等148名同志基层卫生高级专业技术职务任职资格的通知》（闽人社批复〔2020〕673号）：经研究，批准确认由全省卫生系列高级专业技术职务任职资格评审委员会评审通过的林慧娟等148名同志基层卫生高级专业技术职务任职资格，确认时间为2020年11月15日，现予公布。

林慧娟等148名同志基层卫生高级专业技术职务任职资格人员名单

一、福州市（8人）

基层主任医师：林慧娟、郭大榕、李贻贵、黄洁、檀建永、张培昌、张致润

基层主任护师：许瑞榕

二、厦门市（7人）

基层主任医师：纪爱民、詹瑞昌、张银情、蔡际

基层主任药师：郭英明、陈新梅

基层主任护师：杨阿芬

三、漳州市（22人）

基层主任医师：陈丽惠、陈文泉、杨丽娇、黄思伟、陈寿猛、胡振业、连解清、方安海、杨跃忠、沈永义、蒲东鹏、洪志永、杨水山

基层主任护师：叶兰琴

基层副主任医师：陈炳坤、吴玉卿、张添州、张文清、郑泓泓

基层副主任药师：何小宝、杨吕玲

基层副主任技师：郭定林

四、泉州市（5人）

基层主任医师：张梅玉、洪瑞华、吴朝晖、卓建家、薛远耀

五、三明市（28人）

基层主任医师：李军明、孔小兵、邓建东、王凤春、林金水、刘斌、范良生、李桂华、李序辉、肖超扬、俞建心、吴登勤、范盛郁、巫镜冰、何豪杰、江水娥、项燕鸥、陈春秀、张伙金、邱位仁、王凤华

基层主任技师：张雁、陈之部

基层主任护师：欧阳惠珠、官秀萍

基层副主任医师：陈志英、叶宁征

基层副主任药师：罗阿柳

六、南平市（30人）

基层主任医师：陈世松、陈仕团、江瑞海、张明飞、王运贵、祝珠妹、陈如孙、熊兴娇、谢献忠、林国添、廖胜华、张求水、陈世文、阮召伟、张大林、吴单和、黄春彪、杨正兵

基层主任药师：林春发、张美琴

基层主任技师：陈荔

基层主任护师：周丽君、邱淑芳

基层副主任医师：蔡海华、庄东铭、章程雄、陈波、张金美

基层副主任药师：叶长青

基层副主任技师：林小春

七、龙岩市（32人）

基层主任医师：连艳、廖日芳、郑洪裕、朱炳榕、傅卫国、修光泽、俞如期、王丽萍、谢小明、邱维炎、华木旺、陈文伟、杨永林、郑瑞锋、张建新、林海周、卢秋玉、沈仲远、郑有礼、黄彰彩、徐建荣

基层主任技师：苏春康

基层主任护师：范小山、郑桂蓉

基层副主任医师：张平继

基层副主任药师：郭丽娟、吴丽珍、郑艺、钟兰英、林木秀

基层副主任技师：许兴周、温大洋

八、宁德市（12人）

基层主任医师：陈炜、钟鸿飞、吴德水、丁宗安、刘成淼、卓建腾

基层副主任医师：王功前、陈峰朗、黄舜清、汪玉珠、刘英

基层副主任药师：苏华

九、莆田市（2人）

基层主任医师：刘利平

基层副主任药师：吴梅兰

十、平潭综合实验区管委会（2人）

基层副主任医师：魏小华

基层副主任护师：陈玉花

（摘编：周忠志）

福建省律师、公证员系列高级职务任职资格人员名单

2020年1月9日福建省人力资源和社会保障厅下发《关于批准确认李国岭等15位同志律师、公证员高级职务任职资格的通知》（闽人社批复〔2020〕22号）：经研究，批准确认由省律师、公证员系列高级职务任职资格评审委员会评审通过的李国岭等15位同志律师、公证员系列高级职务任职资格。任职资格确认时间为2020年1月9日，请予公布。

李国岭等15位律师、公证员系列高级职务任职资格人员名单

一、一级公证员（共1人）

漳州市

福建省漳州市公证处：李国岭

二、二级公证员（共5人）

福州市

福建省福州市长乐区公证处：林世杰

福建省连江县公证处：李荣

泉州市

福建省惠安县公证处：曾书红

龙岩市

福建省龙岩市龙津公证处：邱志平

平潭综合实验区

福建省平潭综合实验区公证处：高东云

三、二级律师（共9人）

福州市

国浩律师（福州）事务所：王晨照、王晓昉、王江丽

北京德恒（福州）律师事务所：丁文辉

福建锐熙律师事务所：林福亮

北京盈科（福州）律师事务所：韩正武

厦门市

福建英合律师事务所：陈雪

龙岩市

福建岩风律师事务所：赵锡龙

宁德市

福建惠尔律师事务所：董帝銮

（摘编：彭金龙）

福建省出版系列高级职务任职资格人员名单

2020年9月30日福建省人力资源和社会保障厅《关于批准确认陈未鹏等17位同志出版系列高级职务任职资格的通知》（闽人社批复〔2020〕545号）：经研究，批准确认2019年度全省出版系列高级职务任职资格评审委员会评审通过的陈未鹏同志的编审任职资格、孙颖等16位同志的副编审任职资格。任职资格确认时间为2020年9月10日，现予公布。

陈未鹏等17位出版系列高级职务任职资格人员名单

一、编审（1人）

福州大学

福州大学学报哲学社会科学版编辑部：陈未鹏

二、副编审（16人）

（一）中共福建省委宣传部

福建支部生活杂志社：钟小霖

（二）海峡出版发行集团

福建人民出版社有限责任公司：孙颖、李冰洁、谢云英

福建科学技术出版社有限责任公司：林栩

福建电子音像出版社有限责任公司：覃章英

福建海峡文艺出版社有限责任公司：邢世流

（三）福建省广播影视集团

海峡世纪（福建）影视文化有限公司：刘朝群

（四）福建省农业科学院

农业经济与科技信息研究所：柯文辉、林玲娜、陈文静

（五）中国海峡人才市场

福建教育杂志社：李林萍

（六）福建农林大学

福建农林大学科学技术发展研究院：温凤英

（七）厦门市

厦门大学出版社有限责任公司：李小青

（八）三明市

三明学院学报编辑部：刘建朝

（九）南平市

武夷学院学报编辑部：陈果

（摘编：赵旭东）

福建省技校系列副高级职务任职资格人员名单

2020年12月25日福建省人力资源和社会保障厅下发《关于批准确认欧锦等20位同志技校系列副高级职务任职资格的通知》（闽人社批复〔2020〕704号）：经研究，批准确认2019年度全省技校系列副高级职务任职资格评审委员会评审通过的欧锦等20位同志的副高级职务任职资格。任职资格确认时间为2020年12月6日，现予公布。

欧锦等20位技校系列副高级职务任职资格人员名单

一、高级讲师（18人）

（一）**省人社厅**（3人）

福建省第二高级技工学校：欧锦、张芸

福建省技工教育中心：马光凯

（二）**厦门市**（8人）

厦门技师学院：郭木阳、张樱、蔡雄彬、方昕、柯笔桦、连瑞红、陈颖、杨玲

（三）**宁德市**（1人）

宁德技师学院：张德权

（四）**漳州市**（3人）

漳州市高级技工学校：刘玉岩

漳州市平和技工学校：林秀莲、林国茂

（五）**龙岩市**（2人）

龙岩技师学院：陈建生、卢永煌

（六）**南平市**（1人）

闽北高级技工学校：李彦辉

二、高级实习指导教师（2人）

（一）**福州市**（1人）

福州第二技师学院：林各锦

（二）**龙岩市**（1人）

龙岩技师学院：张经友

（摘编：李哲）

福建省群众文化系列副研究馆员任职资格人员名单

2020年10月13日福建省人力资源和社会保障厅下发《关于批准确认胡娟等35位同志群众文化系列副研究馆员任职资格的通知》（闽人社批复〔2020〕560号）：经研究，批准确认2019年度全省群众文化系列高级职务任职资格评审委员会评审通过的胡娟等35位同志的副研究馆员任职资格。任职资格确认时间为2020年9月20日，现予公布。

胡娟等35位群众文化系列副研究馆员任职资格人员名单

一、省文旅厅（3人）

福建省艺术馆：胡娟、何微、谭雪刚

二、福州市（2人）

福州市群众艺术馆：林菲

福州市台江区文化馆：吴静

三、厦门市（2人）

厦门市同安区文化事务中心：彭燕燕

厦门市集美区灌口镇综合服务中心：黄德勇

四、漳州市（4人）

漳州市艺术馆：徐钰

龙海市文化馆：何巧忠

平和县文化馆：林香兰

南靖县文化馆：肖雪云

五、泉州市（7人）

泉州市丰泽区文化馆：傅树明

泉州市鲤城区文化遗产保护中心：周琼琼

石狮市文化馆：胡键平

晋江市融媒体中心：陈诗章

晋江市金井镇发展服务中心：洪霆

南安市蓬华镇社会事务服务中心：洪新锋

南安市官桥镇社会事务服务中心：张健强

六、三明市（2人）

三明市人口文化与健康促进中心：杨碧华

建宁县文化馆：宁萍

七、南平市（7人）

南平市延平区文化馆：徐巧红、陈艳兰

南平市建阳区文化馆：杨瑾

福建省光泽县文化馆：吕娇

邵武市文化馆：吴金香

武夷山市文化馆：杨义东

建瓯市徐墩镇文体服务中心：林慧华

八、龙岩市（3人）

龙岩市新罗区文化馆：吴敏玲

福建省武平县文化馆：李凤英

长汀县大同镇文化站：曹国祥

九、宁德市（4人）

宁德市艺术馆：郭少平、华琳

古田县文化馆：魏榕瑛

寿宁县文化馆：周宏

十、平潭综合实验区（1人）

平潭综合实验区旅游文化服务中心：周丽云

（摘编：李哲）

福建省新闻系列副高级职务任职资格人员名单

2020年8月17日福建省人力资源和社会保障厅下发《关于批准确认陆秋明等121位同志新闻系列主任编辑、主任记者任职资格的通知》（闽人社批复〔2020〕460号）：经研究，批准确认2019年度全省新闻系列高级职务任职资格评审委员会评审通过的陆秋明等121位同志的主任编辑、主任记者任职资格。任职资格确认时间为2020年7月23日，现予公布。

陆秋明等121位新闻系列副高级职务任职资格人员名单

一、中共福建省委统战部（1人）

福建侨报社

主任记者：陆秋明

二、福建日报社（6人）

主任编辑：杨毅涵、郑武平

主任记者：林辉、张颖、朱美芳、何祖谋

三、福建省广播影视集团（30人）

主任编辑：邱明光、张阿鹤、杨豫玲、范威、谢淑芳、郑芬、陈婕、马莎、傅斌、林丹、黄琼宇、许鑫净、肖鲁怀、阮怡、李寰、黄月慧、刘季、陈宇航、林祥雨、陈玉瑜、何文杰、范晋榕、王圣志、洪炜、贺杰

主任记者：徐进桂、邱益光、曾晓捷、高芝夏、许广陵

四、福建省教育厅（1人）

福建教育电视台

主任编辑：尤建源

五、福建省自然资源厅（1人）

福建海峡资源报社有限责任公司

主任编辑：陈益民

六、中国海峡人才市场（6人）

福建日报社

主任编辑：李艳

主任记者：张永定、方炜杭、包骞

海峡都市报社

主任记者：包华

福建日报社东南网

主任编辑：赵舒文

七、福州市（13人）

福州日报社

主任编辑：吴載文

主任记者：刘复培、邱泉盛

福州广播电视台

主任编辑：魏欣、江安、陈彩丹、方佳佳、孙秀娟

主任记者：胡志福、陈建辉、唐建满、张剑、邹炜

八、厦门市（10人）

厦门日报社

主任记者：黄少毅、陈运军、刘蓉

厦门晚报社

主任编辑：林润

厦门广播电视集团

主任编辑：王格胜

主任记者：陈文颂、邵琦、郑红、张辉、夏敏

九、漳州市（6人）

闽南日报社

主任记者：林忠

漳州市芗城区融媒体中心

主任记者：吴高邻

漳州市龙文区融媒体中心

主任编辑：张燕玲

龙海市广播电视新闻中心

主任记者：林晓晖

漳州台商投资区广电中心

主任记者：李丽芬

华安县新闻中心

主任记者：余黎霞

十、泉州市（23 人）

泉州晚报社

主任编辑：王玉雯、吴芸、郑运钟

泉州广播电视台

主任编辑：李植吟、曾海兵、张丽霞

主任记者：龚志伟、陈东锋、陈刚、杨毅然、张怀宁、江祺、黄佶、陶宏艺、陈晓凤、庄航星、施纯添、吴月双、李景松、沈君艳、任芃

南安市广播电视台

主任记者：陈来源

德化县广播电视台

主任记者：叶振生

十一、三明市（6 人）

三明市广播电视台

主任编辑：吴晓艳

主任记者：张玫芬、陈建明、杨艳辉

尤溪县融媒体中心

主任记者：林芸

大田县融媒体中心

主任记者：涂智靖

十二、莆田市（4 人）

莆田市湄洲日报社

主任记者：蔡晨晖、吴伟锋

莆田市广播电视台

主任编辑：蔡玲萍

主任记者：苏锋

十三、南平市（9 人）

闽北日报社

主任编辑：陈忠、吴敏

南平广播电视台

主任记者：雷贵雄、杨志林、郑晟、包剑武

光泽县融媒体中心

主任编辑：龚香莲

顺昌县广播电视台

主任记者：黄全胜

松溪县广播电视台

主任记者：李立进

十四、龙岩市（4 人）

闽西日报社

主任记者：朱廷彬

龙岩人民广播电台

主任编辑：肖燕

主任记者：张春槐

《龙岩人大》编辑部

主任编辑：傅加斌

十五、宁德市（1 人）

宁德电视台

主任记者：龚小玲

（摘编：王诗诚）

福建省广播电视播音系列副高级职务任职资格人员名单

2020年8月28日福建省人力资源和社会保障厅下发《关于批准确认李薇等5位同志广播电视播音系列主任播音员职务任职资格的通知》（闽人社批复〔2020〕475号）：经研究，批准确认2019年度全省广播电视播音系列高级职务任职资格评审委员会评审通过的李薇等5位同志的主任播音员任职资格。任职资格确认时间为2020年8月13日，现予公布。

李薇等5位广播电视播音系列副高级职务任职资格人员名单

一、省广播影视集团（1人）

李薇

二、厦门广播电视集团（1人）

吴国民

三、泉州市广播电视台（2人）

陈瑜、马彩虹

四、永春县广播电视台（1人）

陈晓玲

（摘编：张海生）

第十三届福建省大学生职业规划大赛获奖结果

2020年12月8日福建省教育厅下发《关于公布第十三届福建省大学生职业规划大赛获奖结果的通知》（闽教学〔2020〕67号）提出，今年9月，省教育厅启动第十三届福建省大学生职业规划大赛，各高校高度重视，广泛宣传，积极动员学生参与。在校级初赛的基础上，全省共有74所高校142件作品报名参加省赛，经过网评和现场决赛，最终决出本科组一等奖7名、二等奖10名、三等奖11名、优秀奖7名；专科组一等奖6名、二等奖9名、三等奖9名、优秀奖6名。同时评选出优秀指导老师奖13名、高校优秀组织奖13个。现将名单予以公布。

第十三届福建省大学生职业规划大赛获奖结果

一、本科组

奖项	学校名称	选手姓名	指导老师
一等奖	三明学院	杨羽琪	朱铭亮
	福州大学	李　坡	江小敏
	厦门大学	张一平	高世杰
	闽南理工学院	罗誉天	施少芳
	福建师范大学	张凌峰	巫志峰
	福建中医药大学	路熹雅	杨　雯
	集美大学	李　雅	白兴明
二等奖	闽江学院	黄燕治	莫　凡
	阳光学院	张佳梅	郭　策
	宁德师范学院	李佳蔚	祁燕苹
	闽南师范大学	席　萍	王伟东
	福建农林大学	刘臻澜	叶威先
	泉州师范学院	朱江容	刘晓莹
	华侨大学	陈泽豪	郑星有
	仰恩大学	黄柳桢	连景霞
	莆田学院	王艺娴	王莹莹
	闽南理工学院	吴晓敏	林剑花

续表

奖项	学校名称	选手姓名	指导老师
三等奖	福建医科大学	吴　琼	吴永芳
	福州外语外贸学院	陈华淋	胡真真
	厦门大学	张洁颖	高世杰
	福建农林大学	张艳婷	张　伟
	福州大学	洪佳敏	王宏鹏
	三明学院	陈尔瑞	陈德深
	福建医科大学	林政行	张锦雀
	福建师范大学	彭鹭鹭	王双煌
	福建中医药大学	连　珂	林月波
	仰恩大学	林婉倩	黄伟斌
	阳光学院	李炳烜	叶润真
优秀奖	福建江夏学院	刘雨霏	林　萍
	福建工程学院	蔡思琦	杜兴艳
	福建农林大学金山学院	林倩婷	刘　芸
	龙岩学院	陈鹭庆	尹丝雨
	福建农林大学金山学院	何镇权	刘　芸
	泉州师范学院	张芷滢	黄丹琳
	闽江学院	邹梅娟	莫　凡

二、专科组

奖项	学校名称	选手姓名	指导老师
一等奖	厦门城市职业学院	林文强	孙云莉
	福州职业技术学院	林筱微	曹　瑛
	福州墨尔本理工职业学院	肖又升	辜佳圣
	福州职业技术学院	郑　艳	舒良荣
	厦门城市职业学院	王秀岚	汪　琳
	福建船政交通职业学院	吴育清	黄　奕
二等奖	闽江师范高等专科学校	林燕婷	刘志杰
	福州墨尔本理工职业学院	张云鹏	林　珍
	漳州职业技术学院	曾培莹	陈亚鹏
	福州黎明职业技术学院	李丹丹	毛永千
	闽江师范高等专科学校	杨承凯	董秋锋
	厦门兴才职业技术学院	庄雅丹	谢美红
	黎明职业大学	程信彰	郭雅静
	厦门兴才职业技术学院	童林婧	陈淑群
	漳州职业技术学院	黄启玄	陈亚鹏

续表

奖项	学校名称	选手姓名	指导老师
三等奖	福建信息职业技术学院	王俊楠	谢盈颖
	福建农业职业技术学院	陈绘翰	陈克银
	福建船政交通职业学院	王钰莹	李　想
	闽西职业技术学院	徐衍海	刘剑友
	漳州卫生职业学院	莫发锦	黄煌梅
	福建电力职业技术学院	宋　明	陈丽敏
	黎明职业大学	林争妍	黄新泉
	泉州经贸职业技术学院	黄婷婷	熊　毅
	福州黎明职业技术学院	黄思婕	毛永千
优秀奖	漳州卫生职业学院	陈雅琳	余珊珊
	漳州理工职业学院	吴虹艳	陈金山
	漳州理工职业学院	王灏琳	陈金山
	福建林业职业技术学院	陈明慧	吴文杰
	厦门华天涉外职业技术学院	江文娜	张鹭馨
	福建信息职业技术学院	鄢莉雯	孙天昊

三、优秀指导老师奖

高校名称	姓名
三明学院	朱铭亮
福州大学	江小敏
厦门大学	高世杰
闽南理工学院	施少芳
福建师范大学	巫志峰
福建中医药大学	杨　雯
集美大学	白兴明
厦门城市职业学院	孙云莉
福州职业技术学院	曹　瑛
福州墨尔本理工职业学院	辜佳圣
福州职业技术学院	舒良荣
厦门城市职业学院	汪　琳
福建船政交通职业学院	黄　奕

四、高校优秀组织奖

高校名称	高校名称
三明学院	厦门城市职业学院
福州大学	福州职业技术学院
厦门大学	福州墨尔本理工职业学院
闽南理工学院	福建船政交通职业学院
福建师范大学	闽江师范高等专科学校
福建中医药大学	漳州职业技术学院
集美大学	

（摘编：张海生）

福建省第二批高校“双带头人”教师党支部书记工作室建设名单

2020年11月27日中共福建省委教育工作委员会下发《中共福建省委教育工委关于公布第二批高校“双带头人”教师党支部书记工作室建设名单的通知》（闽委教组〔2020〕41号）提出，根据《教育部办公厅关于开展第二批高校“双带头人”教师党支部书记工作室建设工作的通知》（教思政厅函〔2020〕12号）和《中共福建省委教育工委关于印发福建省高校党组织“对标争先”建设计划实施方案的通知》（闽教委组〔2018〕26号）精神，经高校党委推荐、省委教育工委研究，确定10个第二批高校“双带头人”教师党支部书记工作室，现将建设名单予以公布。

第二批高校“双带头人”教师党支部书记工作室建设名单

序号	单位	负责人
1	厦门大学公共卫生学院教工第二党支部书记工作室	张　军
2	福州大学ACM协同创新团队党支部书记工作室	吴英杰
3	福建师范大学闽台区域研究中心党支部书记工作室	李小荣
4	福建农林大学管理学院人力资源管理系教工党支部书记工作室	坚　瑞
5	福建工程学院机械与汽车工程学院机械制造教研室党支部书记工作室	许明三
6	闽江学院新华都商学院教工第一党支部书记工作室	林　萍
7	福建江夏学院经济贸易学院教工第一党支部书记工作室	刘名远
8	阳光学院马克思主义学院直属党支部书记工作室	杜　云
9	福建船政交通职业学院机械与智能制造学院第二党支部书记工作室	杨开怀
10	黎明职业大学新材料与鞋服工程学院教师党支部书记工作室	欧阳娜

（摘编：吴强）

福建省2020年乡村优秀青年教师培养奖励计划人选名单

2020年9月10日福建省教育厅下发《福建省教育厅关于公布2020年乡村优秀青年教师培养奖励计划人选名单的通知》（闽教师〔2020〕33号）提出，根据《福建省教育厅办公室关于实施2020年乡村优秀青年教师培养奖励计划的通知》（闽教办师〔2020〕7号）精神，在教育部实施培养奖励计划的基础上，省教育厅联合省中小学幼儿教师奖励基金会启动实施我省乡村优秀青年教师培养奖励计划。在各地推荐基础上，经审核公示，确定邱圣丹等60位同志为我省乡村优秀青年教师培养奖励计划人选；同时，林峰等8位同志被教育部教师工作司确定为教育部乡村优秀青年教师培养奖励计划人选。现将名单予以一并公布。

福建省2020年乡村优秀青年教师培养奖励计划人选名单

序号	姓名	工作单位
1	邱圣丹	福州第一中学贵安学校
2	吴航颖	福州市仓山区第八中心小学
3	卓璐琳	福州市罗源县洪洋中心小学
4	吴泽平	福州市长乐区梅花中心小学
5	陈　唯	福清市硋灶中心小学
6	黄　珊	福州市永泰县岭路中心小学
7	吴艳珍	福州市闽侯县洋里中心小学
8	陈　艳	福州市马尾区琅岐中心幼儿园
9	张维真	厦门市同安区西山小学
10	吴　诚	厦门市集美区新村小学
11	蔡晓琳	厦门市翔安区垵边小学
12	张侨盛	厦门市海沧区新江中心小学
13	张惠煌	漳州市平和县径内小学
14	曾　苹	漳州市高新区九湖中心小学
15	石少滨	漳州市南靖县龙山中心小学
16	黄美玲	漳州市芗城区埔尾中心小学

续表

序号	姓名	工作单位
17	黄静丽	漳州市台商投资区鸿渐中学
18	孙玉君	南安市第三实验小学
19	黄慧玲	泉州市永春县达埔中心小学
20	黄方卉	泉州市台商区民族实验小学
21	沈国萍	泉州市泉港区界山玉湖中心小学
22	林历元	泉州市洛江区河市中心小学
23	洪秀润	晋江市东石中学
24	邱　玲	石狮市鸿山镇锦林小学
25	邱凤玲	泉州市安溪县感德镇福德小学
26	黎芳芳	莆田市秀屿区笏石四新小学
27	蔡　嘉	莆田市仙游县枫亭开发区中心小学
28	程　莹	莆田市仙游县盖尾第二中心小学
29	周　琼	莆田市荔城区新度郑坂中心小学
30	王莉容	莆田市城厢区东海西黄小学
31	陈碧霞	莆田市涵江区白塘中心小学
32	陈妙妙	莆田市湄洲湾北岸经济开发区实验小学
33	宁丽苹	三明市建宁县均口中心小学
34	卢志鹏	三明市泰宁县朱口镇龙湖初级中学
35	彭荣彬	三明市宁化县民族学校
36	张丽娟	三明市清流县余朋学校
37	李秀芬	三明市明溪县沙溪中心小学
38	林彩燕	三明市大田县济阳中心小学
39	余梓然	三明市尤溪县文峰小学
40	朱琳萍	三明市沙县南霞中心小学
41	钟灵兵	南平市政和县星溪中心小学官湖小学
42	胡英兰	南平市光泽县鸾凤中心小学
43	邱金兰	南平市浦城县古楼中心小学
44	许永华	建瓯市川石乡中心小学
45	张文娴	南平市赤门中心小学
46	陈　艳	南平市顺昌县岚下中心小学
47	罗焱英	龙岩市上杭县南阳镇射山小学
48	范林花	龙岩市长汀县大同东关小学
49	丘招娣	龙岩市新罗区红坊东埔小学
50	朱旖旎	龙岩市漳平市永福西山小学
51	吴　洁	龙岩市连城县罗坊中心小学
52	黄冬妮	龙岩市永定区下洋月流小学

续表

序号	姓名	工作单位
53	郑小玲	宁德市蕉城区民族实验小学（金涵乡）
54	刘小梅	福鼎市叠石学校
55	叶秀兰	宁德市柘荣县英山中心校
56	韦敦荣	宁德市屏南县熙岭初级中学
57	黄庆荣	宁德市寿宁县清源中心小学
58	魏雅诗	平潭渔限学校
59	陈　玲	平潭岚城乡中心小学
60	蔡美满	平潭龙南初级中学

教育部教师工作司2020年乡村优秀青年教师培养奖励计划人选名单

序号	姓名	工作单位
1	林　峰	福州市长乐区潭头中心幼儿园
2	林少慧	漳州市诏安县白洋乡中心小学
3	汤雅彦	漳州市华安县新圩中心小学
4	张红旎	泉州市惠安县涂寨中心小学
5	刘　丹	南平市松溪县茶平中心小学
6	钟晨丹	龙岩市武平县武东中心学校
7	郑婷婷	福安市范坑中学
8	周罗贵	宁德市周宁县第六中学

（摘编：郭虹）

2020 年“庄采芳·庄重文奖学金”获奖学生名单

2020 年 7 月 13 日福建省教育厅、福建省国际文化经济交流中心下发《关于公布 2020 年“庄采芳庄重文奖学金”获奖学生名单的通知》(闽教基〔2020〕28 号)提出，根据省教育厅、省国际文化经济交流中心《关于组织开展 2020 年第 33 届“庄采芳·庄重文奖学金”评选工作的通知》(闽教基〔2020〕15 号)精神，本届“庄采芳·庄重文奖学金”评选工作已经结束。在各地教育行政部门和学校选拔、推荐、公示的基础上，经审核，“庄采芳·庄重文奖学金”组委会共评出获奖学生 201 名，现将获奖名单予以公布。

2020 年“庄采芳·庄重文奖学金”获奖学生名单

特别奖(1 名):

钟子谦(福州三中，男，2019 年荣获国际信息学奥林匹克赛金牌)

福州市(28 名):

林荣祺　男　福州二中
陈昊旸　男　福州三中
卢　祺　男　福州三中
石　泉　男　福州三中
王安哲　男　福州三中
王文铎　男　福州三中
尤儒彦　女　福州三中
罗　昊　男　福州三中
王承翔　男　福州三中
王福森　男　福州三中
柳文骏　男　福州三中
朱仲键　男　福州四中
邱承昊　男　福州格致中学
董　理　男　福州八中
罗亮宇　男　福州高级中学
杨　慧　女　福州屏东中学
刘震熙　男　长乐一中
高燕鹏　男　长乐一中
叶　文　男　福州十一中
王骁毅　男　闽侯一中
何　婧　女　福清一中
庄毅非　男　连江一中
黄思铧　女　闽清一中
林智鑫　男　罗源一中
李丹彤　女　永泰一中
何佳铃　女　连江尚德中学
高　龑　男　长乐华侨中学
陈欣雨　女　福清二中

厦门市(18 名):

魏子桐　男　厦门一中
叶梓涵　女　厦门一中
周述雷　男　厦门一中
江奕晨　男　厦门双十中学
江雨桐　女　厦门双十中学
李昊辰　男　厦门双十中学
杨奕辰　男　厦门外国语学校
黄禹宸　男　厦门外国语学校
蔡坤镇　男　厦门外国语学校
林　骁　男　厦门英才学校
陈约翰　男　厦门六中
廖炳旭　男　厦大附属科技中学
李书琦　女　同安一中
陆子铭　男　同安一中
许仕翀　男　厦门集美中学

江皓良　男　厦门集美中学
陆可欣　女　厦门集美中学
傅林涵　女　厦门集美中学
莆田市（18 名）：
郑晟腾　男　莆田一中
涂弘毅　男　莆田一中
林卓凡　男　莆田一中
杨华康　男　莆田一中
邹嘉沛　男　莆田一中
吴宇森　男　莆田一中
陈　曦　男　莆田一中
郑　旭　男　莆田一中
吴　越　男　莆田一中
陈中华　男　莆田二中
郑唐婧　女　莆田四中
吴楠楠　女　莆田四中
黄海杭　男　莆田五中
翁逞浩　男　莆田六中
陈　敏　男　莆田十中
林益涵　男　仙游一中
苏北南　男　仙游一中
郑佳昕　女　仙游一中
三明市（13 名）：
黄哲鋆　男　三明一中
邓亦晨　男　三明一中
罗昱杰　男　三明一中
郑弘铮　男　三明一中
赖永凡　男　三明二中
朱子林　男　三明二中
郑宇冰　男　三明二中
苏　杰　男　三明二中
罗开荣　男　永安一中
陈廷臻　男　永安一中
郑英炜　男　大田一中
张飞鸿　男　宁化一中
陈　满　男　沙县一中
泉州市（52 名）：
占可盈　女　泉州一中
杜晓莉　女　泉州市培元中学
苏钰雯　女　泉州五中
何　贤　男　泉州五中
林以萌　女　泉州七中
杨昕怡　女　泉州七中
陈垚毅　男　泉州市城东中学
彭　锴　男　泉州九中
彭小芳　女　泉州十一中
王佳灿　男　石狮市石光中学
陈文轩　男　石狮一中
王志铭　男　厦门外国语学校石狮分校
张克昌　男　晋江一中
颜鑫荣　男　晋江市养正中学
王明圳　男　晋江市南侨中学
宋　浩　男　晋江市毓英中学
谢明洪　男　晋江市侨声中学
熊　雨　女　晋江市英林中学
苏紫涵　女　晋江二中
王鸿斌　男　南安一中
林煜桓　男　南安一中
黄　旭　男　南安一中
卓昱杭　男　南安一中
苏洪波　男　南安一中
李庭富　男　南安国光中学
周敏思　男　安溪一中
陈铭炜　男　安溪一中
陈艳玲　女　安溪一中
李刚彬　男　安溪俊民中学
林慧婧　女　永春一中
吕辉达　男　永春一中
周炳鸿　男　德化一中
叶姗姗　女　泉州市泉港一中
郑晓榕　女　泉州市泉港一中
庄蓝欣　女　泉州市泉港一中
许瑞泽　男　泉州市泉港一中
侯文讷　女　泉州市泉港一中
林　榕　女　泉州市泉港一中
庄一航　男　泉州市泉港二中
郭华彬　男　泉州市泉港二中
庄奕芬　女　泉州市泉港二中
陈天祥　男　泉州市泉港五中
吴可薰　女　惠安一中
张　航　男　惠安一中
陈寺遥　男　惠安一中
江文能　男　惠安荷山中学
林斯鑫　男　惠安三中

曾慧欣　女　惠安三中
陈林娥　女　惠安高级中学
李嘉慧　女　惠安高级中学
陈灿荣　男　泉州十六中
蔡佳璇　女　泉州十七中

漳州市（22 名）：
周宣杉　女　漳州一中
梁宁晏　女　漳州一中
郑伟楠　男　漳州三中
黄禹涵　男　厦大附属实验中学
陈循远　男　厦大附属实验中学
张智焜　男　漳州正兴学校
朱书航　男　漳州立人学校
陈伟亮　男　漳州实验中学
杨宇婷　女　漳州芗城中学
江　涵　女　漳州外国语学校
郑雅雯　女　漳州龙文中学
郑鎏岑　男　龙海一中
张立辉　男　云霄一中
黄艺玲　女　漳浦一中
吴晓琛　女　诏安一中
陈瀚炀　男　东山一中
林艳珠　女　南靖一中
戴王兴　男　长泰一中
黄智鑫　男　华安一中
何键彬　男　厦门双十中学漳州校区
江鹏程　男　平和一中
庄常琦　男　平和正兴学校

南平市（12 名）：
高桢硕　男　南平一中
徐景晖　男　南平一中
严树宇　男　南平高级中学
刘占宇　男　建阳一中
陈伊涵　男　邵武一中
肖清榆　女　武夷山一中
潘寒约　女　建瓯一中
祖丕壹　男　顺昌一中
吴蔚镛　男　浦城一中
邱嘉诚　男　光泽一中
陶盈颖　女　松溪一中
何淑瑶　女　政和一中

龙岩市（12 名）：
陈兆荣　男　龙岩一中
王基昂　男　龙岩一中
曹泰源　男　龙岩高级中学
吕凯弘　男　龙岩二中
罗佳乐　女　龙岩永定一中
江　涛　男　龙岩永定城关中学
刘乔安　男　上杭一中
饶翔云　男　武平一中
胡俊铖　男　武平二中
黎俊宇　男　长汀一中
巫　涛　男　连城一中
黄碧昊　男　漳平一中

宁德市（13 名）：
郑纪烨　男　宁德一中
詹　翔　男　宁德民族中学
黄晖华　男　宁德高级中学
谢欣言　女　宁德五中
魏嘉烨　男　古田一中
江政宇　男　屏南一中
彭林航　男　周宁一中
李昊臻　男　福安一中
王文锐　男　寿宁一中
袁昊翔　男　柘荣一中
曾云驰　男　福鼎一中
俞鸿飞　男　霞浦一中
金　洋　女　福建宏翔高级中学

平潭综合实验区（2 名）：
林亦旸　男　平潭一中
林杨铎　男　福建师大平潭附中

省直中学（10 名）：
孙谌劼　男　福州一中
林鑫奕　男　福建师大附中
鄢继鑫　男　福州一中
念心远　男　福建师大附中
陈彦谞　男　福州一中
腾戈垚　男　福建师大附中
叶诺辰　男　福州一中
谢源浩　男　福建师大附中
徐　可　男　福州一中
周　正　男　福建师大附中

（摘编：吴强）

图书在版编目（CIP）数据

2021福建社会发展年鉴 /《福建社会发展年鉴》编委会编. —福州：福建科学技术出版社，2021.12
ISBN 978-7-5335-6601-2

Ⅰ. ①2… Ⅱ. ①福… Ⅲ. ①社会发展 - 福建 - 2021 - 年鉴 Ⅳ. ①D675.7-54

中国版本图书馆CIP数据核字（2021）第279445号

书　　名　2021福建社会发展年鉴
编　　者　《福建社会发展年鉴》编委会
协　　编　福建省海峡数据信息中心
　　　　　福建省产业经济发展促进会
出版发行　福建科学技术出版社
社　　址　福州市东水路76号（邮编350001）
网　　址　www.fjstp.com
经　　销　福建新华发行（集团）有限责任公司
印　　刷　福州力人彩印有限公司
开　　本　889毫米×1194毫米　1/16
印　　张　50
插　　页　4
图　　文　800码
版　　次　2021年12月第1版
印　　次　2021年12月第1次印刷
书　　号　ISBN 978-7-5335-6601-2
定　　价　493.00元（含光盘）